中國民法

中國民法

2007년 9월 27일 초판 1쇄 인쇄
2007년 10월 1일 초판 1쇄 발행

지 은 이 | 강평(江平)
옮 긴 이 | 노정환·중국정법학회·사법연수원 중국법학회
펴 낸 곳 | 삼성경제연구소
펴 낸 이 | 정구현
출판등록 | 제 302-1991-000066호
등록일자 | 1991년 10월 12일
주   소 | 서울시 서초구 서초2동 1321-15 삼성생명 서초타워 30층
        전화 3780-8153, 8370, 8372(기획), 3780-8084(마케팅)
        팩스 3780-8152
        http://www.seri.org   seribook@seri.org

ISBN | 978-89-7633-353-7 93360
값 45,000원

- 저자와의 협의에 의해 인지는 붙이지 않습니다.
- 잘못된 책은 바꾸어 드립니다.

삼성경제연구소 도서정보는 이렇게도 보실 수 있습니다.
인터넷 홈페이지에서 → SERI 북 → SERI 연구에세이

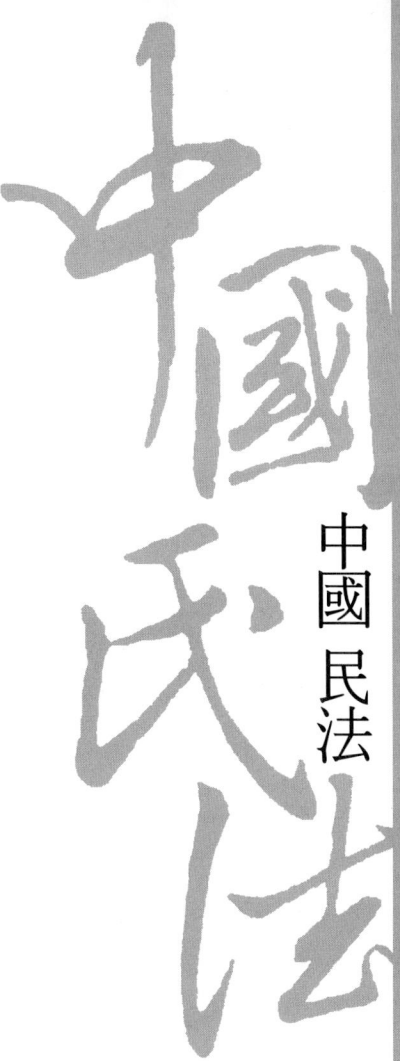

中國 民法

지은이
강평(江平)

옮긴이

노정환
중국정법학회
사법연수원 중국법학회

삼성경제연구소

• 저자 서문 •

《中國民法》 출간을 축하하며

　본서는 중국의 법학교육을 주관하는 사법부 지휘 아래 중국정법대학교(中國政法大學校), 중남재경정법대학교(中南財經政法大學校) 등 몇몇 정치·법률 관련 대학의 법학자와 법학교수들이 집필한 것으로, 현재 중국정법대학교를 비롯한 여러 대학에서 주요 지침서로 활용하고 있다. 본서는 민법학의 전체 체계를 소개하고 있으며, 용어의 선택과 내용의 난이도 조절을 통해 법학지식이 많지 않은 학생도 민법체계를 이해하는 데 어려움이 없도록 구성하였다. 중국에서 혼인법은 하나의 독립적인 학과과정이므로 본서에서는 그 내용을 언급하지 않았다. 그러나 혼인법이 민법에 속한다는 점에는 이견이 없다.
　민법은 로마법 이래로 학자들의 영향을 가장 많이 받은 분야이다. 프랑스민법전은 계단식 체계를 취하고 있고 그 내용상 로마법의 영향을 크게 받았다. 반면에 독일민법전은 판테크텐(Pandekten)학파의 이론을 토대로 구성되었으며, 그 이론은 로마법을 더욱 체계화·학술화시켰다. 비록 소수의 학자들은 독일민법전을 실증주의적 법전이라고 주장하지만 그 내용은 보편적 지식을 융합시켰다. 법률은 연속적·시대적 성질을 가진다. 중국은 뒤늦게 법치주의를 채택한 국가로서 유럽 국가의 법을 연구하는 과정에서 로마법을 연구함과 동시에 중국 당대의 학술적 성과 역시 중시하였다. 또한, 대륙법 체계를 취하는 국가에서도 판례와 판례법을 점점 중요시하고 있기는 하지만 법전화(法典化)야말로 세계적인 추세이기 때문에 중국도 법전화를 추진하고 있다.

중국은 현재 민법전을 편찬 중이며, 이는 중요한 의의를 가진 작업이다. 또한 민법전 편찬과정에서 학자들의 의견과 이론은 아주 중요한 작용을 한다. 중국 법학자가 서술한 법학교재는 중국 민법학의 구체적인 개념, 규칙, 제도에 대한 이해를 바탕으로 민법학의 일반적인 지식체계를 담고 있기 때문에 중국의 입법에 중요한 영향을 끼친다. 그 외에도 체계화된 민법학 지식은 법학교수의 해설과 비판을 통해 배우는 학생들의 마음에 새겨져 그들이 장래에 행하게 될 법률연구 혹은 구체적 실무에 영향을 미칠 것이다. 따라서 법학교재는 한편으로는 실재법(實在法)과 다른 한편으로는 실무(實務)와 각각 연관되어 있다.

중국민법전의 입법은 단계별 제정방식을 취하고 있다. 즉, 현재 이미 제정된 포괄적인 규범을 기초로 하여 단계적으로 민법전의 장(章), 절(節)을 제정한다. 현재 민법통칙을 비롯한 계약법과 물권법이 이미 제정되었으며 권리침해행위법을 제정하고 있는 중이다. 이로 보아 중국민법전이 완성될 날이 멀지 않음을 알 수 있다. 이러한 법률이 제정되면 본서의 몇몇 관점과 해석은 수정이 필요하게 될 것이다. 이 점에 대하여 한국의 독자들이 널리 양해해주길 바란다.

마지막으로 본서를 번역한 분들의 노고에 감사를 표하고, 또한 한국 법학자의 중국법에 대한 관심에도 감사를 드린다. 본인 또한 한국을 방문하여 한국의 법학자와 성공적인 학문교류를 한 경험이 있으며, 중국과 한국 학자 간의 우호적인 관계가 지속되어 양국의 문화와 학술상의 교류가 더욱 활발해지길 바란다.

저자 강 평

• 역자 서문 •

중국민법의 연혁과 특징

1. 들어가며

중국에서 민법은 사회주의라는 정치체제와 시장경제라는 경제체제와의 모순을 해결하여야 하는 대단히 어려운 과제를 수행하고 있는 법률이다. 이러한 태생적 한계 때문에 중국의 민법은 아직도 통일된 법전을 갖추지 못하고 있다. 중국은 1949년 건국 이래 오랫동안 제대로 된 민법전이 존재하지 않다가 1983년에 이르러 비로소 민법통칙(民法通則)이 제정되었으며, 1999년 계약법의 제정을 거쳐 2007년에는 오랜 진통 끝에 물권법(物權法)이 제정됨으로써 민법통칙과 물권법, 계약법 등 단행법률 형태로서의 민법을 사실상 완성하게 되었다.

이렇듯 중국민법은 우리나라와 비교할 때 법전의 형태와 체계에서부터 차이가 있을 뿐 아니라 사회주의 이념을 기초로 삼고 있기에 그 내용에서도 많은 상이점이 있다. 2007년에 제정된 물권법 역시 토지소유권이 국가에 있음을 명백히 하고 있는 등 중국의 시장경제에 대한 우리나라 국민들에게 일반적으로 알려진 상식과는 상반된 내용이 담겨져 있다.

민법은 개인 상호간의 사적 생활관계를 규율하는 사법의 일반법으로서 모든 법률의 기초라 할 수 있다. 여느 국가와 마찬가지로 중국의 법률을 체계적으로 연구하기 위해서는 무엇보다 민법에 대한 심도 깊은 고찰이 필수적이다. 그럼에도 불구하고 분량이 방대하고 시급성이 다소 떨어진다는 이유로 중국민법에 대한 연구 성과가 눈에 띄지 않는 것이 사실이다. 이에 턱없이 부족한 능력에도 불구하고 중국에서 최고의 권위를 자랑하는 강평 교수의 민법 교과서 번역작업에 착수하였고 3년여 만의 산고 끝에 마침내 출간하기에 이르렀다.

이하에서는 본 번역서의 이해를 돕기 위하여 중국민법의 제정경과 및 주요 특징을 간략히 살펴본다.

2. 중국민법의 제정경과

근대 이전의 중국민법은 '諸法合一, 民刑不分'이라는 봉건적 법령체계로 인하여 로마법과 같이 체계적으로 사법이 발달되지 않았다. 즉 민·형사 분쟁이 분리되지 않은 채 지방행정관의 재량에 의하여 동일한 절차로 해결되었으며, 사법전이 별도로 편찬되지도 않았다. 한편 청나라 말기에 아편전쟁, 청일전쟁과 같은 내우외환에 시달리던 중 양무운동 등의 영향으로 서구의 법률을 적극적으로 수용하기 위한 연구가 진행되었다. 1911년에 대륙법계 민법체계를 모방한 중국 최초의 민법전인 '大淸民律草案'이 완성되었으나 신해혁명으로 청나라가 멸망함에 따라 시행하지는 못하였다.

1912년 손문의 남경임시정부, 1914년 북양정부, 1923년 광주국민정부에 이르기까지 격변기를 거치면서 민법전을 만들기 위한 노력이 계속되었으나 결실을 보지 못하였다. 그러던 중 국민당 정부는 1929

년에 민상법(民商法) 합일제(合一制)를 특징으로 하는 총 1,125개조의 「중화민국 민법」을 최초로 제정·공포하였으며, 이 법전은 수차례의 개정을 거쳐 현재도 대만에서 시행되고 있다.

그러나 1949년에 건립된 중화인민공화국은 민법을 비롯한 기존의 법률에 대하여 인민 전체의 의지가 반영된 것이 아니라 지배계급의 이익확보를 위한 수단에 불과하다는 이유로 그 정당성을 부인하여 모두 폐지하였다. 특히 민법의 경우, 모든 생산수단을 공유제로 변경하여 공산당 정부가 사회주의 계획경제를 시행함으로써 기존의 사적 법률관계가 모두 공적 법률관계로 대체되어 사인들 상호간의 경제활동에 기인하는 권리·의무관계를 규정하는 민법은 그 존재의의를 상실하였다.

그 후 사회주의에 기초한 경제질서가 안정되자 민사법률을 제정하려는 움직임이 있었으나, 1957년 '반우파운동'과 1958년 '대약진운동' 등을 통해 좌파로부터 강한 비판을 받고 중단되었다. 특히 1966년부터 1976년까지 계속된 '문화대혁명' 기간에는 사법제도가 사실상 폐지되었다. 1976년 모택동의 사망과 이른바 4인방의 숙청으로 문화대혁명이 종료된 후, 그동안 이성에 위반한 비법제화와 비절차화로 수많은 폐해를 경험한 중국은 법치주의 사회건설에서 좌경적 경향을 포기하고 현대 사법제도와 법치주의의 중요성을 새롭게 인식하게 되었다. 이러한 사회적 여건 속에서 중국은 1978년 전국인민대회에서 개혁개방정책을 선언하고 이를 뒷받침하기 위한 법제정비를 천명하였다. 개혁개방적 경제발전에 발맞추어 민법전 제정작업도 함께 추진되었으나 오랜 논란 끝에 입법방향을 우선적으로 단행법을 제정하고, 추후 통일된 민법전을 제정하는 것으로 결론을 내리게 되었다.

이러한 입법방침에 따라 1980년 婚姻法, 1981년 經濟合同法, 1983년 民法通則, 1985년 涉外經濟合同法 및 繼承法, 1990년 商標法, 1993년 公司法, 1995년 擔保法, 1999년 合同法, 2007년 物權法을 각각 제정하였다. 이로써 중국은 민법총칙에 해당하는 民法通則, 가족법 및 상속법에 해당하는 婚姻法과 繼承法, 채권법의 핵심인 계약법에 해당하는 合同法에 이어 物權法까지 단행법률을 제정함에 따라 민법전의 대부분을 구비하기에 이르렀다.

3. 중국민법의 주요 특징

중국은 알려진 바와 같이 모든 자본을 공유하되 국가에 의한 관리를 원칙으로 하는 사회주의 체제를 근간으로 삼고 있다. 중국헌법은 수차례의 수정에도 불구하고 제1조에서 인민민주주의 독재를 기초로 하는 사회주의 국가임을 명백히 선언하고 있다. 따라서 중국에서의 법치국가란 자유민주주의적 법치국가가 아닌 사회주의적 법치국가를 의미함에 유의하여야 한다. 이러한 이념적 기초는 개혁개방 이후 시행하고 있는 시장경제라는 현실과의 모순을 조화롭게 해결하기 위해 제정된 중국민법에서도 마찬가지로 적용된다. 이와 같은 중국의 정치·경제·사회·문화적 배경을 이해할 때 비로소 본 번역서를 제대로 이해할 수 있다.

가. 민법통칙

중국의 민법통칙(民法通則)은 총 9장 156개의 조문으로 구성되어 있는데, 우리나라의 민법총칙(民法總則)과 비교할 때 여러 가지 특징이 발견된다. 물건에 대한 규정이 없는 점, 제2장(자연인)에서 '개체공상호와 농촌승포경영호' 규정이 있는 점, 제5장(민사권리)에서 채권과 지적재산권 및 인신권에 관한 규정과 제6장(민사책임)에서 계약위반의 책임에 대한 규정까지 있는 점 등을 들 수 있다.

물건에 대한 규정이 존재하지 않는 것은 민법통칙 제정 당시 토지와 건물 등 부동산에 대한 소유권 인정 여부에 대한 논의가 통일되지 못한 탓으로 보이고, 제5장 및 제6장에 채권, 지적재산권 등 다양한 분야가 규정되어 있는 것은 전체 민법전의 제정이 연기됨에 따라 시장경제관계에 대한 법적 규율의 필요성이 반영되었기 때문이다. 이 중 가장 특이한 점은 '개체공상호와 농촌승포경영호' 관련규정인데, 이는 배급경제에서 시장경제가 도입됨에 따라 자연인이 개인자격으로 생산활동에 참여할 수 있도록 고안된 것으로 우리나라에는 통용하지 않는 개념이다. 상세한 내용은 본 번역서 민법총칙의 제2편 제1장 제6절을 참조하기 바란다.

나. 물권법

중국의 물권법은 1993년 최초로 거론되었으나 소유권에 대한 이념적 갈등으로 장기간 지연되었다가 2004년 헌법에서 개인의 사유재산권 및 상속권 보호를 명문으로 규정하여 그 논의가 일단락짓고 2007년에 드디어 제정되었다.

중국의 물권법은 부칙을 포함하여 총 5편 247개의 조문으로 구성되어 있는데, 제1편 총칙, 제2편 소유권, 제3편 용익물권, 제4편 담보물권, 제5편 점유의 순으로 규정되어 있어 우리나라와 외형상으로는 대동소이하다고 할 수 있다. 그러나 구체적으로 살펴보면 사회주의적 특성으로 인하여 여러 가지 차이점이 나타난다.

가장 중요한 특징은 소유권에 관한 규정이다. 소유권의 주체를 국가, 집체(集體), 개인으로 구분하면서, 부동산 중에서도 토지에 대한 소유권은 국가 내지 집체에 한정함으로써 개인은 주택 등 건물에 대한 소유권만 인정하고 있다. 즉, 중국의 물권법은 부동산 전부에 대한 사적 소유권을 인정하고 있는 것이 아니다. 토지뿐만 아니라 천연자원, 야생동식물, 무선 전자력, 문화재, 철도 및 도로, 전신설비, 가스파이프 등의 기본설비는 국가소유임을 명백히 하고 있다. 상세한 내용은 본 번역서 물권편 제2장 제4절을 참조하기 바란다.

다음으로 용익물권에 대한 규정이다. 토지소유권의 주체를 국가와 집체로 한정하다 보니까 토지사용권을 주된 내용으로 하는 독특한 용익물권이 발달하게 되었다. 이러한 토지 관련 용익물권 중에서 중국물권법에서는 토지승포경영권, 건설용지사용권, 택기지사용권을 특별히 규정하고 있다. 토지승포경영권은 농촌의 토지에 대한 사용권을 농업·임업 등의 용도로 한정하여 개인 등에게 부여한 용익물권을 말한다. 그리고 도시의 토지에 대하여 건축물, 건조물 기타 부속시설을 부설하여 사용·수익할 권리를 부여한 것이 바로 건설용지사용권이고, 도시 및 농촌의 토지에 대하여 주택 및 부속시설에 대한 사용권을 부여한 것이 바로 택기지사용권이다. 이렇게 중국에서의 토지에 대한 용익물권은 농촌지역 토지승포경영권, 도시지역 건설용지사용권, 그리고 주택을 위한 택기지사용권으로 대별된다. 상세한 내용은 본 번역서 물권편 제3장 제2절~제4절을 참조하기 바란다.

담보물권은 저당권, 질권, 유치권의 3종류를 인정하고 있는 등 우리나라와 큰 차이가 없으나, 점유에서는 점유를 단순히 사실관계로 취급할 뿐 권리관계로는 파악하지 않아 우리나라와는 대조를 이룬다. 상세한 내용은 본 번역서 물권편 제5장 점유를 참조하기 바란다.

다. 채권법

중국은 아직 채권법이 제정되지는 않았으나, 장래 통일된 민법전의 제정에 대비하여 학계에서는 채권법 이론에 대하여 활발한 연구가 진행되고 있다. 또한 이미 제정된 민법통칙과 계약법 등에 반영된 채권법 원리를 찾아내고 이를 해석하는 등 많은 연구가 진행 중이다.

본 번역서 역시 여타 중국의 채권법 교과서와 마찬가지로 채권의 발생 및 효력, 실현, 이전, 소멸 등을 차례로 상세히 설명하고 있는데, 그 내용은 우리나라와 대동소이하다. 향후 입법과정에서 이러한 연구성과들이 많이 반영될 것으로 기대된다.

라. 계약법

중국의 계약법은 총칙과 각칙, 부칙으로 분류되어 있으며 총 23장 428개의 조문으로 구성되어 있다. 총칙에서 계약의 성립, 효력, 이행, 변경과 양도, 종료, 위약책임 등을, 각칙은 매매계약, 증여계약, 임대차계약 등 총 15개의 전형계약을 각 규정하고 있는 등 그 편제 및 내용은 우리나라와 유사하다.

본 번역서에서는 계약법 각칙에 규정된 각종 전형계약을 소개하면서, 제7장 제4절 및 제10절에서 '토지사용권의 출양과 양도계약', '승포경영계약' 등 계약법에 규정되지 아니한 독특한 계약형식을 설명하고 있다. 상술한 바와 같이 중국은 사회주의적 체제로 인하여 토지의 사유화를 불인정하고 있어 개인에게 토지소유권 취득은 원천적으로 봉쇄되어 있으며, 다만 용익물권인 토지사용권만이 인정되고 있을 뿐이다. 제7장 제4절 '토지사용권의 출양과 양도계약'은 바로 일반토지에 대하여 토지사용권을 설정하고, 설정된 권리를 양도하는 계약을 말하며, 소유의 주체가 국가이냐 집체이냐에 따라 국유토지사용권과 농촌토지사용권으로 나누어 설명하고 있다. 제7장 제10절 중 '농촌승포경영계약' 또한 농촌의 토지를 농업·임업 등의 용도로 한정하여 사용권을 설정하는 계약을 말한다. 본 번역서는 토지사용권에 대하여 물권편에서는 용익물권으로서의 내용을 설명하고, 계약편에서는 그 설정과 양도에 관한 계약으로서의 내용을 설명하고 있다. 그리고 제7장 제10절에서는 '농촌승포경영계약' 외에 '기업승포경영계약'도 설명하고 있는데, 이는 토지에 대한 사용권을 설정하듯이 기업에 대한 경영권을 설정하는 계약을 의미한다. 이 역시 생산수단 국유제의 원칙이 적용되는 사회주의적 특성이 반영된 것으로 중국 특유의 계약이라 할 수 있다.

4. 마치며

위에서 개략적으로 살펴본 바와 같이 중국의 민법은 우리나라와는 많은 차이가 있기 때문에 이해하는 데 다소 어려운 점이 있다. 또한 중국은 개혁개방 이후 사회주의 정치질서를 유지하면서 점진적으로 시장경제질서를 도입하는 과정 중이라 아직 사인 간의 민사법률관계에 대하여 정교한 법리가 발달되어 있다고는 보기 어렵다. 이러한 까닭으로 우리나라 학계와 실무관계자들은 기초법인 민법보다는 회사법 등 당장 실생활에서 활용되는 법과 제도분야 연구에 치중하고 있는 것이 현실이다.

그러나 주지하는 바와 같이 우리나라와 중국은 국경을 마주하는 지리적 여건으로 인하여 역사 이래 수천 년 동안 정치·문화·사회·경제적으로 상호 밀접한 관계를 유지하여 왔다. 특히 최근에 이르러 중국은 우리나라 제1의 교역상대국이자 제1위 수출상대국이며 동시에 수만 개의 우리 기업이 진출하여 연간 수백억 불을 투자하는 제1위 투자 상대국이기도 하다. 따라서 중국의 사회주의 시장경제질서에 대한 체계적이고 심도 깊은 연구는 시급한 과제가 아닐 수 없다.

비록 본 번역서가 중국민법 교과서를 우리나라 법률용어로 풀어서 옮긴 것에 불과하나, 중국법의 기초인 민법 교과서에 대한 최초의 번역서인 만큼 중국의 사회주의 시장경제질서에 대한 체계적 연구에 초석이 되기를 감히 기대해본다. 중국법에 관심 있는 학계, 그리고 재조·재야 법조인들 및 유학생들에게 조금이라도 보탬이 되었으면 한다. 더 나아가 한·중 양국의 교류와 발전에 기여하고 재중 한국인의 경제활동 보호에 도움이 되기를 바라는 마음이 간절하다.

장기간의 번역 작업에도 불구하고 능력이 부족하여 원문의 뜻을 충실히 전달하지 못하고 미흡한 내용이 적잖을까 염려된다. 아무쪼록 동도제현 여러분께서 넓은 아량으로 이해하여 주시기를 바라며 아울러 향후 많은 지도와 편달을 기대한다.

2007. 9.
공역자 노정환

차 례

저자 서문 · 4
역자 서문 · 7

 民法 槪論

제1장 民法의 槪念과 性質

제1절 民法의 語源과 槪念 ─────── 50
Ⅰ. 민법의 어원 ················· 50
Ⅱ. 민법의 의의 ················· 52
Ⅲ. 민법학 연구대상으로서의 민법 ········ 55

제2절 民法의 構成要素 ─────── 55
Ⅰ. 민법규칙 ··················· 55
Ⅱ. 민법원칙 ··················· 59
Ⅲ. 민법개념 ··················· 61

제3절 民法의 體系 ─────── 65
Ⅰ. 민법의 발전과정도 민법이 점점 체계화되는
    과정이다 ·················· 65
Ⅱ. 유럽대륙국가의 근·현대민법의 건립체계 ··· 67

Ⅲ. 중국민법의 체계 …………………………………… 69
　　Ⅳ. 민법체계화의 촉진요소와 민법체계화의 의의 …… 78

제4절 民法의 淵源 ──────────────── 83
　　Ⅰ. 서설 ……………………………………………… 83
　　Ⅱ. 민법의 직접적 연원─제정법 …………………… 87
　　Ⅲ. 민법의 간접적 연원─관습과 법리 ……………… 94

제5절 民法의 規律對象 ──────────────── 99
　　Ⅰ. 민사관계 ………………………………………… 100
　　Ⅱ. 민사재산의 관계 ………………………………… 104
　　Ⅲ. 민사인신(人身)관계 ……………………………… 111

제6절 民法의 規律方法 ──────────────── 115
　　Ⅰ. 법적 규율의 개념 ………………………………… 115
　　Ⅱ. 법적 규율의 일반적인 방법 …………………… 117
　　Ⅲ. 민법의 법적 규율방법상의 특징 ………………… 120

제7절 民法의 性質 ──────────────── 123
　　Ⅰ. 사법으로서의 민법 ……………………………… 124
　　Ⅱ. 권리법으로서의 민법 …………………………… 129
　　Ⅲ. 민법은 시장경제의 기본법이다 ………………… 133

제8절 民法과 關聯 있는 法律部門과의 關係 ────── 134
　　Ⅰ. 민법과 공법에 관련된 법률부문과의 관계 …… 134
　　Ⅱ. 민법과 사법 중의 기타 법률부문과의 관계 …… 138

제2장 民法의 基本原則

제1절 民法의 基本原則의 槪述 ──────────── 147
　　Ⅰ. 민법의 기본원칙의 개념과 특징 ………………… 147
　　Ⅱ. 민법의 기본원칙의 기능 ………………………… 150

제2절 民法의 基本原則 ─────────── 153
　Ⅰ. 평등원칙 ──────────────── 154
　Ⅱ. 신의칙 ───────────────── 155
　Ⅲ. 공평원칙 ──────────────── 158
　Ⅳ. 권리남용금지의 원칙 ─────────── 161

제3장 民事法律關係

제1절 民事法律關係의 概述 ─────────── 165
　Ⅰ. 민사법률관계의 개념과 특징 ──────── 165
　Ⅱ. 민사법률관계의 요소 ─────────── 170

제2절 民事權利 ─────────────── 175
　Ⅰ. 민사권리의 개념과 내용 ───────── 175
　Ⅱ. 민사권리의 분류 ──────────── 179
　Ⅲ. 민사권리의 행사 ──────────── 183
　Ⅳ. 민사권리의 보호 ──────────── 186

제3절 民事義務와 民事責任 ───────── 191
　Ⅰ. 민사의무 ───────────────── 191
　Ⅱ. 민사책임 ───────────────── 196

제2편 民事主体

제1장 自然人

제1절 序說 ─────────────────── 207
　Ⅰ. 자연인의 의의 ─────────────── 207
　Ⅱ. 공민과 자연인 ─────────────── 208

제2절 自然人의 民事能力 — 209
  I. 민사권리능력 — 209
  II. 민사행위능력 — 217

제3절 自然人의 住所 — 225
  I. 주소의 개념 — 225
  II. 주소의 의의 — 225
  III. 주소의 확정 — 226

제4절 監 護 — 226
  I. 감호의 개념 — 226
  II. 감호제도 설치의 목적 — 227
  III. 감호의 성질 — 228
  IV. 감호인의 직책 — 228
  V. 감호의 설정 — 230
  VI. 감호관계의 개시, 변경과 소멸 — 234

제5절 失踪宣告와 死亡宣告 — 237
  I. 실종선고 — 238
  II. 사망선고 — 241

제6절 個體工商戶와 農村承包經營戶 — 246
  I. 개체공상호 — 246
  II. 농촌승포경영호 — 248
  III. 개체공상호와 농촌승포경영호의 재산책임 — 250

제2장 法 人

제1절 法人의 槪念과 構成要件 — 252
  I. 법인개념의 기원 — 252
  II. 법인의 개념과 특징 — 253
  III. 법인의 구성요건 — 254

제2절 法人의 本質 — 261
    Ⅰ. 법인의제설 261
    Ⅱ. 법인부인설 263
    Ⅲ. 법인실재설 266

제3절 法人의 類型 — 269
    Ⅰ. 대륙법계 국가의 법인에 대한 주요 분류 269
    Ⅱ. 영미법계 국가의 법인에 대한 주요 분류 272
    Ⅲ. 중국민법의 법인에 대한 분류 273

제4절 法人의 成立 — 274
    Ⅰ. 법인의 '설립'과 '성립' 274
    Ⅱ. 법인성립의 조건 277

제5절 法人의 民事能力 — 282
    Ⅰ. 법인의 민사권리능력 283
    Ⅱ. 법인의 민사행위능력 285
    Ⅲ. 법인의 민사책임능력 286

제6절 法人의 變更과 消滅 — 287
    Ⅰ. 법인의 변경 287
    Ⅱ. 법인의 소멸 289

제7절 法人의 民事責任 — 291
    Ⅰ. 법인이 그 법정대표 및 기타 직원의 직무행위에 대하여 부담하는 민사책임 292
    Ⅱ. 법인 자신의 민사위법행위에 대한 민사책임 293
    Ⅲ. 법인의 변경과 정지시의 민사책임 294
    Ⅳ. 법인은 그 분점기구의 행위에 대한 민사책임을 져야 한다 294

제3장 非法人組織

제1절 非法人組織의 槪述 ——— 295
- I. 비법인조직의 개념 ——— 295
- II. 비법인조직의 법률적 특징 ——— 296
- III. 비법인조직의 법률지위 ——— 297

제2절 組 合 ——— 301
- I. 조합의 법률지위 ——— 301
- II. 조합의 개념과 법률적 특징 ——— 304
- III. 조합의 분류 ——— 307
- IV. 조합조직의 성립 ——— 311
- V. 조합의 민사책임 ——— 319

제3편 民事法律事實

제1장 民事法律事實의 槪述

제1절 民事法律事實의 槪念과 特徵 ——— 326
- I. 민사법률사실의 개념 ——— 326
- II. 민사법률사실의 특징 ——— 327
- III. 민사법률사실의 결과 ——— 330
- IV. 민사법률사실의 구성 ——— 333

제2절 民事法律事實의 分類 ——— 334
- I. 사건 ——— 334
- II. 행위 ——— 337

제3절 民事法律事實의 意義 ──────── 342
   Ⅰ. 민법규범에서의 위치 343
   Ⅱ. 민법이 규율기능을 실현하는 데 있어서의 작용 344
   Ⅲ. 민사사법실무에서의 의의 345

제2장 民事法律行爲

제1절 民事法律行爲의 槪述 ──────── 346
   Ⅰ. 민사법률행위의 개념 346
   Ⅱ. 민사법률행위의 개념과 상관개념과의 구별 350

제2절 民事法律行爲의 分類 ──────── 351

제3절 民事法律行爲의 構成 ──────── 359
   Ⅰ. 민사법률행위 구성의 개념 359
   Ⅱ. 의사표시 360
   Ⅲ. 기타 사실요소 365
   Ⅳ. 적법요소 366

제4절 民事法律行爲의 成立과 效力發生 ──────── 367
   Ⅰ. 민사법률행위의 성립과 효력발생의 개술 367
   Ⅱ. 민사행위의 성립요건 369
   Ⅲ. 민사행위의 유효요건 371

제5절 民事法律行爲의 條件附와 期限附 ──────── 381
   Ⅰ. 민사법률행위의 조건부와 기한부에 대한
      의의와 성질 381
   Ⅱ. 조건부의 법률행위 382
   Ⅲ. 기한부의 법률행위 386

제6절 民事行爲의 效力狀態 ──────── 388

  Ⅰ. 개념 388
  Ⅱ. 민사행위의 확정적 무효 390
  Ⅲ. 민사행위의 변경가능과 취소가능 403
  Ⅳ. 민사행위의 효력미정 408
  Ⅴ. 민사행위의 무효, 변경가능, 취소가능,
    효력미정의 구별 411
  Ⅵ. 민사행위의 무효 또는 취소의 법률효과 414

제3장 時效와 期間, 期日

제1절 時效制度의 概述 418
  Ⅰ. 시효의 개념 및 구성 418
  Ⅱ. 시효의 성질 419
  Ⅲ. 시효제도의 작용 420
  Ⅳ. 시효의 종류 421
  Ⅴ. 시효제도의 변천과 입법사례 422

제2절 取得時效 423
  Ⅰ. 취득시효의 개념과 특징 423
  Ⅱ. 취득시효의 적용범위 424
  Ⅲ. 중국민법의 취득시효제도 건립 여부 426
  Ⅳ. 취득시효의 요건 430
  Ⅴ. 취득시효의 효력 432
  Ⅵ. 취득시효의 중단 432

제3절 訴訟時效 435
  Ⅰ. 소송시효의 개념과 특징 435
  Ⅱ. 소송시효의 종류와 권리의 최장보호기한 436
  Ⅲ. 소송시효의 적용범위 439
  Ⅳ. 소송시효기간의 기산 440
  Ⅴ. 소송시효의 중지, 중단과 연장 442

Ⅵ. 소송시효 완성의 효력 ────────── 448

제4절 期日과 期間 ──────────────── 450
　　　Ⅰ. 기일과 기간의 개념 ───────── 450
　　　Ⅱ. 기일과 기간의 종류 ───────── 451
　　　Ⅲ. 기일, 기간의 민사법률상의 의미 ── 451
　　　Ⅳ. 기일과 기간의 확정과 계산 ───── 453

제4편 代 理

제1장 代理의 槪述

제1절 代理의 槪念과 特徵 ──────────── 456
　　　Ⅰ. 대리의 개념 ─────────── 456
　　　Ⅱ. 대리의 특징 ─────────── 460
　　　Ⅲ. 대리와 상관되는 개념의 구별 ─── 463

제2절 代理의 發生, 發展과 意義 ──────── 464
　　　Ⅰ. 대리제도의 발생과 발전 ────── 464
　　　Ⅱ. 대리제도의 의의 ────────── 466

제3절 代理의 適用範圍 ──────────── 468
　　　Ⅰ. 민사법률행위의 대리범위 ───── 468
　　　Ⅱ. 대리를 적용하지 않는 행위 ──── 469
　　　Ⅲ. 법률의의를 가지는 행위의 대리 ── 470

제4절 代理의 分類와 種類 ──────────── 471
　　　Ⅰ. 대리의 분류 ─────────── 471
　　　Ⅱ. 대리의 종류 ─────────── 474

제2장 代理法律關係

제1절 代理法律關係의 概述 ——— 477
  Ⅰ. 대리법률관계의 개념과 특징 ——— 477
  Ⅱ. 대리법률관계와 관련된 법률관계 ——— 479

제2절 代理法律關係의 內容 ——— 482
  Ⅰ. 대리인의 대리권과 대리의무 ——— 482
  Ⅱ. 피대리인의 권리·의무 ——— 485
  Ⅲ. 제3자의 권리·의무 ——— 487

제3절 代理權 ——— 488
  Ⅰ. 대리권의 개념과 성질 ——— 488
  Ⅱ. 대리권의 발생 ——— 491
  Ⅲ. 대리권의 소멸 ——— 493

제4절 代理權의 行使와 代理行爲 ——— 495
  Ⅰ. 대리권 행사의 개념과 성질 ——— 495
  Ⅱ. 대리권 행사의 원칙 ——— 496
  Ⅲ. 대리행위 ——— 498

제3장 無權代理와 表現代理

제1절 無權代理 ——— 503
  Ⅰ. 무권대리의 개념과 특징 ——— 503
  Ⅱ. 무권대리의 법률결과 ——— 505

제2절 表現代理 ——— 507
  Ⅰ. 표현대리의 개념, 특징과 구성 ——— 507
  Ⅱ. 표현대리권에 대한 오신(誤信)사유와
      표현대리의 효력 ——— 508

제5편 人身權

제1장 人身權의 概念

제2장 人格權

제1절 生命權 — 518
- I. 생명권의 개념 — 518
- II. 생명권의 주체 — 518
- III. 생명권의 객체 — 519
- IV. 생명권의 내용 — 520

제2절 健康權 — 521
- I. 건강과 건강권의 개념 — 521
- II. 건강권의 객체 — 521
- III. 건강권의 내용 — 522

제3절 身體權 — 523
- I. 신체권의 개념 — 523
- II. 신체권의 객체 — 523
- III. 신체권의 내용 — 523
- IV. 신체권은 독립적인 인격권이다 — 524

제4절 人身自由權 — 526
- I. 인신자유권의 개념 — 526
- II. 인신자유권의 객체 — 527
- III. 인신자유권의 내용 — 527
- IV. 인신자유권에 대한 침범 — 529

제5절 婚姻自主權 ─────────── 530
    Ⅰ. 혼인자주권의 개념 530
    Ⅱ. 혼인자주권의 객체 531
    Ⅲ. 혼인자주권의 내용 531

제6절 姓名權 ─────────── 532
    Ⅰ. 성명과 성명권의 개념 532
    Ⅱ. 성명권의 객체 533
    Ⅲ. 성명권의 내용 533
    Ⅳ. 성명권에 대한 제한 535

제7절 名稱權 ─────────── 536
    Ⅰ. 명칭과 명칭권의 개념 536
    Ⅱ. 명칭권의 주체 537
    Ⅲ. 명칭권의 객체 537
    Ⅳ. 명칭권의 내용 538

제8절 肖像權 ─────────── 538
    Ⅰ. 초상과 초상권의 개념 538
    Ⅱ. 초상권의 객체 540
    Ⅲ. 초상권의 내용 540
    Ⅳ. 초상권의 제한 542
    Ⅴ. 초상작품의 권리관계 542

제9절 名譽權 ─────────── 543
    Ⅰ. 명예와 명예권의 개념 543
    Ⅱ. 명예권의 객체 544
    Ⅲ. 명예권의 내용 545

제10절 私生活保護權 ─────────── 546
    Ⅰ. 사생활보호와 사생활보호권의 개념 546
    Ⅱ. 사생활보호권의 객체 548

Ⅲ. 사생활보호권의 내용 549
Ⅳ. 사생활보호권과 알 권리의 관계 550
Ⅴ. 공무원과 공인의 사생활보호의 범위 551

제11절 榮譽權 ─────────────── 552
Ⅰ. 영예와 영예권의 개념 552
Ⅱ. 영예권의 객체 553
Ⅲ. 영예권의 내용 553

제3장 身分權

제1절 配偶者權 ─────────────── 555
Ⅰ. 배우자권의 개념 555
Ⅱ. 배우자권의 객체 555
Ⅲ. 배우자권의 내용 556

제2절 親 權 ─────────────────── 558
Ⅰ. 친권의 개념과 특징 558
Ⅱ. 친권의 객체 562
Ⅲ. 친권의 내용 563
Ⅳ. 친권의 소멸과 중지 565

제3절 親族權 ─────────────────── 568
Ⅰ. 친족과 친족권의 개념 568
Ⅱ. 친족권의 객체 569
Ⅲ. 친족권의 내용 570

제6편 物權

제1장 物權總論

제1절 物權과 物權法 — 574
- I. 물권 — 574
- II. 물권법 — 578

제2절 物權의 分類體系 — 588
- I. 민법전에서의 물권분류체계 — 588
- II. 학술이론상의 물권분류체계 — 589
- III. 중국의 물권분류체계 — 597

제3절 物權의 效力 — 598
- I. 배타적 효력 — 599
- II. 우선적 효력 — 600
- III. 추급효력(追及效力) — 604
- IV. 물상청구권(物上請求權) — 606

제4절 物權의 變動 — 610
- I. 물권변동의 개요 — 610
- II. 물권변동의 원인 — 613
- III. 물권변동의 원인-물권행위 — 614

제5절 物權變動의 公示와 公信原則 — 618
- I. 물권공시의 원칙 — 618
- II. 물권공신의 원칙 — 624

제6절 物權의 法律保護 — 629
- I. 물권의 확인청구 — 629
- II. 방해배제청구 — 630

Ⅲ. 원상회복청구 — 631
　Ⅳ. 원물반환청구 — 632
　Ⅴ. 손해배상청구 — 635

제2장 所有權

제1절 所有權의 概述 — 636
　Ⅰ. 소유권의 개념 — 636
　Ⅱ. 소유권의 특징 — 636
　Ⅲ. 소유권과 소유제도의 관계 및 그 사회작용 — 640

제2절 所有權의 權能 — 642
　Ⅰ. 소유권의 적극적 권능 — 643
　Ⅱ. 소유권의 소극적 권능 — 648

제3절 所有權能 行使의 制限 — 649

제4절 不動産所有權 — 652
　Ⅰ. 토지소유권 — 653
　Ⅱ. 가옥소유권과 건축물구분소유권 — 659
　Ⅲ. 부동산 상린관계 — 665

제5절 動産所有權 — 674
　Ⅰ. 선의취득(善意取得) — 675
　Ⅱ. 선점(先占) — 680
　Ⅲ. 유실물의 습득 — 683
　Ⅳ. 매장물의 발견 — 685
　Ⅴ. 첨부(添附) — 687
　Ⅵ. 시효취득(時效取得) — 691
　Ⅶ. 화폐소유권 — 693

제6절 共有 ──────────────────────── 695
  Ⅰ. 공유의 개술 ──────────────── 695
  Ⅱ. 안분공유(按份共有) ──────────── 701
  Ⅲ. 공동공유(共同共有) ──────────── 706
  Ⅳ. 공유재산의 분할 ─────────────── 711
  Ⅴ. 준공유 ─────────────────── 713

제3장 用益物權

제1절 用益物權의 槪述 ──────────── 715
  Ⅰ. 용익물권의 발생과 특징 ─────────── 715
  Ⅱ. 용익물권의 종류와 발전 ─────────── 717

제2절 承包經營權 ───────────────── 721
  Ⅰ. 현행 승포경영권의 개념과 특징 ──────── 721
  Ⅱ. 승포경영권의 내용 ────────────── 723

제3절 使用權 ─────────────────── 726
  Ⅰ. 사용권의 개념 ───────────────── 726
  Ⅱ. 사용권의 성질 ───────────────── 729
  Ⅲ. 사용권의 분류 ───────────────── 730

제4절 宅基地使用權 ─────────────── 731
  Ⅰ. 택기지사용권의 개념과 특징 ─────────── 731
  Ⅱ. 택기지사용권의 내용 및 행사 ──────────── 733

제5절 傳統 用益物權制度와 中國의 民事立法 ── 735
  Ⅰ. 지상권 ──────────────────── 735
  Ⅱ. 지역권과 상린관계 ──────────────── 739
  Ⅲ. 영소작권 ─────────────────── 742

제4장 擔保物權

제1절 擔保物權의 槪述 — 746
  I. 담보물권의 개념과 특징 — 746
  II. 담보물권의 종류 — 748
  III. 반담보(反擔保) — 748
  IV. 담보물권의 기능 — 751

제2절 抵當權 — 753
  I. 저당권의 개술 — 753
  II. 저당권의 설립 — 758
  III. 저당권등기 — 762
  IV. 저당권의 효력 및 범위 — 764
  V. 저당권의 실현 — 770
  VI. 저당권의 소멸 — 771
  VII. 근저당(根抵當) — 772

제3절 質 權 — 775
  I. 질권의 개술 — 775
  II. 동산질권(動産質權) — 777
  III. 권리질권 — 785
  IV. 전질권(轉質權) — 790

제4절 留置權 — 793
  I. 유치권의 개술 — 793
  II. 유치권의 성립조건 — 796
  III. 유치권의 효력 — 799
  IV. 유치권의 실현 — 805
  V. 유치권의 소멸 — 807

제5장 占 有

제1절 占有制度의 概述 —————————— 810
- I. 점유의 개념 —————————— 810
- II. 점유의 사회적 작용 —————————— 812
- III. 점유와 관계되는 개념의 비교 —————————— 814

제2절 占有의 分類 —————————— 816
- I. 유권점유(有權占有)와 무권점유(無權占有) —————————— 816
- II. 무권점유 중의 선의점유(善意占有)와 악의점유(惡意占有) —————————— 817
- III. 자주점유(自主占有)와 타주점유(他主占有) —————————— 819
- IV. 직접점유(直接占有)와 간접점유(間接占有) —————————— 820
- V. 자기점유(自己占有)와 보조점유(輔助占有) —————————— 821
- VI. 공연점유(公然占有)와 은닉점유(隱匿占有) —————————— 822
- VII. 단독점유(單獨占有)와 공동점유(共同占有) —————————— 822
- VIII. 준점유(準占有) —————————— 823

제3절 占有의 發生과 消滅 —————————— 824
- I. 점유의 발생 —————————— 824
- II. 점유의 소멸 —————————— 827

제4절 占有의 效力 및 保護 —————————— 827
- I. 점유의 효력 —————————— 827
- II. 점유의 보호 —————————— 834

제7편 債 權

제1장 債權과 債權法

제1절 債權의 意義 ——————— 838
  Ⅰ. 서설 ·· 838
  Ⅱ. 채권의 요소 ······························ 840

제2절 債權의 本質 ——————— 842
  Ⅰ. 채권은 법률효과를 기대할 수 있는 신용이다 ······· 842
  Ⅱ. 채권의 성질 ······························ 844
  Ⅲ. 채권과 물권 ······························ 845
  Ⅳ. 채권의 물권화 ··························· 846
  Ⅴ. 채권의 확장 ······························ 847

제3절 債權法 ——————————— 849
  Ⅰ. 대륙법계의 채권법 ···················· 849
  Ⅱ. 채권법과 상법 ··························· 849
  Ⅲ. 중국의 채권법 규범 ···················· 850
  Ⅳ. 채권법의 적용에 관한 논리적 분석 ······· 851
  Ⅴ. 채권법과 재산법 ························ 852

제2장 債權의 類型

제1절 序 說 ——————————— 855

제2절 債權의 類型 ——————— 856
  Ⅰ. 채권의 급부목적에 의한 분류 ····· 856
  Ⅱ. 채권의 목적에 대한 선택가능 여부에 의한 분류 ··· 865
  Ⅲ. 채권의 급부방법에 따른 분류 ····· 868

Ⅳ. 채권의 집행력에 따른 분류 ———————— 869

　제3절 多數當事者의 債權關係 ———————————— 870
　　Ⅰ. 서설 ———————————————————— 870
　　Ⅱ. 안분채권 ————————————————— 873
　　Ⅲ. 분할채권 ————————————————— 874
　　Ⅳ. 연대채권 ————————————————— 875
　　Ⅴ. 불가분채권 ———————————————— 878

제3장 債權의 發生

　제1절 序 說 ———————————————————— 881

　제2절 契 約 ———————————————————— 883
　　Ⅰ. 계약은 상품거래의 법률형식이다 ——————— 883
　　Ⅱ. 계약의 의의 ———————————————— 884

　제3절 權利侵害行爲 ————————————————— 888
　　Ⅰ. 서설 ———————————————————— 888
　　Ⅱ. 권리침해행위와 민사책임 —————————— 889
　　Ⅲ. 권리침해행위의 의의 ———————————— 890
　　Ⅳ. 권리침해행위의 기능 및 지위 ———————— 890

　제4절 不當利得 ——————————————————— 892
　　Ⅰ. 의의 ———————————————————— 892
　　Ⅱ. 부당이득의 성질에 대한 학설 ———————— 893
　　Ⅲ. 부당이득의 가치와 규범기능 ————————— 894

　제5절 事務管理 ——————————————————— 895
　　Ⅰ. 의의 ———————————————————— 895
　　Ⅱ. 성질 ———————————————————— 896
　　Ⅲ. 사무관리의 가치 및 기능 ——————————— 896

35

제4장 債權의 效力

제1절 序說 — 898
- I. 의의 — 898
- II. 유형 — 899
- III. 채권의 효력에 관한 입법사례 — 899
- IV. 본장의 구조 — 900

제2절 債權의 效力 — 901
- I. 서설 — 901
- II. 채권의 청구력 — 901
- III. 채권의 집행력 — 903
- IV. 채권의 유지력 — 904
- V. 채권효력의 조각 — 905

제3절 債務의 效力 — 907
- I. 서설 — 907
- II. 이행의무 — 908
- III. 부수적 의무 — 911
- IV. 계약전의무와 계약후의무 — 913
- V. 진정한 의무가 아닌 의무 — 915
- VI. 채권과 책임 — 916

제4절 債務不履行 및 그 效力 — 920
- I. 서설 — 920
- II. 이행불능 — 922
- III. 이행거절 — 925
- IV. 불완전이행 — 927
- V. 이행지체 — 929
- VI. 채무불이행의 효력 — 933

제5장 債權의 實現

제1절 序說 ——————————————————— 937
　Ⅰ. 채권의 효력이 미치지 않는 범위 ——————— 937
　Ⅱ. 채권실현에 대한 연구방법 ————————— 938
　Ⅲ. 본장의 맥락 —————————————— 939

제2절 完全債權과 不完全債權 ————————— 940
　Ⅰ. 서설 ———————————————— 940
　Ⅱ. 완전채권의 구성 ———————————— 940
　Ⅲ. 불완전채권의 유형 ———————————— 942

제3절 債權의 擔保 ——————————————— 943
　Ⅰ. 서설 ———————————————— 943
　Ⅱ. 보증 ———————————————— 946
　Ⅲ. 계약금 ———————————————— 952
　Ⅳ. 위약금 ———————————————— 958

제4절 債權의 保全 ——————————————— 962
　Ⅰ. 서설 ———————————————— 962
　Ⅱ. 채권자대위권 —————————————— 963
　Ⅲ. 채권자취소권 —————————————— 967

제6장 債權의 移轉

제1절 序說 ——————————————————— 973
　Ⅰ. 채권이전의 개념 ————————————— 973
　Ⅱ. 채권의 이전의 의의 ———————————— 974
　Ⅲ. 채권이전의 입법 ————————————— 976

제2절 債權讓渡 ─────────────── 977
    Ⅰ. 채권양도의 의의 ················ 977
    Ⅱ. 채권양도계약 ···················· 978
    Ⅲ. 채권양도의 제한 ················ 979
    Ⅳ. 채무자에 대한 채권양도의 효력발생요건 ······· 980
    Ⅴ. 채권양도의 효력 ················ 983

제3절 債務引受 ─────────────── 984
    Ⅰ. 서설 ···························· 984
    Ⅱ. 채무인수의 법률요건 ·········· 985
    Ⅲ. 채무인수의 효력 ················ 988

제7장 債權의 消滅

제1절 序說 ───────────────── 990
    Ⅰ. 채권소멸의 의의 ················ 990
    Ⅱ. 채권의 소멸원인 ················ 991

제2절 辨濟 ───────────────── 992
    Ⅰ. 변제의 의의와 성질 ············ 992
    Ⅱ. 변제자 ·························· 993
    Ⅲ. 변제수령자 ······················ 994
    Ⅳ. 변제의 목적 ···················· 995
    Ⅴ. 변제지, 변제기, 변제비용 ····· 999
    Ⅵ. 변제의 효력 ···················· 1002

제3절 供託 ───────────────── 1004
    Ⅰ. 서설 ···························· 1004
    Ⅱ. 공탁의 원인 ···················· 1005
    Ⅲ. 공탁의 주체와 객체 ············ 1007
    Ⅳ. 공탁의 성립 ···················· 1008
    Ⅴ. 공탁의 효력 ···················· 1009

제4절 相計 —————————————————————— 1011
    Ⅰ. 서설 ——————————————————————— 1011
    Ⅱ. 상계의 요건 ——————————————————— 1012
    Ⅲ. 상계의 금지 ——————————————————— 1014
    Ⅳ. 상계의 방법 ——————————————————— 1014
    Ⅴ. 상계의 효력 ——————————————————— 1015

제5절 免除 —————————————————————— 1017
    Ⅰ. 면제의 의의 및 성질 ——————————————— 1017
    Ⅱ. 면제의 조건 ——————————————————— 1018
    Ⅲ. 면제의 효력 ——————————————————— 1019

제6절 混同 —————————————————————— 1020

제8장 權利侵害行爲

제1절 權利侵害行爲法의 槪述 ——————————— 1023
    Ⅰ. 권리침해행위의 개념 ——————————————— 1023
    Ⅱ. 권리침해행위제도와 계약제도의 차이 —————— 1026
    Ⅲ. 권리침해행위제도의 규범적 기능 ————————— 1030

제2절 權利侵害行爲法의 歸責原則 및 그 歷史發展 – 1035
    Ⅰ. 결과책임원칙 ——————————————————— 1035
    Ⅱ. 과실책임원칙 ——————————————————— 1036
    Ⅲ. 과실추정원칙 ——————————————————— 1040
    Ⅳ. 무과실책임원칙 —————————————————— 1043

제3절 權利侵害行爲法의 現狀 ——————————— 1046
    Ⅰ. 권리침해행위의 책임귀속원칙의 현상 —————— 1046
    Ⅱ. 권리침해행위법의 위기 ————————————— 1047

제4절 一般權利侵害行爲 ─────────── 1053
  Ⅰ. 일반권리침해행위의 구성요건의 개념 ······ 1053
  Ⅱ. 일반권리침해행위의 구성요건 ············· 1055

제5절 特殊權利侵害行爲 ─────────── 1064
  Ⅰ. 공무권리침해행위 ························· 1064
  Ⅱ. 위험성이 높은 작업으로 인하여 타인에게 손해를
     초래한 권리침해행위 ····················· 1065
  Ⅲ. 환경오염으로 인하여 타인에게 손해를 초래한
     권리침해행위 ····························· 1067
  Ⅳ. 지면시공으로 인하여 타인에게 손해를 초래한
     권리침해행위 ····························· 1070
  Ⅴ. 건축물 혹은 기타 물건으로 인하여 타인에게
     손해를 초래한 권리침해행위 ·············· 1072
  Ⅵ. 동물로 인하여 타인에게 손해를 초래한
     권리침해행위 ····························· 1074
  Ⅶ. 피감호인이 타인에게 손해를 초래한
     권리침해행위 ····························· 1075
  Ⅷ. 제조물책임 ······························· 1077

제6절 抗辯事由 ───────────────── 1100
  Ⅰ. 항변사유의 개념 ························· 1100
  Ⅱ. 각종 항변사유 ··························· 1101

제7절 損害賠償 ───────────────── 1110
  Ⅰ. 서설 ······································ 1110
  Ⅱ. 재산에 대한 침해 ······················· 1111
  Ⅲ. 인신손해에 대한 배상 ··················· 1111

제9장 不當利得의 債權·債務

제1절 不當利得의 法律要件 — 1114
- I. 서설 — 1114
- II. 재산상의 이익취득 — 1115
- III. 타인에게 손실을 주는 것 — 1115
- IV. 손실을 입는 것과 이익을 취득하는 것은 인과관계가 있다 — 1116
- V. 법률상에 없는 원인 — 1116

제2절 不當利得의 類型 — 1117
- I. 서설 — 1117
- II. 이행의 부당이득 — 1118
- III. 비이행의 부당이득 — 1122

제3절 不當利得의 效力 — 1126
- I. 서설 — 1126
- II. 부당이득의 채권·채무의 객체 — 1126
- III. 부당이득청구권과 물상청구권 — 1128

제10장 事務管理의 債權·債務

제1절 事務管理의 法律要件 — 1130
- I. 서설 — 1130
- II. 타인사무의 관리 — 1131
- III. 타인을 위한 관리 — 1132
- IV. 법률상 의무의 부존재 — 1133

제2절 事務管理의 類型 및 그 效果 — 1133
- I. 서설 — 1133
- II. 적법한 사무관리 — 1133

41

Ⅲ. 불법적 사무관리 ……………………………………… 1137
　　　Ⅳ. 진정하지 않은 사무관리 …………………………… 1139

제8편 契 約

제1장 契約과 契約法의 一般的 概述

제1절 契約의 概述 ——————————————— 1144
　　Ⅰ. 계약의 개념 ……………………………………………… 1144
　　Ⅱ. 준계약 …………………………………………………… 1152
　　Ⅲ. 계약의 특징 ……………………………………………… 1154

제2절 契約의 分類 ——————————————— 1155
　　Ⅰ. 대륙법계의 계약에 대한 분류 ………………………… 1155
　　Ⅱ. 영미법계의 계약에 대한 분류 ………………………… 1166

제3절 私法體系 중 契約法의 地位 ————————— 1170
　　Ⅰ. 계약은 사법상의 권리·의무를 발생시키는
　　　　가장 중요한 근거이다 ………………………………… 1170
　　Ⅱ. 거래를 보호하여 사법상의 목표의 실현을
　　　　촉진시킨다 ……………………………………………… 1173
　　Ⅲ. 최대한도의 경제가치 증가 …………………………… 1176

제2장 契約의 締結, 成立과 效力

제1절 契約締結의 原則 ————————————— 1179
　　Ⅰ. 계약자유의 의의 ………………………………………… 1179
　　Ⅱ. 계약자유의 원칙의 형성 ……………………………… 1186
　　Ⅲ. 계약자유의 원칙의 부작용 …………………………… 1194

제2절 契約締結의 一般節次(請約과 承諾) ── 1196
    Ⅰ. 청약   1198
    Ⅱ. 승낙   1204

제3절 契約締結의 特殊한 方式 ──────── 1207
    Ⅰ. 입찰공고와 입찰   1208
    Ⅱ. 교차청약(交叉請約)   1209
    Ⅲ. 경매   1209
    Ⅳ. 정가를 표시한 상품의 진열   1210
    Ⅴ. 상품가격표   1210
    Ⅵ. 일반광고   1210
    Ⅶ. 현상광고   1211
    Ⅷ. 공공사업   1212
    Ⅸ. 의사의 실현   1212

제4절 契約의 成立 ─────────── 1213
    Ⅰ. 계약성립의 성질   1213
    Ⅱ. 계약성립의 요건   1214
    Ⅲ. 계약성립의 시기와 지점   1214

제5절 契約의 效力發生 ────────── 1215
    Ⅰ. 서설   1215
    Ⅱ. 계약의 효력발생요건   1215

제3장 標準契約과 規制

제1절 標準契約의 槪述 ────────── 1218
    Ⅰ. 표준계약의 개념   1218
    Ⅱ. 표준계약의 경제기초와 이론기초   1220
    Ⅲ. 표준계약의 경제기초와 이론기초에 대한 사고   1226

43

제2절 標準契約에 대한 規制(1) - 법리적 기초 —— 1230
  Ⅰ. 계약자유를 위반한 표준계약 1230
  Ⅱ. 표준계약과 계약정의의 충돌 1232
  Ⅲ. 불공평조항의 표현형식 1235

제3절 標準契約에 대한 規制(2) - 입법규제 —— 1237
  Ⅰ. 민사일반법에 의한 규제 1237
  Ⅱ. 특별법에 의한 규제 1240

제4절 標準契約에 대한 規制(3) - 사법규제 —— 1240
  Ⅰ. 대륙법계 국가의 사법규제 1241
  Ⅱ. 영미법계 국가의 사법규제 1243

제5절 中國의 標準契約에 대한 規制體系 —— 1246
  Ⅰ. 계약법 반포 전의 표준계약에 대한
    규제방법 및 규칙 1246
  Ⅱ. 중국 신(新)계약법의 표준계약에 대한
    규제방법 및 규칙 1250
  Ⅲ. 결론 1259

제4장 契約解釋

제1절 契約解釋의 概述 —— 1261
  Ⅰ. 계약해석의 객관적 기초 1261
  Ⅱ. 계약해석의 성질 1264
  Ⅲ. 계약해석의 목적과 대상 1266

제2절 契約解釋의 原則 —— 1268
  Ⅰ. 주관적 해석의 원칙 1268
  Ⅱ. 객관적 해석의 원칙 1272
  Ⅲ. 전체해석의 원칙 1278

Ⅳ. 목적해석의 원칙 ──────────── 1282
　　Ⅴ. 공평해석의 원칙 ──────────── 1283
　　Ⅵ. 관습과 거래관행에 따른 해석 ─── 1287
　　Ⅶ. 신의성실의 해석원칙 ────────── 1288

제5장 契約履行

제1절 契約履行의 一般的 槪述 ──────────── 1290

제2절 契約履行 중의 抗辯權 ──────────── 1293
　　Ⅰ. 사정변경의 항변권 ──────────── 1293
　　Ⅱ. 쌍무계약 이행 중의 항변권 ─────── 1297

제6장 違約 및 救濟

제1절 違約의 一般的 槪述 ──────────── 1302
　　Ⅰ. 위약의 개념 ──────────── 1302
　　Ⅱ. 위약의 형태 ──────────── 1303

제2절 違約救濟 ──────────── 1305
　　Ⅰ. 실제이행(實際履行) ──────────── 1306
　　Ⅱ. 계약해제 ──────────── 1311
　　Ⅲ. 손해배상 ──────────── 1316

제7장 主要契約

제1절 賣買契約 ──────────── 1325
　　Ⅰ. 매매계약의 개술 ──────────── 1325
　　Ⅱ. 매매계약의 효력 ──────────── 1327
　　Ⅲ. 특수매매계약 ──────────── 1334

제2절 贈與契約 —————————————— 1337
Ⅰ. 증여계약의 개념과 특징 ·············· 1337
Ⅱ. 증여계약의 효력 ························ 1339
Ⅲ. 증여계약의 취소 ························ 1341
Ⅳ. 부담부증여 ······························· 1343

제3절 賃貸借契約 —————————————— 1345
Ⅰ. 임대차계약의 개념과 특징 ·········· 1345
Ⅱ. 임대차계약의 쌍방당사자의 권리와 의무 ···· 1348
Ⅲ. 주택임대차계약에 관한 특수규정 ······ 1353
Ⅳ. 융자임대차계약 ························ 1355

제4절 土地使用權의 出讓과 讓渡契約 —————— 1360
Ⅰ. 토지사용권의 출양과 양도계약의 개념 ···· 1360
Ⅱ. 국유토지사용권의 출양 및 양도 ········· 1361
Ⅲ. 농촌토지사용권의 출양 및 양도 ········· 1368

제5절 都給契約 ——————————————— 1372
Ⅰ. 도급계약의 개념과 특징 ·············· 1372
Ⅱ. 도급계약의 종류 ······················· 1374
Ⅲ. 도급계약 당사자 쌍방의 권리와 의무 ······ 1376
Ⅳ. 도급계약의 위험부담 ·················· 1381

제6절 委託契約 ——————————————— 1383
Ⅰ. 위탁계약의 개념과 특징 ·············· 1383
Ⅱ. 위탁계약과 유사한 개념의 구별 ········· 1386
Ⅲ. 위탁계약 당사자의 권리와 의무 ········· 1388
Ⅳ. 위탁계약의 종료 ······················· 1392

제7절 運送契約 ——————————————— 1393
Ⅰ. 운송계약의 개념과 특징 ·············· 1393
Ⅱ. 여객운송계약 ··························· 1395

   Ⅲ. 화물운송계약 ———————————— 1399

제8절 **委託賣買契約** ———————————— 1404
   Ⅰ. 위탁매매계약의 개념과 특징 ———————— 1404
   Ⅱ. 위탁매매계약에서 당사자 쌍방의 권리와 의무 — 1406

제9절 **仲介契約** ———————————————— 1409
   Ⅰ. 중개계약의 개념과 특징 ————————— 1409
   Ⅱ. 중개계약과 위탁계약, 위탁매매계약의 차이점 — 1411
   Ⅲ. 중개인 당사자 쌍방의 권리와 의무 ————— 1412

제10절 **承包經營契約** ———————————— 1413
   Ⅰ. 기업승포경영계약 ———————————— 1414
   Ⅱ. 농촌승포경영계약 ———————————— 1419

부록 물권법(전문) ———————————————— 1426

번역 후기 · 1464

民法 概論

제1장

民法의 概念과 性質*

제1절 民法의 語源과 概念

I. 민법의 어원

중국 고대 법률은 민법과 형법을 나누지 않고 통합하여 규정하였다. 각종 민사관계를 규율하는 민법규범이 실질적으로 존재하기는 했지만 법률문화상으로 민법을 독립적인 부문법으로 인정하는 관념이 형성되지 않았고, 법률제도상으로도 유기적인 민법제도체계가 건립되지 않았다. 중국민법의 용어와 제도는 모두 프랑스와 독일 등 유럽 대륙국가의 시민법에서 가져왔으며 청(淸) 말과 중화민국(中華民國) 초기에는 일본을 통해서, 중화인민공화국(中華人民共和國) 성립 후에는

---

* 독자의 이해를 돕기 위해 중국 한문을 우리 한문으로 표기하였습니다.

소련을 통해서 민법용어와 제도를 받아들였다.

학자들의 고증에 따르면, 중국어에서의 '민법'이라는 단어는 일본의 메이지유신 시기에 일본학자[1]가 유럽의 법률을 소개할 때 네덜란드어 burgerlyk regt와 프랑스어 droit civil을 번역한 데에서 왔다고 한다. 여기서 burgerlyk regt와 driot civil이 가지는 원래의 의미는 '시민법'이다.

일본학자들은 유럽국가 법률에서의 '시민법' 이라는 학술용어를 곧바로 직역하지 않고 '민법' 이라고 다르게 번역했다. 이는 동방의 향토사회와 유럽의 도시 중심의 도시국가사회와의 차이점을 고려하여 '시민' 이라는 용어에 대해서 다른 이해가 있어야 한다고 판단했기 때문이다. 유럽의 고대사회는 도시형태의 국가가 즐비한 사회였다. 한 도시의 시민은 곧 한 도시국가의 국민이었다. 고대 로마뿐만 아니라 유럽의 다른 나라 역시 이와 같은 도시국가 형태였다. 그러므로 유럽인의 마음속에는 '시민은 곧 국민이다' 라는 관념이 형성되어 있었다. 민법에서 궁극적인 어원으로 삼고 있는 Ius civile는 통상적으로 '시민법' 이라고 직역되며, 이 용어는 로마어에서 '로마인의 법' 이라는 의미와 '로마민족의 법' 이라는 뜻을 내포하고 있다. 또한 civitas(도시국가)라는 단어는 로마인들에게 질서 있는 사회의 민족이라는 의미를 담고 있다.[2] 그러나 일본, 중국과 같은 동방사회에서의 '시민' 이란 시골사람이 아닌 도시사람만을 뜻하는 개념일 뿐, 한 국가의 공민(公民)이라는 뜻을 내포하지는 않는다. 민(民)이라는 단어만이 도시사람과 시골사람을 모두 포괄한 한 국가의 모든 사람을 뜻하기 때문이다.

---

1 李開國主編:《中國民法學教程》, 法律出版社, 1987年版, 2~3쪽.
2 彼德羅·彭梵得:《羅馬法教科書》, 黃風譯, 中國政法大學出版社, 1992年版, 4쪽.

II. 민법의 의의

1. 실질적 의의의 민법과 형식적 의의의 민법

실질적으로 민법은 민사사회생활관계를 규율하는 법률규범의 총화이다. 실질적 의의의 민법은 국가의 법률체계에서 독립적인 부문법이다. 형식적 의의의 민법은 국가의 입법기관에 의해 제정된 민법, 민법전 또는 민법통칙이라고 명명되는 법률이며 일본민법, 프랑스민법전, 독일민법전, 중국민법통칙 등이 있다. 인류의 법률이 발전해 온 역사를 보면, 실질적 의의의 민법이 먼저 형성되었고 그 후에 형식적 의의의 민법이 형성되었다. 그 예로는 중국 고대의 기록에는 '민법'이라고 명명되는 형식적 의의의 민법은 없지만 민사사회생활관계를 규율하는 실질적 의의의 민법규범은 상당부분 존재하는 점 등을 들 수 있다.

민사법률규범을 편찬하고 '민법'이라 명명되는 법전을 제정한 것은 유럽대륙국가의 부르주아 계급이 혁명을 성공시킨 후의 일이고, 이는 법제개혁으로 인해 얻은 위대한 성과 중의 하나이다. 유럽국가에서 만든 민법전은 로마의 시민법이라는 이름을 본뜨고 있을 뿐만 아니라 내용상으로도 로마시민법의 민사법률규범을 대부분 계승하고 있다. 그렇지만 그 성질은 로마시민법과 다르다. 로마시민법은 로마만민법(萬民法)과 상대적인 개념으로서 본질적으로는 로마인에게만 적용되는 법을 가리킨다. 또 그 내용은 민사법률규범을 위주로 하고 있지만 형법규범과 절차법규범이 혼합되어 있는 부분도 있으므로 여러 가지 규범을 한데 모은 법률에 속하며 부문법전의 성질은 가지지 않는다. 하지만 유럽대륙 각국의 근·현대 민법전은 '민법과 형법의 분리'와 '실체법과 절차법의 분리'를 기초로 하여 제정된 민사사회의 생활관계만을 규율하는 부문법전이다. 민법전의 제정은 유럽대륙국가의 법제사에서 중요한 이정표이고 입법권, 행정권, 사법권의 삼권분립의 정치이념을 실현하였으며, 사법의 독단적인 권한을 방지하고 민사사법의 통일을 수호하였다. 또한 상품경제의 발전을 촉진시키는 중요한 작용을 하였다. 동시에 민법전의 제정은 대륙법계(민법법계)를 영미법계와 구분하는 중요한 기준이 되었다.

현대사회에서 형식적 의의의 민법은 없을 수 있지만 실질적 의의의 민법은 없을 수 없다. 영미법계 국가에는 형식적 의의의 민법은 없지만 풍부하고 다양한 내용의 실질적 의의의 민법이 존재한다. 다만 그 표현이 민법전의 편찬이나 민법이라는 단행법률이 아닌 판례나 관습, 학설의 형식일 뿐이다. 현대사회에서 한 국가가 민법의 발전과 완성을 위하여 영미법계 또는 대륙법계를 선택하는 데 있어서 어느 법계를 선택할 것인가는 정치·경제제도나 사회발전수준과는 무관하고 각국의 법률전통에 의하여 결정된다. 중국은 성문법계 국가로서 본래부터 제정법을 법률규범의 중요한 표현형식으로 삼았고, 중화민국 시기에는 민법전을 제정한 적도 있었다. 그러므로 민법통칙을 기반으로 유럽대륙국가와 일본을 거울삼아 그 내용을 받아들이고 중화민국 시기에 민법전을 만든 기술적 경험을 살려 민법전을 편찬하는 것이 지금의 중국 민법이 한 단계 더 높이 발전하기 위하여 나아가야 할 길이다.

2. 광의(廣義)의 민법과 협의(狹義)의 민법

민법의 어의(語義)에 의하면 민법이란 모든 민사사회에서 생활관계를 규율하는 법률규범의 총화이다. 그러나 각국의 민사사회생활관계를 규율하는 사법체제(私法體制)는 서로 다르다. 따라서 각국의 민법은 광의의 민법과 협의의 민법으로 나누어진다. 예를 들어, 이탈리아와 같은 국가에서는 사법일원체제(私法一元體制)를 실행하며 민법전에서 물건의 점유관계, 지식재산의 전유(專有)관계, 상품교환관계, 노동관계, 상속관계, 혼인관계 등을 규정하여 각종 민사사회생활관계를 규율한다. 이러한 민법을 가리켜 광의의 민법이라 한다. 한편, 어떤 국가에서는 사법다원제(私法多元制)를 실행하며 민법전의 총칙부분에서는 민사사회생활관계에 대한 일반적인 규정만을 두고 있고, 분칙(分則)에서는 민사사회생활관계를 규율하는 규정을 두고 있다. 기타 민사사회생활관계는 별도로 법전이나 단행법률(예 : 상법전, 노동법전 혹은 노동기준법, 저작권법, 특허법, 상표법, 혼인법 등)을 제정하여 그 규정에 따라 규율한다. 이러한 민법을 협의의 민법이라 한다.

3. 보통민법과 특별민법

민법은 민법규범의 표현형식에 따라 보통민법과 특별민법으로 구분할 수 있다. 보통민법은 민법전의 편찬을 통해서 집중적으로 표현되는 민법규범이다. 특별민법은 민법전에 제정되어 있지 않고 단행법률, 법규, 사법해석 등에 분산되어 제정된 형식의 특별한 민법규범이다. 보통민법과 특별민법에 대한 구분은 민법규범에 있어서 중요한 의의를 가진다.

III. 민법학 연구대상으로서의 민법

민법학은 민법을 연구대상으로 하는 사회과학으로서 법학에서 파생된 하나의 학과이다. 민법학의 연구대상이 되는 민법은 실질적 의의의 민법만을 가리키고 이것에는 민법전, 민법통칙 등으로 표현되는 보통민법규범뿐만 아니라 기타 법률, 사법해석 등의 형식으로 표현되는 특별민법규범 및 관습, 판례, 학설 등의 형식으로 표현되는 보충성 민법규범도 포함된다. 그러므로 본서에서 사용하는 '민법'은 특별한 설명이 있는 경우를 제외하고는 모두 실질적 의미의 민법을 뜻한다.

제2절 民法의 構成要素

민법의 구성요소는 민법 전체를 구성하는 기본단위를 말한다. 민법을 하나의 생명체에 비유해보면 민법의 구성요소는 민법이라는 생명체의 세포이다. 민법의 구성요소는 그 기능의 차이에 따라 민법규칙, 민법원칙, 민법개념의 세 종류로 나눌 수 있다.

I. 민법규칙

민법규칙이란 민사문제에 적용하기 위하여 규정한 구체적인 법률규정이다.

미국학자 파운드의 주장에 따르면 법률규칙은 법률에서 가장 순수한 부분이고 올바른 관리를 위하여 "법정에 의해서 승인되고 법정에 의해서 시행된다"[3]라고 하였다. 법률규칙은 구체적인 사회관계를 규율하고 구체적인 문제를 처리하는 데에 직접적으로 적용되어 법원판결의 직접적인 근거가 된다. 그러므로 법원은 상호 대응되는 논리적 추론방법(대전제, 소전제, 결론)을 사건에 직접적으로 적용하여야 한다. 민법규칙은 관련된 사항에 따라 다음과 같이 나눌 수 있다.

1. 창설(創設)성 규칙, 양식(樣式)성 규칙, 종지(終止)성 규칙

민법규칙은 관련된 사항에 따라 창설성 규칙, 양식성 규칙, 종지성 규칙으로 나눌 수 있다.

민사관계는 '생성에서 소멸까지'라는 동태적인 발전과정이라 할 수 있다. 민법의 이와 같은 동태적인 과정을 규범하고 규율하기 위하여 민법은 그에 상응하는 창설성 규칙, 양식성 규칙, 종지성 규칙을 모두 포함한다.

창설성 규칙은 민사주체가 각종 민사법률관계를 창설할 때 사용하는 규칙이다. 예를 들면, 소유권 취득방식에 관한 법률규정, 용익물권과 담보물권 설정방식에 관한 법률규정, 계약성립의 절차와 유효조건에 대한 법률규정 등이 있다.

양식성 규칙은 민사법률관계의 내용인 권리·의무·책임과 관련 있는 규칙이다. 이 규칙은 각종 민사관계에서의 법권모형(法權模型)과 민사주체가 각종 민사관계에서 행하는 행위양식(行爲樣式)으로 구성

---

[3] 《西方法律思想史資料選編》, 北京大學出版社, 1983年版, 698쪽.

되어 있다. 예를 들면, 소유권과 관련된 각종 권능(權能)에 관한 규정, 비소유권자의 부작위의무에 관한 규정, 그리고 비소유권자가 의무를 이행하지 않았을 때 부담해야 하는 민사책임에 대한 규정 등이 있다. 상술한 내용과 같이 양식성 규칙은 민법이 규율하는 재산귀속관계의 법권모형과 민사주체가 재산귀속관계에서 행하는 행위양식으로 구성되어 있다.

종지성 규칙은 각종 민사법률관계의 소멸원인과 관련된 규정이다. 예를 들면 변제(辨濟), 상계(相計), 공탁(供託), 면제(免除), 혼동(混同) 등의 채권소멸의 원인에 대한 법률규정 등이 있다.

2. 규범성 규칙, 조건성 규칙, 표준성 규칙

민법규칙은 작용의 차이에 따라 규범성 규칙, 조건성 규칙, 표준성 규칙으로 나눌 수 있다.

규범성 규칙은 특정한 법률사실에 특정한 법률결과를 부여한 법률규정이며, 형식상으로 가정(假定), 법률요건, 법률효과로 구성된다. 가정과 법률효과를 연결하는 것은 '할 수 있다', '향유한다', '권리가 있다' 혹은 '무엇을 하여야 한다', '반드시 꼭 하여야 한다' 등의 용어이다. 여기서 '할 수 있다', '향유한다', '권리가 있다' 등의 용어처럼 법률요건과 법률결과를 연결시키는 규칙을 수권성(授權性) 규칙이라 한다. 그 예로는 「중국민법통칙」 제98조에서 공민은 생명건강권을 향유한다고 규정하고 있는 것을 들 수 있다. 또한 '무엇을 하여야 한다', '반드시 꼭 하여야 한다' 등과 같은 용어로써 법률요건과 법률효과를 연결시키는 규칙을 의무성·책임성 규정이라 하고, 그 예로는 「중국민법통칙」 제47조에서 기업법인이 해산할 때에는 청산인회를 조직하여 청산해야 한다고 규정한 것을 들 수 있다. 민법은 민사관계를 규율하는 실체법이기 때문에 사회의 각종 민사관계를 규율하는 데에 그 목적이 있다. 기본적인 규율방법은 민사주체행위를 규정하는 것이고, 행위를 규정하는 기본적인 방법은 권리를 주는 것이다. 권리(일정한 행위를 할 수 있는 자유)가 있으면, 의무(일정한 행위를 하여야 하는 약속)나 책임(일정한 행위를 반드시 하여야 되는 강요)을 부담한다. 그러므로 특정한 법률사실에 대하여 특정한 권리와 의무나 책임을 부여하는 규범성 민법규칙은 민법에서 가장 기본적이고 중요한 규칙이다.

조건성 규칙과 표준성 규칙 모두 규범성 규칙과 협력하여 적용되는 보충성 규칙이다. 규범성 규칙을 적용하는 데에 있어서 복잡한 조건이 요구될 때에 그 적용조건에 관한 법률의 규정이 바로 조건성 규칙이다. 예를 들면 법인조건에 관한 규정, 민사행위의 유효조건에 관한 규정, 일반적 월권(越權)책임의 구성요건에 관한 규정, 특수한 월권책임의 구성요건에 관한 규정, 위약책임의 구성요건에 관한 규정, 즉시취득의 요건에 관한 규정 등이 있다.

표준성 규칙은 법률이 법률실무자들을 위하여 제공하는 어떤 행위나 사실상태가 법률에 부합하는지 여부를 판단하는 가치척도이다. 예를 들면 민법이 제시하는 실질적인 민사행위에 대한 행위능력 여부를 판단하는 기준, 행위자의 과실 여부를 판단하는 기준, 점유자의 점유에 대한 선의 여부를 판단하는 기준 등이 있다.

II. 민법원칙

'원칙'이라는 단어는 시작, 기원, 출발점, 기초라는 뜻을 가진다. 민법원칙은 민법규칙의 기초가 되는 종합적이고 추상적인 민법원리이자 준칙이다. 민법규칙과 비교해볼 때 민법원칙은 가정이 없는 규정이며, 구체적인 법률효과가 없는 규정이다. 따라서 구체적인 사례에 적용될 때에는 민법규칙처럼 명확한 대응성을 가지지 않는다. 그러므로 민법원칙의 규범적 의의는 거시(巨視)적인 것이다. 민법원칙의 거시적인 규범은 모든 민사관계나 어떤 영역의 민사관계에서 법률규율에 대한 기제를 지도하고 민사문제를 처리하는 기본방침을 확정하는 데 그 의의가 있다.

민법원칙은 민법의 중요한 구성요소이기도 하다. 민법의 기능은 사람과 사람 사이의 민사관계를 규율하고, 사람 사이에서 발생하는 모순과 충돌을 해결하는 것이다. 상품경제가 발전함에 따라 사회의 생산화 정도가 향상되어 사람과 사람 사이의 민사관계는 갈수록 복잡해졌고 충돌과 모순도 많아졌다. 하루가 다르게 변화하는 세계에서 민법이 고대사회처럼 간단한 규칙으로 이런 충돌을 해결한다는 것은 말도 안 되는 일이다. 예측하기 어려운 새로운 민사안건을 처리하기 위하여 입법자는 귀납적 논리방법을 사용하여 현재의 민법규정에서 추상적인 민법원칙을 이끌어내었다. 이것은 곧 법관이 추리를 하는 출발점으로서 새로운 민사안건을 해결하는 척도가 되었다. 민법원칙은 거시적 지도원칙으로서 민법규칙과 비교해볼 때 안정성이 강하고 수용범위가 넓다는 장점이 있다. 때문에 민법에는 구체적인 규칙뿐만 아니라 추상적인 원칙도 존재한다. 민법에 구체적인 규칙을 두고 있는 것은 법관이 논리적으로 비슷한 안건에 대하여 공정하게 규칙을 적용함으로써 민사사법의 통일성을 이루기 위해서이다. 그리고 민법이 추상적인 원칙을 두는 것은 법관이 변증법적 논리의 방법을 사용하여 새로운 민사사건에 창조적으로 적용함으로써 민법에 강한 적응력을 부여하기 위함이다.

민법원칙의 성질과 의의에 관하여 다음과 같은 방면에서 관찰해볼 수 있다.

첫째, 과학적 방면에서 볼 때 민법원칙은 철학적이고 논리학적이며 사회학적인 연구방법을 통하여 발견한 원리이다.

둘째, 사회생활방면에서 볼 때 민법원칙은 사람의 민사행위를 구속하고, 사람의 민사관계를 규율하는 일반적인 준칙이다.

셋째, 국가의 입법방면에서 볼 때 민법원칙은 구체적인 민법규칙을 제정하고 구체적인 권리와 의무를 규정하는 기초이자 지도방침이다.

넷째, 사법(司法)적 방면에서 볼 때 민법원칙은 사법활동에 대하여 거시적으로 제한하고 법관의 판결에 대한 공정성 여부를 검증하는 기준이다. 또한 법관이 새로운 민사사건을 접했을 때 논리적인 추리 방법을 사용하여 창조적으로 사법활동을 할 수 있게 하고 민법의 구체적 규칙의 부족함을 메워주는 도구이기도 하다.

민법원칙은 정책성 원칙, 공리(公理)성 기본원칙과 구체적 원칙으로 구분할 수 있다.

정책성 원칙은 국가정책을 실현하는 법률원칙이다. 정책이라 함은 국가가 반드시 도달해야 하는 목적 또는 어느 시기나 어떤 방면에서 실현하여야 하는 임무에 대한 정치적인 결정이다. 민법은 민사사회에서 생활관계를 규율하는 법이다. 그러므로 국가의 사회정책을 실현하는 것은 필연적이며 국가의 사회정책은 민사사회의 생활관계를 규율하는 원칙이 된다.

공리성 원칙은 사회적 논리와 도덕적 원칙을 구현하는 법률원칙이다. 공리(公理)란 사회관계의 본질에서 생성되어 인류의 이성에 대한 요구를 구현하고 사회에서 보편적으로 인정받는 도리이다. 공리는 제정법으로서 표현 여부에 관계없이 최고의 효력을 지닌다. 공리는 제정법을 평가하는 기준으로서 국가의 입법활동과 사법활동은 모두 공리의 검증과 심사를 받아야 한다. 민법의 기본원칙은 민법의 본질과 민사생활의 근본적인 요구를 구현하고 시종일관 입법·사법·준법에 관여하며 민사관계의 규율과 민사활동의 규범에 대해 지도적 의의를 가지는 기본준칙이다. 민법의 구체적 원칙은 어떤 민사관계를 규율하거나 어떤 민사활동의 규범이 가지는 지도적인 준칙만을 일컫는다. 민법의 기본원칙과 구체적 원칙의 관계는 공통적이면서도 개별적이다. 민법의 구체적 원칙은 기본원칙과 정신사상적인 면은 일치하지만, 어떤 민사관계를 규율하거나 어떠한 민사활동을 규범하는 데 있어서는 서로 조금씩 다르게 구체화되어 있다.

III. 민법개념

민법개념은 민법과 관련되는 사물을 개괄하여 형성된 권위적인 범주이며 민법원칙과 민법규칙에 존재하는 규범적인 의의는 가지지 않는다. 그러나 민법개념 역시 민법에서 없어서는 안 되는 중요한 구성요소이다. 왜냐하면 민법개념은 민법제도, 민법규칙 혹은 원칙을 개괄하는 도구이기 때문이다. 민법의 각 개념을 제대로 알지 못하면 민법의 규칙·원칙·체계를 정확하게 이해할 수 없으므로 민법을 연구할 때는 민법개념의 연구도 중시해야 한다. 민법개념은 통상적으로 간단하고 명료한 용어로 표현된다. 이러한 민법개념을 나타내는 용어에는 일상생활에서 사용하는 것도 있고 법학자들이 만들어낸 것도 있다. 전자의 예로는 토지, 방, 작품, 상표, 기술, 발명 등이 있고, 후자의 예로는 법인, 법률행위, 대리권, 시효 등이 있다. 전자의 개념은 민법의 보통개념에 속하고 일반적으로 일상생활에서 부여된 의미로 이해할 수 있다. 후자의 개념은 민법의 전문적인 개념으로 민법이나 민법학이 부여한 특정한 의미로 이해해야 한다. 민법개념은 무엇과 관련된 것인가에 따라 섭인(涉人)개념, 섭사(涉事)개념, 섭물(涉物)개념으로 나눌 수 있다.

섭인개념은 법률주체와 관련된 개념이다. 예를 들면, 민법에서 민사주체를 가리키는 자연인, 법인, 법률행위자, 대리인, 피대리인, 소유자, 채권자, 채무자 등의 개념이 있다.

섭사개념은 다음과 같은 몇 가지 개념을 포함한다.

첫째, 법률사실과 관계된 개념이다. 예를 들면 사실행위, 표의행위[4], 법률행위, 계약, 유서, 불법행위[5], 불가항력 등이 있다.

둘째, 민사법률관계 내용과 관련된 개념이다. 예를 들면, 민사적 권리를 나타내는 물권, 소유권, 사용권, 저당권, 질권, 지적재산권[6],

---

4 표의행위란 의사를 표시하는 행위이다. —역주
5 민사주체가 민사의무를 위반하고 타인의 합법적인 권익을 침해하는 행위이다. 원문은 침권행위(侵權行爲)이다. —역주

저작권, 상표권, 특허권, 채권, 상속권, 인신권과 민사적 의무를 나타내는 민사책임, 위약책임 등이 있다.

셋째, 민법제도, 민법원칙, 민법규칙과 관련된 개념이다. 예를 들면 물권법, 지적재산권법, 채권법, 계약법, 불법행위법, 상속법, 평등원칙, 사적자치의 원칙, 신의칙[7], 과실책임의 원칙, 유한책임, 무한책임, 분할책임, 연대책임, 소멸, 공탁 등이 있다.

섭물개념은 민사법률관계의 객체와 관련된 개념이다. 예를 들면 물건, 동산, 부동산, 원물, 수익, 지적재산, 작품, 상표, 발명, 실용신안, 의장권 등이 있다.

민법개념은 민법의 기술적인 부분으로서 다음과 같은 의의를 가진다.

(1) 입법상으로 민법개념은 민법체계를 세우고 민법규칙과 민법원칙을 유기적으로 연결하여 민법내용의 중복을 막으며 민법을 간단명료하게 만든다. 따라서 성문민법을 제정할 때 민법개념 없이 편찬한다는 것은 상상도 할 수 없는 일이다.

(2) 사법상으로 민법개념은 법관이 법을 찾는 지침(指針)이다. 모든 법률개념은 서로 관련된 법률제도, 법률규칙 또는 법률원칙이 있다. 그러므로 사건을 심리할 때 사건의 당사자를 어떠한 섭인개념으로 귀납하고, 사건의 사실을 어떠한 섭사개념에 귀납하는지 또한 사건의 쟁점이 되는 목적물을 어떠한 섭물개념에 귀

---

6 원문은 '지식산권(知識產權)'이다. 중국의 지적재산권제도는 한국의 지적재산권제도와 상통한다. 물권에서 조정하지 못하는 지적재산을 규율하는 법으로써 현재 개발도상국의 위치에 있는 중국에서 상당히 중요한 지위를 차지하는 법이다. 관련 행정기관으로는 공상행정관리국과 판권국 그리고 중화인민공화국 지식산권국이 있다. —역주
7 원문은 신의성실의 원칙이다. —역주

납할 수만 있다면 그와 관련된 법률제도 혹은 법률규칙, 법률원칙을 바로 적용할 수 있다.

(3) 민법개념은 민법의 대문을 열고 민법의 전당으로 가는 열쇠의 역할을 한다. 민법은 연역적인 논리체계를 가진다. 그 체계의 구축과 민법관련규칙 및 민법원칙 간의 소통은 모두 민법개념을 통해 실현된다. 그러므로 논리적인 연역방법을 사용하여 민법을 연구할 때에 가장 먼저 부딪히게 되는 것은 민법개념이다. 민법개념을 분석하고 연구하는 것에서 출발해야만 연구가 지속될 수 있다. 그리고 그 연구가 진행되어 민법제도에 대해 연구하는 단계에 도달하면 자연인, 법인, 법률행위, 대리, 소송시효, 인신권, 물권, 지적재산권, 채권, 상속 등의 민법개념이 나타난다. 이러한 민법개념의 분석은 민법제도에 대한 연구의 출발점이 된다. 그 연구가 구체적인 민법규칙까지 도달하였을 때 해당규칙의 법률요건이나 법률효과가 하나의 민법개념으로 표시된다면 그에 해당되는 민법개념을 분석하는 것이 연구의 출발점이 된다. 즉, 민법이 내포하는 의미와 그에 따른 외연적 의미를 명확히 알아야만 민법규칙의 구체적인 내용을 섭렵할 수 있는 것이다. 민법개념은 민법의 대문을 열고 민법의 전당으로 들어가는 열쇠이므로 최선을 다해 연구해야 한다. 법률을 공부하는 대학생은 민법을 공부할 때에 민법개념에 대해 인내심을 가지고 충분한 주의를 기울여야 한다.

제3절 民法의 體系

민법의 체계란 민법 내부의 조직구조이다. 민법체계에서 연구하여야 하는 문제는 인간이 어떻게 민법의 기본요소인 규칙과 원칙의 개념을 하나의 유기적인 개념으로 결합시키는가이다.

I. 민법의 발전과정도 민법이 점점 체계화되는 과정이다

형식적인 면에서 살펴보면 성문법계 국가의 법률의 발전과정은 관습법에서 간단한 성문법의 제정, 다시 비교적 복잡하고 종합적인 법전의 제정, 또다시 각 부문법의 분리, 부분법전의 제정을 분별하는 과정으로 이루어져 있다.

인류사회에서 가장 처음 등장한 성문법은 대부분이 몇몇 간단한 규칙을 열거한 것이다. 이러한 규칙들이 대상을 보호함에 있어서는 인격권과 재산소유권 등의 인간의 정태적 안전에 대한 보호에 그 중점을 두고 있다. 법률제재(制裁)의 방법으로는 형(刑)과 민(民)을 병용한다. 형사적 제재를 더욱 중시하면 야만적이고 잔혹할 수 있기 때문이다. 예를 들어 기원전 18세기 고대 바빌론의《함무라비법전》제8조 규정에 의하면 자유인이 소, 양, 당나귀, 돼지, 선박을 훔쳤을 때 만약 그 물건이 신전과 궁전의 소유물이면 그 물건의 30배에 달하는 벌금을 부과하고, 만약 그 물건이 귀족의 소유라면 10배의 벌금을 부과한다. 만약 절도범이 보상할 자력이 없을 때는 사형에 처한다. 기원전 400년 고대 로마에서 제정된《십이동표법(十二銅表法)》제8표 제1조 규정에 의하면 남을 헐뜯거나 모욕하는 노래를 만들어 부른 자는 사형에 처한다고 하였고, 또한 제2조 규정에 의하면 고의로 사람의 몸을 상하게 하고 피해자와 합의를 하지 않은 자는 똑같은 해를 당해야 한다고 규정하였다. 기원후 몇 세기가 지나서 상품경제의 발전에 따라 인류의 지식과 경험의 축적이 상당한 수준에 도달했을 때 비로소 대규모 법률편찬활동이 시작되었다. 그중 가장 뛰어난 것으로는 로마황제 유스티니아누스가 기원후에 실시한 로마법 편찬활동을 꼽을 수 있다. 유스티니아누스는《학설휘찬》,《법학제요》,《칙법휘찬》,《신칙법》의 법률휘편을 편찬하였다. 이 네 권의 법률휘편은 역사적으로 로마법대전 혹은 시민법대전으로 불린다. 그중 후세에 가장 큰 영향을 끼친 것이《학설휘찬》과《법학제요》이다. 이 두 권의 법률휘편은 모두 일정한 법률체계를 형성하였다.《학설휘찬》은 일곱 부분으로 나누어져 있으며 모두 50권으로 구성되어 있고 39명의 로마법학가의 9142개조의 언론(言論)을 채택하였다.《법학제요》는 총 4편으로 이루어져 있다. 제1편에서는 인(人)에 대해 논술하였고, 제2편에서는 물건의 소유권, 기타물권, 증여, 유언에 대해 논술하였고, 제3편에서는 유언이 없는 상속과 계약에 의한 채권에 대해 논술하였고, 제4편에서는 월권행위와 소송에 대해 논술하였다.《학설휘찬》과《법학제요》는 총체적으로 볼 때 형법과 민법을 분리하지 않고 실체법과 절차법도 분리하지 않았지만 그중 민법편찬의 완성도는 상당히 높은 편이다. 유럽 중세 기원후 11세기 말에《학설휘찬》의 친필원고의 발견은 700년 넘게 이어져 온 로마법에 대한 부흥운동을 불러일으켰다. 이 운동은 로마법에 주석, 논평, 전수(傳授)를 핵심으로 하고 로마법의 내용을 새로운 형세(形勢)에 맞추었을 뿐 아니라 법률체계의 개선과 발전을 촉진시켰다. 내용과 형식은 처음부터 끝까지 밀접한 관계를 가지기 때문에 로마법 내용에 대한 연구와 강의는 필연적으로 법률개념의 분석과 관련규범의 연결, 규범과 저촉되는 것에 대한 조절 등의 문제를 연구하였다. 이러한 문제의 해결을 통하여 법률체계의 개선과 발전을 촉진시켰고 최종적으로는 후세의 입법에 영향을 끼쳤다. 로마법 부흥운동은 고대 로마법과 근대 부르주아 계층의 입법 사이에 다리를 놓았다. 그리고 그 결과는 최종적으로 유럽대륙 자본주의 국가의 부문법전의 제정 및 민법전의 내용과 편성체제에 의해 구현된다.

II. 유럽대륙국가의 근·현대민법의 건립체계

근대 유럽국가는 로마사법을 바탕으로 이를 계승하고 발전시켜 민법전을 편찬하였다. 이러한 민법체계는 세 가지가 존재한다.

1. 프랑스민법전의 체계

프랑스민법전은 1804년에 제정되었다. 프랑스민법전은 《법학제요》를 원본으로 하여 사람, 물건, 재산취득을 논리적으로 연결시켜 민법규칙을 크게 세 권으로 편찬했다. 제1권에서는 '인(人)', 자연인의 인격 및 자연인의 혼인·가족관계에 관한 법률규율에 대하여, 제2권에서는 재산과 소유권의 각종 변화에 대하여, 제3권에서는 재산을 취득하는 각종 방법에 대해 기술하고 있다.

2. 독일민법전의 체계

독일민법전은 1896년에 제정되어 1900년에 시행되었다. 이 법전은 제1편 총칙, 제2편 채권관계법, 제3편 물권, 제4편 가족법, 제5편 상속법으로 구성되어 있다. 독일민법전은 총칙에서 공통적으로 민사문제를 규정하고 그 뒤에 병렬된 네 편에서 네 가지 민사관계를 분류해서 규율하고 있다. 독일민법전은 그 체계가 프랑스민법전보다 더욱 과학적이고 완성도가 높다.

3. 이탈리아민법전의 체계

1942년에 제정된 이탈리아민법전은 이탈리아만의 특색을 가지고 있는 민법전이다. 이탈리아민법전은 상법, 지적재산권법과 노동법을 포함할 뿐 아니라, 그 체계가 프랑스민법전, 독일민법전과 유사한 부분이 있는 반면 뚜렷하게 구분되는 부분도 있다. 이 법전은 총 6편으로 구성되어 있다. 제1편 '인(人)과 가정'은 프랑스민법전 제1권과 같이 모두 로마의 《법학제요》 제1편을 모방하였다. 제2편 '상속'은 독일민법전 제5편 상속과 같다. 제3편 '소유권'은 독일민법전 제3편 물권과 같고, 제4편 '채권'은 독일민법전 제2편 채권관계법과 같다. 제5편 '노동'은 노동법, 상법, 지적재산권법의 내용을 포함한다. 이것은 프랑스민법전과 독일민법전에서는 포함되지 않은 규정이다. 제6편은 권리의 보장, 등기, 증거, 재산책임, 우선권, 재산담보, 권리의 사법보호, 소멸시효와 실권(失權) 등의 문제를 규정하고 있다.

Ⅲ. 중국민법의 체계

중국민법은 민법통칙이 각 단행민사법률·법규를 이끄는 규범체계를 가진다. 민법통칙의 편성체제에 근거하고 중국 단행민사법률·법규와 관련된 내용을 결합하여 볼 때, 중국민법은 민법총칙, 민사권리, 민사책임의 세 부분으로 구성되어 있다.

1. 민법총칙

중국민법통칙 제1장부터 제4장 및 제7장은 공공성 민사문제에 대한 규정이다. 중국민법총칙의 주요 내용은 다음과 같다.

(1) 일반규정

이 부분은 중국민법통칙의 민사입법 목적, 민법의 조정대상과 민법의 기본원칙 등을 규정하고 있다. 만약 외국민법전에서 관련된 자료를 참고한다면, 민법의 연원과 효력 등의 문제를 보충해서 규정하여야 한다.

(2) 민사주체제도

민사주체제도는 민법의 인격에 관한 입법이고, 민사주체제도의 기본적인 입법 목적은 두 가지가 있다. 첫째는 민사주체에게 권리능력과 행위능력을 부여함으로써 민사주체로 하여금 민사활동을 통하여 민사법률관계를 하게 하고 민사권리를 향유하며 민사의무를 부담할 수 있는 자격을 가지게 하는 것이다. 둘째는 사람의 성명(조직명칭), 주소 등의 문제를 법률로 규정함으로써 각 민사주체를 특정화하고 분별화하여 민사주체에 대한 관할문제를 해결하기 위해서이다. '법인'과 '비법인단체'[8], 이 두 종류의 민사주체와 관련한 민사주체제도는 조직에 관한 입법성질을 겸하게 되고 이로써 사회조직의 내부관계에 대한 법률적 규율을 실현한다. 중국의 민법이 인정하는 민사주체는 자연인, 법인, 비법인단체의 세 가지가 있다.

(a) 자연인에 대한 법률규정

자연인에 관한 법률규정은 다음과 같다. 자연인의 권리능력에 대한 규정 및 자연인의 권리능력과 연관된 사망선고제도, 자연인의 행위능력에 대한 규정과 자연인의 행위능력과 연관된 감호제도, 자연인의 성명, 호적부, 신분증, 주소, 거소 등의 문제에 대한 규정, 자연인 중 상품생산의 경영자인 개체공상호(個體工商戶)[9]와 농촌승포경영호(農村承包經營戶)[10]에 대한 특별규정 등이 있다.

(b) 법인에 대한 법률규정(法人制度)

민법의 법인제도는 법인조직과 관련된 기본적인 관련 단행민사입법을 이끄는 지위를 가진다. 민법의 법인제도에 대한 규정은 일반적

---

[8] '비법인조직'이라고도 하며 제2편 제3장 비법인조직을 참고하기 바란다. — 역주
[9] 개체공상호 : 중국의 개체공상호란, 생산물의 소유권이 개인에게 있으며 노동이 그 기초가 되며, 노동의 소득이 개체노동자 자신에게 지불되는 경영형식이다. 개체공상호는 개인경영, 가정경영 그리고 조합경영이라는 세 가지 조직형식이 있다. 개체공상호는 채무에 대하여 무한책임을 지므로 법인의 자격을 가지지 않는다. 또한 법률규정에 따라 소재하고 있는 공상행정관리소(工商行政管理所)에 등기를 해야 하고, 이를 위배한 개체공상호에 대해서 공상행정관리소는 처벌의 권한을 가진다. 처벌은 경찰에의 신고, 벌금, 영업허가증의 회수, 영업정지를 포함한다. — 역주
[10] 농촌승포경영호 : 개체공상호와 농촌승포경영호는 중국 특유의 자연인이 생산활동에 참여하는 방식이다. 이에 관한 설명은 본서의 제2편 제1장의 제6절을 참고하기 바란다. — 역주

이고 준칙적이며, 여러 종류의 법인조직에 각기 맞추어 구체적인 규정을 할 수는 없다. 민법의 법인제도의 주요한 내용은 다음과 같다. 법인의 개념 및 법인의 조건에 대한 일반규정, 법인의 설립·변경·종결에 관한 일반규정, 법인의 민사권리능력과 행위능력에 대한 일반규정, 법인기관과 법정대표제도에 대한 일반규정, 법인의 민사책임에 대한 일반규정, 법인의 분류에 대한 일반규정 등이 있다.

(c) 비법인단체에 대한 규정

비법인단체의 전형적인 형식은 조합[11]이다. 중국민법통칙은 조합을 개인조합과 법인조합으로 나누고 있고, 공민과 법인 두 장(章)에서 구별하여 규정하고 있다. 그러나 이론적으로는 조합을 자연인과 법인 사이에 존재하는 민사주체로 보고 있다. 조합에 대한 주요 법률규정은 다음과 같다. 조합성립에 관한 법률규정, 조합의 분류에 관한 법률규정, 조합재산의 귀속, 관리와 조합의 사무처리에 관한 법률규정, 조합인의 연대책임에 관한 규정, 조합의 가입과 탈퇴에 관한 법률규정, 조합의 해산과 재산정리에 관한 법률규정 등이 있다.

(3) 민사법률사실

민사법률사실은 민법규정에 부합하는 법률요건이고 일정한 법률효과를 일으키는 객관적인 상황이다. 민법총칙은 법률행위, 대리, 소

---

[11] 조합 : 원문은 합화(合伙)이다. 주로 '합화기업'이란 단어로 묶어 쓰이는데, 합화기업은 「중화인민공화국합화기업법」제2조 규정에 의거한다. 합화기업은 중화인민공화국 국경 내에서 합화인의 합화협의를 통해 설립된다. 공동출자, 합화경영, 이익의 공동향유를 기본원칙으로 하고 채무에 관해서는 무한한 연대책임을 지는 영리성 조직이다. 중국의 합화는 법인이 아니므로 법인의 자격을 가지지 않는다. - 역주

송시효의 이 세 가지 보편적인 의의를 가지는 법률사실에 대해서 규정하고 있고, 이로써 법률행위제도, 대리제도[12], 소송시효제도라는 세 가지의 법률제도가 형성되었다.

(a) 법률행위제도

법률행위제도는 민사상의 권리와 의무관계를 설립·변경·종결하는 것을 목적으로 하고 의사표시를 기본요소로 하는 민사행위를 규율하는 제도이다. 이 법률제도의 내용은 다음과 같다.

(i) 민사행위의 성립요건에 대한 규정

(ii) 민사행위의 형식에 대한 규정

(iii) 민사행위의 유효조건에 대한 규정

(iv) 효력이 아직 발생하지 않은 민사행위에 대한 규정

(v) 취소 가능한 민사행위에 관한 규정

(vi) 민사행위의 무효에 관한 규정

(vii) 민사행위의 무효(절대적 무효, 철회나 거절에 의한 무효)의 법률효과에 대한 규정

(viii) 조건부와 기한부의 민사행위에 대한 규정

(b) 대리제도

대리제도는 대리행위를 규율하는 민사법률제도이다. 기본내용은 다음과 같다.

---

[12] 대리제도 : 중국의 대리제도는 본인, 대리인, 상대방의 3면관계로 형성된다는 점에서 한국의 대리와 같다. 먼저 대리인에게는 대리권이 있어야 하고, 그 대리인이 본인을 위한 것임을 표시하여 대리행위를 하여야 하며, 이 경우 그 효과가 본인에게 귀속되는 점 또한 일치한다. — 역주

(ⅰ) 대리의 유효 및 법률효과의 귀속관계에 관한 규정
(ⅱ) 대리권의 발생원인 및 소멸원인에 관한 규정
(ⅲ) 대리인이 대리활동시 준수하여야 하는 기본준칙에 관한 규정
(ⅳ) 무권대리(無權代理)와 표현대리에 관한 규정, 복대리와 공동대리에 관한 규정

(c) 소송시효제도

소송시효제도는 권리가 소송을 통해 보호받을 수 있는 기한을 규정하는 민사법률제도이다. 기본적인 내용은 다음과 같다.
(ⅰ) 소송시효의 성립조건 및 법률효과에 관한 규정
(ⅱ) 일반소송시효[13] 및 각종 특수소송시효[14]에 관한 규정
(ⅲ) 소송시효의 중지·중단·연기에 관한 규정

2. 민사권리

민사권리는 그것이 구현하는 이익에 따라 물권, 지적재산권, 채권, 상속권, 인신권으로 분류할 수 있다. 이러한 개별적이고 구체적인 민사권리에 대한 규정에 대해 민법은 이와 같은 민법관계를 규율하는 각각의 민사법률제도를 마련하였다.

---

[13] 일반소송시효 : 일반소송시효는 일반적인 상황 아래에서 보편적으로 적용되는 시효이다. 중국의 일반적인 민사소송의 소송시효는 2년이다. ─ 역주
[14] 특수소송시효 : 특정한 민사법률관계에 대해 규정한 시효이다. 「중국민법통칙」 제141조는 "법률이 시효에 대해 다른 규정이 있을 경우, 그 규정을 따른다"고 규정하고 있다. 특수소송시효는 단기시효─1년, 장기소송시효─20년 이하, 최장기간소송시효─20년의 세 가지로 나뉜다. ─ 역주

(1) 물권제도

물권제도는 각종 물권에 대한 법률규정을 통해 물건에 대한 점유관계를 규율하는 민사법률제도이다. 물권제도는 다음과 같은 몇 부분으로 구성된다.

(a) 물권통칙부분은 물권제도의 기본원칙, 물건의 분류, 물권의 효력, 물권의 변동, 물권의 공시 등 물권의 보편적인 문제에 대해 규정한다.

(b) 소유권부분은 소유권의 내용, 소유권의 취득방법, 각종 소유권과 공유에 대해 규정한다.

(c) 타물권부분은 도시와 시골의 국유토지사용권, 농촌단체토지의 승포경영권, 채광권, 수자원사용권 등 타물권에 대해 규정한다.

(d) 점유부분은 점유사실의 보호, 권리의 추정, 즉시취득, 점유물 및 수익의 반환문제에 대해 규정한다.

(2) 지적재산권제도

지적재산권제도는 각종 지적재산권에 대한 법률규정을 통해 지적재산의 전유(專有)관계를 규율하는 민사법률제도이다. 민법통칙은 지적재산권을 채권편 후에 기술하고 있다. 하지만 민법체계에서 지적재산권을 기술하는 적당한 위치는 물권의 뒤, 채권의 앞으로 생각한다. 그 이유는 지적재산권과 물권은 정태적 재산권에 속하고, 이 두 가지 권리의 성질이 비슷하기 때문이다. 또한 지적재산권의 양도와 지적재산의 사용허가로 인해 발생하는 민사법률관계는 채권관계에 속하므로 먼저 지적재산권을 규정하고, 지적재산권의 권리에 대해 확실히 정의한 후에 지적재산권의 양도와 지적재산의 사용허가권 등의 채권관계를 규정하는 것이 논리상으로도 옳기 때문이다.

(3) 채권제도

채권제도는 각종 채권에 대한 규정을 통해 재산의 유통관계를 규율하는 법률제도이다. 채권제도는 다음과 같이 구성되어 있다.

(a) 채권통칙

이 부분은 채권의 일반적인 내용, 채권의 발생근거, 채권의 분류, 채권의 실행, 채권의 보전, 채권의 이동, 채권의 소멸 등의 문제에 대해 규정한다.

(b) 채권계약

이 부분은 계약총칙과 분칙 두 부분으로 나누어진다. 계약총칙은 계약의 체결, 계약의 이행, 계약의 변경과 해제문제에 대해 규정한다. 계약분칙에서는 매매, 증여, 상호거래, 임대차, 도급, 운송, 보관, 위탁, 위탁매매, 중개, 기술개발, 기술이전, 기술서비스 등과 관련한 각종 계약에 대해 규정한다.

(c) 비(非)채권계약

이 부분은 현상광고, 사무관리[15], 부당이득 등 계약이 아닌 기타 원인으로 발생된 채권에 대해 규정한다.

---

15 원문은 '무인관리(無因管理)'이다. — 역주

(d) 채권의 담보

이 부분은 저당, 유치, 계약금 등 채권의 실행을 담보하는 법률수단에 대해 규정한다.

(4) 상속권제도

상속권제도는 상속권과 기타 관련된 문제를 법률규정을 통해 규율하는 민사법률제도이다. 상속권제도는 통칙, 법정상속, 유언상속과 유증, 유산의 처리 등을 포함한다.

(5) 인신권제도

인신권제도는 각종 규정을 통해 인신관계를 규율하는 법률제도이다. 인신권은 인격권과 신분권으로 나누어진다. 사법(私法)에서의 신분권은 주로 혼인법(婚姻法)이 규정하는 친족권에서 볼 수 있다. 그리고 지적재산권법에서 작가, 발명가에 대하여 규정하는 신분권도 있다. 민법의 인신권제도가 규정하는 주요한 인신권은 인격권이다. 이는 신체, 생명, 건강이 해를 받지 않을 권리와 성명(법인명칭), 초상, 명예, 영예 등 정신적인 권리를 포함한다.

3. 민사책임

민사책임은 민사의무의 주체가 그 민사의무를 위반하고 타인의 민사권리를 침해했을 때, 법에 의거하여 불리한 민사법률결과를 부담하는 것을 말한다. 중국민법통칙은 민사책임에 대해 제6장에서 규정하고 있다. 이 제도는 일반규정, 위약책임, 불법책임의 세 부분으로 구성되어 있다.

(1) 일반규정

이 부분은 민사책임의 일반적인 구성요건과 주관적인 귀책(歸責)원칙 및 민사책임을 부담하는 각종 방식에 대해 규정한다.

(2) 위약책임

이 부분은 각종 위약형태 및 부담해야 하는 책임에 대해 규정한다. 이행기간이 만료하기 전에 위약한 경우 부담해야 하는 위약책임, 계약이 당사자의 귀책사유에 의해 이행불능이 된 경우 부담해야 하는 위약책임, 계약의 이행지체에 대해 부담해야 하는 위약책임, 계약에 부합되지 않는 의무의 이행에 대해 부담해야 하는 위약책임, 가해(加害)이행이 부담해야 하는 위약책임에 대해 규정한다. 또한 당사자 쌍방위약 및 제3자에 의한 위약, 당사자가 마땅히 손해의 확대을 막아야 하는 의무 등의 문제에 대해서도 규정한다.

(3) 불법책임

이 부분에서는 일반적인 불법책임을 규정하고 있다. 일반적인 불법책임은 재산소유권의 침해에 대한 민사책임, 지적재산권의 침해에 대한 민사책임, 인신권의 침해에 대한 민사책임 등을 포함한다. 또한 특수한 불법책임도 규정하고 있다. 예를 들면, 직권침해(職權侵害)에 대한 민사책임, 피고용인이 제3자에게 입힌 손해에 대한 민사책임, 피감호인이 제3자에게 입힌 손해에 대한 민사책임, 동물이 사람에게 입힌 손해에 대한 민사책임, 건축물이 사람에게 입힌 손해에 대한 민사책임, 상품이 사람에게 입힌 손해에 대한 민사책임, 고도로 위험한 작업이 사람에게 입힌 손해에 대한 민사책임, 환경오염이 사람에게 입힌 손해에 대한 민사책임, 건축시공이 사람에게 입힌 손해에 대한 민사책임 등이 있다.

IV. 민법체계화의 촉진요소와 민법체계화의 의의

1. 민법체계화의 촉진요소

법률은 사회풍토를 반영하여 법률내용을 풍부하고 체계적으로 함으로써 사회발전을 촉진시킨다. 노예사회 초기의 법률은 타인의 재물을 절도하거나 타인의 신체에 상해를 입히는 행위 등을 처벌하기 위한 간단한 규칙이었고, 중형(重刑)으로써 사회의 모순을 해결하려고 한 것은 그 시대의 간단하고 원시적이며 폐쇄적이고 야만적인 사회풍토에 의해 생성된 것이었다. 오늘날 상품경제의 발전에 따라 인류사회는 점점 폐쇄적에서 개방적으로 변하였고 인간의 거래영역도 점점 확장되었다. 거래의 형식(방법과 수단)이 다양해질수록 사회의 모순도 그에 따라 증가하였다. 사회가 발전함에 따라 사회관계를 규율하는 일이 많아졌고 그에 따라 사회의 모순을 해결하는 법률규칙도 갈수록 풍부해졌다. 관습법과 간단한 성문법으로 표현된 법률규칙이 누적되었을 때 법률규칙을 보다 편리하게 적용하기 위해 법률규칙을 편찬하여야 하는 필요성이 제기되었다. 로마 유스티니아누스 황제가 진행한 거대한 법률편찬도 이러한 필요성에 의해 실행된 것이었다. 법률편찬을 진행하기 위해서 사람들이 먼저 해야 될 작업은 현재 분산되어 있는 매우 난잡하고 부조리한 법률규칙을 정리하고 분류하여 상관 있는 법률규칙들을 하나의 표제 아래 집중시키는 것이었다. 이리하여 서로 다른 표제들 아래 몇몇의 법률규범군(群)이 형성되었다. 이를 바탕으로 사람들은 또다시 각 규범군의 연결관계를 고찰하고 일정한 논리방법을 운용해 각 규범군을 배열하고 조합하였다. 그리고 이러한 작업들이 완성되었을 때 법률 내부에 일정한 논리체계가 건립되었다. 민법체계 건립 중 가장 큰 의의를 가지는 법률집은 첫번째가 유스티니아누스의 《법학제요》와 《학설휘찬》이고, 두 번째는 유럽대륙국가에서 근대에 제정한 민법전이다. 민법의 체계화과정 중 법률문화는 중요한 작용을 하였다. 법률이 일정한 정도까지 누적되었을 때 법률을 직업으로 하는 계층이 생겨났다. 그들은 사법활동에 종사하고 변호활동을 하거나 또는 법률을 연구하고 법을 가르침으로써 찬란한 법률문화를 창조해내고 민법체계 건립을 위한 문화의 기초를 다졌다. 그중에서도 특히 전문적으로 법률을 연구하고 가르치는 법률학자들의 공헌이 두드러졌다. 이들은 법률의 문제를 저서를 통해 바로 표현하거나 학생에게 법률지식을 전해주기 위하여 법률을 논리적으로 보고 법률규범 간의 연결관계를 파악하여 자신의 법학저서나 수업과정에서 하나의 체계를 건립해 나갔다. 법학자와 교수가 법률문제를 상세히 해석함으로써 건립한 체계는 그것이 성공적이든 그렇지 않든 입법자가 법률을 편찬할 때 모두 참고할 만한 가치가 있다. 학설의 체계와 입법의 체계는 혈연관계로 비유된다. 우리는 그것을 역사 속에서 어렵지 않게 발견할 수 있다. 유스티니아누스가 편찬한 《법학제요》의 체계는 바로 전시대의 법학자 가이우스의 동명저작 《법학제요》의 체계를 참고한 것이고, 독일민법전이 채택하는 체계는 판데크텐 법학자 빈트샤이트의 《판데크텐법 교과서》의 체계를 참고한 것이다.

2. 민법체계화의 의의

민법체계화는 복잡한 민사사회생활을 규율하기 위해 발생하였다. 반대로 말하면 민법의 체계화는 복잡한 민사사회생활을 규범하고 규율하기 위해 필요한 것이다. 장쥔하오(張俊浩) 교수는 "체계의 기능은 평화적이고 이해할 수 있는 방법을 통해서 사회가 긍정하는 정의를 만들고 그것을 사람들의 공동생활에서 실현하는 것에 있다"[16] 라고 체계의 가치를 높게 평가하였다. 민법체계화의 의의는 다음과 같은 방면에서 집중적으로 나타난다.

(1) 입법방면

입법방면에서 민법체계화는 다음과 같은 의의를 가진다.

(a) 민법의 지배력을 높이는 데 유리하다. 연역적 논리방법을 사용하여 일반적인 것에서 구체적인 것으로 위치와 등급이 분명한 민법체계를 건립하여야 민법이 조작성과 일정한 원칙성, 융통성을 가질 수 있다. 이로써 민법은 민사사회에서 높은 지배력을 가질 수 있다. 민법은 상하질서가 분명한 과학적인 체계이다. 구체적인 안건에 대해 하층에 속하는 민법규범에서 안건을 처리하는 직접적이고 구체적인 규칙을 찾을 수 없지만, 상층에 속하는 민법규범에서는 안건을 처리하는 일반규칙을 찾을 수 있다. 적당한 규칙을 찾기가 힘들 때에 우리는 가장 높은 위치에 있는 민법의 기본원칙으로 안건을 처리할 수도 있다.

(b) 민법의 가치를 보존하고 관철하는 데 유리하다. 민법의 기본원

---

[16] 張俊浩主編:《民法原理》, 中國政法大學出版社, 1991年版, 32~33쪽.

칙은 민법가치의 집중적인 표현이다. 민법이 상하가 분명한 체계를 가짐으로써 민법의 가치도 민법의 기본원칙에서부터 구체적인 민법규칙까지 체계적으로 관철될 수 있다. 이는 최종적으로 구체적인 민법규칙을 통해 표현된다.

(c) 민법규범의 중복과 모순을 피하여 민법규범을 간단명료하고 조화롭게 일치시키는 데에 유리하다. 독일민법전의 5편 체계에서 총칙은 공통적인 민사문제를 규정하고, 분칙[17]에서는 일반규정과 구체적 규정으로 나누어 규정한다. 총칙의 규정과 분칙의 일반규정이 없다면 각 부분의 공통적인 문제는 각 부분에서 규정하여야 한다. 각 부분의 규정이 일치하면 중복되고, 각 부분의 규정이 일치하지 않으면 모순이 발생한다. 그러므로 공통적인 문제를 찾아내어 총칙이나 일반규정에서 일정한 형식으로 규정함으로써 이를 피할 수 있다.

(d) 체계화는 민법이 낡은 것은 버리고 새로운 것을 발전시켜 나아가기에 유리하다. 그러나 그렇다고 해서 이것이 민법의 안정성에 영향을 주는 것은 아니다. 민사사회생활의 발전과 변화에 따라 새로운 민법규범, 즉 단행입법, 사법해석, 관습, 판례, 학설 등이 많이 생겨났다. 하지만 민법에 과학적인 체계가 생긴 뒤로는 그와 관계된 민법의 부분에 흡수되는 것도 어렵지 않게 되었다. 생활의 발전과 변화에 따라 오래된 민법규칙 중 일부는 새로운 형태의 요구에 적응하지 못하고 도태하였다. 그러나 이것은 체계라는 테두리 안에서 진행되는 것이므로 민법의 안정성

---

[17] 우리는 '각칙'이라는 용어를 사용한다. - 역주

에는 영향을 주지 않는다.

(2) 사법방면

사법방면에서 민법의 체계화는 다음과 같은 의의를 가진다.

(a) 판사가 법을 찾는 데에 편리를 제공한다. 안건의 심리과정은 하나의 안건사실을 확정하고 안건사실에 대해 법률로써 평가를 내리고, 그에 상응하는 법률규칙을 찾아 안건에 적용시켜 처리하는 과정이다. 민법의 체계화는 상하로 나누어져 단계적인 개념체계를 통하여 실현된다. 이러한 체계는 판사가 법을 찾는 지침이 된다. 그러므로 판사가 안건사실을 하나의 법률개념으로 개괄시키기만 하면 관련된 법률규칙을 찾을 수 있다.

(b) 법관이 법에 의거하여 안건을 처리할 것을 요구할 수 있을 뿐 아니라 법관이 체계범위 안에서 창조적인 사법활동을 하는 데에도 방해를 주지 않는다. 체계화된 법률을 적용할 때 법관은 적용규칙에 따라 안건에 맞는 구체적인 규칙을 하층단계에서 찾아야 한다. 하층단계의 구체적 규칙에서 적용할 수 있는 법률을 찾지 못하였을 때 법관은 그 법률에서 한 단계 올라가 비교적 추상적인 법률규칙이나 법률원칙을 적용할 수 있다. 이것은 체계가 인정하는 범위 내에서 법관에게 주는 자유재량권한이다. 이는 법관이 법에 의거하여 안건을 처리할 것을 요구하는 데 유리할 뿐 아니라 법관이 체계의 범위 내에서 창조적인 사법활동을 하는 데에도 방해받지 않게 한다.

(3) 법률연구방면

체계화는 법률연구에도 유리하다. 개념이 정확하고 단계성을 가지는 민법체계는 사람들이 민법을 연구하고 민법지식을 전해주는 과정 중에서 형성된 것이다. 민법의 체계에 따라 일반적인 것에서 구체적인 것으로 차례에 맞게 민법을 연구하면 민법 전체를 파악하는 데 유리하고, 민법의 각 제도와 각 항의 원칙과 규칙을 깊이 이해하는 데에도 유리하다.

제4절 民法의 淵源

I. 서 설

1. 법의 연원의 개념

법의 연원의 개념은 광의와 협의로 나누어 이해할 수 있다. 광의의 법의 연원은 법의 근거와 법의 표현형식을 가리키고, 법의 실질적 연원과 형식적 연원을 모두 포함한다. 협의의 법의 연원은 법의 형식적 연원, 즉 법의 표현형식만을 가리키고 법의 실질적 연원은 포함하지 않는다.

사회법학과 자연법학의 기본적인 관점에 의하면 법은 사람의 사회생활과 사람의 이념 속에 존재하는 것이다. 여기서 말하는 이념이란 반복되는 사회생활을 통해 형성되는 사회관계에서 어떻게 해야 할 것인가, 사람과 사람 사이에서 발생하는 각종 모순과 충돌을 어떻게 처리할 것인가에 대한 이성적인 판단, 즉 신념을 말한다. 법은 인간의 사회생활과 인간의 이념 속에 존재하기 때문에 입법자와 판사와 법학자의 임무는 법률의 창조가 아닌 현실의 사회생활과 사람의 이념 속에서 법률을 발견하는 것이다. 그 후에 조문이나 판례, 학설의 형식을 통해서 그것을 표현해내는 것이다. 이와 같이 법의 실질적 연원은 현실의 사회생활과 이를 바탕으로 나타나는 사람의 이념이다.

법의 실질적 연원은 법리학의 연구대상이 된다. 일반적으로 부문법학에서 부문법의 연원을 연구할 때에는 형식적 연원에 대해서만 연구하고 실질적 연원에 대해서는 연구하지 않는다. 여기에서 '법의 연원'은 협의의 법의 연원을 의미한다. 그리고 이것은 민법학에서 민법의 연원에 대하여 연구할 때에도 마찬가지이다.

민법은 민사사회생활관계를 규율하는 법률규범의 총화이다. 민법규범의 표현형식을 연구하는 것은 민법을 이해하는 데에 도움이 된다. 또 민법규범의 각종 표현형식을 이해하는 것은 판사와 변호사가 실무에서 적용해야 하는 민법규범을 찾는 데에도 유리하다.

2. 민법연원의 일원제(一元制)와 다원제(多元制)

민법연원의 일원제는 제정법만을 민법의 유일한 연원으로 인정하고 민법의 다른 연원은 인정하지 않는 체제이다. 민법연원의 다원제는 제정법을 민법의 주요하고 직접적인 연원으로 하는 동시에 관습과 법리를 민법의 보충적이고 간접적인 연원으로 인정하는 것이다.

근대에서 현대까지 대륙법계 국가는 일원체제에서 다원체제로 발전하는 추세를 보이고 있다. 비교적 빨리 제정된 「프랑스민법전」 제5

조는 "판사는 안건을 심리할 때 일반적인 규칙으로써 안건을 처리할 수 없다"라고 규정하여 제정법 외의 법권을 배제하였다. 유럽대륙의 자본주의 국가들이 초기에 제정법만 인정하고 그 외의 법의 연원을 인정하지 않은 원인은 다음과 같이 세 가지로 귀납해볼 수 있다. 첫째, 봉건사회에서는 법관들의 횡포가 심하여 부르주아 계층의 사상가들이 제시한 입법권과 사법권을 분리하는 정치이념의 실현이 필요했다. 둘째, 유럽 중세에는 봉건법, 교회법, 학자들의 해석을 통해 만든 로마법, 지방관습법, 상인관습법 등 많은 종류의 법의 연원이 존재하였고 정치적으로 통일된 부르주아 계층의 민족국가가 실현되었다. 따라서 제정법의 권위를 강조하여 법률의 통일을 실현할 필요가 있었다. 셋째, 당시 이성주의의 영향으로 인간의 인식능력은 무한한 것으로 여겨졌고 논리적으로 치밀하게 구성된 민법전이 민사생활에서의 모든 문제를 해결할 수 있을 것이라 여겨졌다. 하지만 그 후의 역사에서 볼 수 있듯이 입법자의 인식에는 한계가 있었다. 또한 제정법의 상대적 안정성과 사회생활의 무한성 사이에 모순이 존재하여 아무리 잘 만들어진 민법전이라고 해도 민사생활에서 발생하는 모든 문제를 규정으로 망라할 수는 없었다. 미래에 발생할 수 있는 새로운 민사문제를 미리 예측해서 해결방안을 찾는 것은 더욱 불가능하였다. 이것은 제정법의 한계와 부족함에서 오는 피할 수 없는 것이었다. 성문민법전의 한계를 극복하고 그 규정의 부족함을 보충하기 위해 프랑스민법전보다 104년 늦게 제정된「스위스민법전」제1조는 "① 본법에서 문장상으로 또는 해석상으로 상응하는 규정이 있는 법률문제는 일률적으로 본법을 적용한다. ② 본법에 상응하는 규정이 없으면 법관은 관례에 의거하여야 한다. 관례가 없는 경우에는 자신이 입법자로서 제시한 규칙에 의거하여 재판한다. ③ 위 조항과 같은 상황에서 법관은 실천을 통해 검증된 학술이론과 관례에 의거하여야 한다"고 규정하였다. 중화민국 시기에 제정된「민법전」제1조에서도 "민사(民事)가 법률에 규정이 없을 때에는 관습에 의거하고, 관습이 없을 때에는 법리에 의거한다"고 규정하였다.

민법연원의 다원제에서 제정법은 직접적인 연원으로서 그 적용에 있어 직접성과 우선성을 가진다. 민사사건에서 제정법에 규정이 있는 경우 법관은 제정법의 규정을 직접 적용해야 한다. 법관은 제정법의 규정을 무시하고 관습과 법리를 적용할 수 없다. 관습과 법리는 보충적·간접적 연원이고, 적용시에는 보충성과 간접성을 가진다. 법관은 제정법의 규정이 없는 경우에만 관습과 법리를 선택하여 적용할 수 있다. 제정법 국가에서 관습과 법리는 제정법과 같은 권위와 보편적인 구속력을 가지지 않는다. 제정법에 규정이 없어 법관의 승낙을 얻어 안건에 적용되었을 때에만 법적 구속력을 가진다. 민법의 연원에 대해서 중국민법통칙은 프랑스민법전처럼 제정법을 유일한 연원으로 규정하지도 않았고, 스위스민법전이나 중화민국 시기의 민법전처럼 관습과 법리를 민법의 간접연원으로 규정하지도 않았다. 하지만 제정법상으로 구체적인 민법규칙이 부족한 현실에서 관습과 법리는 중국의 민사재판에서 중요한 작용을 하고 있고 중국성문법의 부족함을 보충하는 연원이 되고 있다.

II. 민법의 직접적 연원 – 제정법

제정법이란 입법권이나 준입법권을 가진 국가기관을 통해 조항형식으로 제정된 성문문건의 법률이나 준법률을 말한다. 민법의 연원이 되는 제정법에는 다음과 같은 두 종류가 있다.

1. 법률

법률이란 입법기관이 제정한 법으로써 보편적인 구속력을 가지는 입법문건이다. 민법규범을 포함하는 주요한 법률은 다음과 같다.

(1) 헌법

헌법은 전국인민대표대회(全國人民代表大會)가 제정한 근본법이다. 헌법은 중국의 각종 경제적 요소와 소유제 형식의 규정, 국영기업의 경영권과 단체기업 자주권의 규정, 외국기업의 허가와 개인의 중국투자에 대한 규정, 과학발전·문화·교육사업에 관한 규정, 공민의 기본 권리와 의무에 관해 규정하고 있고, 이는 가장 강력한 법률효력을 가지는 민사규범이다. 중국 민사상의 기본법과 단행법은 헌법에 의거하여 제정한다.

(2) 민사기본법

대륙법계 국가에서 민법규범이 존재하는 기본형식은 민법전의 형식이다. 민법전은 일정한 논리체계에 의거하여 민법규범을 편찬한 입법문건이다. 민법전은 민법의 최고(最高)형식으로서 논리전개가 치밀하고 체계가 완벽하며 조문이 많다는 특성과 권위성, 안정성을 가진다. 그리하여 예로부터 시민사회의 대헌장이라 불렸다. 또한 시장경제라는 조건하에서 일반적인 것에서 구체적인 것으로 변화하는 논리체계에 의해 원칙성뿐만 아니라 조작성 또한 가지고 있다. 내용이 완벽하고 과학적인 민법전을 제정한다는 것은 완벽한 민사입법과 엄격한 법률집행, 그리고 사람들이 민법을 쉽게 준수할 수 있도록 하는 데 중요한 의의를 가진다. 구체적인 내용은 다음과 같다.

(a) 일정한 체계에 따라서 민법규범을 모으고 편찬해서 민법전에 삽입할 때에 민사입법을 통일할 수 있고, 분산된 민사입법이 필연적으로 발생시키는 내용의 중복, 모순, 누락 등의 폐단을 극복할 수 있다.

(b) 완벽한 민법전이 있음으로 인해서 법을 집행하는 자의 자유재량권을 최소한의 범위로 제한할 수 있다. 이로써 법을 집행하는 자가 법에 의거하여 민사안건을 공정하게 처리하고 사법을 통일시키며 민사주체의 합법적인 권익을 보호할 수 있다.

(c) 민법전을 통해서 민법규범을 공시함으로써 민사주체가 민법과 관련된 정보를 얻는 데 유리하다. 그리고 스스로 상품생산·경영활동과 기타 민사활동의 법률결과를 예측할 수 있고, 이로 인해서 자신의 상품생산·경영과 기타 민사활동에 심혈을 기울일 수 있게 된다. 이로써 상품경제의 발전을 촉진시킬 수 있고 민사사회생활에 번영 및 안정을 가져올 수 있다. 그러므로 시장경제체제 아래에 있는 현대 성문법 국가에서 민법전을 제정하는 것은 그 국가의 민법을 완벽하게 하기 위해 반드시 필요한 작업이다.

중국은 아직 민법전을 제정하지 않고 있다. 중국에서 민사기본법의 작용을 하고 있는 것은 1986년 4월 12일 제6회 전국인민대회 제4차 회의 때 통과된 「중화인민공화국민법통칙」이다. 중국의 민법통칙은 중국이 경제개혁을 시작한 지 얼마 되지 않았을 때 제정되었는데 당시에는 민법전을 제정하는 역사적 의식이 성숙하지 못하였다. 따라서 민법통칙은 오직 공민과 법인의 민사법률상의 지위, 법률행위, 대리, 소송시효, 민사권리, 민사책임 등의 공통적인 성질을 가진 민사문제를 해결하기 위하여 제정한 민사법률이었다. 중국의 민법 발전 역사상 민법통칙은 역사적 공적을 가지고 있지만 역사적 한계도 가지고 있다. 민법통칙은 모두 총 9장 156조로 구성되어 있다. 그중 제1, 2, 3, 4, 7장은 기본원칙, 공민, 법인, 법률행위와 대리, 소송시효에 대해 기술하였고 그 내용은 기본적으로 외국민법전의 총칙에 해당된다. 제6장 민사책임은 외국민법전의 채권부분에 해당되고, 제5장 민사권리는 외국민법전의 분칙과 관련된 내용에 해당된다. 제5장 민사권리는 민사주체가 법에 의거하여 각종 민사권리를 얻을 수 있다고 간단하게 선고하고 있을 뿐 외국민법전처럼 민사권리의 취득·행사·변경·소멸에 대한 구체적인 법률규정은 없다. 즉, 각종 민사권리에 대한 상세하고 구체적인 규정이 없다. 민법통칙은 민법전이 아니고 민법의 통칙일 뿐이다. 「중국민법통칙」 제5장의 민사권리규정의 부족함을 보충하기 위해서 근래에 들어 중국은 몇 가지 민사상의 단행법률을 제정하였다. 이처럼 중국은 민사상의 단행법률을 완비한 후에 민법통칙과 각 단행법률을 기반으로 하여 민법전을 제정하고 있는 실정이다. 민사상의 단행법률을 완비하는 과정에서 1999년 3월 15일 제9회 전국인민대회 제2차 회의를 통과한 「중화인민공화국계약법」은 중국이 얻은 가장 큰 입법성과이다. 오늘날 중국에서 유일하게 부족한 민사상의 단행법률은 물권법이다. 물권법이 제정되어야 중국은 민법전의 편찬을 시작할 수 있고 민사입법의 현대화과정을 완성할 수 있다.

(3) 민사상의 단행법률

민사상의 단행법률이란 어떤 특정한 유형의 민사관계에 대한 법률 혹은 어떤 특정한 유형의 민사행위에 대해 특별히 제정한 법률을 가리킨다. 중국민법통칙에는 각종 민사권리에 대한 구체적 규정이 결여되어 있다. 다시 말해서, 여러 가지 구체적인 유형의 민사관계 또는 민사행위에 대한 규율과 규범이 결여되어 있다. 근 몇 년간 중국은 많은 민사상의 단행법률을 제정하여 민법통칙에 따라 각 민사상의 단행법률을 통솔하는 체계를 형성하였다. 따라서 중국에서 단행민사법률은 중요한 지위에 있다. 중국의 전국인민대표와 상무위원회가 제정한 법률 중 민사단행법률에 속하는 것은 중화인민공화국저작권법, 중화인민공화국특허법, 중화인민공화국상표법, 중화인민공화국담보법, 중화인민공화국계약법, 중화인민공화국상속법 등이 있다. 이러한 법들은 모두 민법전의 분칙부분에 속한다.

(4) 종합성단행법

종합성단행법은 특정한 권리주체와 권리객체 혹은 특수한 문제에 대해 제정한 것으로 민법규범도 있고 행정규범도 있고 심지어 형법규범도 있는 법률이다. 이 중에는 많은 민법규범이 있다. 민법에서 중요한 의의를 가지는 종합성단행법으로는 조합기업법, 토지관리법[18], 도시방지산관리법[19], 상품질량법[20], 공정거래법[21], 소비자보호법[22], 삼림

18 토지관리법 : 1999년 1월 1일부터 실시되었다. 토지의 사회주의공유제를 보호하고 토지자원을 개발하여 합리적으로 이용하기 위해 헌법에 의거하여 제정되었다. 중국이 실시하고 있는 토지의 사회주의공유제는 전민소유제(全民所有制)와 노동군중집체소유제(勞動群衆集體所有制)이다. 전민소유라 함은, 국가가 소유한 토지의 소유권을 국가의 대표인 국무원이 행사하는 것을 가리키며, 어떤 단체나 개인도 침점(侵占)할 수도, 매매할 수도, 기타 형식으로 불법양도할 수도 없다. 하지만 토지의 사용권만은 법에 의거하여 양도할 수 있다. 국가는 사회의 공익을 위하여 집체소유의 토지에 대해서는 징발을 할 수 있다. -역주
19 도시방지산관리법 : 1994년 7월에 발포되어 1995년 1월부터 실시되었다. 도시방지산관리법은 도시(都市;城市)의 부동산(不動産;房地産)의 관리와 시장체계의 보호, 방지산권리인의 합법적인 권익보장, 방지산의 발전 촉진이라는 목적으로 제정되었다. 중국의 국유토지 내에서 방지산의 개발을 목적으로 하는 토지사용권이나 방지산의 교역 또는 관리를 실시할 때는 필히 이 법을 준수해야 하며, 도시방지산관리법에서 '옥(屋)'은 토지 위의 가옥 같은 건축물 및 구축물을 뜻한다. 또한 방지산의 개발행위라는 것은 국유토지 위에 가옥을 건설하는 행위를 일컫으며, 방지산의 교역은 방지산의 양도와 저당 그리고 임대를 가리킨다. 중국의 방지산관리법은 한국의 부동산법과 유사하다. -역주
20 상품질량법 : 중국의 상품질량법은 1993년 2월 22일 전국인민대표대회 상무위원회를 통과하여 2000년 7월 8일 제16차 회의에서 다시 수정되었다. 상품질량법은 상품질량의 감독과 관리, 상품의 수준향상, 명확한 상품질량책임, 소비자의 합법적인 권익보호, 사회경제체계의 보호를 목적으로 제정되었다. 중국 국경 내에서 모든 생산·소비활동에 종사하는 사람은 이 법을 준수해야 하며, 이 법에서 일컫는 상품이란 가공·제작되어 판매되는 상품을 뜻한다. 상품질량법은 모두 6장으로서 1장 총칙과 2장 감독, 3장 생산자와 소비자의 책임의무, 4장 손해배상, 그리고 벌칙과 부칙으로 구성되어 있다. -역주
21 중국에서는 반부정당경쟁법(反不正當競爭法)이라고 한다. 즉, 시장을 지배하는 독점행위나 거래의 제한을 목적으로 하는 기업합동을 금지 또는 제한하는 법률의 총칭이다. 이 법은 1993년 9월 2일 전국인민대표대회 상무위원회를 통과하여 같은 해 12월 1일부터 실시되었다. -역주
22 중국에서는 소비자권익보호법이라고 한다. 1993년 10월 31일 전국인민대표대회 상무위원회를 통과하여 다음 해 1월 1일부터 실시되었다. 중국의 소비자권익보호법은 다음 두 가지의 기본원칙을 가지고 있다. 첫째, 소비자와 경영자는 교역방면에서 서로 평등하고 공평하며 신의칙에 따른다. 둘째, 국가가 소비자의 권익을 보호하는 방면에서 소비자의 합법적인 권익은 침해받지 않고, 인권은 존중되고 보장된다. -역주
23 삼림법 : 중화인민공화국삼림법은 모두 7장 42조로 되어 있다. 중국의 삼림법은 헌법규정에 의거하여 중국 삼림의 권속을 확정하고, 국가와 단체 그리고 개인의 삼림소유권이 침해당하지 않도록 보호한다. 그 밖에도 삼림보호의 강화, 삼림방화(森林防火), 병충해 방지 및 동식물의 관리를 규정하여 전 국토의 30%를 녹지화시킨다는 계획과 삼림조성의 방침 또한 규정되어 있다. 중국의 삼림법은 삼림자원을 합리적으로 개발하고 이용하는 데 지침이 된다. -역주
24 초원법 : 중화인민공화국초원법은 중국 국경 내에 있는 초원의 보호, 관리, 합리적인 이용, 생태환경의 개선, 지방자치구경제의 발전 촉진 등의 목표를 가지고 중화인민공화국헌법에 의거하여 제정되었다. 중국의 초원법은 법률이 특정집단의 소유로 규정한 초원 외의 모든 초원은 곧 국가의 소유이자 전민(全民)의 소유이고, 중국 영토 내의 모든 초원(草原), 초산(草山), 그리고 초지(草地)에 적용된다고 규정하고 있다. 중국이 초원법을 제정한 가장 큰 이유는 지방자치구의 초원을 보다 효율적이고 통일적으로 관리하기 위해서이다. -역주

법[23], 초원법[24] 등이 있다.

2. 준(準)법률

준법률이란 국가행정기관과 사법기관 및 국가지방기관이 제정한 조례, 규정, 조치, 세칙 등으로 표현되는 보편적인 구속력을 가지는 규범성 문건이다. 준법률은 법률을 구체화하고 보충하는 역할을 하며 그 효력은 법률보다 아래에 있다. 따라서 이 규범의 법률과 서로 모순이 있을 수 없다. 민법규범에서 준법률에 포함되는 것은 다음과 같다.

(1) 국무원[25] 및 각 부(部)위원회에서 제정한 법규

국무원은 중국의 최고행정기관이다. 국무원과 각 부서는 헌법이 부여하는 행정관리권한 내에서 관련문제에 대하여 행정조례를 반포하거나 행정조치 또는 대책을 제정할 수 있으며 관련법률에 대한 집행을 해석하는 성질의 '시행세칙'을 제정할 수 있다. 이러한 조례, 조치, 시책(대책), 세칙은 정기적으로 국무원의 공보(公報)에 공포한다. 그중 상당부분은 민법규범이며, 심지어 민법규범이 주가 되는 규범도 있다. 그 예로는 전민소유제공업기업의승포경영책임임시조례(全民所有制工業企業承包經營責任制暫行條例), 전민소유제소형공업기업의 임대경영임시조례(全民所有制小型工業企業租賃經營暫行條例), 도시·읍 단체소유제기업조례(城鎭集體所有制企業條例), 저작권법실시조례(著作權法實施條例), 상표법실시세칙(商標法實施細則), 특허법실시세칙(專利法

---

25 국무원 : 중국의 국무원은 한국의 행정부에 해당한다. 중국에서 정사를 보는 최고권력기관 중 집행을 담당하는 최고권력의 행정기관이다. - 역주

實施細則), 공업·광업상품구매계약조례(工鑛産品購銷合同條例), 농부산품구매계약조례(農副産品購銷合同條例), 가공도급계약조례(加工承攬合同條例), 건축설치공정승포계약조례(建築鞍裝工程承包合同條例) 등이 있다.

(2) 최고인민법원[26]의 지도성 문건

최고인민법원은 중국의 최고심판기관으로서 법률에 대한 사법해석을 할 수 있다. 중국의 민사입법이 완전하지 못하고 조작성이 떨어지는 상황에서 최고인민법원이 민사재판의 경험을 기초로 민법원리와 원칙을 근거로 하여 구체적이지 않은 민사규범에 대해서 제출한 의견과 지방 각급의 인민법원이 민사문제에 관련하여 제출한 요구사항(이런 민사문제의 대부분은 구체적인 규정이 부족한 것이다)에 대한 회답 및 민사업무와 관련한 지도성 문건은 모두 준법률의 성질을 가진다. 상술한 문건은 민법을 정확하게 적용하고 민사입법의 부족함을 보충하며 민사안건을 정확하게 처리하는 데 중요한 역할을 한다. 이는 중국민법의 연원이기도 하다. 최고인민법원의 민법 적용과 관련된 지도성 문건에서 중요한 역할을 한 것으로는 "경제계약분쟁안건에대한심리에서 「경제계약법」의 구체적인 적용에 관한 해답(關于審理經濟合同糾紛案件中具體適用〈經濟合同法〉的若干問題的解答)"이 있고, 지금까지 중요한 작용을 하고 있는 것으로는 "「중화인민공화국민법통칙」의 철저한 집행에 관한 의견(關于貫徹〈中華人民共和國民法通則〉若干問題的意見)"(이하 「〈민법통칙〉의견」이라 함), "「중화인민공화국상속법」의 철저한 집행에 관한 의

---

[26] 최고인민법원: 최고인민법원은 중국의 최고심판기구이다. 전국인민대표대회와 그 상무위원회에 대한 책임을 지며, 지방의 각급 인민법원과 군사법원 등의 심사를 감독하는 최고권력기구 중 하나이다. —역주

견(關于貫徹〈中華人民共和國繼承法〉若干問題的意見)"이 있다.

(3) 지방성 법규

지방의 성(省)급 인민대표대회와 정부, 민족자치구의 자치기관이 헌법과 법률이 규정한 직권범위 내에서 발표한 지방성 법규에는 자치조례, 단행조례, 규정, 시책, 조치 등이 있다. 이 중에서 민사문제와 관련된 것은 민법의 연원이 된다. 하지만 지방성 민사법률규범은 해당 행정구역에서만 법률효력을 가진다.

III. 민법의 간접적 연원 – 관습과 법리

일반적으로 민법의 간접적 연원은 관습, 판례, 법리로 나누어진다. 어떤 학자들은 판례를 관습의 일종으로 보는데 관습은 국민의 생활관습이고, 판례는 법관의 판결관습이라고 여긴다. 후쟝칭(胡長淸)은 판례를 법리의 일종으로 보았는데[27] 이 의견은 쉬구어둥(徐國棟) 박사에서부터 시작되었다. 쉬구어둥 박사는 "법리는 광의의 법학가(법률교수와 법관 등을 포함)가 민법문제에 대해 진술한 관점이다. 그러므로 법리는 학설과 판례의 두 가지 형식을 포함한다. 전자는 학자법이고, 후자는 법관법이다. 이들은 관습으로 제정법의 부족함을 보충한다"고 했다.[28] 이는 관습, 판례, 법리의 세 가지를 포함하는 간접적 연원설에도 판례를 관습으로 보는 학설에도 합리적인 관점이다. 그 이유

---

27 胡長淸:《中國民法總論》, 中國政法大學出版社, 1997年版, 36쪽 주석.
28 彭萬林主編:《民法學》, 中國政法大學出版社, 1997年修訂版, 27쪽.

는 첫째, 스위스민법전이든 중화민국 시기에 제정된 민법전이든 모두 관습과 법리를 민법의 간접적 연원으로 하였지만 단독적으로 판례를 제시하지는 않았다. 문제는 제정법상의 근거가 없고 또한 전례도 없는 첫번째 심판의 판결근거는 무엇인가 하는 것이다. 여기서 근거가 될 수 있는 것으로는 관습, 옛사람의 학설, 법관의 관점이 있다. 이런 상황에서 이후의 안건에 이 판례를 인용할 때 실질적으로 인용하는 것은 관습이나 법리이다. 여기서 알 수 있듯이 판례는 독립된 법의 연원이 아니다. 둘째, 관습은 민중생활에서 형성된 민사관습으로 제한하여야 하고 법관의 판례를 관습으로 보는 것은 타당하지 않다. 예를 들어 새로운 안건의 판례는 이후의 안건에 채택될 수 있다. 그러나 이 새로운 안건의 판결이 판사들 사이에 보편적으로 따라야 하는 관습을 형성했다고 하기는 힘들기 때문이다. 셋째, 판결은 안건의 당사자에게만 법적 구속력을 가진다. 안건 외의 사람에 대해서는 구속력이 없다. 그 판례가 법의 보충적 연원으로 인용될 때 이후의 안건에 법관이 인용하는 것은 이전 안건의 판결이 아니라 이전 안건의 판결에서 법관이 설명한 법리이다. 그러므로 필자는 민법의 간접적 연원은 관습과 법리라고 보는 이원설에 동의하고, 판례는 법리의 표현형식 중 하나로 본다.

1. 관습

관습은 사회생활에서 자연스럽게 형성된 행위규범이다. 관습은 법률보다 먼저 만들어졌다. 원시사회의 씨족 내부에는 상호관계를 어떻게 처리할 것인가 하는 관습이 형성되었다. 노예제도가 있는 국가가 등장한 이후 국가는 관습을 인용하여 사람과 사람 사이의 모순이나 충돌을 해결하였고 관습은 법의 성질을 가지게 되었다. 그 후 여러 국가에서는 자주 인용하는 관습법을 문자로 기록하였고 형식화하여 공포했다. 이렇게 성문법이 출현하였다. 노예사회와 봉건사회는 많은 성문법을 제정하였지만 관습법, 특히 민사관습법은 계속해서 중요한 지위에 있었다. 유럽대륙의 부르주아 계급이 혁명에 성공한 후 제정된 법전은 권위를 수립하기 위해 한동안 관습의 법률효력을 완전히 부정한 적이 있었지만 얼마 지나지 않아 관습은 다시 보충적 법률연원의 지위를 얻었다. 오늘날에 이르기까지 성문법 국가는 관습을 보충적 법률연원의 지위에 국한시켰지만, 어떤 이론에서는 관습법을 성문법보다 높게 본다고도 하였다. 이 이론은 법의 효력이 국민의 확신에서 온다고 본다. 국가의 입법기관이 제정한 법률이라 할지라도 국민이 그 법률에 대해 확신하지 않는다면 국민은 그 법을 준수하지 않을 수 있고 그 법은 구속력이 없는 것이다. 반대로 관습법은 국가가 제정한 법은 아니지만 국민의 확신을 얻었고 국민이 준수하는 것으로 국민 스스로가 만들어낸 법이다. 그러므로 관습법의 효력은 당연히 국가가 제정한 법보다 높아야 한다고 본다.

관습은 민법의 보충적 연원이다. 이를 적용하기 위해서는 다음 몇 가지 조건을 만족시켜야 한다.

첫째, 관습이 존재하는지를 확실히 조사하여 밝혀야 한다. 이것은 관습을 안건의 판결에 인용하기 위한 객관적인 조건이다. 예를 들어 안건 당사자 중의 한 사람이 관습법의 인용을 주장하면 주장한 사람은 그 관습의 존재에 대한 증거제시의 책임을 져야 한다.

둘째, 관습은 일반인의 확신을 얻고 준수되어야 한다. 이것은 관습법을 안건의 판결에 인용하는 주관적인 조건이다.

셋째, 관습은 민법의 기본원칙을 위반할 수 없다. 이것은 관습을 심사하고 적용의 가치를 선택하는 기준이다. 관습은 선량한 관습, 진보적인 관습 그리고 낡은 관습으로 나눌 수 있다. 관습을 안건의 판결에 인용할 때에는 민법의 기본원칙에 따라 인용해야 한다. 그래야만 안건이 공정하게 처리될 수 있다.

넷째, 제정법상으로 관습에 대한 명문(明文)규정이 없어야 한다. 민법의 보충적 연원인 관습은 제정법에 명문규정이 없어야 한다. 만약 어떤 관습이 제정법상으로 명문규정이 있다면 이는 관습이 아니라 제정법이므로 민법의 직접적 연원이 된다.

이 외에도 관습을 안건에 인용할 때에는 인용하는 관습이 무슨 관습인지 확실히 알아야 하고 그것이 적당한지 알아야 한다. 관습에는 전국적으로 통행되는 일반적인 관습, 특정 지방에서만 통행되는 지방관습, 특정 민족 사이에서만 통행되는 민족관습, 특수업종 혹은 사회계급에서만 통행되는 특수관습 등이 있다. 한 지방의 관습을 타지방에 적용시킬 수 없고, 한 민족의 관습을 다른 민족에게 적용시킬 수도 없으며, 특수업종 혹은 특수계층의 관습을 일반인에게 적용할 수 없다. 특히 여러 민족이 거주하는 지방에서 각 민족의 서로 다른 관습을 통달하는 것은 법률적용에 중요한 의의를 가진다. 소수민족 사이의 민사분쟁을 적절히 처리하기 위해서는 가끔 제정법의 변통도 필요하다.

2. 법리

실질적으로 법리는 상당히 추상적인 법명제(命題)이다. 어떤 학자들은 법리를 사물의 당연한 도리로 여겨 자연법이라고 보고, 또 다른 학자들은 법리를 법률의 통상적인 원리로 본다. 어느 주장이든 모두 법리를 법철학상의 명제로 보는 것은 확실하다. 형식적인 측면에서 보면 법리의 형식은 학자의 학설과 법관의 판례, 이 두 종류의 형식이 있다. 법리의 이 두 가지 형식에 의거하여 사람들은 무엇이 법률이고 무엇이 법리이며 무엇이 관습인지를 쉽게 가려낼 수 있다.

법리는 학자의 학설이든 법관의 판례든 간에 모두 눈부신 역사를 가지고 있다. 고대 로마시대에 유스티니아누스 황제가 주최하여 편찬한 법학교과서《법학제요》와 권위 있는 법학가들의 언론(言論)을 발췌하여 편찬한《학설휘찬》은 모두《시민법대전》에 의해 받아들여져 직접적으로 법률화되었다. 또한 중세 유럽에서 로마법을 연구한 권위 있는 학자들의 견해는 자주 판결의 근거로 인용되었다. 이는 오늘날에도 영미법계 국가의 주요한 법률연원으로 존재한다. 영미판례법에서 안건을 판결할 때 반대의 이유가 없다면 본 법원과 동급인 법원이나 상급법원의 판례를 인용해야 한다. 앞에서 말한 것처럼 판례의 인용은 사실상 법관이 판례에서 설명한 법리를 인용한 것이다. 이는 법관이 판례에서 설명한 법리가 직접적으로 법률로 받아들여졌음을 의미한다.

대륙법계 국가에서는 입법시에 법리를 관습 다음가는 법의 연원으로 보고 있지만 실제로는 법리도 판결에서 중요한 지도적 작용을 발휘하고 있다. 이는 중국에서도 예외가 아니다. 대륙법계 국가에서는 이성과 논리를 존중한다. 대학에서 법률을 전공으로 하는 학생은 법학교과서, 전문서적, 논문 등에서 법률지식을 흡수하고 교수와 전문가들이 교실과 책에서 설명하는 법률이론과 학설의 영향을 받는다. 이런 학생들이 법관이 된다면 법률이론과 학설을 자신이 맡은 안건의 판결에 적용할 것이다. 근래에 들어 법관과 변호사들은 해결하기 어려운 안건을 전문가에게 문의하고 전문가를 초빙하여 연구회에 참여시키고 있다. 이것은 중국에서 좋은 기풍으로 널리 퍼지고 있고 이로 인해 전문가의 의견은 법원의 재판활동에 직접적인 영향을 주고 있다. 대륙법계 국가에서는 국가최고재판기구가 정기 혹은 비정기적으로 판례를 공포하고 전형적인 판례에 대해서는 문자화하여 출판한다. 이렇게 해서 각급 지방법원이 관련된 안건을 처리하는 것에 더욱 직접적인 영향을 끼친다. 이와 같이 대륙법계 국가에서 학설과 판례는 민법의 간접적 연원이라는 것과 더불어 제정법의 규정이 부족할 때 판결의 직접적인 근거가 될 수 있다는 데에 그 의의가 있다. 더욱 중요한 것은 학설과 판례가 과학적인 법률이론과 사상으로서 실제로 판결을 내릴 때 일반적이고 잠재적인 지도작용을 발휘하는 데에 있다. 대륙법계 국가에서는 법률체제와 법률관념의 제한 때문에 직접적으로 어떤 판례나 학자의 견해가 판결의 근거가 되는 것을 자주 볼 수는 없다. 하지만 실제 판결에서 학설과 판례는 재판의 판결에 간접적인 영향을 주고 있다.

제5절 民法의 規律對象[29]

「중국민법통칙」 제2조 규정에 따라 민법을 다음과 같이 정의할 수 있다. 민법은 평등한 주체인 자연인 사이, 법인 사이 또는 비법인단체

---

29 원문은 '조정대상(調整對象)'이다. - 역주

사이 및 그들 상호간의 재산관계 또는 인신관계를 규율하는 법률규범의 총칭이다. 현대국가의 법은 기본부문법의 유기적인 분업과 합작에 의해 조성되었다. 현대국가의 법률체계에서 민법은 하나의 독립적인 법률부문이고 그 근거는 민법이 기타 법률부문과는 다른 특정한 조정대상과 규율방법을 가지고 있다는 데에서 찾을 수 있다. 그러므로 민법을 알기 위해서는 먼저 민법의 조정대상과 규율방법에 대해서 알아야 한다. 앞에서 서술한 바와 같이 민법의 정의는 조정대상에 대한 묘사와 평등주체 간의 재산관계와 인신관계를 어떻게 규율할 것인가 하는 문제도 포함한다.

민법의 조정대상은 민법의 규정으로서 그 모순과 충돌을 해결하는 특정한 사회생활관계이다. 「중국민법통칙」 제2조는 "중화인민공화국 민법은 평등주체의 공민 간, 법인 간, 공민과 법인 간의 재산관계와 인신관계를 규율한다"고 규정하고 있다. 여기서 민법이 규율하는 평등주체 사이의 재산관계와 인신관계를 민사관계라고 한다. 또한 민사관계에서 구현된 이익에 따라 다시 민사적 재산관계와 민사적 인신관계의 두 가지 사회관계로 구분할 수 있다.

I. 민사관계

민사관계는 사람과 사람 사이에 민사상 형성된 평등한 사회관계이다. 그것은 다음과 같은 특징을 가진다.

1. 민사관계는 사람과 사람 사이의 사회생활관계이다

사회관계는 인류사회에서 인간이 서로 교류함으로써 형성되는 모든 관계를 말한다. 민사관계도 예외는 아니다. 현대사회에서 민사관계의 주체가 될 수 있는 것은 생명체인 자연인뿐만 아니라 단체 등의 사회의 유기적인 조직도 주체가 될 수 있다. 다만, 단체와 같은 민사주체에 대하여 중국의 민법통칙에서는 법인만을 규정하고 있다. 그러나 현실적으론 중국사회에서 실질적인 민사관계에 참가하는 단체는 법인에만 국한되어 있지 않다. 법인의 자격을 구비하지 않은 사회조직, 즉 비법인단체도 중국사회의 실질적인 민사관계에 참가한다. 예를 들어 중국의 조합에 관한 규정에 따라 조합은 비법인이지만 그들도 민사관계에 참가하여 민사관계의 주체가 될 수 있다. 또한 국가는 일종의 사회조직체로서 때로는 자기의 명의로 민사관계에 참가하여 민사관계의 주체가 될 수 있다. 관념적으로 민법의 조정대상으로서의 사람과 사람 사이의 민사관계는 사회생산력의 발전에 의하여 자연적으로 형성된 것으로 본다. 또한 민사관계는 법률의 규율과 통제를 요구하는 객관적인 사회생활관계라고 본다.

2. 민사관계는 사람과 사람 사이의 민사적 사실로 인해 형성된 사회생활관계이다

인간의 사회관계는 민사사회의 생활관계만을 가리키는 것이 아니고 국가사회생활관계도 가리킨다. 인류의 사회생활관계는 대체적으로 국가사회생활과 민사사회생활[30], 이 두 가지의 사회생활로 구분할

---

30 중국도 공법관계를 '국가사회생활', 사법관계를 '민사사회생활'이라고 표현한다. —역주

수 있다. 국가사회생활에서 국사(國事)에 의해 형성된 사회관계는 민사관계로 볼 수 없고 민사생활에서 민사상의 사실로 인하여 형성된 사회관계만이 민사관계이다. 민사관계에서의 민사상의 사실은 국사, 즉 국가공공사무와는 대응되는 개인사무이다.

　국사, 즉 국가공공사무는 국가의 안전과 안녕 및 민족의 흥쇠와 존망, 사회의 평화 및 발전과 관련되어 있으며, 구체적으로는 국가가 한 사회의 총관리자로서 사회에서 실시하는 조직관리활동으로 나타난다. 예를 들어 대통령 혹은 국가원수의 선거, 법률의 제정과 실시, 국가기관의 설치, 국가권력에 의한 국가기관의 구분, 국가의 각종 권력에 대한 행사와 상호간의 제약과 제한, 국가관리에 관한 민중의 참여, 그리고 국가기관과 국가공무원에 대한 감독 등이 있다. 민사적 사실은 개인과 단체의 개인적인 사무로서 개인과 단체 자신의 이익에 대해서만 언급한다. 구체적으로 개인 혹은 단체가 자신의 복리를 추구하고 생존과 발전을 위하여 행하는 일련의 활동으로 나타난다. 예를 들어 자원의 점유, 물질적 상품과 정신적 상품의 생산, 분배와 교환, 기업의 조직과 활동, 노동력의 고용, 재산의 상속, 결혼과 이혼, 친족 간의 상호적인 도움과 부양 등이 있다. 민사적 사실의 여부는 어떠한 사회관계가 민사관계인지를 판단하는 중요한 기준이 된다.

3. 민사관계는 평등성을 구비한 사회관계이다

　평등은 곧 사회관계의 주체가 갖는 사회관계에서의 지위를 말한다. 사회관계에서 주체의 지위가 수평선에 있는 것이 평등이다. 그렇지 않으면 불평등이다. 주체가 가지는 지위의 평등은 민사관계를 국가사회생활관계와 구분하는 중요한 특징 중의 하나이다. 평등에는 추상적인 평등과 구체적인 평등이 있다. 추상적인 평등은 사회윤리 및 법률이념상의 평등이다. 구체적인 평등이란 구체적인 주체가 구체적인 관계에서 균형 있는 실력의 경쟁을 통하여 형성되고 유지하는 실질적인 평등이다. 민사관계의 중요한 특징으로서의 주체가 가지는 지위의 평등은 추상적인 평등이지 구체적인 평등이 아니다. 또한 그것이 내재하는 의미는 사회논리와 법률이념으로부터 이해하여야 한다.

현대의 사회윤리에서 인류의 사회생활은 국가사회생활과 민사적 생활로 구분할 수 있다. 사람은 반드시 이 두 가지 사회생활에 참여하여야 한다. 그러나 개개인이 이 두 가지 사회에서 갖는 성질과 지위는 다르다. 국가사회생활에서의 사람은 국가의 백성으로서 국가권력의 지배를 받고 국가권력에 복종하는 지위에 있다. 그러나 민사사회생활에서의 사람은 상호간에 종속관계가 성립되지 않으며 독립적이고 자유와 평등을 향유할 수 있는 인격체이다.

현대법률의 이념에서 국가는 사회생활을 전체적으로 관리하고 사회생활에서 모든 사람에 대하여 중립적인 태도를 취한다. 그들에게 평등한 지위를 부여하고 동등한 관심과 보호를 하여야 하며 차별해서는 안 된다.

민사관계의 평등은 오직 추상적이고 상대적이며 형식적이다. 구체적인 주체가 구체적인 관계에서 실제로 평등한지의 여부를 살펴보면 민사생활관계에서도 불평등한 현상을 볼 수 있다. 그것은 현대의 정치와 경제조건하에서 아직도 구체적인 평등에 영향을 주는 요소가 존재하기 때문이다. 그중 주체 실력의 차이는 주체의 구체적인 평등에 영향을 주는 제일 중요한 요소가 된다. 구체적인 민사관계에서는 주체 간의 실력경쟁이 존재하므로 주체 간의 균형 있는 실력에 의존하여 평등을 유지한다. 만약 주체 간의 실력에 차이가 있으면 구체적인 민사관계에서 형식적으로는 평등하지만 실질적으로는 평등하지 않은 모순이 발생하게 된다. 예를 들면 고용관계, 혼인관계, 경제력이 강한 집단적인 독점조직과 경제력이 약하며 분산되어 있는 개체적인 소비자 간의 생산교환관계 등이 있다.

II. 민사재산의 관계

1. 재산관계의 개념과 특징

(1) 재산관계의 개념

재산관계는 재산을 객체로 하는 사회관계이다. 재산관계의 본질적 내용은 경제관계와 기본적으로 상통하지만 오랜 민법의 관습으로 그것을 경제관계라고 하지 않고 재산관계라고 한다.

재산관계의 개념 중 '재산'이란 사람에게 경제적인 가치를 가져다 주는 모든 사물을 의미한다. 상품경제의 발전에 따라 재산의 범위가 날마다 확대되고 있으며 현대의 사회생활에서는 두 가지 종류의 재산이 존재한다. 그중 하나는 사람이 통제할 수 있고 인류사회의 생산·경영활동 중 사람이 이용할 수 있는 물질자원, 토지, 광산, 수류 등의 천연자원과 인류의 노동으로 창조한 각종 물질형태의 상품이다. 예를 들면 책, 신문, CD 등이 있다.

다른 한 종류의 재산은 물질이 아닌 다음과 같은 것들을 의미한다.

(a) 지적재산, 즉 인류의 지적노동으로 창조한 상품이다. 예를 들면

작품과 기술의 발명 등이 있다.
(b) 경제적 가치가 있는 권리가 있다. 예를 들면 용익물권, 담보물권, 지적재산권, 주주권, 채권 등이 있다.
(c) 노동력은 비록 사람의 신체적 능력이지만 상품경제에서 노동력은 재산 혹은 상품이다. 도급계약, 운송계약, 보관계약이나 고용계약상의 약정에 근거하여 자신의 노동력으로써 타인에게 노무(勞務)를 제공하거나 타인을 위한 일에 종사하며 그에 상응하는 보수를 얻을 수 있다.

앞에서 서술한 두 종류의 재산 중에서 물질성을 가지는 재산은 본질적 의의의 재산이고, 물질성을 가지지 않는 재산은 물질성 재산을 획득하는 수단으로써 존재한다.

(2) 재산관계의 특징

(a) 재산관계는 재산을 객체로 한다

재산이나 주체가 지배하는 대상 혹은 일방의 주체가 다른 일방에게 급부를 요구하는 대상 모두 재산관계에서의 객체이다. 인류사회의 생활에서 재산을 객체로 하지 않는 재산관계는 존재하지 않고 사회생활에서 재산은 동떨어져 존재하지 않는다. 마르크스는 "재산의 본질은 주체의 존재에 달려 있다"[31]고 말하였다. 이처럼 재산관계는 늘 재산을 객체로 하고, 재산은 늘 사회관계의 주체와 상대하여 존재한다는

---

31 《馬克思恩格斯全集》(中文版), 第42卷, 115쪽.

특징을 가진다.

(b) 재산관계는 경제적 이익을 내용으로 한다

인류의 사회관계는 모두 이익관계라고 할 수 있다. 이 관계에 의해 실현되는 이익의 차이는 사회관계의 유형을 구분하는 기준이 된다. 재산관계의 객체로서 존재하는 재산이 경제적 가치를 가지고 있는 사물이기 때문이다. 그러므로 재산관계는 반드시 경제적 이익을 내용으로 해야 한다. 주체의 경제적 이익을 구현하고 경제적인 이익을 내용으로 한다는 점은 재산관계를 기타 다른 사회관계와 구분하는 중요한 특징이다. 재산관계로 인해 구현된 경제적 이익은 현실적인 경제적 이익이 될 수 있으며 또한 미래의 경제적 이익이 될 수도 있다. 현실적인 경제적 이익이란 재산의 지배를 통해 누리는 직접적인 경제적 가치의 이익을 가리킨다. 예를 들어 물질자원은 사용 혹은 처분을 통해 생산과 생활의 수요를 만족시킨다. 문학·예술작품의 사용을 통해 정신적인 수요를 만족시킬 수 있고, 과학은 기술적인 성과를 사용하여 제조원가를 낮추고 제품수량을 증가시킬 수 있으며 제품의 품질을 향상시킬 수 있다. 미래의 경제적 이익은 일정한 시간 범위 안에서 재산을 취득하는 이익이다. 예를 들어 상품교환을 통해 상대방이 양도한 상품을 얻는 것과 상속을 통해 사망자의 유산을 얻는 것 등이 여기에 포함된다.

(c) 재산관계에 의한 경제적 이익은 특정한 주체와 서로 분리될 수 있다

재산관계에서 재산과 주체는 서로 대응하는 존재이고 재산은 주체의 경제적 이익을 실현하는 특징을 가진다. 그러나 이것이 재산이 특정한 주체와 분리되어 다른 주체가 지배할 수 없다는 것을 의미하는 것은 아니다. 노동력과 같이 사람의 신체적 능력을 이용하여 주체와 분리할 수 없는 특수한 재산을 제외한 기타 재산은 모두 주체로 인해 존재하는 것이 아니다. 바꾸어 말하면 노동력을 제외한 기타 재산은 모두 주체와 분리할 수 있으며 주체의 신체와는 관계가 없다. 즉, 주체와는 다른 자연적 존재 혹은 사회적 존재이다. 이 때문에 재산은 주체로부터 서로 분리될 수 있는 것이고 특정한 주체의 지배에서 벗어나 다른 주체에게 지배받을 수도 있다. 재산과 주체의 분리성은 재산관계에서 경제적 이익에 대한 양도·상속·포기의 특징을 결정하고, 사회생활에서 정태적 재산관계와 동태적 재산관계로 나누어 재산관계의 객관적인 존재 및 상호 연계에 대한 결정을 한다.

2. 재산관계의 유형 및 민법이 규율하는 민사재산관계의 범위

재산관계는 매우 중요할 뿐 아니라 매우 광범위하고 복잡한 사회관계이다. 민사사회생활에서 사람의 생산·생활상의 수요에 근거하여 다양한 재산관계가 생겨났다. 그리고 국가사회생활에서 국가가 이행하는 여러 직무에 기인하여 다양한 재산관계가 생겨났다. 민법은 하나의 부문법이기 때문에 모든 재산관계를 규율할 수는 없다. 단지 그 중 민사적 사실로 인해 발생하는 평등한 민사상의 재산관계만을 규율할 수 있을 뿐이다. 즉, 민사적 사실로 인한 발생과 평등성은 민사재산관계의 범위를 나누는 중요한 기준이다.

재산관계는 매우 광범위하고 복잡하지만 일정한 과학적인 기준에 따라 분류할 수 있다. 우선 재산이 사람과 사람 사이의 관계에서 존재하는 상태에 따라 재산의 관계를 정태적 재산관계와 동태적 재산관계로 나눌 수 있다. 또한 정태적 재산관계와 동태적 재산관계에 대해 재산관계 중 객체의 차이 혹은 사회생활의 영역 차이에 따라 더한층 자세한 분류를 할 수 있고 민법이 규율하는 범위도 확정할 수 있다.

(1) 정태적 재산관계 및 민법의 규율범위

정태적 재산관계는 재산지배의 관계라고도 한다. 이는 재산이 특정한 주체의 지배하에 형성된 지배자와 일반인 사이의 재산관계이다. 정태적 재산관계는 사회의 생산분야와 소비분야에서 발생하고 그로 인해 구현된 경제적 이익은 재산의 지배자가 직접 그 경제적 이익을 누린다. 정태적 재산관계는 재산의 지배자가 그 재산을 이용하여 스스로 생산하고 혹은 소비에 대한 수요를 만족시키는 것으로 개인적 성질, 다시 말해 민사적인 성질을 가지고 있다. 동시에 사회관념상 그리고 법률이념상으로 각 재산지배자의 지위는 평등하다. 그러므로 정태적 재산관계자는 모두 민사상의 재산관계이며 모두 민법이 규율한다. 정태적 재산관계는 다음 두 종류의 재산관계로 나뉜다.

(a) 물질재산의 점유관계

이는 물건의 점유관계라고도 한다. 즉, 특정한 물질이 특정 주체의 점유하에 형성된 점유인과 일반인 사이의 재산관계를 말한다.

(b) 지적재산의 점유관계

여기에서 말하는 지적재산은 작품, 기술의 발명, 상표 및 기타 상공업 표지 등의 제품을 가리킨다. 지적재산의 점유관계는 특정한 주체가 특정한 지적재산을 점유하여 형성된, 이용자와 일반인 사이의 재산관계를 가리킨다. 지적재산관계를 점유하는 것은 근대 이래의 과학, 기술, 문화의 발전과 상공업의 발전에 수반하여 나타난 새로운 형태의 재산관계이다.

(2) 동태적 재산관계 및 민법의 규율범위

동태적 재산관계는 재산의 유통관계라고도 한다. 이는 재산을 하나의 주체가 다른 주체에게 양도할 때 재산의 양도인과 양수인 사이에서 형성되는 재산관계이다. 재산의 유통관계는 개인의 사무에 의해서 발생할 수도 있고 국가의 공공사무에 의해서 발생할 수도 있다. 후자는 납세의 관계, 공용징수관계, 위법자에 대한 벌금징수·몰수 등의 제재에 의해서 발생한 재산관계를 가리킨다. 이는 국가가 공권력을 사용하여 강제적으로 발생시키므로 평등성은 가지지 않는다. 따라서 이는 민법의 조정대상에 포함되지 않는다. 민사에 의해서 발생하고 평등성을 가지고 있어 민법으로써 규율하는 재산의 유통관계는 다음과 같다.

(a) 상품교환관계

상품교환관계는 상호보완성을 가지고 있는 상품의 소유자들이 각자 자신의 상품을 상대방에게 양도하는 공동의 의사표시에 근거하여 발생하는 재산의 유통관계이다. 상품경제의 발전에 따라 상품의 종류가 날로 증가되고 거래의 범위가 날로 확장되어 상품교환관계는 점차 민사사회생활에서 가장 중요한 재산유통관계의 하나가 되고 있다.

(b) 투자 및 이익의 분배관계

현대의 시장경제는 대량생산을 기초로 한 상품경제이고 단체적 성질의 조직이 사회의 중요한 생산경영의 주체가 된다. 기업조직은 영리를 추구하는 경제조직이고 그 재산은 투자자가 투입한 자본으로 형성되므로 그 이익도 각 투자자들 간의 투자비율에 따라 분배해야 한다. 그리하여 대량생산을 기초로 투자이익에 대한 분배관계가 생겨났으며, 이 또한 오늘날 독립적 의의를 가진 재산의 유통관계가 되었다.

(c) 노동의 보수 및 노동보험관계

대량생산은 노동자의 노동을 기초로 하는 생산이며, 노동은 연합적인 성질을 가진다. 근대에 들어서 연합적 성질을 기초로 하는 새로운 노동관계가 생겨났다. 이것이 바로 노동의 보수관계와 노동의 보험관계이다. 노동의 보수관계와 보험관계는 모두 노동과 관련된 재산유통관계에 속한다.

(d) 유산상속관계

유산의 상속관계는 사람이 사망한 이후에 그의 유산이 무상으로 생존하고 있는 친족에게 양도되는 재산유통관계이다. 유산상속관계의 발생은 사람의 사망을 전제로 하고 그와 친족관계가 성립하는 사람과 관련이 있다. 이것은 독립적인 의의를 가지는 재산유통관계이다.

(e) 부양관계

부양관계는 생존하고 있는 일방이 생활능력이 없거나 경제적으로 어려운 친족에게 물질적·노무적 원조를 하여 발생하는 재산유통관계를 말한다. 부양관계와 친족의 신분관계는 서로 연관되며 사람의 천성, 윤리와 정(情)과도 연관되는 민사상의 재산유통관계이다.

III. 민사인신(人身)관계

1. 인신관계의 개념과 특징

민사인신관계는 비재산관계라고도 불리며 사람 사이의 인격 혹은 신분에 근거하여 형성된 관계이다. 이 관계는 주체의 경제적 이익을 그 내용으로 하지 않으며 주체의 인신이익을 그 내용으로 한다.

재산관계와 비교해볼 때 인신관계는 다음과 같은 특징을 가지고 있다.

(1) 인신관계는 주체의 인신을 기초로 하여 발생·존재한다. 이는 재산관계와는 다르게 주체 자신의 인신이 발생의 전제이고 존재의 기초이다. '인신'이란 '인격'과 '신분'의 총칭이다. 전자는 사람이 자연 속의 존재이고 사회의 주체임을 가리키는 것이고, 후자는 사람이 선천적인 혈연 혹은 후천적 사회활동에 근거하여 사회조직체계에서 가지는 지위를 뜻한다. 그러므로 주체 자신이 존재하거나 어떠한 사회적 신분을 가지고 있기만 한다면 당연히 그와 기타 주체 사이의 인신관계(인격관계 혹은 신분관계)가 존재한다.

(2) 인신관계는 비재산(非財産)적 성질을 가진다. 비재산적 성질이란 인신관계가 경제적 내용을 포함하지 않고 주체의 경제적 이익을 구현하지 않는다는 것을 의미한다. 인신, 즉 주체의 인격은

주체의 사회적 신분과는 상관이 없고 재산이 아니며 그 가치를 돈으로 계산할 수 없다. 다시 말해 인신관계는 재산적 성질을 가지지 않으며 금전으로 책정할 수도 없다.

사람과 사람 사이의 관계는 모두 이익관계이다. 그런데 만일 인신관계가 주체의 경제적 이익을 구현하지 않는다면 도대체 인신관계는 무엇을 그 내용으로 하며 주체의 어떠한 이익을 구현하는가? 이런 물음에 대해서 다음과 같이 답할 수 있다. 인신관계는 주체의 인신상의 이익을 구현한다. 만일 재산을 누리는 것이 사람의 생존과 발전에 대한 물질적 측면의 조건이라면, 신체를 누리는 것은 곧 사람의 생존과 발전에 대한 정신적 측면의 조건이다. 사람은 자신의 신체적 소질, 재능, 명예, 지위를 이용하여 자신을 확대하며, 자신의 생존과 발전을 위해서 정신적 측면의 조건을 갖추어 나간다.

(3) 인신관계에 의해 구현되는 인신이익은 전속성(專屬性)을 지닌다. 인신이익의 전속성이란 특정한 주체의 인신이익은 그 주체만이 누릴 수 있으며 다른 주체에게 양도하거나 상속할 수 없다는 것을 의미한다. 또한 그 주체는 자신의 인신이익을 포기할 수도 없다.

인신이익의 전속성은 인신관계의 발생과 존재를 기초로 한다. 그리고 인신의 전속성은 인신의 자연적 성질 혹은 사회적 성질로부터 결정된다. 예를 들어 사람의 생명·건강 등과 같은 인격요소에 대한 전속성은 사람의 생명·건강과 같이 다른 사람에게는 양도할 수 없는 자연적 속성에서 기원한다. 고대의 계급사회에서는 계급제도를 유지하기 위해서 사회의 관념이든 법률제도이든 모든 사람은 사망한 후 그 신분을 재산과 같이 상속할 수 있었다. 그러므로 그때의 신분은 양도할 수 있었으나 계급제도를 폐지한 현대사회에서는 사회관념이든 혹은 법률제도이든 모든 신분의 상속과 계승은 허가되지 않는다. 즉, 신분은 양도가 불가능하다.

2. 인신관계의 종류와 민법이 규율하는 민사상의 인신관계의 범위

위에서 설명한 바와 같이 인신관계에서의 '인신'은 주체의 '인격'과 '신분'의 총칭이다. 따라서 인신관계는 인격관계와 신분관계의 두 종류의 관계를 포함한다.

(1) 인격관계

인격관계는 사람과 사람 사이에 존재하는 서로의 인격에 근거하여 형성된 주체의 인격이익을 내용으로 하는 사회관계이다. '인격'이란 현대법률상 두 가지의 의미로 나뉜다. 그중 '법률'의 의미를 담고 있는 '법률인격'이란 사람이 법률주체가 되기 위한 자격을 말한다. 이것은 사람은 법률이 규정한 권리를 누릴 수 있고 법률이 규정한 의무를 부담해야 하는 자격을 의미하며 전문용어로 '권리능력'이라고도 한다. 그러나 '인격관계' 혹은 '인격권'에서의 '인격'은 사람이 법률주체가 되기 위한 자격조건은 아니며 사람이 자연 속에 존재하고 사회의 주체가 되기 위해 필요한 자격조건이다. 또한 현대사회에서 법률의 보호를 받는 각종 자연적 요소와 사회적 요소이다. 예를 들어, 자연인은 자연 속의 생명체로서 신체, 생명, 건강 등의 자연적 요소를 내포한다. 그러나 인류사회의 주체로써의 자연인은 사회가 부여하는 이름, 초상, 명예, 자유, 사생활보호 등의 사회적 요소를 내포한다. 법인은 인류사회 가운데 존재하는 단체이다. 하지만 자연의 생명체가 아니라 사회의 유기체일 뿐이다. 그러므로 그 인격은 사회가 부여하는 이름, 명예, 그룹의 비밀 등의 사회적 요소만을 가진다.

인격은 사람이 사회생활의 주체가 됨으로써 가지는 자연적 요소와 사회가 그에게 부여한 각종 요소의 총칭이다. 그리고 노예제도와 봉건적 계급제도가 사라진 현대사회에서 사회윤리상으로든 법률이념상으로든 모든 자연인은 모두 똑같은 법률인격과 서로 똑같은 인격요소를 가지고 있다. 또한 모든 자연인은 법률에 의해 동등한 보호를 받으며 모든 인격관계는 민법의 규율을 받는다.

(2) 신분관계

신분관계는 사람과 사람 사이에 서로의 사회적 신분에 근거하여 형성된 주체의 신분이익을 내용으로 하는 사회적 관계이다. 소위 '신분'이란 사람이 선천적인 혈연 혹은 후천적인 사회활동에 의해 일정한 사회조직구조체계에서 가지고 있는 지위를 말한다. 바꾸어 말하면 신분은 사람이 사회조직구조에서 가지는 지위이다. 예를 들면, 친족신분은 사람이 가정에서 가지는 지위를 나타내며, 주주의 신분은 회사에서의 지위를 나타내고, 공산당원의 신분은 사람이 그의 조직에서 가지는 지위를 나타내고, 장관, 성장(省長)[32], 시장과 같은 신분은 사람이 정부에서 가지는 지위를 나타낸다.

---

[32] 성장(省長) : 중국은 인구만큼이나 그 영토도 넓다. 때문에 중국정부는 중국 국경 내의 영토를 23개의 성, 4개의 직할시, 5개의 자치구, 2개의 특별행정구를 포함해 모두 34개의 성급 행정단위로 분할하였다. 각 성에는 성장이 있으며 그들의 지위는 한국의 도지사에 해당한다. — 역주

신분은 사람이 일정한 사회조직체계에서 가지는 지위를 나타내기 때문에 민사상 사회조직의 체계나 국가의 사회조직체계에 관계없이 일정한 신분관계가 존재한다. 그러나 두 가지의 사회조직체계에서 신분관계가 가지는 성질은 다르다. 국가라는 조직체계는 종속성을 가지고 있다. 일반적으로 하급기관이 상급기관에게 복종하고, 지방이 중앙에 복종하는 것과 같이 계급적 성질을 가지고 있다. 그러나 민사상 사회조직체계는 한 종류의 체계이며, 그 일반적인 원칙은 바로 신분은 평등하다는 것이다. 민법은 바로 그 성질로 인해 결정되고, 국가라는 조직구조의 계급에 따른 신분관계가 아닌 민사상의 사회생활에서의 평등한 신분관계를 규율한다.

제6절 民法의 規律方法

I. 법적 규율의 개념

  '규율'의 사전적 의미는 뒤죽박죽인 사물을 조절·정리하여 체계화·질서화시키는 것을 말한다 '법적 규율'은 국가가 자신이 추구하는 가치에 근거하여 법의 형식으로 사람의 행위에 대해 규범을 정하고 현실사회의 여러 관계에 대해 영향력을 행사하며, 이상적인 사회질서를 세우는 것을 목적으로 한다.
  법적 규율은 국가의 현실사회에 대한 가치판단을 기초로 한다. 법률이 규율하는 대상은 현실적으로 존재하는 사회관계이다. 법적 규율의 목적은 사회정의의 실현이며, 각종 사회관계에서 정의를 실현하고 질서 있는 사회로 만들어 인류의 생활환경을 개선하고 번영을 촉진시킨다. 즉, 인류사회의 질서를 정리하고 민주적 자유를 안정시켜 번영시킨다. 법적 규율이 일정한 가치를 목표로 한 이상 국가는 반드시 그 목표를 체계화하여 선악의 기준을 결정하여 현실사회에 대한 여러 상황에 대처할 수 있도록 법적 규율을 정하여야 한다.

　법적 규율은 입법준수와 법률집행의 모든 과정을 포함한다. 법적 규율은 우선적으로 국가의 입법활동에서 나타난다. 국가는 현실사회에 대한 가치판단에 근거하여 입법활동을 전개하고 현실에 존재하는 각종 사회생활의 관계에 대해 규정한다. 또한 자신이 어떤 것에 대해 확인하고 보호하며, 어떤 것에 대해 금지와 단속을 하는지를 표현하고 전달하여야 한다. 법적 규율은 사람의 사회활동과 사회관계를 보호하고 행위양식과 권리양식을 제공한다. 그러나 만일 공민에게는 준법에 대해 철저히 교육하는 반면, 교육기관이 엄격하게 법을 집행하지 않는다면 아무리 법이 존재하더라도 법의 궁극적인 목적을 이룰 수 없다. 준법교육의 방면에서 보면 우선 체계적으로 법을 홍보하여야 하며 입법정신과 목적에 대해서 광범위하게 선전하여야 한다. 또한 공민은 법률의식을 확립하여 법률의 각종 규정을 엄격히 준수하며 법적 수단을 이용하여 자신의 합법적인 권익을 보호해야 한다. 법집행에 대해 살펴보면 국가기관과 공직자는 엄격하게 법에 의거하여 일을 하고 권력의 남용을 방지하며, 현실사회에서 발생한 각종 모순과 충돌에 대하여 올바르게 법을 적용하여 해결하여야 한다. 그리고 법률준수자를 보호하고 위법자를 제재하며 사회에 대한 경고작용을 해야 한다.

　법적 규율은 법치국가가 사회생활을 간섭하는 가장 기본적인 수단이다. 법치국가에서는 경제적인 수단 혹은 행정적인 수단에 관계없이 모두 반드시 법률의 허가를 얻어야 법률수단을 시행할 수 있다. 법적 규율을 강조하고 국가기관과 공무원의 사회생활에 관여하는 것은 국가기관과 공무원이 국가권력을 남용하고 불합리한 사회생활에 대한 관여를 방지함에 있어서 중요한 의의를 지닌다.

II. 법적 규율의 일반적인 방법

　법적 규율방법이란 사회관계에서 법률이 작용하게 하는 방식·수단·방법의 총칭을 가리킨다. 만일 법률이 규율하는 대상에 대해 묻는 문제가 "법률이 영향을 주고 작용하는 대상은 무엇인가?"라면, 법률이 규율하는 방법에 대해 묻는 문제는 "법률이 어떠한 방법으로 조정대상에게 영향을 미치는가?"일 것이다.

　법률은 사회관계를 조절하는 도구임과 동시에 사람의 행위규범이다. 이처럼 법률은 사람의 행위를 규범함으로써 사회에 대한 규율을 실현한다. 그러므로 주체의 행위를 위해서 일정한 행위를 규율하고, 법으로 사회를 규율하기 위해 일정한 법정권리의 모델을 제공한다. 인류사회의 사실관계가 권리와 의무의 내용을 가진 법률관계로 변하고 사람의 행위는 일정한 법률효과를 가져온다. 사람의 행위를 권리의 향유 혹은 의무 및 책임의 부담과 연결하여 국가의 공권력을 통해 권리주체의 권리를 보호하고 의무주체로 하여금 강제로 의무를 이행하게끔 하는 방법은 법률이 사회관계를 규율하는 일반적인 방법이다. 이 규율방법의 객관적인 기초는 사람의 일정한 사회관계는 사회활동의 산물이고, 사회관계로 인해 구현된 주체의 이익은 반드시 주체의 사회활동을 통해야만 실현될 수 있다는 점에 있다. 사회관계로 인해 구현된 이익이 실현된 후에는 그 사회관계는 소멸한다. 사회관계의 발생·변경·소멸에 대한 규율 역시 국가가 제정한 행위와 법권(法權)[33]의 형식에 의해 규정되어, 사람들을 인도하거나 강제로 제한하게 된다. 여기에 사회관계의 발생·변경·소멸은 사람의 사회활동과 긴밀하게 연계되어 있기 때문에 법률은 주체의 행위를 규범화시키고 사회관계를 규율하기 위해 행위모식과 법권모식도 통일성을 가진다.

현대국가의 법률체계에서 기본부문법은 모두 연역적이고 논리적인 운용방법을 통해 총칙에서 분칙까지, 추상적인 규정에서 구체적인 규정까지 유기적인 체계로 구성된다. 그러므로 각각의 기본부문법이 규율하는 사회관계의 범위 내의 행위모식이나 법권모식 역시 추상적인 모식과 구체적인 모식으로 나뉜다.

1. 추상적 행위모식과 법권모식

부문법의 총칙은 본 부문법에서의 공통적인 문제에 대한 법률규정을 말한다. 그리고 부문법 안에서 제공하는 행위모식과 법권모식을 추상적인 모식과 법권모식이라 한다. 이런 종류의 행위모식과 법권

---

[33] 한국에서의 권리란 '어떤 일을 행하거나 타인에 대하여 일정한 행위를 요구할 수 있는 힘이나 자격'을 의미한다. 한편 중국에서의 '법권'이란 법에서 인정되는 권리라는 뜻으로 한국의 권리와 의미가 상통한다. — 역주

모식은 다음과 같은 기본내용을 포함한다.
(1) 본 부문법의 기본원칙을 규정하고, 본 부문법 주체의 행위를 위하여 기본준칙을 제공한다.
(2) 본 부문법 주체의 권리능력과 행위능력을 규정하고, 본 부문법의 주체를 위하여 부문법의 범위 내에서 얻을 수 있는 권리와 실시할 수 있는 행위의 한계를 확정한다.
(3) 본 부문법의 법률행위를 규정하고, 본 부문법의 범위 내에서 합법적 행위와 위법적 행위의 기본적인 경계를 분명히 한다.

2. 구체적 행위모식과 법권모식

부문법의 분칙과 단행법규는 구체적인 사회관계에 대해 규율하는 법률이다. 부문법이 제공하는 행위모식과 법권모식은 구체적인 행위모식이고 법권모식이다. 구체적 행위모식과 법권모식의 기본내용은 다음과 같다.
(1) 주체의 특정한 행위 또는 주체생활의 특정한 사실상태와 특정한 법률관계의 발생·변경·소멸을 연관지어 주체가 정상적인 행위를 하도록 인도하여 자신에게 유리한 법률효과를 얻게 한다.
(2) 구체적인 법률관계에서 권리와 의무를 규정하여 주체가 구체적인 사회에서 실시할 수 있는 행위와 실시해야 하는 행위의 범위를 확정한다.
(3) 주체가 법률관계에서 행한 의무위반행위를 일정한 법률책임과 연관지어 상호관계시 정상적인 행위를 실시하게 하고, 비정상적인 행위를 실시하는 것을 경계한다.

추상적에서 구체적으로까지 체계화된 법률운용은 주체의 행위와 사회의 규율을 위해서 행위모식과 법권모식의 방법을 사용하여 주체의 행위가 정상화되도록 하고 법률이 규율하는 목적인 사회관계의 질서화를 실현시킨다.

III. 민법의 법적 규율방법상의 특징

민법은 부문법 중의 하나로서 민사관계를 규율할 때 사용하는 일반적인 방법이고 주체의 민사활동을 위해서 제공되는 일정한 행위모식이며, 민사상의 관계를 규율하기 위해서 제공되는 일정한 법권모식이다. 민법에서 규율방법의 특수성은 법률규율의 일반적인 방법을 사용하는지 아니면 다른 방법을 사용하는지에 있지 않고, 그 사용하는 방법이 민사관계에서 필요한 규율의 요구에 부합하는지에 있다. 민법은 민사상의 사회관계에 관한 법률로써 규율과정에서 다음과 같은 특징을 가진다.

1. 민사주체의 평등한 지위를 확인하고 보호한다

민사상의 사회생활은 평등한 사회생활이다. 민법은 사회생활을 규율하는 데 있어 평등의 이념을 바탕으로 한다. 이로써 민사주체는 사회생활에서 평등한 지위를 확인한다. 개인, 단체를 배제한 정치권력, 신분지위, 경제력, 성별, 나이, 정신의 건강상태 등 평등에 불리한 영향을 끼치는 것에 대해 현대의 정치·경제적 조건의 범위 내에서 당사자는 민사관계에서 실질적인 평등을 실현할 수 있다. 이것은 민법이 가지는 법률규율의 기본적인 특징이다. 이 특징과 행정법의 행정관리에 대한 규율은 다르다. 후자는 행정관리의 성질에서 출발하고 반드시 관리자와 피관리자의 불평등한 지위가 확인되기 때문이다.

2. 민사주체의 자주적인 의지를 존중하고 임의성 규범을 사회생활 관계를 규율하는 주요한 법률규범으로 한다

법률은 금지성 규범, 강행성 규범 그리고 임의성 규범으로 구분할 수 있다. 금지성 규범은 인위적으로 어떤 종류의 행위를 실시하게 하는 규범이다. 그러나 임의성 규범은 어떤 종류의 행위를 법률에 의거하여 지도하고, 규범을 준수하는지의 여부에 대해서 행위자가 자유롭게 선택할 수 있는 행위규범이다. 금지성 규범과 강행성 규범은 명령성 규범과 비슷하고 그에 대한 위반은 곧 위법을 뜻한다. 임의성 규범은 곧 지도성 규범이며 그것은 사람이 정확하게 지도받은 행위를 실시하는 것 자체에 의의를 둔다. 임의성 규범을 위반한다고 해서 법을 위반하는 것은 아니다.

부문법이 규율하는 사회관계의 성질의 차이에 따라 금지성 규범, 강행성 규범 혹은 임의성 규범이 적용되는 범위가 각각 다르다. 형법은 보호적 성질의 법률이고 사회의 안전과 안녕을 실현한다. 그 채택된 규범은 모두 금지성 규범이다. 형법은 어떤 종류의 행위가 범죄임을 선포하고 사람들이 그와 같은 행위를 할 수 없도록 한다. 행정법은 그가 규율하는 행정관리관계의 성질에 따라 결정되고, 적용하는 규범은 일반적으로 강행성 규범이 많다. 민법은 민사관계가 규율하고자 하는 요구에 부합하여 주체가 종사하는 상품생산·경영활동 및 기타 민사활동에 적극성을 불어넣고 민사주체의 자주적 의지를 존중하고, 적용하는 규범은 대부분이 임의성 규범이다. 민법이 민사관계에 대해

임의성 규범을 위주로 규율하는 것 역시 규율방법상으로 기타 부문법과 구별되는 특징이다.

3. 민법은 주체가 서로 다른 방식으로 발생한 민사상의 분쟁을 해결하는 것을 허가한다

민법은 주체의 평등한 지위와 자주적 의지를 존중하여 주체 간에 권리·의무관계를 변경하고 종지하는 것에 대해 협상하는 것을 인정한다. 또한 당사자는 분쟁해결방식을 자유롭게 선택할 수 있고, 분쟁이 발생한 후에는 민사소송의 방식을 통해 해결할 수도 있다. 그러나 소송의 방식이 분쟁을 해결하는 유일한 방식은 아니며 중재, 제3자의 조정(調停) 혹은 합의 등의 비소송방식을 선택하여 분쟁을 해결할 수도 있다. 협상한 분쟁해결에 대한 협의는 법이 금지하는 규정을 위반하지 않고 제3자의 이익을 해치지 않는다면 모두 법적인 효력을 가진다. 분쟁해결방식의 다양성과 선택성을 가지는 것 또한 민법의 규율방법상의 특징이다. 형법의 분쟁은 죄형법정주의에 의해 오직 소송방식을 통해서만 해결할 수 있다. 행정상의 분쟁은 분쟁하는 양측의 지위가 불평등하고 행정재심 혹은 행정소송의 방식을 통해 해결할 수 있을 뿐이며, 중재, 제3자의 조정 혹은 협의의 방식을 통해서는 해결할 수 없다.

4. 민법이 규정한 민사책임은 동시에 권리구제의 성질도 갖는다

「중국민법통칙」 제134조는 가해중지, 방해의 배제, 영향력 제거, 재산의 반환, 수리, 변경, 손해배상, 위약금 지불, 명예회복, 사죄 등의 열 가지의 민사책임형식을 규정하고 있다. 이 열 가지의 민사책임형식은 위법자에게는 그 위법행위에 대한 제재이고, 피해자에게는 피해 받은 권리에 대한 구제이다. 이처럼 민법에서 규정하는 민사책임이 동시에 권리에 대한 구제의 성질도 가지고 있다는 점은 민법의 규율방법과 기타 부문법의 규율방법이 가지는 차이점이다. 책임은 위법제재의 기능과 권리구제의 기능을 가지며 두 가지 기능이 발휘되는 상황이 다르다. 형법이 규정한 통제, 징역, 유기징역, 무기징역, 사형, 벌금, 정치권리의 박탈, 재산몰수 등의 형사책임 또는 행정법이 규정한 경고, 벌금, 재산몰수, 정지명령, 허가증이나 행정구류 등의 임시정지 또는 취소 등은 행정처분에 관계없이 모두 전자의 기능을 가지며, 후자의 기능은 가지지 않는다. 형사책임과 행정책임의 단독적인 성질은 형사책임과 행정책임의 공공성에 근거한다.

제7절 民法의 性質

민법의 성질문제는 민법학을 연구하는 데 있어서 중요한 문제이다. 왜냐하면 민법성질에 대한 인식이 민사입법정신의 확립에 직접적인 영향을 끼치기 때문이다. 중국은 계획경제체제에서 시장경제체제로의 전환을 단행했으므로 계획경제체제로 인해 형성된 민법관념을 정확히 이해하고 다시 민법의 성질을 연구하여야 한다. 사회주의의 경제조건하에서 민법의 성질에 대해서 다음 세 가지를 인식하여야 한다.

I. 사법으로서의 민법

1. 사법관념의 탄생과 공·사법의 분리 형성

인류가 관념상으로 공·사법을 구분하기 시작한 것은 로마시대부터였다. 그러나 입법상 공·사법을 분립하기 시작한 것은 자본주의 시대부터였다.

고증에 따르면 관념상 법을 최초로 공·사법으로 나눈 사람은 로마 법학자 울피아누스라고 한다. 그는 《학설휘찬》에서 "법은 어떤 때에는 공공이익에 유익하고, 어떤 때에는 개인의 이익에 유익하다"라고 기술하였다. 공법은 '로마국가의 안녕에 관한 것'이고, 사법은 '개인의 이익에 관한 것'이다.[34] 여기서 울피아누스는 법률이 보호하는 이익에 따라 법을 공법과 사법으로 나누었다.

로마시대에 관념상으로는 공·사법을 구분하였지만 입법상으로는 공·사법을 분리하지 못하였다. 로마시민법은 최초로 모든 법을 합친 법률일 뿐 아니라 만민법과 대응되는 속인주의(屬人主義)의 법률이었다. 로마법학에서는 '로마인만을 위한 법률제도의 총집합체'라고 해석되었다.[35] 즉, 최초의 로마시민법은 오로지 로마시민들 사이에서만 적용되었고, 로마인과 외국인 사이에서의 관계는 만민법을 적용하였다. 그러다가 로마제국의 영역이 점점 커지자 카라칼라칙령은 기원전 212년에 제국 내에 있는 모든 자유인에게 로마시민권을 부여하여 로마법을 시민법과 만민법이 병립하는 이원체제에서 시민법의 일원

---

34 彼德羅·彭梵得:《羅馬法敎科書》, 中國政法大學出版社, 1992年版, 9쪽.
35 彼德羅·彭梵得:《羅馬法敎科書》, 中國政法大學出版社, 1992年版, 13쪽.

체제로 바꾸었다. 훗날 로마황제 유스티니아누스가 《시민법대전》을 편찬하였지만 이것 역시 공법과 사법을 분리하지 않았다.

공·사법을 입법상으로 분리하기 시작한 시기는 자본주의사회의 설립부터이다. 이때 유럽대륙의 각국은 형법전과 민법전을 나누어 제정했다. 유럽대륙의 각국이 제정한 민법전은 명칭상으로 로마의 시민법을 사용하고 내용상으로도 로마시민법을 이어받았지만, 성질상으로는 매우 큰 변화가 있었다. 그것들은 예전과 다르게 형(刑)과 민(民)을 나누지 않은 속인주의 법률이 아니라 단순히 시민의 사회생활관계를 규율하는 순수한 사법으로 발전하였다. 민법이 '자연인'과 '법인'에 대해 확정함에 따라 '시민'의 의미는 자연인과 법인의 총칭으로 바뀌어져 갔다.

이 시기에는 부르주아 계급의 사상가가 창립한 시민사회학설에 근거해서 다시 공·사법을 나누는 기준을 확립하기도 했다. 시민사회학설은 인류사회를 국가정치와 시민사회의 영역으로 나누고 사람들은 두 가지의 다른 영역에서 다른 지위에 있다고 여겼다. 국가의 관원과 백성들은 국가의 통치에 반드시 따라야 했다. 하지만 시민 혹은 개인은 시민사회의 생활관계에서 서로 평등하고 자유로운 존재였다. 때문에 공·사법을 사회생활관계를 기준으로 두 가지의 다른 영역으로 나누었다. 이 기준에서 보면, 공법은 종속성을 지닌 시민사회관계를 규율하는 법이었다.

2. 사회주의 시장경제의 조건 아래에서 민법의 사법성질을 다시 확정해야 할 필요성

소련민법전이 제정되던 과정에서 레닌은 "우리는 그 어떠한 '사법'도 허락하지 않는다. 우리는 경제영역 안에 있는 모든 것은 공법의 범위에 속하고 사법의 범위가 아니라고 여긴다"고 말했다.[36] 이 말은 민법의 사법적 성질을 인정하고 있던 사회주의의 각 나라에 커다란 영향을 끼쳤다. 그러나 이전 사회주의 국가들이 민법의 사법적 성질을 부정한 이유는 레닌의 이 한마디 때문이 아니라 계획경제체제 때문이었다. 계획경제는 권력경제로써 국가가 경제에 대해 전면적이고 엄격한 관리를 하기 때문에 국가의 정치권력이 경제사회의 여러 방면에 개입한다. 따라서 경제는 독립적인 지위를 얻지 못한다. 즉, 평등과 자유로운 경쟁이 특징인 시민사회는 존재하지 않는다는 것이다. 레닌이 민법을 사법으로 보는 것에 대해 반대하는 이유는 계획경제에 대해 국가의 개입을 강화하여 공유제를 기초로 한 계획경제체제를 세우려는 데에 있었다.

만약 민법을 사회주의의 계획체제 아래에서 계획경제의 수단으로 쓰기 위해서라면 사법의 성질을 부인해야 하겠지만, 민법을 사회주의 시장경제의 조건 아래에서 시장경제에 쓰기 위해서는 민법의 사법성질을 인정해야 한다.

시장경제는 계획경제와 서로 대응되는 개념이다. 비록 사회주의시장경제는 자본주의의 시장경제와 다른 점이 있지만 시장경제이기 때문에 반드시 자본주의의 시장경제와 공통점을 지녀야 한다. 여기서 공통점이란, 일단 시장경제는 시장을 자원분배의 기본적인 수단으로 하여야 한다는 것이다. 그렇게 하지 않는다면 그것은 시장경제가 될 수 없다. 이것은 정부의 계획적인 명령과 시장운행에 방해되는 여러

---

[36] 《列寧全集》第36卷, 人民出版社, 1959年版, 587쪽.

행정명령의 속박들을 타파하여, 시장경제관계를 하나의 독립적인 영역으로 볼 것으로 요구하는 것이다.

공·사법의 분리는 민법의 사법적인 성질을 인정하므로 시장경제의 이러한 요구를 만족시킨다. 왜냐하면 공·사법을 나눈 기본정신이 인류사회를 국가정치와 시민사회의 두 가지로 구분하는 것이기 때문이다. 시민사회의 생활관계, 특히 그중에서도 상품경제관계에 대한 법률의 규율은 사권신성(私權神聖)과 의사자치 등의 기본원칙을 인정한다. 시민사회의 생활관계(시장경제관계 포함)에 대한 국가의 개입은 시민사회의 질서, 안전, 공평, 정의를 보호하는 데 필요한 범위로만 제한되었으며 이렇게 해서 시민사회에 대한 국가정치의 부당한 개입과 간섭을 막는 데 유리해졌고, 시장경제와 시민사회에 활력을 불어넣어 경제사회의 발전과 번영에 많은 도움이 되었다.

3. 「중국민법통칙」 제2조에서 인정한 중국민법의 사법적 성질

20년대 말과 80년대 초 계획경제체제 시기에 사회주의를 기초로 하는 각 나라들은 민법의 조정대상 문제를 놓고 장기간의 논쟁을 펼쳤었다. 이 논쟁에서 경제법학파들은 경제법의 조정대상을 이성분론(二成分論) 경제법이론과 종횡통일론(縱橫統一論) 경제법이론으로 제기했고, 민법학파들은 민법의 조정대상을 일정범위설(一定範圍說), 소유제형식설 또는 생산관계형식설, 상품화폐이용형식설, 상품관계설, 평등설 등의 이론을 주장했다. 민법학파와 경제법학파가 민법의 조정대상을 놓고 벌인 논쟁은 경제를 사회주의 공유제의 조건 아래에서 독립된 영역으로 보느냐, 민법의 전통을 지키느냐를 따지는 논쟁이었다. 경제법학파는 공유관계에서 재산과 국가의 개입, 관리, 정책 등의 요소를 경제법의 종향성 경제관계와 횡향성 경제관계로 규율해야 한다고 주장하였다. 민법의 규율범위는 개인소비의 범위로 국한하고, 경제생활의 대부분인 생산, 분배, 교환은 국가정치의 범주에 속하므로 행정법으로 규율해야 한다는 것이었다.

그러나 민법학파는 계속해서 생산, 분배, 교환, 소비의 통일성을 주장했고 종향성 경제관계와 횡향성 경제관계를 엄격히 구분하여, 민법이 평등원칙과 등가유상(等價有償)[37]원칙에 의해서 횡향성(橫向性) 경제관계를 규율해야 한다고 주장하였다. 즉, 평등한 지위를 지닌 당사자 간의 재산관계를 규율한다고 주장하였다. 이 주장은 실질적으로 이미 경제생활과 국가의 정치생활을 구분하였으며, 이는 경제생활을 하나의 독립적인 영역으로 보는 사상으로 특히 위에서 제기한 '평등설', 공법과 사법을 구분하는 '생활관계설'과 비교해보면 평등주체 간의 재산관계와 인신관계가 시민사회에서의 생활관계와 완전히 일치한다는 것을 쉽게 찾아낼 수 있다. 평등주체 간의 재산관계와 인신관계, 시민사회의 생활관계와 인신관계는 그저 시민사회 생활관계의 성질과 내용에 대한 구체적인 설명에 지나지 않는다는 것이었다. 시민사회의 생활관계를 성질면에서 보면 평등한 사회관계이지만, 내용면에서 보면 평등한 재산관계와 평등한 인신관계의 두 가지를 모두 포함한다. 중국민법통칙은 1986년 4월 12일 민법학파의 평등설을 받아들였다. 그중 제2조는 중국민법의 조정대상을 '평등한 주체의 공민과 법인 사이, 공민과 법인 사이의 재산관계와 인신관계'로

---

[37] 등가유상이란 민법상 주체가 민사활동을 함에 있어 가치에 따라 등가(等價)로 교환하여야 한다는 원칙을 의미한다. 자기의 경제이익을 실현할 때 상대방의 경제이익도 만족시켜야 한다는 원칙을 말한다. -역주

정하여 중국의 입법이 민법의 사법성질과 시민사회의 독립성을 인정한다는 것을 나타냈다. 이로써 중국에 시민사회의 생활관계와 국가정치의 생활관계를 따로 규율하는 법률체제가 처음으로 만들어졌다.

II. 권리법으로서의 민법

법의 체계에서 권리와 권력은 서로 대응되는 범주이다. 권력은 권력자가 법을 이용하여 타인을 복종시킬 수 있는 법의 힘을 가리킨다. 권력은 국민이 법으로 국가기관과 국가기관의 대표자들에게 수여한 것이라 할 수 있으므로 사회의 공공이익을 구현하며, 권리는 법률이 사회구성원들이 누리도록 직접 부여하는 것이므로 권리자 자신의 이익을 구현한다. 법률은 법권을 통하여 사회관계를 규율하고 제어한다. 따라서 법률은 법권의 차이에 따라 권력법과 권리법으로 나눌 수 있다. 민법이 규정한 법권은 사회구성원의 인신과 재산이익이 법률의 보호를 받을 수 있는 민사권리이므로 민법은 권리법이다. 민법의 권리법적 성질은 다음 몇 가지 방면에서 살펴볼 수 있다.

1. 민법은 권리선언서이다

민법의 의무는 민사주체의 민사권리를 보호하는 것으로써 '권리신성(權利神聖)'을 기본원칙으로 한다. 민법은 민사주체에게 민사권리의 주체가 될 자격을 수여하고 여러 종류의 민사권리를 누릴 수 있다고 선고한다. 민법은 민사주체가 누리는 민사권리를 보호함으로써 완벽한 권리구제제도를 건립하였다. 현대 여러 나라의 법률체계에서 헌법이 공민의 기본권리에 대해 규정한 것 외에 민법처럼 민중에 대하여 법률로 권리를 보호하는 법률은 없다. 권리선언서로서의 민법은 민중들에게 권리의식을 불러일으켜 자신들이 어떤 권리를 누리며 어떻게 그 권리들을 누리는지 깨닫게 하여 권리를 위해 싸울 수 있는 용기를 불어넣는다는 점에서 중요한 의의를 갖는다.

2. 민법은 권리를 중심으로 한 규범체계이다

민법은 민사주체가 여러 종류의 민사권리를 누릴 수 있다고 선고하였을 뿐만 아니라 권리를 중심으로 한 규범체계를 확립하였다. 이것의 가장 상위개념은 민사권리이다. 민법총칙은 민사권리라는 이 개념을 중심으로 민사권리의 주체(자연인과 법인), 민사권리의 발생·변경·소멸의 근거(민사법률사실), 법원이 민사권리를 보호하는 기한(소송시효)을 규정하였다. 이렇게 해서 법률이 민사관계를 규율하는 여러 가지 제도가 세워진 것이다. 그리고 민법분칙의 물권제도, 지적재산권제도, 채권제도, 상속권제도, 인신권제도는 총칙과 같은 논리로 자신만의 제도를 갖추었다. 이러한 민사법률제도 중에서도 제2, 제3, 심지어는 제4, 제5단계로 분류하여 권리개념들을 중심으로 여러 개의 작은 제도가 만들어졌다. 이런 민법의 규범체계에서는 권리의 개념이 높은 단계에 위치할수록 더욱 추상적이 되고 보편성을 지니며, 규율하는 사회관계의 범위도 더욱 넓어진다. 반대로 권리개념이 낮은 단계에 위치한다면 더욱 구체화되어 규율하는 사회관계의 범위가 더욱 좁아진다. 민법이 복잡한 민사관계를 규율할 때에는 이렇게 민사개념의 총(總)개념이 분(分)개념을 이끌고, 큰 제도가 작은 제도를 덮어주는 규범체계를 통하여 실현한다.

3. 권리와 의무를 처리하는 관계에서 민법은 권리의 처리를 중심으로 한다

과거에는 적잖은 사람들이 권리와 의무의 통일성을 가지고 전통민법학의 권리중심주의 관념을 비평했었다. 권리와 의무는 민사관계에서 한 쪽은 권리자, 한 쪽은 의무자로 서로 공존하여 확실한 통일성과 일치성을 가진다. 그러나 이것만으로는 민법의 권리중심주의의 관점을 부정할 수 없다. 마르크스, 레닌주의의 '모순론'이라는 학설에 의하면, 모순이 되는 두 가지 중에서 한 가지는 반드시 모순의 중심이 되어 모순을 통일할 주도작용을 해야 한다. 민사권리와 민사의무라는 이 모순에서는 민사권리가 확실하게 주도적인 위치에 있다. 민사권리가 주도적인 위치에 놓인다면 민사의무는 민사권리를 실현시키기 위한 데에 있다. 한 주체가 권리를 누린다는 조건이 전제한다면, 다른 주체는 의무를 져야 할 필요가 있는 것이다. 권리주체는 자신의 권리를 포기함으로써 의무주체의 의무를 면제시켜 줄 수 있지만 의무주체는 자신의 의무를 포기할 수 없다. 이것은 권리와 의무라는 통일체 안에서 권리가 의무를 결정하는 것이지, 의무가 권리를 결정하는 것이 아니라는 것을 뜻한다. 이처럼 민법은 반드시 권리를 중심으로 하여 규범의 중심을 권리의 취득, 행사, 보호 등에 놓아야 할 것이다.

민법의 권리법적 성질은 근본적으론 민법의 사법적 성질을 결정하는 것이다. 공·사법의 분리에 따라 공법은 명령과 복종관계가 특징인 국가사회생활의 관계를 규율한다. 그리고 그 입법의 목적은 국가의 안전을 보호하는 것과 국가직능(職能)의 실현을 보장하는 데에 있으므로 공법의 권력법적 성질을 결정짓는다고 할 수 있다. 때문에 반드시 먼저 규범의 방법에 있어서 국가의 권력들을 명확히 하고, 그 다음에 국가권력의 범위 안에서 국민이 국가에게 복종할 것을 요구하여야 한다. 따라서 규범의 형식에서는 일반적으로 강제성 규범(행정법)과 금지성 규범(형법)을 채용한다. 사법으로써의 민법은 평등한 시민사회관계를 규율한다. 그리고 이 법의 목적은 사권에 대한 보호로 민사주체(자연인, 법인과 비법인단체)가 적극적으로 생산경영활동과 기타 민사활동에 참여하여 국민경제의 발전과 시민사회의 번영을 촉진시키는 것에 있다. 바로 이러한 점이 민법의 권리법적 성질을 결정짓는다. 그러므로 반드시 규범짓는 방법에 있어서 민법의 사권신성을 원칙으로 하여야 한다. 권리를 중심으로 규범체계를 볼 때, 한 쪽의 권리에 대한 규정으로 다른 한 쪽의 의무를 정하며, 규범의 형식상에서는 주로 수권성 규범과 임의성 규범을 많이 사용한다.

인류의 문명사는 곧 권리의 발전사라고도 할 수 있다. 민법의 권리적 성질을 인정하고 사회의 권리의식을 키우는 것이야말로 사회가 발전하는 데 중요한 작용을 하게 되며, 상술하면 다음과 같다. 첫째, 모든 사회가 민법의 권리적 성질을 인정함으로써 국가의 의무가 민중의 권리를 보호하고 존중하는 것이라는 것을 깨닫게 한다. 그렇게 되면 시민사회와 국가의 관계개선에도 도움이 되고, 국가가 마음대로 시장경제와 시민사회생활을 간섭할 수도 없게 된다. 둘째, 민법의 권리법적 성질을 인정함으로써 권리를 중심으로 규범체계를 보게 된다. 이렇게 해서 민법의 규율방법과 규범형식은 시민사회의 생활관계에서 규율의 요구에 맞춰지게 되며, 시장경제의 발전과 시민사회의 번영을 촉진시킬 수 있다. 셋째, 민법의 권리법적 성질을 인정함으로써 권리신성의 원칙을 지킬 수 있다.

III. 민법은 시장경제의 기본법이다

20세기 90년대에 중국은 사회주의 시장경제체제의 건립을 목표로 경제체제개혁을 일으켰다. 시장경제는 계획경제와 비교되는 자유로운 경제이며, 경제주체에게 자주권을 주었다. 그러나 시장경제라고 해서 아무런 제약과 간섭을 받지 않는 것은 아니다. 시장경제는 법치경제이기도 한다. 시장경제는 법의 제약을 받음으로써 시장은 질서와 안전을 보호할 수 있다. 또한 법으로 경제에 대한 정부의 간섭의 범위를 정할 수도 있다.

민법은 본질상으론 상품경제의 법률형식이다. 민법은 상품경제와 함께 탄생했으며 함께 발전해왔다. 고대의 간단한 형식의 상품경제가 현대의 시장경제로 발전했듯이 민법도 간단한 형식의 상품경제를 반영하던 고전민법에서 현대의 시장경제를 반영하는 현대민법으로 발전해왔다. 현대민법은 현대 시민사회의 법률준칙으로써 시장경제의 관계만을 규율하는 것은 아니지만 현대에서 시장경제관계는 곧 시민사회의 경제기초이기 때문에 민법의 주요한 조정대상이자 핵심적인 부분이다. 실제로 현대민법의 민사주체제도, 물권제도, 지적재산권제도, 채권제도 모두 현대시장경제를 규율하기 위해 만들어진 민법제도이다.

민법은 시장경제의 기본법으로써 다음과 같은 작용을 하고 있다.
(1) 민법의 사권신성, 의사자치, 평등, 공평, 신의칙, 권리남용금지 등의 원칙들은 시장경제가 발전하는 데 가장 적합하며 가장 기본적인 법률준칙이다.
(2) 민법의 민사주체제도는 시장경제주체의 기본적인 법률제도이다.

(3) 민법의 물권제도와 지적재산권제도는 시장경제주체가 그 유형재산과 무형재산을 지배하여 상품생산의 경영활동에 종사할 수 있도록 보장해주는 기본적인 법률제도이다.
(4) 민법의 계약제도는 시장에서의 거래행위를 규율하는 기본적인 법률제도이다.
(5) 민법의 민사책임제도와 채권의 담보제도는 시장거래의 안전을 보호하는 기본적인 법률제도이다.

제8절 法과 關聯 있는 法律部門과의 關係

법은 하나의 통일된 체계이다. 이 체계는 각 부문법들이 분담하고 협력하여 만들어진다. 법의 통일된 체계에서 각 부문법은 역할을 분담하여 일종의 대응관계를 발생시키고, 각 부문법이 이런 통일된 체계에서 갖는 지위 역시 기타 부문과의 대응관계에서 나타난다. 다른 부문법과의 관계를 분석함으로써 법체계에서 민법이 차지하는 지위를 알 수 있다.

I. 민법과 공법에 관련된 법률부문과의 관계

1. 민법과 민사소송법

민법과 민사소송법의 관계는 실체법과 절차법의 관계이다. 실체법과 절차법은 법률의 성질과 시행절차 간의 구별이 그 구분의 기준이 된다. 실체법은 사회생활에서의 구체적인 관계 또는 사항에 맞춘 법률이다. 실체법은 사회생활에서의 각종의 사실관계를 직접적으로 인정하고 보호함으로써 권리·의무의 내용을 갖는 법률관계로 만드는데, 여기서 법률관계는 '실체적 법률관계'라고 칭한다. 실체법은 현실사회의 생활관계에 대한 규율과 제어에도 중요한 작용을 하기 때문에 '주법(主法)'이라고도 칭한다. 절차법은 법을 집행하는 과정에서 주체 간의 상호관계를 규율하는 법률이다. 절차법이 규정하는 법률관계는 '절차법률관계'이다. 절차법은 실체법이 잘 집행되도록 보조하는 것이기 때문에 '보조법'이라고도 칭한다.

민법, 행정법, 형법은 모두 실체법으로서 사회관계를 규율하고 제어한다. 그러나 실체적인 공정은 절차적인 공정을 전제조건으로 하기 때문에 이러한 법들이 공정하게 집행되도록 그에 상응하는 절차법이 있는 것이다. 예를 들면 민사소송법, 형사소송법, 행정소송법 등이 있다. 민법과 절차법인 민사소송법은 서로 대응된다. 사법실무에서 나타나는 민사분쟁의 심리는 민사소송법의 규정에 따라야 하지만, 어떠한 민사분쟁의 판결은 민법의 규정에 따라야 하는 경우도 있다.

2. 민법과 형법

민법과 형법의 관계는 규율형 실체법과 보호형 실체법의 관계이다.

규율형 실체법과 보호형 실체법을 구분할 때에는 이 실체법들이 사회를 제어하는 방법과 그 구성이 기준이 된다. 규율형 실체법은 권리·의무체계를 정해서 사회관계를 직접적으로 규율하는 실체법이고, 보호형 실체법은 법률체제를 통해서 규율형 실체법이 인정한 사회관계를 보호하는 실체법이다. 양자는 다음의 몇가지 점에서 구별된다.

(1) 기능상의 구별

규율형 실체법의 기능은 이상적인 사회질서를 건립하는 것이고, 보호형 실체법의 기능은 이미 건립된 사회질서를 보호하는 것이다.

(2) 작용상의 구별

규율형 실체법은 권리·의무체계를 건립하여 사람들의 행위와 관계의 정상화를 촉진시키는 작용을 한다. 보호형 실체법은 법률제재라는 힘을 빌어 사람들의 반사회적 행동을 금지시켜 행위와 관계의 정상화를 촉진시키는 작용을 한다.

(3) 규범상의 구별

규율형 실체법의 규범은 강행성 규범(행정법)과 임의성 규범(민법)으로 나타내며, 보호형 실체법은 금지성 규범으로 나타난다.

민법과 행정법은 모두 규율형 실체법으로서 보호형 실체법인 형법과는 다르다. 민법과 행정법이 인정한 민사법률관계와 행정법률관계는 민법과 행정법이 정한 법률책임제도(민사책임제도, 행정책임제도) 외에도 형법이 정한 형사책임제도의 보호를 받는다. 형법은 완전한 보호형 실체법으로서 법률의 힘을 빌어 형사적 제재를 통해 민법과 행정법이 세운 법률질서를 보호한다.

3. 민법과 행정법

민법과 행정법 모두 규율형 실체법에 속하지만 그들이 규율하는 사회관계는 그 성질과 범위가 다르다. 민법은 평등을 위주로 한 민사사회의 생활관계를 규율하고, 행정법은 명령과 복종관계를 위주로 한 국가의 행정관리관계를 규율한다. 민법에서 민사주체는 평등하다고 보기 때문에 한 사람이 다른 한 사람을 강박하여 민사관계가 성립한다는 것은 있을 수 없다. 그러나 행정법에서는 행정관리자와 피관리자의 지위가 다르기 때문에 피관리자의 복종을 강조한다. 민법은 민사주체의 자주적인 의지를 존중하기 때문에 당사자들의 공동의지가 민사법률관계를 발생시키는 중요한 근거가 된다. 그러나 행정법은 행정기관의 합법적인 행정행위만이 행정법률관계를 발생시키는 유일한 근거이다. 민법은 소송, 중재 등을 통해서 민사분쟁을 해결할 수 있지만, 행정법은 피관리자가 행정상 이의[38]를 신청하거나 행정소송을 제기하는 두 가지 방법으로만 행정분쟁을 해결할 수 있다. 민사책임은 보상(補償)적 성질을 가지지만, 행정책임은 징벌적(懲罰)적 성질을 가진다.

  민법과 행정법의 관계를 분석할 때에는 민법과 경제법의 관계도 주의하여 살펴보아야 한다. 경제법의 규범은 국가의 거시적인 경제제어와 경제관리행위로서, 본질상으론 거시적 경제제어법 혹은 경제행정관리법으로 행정법의 갈래에 속한다. 그러므로 기본적으로 민법과 경제법의 관계는 민법과 행정법의 관계와 같다. 과거에는 민법과 경제법의 관계에 대한 논쟁이 많았다. 민법통칙이 공포된 후 공개적인 논쟁이 없어졌지만, 학자들의 의견들이 완전히 없어진 것은 아니다. 예를 들어, 어떤 경제법학자들은 여전히 회사법, 보험법, 부동산법 등이

---

38 원문은 '행정복의(行政復議)'이다. ─ 역주

경제법의 범주에 속한다고 여긴다. 필자가 보기에는 이 경제법학자들은 종향성 경제의 간섭과, 간섭을 받는 횡향성 경제관계의 경계선을 혼동한 것 같다. 생산의 집중에 따라 국가는 거래의 안전과 질서를 보호하기 위해서 경제를 행정차원에서 간섭하고, 중요한 거래에 대해서는 허가와 등기 등의 절차를 통해 제어한다. 그러나 행정간섭을 받은 거래가 종향성 경제관계가 되어 경제법의 범주에 들어가는 것은 아니다. 만약 이 경제법학자들의 논리를 따른다면 행정간섭이 들어간 거래행위는 경제법의 범위에 들어가야 하는데 그렇게 되면 민·상법도 존재할 수 없다.

II. 민법과 사법 중의 기타 법률부문과의 관계

'민법'이라는 단어를 볼 때, 민법은 사법 전체를 다 포함해야 한다. 그러나 사법체제의 차이에 따라 여러 나라의 민사관계범위가 서로 일치하지는 않는다. 민법이 상품경제관계만을 규율하는지, 아니면 노동관계, 혼인·가족관계도 규율하는지는 나라마다 다르다. 게다가 상품경제관계를 규율하는 국가에서도 어느 국가는 민상합일(民商合一)의 방법을 사용하고, 어느 국가는 민상분립(民商分立)의 방법을 사용한다. 중국민법은 「민법통칙」 제2조 규정에 따라 전체사법으로서의 민법으로 하였다. 그러나 이론상으로 중국은 사법을 민법, 상법(商法), 노동법(勞動法), 혼인가족법(婚姻家族法) 등으로 나누었다.

1. 민법과 상법

상법은 중세 유럽에서 탄생했으며 상인의 이익을 보호하는 관습법이었다. 유럽의 부르주아 계급의 혁명이 성공한 후 각 민족들은 통일된 국가를 세웠다. 통치계급이 된 부르주아 계급(전통상인 포함)은 상품경제관계를 규율할 법률을 완성시키기 위해 로마시민법을 계승한 민법전을 제정하고 상인관습법을 흡수해서 상법전을 제정했다. 이렇게 해서 사법의 영역 내에 민상분립이 나타나게 된 것이다.

자본주의적 상품경제가 발전함에 따라 현대의 상법은 중세의 상법과는 그 의의가 달라지게 되었다. 현대의 상법은 상인의 이익만을 보호하는 법률이 아니라, 상법조직과 상업활동을 관리하는 법률이 된 것이다. 민상분립의 체제를 갖춘 국가들은 일반적으로 상법의 내용을 총칙, 회사법, 파산법, 보험법, 해상법 등의 부분으로 나누었다.

민상분립체제에서 민법과 상법은 다음의 몇 가지로 인해 구별된다. 첫째, 민법과 상법 모두 상품경제관계를 규율하지만 중점을 두는 부분이 다르다. 민법은 상인과 비상인을 나누지 않는다. 자연인, 법인, 비법인단체에 대한 일반적인 규정과 물권·채권에 대한 법률규정을 통해서 상품경제관계에 법적 규율을 한다. 상법은 상인(자연인), 상법인과 조합 및 영업활동에 대한 관리를 통해 상품생산경영의 각도에서 상품경제관계를 규율한다. 둘째, 상법은 상품경제관계만을 규율하고 다른 민사관계는 규율하지 않는다. 그러나 민법은 시민법의 상품경제관계뿐만 아니라 다른 민사관계도 규율한다.

민상분립체제는 프랑스가 민법전과 상법전을 분리하여 제정한 때부터 시작하여 200년의 역사를 가지고 있다. 그러나 사회경제의 변화에 따라 이제 어떤 나라들은 민상합일체제로 바뀌기 시작했다.

민상합일이란 민법전이 기본적인 상사규범을 흡수하여 따로 상법전을 제정하지 않고 필요한 단행상사법규만을 제정하는 입법체제이다. 민상합일체제에서는 상인을 민사주체의 부분으로 보고, 상행위를 민사행위의 부분으로 보기 때문에 상법 역시 민법에 속하게 된다. 성문법 국가들 중에서 민상합일체제를 갖춘 나라는 스위스와 이탈리아가 있다. 소련의 1922년 민법전도 민상합일을 채택한 민법전으로 채권편에 회사, 보험 등의 상사규범도 포함시켰다. 구중국도 민법전을 편찬할 때 민상합일체제를 써서 통일된 민법전을 제정했었다.

신중국이 건립된 후 고도로 집중된 계획경제체제가 건립됨에 따라 민상합일과 민상분립의 문제는 더 이상 발생하지 않게 되었다. 개혁개방(改革開放) 때 기본국가정책이 확정되어 민상의 입법문제가 제기되었고, 사람들은 그제야 민상분립과 민상합일의 문제를 생각하기 시작했다. 현재 중국의 민상법학계는 기본적으로 민상합일을 채택하고 있지만, 어떤 학자들은 민상분립을 주장하기도 한다.

(1) 민상합일을 주장하는 이유에는 다음의 몇 가지가 있다.
　(a) 상법은 중세기 때 상인의 이익을 보호하는 법률이었다. 현대 사회에서는 이미 상인계층이 없어졌기 때문에 전문적으로 상인의 이익을 보호하는 법률을 제정할 필요가 없어졌다.
　(b) 기업을 중심으로 기업의 내외관계를 규율하는 상법을 제정한다면 주체입법이 형성되어 행위입법이 아니게 된다. 그렇게 되면 법률 앞에 모든 이가 평등하다는 원칙에 흠이 생긴다.
　(c) 상품시장은 상품경제의 경영자와 소비자가 만드는 시장이다. 민상합일이 시장상품경제관계에 대해 법률적 규율을 통일하면 시장의 통일성을 지키는 데 유리하다.

(d) 민상분립은 상법전과 민법전의 내용이 중복되어 모순이 생길 수가 있다.

(e) 상인(자연인)과 상법인의 영업활동이 비록 일반적인 민사활동과는 다른 특수한 문제들이 있긴 하지만 이런 문제들은 단행법규를 제정해서 해결할 수 있다.

(f) 원래 민상분립체제를 갖춘 국가들도 나중에는 결국 민상합일체제로 바꾸게 된다. 이것은 곧 민상합일이 사법발전에 유리하다는 세계적인 추세이다.

(2) 민상분립을 주장하는 이유에는 다음의 몇 가지가 있다.

(a) 현대사회에서 중세기의 상인계층은 없어졌지만 기업이 그 지위를 대신하여 상법의 주체가 되었다.

(b) 기업이 국민경제에서 중요한 지위에 있으므로 기업의 기본법이 될 만한 법률, 즉 상법으로 기업조직과 기업행위에 대한 법률규범을 강화해야 한다.

(c) 상사는 민사와는 다른 특징을 가지고 있기 때문에 민상합일체제에서 민법전은 상사규범 전체를 포용할 수 없다. 아니면 또다시 민법전 외의 단행법규를 제정해야 하는데 이럴 바엔 민상분립체제를 지키는 것만 못하다.

필자는 입법기술과 법적용의 측면에서 고려해볼 때 민상합일의 방식을 채택하는 것이 옳다고 생각한다. 그러나 민상합일의 입법이 상법의 학술연구에 대해 영향을 끼쳐서는 안 된다. 즉, 민상합일의 입법체제 아래에서 상법학을 하나의 독립적인 학과로 놓고 상법의 이름하에 회사법, 파산법, 증권법, 보험법, 해상법 등을 결합하여 연구해야 한다는 것이다.

2. 민법과 노동법

　노동법은 노동관계를 규율하는 법률이다. 초기의 민법전은 노동관계의 고용계약에 대해서만 규율하였다. 노동법은 사회의 생산화 정도가 높아짐에 따라 노동영역에서 발생하는 모순들을 해결하기 위하여 민법전 외의 단행법규의 형식으로 발전해왔다. 적잖은 학자들이 노동관계를 민법의 규율범위 안에 넣기 위해 노력했지만 대부분 인정되지 않았다. 이것은 노동법이 사법영역 중에서는 독립된 법률부문으로서 객관적인 필연성이 있다는 것을 말해준다. 필자는 노동법과 민법은 조정대상에서나 규율방법에서나 모두 구분된다고 다음과 같이 생각한다.

　(1) 조정대상에서 노동관계가 형식적으로는 평등하지만 실질적으로는 불평등하다는 모순은 민법이 규율하는 재산점유관계와 일반적인 상품교환관계를 비교했을 때 두드러지게 나타난다. 실제로 노동자와 노동조직은 노동관계에서 매우 불평등한 지위에 있다. 그 원인은 크게 세 가지가 있다.

　　(a) 노동을 분담할 때 어떤 사람들은 관리자나 지휘자의 지위에 있다.

　　(b) 노동력은 특수한 상품으로 노동자와 밀접한 관계가 있다. 노동력에 대한 지배는 곧 사람에 대한 지배로 나타난다.

　　(c) 노동자와 노동조직은 규모 및 효과면에서 큰 차이가 있다.

　(2) 규율방법에서 노동법과 민법의 규율방법은 차이가 있다.

　　(a) 노동법은 사회의 대량생산을 유지하기 위해서 노동자와 노

동조직의 불평등한 지위를 인정하여 노동조직이 규율을 어긴 직원에 대해 처분권을 갖는 것에 대하여 인정하였다.

(b) 노동법은 노동자와 노동조직의 규모가 대등하지 않은 것을 고려해서 힘없는 노동자의 이익을 보호하는 것을 기본원칙으로 한다. 이 원칙은 노동시간, 노동임금, 노동보호, 노동보험 등의 규정상에서 나타날 뿐만 아니라 노동자가 노동조직과 대등한 입장에서 계약을 체결하는 것에서도 나타난다.

(c) 사회주의 국가에서 노동법은 행정법의 범주에 속하는 인사제도와도 관련이 있으며, 정부의 노동인사부문이 노동관계에 대해 비교적 큰 권력을 행사한다.

(d) 노동법규범에는 강행성 규범이 많은데, 이는 민법규범에 임의성 규범이 많은 것과는 다르다.

3. 민법과 혼인 · 가족법

혼인·가족법은 민법에서 분리되어 상대적으로 독립된 법률부문이 되었다. 이것은 사회주의 국가만의 특유한 법률현상이다. 이 현상에 대해 필자는 역사의 진보라고 본다. 혼인·가족의 영역은 상품경제영역과는 다르기 때문에 이 영역의 관계에 대해서는 단독으로 법률을 규율하여야 한다고 생각한다.

혼인·가족법과 민법은 조정대상, 규율방법과 규율목적면에서 다음과 같이 서로 구분된다.

(1) 조정대상에서 혼인·가족법이 규율하는 인신·재산관계는 민법이 규율하는 인신·재산관계와는 다른 점이 있다.

첫째, 혼인·가족법이 규율하는 인신관계와 재산관계는 혼인,

가족이라는 특정한 영역에서 일어나는 것이며 친족관계에서 발생한다. 민법이 규율하는 인신관계와 재산관계는 사회영역에서 일어나는 것이며 사회의 일반인 사이에서 발생한다. 둘째, 혼인·가족법이 규율하는 사회관계에서는 인신관계가 중요한 위치에 있고 재산관계가 그 다음이다. 민법은 그 반대이다. 셋째, 혼인·가족법이 규율하는 인신관계는 특정한 친족 간의 신분관계로써 상대성을 가진다. 민법이 규율하는 인신관계는 특정인과 불특정인 간의 인신관계로서 절대성을 가진다. 넷째, 혼인·가족법이 규율하는 재산관계는 친족 간의 신분관계에 속하므로 안정성, 지속성, 무상성(無償性) 등의 특징을 가지고 있다.

(2) 규율하는 목적에서 보면, 민법의 주요한 가치는 상품경제를 발전시키는 것이고, 혼인·가족법은 가정의 사회적 기능을 실현하는 것이다.

(3) 혼인법과 민법은 그 규율방법에서 더 명확히 구별된다.

첫째, 민법은 행위법으로써 주체의 법률행위가 권리·의무를 발생시키는 중요한 근거가 된다. 혼인·가족법은 신분법으로써 친족의 신분이 권리·의무를 발생시키는 중요한 근거가 된다. 둘째, 혼인·가족법은 혼인, 가족관계를 규율할 때 평등원칙을 고수할 뿐만 아니라 혼인, 가족관계에 영향을 끼치는 감정, 윤리 등도 고려한다. 친족 간의 평등한 지위를 지키면서도 민법에는 없는 수단을 사용하는 것으로 부녀자, 어린이, 노인 등의 약자를 보호하는 것을 원칙으로 한다. 셋째, 민법의 의사자치원칙은 혼인, 가족의 영역에서 그다지 활용되지 못한다. 혼인·가족법은 혼인과 가정에 대한 개인의 책임을 중요시한다. 혼인관계를 규율할 때 혼인·가족법이 혼인의 자유를 인정하고는 있지만 사실 결혼절차, 이혼절차를 통해 혼인의 자유를 어느 정도는 제한하고 있다.

위에 서술한 사법다원체제(私法多元體制) 중에서 상법, 노동법, 혼인·가족법과 민법의 구별은 이 법들을 민법의 물권법, 채권법과 비교한 것이다.

그러므로 이 구별들은 민법이 사법다원체제에서 보통법, 기본법의 위치를 지키는 데에는 영향을 끼치지 않는다. 민법의 사법다원체제에서의 위치는 주로 시민사회의 기초인 상품경제관계를 규율할 때에 나타나게 되는데, 그것은 바로 기타 민사관계를 규율할 일반적인 준칙을 제공하는 것이다. 상법, 노동법, 혼인·가족법에 따로 규정을 해놓지 않았다면 이 준칙들(예 : 민법총칙의 규정, 채권법총칙의 규정)도 관계되는 상사문제, 노동문제 혹은 혼인 및 가족문제에 적용할 수 있다. 그러나 상법, 노동법, 혼인·가족법의 규정은 오로지 상사문제, 노동문제 혹은 혼인·가정문제에만 적용할 수 있고, 기타 민사문제에는 적용할 수 없다. 그러므로 사법다원체제에서 상법, 노동법, 혼인·가족법은 사법의 특별법일 뿐이다.

민법과 사법체계에서 기타 법률관계를 분석할 때, 지적재산권법도 주의하여 살펴보아야 한다. 왜냐하면 중국의 국가교육기관에서 지적재산권법을 민법과 상대되는 핵심과정으로 정했기 때문이다. 지적재산권법을 민법에서 완전히 분리시켜 따로 학습하는 것은 확실히 필요한 일이다. 그렇다고 해서 지적재산권법이 사법체계에서 독립된 법률부문이라는 것은 아니다. 지적재산권법과 물권법 모두 정태적 재산관계를 규율하는 법률이다. 그리고 중국민법통칙은 지적재산권법을 하나의 절(節)에 별도로 규정하고 있다. 그러므로 사법체계의 구조로 보아 지적재산권법은 독립된 사법부문은 아니다.

사법의 체제를 연구할 때 또 한 가지 주의해야 할 점이 있다. 이탈리아는 1942년에 물권법, 지적재산권법, 채권법, 상법, 노동법, 혼인·가족법 등의 내용을 모두 담은 방대한 민법전을 제정하였고, 이로 인해 사법(私法)이 통일되어 발전해가는 추세를 보여주었다. 중국도 민법을 제정할 때 방대한 민법전을 제정하는 게 좋을지, 아니면 여러 부문법으로 나눠 작은 민법전을 제정하는 게 좋을지 잘 연구해보아야 하겠다.

제2장

民法의 基本原則

제1절 民法의 基本原則의 槪述

I. 민법의 기본원칙의 개념과 특징

민법의 기본원칙은 시민사회와 상품경제의 근본적인 요구를 구현하고 민사입법과 사법, 준법에 보편적인 효력을 나타내는 민법정신의 실질적인 부분이다. 민법의 구체적인 규범(규칙과 구체적인 원칙 포함)과 비교했을 때 민법의 기본원칙은 다음과 같은 특징을 가지고 있다.

1. 민법의 기본원칙은 가장 추상적인 민법규범이다

만약 민법의 기본원칙을 민법규범으로 인정하지 않는다면 행위준칙과 심판준칙의 기능을 거론할 여지가 없다. 그러나 민법의 기본원칙은 민법의 구체적인 규범과는 다르게 가장 추상적이면서도 가장 일반적인 민법규범이기도 하다. 민법의 기본원칙은 추상성과 일반성을 가진다. 그 내용은 다음과 같다.
 (1) 민법의 기본원칙은 모든 민법제도를 넘어선 규범이다. 그러나 민법의 구체적인 규범은 특정한 민법제도에 속하는 규범이다.
 (2) 민법의 기본원칙은 추상적인 민사행위에 대하여 만든 일반준칙이다. 그러나 구체적인 민법규범은 구체적인 민사행위(예: 계약행위, 유언행위)를 위하여 만든 구체적인 규칙이다.
 (3) 민법의 기본원칙은 민사주체가 하는 민사활동에 대한 민법의 가장 일반적인 요구이며, 그에 대한 준수와 위반에 의하여 발생하는 민사법률결과도 추상적이다. 우리는 민법의 기본원칙의 의지(意志)에 근거하여 민법의 기본원칙을 지키면 행위자에게 유리한 법률결과가 발생하고, 지키지 않는다면 불리한 법률결과가 발생한다는 것을 알 수 있지만 무엇이 유리한지 또 무엇이 불리한지는 확실하지 않다. 반면에 민법의 구체적인 규범은 민사법률결과가 확실하고 구체적이다.

2. 민법의 기본원칙은 가장 융통성이 있는 민법규범이다

일반적으로 민법의 구체적인 규범은 내용이 확실하고 구체적이기 때문에 융통성이 부족하다. 그러나 민법의 기본원칙의 내용은 매우 융통성이 있다. 이러한 융통성은 다음에서 찾아볼 수 있다.
 (1) 우리는 민법의 기본원칙이 지닌 의미들을 법률조문과 입법 목적을 통해 어느 정도 알 수 있다. 그 풍부한 내용을 모두 알 수는 없지만 그 뜻을 대체적으로 해석할 수는 있다.
 (2) 민법의 기본원칙이 가지는 의미는 역사적 조건의 변화에 따라

변한다. 같은 민법의 기본원칙이라고는 하지만 서로 다른 역사적 배경에 있다면 그 내포된 뜻도 바뀔 수 있다. 역사적 조건의 차이에 따라 사람의 행위에 대한 기본적인 요구도 달라진다. 예를 들어, 의사자치에 대한 원칙은 독점자본주의 시기와 자유자본주의 시기에서 서로 다르게 해석된다. 또한 권리남용금지의 원칙에 의거하면, 계획경제체제에서는 권리남용의 행위로 여겨지는 부분도 시장경제체제에서는 정당한 권리를 행사하는 행위로 여겨진다.

3. 민법의 기본원칙은 민법에서 계속적이며 보편적인 효력을 지니는 민법규범이다

이것은 민법의 기본원칙이 민법의 지도사상이자 기본준칙으로서 민사입법, 사법, 준법의 모든 과정을 꿰뚫고 있다는 뜻이다.

민사입법에서든 사법 혹은 준법에서든 상관없이 모든 영역에서 가치가 있다는 것을 가리킨다. 반면에 민법의 구체적인 규범이 가지는 가치는 구체적인 민사활동과 구체적인 민사안건의 심판에 제한되어 있기 때문에 기타 민사규범의 제정에 대해서는 지도적인 작용을 하지 않는다. 보편적인 효력을 지닌다는 것은 민사기본원칙이 모든 민사활동과 민사관계에서 법률효력을 지닌다는 것을 가리킨다. 민법의 기본원칙은 모든 민법제도에서 가장 높은 위치에 있는 민법규범이므로 모든 민사관계와 민사활동에서 효력을 가진다. 반면에 구체적인 민법규범은 그저 자신의 범주에 속하는 구체적인 민사관계와 민사행위에 대해서만 법률효력을 가진다.

II. 민법의 기본원칙의 기능

민법의 기본원칙은 그 성질에 의해 결정되고, 다음과 같은 기능을 지니고 있다.

1. 입법준칙의 기능

입법준칙의 기능은 민법의 지도사상과 근본적인 규칙으로서의 성질에서 온 것이다. 민법의 기본원칙은 민법정신의 실질적인 부분이고, 민법에 대한 사회경제생활과 기타 민사생활의 기본적인 요구를 반영하며, 민법이 추구하는 가치의 목표를 구현하므로 자연스럽게 민사입법준칙의 기능을 가진다. 민법의 기본원칙에서 입법준칙의 기능은 다음 두 가지 면에서 구체적으로 나타난다.

(1) 민법의 기본원칙은 민사입법의 출발점이자 지도사상으로서 민법체계를 조화롭게 하여 민법의 기능을 실현하는 도구이다. 우선 민사기본법인 민법전을 제정할 때, 입법자는 사회경제생활과 기타 민사생활의 기본적인 요구를 고려하여 몇 가지 기본이 되는 부분을 명확히 하고, 이를 입법의 가치방향으로 하여 제도를 설계하고 구체적인 규범을 제정한다. 이러한 기본적인 것들이 바로 민법의 기본원칙이다. 민법전을 제정할 때는 첫번째로 민법의 기본원칙을 명확히 하고, 민법의 기본원칙 아래에서 입법을 진행하여야 한다. 그래야만 민법전의 규범들이 조화로운 관계를 이루어 사회경제생활과 기타 민사생활의 요구에 부합할 수 있다. 이렇게 하지 않으면 각 제도들과 규범들의 가치에 충돌이 생겨 사회경제생활과 기타 민사생활의 요구가 무시된

다. 두 번째로 민사상의 단행입법은 민법전의 정신인 기본입법사상에 위배되지 않도록 기본입법사상과 가치방향을 일치시켜야 한다. 민법의 기본원칙은 단행법규를 제정하는 입법준칙이다.

(2) 민법의 기본원칙은 현행 민법규범을 평가하고 해석함으로써 현행 민법규범의 하자를 극복시키고 다듬는 작용을 한다. 입법자(법률초안 작성자와 심의자)의 주관적인 인식에는 한계가 있기 때문에 민법전이든 단행법규이든 하자와 한계는 피할 수 없는 문제이다. 성문법 국가들은 성문법의 하자와 한계를 극복하기 위해서 입법해석과 사법해석이라는 수단을 사용한다. 입법기관의 입법해석이든 최고사법기관의 사법해석이든 그 해석의 준칙은 민법의 기본원칙이다. 여기서 알 수 있듯이 민법의 기본원칙은 민법전이나 필요한 민사상의 단행법규가 제정된 후에도 계속 민사입법의 준칙의 기능을 한다.

2. 행위준칙과 심판준칙의 기능

민법의 구체적인 규범은 범위가 굉장히 넓기 때문에 전문적으로 공부하지 않은 사람은 이해하기 힘들다. 그렇지만 사람들이 민법의 구체적인 규범을 잘 알지 못한다고 민사활동을 하지 않을 수는 없는 것이다. 민법의 구체적인 규범을 알리는 것은 어렵기 때문에 민법은 사람들의 민사활동에 기본적으로 필요한 요구들을 기본원칙으로써 제시하여 사람들의 민사활동이 가장 기본적인 법률약속을 받도록 하였다. 민법의 기본원칙은 간단명료하여 민법을 모르는 사람이라도 일반적인 평등관념, 자유관념, 공평관념, 신의성실의 관념을 통하여 기본원칙을 준수할 수 있다. 동시에, 민법의 구체적인 규범은 민법의 기본원칙을 가치방향으로 삼은 것이므로 한 사람이 민법의 기본원칙이 자신의 민사활동을 제약한다는 것을 인식하게 되면, 일반적으로 그가 한 구체적인 민사활동은 민사규범의 요구에 부합하게 된다. 이로 보아 실제 생활에서 민법의 기본원칙은 구체적인 규범보다 더욱 행위준칙의 가치를 가진다는 것을 알 수 있게 된다.

심판준칙의 기능은 다음에서 찾아볼 수 있다. 민법의 심판과정에서 구체적인 규정이 부족할 때 민법의 기본원칙은 법관이 창조적인 사법활동을 할 수 있게 하는 준칙이 된다. 구체적인 규정이 부족하지 않을 때에도 민법의 기본원칙은 법관의 중요한 지도사상이 된다. 우선 법관은 민법의 기본원칙을 기준으로 당사자의 행위를 평가하여 당사자 간의 옳고 그름을 판단한다. 그리고 안건에 적용할 법률을 선택할 때에도 민법의 기본원칙에서 벗어나지 않는지를 살펴본다. 만약 복잡한 안건에서 민법의 기본원칙을 고려하지 않는다면 공평과 정의를 위반하는 결과를 낳을 수도 있다. 그러므로 어떠한 민사안건을 처리하든지 간에 모두 민법의 기본원칙을 준칙으로 하여야 한다.

3. 성문민법의 한계를 극복하고 부족한 성문민법을 보충하는 기능

유럽대륙의 국가에선 부르주아 계급의 혁명이 성공한 후 로마법을 다시 부흥시켜 성문법전을 핵심으로 하자는 법률개혁운동이 일어났다. 판례법은 법관의 법이고, 법관은 입법자이자 법을 집행하는 자로서 굉장히 큰 자유재량권을 지닌다. 때문에 개혁자는 상세한 법전을 제정하여 입법권과 사법권을 분리하여 법관의 독주를 막아 사법통일을 하자고 주장하였다. 그러나 그 주장은 거의 실현되지 못하였다. 부문성문법전으로써 법관의 독주를 막을 수는 있었지만 법관의 자유재량권까지 빼앗을 수는 없었다. 왜냐하면 법전법체제에서 입법의 유한성과 사회생활관계의 무한성의 충돌, 성문법전의 상대적 안정성과 사회생활에서의 이변성의 충돌, 법률의 정의성과 특수한 상황에 적용되는 구체적인 규정의 비정의성의 충돌은 성문법전의 한계이자 부족함으로써 해결할 수 없었기 때문에 법관에게 자유재량권을 남겨 준 것이다. 그리고 이것은 입법기관과 사법기관을 연결해주는 새로운 방법을 필요로 했다. 이 새로운 방법이란 부문법 중에서 사회관계가 요구하는 것을 근거로 하여 보편적인 적용가치와 일정한 융통성을 지닌 기본원칙을 명확히 하는 것이다. 부문법의 기본원칙을 명확히 하는 것은 한편으로는 성문법의 제한이 있는 상황에서 판사에게 자유재량의 권리를 주는 것을 의미하고, 다른 한편으로는 이 자유재량권을 기본원칙이 요구하는 범위 내로 제한하는 것을 의미한다. 이리하여 부문법의 기본원칙은 판사의 자유재량권을 통해 성문법의 한계를 극복하는 기능을 하게 되었다.

제2절 民法의 基本原則

「중국민법통칙」제2조~제7조 규정에 의거하면 중국민법에는 다음과 같은 기본원칙이 있다.

I. 평등원칙

「중국민법통칙」 제3조는 "민사활동에서 당사자의 지위는 평등하다"라고 규정하고 있다. 본질적으로 민법은 상품경제관계를 법률로써 표현한다. 당사자의 지위가 평등한 것 역시 상품의 생산과 교환의 중요한 전제이므로 민법은 먼저 상품의 생산자, 경영자, 소비자 간의 평등한 지위를 인정하고 보호하여야 한다. 평등원칙은 자의(自意), 공평, 신의성실 등의 원칙을 관철하는 기초와 전제가 된다. 만약 당사자의 지위가 평등하지 않다면 자의, 공평, 신의칙 등도 있을 수 없기 때문이다.

민법의 평등원칙은 다음과 같은 기본적인 의미를 가진다.

(1) 민사주체는 민법상으로 모두 독립된 법률인격을 가지고 있다. 국가기관, 기업, 사회단체와 공민 개인은 행정법이나 기타 부문법에서는 주종관계에 있지만, 민사상에서는 모두 독립된 법률인격으로서 주종관계에 있지 않다.

(2) 민사주체는 민사활동을 할 때 모두 평등한 법률지위를 가진다. 민사활동에서 민사주체는 차별이 없기 때문에 모든 민사주체는 행정상의 권력이나 경제력의 우세로 기타 민사주체와의 평등한 지위를 위협하지 못한다. 모든 민사주체는 오로지 평등한 협상을 통해서만 그들 간의 민사관계를 해결할 수 있다.

(3) 모든 민사주체는 법에 의거하여 민사권익을 얻고 동등한 법률보호를 받는다. 민법이 규정한 민사권리의 보호방법과 민사책임의 형식은 모든 민사주체에게 평등하게 적용된다. 민사주체가 민사권익의 침해를 받는다면 민법은 그에 상응하는 보호를

해야 한다. 또한 민사주체가 타인의 민사권익을 침해하여도 민법은 그에 상응하는 민사책임을 부여한다.

II. 신의칙

신의칙(신의성실의 원칙)은 시민사회생활의 도덕적 규범이었고, 후에 민법의 기본원칙이 되었다. 이것은 상품거래행위를 규범하고 상품경제관계를 규율하는 규범의 중요성에 의해서 결정된 것이다. 상품경제는 이윤을 목적으로 타인을 위하여 생산하는 경제이다. 이윤을 최대화하는 상품을 생산하는 경영자가 추구하는 가장 큰 목표이다. 상품경제는 인류사회의 진보에 적극적·소극적인 영향을 가져왔다. 상품경제는 상품을 생산하는 경영자가 시장을 주시하여 최대한 많이, 최대한 좋게 사람들이 필요로 하는 물질적 상품과 정신적 상품을 생산하도록 하였다. 이로써 생산력의 발전을 촉진시켰고, 인류사회에 거대한 물질문명을 창조하였다. 그러나 다른 한편으로는 상사상의 행위에 사기가 만연하여, 일부 사람들이 이윤과 금전을 위하여 살인의 위험도 감수하는 부도덕한 행위도 발생하였다. 그리하여 인류사회의 도덕수준은 크게 떨어지고 정신문명의 건설도 어두운 그림자를 드리웠다. 마르크스주의의 창시자인 마르크스와 엥겔스는 자본주의 상품경제를 연구할 때 상품경제가 조성한 두 가지 영향에 대하여 모두 긍정하였다. 상품경제의 발전에 따라서 생산의 사회화 정도는 높아졌지만 상사상의 투기나 사기로 인해 발생한 후유증은 더욱 심해졌다. 소량생산에서 매도인의 기망행위로 인한 피해자는 매수인에 불과하지만, 대량생산에서는 매도기업의 기망행위는 여러 사람에게 피해를 주게 된다. 동시에 사기로 인해 소비자가 상품 생산경영자를 불신하게 되고, 상품 생산경영자 간의 공평한 경쟁에도 손해를 주며 또한 상품경제의 발전에도 방해가 된다. 신의성실은 사기, 협박, 승인지위[39], 통정허위 등 부도덕적인 행위에 대립되는 것으로 공평한 경쟁을 수호하고 소비자의 이익을 보호한다. 그러므로 신의성실을 도덕적 규범에서 민법의 기본원칙으로 하고 보편적인 법률효력을 부과하여, 상품경제영역과 모든 민사영역에서 사기, 협박, 승인지위, 통정허위 등 정당하지 않은 행위에 반대하는 중요한 법률수단으로 하여야 한다.

신의칙은 내용이 매우 풍부한 원칙이다. 그러므로 그 문자상의 뜻에서만 이해할 것이 아니라 입법 목적과 연관시켜 이해하여야 한다. 신의칙의 입법 목적은 상품경제와 시민사회의 정상적인 질서와 안전을 보호하는 데에 있다. 그러므로 신의칙은 정당하지 않은 행위를 반대하는 원칙이다. 다시 말해서 사기, 협박, 승인지위, 통정허위 등 비도덕적이고 부정당한 상품경제와 시민사회에 피해를 입히는 행위를 반대하는 것이다. 물론 정당하지 않은 행위를 막기 위하여 신의칙은 사람들의 행위에 대해 몇 가지 요구를 하고 있다. 신의칙은 사람들이 민사활동을 할 때 양호한 주관적 심리상태를 갖도록 요구한다. 이런 주관적 심리상태는 '선의', '성실', '신용'의 세 가지 요구에 부합해야 한다. '선의'는 민법의 과실책임에 관한 규정에 따라서 사람들이 민사활동을 할 때 다른 사람에게 피해를 입히면서 이익을 얻으려는 생

---

[39] 승인지위(乘人之危) : 중국의 성어인 '승인지위'의 명확한 뜻은 다른 사람의 매우 위급하고 어려운 경우를 이용하여 협박 또는 구타 등의 행위를 가하는 뜻을 가지고 있다. -역주

각을 갖지 않고 타인이익의 손해를 방지하도록 주의할 것을 요구한다. '성실'은 사람들이 민사활동에서 상대방을 대할 때 솔직하게 대할 것을 요구한다. 예를 들어, 광고를 할 때에 상품의 품질과 성능에 대해서 허위로 선전할 수 없고, 계약을 체결할 때에도 상대방에게 관련 사항을 사실대로 알려야 한다. '신용'은 사람들이 민사활동을 할 때에 신의를 중시하고 약속을 잘 지키며 자신이 맡은 의무를 다할 것을 요구한다.

상품경제의 발전에 따라 상업상 정당하지 않은 행위가 점점 늘어나자 법률은 신의칙을 조금 더 강화하고 그 수단도 다양화하였다.

1. 민·상법의 규범에서는 광범위하게 공시주의(公示主義)를 사용하고 있다

국가주무관청에 등기함으로써 사기, 협박, 승인지위, 통정허위 등의 원인에 의하여 민사행위를 한 것은 무효이거나 철회할 수 있다고 규정하고 있다. 민사책임영역에서는 과실책임원칙을 실행하고 있다.

2. 민·상법의 범위 외에도 민사와 행정을 하나로 합친 종합적 단행법규를 만들었다

상품경제영역에서의 각종 부정당한 행위는 종합성 법률수단으로 처리한다. 현대사회의 시장경제국가에서 이런 단행법규에 속하는 것에는 반(反)부정당경쟁법, 소비자권익보호법, 생산품질법 등이 있다. 이 외에 형법도 경제범죄에 대해 형사제재를 강화하고 있다.

III. 공평원칙

공평은 도덕적 정서이자 법률이 추구하는 최고의 가치목표이다. 도덕적 정서로서의 공평은 자신의 이익이 남보다 많거나 적지 않으며, 자신의 손해도 남보다 많거나 적지 않을 것을 요구한다. 법률이 추구하는 최고의 가치목표로서의 공평은 입법과 사법이 공평과 정의의 요구에 부합할 것을 요구한다. 민법이 평등주체 간의 재산관계와 인신관계를 규율하고 사람과 사람 사이에서의 이익문제를 직접적으로 다루기 때문에 공평은 자연스럽게 기본원칙이 되었다.

공평원칙은 신의칙의 구성부분인가, 아니면 단독적인 민법의 기본원칙인가에 대해 이론상으론 여러 가지 의견이 있다. 필자는 공평을 단독적인 민법의 기본원칙이라고 생각한다. 이론적으로 보면 공평과 신의성실은 서로 다른 개념이다. 신의성실은 하나의 행위규범으로서 주관적인 심리상태에서 사람들의 행위에 대한 요구를 한다. '공평'은 사람 사이의 이익관계를 조절하는 가치척도이다. 그러므로 주관적인 심리상태에서 사람들이 이익취득문제에 대하여 가져야 하는 태도를 요구하고, 객관적으로 이익관계를 판단하는 기준을 제공한다. 우리는 신의칙에 대한 해석을 통하여 공평의 첫번째 뜻을 '신의성실'의 개념에 넣을 수는 있지만, 공평의 두 번째 뜻은 '신의성실'의 개념에 넣을 수 없다. 공평원칙을 단독적으로 분류하는 것은 다음과 같은 중요한 의의를 가진다. 첫째, 민중이 직관적으로 민법의 공평원칙을 이해하는 데 도움이 된다. 민중은 일반적으로 문자상의 뜻을 통해 법률을 이해한다. 법학자들처럼 신의칙에 대한 내용을 보고 신의칙이 공평의 뜻을 내포하고 있다는 것을 알 수 없다. 둘째, 사람들이 민법의 공평원칙을 바탕으로 제정된 구체적인 규정을 이해하는 데 도움이 된다. 예를 들면, 현저하게 공평을 잃은 민사행위는 취소할 수 있다는 규정과 무과실책임과 공평책임에 관한 규정 등이 있다. 셋째, 입법과 사법에서 민사주체 사이의 이익문제를 정확히 처리하는 데 도움이 된다. 넷째, 법관이 공평의식을 수립하여 재판의 질을 향상시키는 데 도움이 된다.

공평원칙은 당사자 간의 이익관계를 조절하는 원칙으로서 기본적인 의미는 다음 세 가지를 포함한다. 첫째, 사람들이 이익이나 손해의 분배에 대하여 주관적인 심리상 공평한 태도를 유지할 것을 요구한다. 즉, 자신의 이익이 남보다 많거나 적지 않으며, 자신의 손해도 남보다 많거나 적지 않아야 한다. 민사활동에서 기회는 균등하고, 서로에게 이익이 되고 서로에게 혜택이 있어야 한다. 자신의 우월한 지위를 이용하여 불공평한 이익을 얻을 수 없다. 둘째, 민사행위의 결과가 공평성을 잃지 않도록 요구한다. 만일 공평성을 잃었다면, 공평을 척도로 당사자 간의 이익관계를 조절하여야 한다. 셋째, 민사안건을 처리한 결과가 공평과 정의에 부합할 것을 요구한다.

민법은 평등한 주체 사이의 재산관계와 인신관계를 규율하는 법으로서 그가 제정한 제도와 규범의 목표는 사람들의 이익관계를 조절한다. 그 조절하는 수단은 재산관계와 인신관계의 주체가 합리적으로 권리·의무를 갖도록 하는 것이다. 이를 통하여 민사주체가 자신의 이익을 실현하며 권리를 취득하는 동시에 상대방의 이익을 실현하기 위하여 상응하는 의무를 부담한다. 민법은 공평의 예술이다. 민법은 평등을 기초로 하고, 공평을 기준으로 한다. 권리와 의무의 합리적인 배치를 통해서 시민사회에서 개개인의 구성원을 연결하여 하나의 유기적인 조직체를 이루고, 동시에 시민사회의 구성원 간의 물질이익과 인신이익을 균형있게 조절하는 작용을 한다. 민법은 사람들이 정당한 행위로서의 권리를 장려하고, 그 권리의 범위 내에서 다른 사람들을 자신의 이익을 위한 도구로 인정한다.

하지만 사람이 권리만 가지고 의무를 부담하지 않는 것은 허락하지 않는다. 그러므로 민법의 권리·의무규칙의 규범과 규율 아래에서 상품경제를 기초로 하는 시민사회는 사람들이 나를 위하고, 나는 사람들을 위하는 사회이다. 사회구성원의 이익 또한 사람들이 나를 위하고, 나는 사람들을 위하여 하는 행위에 의해서 얻어지는 이익이다.

민법의 공평원칙은 권리·의무에 대한 일반규칙뿐만 아니라 결과가 불공평한 민사관계에 대한 특별규칙도 있다. 특별규칙에는 주요한 다음과 같은 것이 있다.

(1) 현저히 공평을 잃은 민사행위에 대한 규칙. 이 규칙에 따라 민사행위의 현저히 공평을 잃은 결과가 사기, 협박 등의 악의행위로 인한 것이 아니더라도 이익에 중대한 손실을 입은 일방은 변경이나 취소를 요구할 권리가 있다.

(2) 무과실책임에 관한 규칙. 만약 과실책임의 규정으로 처리하는 바람에 공평하지 않은 결과가 나왔다면 가해자는 잘못이 없어도 민사배상책임을 진다.

(3) 공평한 책임에 관한 규정. 만약 손해가 발생했는데 쌍방 모두 잘못이 없다면 쌍방이 민사책임을 분담한다.

IV. 권리남용금지의 원칙

권리남용금지의 원칙은 각국 민법전에서 여러 가지로 서술되어 있다. 「스위스민법전」 제2조에서는 "권리를 남용하면 법률의 보호를 받지 않는다"라고 규정하고 있고, 「일본민법전」 제1조에서는 "권리의 남용을 허가하지 않는다"라고 규정하고 있으며, 1922년의 「소련민법전」 제1조에서는 "민사권리는 그 행사가 사회경제의 목적에 위배되는 경우를 제외하고는 법률의 보호를 받는다"라고 규정하였다. 중국민법통칙은 앞에서 예를 든 세 가지 법전처럼 서술하지 않았지만 개괄적인 규정을 통해서 권리남용금지의 원칙을 규정하고 있다. 「중국민법통칙」 제6조와 제7조는 권리남용금지의 규정이다. 「중국민법통칙」 제6조에서는 "민사활동은 반드시 법률을 준수하여야 하고, 법률에 규정이 없는 것에 대해서는 정책을 준수하여야 한다"라고 규정하고 있고, 제7조에서는 "민사활동은 사회의 공덕을 존중하여야 하고, 사회의 공공이익에 손해를 주거나 국가경제계획을 무너뜨리거나 사회경제질서를 혼란시켜서는 아니된다"라고 규정하고 있다. 이 두 규정을 다음과 같이 고쳐쓴다면 권리남용금지의 원칙의 정신을 더욱 분명하게 나타낼 수 있을 것이다. 즉, "민사권리의 행사는 법률과 정책을 위반하여서는 아니된다"와 "민사권리의 행사는 사회의 공덕을 위배하여서는 아니되고, 사회공공의 이익에 손해를 주어서도 아니되며, 국가경제계획을 무너뜨리거나 사회경제질서를 혼란시켜서도 아니된다"라는 내용이다.

권리남용금지의 원칙은 19세기 후반에 형성된 민법원칙이다. 민법의 시작이라 할 수 있는 로마법에서는 어떤 구체적인 민사관계이든 타인에게 손해를 입히기 위해 권리를 행사할 수는 없다고 규정하였지만, 권리행사의 원칙은 여전히 "자신의 권리를 행사하는 것은 누구에 대해서든 불법이 아니다"였다. 자본주의 시기에는 자산가들이 사유재산을 보호하고 자본주의의 상품경제를 발전시키기 위하여 민법을 개인본위주의에서 출발하여 소유권절대원칙에까지 적용시켰다. 「프랑스민법전」 제54조에서는 "소유권은 개인의 의지에 따라 물건을 사용하고 처분할 수 있는 권리"라고 규정했다. 19세기 후반에 자유경쟁이 독점에 이르자 여러 사회에서 모순이 격화되고 경제도 혼란에 빠졌다. 이런 상황에서 자본주의 국가는 한편으로는 무산계급의 혁명에 대한 진압을 강화하였고, 다른 한편으로는 여러 사회의 모순에 맞서서 경제정책을 개혁하고 경제에 대한 정부의 간섭을 강화하였다. 새로운 형세와 정책의 요구에 적응하기 위하여 법학자들은 권리절대의 관념을 비판하기 시작하였고, 소유권의 사회화가 형성되기 시작하였다. 이런 상황에서 자본주의 국가들은 판례에서 입법까지 권리남용금지의 원칙을 확립하기 시작하였다. 1896년에 제정한 「독일민법전」 제226조에서는 "타인에게 피해를 주는 것을 목적으로 권리를 행사할 수 없다"고 규정하였고, 제903조에서는 "법률과 제3자의 권리에 위반되지 않는 범위 내에서 물건의 소유자는 물건을 마음대로 처분하고 타인의 간섭을 배제할 수 있다"고 규정하였다.

   자본주의 국가의 민법과 비교해볼 때보다 사회주의 국가의 민법은 민사권리남용금지의 원칙을 더욱 중시한다. 1922년에 제정된 「소련민법전」 제1조에서는 "민사권리는 사회의 경제목적에 위배되는 권리행사의 경우를 제외하고는 법률의 보호를 받는다"라고 규정하였다. 소련학자들은 이 규정이 사회주의 민법이 관철하는 레닌주의원칙이고 사회주의 민법의 본질이라며 높게 평가하였다. 왜냐하면 민사권리의 행사는 사회주의의 공유제, 계획경제, 국가이익, 단체이익, 사회의 전체이익과도 관련이 있기 때문이다. 그리하여 1964년에 제정된 소련민법전은 1922년의 「소련민법전」의 제1조를 그대로 계승하였고, 나아가 민사권리의 행사에 대해 전면적인 요구를 제시하였다. 「소련민법전」 제5조에서는 "민사권리는 법률의 보호를 받는다. 그러나 그 행사가 사회주의 공산주의 건설 시기의 목적을 위배하였을 때에는 예외로 한다. 공민과 조직이 권리를 행사하고 의무를 이행할 때에는 모두 법률을 준수하여야 하고, 사회주의 공공생활의 규칙과 공산주의 건설 중에 있는 사회의 도덕적 기본을 존중해야 한다"라고 규정하였다. 「중국민법통칙」 제6조와 제7조에서도 권리남용금지의 원칙의 주요한 정신에 대한 규정을 하고 있다.

  권리남용금지의 원칙은 본질적으로 개인의 이익과 사회공공이익을 규율하는 법률원칙이다. 사람은 사회성을 지니므로 사회의 분업과 협동에 참여하여 더 나은 삶을 살아간다. 상품경제가 발달한 현대사회일수록 더욱 그러하다. 사람이 사회의 분업과 협동에 참여하면 사회의 일정한 의무를 지게 된다. 이 의무란 사권을 행사할 때 사회공공이익에 피해를 주거나 법률을 위반해서는 안 된다는 것이다. 법률은 일종의 사회계약으로서 그 내용은 개인의 사익과 사회의 공익에까지 영향을 끼친다. 개인의 사익에 관한 법률을 위반하였을 때에는 타인의 사권을 침해하게 되고, 사회의 공익에 관한 법률을 위반하였을 때에는 사회공공이익을 침해하게 된다. 그러므로 권리를 행사할 때 법률을 위반하여서는 아니된다.

  민법은 사권신성의 원칙으로 자신의 권리를 보호하면서도 권리남용금지의 원칙으로 그 권리가 사회의 공공이익에 피해를 주지 않고 법률을 어기지 않는 범위에서 행사될 수 있게 함으로써 개인의 이익과 사회의 공공이익을 규율한다.

제3장

民事法律關係

제1절 民事法律關係의 概述

I. 민사법률관계의 개념과 특징

1. 민사법률관계의 개념

민사법률관계란 민사주체 사이에서 발생하고 민법이 규정한 법권모형의 요구에 부합하며 민사권리·의무를 내용으로 하는 민사관계이다. 민사법률관계는 민법이 평등주체 사이의 재산관계와 인신관계를 규율한 결과이다. 민법이 물질점유관계를 규율하면 물권관계, 상품교환관계를 규율하면 채권관계, 지적재산관계를 규율하면 지적재산관계가 발생한다. 이들 모두는 민사법률관계이다.

민사법률관계의 개념을 연구할 때에는 민사법률관계와 민사관계의 차이점을 잘 알아야 한다. 그러기 위해서는 민법이 민사관계에 대한 규율과정부터 연구하여야 한다. 민법이 민사관계, 즉 평등주체 간의 재산관계와 인신관계에 대한 규율은 물질에서 정신으로, 혹은 정신에서 물질로 이어지는 변증과정이다. 민법의 규율은 여러 종류의 민사관계에 대한 평가를 기초로, 민법이 강제로 보호해야 한다고 여기는 민사관계에 대해 법률용어로 표현하는 것을 그 첫번째 과정으로 한다. 그 결과 민법의 보호를 받는 민사관계와는 상대적으로 민법규범으로 구성된 민사권리·의무형식이 형성되었다. 이 권리·의무모형은 권리에서 보면 물권형식, 지적재산권형식, 채권형식, 상속권형식, 인신권형식 등을 포함한다. 두 번째 과정은 정신에서 물질까지의 과정이다. 이 과정은 국가의 민법선전(宣傳) 및 교육 그리고 국가심판기관의 비정상적인 민사관계에 대한 계속적인 규율을 통하여 실현된다. 민법의 선전교육과 국가심판기관의 비정상적인 민사관계에 대한 교정과 법 집행활동을 통하여 사람들은 민법의식을 갖게 된다. 즉, 자신이 물질이익과 인신이익을 실현하고 싶다면, 반드시 민법규범의 요구에 따라 민사활동을 하여야 한다는 것을 깨닫게 된다. 그리하여 민사주체 자신과 타인의 재산관계, 인신관계를 의식적으로 민사법권의 형식에 맞추려 하게 되고 이로써 그 관계도 민법의 보호를 받게 된다. 사람들이 민사활동에서 민법의 구성요소를 의식하지 못하더라도 당사자의 재산관계, 인신관계가 객관적으로 민사법권형식에 부합하면 민법의 보호를 받을 수 있다. 민사주체 사이의 민사관계가 어떤 민사법권형식에 부합하여 민법의 보호를 받으면, 민사법권형식에 규정된 객관적인 권리와 의무는 민사주체가 갖는 권리와 의무가 된다. 그 상호간의 민사관계는 민사권리와 의무를 가지며 민사법률관계가 된다.

민사관계가 어떻게 민사법률관계가 되는지를 분석할 때에는 한 가지 사실을 명확히 하여야 한다. 즉, 모든 법률관계가 민법의 강제적인 보호를 받아 민사법률관계가 되는 것은 아니라는 것이다. 법률은 최저기준의 도덕이다. 법률은 사회의 공동생활을 보호해야 하기 때문에 최저기준의 도덕으로써 사회의 생활관계를 조절하기 위하여 강제로 보호하는 범위를 정한다. 민법도 예외는 아니다. 민법이 강제로 보호하는 범위를 정할 때, 사실상 민사관계는 다음 세 가지로 나뉜다.

(1) 민법이 강제로 실행하는 민사관계이다. 이는 민사사회생활관계에서 중요한 의의를 지닌다. 이에 대해 강제로 실행하지 않으면 설령 비교적 낮은 기준의 도덕으로 옳고 그름을 따지더라도 용인될 수 없는 민사관계가 이런 민사관계에 속한다.

(2) 민법이 강제로 실행하지 않고 당사자들끼리 처리하는 민사관계이다. 이런 민사관계는 다시 두 가지로 나뉜다. 하나는 예의·도덕상의 관계로서, 예를 들어 이웃 간, 사제 간, 동료 간에 예의와 도덕을 바탕으로 발생하는 민사관계 등이 있다. 또 다른 하나는 위법성이 있지만 당사자가 행한 행위를 용납할 수 있는 민사관계이다. 예를 들면 일반적인 도박의 보수문제로 인해 발생한 민사관계 등이 있다. 민법이 이러한 민사관계를 간섭하는 것은 다음 몇 가지로 제한된다.

(a) 당사자가 위와 같은 행위를 하지 않은 경우, 민법도 강제로 그것을 규율하지 않는 경우이다.

(b) 당사자가 자원하여 위와 같은 행위를 하기 위한 급부자가 되는 경우, 민법은 그에 대한 반환청구를 허락하지 않는다.

(c) 민법이 금지하는 민사관계는 민사사회생활을 파괴하는 성질을 지니기 때문에 있어서는 안 되는 민사관계이다. 이러한

민사관계가 발생하면 법률은 강제로 당사자에게 원상태로 회복하도록 지시하고, 상응하는 법률책임을 지도록 한다.

이 세 가지 민사관계에서 첫번째 민사관계만 민사법률관계가 될 수 있다.

2. 민사법률관계의 특징

법률이 규율하는 사회관계에 따라 여러 가지 법률부문으로 나누어지듯이, 법률관계 역시 여러 법률부문에 따라 여러 가지 법률관계로 나뉜다. 예를 들면 재정법률관계, 행정법률관계, 소송법률관계, 민사법률관계 등이 있다. 민사법률관계는 법률관계의 일종으로 기타 법률관계와 공통점도 있지만 그와 구별되는 특수성도 가진다.

민사법률관계와 기타 법률관계의 공통점은 다음과 같다. 둘 다 국가의 의지(어떤 상황에서는 당사자의 의지를 나타내기도 한다)를 표출함으로써 사회의 상류층 건설의 범주에 속하는 사상적 사회관계이다. 그리고 사회여론과 도덕관념에 의지하고 국가의 강제력으로 그 실현을 보장하며, 권리와 의무를 내용으로 하는 법권관계이다.

민사법률관계는 다음과 같은 특징을 지니고 있다.

(1) 민사법률관계는 평등주체 사이의 법률관계이다. 이 특징은 민법이 규율하는 사회관계의 평등성과 민법 실행의 평등원칙에 의해 결정된 것이다. 일반적으로 민사법률관계의 주체가 평등하다는 것은 민사법률관계에서 가지는 권리와 의무가 일치한다는 것에서 나타난다. 예를 들어 자연인의 인격권관계를 고찰해보면 공민 모두가 평등한 인격권을 가지고 있고, 공민은 자기

인격권의 권리주체이며, 동시에 타인의 인격권의 의무주체라는 것을 알 수 있다. 소유권에서의 상황도 마찬가지이다. 재산소유자는 자기 재산의 주체이고, 자기 재산에 대하여 점유·사용·수익·처분의 권능을 향유하며, 동시에 타인의 재산소유권의 의무주체로서 타인에 대하여 재산소유권을 행사할 때에 부작위의 의무를 진다.

대다수의 법률계약관계에서 쌍방의 권리와 의무는 대등하고 일치한다. 일방이 권리를 향유하는 것은 상대방에 대하여 상응하는 의무를 부담함으로써 얻은 것이다. 설사 일방은 권리만을 향유하고 상대방은 의무만을 부담하는 법률계약관계라 하더라도 당사자의 지위는 평등하다. 왜냐하면 이러한 계약의무의 부담은 자의에 의한 것이지 상대방의 강요에 의한 것이 아니기 때문이다.

(2) 민사법률관계는 민법이 인정한 법률관계로서 특정한 범위를 가진다. 민사법률관계는 민법이 평등주체 사이의 재산관계와 인신관계를 규율한 결과이다. 평등주체 간의 재산관계와 인신관계가 민법의 인정과 보호를 받으면 민사법률의 형식을 갖추게 되고, 이로써 민사법률관계가 된다. 마르크스는 법률계약관계에 대하여 다음과 같이 지적하였다. "교환을 통하거나 교환 중에 발생한 실제적인 관계는 후에 계약이라는 법률형식을 얻었다. 그러나 이러한 형식이 교환을 구성하지는 않는다. 또한 이런 형식에서 존재하는 사람들 사이의 관계를 구성하지도 않는다. 오히려 그 반대이다."[40] 이러한 마르크스의 관점에 따르면, 민사법률관계는 민법이 규율하는 대상의 어떠한 관계를 벗어난

것이 아니라 민법이 규율하는 평등주체 사이의 재산·인신관계의 실질적인 내용과 민사법률형식이 통일되어 있다는 것이다. 그러므로 민사법률관계의 범위는 민법의 조정대상의 범위에 의해서 결정된다. 민사법률관계는 민법의 조정대상과 같고, 기타 법률관계와 혼돈되지 않는다.

(3) 민사법률관계가 구현하는 이익은 민사주체의 사익이고, 이에는 물질적 이익과 인신적 이익을 포함한다. 민사법률관계는 지위가 평등한 자연인, 법인, 비법인조직을 주체로 하고, 주체의 물질 및 인신의 이익을 실질적인 내용으로 한다. 그러므로 민사법률관계가 구현하는 것은 주체의 사적인 이익이다. 사회주의 사회에서는 자연인, 법인, 비법인조직의 사적인 이익과 국가·사회의 전체적 이익이 원칙적으론 통일되어 있다. 그러나 이러한 통일성만을 긍정하고, 그 차이점에 대해서 부정해서는 아니된다.

II. 민사법률관계의 요소

민사법률관계는 정태적으로 주체, 내용, 객체의 세 가지 요소로 구성된다.

---

40 《馬克思恩格斯全集》, 第19卷, 423쪽.

1. 주체

민사법률관계의 주체는 민사법률관계에서 권리와 의무를 가지는 사람을 가리킨다. 민사법률관계의 주체는 권리주체와 의무주체로 나눌 수 있다. 권리주체는 민사법률관계에서 민사권리를 향유하는 주체이고, 의무주체는 민사의무를 부담하는 주체이다. 민사법률관계에서 권리주체와 의무주체의 조합과 연결은 매우 복잡하고 다음과 같은 몇 가지 상황이 있다.

(1) 어떠한 민사법률관계는 두 주체가 존재하기도 하고, 어떠한 민사법률관계는 주체가 셋 이상 존재하기도 한다. 전자의 예로는 매매계약관계가 있고, 후자의 예로는 동업경영관계가 있다.

(2) 어떤 민사법률관계는 민사권리관계의 권리주체와 의무주체가 모두 특정한 인(人)이지만, 어떤 민사법률관계에서는 권리주체만 특정한 인(人)이고 의무주체는 불특정한 경우도 있다. 전자의 예로는 채권관계가 있으며, 후자의 예로는 물권관계, 지적재산권관계, 인신권관계, 상속권관계가 있다.

(3) 단일의 채(債)[41]와 같이 어떤 민사법률관계의 권리주체와 의무주체는 한 사람뿐인 경우와 다수인의 채(債)와 같이 어떤 민사법률관계는 주체 한 쪽이 두 명 이상이거나 주체 양쪽이 모두 두 명 이상인 경우도 있다.

(4) 어떠한 민사법률관계는 주체 중 일방은 권리만을 누리고 상대방은 의무만을 부담하고, 어떠한 민사법률관계는 주체 양쪽 모두 일정한 권리와 의무를 가진다. 전자의 예로는 증여계약관계를

---

[41] 중국에서는 채권과 채무를 모두 가리키는 단어로 채(債)를 사용한다. 상세한 내용은 채권편을 참조하기 바란다. — 역주

들 수 있고, 후자의 예로는 매매, 조합관계를 들 수 있다.
(5) 어떠한 민사법률관계에서는 주체 양쪽의 권리와 의무는 대응관계에 있다. 예를 들어 임대계약에서 임대료를 받는 것은 권리이고, 임대료를 지불하는 것은 임차인의 의무이다. 어떤 민사법률관계에서는 양쪽의 권리와 의무는 평등관계에 있다. 예를 들어, 재산의 분할공유관계에서 각 공유자는 모두 자신의 분할금액만큼의 재산이익을 향유할 권리와 그에 대한 의무를 가진다.

2. 내용

민사법률관계는 민사법률관계의 주체가 갖는 민사권리와 민사의무를 그 내용으로 한다.

민사법률관계에서 민사권리와 민사의무는 대립하면서도 통일된 관계이다. 민사권리는 민사법률관계의 권리주체가 법률의 보호를 받는 이익(재산이익, 인신이익)을 실현하기 위해서 법에 의거하여 일정한 행위를 하거나 의무주체에게 일정한 행위를 하거나 하지 말 것을 청구하는 권리이다. 그러나 민사의무는 의무주체가 권리주체의 이익을 실현시키기 위해 법에 의거하여 마땅히 어떤 행위를 하거나 하지 말아야 하는 제약이다. 민사법률관계에서 민사권리와 민사의무는 상호 대립하고 상호 의존한다. 일방이 향유하는 권리는 곧 상대방이 부담하는 의무이다. 민사법률관계에서 권리를 향유하는 주체만 있고 의무를 부담하는 주체가 없는 경우나 의무를 부담하는 주체만 있고 권리를 향유하는 주체가 없는 경우는 없다. 그러나 민사권리와 민사의무의 대립되고 통일된 체계에서 민사권리는 모순의 핵이다. 민사권리는 권리주체의 행위를 결정할 뿐만 아니라 의무주체의 행위를 결정하기도 한다.

3. 객체

민사법률관계의 객체는 민사법률관계에서 주체의 권리·의무가 지향하는 사물을 가리킨다. 민사법률관계의 객체가 될 수 있는 사물은 다음과 같다.

(1) 물건

민사법률관계의 객체가 될 수 있는 물건은 형체가 있고, 일정한 공간을 차지하며, 이용과 지배가 가능하고, 일정한 사용가치가 있어야 한다. 이에는 천연으로 존재하는 것과 인공으로 제조된 것을 모두 포함한다. 물건은 민사법률관계에서 가장 광범위한 객체이다.

(2) 지적재산

지적재산은 사람의 지혜능력과 노동으로 만들어진 정신적인 재산이다. 지적재산은 일정한 형태가 없지만 표현형식과 사용가치가 있으며, 생산과 생활의 일정한 요구를 만족시킬 수 있다. 법률은 지적재산권이 일정한 주체가 전유(專有)하여 이용할 수 있을 뿐만 아니라 상품으로써 교환할 수도 있다고 규정하였다.

(3) 행위

민사법률관계의 객체가 될 수 있는 행위는 권리주체의 어떤 이익을 만족시킬 수 있는 것이어야 한다. 그러나 모든 행위가 민사법률관계의 객체가 될 수 있는 것은 아니다. 민사법률관계의 객체가 될 수 있는 행위는 세 가지가 있다. 하나는 재산인도행위이다. 예를 들어, 매매계약 법률관계에서 매수인이 초점을 맞춰야 할 것은 물건이 아니라, 매도인이 물건을 인도하는 행위이다. 다른 하나는 일정한 일을 마친 다음에 그 보수를 지급하는 행위이다. 이런 행위의 특징은 행위의 결과가 일정한 물질적인 성과나 지혜능력의 성과로 나타난다는 것이다. 도급계약관계와 과학기술개발계약관계는 이런 행위를 객체로 한다. 또 다른 하나는 노무나 서비스를 제공하는 것이다. 이런 행위의 특징은 행위가 물질적인 성과나 지혜능력의 성과로 나타나지 않지만 권리주체의 이익이 행위 자체로 만족될 수 있다는 것이다. 보관계약관계, 운수계약관계, 위탁계약관계 및 일상생활에서의 각종 서비스계약관계는 모두 이런 행위를 객체로 한다.

(4) 인신이익

인신이익은 생명건강, 성명(법인명칭), 초상, 명예, 영예, 신분 등을 포함한다. 인신이익은 주체의 인신과 분리될 수 없지만 그렇다고 해서 주체 자체는 아니다. 인신이익은 주체의 요구를 만족시킬 수 있는 객관적인 사물이기 때문에 인신권관계의 객체이다. 만약 인신이익을 주체 자체로 여긴다면 인신이익과 주체 자체가 혼동되어 인신권법률관계에서 객체가 없어지게 된다.

주체, 내용, 객체는 민사법률관계의 세 가지 요소로서 이 중 하나만 부족해도 민사법률관계는 구성될 수 없다. 주체는 민사권리·의무를 누리고 부담하는 사람으로 주체가 없으면 민사법률관계도 자연히 없어진다. 민사권리·의무는 민사법률관계의 주체 양쪽을 연결해주는 고리이다. 만약 민사권리·의무가 그들을 연결해주지 않는다면 서로 고립되어버리기 때문에 민사법률관계라 말할 수 없다. 객체는 권리·의무가 지향하는 사물로서 권리·의무와 밀접한 관계에 있다. 객체는 주체의 물질이익과 인신이익을 나타내기 때문에 객체가 없으면 권리·의무는 설립되지 않으며, 민사법률관계 또한 있을 수 없다.

제2절 民事權利

I. 민사권리의 개념과 내용

1. 민사권리의 개념

민사권리는 민사권리주체가 어떠한 이익을 실현하기 위해 법에 의거하여 일정행위를 하거나, 민사의무주체에게 일정행위를 하거나 하지 말 것을 청구할 수 있는 권리 혹은 자유라고 할 수 있다.

사회의 구성원이 국가정치생활에 참여할 때는 법에 의거하여 정치권리를 얻고, 시민사회생활에 참여할 때는 법에 의거하여 민사권리를 얻는다. 정치권리와 민사권리는 모두 사회의 일반구성원이 누리는 권리이지만 그 권리의 성질이 다르기 때문에 다음과 같은 차이점이 있다.

(1) 정치권리는 공법이 규정하고 보장하지만, 민사권리는 사법이 규정하고 보장한다.
(2) 정치권리는 사회 일반구성원의 정치이익을 직접적으로 구현하

고, 민사권리는 사회 일반구성원 간의 사법관계시 존재한다.
(3) 정치권리는 사회 일반구성원의 정치이익을 직접적으로 구현하고, 사회의 공공이익은 간접적으로 구현한다. 그러나 민사권리는 사권으로서 권리인의 경제이익과 인신이익을 포함한 권리인의 사익만을 구현한다. 사회의 일반구성원과 국가의 상호관계에서 사회의 일반구성원은 국가의 권력에 복종할 의무가 있지만, 다른 한편으로는 국가정치에 참여하고 이의를 제기하는 등 국가기관 및 국가공무원이 행사하는 국가권력에 대해 감시·감독할 수 있는 정치권리를 가진다. 또한 사회의 일반구성원 자신의 선거로써 만들어진 대의제기구를 통해 자신의 정치권리를 규정한다. 그 규정은 자신의 정치적 이익을 수호하고, 또한 국가기관과 국가공무원이 권력을 남용하는 것을 방지하며 사회공공이익을 수호한다.

2. 민사권리의 내용

민사권리는 다음의 몇 가지 내용을 포함한다.

(1) 민사권익

민사권익은 민법의 보호를 받는 민사권리주체 간의 이익을 가리킨다. 이 이익은 물질적 이익과 인신적 이익을 포함하며, 소유권의 권익은 다음과 같다.

(a) 소유자가 소유물로 생산과 생활의 요구를 만족시키는 이익
(b) 타인이 소유물을 사용함으로써 대가를 얻는 이익
(c) 소유물을 담보로 세워서 대부금을 얻는 이익

채권의 권익은 채권자가 채권의 관계를 통해서 얻는 물질재산, 노무 등의 이익이다. 인신권의 권익은 주체의 인격과 신분권이 침해받지 않는 것이다. 민사권익은 민법이 평등주체 간의 재산관계와 인신관계의 실질적인 내용을 인정하고 보호한 결과이다. 평등주체 간의 재산관계와 인신관계는 주체 간의 물질이익과 인신이익을 구현한다. 주체의 이러한 이익이 법률의 인정과 보호를 받게 되면 주체의 합법적인 권익이 되고, 이는 민사권리를 구성하는 핵심적인 내용이 된다.

(2) 민사권능

권능은 일반적으로 권리의 작용을 가리킨다. 권능과 권익의 상호관계를 보면, 권능 또한 권익을 실현시키는 수단이다. 민사권리가 가지는 권능은 다음과 같다.

(a) 지배권능

지배권능은 권리주체가 법률이 허락하는 범위 내에서 권리객체를 직접적으로 지배하고 일정행위를 할 수 있는 권능을 가리킨다. 지배권능은 권리객체를 지배하는 작용뿐만 아니라 타인의 간섭이나 방해를 배제하는 작용도 한다. 지배권능의 구체적인 내용, 다시 말해서 권리주체가 권리객체에게 하는 행위들은 법률이 직접적으로 규정한다. 지배권능과 대응되는 의무는 소극적인 부작위의 의무이다.

(b) 청구권능

청구권능은 권리주체가 법률규정 혹은 계약약정에 의거하여 의무주체가 일정행위를 하거나 하지 말 것을 청구하는 권능을 가리킨다.

청구권능은 채권뿐만 아니라 물권에서도 존재한다. 물권인은 물권의 효력에 의거하여 원물반환, 장애배제, 원상회복을 청구한다. 청구권능의 내용이란 권리주체가 의무주체에게 어떤 행위를 해줄 것을 청구하는 것이다. 이것은 법률로써 직접 규정하기도 하고 당사자 간의 약정으로 정하기도 한다. 청구권능과 대응되는 의무는 특정한 의무주체가 일정행위를 하거나 하지 않을 의무이다.

(c) 소송권능

소송권능은 권리주체의 합법적인 권익이 침해를 받았을 때, 국가 사법기관에게 그 권익을 보호해줄 것을 부탁할 수 있는 권리이다. 소송권능은 국가가 합법적인 민사권익을 보호하는 것을 구현한다. 이 권능은 두 가지 작용을 한다.

(ⅰ) 의무주체가 강제로 의무를 이행하게 하여 권리주체의 합법적인 권익을 실현시킨다.

(ⅱ) 권리주체의 합법적인 권익이 의무주체의 위법행위에 의하여 실현할 수 없는 경우, 사법기관에게 법률규정에 의거하여 소송을 통해 구제해줄 것을 요구할 수 있다.

상술한 세 가지 권능 중 소송권능은 모든 민사권리에 존재하는 권능이다(단, 민사권익이 침해당하기 전에는 발휘되지 않는 권능이다). 하지만 기타 두 가지 권능은 권익의 실현방식에 따라 권리에서 존재하는 상황이 다르다. 민사권리주체의 합법적인 권익이 타인의 작위행위 없이 권리주체 자신의 행위에만 의존하여 실현할 수 있을 때, 그 권능은 지배권능으로 나타난다. 권리주체의 합법적인 권익이 타인의 행위가 있어야 실현되는 경우, 그 권능은 청구권능으로 나타난다.

II. 민사권리의 분류

민사권리는 여러 가지 기준에 따라서 다음과 같이 분류할 수 있다.

1. 재산권과 인신권

민사권리는 권리가 구현하고자 하는 이익의 차이에 따라 재산권과 인신권으로 나눌 수 있다. 재산권은 재산을 목적으로 하고 경제이익을 내용으로 하는 민사권리이다. 재산권은 물권, 지적재산권, 채권과 상속권 등을 포함한다. 인신권은 주체의 인신이익을 내용으로 한 민사권리이다. 인신권은 인격권과 신분권을 포함한다. 민사권리를 분류할 때 재산권과 인신권은 분류체계에서 가장 중요한 지위를 가진다. 민법전은 이런 분류체계에 따라서 편찬된다.

2. 절대권[42]과 상대권

민사권리는 권리의 효력이 미치는 범위에 따라 절대권과 상대권으로 나뉜다. 절대권은 의무주체가 불특정한 민사권리를 가리킨다. 절대권의 의무주체는 부작위의 의무만을 부담하고 권리인의 이익이 실현되도록 도와줄 의무는 없다. 즉, 권리주체의 권리행사를 방해하지 않는다면 의무를 이행했다고 본다. 물권, 지적재산권, 상속권, 인신권

---

42 절대권은 불특정다수에게 효력이 미치기 때문에 대세권(對世權)이라고도 한다. — 역주

은 모두 절대권이다. 상대권은 의무주체가 특정한 민사권리이다. 상대권은 특정인에게만 효력을 미치기 때문에 대인권(對人權)이라고도 칭한다. 상대권의 의무주체는 권리주체의 이익을 실현하기 위해 적극적인 작위의 의무를 가지며, 어떤 때에는 부작위의 의무를 가지기도 한다. 채권은 상대권에 속한다.

3. 주된 권리와 종된 권리

병존하는 두 가지 권리의 의존성에 따라 주된 권리와 종된 권리로 나눌 수 있다. 두 권리가 병존할 때 독립하여 존재할 수 있는 권리는 주된 권리이고, 그렇지 않은 것은 종된 권리이다. 예를 들어, 채권자의 채권은 주된 권리이고, 그 채권에 설정된 저당권은 종된 권리이다. 주된 권리가 이전되면 종된 권리도 이전되며, 주된 권리가 소멸하면 종된 권리도 소멸한다.

4. 원권(原權)과 구제권

나중의 권리가 이전의 권리를 구제하는 견련관계에 따라 원권과 구제권으로 나눌 수 있다. 원권은 법률이 규정한 합법적인 사실에 의해 발생하는 권리이다. 예를 들면, 합법적인 사실에 의해 얻은 소유권, 타물권 등이 원권에 속한다. 구제권은 원권이 침해를 받았을 때, 가해자에게 원상회복이나 손해배상을 청구할 수 있는 권리이다. 구제권이 발생하려면 원권이 위약행위나 불법행위에 의해 침해를 받았다는 전제가 있어야 한다. 침해받은 원권을 구제하는 것이 구제권의 목적이며, 원권자의 손해를 배상해주는 것은 원권회복에 포함된다. 권리는 법률규정의 구제조치로 보장받는 것이기 때문에, 법률의 구제조치가 없는 권리는 구제권이 없다. 그러므로 물권, 지적재산권, 채권, 상속권, 인신권이 침해당했을 때는 권리구제와 관련이 있는 법률규정에 의하여 구제권이 발생한다.

5. 일신전속권(一身專屬權)과 비전속권[43]

민사권리는 권리를 이전시킬 수 있는지 없는지를 기준으로 일신전속권과 비전속권으로 나뉜다. 일신전속권은 특정한 권리주체에게 부여되어 타인에게 양도·상속할 수 없는 권리를 가리킨다. 인격권(법인의 명칭권은 제외), 신분권처럼 주체의 인신과 밀접하여 떨어질 수 없는 것들이 이 일신전속권에 속하며, 고용계약과 위탁계약으로 인해 발생한 권리 등이 있다. 사회주의의 공유제에서는 어떤 재산의 소유권이 국가에 전속되는 경우가 있는데, 이것 역시 일신전속권의 하나이다. 비전속권리는 타인에게 이전할 수 있는 권리를 가리킨다. 재산권리는 모두 일신전속성이 없으므로 비전속권리에 속한다.

6. 기득권과 기대권[44]

권리가 성립조건을 모두 구비하였는지 아닌지에 따라 기득권과 기대권으로 나눌 수 있다. 기득권은 성립조건이 모두 구비되어 권리주체가 이미 실질적으로 취득한 권리를 가리킨다. 기대권은 성립조건이 아직 구비되지 않아서 실질적으로 취득하진 않았지만 미래에 취득할

---

43 중국의 전속권에 대한 분류는 한국의 일신전속권(一身專屬權)과 비전속권(非專屬權)의 분류와 같다. ─역주
44 중국민법에서 일컫는 기득권이란, 한국의 '기성의 권리'를 뜻한다. 기대권의 의미는 한국과 중국이 같으며 조건부 법률행위에서 생기는 조건부권리, 기한부 법률행위에서 생기는 기한부권리, 상속 전의 상속인의 지위를 추정하는 것 등이 이에 해당된다. ─역주

가능성이 있는 권리를 가리킨다.

7. 지배권[45], 청구권, 형성권, 항변권[46]

민사권리는 권리의 작용에 따라 지배권, 청구권, 형성권, 항변권으로 나뉜다.

지배권은 권리주체가 자신의 행위로써 권리객체를 직접 지배하는 민사권리이다.

청구권은 권리주체가 의무주체에게 일정한 행위를 하거나 하지 말 것을 청구하는 민사권리이다. 그 예로 채권을 들 수 있다. 재산소유자의 재산을 타인이 불법적으로 점유하거나 훼손하였을 때, 원물반환이나 손해배상을 청구하는 권리 역시 청구권의 범주에 속한다.

형성권은 권리인 일방의 행위만으로 민사법률관계를 발생시키거나 변경·소멸시킬 수 있는 민사권리이다. 예를 들어, 피대리인이 무권대리행위를 추인하는 권리 등이 있다.

항변권은 상대방의 청구를 거절할 수 있는 민사권리이다. 항변권은 효력의 길고 짧음에 따라 영구적 항변권과 일시적 항변권으로 나뉜다. 영구적 항변권은 상대방의 청구를 영원히 거절할 수 있는 권리로써, 그 예로는 채무자가 소송시효 만료 후에 채권자의 청구를 거절할 수 있는 권리가 있다. 일시적 항변권은 상대방의 급부청구에 대해서 일시적으로 거절할 수 있는 권리이다. 그 예로는 일반보증인의 최

---

[45] 물권과 지적재산권(무체재산권) 등의 재산권이 이에 속한다. 친속권과 계승권도 비록 사람을 대상으로 한다고 하더라도 그 의사를 제어하고 내용을 직접적으로 실현하는 점에서 이에 포함된다.-역주
[46] 중국민법의 일시적 항변권이라는 것은 한국민법의 연기적 항변권으로 해석된다.-역주

고·검색의 항변권[47] 등이 있다.

III. 민사권리의 행사

1. 서설

(1) 권리행사의 개념

민사권리를 행사하는 것은 민사권리주체가 민사권리에 의거한 행위를 통해 법률의 보호를 받는 합법적인 권익을 실현하는 것이다. 민사권리는 민사권리주체가 합법적인 민사권익을 실현하기 위하여 일정행위를 하거나, 의무주체에게 일정행위를 하거나 하지 않을 것을 요구할 수 있는 권능이다. 민사권리의 행사는 이런 권능을 근거로 현실적으로 행위하는 것을 의미한다. 예를 들어, 어떤 사람이 물건에 대해 소유권을 갖는 것은 그가 물건을 점유·사용·처분할 수 있다는 것을 의미한다. 이런 권능을 근거로 물건을 점유·사용·처분하는 것이 소유권을 행사하는 것이다. 민사권리의 행사는 합법적인 민사권리를 실현하는 하나의 수단으로서 민사권리를 행사하는 과정이 바로 권리주체가 민사권익을 실현시키는 과정인 것이다.

(2) 권리행사의 방법

권리를 행사하는 방법은 권리의 작용, 목적과 밀접한 관계가 있다.

---

[47] 원문은 '선소항변권(先訴抗辯權)'이다. — 역주

권리를 행사하는 방법이 잘못되었다면 권리의 작용 또한 발휘될 수 없다. 권리를 행사하는 방법은 다음과 같이 두 가지로 나눌 수 있다.

(a) 사실행위로써 행사하는 권리이다. 사실행위란 의사표시를 요소로 하지 않는 행위를 가리킨다. 예를 들면, 재산소유자가 소유물을 점유·사용·처분하는 행위 등이 있다. 사실행위로써 민사권리를 행사할 때, 권리인은 권리를 행사하고자 하는 의도를 언어나 문자로 표현하지 않는다. 단지 사실행위의 결과가 권리인의 이익을 만족시키기만 하면 된다.

(b) 법률행위로써 행사하는 권리이다. 법률행위란 의사표시를 요소로 하는 행위를 가리킨다. 예를 들면, 재산소유자가 매매계약을 통해서 소유물을 파는 것이 있다. 법률행위로써 권리를 행사할 때, 권리인은 그 목적을 다른 사람이 알 수 있게 언어와 문자 등으로 나타내야 한다. 권리인의 목적은 의사표시를 통해서 법률효력으로 실현되는 것이다.

(3) 권리행사자 및 행사능력

권리는 권리인 본인이 행사하는 것을 원칙으로 한다. 인신권은 권리인 본인만이 행사할 수 있다. 재산권은 타인이 행사할 수도 있지만 그렇게 하려면 반드시 본인의 위탁이나 법률규정이 있어야 한다.

권리행사자가 법률행위로써 권리를 행사하려면 민사행위능력[48]이 있어야 하지만, 사실행위로써 권리를 행사하려면 그 행위를 할 수 있는 의식능력만 있으면 된다.

2. 권리행사의 제한

권리행사는 법률의 보호를 받지만 그에 따른 제한도 받는다. 권리행사에 대한 법률의 제한은 일반적인 제한과 특별제한으로 나눌 수 있다.

(1) 일반적인 제한은 법률이 권리를 행사하는 원칙을 통하여 제한하는 것이다. 현대민법에서 이러한 제한은 다음과 같다.

   (a) 권리를 행사할 때 사회공익에 피해를 주어서는 아니되고, 사회의 공공질서 및 공중도덕과 풍속, 관습들을 어지럽히면 아니된다.

   (b) 권리를 행사할 때 타인의 합법적인 권익에 피해를 주어서는 아니된다.

(2) 특별제한은 법률이나 정책적으로 민사권리를 제한하는 것이다. 제한하는 방법에는 일반적으로 두 가지가 있다.

   (a) 타인에게 특정한 권리를 부여하여 권리인의 권리행사를 제한하는 방법이다. 예를 들어, 상린지소유자나 이용자에게 상린권을 부여하여 부동산소유권이나 사용권의 행사를 제한하는 방법, 일반인에게 합리적으로 작품을 사용할 권리를 부여하여 저작권의 행사를 제한하는 방법 등이 있다.

   (b) 권리인이 권리를 행사함과 동시에 특정한 의무를 부담하도

---

[48] 중국의 민사행위능력은 한국의 행위능력과 대부분 비슷하다. 한국의 민법이 행위능력에 관한 규정을 두지 않고, 소극적으로 미성년자, 한정치산자, 금치산자를 행위능력이 없는 자로서 규정하고 행위무능력자가 아닌 모든 사람을 행위능력자로 규정하고 있는 것처럼 중국민법은 민사행위능력을 완전행위능력자(完全行爲能力者), 제한행위능력자(制限行爲能力者), 무행위능력자(無行爲能力者)로 구분하고 있다. 구체적인 내용은 제2편 민사주체의 '민사권리능력' 참조. -역주

록 하여 제한하는 방법이다. 예를 들어, 농경지의 사용자가 그 사용권을 행사하는 동시에 농경지를 황폐화하거나 임의로 그 농경지를 바꿀 수 없는 의무를 가진다.
(3) 권리를 행사하는 것이 법률이 제한한 한도를 넘어서면, 그것은 곧 권리의 남용이 된다. 권리를 남용하면 법률의 보호를 받지 못할 뿐만 아니라 법률책임도 져야 한다.
(a) 권리를 남용해서 타인의 사익에 손해를 입히고 타인의 사권행사를 방해한 경우, 손해배상과 방해배제의 책임을 지게 된다.
(b) 권리를 남용해서 사회의 공익에 해를 끼친 경우, 그 권리를 박탈당하거나 제한받는다. 예를 들어「중국토지관리법」제19조 규정에 따르면 동의 없이 연속 2년간 토지를 사용하지 않을 경우, 토지관리부문은 현급 이상의 인민정부에 서면으로 지시를 요청하여 토지를 회수하여야 한다.

IV. 민사권리의 보호

1. 보호의 개념

민사권리를 보호하는 것은 국가기관이 민사권리주체의 민사권리가 침해받는 것을 방지하기 위하여 하는 예방조치이다. 민사권리를 보호하는 것과 행사하는 것은 다음과 같은 차이가 있다.
(1) 행위주체가 다르다. 민사권리의 행사는 민사권리주체나 대리인이 하고, 인민법원과 기타 국가기관이 도움을 주지 않는다. 그러나 민사권리를 보호하는 조치와 행위는 민사권리주체가

인민법원이나 기타 국가기관에 조치를 취하고 행위를 실시해줄 것을 청구함으로써 실행된다. 민사권리주체는 스스로 법률이 규정한 범위 내에서 법에 의거하여 향유하고 있는 민사권리에 대해 보호조치를 취하거나 보호행위를 청구할 수도 있다.

(2) 행위의 전제조건이 다르다. 민사권리의 행사는 민사권리가 정상적으로 존재하고, 침해를 받지 않은 상황을 전제로 한다. 그러나 민사권리의 보호는 민사권리가 이미 침해를 받았거나 받고 있거나 침해의 위험을 감지하였을 때 취하는 조치이다.

(3) 행위의 직접적인 목적이 다르다. 민사권리행사의 목적은 민사법률관계의 목적을 실현하여 민사권리주체의 합법적인 이익을 만족시키는 것이다. 그러나 민사권리를 보호하는 목적은 민사권리를 침해하는 행위들을 예방하거나 이미 침해를 받은 민사권리를 회복시켜 민사권리주체가 합법적인 이익을 실현하는 것을 보장하는 데 있다. 이 목적이 보호행위의 보호성질을 결정짓는다.

(4) 행위의 절차와 방법이 다르다. 민사권리를 행사하는 행위는 민사권리 자체의 성질로 결정되는 것이지, 법률이 권리주체에게 일정한 절차나 방법을 규정하지 않는다. 그러나 민사권리의 보호에 대해서는 비교적 엄격한 절차와 방법들을 규정해 놓았다.

2. 보호방법

(1) 국가구제[49]

국가구제는 국가기관이 권리인의 청구에 의해서 국가공권력으로 침해받은 민사권리를 구제하는 것이다. 사법기관이든 행정기관이든 모든 국가기관은 그 직책 범위 내에서 침해받은 민사권리를 구제해야 할 의무가 있다. 국가구제에서 가장 직접적이고 중요한 구제형식은 민사소송이다. 권리인은 다음의 몇 가지 민사소송을 통해서 피해받은 민사권리를 구제받을 수 있다.

(a) 침해정지의 소(訴)

이것은 민사권리가 침해를 받고 있거나 그럴 위험이 있거나 혹은 권리인이 권리를 행사하는 데 장애가 있을 때 사용하는 소송방법이다. 민사권리를 침해하는 것을 그만둘 것, 민사권리를 침해할 만한 위험이 있는 요소를 없애줄 것, 권리행사를 방해하는 장애를 배제해 줄 것 등을 포함한다.

(b) 확인의 소

이것은 어떤 민사관계가 당사자 간의 다툼에 존재하는가 또는 귀속하는가의 여부를 정할 때 사용하는 소송방법이다. 예를 들어, 어떤 재산이 누구의 소유인지에 관한 다툼, 어떤 사람이 사망한 사람의 상속권을 누리는지에 관한 다툼, 어떤 사람이 자신이 공저(共著)임을 내세우는 다툼은 모두 확인의 소로 해결할 수 있다. 민사권리가 당사자 간의 다툼에 존재하는가 또는 귀속하는가의 여부는 진정한 권리인의 권리행사를 방해하게 된다. 그러므로 민사권리를 확인하는 것도 민사권리를 보호하는 방법이다.

---

49 원문은 '공력구제(公力救濟)'이다. — 역주

(c) 급부의 소

이것은 민사권리가 이미 일정한 손해를 입었을 때 취하는 소송방법으로서, 침해당한 민사권리를 회복하거나 손실에 대해서 일정한 보상을 하여 손해를 회복하는 것이 그 목적이다. 여기서 '급부'는 금전이나 물건뿐만이 아닌 넓은 의미로 해석되는 원물반환, 원상회복, 손해배상, 위약금 지불 등을 포함한다. 급부의 소는 민사권리를 보호하는 중요한 방법으로서 민법의 보호방법의 성질과 특징을 잘 나타낸다.

(d) 변경형성의 소

이것은 어떤 객관적인 상황으로 인해 당사자 간의 민사권리 · 의무관계가 계속 존재할 수 없을 때 혹은 계속 있으면 상대방에게 비합리적일 때, 쌍방의 이익을 보호하기 위하여 채택하는 소송방법이다. 원래의 계약을 변경하거나 없애는 것이 이런 보호방법에 속한다. 변경형성의 소의 목적은 당사자 간에 원래 있었던 민사권리의 두 관계를 소멸하거나 변경하여 이미 변화된 객관적인 상황에 부합시키는 데 있다.

(2) 사력구제(私力救濟)

사력구제는 권리주체가 법률이 허락한 범위 내에서 자위행위나 자조행위로써 자신이 침해받은 민사권리를 구제하는 것을 가리킨다. 사력구제는 국가의 권한이 강화됨에 따라서 국가구제가 사력구제를 대체하는 경향이 나타나 그 구제에 제한을 받고 있다. 고대의 국가들은 인신권의 구제방법으로 복수를 허락하였고, 채권의 구제방법으로는 채무자를 노예로 부려도 된다고 허락하였다. 현대국가들은 이러한 야만적인 구제방법을 금지시켰다. 그러나 각 나라들은 사력구제를 완전히 없애버리지 않고 일정한 범위 내에서 민사주체에게 사력구제권을 부여하였다. 그 원인에는 두 가지가 있다. 첫째는 어떤 권리들은 현대국가들이 국가구제로 구제하기에는 너무 촉박하기 때문이고, 둘째는 민사주체의 권리의식을 키우는 데 유리하기 때문이다. 현대 각국의 법률은 일반적으로 민사주체가 하는 사력구제를 자위행위와 자조행위로써 허락한다.

(a) 자위행위

자위행위는 권리인과 타인의 인신, 재산이 폭력으로 인해 침해받았거나 긴급한 위험에 직면하였을 때 하는 정당방위행위 혹은 긴급피난행위이다. 「중국민법통칙」 제128조와 제129조에서는 정당방위행위가 필요한 한도 내에서 불법행위자에게 손해를 입혔다면 민사책임을 지지 않는다고 규정하고 있고, 긴급피난행위로 타인에게 손해를 입혔다면 위험을 조성한 사람이 민사책임을 진다고 규정하고 있다.

(b) 자조행위[50]

자조행위는 권리자가 자신의 권리를 보호하기 위하여 의무자의 재산을 압류하거나 의무자를 속박하는 행위이다. 자조행위는 긴급한 상황에서 청구권을 보호하기 위하여 허가된 사력구제행위이다. 자조행위는 다음의 조건들을 만족하여야 한다.

(ⅰ) 자조행위는 자신의 권리를 보호하기 위하여 하는 것이지 타인의 권리를 보호하려 하는 것이 아니다. 이는 정당방위와 긴급피난과는 다른 점이다.

(ⅱ) 자조행위는 긴급한 상황에서만 할 수 있다. 여기서 말하는 긴

급한 상황이란 국가구제를 기다리기에는 너무 촉박한 상황을 가리킨다.

자조행위로 인하여 의무자의 재산이 손실을 입었다 하여도 그 손실이 자조행위를 위해 꼭 필요한 것이었다면 권리자는 손해배상책임을 지지 않는다. 권리자는 의무자의 재산을 압류하거나 의무자의 인신을 속박한 후, 곧바로 법원이 처리할 것을 청구하여야 한다. 만약 연기되었거나 법원에 의해 기각되었을 때에는 행위자는 손해배상책임을 져야 한다. 법원이 청구를 기각하는 경우는 보통 타인의 재산을 압류하거나 신체를 속박한 행위들이 타당한 이유가 없고 자조행위를 할 만한 조건이 갖춰지지 않은 경우이다.

제3절 民事義務와 民事責任

I. 민사의무

1. 민사의무의 개념과 특징

민사의무는 의무주체가 권리주체의 법적 보호를 받는 이익을 보호하기 위해서 법에 의거하여 해야 하는 작위 혹은 부작위행위의 약속

---

50 한국의 '자력구제'와 그 뜻이 비슷하다. – 역주

이다. 민사의무는 민사권리와 서로 대응하는 개념이며 민사법률관계의 내용 중 피동적인 부분이다. 민사의무는 다음과 같은 특징을 가지고 있다.

(1) 민사의무는 이타성(利他性)을 가지고 있다

의무자의 작위 혹은 부작위행위의 목적은 권리자의 법정이익을 만족시키는 것에 있다. 예를 들면 채무자는 채권자의 이익을 만족시켜야 한다. 만일 자신의 이익을 만족시키는 것을 목적으로 한다면 그것은 의무가 아니라 권리이다.

(2) 민사의무는 제한성을 가지고 있다

민사의무는 최대한도가 있는 의무이다. 의무자가 마땅히 해야 하는 행위의 종류(작위 혹은 부작위)와 범위는 권리자가 가지는 권리에 의해 결정된다. 의무자는 오직 권리자의 이익 및 권능의 범위 안에서 작위 혹은 부작위행위를 하여야 한다. 권리자는 자신의 이익과 권능의 범위를 벗어난 부분에 대해서 의무자에게 작위 혹은 부작위의 행위를 할 것을 요구할 수 없다. 예를 들어, 소유권에 의한 이익 및 권능에 의거하여 비소유자가 부작위의 의무만 있다면, 소유자가 자신의 이익을 실현하는 데에 협조하지 않아도 된다. 채무자의 의무는 채권의 목적물에 의해 결정되고, 채권자는 그 목적물의 범위를 벗어난 행위를 채무자에게 요구할 수 없다.

(3) 민사의무는 법적 구속력을 가지고 있다

민사의무는 의무자에게 법적 구속력을 발휘한다. 의무자의 의사에 따라서 변경 또는 취소할 수 없다. 의무자는 자신의 의사와는 상관없이 반드시 그 의무를 부담하여야 한다. 만약 의무자가 그 의무를 부담하지 않는다면 '하여야 하는 행위'를 하지 않는 것이고, '하지 말아야 하는 행위'를 하는 것이다. 이것은 한편으로는 의무자에게 불리한 결과를 초래하고, 다른 한편으로는 권리자는 법원에 의무자가 그 의무를 강제이행하도록 청구하여 의무에 대한 구속력을 실현시킨다. 의무의 구속력과 상대되는 권리의 지배력은 권리자의 의사에 의해 변경되고 소멸된다. 권리는 법률의 직접적인 규정 혹은 당사자의 약정에 상관없이 전속권을 제외한 모든 권리가 갖는 지배력은 권리자의 의사에 의해 변경 혹은 소멸된다. 권리자가 그 권리를 방치하는 것은 그 지배력이 소멸하였음을 의미한다. 이로써 권리는 권리자에 의하여 방치될 수 있으나, 의무는 오직 권리자에 의해서만 면제될 수 있고 의무자에 의하여 방치될 수는 없다.

2. 민사의무의 내용

의무의 내용은 의무주체의 작위 또는 부작위이다. 작위의무는 의무주체가 권리주체의 이익을 실현하기 위해 법에 의거하여 적극적으로 어떠한 행위를 해야 하는 의무이다. 부작위의무는 의무주체가 권리주체의 이익을 실현하기 위해 법에 의거하여 소극적으로 어떠한 행위를 하지 않을 의무이다. 의무주체의 의무는 결국 작위의무이거나 부작위의무이고 혹은 두 가지의 의무가 같이 존재할 수도 있으며, 권리자가 실현하려는 이익에 따라 의무자에게 요구되는 의무도 달라진다. 예를 들어, 권리자가 자신의 이익을 실현시키기 위하여 의무자의 적극적인 행위를 요구한다면 의무자는 작위의무를 지게 되며, 권리자가 이익의 실현을 위하여 의무자에게 간섭이나 방해행위를 하지 않을 것을 요구한다면 그 의무자는 곧 부작위의무를 지게 된다. 소유권과 같은 경우가 그 예이다. 만약 권리자가 자신의 이익실현을 위해 의무주체에게 어떤 행위를 요구할 뿐만 아니라 의무주체에게 어떤 행위를 하지 않을 것을 요구한다면, 그 의무는 작위와 부작위의무를 겸한 의무이다.

3. 민사의무의 분류

의무와 권리가 서로 대응하기 때문에 권리의 분류기준은 대부분 의무의 분류에 활용된다. 다만, 의무의 분류도 권리의 분류에 따른 분류와 다를 수 있음에 유의해야 한다.

(1) 재산의무와 인신의무

재산의무는 재산권리자의 물질이익을 실현하는 것을 목적으로 하는 의무이다. 인신의무는 인신권리자의 인신이익을 실현하는 것을 목적으로 하는 의무이다.

(2) 절대의무와 상대의무

절대의무는 일반인들이 모두 부담하여야 하는 부작위의무이다. 상대의무는 특정인이 부담하여야 하는 작위 혹은 부작위의무이다.

(3) 주된 의무와 종된 의무

주된 의무는 채무자의 채무와 같이 다른 의무에 종속되지 않고 독립적으로 존재하는 의무를 가리킨다. 종된 의무는 주된 의무에 종속되어 있는 의무이다. 예를 들면 채권보증인의 보증의무 등이 있다.

(4) 본체의무와 변생(變生)의무

본체의무는 권리자의 원래의 권리에 의하여 발생한 의무이다. 본체의무는 법률관계가 발생한 때부터 성립된다. 따라서 제1의무 혹은 원시의무라고도 부른다. 변생의무는 본체의무를 이행하지 않아서 발생한 의무이다. 변생의무는 권리자에 대한 구제권리이다. 따라서 이를 구제의무라고 부르며, 본체의무를 이행하지 않은 후에 발생하는 의무이기 때문에 제2의무라고도 부른다.

(5) 일신전속의무(一身專屬義務)와 비전속의무(非專屬義務)

전속의무는 특정한 사람에게 전속되어 있어 그 의무를 이전할 수 없고 타인이 대신해서 이행할 수 없는 의무이다. 예를 들면 전문적인 기예를 이행하는 등의 의무가 있다. 비전속의무는 특정한 사람에게 전속되어 있는 것이 아니므로 그 의무를 이전하여 타인이 대신해서 이행할 수 있는 의무이다.

(6) 적극적 의무와 소극적 의무

의무는 의무의 내용에 따라 적극적 의무와 소극적 의무로 나눌 수 있다. 적극적 의무는 적극적인 작위를 내용으로 하는 의무이다. 소극적 의무는 소극적 부작위를 내용으로 하는 의무이며, 소극적 의무는 다시 존중(尊重)의무와 용인(容忍)의무로 나눌 수 있다. 존중의무는 타인의 권리를 존중하여 간섭·방해·가해행위를 하지 않을 의무이다. 용인의무는 원래 금지되던 타인의 행위가 어떤 법률상의 원인에 의하여 허용되어 그 타인의 행위를 용인하여야 하는 의무를 가리킨다. 예를 들면, 상린관계에서 토지소유자가 자신의 토지를 통행하는 것을 용인하는 경우가 이에 속한다.

4. 민사의무의 이행

민사의무의 이행은 의무자가 구체적으로 그 의무의 내용에 대해 실시하는 행위를 말한다. 또한 의무자의 그 의무는 작위 혹은 부작위 의무로 나뉜다. 예를 들어, 매도인은 매매계약에 따라 매수인에게 물건을 인도하고 그 소유권을 이전하여야 하며, 소유자가 아닌 자는 타인소유의 물건에 대해 불법으로 점유를 침해하여서는 안 된다. 이행의무의 행위는 법률행위일수도 있고 사실행위일 수도 있다. 의무자가 법률행위로써 의무를 이행할 때에는 그에 맞는 행위능력을 갖추어야 한다. 예를 들어, 주택매매계약시 주택의 모든 소유권을 이전할 때 의무이행자는 행위능력이 있어야 한다. 하지만 의무자가 사실행위로써 의무를 이행할 때는 사실행위에 필요한 의사능력만 갖추면 된다. 그 예로는 물품보관 등이 있다. 의무의 이행은 권리자의 협동을 요구하기도 하고, 하지 않기도 한다. 전자의 예로는 채무의 이행을 들 수 있으며, 후자의 예로는 일반적인 부작위의무의 이행을 들 수 있다. 의무의 이행은 법률규정에 의거하여 독촉할 수 있고, 의무를 이행하지 않을 경우 의무자는 더욱 불리한 법률결과를 부담하여야 한다.

II. 민사책임

1. 민사책임의 개념

「중국민법통칙」 제106조에서는 법률관계에서 의무주체가 법률규정을 위반하였거나 계약시 약정한 민사상의 의무를 위반하였을 때, 그리고 권리주체의 민사상의 권리를 침해하였을 때, 민법의 규정에 따라 발생하는 법률효과가 민사책임이라고 규정하고 있다. 전통민법에서의 의무는 '당연히 행하여야 하는 것'이고, 책임은 '반드시 하여야 하는 것'이다. 의무는 의무자가 자각하여 이행하는 것이고, 책임은 국가의 강제력에 의하여 이행되는 것을 말한다. 그러나 입법상으로는 민사책임과 민사의무를 엄격히 구분하지 않고, 위약책임과 채권책임도 채무규정으로서 민법전의 채무편에 함께 두었다. 특히 불법행위책임은 불법행위에 의해 발생한 채권으로 보고, 사무관리의 채(債), 부당이득의 채(債)와 함께 병렬하여 다루었다. 어떤 이들은 민사책임의 전형적인 형식인 손해배상을 일종의 채권으로 보고 이를 '손해배상의 채(債)'라고도 한다. 중국민법통칙은 엄격하게 민사책임과 민사의무를 구분하고, 불법행위에 대한 책임규범과 위약에 대한 책임규범을 채권법에서 나누어 「중국민법통칙」 제6장에서 규정하고 있다. 이로 인해 민법은 그 체계를 더한층 보완하고, 민사활동에서 적법과 위법의 한계에 대한 경계를 분명히 하여 민법의 교육기능을 발휘시켰다.

민사책임은 민사의무와 서로 대응하는 개념이고, 구제권과도 대응되는 개념이다. 민사책임과 구제권의 대립과 통일은 일종의 법률관계를 구성한다. 합법적인 의사표시 혹은 적법(준법, 합법)의 사실상태에서 나타난 법률관계는 민사상의 권리와 의무를 내용으로 하는 일반적인 민사법률관계이다. 이런 민사법률관계에서 의무주체가 그 의무를 성실히 이행한다면 권리주체의 합법적인 이익은 실현되고 그 관계는 정상적으로 소멸한다. 만약 의무주체가 그 의무를 이행하지 않는다면 권리주체의 합법적인 이익은 침해를 받게 되고, 원래 민사상의 권리·

의무관계에서 내용상의 변화가 발생하여 이전의 관계가 구제권과 민사책임의 관계로 바뀌게 된다.

원래의 권리자는 그의 권리를 침해받았을 때 구제권을 행사할 수 있고, 이로써 구제권의 주체가 된다. 그러나 원래의 의무자가 그 의무를 불이행하였을 때에는 민사책임을 지며 책임의 주체가 된다.

2. 민사책임과 민사의무의 구별

(1) 법률의 성질이 다르다

민사의무는 법률의 직접적인 규정 혹은 당사자의 합법적인 의사표시에 의하여 발생하고, 민사주체가 어떤 민사상의 의무를 부담할 때는 위법자가 아니다. 그러나 민사책임은 이미 위법행위로 인해 발생한 법률효과를 부담하는 것을 가리키므로 그 주체는 위법자의 법률지위를 가지게 된다.

(2) 발생조건이 다르다

민사의무의 발생조건은 합법적인 민사행위(합법적인 표시행위와 사실행위를 포함)와 적법(합법, 준법)한 사실상태이다. 그러나 민사책임의 발생조건은 민사주체가 법에 의거하여 이행하여야 하는 의무를 위반한 민사위법행위이다. 즉, 민사위법행위가 민사책임의 발생조건이 된다.

(3) 법률의 구속력이 다르다

의무는 '당연히 행하는 것'이고, 그 법적 구속력은 민사주체가 스스로 그 의무를 이행하지 않아서 강제와 제재를 받는 것이다. 그러나 의무부담자의 입장에서 말하자면, 이런 강제 혹은 제재는 또 다른 종류의 잠재적인 위험이 될 수 있지만 민사주체가 스스로 그 의무를 이행한다면 이런 위험의 발생을 피할 수 있다. 그러나 책임은 위법행위의 법률결과이므로 책임자는 법률의 강제와 제재의 발생을 피할 수 없다.

(4) 의무와 책임을 부담하는 자가 받는 '불이익'은 서로 다르다

민사의무와 민사책임이 비록 타인의 이익을 실현하기 위하여 부담하는 것일지라도 의무자와 책임자가 부담하여야 하는 불이익의 정도는 다르다. 민사의무는 채무를 제외하고 부담하게 되는 의무가 모두 불이익과 연결되어 있는 것은 아니다. 넓은 의미의 채무에 대하여 말한다면 이러한 불이익은 상대방으로부터 얻은 이익의 대가일수도 있다. 반면에 민사책임은 위법자에 대한 법률제재이기 때문에 반드시 책임자에게 불이익이 돌아간다. 민사책임은 재산상의 불이익(손해배상, 위약금 지불)과 신체적 불이익(사죄, 손해의 제거)을 포함한다. 협의의 채권에 의거하여 채무를 불이익으로 간주한다면 채무를 위반한 책임(손해배상, 위약금 지불) 또한 원래의 채무범위를 초월한 새로운 불이익이 된다.

(5) 의무와 책임을 부담하는 자의 범위가 다르다

모든 민사주체는 법에 의거하여 일정한 민사의무를 부담한다. 설령 민사주체의 일방이 채권·채무의 관계에 참가하지 않고 채무를 부담하지 않더라도(실제적으로 이것은 불가능한 것이다) 법률규정에 의거하여 타인의 물권, 지적재산권, 인신권을 침해하지 않도록 주의하여야 한다. 그러나 민사책임은 위법행위에 대한 법적 결과로서 모든 민사주체가 부담하여야 하는 것은 아니다. 민사주체가 성실히 의무를 이행하고 타인의 권리를 침해하지 않으면 민사책임을 지지 않는다.

3. 민사책임과 민사의무의 관계

우리는 책임과 의무를 정확히 구별할 수 있어야 하고, 또한 그 둘의 밀접한 관계에 대해서도 명확히 이해하여야 한다.

(1) 책임은 의무를 이행하는 법적인 보증이다. 책임은 법률이 위법자를 제재하는 수단이다. 주체가 의무를 위반하지 않았더라도 책임은 주체가 열심히 의무를 이행하도록 독촉하는 일종의 위협이 된다. 그러므로 책임은 의무를 보충하는 준수의 기능을 갖는다.

(2) 민사책임과 민사의무가 가지는 급부의무의 형식이 같다. 민사책임이 행정책임, 형사책임과 다른 점은 위법자가 피해자에게 어떠한 급부로써 책임을 지는가에 있다. 그 예로는 원물반환, 원상회복, 손해배상, 위약금의 지불 등이 있다. 법원은 위법자에 대한 일정한 급부의무를 판결할 때에는 이행기간을 확정하고, 이 이행기간을 초과했을 때는 강제집행을 한다. 이것은 형식상 합법적인 행위 혹은 적법한 사실상태에서 야기된 채무와 비슷하다. 왜냐하면 합법적인 표의행위 혹은 적법한 사실상태(예 : 사무관리, 부당이득)가 야기한 채무에서 채무자도 채권자에게 일정한 급부를 하기 때문이다. 형식상으로 책임자와 채무자는 비슷하기 때문에 이들 권리자에게 일정한 급부행위를 하여야 한다. 전통민법에서는 이들의 급부형식이 같다는 이유로 민

사책임을 일종의 채무로 보고 채권에 규정하였다.

4. 민사책임 혹은 책임의 기타 용법

중국은 민법통칙과 단행법률에서 민사책임의 개념을 위법행위의 법률효과로 사용하는 것 외에 다른 의미로도 사용한다. 주요한 내용에는 다음 몇 가지가 있다.

(1) 어떠한 법률효과에 대한 귀속을 가리킨다. 예를 들어, 「중국민법통칙」 제43조는 "기업법인은 그의 법정대표와 기타 사원의 경영활동에 대하여 민사책임을 진다"고 규정하고 있다. 이 규정의 실질적인 의의는 기업법인의 법정대표와 사원이 기업법인의 명의로 경영활동을 함으로써 생기는 법률효과, 즉 법정대표와 사원이 취득한 권리, 부담하는 의무와 책임은 모두 기업법인에게 귀속된다는 것이다. 또한 「중국민법통칙」 제63조 제2항은 "대리인은 대리권한 내에서 피대리인의 명의로 법률행위를 한다. 피대리인은 대리인의 대리행위에 대하여 민사책임을 진다"고 규정하고 있다. 이처럼 취득한 권리와 부담하는 의무를 포함한 실질적인 대리인의 대리행위로 인해 발생된 법률효과는 모두 피대리인에게 귀속된다.

(2) 채무를 이행할 때의 '담보'를 가리킨다. 예를 들어, 중국담보법에서 말하는 보증인의 '책임'은 사실상 위법행위의 법률효과를 가리키는 것이 아니라 보증인이 주채무를 이행하는 것에 대한 담보, 즉 담보인이 채권자에 대하여 부담하는 주채무이행의 보증채무를 가리키는 것이다.

(3) 보증채무이행의 '재산'을 가리킨다. 민법에서 다루는 유한책임

과 무한책임이 그 예이다. 유한책임은 주체의 특정한 범위의 재산을 채무이행의 보증으로 삼는다. 예를 들어, 주식회사와 유한회사의 주주들은 회사의 채무에 대하여 유한책임을 진다. 즉, 주주는 출자한 재산만으로 회사의 채무에 대하여 보증하고, 기타 재산에 대해서는 보증하지 않는다. 그러나 무한책임은 주체의 모든 재산으로 채무이행을 보증한다. 예를 들어, 조합의 조합원은 조합의 채무에 대하여 무한책임을 진다. 즉, 조합원은 조합에 투자한 재산으로만 채무에 대하여 보증하는 것이 아니라, 조합에 투자하지 않은 기타 재산으로도 조합의 채무에 대하여 보증한다. 민사주체는 원칙적으로 그의 모든 재산으로 채무를 보증하여야 한다. 즉, 채무에 대해서 무한책임을 진다. 유한책임의 채무만이 특정한 범위의 재산으로써 채무를 보증한다. 또한 각각의 특별한 채무에 대해서 제한을 둔다. 주식회사와 유한회사의 주주가 회사채무에 대하여 유한책임을 지는 것처럼 상속인은 피상속인의 생전채무에 대하여 상속된 유산으로 유한변제책임을 진다.

(4) '책임을 지다'를 해석하자면, 민법에서 다루는 분할책임과 연대책임을 그 예로 들 수 있다. 다수의 채무자는 변제하여야 하는 채무의 범위 내에서 책임을 진다. 분할책임이란 각각의 채무자가 자기가 배당받은 채무에 대해서만 변제책임을 지는 것을 말한다. 기타 채무자에게 배당된 채무에 대해서는 변제책임을 지지 않는다. 연대책임이란 각각의 채무자가 채무 전부에 대해 변제책임을 지는 것을 말한다. 변제의 범위는 채무의 전부가 된다.

위에서 설명한 '책임'과 '민사책임'의 개념은 원래의 법률의미를 이미 잃었다. 그것은 「중국민법통칙」 제6장에서 다루는 민사책임과도 다른 점이 있다. 여러 공문, 전문 등은 작성의 편리를 위해 민사책임과 책임의 법적 의미를 고려하지 않고 임의대로 사용하고 있다. 그러므로 우리는 법률조문 혹은 법률저서를 읽을 때 책임과 민사책임의 법적 의미만을 이해하기보다는 각각의 상황에 맞게 구분하고 이해하여야 한다.

民事主体

민사법률관계의 주체는 민사주체라고도 하며, 법률규정에 의거하여 민사법률관계에 참가할 수 있고 권리를 향유하며 민사의무를 부담하는 인(人)을 가리킨다. 민사주체제도는 민법의 기본제도이고 각국 민법에서 중요한 위치에 있다. 이 제도는 주로 민사주체의 자격 및 민사주체의 자격과 관련된 기타 문제를 규정하고 있다. 예를 들면 민사주체의 유형, 민사주체의 능력, 주소와 호적[51]제도, 실종선고와 사망선고제도 등이 있다.

민사주체제도가 민법의 기본제도가 될 수 있는 것은 민사주체가 상품경제활동에서 중요한 위치에 있는 것과 연관되어 있다. 로마법은 상품생산사회에서의 첫번째 세계적인 법률로서, 로마법이 확립한 각 제도는 후세에 중대한 영향을 끼쳤다. 로마사법의 민사주체제도도 예외는 아니다. 로마법학자의 분류에 따르면 로마사법은 민법, 물권법, 소송법으로 나뉜다. 로마사법은 사람의 권리능력과 행위능력, 사람의 법률지위, 사람의 각종 권리의 취득과 소멸, 사람의 혼인·가족 등에 관한 법률이다. 로마법의 민사주체제도, 봉건시기의 민사주체제도 및 자본주의 시기의 민사주체제도의 역사와 발전과정에서 볼 수 있듯이 민사주체의 유형은 단일한 자연인에서부터 여러 주체가 병존하는 과정을 거쳐왔으며, 자연인은 민사주체로서 불평등에서 평등까지의 과정을 거쳤으며, 단체와 조직은 민사주체로서 불완전한 위치에서 차츰 완전해지는 과정을 거쳐왔다.

---

[51] 최근 들어 중국에서 이 호적문제가 대두되고 있는데, 정부의 산하정책에 따라 1가구 1자녀를 두어야 하며, 2명 이상의 자녀를 둔 가정에게는 세금을 부과하기 때문에 세금을 감당할 수 없는 가정은 두 번째 자식부터는 호적에 이름을 올리지 않아 큰 문제가 되고 있다. 또한 그들이 많은 범죄를 일으켜 더욱 큰 문제가 되고 있다. 그러나 모든 가정이 1자녀만 두어야 하는 것은 아니고 일손이 부족한 농촌이나 소수민족들은 여기에서 제외된다. — 역주

제1장

自然人

제1절 序說

I. 자연인의 의의

자연인은 출생이라는 자연상태에 근거하여 민사주체가 되는 사람이다. 자연인의 개념은 법인의 개념과 대칭된다. 이전에는 법인제도가 규정되지 않아서 '자연인'과 '법인'의 구분이 없었다. 법인과 상대적으로 자연인은 두 가지 특성을 가지고 있다. 첫번째로는 자연속성을 가진다. 즉, 자연인은 출생이라는 자연상태에 근거하여 주체자격을 취득한다. 두 번째로는 법률속성을 가진다. 자연인은 독립적·자주적으로 법률이 규정한 권리와 의무를 향유한다.

II. 공민과 자연인

공민은 한 나라의 국적을 가지며 그 나라의 헌법과 법률규정에 근거하여 권리를 향유하고 의무를 부담하는 사람이다. 「중국헌법」 제33조에서는 중화인민공화국 국적을 가진 사람은 모두 중화인민공화국 공민이라고 규정하고 있다. '자연인'의 개념을 가장 먼저 민법규정에 채택한 것은 1900년의 독일민법전이다. 1922년 소련민법전에서 최초로 '공민'의 개념이 사용된 후 어떤 국가는 '공민'의 개념을 사용하였고, 어떤 국가는 '자연인'의 개념을 계속 사용하였다. 중국민법통칙과 민법학설은 '공민'과 '자연인'의 두 가지 개념을 병용한다. 공법과 사법의 구분을 승인한 국가 또는 지역의 법률에서 자연인은 사법의 범주에 속하고, 공민은 공법의 범주에 속하는 것으로 여긴다. 그러나 공법과 사법의 구분을 승인하지 않은 국가에서는 중국과 같이 공민과 자연인의 차이가 크지 않다. 민사권리주체는 하나의 법률범주이고 법률속성을 가지고 있다. 자연인은 사람의 자연속성을 더 강조하고, 공민은 권리주체인 사람의 법률속성을 더 강조한다. 어떤 학자는 이러한 의의에서 공민은 민법개념으로써 민사생활의 폐쇄성과 비사법성을 반영한다고 여긴다.[52]

전체적으로 볼 때, 자연인의 외연은 공민개념이 가지는 외연보다 크다.[53] 「중국민법통칙」 제8조 제2항의 규정에 따르면 중국공민은 모두 자연인이지만 모든 자연인이 중국공민은 아니다. 왜냐하면 자연

---

52 張俊浩:《民法學原理》,中國政法大學出版社, 1997年版, 97~98쪽.
53 자연인은 생물학적인 '人'을 뜻하고, 공민은 한 나라의 국적을 가지고 있는 자연인을 가리킨다. 따라서 자연인의 개념이 공민의 개념을 포괄한다. ─역주

인은 중국공민뿐만 아니라 중국에 있는 외국인과 무국적자도 포함하기 때문이다.

제2절 自然人의 民事能力

자연인의 민사능력에는 권리능력과 행위능력이 있다.

I. 민사권리능력

1. 민사권리능력의 개념

자연인의 민사권리능력은 자연인이 법에 의거하여 권리를 향유하고 의무를 부담할 수 있는 자격이다.

각국 입법에서 민사권리능력의 명칭이 모두 같은 것은 아니다. 로마법에서는 '인격'이라고 하고, 프랑스민법전에서는 '민사권리의 향유', 독일민법전과 스위스민법전 그리고 러시아민법전에서는 '권리능력'이라고 하며, 일본민법에서는 '사권(私權)의 향유'라고 한다. 중국민법통칙에서는 '민사권리능력'이라고 한다.

자연인의 민사권리능력은 주체자격과 주체가 향유하는 권리의 범위, 이 두 가지의 구성요소를 포함한다. 구체적으로 말하자면, 자연인의 민사권리능력은 자연인이 민사권리를 취득하고 민사의무를 부담하는 전제이며 가능성이다. 그러므로 자연인의 민사권리능력은 자연인이 향유하는 민사권리와 구분하여야 한다. 즉, 민사권리능력과 민사권리는 다르다. 예를 들어, 중국민법통칙은 자연인이 저작권을 향유할 수 있도록 규정하고 있는데, 이는 모든 자연인이 저작권을 향유하는 것이 아니라 법률이 자연인에게 저작권을 취득할 자격을 부여한 것이다. 저작권을 취득하려면 반드시 자기의 창작활동을 통해서 형성된 지혜성과를 일정한 형식을 통하여 발표해야 한다. 여기에서 주의할 것은 민사권리능력은 일종의 자격으로서 양도하거나 포기할 수 없으며 박탈당할 수도 없다는 것이다.

자연인이 민사권리를 향유하고 의무를 부담하는 것은 권리능력을 실현한 결과이다. 동시에 자연인은 법률이 부여한 민사권리를 향유할 수 있고, 민사의무를 부담할 수 있는 범위 내에서만 민사활동을 할 수 있다. 그렇지 않으면 예기한 법률효과를 얻을 수 없다. 중국에서는 자연인의 민사권리능력의 범위를 헌법과 민사법률에서 규정하고 있다.

2. 민사권리능력의 취득

대다수의 국가가 자연인의 민사권리능력의 취득은 출생을 시작으로 한다고 규정한다.[54] 「중국민법통칙」 제9조에서도 자연인의 민사권리능력은 출생에서부터 시작하는 것으로 규정하고 있다.

---

[54] 예 : 「독일민법전」 제1조, 「스위스민법전」 제31조, 「구소련의 러시아민법전」 제1조. 그러나 어떤 국가는 임신할 때부터 시작한다고 규정한다. 「헝가리민법전」은 민사권리능력을 임신할 때부터 가진다고 규정한다. 그 밖에 프랑스민법전과 같이 구체적인 권리능력의 취득시점을 규정하지 않은 국가도 있다. 「프랑스민법전」 제8조에 의하면 "모든 프랑스인은 민사권리를 가진다"라고만 규정하고 있으며, 자연인의 민사권리능력은 출생시부터 개시되는 것으로 해석된다.

(1) 출생시간 확정의 법률적 의의

출생은 민사권리능력의 시기(始期)이다. 태아의 출생 여부도 민사권리주체 자격이 주어지는지에 대해 언급하여 이 기본적인 사실로 인해 권리·의무관계가 발생한다. 그러므로 출생시간을 확정하는 것은 중요한 법률의의를 갖는다.

(2) 출생의 조건

출생은 자연인이 모체와 완전히 분리되어 생명이 있는 독립체가 되는 사실을 가리킨다. 따라서 출생은 반드시 '출(出)'과 '생(生)'의 두 가지 요건을 가져야 한다. '출'은 태아가 모체와 분리되어 독립체가 되는 것을 가리키고, '출'이 시작된 원인(분만 혹은 유산 등)과 방식(자연분만 혹은 인공분만)은 묻지 않는다. '생'은 태아가 모체에서 분리된 후 생명을 유지하는 것을 가리키며, 시간의 길고 짧음은 묻지 않는다.

(3) 출생시간의 확정[55]

언제부터를 태아의 출생시간으로 볼 것인가에 대해서는 다음과 같은 학설들이 있다. 첫번째는 진통설이다. 진통이 시작했을 때부터 태아가 출생했다고 보는 것이다. 두 번째는 일부노출설이다. 태아의 일부분이 모체에서 노출되었을 때부터 출생으로 보는 것이다. 세 번째는 전부노출설이다. 태아의 전부가 모체에서 노출되었을 때부터 출산

---

[55] 한국의료계는 독립호흡설로 출생시간을 확정하고, 한국민법은 태아가 살아서 모체로부터 완전히 분리되는 때(완전노출설)를 출생으로 본다. 이 경우 태아는 극히 짧은 시간이나마 숨이 붙어 있어야 하고, 탯줄의 절단을 필요로 하지는 않는다. 중국은 두 가지를 종합하여 사용하고, 불일치할 경우 일반적으로 후자를 자연인의 출생시간으로 본다는 점에서 한국과는 다르다. — 역주

으로 보는 것이다. 네 번째는 단대설(斷帶說)이다. 탯줄을 잘랐을 때부터 출생시간으로 보는 것이다. 다섯 번째는 초성설(初聲說)이다. 처음으로 영아가 운 시기를 태아의 출생시간으로 보는 것이다. 여섯 번째는 독립호흡설이다. 태아가 독립적으로 호흡할 수 있을 때부터를 출생시간으로 보는 것이다.

상술한 학설 중에서 진통설과 일부노출설은 '출'의 요소가 부족하고, 전부노출설은 '생'의 요소가 부족하다. 단대설은 태아가 탯줄이 잘리기 전에 이미 모체에서 이탈하여 독립적으로 생존하는 상황을 소홀히 하였다. 초성설은 태아가 태어나서 울지 못하는 상황을 소홀히 하였다. 독립호흡설은 난산(難産)시에 태아가 인공호흡을 받아야 할 상황과 태아의 머리부분이 먼저 노출되는 상황을 소홀히 하였다. 즉, '출'의 요소가 부족한 상황을 소홀히 하였다. 그러므로 각종 학설을 종합하여 볼 때, 전부노출과 독립호흡의 시간을 자연인의 출생시간으로 보는 것이 가장 알맞다. 이 두 가지 상황이 불일치할 때에는 일반적으로 후자를 자연인의 출생시간으로 한다.

중국의 사법실무에서 공민의 출생시간은 호적증명을 기준으로 하고, 호적증명이 없을 때는 병원의 증명을 기준으로 한다. 병원의 증명이 없을 때는 기타 관련 있는 증명을 참고로 하여 인정한다.

(4) 태아의 이익에 대한 특수보호

상술한 바와 같이 자연인의 권리능력은 출생을 시작으로 한다. 이것은 법률규정이 규정한 하나의 원칙이다. 이 원칙에 의하면 출생하기 전의 태아는 아직 법률상의 인(人)이 아니므로 자연적으로 민사권리능력을 향유할 수 없다. 그러나 만약 이 원칙을 관철시키면, 장래에 출생할 태아는 마땅히 받아야 할 보호조차도 받지 못한다. 태아의 이익을 보호하기 위해서 로마법 이래로 많은 국가들은 태아에게 특수한 권리능력을 조건적으로 부여했다. 즉, 태아에게 특수한 민사주체의 지위를 부여했다. 현재 각국이 태아의 이익을 보호하는 방법은 네 가지로 귀납할 수 있다. 첫번째는 태아의 출생을 확인한 후에 보호를 시작하는 것이다. 스위스가 이런 규정을 택하고 있다. 두 번째는 원칙적으로 태아는 권리능력이 없지만 예외적인 상황에서는 권리능력이 있다고 규정하는 것이다. 프랑스, 독일, 일본 등이 이러한 보호방법을 채택하고 있다. 세 번째는 출생한 태아에게 민사권리능력이 있다고 승인하는 것이다. 그 예로는 체코슬로바키아에서 이런 규정을 채택하고 있다. 네 번째로 태아의 민사권리능력을 승인하지는 않지만 입법상으로 태아에게 특수한 보호를 해주는 것이다. 중국은 기본적으로 이러한 방법을 채택하고 있다.

중국민법통칙은 태아에게 민사권리능력을 부여하지는 않지만 출생 후의 이익을 보호하기 위하여 특수한 규정을 하고 있다. 예를 들어, 상속법은 유산을 나눌 때에 태아의 몫을 보류하도록 규정하고 있다. 만약 사산(死産)한 경우, 그 보류분(保留分)은 법정상속순서에 따라 진행한다. 태아의 이익을 보호하는 측면에서 볼 때 중국 현행입법규정은 태아의 이익을 보호하기에 미약하다. 예를 들어, 중국의 사법실무에서 태아가 손해를 입은 경우에는 출생한 후에 가해자에 대하여 손해배상청구권을 행사할 수 없다. 태아가 모체 내에서 상해를 입었고, 이러한 상해가 태어난 후나 성인이 된 후에야 발견되어 권리능력이 없는 것으로 간주되면 배상을 주장할 방법이 없다. 그러나 만약 태아가 권리능력이 있는 것으로 간주되면 다른 법률규정과 충돌이 발생할 수 있다. 이것은 태아가 불법행위의 피해자가 될 수 있는지 없는지의 문제와 관련이 있다. 본서에서 태아는 모체의 한 부분으로서 원칙상으로는 권리와 의무가 없지만 장차 출생할 것이므로 장래의 이익을 보호해주어야 한다고 본다. 그러므로 태아가 권리능력이 있다고 규정해도 무방하다. 그러나 이러한 권리능력은 다음과 같은 요건을 갖춰야 한다. 첫째, 살아서 출생해야 하고, 둘째, 권리관계가 발생한 때 태아여야 하며, 셋째, 태아는 권리만 향유하고 어떠한 의무도 부담하지 않아야 한다는 점이다.

3. 민사권리능력의 소멸

자연인의 민사권리능력은 사망으로 인하여 소멸된다. 사망의 방식에 따라 자연사망과 사망선고로 나눌 수 있다. 자연사망이 자연인의 민사권리능력의 소멸을 일으키는 것은 각국의 이론과 실천에서 보편적으로 인정하고 있다. 그러나 사망선고가 권리능력을 소멸시킬 수 있는지 없는지에 대해서는 두 가지 입법사례가 있다. 첫번째는 사망선고를 사망과 같은 것으로 보거나 사망이 사망선고를 포함하는 것으로 명확하게 규정하여 민사권리능력의 종결이 발생하는 것이다. 두 번째는 단독조문으로써 사망선고를 규정한 것인데, 이렇게 해서는 권리능력의 종결 여부를 명확하게 설명할 수 없다. 이 두 가지의 입법례는 서로 대응된다. 이들 입법례에 기초하여 이론상으로 두 가지 관점이 형성되었다. 한 가지 관점은 사망선고가 민사권리능력의 소멸을 일으킨다는 것이고, 또 다른 관점은 권리능력은 자연사망에서만 소멸된다. 중국은 기본적으로 두 번째 관점을 채택하고 있다. 사망선고에 대해서는 뒤에서 자세히 다루므로 더 설명하지 않겠다.

(1) 사망의 법적 의의

사망은 민사권리와 민사의무의 변동을 일으킬 수 있다. 예를 들면 혼인의 소멸, 상속의 시작 등이 있다. 따라서 사망시간을 확정하는 것은 중대한 법적 의의를 갖는다.

(2) 자연사망의 일반적인 인정

사망은 생명의 소멸이며, 자연사망을 인정하는 것은 의학적인 문제를 법률화한 것이다. 자연인을 어떠한 상태에서 사망으로 추정할 것인가에 대해서는 주요하게 네 가지 학설이 있다. 첫번째는 심장박동 정지설이다. 심장이 뛰는 것이 정지하면 사망으로 인정한다. 두 번째는 호흡정지설이다. 호흡이 정지한 후를 사망으로 보는 것이다. 세 번째는 뇌사설이다. 뇌파의 여부에 의하여 사망 여부를 확정한다. 네 번째는 맥박정지설이다. 맥박이 정지하면 사망으로 확정한다.

위에서 설명한 학설은 모두 일정한 의학조건과 서로 연관되는 것이고 각각 이점과 폐단이 있다. 물론 현대의학에서 보면 모두 비과학적인 것이다. 예를 들어, 맥박이 멈추어도 심장고동은 아직 멈추지 않았을 수도 있다. 그리고 호흡은 정지하더라도 인공으로 호흡하게 할 수 있다. 또한 심장고동이 멈추어도 의료수단으로 회복할 수 있다. 비록 뇌세포가 회복할 수 없을 정도로 소실되었을지라도 우연한 일로 정상으로 회복될 수 있다. 이러한 학설 중 뇌사설이 가장 영향력이 있지만 조작 등의 문제 때문에 법률로서 인정받지 못하고 있다.

중국은 사법실무에서 일반적으로 심장고동이 정지한 시점을 사망시간으로 확정한다. 자연인이 사망하면 유족은 병원 혹은 기층(基層) 주관부문에서 사망증서를 작성한 후 호적관리방법에 따라 호적등기를 취소한다. 만약에 당사자 간에 사망시간에 대한 이견이 있어 사망시간을 판단하기가 어려울 때에는 사망시간의 주장이 자신에게 유리한 당사자가 입증책임을 진다.

(3) 자연사망의 특수인정

여러 명이 함께 재난을 만나 사망한 경우, 사망의 선후를 증명할 수 없을 때에 각국 민법은 추정제도를 적용한다. 프랑스에서는 연령과 성별에 따라서 누가 먼저 사망했는지를 결정한다. 그러나 독일과 스위스는 동시에 사망한 것으로 본다. 중국의 사법실무에서는 상속인의 이익을 보호하고 상속으로 인한 분쟁을 효율적으로 해결하기 위하여 상호 상속관계에 있는 사람이 동일한 사고로 사망하여 사망시간의 선후를 확정할 수 없을 때, 일반적으로 다음과 같은 원칙에 따라 사망시간의 선후를 확정한다. 단, 상속인이 없는 유산은 제외한다. 사망자 중 상속인이 없는 자가 있을 경우 그 사람이 먼저 사망한 것으로 추정한다. 사망자 모두가 상속인이 있는 경우 사망자 간의 항렬이 다르면 항렬이 높은 사람이 먼저 사망한 것으로 추정한다. 사망자 간의 항렬이 같으면 동시에 사망한 것으로 추정하고, 상호간에는 상속관계가 발생하지 않으며, 각자의 상속인이 상속받는다.

(4) 자연인의 사망 후의 이익보호

자연인이 사망하면 그의 민사권리능력은 소멸된다. 즉, 민사권리를 향유하고 민사의무를 부담하는 자격이 없어지는 것이다. 권리를 향유할 자격이 없으면 법률의 보호를 받는 권리도 향유할 수 없다. 그러나 저작권의 서명권(署名權)은 자연인이 사망하여도 보호를 받는다. 이것은 법률이 보호하는 이익과 관련이 있다. 왜냐하면 민사권리는 이익을 내용으로 하고 있고 이런 종류의 이익은 사회이익과 개인이익이 모두 관련되기 때문이다. 즉, 한 사람이 사망하면 그가 생전에 향유하던 일부 권리는 사회이익의 요소를 포함하고 있다는 것이다. 그러므로 비록 자연인이 사망하더라도 사회적 측면에서 고려해볼 때, 이러한 종류의 권리는 보호가 필요하기 때문에 법률은 이러한 종류의 권리를 보호하는 규정을 한다. 이 상황은 법률이 자연인의 민사권리를 보호한다고 하기보다는 오히려 자연인과 관계된 사회이익을 보호한다고 하는 것이 더 알맞다.

II. 민사행위능력

1. 민사행위능력의 개념

자연인의 민사행위능력은 자연인이 자신의 행위를 통하여 민사법률관계를 발생·변경·소멸시키고 상응하는 법률효과를 부담하는 능력을 말하며, 민사권리의 취득과 민사의무의 이행 그리고 민사책임을 부담하는 능력을 포함한다. 자연인이 민사권리능력을 향유하는 것은 민사권리를 가지거나 민사책임을 부담할 수 있는 가능성이 생긴 것이다. 대부분의 상황에서 이러한 가능성은 자연인이 자신의 행위를 통하여 민사관계를 설립·변경·종결함으로써 실현된다. 자연인은 자신의 행위를 통하여 민사권리를 취득하고 민사의무를 이행하며 민사책임을 부담한다. 즉, 자신의 행위를 통해서 독립적으로 민사활동을 할 수 있는 자격이 있어야 한다. 이러한 자격은 법률이 부여한 것으로 양도할 수 없으며 다른 사람의 자유의지에 의해서 제한받을 수도 없다. 법률이 부여한 자연인의 민사행위능력은 사람의 의사능력을 기초로 한다. 의사능력은 개인이 가지고 있는 자연적인 정신능력이며, 합리적인 인식능력과 판단능력을 포함한다. 그러므로 민사행위능력이 있는 사람은 모두 민사권리능력이 있지만, 민사권리능력을 가진 사람도 모두 민사행위능력을 가진다고는 말할 수 없다.

2. 민사행위능력의 구분기준

세계 각국 혹은 각 지역의 입법에서 민사행위능력을 구분하는 기준은 서로 다르다. 일반적으로 자연인의 민사행위능력을 확정할 때에는 두 가지 척도를 사용한다. 첫번째는 연령을 척도로 하는 것이다. 사람들은 자연인의 의사능력을 하나의 발전과정으로서 나이가 많아짐에 따라 성숙해지는 것으로 본다. 그러므로 연령을 자연인의 의사능력의 기본적인 기준으로 한다. 두 번째는 이성을 척도로 하는 것이다. 왜냐하면 사람들은 정신적 질병이 자연인의 의사능력에 영향이 있을 것이라고 보기 때문이다. 그러므로 정신적 질병은 자연인의 의사능력을 구분하는 보충적인 기준이다. 중국민법통칙은 위에서 서술한 두 가지 척도에 근거하여 자연인의 민사행위능력을 규정하고 있다. 즉, 연령과 이성의 정도에 근거하여 민사행위능력을 완전(完全)민사행위능력과 제한(制限)민사행위능력, 그리고 무(無)민사행위능력으로 구분한다.

3. 완전민사행위능력

완전민사행위능력은 법률이 부여한 일정한 연령과 정신상태에 도달하여 정상적인 자연인이 자신의 독립적인 행위로 민사활동을 하며, 민사권리를 취득하고 민사의무를 이행하여 민사책임을 부담하는 자격이다. 여러 국가나 지역의 민사입법은 모두 성년이 되어야 자연인으로서 완전민사행위능력을 향유할 수 있다고 규정한다. 성년인 사람은 일반적으로 상당한 지식과 사회경험을 가지고 있고 이성적으로 판단할 수 있으며, 자신의 행위로 인해 발생할 법률효과를 예견할 수 있다. 그러므로 법률이 완전민사행위능력을 부여하여 타인에게 의지하지 않고 민사활동을 할 수 있도록 한 것이다. 각국 혹은 지역의 사람들은 생리, 발육 등에서 차이가 있기 때문에 성년 연령의 규정 또한 차이가 있다. 프랑스, 독일, 이탈리아, 벨기에, 네덜란드 등의 국가는 21세를 성년으로 한다. 스위스, 일본 등지에서는 20세를 성년으로 하며, 영국 등 유럽국가는 18세를 성년으로 한다.「중국민법통칙」제11조는 만18세 이상의 공민은 성년이고 완전행위능력을 가지고 있으며 독립적으로 민사활동을 할 수 있는 완전행위능력인이라고 규정하고 있다. 만16세 이상 만18세 미만의 공민 중에서 자기의 노동수입으로 생활하는 자연인도 완전행위능력인으로 본다. 중국의 완전민사행위능력인은 다음과 같이 두 종류로 나누어볼 수 있다.

(1) 일반적인 완전민사행위능력인

만18세 이상으로 정신상태가 정상인 공민을 가리킨다.「중국헌법」제34조는 만18세 이상의 공민은 선거권과 피선거권을 향유한다고 규정하고 있다. 민법통칙의 이러한 규정은「중국헌법」제34조와 동일하다. 만약 민법이 완전민사행위를 향유하는 연령을 높게 규정한다면 선거권과 피선거권을 향유할 수 있는 사람이 민사행위를 독립적으로 행사할 수 없는 상황이 발생할 수 있다.

중국에서 만18세 이상의 정신상태가 양호한 자연인은 자신의 생활능력과 정신적 요소가 어느 정도에 이르면 독립적으로 민사활동을 할 수 있는 기초를 가진다.

(2) 완전민사행위능력인으로 보는 공민

다시 말해서 연령이 만16세 이상 만18세 미만이고 자기의 노동수입을 주요한 생활원천으로 하는 공민이다. 이런 규정을 한 것은 두 가지 측면을 고려했기 때문이다. 첫째, 만16세 이상의 공민은 일반적으로 국가의 의무교육을 받았고 중·고등학교를 졸업했으며, 그 후 계속 진학할 수도 있고 취업할 수도 있다.[56] 둘째, 이러한 자연인은 독립적으로 민사법률관계에 참여할 수 있으므로 일반적으로 자기의 행위 및 결과를 인식할 수 있다. 만약 그들에게 독립적으로 기타 민사활동에 참여하는 것을 허락하지 않는다면 큰 불편함을 가져다 줄 뿐만 아니라 법리에도 맞지 않는다.

"완전민사행위능력인으로 본다"에서 '본다(視)'[57]라는 것은 사실을 전제로 하는 기초상의 추정이다. 만약 사실이 존재하지 않는다면 이런 추정은 번복될 수 있다. 다시 말해서 만약 이런 자연인이 그가 종사하는 직업을 잃어 그 노동수입을 주요한 생활원천으로 할 수 없을 때에는 완전민사행위능력인이 아닌 것으로 본다. 중국의 사법실

---

56 중국노동법은 기업의 노동자 채용 최저연령을 16세로 규정하고 있다. 중국은 개혁개방 이후의 급격한 경제성장으로 빈부의 격차가 심해졌고 빈민층은 그 차이를 메우기 위해 보다 일찍 노동의 수입에 의존하게 되었다. 이 규정은 중국의 상황을 잘 반영하고 있다. - 역주
57 한국에서의 간주(看做)의 의미가 아니라 추정(推定)의 뜻이다. - 역주

무에서 자신의 노동수입을 주요한 생활원천으로 하는 것에 대한 인정은 일반적으로 두 가지 측면을 고려한다. 첫째, 자신의 노동수입을 주요한 생활원천으로 하여야 한다. 다른 사람이 물질적으로 도운 것이나 상속하여 얻은 재산이면 아니된다. 둘째, 노동을 통한 수입이어야 하며, 이러한 노동수입이 생활의 주요한 원천이어야 한다는 것이다. 노동수입은 의식주의 일반적인 수요를 만족시킬 수 있어야 하고, 그 지방주민이 일반적인 생활수준을 유지할 수 있는 금액이어야 한다.

4. 제한민사행위능력

제한민사행위능력은 법률이 부여한 일정한 연령에 도달하였으나 아직 성년이 아니거나 비록 성년일지라도 정신질환이 있는, 자기의 행위 및 결과를 완전하게 분별할 수 없는 자연인이 자기의 연령과 정신상태에 상응하는 민사활동에 참여할 수 있는 자격이다. 중국민법통칙의 규정을 근거로 하여, 제한민사행위능력인의 기타 민사활동은 법정대리인의 대리 혹은 법정대리인의 동의를 얻은 후에 하여야 한다. 중국의 제한민사행위능력인은 두 종류로 나눌 수 있다.

(1) 만10세 이상 만18세 이하의 자연인

이러한 자연인은 체력과 지력이 일정한 정도에 도달하였으며, 사회에 대한 일정한 식별능력과 판단능력을 가지고 있다. 그러나 그 심신이 아직 성숙하지 못하여 행위의 결과를 충분히 예견할 수 없다. 따라서 법률은 거래의 안전과 자연인의 이익을 보호하기 위하여 두 가지 방법을 채택하고 있다. 첫째, 이러한 자연인이 그 연령과 지력에 상응하는 민사활동에 참여할 수 있도록 승인한다. 둘째, 그 연령과 지력에 적합하지 않은 민사활동을 하는 것을 제한하고, 이러한 활동은 반드시 법정대리인의 대리 혹은 법정대리인의 동의를 얻어야 실시할 수 있도록 한다. 어떠한 민사활동이 자연인의 연령과 지력상태에 상응하는지 판단하는 기준에는 세 가지가 있다. 첫째, 행위와 본인의 생활이 관련되는 정도이다. 둘째, 본인의 지력으로 그 행위를 이해하고 상응하는 행위의 결과를 예견할 수 있는지의 여부이다. 셋째, 행위의 목적물의 액수이다. 실제상황에서 보면 이러한 자연인은 일반적으로 다음과 같은 민사활동을 독립적으로 할 수 있다. 예를 들어, 준비물을 사거나 자동판매기를 이용하는 것 등이다. 또한 법률상의 이익만 획득하고 의무를 부담하지 않는 민사행위도 할 수 있다. 예를 들면 기증을 받는 것 등이다. 또 발명권, 저작권 등과 같이 일부 인신(人身)을 기초로 하는 권리도 행사할 수 있다.

(2) 자기의 행위를 완전하게 분별할 수 없는 정신병자

자기의 행위를 완전하게 분별하지 못하는 정신병자는 자기의 행위 및 그 결과에 대한 인식이 불완전하다. 이러한 상황에 대하여 법률은 두 가지 방법을 채택한다. 첫째, 이러한 자연인이 그 연령과 지능에 맞는 민사활동을 할 수 있다고 인정한다. 둘째, 그 연령과 지능에 맞지 않더라도 대리인이 대신하거나 대리인의 동의를 얻어서 민사활동을 할 수 있다고 인정한다.

중국의 사법실무에서는 자연인이 정신병을 앓는지의 여부를 인민법원이 사법정신병학의 감정과 병원의 진단을 참고하여 확정한다. 진단과 감정의 조건을 구비하지 않은 경우에는 군중의 의견을 참고하여 당사자의 정신상태를 확인한다. 그러나 당사자와 이해관계가 있는 자의 이의가 없는 것을 한계선으로 한다. 이 밖에도 정신병자(치매 포함)가 비교적 복잡한 사무 혹은 비교적 중대한 행위에 대한 판단능력의 결함과 자아보호능력의 결함으로 행위결과를 예지할 수 없다면, 자기행위를 완전히 항변할 수 없다고 인정한다. 「중국민법통칙」 제13조 규정에 근거하여 자신의 행위를 완전하게 분별하지 못하는 정신병자는 그의 정신건강상태에 상응하는 민사활동을 할 수 있다.

어떠한 민사활동과 자연인의 정신건강상태가 상응하는가를 판단하는 기준에는 세 가지가 있다. 첫째, 행위와 본인의 생활이 연관된 정도이다. 둘째, 본인의 정신상태가 행위를 충분히 이해할 수 있는지 그리고 상응하는 행위결과를 예견할 수 있는지의 여부이다. 셋째, 행위의 목적물의 액수를 보아야 한다.

5. 무민사행위능력

무민사행위능력은 법률이 자연인에게 자기의 행위로 민사권리를 취득하고 민사의무를 부담하는 자격을 부여하지 않은 것이다. 중국민법통칙에 근거하여 중국의 무민사행위능력인은 두 가지로 나뉜다.

(1) 만10세 미만의 자연인

만10세 미만의 자연인은 심신이 성숙하지 않았고 행위의 성질 및 결과에 대해서 판단할 수 없으며 목적이 있거나 의식이 있는 민사활동을 독립적으로 진행할 수 없다. 이들의 이익과 거래안전을 보호하기 위하여 법률은 이들을 무민사행위능력인으로 정하고, 그들이 하여야 할 민사활동을 법정대리인으로 하여금 대신하게 한다. 그러나 중국의 사법실무에서 이러한 자연인이 모든 민사활동을 할 수 없다는 것을 의미하는 것은 아니다. 또 이러한 자연인이 민사활동을 할 때 반드시 법정대리인이 대리하여야 한다는 것을 의미하는 것도 아니다. 만10세 미만의 미성년자[58]가 법정대리인의 동의를 얻어 타인의 이익에 영향을 주지 않고, 또 자기의 권익에 손해가 없는 상황에서 행한 모든 민사행위는 효력이 있다고 여긴다. 예를 들면, 이러한 자연인이 표창을 받거나, 증여를 받거나, 사례금 혹은 배상 등을 받는 것이다. 이는 보호받아야 마땅하다.

(2) 자기의 행위를 분별할 수 없는 정신병자

법률은 이들이 민사활동을 하는 것을 절대적으로 금지하고 이들의 이익과 관련된 민사활동에 대해서는 법정대리인이 대신하도록 한다. 소위 자기의 행위를 분별할 수 없는 것에 대하여 중국의 사법은 일반적으로 정신병자(치매 포함)가 자아구속력이 없거나 행위결과를 알지 못할 때 자신의 행위를 분별할 수 없다고 간주한다. 자신의 행위를 분별할 수 없는 정신병자에 대해서 그의 이해관계자는 그 정신병자를 무민사행위능력인 혹은 제한민사행위능력인이라고 선고해줄 것을 인민법원에 신청할 수 있다. 인민법원은 정신병자의 건강상태에 근거하여 '판결서' 형식으로 정신병자를 무민사행위능력인 혹은 제한민사행위능력인으로 확정한다.

---

[58] 중국에서는 아직까지 청소년보호법이 제정되지 않았다. 따라서 청소년들이 가게에서 술과 담배를 쉽게 구입하고 밖에서 흡연을 하는 모습을 종종 볼 수 있다. 그러나 경제가 발달된 상해지역에서는 청소년보호법을 시범실시하고 있다. -역주

6. 민사행위능력의 소멸

자연인의 민사행위능력의 소멸은 자연인의 민사행위능력이 종결된 것을 가리킨다. 사망은 자연인의 민사행위능력의 소멸을 일으키는 원인이다.

제3절 自然人의 住所

I. 주소의 개념

각국 민법에서 자연인의 주소에 대한 개념이 완전히 일치하는 것은 아니다. 통상적으로 대륙법계 국가는 주소를 확정할 때에 객관적인 요소를 강조하여 장기 거주지를 주소로 한다. 그러나 영미법계 국가는 주관적인 요소를 강조하여 거주하고자 하는 의사표시를 한 곳을 주소로 한다. 중국민법통칙의 규정에 의해 주소는 자연인이 장기간 거주한 생활지점을 가리키고, 객관상으로는 장기 거주의 사실을 가지고, 주관상으로는 장기 거주의 의사가 있어야 한다.

II. 주소의 의의

자연인의 주소를 명확히 하는 것은 민법상으로 중요한 의의를 가진다. 예를 들어, 주소는 실종의 확정과 관할, 의무이행지, 상속의 시작지, 문서의 송달지 등의 문제와 연관되어 있다.

III. 주소의 확정

「중국민법통칙」 제15조는 공민은 호적소재지를 주소로 하고, 일상거주지와 주소지가 불일치하면 일상거주지를 주소로 본다고 규정하고 있다. 이러한 규정에 근거하여 일반적인 상황에서 자연인의 주소는 호적소재지의 거주지이다. 만약 공민이 호적소재지를 떠났거나 호적소재지에 빈번하게 부재할 시에는 일상거주지를 주소로 본다. 중국의 사법실무에서 일상거주지란 공민이 주소지를 벗어나 1년 이상 거주했던 곳을 뜻한다. 그러나 병원에 입원하여 치료받는 경우는 제외한다. 공민이 호적지에서 전출한 후 다른 지방으로 전입하기 전까지 일상거주지가 없으면 원래의 호적소재지를 주소로 한다.

제4절 監 護

I. 감호의 개념

감호는 무민사행위능력인·제한민사행위능력인의 신체·재산 및 기타 적법한 권익을 보호하는 법률제도이다. 감호직책을 맡는 사람을 감호인이라고 하며, 감호를 받는 무민사행위능력인 혹은 제한민사행위능력인을 피감호인이라고 한다.

각국의 민사입법은 대부분 무민사행위능력인과 제한민사행위능력인에 대한 감호인 설립제도를 규정하고 있다. 그러나 구체적인 방법에는 차이가 있다. 어떤 국가는 무민사행위능력인에 대하여는 감호인을 두고, 제한민사행위능력인에 대하여는 보호인을 둔다. 중국은 입법상으로 무민사행위능력인 · 제한민사행위능력인에 대하여 보호인을 두고, 이를 통틀어 감호인이라고 한다.

II. 감호제도 설치의 목적

무민사행위능력인과 제한민사행위능력인이 민사행위능력이 없거나 민사행위능력에 한계가 있더라도 그들은 여전히 민사권리능력을 향유한다. 그러나 다른 측면에서 보면 무민사행위능력인과 제한민사행위능력인은 자기의 권리를 보호하는 능력이 부족해서 권리를 침해받기 쉽다. 따라서 그들의 이익을 보호하기 위해서 감호제도를 두어야 한다. 또한 그들은 완전하게 민사책임을 부담할 수 없다. 그러므로 감호인이 민사책임을 부담하게 하여 사회의 질서를 지키고 타인의 적법한 권익을 보호하도록 규정하여야 한다.

III. 감호의 성질

감호의 성질에 대해서 몇 가지 의견이 엇갈리고 있다. 첫번째 관점은 감호인은 법에 근거하여 감호직책을 이행한다고 보는 것이다. 두 번째 관점은 감호는 일종의 의무이지 권리는 아니라고 보는 것이다. 본서는 두 번째 관점에 찬성한다.

감호인의 의무는 두 가지 방면에서 이해할 수 있다. 첫번째는 피감호인에 대한 감호인의 의무이다. 예를 들면, 감호인이 피감호인의 신체와 재산과 기타 적법한 권익을 보호하여야 하는 의무이다. 두 번째는 사회에 대한 의무이다. 즉, 감호인은 피감호인의 행위를 구속하여 피감호인이 위법행위를 하는 것을 모면하고, 이로써 타인의 적법한 권익을 보호하고 사회질서를 지킨다.

IV. 감호인의 직책

감호관계는 감호인과 피감호인의 두 명의 당사자로 구성된다. 감호인의 직책은 감호인이 법에 근거하여 부담해야 하는 감호의무 및 의무불이행으로 부담하여야 하는 책임이다. 중국민법에서 규정하는 감호인의 직책은 다음과 같이 개괄할 수 있다.

(1) 피감호인의 신체와 재산 및 기타 적법한 권익이 침해받지 않도록 보호해야 한다. 피감호인의 신체·재산 및 기타 적법한 권익이 타인에게 불법적으로 침해받을 때 감호인은 피감호인의 권리 및 이익을 보호해야 한다.

(2) 피감호인의 일상생활을 돌봐주고, 관심을 가져주며 교육을 시켜야 한다.
(3) 피감호인의 재산을 관리하여야 한다. 감호인은 피감호인의 재산을 적법하게 관리할 권리가 있고 피감호인을 위하여 재산 및 이익을 처분할 수 있으나, 피감호인의 이익에 손해를 주어서는 안 된다.
(4) 피감호인의 민사활동을 대리해야 한다. 감호인은 피감호인의 법정대리인으로서 피감호인이 민사활동을 하고 민사권리를 취득하며 민사의무를 이행하는 것을 보호할 권리가 있다. 감호인이 피감호인을 대리하는 민사법률행위는 피감호인에게 직접적인 법률효력을 발생시킨다.
(5) 피감호인의 소송활동을 대리하여야 한다. 감호인은 피감호인의 명의로 소송활동에 참가할 수 있다. 감호인이 피감호인의 민사권리만을 대리하고 민사소송권리는 대리할 수 없다면 피감호인의 적법한 권익을 보호하기엔 역부족일 것이다. 피감호인의 민사권익에 대해 분쟁이 발생하였을 때, 감호인은 피감호인의 민사소송권리를 대신 행사하여 적법한 권익을 보호해야 한다.
(6) 피감호인의 행위를 감독하여야 한다. 피감호인의 행위로 인하여 타인에게 손해를 주었다면 민사책임을 부담하여야 한다.
(7) 법률이 규정한 기타 직책

감호인은 법에 의거하여 상술한 직책을 이행하며 무민사행위능력인과 제한민사행위능력인을 감호하는 행위는 법률의 보호를 받는다. 어떠한 단체나 개인도 감호인의 감호직책의 이행을 불법으로 관여할 수 없다. 법률은 피감호인의 이익을 보호하고, 감호인이 직책을 이행하는 것을 감독한다. 다음과 같은 상황에서는 감호인은 손해배상책임을 져야 한다. 감호인이 직책을 불이행하여 피감호인의 신체와 재산 및 기타 적법한 권익에 손해를 준 경우, 감호인의 고의나 과실로 인하여 피감호인에게 재산상의 손실을 준 경우, 감호관계가 존속하는 중에 피감호인이 타인에게 손해를 준 경우 등이다.

V. 감호의 설정

각국 혹은 지역의 입법에서 감호의 선정방식은 조금씩 차이가 있지만, 대체로 법정감호(法定監護)와 유족감호(遺族監護), 지정감호(指定監護)를 포함한다. 모든 감호방식은 감호인이 감호능력을 가질 것을 중요시한다. 중국민법통칙은 감호를 법정감호와 지정감호의 두 가지로 나눈다.

1. 법정감호

법정감호는 무민사행위능력인과 제한민사행위능력인의 감호인을 법률로써 직접 규정한 것이다. 자신의 의사와는 상관없이 법률규정에 근거하여 감호직책을 이행하여야 한다. 중국민법통칙은 미성년자에 대한 법정감호와 정신병자에 대한 법정감호를 규정하고 있다.

(1) 미성년자에 대한 법정감호

중국민법통칙은 미성년자에 대한 법정감호를 네 종류로 규정하고 있다. 첫번째는 미성년자의 부모이다. 이는 친권을 바탕으로 발생한 것이다. 미성년인 자녀에 대한 부모의 감호는 자녀의 출생이라는 법률사실로 인해 발생한다. 두 번째는 미성년자의 부모가 사망하거나 감호능력을 상실했을 경우에 조부모, 외조부모, 형(오빠), 누나(언니) 중에서 감호능력이 있는 사람이다. 세 번째는 상술한 두 종류의 감호인이 존재하지 않을 경우에 관계가 밀접한 기타 친척, 친구가 감호인을 희망하면, 미성년자 부모의 소재단위나 미성년자 주소지의 주민위원회, 촌민위원회의 동의를 얻어 감호를 맡는 것이다. 네 번째는 상술한 세 종류의 감호인이 없는 경우에 미성년자 부모의 소재단위 혹은 미성년자 주소지의 주민위원회, 촌민위원회 혹은 민정(民政)부문에서 감호인을 맡는 것이다.

이 밖에도 중국의 사법실무에서 존재하는 다음과 같은 상황에 주의하여야 한다. 부부가 이혼한 후에 자녀와 함께 생활하는 일방은 자녀와 함께 생활하지 않는 일방이 가지는 자녀에 대한 감호권을 취소할 수 없다. 그러나 자녀와 함께 생활하지 않는 일방이 자녀에게 범죄행위나 학대행위를 했거나 자녀에게 불리한 것이 뚜렷한 경우 인민법원이 취소할 수 있다고 여기는 것은 제외한다. 그러나 부양(扶養)의무는 면제되지 않는다.

(2) 정신병자에 대한 법정감호

중국민법통칙은 무민사행위능력이나 제한민사행위능력의 정신병자에 대해서는 다음에 나열한 여섯 종류의 사람이 감호를 맡을 수 있다고 규정하고 있다. 첫번째는 배우자, 두 번째는 부모, 세 번째는 성년 자녀, 네 번째는 기타 근친척, 다섯 번째는 관계가 밀접한 기타 친척, 친구가 감호인을 희망할 때 정신병자의 소재단위나 주소지의 주민위원회, 촌민위원회에서 동의를 얻은 것, 여섯 번째는 정신병자의 소재단위나 주소지의 주민위원회, 촌민위원회 혹은 민정부문이다. 상술한 감호인 중에서 앞의 다섯 종류의 감호인의 조건이 기본적으로 일치하면, 위에서 정렬한 순서에 따라 정신병자의 감호인을 확정한다. 반대로 조건의 차이가 크면 누가 더 정신병자의 이익을 보호하고 생활을 돌보며 행위를 감독하는 데 적합한지를 구체적으로 고려하여 지정하고, 앞의 다섯 종류의 감호인이 없을 때에는 여섯 번째 감호인이 감호직책을 이행한다.

2. 지정감호

지정감호는 감호인을 맡는 것에 대해 이의가 있을 때, 법원이나 관련단위에서 무민사행위능력인과 제한민사행위능력인의 감호인을 지정하는 제도이다. 중국민법통칙은 미성년자에 대한 지정감호와 정신병자에 대한 지정감호를 규정하고 있다.

(1) 미성년자에 대한 지정감호

중국민법통칙의 규정에 의거하여 미성년자의 감호인을 맡는 것에 대하여 이의가 있을 때에는 미성년자 부모의 소재단위나 미성년자 주소지의 주민위원회와 촌민위원회가 미성년자의 근친척 중에서 지정한다. 지정에 불복하여 소송을 제기하면 인민법원에서 재결(裁決)한다. 그러므로 미성년자의 지정된 감호인은 반드시 피감호인의 근친척이어야 하며, 지정권을 행사하는 단위는 미성년자 부모의 소재단위나 미성년자 주소지의 주민위원회와 촌민위원회 혹은 인민법원이어야 한다. 지정권 행사의 전제조건은 감호인을 맡는 것에 대해 이의가 있는 상황이 있어야 한다는 것이다. 일반적으로 감호인을 맡는 것에 대해 이의가 있는 상황에는 주로 두 가지가 있다. 한 가지는 근친척이 감호인을 맡으려고 하는 경우이고, 다른 한 가지는 근친척이 서로 책임을 떠밀어 감호인을 맡는 것을 원하지 않는 경우이다.

(2) 정신병자에 대한 지정감호

중국민법통칙의 규정에 의거하여 정신병자의 감호인에 대해 이의가 있을 때에는 정신병자의 소재단위나 주소지의 주민위원회, 촌민위원회가 정신병자의 근친척 중에서 지정한다. 지정에 불복하여 소송을 제기하면 인민법원에서 재결한다. 사법실무에서 정신병자에 대한 지정감호의 요건은 미성년자의 지정감호의 요건과 기본적으로 상통하지만, 감호인을 맡는 근친척의 범위에는 차이가 있다. 정신병자에 대해 감호인을 맡는 근친척의 범위는 배우자, 부모, 자녀, 형제자매, 조부모, 외조부모, 손자녀와 외손자녀로 미성년자에 대해 감호인을 맡는 근친척의 범위보다 조금 더 넓다.

중국법률은 근친척이 감호인을 맡는 것에 대해서 일정한 순서를 규정하고 있다. 그러나 사법실무에서는 감호인을 정할 때 법정순서에만 의거하지 않고 기타 요소도 고려한다. 예를 들어, 피감호인과 공동생활을 할 수 있는지 없는지, 감호능력이 있는지 없는지, 피감호인에게 유리한지의 여부 등등이다.

VI. 감호관계의 개시, 변경과 소멸

1. 감호관계의 개시

감호를 개시하는 시간은 감호인이 감호직책을 이행하기 시작하는 시간이다. 감호개시의 시간은 감호확립의 형식에 따라 차이가 있다.

일반적으로 법정감호로 확립된 감호인의 감호는 피감호인에게 감호사유가 발생한 때부터 시작된다. 예를 들어 자녀의 출생은 부모가 감호인이 되는 시작이며, 성인이 정신병을 앓는 것은 배우자 혹은 부모, 성년자녀, 기타 근친척이 감호권을 행사하는 시작이 된다. 이 밖에 원래 감호인의 사망 혹은 감호능력 상실 등의 원인으로 인하여 원래의 감호관계가 끝난 경우에는 소멸된 시간이 새로운 감호인이 감호직책을 이행하여야 하는 시간이다. 지정감호로 확정된 감호인의 감호는 미성년자 부모의 소재단위, 정신병자의 소재단위 혹은 미성년자와 정신병자 주소지의 주민위원회, 촌민위원회가 감호인을 지정한 결정에 효력이 발생한 때부터 시작된다. 사법실무에서는 관련단위와 조직 혹은 인민법원이 민법통칙의 규정에 따라 감호인을 지정하고, 서면 혹은 구두로 피지정인에게 통지하면 지정이 성립하는 것으로 본다. 피지정인이 지정에 불복하려면, 통지받은 차일(次日)부터 30일 이내에 피지정인이 인민법원에 제소[59]하여야 한다. 제소기일을 넘어 제소한 것은 감호관계의 변경에 따라 처리한다. 일반적으로 인민법원이 판결하기 전에는 감호책임을 지정감호인의 순서에 따라 감호자격이 있는 사람이 부담한다. 다시 말해서 제소하지 않은 감호지

---

[59] 원문은 '기소(起訴)'이다. —역주

정은 규정한 제소기한이 도래한 때부터 효력이 발생하여야 하고, 제소한 감호지정은 인민법원의 판결에 효력이 발생한 날부터 시작하여야 한다.

2. 감호인의 변경

감호인의 변경은 감호인에게 중대한 변화가 발생하여 원래감호인의 감호가 피감호인의 이익을 보호하기에는 불리한 경우에 발생한다. 그 예로는 감호인의 감호능력 상실 등이 있다. 감호인의 변경을 일으킬 수 있는 상황에는 세 가지가 있다. 첫번째는 협의(協議)에 의한 감호인의 변경이다. 주로 법정감호인 사이에서 자발적인 협상을 통하여 변경되는 경우를 말한다. 변경 후의 감호인은 감호변경의 협의로 인해 확정된 사람이다. 두 번째는 관련단위나 인민법원의 지정에 의한 변경이다. 주로 법정감호인 사이에서 자발적인 협상을 통하여 확정된 감호인의 상황에 변화가 발생하여 관련단위나 인민법원에서 별도로 감호인을 지정하는 경우를 말한다. 변경 후의 감호인은 관련단위의 결정이나 인민법원의 판결에서 확정한 사람이다. 세 번째는 인민법원이 감호인을 취소하고 별도로 지정하여 변경된 경우이다. 주로 관련단위나 인민법원에서 지정한 감호인의 상황에 변화가 발생하여 인민법원이 감호인을 취소하고 별도로 감호인을 지정하는 경우를 말한다. 변경 후의 감호인은 인민법원의 판결로 인해 지정된 사람이다.

중국의 사법실무에서는 관련단위나 인민법원이 지정한 감호인을 후에 법정감호인 사이의 자발적인 협상을 통하여 변경한 경우, 협의로써 관련단위나 인민법원의 지정을 변경시킬 수는 없다고 본다. 그러므로 관련단위나 인민법원이 지정한 사람이 감호인이 된다. 법정감호인과 협상을 통하여 확정한 감호직책을 이행하는 사람은 법정감호인 사이의 위탁대리협의로 인해 발생한 감호수탁인으로 볼 수 있다.

3. 감호관계의 소멸

감호관계의 소멸은 자연소멸과 인민법원의 취소로 인한 소멸로 나눌 수 있다.

(1) 자연소멸

자연소멸은 일정한 시간이 도래함에 따라 감호관계가 즉시 소멸하는 것이다. 이는 어떠한 기관이나 기구가 정식으로 선포할 필요가 없는 것이다. 주로 미성년자가 성년이 되어 완전한 민사행위능력을 갖추어서 감호관계가 자연소멸하는 것을 가리킨다.

(2) 취소로 인한 소멸

인민법원이 피감호인이나 관련인원, 관련단위의 신청에 따라 감호인의 취소를 선고하면 감호관계가 소멸하는 것이다. 감호관계의 소멸을 야기시킬 수 있는 상황에는 주로 두 가지가 있다. 한 가지는 인민법원에 의해 무민사행위능력 혹은 제한민사행위능력을 선고받은 정신병자의 병이 완쾌되었을 때, 인민법원은 본인이나 이해관계인의 신청을 통하여 감호를 취소하는 재결을 하는 경우이다. 또 다른 한 가지는 감호인이 피감호인의 적법한 권익을 침해했을 때에 인민법원이 관련인원이나 관련단위의 신청에 의거하여 사실을 명확히 조사한 후, 감호인의 자격을 취소하고 이로 인해 감호관계가 소멸하는 경우이다.

제5절 失踪宣告과 死亡宣告[60]

실종선고와 사망선고는 현대 각국 혹은 지역의 민법에서 필수불가결한 제도이다. 주된 목적은 장기간 행방불명된 실종자의 원래의 가정과 사회생활에서 형성된 각종 재산관계와 인신관계를 확정하는 데 있다. 예를 들면, 가정에서 형성된 결혼관계, 부모자녀관계, 사회생활에서 형성된 노동관계와 채권·채무관계 등이다. 사람이 실종된 후 그 사람과 관련 있는 권리·의무관계는 불확정한 상태에 놓이게 된다. 이는 사회관계의 안정에 불리하다. 이해관계인이 불확정한 상태에서 벗어날 수 있도록 법률은 실종 후의 문제를 잘 처리할 필요가 있다. 따라서 사회와 경제질서의 안정과 이해관계자의 합법적인 권익의 보호를 위해서 실종선고와 사망선고제도가 필요하다.

실종선고제도는 로마법에서 실종자의 재산에 대해 관리인을 둔 규정까지 거슬러 올라갈 수 있고, 사망선고제도는 게르만법의 사망추정제도까지 거슬러 올라갈 수 있다. 현대 각국의 입법사례에서 이 두 가지 제도에 대한 규정은 일치하지 않는다. 어떤 국가는 사망선고만 규정하고 실종선고는 규정하지 않고 있으며, 어떤 국가는 사망선고의 규정뿐만 아니라 실종선고의 규정도 하고 있다. 중국의 민법통칙은 실종선고제도뿐만 아니라 사망선고제도도 규정하고 있다.

---

60 한국민법에는 실종선고제도만 있다. 따라서 실종기간이 만료되면 사망으로 간주한다. 이와 달리 중국의 민법통칙에서는 실종선고와 사망선고제도를 모두 규정하고 있다. – 역주

I. 실종선고

1. 실종선고의 개념과 조건

실종선고는 법원이 이해관계인의 신청에 따라 법에 의거하여 일정기간 동안 행방불명된 자연인을 실종자라 선고하고, 그 재산관계를 확정하는 제도이다. 중국민법통칙의 규정에 의거하여 자연인의 실종선고는 다음의 요건을 만족시켜야 한다.

(1) 행방불명의 상태가 지속되어야 한다. 행방불명은 자연인의 행방이 없어진 후 소식이 없고 생사불명의 상태에 놓인 것이다. 생존사실을 확정할 수는 있지만 정상적으로 통신할 수 없거나 사망사실이 확실한 경우에는 실종선고를 적용할 수 없다. 즉, 이미 알고 있는 소식으로는 자연인의 생사를 판단할 수 없어야 한다.

(2) 행방불명이 일정기간에 도달하여야 한다. 중국민법통칙이 규정한 행방불명의 기간은 2년이다. 행방불명의 시간은 자연인의 소식이 없어진 다음날부터 계산한다. 전쟁기간 중의 행방불명은 전쟁 종전일의 다음날부터 계산한다.

(3) 자연인의 이해관계인이 법원에 신청하여야 한다. 중국의 사법실무에서 일반적으로 신청할 수 있는 권리를 가지는 이해관계인의 범위에는 두 가지가 있다. 하나는 실종자의 근친척이다. 예를 들면 배우자, 부모, 자녀, 형제자매, 조부모, 외조부모, 손자녀, 외손자녀이다. 두 번째는 실종자와 민사권리·의무관계가 있는 사람이다. 예를 들면 채무자, 동업자, 자연인에 대해 감호책임이 있는 사람 등이다.

(4) 법원이 법에 의거하여 선고하여야 한다. 중국에서는 실종선고 안건을 민사소송법이 규정한 특별절차에 따라 심리한다. 구체적으로 실종선고안건의 법원심리는 실종된 사람의 재산을 철저히 조사하여 임시로 재산관리인을 지정하거나 소송보전조치를 취한 다음 행방불명이 된 사람을 찾는 공고를 하여야 한다. 공고기간이 만료된 후, 법원은 실종자의 실종사실이 확인되었는지의 여부에 따라 실종선고의 판결 또는 신청을 기각하는 판결을 한다.

2. 실종선고의 법률결과

중국민법통칙의 규정 및 사법실무 중의 구체적인 방법에 따라 자연인이 실종선고를 받은 후에는 실종자의 재산은 대신 관리받게 되고 민사권리·의무도 대신 이행되는 법률결과가 발생한다.

(1) 실종자 재산관리인의 확정

자연인이 실종자로 선고받은 후에 그의 재산을 아무도 관리하지 않는 상태에 놓이면 우선적으로 그 재산을 대신 관리할 사람을 확정한다. 민법통칙의 규정에 의거하여 실종자의 재산관리자는 배우자, 부모, 성년자녀 혹은 관계가 밀접한 기타 친척, 친구순으로 맡게 된다. 앞에서 열거한 재산관리자는 순서성을 가지고 있다. 즉, 앞 순서에 있는 사람이 없거나 앞 순서에 있는 사람이 대신 관리할 능력이 없으면 뒷 순서에 있는 사람이 재산관리인이 된다. 무민사행위능력인이나 제한민사행위능력인이 실종된 경우에는 그 감호인이 재산관리인이 된다. 재산관리인을 확정하는 것에 대해 이의가 있으면, 이의가 있는 당사자의 협상을 통하여 재산관리인을 확정한다. 협상하지 못하면 이의가 있는 자의 신청을 통하여 법원이 지정한다. 실종자의 재산을 대신 관리할 근친척이나 친구가 없거나, 근친척 또는 친구가 대신 관리할 능력이 없거나 재산관리인으로서 적당하지 않을 때에 법원은 관련조직이 실종자의 재산을 대신 관리하도록 지정할 수 있다. 법원에서 지정한 실종자의 재산관리인은 실종자의 재산보호에 유리하여야 한다는 원칙에 의거하여 지정한다.

(2) 실종자의 재산관리인의 직책

실종자를 대신하여 민사권리를 취득하고 민사의무를 담당하는 것은 실종자의 재산관리인의 기본직책이다. 예를 들어, 실종자의 재산관리자는 실종자를 대신하여 재산을 보관하고, 채권·채무 등을 지키거나 변제하여야 한다. 실종자의 재산관리자는 신중하게 관리의무를 이행해야 한다. 재산관리인이 관리직책을 이행하지 않거나 실종자의 재산권익을 침범하면 실종자의 이해관계인은 재산관리인이 민사책임을 지거나 재산관리인을 변경할 것을 법원에 청구할 수 있다.

3. 실종선고의 취소

실종선고는 자연인의 실종사실에 대한 확인이다. 실종선고를 받은 자연인이 다시 나타나거나 확실한 행방을 아는 사람이 나타나면, 법원의 추정은 새로운 사실로 인해 번복된다. 이러한 상황에서 법률이 인정한 실종은 그 사실적 근거를 상실하게 된다. 그러므로 법원은 그에 대한 실종선고를 취소하여야 한다. 중국민법통칙의 규정에 따라 실종선고를 취소할 때에는 우선 실종선고를 받은 본인이나 그 이해관계자가 법원에 실종선고의 취소를 신청한다. 그런 다음 법원에서 심의한다. 실종선고를 받은 사람이 다시 나타났거나 실종자의 확실한 행방사실에 대해 신중하게 검증하여, 검증이 사실과 일치하면 법원은 실종선고를 취소한다.

실종선고가 취소되면 재산관리인은 관리하던 재산을 실종선고가 취소된 자연인에게 반환하여야 한다. 재산을 대신 관리하던 기간 동안의 재무장부의 항목을 자연인에게 알려주어야 하며, 자연인은 재산관리인이 관리권한 내에서 실시한 민사법률행위의 효과를 부담하여야 한다.

II. 사망선고

1. 사망선고의 개념 및 조건

사망선고는 사망추정이라고도 하며, 자연인이 실종된 지 일정기간이 지난 후 이해관계인의 신청으로 법원이 자연인의 사망을 선고하고, 이로써 생전의 주소지를 중심으로 한 민사법률관계가 끝나는 제도이다.

실종선고가 실종자의 재산관리문제를 해결하여 일부 재산관계가 안정된다 하더라도 실종상태가 오랫동안 지속되면 재산관계와 인신관계가 불안정해지며 결혼·가정관계에도 심각한 영향을 가져올 수 있다. 따라서 민법통칙은 실종선고제도와 사망선고제도를 동시에 두고 있다. 중국민법통칙과 민사소송법의 규정 및 사법실무 중의 구체적인 방법에 의거하여 행방불명의 자연인에게 사망선고를 할 때에는 반드시 다음의 조건에 부합하여야 한다.
(1) 자연인의 행방불명상태가 지속되어 일정기간에 도달하여야 한다. 중국민법통칙의 규정에 의거하면 여기에서의 일정기간은 보통기간과 특수기간으로 나눌 수 있다. 보통기간은 행방불명이 된 지 4년을 가리키고, 일반적으로 행방불명된 다음날부터 기산한다. 만약에 전쟁기간에 행방불명된 것이면 종전일의 다음날부터 기산한다. 특수기간은 의외의 사고로 인해 행방불명된 것으로, 의외의 사고가 발생한 날부터 계산하여 2년이다.
(2) 이해관계인이 법원에 신청하여야 한다. 중국의 사법실무에서 '이해관계인'은 일반적으로 배우자, 부모·자녀, 형제자매·조부모·외조부모·손자녀·외손자녀, 기타 민사권리·의무관계가 있는 사람이며, 이 순서대로 신청할 수 있다. 실종선고는 사망선고가 반드시 거쳐야 하는 절차가 아니다. 이해관계자는 실종선고를 신청한 후에 사망선고를 신청할 수도 있고, 바로 사망선고를 신청할 수도 있다. 이런 종류의 안건을 수리하는 법원은 행방불명자 주소지의 기층인민법원이다.
(3) 법원은 사망선고안건을 수리한 후에 행방불명된 사람을 찾는 공고를 해야 한다. 중국민사소송법의 규정에 의거하여 공고기간은 일반적으로 1년이다. 의외의 사고로 인한 행방불명은 관련기관의 증명을 거쳐 이미 생존가능성이 없다고 보고 사망선고의 공고기간을 3개월로 한다.
(4) 공고기간이 만료하면 법원은 사망사실의 확인 여부에 따라 사망선고를 판결하거나 신청을 기각하는 판결을 한다. 일반적으로 공고기간이 만료되었는데도 행방불명된 자연인의 소식이

없으면, 법원은 자연인이 이미 사망한 것으로 확정하고 사망판결을 한다. 사망선고의 판결은 사망선고를 받는 사람의 사망일자를 확정한다. 판결에서 사망일자를 확정하지 않았을 때에는 판결을 선고한 날을 사망일자로 한다. 공고기간 내에 자연인의 소식이 있거나 자연인이 이미 사망한 사실을 확인할 수 있으면 신청을 기각하는 판결을 한다.

2. 사망선고의 법률결과

사망선고를 받은 자연인은 자연사망과 똑같은 법률결과를 가진다. 중국민법은 자연인이 사망선고를 받은 후의 결혼, 수양관계 등의 처리에 대한 규정을 하고 있다.

(1) 재산관계

사망선고를 받은 자연인의 채권·채무는 변제되고, 상속관계가 시작된다. 사망선고를 받은 자의 주소지나 거소(居所)를 중심으로 하는 구역 내에서 실종자의 사망을 조건으로 재산권리를 가지는 사람은 그 (사망선고)로 인해 권리를 취득할 수 있다. 예를 들면, 상속인의 상속이 시작된다.

(2) 혼인관계

사망선고를 받은 사람과 배우자의 혼인관계는 사망이 선고된 날부터 소멸한다. 배우자는 다른 사람과 혼인관계를 맺을 수 있다.

(3) 자녀수양관계

사망선고를 받은 사람의 자녀는 법에 의거하여 타인에게 수양될 수 있다.

3. 사망선고의 취소

사망선고를 받은 자연인이 다시 나타나면 사망선고의 추정은 성립하지 않으므로 사망선고는 취소된다. 중국민법통칙의 규정에 의해 사망선고를 받은 사람이 다시 나타나거나 그가 사망하지 않았다는 것이 확정되면, 본인이나 이해관계자의 신청을 통하여 인민법원이 사망선고를 취소한다. 사망선고취소의 신청은 사망선고를 신청할 때처럼 순서의 제한을 받지는 않는다.

자연인이 사망선고를 받은 후 그의 신체 및 재산관계에는 중대한 변화가 발생한다. 그러므로 사망선고가 취소된 후의 문제는 타당하게 처리해야 한다. 중국민법통칙의 규정 및 사법실무는 그 문제를 다음과 같이 처리한다.

(1) 재산관계

사망선고를 취소받은 사람은 재산반환을 요구할 수 있는 권리가 있다. 재산반환을 요구한 때에는 상속법에 의하여 재산을 취득한 공민이나 조직은 원물(原物)을 되돌려줘야 한다. 원물이 존재하지 않으면 적절한 보상을 하여야 한다. 만약에 원물을 제3자가 합법적으로 취득하였다면 제3자는 반환하지 않아도 된다. 이해관계자가 진실된 상황을 숨기고 타인의 사망선고를 통하여 재산을 취득한 경우에는 재산 전부와 이자를 반환하여야 하며, 만약 손실을 입혔으면 배상하여야 한다. 상황이 중(重)하면 법에 의거하여 기타 법률책임을 추궁한다.

(2) 혼인관계

사망선고를 받은 사람의 배우자가 이미 타인과 결혼하였다면 이 새로운 혼인관계는 법률의 보호를 받는다. 만약 사망선고가 인민법원에 의해 취소되었을 때, 배우자가 재혼을 하지 않았다면 부부관계는 사망선고취소일로부터 자동으로 회복된다. 만약 배우자가 재혼 후 이혼하였거나 재혼 후에 그의 배우자가 사망하였으면 부부관계는 자동으로 회복되지 않는다.

(3) 수양관계

사망선고를 받은 사람이 사망선고를 취소받은 후 본인의 동의 없이 수양관계를 주장하는 것은 무효이고 일반적으로 허락되지 않는다. 그러나 수양인과 피수양인의 동의를 거친 것은 제외한다.

4. 사망일자

사망선고를 받은 사람의 자연사망일을 발견하게 되는 경우가 있다. 사망선고를 받은 것과 자연사망의 시간이 불일치하는 것에 대해서 중국법률은 사망선고로 나타난 법률효과는 유효하다고 규정하고 있다. 그러나 자연인이 사망 전에 실시한 민사법률행위와 사망선고로 나타난 법률효과가 서로 저촉되면 그가 실시한 민사법률행위를 기준으로 한다고 규정하고 있다. 자연사망이 법률사망선고보다 이르고 자연사망시에 유언을 남겼다면 유언과 사망선고가 모순되므로 민법상의 권리를 존중하여 유언은 유효한 것이 된다.

제6절 個體工商戶와 農村承包經營戶

개체공상호와 농촌승포경영호는 자연인이 경제활동에 참여하고 생산하는 중국 특유의 두 가지 방식이다. 이들은 개인을 단위로 하거나 가정을 단위로 하여 도시와 농촌의 상품생산과 경영에 참가한다. 이들은 자연인의 일반적인 민사행위능력을 가지고 있는 것 외에도 생산과 경영활동에 종사하는 특수한 행위능력을 가지고 있다.

I. 개체공상호

1. 개체공상호의 개념 및 법률적 특징

개체공상호는 개인 혹은 가정의 재산을 경영자본으로 법에 의거하여 허가를 받고 등기를 경료한 법정범위 내에서 공·상업 경영활동에 종사하는 자연인의 특수한 형식이다. 개체공상호는 다음과 같은 법률적 특징을 가지고 있다.

(1) 개체공상호는 개인경제 중의 한 형식이므로 개인이 경영을 할 수도 있고 가정이 경영을 할 수도 있다. 경영자본은 개인재산이나 가정의 공유재산이며 대외적으로 '호(戶)'의 명의로 독립적인 민사활동을 할 수 있으며, 재산소유자와 경영자와 노동자를 분리하지 않는다.

(2) 개체공상호는 법에 의거하여 허가를 받고 등기를 경료하여야 성립한다. 개체공상호는 공·상업 경영에 종사하며 공상행정관리기관에 신청하여 공상행정관리기관이 허가한 후 등기를 경

료하면 영업허가증을 받고 정식영업을 할 수 있다.
(3) 개체공상호의 경영범위에는 소형공업, 수공업, 소매상업, 음식업, 수리업, 서비스업, 운수업, 자문업, 건축업, 수선업(修繕業) 등이 있다. 개체공상호는 등기를 경료한 후에 공상행정관리기관이 허가한 경영범위 내에서 활동해야 한다.

2. 개체공상호 자격의 취득

(1) 신청인의 범위

현행법률규정에 의거하여 도시와 읍의 호적을 가지고 있는 취직예정자, 이직과 퇴직, 사직 혹은 유임(留任)된 사람 및 농촌주민 등 모두 개체경영에 종사할 것을 신청할 수 있다.

(2) 신청절차

개체공상호의 성립신청은 신청인의 호적소재지의 주민위원회, 가도판사처(街道辦事處)[61] 혹은 촌민위원회의 심사를 거쳐 합격하면 심사합격증명을 첨부하여 신청인이 현지의 지방공상국에 가서 등기한다. 공상행정관리기관의 허가를 거친 후 개체영업허가증을 발급한다. 영업허가증을 받은 후에는 개체공상호로서 대외적으로 영업할 수 있다.

개체공상호가 도장을 새기거나 폐품을 회수하거나 인쇄, 여관 등의 특종업종을 신청하는 경우, 현지의 시급(市級)공안국의 특종업종관리

---

[61] 가도판사처(街道辦事處)는 1950년대부터 시작된 중국의 행정형 구역(community)조직 관리 형식으로, 중국의 행정기구 중에서 가장 기층에 있는 조직이다. - 역주

과의 동의를 얻어야 한다. 음식·식품업을 경영하려면 식품위생감독기구의 위생허가증과 종업원의 건강검사합격증명을 취득하여야 한다. 기술성이 강한 업종을 경영하려는 경우, 관련부문의 기술심사합격증명을 취득하여야 한다.

3. 개체공상호의 권리와 의무

개체공상호는 자연인의 특수한 형식으로써 자연인의 모든 권리를 향유하는 것 외에 다음과 같은 권리를 향유한다. 공상행정관리기관에서 허가하는 범위 내에서 상품경영에 종사할 수 있는 권리, 상호를 만들고 도장을 새기고 은행에서 계좌를 설립할 수 있는 권리, 생산경영에 종사할 때에 필요한 장소와 원재료와 화물·상품의 공급원을 신청할 수 있는 권리, 대출신청권, 세금감면과 면제신청권, 간섭이나 침점(侵占)을 거절할 권리 등이 있다.

개체공상호가 이행해야 하는 의무에는 허가를 받아 등기를 경료한 범위 내에서 적법하게 경영에 종사할 의무, 납세의 의무, 법률과 법규와 정책성 규정을 준수할 의무 등이 있다.

II. 농촌승포경영호

1. 농촌승포경영호의 개념 및 특징

농촌승포경영호는 농촌집단경제조직의 구성원이 법률이 허락한 범위 내에서 승포계약의 규정에 따라 특정한 상품의 생산과 경영활동에 종사하는 자연인의 특수형식이며 집단경제의 경영방식의 법적 표현이다. 이는 다음과 같은 법률적 특징을 가지고 있다.
(1) 농촌승포경영호의 주체는 농촌집단경제조직의 구성원이다. 농촌승포경영호는 가정을 기초로 하고, 지급받은 토지의 수량은 일반적으로 가정의 구성원 수에 의하여 확정된다. 만약 가정구성원이 두 명 혹은 두 명 이상의 성인이면 이런 성인들이 일반적으로 승포계약의 당사자가 된다.
(2) 농촌승포경영호는 승포계약의 규정에 의거하여 발생하고 경영에 종사하며, 등기하지 않아도 된다. 계약의 일방은 승포경영호이며, 다른 일방은 농촌집단경제조직이다. 승포계약을 체결한 후에 승포인은 계약에 의거하여 집단의 재산에 대해 승포경영권을 취득하며 집단재산을 직접 점유하고 사용할 수 있다.
(3) 농촌승포경영호는 법률이 허락한 범위 내에서 농업과 관련된 상품의 경영활동에 종사한다.

2. 승포계약의 형식과 내용

승포계약은 일반적으로 서면형식을 채택하고, 지역에 따라 표준계약을 두기도 한다. 승포계약은 민사계약이지만 행정법률관계도 포함한다. 그 내용은 다음과 같다.

(1) 승포계약의 대상

토지, 산봉우리, 초원, 황무지, 간석지 등 집단이 소유하거나 국가가 소유한 기본적인 생산자원은 모두 승포계약의 대상이 될 수 있다.

(2) 승포계약은 일반적으로 기준수량을 포함한다

이 승포계약의 기준량은 승포경영호가 완수해야 할 수량과 품질을 측정하는 기준이다. 또한 승포계약의 양당사자 사이의 이익의 분배를 확정하는 기준이다. 승포계약 기준량의 내용에는 생산량(이것은 총생산량 혹은 순수입을 계산한 것이다), 초과생산액을 나눈 비율, 집단에서 추출하여 남긴 몫(예 : 공동적립금, 공익금, 관리비 등), 국가가 그 생산량을 구입하는 임무 등이 있다.

(3) 승포기간

현행규정에 의해 일반토지의 승포기간은 15년 이상이고, 황폐한 산을 조림하는 승포기간은 30년 이상이다. 승포계약을 체결한 후에 집단경제조직에서 승포토지증서를 발급해준다.

(4) 승포계약은 민사법률관계에 속하지 않는 조항도 포함한다

예를 들면 산아(産兒)제한조항, 치안보위조항, 농촌자치규약의 준수조항 등이 있다.

위에서 서술한 내용을 보면 승포계약은 여러 가지 법률관계가 공존하는 계약이며, 일반적으로 장기계약이다.

III. 개체공상호와 농촌승포경영호의 재산책임

현행법률규정에 의거하여 개체공상호와 농촌승포경영호의 채무는 개인이 경영하면 개인의 재산으로 부담하고, 가정이 경영하면 가정의 재산으로 부담한다. 사법실무에서 자연인이 개인적으로 출자하고 독립적으로 수익이 자신에게 귀납되는 개체공상호와 농촌승포경영호가 대외적으로 부담하고 있는 채무는 자연인의 개인재산으로 변제하여야 한다. 전체 가정구성원이 공동으로 출자하고 공동으로 경영하며 공동으로 수익하는 개체공상호와 농촌승포경영호가 대외적으로 부담하고 있는 채무는 가정의 공유재산으로 변제하여야 한다. 가정구성원의 일부가 출자하여 경영하고 수익한 것은 출자한 가정구성원이 대외적으로 연대책임을 진다. 가정구성원 중 어느 한 사람의 명의로 등기를 신청한 경우에도 실질적으로는 가정공동재산의 출자이고 경영과 수익의 주요부분이 가정에 사용되었으므로 그 채무 또한 가정공유재산에서 변제하여야 한다. 부부의 일방이 경영하고 그 수익을 부부공동재산으로 한 것의 채무 또한 부부공동재산으로 변제하여야 한다.

제2장

法人

제1절 法人의 槪念과 構成要件

I. 법인개념의 기원

사회의 생산력이 발전함에 따라 상품의 생산과 교환이 활발해져 수많은 사회조직체가 출현했다. 그리하여 민법 중 자연인의 민사주체자격이 확립되었고, 서서히 법인의 민사주체자격도 확립되었다. 일찍이 법인제도가 확립되기 전 로마법시대의 로마법학자들은 사회조직의 법률인격문제에 대하여 연구하기 시작했다. 그러나 로마법에 추상적인 '법인'의 개념은 없다. 법인이라는 법학용어는 12, 13세기 이탈리아의 주석법학자가 창립하였으나 그 당시에는 단지 단체의 법률지위를 설명하는 데 사용하였고, 명확히 단체에 추상적인 인격을 부여하는 현대적 의의의 법인개념은 교회법학자가 확립하였다. 제정법상에서의 법인의 개념은 1794년에 독일의 보통법전에 출현하였으며[62], 1896년의 독일민법전에 사용되었다. 근대에 와서 법인문제에 대한 이론은 더 광범위해지고 심화되고 있다. 그러나 법인제도의 의의가 중대하고 그 내용이 복잡하며 광범위하기 때문에 현재에 이르기까지 각국의 법학자들의 법인이론에 대한 의견이 분분하다. 각국은 서로 다른 법인제도를 규정하고 있지만, 현재 대다수 국가는 민법에서 법인제도를 포함하고 있다. 각국은 정치적·경제적·문화적 조건, 그리고 법률전통도 서로 다르다. 따라서 법률제도의 내용도 완전히 일치하지는 않는다. 그러나 각국의 법인제도는 일반적으로 법인의 정의, 조건, 분류, 법인의 책임, 국적 및 법인의 성립, 변경과 소멸 등의 사항을 규정하고 있다.

II. 법인의 개념과 특징

대륙법계 국가의 회사법의 입법과정에서 대부분의 회사법인은 명확한 정의를 가진다. 그러나 오늘날에 이르기까지 세계 각국의 민법전 중에서 법인의 정의를 명확하게 규정하고 있는 것은 하나도 없다. 단지 각기 다른 형식으로 법인의 부분적인 특징을 규정하고 있을 뿐이다. 영미법계 국가도 법인제도를 받아들였지만 법률상으로 통일된 법인개념은 없다. 중국의 민법이론계는 법인에 대하여 많은 정의를 내렸다.[63] 「중국민법통칙」 제36조는 "법인은 민사권리능력과 민사행

---

[62] 史尙寬 : 《民法總論》, 120쪽.

위능력을 구비하고, 법에 의거하여 독립적으로 민사권리를 향유하며 민사의무를 부담하는 조직이다"라고 규정하였다. 법인은 다음과 같은 특징을 가진다.

(1) 법정절차와 법정조건에 의거하여 성립한다.

(2) 법인은 독립된 법률인격을 가진다. 이것은 법인이 독립된 민사권리능력과 민사행위능력을 가지는 것을 가리킨다. 단, 법인의 권리·의무와 법인구성원의 권리·의무는 서로 분리된다. 다시 말하면, 법인은 독립적인 민사주체이므로 자신의 명의로 민사법률관계에 참여하고 민사권리를 향유할 수 있으며 민사의무를 부담한다. 또한 법인명의로 법원에 기소하는 것과 응소하는 것도 가능하다.

(3) 법인의 존속은 영구성(永久性)을 가진다. 법률 또는 법인조직의 정관에 상반되는 규정이 있을 때를 제외하고 법인의 존속은 그 구성원의 변화나 어떤 구성원의 민사행위능력의 변화로 인한 영향을 받지 않는다. 또한 자연인의 생명을 초월하여 존재한다.

III. 법인의 구성요건

법인은 일종의 사회조직이다. 그러나 결코 모든 사회조직이 법인은 아니다. 왜냐하면 법인은 필히 법률이 규정한 요건을 갖추어야 하기 때문이다. 「중국민법통칙」 제37조 규정에 의하면 법인은 반드시

---

63 《法學硏究》編輯部:《新中國民法學硏究綜述》, 中國社會科學出版社, 1990年版, 114쪽. 劉心穩主編:《中國民法學硏究述評》, 中國政法大學出版社, 1996年版, 131~132쪽.

다음과 같은 요건을 구비해야 한다.

첫째, 법에 의거하여 성립되어야 한다.

둘째, 필요한 재산이나 경비가 있어야 한다.

셋째, 자신의 명칭이 있어야 하고, 조직기구와 장소가 있어야 한다.

넷째, 독립적으로 민사책임을 질 수 있어야 한다. 이 규정은 모든 유형의 법인이 당연히 갖추어야 하는 요건이며, 곧 법인의 구성요건이 된다.

1. 법에 의거하여 성립되어야 한다

법에 의거한 성립이란 법률규정에 의거하여 성립하는 것을 가리킨다. 법에 의거한 성립은 두 가지 내용을 포함한다. 첫째, 법인은 반드시 합법적인 단체여야 한다. 즉, 법인의 목적은 합법적이어야 하며, 법인의 조직기구, 경영범위, 경영방식 등 역시 법률의 요구에 부합하여야 한다. 둘째, 법인은 성립절차상 합법성을 갖추어야 한다. 그 예로 법인성립의 심사, 허가, 등기, 수리 등이 법률에 부합하여야 한다.

2. 필요한 재산이나 경비가 있어야 한다

법인의 재산 또는 경비란 법인이 자신의 명의로 점유·사용·처분하는 재산 또는 경비를 일컫는다. 법인의 재산 또는 경비는 설립자의 재산과는 독립된 것이고, 법인구성원의 재산과도 서로 분리된 것이다. 중국에서 기업법인은 필히 독립적 경영에 필요한 재산이 있어야 한다. 기관이나 사업단위법인은 비록 독립적 경영에 필요한 재산은 없지만 그 활동에 필요한 독립적인 경비가 있어야 한다. 사회단체법인 중 일부는 스스로 자금을 모금하여 독립적인 재산을 형성하고, 일부는 국가에서 지급하는 지원재정으로 법인의 독립적인 활동경비를 충당한다. '필요한 재산이나 경비가 있어야 한다'는 것은 법인이 독립적으로 민사권리를 향유하고, 민사의무를 이행하며, 민사책임을 지는 것에 대한 물질적인 보장이다. 만약 법인이 필요한 재산이나 경비가 없다면 채권자는 예견할 수 없는 위험에 직면하게 되고 사기사건이 쉽게 발생할 수 있다. 따라서 법률은 법인이 필요한 재산이나 경비가 있어야 한다고 규정하였고, 그 주요한 목적은 채권자의 이익을 보호하는 것에 있다.

이 외에도 법인의 종류는 아주 많고, 서로 다른 법인은 서로 다른 사회적, 경제적 기능을 맡고 있기 때문에 그 업무활동과 경영범위가 다르며, 요구되는 재산의 규모 역시 다르다. 그 예로 중국이 경영범위가 각기 다른 기업법인의 최저등록자본을 서로 다르게 규정하고 있는 것을 들 수 있다(「중국회사법」 제23조 참고).

법인재산에 대한 입법주의는 주요하게 두 종류로 분류할 수 있다. 하나는 법정자본제(法定資本制)이다. 이것은 법인성립시 최저자본이 법률규정에 부합하지 않으면 법인은 성립되지 않는다는 주의이다. 다른 하나는 수권자본제(授權資本制)이다. 수권자본제는 법인자본을 법인의 회칙에 기록하고, 성립시 법정자본금에 도달하지 않아도 성립이 가능하며, 회사의 성립 후 차츰차츰 법정자본금에 도달하여도 된다는 주의이다. 중국은 법정자본제를 채택하고 있다. 그러므로 기업법인의 성립에 대해서는 최저등록자본을 요구하고, 법인성립시 그 자본이 충분하여야 하며 진실하여야 한다고 규정하고 있다.

3. 자신의 명칭이 있어야 하고, 조직기구와 장소가 있어야 한다

(1) 법인의 명칭

법인의 명칭은 법인을 기타 민사주체와 구별해주는 표지이고, 상업적 명성의 구성부분이다. 어떤 법인이든지 상관없이 모든 법인은 자신의 명칭이 있어야 한다. 법률상 상반되는 규정이 없다는 상황하에 법인의 명의로 행해지는 모든 민사법률활동과 권리와 의무는 모두 법인이 책임을 진다. 또한 법인은 허가를 받아 등기한 명칭에 관해서는 상호전용권[64]을 향유하고 법률의 보호를 받는다.

각국이 법인의 명칭에 대해서 취하고 있는 주의는 두 가지로 개괄할 수 있다. 하나는 '진실주의'이다. 이것은 성립 예정인 법인이 선정한 명칭은 필히 그 성립 예정인 법인의 실제 상황과 서로 부합되어야 한다는 주의이다. 독일이 바로 이 입법주의를 채용하고 있다. 다른 하나는 '자유주의'이다. 이 주의는 성립 예정인 법인이 어떤 명칭을 선정하였는지에 상관없이 원칙상 아무런 제한이 없는 주의이다. 그 예로 일본이 기본적으로 이러한 입법주의를 채용하고 있다. 중국의 관련법률은 법인의 명칭확정에 대하여 일정한 요구사항이 있으며, 법인은 아무런 제약을 받지 않고 자유롭게 자신의 명칭을 선정할 수 없다.

(2) 법인의 조직기구

법인의 조직기구는 안으로는 법인의 사무를 관리하고, 법인의 대외활동을 대표하는 기구를 말한다. 일반적으로 법인의 주요한 조직기구

---

[64] 원문은 '명칭전용권(名稱專用權)'이다. — 역주

는 다음과 같이 나뉜다.

(a) 결책(決策)기구

의사기관이라고도 부른다. 이 기구는 법인의 최고권력기구를 가리키며, 법인의 의지를 형성하며 법인의 중대한 사무를 결정한다. 예를 들면 유한주식회사[65]의 주주총회가 있다.

(b) 집행기구

집행기관이라고도 부른다. 이 기구는 결책기구의 결정을 관철·집행하는 기구를 가리킨다. 구체적으로 법인의 일상적인 업무활동을 책임지고, 대외에 법인의 의사를 대표하는 등의 법인이 가진 권능을 행사하는 기구이다. 예를 들면 유한책임회사의 이사회가 있다.

(c) 감독기구

감사기관이라고도 부르며, 법인집행기구의 활동을 감독하는 기구를 말한다. 예를 들면 유한책임회사의 감사회(監事會)가 있다.

법인의 조직기구를 이해하려면 한 가지 개념을 더 알아야 한다. 바로 법정대표이다. 법인의 법정대표는 법률 또는 정관에 근거하여 법인이 행사하는 직권을 대표하는 책임자이다. 그 예로는 회사의 이사장, 이사장이 없는 경우의 사장, 협회의 회장, 공장의 공장장, 학교의

---

[65] 원문은 '고분유한공사(股分有限公司)'이다. 한국에서 공사는 공영회사를 뜻한다. 회사의 주인이 국가나 자치단체 등 공적인 성격을 지니고 있다. 그러나 중국의 공사와 회사의 개념은 한국과 다르며 일반회사를 공사로 칭한다. — 역주

교장 등이 있다. 법인의 법정대표는 기업·사업단위, 기관, 단체 및 기타 경제조직의 주요한 행정책임자이므로 일반적으로 법인의 최고행정책임자를 일컫는다. 만약 법인이 최고행정책임자를 임명하지 않았다면, 활동을 주관하는 부직원(副職員)이 맡을 수 있다. 부직원의 예로는 부공장장, 부사장 등이 있다. 만약 법인에서 명확한 직책이 설정되어 있지 않다면, 법인의 활동을 주관하는 행정책임자가 법정대표자가 된다.

(3) 장소

법인의 장소는 곧 법인이 업무활동에 종사하거나 또는 생산 및 경영활동을 하는 곳이다. 법인은 반드시 자신의 장소가 있어야 하며, 법인의 기관소재지뿐만 아니라 법인의 경영장소 및 기타 분점기구[66]의 소재지까지도 포함하여야 한다.

법인의 장소와 주소는 서로 관련되지만 구분되는 두 가지의 개념이다. 하나의 법인은 한 곳의 장소가 있을 수도 있고 다수의 장소가 있을 수도 있다. 하지만 하나의 법인은 오직 한 곳의 주소만을 가진다. 만약 한 개의 법인이 단 한 개의 장소만을 가지고 있을 때 그 장소는 곧 법인의 주소가 된다.

법인의 주소는 법률상으로 중요한 의의를 가진다. 예를 들면 채무의 이행지를 결정할 때, 등기관할을 결정할 때, 소송관할을 결정할 때, 법률문서를 송달할 곳을 결정할 때, 그리고 외교와 관련된 민사관계의 준거법 등을 결정할 때 등이 있다. 각국 민법은 법인주소지의 결정

---

[66] 원문은 '분지기구(分支機構)'이며, 분사무소의 의미이다. — 역주

에 관하여 서로 다른 규정을 하고 있다. 유럽대륙의 프랑스, 독일, 이탈리아 등의 국가는 법인의 주소를 법인의 관리중심 소재지로 규정하고 있고, 일본 및 대만은 법인의 주소를 법인의 주요사무 소재지로 규정하고 있으며, 러시아 등의 국가는 법인의 주소를 법인창설기구의 소재지로 규정하고 있다. 스위스 등의 국가는 법인의 주소를 법인정관의 규정에 의거한다. 그러나 정관상으로 특별한 규정이 없을 때에는 법인의 사무집행 소재지를 주소로 한다.

「중국민법통칙」 제39조는 "법인은 주요 업무를 담당하는 기구의 소재지를 주소로 한다"라고 규정하였다. 법인의 사무를 처리하는 기구가 하나뿐일 때에는 그 사무처리기구의 소재지가 곧 법인의 주소가 된다. 중국의 관련법률규정에 의거하여 한 개의 법인이 몇 개의 사무기구를 가지고 있고, 그 위치가 각기 다를 때에는(예: 영업기구, 관리기구, 분점기구 등) 법인의 중심관리기구의 소재지를 그 주소로 한다. 기업법인(企業法人)은 필히 공상행정관리부문의 허가를 받아 등기한 법인소재지를 그 주소로 하여야 한다. 기관법인(機關法人)과 사업단위법인(事業單位法人)과 사회단체법인(社會團體法人)은 허가 성립시의 상설 사무기구의 소재지를 그 주소로 한다.

4. 독립적으로 민사책임을 질 수 있어야 한다

법인이 민사책임을 부담하는 것은 법인의 재산과 서로 연관이 있다. 법인이 독립적으로 민사책임을 부담하는 것의 전제는 바로 필요한 재산 또는 경비를 가지고 있어야 하는 것이기 때문이다. 법인이 독립적으로 민사책임을 질 수 있어야 하는 것은 법인의 구성요건 중 하나이고, 법인성립의 결과이다. 본장의 제7절에서 법인의 민사책임에 대하여 전문적으로 분석해보도록 한다.

제2절 法人의 本質

  법인의 본질은 각 부문의 법에서 중요한 법률적 의의를 지닌다. 민법에서는 법인의 민사권리능력과 민사행위능력의 문제에 관련되고, 형법에서는 법인의 범죄능력문제와 관련이 되며, 행정법에서는 행정기관과 사회단체의 독립적인 인격문제와 관련된다. 때문에 법인의 본질은 20세기 이전의 법학자들이 가장 관심을 가졌던 문제 중의 하나였고, 법인의 본질에 관한 학설도 많이 나타났다. 이런 학설들은 간단하게 세 종류의 학설로 귀납할 수 있는데 법인의제설(法人擬制說), 법인부인설(法人否認說), 법인실재설(法人實在說)이 그것이다.

I. 법인의제설

  이 학설은 로마법의 법률사상에 근거를 두고 있다. 로마법 시기에 단체는 법률을 본떠서 만든 사람이라는 내용을 제기한 사람이 있었다. 14세기 이후의 후기 주석법학자는 법인의 본질에 대하여 이 학설에 따라 오직 자연인만이 완전행위능력인이며, 법인은 국가가 법률을 운용하는 수단으로서 허구 또는 관념상의 존재라고 보았다. 다시 말해서 법률이 입법기술로써 인공적으로 만들어내어 현실 속에서는 존재하지 않지만, 법률에서는 존재할 수 있는 일종의 민사권리주체라고 보았다. 그 존재의 목적은 특수한 수요를 만족시키기 위해서이고, 특정한 법률관계에서는 자연인으로 여겨졌다. 그 사회단체구성원의 관계에서 사회단체는 일정한 독립성을 가지고 그 자신의 이익이 있었기 때문에 사회단체를 허구적인 자연인으로 하여 단체이익의 귀속을 확정할 필요가 있었다. 18세기 말 독일의 학자 사비니(Savigny)는 그의 저서에서 법인의 의의는 물론이고, 법인의 연혁, 유형, 성립, 소멸 및 권리능력과 행위능력에 대해서까지 상세하고 빠짐없이 논술해 놓았다. 이 때문에 그를 법인의제설을 집대성한 사람으로 인정하고 있다.

법인의제설이 생성된 사회와 역사적 근원을 살펴보자. 근대의 민법사상은 개인의 인격을 존중하는 것을 최고의 이념으로 삼았고, 사람들은 봉건사회에 대하여 많은 반감을 가지고 있어서, 국가와 개인 사이에 제3의 단체가 끼어드는 것을 싫어했다. 여기서 알 수 있듯이 법인의제설과 당시 개인본위의 법률이념은 완전히 일치하는 것이었다. 따라서 장기적으로 지배적 위치에 있는 학설이 되었고, 중요한 입법의 근거가 되기도 하였다. 그 예로는 당시의 「프랑스사회단체법」, 「독일민법전」 제26조·제30조, 「일본민법전」 제44조, 「중국민사소송법」 제58조 등이 있다. 영국은 1844년의 「유한주식회사법」 및 1855년의 「유한책임법」 등에서 법인의제설의 주장을 받아들였다.

법인의제설은 법인의 민사주체자격을 인정하였고, 법인과 그 구성원의 재산, 인격과 책임을 구분하였다. 이 학설은 후에 법인의 독립인격제와 독립재산제, 유한책임제의 이론적 기초가 되었으며, 현대의 민·상법에서 법인제도의 건립에 있어서 아주 큰 공헌을 했다. 법인의 제설은 법인의 입법기술면을 강조하였다. 즉, 사회조직체가 민사권리주체가 될 수 있는 것은 법률의 규정에 의한 것이다. 그러나 법인의제설은 그 내용이 공허할 뿐만 아니라 법인의 본질을 제시하지 못 한다는 단점이 있다. 먼저 사회적으로 민사권리를 향유하고 민사의무를 담당하는 데 적합한 조직체가 존재하는지 보아야 하고, 다음으로 그 구성원과는 독립된 주체로서의 자격을 승인할 필요가 있는지를 보아야 한다. 실제로 자연인의 민사주체자격도 법인과 마찬가지로 법률이 부여한 것이기 때문에 법인을 자연인으로 규정하는 것은 근본적으로 존재할 수 없다. 법인의제설은 법률규정과 사회경제관계를 연결시킬 수 없어서 후에 사회경제적 발전과 수요에 적응할 방도가 없다. 만약 법인의제설이 법인성립의 특허주의를 주장한다면 법인에 대한 제한은 엄격해질 것이다. 그러나 상품경제의 발전은 법인의 자유로운 설립을 요구한다. 따라서 대부분의 국가가 법인의 성립에 관하여 준칙주의를 채택하고 있고, 입법상으로 법인의제설을 점차 배제하고 있다.

II. 법인부인설

법인부인설은 실증(實證)적 각도에서 법인의 존재를 인정하지 않는 학설이다. 이 학설에서 법인은 국가와 개인 사이에 출현하여서는 아니되는 '중간단계'이다. 왜냐하면 법인은 다수 및 개인의 집합 또는 재산의 집합일 뿐이기 때문이다. 이 학설에 의거하면 권리는 최종적으로 개인에게 귀속된다. 사단법인의 최종적인 수익자는 그 구성원이고, 재단법인의 최종적인 수익자는 사회의 대중 혹은 재단이 지정하는 특정한 대상이다. 따라서 법인은 자신의 독립적인 이익이 없으므로 법률주체가 될 수 없다. 법인부인설은 구체적으로 목적재산설(目的財産說), 수익자주체설(受益者主體說), 관리자주체설(管理者主體說), 이 세가지 학설로 나누어진다.

1. 목적재산설

이 학설을 주장한 대표적인 인물은 독일의 법학자 브린츠(Brinz)이다. 모든 재산은 귀속이 되는데, 어떤 재산은 특정한 자연인에게 귀속되고 그 재산에는 주체가 존재하며, 어떤 재산은 특정한 목적에 귀속되고 이런 재산에는 주체가 존재하지 않는다. 법인의 본질은 특정한 목적에 도달하기 위하여 다수의 자연인이 재산을 모아 하나의 재산을 형성하는 것이다. 이렇게 형성된 재산은 자연인의 개인소유가 아니다. 따라서 법률은 새로운 권리주체를 만들었다고 본다. 또는 법인 스스로 독립적인 법률인격은 없지만 한 가지 목적을 위하여 존재하는 무주재산 때문에 있다고 본다.

이 학설은 재산과 의지를 가진 주체를 혼동시켜 현세기의 입법과 실무에 어느 정도 영향을 끼쳤다. 조직구성원이 없이 재산의 연합에 의해서 생겨난 단체만이 법인으로 여겨지는 것은 목적재산설을 이론적 기초로 한 것이다.

2. 수익자주체설

이 학설을 주장한 대표적인 인물은 독일의 법학자 예링(Jhering)이다. 이 학설에서 권리는 법률이 보호하는 이익이고, 누구든지 실제로 이익을 향유하면 바로 그 사람이 권리의 주체라고 여긴다. 그러므로 법인은 단지 형식적인 권리·의무의 주체일 뿐이고, 실질적으로 권리·의무는 법인의 재산이익을 향유하는 다수의 개인에게 귀속된다. 그리고 집합체의 의사는 존재하지 않으며, 집합의 목적으로 결정된 개인의 모든 의사는 여전히 개인의 의사이다. 입법자가 보호하는 것은 단체의 집합의사도 아니고, 단체의 독립적인 인격도 아니며, 단체의 개개 구성원이 추구하는 목적이다.

이 학설은 이익이 개인에게 귀속되는 것을 이유로 법인의 단체의사를 부인하였다. 그리고 여러 가지 사회조직이 현실사회의 경제생활에 중대한 작용을 하는 것을 도외시하여, 각국의 민사입법에 의해 대부분 받아들여지지 않았다.

3. 관리자주체설

이 학설을 주장한 대표적인 인물은 독일학자 홀더(Holder)이다. 이 학설에서 권리주체는 필히 의사표시능력을 가져야 하나, 법인은 그 의사표시능력이 없다고 여긴다. 그러므로 법인재산에 대한 권리주체는 법인 자신이 아닌, 법인재산을 관리하는 자연인이라고 본다.

이 학설은 법인과 법인기관을 동일시하고 있는데, 이것은 조기(早期)조합조직에서 변화·발전한 법인조직의 형식에 대한 해석이다. 그러나 이것은 현대의 법인형식과는 서로 부합되지 않는다.

종합하여 말하면 법인부인설은 여러 가지 방면에서 법인의 본질을 분석하였고, 법인재산의 귀속에 대한 분석은 이미 법인 실체에 관한 문제에 이르러 법인의제설보다 더 진보하였다. 그러나 법인부인설은 근본적으로 법인이 주체로서 존재하는 것을 부인하고 있으며, 이는 실질적으로 사회조직의 객관적 존재를 부인하는 것과 같다. 그러므로 법인부인설은 오늘날 법인제도의 발전양상과 사회경제생활의 수요에 비추어 볼 때 적용하기 어렵다.

Ⅲ. 법인실재설

법인실재설은 법인의제설과 법인부인설과는 본질적인 차이가 있다. 법인실재설은 법인을 법률이 만들어낸 주체도 아니고, 허구는 더더욱 아니며, 객관적으로 존재하는 실체로서 자연인과 같다고 본다. 또 자신의 의사표시능력이 있고, 법에 의거하여 독립적으로 민사권리를 향유하고, 민사의무를 부담한다고 본다. 따라서 법인은 '단체인'이라고도 불리며, 자연인을 초월한 하나의 통일체이고, 일종의 독립적인 민사권리주체이다. 법인의 사회적 성질에 대한 인식에 따라서 법인실재설은 법인유기체설(法人有機體說), 법인조직체설(法人組織體說)의 두 가지 학설로 나뉜다.[67]

1. 법인유기체설

법인유기체설은 '단체인격설' 또는 '의사의 실재설'이라고도 불린다. 이 학설을 대표하는 주요 인물은 독일학자 기에르케(Gierke)이다. 이 학설은 법인과 자연인이 똑같이 자신만의 특수한 기체(機體)와 의사표시능력을 가진다고 본다. 이러한 점은 법인이 자신의 의사표

---

[67] 王利明, 郭明端, 方流芳 :《民法總論》(上), 中國政法大學出版社, 1988年版, 215~226쪽.

시기관을 가지고 있고, 자신의 명칭과 주소가 있다는 점에서 나타난다. 법인의 기관 및 그 산하의 모든 부서는 곧 법인기체의 체계이다. 그러므로 법인은 법률인격을 향유하고 자연인과 동등한 인격권과 재산권을 향유할 수 있다.

서방의 개인중심이 단체중심으로 진화하는 19세기 말, 단체의 중요성을 강조한 법인유기체설은 그 시대적 요구에 매우 적합한 것이었다. 20세기, 서방의 민사입법에서 법인의 그 구성원의 개인행위에 대한 책임이 확대되고, 국가의 법인활동에 대한 간섭 등이 강화되는 추세가 나타난 것은 법인유기체설의 영향과 많은 관계가 있다. 그러나 법인유기체설은 주체자격과 의사능력을 서로 연결하였다. 현대민법은 무민사행위능력인이 민사주체자격을 가지고 있는 것은 인정하지만, 이 사람들은 의사능력은 가지고 있지 않다고 본다. 어떤 집합체는 단체의사를 가지고 있지만 각국에 많은 비법인조직이 존재하는 것처럼 법률은 그들에게 주체의 자격을 부여하는 것은 아니다. 그러므로 법인유기체설도 완벽한 것은 아니다.

2. 법인조직체설

이 학설을 주장한 대표적 인물은 프랑스 학자 미슈우(Michoud)와 살레이유(Saleilles)이다. 이 학설에 따르면 법인의 본질은 사회적 유기체가 아닌, 권리능력자의 조직체라고 본다. 법인은 그 구성원 개인의 이익과 구별되는 단체의 이익이 있으며, 단체의 의사와 대표기관이 있다. 따라서 법률은 이런 사회조직체에 법률인격을 부여하고 그것이 독립적인 민사주체임을 승인한다.

법인조직체설은 법인조직의 특징, 법인과 그 기관 및 구성원 간의 관계를 기본으로 하여 법인의 본질을 설명한다. 이 이론은 대부분의 대륙법계 민법학자들에 의하여 받아들여졌고, 20세기 이래의 민사입법에서도 채택되었으며, 대체적으로 긍정적인 평가를 받고 있다.「중국민법통칙」제36조 규정이 바로 법인조직체설을 따른 것이다. 그러나 이 학설은 사회조직이 법인이 되는 근거에 대해서는 설명하지 않았다. 그러므로 역시 완전한 이론이라고 할 수 없다.

　법인실재설과 법인의제설, 법인부인설을 서로 비교해보면, 법인실재설이 확실히 발전된 학설임을 알 수 있다. 그러나 역사와 방법론의 제한을 받아 위의 세 학설 모두 법인의 본질을 과학적으로 제시하기에는 무리가 있다. 우선 역사유물주의에서 보면 법인은 일종의 법률제도이고 일정한 사회의 경제적 기초에 의해서 결정된다. 다시 말해서, 법인의 본질은 사회의 물질적 생활조건에 근원을 두고 있다. 또 법인이 일종의 민사주체로서 법률의 승인을 얻는 것은 일정한 사회의 통치계급이 본 계급의 생산자원소유제를 보호하고 생산력의 발전을 촉진시키기 위한 것에 의한 것이다. 다음으로는 법인 관념의 진화와 경제생활에서 사회조직이 하는 작용 또한 밀접한 관계가 있다. 비록 20세기 이래로 법인 본질에 대한 문제는 학자들의 주목을 받지 못하게 되었지만, 법인의 본질에 대한 법인학설은 법률문제를 해결할 때에 여전히 중요한 작용을 한다. 특히 20세기 이래로 다국적기업의 지속적인 발전과 합병의 물결로 법인은 이전에는 없었던 규모와 영향력을 가지게 되었으므로 법인본질론의 중요성은 더욱 간과할 수 없게 되었다.

제3절 法人의 類型

각국의 사회제도, 경제기초, 법률전통이 서로 다름에 따라서 법인이 분류되는 목적과 표준 역시 각기 다르다. 법인의 분류를 고찰하는 것과 모든 종류의 법인이 가지는 특징은 이론과 실무에서 모두 중요한 의의를 갖는다.

I. 대륙법계 국가의 법인에 대한 주요 분류

1. 공(公)법인과 사(私)법인

이것은 법인설립의 법률적인 근거를 기준으로 나눈 법인의 분류이다. 공법인과 사법인을 구분하는 기준에는 여러 가지 학설이 존재한다. 일반적으로 공법인은 헌법, 행정법, 정부명령 등에 의거하여 성립되고 정부기능을 포함한다. 사법인은 민법, 민사특별법에 의거하여 성립되는 법인이다.

통상적으로 이런 분류는 서방의 학자들이 법률을 공법과 사법으로 분류하는 것과 같고 세 가지 방면에서 그 의의를 찾을 수 있다.

(1) 관할법원과 소송절차의 확정

일반적으로 공법인의 안건에 관해서는 행정구제절차를 적용하고 행정소송절차를 통하여 해결하며 행정법원이 수리한다. 사법인의 안건에 관해서는 민사소송절차를 통하여 해결하고 보통법원이 수리한다.

(2) 국가권력을 행사 또는 분담할 수 있는지의 여부

사법인 중 상당한 부분은 영리법인(營利法人)이다. 영리와 정부의 기능에 충돌이 발생할 수 있으므로 사법인은 일반적으로 정부의 기능을 담당할 수 없다. 반면, 공법인은 정부의 기능을 담당하며 공법상의 권리를 행사할 수 있다. 그러나 독립적인 재산과 이익이 없고, 그 이익은 곧 사회공공의 이익이다. 따라서 많은 국가가 공법인이 민법상의 규정을 사용하는 것을 허락하고 있다. 만약 공법인이 그 운영을 위해서라면 민법상 관련계약의 규정을 적용할 수 있다. 그러나 조직 내부에서는 민법 또는 민사특별법을 적용하지 않는다.

(3) 독직죄의 성립 여부

형사안건에서 공법인의 직원은 독직(瀆職)죄가 존재하지만, 사법인의 직원에 대해서는 일반적으로 독직죄가 존재하지 않는다.

2. 영리(營利)법인, 공익(公益)법인, 중간(中間)법인

이것은 법인을 그 활동의 목적에 따라 나눈 것이다. 영리법인은 상업활동에 종사하여 이윤을 취득하고, 그 이윤을 구성원들에게 분배하기 위하여 설립된 것이다. 예를 들면 회사 등이 있다. 공익법인은 비영리법인이라고도 불린다. 이것은 공익, 자선, 교육 등의 목적으로 조직된 법인을 가리킨다. 어떤 상황이라 하더라도 구성원들에게 이익을 분배해서는 아니된다. 예를 들면 자선기구 등이 있다. 중간법인은 영리법인에도 속하지 않고 공익법인에도 속하지 않는 사단법인을 가리킨다. 예를 들면 상회(商會), 공회(工會) 등이 있다.

3. 사단법인과 재단법인

이것은 법인의 설립기초에 따라 나눈 것이다. 사단법인은 사람의 집합이 성립의 기초가 된다. 다시 말해서 두 명 이상의 구성원으로 구성되며, 법률에 의거하여 독립적인 인격을 취득한다. 예를 들면 유한주식회사 등이 있다.

재단법인은 기증한 재산이 성립의 기초가 되고, 일정한 목적을 위하여 존재하는 재산의 집합체이다. 예를 들면 기금회, 사원, 사립학교 등이 있다.

이것은 법인에 대한 대륙법계 민법의 주요한 분류이다. 양자의 다른 점은 다음 다섯 가지로 개괄할 수 있다.

(1) 성립의 기초가 다르다. 전자는 법인의 구성원이 기초가 되고, 후자는 법인의 독립적 재산이 기초가 된다.
(2) 설립자의 지위가 다르다. 전자의 설립자는 당연히 법인의 구성원의 자격을 취득하고, 후자의 설립자는 법인의 구성원이 될 수 없다.
(3) 설립행위가 다르다. 전자는 두 명 이상의 공동행위로 설립되고 구성원 간의 관계는 대등하다. 또한 발기인(發起人)의 협의를 통하여 발기인 사이의 권리·의무관계를 규정한다. 후자의 설립행위는 일종의 단독적인 행위이다. 예를 들면 기증 등이 있다.
(4) 정관 또는 조직의 변경, 해산절차가 다르다. 전자는 법률규정과 충돌이 일어나지 않는 상황하에 그 의사기관의 결의로써 그 사단이 변경 또는 해산할 수 있다. 후자의 정관·조직의 변경과 해산은 모두 법원이 진행하여야 한다.
(5) 전자는 주로 영리법인이지만 비영리법인도 될 수 있다. 후자는

모두 비영리법인이다.

II. 영미법계 국가의 법인에 대한 주요 분류

영미법계 국가는 모든 법인을 사단법인으로 보고 재단법인을 인정하지 않는다. 재산의 기능은 신탁제도의 하나인 공익신탁제도로서 완성된다. 만약 어떤 사람이 일정한 재산을 자선 등의 공익사업에 기부하기를 희망하여 공익신탁제도에 따라서 그 재산을 자연인이나 사단법인에 위탁하면, 수탁인은 기부설립자의 의사와 요구에 따라 사용·관리한다. 만약 그 일정한 재산을 유언의 방식으로 자선 등의 사회공공사업에 사용하려 하고 집행인을 지정하지 않았다면, 신탁제도에 따라서 그 재산소유권은 여전히 각 상속인이나 유언집행자에게 귀속하고, 그들이 다시 위탁을 요구하여야만 재산은 자선 등의 사회공익사업에 사용될 수 있다. 또한 수탁인은 엄격하게 유언의 요구에 따라서 사용 및 관리를 해야 한다.

영미법계 국가는 법인 내의 사원이 많고 적음에 따라서 사단법인을 집체법인(集體法人)과 독임법인(獨任法人)으로 나눈다. 집체법인은 다수로 조성되었고 영구적으로 존재가 가능한 집합체법인이다. 예를 들면 지방정부법인, 공용사업법인, 과학연구기구 및 각종 회사법인 등이 있다. 독임법인은 한 명의 자연인이 법률의 확인을 통하여 성립한 법인이다. 예를 들면 영국의 왕, 주교, 목사 등이 있다. 법률은 이런 직업은 영구적인 것으로, 이런 직위를 가지는 자의 인격과 직무는 무관하다고 보기 때문에 법인 인격을 부여한다.

III. 중국민법의 법인에 대한 분류

중국의 민법이론은 여러 가지 기준에 따라서 법인을 몇 가지 종류로 분류하였다.[68] 중국민법통칙은 법인을 크게 두 가지로 나누는데 그 중 하나는 기업법인이고, 나머지 하나는 기관·사업단위와 사회단체법인이다.

1. 기업법인(企業法人)

기업법인이란 영리를 목적으로 하고 독립적으로 상품의 생산과 경영활동을 하는 법인을 가리킨다. 중국민법통칙의 규정에 의하여 기업법인은 소유제의 성질과 투자방식에 따라 다시 전민소유제(全民所有制)기업법인, 집단소유제(集團所有制)기업법인, 사인소유제(私人所有制)기업법인과 혼합소유제(混合所有制)기업법인으로 나눌 수 있다. 혼합소유제기업법인은 또다시 국내연영(國內聯營)기업법인과 외상투자(外商投資)기업법인으로 나눌 수 있다. 외상투자기업법인은 다시 중외합자경영(中外合資經營)기업법인과 중외합작경영(中外合作經營)기업법인 그리고 외상독자(外商獨資)기업법인으로 나누어진다.

2. 기관법인, 사업단위법인, 사회단체법인

기관법인, 사업단위법인, 사회단체법인은 비기업법인이라고도 불린다. 이런 법인은 영리를 목적으로 하지 않는 경제조직이다. 그중 기

---

[68] 《法學研究》編輯部:《新中國民法學研究綜述》, 中國社會科學出版社, 1990年版, 116쪽.
劉心穩主編:《中國民法學硏究述評》, 中國政法大學出版社, 1996年版, 143~145쪽.

관법인은 법률 또는 행정명령에 의해 조직되어 독립적인 재정과 예산경비가 있는 각급 국가기관을 말하며 국가권력기관법인, 국가행정기관법인, 국가군사기관법인, 국가심판기관법인, 국가검찰기관법인 등을 포함한다. 사업단위법인은 비영리적이고 사회의 각종 공공이익 사업에 종사하는 법인을 가리킨다. 그 예로는 학교, 병원 등이 있다. 사업단위법인은 간혹 문화연출 같은 활동을 통하여 일정한 이익을 얻지만, 얻은 이윤은 결코 사업단위법인 자신의 목적이 아니다. 사회단체법인은 그 구성원이 자원하여 조직되고, 사회공익, 문화예술, 종교 등의 활동에 종사하는 각종 법인을 가리킨다. 예를 들면 협회, 학회 등이 있다.

주의해야 할 점은 중국의 민사입법에는 대륙법계 국가의 사단법인과 재단법인의 구분이 없다는 것과 학설과 규정에서 각종 기금회는 사회단체법인에 속한다는 점이다. 그러나 실제로 기금회의 성립기초는 재산이고, 사람의 집합체가 아닌 재산의 집합이기 때문에 기금회는 성질상 대륙법계 국가의 법인 분류 중의 재단법인으로 해석한다.

제4절 法人의 成立

I. 법인의 '설립'과 '성립'

법인의 발생에 대하여 법률용어상으로 '설립'과 '성립'은 자주 사용되는 단어이다. 하지만 두 단어는 같은 개념이 아니다. 일반적으로 법인의 성립은 사회에서 존재하고 있는 인합조직체(人合組織體) 또는 재합조직체(財合組織體)가 그대로 민사권리주체가 되는 시기(始期)를 가리키며, 법인의 성립은 반드시 자연인의 사전기획과 준비, 창립을 거쳐야 한다. 여기서 '사전기획과 준비, 창립하는 것'을 설립이라고 한다. 법인의 '설립'과 '성립'의 다른 점은 다음과 같다.

1. 양자의 성질이 다르다

법인의 설립은 법인 발생의 준비단계에 속한다. 이 단계에서의 행위는 법률적인 의의를 가지는 준비행위이기도 하고, 법률적 의의를 가지지 않는 준비행위이기도 하다. 예를 들어, 법인의 설립자가 은행에서 계좌를 개설하고, 법인의 재산을 모으는 등의 행위는 법률적 의의를 가지는 준비행위에 속하고, 법인의 설립자 사이에 조직의 명칭 등을 협상·토론하고 적용하는 등의 행위는 법률적 의의를 가지지 않는 준비행위에 속한다. 법인의 성립은 법인 발생의 형성단계에 속한다. 이 단계에서의 모든 행위는 법률적 의의를 가진다. 예를 들어 법인의 성립신청, 법인의 등기와 관련된 문건을 제출하는 것, 법인의 납세등기와 법인의 정식등기, 법인의 자격증서와 영업허가증을 취득하는 것 등은 법률적 의의를 가지는 행위에 속한다.

2. 양자의 효력이 다르다

법인의 설립은 법인조직을 창설하는 데 속하며 성립의 전제조건이다. 법인은 설립단계에서 민사주체로서 법인의 주체자격을 향유할 수 없으며, 관련법률에 규정된 법인조직의 권리와 의무도 누릴 수 없다.

뿐만 아니라 법인의 설립단계에서 아직 등기를 하지 않은 법인조직의 명칭은 경제업무와 법인과 관련된 법률행위를 하는 데 사용할 수 없다.[69] 그러나 법인의 성립은 다르다. 법인은 성립단계가 완성되면 법률이 규정하는 민사법률관계의 주체자격을 향유하고 자신의 명의로 업무활동과 법률활동을 할 수 있는 권리를 가진다. 법률상으로 법인의 성립은 법인이 이미 법인격을 취득했다는 것을 뜻한다.

3. 두 단계에서 그 행위자가 다르다

법인설립의 단계에서 그 행위자는 법인조직의 설립자이다. 중국의 현실적인 법률활동에서 이 설립자는 기업이 될 수도 있고, 국가의 관련부문이 될 수도 있으며, 단체나 개인이 될 수도 있다. 그러나 그 창조자가 단일의 창조자이건 혼합의 창조자이건 상관없이 법인의 설립단계에서는 법인조직이 아직 정식으로 법인자격을 갖지 않기 때문에 법인의 설립단계에서 채권·채무관계가 발생하면 법인설립자가 모든 책임을 진다. 법인의 성립단계에서는 설립자가 법에 의거하여 법인의 등기를 수료하였기 때문에 법인조직은 법인주체자격을 가진다. 이때 행위자는 법인설립자가 아니며 법인 자신이 된다. 이 단계에서 법인은 자신의 명의로 채권·채무관계를 할 수 있고, 그 법률결과도 법인 자신이 부담한다.

---

[69] 이런 상황에서 조직체는 제3의 민사주체자격을 부여받는다. 그러나 현재 학계에서는 이 부분에 대하여 논쟁이 있다. 본서의 제2편 제3장을 참고하기 바란다. – 역주

II. 법인성립의 조건

법인은 일종의 사회조직이다. 그러나 모든 사회조직이 법인이 될 수 있는 것은 아니고, 법률규정에 부합하는 사회조직만이 법인의 자격을 취득할 수 있다. 각 국가들과 시기에 따라 법인성립의 조건에 대해서도 서로 다른 규정을 하고 있다. 예를 들어, 중세의 유럽에서는 국왕과 교회가 특허장을 반포해야지만 법인이 성립될 수 있었다. 자유자본주의 시기에는 법인의 성립에 대해서 대부분 아무런 제약이 없었다. 자유자본주의 시기를 넘어 독점자본주의 시기에 이르러서 대부분의 국가가 법률로써 법인의 성립에 대한 일정한 조건을 규정하였다. 어떤 국가는 법인은 반드시 행정기관의 허가를 받아야만 성립한다고 규정하였고, 어떤 국가는 준칙주의를 채택하여 행정기관의 허가 없이 법률이 규정한 조건에만 적합하면 법인이 성립할 수 있다고 규정하였다.

일반적으로 법인의 성립은 법률이 규정하고 있는 절차적 요건과 실체적 요건에 부합해야 한다. 법인의 종류에 따라서 법인성립시의 절차적 요건과 실체적 요건에도 차이가 있다. 중국의 법률·법규는 여러 가지 유형의 법인이 성립할 때에 반드시 부합해야 하는 절차적 조건과 실체적 조건을 구체적으로 규정하고 있다. 여러 가지 유형의 법인이 설립할 때에 필요한 절차적 요건과 실체적 요건에 대해서는 다음에서 종합적으로 설명하겠다.

1. 법인성립의 절차적 요건

(1) 적법하게 설립하여야 한다. 법인의 유형과 시대에 따라 설립원

칙 또한 다르다. 역사적으로 다음과 같은 설립원칙이 존재한다.
(a) 자유설립주의

방임주의라고도 불리며 국가가 법인의 설립에 대하여 그 어떤 간섭과 제한도 하지 않는 주의로, 모든 것은 당사자의 자유에 따른다. 근대에 이르러서 스위스민법이 비영리법인에 대해 이 주의를 채택한 것 외에 대다수 국가의 입법은 이 원칙을 사용하지 않고 있다.

(b) 특허설립주의

이 주의는 법인이 특별입법이나 국가원수의 허가에 의해서만 설립된다는 주의이다. 이때 특허장은 법인설립의 법률이자 정부의 허가문건이다. 이 원칙은 법인의 최초설립시기에 많이 사용되었으나 현재는 프랑스 이외의 국가에서는 거의 사용되지 않고 있다.

(c) 허가주의

행정허가주의라고도 한다. 이 주의는 법률이 법인의 성립조건을 규정하는 주의이다. 그러나 법인성립의 허가 여부는 행정기관의 허가와 정부가 가지는 일정한 재량권에 달려 있다. 때로는 법인성립에 필요한 조건을 모두 구비하였다 하더라도 허가받지 못한다. 독일민법이 재단법인의 설립에 대하여 이 주의를 채택하고 있으며, 일본민법 역시 공익법인의 설립에 대하여 이 주의를 채택하고 있다.

(d) 준칙설립주의

등기주의라고도 불리며 법률이 법인의 설립에 대해 사전에 일정한 조건을 규정하고, 설립자가 그 조건에 따라서 설립하는 것을 말한다. 먼저 행정기관의 허가를 받을 필요가 없이 법정조건에 따라 설립한 후, 등기기관에서 등기를 경료하면 법인은 성립된다. 독일민법이 사단법인의 설립에 이 주의를 채택하고 있고, 일본민법은 영리법인에 대하여 이 주의를 채택하고 있다.

(e) 강제설립주의

국가가 법인의 설립에 대하여 강제적 설립을 실행하는 것을 뜻한다. 이런 설립주의는 특수한 산업이나 특수한 단체에 적용된다.

중국현행법률은 영리법인과 비영리법인에 대하여 서로 다른 설립원칙을 채택하고 있다. 영리법인 중 유한책임회사에 대해서는 법률·법규에 따라 관련기관에 허가를 받는 행정허가주의를 채택하는 것 외에도 등기기관에 설립등기를 신청해야 하는 준칙설립주의를 채택하고 있다. 영리법인 중 유한주식회사에 대해서는 국무원이 권한을 부여한 부문이나 성(省)급 인민정부의 허가에 따르는 명백한 행정허가주의를 채택하고 있다. 영리법인 중 비회사기업법인의 설립에 대해서는 먼저 주관부문이나 관련기관의 허가를 받은 후 등기기관에 등기신청을 하여야 한다. 이것 역시 행정허가주의에 속한다. 비영리법인 중 기관법인의 설립은 헌법과 국가기관조직법의 규정에 의하여 결정된다. 따라서 이론적으로 특허설립주의와 같다. 비영리법인 중 사업단위법인과 사회단체법인의 설립에 대해서는 두 경우로 나뉜다. 하나는 법에 의거하여 법인의 등기를 할 필요가 없는 경우이다. 이것은 성립 당일부터 바로 법인의 자격을 가진다. 그 예로는 중국과학원(中國科學院) 등이 있으며 설립원칙은 특허설립주의에 속한다. 다른 하나는 법에 근거하여 법인등기를 하여야 하는 것이다. 그 예로는 각종 협회 등이 있으며, 이것은 업무주관부문의 심사와 동의를 얻은 다음, 등기기관에 등기를 신청하여야 하는 행정허가주의에 속한다.

(2) 허가의 신청·결정 또는 설립신청·등기를 하여야 한다. 국가의 허가를 받아 성립한 법인조직은 법인이 성립할 때에 허가의 신청과 허가의 결정이 있어야 하고, 일반적인 법인조직은 그 법인이 성립할 때에 설립신청 또는 등기를 해야 한다.

(3) 신청하고 성립하여야 한다. 국가가 특별히 허가하여 성립하는 법인은 일반적으로 신청·성립할 필요가 없지만 실제 성립과 법률상의 성립신청절차를 거쳐야 한다. 일반적인 성질의 법인은 설립단계 후, 법에 따라 국가주무관청에 성립신청을 하여야 한다.

(4) 심사·허가절차를 거쳐야 한다. 국가가 특별히 허가하여 성립하는 법인조직에 대해서는 일반적으로 이런 절차에 대한 요구가 없다. 그러나 기타 법인조직은 모두 국가주무관청의 심사·허가의 절차를 거쳐야 한다. 합격·적법한 자에게는 허가를 해주고, 그렇지 않으면 기각시킨다.

(5) 등기를 신청하여 성립하여야 한다. 국가가 특별히 허가하여 성립하는 법인은 선포를 결정할 때에 이미 성립되어 있어야 하고, 등기는 하지 않아도 된다. 그러나 기타 법인조직은 주무관청의 허가를 받은 후 성립을 신청하는 등기행위를 하여야 한다. 중국은 공상관리부문(工商管理部門)[70]의 심사를 거쳐 동의를 얻고, 영

업허가증과 법인자격증서를 받은 날로부터 법률상으로 인격화된 법인으로서 민사주체의 자격을 가지게 된다.

2. 법인성립의 실체적 요건

(1) 상응하는 법적 근거가 있어야 한다. 어떤 종류의 법인이든 성립하려면 그 법인조직을 규율하는 법률규정이 있어야 한다. 즉, 모든 성립은 법률에 의거하여야 한다. 예를 들어 기관법인은 국가의 헌법, 법률(관련조직법), 행정법규에 의거하여 성립하고, 기업법인은 민법통칙, 민사특별법(회사법 등)과 행정법규(각종 관련단행조례)에 의거하여 성립한다.

(2) 상응하는 법인재산이 있어야 한다.

(3) 법에 의거하여 제정한 법인조직 내의 활동규정이 있어야 한다. 서로 다른 유형의 법인조직이 그 내부활동을 규정하는 형식은 각각 다르지만 어떤 유형의 법인조직이든 내부활동에 대한 규정이 없다면, 그 행위는 가장 기본적인 규범성을 상실하게 된다. 일반적으로 정관은 법인이 그 조직과 행위규칙의 전문적인 문건이다. 사단법인의 정관은 사단법인의 발기인이 초안을 작성할 수 있으며, 사단성립회의에서 표결하여 통과시킨다. 재단법인의 정관은 통상적으로 재산의 기부자가 초안을 작성할 수 있고, 기부재산의 목적과 관리 등에 대하여 규정한다.

중국민법통칙은 조직정관의 내용, 변경 등의 사항에 관해서 아직 구체적으로 규정하고 있지는 않다. 그러나 관련민사특별법

---

70 중국에서 부문(部門)이라 함은 부문, 부과, 부서, 부처 등 해당분야의 행정업무를 담당하는 부서들을 총칭하는 의미이다. – 역주

의 관련조항에서 정관에 대하여 상세하게 규정하고 있다(「중국회사법」 제23조 참고).
(4) 상응하는 경영활동범위가 있어야 한다. 법인은 성립할 때에 명확한 경영범위가 있어야 하고, 성립 후에 그 경영범위를 넘어서서 민사활동을 진행할 수 없다.
(5) 상응하는 조직기구와 인원이 있어야 한다.

상술한 (2), (5)의 조건은 법인의 구성요건의 내용에 속한다. 본장의 제1절에서 자세히 설명하였다.

제5절 法人의 民事能力

법인 본질에 대한 이해에 따라 법인민사능력에 관한 여러 가지 관점을 형성한다. 법인의제설의 관점에 따르면, 법인은 행위능력과 책임능력이 없다. 법인부인설의 관점에 따르면, 법인은 행위능력과 책임능력, 그리고 권리능력이 없다. 반대로 법인실재설에 따르면 법인은 자연인과 동일하다고 여겨 민사행위능력과 민사책임능력을 포함한 민사능력을 가진다. 중국민법통칙은 법인실재설을 채택하고 있다. 따라서 중국에서 법인의 민사능력문제는 법인의 민사권리능력과 법인의 민사행위능력, 그리고 법인의 민사책임능력문제에까지 영향을 미친다. 학계에서도 이 관점으로 점점 일치되어가고 있는 실정이다.

I. 법인의 민사권리능력

　법인의 민사권리능력이란 법인이 민사권리를 향유하고 민사의무를 부담할 수 있는 자격을 가리킨다. 외국은 민사권리능력에 대한 입법과정에서 대체로 두 가지 규정방식이 있다. 하나는 일본식으로, 법인은 그 목적범위 안에서 권리능력을 향유한다고 규정하는 것이다. 다른 하나는 스위스식으로, 법인의 권리능력은 원칙적으로 자연인과 상통하나 자연인만이 누릴 수 있는 민사권리능력은 법인이 향유할 수 없다고 규정하는 것이다. 「중국민법통칙」 제42조와 제49조의 규정은 일본식을 채택하고 있다.

　중국민법학계는 법인의 민사권리능력에 관하여 자연인의 권리능력과 서로 비교하여 설명한 부분이 많다. 왜냐하면 어떤 입법방식을 채택하든 관계없이 법인의 민사권리능력과 자연인의 민사권리능력은 시작과 끝, 제한, 범위 등에서 서로 구분되기 때문이다.

1. 생산·소멸의 시기가 다르다

　법률의 규정에 의거하여 법인의 민사권리능력은 법인성립시에 발생하여 법인소멸시에 소멸한다. 자연인의 민사권리능력은 출생이라는 사실에 의해 발생하고 사망에 의해 소멸된다.

　중국은 기업법인과 사회단체법인의 성립시기를 '법인영업허가증' 또는 '법인등기증'에 기재된 날로 한다. 그리고 기관법인과 사업단위법인에 대해서는 주무관청이 법인의 설립을 허가한 날을 법인의 성립시기로 이해한다.

　법인의 소멸시기는 청산등기가 경료된 날로 한다. 법인은 자연인처럼 사망하면 끝나는 것이 아니라 어떤 원인으로 인하여 소멸하였는지에 상관없이 법인의 채권·채무관계상의 문제가 존재한다. 법인의 청산단계에서 그 청산범위 이외의 활동이 정지되는 것과 같이 법인의 권리능력은 제한을 받지만, 그것을 완전히 상실하는 것은 아니다. 청산단계에서 법인은 채권·채무의 청산을 위해 자신의 명의로 사무를 계속할 수 있으며, 아직 미결된 업무활동과 기타 활동을 완성하거나 진행할 수도 있다. 그러나 새로운 업무활동에 종사할 수는 없다.

2. 내용이 다르다

법인의 민사권리능력은 자연인의 민사권리능력과 서로 비교하면 많은 방면의 제한이 따른다. 주요한 것은 다음과 같다.

(1) 법률규정에 따른 제한

외국의 입법 중에는 법인의 민사권리능력을 제한하는 많은 전문적인 법률규정이 있다. 예를 들어 기업법인 같은 회사는 회사법에 그 제한규정이 있는데, 회사는 다른 회사의 무한책임주주가 될 수 없는 등의 제한을 받는다. 제한의 주요한 목적은 회사 자금을 유지하는 것이며, 그 밖에도 회사의 지속적인 발전과 채권자의 이익을 보호하는 데 있다. 이 밖에도 주무관청의 허가를 받지 않으면 금융기구가 될 수 없다는 것과 같이 행정명령으로 민사권리능력을 제한하기도 하며, 어떤 규정은 경제발전의 실질적인 상황을 겨냥하여 제정되었다.

(2) 법인의 자연적 성질에 대한 제한

법인은 민사주체의 한 유형에 속하지만 일종의 사회조직이기 때문에 자연인과 관계된 인신권, 신분권과 같은 권리는 향유할 수 없다. 예를 들어 자연인의 권리능력에만 속하는 건강권, 생존권, 혼인권, 부양청구권 등은 법인이 향유할 수 없다. 또한 법인의 권리능력에만 속하는 전속법인(專屬法人)의 경영권은 자연인이 향유할 수 없다.

(3) 경영범위의 제한

자연인은 법률을 위반하지 않는 범위 내에서 모든 권리를 향유하고 모든 의무를 부담한다. 법인이라는 사회조직은 법인의 성질, 목적, 업무범위에 따라 민사권리능력의 내용에서 차이가 난다. 모든 법인은 일정한 범위 내에서의 경제임무 또는 기타 사회적 임무를 완성함으로써 설립되었다. 그러므로 법인은 그 법인설립시의 목적과 정관에 상응하는 민사권리만을 취득하고 그에 따른 민사의무를 부담한다.

II. 법인의 민사행위능력

법인의 민사행위능력이란 법인이 법률이 규정한 범위 내에서 자신의 행위로 민사권리를 취득하고 민사의무를 부담하는 자격을 말한다. 자연인의 민사행위능력과 서로 비교해볼 때, 법인의 민사행위능력은 다음과 같은 특징을 가진다.

(1) 법인의 민사권리능력과 민사행위능력은 동시에 발생하여 동시에 소멸한다

법인은 일단 성립하면 그때 민사권리능력과 민사행위능력이 동시에 발생하며 시간상의 간격은 없다. 또한 법인이 존속하는 모든 시간 동안 민사권리능력과 민사행위능력은 동행하며, 법인의 소멸에 따라 동시에 소멸한다. 자연인의 민사권리능력은 평등하다. 하지만 자연인의 민사행위능력을 취득하는 것은 연령과 지력의 제한을 받고 민사행위능력을 취득한 후 상실할 수도 있다. 곧 완전한 민사행위능력인이 제한민사행위능력인이나 무민사행위능력인이 될 수도 있다.

(2) 법인의 민사권리능력과 민사행위능력의 범위는 같다

법인의 민사권리능력과 민사행위능력의 범위는 일치한다. 곧 법인의 민사행위능력의 범위는 법인의 권리능력범위를 제한하는 표준이 된다. 구체적인 범위는 법인이 성립시에 허가받아 등기한 경영범위로 제한된다.

(3) 법인의 민사행위능력은 단체의사를 전제로 하고, 법인의 기관을 통해 실현된다

민사행위능력의 전제는 일정한 의사능력이다. 자연인은 본인 또는 대리인, 감호인을 통해 의사표시를 할 수 있다. 법인은 그 내부의 조직기구를 통하여 자신의 단체의사를 만들어내고, 법인의 기관이나 수권받은 위탁대리인을 통하여 실현된다.

III. 법인의 민사책임능력

법인의 민사책임능력이란 자신의 행위가 타인의 합법적인 권익에 손해를 초래하였을 때 독립적으로 민사책임을 부담하는 법률자격을 말한다. 법인의 민사책임능력의 범위는 계약책임과 침권책임의 두 방면을 포함한다. 본서는 이를 본장의 제7절에서 자세히 설명한다.

제6절 法人의 變更과 消滅

I. 법인의 변경

법인의 변경은 법인의 그 존속기간과 활동과정 중에 조직기구, 활동목적 및 업무범위 등에 변화가 발생하는 것을 뜻한다.

1. 조직기구의 변경
법인조직기구의 변경은 법인의 합병과 분리를 말한다.

(1) 법인의 합병
법인의 합병이란 두 개 또는 두 개 이상의 법인이 합병하여 한 개의 법인이 되는 것을 가리킨다. 합병은 신설합병과 흡수합병의 두 종류의 형식이 있다. 신설합병은 두 개 또는 두 개 이상의 법인이 합병하여 새로운 한 개의 법인이 되는 것이다. 신설합병을 하면 원래 가지고 있던 법인의 자격은 소멸하고, 즉시 새로운 법인의 자격이 확립된다. 흡수합병은 한 개 또는 여러 개의 법인이 그중 하나의 현존하는 법인으로 귀속되는 것이며, 합병된 법인의 자격은 소멸하고, 존재하고 있던 법인의 자격은 유지된다.

(2) 법인의 분리

법인의 분리란 한 개의 법인이 두 개 또는 두 개 이상의 법인으로 분리되는 것을 가리킨다. 분리에는 두 가지의 상황이 존재한다. 하나는 한 개의 법인이 두 개 또는 두 개 이상의 법인으로 분리되는 것이다. 이때 원래 가지고 있던 법인의 자격은 소멸한다. 다른 하나는 하나의 법인에서 한 개 또는 여러 개의 법인이 떨어져 나와서 새로운 법인자격을 확립하는 것이다. 원래 가지고 있던 법인자격은 계속 존재한다. 이 상황은 다시 두 가지의 상황으로 나눌 수 있다. 한 가지는 원래 법인의 분점기구가 법인의 조건을 구비하여 독립적으로 법인이 되는 것이다. 예를 들면, 계열사가 본사로부터 독립하여 새로운 법인이 되는 것이 있다. 다른 한 가지는 두 개 혹은 두 개 이상의 법인이 일부분을 합쳐 새로운 법인을 구성하는 경우이다. 예를 들면, 두 개의 기업법인이 각자의 일부분을 합쳐 법인자격을 가지는 새로운 기업을 공동으로 설립하는 경우가 있다.

기업법인의 합병·분리 후, 그 권리와 의무는 변경된 후의 법인이 향유하고 부담한다. 분리한 경우에는 원래 법인의 재산·채권·채무 등은 일정한 방식에 따라 분리된 각각의 법인들이 부담한다. 합병한 경우에는 원래 법인의 재산·채권·채무 등은 합병 이후의 법인이 모두 부담한다.

2. 기타 중대한 사항의 변경

법인의 기타 중대한 사항의 변경은 법인명칭의 변경, 주소의 변경, 활동목적 및 경영방식 등의 변경을 가리킨다.

상술한 법인의 중대한 사항의 변경은 국가의 관리와 법인의 이익 및 사회적 이익에 직접적으로 영향을 끼칠 수가 있다. 그러므로 일반적으로 법인의 변경은 공고하여야 하고, 등기기관에 변경등기를 하여야 한다.

II. 법인의 소멸

법인의 소멸이란 법인자격이 소멸하는 것을 가리킨다. 즉, 법인이 민사주체자격을 상실하여 민사권리능력과 민사행위능력이 없어지는 것을 뜻한다. 법인은 소멸한 후 법인의 명의로 대외적인 민사활동을 할 수 없다.

중국의 현행법률규정에 따라서 법인소멸의 주요한 원인에는 다음 몇 가지가 있다.

1. 법에 의하여 취소된 경우

여기에는 다음 두 가지 경우를 포함한다. 하나는 법률, 행정명령의 규정으로써 법인의 자격을 취소하는 경우이고, 둘째는 법인이 법률규정을 위반하여 취소되는 것이다. 예를 들어, 법인이 위법한 경영활동을 하여 국가와 사회 또는 타인의 이익에 중대한 손해를 주었다면 주관기관은 법에 의거하여 그 법인을 취소시킬 수 있다.

2. 법인이 스스로 해산한 경우

법인해산의 주요한 원인은 다음과 같다.

(1) 법인이 목적을 달성하였거나 달성이 불가능하여 해산하는 경우이다. 예를 들어 어떤 대형건설 프로젝트를 목적으로 성립되었던 프로젝트회사가 프로젝트를 완성하여 해산하는 경우 등이 있다.

(2) 법인의 정관에 규정된 법인의 존속기간이 만료되었거나 해산사유가 발생하여 해산하는 경우이다. 예를 들어 중외합자경영기업이 성립시에 계약과 정관에 존속기간을 정하였는데, 그 기간이 만료되어 해산하는 경우 등이 있다.

(3) 법인 구성원의 회의에서 결의하여 해산하는 경우이다. 예를 들어 유한책임회사와 유한주식회사의 주주회의에서 결의하여 해산하는 경우 등이 있다.

(4) 법인이 합병이나 분리를 위하여 해산하는 경우이다. 예를 들어 신설합병에서 두 개 또는 두 개 이상의 법인이 합병하여 한 개의 새로운 법인이 될 때, 원래 있던 법인이 해산하는 경우 등이 있다.

3. 법에 의하여 파산선고된 경우

법인이 전체 재산이 부족하여 채무의 변제기간이 만료되었음에도 불구하고 변제하지 못하면, 법인의 법정대표나 주관부문 및 채권자 등이 그 법인의 파산을 신청할 수 있으며, 인민법원이 관련법률규정에 의거하여 실정을 조사하고 확인한 후 파산을 선고한다. 법인이 선고를 받아 파산단계에 접어들면 인민법원은 청산조직을 설립하여 그 법인의 재산·채권·채무를 심사한 후에 파산재산을 채무관계에 대하여 공평하게 변제한다. 파산재산의 분배를 마친 후 청산조직은 인민법원에 파산에 필요한 절차가 종결되었음을 알리고 법인의 원래 등기기관에 한 등기를 취소시킨다.

4. 기타 원인

상술한 내용 외에도 법인은 기타 원인으로 인하여 정지될 수 있다. 예를 들면, 전쟁의 발생 등이 있다.

제7절 法人의 民事責任

법인의 민사책임은 유한책임이다. 여기서 유한책임은 두 가지 방면의 내용을 포함한다.

첫째, 법인이 민사주체로서 민사활동에 참여하는 과정에서 채무의 변제는 법인조직의 재산에 한한다. 다시 말해서 법인 자체의 재산이 부족하여 채무를 다 변제하지 못하는 경우, 변제하지 못한 채무를 법인의 구성원이 부담하지는 않는다.

둘째, 법인조직의 투자자 또는 창립자가 법인에 대하여 지는 책임은 그가 투자한 금액에 한한다.

I. 법인이 그 법정대표 및 기타 직원의 직무행위에 대하여 부담하는 민사책임

법인의 이런 민사책임에 대한 인식은 법인의 본질에 대한 인식의 차이에 따라 서로 다르다. 법인의제설은 법인의 기관과 법인은 대리관계에 있고, 법인은 법인기관의 행위에 대해서 대리의 책임을 져야 한다고 여긴다. 법인실재설은 법인의 기관과 법인은 동일한 주체이며, 법인의 기관은 법인의 대표로서 그 행위의 결과는 법인이 부담한다고 여긴다. 중국은 후자의 관점을 채택하고 있다.

중국의 법률규정에 따라 법인의 법정대표 및 기타 직원의 직무집행행위는 곧 법인의 행위이며, 그 직무행위의 모든 법률결과는 법인이 부담한다. 그러므로 설령 내부기관 구성원의 직책범위에 대한 규정이 불분명한 상황이라 하더라도 법인기관의 구성원이 경영업무활동 및 그 업무상의 실수로 인하여 타인에게 손해를 준 경우, 그 책임은 전부 법인이 부담한다. 이렇게 규정하고 있는 이유는 법인이 법정대표 및 기타 직원의 선임(選任)과 직무수권에 대한 책임을 직접적으로 지고 있고, 법인이 법정대표와 기타 직원의 경영활동을 감독하여 그 활동이 사회와 기타 공민과 법인의 적법한 권익에 손해를 가져오지 않게 하기 위해서이다.

하지만 법인기관 구성원의 모든 경영활동에 대하여 법인이 책임을 지는 것은 아니다. 법인기관의 구성원이 자연인의 신분으로 경영활동에 종사하였을 때의 민사책임은 그 개인이 진다. 단지 구성원이 법률과 정관에 규정되어 있는 직권을 행사하였을 때 혹은 직권의 한계가 불명확할 때 구성원이 법인의 명의로 진행한 경영활동에 대해서만 법인이 그 책임을 진다.

법인기관의 구성원, 특히 법정대표는 대외적으로 법인을 대표하여 경영업무활동에 종사하는 권리를 가지고, 동시에 법인의 경영업무활동을 적법하고 정확하게 조직하여 이끌 의무가 있다. 만약 이 구성원이 직책을 위배하고 불법한 경영활동을 하였다면, 이 위법활동은 법인의지를 구현한 것으로 보아 법인이 그 위법활동에 대한 법적 책임을 진다.

II. 법인 자신의 민사위법행위에 대한 민사책임

중국의 법률규정에 의거하여 법인은 허가를 받아 등기한 경영범위 내에서 활동하여야 한다. 만약 기업이 허가받고 등기한 경영범위를 넘어 불법적으로 경영에 종사하거나, 등기기관이나 세무기관에 진실한 상황을 숨기거나, 허위로 날조하거나, 자금을 빼돌리거나, 재산을 은닉하여 채무를 피하거나, 기타 위법활동에 종사하여 국가의 이익과 사회의 공공이익에 손해 또는 타인에게 손실을 주었을 경우, 우선적으로 법인에게 그 법적 책임을 추궁한다. 법인은 법적 책임을 부담한 후, 노동법과 그 정관에 의거하여 법정대표나 책임이 있는 법인기관의 구성원에게 보상을 요구할 수 있다. 만약 위법행위에 대한 법정대표 또는 법인기관의 구성원의 과실이 크거나 행위의 결과가 비교적 심각할 경우, 각각의 상황에 따라 행정처분과 벌금을 부과할 수 있으며 형사책임을 물을 수도 있다. 그러나 법인의 법정대표나 책임이 있는 법인기관의 구성원에 대한 보상요구 및 행정처분과 벌금, 형사책임의 추궁은 법인이 부담하는 민사책임의 범위에 속하지 않고, 노동법, 행정법, 형법 등의 기타 법률부문의 규율범위에 속한다.

III. 법인의 변경과 정지시의 민사책임

법인의 변경과 정지시에도 그 민사책임은 결코 없어지는 것이 아니다. 이에 관하여는 본장 제6절에서 자세하게 설명하였다.

IV. 법인은 그 분점기구의 행위에 대한 민사책임을 져야 한다

법인의 분점기구는 법인의 의지에 따라 설립된 부분적으로 경영활동에 종사하는 기구이며, 법인의 구성부분이다. 법인의 분점기구는 법인의 자격을 가지지 않는다. 하지만 허가받은 영업범위 내에서 자신의 명의로 대외적인 민사활동에 종사할 수 있다. 일반적으로 법인의 분점기구는 법인에 종속되며 독립적인 민사권리주체가 될 수 없다. 그러나 법인의 분점기구가 법인의 조건을 구비하고 허가등기를 거치면 원래의 법인과는 서로 분리된 새로운 법인이 될 수 있다.

법인의 분점기구는 허가받은 범위 내에서 자신의 명의로 대외적인 민사활동에 종사하며 그 권리와 의무 및 책임은 법인에게 귀속된다.

제3장

非法人組織

제1절 非法人組織[71]의 槪述

I. 비법인조직의 개념

비법인조직이란 법인의 자격은 없지만 자신의 명의로 민사활동에 종사할 수 있는 조직체를 가리킨다. 현대 각국의 입법은 대부분 자연인과 법인 외에 비법인과 같은 어떤 주체성을 가지는 조직체의 존재를 인정한다. 그러나 각국 혹은 타지역마다 비법인조직의 명칭 및 유형에 대한 규정은 서로 다르다.[72] 비법인 같은 어떤 주체성을 가지는

---

[71] 한국의 '권리능력이 없는 사단'에 상응하는 개념이다. — 역주
[72] 예를 들어, 독일민법전에서는 권리능력이 없는 사단은 인정하고 권리능력이 없는 재단은 인정하지 않는다. 일본민법전에서는 비법인사단과 비법인재단을 동시에 인정한다. 대만민법에서는 비법인사단만을 인정한다. — 역주

조직체에 대해 독일은 무권리능력사단(無權利能力社團), 일본은 비법인사단(非法人社團) 또는 비법인재단(非法人財團)이라 하고, 대만은 비법인단체(非法人團體)라 하며, 중국의 대륙학계는 비법인단체(非法人團體) 또는 비법인조직(非法人組織)이라 한다.[73] 본서에서는 비법인조직이라 한다.

II. 비법인조직의 법률적 특징

일반적으로 비법인조직은 다음과 같은 특징을 가진다.
(1) 안정성을 가지는 인합조직체(人合組織體)여야 한다. 비법인조직은 다수의 사람으로 구성된 조직체이다. 이 조직체는 대표나 관리자가 있고 자신의 명칭, 조직기구, 조직규칙 그리고 업무활동을 하는 장소가 있다. 다시 말해서 비법인조직은 안정성을 가지는 조직체이다.
(2) 특정한 경영범위가 있어야 한다. 비법인조직은 법인과 마찬가지로 자신의 성립목적이 있어야 한다. 여기서 목적은 비경제적인 것일 수도 있고, 경제적인 것일 수도 있다. 예를 들어 전자의 예로는 과학발전, 교육, 종교, 자선사업 등이 있고, 후자의 예로는 영리를 목적으로 하는 것이 있다.
(3) 독립적으로 지배할 수 있는 재산 또는 경비가 있어야 한다. 비법인조직은 인합조직체이지만 그 단체의 목적을 실현하기 위

---

73 梁慧星:《民法總論》, 法律出版社, 1995年版, 135쪽.

하여 경제적 또는 비경제적인 활동에 종사하고, 그렇게 하기 위해서는 일정한 재산 또는 경비가 있어야 한다. 그러나 법인조직의 재산 또는 경비와는 달리 비법인조직은 독립적으로 재산 또는 경비를 지배할 수만 있으면 된다. 그리고 그 구성원의 재산에 분명한 경계를 요구하지 않지만, 그 소유권은 비법인조직이 향유한다.

(4) 대표나 관리자가 있어야 한다. 비법인조직은 대표 또는 관리자가 비법인조직을 대표하여 법률행위를 한다. 여기서의 대표 또는 관리자는 법인의 대표 또는 관리자와 다르다. 비법인조직에 대해서는 대표나 관리자가 있을 것만 요구하고 법률규정에 따른 조직형식을 가질 것을 요구하지는 않는다. 하지만 법인에 대해서는 규정을 두고 있는 기관을 설립할 것을 요구하고, 이런 기관에 대해 엄격한 형식적 요구를 한다.

(5) 비법인조직의 명의로 민사활동을 하여야 한다. 이것은 자연인과의 계약관계 혹은 일반적으로 조직성이 없는 집합과 구별되는 비법인조직의 표지이다. 만약 비법인조직이 자신의 명의로 민사활동을 하지 않는다면, 그것은 비법인조직으로서 그 주체성을 인정할 필요가 없다.

III. 비법인조직의 법률지위

민법은 민사주체의 이론에 관하여 단일(單一)주체에서 다원(多元)주체를 인정하는 발전과정을 거쳤다. 그 예로 1804년의 프랑스민법전에서는 자연인에 대한 규정만 하고, 법인의 주체적 지위는 인정하지 않았다. 그러나 그 후 각국의 민법은 시장경제의 요구를 반영하여 법인을 자연인 이외의 다른 종류의 민사주체로 인정하게 되었다. 앞에서 서술한 것과 같이 법인의 본질에 대해서는 많은 학설이 존재하며 법인실재설을 많이 채택한다. 법인실재설은 법인을 사회생활에서 존재하는 조직체라고 인정한다. 그러므로 법인자격이 없어도 사실상 존재하는 이러한 조직체에 대해서 주의하여야 한다. 따라서 비법인조직의 법률지위문제가 발생하였다.

비법인조직의 법률지위에 관하여 각국이 가장 먼저 채택한 방법은 조합에 관한 규정을 준용하는 것이었다. 이후 민법의 비법인조직에 대한 인식은 제2차 세계대전 이후에 크게 발전하였다. 비법인조직이 민사권리능력과 민사행위능력을 가지고 있는지에 관하여 입법상으로 두 가지의 학설이 형성되었다. 즉, 긍정설과 부정설이다. 긍정설은 비법인조직이 일정한 민사권리능력을 가진다고 본다. 그러므로 이 학설에 의하면 비법인조직은 동일한 범위 안에서 민사행위능력을 가진다. 부정설은 비법인조직은 민사권리능력이 없는 사단으로 민사행위능력이 없다고 본다. 그러나 총체적으로 볼 때 독일, 일본, 대만의 학설과 판례에서 모두 점차적으로 비법인조직이 권리능력과 행위능력, 소송능력을 가진다는 것을 인정하고 있고, 비법인조직의 주체성 역시 차츰 긍정하고 있다.

중국민법통칙은 자연인과 법인에게만 민사주체의 자격을 부여한다. 그러나 실제로는 법인자격이 없는 조직체가 많다. 예를 들어, 비기업법인(非企業法人)에는 주요하게 비법인사영기업(非法人私營企業), 조합기업, 비법인집체기업(非法人集體企業), 비법인외상투자기업(非法

人外商投資企業)이 있고, 기업재단과 비법인공익단체에는 비법인기관 사업단위와 사회단체가 있다. 그리고 특수조직이 있는데, 예를 들면 건설계획 중에 있는 법인조직의 채권자회의와 청산인회 등이 있다. 이런 비법인조직이 법인과 다른 점은 자신의 채무를 이행할 수 없을 때, 조직의 창립자나 임원진이 그에 대하여 연대책임을 지는 것에 있다.

　실제 중국사회에서 볼 때, 비법인조직에게 민사주체자격을 부여하는 것은 비법인조직의 민사활동을 규범하고 조합의 권익을 보호하며, 채권자의 권익을 보장하는 데 유리하다. 따라서, 비법인조직에게 민사주체자격을 부여하는 것이 필요하다. 모든 비법인조직은 직접적으로 관련법률·법규 및 규정에 의거하여 발생하였거나, 정부정책의 허가 아래 자율적으로 성립된 것이다. 비록 중국민법통칙은 비법인조직에 대하여 민사주체로서의 자격을 부여하지 않고 있지만, 실제로 많은 비법인조직이 자신의 목적을 실현하기 위하여 민사법률관계에 참가하고 그 속에서 민사권리를 향유하며 민사의무를 부담한다. 실무에서 비법인조직은 사회의 정치, 경제, 문화, 교육, 위생 등의 면에서 무시할 수 없는 작용을 하고 있다. 사회의 생산력이 발전하면 새로운 사회조직이 출현하게 마련이다. 이 새로운 사회조직은 기타 조직 혹은 개인과 필연적으로 많은 사회관계를 발생시키고, 이는 곧 일정한 사회관계를 규율하는 법률이 그 민사주체자격을 확인해주고, 자연인이나 법인 사이 또는 그들 사이의 사회관계를 규율하는 것과 같이 규율해줄 것을 요구하는 것이다. 그러므로 비법인조직에게 민사주체자격을 부여하는 것은 객관적인 필연성을 가지는 것이다. 다음으로 비법인조직에게 민사주체자격을 부여하는 것은 가능성을 가지는 것이다. 첫째, 법인이 민사주체자격을 부여받는 것과 같이 새로 출현한 신형사회조직도 주체자격을 취득하기 위하여 일정한 과정을 거쳐야 한다. 둘째, 중국민법통칙은 비법인조직에게 민사주체자격을 부여하고 있지 않지만 몇몇 법률과 법규는 일정선에서 법인자격이 없는 조직체가 허가받은 경영범위 내에서 자신의 명의로 계약을 체결하고 권리를 향유하며, 의무를 부담하는 것을 승인하고 있다. 그러므로 실제로 중국 현행입법은 비법인조직이 허가받은 범위 내에서 민사권리능력과 민사행위능력을 갖는 것을 승인하고 있다.

상술한 내용을 종합해 볼 때, 비법인조직에게 민사주체자격을 부여하는 것은 필요할 뿐만 아니라 가능한 것이다. 그러나 모든 비법인조직이 민사주체자격의 부여를 필요로 한다는 것은 아니다. 단지 법률로써 비법인조직이 민사주체자격을 향유하는 조건에 대한 규정을 제정할 것을 요구하는 것뿐이다. 중국법률은 조합에 대하여 이미 비교적 상세한 법률규정을 두고 있지만, 기타 비법인조직에 대한 규정은 아직 전면적·체계적이지 못하다. 한 발 더 나아간 입법규정과 이론의 심도 있는 연구를 기대하며 본장 다음절에서는 조합이라는 비법인조직에 대해 소개하겠다.

제2절 組合

I. 조합[74]의 법률지위

　　조합은 상품경제와 함께 발전해왔다. 법인제도가 형성되기 이전, 조합은 민법의 규율범위에 속하는 자연인 사이의 상품경제관계에서 유일한 연합형식이었다. 근대 서방의 조합제도와 관련입법은 한 단계 더 발전을 하였고, 현대에 이르러 법인제도는 충분한 발전을 하였지만 조합 역시 각국에서 보편적인 경영방식으로 인정되고 있다.

　　조합의 법률지위에 대해 알아보자. 최초의 학자들은 대부분 조합은 일종의 계약관계이고 법률상의 독립적인 주체가 될 수 없다고 보았다. 즉, 주체는 조합조직 자체가 아니라 개개인의 조합원이라고 보았다. 전통 대륙법계의 민법도 조합을 계약의 일종으로서 채권편에 넣었다. 영미법계에서는 성문의 조합법이 있지만, 조합법은 조합의 관계에 대하여 직접적인 구속력을 가지지 않고 조합합의[75]가 조합법의 적용보다 우선시되었다. 그러나 근래에 와서 대륙법계와 영미법계는 조합의 법률지위에 대해 법인과 같은 조합의 규정을 만들었다.[76] 최근

74　원문은 '합화(合伙)'이다. - 역주
75　원문은 '합화협의(合伙協議)'이다. - 역주
76　예를 들어, 1978년에 새로 수정한 프랑스민법전은 "규정에 따르면 조합은 등기한 날부터 법인자격을 가진다"고 규정하였다. 미국에서는 조합법과 각 주의 법으로써 규정하였다. 조합은 법인과 같은 상호의 명의로 동산과 부동산을 가질 수 있다. 조합행위로 발생한 법률책임은 먼저 조합인과 조합재산에 미치며, 그 다음으로 조합인의 개인재산에 미친다. 조합은 법인과 마찬가지로 파산을 선고받을 수 있고, 소송당사자가 되어 제소하거나 응소할 수 있다. 다만, 중국민법은 조합의 당사자능력과 등기능력을 인정하지 않는다.

조합의 발전에 따라 중국의 민법학계도 그 법률지위를 놓고 토론을 벌였다.[77] 토론의 관점은 여러 가지이지만 대체로 세 종류로 개괄할 수 있다.

(1) 조합은 민사주체가 될 수 없고, 민사주체는 자연인과 법인의 두 종류만 있다고 본다. 그 이유는 개인조합은 실질적으로 자연인 개인이고, 법인조합은 곧 법인이기 때문이다.

(2) 조합은 개인과 다르며, 또한 법인과도 다르므로 자연인, 법인과 병렬관계에 있는 제3의 민사주체로 인정하여야 한다고 본다. 그 이유는 설령 조합구성원이 대외적으로 개인책임을 부담하더라도 그것은 조합의 파산시에만 발생할 뿐이고, 실무에서 조합이 주체지위를 갖게 되면 조합의 경영활동을 더욱 효과적으로 촉진시킬 수 있기 때문이다.

(3) 조합은 민사주체가 될 수 있지만 이에는 조건이 따른다. 조직과 상호가 없는 간이조합(簡易組合)은 민사주체가 될 수 없지만, 조직과 상호가 있는 조합은 민사주체가 될 수 있다.

위의 세 가지 관점을 비교하자면 두 번째 관점이 가장 채택할 만하다. 조합이 자연인, 법인과 다르지만 민사주체로 성립될 수 있는 데는 그만한 근거와 이유가 있다. 민사주체는 민사법률관계에 참여할 수 있고, 민사권리를 향유하여 민사의무를 부담하는 인(人)이다. 민사주체가 성립하는 전제는 독립적인 인격을 가지는 것이다. 독립적인 인격은 재산의 자주권에서 가장 먼저 체현된다. 민법이 규율하는 상품

---

[77] 《法學研究》編輯部:《新中國民法學研究綜述》, 中國社會科學出版社, 1990年版. 劉心穩主編: 《中國民法學研究述評》, 中國政法大學出版社, 1996年版, 180~181쪽.

교환관계에서 자기명의로 재산에 대하여 적법하게 점유·사용·수익·처분할 수 있는 개인이나 단체는 민사주체로서의 자격을 가진다. 조합은 조합의 구성원이 공동으로 투자하여 형성된 재산권을 가지며, 조합구성원의 공동재산은 조합의 존속기간 중에 분할을 요구할 수 없는 상대적인 독립성을 갖는다. 조합은 조합의 재산에 대하여 점유·사용·수익·처분의 권리를 가진다. 즉, 상응하는 재산자주권을 향유한다. 다음으로 민사주체는 자신의 재산으로 민사책임을 부담할 수 있다. 조합구성원은 조합의 채무에 대하여 무한(無限)연대책임을 부담하고, 변제시 조합의 재산이 부족하면 본인의 재산으로 변제하여야 한다. 여기서 알 수 있듯이 조합의 재산은 조합구성원의 재산과 완전히 독립되어 있지 않고, 조합의 책임도 조합구성원의 책임과 서로 연결되어 있다. 그러나 조합이 자기명의로 대외적으로 부담하고 있는 채무이고, 우선적으로 조합의 재산으로 변제하는 것을 전제로 한다. 조합의 재산이 변제하는 데 부족할 경우에만 조합구성원 개인의 재산으로 변제한다. 마지막으로 각국의 실무와 중국의 현재 상황에서 볼 때, 대다수의 조합이 자신의 명의로 민사활동에 참여하고 있다.

중국에서 조합형식은 상당히 보편화되어 있다. 그중에 적지 않은 수의 조합이 자신의 상호, 인장(印章)을 가지고 있고, 은행에 계좌를 만들어 조합의 명의로 기타 민사주체와 광범위한 경제 왕래를 하고 있으며 소송활동에도 참여하고 있다. 그러므로 조합의 민사주체로서의 지위를 확인하는 것은 조합을 보호하고 그에 따른 기타 민사주체의 적법한 권익을 보호하는 데 유리하다. 또한 조합경영방식의 장점을 충분히 발휘시켜 경제협조를 촉진시키고, 민사유전관계(民事流轉關係)의 진행과 국가의 감독관리에도 유리하다.

II. 조합의 개념과 법률적 특징

조합의 정의에 대한 각국의 법률규정은 일치하지 않는다. 대체적으로 두 가지로 나눠볼 수 있다. 어떤 국가의 민법은 조합의 계약형식을 강조하여 조합은 우선적으로 일종의 계약을 통한 연결이라고 한다.[78] 또 어떤 국가의 조합법은 조합의 조직성을 강조하여 두 명 이상이 연합하여 공동의 사무에 종사하는 필연적인 결합으로 이루어진 단체와 조직이라고 한다. 「중국민법통칙」 제30조와 「중국조합기업법」 제2조는 조합의 개념에 대하여 규정하고 있다. 이 두 규정에서 볼 때, 중국민법의 조합에 대한 규정은 그 계약적 성질과 조합의 각 방(方)이 공동으로 경영하는 조직체 행위를 강조하고 있다. 즉, 조합은 두 개 또는 두 개 이상의 민사주체가 조합합의를 맺어 공동으로 출자하여 조합을 경영하며, 공동으로 수익을 향유하고 공동으로 위험을 부담하며, 조합의 채무에 대해서 무한연대책임을 지는 영리성(營利性)조직이다. 그러나 조합기업법에 관한 정의의 출발점은 조합이 아닌 조합기업이다. 이는 곧 조합이 기업과 비기업으로 분류된다는 것을 의미한다.

1. 계약의 입장에서 고찰해본 조합의 법률적 특징

(1) 조합은 조합합의를 기초로 하고, 법에 의거하여 허가를 받고 등기를 경료한 후에 성립한다. 조합은 조합원의 자의로서 이루어지고, 그 존재는 조합원의 출자와 이윤을 향유하는 등의 사항에

---

[78] 예: 「프랑스민법전」 제1832조, 「독일민법전」 제705조, 「일본민법전」 제667조 규정.

관한 합의를 전제로 한다. 합의의 목적은 장기적인 합작관계를 건립하는 것이고, 합의한 모든 사항을 조합원이 보류 없이 받아들여야 조합관계가 시작된다.

(2) 조합은 공동경영관계이다. 조합의 각 방이 함께하는 것은 사업의 공동경영을 위해서이고, 이에는 사회에 물질상품을 제공하거나 서비스로 이윤을 얻는 모든 활동을 포함한다. 조합사업의 승패관계는 모든 조합원의 이익과 관련되므로 조합합의에 상반되는 규정이 없는 한 모든 조합원은 경영활동에 참가할 권리를 가진다.

(3) 조합원 사이에는 수탁신임관계(受託信任關係)가 있다. 조합원의 지위는 평등하며, 모든 조합원은 대내적으로 조합의 사무를 경영·관리하고, 대외적으로 조합을 대표하여 거래활동에 종사할 수 있는 권리를 가진다. 그러므로 조합은 조합원 사이의 높은 신임을 기초로 하는 대인관계이고, 조합원 서로가 선택한 결과이다. 일단 조합원 사이에 신임을 잃어버리면 머지않아 조합이 해체될 것을 의미한다.

(4) 조합은 출자·수익·위험이 하나로 융합된 공동체이다. 조합은 공동출자를 전제로 하고 이익을 공동으로 향유하는 것을 원동력으로 하며, 위험을 함께 부담하는 것을 담보로 하는 이익공동체이자 책임공동체이다.

(5) 조합원 사이에는 무한연대책임을 진다. 설령 조합원 각 방이 채무를 부담하는 비율을 약정하였어도 모든 조합원은 조합의 모든 대외채무를 변제하여야 하는 책임을 진다. 자신이 부담해야 하는 부분을 넘어서 채무를 상환한 조합원은 기타 조합원에게

보상을 요구할 수 있다.

(6) 조합은 법인자격을 가지지 않는다. 조합은 조합원이 조합의 채무에 대해서 무한연대책임을 지고, 법인은 법인의 모든 재산으로 유한책임을 진다. 따라서 조합은 법인이 아니라고 본다.

2. 주체의 입장에서 고찰해본 조합의 법률적 특징

(1) 조합은 등기한 상호의 명의로 경영 및 소송활동에 종사할 수 있다. 조합은 상호를 만들 수 있지만 등기를 경료한 상호만이 법률적 의의를 가진다. 조합이 상호를 등기하면 조합에 민사주체의 지위가 부여된 것과 같이 상호의 명의로 대외적인 경영활동과 소송활동에 종사할 수 있다. 제3자도 상호의 명의로 하는 행위자와 직접적으로 계약을 체결할 수 있고 조합원 전체가 그에 대한 약속을 실행할 의무와 책임을 진다. 이때 조합은 독립된 행위주체이지만 완전히 독립된 책임주체는 아니다. 조합원은 여전히 조합에 대하여 무한책임을 진다.

(2) 조합은 수권(授權)하여 경영할 수 있다. 전통적인 조합규칙은 모든 조합의 구성원에게 평등한 경영관리권을 부여한다. 그러나 반드시 자신이 그 권리를 행사하여야 한다는 것을 의미하는 것은 아니다. 조합원은 한 명 또는 여러 명의 조합원을 추천하고 선발하여 조합의 대표자로 삼아 전체조합원이 경영하는 조합사업을 대리하게 할 수도 있다. 대규모 조합의 경영은 경영관리인원을 선용(選用)하여 조합의 일상적인 사무를 책임지도록 할 수 있다.

(3) 어떤 조합원은 유한책임을 질 수도 있다. 조합원이 무한책임을

지는 것은 조합의 일반적인 규정이다. 그러나 유한조합을 인정하는 국가에서는 조합에 유한책임을 지는 조합원이 존재한다. 그러나 유한책임을 지는 조합원은 반드시 조합사무 및 영업의 관리를 포기하여야 한다. 그러므로 유한조합의 존재는 일정한 정도에서 원래의 조합규칙을 수정하였다고 말할 수 있다.
(4) 어떤 조합원의 퇴출이나 사망 또는 조합원 간의 분쟁은 조합의 해산을 야기할 수 있다. 그러나 원래 조합원의 상속자 또는 나머지 조합원이 계속 경영할 수 있으며 계속하여 유지될 수 있다.

조합의 이런 특징은 조합의 독립성과 주체성을 더한층 강화시켜 현대사회에서 기업의 한 형태로서 그에 대한 규범과 규율을 할 수 있다. 이런 특징은 사회의 관여와 절차 및 안정을 강조하는 현대사회에서 조합의 필연적인 발전의 결과이다.

III. 조합의 분류

각국은 조합을 서로 다르게 분류한다. 조합에 관한 실무와 법률제도의 발전에 따라 조합의 여러 가지 유형이 파생되었다.

1. 민사조합과 상사조합

이것은 상사활동(商事活動) 여부를 기준으로 조합을 분류한 것이다. 주로 대륙법계 국가의 조합에 대한 분류이다. 그러나 상사라고 하는 것에 대한 각국의 범위와 규범은 다를 수 있다. 그러므로 각국의 민사조합과 상사조합의 범위는 완전히 일치하지 않는다. 비교적 전형적인 구분을 하자면 사회에 전문적이거나 기능적인 활동을 제공하는 조합을 민사조합이라 하고, 생산경영, 상품판매 등의 활동에 종사하는 조합을 상사조합이라 한다. 민사조합은 상사행위가 있을 수 없고 비영리성을 가지며, 상사조합은 통상적으로 영리를 목적으로 한다.

이러한 구분은 현대사회에서 실질적인 의의를 가지지 않는다. 영업활동에 종사하는 것은 조합의 공통적인 특징이고, 영리와 비영리는 영업이윤의 최종적인 용도가 조합원에게 분배되는지, 아니면 공익사업에 쓰이는지와 관련될 뿐이며, 조합의 조직방식에는 별다른 영향이 없다.

2. 개인조합과 법인조합

이것은 조합원의 성질을 기준으로 조합을 분류한 것이다. 중국민법통칙이 규정하고 있는 독특한 분류이다. 개인조합이란 두 명 이상의 자연인 사이에 공동출자, 공동경영, 영리의 공동향유, 위험의 공동감수 등의 합의를 기초로 형성된 조합을 가리킨다. 법인조합이란 두 개 또는 두 개 이상의 기업·사업단위가 공동으로 투자하고 공동으로 경영하지만, 법인의 조건은 가지지 않는 각 방이 출자비율 또는 약정에 따라 연합하여 경영하고, 각자가 소유하거나 경영관리하는 재산으로 민사책임을 지는 경제연합의 형식을 가리킨다.

법인이 조합원이 될 수 있는지 여부에 대해서는 국가와 지역에 따라서 각기 다른 규정이 존재한다. 주로 금지주의와 허가주의가 있다. 전자의 예로 스위스, 일본 및 대만 등에서는 법인이 조합원이 되는 것을 명문(明文)으로 금지한다. 후자의 예로 미국, 프랑스, 독일, 구소련

등 국가에서는 법인이 조합원의 권리능력을 가진다는 것을 입법에서 인정하고 있다. 중국법률은 법인이 조합원이 될 수 있다는 것을 명문으로 규정하고 있지 않다. 하지만 관련법률조문의 내용에서 보면 긍정적인 입장을 취하고 있다. 개인조합과 법인조합의 가장 큰 차이점은 법인조합은 합의를 통하여 각자의 책임범위를 약정할 수 있으며 연대책임을 면할 수 있다는 점이다. 이러한 구별이 조합의 기본원칙에 위배되면 연합경영의 실무에 많은 문제를 수반하게 된다.

3. 현명(顯明)조합과 은명(隱名)조합

이것은 조합원 성명의 공개 여부와 조합영업활동에의 참여 여부에 따라 조합을 분류한 것이다. 현명조합은 모든 조합원이 조합원의 신분과 성명을 공개하고, 조합사업의 경영관리활동에 참여하는 조합을 가리킨다. 은명조합은 조합에 성명이 공개되지 않고 조합의 영업활동에 참여하지 않는 조합원이 한 명 또는 일부분 존재하는 조합을 가리킨다. 현명조합과 서로 비교해볼 때, 은명조합은 출자에 의해 기타 조합원이 경영하는 조합이고, 은명의 조합원이 내부관계에서 부담하는 책임은 기타 조합원과 동일하며 오직 외부사람에게 알려지지 않기 위하여 간접적으로 대외채무책임을 진다. 중국법률은 은명조합을 규정하고 있지 않다.

4. 보통조합과 유한조합

이것은 유한책임을 지는 조합원의 유무를 기준으로 조합을 분류한 것이다. 보통조합은 모든 조합원이 무한연대책임을 지는 조합이다. 유한조합은 적어도 한 명의 보통조합원과 한 명의 유한책임을 지는 조합원으로 조성된 조합이다. 유한조합에서 보통조합원은 조합업무의 경영을 책임지고 조합의 채무에 대해서 무한책임을 진다. 반면, 유한책임을 지는 조합원은 조합업무의 경영에 참가할 수 없으며, 그 행위로 인하여 상호(商號)를 제약하거나 그 출자자본을 철회할 수 없으며, 단지 조합의 채무에 대해서 출자한 만큼만 유한책임을 질 뿐이다. 만약 유한책임을 지는 조합원이 조합의 경영에 참가하면 그 기간 내의 모든 채무에 대해 책임을 져야 한다. 유한책임을 지는 조합원은 조합의 경영에 참여하지 않더라도 장부의 항목을 심사할 수 있는 권리가 있다. 유한책임을 지는 조합원의 사망이나 파산은 조합의 존속에 영향을 주지 않고, 유한책임을 지는 조합원은 조합의 소멸을 통지할 수 없다. 보통조합원의 사망 또는 퇴출에 대해서 조합의 합의나 정관에 다른 규정이 있을 때를 제외하고는 즉시 조합에 소멸선고가 내려진다.

상술한 내용을 종합해보자. 조합채무의 부담은 출자한 금액에 한정된다는 점에서 볼 때 유한조합은 회사의 주주와 유사하다. 그러나 유한조합원이 유한책임을 지는 것이 조합영업의 경영관리권을 포기하는 조건이라는 점을 볼 때, 유한조합은 은명조합과 유사하다고 할 수 있으며, 단지 유한조합원은 이름을 숨긴다는 조건을 갖지 않을 뿐이다.

유한조합은 조합제도의 중대한 발전이며, 조합이 더욱 실체성을 구비할 수 있게 하였고 상업활동에 더한층 잘 적응하게 하였다. 그러나 중국의 현시점에서 유한조합의 제도적 가치는 아직 충분히 나타나지 않고 있다. 그러므로 조합기업법은 유한조합에 대하여 규정을 두고 있지 않다.

5. 기업형조합과 비기업형조합

이것은 조합이 기업의 특징이 있는지 없는지에 따라 조합을 분류한 것이다. 중국의 조합기업법이 반포된 후 자연적으로 형성된 분류이다. 조합기업법은 기업의 특징을 구비한 조합을 규율한다. 그러나 자연인 조합의 대부분이 기업의 특징을 가지지 못하고 사실 조합의 상태로 존재하기 때문에 일반적인 민사조합규칙의 적용이 필요하다. 그러므로 중국민법통칙에 의거하여 규율한다. 기업형조합이 비기업형조합과 명확히 구별되는 특징은 기업형조합에는 특정한 조건과 형식을 갖출 것이 요구된다는 점이다. 예를 들면 정식적인 조합합의, 기업등기의 진행 등이 있다.

IV. 조합조직의 성립

법인과 비교해볼 때, 조합조직의 성립은 상대적으로 훨씬 간편하고 융통성이 있다. 그러나 일정한 요건을 갖추어야 한다. 중국조합기업법은 조합을 설립할 때에 갖추어야 하는 요건을 규정하고 있다.

첫째, 두 명 이상의 조합원이 있어야 하고, 이들은 모두 법에 의거하여 무한책임을 진다.

둘째, 서면상의 조합합의가 있어야 한다.

셋째, 조합원이 실제로 납부한 출자자금이 있어야 한다.

넷째, 조합기업의 명칭이 있어야 한다.

다섯째, 경영장소와 조합경영에 종사하는 필요조건이 있어야 한다. 이것은 조합기업법이 기업성조합에 대해 규정하고 있는 법정요건이다. 모든 조합기업은 어떠한 직종에 종사하든 상관없이 이 모든 요건을 동시에 구비하여야 하며 하나라도 부족해서는 아니된다. 그러나 비기업조합은 조합조직의 명칭이 있어야 한다는 요건을 꼭 구비하여야 하는 것은 아니다. 단, 민법통칙이 규정하는 요건은 반드시 갖추어야 한다.

1. 조합원은 법률이 규정한 요건에 부합하여야 한다

조합기업법은 조합원의 인원수, 성질, 자격에 대해서 제한을 두고 있다.

(1) 조합원의 인원수에 대해서 최저인원수의 제한을 두고 있다. 즉, 두 명 이상이어야 한다. 최고인원수에 대한 제한은 두고 있지 않다. 그러나 조합조직의 전형(典型)적인 인합성(人合性) 때문에 조합원 사이의 신임관계를 중시한다. 따라서 일반적으로 조합의 인원수가 많을 수는 없다. 세계 각국의 규정을 살펴보면, 대륙법계에서는 일반적으로 조합원의 인원수에 대하여 특별한 제한을 두지 않는다. 그러나 영미법계에서는 일반적으로 제한을 두고 있다.[79]

(2) 조합원은 법에 의거하여 조합기업의 채무에 대하여 무한연대책임을 지는 보통조합원이다. 중국에서는 유한조합원이 조합에 가입하는 것을 허가하지 않는다.

---

[79] 예 : 영국법률은 일반적인 조합원수는 20명을 넘어서선 안 되며, 은행업무에 종사하는 조합은 그 조합원 수가 10명보다 많을 수 없다고 규정하고 있다. 또한 호주의 법률은 생산무역형 조합의 인원수는 20명을 넘을 수 없으며 보험통계사, 의사, 증권브로커 사무소는 50명으로 그 상한선을 제한하고 있다.

(3) 조합원의 자격은 민사주체에 대한 법률규정에 부합하여야 한다. 그러나 법률·행정법규가 영리성활동에 대해 종사를 금지한 사람은 조합원이 될 수 없다. 예를 들어, 법관법(法官法)과 검찰관법(檢察官法)[80]의 규정에 의거하여 법관과 검사는 민사주체자격의 규정에 부합하더라도 영리성이 있는 경영활동에 종사할 수 없다. 그러므로 조합원이 될 수 없다.

2. 서면상의 조합합의가 있어야 한다

조합합의는 조합의 각 방이 조합조직을 설립하고 공동의 경제목적을 실현하기 위하여 합의를 한 것이다. 대륙법계에서는 일반적으로 조합은 반드시 명확한 서면합의가 있어야 한다고 규정하고 있으며, 그렇지 않으면 조합관계의 존재를 인정하지 않는다. 영미법계에서는 반드시 서면형식을 갖출 것을 요구하지는 않는다.

조합당사자 사이의 권리와 의무관계를 명확히 하여 불필요한 다툼의 발생을 피하기 위하여 조합합의는 몇가지 사항을 명확히 할 필요가 있다. 중국조합기업법에 따라 기업성조합의 조합합의는 다음 사항을 명확히 할 필요가 있다. 조합조직의 명칭과 주요경영장소의 지점, 경영범위, 출자방식, 금액 및 출자납부의 기한, 흑자의 분배와 채무의 분담, 조합사무의 집행, 조합의 가입·퇴출, 조합조직의 소멸, 위약책임 등의 사항에 대해서 규정하고 있다. 비기업성조합의 성립에 관한 조합합의는 민법통칙규정에 의거하여 기재하여야 한다.

---

[80] 「검찰관법」은 1995년 2월 28일 제8기 전국인민대회 상무위원회 12차 회의에서 통과되었고, 1995년 7월 1일에 공포하여 시행하였다. 검찰관은 검사를 말한다. -역주

(1) 조합기업의 명칭과 주요경영장소의 지점

조합기업의 명칭은 조합기업이 대외경영을 할 때 외부적인 표지가 되고, 동시에 조합기업의 상예(商譽)의 표지가 된다. 각국은 모두 이런 규정을 하고 있다.[81] 중국조합기업법은 조합기업의 명칭에 '유한' 또는 '유한책임'이라는 문구를 사용할 수 없다고 규정한다.

법률은 조합이 명칭에 대해 명칭권(名稱權)을 향유한다고 규정한다. 즉, 조합은 법률이 규정한 범위 내에서 등기한 명칭을 독점하여 사용할 권리를 향유한다. 그 누구도 허가를 받지 않으면 그 조합의 명칭을 사용할 수 없다. 또한 조합의 명칭은 조합의 상예와 밀접한 관계에 있기 때문에 조합명칭의 사용·변경·양도 등에 관련된 사무는 모두 조합원 전체의 동의를 얻어야 하고, 반드시 등기기관에 등기신청 또는 변경등기를 하여야 한다.

조합기업이 주요경영을 하는 장소의 지점은 조합기업의 주요 사무기구의 소재지 또는 생산·경영활동을 하는 소재지를 가리킨다. 그 지점은 조합기업이 집중적으로 활동하는 지점이고, 조합의 채무이행지, 소송관할권, 법률문건의 송달 등 법률사무를 확정하는 것에 있어서 결정적인 의의를 가지므로 조합합의로 약정하여야 한다.

(2) 조합의 경영범위

조합의 경영범위는 조합이 종사하는 생산·경영분야의 성질과 상품유형을 가리킨다. 조합은 법률이 허가하는 범위 내에서 그 경영범

---

[81] 예 : 「프랑스민법전」 제21조는 조합의 상호명칭은 반드시 모든 조합원의 성명을 독점(獨占)해야 한다. 만약 독점할 수 없을 때에는 명칭의 마지막에 반드시 'et compagnie' 등의 문구를 덧붙여야 한다. 영국에서는 조합의 명칭은 전체조합원 성명의 약칭이다.

위를 확정해야 한다. 조합이 확정한 경영범위는 국가등기기관의 허가를 거쳐야만 법률효과를 가진다.

(3) 조합원의 성명 및 주소

조합원은 조합합의의 당사자이고 조합조직의 주체이며 소유자이다. 조합원은 조합합의에 따라서 권리를 향유하고 의무를 부담하며, 조합조직의 경영 중에서 발생하는 조합의 채무에 대하여 무한연대책임을 진다.

(4) 조합원의 출자방식, 출자금액과 출자납부기한

조합원은 공동으로 출자하여야 하고, 조합에 자금을 납부하여야 한다. 조합원의 출자방식에 관하여 각국의 법률에 서로 다른 규정이 존재한다.[82] 각국은 일반적으로 화폐와 기타 재산(동산과 부동산 포함) 모두 조합원의 출자내용이 될 수 있다고 여긴다. 중국법률은 조합원은 화폐, 실물(實物), 토지사용권, 지적재산권 또는 기타 재산권리 등으로 출자할 수 있다고 규정하고 있다. 또한 조합원이 협상하여 일치하였을 경우, 노무(勞務)로 출자할 수도 있다. 주의하여야 할 점은 조합원의 출자는 반드시 조합원의 합법적인 재산 및 재산상 권리여야 한다는 것이다.

조합합의에 기재하는 조합원의 출자액수는 전체조합원의 출자총액과 각 조합원의 출자액수를 포함한다. 조합원 각자의 출자금액은

---

[82] 예 : 프랑스민법전에서의 조합원은 현금, 실물 및 기술로 출자할 수 있다고 규정하고 있다. 일본민법전에서의 조합원은 노동으로 출자할 수 있다고 규정하고 있고, 영국조합법에서의 조합의 출자는 현금, 재산, 재산권리 등 모두 가능하다.

흑자비율과 채무분담비율을 반영한다.

조합원의 출자기한은 조합원 출자의 시간제한이다. 만약 조합원이 약정한 기한 내에 출자하지 않으면 조합조직의 경영과 기타 조합원의 합법적인 권익에 영향을 주게 되므로 엄중한 위약행위에 속하게 되고, 이로 인해 기타 조합원에게 발생한 손실에 대해서는 배상을 해야 한다. 또한 전체조합원의 동의를 얻어 기한 내에 납부하지 않은 조합원을 제명할 수도 있다.

(5) 이윤분배방법과 적자의 분담방법

조합조직의 이윤분배는 분배기준과 분배절차에 관련된다. 흑자분배의 기준에 관하여 조합원 각자의 출자비율에 따라 분배하거나, 균등하게 분배하거나, 별도로 약정한 방법에 따라 분배할 수 있다. 수익분배 전에 일정한 비율의 공동적립금과 공익금을 추출하여 남겨둘지 여부와 남겨두는 비율 등은 주로 조합원들이 조합관계의 존속기간과 조합업무의 성질 등에 따라 협상하여 결정한다. 수익분배의 구체적인 방안은 조합원이 공동으로 결정할 수도 있고, 조합책임자가 다수의 의견에 따라서 결정할 수도 있다. 조합원은 수익분배시기에 대해 약정하여야 하고, 일반적으로 수익분배시 아직 기한이 도래하지 않은 채무에 대해서는 충분한 재산을 남겨두어야 한다.

조합조직의 적자분담방법은 주로 조합원이 내부관계에서 어떠한 형식, 어떠한 비율에 의거하여 채무를 부담하는지의 문제와 관련된다. 조합원들은 조합채무에 대해서 내부적으로 약정한 채무분담비율 또는 출자비율에 따라 부담한다. 합의에 의한 채무부담비율이나 출자비율에 대한 약정이 없으면 약정 혹은 실제 흑자분배의 비율에 따라 부담한다. 그러나 조합의 경영에 적자를 초래한 조합원은 그 과실 정도에 따라 그에 상응하는 더 많은 부담을 하여야 한다. 자신이 부담하여야 하는 액수보다 더 많은 조합채무를 변제한 조합원은 기타 조합원에게 사후에 구상권(求償權)을 행사할 수 있다.

(6) 조합조직의 사무집행

조합조직은 전체조합원이 공동으로 관여한다. 각각의 조합원은 조합사무에 대하여 관리권을 가지고 조합기업사무의 집행에 참여할 수 있다. 조합조직사무의 집행은 조합원이 조합경영에서 중요한 문제의 처리에 대하여 결의하고 실시하는 것을 가리킨다. 즉, 조합기업사무의 결책권(決策權)과 조합조직사무의 집행권을 포함하고 조합조직 내·외부관계의 처리도 또한 포함한다. 만약 조합합의에 의하여 조합조직사무의 집행에 관한 약정이 있다면 약정에 따라 집행하고, 약정이 없으면 관련법률규정을 적용한다.

(7) 가입과 탈퇴

가입과 탈퇴는 조합조직의 경영과정에서 자주 나타나는 조합원 변경의 상황이다. 각국의 법률에는 이에 상응하는 규정이 있다. 가입이란 조합조직이 성립한 후 비조합원이 조합에 가입신청을 하여 조합원들이 받아들이는 행위를 말한다. 탈퇴란 이미 조합원의 신분을 취득한 사람이 조합관계에서 물러나 조합원의 자격을 상실하는 행위를 말한다. 조합합의에서 가입과 탈퇴의 조건과 절차 및 그 처리방안에 관하여 명확하게 약정하여야 한다.

가입에 관하여 중국법률은 조합원의 조합합의를 우선적으로 존중하고 있다. 그러나 조합원은 가입약정을 만들 때, 법률의 강행성 규정을 위배하여서는 아니된다. 그렇지 않으면 법률규정을 위반한 것이기 때문에 무효가 된다. 그 예로 조합기업법은 조합기업이 타인의 가입을 받아들일 때에는 전체조합원의 동의를 거쳐야 한다고 규정하고 있다. 그러므로 조합합의에서 비조합인의 가입에 관하여 일부 조합원의 동의만으로 가입할 수 있다고 약정할 수 없으며, 설령 약정하였다 하더라도 법률규정을 위반한 것이기 때문에 무효이다.

탈퇴의 발생원인에 따라서 탈퇴는 성명(聲明)탈퇴와 법정탈퇴, 그리고 제명탈퇴로 나뉜다. 성명탈퇴는 조합원이 조합관계를 정지하는 일방의사표시이고 일방민사법률행위에 속한다. 법정탈퇴는 조합원이 자신의 의사에 기초하지 않고 법률이 규정한 조건에 의거하여 탈퇴하는 것이다. 즉, 법률이 규정한 원인이 발생하였을 때 조합원이 조합원의 신분을 상실하는 것으로, 그 예로는 조합원의 사망이 있다. 제명탈퇴는 조합이 강제적인 결정을 통하여 조합원을 조합관계에서 제명하는 것을 가리킨다. 상술한 세 종류의 탈퇴형식에서 법률이 직접적으로 규정하는 법정탈퇴를 제외한 두 가지는 조합합의에서 탈퇴사유, 조건, 절차, 탈퇴조합원의 이윤분배와 채무분담 등의 내용을 약정할 수 있다. 만약 조합합의에서 탈퇴에 대한 약정이 없는 경우에는 관련법률을 적용한다.

(8) 조합조직의 해산과 청산

조합조직의 해산은 조합원 간에 조합합의에 의하여 발생한 권리·의무가 전부 소멸하여 조합경영 자체가 존재하지 않는 것을 가리킨다

조합은 조합합의에서 약정한 존속기간의 만료, 전체 조합원의 조

합정지의 동의, 조합이 경영하는 사업의 완료 또는 완료할 방법이 없거나, 위법활동으로 인하여 관련부문으로부터 받은 해산명령 등의 원인으로 해산한다. 조합 해산시 반드시 청산이 진행되어야 하고, 조합합의에 조합조직의 해산과 청산에 대한 약정을 할 수 있다. 만약 조합합의에 조합조직의 해산과 청산에 대한 사무를 약정하지 않았거나 또는 약정이 너무 원칙적이어서 적용할 수 없거나 법률규정에 위배되면 관련법률규정을 적용한다.

(9) 위약책임

조합합의로 다툼의 해결방식 등의 사항에 대하여 정할 수 있다.

V. 조합의 민사책임

조합의 민사책임은 조합조직이 부담하여야 하는 민사책임과 조합원이 부담하여야 하는 민사책임, 그리고 조합조직이 채용한 직원이 부담하여야 하는 민사책임, 초빙되어 조합조직의 경영관리를 하는 직원이 부담하여야 하는 민사책임 및 청산자가 부담하여야 하는 민사책임을 포함한다.

1. 조합조직이 부담하여야 하는 민사책임

조합조직이 부담하여야 하는 민사책임은 주로 조합조직의 생산·경영 중 위약·불법행위 또는 재산의 부족을 이유로 자주 발생하며, 채무변제시에 제3자에 대하여 부담하는 책임이다.

중국의 조합조직이 대외적 민사책임을 부담하는 규정과 관련된 원칙은 다음과 같이 개괄할 수 있다.
(1) 조합조직이 초빙한 경영관리인 및 조합조직이 채용한 직원이 집행한 조합사무행위는 모두 조합조직의 행위로 간주하여 제3자에게 조성한 손실은 조합조직이 부담한다.
(2) 조합조직은 우선 그 모든 재산으로 책임을 져야 한다. 조합조직의 재산이 채무를 변제하기에 부족할 때에는 전체조합원이 무한연대책임을 진다.

2. 조합원이 부담하여야 하는 민사책임

조합원이 부담하여야 하는 민사책임은 다음 두 부분을 포함한다.
(1) 전체조합원은 대외적인 조합채무에 대하여 무한연대책임을 지고, 조합조직의 위약·불법행위 또는 채무변제시 재산의 부족에 대해서도 무한연대책임을 진다. 이것은 조합조직이 동시에 부담해야 하는 민사책임이기도 하다.
(2) 조합원 사이의 내부책임
조합원의 내부책임은 주로 다음과 같은 내용을 포함한다.
(a) 출자위약책임
조합원은 약정한 기한에 약정한 출자방식에 따라 자신이 출자하여야 할 금액을 납부하여야 한다. 만약 조합원이 이를 어기면 이것은 실질적으로 자신과 기타 조합원 간에 체결한 출자협의를 위반한 것이므로 이미 자신의 출자의무를 이행한 기타 조합원에 대해서 출자위약책임을 져야 하고, 만약 손실을 초래하였다면 배상책임도 져야 한다.

(b) 무한책임을 거절하는 것에 대한 위약책임

조합원의 무한책임부담은 조합설립의 필요요건이다. 그러므로 조합조직이 성립한 후 조합원 간에는 이미 무한책임부담을 지기로 합의한 것으로 간주한다. 만약 조합원이 후에 무한책임을 지는 것을 거절하면 이는 곧 합의를 위반하는 것이므로 기타 조합원에 대한 위약책임을 져야 한다.

(c) 독단적으로 조합조직의 재산배당을 출질(出質)한 것에 대한 배상책임

조합원은 조합조직의 재산배당을 출질함에 있어서 반드시 기타 조합원의 일치된 동의를 얻어야 한다. 기타 조합원의 일치된 동의를 얻지 못한 행위는 무효가 되거나 탈퇴처리가 되고, 그로 인하여 기타 조합원에게 조성한 손실에 대해서는 법에 의거하여 배상책임을 져야 한다.

(d) 독단적인 탈퇴에 대한 배상책임

만약 조합원이 탈퇴조건에 부합되지 않는 독단적 탈퇴를 강행할 경우, 그로 인해 기타 조합원들에게 조성한 손해에 대하여 배상을 하여야 한다. 독단적인 탈퇴 역시 위약행위에 속하기 때문이다.

(e) 금지의무의 위반 및 본 조합조직과 거래해서는 아니된다는 의무의 위반에 대한 배상책임

조합원은 자영(自營) 또는 타인과 합작경영하여 본 조합조직이 서로 경쟁하는 업무를 해서는 아니된다. 조합합의에서 별도로 약정한 바가 있거나 전체조합원의 동의를 얻은 것을 제외하고 조합원은 본 조합조직과 거래해서는 아니된다. 만약

조합원이 이 규정을 위반하여 본 조합조직과 서로 경쟁하는 업무에 종사하거나 또는 본 조합조직과 거래하여 조합조직과 기타 조합원에게 손실을 조성하면 배상책임을 져야 한다.
(f) 전체조합원의 동의를 얻어야만 집행할 수 있는 조합사무를 독단적으로 처리하였을 때의 배상책임

전체조합원의 동의를 얻어야만 집행할 수 있는 조합조직사무에 대하여 만약 조합원이 이 규정을 위반하고 독단적으로 조합조직의 사무를 처리하여 조합조직 혹은 기타 조합원에게 손실을 조성하였다면 조합원은 법에 의거하여 배상책임을 져야 한다.

(g) 사무집행권을 가지고 있지 않은 조합원이 독단적으로 집행한 조합조직사무에 대한 배상책임

만약 한 명 또는 다수에게 조합의 사무집행을 위탁하였다면 기타 조합원은 조합의 사무를 집행하지 않아도 된다. 그런데 사무집행권한을 가지고 있지 않은 조합원이 독단적으로 조합조직사무를 집행하였다면 그로 인해 조합조직 또는 기타 조합원에게 조성한 손실에 대해서 법에 의거하여 배상책임을 져야 한다.

3. 조합조직이 채용한 직원이 부담하여야 하는 민사책임

조합조직이 채용한 직원이 직무상의 편리를 이용하여 조합조직의 재물을 불법으로 점유하거나 조합조직의 자금을 유용(流用)하여 개인적인 용도로 사용하였을 경우에는 법에 의거하여 민사책임을 져야 한다.

4. 초빙되어 조합조직의 경영관리를 하는 직원이 부담하여야 하는 민사책임

초빙되어 조합조직의 경영을 관리하는 직원은 조합조직이 수권한 범위 내에서 직무를 이행하여야 한다. 만약 조합조직이 수권한 범위를 넘어서는 경영활동에 종사하거나 고의(故意) 또는 중대한 과실로 인하여 조합조직에 손해를 조성하였다면 배상책임을 져야 한다. 이것은 초빙된 경영관리자와 조합조직 사이의 관계가 기본적으로 위탁대리관계이기 때문이다. 위탁대리에서 대리인이 대리권의 범위를 넘어선 민사행위를 하거나 고의 또는 중대한 과실로 인하여 피대리인에게 손해를 초래하였다면 당연히 배상책임을 져야 한다.

5. 청산자가 부담하여야 하는 민사책임

중국법률은 청산자는 두 종류의 행위에 대해 민사책임을 져야 한다고 규정하고 있다.

(1) 조합원이 위탁한 청산자가 직권을 이용하여 사리사욕을 채우기 위하여 부정행위를 하거나, 불법으로 수익을 얻거나 또는 조합조직의 재산을 침점하여 조합조직에 손실을 초래하였다면 법에 의거하여 배상책임을 져야 한다.

(2) 청산자가 법률규정에 의거하지 않고 조합조직을 해산하고 청산한 후 청산의 순서에 따라 채무를 변제할 때, 조합조직의 재산을 은닉하거나 이전하고, 부채기록표나 재산목록을 허위로 기재하거나 채무를 변제하기 전에 조합재산을 분배하여 채권자의 이익에 손해를 초래하였다면 법에 의거하여 배상책임을 져야 한다.

民事法律事實

제1장

民事法律事實의 槪述

제1절 民事法律事實의 槪念과 特徵

I. 민사법률사실의 개념

　민사법률사실은 민사법률에서 규정한 규범과 부합되는 구체적인 민사법률관계 또는 구체적인 민사권리의 발생·변경·소멸을 일으킬 수 있는 객관적인 현상을 말한다. 예를 들어, 민법에서 규정하고 있는 계약이 법에 의해 체결되면 특정한 계약당사자 간에 구체적인 계약의 권리·의무관계를 발생시킨다. 사람의 사망은 구체적인 상속법률관계를 발생시킬 수 있고, 침해행위는 구체적인 손해배상의 법률관계를 발생시킬 수 있고, 채무자가 부분적으로 채무를 이행한 행위는 채권관계의 변경을 일으킬 수 있으며, 또한 소송시효기간이 도래한 것은 당사자의 승소권(勝訴權)을 소멸시킬 수 있다. 계약이 법에 의해 체결되고 사람이 사망하거나 불법행위를 하거나 채무를 부분적으로 이행하거나 소송시효기간이 도래한 것은 모두 구체적인 민사법률관계 또는 구체적인 민사권리의 발생·변경·소멸을 일으키는 객관적인 상황이며, 이것이 모두 민사법률사실이다. 총괄적으로 말해서 민법규범에 부합되고 특정한 당사자 간에 구체적인 민사법률관계 또는 구체적인 민사권리의 발생·변경·소멸을 일으킬 수 있는 객관적인 상황은 모두 민사법률사실이다. 만약 민사법률관계의 발생·변경·소멸을 민사법률관계나 민사권리의 변동으로 개괄하면 민사법률사실은 민사법률규범에 부합하고 민사법률관계나 민사권리변동을 일으킬 수 있는 객관적인 상황으로 서술할 수 있다.[83]

II. 민사법률사실의 특징

민사법률사실은 다음과 같은 특징을 가진다.

1. 민사법률사실은 객관적인 상황이다

객관적인 사실이란 사람의 주관적인 의식과 관계없이 존재하는 것

---

[83] 민사법률사실의 개념에 대하여 통상적으로 두 가지의 서술이 있다. 하나는 민사법률사실의 서술이 민사법률관계가 발생·변경·소멸하는 객관적 사실을 일으킬 수 있다는 것이다(佟柔 主編:《中國民法學·民法總則》, 59쪽 참고). 다른 하나는 민사법률사실은 법률규범이 확인한 민사권리(의무)를 발생·변경·소멸시킬 수 있는 사실이라는 것이다(江平, 張佩霖編著:《民法學教程》, 中國政法大學出版社, 1986年版, 61쪽 참고). 실질적으로 민사법률관계의 발생·변경·소멸과 민사권리의 발생·변경·소멸은 서로 다르다(梁慧星:《民法總則》, 法律出版社, 1996年版, 제51~52쪽 참고). 민사법률관계의 발생·변경·소멸과는 상관없이 민사권리의 발생·변경·소멸은 모두 법률사실로 인해 일어난다.

이다. 따라서 사람의 주관적인 의식이 담긴 것이면 법률사실이 아니다. 예를 들어 사람의 머리속의 생각·의사는 민사법률사실이 될 수 없다. 왜냐하면 법률은 사회관계를 조정하기 때문에 물질적·정신적 사회관계를 막론하고 반드시 사람과 사람 사이의 객관적인 사회관계로 표현하여야 한다. 내심의 의사를 외부로 표현하지 않으면 사회관계적 의의를 가지지 않기 때문에 법률로써 규율할 수 없다. 그러므로 이는 법률사실이 아니다.

2. 민사법률사실은 민사법률규범으로 규정한 사실이다

객관적인 상황은 각양각색이다. 그러나 모든 객관적인 상황이 민사법률관계 또는 민사권리의 발생·변경·소멸을 일으킬 수 있는 것은 아니다. 때문에 객관적인 상황이 모두 민사법률사실은 아니다. 그러면 어떤 객관적인 상황이 민사법률사실이 될 수 있는가? 그것은 바로 국가의지의 실현으로 국가의 민사사회관계에 대한 규율의 필요에 의하여 결정된다. 국가는 규율이 필요한 사회관계를 발생·변경·소멸의 객관적인 현상에 근거하여 민사규범으로 규정하고, 이런 객관적인 상황이 곧 민사법률사실이 되는 것이다. 국가가 법률을 통해서 규율하지 않아도 되는 사회관계 및 그와 연관되는 객관적인 상황은 민사법률사실이 아니다. 예를 들면 일출, 일몰, 사계절의 변화, 친구와의 약속, 공부, 산책, 수면 등은 민사법률사실이 아니다.

민법규범은 민사법률사실에 대해서 두 가지 상황으로 나누어서 규정한다. 첫번째는 어떤 객관적인 상황이 일으키는 어떤 민사법률관계나 민사권리의 발생·변경·소멸을 명확하게 규정하는 것이다. 예를 들어, 출생은 자연인의 민사권리능력을 발생시키고, 사망은 상속권을 발생시키며, 소송시효기간의 도래는 소송시효의 소멸을 일으키고, 계약의 체결은 계약법률관계를 발생시키며, 부당이득은 부당이득의 반환채무를 발생시키고, 불법행위는 손해배상채무를 발생시키며, 불가항력은 민사책임의 면제를 발생시키는 것 등이다. 두 번째는 당사자가 법에 의거하여 민사법률사실을 선택할 수 있는 자유를 규정하는 것이다. 법률이 어떤 객관적인 상황을 법률사실로서 명확하게 규정하고 있지 않더라도 당사자 간에 규정한 규범이 법률규정에 부합하고 법률관계에 포함될 수 있을 때, 이 객관적인 상황은 민사법률사실이 된다. 예를 들어, 비가 오는 것은 민사법률사실이 아니다. 그러나 당사자가 민법규정에 의거하여 비가 오는 것을 조건부로 할 때에는 민사법률사실이 된다.

민사법률규범은 민사법률사실에 대한 규정뿐만 아니라 그것이 규정한 민사법률사실의 구성조건 또는 기준을 제시하고 있다. 예를 들어, 사람의 사망은 민법상 자연사망의 기준과 사망선고의 조건과 절차가 있고, 계약체결, 유언 등의 법률행위도 그 성립기준과 유효조건(실질요건, 형식요건)이 있다.

또한 사실행위로서의 부당이득과 사무관리도 각각 구성요건이 있으며, 불법행위도 일반적인 불법행위의 구성요건과 특수불법행위의 구성요건이 있다. 상속을 받거나 포기하는 것, 유증(遺贈)을 하거나 포기하는 것도 각각 다른 시간적 요구와 표시방식이 있다.

3. 민사법률사실은 일정한 민사법률결과를 일으킬 수 있는 객관적인 사실이다

민사법률규범이 민사법률사실을 규정하는 것은 민사법률사실의 민사법률결과를 규정하는 것이다. 바로 민사법률규범의 규정으로 인해서 일정한 객관적인 사실이 민사법률결과를 발생할 수 있는 것이다. 따라서 이러한 객관적 사실이 민사법률사실이 되는 것이다. 민사법률사실이 일으킨 모든 민사법률결과는 구체적인 민사법률관계 또는 구체적인 민사권리가 발생·변경·소멸하는 것이다.

Ⅲ. 민사법률사실의 결과

민사법률사실의 결과는 민사법률사실이 일으킨 모든 구체적인 민사법률관계나 민사권리가 발생·변경·소멸한 것이다.

1. 민사법률관계 또는 민사권리의 발생

민사법률관계 또는 민사권리의 발생은 당사자 간에 민사권리·의무관계를 형성하거나 특정한 당사자에 대해서 민사권리가 발생되는 것을 말한다. 일반적으로 민사법률관계의 발생과 민사권리의 발생은 동시에 발생한다. 왜냐하면 민사권리는 곧 민사법률관계의 내용이기 때문이다. 그러나 민사법률관계의 발생과 민사권리의 발생이 완전히 같은 것은 아니다. 즉, 민사법률관계는 이미 발생했지만 민사권리는 다른 법률사실이 나타나야 비로소 발생하는 경우가 있기 때문이다. 예를 들어, 정지조건부의 민사법률행위가 발생시킨 법률관계에서 민사권리는 조건부가 성립될 때에 발생한다.

2. 민사법률관계와 민사권리의 변경

민사법률관계의 변경은 기존의 주체, 내용, 객체의 세가지 요소 중의 하나의 변화가 발생되는 것이다. 그런데 다른 관점에서는 민사법률관계의 변경은 민사법률관계의 주체는 변하지 않고, 민사법률관계의 내용이나 객체가 변화하는 것이라고 본다. 왜냐하면 민사법률관계의 주체의 변경은 사실상 민사법률관계의 발생이므로 민사법률관계의 변경에는 속하지 않는다. 이러한 두 가지 관점은 실질적인 차이는 없고 관찰 각도가 다를 뿐이다. 민사법률관계에서 주체의 변경은 일정한 법률사실의 출현으로 인해서 민사법률관계의 주체의 권리나 의무가 전부 또는 부분적으로 새로운 주체에게 전이(轉移)되는 것이다. 원래의 민사법률관계에서 관찰하는 것은 주체의 변경이고, 변경 후의 민사법률관계에서 관찰하는 것은 민사법률관계의 새로운 주체에 대한 발생이다.

민사법률관계 내용의 변경은 민사법률관계의 주체가 변하지 않는 것을 전제로 하고, 주체의 권리·의무는 일정한 법률사실의 출현으로 인해 범위나 성질상 변화가 발생하는 것이다. 예를 들어, 채권이 채무의 부분이행으로 인해 감소하는 것, 무상(無償)의 권리·의무관계가 당사자 간의 합의로 인해 유상(有償)의 권리·의무관계가 되는 것 등이 있다.

민사법률관계의 객체의 변경은 민사법률관계의 주체가 변하지 않는 것을 전제로 하고 당사자의 권리·의무가 지향하는 대상에 변화가 발생하는 것이다. 즉, 민사법률관계의 객체가 되는 물건이나 행위가 수량, 범위, 성질 등의 방면에서 변화가 발생하는 것이다. 예를 들어, 채권의 목적물이 부분이행으로 인해 그 수량이 감소하였을 때 채무자가 자신이 이행하여야 하는 행위를 타인이 대신 이행할 수 있게 하도록 하는 행위 등이 있다.

일반적으로 민사법률관계의 변경과 민사권리의 변경은 일치한다. 그러나 특수한 경우는 민사법률관계의 변경과 민사권리의 변경은 일치하지 않는다. 예를 들어, 조건부 혹은 기한부의 민사법률관계가 성립한 후에 부가한 조건이나 기한을 변경하는 것이 민사법률관계의 변경이다. 하지만 법률관계에서 확정한 민사권리에는 영향을 주지 않는다. 왜냐하면 조건이나 기한은 단지 권리·의무의 효력에 영향을 주는 요소일 뿐 민사권리·의무 자체는 아니기 때문이다.

3. 민사법률관계의 소멸과 민사권리의 소멸

민사법률관계의 소멸은 일정한 법률사실의 실현으로 당사자 간에 기존하는 민사법률관계의 효력이 소멸하는 것이다. 민사법률관계의 소멸에는 절대적 소멸과 상대적 소멸이 있다. 절대적 소멸은 민사법률관계가 객체의 소멸로 인해 다시 존재하지 않는 것이다. 민사법률관계의 상대적 소멸은 새로운 법률사실의 출현으로 민사법률관계가 원래의 주체에서 벗어나 새로운 주체에 대해서 발생하는 것이다. 원래의 주체에서 보면 민사법률관계는 소멸되지만, 새로운 주체로부터 보면 민사법률관계는 발생한다.

일반적으로 민사법률관계가 소멸하면 민사권리도 따라서 소멸한다. 그러나 민사법률관계의 소멸과 민사권리의 소멸이 반드시 일치하지는 않는다. 대리관계는 소멸해도 대리관계로 인해서 발생한 보수청구권은 소멸하지 않는 경우가 그 예이다.[84]

---

84 梁慧星 :《民法總則》, 法律出版社, 1996年版, 52쪽.

Ⅳ. 민사법률사실의 구성

　민사법률사실의 구성은 민사법률사실의 조합(組合)이라고도 한다. 두 가지 혹은 두 가지 이상의 객관적인 사실이 조합하여 함께 민사법률관계의 발생·변경·소멸을 일으키는 것이다.

　일반적으로 어떤 특정한 객관적인 사실은 법률규정으로 인해서 독립적으로 민사법률관계의 발생·변경·소멸을 일으킬 수 있다. 이런 객관적인 사실이 법률사실이다. 그러나 법률에서 반드시 두 가지 혹은 두 가지 이상의 객관적인 사실이 서로 결합하여야만 어떤 민사법률관계의 발생·변경·소멸을 일으킬 수 있다고 규정한 경우가 있다. 이렇게 법률규정에 의하여 두 가지 혹은 두 가지 이상의 객관적인 사실이 조합하여 생긴 민사법률사실이 곧 민사법률사실의 구성이다.[85] 예를 들어, 피상속인이 생전에 유언한 법률행위와 피상속인의 사망이라는 사건과 상속인이 상속을 받는 세 가지 법률행위의 사실이 서로 조합하여 법률사실을 구성하여야만 유언의 법률관계가 발생한다.

---

[85] 일반적으로 민법교재는 민사법률사실의 구성을 몇 개의 법률사실이 종합되어 민사법률관계를 발생·변경·소멸시키는 것이라고 설명하고 있다. 민사법률사실이란 민사법률관계의 발생·변경·소멸을 일으킬 수 있는 객관적인 사실이다. 따라서 여러 객관적인 사실이 조합되어야만 민사법률관계를 발생·변경·소멸시킬 수 있는 경우에, 개개의 사실은 독자적으로 특정한 민사법률관계의 발생·변경·소멸을 일으킬 수 없다. 그러므로 민사법률사실의 구성이 곧 민사법률사실은 아니다. 왜냐하면 민사법률사실의 구성은 실질적으로 민사법률규정에서 몇 개의 객관적 사실이 합쳐진 민사법률사실을 의미하기 때문이다.

제2절 民事法律事實의 分類

민법학에서는 법률사실이 사람의 의사에 의해서 직접적으로 발생했는가 아닌가에 따라 사건과 행위로 나눈다.

I. 사 건

사건은 사람의 의사에 의하지 않고 발생한 법률사실이다. 이 개념을 이해하기 위해서는 다음과 같은 점에 주의해야 한다.

첫째, 사건은 사람의 의사와 무관한 것이다. 이것이 행위와 구별되는 점이다.

둘째, 사건 자체는 사람의 의사에 의한 것이 아니다. 즉, 사건 자체와 사건을 일으킨 원인을 구별하여야 한다. 만약 사건이 사람에 의해서 일어난 것이라면 사람의 의사는 사건의 발생과 간접적인 상태에 놓인다. 그러나 사건 자체는 사람의 의사와 무관하므로 행위와는 서로 구분된다. 예를 들어 갑이 을을 살인했을 때, 이를 갑의 살인행위와 을의 사망사건으로 구분할 수 있다.

1. 자연적 사건

자연적 사건은 사람의 의사와는 완전히 무관한 오직 자연적인 원인에 의해서 발생한 사건이다.

(1) 사람의 출생과 사망

사람의 출생, 성장, 병환, 노동능력 상실, 사망은 비록 모든 사람과 밀접한 관계가 있지만 그 발생과정은 완전히 자연적인 규율의 지배를 받으므로 사람의 의사와는 무관한 사건이다.

출생은 민법상 공민의 민사권리능력과 인격권, 친권 등의 법률관계를 발생시킨다. 사망은 민법상의 공민의 민사권리능력의 소멸을 일으키고, 이로 인해 그 공민을 일방으로 하는 민사법률관계의 소멸을 일으킨다. 또한 재산상속의 법률관계, 보험배상 또는 보험금의 지불관계를 발생시키기도 한다. 민법에서 공민의 민사권리능력은 출생으로 인해 발생하고 사망으로 인해 소멸한다는 규정, 대리관계는 피대리인 또는 대리인의 사망으로 인해 소멸한다는 규정, 상속은 피상속인의 사망시부터 시작한다는 규정, 사망선고에 관한 규정 등은 출생과 사망에 관한 법률사실의 규정이다.

사람의 성장은 연령과 서로 연결되는 사람의 생장(生長)상태이다. 민법에서는 연령에 따라 민사행위능력이 다르므로 자연인의 성장연령은 그에 상응하는 민사권리능력을 취득하는 법률사실이다. 또 감호관계를 발생 또는 소멸시키는 법률사실이기도 하다. 병환 역시 사람의 의사에 의한 것이 아닌 자연적 사실이다. 민법상 법률에 규정된 질병은 민사법률관계의 발생·변경·소멸을 일으킬 수 있다. 예를 들어, 자신의 행위에 대하여 완전한 분별능력이 없거나 자신의 행위를 완전히 분별할 수 없는 정신병을 가지고 있는 자연인은 민사행위능력에 변화가 발생하여 제한민사행위능력인 또는 무민사행위능력인이 되는 것이다. 이로 인해 감호관계가 발생한다. 보험법률관계에서 보험계약에 약정한 질병에 걸린 경우 보험배상 등이 발생한다.

(2) 자연재해

지진, 우박, 수재, 가뭄 등은 모두 민사법률관계를 발생·변경·소멸시킨다. 예를 들어, 민법은 불가항력의 발생이 계약의 변경과 해제를 일으킬 수 있고, 민사책임의 면제를 일으킬 수도 있다고 규정한다. 보험사고로서의 자연재해의 발생은 보험배상의 법률관계를 발생시킬 수 있다.

(3) 일정한 시간의 경과

일정한 시간의 경과는 기한부 민사법률관계의 효력발생 또는 소멸을 일으킬 수 있다. 또한 소송시효의 소멸을 일으킬 수도 있다. 채무이행기한의 도래는 채권청구권 또는 담보물권의 행사를 일으킬 수 있다.

(4) 천연과실(果實)[86]의 발생

천연과실의 발생은 소유권을 발생시킨다.

(5) 무민사행위능력인이 실시한 '행위'

무민사행위능력인이 실시한 '행위'는 자신의 의지와 무관하므로 사건에 속한다.

---

86 원물(元物)로부터 분리하기 전에는 원물의 구성부분이나, 분리와 동시에 독립된 물건이 되어 물건의 경제적 용법에 따라 직접 수취(收取)되는 자연적 산출물이다. 그 예로는 송아지, 망아지, 강아지 등의 가축의 새끼와 우유, 양모, 과수, 열매 등이 있다.

2. 인위적 사건

인위적 사건은 사람의 행위로 인해 발생한 사건이다. 사건의 원인은 사람의 행위와 유관하지만 사건 자체는 사람의 의사와 무관하다. 자연적 원인으로 인해 발생한 자연적 사건과는 구별되며 주로 다음과 같은 상황을 포함한다.

(1) 전쟁, 파업, 동란 등
(2) 방화, 실화(失火), 생산사고 등의 인위적 사고
(3) 인위적 원인으로 인한 사망
(4) 실종

인위적 사건에서 사건의 원인이 되는 행위가 일으킨 법률효과는 사건 자체가 일으킨 법률결과와 구분하여야 한다. 예를 들어 살인행위의 법률결과는 형사책임을 지는 것이고, 사망의 결과는 상속법률관계를 발생시키는 것이다.

II. 행 위

행위는 사람의 의사의 지배를 받는 활동이다. 사람의 행위는 매우 광범위하다. 그러나 민법이 사람의 모든 행위를 규정하는 것은 아니다. 민법은 식사, 의복착용, 수면, 독서, 방문 등의 행위에 대해서는 규정하지 않고 있다. 그러므로 이러한 행위는 법률사실이 아니다.

사람의 행위를 민사법률규범으로 규정하는 것이 민사법률사실이다. 예를 들어, 계약을 체결하는 행위, 유언행위, 유실물을 습득하는

행위, 생산행위, 저작(著作)행위, 불법행위 등이 있다. 민법이 규정한 행위 외에 기타 법률규범으로 규정한 행위와 민사법률결과와 관련이 있는 것도 민사법률관계의 발생·변경·소멸을 일으킬 수 있으므로 법률사실이다. 예를 들면 행정행위, 사법행위 등이 있다.

행위는 사람의 의식이 지배하는 활동이다. 따라서 매우 복잡하게 구성되어 있다. 주관적인 의사상태도 있고, 객관적인 의사상태도 있다. 양자는 일치할 수도 있고 일치하지 않을 수도 있다. 사람의 행위의사는 자신의 요소에 의하여 결정되기도 하고, 외부요소의 영향을 받기도 한다. 그러므로 행위의 형태는 여러 가지로 나타난다. 민법은 행위법률사실을 규정할 때 여러 가지 형태의 그 법률결과를 규정한다. 예를 들어, 행위자의 주관적 심리상태에는 고의, 과실, 중대한 과실, 단독과실, 혼합과실, 무과실, 아는 것, 악의(惡意), 선의(善意), 중대착오, 사기, 사기를 당하는 것, 협박, 자의, 진실, 진실하지 않음 등이 있는데 각종 행위의 주관적 심리상태에 따라 법률상의 결과도 다르다. 행위의 객관적 표현형태로는 명시(明示), 묵시(默示)가 있고, 명시에는 구두(口頭)와 서면(書面)이 있으며, 묵시에는 침묵과 추정(推定) 등이 있다. 행위에 대한 법률적 평판에 따라 적법행위[87], 위법행위 등도 있다. 총괄적으로 말해서 민사법률사실로서의 행위형태는 여러 가지이며 매우 복잡하다.

민사법률사실로서의 행위는 여러 가지 기준에 따라 다음과 같이 나눌 수 있다.

---

[87] 원문은 '합법행위(合法行爲)'이다. —역주

1. 민법상의 행위, 행정행위, 사법행위

행위의 법적 성질에 따라 민법상의 행위, 행정행위와 사법행위로 나눌 수 있다.

민법상의 행위는 민법에 규정된 민사법률사실로서의 사람의 행위이다. 이것은 행위법률사실에서 가장 주요하고 흔한 것이다.

행정행위는 국가행정기관이 법에 의하여 직권을 행사하는 행위이다. 행정행위와 민사활동이 관련될 때 민사법률사실이 된다. 예를 들어, 기술도입계약은 주관기관의 비준심사행위를 통해서 효력이 발생한다. 즉, 주무관청의 허가를 거치면 그 효력이 발생한다. 여기에서의 주무관청의 허가행위가 행정행위이다. 즉, 행정행위가 기술도입계약의 효력발생의 민사법률사실이 된다.

사법행위는 인민법원의 안건에 대한 판결행위이다. 이 행위는 법률관계의 발생·변경·소멸을 일으킬 수 있다.

2. 표의행위(表意行爲)와 비표의행위(非表意行爲)

행위자의 의사표시 여부에 따라 민법상의 행위는 표의행위와 비표의행위로 나눌 수 있다.

(1) 표의행위

표의행위는 행위자의 의사표시를 통한 행위이다. 표의행위에는 민사법률행위, 준(準)민사법률행위, 변경·취소할 수 있는 민사행위, 무효의 민사행위가 있다.

표의행위는 중국민법통칙이 창설한 민사행위이다.[88]

(a) 민사법률행위

민사법률행위는 당사자가 의사표시를 통해서 민사법률관계를 발생·변경·소멸시키는 적법행위이다. 예를 들면, 법에 의한 계약체결행위, 유언행위 등이다. 이것은 가장 흔하고 많으며 중요한 민사법률사실이다.

(b) 준민사법률행위

준민사법률행위는 민사법률행위 이외의 당사자가 실시한 의사통지, 관념통지, 감정표시의 행위이다. 의사통지에는 청약거절, 이행의 최고(催告), 선택권 행사의 최고 등이 있다. 관념통지에는 승낙연착의 통지, 불가항력 발생의 통지, 하자(瑕疵)의 통지, 채권양도의 통지 등이 있다. 감정표시에는 피상속인의 용서 등이 있다.[89]

(c) 변경·취소할 수 있는 민사행위

변경·취소할 수 있는 민사행위는 당사자의 중대한 착오로 인하여 실시한 민사행위 또는 현저히 공평을 잃은 민사행위이다.

(d) 무효의 민사행위

무효의 민사행위는 당사자가 실시한 민사행위의 의사표시가 적법

---

[88] 민사행위의 개념에 대해서 세 가지의 관점이 있다. 첫째, 민사행위는 민법상 행위의 통칭이라 여긴다(寇志新主編:《民法學》(上), 陝西科學技術出版社, 1989年版, 69쪽 참고). 둘째, 민사행위는 효력이 없고 예기효과를 발생시킬 수 없는 민사법률행위라 여긴다(江平, 張佩霖 編著:《民法學敎程》, 中國政法大學出版社, 1986年版, 80쪽 참고). 셋째, 민사행위는 민사주체가 실시하여 일정한 법률결과를 발생시키는 행위를 가리킨다(尹田:《民事法律行爲與代理制度硏究》, 重慶大學出版社, 1997年版, 15~16쪽).

[89] 梁慧星:《民法總則》, 法律出版社, 1986年版, 85쪽.

하지 아니하여 당사자가 예기했던 민사법률의 결과가 발생할 수 없는 행위이다.

(2) 비표의행위

비표의행위는 당사자의 의사표시가 없이 실시한 행위이다. 주로 사실행위, 위법행위 등을 포함한다.

(a) 사실행위

사실행위는 행위자가 주관상으로 민사법률관계를 발생시키고자 하는 의사 없이 법률의 규정에 따라 민사법률관계의 결과가 발생한 행위이다. 예를 들어 유실물의 습득, 매장물의 발견, 선점(先占), 가공, 저작, 사무관리 등이 있다.

(b) 불법행위

불법행위는 민법규정을 위반하고 타인의 합법적인 권익을 침범하여 법에 의해서 민사책임을 부담하여야 하는 행위이다.

(c) 위약행위

위약행위는 계약의무를 위반한 행위이다.

3. 적법행위와 위법행위

행위가 법률규정에 부합하는지에 따라 민법상의 행위는 적법행위와 위법행위로 나눌 수 있다.

(1) 적법행위

적법행위는 민법규정에 부합하거나 민법규정을 위반하지 않고 민사법률효과를 일으킬 수 있는 행위이다. 주로 민사법률행위, 준민사법률행위, 사실행위가 포함된다.

(2) 위법행위

위법행위는 민법규정에 부합하지 않거나 민법규정을 위반하여 법에 의해서 민사책임을 부담하여야 하는 행위이다. 주로 불법행위, 위약행위가 포함된다.

제3절 民事法律事實의 意義

"법적 현상에서 사실은 매우 중요하다."[90] 민법규범에서 민사법률사실에 관한 규범은 모든 민법규범체계에서, 민법학이론에서 민사법률사실의 이론은 모든 민법학이론체계에서 모두 매우 중요한 위치에 있으며, 매우 중요하게 작용한다.

---

90 [日]北川善太郎 :《日本民法體系》, 李毅多, 仇景春譯, 科學出版社, 1995年版, 2쪽.

I. 민법규범에서의 위치

　법률규범의 구조는 가정(假定), 처리, 제재(制裁)의 세 가지 요소로 구성된다. 이런 법리적 원리는 민법규범에서 가장 전형적인 것이다. 가정은 법률규범의 적용조건을 나타내는 부분이다. 처리는 사람들의 구체적인 행위에 관한 규칙이다. 즉, 사람들이 무엇을 할 수 있고, 어떻게 하여야 하는지 또는 무엇을 하여서는 아니되는지를 정하고 있는 것이다. 제재는 주체가 처리부분을 위반하여 일으킨 법률결과이다. 민사법률규범에서 이 세 가지 요소를 구현하고 있는 것이 바로 민사법률사실, 민사법률관계, 민사법률책임이다.[91] 민사법률사실은 민법규범의 가정부분이며 민사법률규범의 적용조건을 의미한다. 법률관계는 민사법률규범의 처리부분이며 민사주체의 권리와 의무를 규정한다. 민사권리는 민사주체가 할 수 있는 것이고, 의무는 민사주체가 반드시 하여야 하는 것이다. 그러나 권리의 남용과 의무의 위반을 금지한다. 민사법률책임은 민사주체가 민사법률관계를 위반하여 일으킨 법률결과이다. 민법의 다음과 같은 규정을 예로 들어 보자. 계약은 법에 의하여 체결하여야 하고(민사법률사실, 즉 가정), 당사자는 반드시 철저히 계약의무를 이행하여야 하며, 어떤 일방도 마음대로 계약을 변경할 수 없고 계약을 위반해서는 아니된다(민사법률관계, 즉 처리). 그렇지 않으면 위약책임을 진다(민사법률책임, 즉 제재). 여기에서 알 수 있듯이 민사법률사실은 민사법률규범의 가정부분이고, 그것은 민사법률관계와 민사법률책임을 규범에 적용하는 전제이다.

---

[91] 寇志新主編：《民法學》, 陝西科學技術出版社, 1989年版, 14쪽.

II. 민법이 규율기능을 실현하는 데 있어서의 작용

민사법률규범의 민사사회에 대한 규율기능은 민사법률관계를 통해서 민사사회관계를 민사권리와 민사의무의 질서 잡힌 상태로 만들어 순조롭게 운행되도록 하는 것이다. 그러나 민법규범만으로는 민사법률관계가 발생할 수 없고, 더욱이 민사법률관계가 변경되거나 소멸될 수 없다. 일정한 민사법률사실이 나타났을 때에만 당사자 사이에 구체적인 민사권리와 의무관계가 발생한다. 민사법률사실은 민사법률관계가 발생·변경·소멸하는 직접적인 원인이다. 즉, 민법규범을 적용하는 사실적 의거이며, 민법을 규율하는 작용을 한다. 민사법률사실이 없으면 민법규범의 민사사회관계에 대한 규율기능은 실현될 방도가 없다. 민법규범의 민사사회관계에 대한 규율의 동태적 과정은 다음과 같이 개괄할 수 있다. 일정한 민사법률사실이 나타났을 때, 법에 의해서 민사주체 사이에 민사권리·의무관계의 발생·변경·소멸이 나타난다. 민사책임의 보장 아래, 민사주체가 법에 의하여 옳게 권리를 행사하고 철저히 의무를 이행함으로써 민사사회관계는 규율을 받는다. 만약 민사주체가 권리를 남용하거나 의무를 위반하면 민사책임의 제재 또는 구제를 통해서 당사자 간의 민사관계는 정상적인 상태를 회복한다. 여기에서 알 수 있듯이 법률사실은 민법이 민사사회관계에 대한 규율기능을 실현하는 데 중요한 작용을 한다.

III. 민사사법실무에서의 의의

　민사사법실무에서 준수하는 기본원칙은 '사실을 근거로 하고, 법률을 기준으로 한다'이다. 사실을 근거로 한다는 것은 민사법률사실을 근거로 한다는 것이다. 민사법률사실을 근거로 하여야 민사안건의 사실을 조사하여 밝힐 수 있고, 당사자 간의 민사법률관계의 발생·변경·소멸의 원인 및 권리·의무의 변화상태를 확정할 수 있다. 이 기초를 토대로 법률을 기준으로 하여 당사자 간의 민사권익 논쟁을 판명하고, 적법한 민사권리를 보호하며, 위법행위에 대해서는 제재를 가한다. 민사소송과정에서 당사자는 인민법원에 증거를 제시하고, 인민법원은 증거를 심사하고 판단한다. 이는 증거가 법률사실을 충분히 증명할 수 있는가를 중심으로 진행하는 것이다. 그러므로 민사법률사실이론의 지도 아래에서만 민사법률사실의 증거를 정확하고 빠르게 수집, 제공, 심사, 판단하여 증명할 수 있다. 법률사실을 명확히 하고, 법률사실이 아닌 것은 배제시키며 정확하게 민사법률사실에 근거하여 법률을 적용하여 판결을 한다. 법률을 기준으로 정확한 사실을 적용하여, 법률사실이 아닌 것에 잘못된 판결을 하는 것을 피한다. 여기에서 알 수 있듯이 민사법률사실이론을 파악하는 것은 민사사법실무에 종사하는 데 중요한 지도의의를 가진다. 그것은 정확한 사실을 근거로 하는 이론적 기초로써 민사심판을 보증한다.

제2장

民事法律行爲

제1절 民事法律行爲의 槪述

I. 민사법률행위의 개념

1. 법률상의 정의

「중국민법통칙」제54조는 민사법률행위에 대한 정의를 하고 있다. 이 조항에 따르면 민사법률행위는 공민 또는 법인의 민사권리와 민사의무를 발생·변경·소멸하는 적법행위이다. 이 정의는 법률행위가 적법행위라는 것을 강조한다. 그러나 법률행위의 본질이 의사표시라는 것을 명확히 하고 있지 않다는 지적을 받고 있다.

2. 학술상의 정의

민사법률행위의 학술적 정의는 법률행위에 대한 민법학자의 학술해석적 정의이다. 민사법률행위에 대해서 학자들은 여러 가지 설명을 하고 있다. 예를 들어, 대만학자 리이쳰(李宜琛)은 "법률행위자의 의사표시를 요소로 하고, 그 의사표시로 인해 사법적 효과가 발생하는 법적 요건이다"라고 한다. 그리고 후창칭(胡長淸)은 "법률행위자가 사법상의 효과를 발생시키려고 하는 의사표시(意思表示)를 요소로 하고, 이런 표시로 인해 법률상의 효과가 발생하는 법률사실이다"라고 한다. 또한 메이쫑시에(梅仲協)는 "법률행위자의 사적인 의사표시가 법의 규정에 의해서 희망하는 법률효과에 달할 수 있는 것이다"라고 하며, 왕보치(王伯奇)는 "법률행위자의 의사표시를 요소로 하는 법률사실이다"라고 한다. 이번에는 중국학자들의 학술적 정의를 보자. 장쮠하오(張俊浩)는 "법률행위는 의사표시를 요소로 하고, 의사표시의 내용에 의해서 법적 효과가 발생하는 적법한 민사행위이다"라고 한다.[92] 그리고 리카이궈(李開國)는 "법률행위는 민사주체가 민사권리와 의무의 발생·변경·소멸을 목적으로 실시한 의사표시를 기본요소로 하는 적법행위이다"라고 한다.[93]

  서술한 것을 종합해볼 때, 민사법률행위의 개념의 학술적 정의의 공통점은 민사법률행위는 의사표시행위라는 것을 강조하고, 의사표시는 사법상의 효과를 발생시킨다는 데에 있다. 그러나 어떤 정의는 민사법률행위가 의사표시만을 요소로 하는 것이 아니라 동시에 적법성도 가져야 한다고 한다. 실제로 당사자의 의사표시가 요구하는 법률효과가 발생하려면 반드시 적법하여야 한다. 그렇지 않으면 의사표

---

[92] 張俊浩主編 : 《民法學原理》, 中國政法大學出版社, 1997年版, 204쪽.
[93] 李開國 : 《民法基本問題硏究》, 法律出版社, 1997年版, 126쪽.

시의 법률효과가 발생하지 않는다. 그러므로 민사법률행위는 적법성을 가져야 한다. 따라서 "민사법률행위는 민사주체가 민사법률관계의 변동이 발생하는 의사표시를 요소로 하고, 의사표시가 요구한 민사법률효과가 발생하는 적법한 민사행위이다"라고 정의하는 것이 타당하다. 이 정의는 민사법률행위가 적법한 민사행위의 위치에 있고, 민사행위는 민사법률행위의 상위개념이라는 것을 보여준다. 이는 중국민법통칙의 민사법률행위는 적법행위라는 규정과 부합한다. 또한 민사행위가 민사법률행위의 상위개념이라는 정신을 창립하고, 동시에 민사법률행위는 의사표시 및 그 법적 효과의 발생을 본질적 특징으로 한다는 것을 나타낸 것이다.

3. 특징

(1) 민사법률행위는 표의(表意)행위이고 민사행위에 속한다. 표의행위란 의사표시행위 또는 의사표시행위를 구성요건으로 하는 행위이다. 의사표시행위는 의사와 표시를 구성요소로 한다. 의사는 당사자가 민사법률관계를 발생·변경·소멸시키고자 하는 내재적 소망과 요구이다. 표시는 이런 내재적 의사를 일정한 방식을 통해서 외부로 나타내는 활동이다. 의사는 표시를 하여야 법적 의의를 가지게 된다. 민사법률행위는 의사표시를 구성요건으로 하며, 의사가 없으면 민사법률행위도 있을 수 없다. 그러므로 민사법률행위는 의사표시행위이고, 민사행위의 일종이다. 이는 의사표시를 구성요건으로 하지 않는 사실행위, 불법행위 등의 행위와 구별되는 법률사실이다.

(2) 민사법률행위는 민사주체의 의사표시를 추구하는 민사법률결

과의 발생이다. 민사주체의 의사표시의 내용은 민사법률관계를 발생·변경·소멸시키는 법률효과를 낳는다. 민법은 의사자치원칙을 고수하여 민사주체가 자신의 자유의지에 따라 자신의 사무를 처리하는 것을 허락한다. 민사법률행위는 바로 민사주체가 의사자치를 실현하는 법적 수단이다.

민사주체는 자유로운 법률행위를 통해 민사법률관계의 발생·변경·소멸의 법률효과를 추구함으로써 의사자치에 도달한다. 그러므로 법률행위의 법률효과는 행위자의 의사표시의 구체적인 내용에 의해서 발생한다. 이것은 민사법률행위의 법률결과가 기타 행위의 법률사실과 구별되는 특징이다. 예를 들어 준민사법률행위, 사실행위, 불법행위 등은 법률사실이 일으킨 법률결과로 모두 행위자의 의사표시가 추구하는 것이 아니라 법률의 직접적인 규정에 의거하여 발생한 것이다.

(3) 민사법률행위의 법률효과는 의사표시의 내용과 형식이 법률규정과 부합하여야 발생한다. 민사법률행위의 법률효과의 내용은 의사표시의 내용에서 오고, 의사표시의 내용에 법률효과가 발생하려면 법률의 규정에 부합해야 한다. 즉, 법률이 금지하는 것이 아니어야 한다. 그렇지 않으면 행위자의 의사표시가 추구하는 법률효과는 발생할 수 없다. 이때 행위자가 의사표시를 요소로 실시한 민사행위는 곧 민사법률행위가 아닌 무효 또는 변경·취소할 수 있는 민사행위가 된다. 그러므로 법률행위는 적법행위여야 한다. 총괄적으로 말하면 법률행위의 본질적 특징은 행위자의 의사표시의 내용에 의해서 민사법률효과가 발생하는 민사행위라는 것이다.

II. 민사법률행위의 개념과 상관개념과의 구별

1. 민사법률행위와 민사행위

민사행위는 중국민법통칙이 민사법률행위에 관한 제도에서 규정한 개념이다. 민법통칙은 민사행위의 무효, 민사행위의 변경가능과 취소가능, 민사행위의 부분무효 등의 상황을 규정하고 있다. 민법통칙은 민사행위에 대한 정의를 하고 있지 않다. 하지만 민사행위에 관한 규정과 법률행위의 내재적 관계로 보아 민사행위는 민사주체가 민사법률관계의 설립·변경·취소를 위하여 의사표시를 요소로 실시한 행위이다. 즉, 민사의사표시행위이다. 이것은 의사표시를 구성요소로 하지 않는 민사사실행위, 불법행위와 서로 구별되는 개념이다. 이 개념은 민사법률행위의 상위개념으로 제기된 것이다.

민사행위는 민사주체가 민사법률관계의 설립·변경·취소를 위하여 의사표시를 구성요소로 실시한 행위이다. 민사주체의 의사표시는 법률규정에 부합하여야 법률효과를 발생시킬 수 있고, 이로써 민사법률행위가 된다. 민사주체의 의사표시가 법률규정을 위반하였거나 법률규정에 하자가 있을 때에는 의사표시의 법적 효과가 발생할 수 없거나 발생하지 않을 수 있다. 따라서 무효의 민사행위나 변경·취소할 수 있는 민사행위가 된다.

여기에서 알 수 있듯이 민사행위는 민사법률행위의 상위개념이고 민사법률행위, 준민사법률행위, 무효의 민사행위, 변경·취소할 수 있는 민사행위, 효력미정의 민사행위 등을 포함한다.

2. 민사법률행위와 준민사법률행위

민사법률행위와 준민사법률행위는 모두 민사주체의 의사표시를 구성요소로 하는 적법행위이다. 서로 다른 점은 민사법률행위의 법률효과는 의사표시의 내용으로 인해 발생한다는 것이다. 즉, 법률효과는 행위자가 의도한 것이다. 그러나 준민사법률행위의 민사법률결과는 법률규정에 의해 발생한 기타 법률결과이지 행위자의 의사표시가 추구한 것이 아니다. 다시 말해서 준민사법률행위에 의해 발생한 법률효과는 의사표시의 내용에 의해 확정된 것이 아니라, 의사표시를 한 후 법률규정에 의거하여 의사표시와 연관된 기타 민사법률결과가 나타나는 것이다. 예를 들어, 채무자가 채무를 허락하는 의사표시는 법률규정에 의하여 소송시효중단의 법률효과를 낳을 수 있다. 또한 청약의 거절은 청약실효(失效)의 법률결과를 낳을 수 있다.

제2절 民事法律行爲의 分類

민사법률행위는 학술상 여러 가지로 분류할 수 있다. 이런 분류의 법적 의의는 서로 다른 민사법률행위의 성립과 효력발생상의 서로 다른 특징을 이해하는 데 있다.

1. 일방민사법률행위와 쌍방민사법률행위

민사법률행위가 성립하기 위하여 필요한 의사표시의 구성에 따라 민사법률행위를 일방민사법률행위와 쌍방민사법률행위와 다방(多方)

민사법률행위로 나눈다.

(1) 일방민사법률행위

일방민사법률행위는 당사자 일방의 의사표시만으로 성립하는 민사법률행위이다. 즉, 일방당사자가 의사표시를 하면 상대방 당사자의 동의가 없이도 성립하는 것이다. 예를 들면 위탁을 수권(授權)하는 행위, 상속권을 포기하는 행위, 무권대리를 추인하는 행위 등이 있다.

(2) 쌍방민사법률행위

쌍방민사법률행위는 쌍방당사자의 의사표시가 일치해야 성립하는 법률행위이다. 예를 들면 일방당사자의 청약의 의사표시와 상대방 당사자의 승낙의 의사표시가 일치하여야 계약행위가 성립한다. 이것은 전형적인 쌍방법률행위이다.

(3) 다방민사법률행위

다방민사법률행위는 두 명 이상의 다방당사자의 공통된 의사표시가 일치하여야 성립하는 법률행위이다. 예를 들어, 두 명 이상의 조합원 간에 조합계약을 하는 것은 다방민사법률행위이다.

2. 유상(有償)민사법률행위와 무상(無償)민사법률행위

이것은 당사자의 이익취득에 대한 대가(對價)의 지불 여부를 기준으로 분류한 것이다.

(1) 유상민사법률행위

유상민사법률행위는 일방당사자가 상대방으로부터 어떤 이익을 얻기 위해서 반드시 상응하는 대가를 지불하여야 하는 민사법률행위이다. 예를 들면 매매, 임대 등이 있다.

(2) 무상민사법률행위

무상민사법률행위는 일방당사자가 상대방 당사자로부터 어떤 이익을 얻기 위하여 상응하는 대가를 지불하지 않아도 되는 법률행위이다. 예를 들면 증여, 무상기탁(寄託) 등이 있다.

3. 낙성(諾成)식 민사법률행위와 실천(實踐)식 민사법률행위

이것은 민사법률행위의 성립이 의사표시 외에 지불행위를 필요로 하는가 아닌가에 따라 분류한 것이다.

(1) 낙성식 민사법률행위

낙성식 민사법률행위는 쌍방민사법률행위에서 당사자의 의사표시의 일치를 통해 즉시 성립할 수 있는 법률행위이다. 예를 들면 매매, 임대, 도급 등의 민사법률행위가 있다.

(2) 실천식 민사법률행위

실천식 민사법률행위는 쌍방당사자의 의사표시의 일치 외에 목적물을 인도하여야 성립할 수 있는 민사법률행위이다. 예를 들면 증여계약, 임대계약, 보관계약 등이 있다.

4. 요식(要式)민사법률행위와 불요식(不要式)민사법률행위

이것은 법률행위가 성립하고 유효하기 위해서 특정한 형식을 갖추어야 하는가 아닌가에 따라 분류한 것이다.

(1) 요식민사법률행위

요식민사법률행위는 반드시 법률이 요구하는 특정한 형식을 갖추어야 성립하는 민사법률행위이다. 예를 들어, 부동산매매는 반드시 등기를 하여야 한다.

(2) 불요식민사법률행위

불요식민사법률행위는 특정한 형식을 갖추지 않아도 성립하는 민사법률행위이다. 민법은 당사자의 의사자치원칙을 관철하기 위해서 민사법률행위의 형식상 불요식민사법률행위를 원칙으로 하고, 요식민사법률행위를 예외로 한다.

5. 주된 민사법률행위와 종된 민사법률행위

이것은 서로 관련이 있는 민사법률행위의 독립성 여부를 기준으로 분류한 것이다.

(1) 주된 민사법률행위

주된 민사법률행위는 서로 관련이 있는 법률행위에서 독립적으로 성립할 수 있는 법률행위이다.

(2) 종된 민사법률행위

종된 민사법률행위는 서로 관련이 있는 법률행위에서 독립적으로 성립할 수 없어서 반드시 주된 법률행위를 전제로 하여야 성립하는 민사법률행위이다. 예를 들어, 주된 계약의 민사법률행위와 담보계약의 민사법률행위에서 주된 계약은 주된 민사법률행위이고 담보계약은 종된 민사법률행위이며, 주된 계약이 없으면 담보계약은 성립할 수 없다.

6. 독립민사법률행위와 보조민사법률행위

이것은 민사법률행위의 성립이 제3자의 의사표시를 필요로 하는가 아닌가에 따라 분류한 것이다.

(1) 독립민사법률행위

독립민사법률행위는 당사자의 독립적인 의사표시로 즉시 성립할 수 있는 법률행위이다.

(2) 보조민사법률행위

보조민사법률행위는 제3자의 의사표시가 행위자의 의사표시를 보조하여 성립하는 민사법률행위이다. 행위자의 의사표시는 반드시 제3자의 의사표시의 보조가 있어야 법률행위가 된다. 즉, 제3자의 보조성 의사표시행위는 보조성 민사법률행위이다.

7. 유인(有因)민사법률행위와 무인(無因)민사법률행위

이것은 민사법률행위가 성립하고 유효하기 위해서 지불원인을 필요로 하는가 아닌가에 따라 분류한 것이다.

(1) 유인민사법률행위

유인민사법률행위는 재산을 지불목적으로 하는 민사법률행위에서 지불원인을 그 성립과 유효조건으로 하는 민사법률행위이다. 지불원인이 부족하면 법률행위가 성립할 수도 유효할 수도 없다. 예를 들면 일반채권행위가 있다.

(2) 무인민사법률행위

무인민사법률행위는 재산이 지불목적인 민사법률행위에서 지불원인을 그 성립과 유효조건으로 하지 않는 민사법률행위이다. 여기에는 상대적 무인행위를 포함하는데, 이것은 당사자의 의사표시에 의해서 유인(有因)으로 될 수 있는 행위이다. 예를 들면 물권행위가 있다. 또 절대적 무인행위도 포함한다. 이것은 당사자의 의사표시로도 유인으로 될 수 없는 행위이다. 예를 들어 표거(票據)[94] 행위 등이 있다.

8. 재산민사법률행위와 신분민사법률행위

이것은 민사법률행위의 의사표시의 효과내용이 재산성을 가지는가, 아니면 신분성을 가지는가에 따라 분류한 것이다.

(1) 재산민사법률행위

재산민사법률행위는 당사자의 의사표시가 재산이익을 효과내용

---

[94] 어음, 수표, 증권, 유가증권, 영수증, 인수증 등을 총괄하는 단어 - 역주

으로 하는 민사법률행위이다.

(2) 신분민사법률행위

신분민사법률행위는 당사자의 의사표시가 신분관계의 변동의 발생을 효과내용으로 하는 민사법률행위이다. 친족행위와 상속행위 등이 있다.

친족행위는 친족법상의 효과가 발생하는 법률행위이다. 예를 들면 결혼행위, 수양 등이 있다.

상속행위는 상속법상의 효과가 발생하는 민사법률행위이다. 예를 들면 유언행위, 유증부양(遺贈扶養)행위 등이 있다.

9. 재산처분민사법률행위와 재산부담민사법률행위[95]

이것은 재산에 대한 민사법률행위로 인해 재산권의 이전과 소멸효과가 직접 발생하는가 아닌가에 따라 분류한 것이다.

(1) 재산처분민사법률행위

재산처분민사법률행위는 재산권의 변동효과가 직접적으로 발생할 수 있는 법률행위이다. 즉, 민사법률행위의 성립이 직접적으로 재산권리의 설정·이전·소멸의 효과를 발생시키고, 의무인의 이행은 필요하지 않다. 여기에는 물권민사법률행위와 기타 재산권처분행위가 있다.

물권민사법률행위는 간단하게 물권행위라고 하며 물권변동의 효과를 직접 발생시키는 민사법률행위이다. 예를 들면 동산의 인도, 부

---

95 張俊浩主編：《民法學原理》, 中國政法大學出版社, 1997年版, 215~217쪽.

동산의 이전등기, 타물권(他物權)의 설정 등이 있다.

기타 재산권의 처분행위는 물권 이외의 기타 재산권을 처분대상으로 하는 민사법률행위이다. 즉, 기타 재산권의 변동의 효과가 직접 발생하는 민사법률행위이다. 예를 들면 채권의 포기, 지식재산권의 양도 등이 있다.

(2) 재산부담민사법률행위

재산부담민사법률행위는 채무부담의 효과가 발생하는 재산법률행위이다. 재산부담행위가 성립하면 일방당사자는 채권을 설정하고, 상대방은 채무를 부담한다. 채권자의 재산이익은 채무자가 채무를 이행함으로써 실현된다. 재산부담민사법률행위는 채권민사법률행위라고도 한다.

재산처분행위와 재산부담행위는 각각 독립적으로 존재할 수도 있고 병존할 수도 있다. 병존관계가 발생했을 때 부담행위는 처분행위의 원인행위가 되고, 처분행위는 부담행위의 이행행위가 된다.

10. 생전(生前)민사법률행위와 사후(死後)민사법률행위

이것은 민사법률행위가 행위자의 사망을 효력발생의 조건으로 하는가 아닌가에 따라 분류한 것이다.

(1) 생전민사법률행위

생전민사법률행위는 행위자의 생전에 법률효력이 발생하는 민사법률행위이다. 민사법률행위의 대부분은 생전법률행위에 속한다.

(2) 사후민사법률행위

사후민사법률행위는 행위자의 사망을 효력발생의 조건으로 하는 민사법률행위이다. 즉, 행위자가 사망한 후 효력이 발생하는 민사법률행위이다. 예를 들면 유언법률행위가 있다.

제3절 民事法律行爲의 構成

I. 민사법률행위 구성의 개념

민사법률행위의 구성은 민사법률행위가 어떤 요소들로 이루어져 있는가 하는 것이다. 민사법률행위의 구성요소를 연구하는 것은 법률행위의 존재 여부와 기타 민법상의 행위와 구별지을 수 있는 근거를 확정하는 것이다. 일반적으로 민사법률행위는 의사표시와 기타사실의 두 부분으로 구성된다. 그러나 모든 법률행위가 이 두 부분으로 구성되어 있는 것은 아니다. 그중 의사표시는 가장 기본적인 요소이다. 법률규정에 의하여 의사표시 자체로 법률효과를 발생할 수 있는 법률행위는 의사표시로 구성되고 기타 요소를 필요로 하지 않는다. 법률규정에 따라 의사표시 자체만으로 법률효과가 발생할 수 없고, 기타 사실이 있어야 법률효과가 발생하는 법률행위는 의사표시와 기타 사실로 구성된다. 예를 들어, 임대의 쌍방당사자가 임대의 의사표시로 일치하는 것 외에도 임대물의 인도가 이루어져야 임대의 법률행위가 된다. 임대의 의사표시만 일치한 것으로는 임대의 법률효과가 발생하지 않는다. 그러므로 임대의 법률행위를 구성할 수 없다. 왜냐하면 목적물의 인도는 의사표시 이외에 임대의 법률행위가 갖춰야 하는 사실요소이기 때문이다.

II. 의사표시

1. 의사표시의 개념

의사표시는 민사주체가 일정한 법률효과를 발생시키고자 하는 내심의 의사를 일정한 방식을 통해서 외부로 나타내어 상대방이나 사회가 알도록 하게 하는 활동이다. 이로써 의사표시는 다음과 같은 내용을 포함한다는 것을 알 수 있다.

(1) 의사표시는 민사주체가 실시하는 민사행위이다.
(2) 의사표시의 기초와 내용은 민사법률효과를 발생시키고자 하는 내심의 의사이다.
(3) 표시행위 자체는 일정한 방식을 통한 것이다.
(4) 표시의 정도는 상대방이나 사회가 알 수 있는 정도이다.

2. 의사표시의 구성

의사표시는 의사와 표시행위의 두 부분으로 구성된다.

의사는 민사주체가 일정한 민사법률관계의 발생·변경·소멸효과를 발생시키고자 하는 내심의 소망이다. 예를 들면 어떤 상품을 매매하고자 하는 것, 건물을 임대하려고 하는 것 등이 있다.

의사는 효과의사와 행위의사의 두 가지로 구성된다.

(1) 효과의사

효과의사는 일정한 민사법률효과를 발생시키고자 하는 의사이다. 예를 들면 컴퓨터를 구매하고자 하는 것, 타인에게 물품을 기증하려고 하는 것 등이 있다.

(2) 행위의사

행위의사는 행위자가 표시행위를 실시하여 효과의사를 발표하기로 결정하는 의사이다.

표시행위는 행위주체가 일정한 법률효과를 발생시키고자 하는 내심의 의사를 외부로 나타내는 활동이다. 이는 행위의사의 지배 아래 효과의사를 표출하는 것이다. 이를 통해서 표시의사가 발생한다. 의사표시활동은 구두로 매매하는 의사표시를 하는 것이나 서면계약으로 의사표시를 하는 것과 같이 일정한 방식을 통해서 한다.

의사와 표시행위의 내용의 일치는 진실한 의사표시를 구성한다.

3. 의사표시의 형식

의사표시의 형식에는 명시(明示)형식과 묵시(默示)형식이 있다.

(1) 명시형식

명시형식은 명확한 언어문자를 통해서 직접적으로 의사표시를 하는 것이다. 예를 들어 대화, 서면, 문건 등의 의사표시가 있다.

(2) 묵시형식

묵시형식은 약정했거나 법으로 정해진 일정한 작위나 부작위를 통해서 간접적으로 의사표시를 하는 것이다. 이것은 표의자가 어떤 작위나 부작위행위를 실시한 것을 상대방이 법률규정, 습관 또는 계약약정에 의거하여 그 의사를 추단할 수 있는 표시형식이다. 여기에는 추정(推定)과 침묵(沈默)의 두 가지 형식이 있다.

(a) 추정형식

의사표시의 추정형식은 표의자가 적극적인 작위행위를 실시하고 상대방이 법률규정, 습관 또는 계약약정에 의거하여 그 의사를 추측할 수 있는 표시형식이다. 예를 들어, 전세계약기간이 도래한 후 임차인이 계속 임대료를 지불할 때 임대인이 계속 임대료를 받는 행위가 있는데, 이로써 당사자 간에 임대차계약의 연속이라는 의사표시가 있다는 것을 추측할 수 있다.

(b) 침묵형식

의사표시의 침묵형식은 표의자의 단순한 부작위를 당사자 간의 약정한 내용이나 법률규정에 의거하여 그 의사를 추리하여 확정할 수 있는 표시형식이다. 예를 들어, 갑과 을이 계약에서 만약 갑이 화물매매 추가주문을 제의했을 때, 을이 15일 내에 회답하지 않은 것은 화물추가주문에 동의하는 것으로 본다라고 사전약정을 했다고 하자. 계약기간이 도래한 때에 갑은 을에게 화물주문서를 보냈고, 을이 15일 내에 회답하지 않으면 약정에 의거해서 침묵의 의사표시를 한 것이 된다. 또한 중국「공업 및 광업상품매매계약조례」의 규정에 따르면 공업과 광업상품매매계약의 일방당사자가 상대방에게 계약변경을 제의했을 때, 상대방이 15일 내에 회답하지 않은 것은 동의한 것으로 본다. 이는 법률규정에 의거하여 법정 침묵의 의사표시가 발생한 것이다.

4. 의사표시의 유형

(1) 상대방이 있는 의사표시와 상대방이 없는 의사표시

상대방이 있는 의사표시는 표의자가 상대방에게 의사를 표시하고 상대방이 의사를 받아들이는 의사표시이다. 예를 들면 계약체결의 청약과 승낙, 채무면제, 계약변경의 제의 등이 있다.

상대방이 없는 의사표시는 표의자가 상대방에게 의사를 표시하지 않고 상대방도 의사를 받아들일 필요가 없는 의사표시이다. 예를 들면 공고가 있다.

(2) 특정한 상대방에 대한 의사표시와 불특정한 상대방에 대한 의사표시

특정한 상대방에 대한 의사표시는 특정인을 상대방으로 그에게 하는 의사표시이다. 예를 들면, 갑이 을에게 청약을 할 때에 을은 특정한 상대방이 되는 것이다.

불특정한 상대방에 대한 의사표시는 불특정다수의 상대방에게 하는 의사표시이다. 예를 들면 경매에서 가격을 부르는 것, 현상(懸賞)광고[96], 상점에서 상품을 진열해 놓고 파는 것 등이 있다.

---

[96] 광고자가 어떤 행위를 한 자에게 일정한 보수를 지급할 의사표시를 하고, 응모자가 그 광고에 정한 행위를 함으로써 성립하는 계약이다. — 역주

(3) 대화표시와 대화가 아닌 표시

대화표시는 표의자가 상대방과 구두나 전화통화로 한 의사표시이다. 이러한 표시방식에서 의사표시와 의사표시의 수령은 동시에 이루어진다.

대화가 아닌 표시는 당사자가 우편물, 전보나 전달자를 통해서 전달하는 등의 방식으로 하는 의사표시이다. 이러한 표시방식에서 의사표시와 의사표시의 수령은 시간적 간격이 있다.

5. 의사표시의 법적 구속력

의사표시의 법적 구속력은 의사표시를 하면 표의자에게 발생하는 법률상의 약속력이다. 즉, 법률에 의하지 않고서는 이미 한 의사표시를 마음대로 철회하거나 변경할 수 없다. 예를 들어 청약자가 청약하면 청약을 철회하는 의사표시는 청약의사보다 우선할 수 없다. 또 청약의사와 동시에 승낙자에게 도착한다고 해도 철회할 수 없다.

의사표시의 구속력은 매우 복잡하다. 만약 하나의 의사표시 자체만으로 어떤 법률행위를 구성할 수 있다면 의사표시의 구속력은 곧 법률행위의 구속력이다. 반대로 하나의 의사표시 자체만으로 법률행위를 구성할 수 없다면 의사표시 자체의 구속력은 법률행위의 구속력과 다르다. 예를 들어, 유언의 의사표시는 유언법률행위이므로 유언의 의사표시의 구속력은 유언법률행위의 구속력이다. 따라서 유언자는 법률규정에 의하지 않고 이미 한 유언을 취소하거나 바꿀 수 없다. 이와 달리 청약의 의사표시는 그 자체로 계약법률행위를 구성할 수 없으므로 청약의 의사표시의 구속력은 계약법률행위의 구속력과 다르다. 의사표시의 구속력은 법률이 규정했거나 표의자가 규정한 것이다. 예를 들어, 법률은 자필(自筆)증서에 의한 유언은 공증(公證)증서에 의한 유언으로 변경할 수는 없다고 규정한다. 따라서 공증증서에 의한 유언의 의사표시의 구속력은 법률이 규정한 것이다. 또한 청약자가 청약은 3일 내에 회답하여야 유효하다고 규정하였을 때, '3일 내'라는 구속력은 당사자가 정한 것이다. 그러나 의사표시가 모두 구속력을 가지는 것은 아니다. 예를 들어, 임대인이 물건을 임대하는 것에 동의하는 의사표시 자체는 구속력을 가지지 않으므로 임대물건을 임차인에게 인도하는 계약이 성립하기 전에는 의사표시를 철회할 수 있다.

III. 기타 사실요소

기타 사실요소는 의사표시 외에 민사법률행위에서 불가결한 요소이다.

일반적으로 민사법률행위는 의사표시로 구성된다. 의사표시는 민사법률행위의 가장 기본적인 구성요소이고 모든 민사법률행위에서 불가결한 요소이다.

기타 사실요소는 어떠한 민사법률행위를 구성하기 위해서 필요한 선택적 요소, 또는 법률이 어떠한 민사법률행위의 구성이 의사표시 이외에 기타 사실요소를 필요로 한다고 규정한 것, 또는 당사자가 어떠한 민사법률행위의 구성요건 중 의사표시 이외에 기타 사실요소를 갖추어야 성립한다고 선택한 것이다. 그러므로 기타 사실은 이러한 민사법률행위의 구성요소이다. 전자에는 실무성 법률행위에서 법률이 당사자의 의사표시의 일치 이외에 인도행위라는 사실요소를 갖추어야 실천성 법률행위가 성립한다고 규정한 것이 있다. 후자에는 당사자가 계약체결의 의사표시의 일치 후에 이 계약은 공증한 후에 성립할 수 있다고 약정했을 때, 공증행위의 완성은 이 법률행위의 구성요소이다.

Ⅳ. 적법요소

중국민법통칙의 규정에 따라 민사법률행위는 모두 적법행위여야 하며, 적법하지 않은 것은 민사법률행위가 아니다. 따라서 민사법률행위는 적법요소를 갖추어야 한다. 적법요소는 민사법률행위를 구성하는 데 불가결한 요소이다. 그러나 적법요소는 독립된 구성요소가 아니고 의사표시요소와 기타사실요소가 적법해야 한다는 것을 말한다. 이것은 중국민법통칙이 민사법률행위의 구성에 관해 전통민법이론과 다른 입장을 취하고 있는 것이다.

제4절 民事法律行爲의 成立과 效力發生

I. 민사법률행위의 성립과 효력발생의 개술

1. 민사법률행위의 성립과 효력발생의 개념

민사법률행위의 성립은 민사법률행위가 그 구성요소를 갖추어 존재하거나 발생하는 것이다.

민사법률행위의 효력발생은 이미 성립한 민사법률행위에 법률효력이 발생하는 것이다. 즉, 당사자 간의 의사표시의 내용이 추구하는 법률관계의 발생·변경·소멸의 법률결과가 발생한 것이다.

2. 법률행위(민사법률행위)의 성립과 효력발생의 관계에 관한 전통 민법이론

전통민법이론은 법률행위의 성립과 효력발생의 두 가지는 연결된 서로 다른 문제라고 보았다. "전통민법학자의 인식에 따르면 법률행위의 성립은 법률행위의 효력발생의 논리적 전제이다. 한 가지 법률행위가 성립한 후에야 그것이 유효한지 아닌지를 논할 수 있다는 것이다."[97] "법률행위의 성립 여부는 사실판단의 문제이다. 그 착안점은 어떤 법률행위가 이미 존재하는가 아닌가, 행위자의 구체적인 행위가 기타 표시행위인가 아닌가에 있다. 한편 법률행위의 유효 여부

---

[97] 董安生 : 《民事法律行爲》, 中國人民大學出版社, 1994年版, 184쪽.
[98] 董安生 : 《民事法律行爲》, 中國人民大學出版社, 1994年版, 183~184쪽.

는 법률가치판단의 문제이다. 그 착안점은 행위자의 법률행위(표의행위)가 법률의 정신과 규정에 부합하는가 아닌가에 있다. 그러므로 법률이 인가하는 효력을 취득할 수 있는가 아닌가 하는 것이다."[98] 이렇게 전통민법이론에 따르면 민사법률행위의 성립은 민사법률행위의 효력발생과 다르다. 이미 성립한 민사법률행위는 유효한 것일 수도 있고 무효한 것일 수도 있다. 따라서 무효의 민사법률행위와 민사법률행위의 개념은 모순되지 않는다.

3. 중국민법통칙에서의 민사법률행위의 성립과 효력발생

중국민법통칙을 제정할 때의 민법이론은 민사법률행위는 적법행위라고 보았다. 따라서 민사법률행위가 일단 성립하면 모두 유효한 것이고, 무효의 민사법률행위는 존재하지 않는다고 보았다. 그러므로 전통민법이론에서 무효의 법률행위의 개념과 서로 모순되는 것이다. 이 개념 자체에 존재하는 논리적 모순을 극복하기 위해서 민사법률행위는 적법행위라고 하는 동시에 민사행위의 개념을 만들어 민사법률행위의 상위개념으로 하였다. 중국민법통칙에서 민사행위의 개념은 의사표시를 요소로 민사주체가 실시하고 일정한 법률결과가 발생할 수 있는 행위이다. 민사행위의 적법과 유효는 민사법률행위를 구성하고, 민사행위에 민사법률행위의 유효요건이 부족한 것은 무효, 변경·취소할 수 있는 민사행위 또는 효력미정의 민사행위 중의 하나가 된다. 그러므로 민사법률행위가 성립하기 위해서는 우선 민사행위가 성립하여야 하고, 민사행위가 성립조건을 갖추는 동시에 유효요건을 갖추어야 민사법률행위가 된다. 따라서 민사행위의 유효요건은 민사법률행위의 유효요건이고 민사법률행위의 성립과 유효는 일치한다. 민사법률행위가 성립하는 것은 유효함을 뜻하고, 그렇지 않으면 민사법률행위가 아니다. 성립요건만 갖추었고 유효요건이 없는 민사행위는 무효의 민사행위이거나 변경·취소할 수 있는 민사행위 또는 효력미정의 민사행위이다. 중국민법통칙은 이런 논리를 기초로 민사법률행위의 효력요건만 규정하고, 그 성립요건에 대해서는 규정하지 않았다.[99]

II. 민사행위의 성립요건

민사행위의 성립요건은 민사행위가 성립하기 위해서 갖추어야 하는 요소 또는 불가결한 조건이라고 할 수 있다. 민사행위는 의사표시를 기본요소로 구성되며, 어떤 민사행위는 의사표시를 기초로 하고 기타 사실요소를 특별요소로 하여 구성되기도 한다. 그러므로 민사행위의 성립요건은 기본요건인 의사표시요소와 특별요건인 기타 사실요소를 포함한다.

1. 민사행위 성립의 기본요건 - 의사표시요소의 구비

의사표시요소의 구비는 민사행위의 성립의 기본요건이다. 민사행

---

[99] 중국의 민법통칙에 대하여 민사법률행위의 성립과 효력발생의 방법을 구분하지 않았다고 민법학계의 많은 학자들이 비판을 제기하였다. 전통민법이론에 따라 법률행위의 성립과 효력발생을 구분하자는 주장이다. 설령 이 주장이 맞다하더라도 민법통칙에서 민사행위의 개념으로 의사표시를 구성요소로 하는 특정행위라고 개괄하고, 이것을 민사법률행위의 상위개념으로 하는 상황에서, 민사행위의 성립은 실질적으로는 전통민법이론에서의 법률행위의 성립임을 논리적으로 해석해보면 알 수 있다. 현재 민법통칙의 가장 큰 결함은 민사행위의 성립요건에 대하여 규정이 없다는 것이다.

위가 의사표시요소를 갖췄는가 아닌가에 따라 다음과 같이 판단할
수 있다.
  (1) 행위자가 일정한 방식을 통해서 의사표시를 하였을 때의 의사
    표시의 행위는 객관적으로 존재한다.
  (2) 행위자가 표시한 의사가 민사법률효과를 발생시키는 것은 효
    과의사이다. 예를 들면 매매, 증여, 유언에 의한 재산처분 등이
    있다. 행위자가 표시한 의사에 민사법률결과를 일으킬 수 있는
    의의가 없다면 민사행위는 성립하지 않는다. 예를 들어, 친구
    사이에 한 약속의 의사표시는 민법상의 효과의사가 아니므로
    민사행위는 성립하지 않는다.
  (3) 의사표시의 내용은 민사법률관계의 발생·변경·소멸을 일으킬
    수 있는 내용이다. 예를 들어, 매매관계가 발생하기 위해서는
    매매목적물과 가격의 수량기준의 내용이 있어야 한다. 그렇지
    않으면 매매의 법률행위는 성립하지 않는다.
  (4) 쌍방 또는 다방민사행위는 반드시 쌍방 또는 다방당사자의 의
    사표시가 일치해야 한다. 예를 들어, 계약민사행위에서 일방당
    사자가 한 청약의 의사표시의 내용과 상대방이 한 승낙의 의사
    표시가 일치하여야 계약민사행위가 성립한다. 그렇지 않고 일
    방당사자가 한 청약의 의사표시에 대하여 상대방이 새로운 청
    약을 요구한 경우, 계약민사행위는 성립하지 않는다.

2. 민사행위 성립의 특별요건

민사행위 성립의 특별요건은 어떤 구체적인 민사행위가 성립하기
위해서 의사표시 외에 갖춰야 하는 기타 특수사실요소로서 다음과

같은 경우이다.
(1) 물건을 필요로 하는 법률행위는 당사자의 의사표시 외에 목적물의 교부가 있어야 성립한다. 예를 들면 임대계약에서 당사자의 의사표시의 일치 외에 반드시 임대물건의 인도가 있어야 계약이 성립한다.
(2) 요식법률행위는 반드시 특정한 표시형식이나 특정한 절차를 이행하여야 한다. 예를 들면 서면형식을 갖추는 것, 등기절차를 거치는 것 등이 있다.

III. 민사행위의 유효요건

민사행위의 유효요건은 민사행위가 행위자의 의사표시의 내용이 추구하는 민사법률결과를 발생하기 위해 갖추어야 하는 조건이다. 민사행위의 유효요건을 갖춘 민사행위는 민사법률행위이다. 그러므로 민사행위의 유효요건은 민사법률행위의 유효요건이기도 하다. 민사행위의 성립요건은 갖추었지만 유효요건을 갖추지 않은 민사행위는 민사법률행위가 아니라 무효의 민사행위, 변경·취소할 수 있는 민사행위 또는 효력미정의 민사행위이다. 그러므로 민사행위의 유효요건은 이미 성립한 민사행위에 민사법률행위의 여부를 확정하는 근거이다.

민사행위의 유효요건은 모든 민사법률행위가 유효하기 위해서 꼭 갖추어야 하는 요건인가 아닌가에 따라 기본요건(일반요건)과 특수요건으로 나눈다.

1. 민사행위의 일반적 유효요건

민사행위의 일반적 유효조건은 모든 민사행위가 유효하기 위해서 꼭 갖추어야 하는 법률요건이다. 즉, 어떠한 민사행위이든 의사표시의 내용이 추구하는 민사법률결과를 발생시키기 위해서 꼭 갖추어야 하는 요건이다. 또는 어떠한 민사행위가 민사법률행위가 되는 것을 결정하는 요건이다.

「중국민법통칙」 제55조 규정에 따라 민사행위의 일반적 유효요건은 다음과 같다.

(1) 행위자가 그에 상응하는 민사행위능력을 가져야 한다

민사행위능력은 민사주체가 자신의 독립적인 행위로써 민사권리를 설정하고 민사의무를 부담하는 자격이다.

민사주체가 자신에게 권리를 설정하고 의무를 부담하는 민사행위는 자신의 독립적인 의사표시를 요소로 한다. 민사행위능력은 사실상 민사주체가 독립적으로 의사표시를 할 수 있는 능력이다. 민사행위에 법률효력이 발생하는 것은 당사자의 의사표시의 내용에 따라 민사법률관계가 발생·변경·소멸하는 것이다. 그러므로 행위자는 이런 행위에 상응하는 민사행위능력이 있어야 한다. 중국민법통칙의 규정 및 관련사법해석에 따라 다음과 같은 민사행위는 행위자가 그에 상응하는 민사행위능력을 가진다.

(a) 완전민사행위능력이 있는 자연인이 실시한 민사행위
(b) 제한민사행위능력의 자연인이 실시한 그의 연령, 지력 또는 정신건강상태와 상응하는 민사행위나 법정대리인의 동의를 얻은 민사행위

(c) 무민사행위능력인이 장려(獎勵)를 받아들이는 것, 증여, 보수(報酬) 등 순이익적 민사행위. 그 이외에 무민사행위능력인이 일상생활의 필요를 만족하기 위해서 소액의 구매를 하는 것도 유효하다.
(d) 법인이 목적범위 내에서 실시한 민사행위. 예를 들어, 기업법인이 경영범위 내에서 실시한 민사행위, 기업법인이 관리직책을 실현하기 위해서 실시한 민사행위, 사업법인이 사업활동에 종사하기 위해서 실시한 민사행위는 모두 유효하다.

(2) 의사표시가 진실하여야 한다

행위자의 의사표시는 자유로운 결정에 의한 내심의사의 진실한 반영이라는 것이 바로 의사표시의 진실이다. 즉, 행위자의 내심의사의 형성은 자유롭게 형성된 진실된 의사이고, 표시한 의사와 내심의 진의는 일치한다는 것이다. "의사표시의 진실은 의사자유와 표시의 일치, 이 두 방면의 내용을 포함한다."[100] 의사자유는 당사자의 내심의사의 형성과 표시가 그 자유의지에 의해 결정되며, 자유로운 의사형성과 자유로운 표시의사를 간섭하거나 방해하는 사기나 협박 등의 요소가 존재하지 않는 것이다. 표시의 일치는 표시한 의사와 행위자 내심의 진의는 부합하고 의사표시의 일치를 방해하는 오해, 표시착오, 내심보류 등의 요소가 존재하지 않는 것이다. 의사형성의 자유와 표시의 자유는 의사표시의 진실의 기초이며, 의사표현의 정확함과 진의에 부합함은 의사표시의 진실의 직접적인 실현이다. 의사의 형성이나

---

[100] 李開國:《民法基本問題硏究》, 法律出版社, 1987年版, 145쪽.

표시의 부자유를 불문하고 표현상의 부정확함은 의사표시의 진실하지 않음을 야기할 수 있다.

민법이 의사표시의 진실을 민사법률행위의 유효요건으로 하는 것은 민사법률행위가 당사자의 의사표시를 특징으로 하기 때문이다. 즉, 당사자가 의사자치라는 민사생활의 목적을 실현하기 위하여 중요한 수단으로 자유와 진실된 의사만이 민사생활의 목적을 실현할 수 있기 때문이다. 민법은 의사표시의 진실을 민사행위의 유효요건으로 함으로써 법률의 관여를 통해서 민사생활 중의 의사자유가 불법적으로 간섭받지 않도록 보호하고, 당사자의 의사자유와 진실을 확보하며, 민사생활의 특정목적을 실현하도록 한다.

의사표시의 진실에 대한 판단기준에 대해서 민법학상 세 가지 학설이 있다.

첫째는, 주관주의기준 또는 의사주의기준, 즉 표의자가 표명한 내심의 의사를 기준으로 판단해야 한다는 주장이다. 표의자의 표시의사와 내심의 의사가 불일치하면 그 주장은 진실하지 못한 것으로 진실하지 않은 의사표시로 본다는 것이다.

둘째는, 객관적 기준 또는 표시주의기준, 즉 표의자의 객관상의 표의행위로 표시한 의사가 의사표시의 진실 여부를 판단하는 주요한 기준이라는 주장이다. 일반적으로 표시된 의사는 행위자의 진의이고, 행위자가 그 의사에 타인의 불법적인 간섭을 받은 것이라는 것을 증명할 수 있을 때를 제외하고는 의사표시의 진실하지 못함을 주장할 수 없다는 것이다.

셋째는, 절충주의기준, 즉 주관적·객관적인 의사와 표시를 모두 고려한 기준이다. 일반적으로 정상적인 상황에서 행위자가 표시한 의사는 내심의 진실된 의사라고 본다. 그러나 특수한 상황에서 의사표시는 불법적인 간섭에 의해서 진실하지 못하거나 주관적인 원인에 의해서 의사표시가 진실하지 못할 수 있으므로 주관적 원인이든 객관적 원인이든 의사표시에 영향을 주었다는 것을 증명할 수 있으면 의사표시는 진실하지 못한 것이다. 의사주의의 주관적 기준은 행위자의 내심의 의사를 지나치게 강조하여 상대방의 이익에 대한 보호를 무시하는 것이다. 그리고 표시주의의 객관적 기준은 의사의 객관표시를 지나치게 강조하여 표의자의 주관적 원인에 의한 의사표시가 진실하지 못하다는 것을 확인하기가 어렵다. 그러나 절충기준에서는 비교적 전면적으로 의사표시의 진의를 판단할 수 있고 일방성을 피하여 법률이 의사표시의 진의를 확인하는 민사법률행위요건의 목적을 실현할 수 있다. 「중국민법통칙」 제58조는 사기, 협박, 통정허위(通情虛僞)[101] 하거나 합법적인 형식으로 불법적인 목적을 덮은 민사행위는 무효라고 규정하고 있다. 동법 제59조에서는 중대한 오해로 인해 실시한 민사행위는 취소할 수 있다고 규정하고 있다. 이렇듯 일반적인 상황에서 행위자가 표시한 의사는 진실된 의사이다. 그러나 상술한 객관적 원인(사기, 협박, 통정허위, 합법적 형식으로 불법적인 목적을 덮는 것)이나 주관적 원인(중대한 오해) 등 특수한 상황에서 실시한 민사행위는 의사표시가 진실하지 못한 것으로 보고, 이로써 무효의 민사행위 또는 취소할 수 있는 민사행위가 된다. 이것이 바로 절충주의의 인정기준이다.

---

101 원문은 '천통허가(串通虛假)'이다. —역주

(3) 법률이나 사회공공이익을 위반하지 않아야 한다

이 요건에서 민사행위의 내용은 법률이나 사회공공이익을 위반할 수 없다는 것이다. 소위 민사행위의 내용은 민사행위의 목적이라고도 하는데, 행위자가 의사표시를 통해서 추구하는 민사법률효과이다. 민사행위의 내용은 의사표시로써 명확하게 확정되고, 반드시 민사법률효과가 발생한다. 사실상의 민사법률효과만 발생할 뿐만 아니라 법률상의 민사법률효과도 발생한다.

민사행위의 내용이 법률을 위반하지 않는다는 것은 법률의 강제성 또는 금지성 규정을 위반하지 않는다는 것이다. 사법자치의 원칙에 따라서 법에 명문으로 규정이 없는 것은 모두 자유이고 법률의 강제성·금지성 규정을 위반하지 않고 공공이익을 위반하지 않으면 당사자의 민사행위는 적법한 것이다.

소위 법률의 강제성 규정을 위반하지 않는다는 것은 당사자가 일정한 행위를 실시해야 한다는 법률규정을 위반하지 않는 것이다. 예를 들어, 법률은 조합인은 대외적으로 연대책임을 져야 한다고 규정하고 조합인 간의 협의(協議)로써 면제될 수 없다고 규정한다. 그렇게 하지 않으면 위법이다.

소위 법률의 금지성 규정을 위반하지 않는다는 것은 당사자가 일정한 행위를 금지 또는 명령하거나 일정한 행위를 해서는 안 된다는 법률규정을 위반하지 않는 것이다. 예를 들어, 국가·단체·개인재산을 침해하여 점유하는 것을 금지하는 규정, 저당권자와 피저당권자는 계약에서 채무이행기한의 도래 후 저당권자가 변제받을 수 없을 때 저당물의 소유권을 채권자소유로 이전한다고 약정할 수 없다는 규정 등이 있다.

민법행위가 법률의 금지성 규정과 강제성 규정을 위반한 것은, 즉 유효요건을 구비하지 않은 것이므로 이 민사행위는 무효가 된다.

「중국민법통칙」제55조는 민사법률행위는 법률을 위반해서는 안 되는 동시에 사회공공이익도 위반해서는 아니된다고 규정하고 있다. 사회주의 국가에서 법률은 사회공공이익의 구현이다. 사회공공이익을 구체적인 법률조문으로 규정하는 상황에서 법률과 사회공공이익을 위반하지 않는다는 것은 일치한다. 그러나 사회공공이익은 매우 복잡하여 입법으로 사회공공이익을 확인하는 데에는 일정한 한계가 있다. 따라서 민사사회생활에서 행위자가 법률의 구체적 규정을 위반하지는 않았지만 사회공공이익을 위반한 경우가 종종 있다. 이 때문에 민법통칙은 민사법률행위는 사회공공이익을 위반해서는 안 된다는 것을, 민사법률행위는 법률을 위반해서는 안 된다는 것에 대한 보충규정으로 한다. 이로써 민사사회생활의 민사행위를 조절하고 사회공공이익을 더한층 완벽하게 지킨다. 동시에 민사사법실무에서 법관에게 일정한 자유재량의 권력을 부여하여 법률이 명문으로 규정하지 않았더라도 사회공공이익에 손해를 준 것이 뚜렷한 행위에 대해서만 사회정의의 일반적인 관념에 근거하여 그것을 무효로 하고 사회공공이익을 지키도록 한다.

중국민법통칙에서 민사법률행위는 사회공공이익을 위반하여서는 안 된다는 규정과 비슷하게 어떤 국가의 민법전에서는 법률행위는 공공질서 또는 선량한 풍속과 관습을 위반해서는 아니된다고 규정하고 있다.[102] 중국민법통칙이 규정한 '사회공공이익'에는 국가이익, 단체

---

[102] 예 : 「프랑스민법전」 제6조, 「일본민법전」 제90조 ; 법률행위는 공서양속을 위반하여서는 안 된다. 「독일민법전」 제138조 제1항 ; 법률행위가 선량한 공서양속을 위반하면 무효이다.

이익과 개인이익, 그리고 사회이익, 사회의 선량한 풍속과 관습이 있다.[103]

(4) 목적은 확정된 것이고 가능한 것이어야 한다

「중국민법통칙」 제55조가 규정한 민사법률행위의 유효요건 외에도 학계에서는 민사법률행위의 목적(내용)이 반드시 확정된 것이고 가능한 것 또한 민사법률행위의 유효요건이라고 본다.

민사법률행위의 목적은 행위자가 의사표시와 효과의사가 지향하는 목적 또는 당사자가 법률행위를 통해서 발생시키고자 하는 사항이다. 목적의 확정은 목적이 반드시 명확하고 긍정적이고, 즉 민사법률행위가 성립할 때 확정할 수 있거나 얻을 수 있다고 확정되는 것이어야 한다는 것이다. 만약 목적이 불확정하면 민사법률행위는 무효가 된다. 목적의 가능은 목적이 객관적으로 실현가능성이 있어야 한다는 것이다. 객관적 불능, 원시적 불능, 전부불능, 영구적 불능 등 각종 불능의 상황은 배제해야 한다.

객관적 불능은 어떤 사람을 막론하고 행위자의 지위에 놓이면 모두 목적이 실현불가능한 것이다. 주관적 불능은 특정한 행위자의 원인으로 행위의 목적이 실현불가능한 것이다.

원시적 불능은 행위의 성립 당시에 이미 행위의 목적이 실현불가능한 것이다. 후발적 불능은 행위가 성립한 후에 행위의 목적이 실현불가능한 것이다.

전부불능은 설정한 목적이 모두 실현불가능한 것이고, 부분불능은

103　李開國:《民法基本問題硏究》, 法律出版社, 1997年版, 227쪽.

설정한 목적의 일부분이 실현불가능한 것이다.

영구적 불능은 목적이 영원히 실현불가능한 것이고, 일시적 불능은 일시적으로 목적이 실현불가능한 것이다.

목적이 객관적 불능, 원시적 불능, 전부불능, 영구적 불능인 경우에 민사법률행위는 무효가 된다. 그러나 주관적 불능, 후발적 불능, 일시적 불능일 경우에는 법률행위의 효력에 영향을 미치지 않으므로 이행불능만 발생한다. 그리고 부분불능은 기타부분의 효력에 영향을 미치지 않으므로 기타부분은 유효하다.

2. 민사행위의 특수한 유효요건

민사행위의 특수한 유효요건은 어떤 민사행위가 그 특수한 성질 때문에 민사행위의 일반적 요건을 제외하고 또 갖춰야 하는 조건이다. 이런 특수한 민사행위 및 구비해야 하는 특수한 유효요건은 다음과 같다.

(1) 사후행위는 행위자의 사망을 효력발생의 특수한 요건으로 한다. 사후행위는 행위자의 사망을 원인으로 하는 민사법률행위이므로 행위자와 유족이 행한 민사법률행위는 행위자가 사망한 후에야 비로소 법률효력이 발생한다.

(2) 정지조건부의 민사법률행위는 조건부가 성취될 때 법률효력이 발생한다. 정지조건은 장래에 발생할 수 있거나 발생할 수 없는 어떠한 객관적 상황이 성취될 때까지 법률행위에 효력이 발생하는 것을 정지시키는 것이다. 조건의 내용이 되는 사실의 실현이 곧 조건을 성취하는 것이다. 조건부가 성취되면 민사법률행

위의 효력이 발생하고, 조건부가 성취되지 않으면 민사법률행위의 효력은 발생하지 않는다.
(3) 시기(始期)부의 법률행위는 기한이 도래하는 것을 효력발생의 특수한 요건으로 한다.
(4) 선의(善意)취득행위는 취득인의 재산에 대한 선의의 점유를 재산소유권 취득의 효력발생의 특수한 요건으로 한다.
(5) 요식(要式)민사법률행위는 법률이 규정한 특정한 형식을 갖춰야 효력이 발생한다.
(6) 실천성 법률행위는 목적물의 인도를 효력발생의 특수한 요건으로 한다.

상술한 것을 종합해보면 일반적인 상황에서 민사법률행위의 성립과 효력발생은 밀접한 관계가 있다. 즉, 민사법률행위가 성립하는 동시에 법률효력을 가지고 성립요건과 유효요건은 일치한다. 그러므로 어떤 민사법률행위 성립의 특수한 요건은 효력발생의 특수한 요건이다. 예를 들어, 실천성 법률행위는 목적물의 인도를 성립의 특수한 요건으로 하는 동시에 효력발생의 특수한 요건으로 한다. 그러나 어떤 상황에서는 민사법률행위의 성립과 효력발생이 분리된다. 즉, 성립요건은 효력발생의 요건과 다르다. 예를 들어, 정지조건부 또는 정지기한부의 민사법률행위 등은 성립하더라도 효력이 발생하지 않는다. 민사행위가 성립하지 않거나, 이미 성립하였지만 효력이 발생하지 않았거나, 무효인 경우에 당사자는 민사권리를 주장할 수 없다.

제5절 民事法律行爲의 條件附와 期限附

I. 민사법률행위의 조건부와 기한부에 대한 의의 와 성질

1. 민사법률행위의 조건부와 기한부의 의의

민사법률행위의 실질적인 목적은 당사자가 자기의 의사에 따라 민사행위를 하여 물질적·문화적 생활의 필요를 만족시키는 것이다. 그런데 사람들은 물질적·문화적 생활의 필요 및 만족은 일정한 시간, 지점 및 조건들의 변화에 의해 영향을 받는다. 이런 영향에 의해 발생할 수 있는 불리한 영향을 모면하기 위하여 민법은 당사자가 법률행위에 일정한 조건이나 기한을 부가하는 것을 허용한다. 예를 들어, 당사자가 생산업자가 생산하는 농약의 유효율이 90%에 도달하면 구매하겠다고 약정하는 것이다. 또한, 당사자가 일요일에 비가 내리지 않으면 운수회사의 버스를 빌려 여행을 가겠다고 약정하는 것이다. 이것은 당사자의 차량사용요구와 특정한 자연조건을 연결하여, 비 때문에 여행에서 나타날 수 있는 불리한 영향을 피하는 것이다. 이렇게 해서 비가 오지 않을 때 버스를 빌리는 것을 보증할 수 있고, 비가 왔을 때 차량을 사용하지 않아서 위약책임이 발생하는 것을 피할 수 있다.

2. 민사법률행위의 조건부와 기한부의 성질

조건부는 장래가 확실하지 않은 객관적 사실의 발생 여부를 민사법률행위의 효력의 발생 또는 소멸의 조건으로 법률행위에 부가하는 것이다. 기한부는 일정기한의 도래를 법률행위의 효력의 발생 또는 소멸원인으로 법률행위에 부가하는 것이다. 조건과 기한은 법률행위의 부관(附款)이고, 법률행위의 구성부분이며, 법률행위의 효력발생의 특수요건이다. 당사자가 법률행위의 의사표시를 할 때에는 일정한 법률효과가 발생하기를 바라는 의사를 표시해야 하고, 동시에 일정한 조건이나 기한을 법률행위에 부가하는 표시를 하여 법률효과의 발생과 소멸을 조절할 수도 있다. 그러므로 성질상으로 조건부와 기한부는 당사자의 의사표시를 특징으로 하는 법률행위의 구성부분이고, 법률행위의 효력발생의 특수요건이다.

II. 조건부의 법률행위

1. 개념

조건부의 법률행위는 장래에 발생할 수 있는 객관적 사실의 발생여부를 조건으로 하여 법률행위의 효력의 발생 또는 소멸을 결정하는 법률행위이다.

2. 조건의 특징

법률행위에 부가된 조건은 다음과 같은 요건을 갖춰야 한다.
(1) 당시에 실현되지 않은 사실이어야 한다. 이미 실현된 사실은 조건이 될 수 없다.
(2) 발생가능한 사실이어야 한다. 발생할 가능성이 없는 사실은 조건이 될 수 없다.

(3) 장래에 발생할 수 있거나 발생하지 않을 수 있는 사실이어야 한다. 즉, 사실의 발생 여부를 당사자가 단정하기 어려운 것이어야 한다. 필연적으로 발생하는 사실은 조건이 될 수 없다.
(4) 조건이 적법(適法)해야 한다.
(5) 당사자가 의사표시로서 설정한 것이어야 한다. 즉, 법으로 정한 것이 아니다. 조건은 당사자가 임의로 부가한 것이므로 법정조건은 조건이 아니다.

3. 조건의 분류
(1) 조건의 성취로 결정하는 법률행위의 기능에 따라 정지조건과 해제조건으로 나눈다.

  (a) 정지조건(停止條件)

    정지조건은 법률행위의 효력의 발생을 제한하는 조건이다. 예를 들어, 갑의 아들이 올해에 대학진학을 하면, 갑이 소장하고 있는 서화작품을 을에게 팔겠다고 갑과 을이 약정했을 때, 갑의 아들이 올해에 대학에 진학하는 것은 정지조건이다. 이 조건은 갑과 을 사이의 매매계약의 효력발생을 정지 또는 제한하는 작용을 한다. 다시 말해서, 갑과 을 사이에 서화작품의 매매계약이 성립한 후 이 계약의 효력은 잠시 정지상태였다가 갑의 아들이 올해 대학에 진학했을 때, 즉 조건이 성취하였을 때에 효력이 발생한다. 따라서 정지조건을 효력발생의 조건이라고도 한다.

  (b) 해제조건(解除條件)

    해제조건은 법률행위의 효력의 소멸을 결정하는 조건이다.

법률행위는 성립할 때부터 효력이 발생하지만 거기에 일정한 조건을 부가하여 그 조건이 성립할 때 법률행위의 효력은 소멸한다. 예를 들어, 갑의 아들이 제대하면 갑과 을의 가옥전세계약을 해소한다고 갑과 을이 약정했을 때, 갑의 아들의 제대는 해제조건이다. 따라서 해제조건은 소멸조건, 실효조건이라고도 한다.

(2) 조건의 내용이 장래에 객관적인 사실이 발생할 것을 성취의 기준으로 하는가, 발생하지 않을 것을 성취의 기준으로 하는가에 따라 적극적 조건과 소극적 조건으로 나눈다.

(a) 적극적 조건

적극적 조건은 장래에 어떤 사실이 발생할 것을 성취의 조건으로 한다. 예를 들어, 갑의 아들이 대학에 합격한 것은 적극적 조건이다.

(b) 소극적 조건

소극적 조건은 장래에 어떤 사실이 발생하지 않을 것을 성취의 조건으로 한다. 예를 들어, 갑이 을에게 컴퓨터 한 대를 인도하고, 을이 일주일 동안 사용하면서 고장이 나지 않으면 매매계약은 효력이 발생한다고 약정하는 것이다.

상술한 두 종류의 조건은 서로 조합하여 적극적 정지조건과 소극적 정지조건, 적극적 해제조건과 소극적 해제조건이 될 수 있다.

4. 조건의 성취와 불성취

조건의 성취는 의사표시에 부합하는 조건의 객관적 사실의 실현이다. 적극적 조건에서는 조건사실의 발생이 조건의 성취이고, 소극적 조건에서는 조건사실이 발생하지 않는 것이 조건의 성취이다. 이와 반대로 조건사실의 내용이 실현되지 않는 것은 조건의 불성취이다. 따라서 적극적 조건에서 조건사실이 발생하지 않는 것은 조건의 불성취이고, 소극적 조건에서 조건사실이 발생하는 것은 조건의 불성취이다.

조건의 성취 또는 불성취는 객관적인 규율로써 결정해야 한다. 당사자가 악의적으로 촉성(促成)하거나 방해할 수 없다. 민법원리에 따라 조건성취로 인해 불이익을 당할 수 있는 당사자가 정당하지 않은 행위로써 악의적으로 조건의 성취를 방해한 경우, 조건은 이미 성취한 것으로 본다. 조건성취로 인해 이익을 받는 당사자가 정당하지 않은 행위로써 악의적으로 조건의 성취를 촉성했을 경우, 조건의 불성취로 본다.

5. 조건부 민사법률행위의 효력

정지조건부 법률행위에서 조건이 성취하기 이전에는 성립효력만 있고 의사표시의 효력은 발생하지 않는다. 의사표시의 내용이 확정한 민사권리에 대해서 당사자는 기대권(期待權)만 가진다. 조건이 성취될 때, 당사자의 의사표시의 효과효력(效果效力)이 발생한다. 이익을 받는 당사자의 기대권은 구체적인 민사권리에 대한 취득으로 전화(轉化)된다. 조건이 성취되지 않으면 기득권은 소멸한다.

해제조건부의 법률행위는 조건이 성취되기 이전에 의사표시의 효과효력이 이미 발생한다. 이 때문에 관련당사자는 행위내용이 확정한 민사권리를 향유한다. 조건이 성취될 때 의사표시의 효과효력은 소멸하고, 조건으로 인해 이익을 받는 당사자에게는 형성권(形成權)의 성질을 가지는 해소권(解消權)이 발생한다. 조건이 성취되지 않으면 행위내용이 확정한 민사권리와 의무는 유효하다.

III. 기한부의 법률행위

1. 개념
기한부의 법률행위는 당사자가 장래에 발생하는 것이 확실한 사실에 의존케 하는, 즉 일정기한의 도래를 법률행위의 효력의 발생 또는 소멸의 근거로 하는 법률행위이다. 기한과 조건은 다르다. 기한이 도래하는 것은 확실한 사실이고, 조건의 성취는 불확실한 것이다. 미래의 사실의 발생이 필연적인 것인가 우연한 것인가는 기한부와 조건부를 구분하는 경계이다.

2. 기한의 종류
기한은 법률행위의 효력에 대한 작용에 따라 시기(始期)와 종기(終期)로 나눈다.
(1) 시기는 도래한 때부터 법률행위의 효력이 발생하는 기한이다. 즉, 법률행위의 성립이 유효한 후에 기한부의 제한 때문에 효과 효력이 발생하지 않고 있다가 기한의 도래시에 효력이 발생하는 것이다. 따라서 시기는 정지기한이라고도 한다.
(2) 종기는 도래한 때부터 법률행위의 효력이 소멸하는 기한이다. 즉, 법률행위의 성립이 유효한 후에 법률효력이 발생하고, 기한부가 도래하면 효력이 소멸되는 것이다. 따라서 종기를 해소기

한이라고도 한다.

3. 기한의 도래

기한의 도래는 기한사실의 발생이다. 기한의 도래를 인정할 때에는 다음과 같은 상황으로 나누어야 한다.

(1) 일력으로 기한을 설정한 것은 해당일이 도래하는 시한(時限)이 기한의 도래시한이다.

(2) 일정한 기간을 기한으로 한 것은 기한의 제일 마지막 일자가 도래시한이다. 「중국민법통칙」 제154조 제4항에서는 "기간의 제일 마지막 일은 해당일의 24시까지이다. 업무시간이 있는 것은 업무활동이 끝나는 시간까지를 업무시간으로 한다"고 규정하고 있고, "기간의 제일 마지막 일이 일요일이거나 법정휴일인 경우에는 휴일의 다음날을 기간의 제일 마지막 일로 한다"고 규정하고 있다.

(3) 사건의 발생을 기한으로 한 것은 해당사건이 발생하는 시점을 기한이 도래한 것으로 한다.

4. 효력

시기부의 법률행위는 기한이 도래하기 전에는 효과효력이 발생하지 않고, 이때 기한이 도래하면 이익을 받는 일방당사자는 효과이익에 대해 기대권만 있다. 기한이 도래하면 효과효력이 발생한다.

종기부의 법률행위는 기한이 도래하기 전에는 효과효력을 유지하고 있다가 기한이 도래하면 효과효력이 소멸한다.

제6절 民事行爲의 效力狀態

I. 개 념

민사행위의 효력상태는 민사행위가 성립한 후에 행위자가 의사표시를 한 내용이 추구하는 법률효과를 일으킬 수 있는가 없는가 하는 것이다. 여기에는 유효, 무효, 변경가능 또는 취소가능, 효력미정, 일부유효, 일부무효 등이 있다.

1. 민사행위의 유효 — 법률행위의 유효

민사행위가 법률행위의 유효요건을 만족하면 이것이 바로 민사법률행위이다. 법률행위는 성립할 때부터 법적 구속력을 가진다. 따라서 행위자가 법률규정에 의거하지 않거나 상대방의 동의를 얻지 않고서는 마음대로 변경 또는 해소할 수 없다. 법률행위의 유효는 행위자가 의사표시를 한 내용이 법률관계의 발생·변경과 소멸을 일으키는 것이다.

2. 민사행위의 무효

민사행위의 무효는 이미 성립된 민사행위가 법률행위의 유효요건을 갖추지 않아서 행위자가 의사표시에서 요구한 내용이 발생할 수 없는 법적 결과이다. 이런 민사행위를 민사행위의 확정적 무효라고도 한다.

민사행위의 무효는 다음과 같은 의미를 지닌다.
(1) 민사행위의 무효는 법률행위의 유효요건을 갖추지 않은 것이다. 예를 들어, 상응하는 행위능력을 갖추고 있지 않은 행위자가 의사표시를 한 경우, 의사표시는 진실하지 못한 것이 되는 것이다.
(2) 행위자가 의사표시에서 요구한 내용은 발생할 수 없다. 당사자가 의도한 내용은 발생·변경·소멸할 수 없지만 기타 법적 결과가 나타날 수 있다.
(3) 민사행위의 무효는 확정된 것이고, 절대적인 것이며, 원시적 무효이다. 확정적 무효는 무효상태가 바뀔 수 없는 것이고, 원시적 무효는 행위가 성립한 때부터 무효라는 것이며, 절대적 무효는 누군가 주장하지 않고 법원과 중재기관이 선고하지 않아도 무효인 것이다.

3. 민사행위의 변경가능과 취소가능

민사행위의 변경가능 또는 취소가능은 민사행위가 성립한 후에 의사표시가 요구한 법적 결과가 발생했지만, 유효요건을 충분하게 갖추지 않아서 법률이 당사자가 변경하거나 취소하는 것을 허락하는 것이다. 이런 민사행위의 효력은 상대성을 가진다. 당사자가 법에 의거하여 취소하기 전, 행위의 효력상태는 유효상태이지만 절대적인 유효가 아니므로 당사자가 법에 의거하여 취소하면 성립한 때부터 법률효력이 발생하지 않은 것으로 된다. 그러나 취소권자가 취소할 수 있는 사유가 있는데도 불구하고 취소권을 행사하지 않을 경우, 그 효력을 인정하거나 법정기간 내에 취소권을 행사하지 않으면 행위는 절대적 효력을 가지게 된다.

4. 민사행위의 효력미정상태

민사행위의 효력미정은 민사행위가 성립한 후에 유효요건이 부족해서 효력이 발생할 수 없는 상태이지만, 법률이 제3자가 유효요건을 보충하면 효력이 발생하고, 보충하지 않으면 무효가 될 수 있다고 함에 따라 효력이 확실하지 않은 상태에 있는 것이다. 이런 민사행위의 효력은 제3자가 유효요건을 보충하느냐 아니냐에 달려 있다. 예를 들어, 무권대리행위는 피대리인의 추인을 받아야 유효가 되고, 그렇지 않으면 무효가 된다.

5. 민사행위의 일부유효와 일부무효

민사행위의 일부유효와 일부무효는 민사행위의 내용의 일부분이 법률행위의 유효요건을 갖추지 않아서 무효가 되지만, 그 부분을 제외한 나머지 부분은 효력이 유효한 상태이다.

II. 민사행위의 확정적 무효

민사행위의 확정적 무효는 민사행위가 법률행위의 유효요건을 갖추고 있지 않아서 당사자의 의사표시가 추구하는 법률효과가 발생할 수 없는 상태이다.

민사행위가 확정적 무효가 되는 주요한 원인은 다음과 같다.

1. 행위자가 그에 상응하는 행위능력을 갖추고 있지 않은 경우

「중국민법통칙」 제55조는 법률행위가 갖추어야 할 조건 중의 하나로 행위자가 그에 상응하는 행위능력을 갖출 것을, 또한 제58조는 무민사행위능력인이 실시한 민사행위와 제한민사능력인이 법에 의해 독립적으로 실시할 수 없는 민사행위는 무효라고 규정하고 있다.

(1) 무민사행위능력인이 실시한 민사행위는 무효이다

일반적으로 무민사행위능력인은 독립적으로 민사행위를 실시할 수 없다. 설사 민사행위를 실시하였다고 해도 무효로 인정된다. 그러나 최고인민법원의 「〈민법통칙〉 의견」 제6조는 무민사행위능력인이 일상생활과 학습을 위하여 용돈을 쓰는 행위는 유효하다고 간주하여야 한다고 규정하고 있다. 따라서 무민사행위능력인의 상술한 두 가지 민사행위는 행위자의 행위능력의 부족으로 인한 영향을 받지 않는다. 그러므로 무민사행위능력인이 실시한 민사행위는 무효라는 것은 무민사행위능력인이 근본적으로 실시할 수 없는 민사행위라고 이해하여야 한다.

(2) 제한민사행위능력인이 법에 의하여 독립적으로 실시할 수 없는 민사행위를 실시하면 무효이다

제한민사행위능력인은 그 연령, 지력(智力)상태와 정신건강상태에 상응하는 민사행위와 이익을 얻는 민사행위만 실시할 수 있다. 이 제한을 넘어선 민사행위는 법률규정에 의해서 제한민사행위능력인이 독립적으로 실시할 수 없는 것이므로 법정대리인의 동의를 얻거나 법정대리인의 대리를 통해 실시하여야 한다.

「중국민법통칙」 제58조는 제한민사행위능력인이 법에 의거하여 독립적으로 실시할 수 없는 민사행위는 무효라고 규정하고 있다. 이

조항을 이해하려면「중국민법통칙」제12조·제13조를 연계하여 해석할 필요가 있다.「중국민법통칙」제12조와 제13조의 규정에 의하면 제한민사행위능력인이 법에 의하여 독립적으로 실시할 수 없는 민사행위를 실시하였지만, 법정대리인의 동의를 얻었거나 사후(事後)에 추인하여 동의한 것은 유효하다. 그러므로「중국민법통칙」제58조의 제한민사행위능력인이 법에 의거하여 독립적으로 실시할 수 없는 민사행위를 행하면 무효라는 규정은 법정대리인의 동의 [사후추인(事後追認) 포함]를 얻지 않고 법에 의거하여 독립적으로 실시할 수 없는 민사행위를 실시한 경우를 의미한다.

중국민법통칙의 제한민사행위능력인이 법에 의거하여 독립적으로 실시할 수 없는 민사행위를 행하면 무효라는 규정에 대해서 학자들은 그 문제점을 지적하였고, 그에 대한 해결방법도 제시하였다. 예를 들어, 리카이궈(李開國) 교수는 독일민법전과 대만민법을 빌려서 제한민사행위능력인이 법에 의거하여 독립적으로 실시할 수 없는 민사행위는 다음과 같이 세가지 상황으로 나누어야 한다고 한다.

첫째, 법정대리인의 허락을 얻은 행위는 유효한 민사행위이다. 즉, 정상적인 민사행위이다.

둘째, 법정대리인의 허락을 얻지 않고 일방적으로 실시된 민사행위는 무효이다.

셋째, 법정대리인의 허락을 얻지 않은 계약행위는 효력미정의 민사행위이다. 법정대리인이 추인하면 유효가 되고, 법정대리인이 거절하면 무효가 된다.[104]

행위자가 그에 상응하는 민사행위능력을 갖추지 않고 실시한 민사행위는 무효라는 것에 관해서 중국민법통칙과 외국민법전은 무민사행위능력인이 실시한 행위와 제한민사행위능력인이 실시한 행위만 규정한다. 그러나 유관한 논저(論著)의 학술해석에서는 행위자가 그에 상응하는 행위능력을 갖추지 않은 것에 무권처분행위, 무권대리행위, 법인월권행위 등을 포함하여야 한다고 한다. 그러나 필자는 이런 상황을 포함시키지 말아야 한다고 본다. 왜냐하면 민사행위능력은 주체가 자신의 독립적인 행위로서 권리를 설정하고 의무를 부담하며 자신의 행위에 대해서 독립적으로 민사책임을 질 수 있느냐의 문제이기 때문이다. 행위능력의 유무는 주체가 독립적으로 신중하게 자신의 사무를 처리할 수 있느냐 없느냐이다. 자신의 행위로 인한 법률효과를 이해할 수 있는 능력과 연결된다. 즉, 주체가 독립적인 행위로서 권리를 취득하는 전제이며, 구체적인 처분권이나 대리권의 유무 또는 권리의 범위를 넘어선 것이냐 아니냐는 것과는 무관한 것이다. 오직 자연인에 대해서만 민사행위능력의 완전·제한과 무민사행위능력의 차별이 있다. 법인은 일단 성립하면 민사권리능력과 행위능력을 가진 사회조직이 된다. 법인이 설령 월권행위를 하였더라도 독립적으로 그 행위의 결과에 대해서 책임을 져야 한다. 법인이 경영범위를 넘어서 법률이 금지하는 행위에 종사한 때에는 직접적으로 법률을 위반한 것으로써 무효가 되며 행위능력과는 무관하다. 법인이 월권하여 종사한 민사활동이 법률이 금지하는 것이 아닐 경우 민사행위가 당연하게 무효가 되는 것은 아니다. 그러므로 이런 상황을 행위자가 민사행위능력을 갖추지 않아서 민사행위가 무효가 되는 상황에 포함하는 것은 타당하지 않다.

---

104 李開國:《民法基本問題硏究》, 法律出版社, 1997年版, 159쪽.

2. 의사표시가 진실하지 못한 경우

민사행위 중 의사표시가 진실하지 못함으로 인해서 무효가 되는 것은 상대방의 악의적인 행위가 행위자의 의사형성과 표시의 부자유를 야기하여 행위자의 의사표시의 내용이 요구하는 민사법률효과가 나타날 수 없는 경우를 말한다.

의사형성 및 표시의 부자유를 야기하는 원인에는 사기, 협박, 승인지위(乘人之危), 통정허위 등이 있다.

(1) 사기에 의한 민사행위

사기에 의한 민사행위는 상대방 당사자가 기망(欺罔)을 당하여 착오에 빠진 상태에서 진실하지 못한 의사표시를 하는 민사행위이다. 사기로 인정되는 민사행위는 사기자의 측면과 사기를 당한 자의 측면을 고찰해야 한다.

사기자의 측면에서 볼 때, 다음과 같은 두 가지 요건을 갖추어야 한다.

첫째, 사기자가 사기행위를 실시하여야 한다. 사기행위는 고의로 진실하지 않은 상황을 진실한 상황처럼 의사표시를 하여 상대방에게 착오를 일으키고 그로 하여금 진실하지 못한 의사표시를 하게 하는 것이다. 사기행위의 방식은 허위상황을 만들어내는 것일 수도 있고 진실된 상황을 은닉하는 것일 수도 있으며, 작위로 할 수도 있고 부작위로 할 수도 있다.

둘째, 사기행위를 한 일방은 사기의 고의가 있어야 한다. 고의는 사기자의 주관적 심리상태로써 자신의 사기행위가 상대방에게 착오를 일으켜 진실하지 못한 의사표시를 하게 할 것을 알면서도 이런 결과의 발생을 희망하거나 방임하는 것이다. 이런 사기의 고의는 상대방에게 착오를 일으키려는 고의뿐만 아니라 상대방이 착오로 인해서 진실하지 못한 의사표시를 하게 하려는 고의도 포함한다.

사기를 당한 자의 측면에서 볼 때에도 다음과 같은 두 가지 요건이 필요하다.

첫째, 사기를 당한 자는 사기로 인해서 착오에 빠진 것이어야 하고, 이 때문에 진실하지 못한 의사표시를 하여야 한다. 즉, 사기를 당한 자는 착오에 빠진 상태여야 하고, 착오에 의한 의사표시와 사기자의 사기행위 사이에는 인과관계가 존재하여야 한다. 따라서 행위자의 착오 및 의사표시와 사기행위가 무관한 것이라면 사기가 성립하지 않는다. 또 사기로 인해 착오에 빠졌지만 의사표시를 하지 않은 것도 마찬가지이다.

둘째, 사기를 당한 자는 상대방이 자신을 기망하고 있다는 것을 알지 못하여야 한다. 만약 상대방이 자신을 기망하고 있다는 것을 알면서도 의사표시를 하였다면 사기가 성립하지 않는다.

(2) 협박에 의한 민사행위

협박에 의한 민사행위는 타인이 현실적인 위해(危害)행위로써 핍박(逼迫)하거나 앞으로 실시할 위협을 고지하고, 이로 인하여 행위자가 공포에 빠진 상태에서 진실하지 못한 의사표시를 하는 민사행위이다. 피해자가 협박으로 인해 공포심이 생겨 그 효과의사와 표시의사의 자유를 잃었으므로 진실된 의사가 아니다. 따라서 협박에 의한 민사행위는 무효가 된다.

협박에 의한 민사행위를 무효로 인정하기 위하여 협박자의 측면과 협박을 당한 자의 측면에서 고찰해야 한다.

협박자의 측면에서 볼 때, 다음과 같은 두 가지 요건이 필요하다.

첫째, 협박행위가 있어야 한다. 협박행위는 협박에 의한 민사행위와는 다르다. 협박행위는 협박자가 현실적인 위해를 가함으로써 앞으로 실시할 위협을 강박(强迫)하거나 예고(豫告)하여 상대방을 공포에 빠뜨리는 위법행위이다. 실시한 위해의 내용은 피해자의 생명, 건강, 영예, 명예, 초상, 재산 등 인신과 재산권익을 위해하는 것이다. 위해의 대상, 즉 피해자는 민사행위가 발생한 상대방일 수도 있고, 당사자의 친척일 수도 있다. 협박의 방식에는 강박과 위협이 있다. 강박은 현실적 위해로써 핍박하는 것이고, 위협은 장차 실시할 위해를 예고함으로써 공포심을 유발하는 것이다. 협박의 수단에는 신체적 폭력, 언어폭력, 불법적으로 사용한 행정수단이나 강제적 소송, 사생활의 비밀을 공개하는 것 등이 있다. 협박행위는 위법성 또는 부정당성을 가지며, 협박목적의 위법이나 협박수단의 위법, 목적과 수단의 위법을 포함한다. 예를 들어, 협박자가 상대방의 범죄사실을 공개할 것을 빌미로 상대방에게 계약을 체약하도록 협박한 경우, 범죄를 공개하는 자체는 위법이 아니지만 상대방에게 계약을 체약하도록 협박한 것은 위법이다. 또한, 협박자가 폭력으로써 상대방의 신체에 상해를 입히는 위협적 수단은 그 자체가 위법성을 가진다.

둘째, 협박자는 협박의 고의가 있어야 한다. 협박에 있어 고의는 협박자의 주관적 심리상태로써 자신이 실시한 협박행위가 상대방에게 공포를 일으켜 진실하지 못한 의사표시를 하도록 하는 행위이다.

피해자(협박을 당한 자)의 측면에서 볼 때에도 다음과 같은 두 가지 요건이 필요하다.

첫째, 협박으로 인해서 공포에 빠져야 한다. 즉, 공포적인 심리가 발생하여야 한다. 이는 협박과 상대방의 공포심이 발생하는 것 사이에 인과관계가 있어야 하고, 협박행위는 상대방에게 공포를 일으킬 수 있는 것이어야 한다는 것이다. 그러므로 협박이 있더라도 상대방이 무서워하지 않거나, 또는 협박행위가 객관적으로 상대방의 공포심을 일으키기에 부족한 것은 협박이 성립되지 않는다.

둘째, 피해자는 공포심으로 인해서 협박자의 의사와 부합하는 진실하지 못한 의사표시를 해야 한다. 피해자가 한 의사표시는 협박에 의해 발생한 공포심에 의한 것, 즉 의지가 자유롭지 않은 상황에서 한 것이며, 자신의 진실한 의사가 아닌 협박자의 의사에 부합하는 의사표시를 한 것이어야 한다.

(3) 승인지위(乘人之危)에 의한 민사행위

승인지위의 민사행위는 당사자가 상대방이 곤경에 처해 있음을 이용하여 가혹한 조건을 제시하고 상대방이 이를 받아들이겠다는 의사표시를 하도록 하여, 현저하게 공평성을 잃은 민사행위이다. 승인지위의 피해자는 위난(危難)으로 인해서 의사를 강제당하고, 의사자유가 방해를 받아 진실된 의사표시에 위배되는 의사표시를 한 것으로 의사표시가 진실해야 한다는 유효요건이 부족하므로 무효의 민사행위이다.

승인지위의 민사행위는 다음과 같은 요건에 부합해야 한다.

(a) 쌍방당사자의 이익관계가 현저하게 공평성을 잃은 것이어야 한다. 승인지위의 행위의 필연적 결과는 쌍방당사자의 이익관계가 공평을 잃는 것이다. 따라서 쌍방당사자의 이익이 공평을 잃어야 승인지위로 인한 것인가 아닌가를 논할 수 있다.

(b) 일방당사자, 즉 피해자는 위난(危難)에 처해 있어야 한다.

피해자가 위난에 처해 있다는 것은 자신의 생명, 자유, 재산 또는 친척의 생명·자유가 긴급한 위난상태에 있는 것이다. 일반적인 생활고는 이에 해당되지 않는다. 그리고 일방당사자만 위난에 처해야 상대방이 이를 이용할 기회가 생긴다. 만약 그렇지 않다면 위난에 처해 있거나 이미 끝났더라도 실시한 민사행위는 승인지위의 행위가 될 수 없다.

(c) 당사자가 상대방의 위기를 이용하여 고의로 실시하여야 한다.

고의는 상대방이 위난상태에 처해 있는 것을 알면서도 이를 이용해 상대방이 불리한 조건을 받아들이기를 바라는 것이다. 이런 행위는 당사자가 상대방의 위난을 이용해 가혹한 조건을 제시하고 상대방이 이를 강제적으로 받아들이게 하는 것으로 나타난다.

(d) 피해자는 위난으로 인해 강제적으로 위기를 이용한 당사자가 제시한 가혹한 조건을 받아들이는 의사표시를 하여 자신에 대해 공평성을 잃어야 한다. 이는 피해자의 의사표시가 진실하지 못한 이유가 위난으로 인한 것이고, 의사표시의 내용은 위기를 이용한 당사자가 제시한 가혹한 조건을 받아들이는 것이며 자신에게는 매우 불리한 것이라는 점을 강조한다.

중국민법통칙은 위 세가지 상황, 즉 사기, 협박, 승인지위에 의해 실시한 민사행위를 무효의 민사행위라고 규정한다. 그러나 중국 외의 다른 국가의 민사입법에서는 일반적으로 사기와 협박에 의한 민사행위를 취소할 수 있는 민사행위로 규정한다. 그리고 승인지위의 민사행위에 대해서는 현저하게 공평성을 잃은 민사행위와 함께 무효의 민사행위로 규정하기도 하고, 취소할 수 있는 민사행위로 규정하기도 한다. 「독일민법전」 제128조는 사기나 협박에 의하여 의사표시를 한 자는 표의자가 그 의사표시를 취소하여야 한다고 규정하고 있다. 그리고 동법 제138조 제2항에서는 특히 일방이 상대방을 궁지에 몰아넣거나 상대방의 부주의함, 경험이 없음을 이용하여 상대방에게 일방적 이행을 하게 하고, 일방 또는 제3자가 제공한 재산상의 이익이나 약정이 일방의 이행가치를 초월하는 경우, 당시의 상황에서 보아 뚜렷하게 부대칭하는 법률행위는 무효라고 규정하고 있다. 그러나 「스위스채무법」 제21조는 일방이 상대방을 궁지에 몰아넣거나 상대방의 부주의함, 경험이 없음을 이용해 그로 하여금 자신에게 뚜렷하게 부대칭하는 이행을 허락하게 한 것은 지나친 이득행위로써 취소할 수 있는 민사행위라고 규정하고, 손해를 입은 일방당사자가 계약성립 후 1년 내에 무효를 선고하는 것을 허락한다. 만약 선고를 하지 않으면 기한이 도래한 후 유효가 된다.

필자는 이런 상황에서 발생한 민사행위는 실질적으로는 당사자의 진실된 의사를 위배한 것이라고 본다. 왜냐하면 이런 행위는 당사자의 의사형성과 의사표시의 자유를 방해한 것이기 때문이다. 그러므로 그 효력은 당사자의 자유의사를 회복한 후에 당사자가 결정하도록 해야지 법원이 직접적으로 무효를 선고하는 것은 타당하지 않다. 따라서 취소할 수 있는 민사행위로 규정하는 것이 보다 합리적이다.

3. 법률이나 사회공공이익을 위반한 경우의 무효

민사법률행위의 유효요건의 하나는 법률과 사회공공이익을 위반하지 않는 것이다. 법률이나 사회공공이익을 위반하는 민사행위는 무효의 민사행위이다. 합법과 사회공공이익에 부합하는 요건이 부족한 민사행위는 다음과 같다.

(1) 악의적인 통정허위[105]로써 국가나 단체 또는 제3자의 이익에 손해를 주는 민사행위

이것은 행위자 쌍방이 국가나 단체 또는 제3자의 이익에 손해를 입힘으로써 정당하지 않은 이익을 얻는 것을 목적으로 서로 통정(通情)하여 실시함으로써 행하여진다. 예를 들어, 대리인이 상대방과 통정허위하여 피대리인의 이익에 손해를 주는 계약을 체결하는 것이다. 이런 민사행위로 인해 발생한 불리한 결과는 국가 또는 단체조직 및 구체적 행위를 실시한 제3자가 부담하고, 행위자는 거기에서 이익을 얻게 된다. 그러므로 통정허위의 민사행위를 법으로써 금지하는 것이다.

이런 민사행위는 다음과 같은 요건을 갖추어야 한다.
(a) 민사행위의 결과는 국가나 단체 또는 제3자의 이익에 손해를 끼쳐야 한다. 민사행위는 정상적인 상황에서 국가나 단체 또는 제3자에게 이익을 가져온다. 최소한 그 이익에 손해를 주어서는 안 된다. 그러나 통정허위의 결과는 필연적으로 국가나 단체 또는 제3자의 이익에 손해를 준다.
(b) 행위자 쌍방은 정당하지 않은 이익을 얻기 위해 국가나 단체 또는 제3자의 이익에 손해를 입히려는 악의가 있어야 한다.

---

[105] 원문은 '악의천통(惡意串通)'이다. — 역주

(c) 행위자 쌍방이 통정허위의 행위를 실시하여야 하고, 통정의 일치를 기초로 민사행위를 실시하여야 한다. 예를 들어, 일방이 상대방에게 수수료를 주고, 상대방은 수수료를 받은 뒤 계약을 체결하는 행위가 있다.

(2) 적법한 형식으로 불법적인 목적을 엄폐(掩蔽)한 민사행위

이런 행위는 행위자가 법률의 적용을 교묘하게 회피하여 불법적인 목적에 도달하기 위하여 적법한 형식을 갖춘 허위의 민사행위로써 불법적인 목적을 가진 민사행위이다. 이를 법률을 회피한 민사행위라고도 한다.

(a) 허위의 민사행위

행위자가 표면상으로는 민사행위를 실시하였지만 사실은 아무런 민사행위도 없고, 단지 적법한 형식의 민사행위로써 불법적인 목적을 은폐한 것이다. 예를 들어, 갑이 법원의 재산에 대한 강제집행을 회피하기 위하여 거짓으로 을에게 재산을 증여하는 것이다. 이런 증여의 민사행위는 허위이다. 허위의 민사행위는 진실된 효과의사가 없고 불법적인 목적을 은폐하였으므로 무효가 된다.

(b) 위장(僞裝)의 민사행위

표면상으로 적법한 민사행위가 또 다른 진실된 민사행위를 은폐하는 것이다. 진실된 민사행위를 은폐하는 것은 위장된 민사행위로써 진실된 효과의사가 없으므로 무효로 인정해야 한다. 진실된 민사행위를 은폐하는 행위 자체가 적법한 민사행위라면 유효가 되고, 위법한 것이라면 무효가 된다. 예를 들어, 개인명의로 구매한 가옥이 실제로는 국유기업이 구매한 가옥이라면, 개인의 명의로 맺은 가옥매매계약은 표면상으로는 적법하나 위장행위이므로 무효가 된다. 이는 국유기업이 진실을 은폐하고 사유(私有)의 가옥을 구매하는 행위는 위법한 것이기 때문이다. 또한, 최고인민법원의「예금증서분쟁사건의 심리에 관한 약간규정(關于審理存單糾紛案件的若干規定)」제6조는 자금제공자가 직접 자금사용자에게 자금을 지불하거나, 금융기구를 통하여 자금사용자에게 지불하여 금융기구가 자금제공자에게 예금증서나 명세서를 작성해주거나, 자금제공자와 예금계약을 맺고 자금제공자가 자금사용자나 금융기구로부터 고액의 이익을 얻거나 얻기로 약정한 행위에서 발생한 예금증서분쟁사건은 예금증서를 표현형식으로 하는 대출분쟁사건이라고 규정하고 있다. 이는 예금증서를 표현형식으로 하는 불법대출이다. 즉, 예금증서라는 합법적인 형식으로 불법대출의 목적을 은폐한 위장의 민사행위로써 무효의 민사행위에 속한다.

(c) 기타 적법한 형식으로 불법적인 목적을 은폐한 민사행위

허위와 위장의 민사행위 외에 기타 적법한 형식으로 불법적인 목적을 은폐한 행위이다. 예를 들어, 갑이 병에 대한 이행의무를 탈피하려는 목적을 은폐하기 위하여 자신의 재산을 적법한 형식을 통하여 을에게 증여하는 행위가 있다. 또, 최고인민법원의「상속법의 약간 문제의 철저한 집행에 관한 의견(關于貫徹執行繼承法若干問題的意見)」제46조는 상속인이 상속을 포기하여 법정의무의 이행이 불능일 때 상속권을 포기하는 행위는 무효라고 규정하고 있다.

그런데 주의할 점은, 중국계약법은 계약무효의 원인에 대해서 민법통칙과 다른 규정을 하고 있다는 것이다. 「중국계약법」 제52조가 규정하고 있는 계약무효의 원인은 다음과 같다.

(ⅰ) 일방이 사기·협박의 수단으로 계약을 체결하고 국가이익에 손해를 준 것
(ⅱ) 통정허위로 국가·단체 및 제3자의 이익에 손해를 준 것
(ⅲ) 적법한 형식으로 불법적인 목적을 은폐한 것
(ⅳ) 사회공공이익에 손해를 준 것
(ⅴ) 법률·행정법규의 강제성 규정을 위반한 것

그러나 계약법의 이런 규정은 계약에만 적용되고 일반적인 민사행위에는 민법통칙의 규정이 적용된다.

Ⅲ 민사행위의 변경가능과 취소가능

민사행위의 변경가능과 취소가능은 이미 성립한 민사행위가 법률행위의 비근본적 유효요건이 부족하여 표의자가 법에 의거하여 변경하거나 취소할 수 있는 것이다. 이런 행위를 변경가능과 취소가능의 민사행위라고 한다.

1. 변경가능과 취소가능한 민사행위의 유형

「중국민법통칙」 제59조는 두 가지의 변경가능과 취소가능한 민사행위를 규정하고 있다. 바로 착오의 민사행위와 현저하게 공평성을 잃은 민사행위이다.

(1) 착오의 민사행위

착오의 민사행위는 행위자가 행위의 성질, 상대방, 목적물의 품종, 질량, 규격과 수량 등에 대한 인식착오로 인해서 행위의 결과가 자신의 의사에 위배되고 비교적 큰 손실을 낳게 되는 민사행위이다.

착오의 민사행위는 다음과 같은 요건을 갖추어야 한다.

(a) 행위자 일방이 주관적으로 행위의 구성내용의 중요부분에 착오가 있어야 한다. 착오는 행위자가 민사행위를 구성하는 중요부분에 대해서 근본적인 인식착오가 있는 것이다. 이것은 상대방의 의사표시에 대한 인식착오뿐만 아니라 자신의 민사행위를 구성하는 중요부분에 대한 인식착오도 포함한다. 여기서 강조하는 민사행위를 구성하는 중요부분이란 민사행위의 성질, 주체(상대방), 목적물 등을 가리키고, 민사행위를 구성하는 요건에 속하지 않는 사항과는 구별된다. 예를 들어 민사행위의 실시동기, 당사자의 품성에 대한 판단착오 등은 여기에 해당되지 않는다. 그리고 민사행위를 구성하는 내용의 부수적인 부분과도 구별된다. 예를 들면 이행기한, 지점과 방식의 착오 등이 있다. 따라서 민사행위에 대한 주요방면—성질, 당사자, 목적물—에 대한 근본적인 착오가 있어야만 착오가 성립한다. 민사행위의 성질에 대한 인식착오 자체는 근본적인 착오이므로 착오에 속한다. 예를 들어, 상대방의 대출청약의 의사표시를 증여의 의사표시로 오해하여 승낙한 것은 행위의 성질에 대한 근본적인 착오가 있는 것이다. 상대방에 대한 근본적인 인식착오는 사람의 동일성에 대한 착오, 즉 이길동을 김길동으로 착오한 것이고, 사람의 민사주체자격에 대한 인식착오가 있다. 예를 들면 제한

민사행위능력인을 완전민사행위능력인으로 착오한 것이다. 목적물에 대한 근본적인 착오는 주로 목적물의 동일성에 대한 인식착오이다. 예를 들면 모사(模寫)[106]된 작품을 진품으로 착오한 것이다. 그리고 불특정물의 품종, 규격, 사이즈, 계산단위에 대한 인식착오이기도 하다. 왜냐하면 이런 요소는 불특정물을 확정하는 요건이고, 그중 하나에 대해서 인식착오가 있으면 불특정물의 확정에 착오가 발생하기 때문이다. 그러므로 이런 요소에 대한 인식착오도 착오에 속한다. 이 외에 목적물에 대한 기타 인식착오, 예를 들면 목적물의 질량, 성능, 생산지, 상표 등에 대한 인식착오는 민사행위를 취소할 수 있는 원인인 착오가 아니다. 그러므로 최고인민법원의 「〈민법통칙〉의견」제71조에서 표적물의 질량에 대한 인식착오에 있어서 착오를 원인으로 민사행위를 취소할 수 있다고 규정한 것은 거래의 안전에 불리하므로 타당하지 않은 규정이다.[107]

(b) 행위자는 착오를 토대로 의사표시를 하여야 한다. 즉, 행위자의 의사표시와 착오 사이에 인과관계가 있어야 한다. 그러므로 착오가 발생하지 않았다면 행위자도 이런 의사표시를 하지 않았을 것이라는 조건이 필요하다.

(c) 의사표시의 내용은 행위자의 진실된 의사에 위배되는 것이어야 한다. 행위자는 착오를 토대로 의사표시를 한 것이기 때문에 그

---

[106] 현재 중국에서는 모사된 물품들이 많이 출시되고 있다. 예를 들면 중국의 QQ라는 자동차는 한국의 마티즈라는 차를 모방하였으며, 심지어는 마티즈의 엔진을 중국차에 달아도 아무런 문제가 없었다고 한다. 어느 국가라면 모사된 물품의 판매가 금지되었을텐데 현재 중국에서는 그만큼 자국기업의 보호가 강하다. - 역주

표시내용은 내심의 진실된 의사에 위배된다.
(d) 민사행위의 내용은 객관적으로 착오자에게 비교적 큰 손실을 낳아야 한다. 행위로 인한 이행의 결과가 착오자에게 현저하게 공평성을 잃은 것이어야 한다. 착오가 있었지만 이행결과가 행위자에게 약간의 손실만 준 것은 착오가 아니다.

상술한 요건으로 보아 어떤 민사행위가 착오의 민사행위인가 아닌가를 인정하기 위해서는 해당되는 민사행위의 구체적인 내용과 그와 관련된 특수속성을 결합하여 구체적 상황에 따라 개별적으로 분석하여야 한다. 예를 들어, 큰 손실의 발생은 유상민사행위인가 무상민사행위인가에 따라 그 의미가 달라지며, 당사자의 착오에 대해서 인신속성(人身屬性)의 민사행위와 무인신속성(無人身屬性)의 민사행위 또한 그 의미가 달라진다.

(2) 현저히 공평성을 잃은 민사행위

현저히 공평성을 잃은 민사행위란 일방당사자가 우세함을 이용하거나 상대방이 경험이 없는 것을 이용하여 쌍방의 권리와 의무의 공평을 위반하는 유상을 원칙으로 하는 민사행위이다.

현저히 공평성을 잃은 민사행위는 다음의 요건에 부합하여야 한다.
(a) 현저히 공평성을 잃은 민사행위는 유상민사행위여야 한다.
(b) 행위내용이 나타내는 쌍방당사자 간의 이익관계가 공평원칙을 엄중히 위반하고 일방당사자에 대해 폭리를 취하여 일방당사

---

107 李開國 : 《民法基本問題硏究》, 法律出版社, 1997年版, 169쪽.

자에게 중대한 손해를 주어야 한다.
(c) 현저히 공평성을 잃게 만든 원인은 일방당사자가 자신의 우세함을 이용하거나 상대방이 경험이 없는 것을 이용한 것이다.
(d) 이익에 손해를 받은 일방은 자기가 원해서가 아니라 상대방의 우세한 지위와 자신의 무경험 때문에 이용을 당해야 한다. 예를 들어, 승포계약에서 계약당사자 일방이 그 우세한 지위를 빌리거나 상대방의 경험이 없는 것을 이용하여 승포목표를 지나치게 높게 잡아 이행할 수 없는 경우가 있다. 이러한 것이 바로 현저히 공평성을 잃은 민사행위이다.

2. 변경·취소할 수 있는 민사행위의 효력

(1) 변경·취소할 수 있는 민사행위는 성립할 때부터 민사행위의 효력발생요건을 갖추고 법률효력도 있지만 이러한 법률효력은 상대성을 가진다. 즉, 당사자가 민사행위의 효력을 변경하거나 취소하는 것을 허락한다.
(2) 이러한 민사행위는 당사자 일방에게 변경이나 취소할 수 있는 형성권이 발생한다. 변경·취소할 수 있는 민사행위는 성립 후에 법률효력이 발생할 수도 있다. 그러나 동시에 일방당사자에게 변경권이나 취소권이 발생한다. 즉, 당사자가 일방의 의사표시만으로도 민사행위의 효력을 변경하거나 취소할 수 있다.
(3) 변경권이나 취소권의 행사방식은 권리자가 인민법원이나 중재기관에 청구를 하여야 하고, 법률이 규정한 권리행사기간을 초과할 수 없다.
(4) 권리자가 변경권이나 취소권을 행사하지 않을 것을 표시한 것,

즉 변경권이나 취소권을 확실하게 포기하거나 변경권이나 취소권이 제척(除斥)기간을 넘어 소멸한 경우, 변경·취소할 수 있는 민사행위는 유효한 민사행위가 된다. 즉, 민사법률행위가 되는 것이다.

(5) 권리자가 법에 의거하여 변경권이나 취소권을 행사한 민사행위는 변경이나 취소 후에 그 효력이 민사행위가 성립한 때로 소급한다. 즉, 민사행위를 취소한 것은 무효가 되어 처음부터 무효인 것으로 본다.

그런데 「중국계약법」 제54조에서는 변경·취소할 수 있는 원인을 다음과 같이 규정하고 있다.

(a) 착오에 의해 체결한 계약
(b) 계약을 체결할 때 현저히 공평성을 잃은 경우
(c) 일방이 사기·협박 또는 승인지위(乘人之危)를 이용하여 상대방으로 하여금 진실된 의사에 위배되게 하여 체약한 계약

여기에서 볼 수 있듯이 계약법의 변경·취소할 수 있는 범위는 민법통칙보다 넓다. 그러나 계약법의 규정은 계약행위에만 적용된다.

IV. 민사행위의 효력미정

민사행위의 효력미정은 어떤 민사행위가 성립한 후에 행위자의 효과의사에 따른 법률효력의 발생 여부가 확정되지 않아서 제3자의 의

사표시를 통하여 그 효력을 확정하는 것이다. 이러한 민사행위를 효력미정의 민사행위라고 한다.

1. 효력미정인 민사행위의 유형

(1) 무권처분행위

무권처분행위는 타인권리의 목적에 대해서 행위자가 처분권이 없으면서 자신의 명의로 처분을 실시하는 행위이다. 무권처분자가 자신의 명의로 타인권리의 목적을 처분한 것은 타인권리에 대한 침범이다. 따라서 이 처분행위의 효력유무는 처분권이 있는 당사자의 의사에 의하여 결정된다. 처분권자가 무권처분자의 처분행위를 승인하면 실제로는 처분권자 자신이 처분권을 행사한 것이 되어 무권처분행위 또한 유효의 민사행위로 확정된다. 반대로 처분권자가 무권처분자의 처분행위를 승인하지 않으면 무효의 민사행위로 확정된다.

(2) 무권대리행위

무권대리행위는 행위자가 대리권이 없으면서 피대리인의 명의로 대리행위를 하는 것을 의미한다. 행위자는 피대리인의 사무에 대한 대리권을 얻지 않은 상태에서 타인명의로 대리행위를 한 것이고, 무권대리행위가 성립한 후에 그 법률효과는 피대리인이 부담한다. 그런데 이것은 피대리인의 이해관계에 중대한 영향을 미치므로 행위내용에 따른 법률효력의 발생 여부는 피대리인의 의사에 따라 결정된다. 따라서 피대리인이 추인하기 전의 효력은 미확정상태에 있고, 피대리인이 무권대리인이 피대리인의 명의로 실시한 민사행위에 대해서 추인하여야 비로소 법률효력이 발생한다.

(3) 채무인수

채무인수는 채무자와 제3자가 약정을 통해서 제3자가 채무자를 대신하여 채무자의 채권자에 대한 채무를 이행하는 민사행위이다. 제3자가 채무자의 채권자에 대한 채무를 부담하는 것이므로 제3자의 신용 및 채무이행능력은 채권자의 채권실현과 이해관계에 있다. 그러므로 채무인수의 민사행위가 채권자에 대해서도 유효하여야 제3자가 채무자의 채권자에 대한 채무를 부담하는 효력이 발생한다. 즉, 채권자의 동의를 얻어야만 유효하다.

(4) 제한민사행위능력인이 그 행위능력의 범위를 넘어서 민사행위를 한 경우

「중국민법통칙」 제12조·제13조에 의하면 제한민사행위능력인은 법률이 허락한 행위능력에 상응하는 민사행위나 순수하게 이익을 얻는 행위만 할 수 있다. 기타 민사행위는 법정대리인이 대리하거나 법정대리인의 동의를 얻어야 한다. 따라서 법정대리인의 동의 없이 제한민사행위능력인이 그 행위능력의 범위를 넘어서 한 민사행위는 효력미정의 민사행위이다. 이때 법정대리인이 추인하여 동의하면 유효의 법률행위로 확정되고, 법정대리인이 추인을 거절하면 무효의 법률행위로 확정된다.

2. 효력미정인 민사행위의 효력

(1) 효력미정의 민사행위는 민사행위로서의 성립효력을 가진다. 즉, 행위자가 의사표시를 하고 민사행위의 성립요건과 부합되

면 성립한다. 그러나 의사표시의 내용이 의도한 대로 민사법률효과가 발생할지 여부는 불확정적이다.
(2) 민사행위의 효력이 불확정적인 이유는 민사행위의 유효요건이 부족하기 때문에 나타난다. 법률은 이런 요건들의 부족한 점을 보조를 통하여 보완하는 것을 허락한다. 그러므로 보조를 얻기 전까지 민사행위는 무효도 유효도 아니며, 그 확정을 기다리는 것이다.
(3) 민사행위의 효력의 확정은 형성권을 가진 제3자의 승인이나 거절에 의하여 결정된다. 형성권을 가진 제3자가 추인한 민사행위는 유효이고, 행위의 시작부터 법률효력이 발생하여 유효의 민사행위로 확정·전화(轉化)된다. 반대로 제3자가 거절한 민사행위는 원시적 무효가 되어 무효의 민사행위로 확정된다.

V. 민사행위의 무효, 변경가능, 취소가능, 효력미정의 구별

민사행위의 무효, 변경가능, 취소가능, 효력미정은 민사행위에 법률행위의 효력요건이 부족하여 행위자가 의도한 법률효과가 확실하게 나타날 수 없는 경우이다. 그러나 이들은 서로 구별된다.

(1) 결함이 있는 법률행위의 효력요건의 근거가 다르다
민사행위에서 무효의 주요한 근거는 「중국민법통칙」 제58조 규정에서 찾아볼 수 있다. 무민사행위능력인이 실시한 것, 제한민사행위능력인이 법에 의거하여 독립적으로 할 수 없는 행위를 실시한 것, 일방이 사기·협박의 수단이나 승인지위(乘人之危)를 이용함으로써 상대방이 자신의 진실된 의사에 위배된 상태에서 실시한 것, 통정허위(惡意串通)로써 국가나 단체, 제3자의 이익에 손해를 준 것, 법률이나 사회공공이익을 위반한 것, 적법한 형식으로 불법적인 목적을 은폐한 것 등이 있다. 변경가능과 취소가능한 민사행위의 원인은「중국민법통칙」제59조에서 규정한 착오, 현저히 공평성을 잃은 것에 있다. 민사행위에서 효력미정의 원인은 중국민법통칙의 한 조문에 집중적으로 규정되고 있지 않고 각 조에 분산되어 있다. 예를 들면,「중국민법통칙」제66조 제1항은 무권대리를 규정하고 있고, 제91조[108]는 채무인수를 규정하고 있다.

(2) 결함이 있는 법률행위에서의 유효요건은 그 성질이 다르다

무효의 민사행위에서의 결함은 법률행위의 근본적 효력요건이다. 그러나 변경가능과 취소가능, 효력미정의 민사행위에서의 결함은 비근본적 효력요건이다.

(3) 민사행위의 효력상태가 다르다

무효의 민사행위는 법률행위의 근본적 효력요건을 위반하였기 때문에 효력상태가 절대적 무효이다. 이것은 당연하고 원시적 무효이므로 누가 주장하거나 어떤 기관의 확인이 없이도 무효가 된다. 변경가능과 취소가능의 민사행위와 효력미정의 민사행위는 법률행위의 비근본적 효력요건을 위반하였기 때문에[109] 무효는 아니다. 변경가능과 취소가능한 민사행위의 효력은 변경이나 취소권을 부(附)하고 있는 유효한 상태에 있다. 행위자가 변경이나 취소권을 행사하고 인민법원이나 중재기관을 통해서 법에 의거하여 무효를 확인하여야만 원시적 무효가 된다. 그렇지 않으면 변경가능과 취소가능의 민사행위의 효력은 여전히 유효하다. 민사행위의 효력미정은 제3자에게 동의나 거절권을 부(附)하여 효력을 기다리는 상태에 있다. 즉, 무효도 유효도 아니다. 민사행위의 효력은 제3자의 동의에 의해 유효가 되고, 거절에 의해 원시적 무효가 된다.

(4) 주장하여 효력변화에 영향을 주는 당사자가 다르다

민사행위의 무효는 당사자의 주장이 없더라도 원시적으로 무효이다. 그러나 당사자—당사자뿐 아니라 이해관계자 등도 주장이 가능함—가 인민법원이나 중재기관에 무효사실의 확인을 주장하면 인민법원과 중재기관은 법에 의거하여 무효의 확인을 해줄 수 있다. 변경가능과 취소가능의 민사행위는 변경권과 취소권을 가진 행위자만 변경이나 취소를 요구할 수 있다. 그 외의 사람이 변경이나 취소를 주장하는 경우 인민법원과 중재기관은 직권으로 변경이나 취소를 해줄 수 없다. 민사행위의 효력미정도 형성권이 있는 제3자의 동의나 거절에 의해서만 민사행위의 효력이 확정된다.

---

108 제91조 보충 : 계약의 일방당사자는 계약의 권리·의무의 전부 또는 일부를 제3자에게 양도할 수 있고, 이때 계약의 타방당사자의 동의를 얻어야 하며, 그 권리를 침해하여서는 안 된다. 법률규정에 의해 국가비준을 받아야 하는 계약은 채무인수시에도 반드시 원비준기관의 비준을 받아야 한다. —역주
109 李開國 :《民法基本問題研究》, 法律出版社, 1997年版, 184쪽.

(5) 시간적 제한이 다르다

민사행위의 무효에 대한 주장은 시간적 제한을 받지 않는다. 그러나 변경가능과 취소가능의 민사행위는 당사자가 행위성립일로부터 1년 내에 변경이나 취소를 요구하여야 한다. 이 기간을 초과하여 변경이나 취소를 요구한 것에 대해서는 법의 보호를 받지 못한다. 효력미정의 민사행위는 제3자가 법률이 규정한 최고(催告)나 추인기간 내에 동의나 거절의 의사표시를 하여야 한다.

Ⅵ. 민사행위의 무효 또는 취소의 법률효과

민사행위가 법률행위의 근본적 효력요건을 위반한 경우, 그러한 민사행위는 성립할 때부터 무효로 확정된다. 반대로 민사행위가 법률행위의 비근본적 효력요건을 위반한 것은 취소가능의 민사행위나 효력미정의 민사행위가 되며, 행위자의 취소권 행사나 제3자의 거절을 통하여 무효가 된다. 이런 상황에서의 민사행위는 모두 무효이다. 소위 무효는 행위자가 한 의사표시의 내용에 따른 법률효과가 발생할 수 없는 것이다. 그러나 이것이 어떠한 법률효과도 발생하지 않는 것은 아니다. 이것은 일정한 무효의 법률효과를 발생시키며, 이런 법률효과는 당사자의 의사표시가 추구한 것이 아닌 법률규정에 의한 것이다. 「중국민법통칙」 제61조 규정에 의하면 민사행위의 무효는 다음과 같은 법률효과를 발생시킨다.

1. 쌍방의 상호재산반환

쌍방의 상호재산반환은 줄여서 쌍방반환(雙方返還)이라고도 하며, 민사행위가 무효로 확인되었거나 취소된 후에 당사자가 민사행위로 인하여 상대방으로부터 취득한 재산을 상대방에게 반환하는 것이다.

2. 일방의 재산반환

일방의 재산반환은 민사행위가 무효로 확인되었거나 취소된 후에 일방당사자가 민사행위에 의하여 인도한 재산을 받은 상대방이 그 재산을 인도한 일방에게 반환하는 것이다. 또는 쌍방이 재산을 교부했지만 민사행위가 국가이익이나 사회공공이익을 위반한 것이고 일방당사자에게만 고의가 있을 때에는 고의가 있는 일방이 상대방으로부터 취득한 재산을 상대방에게 반환하여야 한다. 만약 고의가 없는 일방이 취득했거나 취득을 약정한 재산은 국고로 회수된다.

3. 손해배상

손해배상은 민사행위가 무효로 확인되었거나 취소된 후에 민사행위의 무효나 취소에 과실이 있는 일방이 상대방이 입은 경제적 손실을 배상하여야 하는 것이다. 쌍방이 모두 과실이 있을 때는 각자의 과실의 경중에 따라 과실상계한 후 상대방에게 손실을 배상한다.

「중국민법통칙」제61조는 다음과 같이 규정하고 있다. "민사행위가 무효로 확정되었거나 취소된 후에 당사자의 행위로 인해 취득한 재산을 손실을 당한 일방에게 반환하여야 한다. 과실이 있는 당사자는 상대방이 그로 인해 받은 모든 손실을 배상하여야 한다." 이 조항은 학술해석상으로 중국민법통칙의 체약과실책임에 관한 규정으로 여겨진다. 체약과실책임이란 계약체약과정에서 일방이 신의칙에 의한 의무를 위배하여 상대방의 신뢰이익에 손실을 발생시켜서 민사책임을 부담해야 하는 것이다.[110] 이로 보아 체약과실책임은 다음과 같은 특징이 있다.

(1) 체약과실이 계약체약과정 중에 발생한 경우

계약의 민사행위를 실시하는 과정 중에 발생하여야 한다. 계약체약이 끝난 후 일방의 과실로 계약의 이행불능이나 계약불이행이 발생한 것은 위약책임이 적용된다.

(2) 체약의 일방당사자에게 과실이 있는 경우

체약의 일방당사자의 과실은 고의와 과실의 두 가지 형식을 모두 포함하며, 그 실질적인 목적은 민법의 기본원칙인 신의성실의 원칙에 기하여 가지는 체약의무, 예를 들면 협조, 보호, 고지, 비밀보증 등의 의무를 위배한 것이다. 당사자 일방이 체약과정 중에 의무를 위배한 행위를 한 경우, 체약과실의 여부를 확정하는 기준은 당사자가 행위 당시에 객관적으로 자신의 행위가 체약관계에 줄 악영향을 예견할 수 있느냐 아니냐에 있다. 예를 들어, 당사자가 목적물에 하자가 있는 것을 알면서도 은닉한 것은 고의이다. 또, 당사자가 상대방 당사자에 대한 인신적 보호를 해야 할 때 그 주의(注意)를 다하지 못한 것은 보호를 소홀히 하여 생긴 과실이다.

---

110 王利明:《違約責任論》, 中國政法大學出版社, 1996年版, 598쪽.

(3) 체약의 일방당사자의 과실에 의해서 계약이 성립하지 않거나 무효, 취소가 된 경우

이 경우 과실 있는 당사자가 당연히 체약과실책임을 진다.

(4) 체약한 일방당사자의 과실행위가 상대방의 신뢰이익에 손실을 낳은 경우

신뢰이익으로 인한 손실은 당사자가 상대방의 신의성실을 신뢰하였지만 상대방이 신의성실을 위배하여 받은 불이익이다. 상대방을 신뢰한 일방당사자가 받은 신뢰이익의 손실과 상대방의 신의성실의 의무를 위배한 과실행위는 직접적인 인과관계가 있으므로 체약과실책임을 구성한다.

체약과실의 민사책임은 적용범위가 넓다. 민사행위의 무효나 취소 후의 상황뿐만 아니라 민사행위의 미성립 및 당사자의 신뢰이익에 손실을 준 상황에서도 적용된다. 그러나 중국민법통칙은 민사행위가 무효로 확정되었거나 취소된 후의 체약과실책임에 대해서만 이를 규정하고, 기타 상황에서의 체약과실책임은 규정하지 않고 있다.

4. 쌍방이 취득한 재산의 추납(追納)

쌍방이 취득한 재산의 추납은 쌍방이 통정허위하여 국가나 단체, 제3자의 이익에 손해를 입혔을 때, 쌍방이 취득한 재산을 추납하여 국가나 단체소유로 하거나 제3자에게 반환하여야 한다는 것이다.

제3장

時效와 期間, 期日

제1절 時效制度의 概述

I. 시효의 개념 및 구성

 시효는 일정한 사실상태가 법정기간을 경과하여 계속적으로 존재하는 것으로 법에 의거하여 민사법률효과가 발생하는 법률사실이다. 시효는 다음과 같은 요소를 갖춰야 한다.
 (1) 일정한 사실상태가 존재하여야 한다. 일정한 사실상태의 존재는 주체가 어떤 물건을 점유하는 사실상태나 주체가 권리를 행사하지 않는 사실상태가 존재하는 것을 말한다.
 (2) 사실상태는 법정기간을 경과하여 계속적으로 존재하여야 한다. 이것은 물건에 대한 점유상태나 권리불행사가 법률이 규정한 시효기한을 넘어서 계속 존재하는 것을 의미한다.

이상의 두 가지 요소가 시효를 구성하고 법에 의거하여 일정한 민사법률효과가 발생한다. 즉, 일정한 사실상태가 일정한 기간 동안 계속적으로 존재하면 당사자는 물건에 대한 점유로 인해서 권리를 취득하거나 권리불행사로 인해 권리를 상실한다.

II. 시효의 성질

시효는 민사법률이 규정한 일정한 사실상태가 법정기간 동안 계속적으로 존재하여 그에 상응하는 민사법률효과가 발생하는 법률제도이다. 이러한 법률제도를 시효제도라고 한다. 시효제도는 법률사실제도에 속한다. 왜냐하면 시효의 도래는 법률관계의 발생과 소멸을 일으킬 수 있기 때문이다. 시효기간의 경과는 당사자의 의사가 작용하지 않은 자연적인 과정이므로 시효는 사건법률사실에 속한다. 시효제도의 실질적인 목적은 민사권리를 제한함으로써 사회공공이익과 사회경제질서를 지키는 데 있다. 시효기간의 도래는 원래 권리자의 이익과 상반되는 민사법률효과를 발생시킬 수 있다. 따라서 민법은 시효에 대하여 강행규정을 두어 당사자가 자유의사에 근거하여 시효의 적용을 배제하거나 시효기간을 변경하거나 시효이익을 미리 포기할 수 없도록 한다.

III. 시효제도의 작용

시효제도는 민사법률제도의 하나로서 다음과 같은 작용을 한다.

(1) 사회경제질서를 안정시킨다

취득시효는 물건에 대한 장기점유를 법률의 인가를 통하여 사실질서를 법률질서로 전환시키고, 점유인이 물건에 대한 소유권을 취득하게 하여 물건의 귀속을 명확하게 한다. 소멸시효는 권리자가 장기간 동안 적극적으로 행사하지 않은 권리를 소멸시켜 법률관계와 불안정한 상태를 마무리 짓는다. 따라서 시효제도는 사회경제질서의 안정에 이바지한다.

(2) 권리자의 급시(及時)적 권리행사를 촉진한다

권리자가 장기간 동안 권리를 행사하지 않으면 시효제도에 따라 권리의 상실이라는 결과가 나타나게 되어 권리자가 급시적으로 권리를 행사하도록 한다. 이로써 민사활동의 흐름을 빠르게 하여 재산효용을 발휘하고 경제발전을 촉진시킨다.

(3) 인민법원이 사건사실을 분명히 하여 분쟁을 정확히 처리하게 하는 데 유리하다

물건에 대한 점유의 사실상태가 장기간 계속되면, 증거가 없어지거나 증인이 사망하는 등 누가 진정한 권리자인지를 명확히 하기가 어렵다. 한편 권리불행사의 사실상태가 장기간 계속되면 관련된 증거를 수집하기 어렵게 되어 법원이 권리상태의 적법 여부를 판단하는 데 있어 어려움이 가중된다. 따라서 시효제도를 시행하여 시효의 도래로써 증거를 대체하여 입증의 곤란을 피할 수 있도록 한다.

IV. 시효의 종류

시효는 시효의 사실상태요소와 그로 인해 나타나는 법률효과에 따라 취득시효와 소송시효(소멸시효)로 나눌 수 있다.

1. 취득시효

취득시효는 소유의 의사로써 자신의 이익을 위하여 타인의 재산을 점유하는 사실상태가 법정기간이 도과할 때까지 계속되면 법에 의거하여 재산소유권이나 기타 재산권의 취득이라는 법률효과가 발생하는 시효이다. 취득시효는 점유시효라고도 한다. 중국민법통칙은 취득시효에 대해서 규정하지 않고 있다.

2. 소송시효(소멸시효)

소송시효는 권리자의 권리불행사의 사실상태가 시효기간이 도래할 때까지 계속되어 청구권이 소멸되는 시효이다. 소송시효는 소멸시효라고도 한다.

V. 시효제도의 변천과 입법사례

시효제도는 로마법에 그 기원을 두고 있다. 로마《12동표법》[111]에서 취득시효를 규정하고 요식(要式)이전물에 대해서 당사자가 규정하지 않은 방식으로 양도한 것은 양수인이 부동산의 경우 2년 동안, 동산의 경우에는 1년 동안 점유하면 소유권을 취득할 수 있다고 규정하였다. 기원전 367년 로마에서는 대법관이라는 지위가 창설되었으며 대법관법에서는 대법관이 소권을 허락한다면 당사자는 원칙상으로 반드시 1년 안에 소송청구를 하여야 하며, 그렇지 않으면 소권을 상실하도록 하였다. 이것이 소위 말하는 유효한 소권이다. 이는 로마시민법상의 영구소권과는 구분된다. 중세기에 이르러 주석법학파가 취득시효와 유기(有期)소권을 통일된 시효제도로 개괄하여 두 가지 유형이 나타났다. 후세 각국 민법은 이 두 가지 시효를 규정하였다. 그러나 1922년의 러시아민법전은 총칙에서 소송시효만을 규정하였고 취득시효는 취소시켰다.

각 나라의 시효제도 입법은 다음과 같이 개괄할 수 있다. 첫번째, 시효제도를 통일하여 규정하는 것이다. 프랑스와 일본민법이 대표적이며 민법총칙편에 취득시효와 소송시효를 규정한다. 두 번째, 분별하여 규정하는 것이다. 독일민법전이 대표적이며 취득시효는 물권편의 소유권에서 규정하고, 소송시효는 총칙편에 규정한다. 세 번째, 단일시효를 규정하는 것이다. 러시아민법전과 중국민법전이 대표적이며 취득시효는 취소시키고 총칙에서 소송시효만 규정한다.

---

[111] B.C. 449년에 저명한《12동표법》이 반포되었는데, 이는 로마 제일의 성문법이다. — 역주

제2절 取得時效

I. 취득시효의 개념과 특징

취득시효는 자주적, 평화적, 공연(公然)적으로 점유하거나 타인의 재산을 준점유하고 그러한 사실상태가 법률이 규정한 기간을 경과해서 계속 존재하는 경우 법에 의거하여 해당하는 재산소유권이나 기타 재산권을 취득하는 시효제도로서 다음과 같은 특징이 있다.

(1) 시효발생의 사실상태는 자주적, 평화적, 공연적으로 점유하거나 타인의 재산을 준점유하는 것이다. 이것은 취득시효가 소송시효와 다른 부분으로 소송시효 발생의 사실적 상황은 권리를 행사하지 않은 상황이다.

(2) 시효의 법정기간이 비교적 길다. 예를 들어, 일본민법전은 동산과 부동산을 구분하지 않고 취득시효기간[112]을 20년으로 한다. 대만민법은 동산은 5년이 경과하면 취득할 수 있고, 부동산은 20년이 경과하여야 취득할 수 있다고 규정하였다. 그러나 소송시효의 법정기간은 비교적 짧아서 길어야 2년이다.

(3) 시효의 법률효과는 점유인이 점유물에 대한 소유권이나 기타 재산권을 취득하는 것이다. 그러나 소송시효의 법률효과는 권리자가 승소권을 상실하는 것이다.

---

[112] 한국에서는 점유취득시효, 즉 부동산소유권의 취득기간은 20년이고, 등기부취득시효, 즉, 부동산의 소유자로 등기한 자는 10년간 그 부동산을 점유한 때에 소유권을 취득한다(민법 제245조). — 역주

II. 취득시효의 적용범위

취득시효의 적용범위는 취득시효의 적용으로 인하여 어떠한 권리와 어떠한 물건상의 권리를 취득한다. 각국 민법은 한편으로는 취득시효를 어떤 권리의 취득 및 어떤 물건상에 적용할 수 있다고 하고, 또 다른 한편으로는 어떤 물건에서 어떤 권리는 취득할 수 없다고 제한하고 있다.

1. 취득권리의 범위

취득시효에 의거하여 취득할 수 있는 권리를 로마법에서는 소유권의 취득으로 제한하였다. 후에 각국의 민법이 발전하면서 재산권의 취득범위가 소유권 이외의 재산권까지 확대되었다. 그렇지만 일정한 범위적 제한은 있다. 독일민법전은 취득시효에 의거하여 취득한 소유권과 소유권 이외의 물건 혹은 권리의 점유를 요소로 하는 물권을 제한하는 규정을 하고 있다. 일본민법전과 대만민법은 원칙적으로 일반적인 재산에 대해서 취득시효를 균등하게 적용한다. 그러나 법률에 의거하여 적용할 수 없다고 규정되어 있거나 권리의 성질에 의거하여 적용할 수 없는 것에 대해서는 취득시효를 적용할 수 없다. 대만민법은 표현하지 않거나 계속되지 않은 지역권은 취득시효를 적용하지 않는다고 규정하고 있다. 권리의 유치권은 법정물권이고 당사자의 의사표시에 의하지 않아도 성립하므로 취득시효를 적용하지 않는다. 단 한 번의 행사로 소멸될 수 있는 권리, 즉 해소권, 취소권 등의 형성권은 취득시효를 적용하지 않는다. 신분을 전제로 하는 권리는 취득시효를 적용하지 않으며, 주된 권리를 전제로 하는 종된 권리도 취득시효를 적용하지 않는다. 계속적 행사라는 사실상태를 전제로 하는 채권 외의 채권에는 취득시효를 적용하지 않는다.

2. 권리취득의 물건의 범위

(1) 동산과 부동산

취득시효는 동산에 적용하는 것이 통상적인 예이고, 부동산에 대해서는 여러 가지 제한을 두고 있다. 독일민법전은 부동산에 대해서 등기취득시효와 점유취득을 규정하고 있다. 대만민법은 부동산에 대한 취득시효를 미등기한 부동산에 한하고, 등기된 부동산에 대해서는 적용할 수 없다고 규정하고 있다.

(2) 점유인에게 권리능력이 있는 물건

점유인에게 권리능력이 있는 물건은 법에 의하여 점유인의 권리객체가 될 수 있는 물건이다. 점유인에게 권리능력이 있는 물건은 취득시효를 적용할 수 있고, 점유인에게 권리능력이 없는 물건은 취득시효를 적용할 수 없다. 예를 들어, 개인이 국가나 단체소유의 물건을 점유하면 취득시효에 의거하여 소유권을 취득할 수 없다.

(3) 유통물

점유인이 유통물을 점유하게 되면 취득시효를 적용한다. 그러나 점유인이 점유가 금지된 유통물을 점유하게 되면 이는 불법이기 때문에 취득시효를 적용할 수 없다.

(4) 타인이 주인인 재산

점유인이 타인의 재산을 점유하면 취득시효를 적용하고, 자기 재산이거나 주인이 없는 재산이면 취득시효를 적용하지 않는다.[113]

(5) 분실문과 절도물

분실물, 절도물은 취득시효의 적용에 지장을 줄 수 없다.

(6) 유산

유산은 상속자의 상속권회복청구권이 소멸하기 전에는 유산점유인의 이익을 위하여 취득시효를 적용할 수 없다. 상속권자의 청구권의 실체소권이 소멸한 후에 취득시효를 적용할 수 있다.

III. 중국민법의 취득시효제도의 건립 여부

중국민법통칙 제정시 구소련민법의 영향으로 소송시효만 규정하고 취득시효는 규정하지 않았다. 따라서 중국민법이 취득시효제도를 건립하여야 할 것인가에 관해서 여러 가지 견해가 있다.

1. 부정설

(1) 고대 로마시대에 발생한 취득시효는 사회적 조건으로 이미 존재하지 않게 되었으며, 부동산등기제도와 동산에 대한 즉시취

---

[113] 한국에서는 판례에 의하여 자기소유물에 대해서도 취득시효가 인정된다. ―역주

득제도의 출현으로 인하여 취득시효는 현대사회에서의 존재가치를 잃었다.[114]

(2) 두 가지 시효제도를 병행하면 일방이 권리를 상실하게 되고 상대방이 동시에 권리를 취득할 수 없는 경우가 발생하는데, 이는 소멸시효와 취득시효의 기간이 완전히 일치할 수 없기 때문에 야기되는 문제이다.[115]

(3) 통일된 시효제도의 건립은 소멸시효의 효력을 가지는 동시에 취득시효의 효력도 가지므로 합리적이고 시행가능하다. 그러므로 경제관계와 법률관계의 불안정한 상태는 초래되지 않는다.[116]

2. 긍정설

(1) 취득시효제도는 상품경제의 발생에 따라 나타났고 상품경제의 발전에 따라 발전한다. 따라서 상품경제를 조정하는 데 있어서 적극적인 의미를 지닌다.

(2) 취득시효와 소송시효는 서로 다른 작용을 하는 시효제도이다. 소송시효만 있고 취득시효가 없으면 일방당사자는 소송시효로 인하여 권리를 상실하게 되고, 실제 점유인은 소유권을 취득할 수 없게 되어 재산의 불안정한 상태를 초래한다.

(3) 동산의 선의취득제도의 확립으로 취득시효는 필수불가결한 내용이 되었다. 그러므로 소송시효제도가 취득시효제도를 대체할

---

[114] 張玉敏 : "論中國民法時效制度", 《西北政法學院學報》1986年 제2기.
[115] 佟柔主編 : 《民法總則》, 中國人民公安大學出版社, 1990年版, 312쪽.
[116] 115와 동일.

수 없다.
(4) 취득시효는 경제관계를 안정시키고 사회경제질서를 지키는 데 유리하다.[117]

필자는 중국민법이 취득시효제도를 건립하여야 한다고 생각한다. 상술한 긍정설의 이유 외에도 다음과 같은 이유가 있기 때문이다.
  (a) 즉시취득제도는 취득시효와는 다르다. 취득시효에 따르면 타인의 재산에 대해 일정기간 동안 지속적으로 점유하여야 재산소유권을 취득할 수 있다. 그러나 즉시취득제도에 따르면 일정한 조건의 점유만 있으면 되고, 일정한 기간 동안 점유를 하지 않아도 된다. 취득시효와 즉시취득은 모두 타인이 주인인 재산에 대한 점유에 적용되지만, 즉시취득점유는 자주점유와 선의점유이어야 한다. 법률행위에서 무권양도인이 취득한 점유는 가능하나 그 점유물은 절도물이나 분실물이어서는 안 된다. 반면 취득시효제도의 점유는 자주점유, 평화점유, 공연(公然)점유여야 한다. 이 세가지 조건만 만족하면 보통시효에 대해서 선의 여부, 법률행위를 통해 무권양도인이 취득한 점유 여부를 논하지 않고, 그 물건이 절도물이나 유실물인지의 여부도 고려하지 않는다.[118] 따라서 취득시효규정에 따라 점유재산에 대한 소유권을 취득할 수 있다.
  (b) 취득시효와 소송시효가 병존(竝存)할 때 나타나는 일방당사

---
117 彭萬林主編:《民法學》, 354쪽, 張俊浩主編:《民法學原理》, 286쪽.
118 彭萬林主編:《民法學》, 中國政法大學出版社, 1997年版, 352쪽.

자가 권리를 상실하고 상대방이 동시에 권리를 취득할 수 없는 상황은 정상적인 것이다. 왜냐하면 소송시효기간이 도래하면 권리자가 상실하는 것은 승소권이지 실체권리는 아니며, 권리자의 실체권리는 여전히 존재한다. 단지 법원을 통해서 강제로 실현할 수 없을 뿐이다. 의무자가 자발적으로 이행한 것이면 권리자는 수령할 권리가 있다. 두 가지의 시효가 병행할 때 필연적으로 일방당사자가 권리를 상실하고 상대방이 동시에 권리를 취득할 수 없다는 비판은 취득시효를 부인하는 논거로 불충분한 것이다.

(c) 통일된 시효제도를 건립하면 소멸시효의 효력도 가지고 취득시효에 의거해서 이익자가 동시에 권리취득의 효력을 얻게 된다. 이는 불합리한 것이다. 왜냐하면 이런 소송시효는 권리자의 승소권뿐만 아니라 실체권리도 소멸시킴과 동시에 의무자는 권리를 즉시취득하게 되므로 의무자가 권리자에게 의무를 이행할 필요가 없고, 자발적으로 의무자가 권리자에게 의무를 이행하였다고 해도 원래 권리자는 수령권이 없게 되므로 원래 권리자에 대해서 매우 불공평하기 때문이다.

(d) 소송시효에 의거하여 시효기간이 도래하면 채무자는 채무를 면제할 수 있지만 점유의 목적물에 대한 소유권은 취득할 수는 없다. 만약 취득시효가 없다면 이러한 권리의 불안정한 상태가 영원히 존재할 것이다. 취득시효에 대한 규정은 소송시효와 최종적으로 이런 불안전한 상태를 해결할 수 있다.

IV. 취득시효의 요건

각국 민법은 취득시효에 대해 서로 다른 요건을 규정하고 있다. 독일민법전은 부동산의 취득시효를 다음과 같이 두 가지로 나누었다. 하나는 등기취득시효이다. 민법전은 권리자가 부동산을 공개적으로 점유, 이용, 구분하는 것을 요구하지는 않는다. 따라서 부동산등기부상에 권리가 있으면 즉시 취득할 수 있으며 그 기간은 30년이다. 다른 하나는 점유취득시효이다. 이것의 성립조건은 다음과 같다. 자주적인 점유여야 하고 공개적, 평화적, 지속적인 점유여야 한다. 또한 시효기한이 도래할 때 점유인은 우선 공시최고절차를 선정하여 타인의 소유권을 제거하고 그 후에 자기를 소유권자로 하는 등기를 신청할 수 있다. 동산소유권의 취득시효에 대해서 독일민법전은 자주점유, 선의점유여야 하고 시효기간에 대해서는 10년이라고 규정한다.[119] 일본민법전과 대만민법은 보통취득시효와 특별취득시효로 구별하고 그에 따라 서로 다른 구성요건을 가진다.

1. 보통취득시효의 요건

(1) 점유자의 점유는 자주점유, 평화점유, 공연(公然)점유여야 한다. 자주점유는 소유의 의사로써 재산을 점유하는 것이다. 평화점유는 비폭력이나 비협박수단에 의한 취득이나 유지되고 있는 점유(점유유지), 즉 강제적·폭력적으로 점유하지 않아야 한다. 공연점유는 은닉·하자가 없는 점유이다. 점유물에 대해

---

119 孫憲忠:《德國當代物權法》, 法律出版社, 1997年版, 202·203·318쪽.

이해관계가 있는 사람은 점유의 사실을 은닉하면 안 된다. 공연점유가 인정되려면 점유의 상태가 객관적이면 족하고, 권리자 및 이해관계자가 점유의 사실을 몰라도 객관적인 점유가 된다. 점유자는 이러한 점유의 자주성, 평화성, 공연성, 지속성에 대해 입증할 책임을 지지 않고 점유의 이해관계자가 점유자의 점유에 하자가 있음을 입증하여야 한다. 그렇지 않으면, 법률은 점유에 하자가 없는 것으로 규정한다.

(2) 법정기간이 경과하여야 한다. 예를 들면 대만민법에서는 동산 소유권의 시효기간을 5년, 부동산은 20년으로 규정하고 있다.

2. 특별취득시효의 요건

특별취득시효는 타인이 등기하지 않은 부동산에 대한 점유에서만 적용되고 구성요건은 보통취득시효의 요건과는 다르다.

(1) 선의이며 무과실인 점유여야 한다. 특별취득시효는 점유자가 자주적, 평화적, 공연적으로 점유하는 것 외에 그 점유가 선의이며 무과실이어야 한다. 선의는 점유자가 점유를 시작할 때 권리가 없는 점유라는 것을 모르거나 점유할 권리가 있다고 오신하는 것이다. 점유할 권리가 없는 것을 알면서도 점유하면 악의이다. 무과실은 점유자가 선량한 관리자의 주의로써 권리가 없는 것을 모르면서 권리가 있다고 믿고 점유하는 것이다. 여기서 선의와 무과실은 시작할 때 갖추면 된다. 점유가 계속되는 과정에서 점유자는 점유가 선의임을 입증할 책임이 없으나, 무과실로 점유하였다는 점에 대해서는 입증책임을 진다.

(2) 법정기간이 경과하여야 한다. 특별취득시효의 점유요건은 비교

적 엄격하다. 취득시효의 법정기간도 보통시효기간보다는 짧다. 대만민법에서는 10년으로 규정하고 있다.

V. 취득시효의 효력

취득시효의 효력은 점유자가 점유의 권리를 얻어서 사실점유가 유권(有權)점유로 바뀌며, 점유의사에 상응하는 권리를 취득하는 동시에 원래 권리자의 권리는 소멸하는 데에 있다.

VI. 취득시효의 중단

취득시효의 구성요건은 타인의 재산에 대한 점유라는 사실상태가 법정기간을 경과하여 계속될 것을 요구한다. 그러나 사실상태도 일정한 사유로 인해서 중단될 수 있다. 취득시효의 중단은 일정한 사유의 출현으로 인해서 이미 경과한 취득시효기간이 무효가 되고, 중단사유가 제거된 후에 취득시효를 다시 계산하는 것이다.

1. 중단사유
중단사유는 취득시효가 중단되는 원인이다. 전통민법이론에 따르면 자연적 중단사유와 법정중단사유로 나눌 수 있다.

(1) 자연적 중단사유

자연적 중단사유는 점유를 상실하여 취득시효가 중단되는 것이다.

(a) 점유의사가 변화한 경우

점유자가 처음에는 소유의 의사로 타인의 재산을 점유하였지만 후에는 소유의 의사가 아닌 의사로 점유하는 것이다. 예를 들어, 공연적으로 타인을 위해 점유하는 의사로 바뀌었거나 원래의 소유의사가 기타 의사로 바뀐 것이다. 공연적으로 타인을 위해 점유하는 의사로 바뀐 것은 자주점유가 비자주점유가 되는 것이고 소유권의 취득시효의 요건에 부합하지 않으므로 취득시효가 중단되고 새로운 시효로 시작되지 않는다. 원래의 소유의사가 기타 권리의사로 바뀐 것은 본래의 점유시효는 중단되고 이때부터 다시 새로운 점유시효가 시작된다.

(b) 점유자 스스로 점유를 중지한 경우

점유자 스스로 점유를 중지하는 것은 점유자가 점유를 포기하고 물건을 원래 주인에게 반환하거나 타인에게 점유를 이전하여 점유가 계속되면 취득시효의 진행이 즉시 중지되기 때문에 취득시효는 중단된다.

(c) 점유가 타인에 의해 침해를 입은 후 법정기간 내에 그 점유가 회복되지 않 경우

점유가 타인에 의해 침해된 것은 점유물이 절도, 강도 등을 당한 것이다. 점유자가 법정기간 내에 타당한 방법으로 점유를 회복하면 중단효력이 발생하지 않는다. 그러나 법정기간 내에 점유를 회복하지 못하면 취득시효가 중단된다.

(d) 점유물을 우연히 상실하여 법정기간 내에 점유를 회복할 수 없는 경우

점유물의 우연한 상실은 유실 등의 우연한 원인으로 인해 점유물에 대한 점유가 상실된 것을 말한다. 점유자가 법정기간 내에 점유를 회복하면 중단효력이 발생하지 않고, 점유를 회복할 수 없으면 취득시효가 중단된다.

(e) 점유성질이 변화할 경우

점유성질의 변화는 점유의 평등성·공연성의 변화를 말한다. 즉, 폭행, 위협, 은닉한 사항이 있는 점유이면 취득시효가 중단된다.

(2) 법정중단사유

법정중단사유는 법률로 규정된 권리자의 기소나 점유자에 대한 청구 및 점유자의 권리자의 권리에 대한 승인 등으로 인해서 취득시효의 중단사유가 나타나는 것이다.

2. 중단의 효력

취득시효의 중단은 이미 경과한 시효기간이 무효가 되는 효력을 가진다. 중단이 자연적 사유에 의한 것이면 중단효력은 절대적인 것이며 모든 사람에 대해 유효하다. 중단이 법정사유에 의한 것이면 중단효력은 상대적인 것이며 당사자와 상속인 또는 양도인 간에만 중단효력이 발생한다.

제3절 訴訟時效

I. 소송시효의 개념과 특징

1. 소송시효의 개념

소송시효는 권리자가 권리의 사실상태를 행사하지 않은 것이 법정기간을 경과한 경우, 소송절차에 따라 의무자에게 의무를 강제적으로 이행하도록 법원에 청구할 수 있는 권리를 상실하게 하는 시효제도이다. 소송시효는 다음과 같은 요소를 가진다.

(1) 소송시효의 발생기초가 되는 사실상태는 권리자의 권리불행사이다. 예를 들면, 채권자가 채무자에게 채무이행을 요구하지 않은 것이다.

(2) 권리자의 권리불행사가 법정기간을 경과한 것이다. 예를 들면, 채권자가 2년 내에 채무자에게 권리를 주장하지 않은 것이다.

소송시효는 위 두 가지의 요소가 갖추어지면, 법에 의거하여 권리자가 의무자에게 의무를 강제적으로 이행하도록 법원에 청구할 수 있는 권리를 소멸시킨다. 즉, 권리인의 승소권은 소멸한다.

2. 소송시효의 특징

소송시효는 일종의 시간적 법률사실이다. 이는 취득시효와는 다르고 제척(除斥)기간과도 다르다. 소송시효와 제척기간은 일정한 기간이 경과해서 권리의 소멸이라는 법률효과가 발생하는 법률사실이다. 그러나 소송시효는 제척기간과는 차이가 있다.

(1) 개념이 다르다. 소송시효는 권리인이 법정기간이 경과함에도 불구하고 권리의 사실상태를 행사하지 않아 승소권의 시효를 잃어버리는 것이다. 반면 제척기간은 법정기간에는 권리가 계속 존재하며, 기간을 경과하면 권리가 소멸하는 법률효과가 발생한다.
(2) 적용대상이 다르다. 소송시효는 청구권에 적용되고, 제척기간은 형성권에 적용된다.
(3) 법률효과가 다르다. 소송시효는 행사하지 않은 권리의 승소권이 소멸되는 것이다. 즉, 실체 의의상의 소권이며 행사하지 않은 권리 자체는 소멸되지 않는다. 반면 제척기간은 실체권리도 소멸된다.
(4) 기간의 성질이 다르다. 소송시효의 법정시효기간은 기간이 변할 수 있어서 중지·중단·연장할 수 있다. 반면 제척기간은 불변기간으로 중지·중단·연장할 수 없다.
(5) 기간계산의 시점이 다르다. 소송시효는 권리자가 청구권을 행사할 수 있을 때부터 계산되고, 제척기간은 권리성립시부터 계산한다.

II. 소송시효의 종류와 권리의 최장보호기한

1. 보통소송시효

보통소송시효는 민사기본법에서 규정하고 있는 법률에 별도규정이 있는 것을 제외하고 보편적으로 적용할 수 있는 각종 민사법률관계의 소송시효이다. 「중국민법통칙」 제135조에 규정된 보통소송시효 기간은 2년이다.

2. 특별소송시효

특별소송시효는 법률이 규정하고 있는 특정한 법률관계에만 적용하는 소송시효이다. 법률이 특정한 민사법률관계에 대하여 별도로 소송시효를 규정하고 있으므로 보통소송시효의 특정한 민사법률관계에 대한 적용은 배제된다. 특별소송시효는 일반적으로 보통소송시효보다는 짧다. 그러나 보통소송시효보다 긴 것도 있다. 특별소송시효의 기간은 보통소송시효를 기준으로 단기소송시효와 장기소송시효로 나뉜다.

(1) 단기소송시효

단기소송시효는 시효기간이 보통소송시효기간보다 짧은 특별소송시효를 말한다. 이는 민사법률이 즉시 해결하여야 하는 민사법률관계에 대해서 당사자가 최대한 빨리 권리를 행사하도록 규정한 것이다. 「중국민법통칙」 제136조 규정에 의하면 다음의 소송시효기간은 1년이다.

(a) 신체상해로 인하여 배상을 요구하는 것
(b) 품질이 불합격된 상품을 팔고 성명하지 않은 것
(c) 임대료를 연기 및 지불하거나 지불을 거부한 것
(d) 보관한 물건이 분실되었거나 훼손된 것

그 밖에 일부 단행민사법규도 단기소송시효를 규정하고 있다. 예를 들어 철로·도로·수로·항공의 4가지 운송계약조례에 관해 구체적으로 규정되어 있으며, 운송업자에게 탁송인이나 수하인이 서로 배상을 요구하는 경우 청구기한은 180일이다. 기술계약법은 기술계약의 시효기한을 1년으로 규정하고 있다.

(2) 장기특별시효

장기특별시효는 소송시효기간이 보통소송시효기간보다 긴 특별소송시효를 말한다.

3. 권리보호의 최장기한

권리보호의 최장기한은 권리가 침해받은 날부터 법원의 보호를 받을 수 있는 가장 긴 기간을 말한다. 「중국민법통칙」 제137조는 "권리가 침해받는 날부터 20년을 초과한 것은 인민법원이 보호하지 않는다"고 규정하고 있다. 여기에서 20년은 권리에 대한 가장 긴 보호기한이다. 이 기간의 성질에 대해서 학계에서는 세 가지 관점이 있다. 즉, 최장소송시효설[120]과 제척기간설[121], 권리최장보호기한설[122]이 있다. 필자는 권리에 대한 최장보호기한설을 지지한다.

민법통칙에서 규정한 20년은 제척기간과 비슷하다. 그러나 기간은 불변하는 것이지만 제척기간과는 분명한 차이가 있다. 제척기간의 도래는 형성권이라는 실체권리를 소멸시킨다. 반면 20년이라는 기한이 도래하면 권리자는 법원에 강제보호를 청구할 수 있는 권리, 즉 승

---

120 寇志新主編:《民法學》, 陝西科學技術出版社, 1989年版, 214쪽.
121 佟柔主編:《中國民法學·民法總則》, 中國人民公安大學出版社, 1990年版, 321쪽.
122 彭萬林主編:《民法學》, 中國政法大學出版社, 1997年版, 130쪽.

소권만을 상실한다. 그러므로 권리자의 실체적 권리는 상실하지 않는다. 의무자가 자발적으로 이행하면 권리자는 수령할 수 있다. 이 점에서 권리최장보호기한과 소송시효는 매우 비슷하지만 둘은 서로 다르다. 왜냐하면 소송시효의 발생의 기초는 권리자의 권리불행사라는 사실상태이고, 그 시효는 권리자의 권리가 침해받은 것을 알거나 알 수 있는 날부터 기산하여, 이때부터 권리자가 소송을 할 때까지 권리자가 권리를 행사할 수 있기 때문이다. 반면 20년이라는 기간은 권리자의 권리가 침해받은 사실을 몰라서 권리를 행사할 수 없는 경우에 대한 것이다. 그러나 침해받은 권리를 무기한 보호할 수 없기 때문에 이를 규정한 것이다.

III. 소송시효의 적용범위

소송시효의 적용범위는 소송시효를 적용하는 민사권리를 말한다. 이에 대해 중국민법통칙은 명확하게 규정하고 있지 않지만, 학술해석에 따르면 소송시효는 채권 및 채권 외에 재산권의 청구권에 주로 적용된다. 왜냐하면 소송시효의 입법목적이 권리자의 권리불행사로 인해 나타날 수 있는 법률관계의 불안정상태를 해소하는 데 있기 때문이다. 소송시효가 도래하여 상실되는 것은 권리자가 의무자의 의무를 강제적으로 이행하도록 법률에 청구하는 권리이다. 따라서 청구권 성질의 민사권리에만 소송시효를 적용한다. 그러나 청구권 전부에 소송시효가 적용되지는 않고, 일정한 범위적 제약이 있다. 예를 들면 소유권, 인신권, 형성권 등의 권리는 소송시효를 적용하지 않는다.

(1) 소송시효를 적용하는 청구권

　(a) 채권청구권

　(b) 물권청구권 중의 재산반환청구권, 원상태의 회복에 대한 청구권[123]

(2) 원상회복청구권

　(a) 방해제거, 위험해소, 소유권 확인 등의 물권청구권

　(b) 침해정지청구권, 영향해소 등의 채권청구권

　(c) 신분관계에 기초하여 발생한 청구권. 예를 들면 부양비, 양육비, 이혼, 수양관계의 해제 등의 청구권이 있다.

　(d) 재산공유관계에 기초하여 발생한 공유물의 분할청구권

　(e) 상린(相隣)관계에 기초하여 발생한 청구권

　(f) 저축성 예금이나 채권관계에 기초하여 발생한 청구권

　(g) 금전적 성질이 없는 인신권을 보호하는 청구권

IV. 소송시효기간의 기산

소송시효기간의 기산은 소송시효기간을 계산하기 시작하는 것이

---

[123] 梁慧星:《民法總則》, 法律出版社, 1996年版, 242쪽. 여기에 대해선 중국 대만민법학자와 대륙민법학자 모두 서로 다른 관점을 가지고 있다. 중국 대만의 李宜琛, 洪遜欣 등은 소송시효에 물권청구권을 적용한다고 주장하고, 鄭玉波, 史尙寬 등은 소송시효에 물권청구권을 적용할 수 없다고 주장한다. 중국대륙의 학자 梁慧星은 물상청구권과 재산반환청구권 그리고 원상회복청구권은 소송시효를 적용할 수 있다고 주장한다. 王利明은 물상청구권은 소멸시효에 적용할 수 없다고 주장한다. 王利明:《物權法論》, 中國政法大學出版社, 1998年版, 152~153쪽 참고.

다. 「중국민법통칙」 제137조는 "소송시효기간은 권리자가 권리를 침해당한 것을 알았거나 알 수 있었던 때부터 기산한다"고 규정하고 있다. 소송시효는 권리자가 권리를 행사할 수 있으나 불행사하는 사실상태에 대해서 규정한 것이다. 소송시효기간이 도과하면 권리자는 승소권을 상실한다. 그러므로 권리자는 침해사실의 발생과 침해한 자가 누구인지를 알았거나 알 수 있어야 한다. 여기에서 안다는 것은 권리자가 이를 이미 현실적으로 아는 것이고, 알 수 있어야 하는 것은 권리를 침해당한 자가 처한 환경을 토대로 충분히 추정하여 알 수 있었음을 의미하는 것이다. 예를 들어, 불법행위의 사실이 공고되거나 채무가 이행기간을 넘은 것 등의 사유를 통해 권리자는 침해사실의 발생 및 침해자를 알 수 있다. 권리자가 권리를 침해받은 사실을 알면서도 권리를 행사하지 않거나, 권리를 침해받은 사실을 알 수 있었음에도 불구하고 주의를 게을리하여 권리를 행사하지 않은 때부터 소송시효기간이 진행되고, 권리자는 소송시효기간의 도과로 인해 발생하는 불리한 결과에 대한 책임을 진다. 구체적인 기산방법은 다음과 같다.

(1) 이행기한이 정해져 있는 계약채권청구권은 이행기한 도래시부터 기산한다.

(2) 이행기한을 정하지 않은 청구권은 채권관계가 성립할 때부터 기산한다. 채권관계가 성립한 후 의무자가 이행기한이 있음을 승인하였다면 이행기한이 있는 청구권으로 취급한다.

(3) 조건부, 기한부의 청구권은 조건을 성취하거나 기한이 도래한 때부터 기산한다.

(4) 임대물반환청구권은 임대관계가 소멸한 때부터 기산한다.

(5) 원물반환청구권은 물건이 침점당한 때부터 기산하고, 원상회복

청구권은 물건이 손해를 입은 때부터 기산한다.
(6) 부작위의무를 목적으로 하는 채권은 의무자가 의무행위를 위반한 때부터 기산한다.
(7) 신체상해의 소송시효기간은 상해가 명백하면 상해를 입은 날부터 기산한다. 반면 사고 당시에 상해를 입은 사실을 발견하지 못하고 후에 검진을 통해서 상해를 입은 사실을 증명할 수 있으면 상해 검진일부터 기산한다.
(8) 권리자가 침해사실을 안 시기와 침해자를 안 시기가 다를 때, 소송시효는 침해자를 알았을 때부터 기산한다.

V. 소송시효의 중지, 중단과 연장

소송시효가 시작된 후 권리자가 법정기한 내에 권리를 행사하지 않으면 소송시효의 완성에 따른 불리한 법률결과를 부담해야 한다. 그러나 시효기간 중에 권리자의 책임으로 돌릴 수 없는 사유로 인해 권리행사에 장애가 생긴 때에도 시효를 계속 진행하는 것은 권리자에게 불공평하다. 이러한 점에서 소송시효의 중지, 중단과 연장은 시효의 진행에 장애가 발생한 경우 권리자에게 공평한 법률결과를 형성하도록 시효를 진행하는 법률제도이다.

1. 소송시효의 중지

소송시효의 중지는 소송시효기간의 최후 6개월 내에 법률이 규정하고 있는 객관적 사유가 발생하여 권리자의 청구권 행사를 방해할 경우, 일정기간 동안만 시효의 진행을 잠시 멈추게 하고 방해사유가 없어진 후에 소송시효기간을 계속 진행하는 제도이다. 그 실질은 소송시효기간의 정지이다. 즉, 권리자가 권리행사에 방해를 받은 법정장애의 경과기간을 시효기간에서 제외시킨다. 이로써 객관적인 원인에 의해 권리자가 권리를 행사할 수 없는 사실상태의 경우에는 소멸시효의 진행을 정지하여 권리자에 대해 시효의 법률결과가 발생하지 않도록 하여 시효의 공정성을 높인다.

소송시효의 중지는 반드시 다음과 같은 요건을 갖추어야 한다.

(1) 소송시효의 중지는 법정사유에 의해 발생한다. 시효중지의 사유는 법률에서 규정한 권리자의 권리행사를 방해하는 객관적인 원인이다. 「중국민법통칙」 제139조는 시효중지의 사유를 규정하고 있다. 주요한 것으로 불가항력과 기타 장애가 포함된다.

(a) 불가항력

불가항력은 미리 예견할 수 없고 회피할 수도 없으며 극복할 수도 없는 객관적인 상황을 말한다. 이런 상황에는 자연재해 및 전쟁 등이 있다.

(b) 기타 장애

최고인민법원의 「〈민법통칙〉 의견」 제172조는 소송시효기간의 최후 6개월 내에 권리를 침해당한 무민사행위능력인이나 제한민사행위능력인이 법정대리인이 없거나, 법정대리인이 사망했거나, 대리권을 상실했거나 또는 법정대리인 본인이 행위능력을 상실한 경우에는 기타 장애로 인해 청구권을 행사할 수 없는 것으로 보고 소송시효의 중지를 적용한다고 규정하고 있다.

(2) 중지사유는 소송시효기간의 최후 6개월 내에 발생하여야 한다. 중지사유가 소송시효기간의 최후 6개월 내에 발생했거나 최후 6개월 전에 발생했지만, 그 결과가 최후 6개월 내까지 계속되면 소송시효중지의 법률효과가 나타난다. 객관적 사유가 최후 6개월 전에 발생하였지만 그 상태가 최후 6개월까지 지속되지 않으면 시효의 중지가 발생하지 않는다. 반대로 최후 6개월까지 연속하면 최후 6개월 내에 연속한 그 시간에 대해서만 시효의 중지가 발생하고, 6개월 이전의 시간에 대해서는 소송시효의 중지가 발생하지 않는다.

상술한 두 가지 요건을 구비하면 소송시효의 중지의 법률효과가 발생한다. 법정사유가 발생하기 전에 경과한 시효기간은 유효하고, 법정사유가 발생한 기간은 시효가 잠시 멈춘 기간으로서 소송시효기간에 포함되지 않는다. 그러므로 소송시효기간은 법정방해사유 및 그 결과가 제거된 후에 시효기간을 계속해서 계산한다.

2. 소송시효의 중단

소송시효의 중단은 소송시효기간 중에 권리자의 권리불행사와 상반되는 사실이 발생하여 이미 경과한 시효기간을 무효로 하고 소송시효기간을 새로이 기산하는 제도이다. 중단사유는 권리자가 권리행사를 증명하거나 권리를 행사하는 사유를 필요로 하지 않는다. 이는 주관적 권리불행사와는 완전히 상반되어 소송시효의 사실적 기초를 잃도록 한다. 그러므로 소송시효가 중단되면 중단까지 진행한 시효기간은 이를 산입하지 아니한다.

소송시효중단의 법정사유는 「중국민법통칙」 제140조에서 규정하고 있다. 주요한 것은 권리자가 소송을 제기하는 것, 소송 이외의 방법으로 권리를 주장하거나 의무자가 의무이행에 동의하는 것이다.

(1) 권리자가 소송을 제기하는 것

권리자가 소송을 제기하는 것의 실질은 국가에 권리보호를 청구하는 것이고 당사자가 권리를 적극적으로 행사하는 것을 의미한다. 따라서 소송시효의 중단을 발생시킨다. 권리자가 인민법원에 소송을 제기하는 것, 관련된 행정기관에 권리보호를 청구하는 것, 중재위원회에 중재합의를 근거로 중재신청을 제출하는 것 등은 소송시효중단을 발생시킬 수 있다.

(2) 권리자가 권리를 주장하는 것

권리자가 권리를 주장하는 것이란 권리자가 소송 이외의 방식으로 의무자에게 권리를 주장하는 것을 말한다. 이는 권리자가 권리를 행사하는 것으로 소송시효의 중단이 발생한다. 권리자가 권리를 주장하는 방식에는 의무자에게 의무이행을 통지하거나 최고(催告)하는 것, 인민조정위원회에 조정을 요구하는 것, 파산청산인에게 채권을 신고·보고하는 것 등이 있다.

(3) 의무자가 의무이행에 동의하는 것

의무자가 의무이행에 동의하는 것은 의무자가 권리자의 권리의 존재를 승인하는 것, 연기이행의 승낙, 담보제공, 부분변제 등의 행위를 말한다. 의무자가 의무이행에 동의하는 것은 권리자의 권리에 대한 재확인이므로, 이 경우 권리자는 의무자에게 의무의 이행을 재차 청구할 필요가 없다. 따라서 소송시효가 중단된다.

소송시효 진행기간 중에 상술한 사유가 발생하면 소송시효의 중단이 일어난다. 소송시효중단의 효력은 이미 경과한 시효기간을 무효로 하고 중단 후에 권리자가 권리를 행사할 때부터 새로이 소송시효기간을 기산하는 데 있다. 예를 들어, 권리자의 기소에 의해 시효가 중단되는 경우 유효한 확정판결로써 의무자가 의무를 이행할 수 있는 때부터 새로이 소송시효기간을 기산한다. 권리자가 권리를 주장한 것은 권리를 주장한 날부터 새로이 소송시효기간을 기산하고, 의무자가 의무이행의 연기를 청구한 경우에는 연기기한이 도래한 때부터 새로이 소송시효가 진행한다. 조정을 통해서 합의하지 못한 것은 조정이 끝난 때부터 새로 기산하고, 조정을 통해서 합의한 것은 합의로써 확정된 의무자가 의무를 이행하는 기한이 도래한 때부터 새로이 소송시효기간을 기산한다.

3. 소송시효의 중지와 중단의 차이점

(1) 발생사유가 다르다

소송시효의 중지가 발생하는 법정사유는 당사자의 의사와는 무관한 객관적인 상황이다. 이런 객관적인 상황은 권리자의 권리행사를 방해하는 시효진행의 객관적인 장애이다. 반면 소송시효의 중단이 발생하는 법정사유는 당사자의 주관적인 의사와 관련된 행위이고 당사자가 권리를 행사하지 않은 사실상태와는 상반되는 사실이다.

(2) 사유발생의 시간적 요구가 다르다

소송시효중지의 사유는 소송시효기간의 최후 6개월 내에 발생하거나 최후 6개월 전에 발생했지만 그로 인한 결과가 최후 6개월까지 계속되어야 한다. 그래야만 소송시효의 중지가 발생한다. 그러나 소송시효중단은 소송시효 진행 중 언제든지 소송시효의 중단을 일으킬 수 있다.

(3) 효력이 다르다

소송시효중지의 효력은 소송시효가 일시 정지하는 데 있다. 따라서 중지기간 동안은 시효기간으로 계산하지 않고, 일단 진행된 기간은 유효하며 방해사유가 제거된 후에 소송시효가 계속해서 진행한다. 그러나 소송시효중단의 효력은 중단된 동안의 시효기간은 무효로 하고 다시 새로이 소송시효가 진행한다.

(4) 기간의 기산방법이 다르다

소송시효중지는 중지사유가 제거된 후 시효기간을 계속해서 기산하고 중지 전의 기간과 중지사유 제거 후의 기간을 같이 계산한다. 소송시효중단은 중단원인이 소멸한 후에 권리자가 권리를 행사할 때부터 새로이 기산한다. 즉, 소송시효기간이 중단까지 진행한 시효기간은 산입하지 않는다.

4. 소송시효의 연장

소송시효의 연장은 권리자가 특수한 상황 때문에 법정의 소송시효기간 내에 권리를 행사하지 못하여 소송시효가 완성된 경우, 법원이 소송시효기간을 연장해주는 제도를 말한다. 여기에서 특수한 상황이란 당사자가 법정소송시효기간 내에 권리를 행사하는 데 방해를 주는 객관적인 장애를 가리킨다. 대만과 중국은 아직 통일되지 않아서 대만사람과 관련된 민사권리의 소송시효가 완성된 경우라도 인민법원은 특수한 상황에 따른 소송시효 연장의 결정을 내릴 수 있다.

소송시효의 연장은 소송시효의 중지와 소송시효의 중단과는 달리 소송시효가 발생한다. 그러므로 소송시효의 연장이 요구되는 특수한 상황도 법정의 중지나 중단사유와는 다르고, 시효 연장의 결정을 내려야 소송시효의 연장의 효력이 발생한다.

소송시효 연장의 효력은 권리자가 소송시효가 완성되어 상실한 승소권을 다시 향유할 수 있는 데 있다.

VI. 소송시효 완성의 효력

1. 서설

소송시효 완성의 효력은 소송시효기간이 도과하여 발생하는 모든 법률효과를 말한다. 이에 대한 각국의 입법규정 및 관점은 서로 다르다. 이에는 주요한 세 가지 유형이 있다.

(1) 실체권리소멸설

이 학설에 따르면 소송시효의 완성과 법률효력은 권리자가 소홀히 행사한 민사권리 자체가 소멸하는 데 있다고 본다. 일본민법전이 이 관점을 채택하고 있다.

(2) 항변권발생설

이 학설은 소송시효의 완성이 권리자가 소홀히 행사한 권리 자체를 소멸시키는 것은 아니고, 의무자에게 시효의 완성으로 인한 의무이행 거절의 항변권을 발생시킨다고 본다. 의무자는 항변권을 행사하여 의무이행을 거절할 수도 있고, 항변권을 포기할 수도 있다. 독일민법전이 이 관점을 채택하고 있다.

(3) 소권소멸설

이 학설은 소송시효의 완성이 권리자가 소홀히 행사한 권리 자체를 소멸시키는 것이 아니라 권리자의 소권, 즉 법원에 의무자의 강제적 의무이행을 청구할 수 있는 권리가 소멸하는 것이라고 본다. 프랑스에서 이 관점을 채택하고 있다.

2. 중국민법통칙이 규정하고 있는 소송시효의 효력

중국민법통칙이 규정하고 있는 소송시효는 당사자가 인민법원에 민사권리의 보호를 청구할 수 있는 기간이다. 「중국민법통칙」 제138조는 "소송시효기간을 경과했지만 당사자가 자의로 이행한 것은 소송시효의 제한을 받지 않는다"고 명확히 규정하고 있다. 그러므로 중국민법통칙에서는 소송시효 완성의 효력에 대해서 소권소멸설을 취한 것으로 이해된다.

(1) 소송시효가 완성되면 권리자는 소홀히 행사한 민사권리의 승소권을 상실하는 동시에 의무자에게 시효완성으로 인한 항변권이 발생한다. 의무자는 이 항변권을 행사하여 의무이행을 거절할 수 있다.

(2) 소송시효가 완성되더라도 권리자의 실체적 권리는 상실되지 않는다. 따라서 의무자가 자발적으로 권리자에게 의무를 이행한 것에 대해서 권리자는 수령할 권리가 있다. 이는 부당이득이 아니며, 의무자는 의무이행 후 소송시효 완성으로 인한 상대방의 승소권 상실을 몰랐다는 것을 이유로 반환을 요구할 수 없다.
(3) 소송시효가 완성된 후, 주된 권리에 대해서 승소권 상실의 효과가 발생할 뿐만 아니라 주된 채권에 부속된 종된 채권에도 같은 효과가 발생한다.
(4) 소송시효의 완성으로 인하여 상실한 것은 권리자의 승소권 이외의 실체적 권리나 절차적 의의상의 소권이 아니다. 그러므로 당사자는 법원에 기소할 권리가 있다. 단지 소송시효중지와 중단, 연장사유가 없는 상황에서는 승소가 어려울 뿐이다.

제4절 期日과 期間

I. 기일과 기간의 개념

기일은 나눌 수 없는 특정한 시간점이다. 예를 들면 특정적으로 ○년, ○월, ○일과 같은 것이다.

기간은 어느 시점에서부터 다른 어느 시간점까지의 특정한 시간단락이다. 예를 들면 ○년 ○월 ○일부터 ○년 ○월 ○일까지로 본다.

II. 기일과 기간의 종류

(1) 법정기일과 기간

법정기일과 기간은 법률이 직접적으로 규정한 기일, 기간을 말한다. 예를 들면 법정의 소송시효기간, 제척기간 등이 있다.

(2) 지정기일과 기간

지정기일과 기간은 인민법원이나 중재기관에서 확정한 기일과 기간이다. 예를 들면 인민법원의 판결서나 중재기간의 중재결정서에서 확정한 채무자의 의무이행의 기간과 기일이 있다.

(3) 약정기일과 기간

약정기일과 기간은 당사자가 자유롭게 선택하여 약정한 기일과 기간을 말한다. 예를 들면 계약에 약정한 의무자의 채무이행기한, 납품일, 계약효력의 발생일 등이 있다.

III. 기일, 기간의 민사법률상의 의미

기일의 도래와 기간의 만료는 중요한 민사법률사실로서 민사법률관계의 발생·변경·소멸의 기간한도를 결정한다. 기일과 기간을 벗어나면 권리·의무의 발생·변경·소멸과 존속에 대해서 시간적으로 확정할 수 없게 되어 법률관계에 혼란이 발생한다. 따라서 그 의미가 매우 중요하다.

(1) 민사법률관계의 주체의 자격을 확정한다

민법은 민사법률관계의 질서를 정하는 데 있어서 우선적으로 민사법률관계 주체의 자격을 확립해야 한다. 즉, 주체의 민사권리능력과 민사행위능력을 확립해야 한다. 민사주체의 권리능력과 행위능력의 시작과 끝은 기일과 기간으로써 정한다. 자연인의 민사권리능력은 출생으로 시작되고 사망으로 소멸된다. 이는 시작과 소멸의 기일과 존속의 기간을 나타낸다.

(2) 민사법률관계 및 당사자 간의 권리·의무의 발생·변경·소멸을 확정한다

민사법률관계 및 당사자의 권리·의무의 발생·변경·소멸은 모두 일정한 기일과 기간을 한계로 한다. 어떠한 민사법률사실이든 모두 특정한 시간과 결합하여 법률결과가 발생한다. 예를 들어, 민사법률행위효력의 발생시간, 미성년자녀가 성인이 되는 것, 제척기간의 경과 등은 특정한 기일이나 기간과 관련이 있다. 기일과 기간은 법률관계 및 권리·의무가 생기고 상실되고 변경되는 근거이다.

(3) 정확하게 민사사건을 처리하는 근거가 된다

인민법원이 민사사건을 처리할 때에는 일정한 기간의 법률사실을 확실히 하여야 한다. 예를 들어, 우선 소송시효의 법률사실을 확실히 하여 원고의 기소가 소송시효기간을 넘은 것은 승소권 상실로 한다.

위약분쟁을 처리하려면 이행기한을 확실히 하여 이행기간을 넘은 이행이 아닌지 확정하여야 한다. 공민(公民)의 실종이나 사망을 선고하여야 하는 사건에서는 실종자가 행방불명된 기간을 실종이나 사망을 추정하는 근거로 한다. 따라서 기일과 기간은 법률이 사건을 정확하게 처리하는 데 있어 중요한 의의를 가진다.

IV. 기일과 기간의 확정과 계산

1. 기일과 기간의 확정방식

(1) 예를 들면 1998년 8월 8일과 같이 일력상의 확정된 시간점으로 규정한다.
(2) 일정한 시간단락을 규정한다. 예를 들면 3개월, 1996년 5월 10일부터 7월 10일까지 등이 있다.
(3) 필연적으로 발생하는 사건의 발생시각을 규정한다. 예를 들면 이아무개의 사망날짜 등이 있다.
(4) 당사자가 청구한 시간을 기준으로 규정하는 것. 예를 들어, 이행기한이 없는 계약에서 일반적으로 권리자는 언제든 의무자에게 의무이행을 청구할 수 있다. 따라서 권리자가 의무자에게 의무이행을 청구할 때가 의무이행의 기일이 된다.
(5) 합리적인 기간을 추정하는 것. 예를 들어, 청약자가 승낙기한을 정하지 않은 경우, 청약이 도달하는 기간과 승낙자가 고려하는 기간 및 승낙자의 승낙이 도달하는 날을 합쳐서 청약의 합리적인 승낙기간을 추정한다.

2. 기간의 계산

기일은 확정되면 그 도래를 기준으로 한다. 기일은 나눌 수 없는 시간점이므로 일정한 시간단락으로 그 만료 여부를 확정하려면 계산이 필요하다.

(1) 기간의 계산방법은 자연계산법과 역법계산법이 있다. 자연계산법은 시, 분, 초 단위로 기간을 계산하는 방법이다. 역법계산법은 년, 월, 일을 단위로 기간을 계산하는 방법이다. 「중국민법통칙」 제154조는 이 두 가지 계산방법을 규정하고 있다.

(2) 시간을 단위로 기간을 계산하는 것은 규정된 시간을 기점으로 시간이 종료한 때를 만료점으로 한다.

(3) 년, 월, 일로 기간을 계산하는 것은 시작 당일은 계산하지 않고 다음날부터 계산한다. 시간의 만료점은 기간 말일의 24시까지로 한다. 업무시간이 있는 것은 업무활동을 정지하는 시간까지로 한다. 최후의 날이 토요일, 일요일이거나 기타 법정휴일인 경우 마지막 휴일의 다음날을 기간의 최후의 날로 한다. 토요일, 일요일, 기타 법정휴일에 변동이 있는 것은 변동 후의 휴일의 차일을 기간의 최후의 날로 한다.

당사자가 월, 년을 기간으로 한 것은 규정한 한 달을 30일로, 일 년은 365일로 계산한다. '이상', '이하', '이내'의 용어를 사용한 것은 본수를 포함한다. 그러나 '초과', '미만'의 용어를 사용한 것은 본수를 포함하지 않는다.

代理

제1장

代理의 概述

제1절 代理의 概念과 特徵

I. 대리의 개념

1. 대리에 대한 개념의 이해

통상적으로 민법에서 대리라는 단어는 세 가지의 의미를 가진다. 첫번째는 대리법률제도, 즉 대리법률관계, 대리행위, 대리책임에 관한 민사법률제도이다. 두 번째는 대리법률관계, 즉 대리인이 대리권에 의거하여 제3자와 법률행위를 하고 그로 인해 발생한 법률결과는 피대리인이 부담하는 상호간의 권리·의무관계이다. 세 번째는 대리행위이다. 즉, 대리인을 위한 모든 행위를 말한다. 이 세 가지는 밀접하게 연결되어 있는 유기적 관계이다.

2. 대리개념의 기본적 설명

대리는 대리인이 대리권에 의거하여 피대리인[124]을 대신해서 제3자와 법률행위를 하고 그로 인해 발생한 법률효과는 피대리인에게 귀속되는 민사법률제도 및 민사법률관계와 민사법률행위를 확인하는 제도이다. 여기서 대리인은 대리권을 향유하고 타인을 대신해 법률행위를 하는 사람이다. 피대리인, 즉 본인은 타인에 의해 대리되고 그 법률행위의 효과를 부담하는 사람이다. 제3자는 대리인과 민사법률행위를 하는 상대방이다.

3. 광의의 대리와 협의의 대리

대리는 광의의 대리와 협의의 대리가 있다. 광의의 대리는 대리인이 피대리인의 명의나 자기명의로 피대리인을 대신하여 민사법률행위를 하고, 그 법률효과는 직접적 또는 간접적으로 피대리인에게 귀속하는 것이다. 협의의 대리는 대리인이 피대리인의 명의로 민사법률행위를 하고, 그 법률효과는 직접적으로 피대리인에게 귀속된다.

4. 직접대리와 간접대리

대리의 개념은 광의와 협의의 대리 외에 직접대리와 간접대리로 나눌 수 있다.

직접대리는 대리인이 피대리인의 명의로 민사법률행위를 하는 것이고, 그 법률결과는 피대리인에게 직접적으로 귀속된다. 직접대리는 협의의 대리이다.

---

[124] 대리관계에서 피대리인은 본인과 같은 의미이다. —역주

간접대리는 대리인이 자기명의로 민사법률행위를 하는 것이고, 그 법률효과는 피대리인에게 간접적으로 귀속된다. 광의의 대리는 직접대리와 간접대리를 포함한다.

5. 각국 민법의 대리개념에 대한 규정

각국 민법의 대리에 관한 규정은 일치하지 않는다. 특히 대륙법계와 영미법계 사이에는 큰 차이가 있다.

대륙법계 국가는 협의의 대리와 직접대리를 채택하고, 특히 대리인이 대외적으로 활동할 때 대리인 신분을 표명하고 피대리인의 명의로 할 것을 강조한다. 예를 들어, 「독일민법전」 제164조에서는 대리인이 대리권한 내에서 피대리인의 명의로 한 의사표시는 직접적으로 피대리인이 한 것이고 피대리인에 대해 효력이 발생한다고 규정하고 있다. 또, 「일본민법전」 제99조에서는 대리인이 그 권한 내에서 본인을 위하여 하는 의사표시임을 표시하면 본인에게 직접적으로 효력이 발생한다고 규정하고 있다. 그리고 「대만민법」 제103조에서는 대리인이 대리권한 내에서 본인명의로 한 의사표시는 본인에 대하여 직접적으로 법률효력이 발생한다고 규정하고 있다. 그러나 대륙법계 국가는 간접대리를 대리로 보지 않고 위탁매매관계로 본다. 위탁매매인의 행위의 효과는 위탁자에게 직접 귀속하지 않고 간접적으로 귀속한다. 즉, 위탁매매인이 위탁자에게 관련된 민사법률행위를 한 후, 피대리인은 제3자에게 권리를 주장하거나 의무를 이행하여야 한다. 이것이 채권관계의 이전이다.[125]

---

125 佟柔主編:《中國民法學·民法總則》, 中國人民公安大學出版社, 1990年版, 264쪽.

영미법계는 광의의 대리개념을 채택한다. 따라서 영미법계의 대리는 직접대리를 포함할 뿐만 아니라 간접대리도 포함한다. 영미법계는 대리를 현명대리(顯名代理)와 익명대리(匿名代理)로 구분한다. 현명대리는 대리인이 위탁자의 성명을 명시하고 하는 대리이며 직접적으로 위탁자에게 귀속하고, 일반적으로 대리인은 계약권리를 향유하지도 않고 계약의무나 책임을 부담하지도 않는다. 익명대리는 대리인을 대신하여 계약을 할 때 상대방에게 대리관계를 공개하였지만 위탁자의 성명을 명시하지 않거나 대리관계를 공개하지 않고 하는 대리이다. 대리인이 대리관계를 공개하고 위탁자의 성명을 명시하지 않은 상황에서 체결한 계약도 익명위탁자에 대한 구속력이 발생하므로 대리인은 계약에 대한 책임을 부담하지 않는다. 대리인이 위탁자의 신분이나 이름을 명시하지 않고 위탁대리관계를 공개하지 않은 상황에서 자기명의로 체결한 계약에 대해 위탁자는 직접적인 개입권을 가진다. 즉, 제3자에게 청구권을 행사할 수도 있고 소권을 행사할 수도 있다. 그러나 일단 개입하면 제3자에 대한 책임을 져야 하며, 제3자는 직접적인 개입권과 대응되는 선택권을 가진다. 위탁자에게 청구권과 소송청구권을 행사할 수 있고, 위탁자의 대리인에게 청구권과 소송청구권을 행사할 수도 있다. 이 두 사람 중 하나를 선택한 후에는 다시 번복할 수 없다.[126] 영미법계의 익명대리는 대륙법계의 간접대리와 같지만 위탁매매의 법률효과와는 다르다.

---

126 董安生等編譯:《英國商法》, 法律出版社, 1991年版, 195쪽.

6. 중국민법통칙의 대리개념에 관한 규정

「중국민법통칙」제63조는 다음과 같이 규정하고 있다. "공민, 법인은 대리인을 통해서 민사법률행위를 실시할 수 있다. 대리인은 대리권한 내에서 피대리인의 명의로 민사법률행위를 실시한다. 피대리인은 대리인의 대리행위에 대하여 민사책임을 진다." 따라서 중국민법의 대리는 직접대리를 가리키고 간접대리를 포함하지 않으며 협의의 대리라고 볼 수 있다.

II. 대리의 특징

중국민법통칙의 대리에 관한 규정으로 볼 때, 대리는 다음과 같은 특징을 가진다.

1. 대리인은 피대리인의 명의로써 피대리인의 이익을 위하여 민사행위를 한다

피대리인의 명의로 대리인이 민사행위를 할 때 민사법률관계의 일방당사자로서 그로 인한 법률효과의 권리·의무나 책임은 피대리인에게 직접 귀속하는 것이다. 대리인이 피대리인을 대신하여 민사행위를 진행하는 직접적인 목적은 피대리인의 이익을 실현하는 데 있으므로 대리인은 반드시 피대리인의 이익에 충실하여야 한다는 것이다. 대리를 통해서 피대리인의 이익을 실현하는 것은 대리제도의 실질적 목적이다.

피대리인의 명의로 민사행위를 했는가 아닌가는 대리행위와 비대리행위를 구별하는 중요한 기준이다. 예를 들어, 행위자가 자기명의로 자신의 이익을 위하여 한 행동은 대리행위가 아니다. 행위자가 위탁자의 이익을 위하여 활동하지만 위탁자의 명의가 아닌 자기명의로 한 것은 대리가 아니라 위탁매매나 신탁 및 중개이다.

2. 대리는 대리인이 피대리인을 대신하여 민사법률행위를 하는 것이다

대리제도의 발생원인은 일부 주체가 행위능력이 없거나 행위능력에 제한을 받아서 독립적으로 법률행위를 할 수 없거나 행위능력은 있지만 시간상, 체력상, 지역상, 기능상의 이유로 스스로 법률행위를 완성할 수 없어 대리인의 도움을 필요로 하는 데 있다. 대리인은 자신의 능력으로 피대리인을 대신해서 민사법률행위를 실시한다. 따라서 자신의 능력을 발휘하여 독립적으로 의사표시를 하여야 하고, 자신의 행위와 자신의 의사로써 대리의 민사법률행위를 완성하여야 한다. 예를 들어, 계약체결을 대리하여 청약하고, 청약받고, 승낙하고, 승낙받는 의사표시를 하는 것이 그러하다.

행위자를 대신하여 하는 사무가 법률행위인지 아닌지는 행위인이 대신하여 한 사무가 대리인지 아닌지를 구별하는 기준이 된다. 예를 들어, 타인을 대신하여 물건을 보관하는 등의 행위는 의사표시를 특징으로 하는 민사법률행위가 아니므로 대리가 아니다. 학술적 해석에 따르면 민사법률행위 외에 민사법률의미를 지닌 적법행위도 대리가 될 수 있다.

3. 대리는 대리인이 대리권을 기초로 하는 민사법률행위이다

대리권은 대리인이 피대리인을 대신해서 민사법률행위를 하는 자격과 권한의 기초이다. 대리인은 대리권에 의거하여야 하고 대리권한의 범위 내에서 의사표시를 하여야 한다. 그래야 피대리인의 의도 및 이익을 실현할 수 있다. 이것은 대리와 무권처분, 무권대리를 구분짓는 경계가 된다.

4. 대리는 대리인이 피대리인의 명의로 제3자와 민사법률행위를 하는 것이다

대리인이 피대리인을 대신해서 하는 대리행위는 대리인과 제3자 간의 행위, 즉 원래는 피대리인과 제3자 간의 행위를 대리인이 대신하는 것이다. 이는 대리 여부를 확정하는 기준이다. 예를 들어, 도급인이 타인이 위탁한 일을 완성하는 것은 제3자와의 법률행위가 아니므로 대리가 아니다.

5. 대리는 피대리인이 대리행위에 대해 직접적인 책임을 지는 것이다

대리제도의 실질적 목적은 피대리인이 대리인의 도움을 이용하여 스스로의 이익을 증가시키는 데 있다. 따라서 대리인은 대리권을 기초로 피대리인의 명의로써 제3자와 민사법률행위를 하고 그로 인한 책임은 피대리인이 진다. 여기에서 책임을 지는 것은 권리와 의무를 이어받고 법률제재를 부담하는 것을 말한다.

III. 대리와 상관되는 개념의 구별

1. 전달자와의 구별

전달자는 당사자의 의사표시를 상대 당사자에게 전달하는 전화자(傳話人)이다. 그의 임무는 위탁자의 의사표시를 충실하게 전달하는 데 있다. 따라서 전달 중에 스스로 의사표시를 할 수 없고 스스로의 의사로써 위탁자의 의사를 바꿀 수도 없다. 다시 말해서, 전달자는 의사표시의 내용과 법률행위의 성립 여부를 결정할 수 있는 권리가 없다. 그러나 대리에서 대리인은 직접적·독립적으로 의사표시를 할 수 있고 자신의 의지로써 의사표시의 내용과 행위의 성립 여부를 결정할 수 있다.

2. 중개인과의 구별

중개인은 위탁자를 위하여 제3자와 민사법률행위를 하고, 그 소식을 보고하거나 혹은 연결해주는 중개인이다. 중개인과 대리인을 비교해보면 대리인은 대리권을 기초로 위탁자를 대신해서 민사법률행위를 하고 독립적으로 의사표시를 한다. 그러나 중개인은 위탁자를 대신하지 않고 민사법률행위를 한다.

3. 위탁매매와의 구별

위탁매매는 행위자가 자기명의로 하고 타인의 이익을 위하여 민사법률행위를 실시하고 보수를 받는 민사활동이다. 이론적으로는 '간접대리'라고도 하는데 그것은 협의의 대리, 즉 직접대리와는 차이가 있는 것이다. 위탁매매는 자기명의로 민사법률행위를 실시하고 직접적으로 법률효과를 취득하여, 간접적으로 위탁인에게 이전한다. 대리는 대리인이 피대리인의 명의로 민사법률행위를 하고 법률효과는 직접 피대리인에게 귀속된다.

4. 법정대리인과의 구별

법정대리인은 법률규정이나 법인 정관의 규정에 의거하여 직권을 행사하는 책임자이다. 대표는 대리인과 다르다. 대표는 법인기관 자체이고, 대표와 법인과의 관계는 내부관계에 속한다. 따라서 대표의 행위는 곧 법인의 행위이고 법률효과는 직접적으로 그가 대표하는 법인으로 인수된다. 반면 대리인은 법인과 동등한 독립적인 민사주체이지만 법인기관 자체가 아니라 법정대표가 위탁한 대리권으로 법인을 위해 법률행위를 하는 사람이다. 법인의 대외활동에서 대표와 법인은 일체적인 관계지만 대리인과 법인은 별개의 관계이다.

제2절 代理의 發生, 發展과 意義

I. 대리제도의 발생과 발전

로마법에는 독립적인 대리제도가 없었다. 그 원인은 당시 상품을 교환하는 규모와 범위에 모두 제한이 있었기 때문이다. 이는 상품교환의 법률제도에서 법률행위의 엄격한 형식주의를 실시하는 데서 나타난다. 동시에 당시 로마사회는 신분관계가 있는 상품사회이었다. 로마가장제 가정의 자녀와 노비는 민사주체 자격이 없었고 모든 재산은 가부와 가주에게 귀속되었다. 따라서 대리제도를 규정할 필요가 없었다. 로마 후기에 와서야 대리요소를 포함한 소(訴)의 유형이 나타났지만 독립적인 대리제도는 형성되지 않았다. 중세 유럽에서도 대리제도는 독립적이지 않았다. 중세 후기에 프랑스나 독일에서 상업적 관습이 생겨났고, 후에 이것을 기초로 형성된 성문상법에서 대리에 관한 규정이 생겨났다. 근대 자본주의사회에 이르러 상품교환이 빈번히 발생하고 그 규모와 범위가 점점 커지면서 기업조직이 생김으로 인하여 대리제도가 필요하게 되었다. 1804년 프랑스민법전에서 대리는 독립적인 법률제도로 형성된 것이 아니라 위임계약으로써 재산을 취득하는 방법 중의 하나로 고안된 것이었다. 1896년 독일민법전에서 대리는 위임과 구별되어 규정되었다. 대리는 총칙편의 법률행위부분에 삽입됨으로써 보편적 의의를 가지는 대리제도에 대한 규정이 만들어져 비교적 완벽한 대리민사법률제도를 형성하였다. 동시에 대리에 대한 제도도 상법전에 규정되었다. 이후 많은 국가의 민법전에서 대리를 독립적인 법률제도로써 규정하였다. 예를 들면 일본민법전, 러시아민법전 등이 있다.

영미법계에서 대리제도는 비교적 일찍 나타났다. 영미법계 학자들은 보편적으로 대리는 중세 초에 시작되었다고 본다.[127] 중세상업의 발전은, 특히 해상무역의 발전은 대리제도의 발생과 형성에 기본적인 사회조건을 제공하였다. 그리하여 근·현대에서 영미대리법은 크게

---

[127] 佟柔主編:《中國民法學·民法總則》, 258쪽.

발전하였다. 18세기 말엽부터 익명대리제도가 확립되었으며, 1889년 영국브로커법은 브로커대리 및 기타 대리인의 광범위한 권한을 규정하였다. 1979년 영국은 대리권 조례와 부동산대리법을 공표하였으며, 미국은 표준회사법에서 회사대리인의 권한에 관하여 자세하게 규정하였다.[128]

II. 대리제도의 의의

대리제도는 상품경제와 시장경제의 발전에 따라 발생하고 발전하는 중요한 민사법률제도이다. 대리제도의 의의는 다음과 같다.

(1) 민사자유에 충실하여 당사자의 의사자치(意思自治)가 실현될 수 있도록 한다. 민법은 의사자치를 원칙으로 하여 당사자가 자신의 자유의사표시에 따라 권리를 설정하고 의무를 부담하는 것을 허락한다. 이는 당사자가 자신의 의사에 따라 법률행위를 하는 것뿐만 아니라, 당사자가 자유의사를 타인에게 부여하여 본인을 대신하여 타인이 의사표시를 하게 하여 당사자의 민사활동의 자유를 충실히 하고 이로써 의사자치를 실현하는 것도 포함한다.

(2) 민사주체의 민사행위능력을 보충하고 확장시킨다. 민사주체제도에 근거하여 볼 때, 무민사행위능력인은 독립적 민사법률행위를 실시할 수 없다. 제한민사행위능력인은 그 행위능력의 범

---

[128] 佟柔主編:《中國民法學·民法總則》, 259·261쪽.

위를 초과하는 법률행위를 실시할 수 없다. 이는 모두 대리인의 도움을 필요로 한다. 대리제도는 무민사행위능력인 혹은 제한민사행위능력인의 민사행위능력을 대리를 통해서 보충한다. 완전민사행위능력인은 민사행위능력이 있지만 시간상이나 체력상 등의 원인으로 인해서 직접 법률행위를 할 수 없는 경우가 있다. 이러한 경우 대리제도를 통하여 행위능력을 확장시킨다. 법인은 민사행위능력을 법정대표를 통하여 실현한다. 그러나 법인의 업무가 광범위하고 복잡하여 법정대표가 직접 할 수 없을 경우에는 대리인을 통해서 실현한다. 만약 대리제도가 없다면 법인의 행위능력 실현은 상상조차 할 수 없다. 그러므로 대리제도는 주체제도와 긴밀한 관계가 있는 법률제도이다. 대리제도를 통하여 의사주체의 민사행위능력이 보충되고 확장된다.

(3) 민사법률행위와 민사법률관계의 범위를 확장한다. 대리는 타인을 대신하여 법률행위를 하고 법으로써 상응하는 민사법률관계를 발생시키는 것이다. 시간, 지역, 지식 등의 각종 제한적 요소를 돌파하여 같은 시간, 같은 사람이나 다른 지점에서 각종 업무를 하고 법률행위를 실시하여 법률관계를 발생시킨다. 이로써 민사주체의 활동영역을 크게 넓혔다.

(4) 대리제도는 사회경제적 발전을 촉진시킨다. 대리제도는 상술한 기능으로 인하여 상품경제와 시장경제의 발전에 부응해왔다. 그리하여 해외무역, 자본적 회사경영, 과학기술의 발전을 필요로 하는 업무적 수요를 만족시켜 무역, 해사, 은행, 증권 등의 각종 업무를 대리를 통하여 할 수 있게 되었다.

제3절 代理의 適用範圍

대리의 적용범위란 대리행위를 목적으로 하는 범위를 말한다. 즉, 어떤 행위가 법률이 허락하는 대리이고, 어떤 행위가 대리할 수 없는 행위인가 하는 것이다. 「중국민법통칙」 제63조에서는 "공민, 법인은 대리인을 통해서 민사법률행위를 실현할 수 있다"고 규정하고 있다. 법률규정이나 쌍방당사자 간의 약정에 따라서 본인이 실시하여야 하는 민사법률행위는 대리할 수 없다. 대리의 적용범위에 관해서는 여러 관점이 있다. 일부에서는 민사대리의 범위는 민사법률행위만을 가리킨다고 주장한다. 그러나 일반적인 민사대리의 범위는 민사법률행위에만 한정되지 않고 민사법률행위 외에 기타 법률의의를 가지는 행위 중 소송행위, 등기행위 등과 같은 행위를 포함한다고 본다.

I. 민사법률행위의 대리범위

1. 대리할 수 있는 민사법률행위

민사법률행위는 법률규정이나 당사자 간의 약정에 따라 대리할 수 없는 것을 제외하고는 일반적으로 대리인을 통해서 할 수 있다. 구체적으로 보면 다음과 같다.

(1) 계약민사법률행위

이것은 가장 주요하게 대리를 적용하는 민사법률행위이다. 매매, 전세, 운송, 보관, 보험 등의 계약행위는 대리가 가능하다.

(2) 일방 민사법률행위

예를 들면, 대리인은 피대리인을 대리하여 추인권, 취소권 등을 행사할 수 있다.

(3) 준민사법률행위

예를 들면, 대신하여 청약요청을 하거나 청약취소, 승낙취소를 하거나 채권을 주장하고 승인하는 것 등이 있다.

2. 대리할 수 없는 민사법률행위

(1) 인신속성(人身屬性)의 법률요구을 가지고 있어 본인이 스스로 실시하여야 하는 민사법률행위이다. 예를 들면 결혼, 이혼, 상속, 부양 등의 민사법률행위가 있다.

(2) 당사자 본인이 실시하기로 하는 민사법률행위이다. 예를 들어, 어떤 농호(農戶)와 농업기술 전문가가 과학기술 서비스계약을 체결할 때, 반드시 전문가 본인과 계약을 체결하여야 한다. 전문가는 타인에게 위탁하여 대리할 수 없다.

II. 대리를 적용하지 않는 행위

1. 위반행위는 대리를 적용할 수 없다

「중국민법통칙」 제63조에서는 "공민, 법인은 대리인을 통해서 민사법률행위를 실시할 수 있다"고 규정하고 있다. 동법 제67조[129] 규정을 보면 대리인이 위탁받은 대리사항이 법률에 위배되는 것을 알면서도 대리활동을 하거나 피대리인이 대리인의 대리행위가 법률에 위배되는 것을 알면서도 반대를 표시하지 않은 경우에는 피대리인과 대리인이 연대책임을 져야 한다. 여기서 볼 수 있듯이 위법행위에는 대리를 적용하지 않는다.

2. 사실행위는 일반적으로 대리를 적용하지 않는다

대리행위는 대리인이 대리권한 내에서 독립적으로 의사표시를 하는 것을 특징으로 하지만, 사실행위는 의사표시를 구성요소로 하지 않는다. 따라서 사실행위에는 대리를 적용하지 않는다. 예를 들면 노동, 공연, 회화 등을 내용으로 하는 채무이행의 행위가 그러하다.

III. 법률의의를 가지는 행위의 대리

민법통칙의 대리의 개념과 범위에 관한 규정에 따르면 대리는 공민과 법인이 대리인을 통해서 민사법률행위를 실시하는 것이다. 민사법률행위 이외에 기타 법률의의를 가지는 행위는 대리의 범위에 속하지 않는다. 통설에 따르면 기타 법률의의를 가지는 행위는 소송행위와 재정과 행정의무를 이행하는 행위를 가리킨다. 소송행위의 대리는 민사소송법과 행정소송법, 형사소송법 등의 법률로 규정하고 있으며 소송법률효과가 발생한다. 이것은 독립적인 대리유형이므로

---

129 한국민법도 불법행위에 대해서는 대리가 허용되지 않으나, 「중국민법통칙」 제67조와 같은 규정은 없다. — 역주

민사대리에는 포함되지 않아야 한다. 어떤 재정과 행정의무의 이행행위를 대리하는 것 또한 재정과 행정법에서 규정하고 있는 독립적인 대리유형이므로 직접적으로 나타나는 것은 재정과 행정법률효과이다. 따라서 민사대리가 아니다.

제4절 代理의 分類와 種類

I. 대리의 분류

1. 의정대리(意定代理)[130]와 법정대리(法定代理)

대리는 대리권이 발생하는 근거에 따라 의정대리와 법정대리로 나눌 수 있다.

의정대리는 본인의 의사표시에 근거하여 대리권이 발생한 대리이다. 중국민법통칙이 규정하고 있는 위탁대리는 의정대리에 속한다. 의정대리의 대리권은 단독적인 수권행위를 통하여 발생한다.

법정대리는 본인의 의사가 아닌 법률규정에 의하여 대리권이 발생하는 대리이다. 「중국민법통칙」 제14조는 무민사행위능력인과 제한민사행위능력인의 감호인은 그의 법정대리인라고 규정하고 있다. 감호인은 민법통칙규정에 따라서 대리권을 취득하여야 한다. 이것을 법

---

[130] 한국민법은 의정대리를 '임의대리(任意代理)'라고 일컫는다. ─ 역주

정대리라 한다.

2. 단독대리와 공동대리

대리인의 인원수에 따라서 단독대리와 공동대리로 구분한다.

단독대리는 대리인이 한 명뿐인 대리이며 대리권은 한 명에게만 속한다.

공동대리는 대리인이 두 명 이상인 대리이며 대리권이 두 명 이상의 대리인에게 속한다.

이 분류는 의의는 공동대리권의 행사 및 그에 대한 책임을 명확하게 하는 데에 있다. 공동대리권의 행사는 여러 공동대리인이 공동으로 행사하여야 한다. 공동행사는 전체적인 협상을 하거나 대다수의 의사에 따라서 형성된 공동대리의사이다. 만약 그중 한 사람이나 여러 사람이 기타 대리인과 협상하지 못하거나 협상한 의사에 따라 대리하지 않으면 이 행위는 피대리인의 권익을 침해하는 것으로써 행위를 실시한 대리인이 민사책임을 져야 한다.

3. 개괄대리(概括代理)와 한정대리(限定代理)

대리권에 대한 제한 여부에 따라 개괄대리와 한정대리로 구분한다. 이를 일반대리와 특별대리라고도 한다.

개괄대리, 즉 일반대리는 대리권의 범위가 대리사무의 전부이고 특별한 제한이 없는 대리를 말한다.

한정대리, 즉 특별대리는 대리권의 범위에 특정적 제한이 있는 대리이다.

이 분류의 의의는 대리권의 범위를 명확하게 하는 데 있다. 일반적으로 본인의 이익을 위하여 보존, 개선, 이용 등의 관리행위를 하는 것은 일반대리권에 의하여 할 수 있다. 그러나 매매, 증여, 면제 등의 처분행위는 본인의 특별수권이 있어야 할 수 있다.

4. 본대리(本代理)와 복대리(復代理)

대리인의 선임과 발생에 따라 본대리와 복대리로 구분할 수 있다.

본대리는 본인이 대리인을 선임하거나 직접적으로 법률의 규정에 의거하여 대리인이 발생한 대리이다.

복대리는 재(再)대리라고도 하는데 본대리의 대리인이 본인에게 대리인을 선임하여 발생하는 대리이다. 이것은 본대리의 대리인이 새로운 대리권의 행사를 위하여 본인에게 새로운 대리인을 선임하여 발생하는 것이다. 이것을 전위탁(轉委託)이라 한다. 복대리인은 본인의 대리인이며 본대리의 대리인의 대리인은 아니다.

이 분류의 법률의의는 본대리의 대리인과 복대리의 대리인의 본인에 대한 대리책임을 명확하게 하는 데 있다. 일반적으로 본대리의 대리인은 스스로 대리행위를 하여야 하고 마음대로 전위탁할 수 없다. 그러므로 대리인이 타인에게 전위탁할 때에는 사전에 본인의 동의를 얻거나 사후에 본인에게 고지하여 추인을 받아야 한다. 만약 본인이 전위탁을 동의하지 않으면 본대리인은 전위탁한 행위에 대해서 책임을 져야 한다. 그러나 긴급상황일 경우 본대리인은 본인의 이익을 위해 전위탁을 할 수 있다. 복대리인은 본대리인의 대리권의 범위 내에서만 대리행위를 할 수 있다. 복대리인이 과실로 인해서 본인에게 손해를 입힐 경우 본대리인은 본인에게 복대리인과 연대책임을 져야 한다.

대리는 위에서 상술한 주요한 분류 외에도 이론적으로 여러 가지

분류가 있다. 예를 들면 적극대리와 소극대리, 현명(顯名)대리와 은명(隱名)대리, 직접대리와 간접대리 등이 있다.

II. 대리의 종류

「중국민법통칙」 제64조 규정을 보면 대리는 위탁대리와 법정대리와 지정대리를 포함한다고 규정하고 있다. 즉, 중국민법통칙은 대리의 유형을 세 가지로 규정하고 있다.

1. 위탁대리

위탁대리는 피대리인의 위탁수권에 의하여 대리권이 발생하는 대리이다. 피대리인의 위탁수권은 피대리인이 단독적인 의사표시로써 대리권을 수여하는 민사법률행위이다. 여기에서 대리권은 피대리인의 단독의사로 발생한다. 따라서 위탁대리는 의정대리이다. 그러나 위탁은 위탁계약과 혼동되기 쉬워서 위탁대리권이 위탁계약에 의해 발생하고, 위탁인과 수탁인의 쌍방의사에 의해 결정된다고 오인하기도 한다. 여기에서 위탁계약과 위탁수권은 엄격히 구분하여야 한다. 위탁대리는 위탁수권에 의해 발생하는 것이지 위탁계약에 의해 발생하는 것이 아니다.

위탁대리는 가장 주요한 대리이다. 중국민법통칙의 대리에 관한 조문은 위탁대리를 중심으로 규정한 것이다. 제64조에서는 위탁대리인은 피대리인의 위탁에 따라서 대리권을 행사한다고 규정하고 있다. 제65조[131]에서는 위탁대리의 형식과 위탁대리수권의 내용 및 수권불명의 책임을 규정하고 있다. 제67조는 위탁대리사항의 위반에 의한 연대책임을 규정하고 있다. 제68조에서는 위탁대리의 전위탁을 규정하고 있다. 제69조[132]에서는 위탁대리의 소멸원인을 규정하고 있다.

2. 법정대리

법정대리는 법률규정에 의하여 대리권이 발생한 대리이다.

중국민법통칙은 법정대리를 민사주체제도 중의 공민민사행위능력과 감호제도에서 규정하고 있다. 예를 들어, 제12조와 제13조에서 제한민사행위능력인은 법에 의거하여 독립적으로 민사행위를 실시할 수 없고 그 법정대리인이 대리하거나 법정대리인의 동의를 얻어 실시하여야 한다고 규정하고 있다. 무민사행위능력인도 그 법정대리인이 민사활동을 대리한다고 규정하고 있다. 제14조에서는 무민사행위능력인과 제한민사행위능력인의 감호인은 법정대리인이라고 규정하고 있으며, 제16조와 제17조에서는 감호인의 범위에 대해서 규정하고 있으며, 이는 법정대리인의 범위이기도 하다. 따라서 법정대리인과 민사주체제도는 긴밀한 관계가 있다.

3. 지정대리

지정대리는 인민법원이나 지정단위에서 지정하여 대리권이 발생한 대리를 말한다.

「중국민법통칙」 제16조와 제17조 규정에서 보면 미성년자와 무민

---

131 제65조 보충 : 491쪽 참조(대리권의 발생). — 역주
132 제69조 보충 : 493쪽 참조(대리권의 소멸). — 역주

사행위능력인 혹은 제한민사행위능력인을 담당하는 감호인이 될 사람 사이에 감호인의 자격에 대한 다툼이 있을 경우, 미성년자 부모의 회사, 소재단위, 미성년자 거주지의 주민위원회, 혹은 촌민위원회, 그리고 정신병자의 경우에는 정신병자의 회사 혹은 거주지의 주민위원회, 촌민위원회가 새로운 감호인을 친척 중에서 지정한다. 지정에 불복하여 소송을 제기하면 인민법원이 재판하여 결정한다. 이로 보아 지정감호는 관련단위가 지정하는 것이지 인민법원이 직접 감호인을 지정하는 것은 아니다. 단지 지정에 불복한 것에 대하여 인민법원이 재판으로 결정할 뿐이다. 감호인을 지정하였으면 감호인은 피대리인의 법정대리인이 된다. 법정대리인이 있으면 다시 대리인을 지정할 필요가 없다. 인민법원에서 소송 중 원고 혹은 피고에게 소송대리인을 지정하는 상황은 매우 드물다. 일반적인 상황에서 무민사행위능력인과 제한민사행위능력인이 대리하는 법정대리인이 없다면 소송을 제기하기 어렵기 때문에 이때에는 소송대리인을 지정한다. 만약 소송진행 중에 당사자가 소송행위능력을 상실하면 이를 법정대리인에게 통지하여 대신 소송하도록 해야 한다. 「중국민사소송법」 제57조에서는 "법정대리인 간에 서로 대리책임을 떠미는 경우, 인민법원이 한 사람을 지정하여 대신해서 소송하도록 해야 한다"고 규정하고 있다. 그리하여 인민법원이 지정한 사람이 법정대리인이 된다. 그러므로 지정대리는 법정대리에 속하고 그 자체가 대리의 유형이 될 필요가 있는 것은 아니다.

제2장

代理法律關係

제1절 代理法律關係의 概述

I. 대리법률관계의 개념과 특징

1. 대리법률관계의 개념

대리법률관계는 대리인이 피대리인[133]의 명의로 제3자와 법률행위를 함으로써 대리권을 향유하고 대리효과의 귀속을 내용으로 하는 권리·의무관계이다.

대리법률관계의 의의는 광의와 협의의 대리법률관계로 나누어진다. 협의의 대리법률관계는 단지 대리인과 피대리인과의 권리·의무관계라고 이해하는 것이다. 《옥스퍼드법률대사전》은 대리를 다음과

---

[133] 한국민법은 피대리인 대신 본인이라는 용어를 사용한다. – 역주

같이 해석한다. "대리는 수권을 받아 위탁인의 신분으로 행사하는 대리인과 다른 사람, 즉 본인 간의 법률관계를 가리킨다. 특히 제3자와의 계약관계에서 본인을 대표하여 사무를 하는 것을 가리킨다."[134] 광의의 대리법률관계는 피대리인과 대리인 사이의 내부관계(당사자의 의사표시에 의하여 발생한 위탁수권관계) 및 법에 의거하여 직접적으로 발생한 법정대리관계 및 피대리인과 제3자, 대리인과 제3자 사이의 외부관계로 구성된다고 이해하는 것이다. 대리법률제도를 연구할 때에는 대리의 내부관계와 외부관계로 나누어서 따로따로 고찰하는 것이 불가능하다. 만일 대리의 외부관계를 떠나서 연구하게 되면, 이것은 대리의 내부관계만 승인하는 것이고, 이는 사실상 두 주체 사이의 감독이나 위탁관계에 불과하기 때문이다.[135]

2. 대리법률관계의 특징

(1) 대리법률관계에는 세 가지 법률관계가 있다. 여기에는 대리인과 피대리인(본인), 제3자(상대방)라는 세 가지 주체가 있다.

(2) 대리법률관계는 대리권 및 대리효과의 귀속을 내용으로 하는 권리·의무관계이다. 일반적인 민사법률관계에서 권리·의무의 내용은 자신의 이익을 위하여 갖는 권리와 상대방의 이익의 실현을 위하여 부담하는 의무이며, 권리·의무는 법률이 보호하는 주체의 이익과 밀접한 관련이 있다. 그러나 대리관계에서 대리인이 가지는 대리권은 자신의 이익을 실현하기 위한 것이 아니라 피대리인의 이익을 실현하기 위한 것이다. 그렇지만 피대리

---

134 《옥스퍼드法律大辭典》, 光明日報出版社, 1988年版, 29쪽.
135 佟柔主編: 《中國民法學·民法總則》, 264쪽.

인의 이익은 대리관계에서 실현되지 않고 대리효과관계에서 실현된다. 그러므로 대리관계는 대리권 및 대리효과의 귀속을 주된 내용으로 한다. 대리인이 가지는 대리권은 사실상 대리인의 자격과 의무이고, 피대리인과 제3자가 대리효과를 부담해야 하는 것은 피대리인과 제3자의 의무이다. 대리관계의 내용은 주체의 이익을 직접적으로 실현하는 것이 아니라 간접적으로 대리결과의 관계에서 피대리인 및 제3자의 이익을 실현하기 위하여 발생한 중개성 법률관계이다.

(3) 대리법률관계의 핵심은 대리행위이다. 대리관계에서 세 가지 방면의 당사자의 권리·의무는 대리행위, 즉 대리인이 피대리인을 대신하여 실시하여야 하는 법률행위로부터 생겨난다. 대리인이 피대리인의 명의로 제3자와 대리행위를 할 수 있는가 아닌가 하는 것은 대리권의 유무에 의해 결정된다. 대리권은 대리행위를 향유하는 것이다. 대리행위의 효과를 피대리인이 부담하는지 여부는 그 효과가 대리권을 기초로 한 대리행위에서 비롯되었는가 아닌가에 따라 결정된다. 그리고 제3자는 피대리인에게 대리행위로 인해 발생한 효과를 부담할 것을 요구할 수 있다. 대리효과에 귀속되는 권리·의무는 대리행위에 의해 발생하는 것이기 때문이다.

II. 대리법률관계와 관련된 법률관계

대리법률관계와 관련된 법률관계란 '대리기본관계'와 '대리효과관계'를 의미하며, '협의의 대리법률관계'인 대리법률관계와는 구별된다.

1. 대리의 기본관계

대리의 기본관계는 대리권이 발생하는 기초적인 관계이다.

(1) 대리권이 발생하는 기본관계의 종류

위탁대리는 주로 위탁, 고용, 조합 등의 계약관계에 기초하여 발생하고, 법정대리는 주로 감호관계에 기초하여 발생한다.

(2) 위탁수권과 대리기본관계

위탁수권은 기본관계와는 다르다. 수권행위는 피대리인의 일방적인 법률행위이고, 기본관계는 주로 쌍방 혹은 다방법률행위이다. 기본관계는 일반적으로 위탁수권의 기초관계가 되고, 위탁수권은 기본관계를 기초로 한다. 그러나 수권행위에 꼭 기본관계가 있어야만 하는 것은 아니며, 기본관계가 있는 것도 꼭 수권행위가 수반되는 것은 아니다. 수권행위와 기본관계에는 일반적으로 다음과 같은 세 가지 상황이 존재한다.

(a) 기본관계에 의거하여 수권행위를 실시하는 경우이다.
(b) 기본관계가 있지만 대리권을 받지 않은 경우이다.
(c) 기본관계가 없지만 직접적으로 대리권을 받은 경우이다.

대리권은 수권행위에 의해 직접적으로 발생하는 것이지 기본관계에 의해 직접적으로 발생하는 것은 아니다. 수권행위가 기본관계를 수반하는 경우에 수권행위가 기본관계의 효력의 영향을 받는가 아닌가에 대해서 논의가 있다. 여기에는 유인설, 무인설과 절충설이 있다. 유인설은 수권행위의 효력이 기본관계에 의해 결정되고, 기본관계가 성립하지 않거나 무효, 취소되거나 소멸되었을 때에는 수권행위도 무효라는 견해이다. 무인설은 수권행위가 기본관계의 영향을 받지 않는다는 학설이다. 따라서 기본관계의 불성립, 무효, 취소 혹은 소멸시에도 수권행위는 여전히 유효하다고 여긴다. 절충설은 수권행위자가 수권할 때에 의사표시로써 수권행위는 기본관계의 영향을 받지 않는다고 표명한 것 외에는 일반적으로 유인(有因)이라는 견해이다. 필자는 무인설을 찬성한다. 그 이유는 수권행위는 기본관계를 수반하여 발생하지만 기본관계와는 구별되는 것이기 때문이다. 그리고 기본관계는 위탁자와 수탁자 사이의 내부관계이지만 수탁행위에는 제3자도 관련되어 있다. 만약 유인설을 채택하면 위탁자와 수탁자의 내부관계가 수권행위의 대리권의 효력을 좌우하게 되어 거래의 안전을 해하고 제3자에게 매우 불리하다.

(3) 법정대리권과 기본관계

법정대리에서 대리권은 감호관계에 관한 법률규정에 의하여 직접적으로 발생한다. 그러므로 법정대리권은 법정대리의 기본관계와 같은 상황에 놓여 있다. 따라서 감호관계가 취소, 소멸되면 법정대리권도 소멸한다.

2. 대리효과의 법률관계

대리효과의 법률관계는 대리의 민사법률행위에 의하여 발생한 법률관계를 말한다. 이는 피대리인과 제3자 사이에 발생한 민사권리·의무관계이다. 예를 들면 매매대리행위에 의하여 발생하는 매매계약관계, 임대대리행위에 의하여 발생하는 임대계약관계가 있다. 여기에서 매매계약관계와 임대계약관계는 대리법률관계가 아니라 대리와 연관된 법률관계일 뿐이다. 즉, 대리민사법률행위에서 야기된 효과법률관계이다. 일단 대리효과가 발생하면 계약법률의 규율범위에 속한다. 왜냐하면 대리법률관계는 대리효과관계의 귀속만을 해결할 뿐이고 대리로 인해 발생하는 구체적인 권리·의무에 대해서는 규율하지 않기 때문이다. 이때의 구체적인 권리·의무에 대해서는 계약법률과 관련된 규정을 적용한다.

제2절 代理法律關係의 內容

대리법률관계는 대리권과 대리의 결과로 귀속되는 권리·의무로 구성된다. 대리권은 대리법률관계의 핵심이고, 대리효과의 귀속은 대리권의 필연적인 결과이다.

I. 대리인의 대리권과 대리의무

1. 대리인은 대리권을 향유한다

대리권을 향유하고 있는 대리인은 피대리인의 명의로 제3자와 민사법률행위를 할 권리가 있다.

2. 대리인은 피대리인에 대해서 대리의무를 가진다

(1) 대리인은 피대리인의 이익에 충실하여야 한다. 대리제도의 실질적 목적은 피대리인의 이익을 실현하는 데 있고, 대리인이 대리권을 향유하는 목적도 피대리인의 이익을 위하는 데 있다. 그러므로 대리인은 반드시 피대리인의 이익에 충실하여야만 한다. 구체적으로 다음과 같은 내용을 포함한다.

(a) 피대리인의 이익을 위하여야 한다. 대리사무를 처리할 때에 최대한도로 피대리인의 이익을 실현하여야 하고 손실은 최소로 줄여야 한다.

(b) 최선을 다하여 성실하게 사무를 처리해야 한다. 대리사무를 처리할 때에는 자신의 능력과 경험을 종합하여 성실히 대리사무를 완성하여야 한다.

(c) 성실하여야 하며 그에 상응하는 주의의무를 다하여야 한다. 대리사무를 처리할 때에는 자신의 사무처럼 또는 선량한 관리자의 주의를 다하여야 한다. 「중국민법통칙」 제66조는 대리인이 대리직책을 이행하지 않아 피대리인에게 손해를 입힌 경우 대리인이 민사책임을 져야 한다고 규정하고 있다. 대리인과 제3자가 통정(串通)하여 피대리인의 이익에 손해를 입힌 경우, 대리인과 제3자는 피대리인에 대해 연대책임을 져야 한다고 규정하고 있다.

(2) 대리인은 반드시 대리권의 범위 내에서만 피대리인을 대리하여야 한다. 대리인은 피대리인의 이익이라는 전제하에 피대리인을

대리하고, 대리권한을 넘어서 피대리인을 대리할 수 없다.
(3) 대리인이 직접 대리사무를 처리하여야 한다. 대리인은 특정한 신분이나 신임을 기초로 피대리인의 사무에 대한 대리권을 향유한다. 그러므로 대리인은 자신의 능력과 경험을 종합하여 직접적으로 대리사무를 처리하여야 한다. 즉, 피대리인의 동의를 얻었거나 상황이 긴급하여 부득이한 사유가 있는 경우 외에는 마음대로 대리권을 전위탁할 수 없다. 「중국민법통칙」 제68조는 다음과 같이 규정하고 있다. "위탁대리인은 피대리인의 이익을 위하여 타인에게 전위탁하여 대리할 필요가 있을 경우 사전에 동의를 얻어야 한다. 사전에 동의를 얻지 못할 경우, 사무가 끝난 직후에 피대리인에게 이를 알려야 한다. 만약 피대리인이 동의하지 않으면 대리인은 전위탁한 대리인의 행위에 대해서 민사책임을 져야 한다. 그러나 긴급한 상황에서 피대리인의 이익을 보호하기 위하여 전위탁한 것은 예외로 한다."
(4) 제때에 대리결과를 보고하고 인계할 의무가 있다. 위탁받은 대리사항을 처리할 때에는 즉시 피대리인에게 대리사무와 관련한 중요한 상황을 보고하여야 한다. 대리사무를 완성한 후에는 즉시 대리결과와 관련된 자료를 넘겨주어야 한다.
(5) 피대리인을 위해 비밀을 지켜야 할 의무가 있다. 대리인은 대리사무를 처리할 때에 알게 된 피대리인의 상업비밀과 사생활을 보호해야 하며 이를 유출하여서는 안 된다.

3. 대리인의 제3자에 대한 의무

(1) 대리인의 신분과 대리권을 명시하여야 한다. 대리인이 제3자와 법률행위를 할 때에 익명대리인 경우를 제외하고는 대리인의 신분과 대리권을 제3자에게 명시하여야 한다.

(2) 위탁수권의 불명으로 인한 연대책임을 부담하여야 한다. 「중국민법통칙」 제65조는 "위탁수권이 불분명할 경우에 피대리인은 제3자에 대해서 민사책임을 져야 하고, 대리인은 연대책임을 져야 한다"고 규정하고 있다.

(3) 무권대리로 인한 책임을 져야 한다. 「중국민법통칙」 제66조는 "대리권이 없거나 대리권을 초과하였거나 대리권이 소멸한 후에 한 행위에 대해서 피대리인의 추인을 얻지 못하면 행위자가 연대책임을 져야 한다"고 규정하고 있다.

II. 피대리인의 권리·의무

1. 대리인에 대한 권리·의무

(1) 대리인에게 대리직책을 충실히 이행할 것을 요구할 수 있다. 대리인이 피대리인에 대해 부담하는 대리의무는 피대리인의 대리인에 대한 권리이다. 피대리인은 대리인에게 대리과정에서 기울여야 하는 주의를 다하여 피대리인의 이익을 위하여 최선을 다할 것을 요구할 수 있고, 대리인이 대리권한 내에서 직접 대리직책을 이행할 것과 대리사무의 진행상황을 즉시 보고하고 인계할 것을 요구할 수도 있다. 또한 대리인이 대리직책을 이행하

지 않거나 임의로 대리권을 다른 사람에게 위탁하거나 월권대리행위를 하면 이에 대한 책임을 질 것을 요구할 수도 있다.
(2) 대리권에 대한 취소권을 가진다. 위탁대리관계에서 피대리인의 입장에서 대리인이 대리사무를 수행하는 데 적합하지 못하다고 판단되면 대리권을 취소할 권리가 있다. 취소권은 일방 법률행위로서 즉시 효력이 발생하는 형성권이다. 대리권은 피대리인의 취소에 의하여 소멸된다.
(3) 대리인의 행위에 대한 동의와 추인권이 있다. 위탁대리인은 피대리인의 이익을 위하여 전위탁할 필요가 있을 때 사전에 피대리인의 동의를 얻어야 한다. 사전에 피대리인의 동의를 얻지 않은 경우 사무가 끝난 즉시 피대리인에게 고지하여 동의를 얻어야 한다. 대리권이 없거나 대리권을 월권하였거나 대리권이 소멸한 후에 한 행위에 대해서 피대리인은 추인할 수도 있고 추인을 하지 않을 수도 있다.
(4) 대리결과를 인수할 의무가 있다. 피대리인은 대리인이 대리권한 내에서 실시한 대리행위의 법률효과를 인수하여야 한다.

2. 피대리인의 제3자에 대한 권리·의무

(1) 법에 의거하여 대리법률효과로 인한 권리·의무를 인수하여야 한다. 대리인이 대리권한 내에서 피대리인 명의로 제3자와 민사법률행위를 실시하면 피대리인과 제3자 사이에 대리효과의 민사법률관계가 발생한다. 이 대리효과의 민사법률관계의 권리와 의무를 피대리인은 직접 인수할 권리도 있고 인수할 의무도 있다. 그러므로 제3자가 본인에게 직접 권리를 주장하는 것

을 거절할 수 없다.
(2) 위탁수권의 불명으로 인한 제3자에 대한 책임을 져야 한다. 「중국민법통칙」 제65조는 "위탁서에 수권이 불분명한 경우 피대리인은 제3자에 대한 민사책임을 져야 하고, 대리인은 연대책임을 져야 한다"고 규정하고 있다.
(3) 제3자에게 연대책임을 질 것을 요구할 수 있다. 「중국민법통칙」 제66조는 "대리인과 제3자가 통정하여 피대리인의 이익에 피해를 입힌 경우 대리인과 제3자는 연대책임을 져야 한다. 제3자는 행위자가 대리권이 없거나 월권하였거나 소멸된 것을 알면서도 그와 민사행위를 하여 타인에게 손해를 입힌 경우 제3자와 행위자는 연대책임을 져야 한다"고 규정하고 있다.

III. 제3자의 권리·의무

대리인과 법률행위를 한 제3자의 권리·의무는 다음과 같다.
(1) 피대리인에게 대리법률효과를 인수할 것을 요구할 권리가 있다.
(2) 최고권, 취소권이 있다. 행위자가 대리권이 없거나 월권하였거나 대리권이 소멸한 후에 피대리인의 명의로 실시한 행위에 대해서 제3자는 피대리인에게 추인 여부를 최고할 권리가 있고 법에 근거하여 취소할 권리도 있다.
(3) 대리인이나 행위자에게 책임을 질 것을 요구할 권리가 있다. 위탁서에 수권이 불분명한 경우 피대리인은 제3자에게 민사책임을 져야 하고, 대리인은 연대책임을 져야 한다. 대리권이 없거나

월권했거나 대리권이 소멸한 후에 한 행위는 피대리인이 추인하지 않은 경우에 행위자가 민사책임을 진다.

제3절 代理權

I. 대리권의 개념과 성질

대리권은 대리관계의 핵심이다.

대리권은 대리인이 피대리인의 명의로 제3자와 법률행위를 함으로써 피대리인에게 법률효과를 귀속하게 하는 행위를 가리킨다.

대리권의 성질에 대해 학자들의 해석은 분분하지만 아직 정확하게 정해진 이론은 없다. 그중 주요한 학설은 다음과 같다.

1. 권리설

권리설에 의하면 대리권은 대리인이 합법적으로 가지는 권리이다. 이와 같은 성질의 권리에 대해 어떤 사람은 형성권[136] 혹은 재산관리권[137]이라고 주장하고 또한 어떤 사람은 감호권에 속한 인신권과 비슷한 권리라고 주장한다.[138] 권리설에 대하여 일반적인 학자들은 대

---

136 일본학자의 관점, 胡長淸 : 《中國民法總論》, 中國政法大學出版社, 1997年版, 303쪽.
137 梁慧星 : 《民法總則》, 213쪽.

리관계시 피대리인에 대한 이익이 존재하지 않을 수 있기 때문에 그 권리가 법의 보호를 받는 주체의 이익이라는 점과 부합하지 않는다고 비판한다.

2. 권한설

권한설에 따르면 대리권은 권리의 이름일 뿐이며, 대리권은 대리인 자신의 이익과 필연적으로 관계가 없는 권한을 가리킨다.[139] 권한설은 대리권을 업무집행의 권한과 동일시하고, 대리권이 고용관계에 의해서 발생한 위임관계의 법률효과라고 주장하는 점에 대해서 대리관계와 대리의 기본관계를 혼동하였다는 비판을 받는다.[140]

3. 권력설

권력설은 대리권을 본인에 대하여 거부할 수 없는 법적 구속력이라고 본다. 즉, 대리인은 대리권을 통하여 본인과 기타 사람 사이의 법률관계의 권력을 바꾸고, 법률권력의 경계를 권한으로 한다.[141] 그러나 공법과 사법의 구분을 부정하는 결함이 있다. 권력은 공법에서만 존재하고 민사주체 사이에서는 권력이 존재하지 않기 때문이다.[142]

4. 자격설

자격설에 따르면 대리권은 대리인이 피대리인의 명의로써 법률행

---

138 李開國:《民法基本問題研究》, 法律出版社, 1997年版, 213쪽.
139 張俊浩主編:《民法學原理》, 266쪽.
140 李開國:《民法基本問題研究》, 214쪽.
141 梁慧星:《民法總則》, 215쪽.
142 彭萬霖主編:《民法學》, 中國政法大學出版社, 1997年版, 115쪽.

위를 할 수 있는 자격 혹은 지위를 얻어 대리의 행위를 할 수 있는 행위능력이다.[143] 이 학설은 법률상의 권리능력 혹은 행위능력은 주체의 인격, 신체와 떨어질 수 없는 관계에 있기 때문에 권리능력과 행위능력을 양도할 수 없고, 본인이 대리인에게 부여하는 대리권은 그 능력을 부여하는 것이며 행위능력 자체가 대리능력을 포함한다는 비판을 받는다. 또한 대리권을 행위능력으로 해석한다면 대리권과 대리인 고유의 행위능력의 관계에 대한 해석이 어렵고, 대리권을 행위능력으로 해석하는 것은 대리권으로 인해 나타나는 효과를 소홀히 한 것이라고 비판하였다.[144]

필자는 대리권의 성질은 일종의 법적 권능이라고 생각한다. 민법에서의 권리는 권능과 이익으로 구성되어 있다. 권능은 주체가 이익의 실현을 위하여 법률이 규정한 범위 내에서 각종 수단을 이용하는 행위를 말한다. 일반적으로 권능과 이익은 일치한다. 본인이 자기 스스로 자신의 이익을 실현하는 데 권능을 행사할 수 없거나 행사하기 불편한 경우 대리를 통하여 이익을 실현한다. 대리제도의 본질은 바로 피대리인의 이익을 실현하는 데 있다. 즉, 대리제도를 통하여 법이 대리인에게 대리권을 부여하거나 피대리인이 대리인에게 대리권을 부여한다. 그리하여 대리인은 대리를 통하여 얻은 권능으로 피대리인의 이익을 실현한다. 그러므로 대리권은 대리인이 피대리인의 이익을 실현하기 위하여 법률이 부여한 권능이라 할 수 있다.

---

143 李開國:《民法基本問題研究》, 法律出版社, 1997年版, 216쪽.
144 梁慧星:《民法總則》, 法律出版社, 1996年版, 214쪽.

II. 대리권의 발생

대리권이 발생하는 데는 다음과 같은 주요한 법적 사실이 있다.

1. 법의 직접적인 규정에 의한 발생

「중국민법통칙」 제16조와 제17조 규정에 의거하여 감호인 신분을 취득한 자, 제14조 규정에 의거하여 선고된 무민사행위능력인과 제한민사행위능력인의 법정대리인 등이 있다.

2. 권리를 가진 기관 혹은 조직의 지정 또는 인민법원의 지정에 의한 발생

「중국민법통칙」 제16조와 제17조 규정에 의거하여 감호인의 자격을 가지는 사람들 사이에 감호인에 대한 다툼이 있을 경우 미성년자 부모의 회사, 미성년자 거주지의 주민위원회 또는 촌민위원회, 그리고 정신병자의 경우 정신병자의 회사 혹은 거주지의 주민위원회, 촌민위원회가 새로운 감호인을 친족 중에서 지정한다. 지정에 불복하는 경우 인민법원이 감호인을 지정한다. 이렇게 지정된 감호인은 무민사행위능력인 혹은 제한민사행위능력인에 대해 법정대리권을 가진다.

3. 피대리인의 위탁에 의한 발생

피대리인이 대리권을 대리인에게 위탁하는 행위에 의하여 발생한다.

(1) 위탁행위의 개념과 성질

위탁행위란 피대리인이 일방적인 의사표시로써 대리인에게 대리권을 부여하여 그에 대한 효과를 얻는 일방행위이다. 이는 대리권의 위탁이라는 법적 사실을 야기한다.

(2) 위탁행위의 형식

수권행위는 일방행위에 속한다. 법률행위의 형식에는 구두형식과 서면형식이 있다. 「중국민법통칙」 제65조에서는 "대리를 위탁하는 민사법률행위는 서면형식과 구두형식으로 할 수 있다. 단, 법률에서 서면형식으로만 할 수 있게 규정한 항목에 대해서는 그 법률규정을 따른다"고 규정하고 있다. 위탁의 서면형식을 대리증서, 위탁증명 혹은 위탁서라고 부른다. 「중국민법통칙」 제65조에서는 "서면형식으로 위탁한 대리의 위탁서에는 대리인의 성명 혹은 명칭, 대리사항, 권한과 기간을 반드시 기명하여야 하고, 위탁인은 완성된 위탁서에 반드시 기명날인하여야 한다"고 규정하고 있다.

(3) 위탁행위와 위탁계약의 구별

위탁행위는 대리인에게 직접적으로 대리권을 가지게 하는 일방행위이다. 위탁인(피대리인, 본인)이 수권의 의사표시를 하면 대리인은 대리권을 가지게 된다. 위탁계약은 위탁인이 수탁인(受託人)에게 위탁하는 형식으로 수탁인이 위탁인의 명의로써 위탁받은 사무를 완수하겠다고 협의하는 쌍방행위이다. 반드시 쌍방당사자의 협상에 의해서만 위탁이 성립될 수 있고 효과도 발생한다.

위탁행위는 대리권이 생기는 직접적인 원인이 되며, 위탁계약은 대리권을 생기게 하는 기초적인 관계이다. 그 관계는 대리인과 피대리인의 내부관계이며 그 자체만으로 대리권이 생기는 것은 아니다.

위탁은 위탁계약을 통해 성립될 수 있고 조합원 간의 계약, 고용계약에 의해서도 성립될 수 있다. 심지어 이러한 관계에 의하지 않고도 직접적으로 발생하거나 설사 위와 같은 관계가 있다 하더라도 위탁관계가 발생하지 않을 수도 있다.

위탁행위에 사용하는 위탁서는 대리권의 발생에 대하여 서면형식으로 증명할 수 있다. 반면에 위탁계약서는 대리권의 발생을 모두 증명할 수 있는 것은 아니다.

4. 추인 혹은 묵인의 수권

추인 혹은 묵인의 수권은 대리권이 특수한 형식으로 발생하는 것을 말한다. 그것은 행위자가 대리권이 없거나 대리권한을 넘었을 때 혹은 대리권이 소멸한 후 피대리인의 명의로 한 행위에 대하여 피대리인의 추인을 통해 수권을 받아 대리의 효과를 나타나게 한다. 타인이 본인의 명의로 한 대리행위에 대하여 피대리인이 부인하지 않으면 그 대리행위에 대하여 동의한 것으로 간주하여 대리의 효과가 나타난다.

III. 대리권의 소멸

1. 위탁대리권의 소멸

「중국민법통칙」 제69조의 규정에 의하면 다음과 같은 상황에서 위탁대리권이 소멸한다.

(1) 대리기간의 만료 혹은 대리사무의 완결
(2) 피대리인의 위탁대리에 대한 취소 혹은 대리인의 위탁에 대한

사직

(3) 대리인의 사망
(4) 대리인의 행위능력 상실
(5) 피대리인 혹은 대리인의 법인의 소멸

2. 법정대리와 지정대리권의 소멸

(1) 피대리인이 행위능력을 다시 취득하거나 회복한 경우
(2) 피대리인이나 대리인이 사망한 경우
(3) 대리인이 행위능력을 상실한 경우
(4) 대리인을 지정한 인민법원이나 회사가 지정에 대해 취소한 경우

3. 대리권 소멸의 효과

(1) 대리권이 소멸한 후 대리인은 더이상 피대리인의 명의로 활동할 수 없다. 그러한 활동은 무권대리에 속한다.
(2) 대리인은 원래의 대리사무의 종결, 보고, 사무인계의 의무를 갖는다.
(3) 피대리인은 수권한 위탁서 및 대리권을 증명하는 업무문서 등을 회수해야 하는 권리와 의무를 가진다. 이때 대리인은 그 문서를 돌려주어야 한다. 피대리인이 위탁대리권이 소멸한 후 대리권 증서와 대리권을 증명하는 문서의 회수를 게을리한 상황에서, 만일 대리인이 피대리인의 명의로써 제3자와 법률행위를 하였다면 피대리인은 선의의 제3자에 대한 책임을 져야 한다.

제4절 代理權의 行使와 代理行爲

I. 대리권 행사의 개념과 성질

　대리권의 행사는 대리인이 대리권에 의거하여 법률행위를 하는 것을 의미한다. 대리권은 실질적으로 대리인이 피대리인의 이익을 실현하기 위하여 행사하는 권능이다. 그러므로 대리제도에서 대리권 행사에 관한 기본원칙은 대리인은 반드시 피대리인의 이익을 위하여 대리권을 행사하여야 한다는 것이다. 대리인의 대리권 행사는 그가 가지고 있는 대리권한을 행사하고 그가 법률관계에서 가지고 있는 의무를 이행하는 것을 말한다. 예를 들어, 피대리인의 이익을 계산하고 대리의 직책을 성실하게 이행하여야 하는 의무, 직접 대리사무를 처리하며 제때에 대리한 사무의 처리상황과 결과를 보고하는 의무 등이 있다.
　대리권의 행사는 대리인이 피대리인의 명의로 법률행위를 이행하는 것이며 법률사실의 발생과정이다. 그러므로 대리권을 행사할 때에는 대리제도의 규정을 준수해야 할 뿐만 아니라 민사법률행위제도의 규정 또한 준수해야 한다.
　대리권의 행사가 법률행위의 조건에 부합하면 그 법률행위는 유효하게 되고 또한 이로 인해 민사법률관계의 대리효과가 나타난다. 만일 대리권의 행사가 법률행위의 조건에 부합하지 않는다면 대리의 법률관계는 일어날 수 없다. 다만, 그에 상응하는 민사행위의 무효 혹은 변경, 철회, 부분유효, 부분무효의 효과가 나타난다.

II. 대리권 행사의 원칙

대리제도에 관한 규정에 의하면 대리인은 대리권의 행사와 관련하여 다음과 같은 원칙을 따라야 한다.

1. 대리권 남용금지의 원칙

대리권의 목적은 피대리인의 이익을 실현하는 데 있다. 대리권의 남용이란 대리인이 대리권을 행사하는 과정에서 대리권을 이용하여 피대리인의 이익에 손해를 입히는 행위를 말한다. 이는 대리제도의 목적에 위배되는 행위이므로 법으로써 금지한다. 대리권 남용금지는 대리법률제도에서의 대리권 행사에 관한 준칙이다. 구체적인 내용은 다음과 같다.

(1) 자기대리의 금지

자기대리는 대리인이 자신을 상대방으로 하여 피대리인을 대리하는 법률행위를 말한다. 대리제도는 대리인이 피대리인의 명의로 제3자와 법률행위를 하여 피대리인의 이익을 실현하는 제도이다. 만일 대리인이 피대리인의 명의로 제3자와 법률행위를 하지 않고 직접 자신과 법률행위를 한다면 자신의 이익을 위하여 피대리인의 이익에 손해를 줄 수 있으므로 법으로 이를 금지한다.

(2) 쌍방대리의 금지

쌍방대리란 한 명의 대리인이 쌍방의 당사자를 모두 대리하는 행위이다. 즉, 하나의 대리관계에서 대리인이 피대리인의 대리인이자

제3자의 대리인인 것이다. 이렇게 되면 법률행위의 실행과정에서 쌍방당사자의 의지는 한 명의 대리인에게 집중되고 상업거래시 가격경쟁을 할 수 없게 된다. 즉, 쌍방당사자 간의 이익균형을 잡기가 어려워지고 대리인이 일방의 피대리인의 이익을 위하여 다른 일방의 이익에 손해를 줄 수 있다. 그러므로 쌍방대리는 법으로써 금지한다.

(3) 통정허위의 대리의 금지

통정허위의 대리란 대리인과 제3자가 피대리인의 손해를 꾀하는 행위이다. 이런 행위는 대리제도의 목적에 위배되므로 법으로써 금지한다. 「중국민법통칙」 제66조에서는 "대리인과 제3자가 통정허위하여 피대리인에게 손해를 입힌 경우, 그 손해에 대하여 대리인과 제3자가 연대책임을 진다"고 규정하고 있다.

2. 위법한 대리를 금지하는 원칙

위법한 대리란 법률에 위배되는 사항을 대리하거나 대리를 이용하여 위법활동을 하는 것을 말한다. 위법사항에 대해 대리한다는 것은 법으로써 제한하는 사항에 대해 대리한 것을 말한다. 대리를 이용하여 위법활동을 하는 것은 대리인이 합법적인 대리관계를 이용하여 위법한 활동을 하는 것을 말한다. 「중국민법통칙」 제67조에서는 "피대리인이 위탁한 대리사항에 대한 위법성을 대리인이 알면서도 대리했을 경우 혹은 피대리인이 대리인의 대리행위가 위법하다는 것을 알면서도 그 행동을 저지하지 않았을 경우, 피대리인과 대리인은 연대책임을 진다"고 규정하고 있다.

3. 월권대리를 금지하는 원칙

대리인은 반드시 대리권의 범위 내에서 대리권을 행사하여야 한다. 대리권의 범위를 넘어 대리권을 행사할 수 없으며, 그 범위를 넘은 권리의 행사는 무권대리에 속한다. 피대리인이 이를 추인하거나 묵인하지 않는 이상 그 권리행사에 대한 법률효과는 피대리인에게 귀속되지 않는다. 대리인은 월권행위에 대한 민사상의 책임을 진다.

4. 위탁을 제한하는 원칙

대리인은 대리권으로써 대리사무를 처리할 때 반드시 직접 처리하여야 한다. 피대리인의 동의를 얻거나 긴급한 상황에 처한 경우를 제외하고는 자신의 대리사무를 임의로 타인에게 위탁할 수 없다. 대리인은 임의로 대리사무를 위탁한 행위에 대한 민사상의 책임을 진다.

III. 대리행위

1. 대리행위의 개념과 성질

대리행위는 대리인이 대리권을 행사하는 법률행위이다. 즉, 피대리인의 명의로 대리권의 범위 내에서 제3자와 거래하여 발생한 효과를 피대리인에게 귀속시키는 법률행위를 말한다.

대리행위의 성질에 관하여 다음과 같은 학설이 있다.

(1) 본인행위설

본인행위설에 따르면 대리행위는 대리인이 본인의 수권에 근거하여 본인의 행위를 대리하는 것을 말한다. 그러므로 대리행위는 대리인의 행위가 아닌 본인의 행위이다. 이 설은 대리행위와 전달행위의 차이를 간과하였다는 비판을 받는다.

(2) 공동행위설

공동행위설에 따르면 대리행위는 본인과 대리인의 공동행위이다. 이 설은 수권행위와 대리행위를 하나의 행위로 본다. 그러나 이 두 가지 행위는 성질이 다르며 그에 따라 법률효과도 다르다는 점을 간과하였다는 비판을 받는다.

(3) 대리인 독립행위설

대리인 독립행위설에 따르면 대리행위는 대리인의 독립적인 행위이다. 즉, 대리인의 대리권 행사를 위한 행위이다. 다만, 본인의 명의로써 한 행위이기 때문에 그 효과는 본인에게 귀속된다고 본다.

2. 대리행위의 성립요건

대리행위는 일종의 민사법률행위이기 때문에 민사법률행위의 일반적 성립요건을 갖추어야 한다. 그 일반적 성립요건은 일방법률행위, 쌍방법률행위, 요물(要物)법률행위에 따라 다르게 나타난다. 그 밖의 대리행위는 다음과 같은 특수한 요건을 필요로 한다.

(1) 대리행위는 반드시 피대리인의 명의로 실행해야 한다. 이 점은 대리행위와 일반적인 민사법률행위와 구별되고, 대리행위와 위탁매매인을 구별하는 기준이 된다. 대리인이 피대리인의 명의로 하지 않은 행위는 대리행위로 성립하지 않는다. 피대리인의

명의로써 하는 것은 대리인이 타인을 위하여 법률행위를 하고 그 결과는 피대리인에게 귀속한다는 것을 의미한다. 또한 비록 명확하게 표시하지 않아도 객관적인 상황으로 보았을 때 행위자의 행위가 타인을 위한 것임을 추정할 수 있는 법률행위는 피대리인의 명의로 실행한 것으로 본다.[145]

(2) 반드시 대리인이 독립적인 의지로써 의사표시를 하여야 한다. 대리인은 대리권한의 범위 내에서 제3자에게 약정을 요구하는 의사표시와 제3자의 약정을 받아들이기로 결정하는 의사표시를 독립적으로 할 수 있다. 만일 법률행위에 대한 의사표시의 내용이 본인의 결정에만 따른다면 대리인은 피대리인의 의사를 전달하는 것이지 피대리인을 대리하는 것이 아니기 때문이다.

3. 대리행위의 유효

대리행위의 성립요건과 유효요건이 모두 갖추어지면 법률효과가 발생하고 그 효과에 의하여 법률관계가 변동한다.

(1) 대리행위의 일반적 유효요건

대리행위의 일반적 유효요건은 대리행위가 당연히 갖추어야 할 법률행위로서의 요건이다.

(a) 대리인은 행위능력을 갖추어야 한다.

(b) 대리인의 의사표시는 진실되어야 한다.

(c) 대리행위의 내용은 적법한 것이어야 한다. 여기서의 적법은 적

---

145 李開國:《民法基本問題硏究》, 法律出版社, 1997年版, 232쪽.

법한 대리사항과 적법한 대리권 행사 모두를 포함한다. 만일 대리인이 위탁받은 대리사항이 위법한 것임을 알고도 대리활동을 하거나 피대리인이 대리인의 대리행위가 위법하다는 것을 알고도 반대의 의사표시를 하지 않으면 피대리인과 대리인은 그에 대한 연대책임을 진다. 대리인과 제3자가 악의로 통정하여 피대리인의 이익에 손해를 입혔다면 그 손해에 대해 대리인과 제3자는 연대책임을 진다.

(2) 대리행위의 특수요건

대리행위의 특수요건은 대리행위가 특수한 민사법률행위가 되기 위해 갖추어야 하는 요건을 가리킨다. 대리행위의 특수성은 대리인이 피대리인의 명의로 제3자에게 법률행위를 하였을 때 그 효과가 피대리인에게 귀속된다는 점에 있다. 그러므로 그 특수유효요건은 대리행위가 피대리인에게 법률효과를 발생시키는 것을 결정하는 요건이다. 이에는 다음과 같은 요건을 갖추어야 한다.

(a) 피대리인이 있어야 한다. 대리행위는 직접적으로 피대리인에게 법률효과를 가져다 주기 때문에 피대리인의 존재는 대리행위를 유효하게 하는 조건이 된다. 「중국민법통칙」제69조에서는 "피대리인의 법인자격이 소멸되면 대리도 소멸한다"고 규정하고 있다. 제70조에서는 "피대리인이 사망한 경우 그의 법정대리나 지정대리도 소멸한다"고 규정하고 있다. 자연인인 피대리인이 사망한 경우, 대리가 소멸하는지의 여부에 대해서는 중국민법통칙에서 규정하고 있지 않다. 그러나 대리가 소멸하지 않는다는 특별한 법률규정이 있는 상황을 제외하고는 원칙적으로 소

멸한다고 본다. 최고인민법원의 「〈민법통칙〉 의견」 제82조에 의하면 피대리인의 사망 후에도 다음과 같은 대리행위는 유효하다.
(ⅰ) 대리인이 피대리인의 사망사실을 몰랐을 경우
(ⅱ) 피대리인의 상속자가 인정한 경우
(ⅲ) 피대리인과 대리인이 대리사항을 완성했을 때 소멸한다고 약정한 경우
(ⅳ) 피대리인이 사망하기 전에 시작하여 피대리인의 이익을 위하여 사망한 후에도 계속 대리하여 완성한 경우
(b) 대리인은 대리권이 있어야 한다. 대리인이 대리권을 가지고 있다는 것은 피대리인에게 대리행위의 효과가 발생하는 근거가 된다. 대리인은 반드시 대리권을 취득하여야 하고, 그 대리권의 범위 내에서 피대리인의 명의로 하는 법률행위만이 피대리인에 대하여 법률효력이 발생한다. 대리권이 없거나 대리권한을 넘었을 경우 혹은 대리권이 소멸한 후의 대리행위는 반드시 피대리인의 추인을 얻어야만 그 효력이 발생한다. 표현대리나 긴급한 상황이 닥쳤을 때 피대리인의 이익을 위한 위탁대리 모두 대리인이 대리권을 가지고 있는 것으로 본다. 따라서 이러한 경우의 대리는 유효하다.

제3장

無權代理와 表現代理

제1절 無權代理

I. 무권대리의 개념과 특징

1. 무권대리의 개념

무권대리는 행위자가 대리권 없이 타인의 명의로 대리행위를 하는 것을 가리킨다. 「중국민법통칙」 제66조 규정에 의하면 무권대리는 행위자가 대리권이 없거나 대리권의 범위를 넘는 행위를 하였을 경우 또는 대리권이 소멸한 후 타인의 명의로써 대리행위를 한 경우를 포함한다. 무권대리는 진정한 대리가 아니지만 형식상의 대리와 비슷하고 대리와 관계가 있어 대리법의 규정이 적용된다.

2. 무권대리의 특징

(1) 행위자는 타인명의로 제3자와 민사행위를 한다. 즉, 의사표시를 행위의 요소로 삼는다. 만일 행위자가 타인명의로 하지 않았거나 의사표시를 민사행위의 요소로 삼지 않고 타인 사무의 사실행위를 실시·관리하였다면 사무관리는 될 수 있지만 무권대리는 될 수 없다.

(2) 행위자는 대리권이 없다. 「중국민법통칙」 제66조에 의거하여 행위자가 대리권이 없는 경우는 다음 세 가지가 있다.

  (a) 대리권이 없다. 즉, 근본적으로 수권을 받지 못하였거나 수권이 무효가 된 경우이다.

  (b) 대리권의 월권, 즉 행위자가 본래 대리권을 가지고 있으나 대리권을 행사하는 과정에서 원래의 수권범위를 넘어선 경우이다. 이것이 대리권의 월권행위이고 무권대리에 속한다.

  (c) 대리권이 소멸한 후의 대리이다. 행위자 본인은 피대리인의 대리인으로서 대리권이 있지만 그 대리권은 이미 일정한 법률사실의 실현으로 소멸되었다. 그런데 행위자가 여전히 피대리인명의로 대리행위를 하는 경우가 이에 속한다. 이 또한 무권대리에 속한다.

(3) 외관상 객관적으로 행위자가 대리권이 있다고 믿을 수 있는 충분한 사유가 없다.[146] 만약 외관상 행위자가 대리권이 있다고 믿을 수 있는 사유가 충분하다면 그것은 협의의 무권대리가 아닌 표현대리에 해당된다.

---

[146] 張俊浩主編:《民法學原理》, 276쪽.

(4) 무권대리는 효력미정의 민사행위에 속한다. 즉, 피대리인은 추인을 통하여 무권대리를 유권대리로 전환시켜 유효하게 할 수 있다. 그러나 피대리인이 승인을 거절하면 피대리인에 대해서는 무효가 되고, 이때에는 행위자가 책임을 진다.

II. 무권대리의 법률결과

무권대리행위는 일종의 효력이 정해져 있지 않은 민사행위이다. 무권행위의 발생으로 인하여 다음과 같은 결과가 나타날 수 있다.

1. 피대리인의 추인에 의한 유효

무권대리행위가 발생한 후 피대리인은 무권대리행위에 대한 추인권을 가진다. 피대리인은 행위자와 제3자에게 추인의 의사표시를 할 수 있다. 「중국민법통칙」 제66조 제1항에서는 "피대리인의 추인에 의해서만 본인에게 민사책임을 지게 할 수 있다", "타인이 본인의 명의로 민사행위를 한다는 사실을 알고도 본인이 부인의 표시를 하지 않았을 경우 그 대리행위에 대하여 동의한 것으로 본다"고 규정한다. 본인은 사후에 타인이 본인의 명의로 민사행위를 하였다는 사실을 알고도 부인의 표시를 하지 않는 것은 묵시의 방식으로써 무권대리를 추인한 것으로 본다. 무권대리행위는 피대리인의 추인에 의하여 유권대리로 변할 수 있으며 이때에는 피대리인에 대한 대리의 법률효력이 발생한다.

2. 피대리인의 거절에 의한 무효

피대리인은 무권대리행위를 승인하지 않을 수 있다. 피대리인은 무권대리인이나 제3자에게 승인하기를 거절하는 의사표시를 하여 무권대리행위가 피대리인에게 무효가 되게 할 수 있으며, 이때 행위자는 제3자에 대한 책임을 진다.

3. 제3자의 철회에 의한 무효

무권대리행위가 발생한 후 제3자는 본인이 추인하기 전에 미리 철회할 수 있는 권리가 있다. 제3자의 철회에 의하여 무권대리행위는 무효가 되는데, 이때 제3자는 반드시 선의의 제3자이어야 한다. 즉, 제3자는 행위자가 대리권을 가지고 있지 않다는 사실을 몰라야 한다. 「중국민법통칙」 제66조 규정에 의하면 만일 행위자가 대리권이 없거나 대리권 범위를 넘는 권리행사라는 사실 혹은 대리권이 이미 소멸되었다는 사실을 제3자가 알고 있으면서도 행위자와의 관계를 지속하여 타인에게 손해를 입혔다면 제3자와 행위자는 연대책임을 진다. 또한 악의의 제3자는 철회권을 가지지 못한다.

이 외에도 제3자는 무권대리에 대한 최고권을 가진다. 즉, 피대리인에게 일정한 기간 내에 무권대리행위를 추인하거나 거절하라고 최고할 수 있다. 최고기간이 지난 후 피대리인이 한 추인이나 거절의 의사표시는 효력이 없다.

제2절 表現代理

I. 표현대리의 개념, 특징과 구성

1. 표현대리의 개념

표현대리는 대리인이 대리권이 없는데도 불구하고 표면상으로 선의의 제3자가 대리인이 대리권을 가지고 있다고 믿을 만한 충분한 사유가 있어 대리인과 법률행위를 한 경우를 가리킨다. 그리고 표현대리로 인한 법률효과는 법에 의하여 직접적으로 본인에게 귀속된다. 표현대리는 광의의 무권대리에 속하며 협의의 무권대리와는 다르다. 표현대리인과 본인 사이에 표현대리인에게 대리권이 있다고 오해할 만한 사유가 있다면 법은 그것을 유권대리로 취급한다. 그리고 협의의 무권대리에는 무권대리인과 본인 사이에 이러한 관계가 존재하지 않으므로 유권대리의 효과도 일어나지 않는다. 그러므로 표현대리제도는 선의의 제3자의 이익을 보호하고 거래의 안전을 보장한다.

2. 표현대리의 특징

(1) 표현대리는 타인의 명의로 제3자와 법률행위를 하는 것이다.
(2) 표현대리인은 대리권을 가지고 있지 않다.
(3) 표현대리인과 피대리인 사이에 표현대리인이 대리권을 가지고 있다고 믿을 만한 충분한 사유가 있다.
(4) 표현대리행위의 효과는 직접 피대리인에게 귀속된다.

3. 표현대리의 구성요건

(1) 대리인은 대리권이 없어야 한다. 표현대리인이 표현대리행위를 할 때 그 대리행위에 대한 대리권을 가지고 있지 않아야 한다.
(2) 제3자가 표현대리인이 대리권을 가지고 있다는 것을 믿을 만한 객관적인 사실이나 상황이 존재하여야 한다. 예를 들어 피대리인의 수권위탁서, 피대리인의 추천서, 계약시 사용되는 전용서류, 백지위임장 등을 표현대리인이 소지하고 있을 경우에 그 사유가 인정된다.
(3) 선의의 제3자이어야 한다. 선의의 제3자란 표현대리인이 피대리인의 명의로 제3자와 법률행위를 할 때 표현대리자가 대리권이 없다는 사실을 모르거나 모를 수밖에 없는 제3자를 말한다. 반대로 말하면 제3자가 표현대리인이 대리권을 가지고 있지 않다는 사실을 이미 알고 있었다면 악의의 제3자이므로 표현대리가 성립하지 않는다. 즉, 표현대리제도는 선의의 제3자만의 이익을 보호한다.
(4) 표현대리인이 제3자에게 대리행위를 할 때 대리권이 없어야 한다는 요건 외에도 대리행위의 기타 유효요건을 갖추어야 한다.

II. 표현대리권에 대한 오신(誤信)사유와 표현대리의 효력

표현대리권에 대한 오신사유란 제3자로 하여금 표현대리인이 대리권을 가지고 있다는 것을 믿게 만드는 객관적인 사실이나 외관을 말한다. 주로 다음과 같은 상황이 그러하다.

1. 피대리인이 대리권을 수권하였다고 오신한 사유[147]

(1) 피대리인이 대리권을 수권하였다고 오신하는 경우
　(a) 대리권을 타인에게 수권하였다는 의사표시를 제3자에게 하여 사실상 수권하지 않았어도 제3자가 대리인이 대리권을 가지고 있다고 오신하는 경우이다.
　(b) 타인이 본인의 명의로 대리행위를 한다는 것을 알면서도 그에 대해 저지하지 않은 경우이다. 「중국민법통칙」 제66조에서는 "타인이 본인의 명의로 민사행위를 한다는 사실을 알면서도 본인이 이를 저지하지 않으면 그 민사행위에 대하여 동의한 것으로 간주한다"라고 규정하고 있다.
　(c) 본인의 도장, 회사의 추천서, 계약전용서류 혹은 백지위임장을 타인에게 주면 제3자는 타인이 피대리인에 대하여 대리권을 가지고 있다고 오신할 수 있다.

(2) 대리인의 권한범위를 넘은 권리행사에 대하여 범위를 넘지 않은 대리권 행사라고 오신한 경우
　(a) 불명확한 수권에 의하여 대리인의 권한범위를 넘은 무권대리행위를 권한범위를 넘지 않은 대리행위로 오신한 경우이다. 「중국민법통칙」 제65조에서는 "위탁서에 수권이 불명확

---

[147] 佟柔主編:《中國民法學·民法總則》, 297~299쪽.

하게 표기되었을 경우 피대리인은 제3자에 대해 민사책임을 져야 하며 대리인은 연대책임을 진다"고 규정하고 있다.

(b) 제3자가 대리인의 대리권 범위가 줄어들었다는 사실을 모르고 대리인에게 원래의 대리권한이 있다고 오신하여 대리권한이 줄어든 대리인과 그 권한 밖의 행위를 한 경우이다. 단, 그 행위는 원래의 대리권 범위 내의 행위여야 한다.

(3) 대리권이 지속된다고 오신한 사유

(a) 대리권이 소멸한 후 수권위탁서를 회수하지 않은 상태나 수권위탁서에서 유효기간, 소멸사유를 명확하게 기재하고 있지 않은 경우, 또한 제3자에게 대리권의 소멸에 대하여 통지하지 않은 경우에 제3자는 대리인이 대리권을 가지고 있다고 오신할 수 있다.

(b) 제3자에게 수권에 대한 통지는 하였지만 대리권이 소멸된 후 그 소멸에 대한 통지를 하지 않았을 경우 제3자는 대리인에게 대리권이 있다고 오신할 수 있다.

2. 표현대리의 효력

표현대리는 제3자와 피대리인에게 유권대리의 효과가 발생하여 대리행위를 통한 민사법률관계가 성립한다. 이때 제3자는 피대리인에게 표현대리에 의한 권리와 의무를 이행하라고 요구할 수 있는 권리가 있으며, 피대리인은 표현대리인이 대리권이 없다는 이유로 선의의 제3자에게 대항할 수 없다. 피대리인은 제3자에게 채무를 이행하거나 책임을 부담하면서 생긴 손실에 대해서 오직 표현대리인에게

만 구상(求償)할 수 있다. 만일 그 손실이 피대리인과 표현대리인 쌍방의 과실에 의해서 발생한 것이면 피대리인과 표현대리인은 과실의 정도에 따라 손실을 분담한다. 제3자는 피대리인에게 표현대리를 주장하지 않고 협의의 무권대리를 주장하여 무권대리자에게 법률행위에 의한 채무를 이행하라고 요구하거나 무권대리인이 발생시킨 경제적 손실에 대해서 배상하라고 요구할 수 있다. 제3자에 대해 책임을 부담한 표현대리인도 과실이 있는 피대리인에게 구상할 수 있다. 그러나 표현대리인이 고의로 행한 표현대리행위에 대해서는 피대리인에게 구상할 수 없다. 「중국민법통칙」 제65조 규정에 의하면 불명확한 수권에 의하여 피대리인이 제3자에게 민사책임을 질 경우 대리인도 연대책임을 진다. 만일 대리인이 책임을 부담하였다면 과실의 정도에 따라 피대리인에게 구상할 수 있는 권리가 있다. 만일 피대리인이 대리권을 철회한 후에도 표현대리인이 위탁서를 돌려주지 않고 고의로 피대리인의 명의로 표현대리행위를 한 경우에는 피대리인에 대한 구상권을 가질 수 없다. 그러므로 표현대리가 발생한 후 제3자는 표현대리나 협의의 무권대리 중 하나를 선택할 수 있다. 즉, 제3자는 표현대리를 주장하여 피대리인에게 책임에 대한 부담을 요구할 수도 있고, 협의의 무권대리를 주장하여 무권대리인(표현대리인)이 책임을 부담할 것을 요구할 수 있다. 피대리인과 표현대리인이 연대책임을 질 때, 그 중 한 사람이 책임을 부담한 후 과실의 성질과 정도에 근거하여 다른 일방에게 구상할 수 있다.

제5편

人身權

제1장

人身權의 槪念

　법학상의 권리는 법이 확실히 규정한 행위이며 모든 행위는 행위자 자신의 인신에 지배당한다. 그러므로 권리의 객체는 권리자의 인신이다. 어떤 권리는 인신과 관련된 내용을 목적으로 자신의 인신을 지배한다. 예를 들면 생명권, 명예권, 사생활보호권 등이 있다. 이러한 권리는 권리자의 인신과 분리할 수 없으며 양도하거나 포기할 수도 없다. 또한 어떤 권리는 재산과 관련된 내용을 목적으로 자신의 인신을 지배한다. 예를 들면 재산의 지배(물권), 재산의 취득(채권) 등이 있다. 이러한 권리는 권리자의 인신과 분리하여 얻을 수 있고 양도와 포기도 가능하다. 일반적으로 권리자의 인신과 분리하여 얻을 수 없는 권리를 인신권이라 하고, 권리자의 인신과 분리하여 얻을 수 있는 권리를 재산권이라 한다.
　주체는 주체요소에 의해 성립하고, 인신은 인신요소에 의하여 성립한다. 인신요소는 인신에 없어서는 안 되는 구성요소이고, 이 중 하나라도 부족하게 되면 주체가 되기 힘들다. 인신은 물질과 정신이라는 두 가지 부분으로 구성되고 인신요건 역시 물질적 요소와 정신적 요소로 나뉘게 된다. 물질적 요소는 생명, 건강, 신체, 행동 등을 포함하고, 이 중 하나라도 부족하면 연결매체가 될 수 없다. 정신적 요소는 성명, 초상, 명예, 사생활보호, 신분 등을 포함하고, 이 중 하나라도 부족하면 주체로서의 자격이 완전하지 않게 된다. 인신의 각 요소 중 정신적 요소는 사회의 진보에 따라 점점 발전되고 있다. 고대의 법률은 명예만을 정신적 요소로 인정하였지만 근대에 이르러서는 성명, 초상, 사생활보호 등의 정신적 요소가 발견되고 인신요소로 인정받고 있다.

일반적인 인신권은 권리주체가 자신의 인격과 신체를 지배할 수 있는 권리를 말한다. 구체적인 인신권은 권리주체가 자신의 어느 특정 부분의 인신요소를 지배할 수 있는 권리를 말한다. 이는 일반적인 주체요소와 신분 등의 구체적인 요소를 포함한다. 권리주체는 자신의 일반적인 주체요소를 지배함으로써 자신의 인격을 지배한다. 이와 같이 권리주체가 자신의 일반적인 주체요소를 지배하는 권리를 인격권이라고 한다. 그러므로 인격권의 객체는 인격이 아니라 인격요소이다. 신체의 물질적 요소와 인격의 물질적 요소를 지배하는 인격권을 물질적 성질의 인격권이라 한다. 여기에는 생명권, 건강권, 신체권, 행동권 등이 포함된다. 인신의 정신적 요소와 인격의 정신적 요소를 지배하는 인격권을 정신적 성질의 인격권이라 한다. 여기에는 성명권, 초상권, 명예권, 사생활보호권 등이 포함된다. 인격권은 자연인이나 법인이 자기의 인격을 지배하는 것을 내용으로 한다. 신분권은 자연인의 신분을 객체로 하고 그 신분에 대한 지배를 내용으로 한다.

인신권의 객체는 인신이 된다. 그렇다면 인신권의 주체와 객체의 대상은 같은가? 아니다. 주체는 각각의 주체요소의 총화이고 몇 가지 혹은 일부분의 주체요소로써는 주체가 될 수 없다. 인신권의 객체는 인신이고, 인신권은 각 인신요소를 객체로 한다. 그러나 인신권이 전체 인신을 지배하는 것을 가르키는 것은 아니다. 실제로 일반적인 인신권은 하나의 추상적인 개념에 불과하고 현실에는 존재하지 않는다. 현실에서의 인신권은 구체적인 인신권이고, 구체적인 인신권의 객체는 인신의 부분적 요소이며 인신 전체가 아니다. 이와 같이 현실에서의 인신권은 권리주체가 인신의 부분적 요소를 지배하는 권리를 가리킨다. 그러므로 인신권의 주체와 객체의 대상은 다르다.

요즘에 유행하고 있는 관점에 따르면 인신권의 객체는 인신이익이나 인격이익이라고 한다. 그러나 인격은 일종의 자격이며 이익의 주체가 될 수 없다. 인격에는 이익의 문제가 존재하지 않기 때문이다. 따라서 '인격이익'이란 개념은 성립할 수 없다. 만일 '인격이익'이 주체가 인격을 실현하는 데 필요한 요소라면 그것은 주체의 인신요소 혹은 인격요소가 되고 '이익'이라고 부를 수 없다. 권리의 객체는 권리의 주체가 지배하는 대상이다. 이익이란 주체의 신체 이외의 것을 가리키며, 이익을 지배하는 권리를 주체의 인신과 분리할 수 있다. 그러므로 어떠한 이익이든 인신권의 객체가 될 수는 없다. 인신권과 권리주체의 인신은 분리할 수 없는 성질을 가지며 인신권의 객체는 오직 주체의 인신만이 될 수 있다. 인신의 모든 물건에 대한 지배권은 주체의 인신과 분리될 수 있다. 인신은 주체 자신의 지배만을 받으며 인신권은 오직 권리주체 자신만이 행사할 수 있다. 구체적으로 말해서 인신권은 인격권과 신분권을 포함한다. 인격권의 객체는 인격이다. 인격은 양도할 수도 포기할 수도 없으며 양도하거나 포기한다면 주체가 될 수 없다. 또한 신분권의 객체는 신분이며, 신분이란 특정한 주체가 가지는 사람 사이에서의 특정적 지위를 가리킨다. 이 특정한 지위 역시 양도하거나 포기할 수 없으며 양도하거나 포기한다면 특정한 주체가 될 수 없다.

제2장

人格權

제1절 生命權

I. 생명권의 개념

생명권이란 생명이 있는 주체가 법에 근거하여 생존할 수 있는 권리를 말하며 법에 의한 생존권 혹은 생존권이라 부르기도 한다. 자연인은 법적으로 자신의 생명에 대한 권리를 갖는다. 생명은 주체가 권리능력을 가질 수 있는 기초이며 생명권은 가장 근본적인 인신권이다.

II. 생명권의 주체

생명이 있는 모든 것은 생명권의 주체가 될 수 있으며 통상적으로 자연인이 그러하다. 중국민법의 규정에 의하면 태아는 살아서 태어날 경우에 민사권리능력을 갖게 된다. 즉, 태아가 살아서 태어난다면 생명권을 가지게 된다. 프랑스, 독일, 일본 등의 민법에서 태아는 원칙적으로 무권리능력자이지만 예외가 있다. 일본민법전에서는 태아는 배상청구권, 상속권, 유증권을 갖는다고 규정하고 있다. 그러므로 태아는 상술한 예외적 상황에서 민사권리능력을 가지게 된다. 「대만민법」 제7조에서는 "태아는 장래에 살아서 태어난다는 전제 아래 그 개인의 이익에 대해 이미 태어난 것으로 간주하여 보호한다"고 규정하고 있다. 모체 내에 있는 태아는 살아서 태어나는 것을 조건으로 출생하기 전에 성립된 권리에 대한 주체가 될 수 있다. 예를 들면 불법행위에 의하여 생긴 손해에 대한 배상청구권 등이 있다. 현대사회에서 모든 자연인은 생명권을 가진다.

III. 생명권의 객체

생명권의 객체는 권리주체의 생명이다. 통상적으로 생명권과 건강권을 연결시켜 하나의 권리로 보고 이를 생명건강권이라고 부른다. 생명건강권은 신체권을 포함하는데 생명권과 건강권, 신체권은 서로 밀접하게 연관되어 있다. 그러나 위 세 가지 권리의 객체는 각각 다르다. 건강권의 객체는 건강이고, 신체권의 객체는 신체이다. 신체와 건강을 침해한다고 해서 반드시 생명이 위험한 상황에 놓이는 것은 아니다. 그러므로 생명권은 자신의 특수한 객체인 생명으로 인하여 독립적인 인격권이 될 수 있다.

Ⅳ. 생명권의 내용

생명권의 내용은 권리주체가 법에 의거하여 불법적인 방해를 받지 않고 생명을 향유하는 것이다. 생명권의 주요한 내용은 다음과 같다.
(1) 자신의 생명을 보호할 수 있다. 공민은 타인의 불법적인 가해행위로부터 정당방위할 수 있는 권리가 있으며, 예기치 못한 사고에 대하여 긴급히 위난을 피할 권리가 있다. 타인이 환경을 오염시키는 행위에 대하여 그 오염행위를 저지할 수 있고, 그 오염행위를 저지할 것을 요구할 수 있다. 공민의 생명권은 법정절차 이외의 절차에 의해서 박탈되지 않는다.
(2) 가해자에게 재산손실에 대한 배상을 요구할 수 있다. 공민의 생명이 불법적인 가해행위를 받아 재산상의 손해가 발생했을 때 본인은 가해자에게 배상을 요구할 수 있다. 만일 본인이 사망하였다면 친족이 이 권리를 행사할 수 있다.
(3) 사법기관에 가해자의 책임에 대한 추급을 청구할 수 있다. 공민의 생명이 테러, 위협, 침해를 받았을 경우, 본인 혹은 가족은 사법기관에 가해자의 책임을 추급하도록 청구할 수 있다.
(4) 타인을 위해 혈액, 장기 등을 제공할 수 있다. 공민은 헌혈을 통해 환자를 구할 수 있으며, 자신의 장기를 제공함으로써 타인에게 의학실험과 과학실험을 하게 할 수 있고, 자신의 장기를 기증하여 타인에게 장기를 이식하여 줄 수 있다.

제2절 健康權

I. 건강과 건강권의 개념

건강권에서의 건강은 권리주체의 생명기능을 가리킨다. 건강권은 생명이 있는 주체는 법에 의거하여 건강할 수 있는 권리이며 통상적으로 자연인이 그 권리의 주체가 된다.

II. 건강권의 객체

건강은 생리건강과 심리건강을 포함한다. 공민의 생리건강과 심리건강은 법의 보호를 받으며 타인이 불법으로 침해할 수 없다. 그러나 공민의 심리건강에 대한 손해배상은 정신적 손해배상에 속하므로 민법은 심리건강에 대하여 정신적 손해배상을 규정하여 보호한다. 즉, 건강권규정에 의해서 보호되는 것이 아니다. 민법의 건강권에서 말하는 건강은 주체의 물질적 요소에 속하므로 건강권은 물질적 성질의 인격권에 속한다. 따라서 건강권은 생리건강만을 그 객체로 하며 심리건강은 건강권의 객체가 될 수 없다.

III. 건강권의 내용

건강권은 권리주체가 법에 의거하여 타인의 불법적인 침해를 받지 않고 자기 신체의 생리기능을 지배하는 것을 권리의 내용으로 한다. 주요 내용은 다음과 같다.

(1) 공민은 자기 생활의 질을 높이려면 건강하여야 한다.

(2) 공민은 병에 걸렸을 때 건강의 회복을 위하여 치료받을 수 있다.

(3) 공민은 자신의 건강이 타인의 불법적인 침해를 받았을 때, 침해를 배제하고 손실에 대한 배상을 청구할 수 있고, 가해자의 책임에 대한 사법기관의 추급을 청구할 수 있다. 건강권과 신체권은 밀접한 관계를 가지고 있지만 신체권이 보호하는 것은 신체이고, 건강권이 보호하는 것은 신체의 기능이라는 차이점이 있다. 만일 신체에 해를 가했을 뿐 아니라 신체의 기능에도 해를 가하였다면 이것은 신체권과 건강권 모두를 침해한 것이다. 예를 들어, 타인에게 중상을 입혔을 때가 그러하다. 만일 신체에 해를 가하였지만 건강에는 해가 미치지 않았다면 신체권을 침해한 것이지 건강권을 침해한 것은 아니다. 예를 들면 상해를 입히지 않은 구타행위 등이 있다. 반대로 건강에는 해를 입히고 신체에는 해를 입히지 않았다면 건강권을 침해한 것이고 신체권을 침해한 것이 아니다. 예를 들면 기업의 노동조건이 법률규정과 부합하지 않아 노동자의 건강이 악화된 경우 등이 있다.

제3절 身體權

I. 신체권의 개념

신체권은 자연인 주체가 법에 의거하여 자기 신체를 지배할 수 있는 권리이다.

II. 신체권의 객체

신체권의 객체는 자연인인 주체의 신체이다. 신체는 주체부분과 부속부분으로 나눌 수 있다. 주체부분에는 머리, 몸통, 사지가 있으며, 부속부분에는 털과 머리카락 등이 있다. 자연인의 시체는 신체권의 객체가 될 수 없다. 이식받은 장기나 기타 조직은 신체조직의 한 부분이 된다. 신체에 부착되어 있거나 내부에 존재하는 인공 팔, 다리, 치아, 안구, 심장 등도 이미 신체와 분리할 수 없는 부분이 되었다면, 이들도 신체의 구성부분으로 취급한다.

III. 신체권의 내용

신체권은 권리주체가 법에 의거하여 타인의 불법적인 방해를 받지 않고 자신의 신체를 지배할 수 있는 권리이다. 신체권을 침해하는 상황에 대하여 자세히 살펴보면 다음과 같다.
(1) 불법적인 (신체)수색의 경우. 불법적인 (신체)수색은 무권수색과 유권수색을 하는 기관이나 개인이 법정절차를 위반한 (신체)수색 등을 포함한다.
(2) 타인의 신체에 상해를 입힌 경우
(3) 상해 없이 구타한 경우
(4) 상해 없이 타인의 신체에 해를 입히는 경우. 예를 들면 강제로 타인의 눈썹을 깎는 경우 등이 있다.
(5) 상해 없이 타인의 신체를 침범한 경우. 예를 들면 타인의 신체에 고의로 토하는 경우 등이 있다.
(6) 타인의 신체에 해를 가함으로써 위협하는 경우

공민은 불법수색을 거절할 수 있는 권리가 있으며, 신체권이 침해당한 후 가해자에게 사과와 재산상 손실의 배상을 청구할 수 있다. 또한 가해자의 법률책임을 사법기관에서 추급하도록 청구할 수 있다.

IV. 신체권은 독립적인 인격권이다

신체와 생명, 건강은 밀접하게 연관되어 있지만 서로 다른 의미를 함축하고 있다. 신체는 생명의 매개체이다. 생명의 매개체인 신체를 침범한다고 해서 생명이 위험하게 되는 것은 아니다. 신체는 권리주체의 생리조직을 말하며, 건강권에서의 건강은 권리주체의 생리기능과 관계가 있다. 신체를 침해한다고 해서 반드시 신체기능에 그 영향이 미치는 것은 아니다. 예를 들면 상해를 입히지 않은 구타행위, 신체를 침해하는 행위 등이 있다. 신체권을 침해하는 행위는 동시에 기타 인격권을 침해할 수 있다. 신체에 해를 가함으로써 건강권을 침해하게 되는 경우로는, 타인의 눈썹을 강제로 깎거나 머리카락을 흉칙하게 깎는 행위, 혹은 인분을 타인에게 끼얹는 행위 등을 들 수 있다. 이러한 행위들은 타인의 형상에 해를 입히는 행위이고, 만일 제3자가 이 사실을 알거나 목격하게 되면 이는 타인의 명예권을 침해한 것이 된다. 이러한 경우 모두 민사책임이 경합하는 상황이 발생하고 이로 인해 신체권이 독립적인 인격권이라는 것을 부정할 수 없다. 고대 각국의 법률은 생명권, 건강권, 신체권을 명확하게 구분해 놓지 않았으며, 로마법에서는 '대인사범(對人私犯)'으로 통일하여 다루었다. 「독일민법전」에서 신체권과 생명권, 건강권을 처음으로 언급하였는데 그 내용은 다음과 같다. "고의나 사실로써 타인의 생명, 신체, 건강, 자유, 소유권을 불법으로 침해한 자는 피해자의 손해에 대해 배상하여야 하는 의무가 있다"(제823조). 이후에 스위스, 오스트리아, 일본의 민법도 신체권에 대하여 규정하였다. 「중국헌법」에서는 "공민의 신체를 불법으로 수색하는 행위는 법으로 금지한다"고 규정하고 있다(제37조). 「중국민법통칙」 제119조에서는 "공민의 신체를 침해하여 해를 입혔다면 치료비 및 일을 하지 못하여 감해진 수입, 장애인의 생활보조비 등의 비용을 배상하여야 한다"고 규정하고 있다. 최고인민법원의 「〈민법통칙〉 의견」 제146조에서는 "타인의 신체에 해를 가하여 피해자가 노동능력을 전부 혹은 부분적으로 상실하였을 때 배상하여야 하는 생활보조비는 피해자가 거주하는 지역의 주민의 기본생활비보다 적어서는 안 된다"고 규정하고 있다. 또한 제147조에서는 "타인의 신체에 해를 가하여 피해자가 사망하거나 노동능력을 상실하였다면 피해자에 의하여 부양되고 일정한 경제적 수입이 없는 자는 가해자에게 생활비용을 지불하라고 요구할 수 있다"고 규정하고 있다. 이때 가해자는 실제 상황에 근거하여 생활비용을 지불하여야 한다. 이와 같이 중국의 현행법은 신체도 공민의 인신권의 객체임을 인정한다.

제4절 人身自由權

I. 인신자유권의 개념

　인신자유권은 '자유권'이라고도 부른다. 엄격하게 말해서 이 '자유권'이라는 개념은 성립될 수 없다. 권리는 권리주체가 자기의 의지를 실현하는 데 필요한 자격조건이다. 즉, 자기의 의지를 실현하기 위한 자유이다. 그러므로 권리의 본질은 자유이며 각각의 권리는 모두 일종의 자유이다. 따라서 어원상 '자유권'은 자유에 대한 자유이다. 혹은 자유를 지배하기 위한 자유이다. 인신자유권은 권리주체가 법률범위 내에서 자주적으로 행동할 수 있는 권리를 말하며, 이는 행동의 자유권이므로 물질적 성질의 인격권에 해당한다. 인신은 각각의 인신요소의 총화이며, 행동권만의 객체가 아닌 모든 인신권의 객체이다. '인신'은 글자대로 해석하면 인간의 신체이다. 그러나 인간의 신체는 신체권의 객체이지 행동권의 객체는 아니다. 그러므로 권리자가 자주적으로 행동할 수 있는 권리를 인신자유권이라고 부르는 것은 정확한 표현이 아니지만 지금까지 일반적으로 그렇게 불러오고 있다.

법률이론상으로 '행동권'은 정치 등의 비(非)민사행동권과 민사행동권으로 나뉜다. 전통민법은 '자유권'을 공법자유권과 사법자유권으로 나누었다. 정치행동권은 언론의 자유권, 출판의 자유권, 결사의 자유권, 집회와 시위의 자유권, 종교신앙의 자유권을 포함한 정치영역의 인격권이다. 즉, 민사권리에 속하지는 않는다. 본장에서는 이 부분에 대해서는 언급하지 않는다.

II. 인신자유권의 객체

행동권의 객체는 권리자 각각의 인신요소를 종합한 권리자의 인신도, 권리자의 신체도 아닌 권리자의 행동이다.

III. 인신자유권의 내용

행동권의 내용은 권리주체가 법률범위 내에서 자주적으로 자기의 행동을 지배하는 것이다. 이때 권리자는 타인의 방해를 받지 않는다. 몇몇 인신권에 포함된 독립적 인격권인 정조권(貞操權), 혼인자유권, 알 권리 등은 모두 행동권에 포함된다. 중국민법통칙은 혼인자유권을 독립적 인격권으로 본다. 따라서 본장에서는 이를 따로 설명한다. 알 권리는 사생활보호권 부분에서 설명하기로 한다. 본절에서는 정조권에 대하여 설명하기로 한다. 전통적으로 정조는 부녀자가 신체를 바로하고 개가(改嫁)하지 않는 것을 의미하였다. 그러나 이는 남녀불평등적인 해석이고, 현대의 정조권에서의 정조는 혼인 외의 성관계를 하지 않는 것을 뜻한다. 정조권은 혼인 외의 성관계의 발생을 막는 권리이므로 부작위권리에 속한다. 어떤 학자는 정조권을 명예권에 포함시키는데 정조권은 명예를 그 객체로 하지 않기 때문에 이와 같은 학설은 타당하지 않다. 사람의 정조와 명예는 밀접하게 연관되어 있는데, 정조를 침범당한 사실을 제3자가 알 경우 명예에 해를 입게 되지만, 제3자가 모르는 경우 그의 명예는 해를 입지 않기 때문이다. 어떤 학자는 정조에 대한 침해는 신체, 자유, 명예, 건강 등에 대한 침해를 모두 포함하기 때문에 정조권은 독립적인 권리가 될 수 없다고 주장한다. 그러나 정조를 침해하였다고 해서 반드시 명예와 건강을 침해한 것은 아니지만 신체와 인신의 자유는 침해한 것이다. 그러므로 정조권은 인신자유권의 하나이다. 만일 정조와 명예, 건강을 모두 침해하였다면 민사책임은 경합하고, 이때 정조권을 명예권이나 건강권에 포함시킬 수는 없다.

어떤 학자는 정조권을 독립적인 인격권이라고 주장한다. 그러나 위에서도 서술하였듯이 정조권의 객체는 권리자의 부작위적 행동이며 이는 행동권의 객체에 속한다. 그러므로 정조권을 독립적인 인격권이라고 할 수 없다.

현대의 정조권의 주체는 남녀 모두이다. 혼인 외의 성관계 혹은 성행위를 가졌던 사람이라도 모두 정조권을 향유한다. 정조권의 내용은 권리자가 자주적으로 혼인 외의 성관계 발생을 막는 것이다. 따라서 권리자의 의사에 위배되는 혼인 외의 성관계는 모두 정조권을 침범하는 행위이다.

IV. 인신자유권에 대한 침범

인신자유권에 대한 침범은 정조권, 혼인자유권, 알 권리의 침범 외에 다음과 같은 침범행위가 있다.
(1) 불법으로 공민의 행동을 제한하는 행위. 불법으로 공민을 구금하는 행위 등을 가리킨다.
(2) 피해자의 공포심리를 이용하여 행동을 방해하는 행위. 예를 들면 대만의 민법학자는 여자 목욕탕에 들어가 어느 여성의 옷을 훔쳐 그 여성이 목욕탕을 나오지 못하도록 하는 행위 역시 자유권을 침해하는 행위라고 주장하였다.
(3) 공중도로의 통행을 방해하거나 사립도로의 상린권, 지상권의 권리자의 통행을 방해하는 행위 등을 가리킨다.

인신자유권에 대한 침범은 부작위방식에 의해서도 성립될 수 있다. 예를 들면, 대만학자는 광부에게 광산에서 일하지 못하도록 하는 행위 역시 광부의 자유권을 침범하는 행위라고 주장한다.

제5절 婚姻自主權

I. 혼인자주권의 개념

　혼인은 법이 허용하는 양성(兩性)의 결합이다. 그리고 이 결합은 당사자 쌍방의 결합이고 타인은 당사자를 대신할 수 없다. 전통의 법률은 자연인의 인격을 불평등하게 규정하였다. 따라서 전통의 혼인은 당사자 쌍방의 가족 간의 특수한 계약으로 이루어졌으며 당사자 쌍방은 객체의 지위만을 가졌다. 그러나 현대의 법률은 자연인의 인격은 평등하다고 규정함으로써 혼인 역시 자기 인신에 대한 지배에 의하여 이루어진다. 따라서 현대의 혼인은 당사자 쌍방 사이의 특수한 계약이고 당사자 쌍방이 계약의 주체이다.

　부부의 지위는 남녀의 사회적 지위를 반영한다. 전통사회에서는 남녀가 불평등하였기 때문에 부부의 지위도 불평등하였다. 그러나 현대사회에서는 남녀가 평등하므로 부부의 지위도 평등하다. 현대의 법률에 따르면 당사자가 아닌 사람은 혼인에 대하여 결정할 수 없다. 자주적 혼인은 자연인의 인격 평등의 필연적 결과이고, 이는 현대의 혼인과 전통의 혼인을 구분하는 기준이 된다. 혼인자주권은 당사자가 법에 의하여 결혼과 이혼을 자주적으로 결정할 수 있는 권리를 말한다. 혼인자주권은 당사자가 자기 인신을 지배할 수 있는 권리이고 자기의 행동을 지배하는 권리이다. 따라서 이것은 인신자유권에 속한다.

II. 혼인자주권의 객체

혼인자주권은 권리자가 혼인에 관한 본인의 행동을 지배할 수 있는 권리이며, 혼인자주권의 객체는 권리자의 행동이다.

III. 혼인자주권의 내용

혼인자주권은 권리자가 법에 의거하여 타인의 간섭을 받지 않고 결혼과 이혼을 자주적으로 결정할 수 있는 권리를 의미한다. 혼인자주권은 결혼자주권과 이혼자주권을 포함한다. 결혼에는 미혼인 남녀가 결혼하는 초혼과 원래의 배우자와 다시 결혼하는 복혼, 이혼자 혹은 배우자를 잃은 자의 결혼인 재혼이 있다.

자주결혼은 결혼할 때 반드시 당사자 쌍방의 동의가 필요하다는 것을 의미한다. 자주이혼은 당사자 쌍방의 동의에 의해서 혹은 당사자 쌍방의 동의에 의하지 않고도 이혼할 수 있다는 것을 뜻한다. 이혼할 때 일방이 동의하지 않을 경우, 이혼 여부는 법원의 판결에 의하여 결정되는데 이와 같은 방법으로 이혼자주권을 제한한다.

제6절 姓名權

I. 성명과 성명권의 개념

자연인은 사회생활에서 자신의 인격과 권리를 실현하기 위하여 타인과 구별되는 자신만의 문자부호가 필요하다. 그 문자부호가 바로 성명이다. 성명은 자연인을 문자화한 것이며 자연인의 인격을 문자화한 것이기도 하다. 또한 자연인에게 없어서는 안 되는 정신적 성질의 인신요소이다. 성명은 자연인의 정신적 성질의 인격요소를 자격조건으로 한다. 성명권은 자연인이 자신만의 문자부호로써 자신의 권리와 타인의 권리를 구분할 수 있는 권리를 말한다. 성명으로써 타인과 구분하기 위하여 자연인은 자신의 성명을 결정하고 사용하며 규정에 의하여 바꿀 수 있는 권리를 가진다. 따라서 성명권은 자연인이 자신의 성명을 결정하고 사용하며 규정에 의하여 바꿀 수 있는 권리라고 정의할 수 있다. 성명권은 성명결정권, 성명사용권, 그리고 개명권을 포함한다.

성명은 성씨과 이름으로 나눌 수 있다. 성씨는 가족을 대표하는 자(字)이다. 원래 성(姓)은 여자가족을 대표하고, 씨(氏)는 남자가족을 대표하는 자(字)로 그 구분이 있었다. 하지만 이후에 성씨는 성으로 간주되고 가족을 대표하게 되었다. 이름은 가족의 기타 구성원과 구별할 수 있게 하고, 성명은 사회에서의 기타 구성원과 구별할 수 있게 한다.

성명은 광의와 협의로 그 의미가 나누어진다. 협의의 성명은 호적에 등기한 성명을 가리키며 등기성명, 정식성명이라고 부른다. 등기

성명과 본명, 원명은 모두 다른 개념을 가지고 있다. 본명은 본래의 성명을 가리킨다. 성명권자가 성명을 바꾸려면 호적에 다시 등기하여야 하는데, 다시 등기한 후의 성명은 호적상으로 새로 등기한 성명이 된다. 이때 이전에 등기하였던 성명은 그의 본명, 원명이 된다. 광의의 성명은 등기한 성명, 본명, 원명, 별명, 필명 및 자, 호 등을 모두 포함한다.

II. 성명권의 객체

성명권의 객체는 권리주체의 성명이다. 협의의 성명, 즉 등기성명이 성명권의 객체임은 이론의 여지가 없다. 광의의 성명은 명확하게 권리주체를 대표하여 권리주체와 타인을 구분할 수 있다면 성명권의 객체가 될 수 있다.

III. 성명권의 내용

성명권은 권리주체가 자신의 성명을 결정하고 사용하며 규정에 의하여 성명을 바꿀 수 있는 권리이다. 이때 타인은 그 권리의 행사를 방해할 수 없다.

1. 성명권자는 자신의 성명을 결정할 수 있다

자연인이 출생할 때에는 행위능력이 없기 때문에 부모나 감호인에 의하여 이름을 얻게 된다. 양자(養子)인 미성년자의 성은 양부모의 성을 따를지, 아니면 생부모의 성을 따를지를 생부모와 양부모의 협상에 의하여 결정한다. 미성년자는 자신의 성명을 결정할 수 없는데 이는 성명권이 없어서가 아니라 행위능력에 하자가 있기 때문이다. 부모 혹은 감호인은 미성년자의 성명을 결정할 수 있으며, 미성년자는 성명권을 누릴 수 있다. 이때 부모 혹은 감호인은 미성년자의 성명권을 대신 행사하였을 뿐이다.

2. 성명권자는 자신의 성명을 사용할 수 있다

성명권자는 등기된 성명, 필명, 예명, 화명 등을 사용할 수 있으며, 이때 타인은 그 권리의 행사에 간섭할 수 없다. 합법적인 동명이인은 그 성명을 사용할 수 있으며, 이때 다른 동명이인이나 타인은 권리의 행사를 방해할 수 없다.

3. 성명권자는 자기의 성명을 바꿀 수 있다

미성년자는 행위능력을 갖춘 후 부모나 감호인이 지어준 이름을 사용할 수 있고, 자신의 의지에 의하여 원래의 성명을 바꾸어 새로운 성명을 사용할 수도 있다.

저작권에서의 서명권은 성명권에 포함된다. 서명권은 작가가 자신의 작품에 서명함으로써 자신의 신분을 표명할 수 있는 권리이다. 작가는 자신의 본명, 가명을 사용할 수 있고 익명을 사용할 수도 있다. 그러므로 서명권은 작가가 그의 성명을 결정하고 사용하는 권리이므로 작가의 성명권이라고도 한다. 어떤 학자는 성명권의 객체는 성명이고 저작권의 객체는 작품이라고 하여 두 개의 권리가 성질이 다르기 때문에 서명권이 성명권에 포함되지 않는다고 주장한다. 하지만 이와 같은 학설은 타당하지 않다. 저작권은 저작권자가 작품을 지배하는 권리이고, 작품을 저작권의 객체로 한다. 그런데 서명권은 저작권의 권능 중 하나이므로 특수성을 가진다. 작가가 서명권을 행사하는 것은 성명을 지배함으로써 자신과 작품 사이에 창조와 피창조의 관계를 표명하는 것이다. 따라서 여기서 작가가 직접적으로 지배하는 객체는 성명이며 작품이 아니다. 작품은 단지 간접적인 객체일 뿐이다. 그러므로 서명권은 성명권에 포함된다고 보는 것이 타당하다.

IV. 성명권에 대한 제한

법이 규정한 성명권은 공민이 성명이라는 문자부호로써 타인과 구별되며 자신의 인격과 권리를 실현하기 위하여 필요한 권리이다. 그러나 만일 공민이 성명권을 남용한다면 타인과 자신의 구분이 모호해져 타인과 사회의 이익에 해를 끼칠 수 있다. 그러므로 성명권 역시 다른 권리와 마찬가지로 남용하지 못하도록 법으로써 제한하고 있다. 주요한 내용은 다음과 같다.
(1) 공민은 중요한 법률관계시 명확한 권리·의무주체의 성명을 기록하여야 한다.
(2) 부정당한 목적을 달성하기 위하여 타인과 같은 이름을 사용하는 등 성명권의 충돌을 조성하는 행위를 할 수 없다.
(3) 중혼(重婚), 탈세 등의 부정당한 목적을 위하여 성명을 바꿀 수 없다.

(4) 마음대로 성명을 바꾸어 권리·의무관계를 불명확하게 할 수 없다.

(5) 성명을 양도할 수 없다.

제7절 名稱權

I. 명칭과 명칭권의 개념

　명칭권의 명칭과 성명권의 성명을 비교하자면 성명은 자신(자연인)과 타인을 구분하는 문자부호이고, 명칭은 법인, 조합, 개인회사 등과 타인을 구분하는 문자부호이다. 성명은 동일할 수 있지만 명칭은 같은 업종의 법인, 조합, 개인회사 등이 등기를 통하여 얻은 것이기 때문에 동일할 수 없다. 개인회사와 조합의 명칭은 일반적으로 자호(字號)로 표시하고, 기업법인의 명칭은 상호(商號)로 표시한다.「중국민법통칙」제99조에서는 "기업법인, 개인회사, 조합은 명칭권을 향유하며 기업법인, 개인회사, 조합은 자기의 명칭을 사용·양도할 수 있다"고 규정하고 있다. 법인의 명칭은 법인격의 표지가 되고 법인의 명칭권은 법인격의 존재를 뜻한다. 개인회사의 명칭은 자연인이 상행위를 할 때 법인격의 표지가 되고, 개인회사의 명칭권은 자연인이 상행위를 할 때의 법인격권이 된다. 조합은 법적으로 주체의 자격이 없으므로 조합의 명칭은 각 조합원이 상행위를 할 때에 법인격의 공동적인 표지가 된다. 조합의 명칭권은 실제로 각 조합원의 상행위의 인격권이 된다.

명칭은 상업상의 명예를 나타내며 법에 의하여 양도할 수 있다. 명칭권은 재산적 속성을 가지지만 기본적인 성질로 보았을 때 명칭권은 인격권에 속한다.

명칭은 상표와는 다르다. 명칭은 법인, 개인회사, 조합 자신의 표지이고, 상표는 상품의 표지이다. 명칭은 상표로 등기할 수 있지만, 상표는 식별의 편의를 위하여 반드시 문양으로써 나타내야 하며 명칭과 상표를 구분할 수 있어야 한다.

II. 명칭권의 주체

명칭권은 법인, 개인회사, 조합이 명칭을 향유할 수 있는 권리를 말한다. 법인의 명칭권의 주체는 법인이다. 개인회사와 조합은 경제조직이므로 법적으로 명칭권의 주체가 될 수 없다. 그러나 개인회사는 상인을 뜻하고 상인의 권리·의무는 자연인과 동일하다. 따라서 개인회사의 명칭권의 주체는 자연인이다. 조합의 명칭권의 주체는 각 조합원이고 조합의 명칭권은 조합원들이 공동으로 행사한다.

III. 명칭권의 객체

명칭권의 객체는 법인, 개인회사, 조합의 명칭이다. 중국의 법에 의하면 법인은 반드시 명칭이 있어야 하고 개인회사와 조합은 자호를 만들지 않아도 된다. 그러나 설사 개인회사, 조합이 자호를 만들지 않는 등 명칭권을 행사하지 않는다고 하여서 명칭권을 포기하는 것은 아니다.

IV. 명칭권의 내용

명칭권은 법인, 개인회사, 조합이 자신의 명칭을 지배할 수 있는 것을 내용으로 한다.

제8절 肖像權

I. 초상과 초상권의 개념

초상의 어원상의 의미는 두 가지로 나눌 수 있다. 하나는 본래의 의미이고, 다른 하나는 학술적 의미이다. 초상의 본래의 의미는 화상, 소상, 수상(인물상) 등 인물의 형상을 가리킨다. 법학에서의 초상은 자연인의 형상을 재현하거나 본인의 인체와 분리된 형상을 가리킨다. 법학에서의 초상을 살펴보면 다음과 같다.

초상은 단독으로 존재할 수 없고 초상을 전달하는 매개체가 있어야 한다. 그 매개체는 초상권자의 인신 외부에 존재한다. 초상은 법학상 물건의 범주에 속하며 형태도 있다. 즉, 초상은 본인의 인체와 분리된 형태가 있는 형상이다. 그리고 모든 자연인은 타인과 다른 형상을 가지고 있다. 초상은 직관적인 표지이므로 초상권자를 대표할 수 있다. 그러므로 초상은 초상권자의 인격을 직관적으로 표시하고 반드시 초상권자의 지배를 받는다. 그렇지 않으면 초상권자는 자신의 인격을 실현할 수 없고 타인과 평등한 사회생활을 할 수 없다. 초상은 초상권자의 인신에 속한 부분이다. 주체의 인신은 물질적 부분과 정신적 부분으로 나누어지는데 초상은 그중 정신적 부분에 속한다. 즉, 정신적 성질의 인신요소이다. 초상은 유형과 무형이 통일된 형태이다. 초상은 비록 초상권자의 인신과 분리되어 있어 초상권자의 외부에 존재하고 있지만, 초상권자의 정신적 성질의 인신요소이기 때문에 초상권자의 내부에 존재하기도 한다. 초상권은 초상권자가 초상이라는 인신요소를 지배하는 권리이며 초상권자의 인격권이다. 초상은 초상권자의 인격요소를 그 자격조건으로 한다.

 초상은 재현된 인물의 형상이다. 직관적인 인물의 형상을 반영했는지 여부가 그 형상이 초상인지 아닌지를 판단하는 기준이 된다. 인물의 형상을 직관적으로 반영하여 인물을 분간할 수 있으면 그림, 영상, 조각, 영화, 녹화에 관계없이 모두 초상이라 할 수 있다. 만일 인물을 분간할 수 없다면 초상이 될 수 없다. 그러나 비록 인물을 분간할 수 없어도 작가가 문자를 사용하여 인물의 성명을 표시하였다면 초상으로 간주한다. 그렇지만 인물형상에 관한 문자가 직접적이지 않다면 초상이 아니다.

II. 초상권의 객체

초상권은 초상권자가 인신요소인 초상을 지배할 수 있는 권리를 말한다. 초상권의 객체는 초상을 전달하는 매개체나 '초상이익'이 아닌 초상권자의 초상이다. 초상의 매개체는 물건의 범주에 속하며 재산권의 객체이다. 초상권자는 초상을 전달하는 매개체의 소유자가 아니다. 즉, 초상을 지배하는 것과 초상을 전달하는 매개체를 지배하는 것은 다르다. '초상이익'이란 초상권자가 자신의 초상을 지배함으로 인하여 얻은 이익을 말하며, 이는 물건의 범주에 속하고 재산권의 객체이다. 즉, 초상이익은 초상권의 객체가 아니다.

III. 초상권의 내용

초상권의 내용은 초상권자가 법에 의하여 타인의 방해를 받지 않고 자기의 초상을 지배할 수 있는 것이다. 이에는 다음과 같은 내용이 있다.

(1) 초상의 제작

초상은 단독적으로 존재할 수 없으며 오직 매개체를 통해서만 존재할 수 있다. 초상의 제작은 물질적인 재료로써 초상권자의 형상을 반영한 것을 말한다. 초상의 제작은 초상권의 내용이고 초상권자 본인만이 할 수 있다. 어떤 학자는 초상제작권이 초상권에 포함된다는 점을 부인하는데, 이러한 주장은 초상의 제작이 초상을 지배하는 형식 중 하나라는 사실을 이해하지 못한 잘못이 있으므로 수긍하기 어렵다. 초상권자는 초상의 제작과 초상의 형식, 초상의 매개체를 결정할 수 있다. 또한 자기 스스로 초상을 제작할 수도 있다. 그리고 타인이 불법으로 자신의 초상을 제작하는 것을 막을 수 있는 권리가 있다. 초상제작권이 없는 초상권은 완전하지 않은 권리이기 때문에 초상권에서 초상제작권은 매우 중요하다.

어떤 학자는 초상을 제작해본 적 없는 공민은 초상권이 없다고 주장한다. 하지만 이런 주장은 타당하지 않다. 이 주장은 초상권이 초상제작권을 포함하고 있다는 사실을 간과한 주장이기 때문이다. 따라서 초상을 제작해본 적 없는 공민이라도 초상제작권을 포함한 초상권을 가진다.

(2) 초상의 사용

초상은 초상권자의 정신적 성질의 인신요소이지만 사용가치를 가진다. 초상권자는 초상사용권을 가지며, 초상을 사용하여 얻은 보상을 포함한 초상의 사용방식을 결정할 수 있다. 초상권자는 자신이 직접 초상을 사용하여도 되고, 자기의 의지에 의하여 일정한 범위 내에서 일정한 방식을 통하여 일정기간 동안 초상사용권을 타인에게 양도할 수도 있다. 즉, 타인에게 초상사용권을 수권하여 이를 사용하게 할 수 있다. 그러나 초상사용권의 전부를 양도할 수는 없고, 만일 전부 양도한 경우 초상권자는 주체가 될 수 없다.

Ⅳ. 초상권의 제한

초상은 공민에 대한 직관적인 표시이고 국가는 정상적인 사회질서와 사회공익을 지키기 위하여 특수한 상황 아래 초상권자의 동의 없이 그 공민의 초상을 사용할 수 있다. 예를 들어, 국가공무원이 직무활동에 참가하고 있는 사진을 언론매체에서 보도할 때, 사람을 찾을 때, 탈옥범의 사진으로 통지령을 내릴 때 등의 경우에는 초상권이 제한된다.

Ⅴ. 초상작품의 권리관계

초상작품은 초상을 내용으로 하는 예술작품이다. 즉, 초상권자의 초상과 작가의 지적 성과를 모두 내포함으로써 초상권과 저작권을 모두 구현한다. 초상권자가 초상작품의 저작권자이면 이 두 개의 권리는 한 사람에게 귀속된다. 그러나 초상권자가 초상작품의 저작권자가 아니면 이 두 개의 권리는 서로 다른 권리주체를 가진다. 즉, 초상권은 초상권자에게, 저작권은 저작권자에게 귀속된다. 초상권의 객체는 초상이고, 저작권의 객체는 초상작품이다. 이처럼 두 가지 권리의 객체가 서로 비슷하기 때문에 각각의 권리자 간에 각자의 권리객체에 대한 지배행위로 인하여 충돌이 발생할 수 있다.

초상권자는 초상권이 생겨날 때부터 그 권리를 갖는다. 초상저작권자는 초상작품이 완성된 후에야 저작권을 가질 수 있다. 초상권자가 초상권을 갖는 것이 초상저작권자가 저작권을 갖는 것보다 앞선다. 이 권리 모두 타인의 방해를 받지 않는다는 것을 전제로 한다. 그러므로 초상저작권의 권리내용은 초상권의 권리내용을 포괄할 수 없다. 즉, 초상권자의 동의 없이 초상작품을 발표·복제·판매할 수 없다. 독일, 이탈리아, 터키 등의 나라도 위와 같이 규정하고 있다.

제9절 名譽權

I. 명예와 명예권의 개념

명예의 본래적 의미는 명성이나 평판을 뜻한다. 명예권에서의 명예는 권리주체에 대한 사회의 종합적 평가이다. 명예는 자연인의 명예와 법인의 명예를 포함한다. 명예는 권리주체가 사회에서 경쟁하는 데 중요한 조건이 되고, 명예를 침해하는 것은 권리주체가 사회에서 경쟁하기 위하여 필요한 자격조건을 침해하는 것이다. 그러므로 명예는 권리주체에게 반드시 필요한 부분이고 그것은 권리주체의 정신적 성질의 인격요소가 된다. 명예권은 권리주체가 자신의 명예를 가지고 사회활동에 참여할 수 있는 권리로서 권리주체의 정신적 성질의 인격권이라 할 수 있다.

명예의 의미는 광의의 명예와 협의의 명예로 나눌 수 있는데, 광의의 명예는 권리주체에 대한 사회의 평가와 같은 외부적 명예를 말한다. 협의의 명예는 권리주체의 내적 가치를 가리키거나 권리주체의 명예감 등의 내부적 명예를 말한다. 또한 권리주체의 내적인 가치는 명예의 기초가 되고 권리주체의 명예감은 명예에 대한 감정으로써 비명예에 속한다. 권리주체에 대한 사회의 평가는 일종의 사회의식이고, 사람의 가치는 주관적인 의지나 의식으로써 바꿀 수 있는 것이 아니다. 그렇기 때문에 권리주체에 대한 사회적 평가는 객관적인 범주에 속하고, 개인의 명예감은 주관적인 범주에 속한다. 즉, 권리의 내적 가치나 명예감은 명예나 내부명예로 부르기에는 적합하지 않다.

II. 명예권의 객체

명예권의 객체는 권리주체의 명예이다. 명예권자의 내적 가치는 명예권의 객체가 될 수 있다고 주장하는 학자들이 있다. 사람의 가치, 즉 인신과 인격의 사회적 의의는 인신요소나 인격요소가 아니기 때문에 권리주체의 지배를 받지 않으며 권리주체의 객체가 될 수 없고, 따라서 명예권의 객체도 될 수 없다. 또한 어떤 학자들은 명예권자의 명예감 역시 명예권의 객체가 될 수 있다고 주장한다. 19세기 서양의 몇몇 법학자들은 이 관점을 고수하였다. 그러나 권리자의 권리객체는 타인이 지배할 수 있지만 지배를 금지하는 사물이어야 한다는 것이다. 명예감은 명예권자의 주관적인 느낌이고 타인은 이를 지배할 수 없어 법이 보호할 필요가 없기 때문에 권리의 객체가 될 수 없다. 한편 명예권의 객체는 '명예이익'이라고 주장하기도 하지만 이 주장은 이익을 인신요소로 취급하였기 때문에 타당하지 않다.

III. 명예권의 내용

 명예권의 내용은 명예권자가 타인의 방해를 받지 않고 자기의 명예를 향유하는 것이다. 중국의 현행법은 타인의 사생활을 퍼뜨려 타인에게 손해를 입혔다면 명예권을 침해한 것으로 간주한다. 최고인민법원의 「〈민법통칙〉 의견」 제140조에서는 "서면 혹은 구두 등의 방식으로 타인의 사생활을 퍼뜨림으로써 타인의 명예에 손해를 주었거나 일정한 영향을 주었을 경우 이를 공민의 명예권을 침해한 행위로 본다"고 규정하고 있고, 최고인민법원의 「명예권에 관한 사건의 몇몇 문제에 관한 해답」 제7조에서는 "타인의 동의 없이 마음대로 타인의 사생활에 관한 자료를 공포하거나 서면·구두형식으로써 타인의 사생활을 퍼뜨려서 타인의 명예에 손해를 주면 이는 명예권 침해에 대한 규정에 의하여 처리한다"고 규정하고 있다.
 타인의 사생활을 퍼뜨려서 타인의 명예에 손해를 입히면 타인의 명예권을 침해한 것이다. 그러나 만일 타인의 사생활을 퍼뜨리긴 하였지만 타인의 명예에 아무런 손해도 입히지 않았다면 명예권을 침해한 것이 아니다. 법률이론상으로 사생활을 퍼뜨리는 행위는 사생활보호권을 침해한 행위이다. 타인의 사생활을 퍼뜨려 타인에게 손해를 입혔다면 이는 명예권을 침해하는 것일 뿐만 아니라 사생활보호권도 침해하는 행위이다. 그러나 중국민법통칙에는 사생활보호권에 대한 규정이 없다. 따라서 타인의 사생활을 퍼뜨려서 타인에게 손해를 입혔을 경우, 명예권 침해의 규정을 적용하여 처리한다. 실무에서도 사생활보호권에 대한 침해는 명예권규정에 의하여 처리한다.

제10절 私生活保護權

I. 사생활보호와 사생활보호권의 개념

사회의 구성원인 자연인의 생활은 두 가지로 나눌 수 있다.
(1) 공공이익과 관계된 생활
(2) 공공이익과 관계되지 않은 생활. 이를 일반적으로 사생활이라 칭한다. 이와 대비하여 공공이익과 관계된 생활을 가리켜 공생활(公生活)이라 칭한다. 모든 사람은 자신만의 정신세계를 가지고 있으며 자신의 의지를 실현하려 한다. 공생활은 사회의 법규를 준수하여야 하며, 사생활은 본인이 선택하는 생활방식을 따른다. 사생활은 그에 관한 모든 정보를 포함하며 이를 침해당해서는 안 된다. 정보에 대한 침해란 타인의 정보를 도취(盜取)하거나 폭로하는 행위를 가리킨다. 사생활 정보는 개인의 사적인 정보를 뜻한다. 따라서 타인에 의하여 도취되거나 폭로당하지 않기를 원하는 것이 사생활보호이다. 인류의 문명은 수치심에서 비롯되었다. 수치심은 사생활보호의 의식적인 면이며 문명인의 정신적 인신요소이다. 사생활보호의 조건은 문명인의 정신적 인신요건의 유무이다. 사생활보호가 침해당하지 않는 것은 문명인에게 기본적으로 필요한 것이다. 사회문명의 발전에 따라 자연인의 인격이 해방되고 사생활의 내용과 정보가 풍부해졌다. 사생활보호권은 자연인이 자신의 사적인 정보를 향유

하는 권리이며, 이를 사생활정보권 혹은 개인정보권이라고 부른다. 법이 규정하는 사생활보호권은 자연인이 자신의 사적인 정보를 지배하기 위하여 완전한 자유를 향유하여 자신의 인격을 실현할 수 있게 하는 권리이다. 사생활보호권은 자연인의 정신적 인격권이다.

일부 학자는 사생활보호라고 해서 모든 비밀을 포함하는 것은 아니라고 주장한다. 그러나 이는 잘못된 주장이다. 예를 들어 신체의 외형, 얼굴에 있는 상처자국 등 당사자의 정보를 이미 많은 사람들이 알고 있더라도 본인이 불특정인에게 폭로되는 것을 바라지 않을 경우에는 사적인 비밀이 될 수 있다. 사생활보호는 정보이며 형체가 없는 정신적 인신요소이다. 한편 어떤 학자는 사생활보호가 사적 정보, 사적 활동, 사적 영역을 포함한다고 주장한다. 이때의 사적 영역이란 인체의 은밀한 부위, 사적인 거주지, 사적인 물건, 바지의 주머니, 우편물, 일기장 등을 가리킨다. 하지만 이렇게 분류하기에는 그 근거가 부족하다. 사적 활동에서 언급하는 활동의 주체와 주체의 재산은 사생활보호권에 의하여 보호받을 뿐 아니라 여러 기타 권리에 의해서도 보호받는다. 사적 활동 중 타인에 의하여 도취되거나 폭로되길 원하지 않는 사적 정보를 가리켜 사생활보호라고 한다. 이로 보아 사생활보호권을 '개인생활권', '사생활권'이라고 부르는 것이 정확한 표현이 아니라는 사실을 추론할 수 있다. 인체의 은밀한 부위는 인체의 물질적 인신요소의 구성부분이며 사생활보호가 아니다. 인체의 은밀한 부위에 대한 정보이어야만 사생활로 보호될 수 있다. 그러므로 사적인 거주지, 사적인 물건, 바지의 주머니, 우편물, 일기장의 내용은 타인에게 알려지기 원하지 않는 전제하에 사생활로 보호될 수 있다.

사적인 적금통장 역시 그 자체로는 사생활보호의 대상이 될 수 없으나 적금통장의 정보, 즉 적금하는 은행, 종류, 금액 등은 사생활 보호의 대상이 될 수 있다.

II. 사생활보호권의 객체

사생활보호권은 자연인이 자신의 사적인 정보를 지배할 수 있는 권리이며, 사생활보호권의 객체는 권리주체의 사적인 정보이다. 만일 권리주체가 자신의 어떠한 정보도 타인에 의하여 지배되길 원하지 않는다면 그 모든 정보는 사생활보호권의 대상이며 권리주체의 사생활보호권의 객체가 된다. 만일 권리주체가 타인이 자신의 부분적인 정보를 지배하는 것을 허락한다면 허락하는 부분에 대한 사적 정보는 사생활의 보호를 받을 수 없으며 권리주체의 사생활보호의 객체도 아니다. 예를 들어 타인이 자신의 키, 몸무게, 학력, 취미, 혼인상황 등에 대해 퍼뜨리는 것을 허락한 경우 그 사항은 사생활보호권의 객체가 될 수 없다.

그러므로 사생활보호권의 객체는 권리주체의 사생활, 즉 사적인 비밀이다.

Ⅲ. 사생활보호권의 내용

사생활보호권은 권리자가 자기의 사생활을 지배하는 것을 그 내용으로 한다. 이때 타인은 사생활보호권의 행사를 불법적으로 방해할 수 없다. 주요한 내용은 다음과 같다.

(1) 자기의 사생활을 타인에 의한 도취나 폭로로부터 보호한다.
(2) 자기의 부분적 사생활을 폭로, 이용할 수 있다. 예를 들면 자신의 경험을 토대로 문학작품을 창작하는 경우 등이 있다. 본인이 자신의 사생활을 폭로하면 그 정보는 사생활이 아닌 하나의 사적인 정보가 된다. 그러므로 사생활보호권은 양도할 수 없다. 어떤 학자는 사생활보호권은 타인이 자신의 사생활을 이용할 수 있도록 허락하는 권리도 포함한다고 주장한다. 하지만 이 주장은 잘못된 주장이다. 이 주장은 사생활보호권의 부분적인 양도를 가능하다고 보기 때문이다.

사생활보호는 이를 불법으로 이용하거나 공공이익과 선량한 풍속 습관을 위배할 수 없다. 예를 들면 사생활보호를 이용하여 음란물을 제조하는 경우 등이 있다.

성명과 초상은 모두 사적 정보이다. 초기의 사생활보호권은 성명권과 초상권을 포함하여 타인의 성명이나 초상을 불법으로 이용하는 행위를 사생활보호권에 대한 침해로 보았다. 그러나 현대의 인신권 체계에서 성명권, 초상권은 사생활보호권과 병렬관계에 있는 독립적인 인격권이다. 그렇기 때문에 불법으로 성명, 초상을 이용하는 행위는 성명권, 초상권을 침해하는 행위로 보고, 사생활에 대한 폭로가 언급되어야 사생활보호권을 침해한 것으로 본다.

IV. 사생활보호권과 알 권리의 관계

알 권리(the right to know)는 미국의 한 신문사의 편집장이 1945년 1월에 처음으로 제창한 권리이다. 알 권리의 의미는 공민이 마땅히 알아야 할 사실에 대해 알 권리가 있고, 국가는 공민의 알 권리를 최대한 보장하는 것을 뜻한다. 특히 정치방면에 대한 알 권리를 보장해주어야 한다. 일부 학자들은 알 권리와 사생활보호권이 서로 모순되기 때문에 법은 이 두 가지 권리관계를 모두 규율하여야 한다고 주장한다.

사회적으로 정보는 두 가지로 나눌 수 있다. 국가기밀, 법인의 상업비밀, 사적인 정보 등 법이 보호하는 정보와 법이 보호하지 않는 정보, 즉 '아는 것'이 허용되지 않은 정보와 '아는 것'이 허용된 정보를 말한다. 알 권리의 주체로는 공민과 법인이 모두 해당되지만 일반적으로 공민을 가리킨다. 모든 사람은 법이 보호하지 않은 정보에 대한 알 권리를 가지며 공공이익과 타인의 정당한 이익이 손해받지 않게 할 권리가 있다. 그러므로 알 권리는 공민의 인신자유권에 속한다.

사생활보호권과 알 권리는 모두 인격권이지만 사생활보호권은 정신적 인격권이며, 알 권리는 물질적 인격권이다. 사생활보호권의 객체는 권리주체의 사생활보호인 반면에, 알 권리의 객체는 권리주체의 행동과 법이 보호하지 않는 정보이다. 사생활보호권의 객체와 알 권리의 객체는 그 종류가 같지 않으며 객체의 범위 역시 다르다. 따라서 사생활보호권과 알 권리는 모순되지 않는다. 알 권리의 이름으로 사생활보호권을 침해하는 사건에서, 또는 사생활보호권의 이름으로 알 권리를 침해하는 사건에서 법이 규율하는 것은 사생활보호권과 알 권리 사이의 모순이 아닌 사생활보호권자와 가해자 사이의 모순 혹은 알 권리를 가진 자와 가해자 사이의 모순이다.

V. 공무원과 공인의 사생활보호의 범위

사람마다 사생활보호의 범위가 완전히 같은 것은 아니다. 보통 공민의 출생, 연령, 학력, 경력, 건강상황, 성격, 능력 등은 사적 정보에 포함되지만, 공무원(특히 고급공무원)은 위와 같은 개인정보가 공무활동에 영향을 끼치기 때문에 사적 정보가 될 수 없다. 따라서 공무원의 개인정보는 완전한 사생활보호의 대상이 될 수 없으며 모든 정보가 법의 보호를 받는 것도 아니다. 공무원의 직위가 높으면 높을수록 그의 개인정보와 공공이익이 밀접하게 관련되어 있다. 그러므로 사생활보호의 범위가 작다. 공민은 공무원이 공무활동에 영향을 주는 공무원의 개인정보를 알 권리가 있다. 만일 사생활보호권으로써 공무활동에 대한 알 권리를 금지한다면 이는 공민의 알 권리를 침해하는 것이다. 그렇다고 해서 공무원이 사생활보호권이 전혀 없다는 것은 아니다. 즉, 공무원도 사생활보호권을 가진다. 그러므로 공무원의 공무활동에 영향을 미치지 않는 모든 정보는 법의 보호를 받는다. 예를 들어, 공무원의 거주지에 불법으로 침입할 수 없고, 공무원의 사적 우편물을 도취할 수 없다. 공무활동과 상관없는 공무원의 사적인 정보를 도취하거나 폭로하는 행위는 공무원의 사생활보호권을 침해하는 행위이며 이에 대하여 알 권리를 주장할 수 없다.

사회의 저명인사라고 불리는 공인은 공무원과 다르다. 그들의 사적인 정보는 일반적으로 공공이익과 관계가 없기 때문에 공무원의 사생활보호의 범위와 동일하게 생각하여서는 안 된다.

그러나 공인의 개인사업은 사회적 성질을 강하게 나타낸다. 특히 그들의 사적인 정보에서 어떤 것들은 그들의 사업과 직접적으로 연결되어 있다. 따라서 운동선수들의 키, 몸무게, 연령 등은 일반적으로 사생활보호의 범위에 속하지 않는다. 그러나 그 이외의 사적인 정보는 사생활보호권의 보호를 받으며 타인이 불법으로 도취하거나 폭로할 수 없다.

제11절 榮譽權

I. 영예와 영예권의 개념

영예는 국가, 정부 혹은 일정한 권위를 가진 조직이 특정인이나 특정단체에게 주는 긍정적인 평가를 의미한다. 영예권은 공민과 법인이 그 영예에 대한 권리를 가지는 것을 말하며 신분권에 속한다. 영예권은 불특정한 상대방에 대한 권리로서 절대권에 속한다.

어떤 학자는 영예권은 공민, 법인이 획득하는 영예에 대한 권리라고 주장한다. 법률이론상으로 영예에 대한 '권리'를 획득하였다고 하는 것은 영예권의 자격을 획득하였다는 의미와 같고, 이는 인격의 범주에 속하고 권리의 범주에는 속하지 않는다. 「중국민법통칙」제102조에서는 "공민과 법인은 영예권을 가질 수 있으며 불법으로 공민, 법인의 영예의 칭호를 박탈할 수 없다"고 규정하고 있다. 따라서 영예권은 인격권이자 신체권이다.

영예는 물질적인 격려가 부가되기 마련인데 상금, 상품, 트로피 등이 이에 속한다. 또한 일정한 기간 동안 재산으로 영예에 대한 대우를 받기도 한다. 예를 들어, 진급에 의한 임금의 인상과 퇴직금을 전체임금에 근거하여 지급하는 제도 등이 그 대우에 속한다. 유동성이 있는 트로피는 정신적인 격려에 속한다. 그러나 영예 자체는 일종의 평가이지 재산이 아니다. 이 권리의 성질상 영예권은 인신권이며 재산권이 아니다. 따라서 영예권은 양도·상속할 수 없다.

II. 영예권의 객체

영예권의 객체는 영예권자의 신분이다. 즉, 영예이다. 영예에 의하여 부수되는 물질상의 격려는 영예권의 객체가 아니다.

III. 영예권의 내용

영예권의 내용은 영예권자가 자기의 영예를 타인의 방해를 받지 않고 지배하는 것이다. 영예는 규정에 의해서가 아니면 철회할 수 없다.

영예를 박탈하기 위하여는 반드시 형법과 형사소송법의 규정에 의하여 법원이 판결을 해야 한다. 영예권을 침해하는 행위는 불법으로 타인의 영예를 철회하거나 박탈하는 행위이며 불법으로 타인의 영예를 자기의 것으로 사칭하는 등의 행위를 가리킨다.

타인의 영예를 비방하는 행위는 명예권을 침해하는 행위이며 영예권자가 취득하여야 할 물질상의 격려에 대한 지급을 거절하는 행위 혹은 물질상의 격려를 가로채는 행위는 재산권을 침해한 행위이다. 또한 고의 혹은 과실로 상품(賞品)에 해를 입히는 행위는 재산권과 영예권을 둘 다 침해하는 행위이다. 상술한 행위로 영예권자의 영예를 철회하거나 박탈할 수 없으며, 영예권자는 계속 법에 의거하여 영예를 가진다. 이를 통하여 영예권의 보호를 받는다.

제3장

身分權

제1절 配偶者權

I. 배우자권[148]의 개념

배우자란 혼인관계에서 서로 상대되는 일방을 가리킨다. 배우자권은 혼인한 일방을 배우자로 함으로써 가지게 되는 신분권이다.

II. 배우자권의 객체

배우자권은 신분권으로서 권리주체의 배우자라는 신분을 객체로

---

[148] 배우자권의 구체적인 내용에 대해서 학계는 아직도 논쟁 중이다. 기본적으로 세 가지 관점이 있는데 이 책에서 언급하지 않은 학설들은 동거권, 양육권, 충실청구권, 일상가사대리권 등이 배우자권에 포함된다고 주장한다. – 역주

한다. 배우자권은 부부평등권을 가리키며 어느 일방도 상대방의 권리객체가 아니다. 이는 배우자권과 부권(夫權)의 본질적인 차이점이다.

일부 학자는 배우자권의 객체는 배우자의 신분이익이라고 주장한다. 그러나 이와 같은 주장은 타당하지 않다. 이익은 재산의 범주에 속하며 이익을 지배하는 권리는 재산권에 속한다. 배우자권은 부부의 공동재산에 대한 평등지배권을 포함한다. 만일 부부 사이에 공동의 재산이 존재한다면 배우자권은 재산적 성질을 갖게 된다. 그러나 이러한 평등지배권은 배우자의 신분에 의하여 얻게 되는 권리이다. 따라서 배우자권은 신분권이지 재산권이라고 볼 수 없다.

III. 배우자권의 내용

배우자권의 내용에 대한 학계의 의견은 분분하다. 배우자권은 부부평등권을 가리키며 배우자의 신분으로 인하여 권리를 얻게 된다. 그러므로 배우자의 신분으로 얻지 않은 권리는 배우자권이 아니다.

배우자권의 내용은 권리주체가 상대방과 평등한 인격주체를 갖는 것이다. 구체적으로 말하면 어떠한 사건이 가정 및 배우자 쌍방의 공동이익과 관계가 있을 때 반드시 쌍방이 법률이 정한 범위 내에서 협상하여 해결하여야 하며, 어느 일방도 자신의 의사를 상대방에게 강요할 수 없다. 배우자권의 내용은 다음과 같다.

(1) 아내의 성(姓) 앞에 남편의 성(姓)을 붙이는 관습을 따를지 여부를 결정할 권리
(2) 가옥구매에 대하여 상의해서 결정할 권리

(3) 공동의 재산을 평등하게 지배할 권리

(4) 상호 대리할 수 있는 권리

(5) 미성년자에 대하여 평등하게 감호권을 행사할 권리

(6) 양자를 보내거나 받을 것을 결정할 수 있는 권리. 그러나 만일 배우자 일방이 양자를 단독으로 수양할 수 있다고 법률로써 규정한 경우 단독으로 수양할 수 있다. 하지만 이 단독적인 수양권은 배우자의 신분권으로써 얻는 권리가 아니기 때문에 배우자권에 속하지 않는다.

(7) 상대방에게 부양권을 청구할 수 있는 권리

(8) 상호 상속할 수 있는 권리

상호 대리할 수 있는 권리는 통상적으로는 가사대리권이라고 칭하는데 그다지 정확한 표현은 아니다. 부부 사이의 지위는 평등하기 때문에 가사는 부부 사이의 상의에 의하여 결정된다. 그러므로 사실상 대리문제가 존재하지 않는다. 부부 쌍방은 서로의 대리인이 된다. 따라서 상호대리권이라고 불러야 맞다. 그러나 법률에서 부부는 서로 부양해야 한다고 규정하고 있기 때문에 부부 쌍방의 상의가 없어도 무관하다. 부부가 공동재산제도를 실행한다는 것은 곧 쌍방이 상호부양에 대해 동의한 것으로 볼 수 있다. 만일 부부가 약정재산제도를 실행한다고 하여도 쌍방은 상호부양의 의무를 갖는다.[149] 배우자 일방이 자신을 부양할 능력이 없을 때 다른 일방이 그를 부양하지 않는다

---

149 중국의 입법은 제한적인 약정재산제도를 채용하여 약정재산제도의 세 가지 유형(분별재산제도, 일반공동제도, 부분공동제도)을 규정한다. 당사자는 이 세 가지 유형 중에서 하나를 선택하여 재산약정을 체결할 수 있다. ―역주

면 상대방과의 평등한 지위를 유지할 수 없으며 자기의 인격도 실현할 수 없다.

통상적으로 '동거권'은 배우자권의 내용에 포함된다고 보는 것이 학계의 주류적 견해이다. 혼인은 양성의 결합이고 남녀쌍방의 동의에 의한 결혼이며 동의에 의한 동거이다. 그러나 부부쌍방은 모두 인신자유권을 가지므로 만일 일방이 동거를 거절한다 해도 이는 위법이 아니다. 상대방이 이 상황을 근거로 이혼을 요구할 수는 있다. 그러나 소송을 통하여 동거하기를 강요하거나 청구할 수 없고 임의로 폭력을 사용하여 강제로 동거할 수도 없다. 그러므로 '동거권'은 존재하지 않으며 배우자권은 '동거권'을 포함하지 않는다고 이해하는 것이 옳다.

제2절 親權

I. 친권의 개념과 특징

친권은 부모가 미성년자에 대하여 가지는 신분권이다. 이 권리는 전통의 부권(夫權)에서 비롯된 권리이다. 부권은 가장이 자녀에 대하여 가지는 신분권이며, 여기서 자녀는 부권의 객체이다. 부권은 부부의 지위가 불평등하다는 것을 나타내고 가장과 자녀의 인격도 불평등하다는 것을 나타낸다. 즉, 부권은 자연인의 인격이 평등하지 않음을 나타낸다. 최초의 친권은 1804년의「프랑스민법전」제33조에 규정되어 있는 것과 같이 부권에서 비롯되었다. 그러나 외견상 부권은 성차별의 논쟁을 야기할 소지가 있지만 친권은 그와 같은 문제가 발생할 소지가 없기 때문에 지금은 부권이 아닌 친권이라고 부른다. 현실적으로 모(母)의 지위가 상승되었다고 할 수 있다. 현대의 친권은 다음의 두 가지 방면에서 부권을 부정하고 있다.

첫째, 현대의 친권은 공동친권원칙에 따라 부모가 공동으로 향유한다. 즉, 쌍방의 지위가 평등하다. 둘째, 현대의 친권은 남녀평등원칙의 산물이며, 남녀평등원칙은 남녀의 성별관계에서 인격상 평등을 주장한다. 그러므로 현대의 친권은 자연인의 인격평등원칙의 산물이다. 현대의 친권은 남녀평등의 개념을 내포할 뿐 아니라 부모와 미성년자의 인격평등을 나타낸다. 그러나 미성년자는 친권의 객체가 아니다.

통상적으로 친권은 권리를 가질 뿐 아니라 의무도 부담해야 하기 때문에 권리와 의무의 총화라고 할 수 있다. 이 관점은 부모와 미성년자의 관계에 대한 편면적인 이해를 피할 수 있게 도와준다. 하지만 이 관점으로만 해석하기에는 어려운 부분도 있다.

친권이라는 명칭은 친권이 일종의 권리임을 표명한다. 법률이론상으로 권리는 법이 규정하는 한도 내에서 어떠한 행위에 대하여 선택할 수 있는 자격을 가리키며, 의무는 법의 규정에 의하여 선택의 여지 없이 강제로 이행하여야 하는 행위이다. 권리는 의무와 명확하게 구분되며 의무를 포함하지 않는다. 현대의 친권은 자연인의 인격평등원칙으로부터 파생되었으며 구체적으로 부부간의 인격평등과 가장과 자녀 사이의 인격평등을 나타낸다. 친권은 반드시 미성년자의 이익을 위해서만 행사할 수 있다. 친권의 개념이 생겨나게 되는 과정을 보면 친권은 부권에서 비롯되었지만 부권을 부정한다. 부권은 일종의 권리이지 의무가 아니다. 친권이 부정하는 것은 부권이 내포하는 부부 사이의 인격불평등 및 가장과 자녀 사이의 인격불평등이지 부권의 권리적법성을 부정한 것은 아니다. 법전에서는 이와 관련된 내용을 '친권행사'라고 칭한다. 「프랑스민법전」 제372조에서는 "혼인관계가 지속되는 기간에 부모는 공동으로 친권을 행사한다"고 규정하고 있다. 또한 어느 법전에서는 '친권에 대한 복종'이라고 하기도 한다. 「일본민법전」 제818조는 "미성년자녀는 부모의 친권에 대해 복종한다"고 규정하고 있다. 친권이 의무를 내포한다고 주장하는 자들도 어떤 때에는 "부모가 친권을 향유한다"는 표현을 쓰기도 한다. '행사', '복종', '향유'라는 말은 모두 권리를 뜻한다. 즉, 의무를 내포하지 않는다.

친권은 법에 의거하여 이전할 수 있지만 포기할 수는 없다. 왜냐하면 친권이 의무를 내포하여서가 아니라 부모가 가지는 미성년자녀에 대한 의무와 밀접하게 연결되어 있어 단독으로 존재할 수 없기 때문이다. 이것이 친권 본래의 속성이다. 부모는 오직 친권을 통해서만 미성년자녀에 대한 의무를 이행할 수 있다. 친권을 포기한다는 것은 이 의무에 대한 이행을 거절하는 것이므로 법으로써 이를 금지하고 있다.

중국민법통칙에는 친권의 개념이 없다. 감호권이 친권의 내용을 포함한다. 즉, 중국민법에서 부모가 가지는 미성년자녀에 대한 감호권이 곧 친권이다.

만일 친권이 의무를 내포하지 않는다면 감호권 역시 의무를 내포하지 않아야 한다. 법에 따르면 감호인은 반드시 감호행위를 하여야 하므로 감호인은 감호의 의무를 갖는다. 그러나 감호행위를 해야 한다는 것이 반드시 어느 구체적인 감호행위를 해야 한다는 의미는 아니다. 감호인은 법률이 허락하는 범위 내에서 자기의 의지대로 감호의 방식을 선택할 수 있다. 즉, 감호는 감호인의 권리를 뜻하기도 한다. 그러므로 감호는 의무와 권리를 모두 내포한다. 감호권은 권리를 의미하고 감호방식에 대한 선택권과 결정권을 가진다. 전체적인 감호행위는 감호활동에 의하여 조성되며, 감호인은 자기의 감호권을 자주적으로 행사함으로써 자신의 의무를 이행한다.

　일부 학자들은 감호권이 친권 중 어떤 내용들은 포함할 수 없다고 주장한다. 법률이론상으로 감호인은 법이 허락하는 범위 내에서 피감호인의 이익을 위한 행위를 할 수 있다. 그러므로 부모의 미성년자녀에 대한 모든 권리는 감호권으로 해석된다. 영미법에서는 친권제도가 없으며 친권은 모두 감호권에 포함된다.

　비록 법률이론상으로도 감호권이 친권을 포함하지만 실제로 감호권과 친권은 서로 다른 개념이다. 친권의 주체는 부모만이 될 수 있으며 미성년자만이 친권에 대한 의무자가 된다. 그러나 부모 이외의 회사, 조직도 감호권의 주체가 될 수 있으며 감호하는 대상이 미성년자녀가 아니고 성인이어도 감호권이 성립할 수 있다. 부모가 미성년자녀를 감호하는 것은 친권에 기인한다. 부모의 미성년자녀에 대한 감호행위와 기타 감호행위는 큰 차이점이 있다. 부모의 미성년자녀에 대한 감호행위와 기타 감호행위를 구분하기 위해서는 중국의 몇몇 학자들이 친권규정에 대해서 언급한 사항을 참고해볼 만하다.

II. 친권의 객체

친권의 객체는 친권자의 신분이다.

전통민법에서는 친권관계에서의 친권자와 객체를 당사자로 하였다. 친권자는 부모이며 객체는 미성년자녀이다.

전통의 가장권관계에서 자녀는 주체로서 가장과 법률관계가 형성된다. 또한 객체로서 일정범위 내에서 가장의 지배를 받는다. 이는 자연인의 인격불평등의 산물이다. 현대법률이론에 따르면 주체는 의지의 매개체이며 주체는 객체가 될 수 없다. 현대의 친권관계에서 미성년자녀는 부모의 의지를 자신의 의지 혹은 부분의지로 한다. 이로 인하여 주체의 자격을 갖는다. 친권법률관계에서의 당사자는 부모와 미성년자녀이다. 부모는 권리자이며 미성년자녀는 형식상의 의무자이다. 미성년자녀는 친권관계에서 형식상의 의무주체이지 권리의 객체가 아니다. 친권의 객체는 부모의 신분이다. 부모는 친권자의 신분으로서 친권을 행사한다. 미성년자녀는 형식상으로 의무자이며 부모의 신분을 침범할 수 없고 부모의 친권행사를 방해할 수 없다. 그러나 미성년자녀는 부모의 의지를 자신의 의지로 하기 때문에 현대의 친권관계에서 실질적으로 의무를 이행하는 쪽은 부모이다. 친권과 부모의 미성년자녀에 대한 의무는 분리할 수 없다. 법률이론상으로 주체는 객체를 지배함으로써 자기의 권리를 행사하고 자신의 인격과 이익을 실현한다. 즉, 현대의 친권관계에서 부모는 미성년자녀를 지배할 수 있지만 반드시 미성년자녀의 이익을 보호하기 위한 지배이어야 한다. 부모는 이러한 지배를 통하여 자신이 가지고 있는 미성년자녀에 대한 의무를 이행하고 미성년자녀의 인격과 이익을 실현한다. 이러한 상대방의 인격과 이익을 실현하기 위한 지배는 주체가 객체를 지배할 때의 지배와는 다르다.

민사관계는 권리주체와 의무주체가 동일한 사물에 대하여 권리를 가지며 의무를 부담해야 하는 관계를 말한다. 이때의 사물은 권리주체와 의무주체의 공동객체이며 민사관계의 객체이다. 친권관계에서 권리객체는 부모의 신분이고, 의무객체는 형식상으로 미성년자녀의 신분이다. 미성년자녀는 형식상의 의무자로서 자기의 신분을 통하여 자신의 의무를 이행한다. 권리주체와 의무주체의 공동객체 혹은 친권관계의 객체는 부모와 미성년자녀의 신분관계이다.

III. 친권의 내용

친권의 내용은 부모가 자기의 신분으로 미성년자녀에게 인신감호권과 재산감호권을 행사하는 것이다.

인신감호권은 미성년자녀의 권리를 보호하고 통제한다. 즉, 부모는 미성년자녀의 주소를 결정하고 필요한 처벌을 내리며 미성년자녀의 신분행위와 기타 민사행위에 대하여 동의·보충·취소한다. 예를 들어, 미성년자녀가 생업에 종사하거나 귀중물품을 매매할 때에 부모는 인신감호권을 행사할 수 있다. 또한 부모는 자녀를 대리할 수 있다. 예를 들어 소송대리, 초상의 사용과 수술 여부 등을 결정할 수 있다.

재산감호권은 부모가 미성년자녀의 이익을 보호하기 위하여 미성년자녀의 재산에 대한 권리를 보호하고 행사할 수 있는 권리를 말한다. 재산감호권의 내용은 다음과 같다.

1. 재산에 대한 대리행위

만일 미성년자녀가 타인과 연출(演出)에 관한 계약을 할 경우에는 반드시 부모가 대리하여 계약하여야 한다. 미성년자녀에게 손해를 주는 대리행위는 모두 무효이다. 예를 들면 상속포기, 유증포기, 재산을 증여받는 것에 대한 포기, 도덕과 예의에 위배되는 증여 등이 있다.

2. 재산의 관리

이 부분은 각 나라마다 다르게 규정하고 있다.

(1) 프랑스, 스위스민법은 선관주의로써 미성년자녀의 재산을 관리하면 된다고 규정해 놓고 있다. 선관주의는 관리자의 직업, 지위 등에 비추어 거래상 일반적으로 요구되는 주의를 의미하며, 통상적으로 사무관리시에 요구되는 요건이다.

(2) 한국, 독일, 일본 등의 민법에서는 재산관리권을 행사함에는 자기의 재산에 관한 행위와 동일한 주의를 하여야 한다고 규정하고 있다. 중국은 아직까지 이를 명문으로 규정하고 있지 않다. 한편 유증, 증여, 유언상속에 대한 재산에 대해서 부모는 재산관리인이 될 수 없으며, 미성년자녀의 소유가 된 후에서야 부모는 그 재산에 대한 관리권을 가진다.

3. 수익의 사용

부모는 미성년자녀의 이익에 손해가 없는 범위에 한해서 수익을 사용할 수 있다. 수익은 관리비용과 미성년자녀를 기르기 위해 필요한 비용 외에도 전체가족을 위해 사용할 수 있다.

4. 처분

이 권리의 행사는 미성년자녀의 이익을 보호하는 것을 목적으로 하며 그 이익에 손해가 있을 경우 처분의 행사는 무효가 된다.

IV. 친권의 소멸과 중지

1. 친권의 소멸

친권의 소멸은 친권자가 법정원인에 의하여 친권을 상실하게 되는 것을 가리킨다. 친권의 소멸원인은 다음과 같다.

(1) 친권의 박탈

친권의 박탈이란 법원이 법에 의하여 친권자의 친권권리행사 자격을 박탈하는 것을 가리킨다. 친권과 친권자가 미성년자녀에 대하여 이행해야 할 의무는 밀접한 관계가 있다. 친권자가 미성년자녀에 대한 의무를 불이행하여 미성년자녀에게 막대한 손해를 주었을 경우 법원은 친권자의 친권을 박탈한다.

각국은 친권을 박탈하는 법정사유를 다음과 같이 규정하고 있다.

(a) 친권자가 자녀의 인신을 범죄의 도구로 하는 등 범죄와 연관시키는 경우
(b) 자녀를 학대한 경우
(c) 친권을 남용한 경우
(d) 비열한 행위를 한 경우
(e) 부도덕한 반사회적 행위를 함으로써 자녀에게 나쁜 영향을 준

경우

(f) 자녀의 재산을 관리하는 과정에서 과실로 재산에 피해를 주는 경우

「중국민법통칙」제18조는 "인민법원은 관련된 사람이나 관련이 있는 회사에 신청함으로써 감호인의 자격을 취소할 수 있다"고 규정하고 있다. 부양의무를 이행하지 않으면 법원의 판결을 통하여 수양관계에서의 수양인자격을 해제하고 친권을 박탈한다. 미성년자녀의 인신과 재산에 대한 권리를 침해하여 친권을 박탈당한 부모는 권리의 침해에 대한 책임을 부담한다. 「중국민법통칙」제18조는 "감호인이 감호의 직책을 이행하지 않거나 피감호인의 합법적인 권익을 침해한 경우 그에 대한 책임을 부담하여야 한다. 만일 피감호인에게 재산상의 손실을 주었다면 그 손실에 대해 배상해야 한다"고 규정하고 있다.

친권은 반드시 법정절차를 거쳐 박탈해야 하며, 법정절차를 거쳐 전부 박탈할 것인지 부분적으로 박탈할 것인지를 결정한다. 예를 들면 재산에 대한 감호권만 박탈하는 경우 등이 있다. 그러나 한 종류의 감호권이 박탈되었다고 해서 다른 종류의 감호권이 박탈되는 것은 아니다.

(2) 친권의 이전

친권의 이전은 친권자가 합의를 하여 친권을 타인에게 넘기는 행위이며, 친권자는 이로 인하여 친권을 상실하고 타인은 친권이나 감호권을 얻는다. 다음과 같은 상황에서는 친권이 이전된다.

(a) 수양관계가 일단 성립되면 자식을 맡긴 자는 친권을 상실하고 수양인이 친권을 얻게 된다.
(b) 미성년자녀와 양부모 사이의 관계가 해제되면 양부모는 친권을 상실한다. 만일 생부모에 의하여 부양될 경우 생부모는 친권을 회복하게 된다. 만일 타인에 의하여 부양될 경우 타인이 감호권을 가지게 된다.
(c) 친권자가 미성년자녀를 사회복지기관에 보냈다면 친권자는 친권을 상실하고 사회복지기관이 감호권을 가지게 된다.

(3) 친권의 소멸

친권의 소멸이란 미성년자녀가 성년이 되거나 사망함으로 인하여 친권이 무의미해지는 경우를 말한다.

2. 친권의 중지

친권의 중지는 친권자가 법정원인에 의하여 친권을 행사할 수 없을 때 법에 의거하여 친권의 행사를 정지하는 것을 말하며, 그 원인이 소멸될 때 친권은 다시 회복된다. 법이 정한 친권의 목적은 미성년자녀의 이익을 보호하는 데 있다. 만일 친권자가 친권을 행사할 수 없고 제때에 다른 감호인을 세우지 않아 미성년자녀의 이익이 침해당했을 때에는 친권을 중지하여야 한다.

친권중지의 법정원인에는 사실원인과 능력원인이 있다. 사실원인은 사실상의 장애라고도 부르며 친권자의 장기간의 외출 등이 그 예가 된다. 능력원인은 능력상의 장애라고도 부르며 친권자가 전부 혹은 일부분의 행위능력을 상실하는 경우를 말한다. 사실원인에 의한 친권의 중지는 법원의 판결이 있어야 한다. 능력원인에 의한 친권의 중지는 행위능력 부족에 대한 법원의 선고를 근거로 결정된다.

제3절 親族權

I. 친족과 친족권의 개념

친족은 혼인, 혈연에 의하여 생긴 신분관계를 말하며, 이러한 신분을 가진 자를 가리키기도 한다. 친족의 범위에 대한 법률규정은 각 나라마다 다르다. 한국은 배우자, 육친, 인척 등을 포함한다. 일본은 배우자, 6촌 이내의 육친, 3촌 이내의 인척 등을 포함한다. 독일과 스위스, 프랑스는 오직 육친과 인척만을 포함할 뿐 배우자는 포함하지 않는다. 영미법계의 국가는 오직 육친만을 포함하고 인척이나 배우자는 포함하지 않는다. 역사적으로 중국의 친족관계는 주로 종친관계를 의미했다. 대만민법은 친족의 의미에 친가와 육친과 인척만을 포함시켰고 배우자는 포함시키지 않았다. 중국의 현행법률에서 친족은 근친족이다. 하지만 민사법규와 형사법규는 근친족의 범위에 차이가 있다. 「중국형사소송법」 제82조는 "아래와 같은 용어가 본법에서 쓰이는 의미는 다음과 같다. …… (6) 근친족은 부(夫), 부(婦), 부(父), 모(母), 자(子), 녀(女), 친형제자매 등을 가리킨다"고 규정하고 있다. 최고인민법원의 「〈민법통칙〉 의견」 제12조에는 "민법통칙에서 규정한 근친족은 배우자, 부모, 자녀, 형제자매, 조부모, 외조부모, 손자, 손녀, 외손자, 외손녀를 포함한다"고 규정하고 있다. 여기에서 알 수 있듯이 중국법에서의 친족은 배우자를 포함한다.

광의의 친족권은 친족관계로 인하여 갖게 되는 신분권을 의미한다. 예를 들어, 부부간에는 배우자관계로 인하여 배우자권을 가지게 되고, 부모는 미성년자녀와의 친자관계로 인하여 친권을 가지게 된다. 그에 비해 협의의 친족권은 배우자권과 친권을 제외한 친족관계로 인해 갖게 되는 신분권을 의미한다. 친족권은 권리자가 친족을 상대로 가지는 권리이기 때문에 상대권에 속한다.

현대법률에서의 친족권은 전통법률에 의하여 규정된 가장권으로부터 변천해온 것이며 전통의 가장권을 부정한다. 전통법률은 자연인의 인격은 불평등하고 가장이 모든 권리를 갖는다고 규정하였다. 현대의 법률은 자연인의 인격은 평등하고 가족의 각 구성원은 친족관계로서의 권리와 의무를 가진다고 규정하였다. 이 규정으로부터 친족권이 탄생하였다.

II. 친족권의 객체

전통적인 가장권의 객체는 가족의 전체구성원으로서 가장의 아내, 아들, 손자, 아들과 손자의 아내, 미혼의 딸과 손녀, 동거하는 방계친족 및 노비 등을 포함한다. 현대의 친족권의 객체는 권리자의 친족신분이다. 권리자는 자기의 친족신분을 지배함으로써 자신의 친족권을 행사한다. 일부 학자는 친족권의 객체가 친족관계에서의 신분이익이라고 주장하는데 이는 타당하지 않다.

III. 친족권의 내용

친족권의 내용은 권리자가 자신의 친족신분을 지배하는 것이다. 민법통칙의 혼인법과 상속법에 근거하여 친족권은 감호권, 부양청구권, 상호상속권을 포함한다. 「중국민법통칙」 제16조에서는 "미성년자의 부모가 이미 죽었거나 감호능력이 없을 때 다음의 사람 중 감호능력이 있는 사람이 미성년자를 감호한다. (1) 조부모, 외조부모, (2) 형, 누나……"라고 규정하고 있다. 「중국혼인법」 제15조에서는 "부모가 부양의 의무를 이행하지 않을 시 미성년자녀나 독립적으로 생활할 수 없는 자녀는 부모에게 부양비를 요구할 수 있는 권리가 있다. 자녀가 부모를 부양하는 의무를 이행하지 않을 경우 노동능력이 없거나 생활형편이 어려운 부모는 자녀에게 부양비를 요구할 수 있는 권리가 있다"고 규정하고 있다. 제22조 규정에서는 "부담할 수 있는 능력을 지닌 조부모, 외조부모는 부모가 이미 사망한 손자, 손녀, 외손자, 외손녀를 부양해야 할 의무가 있다. 부담할 능력이 있는 손자, 손녀, 외손자, 외손녀는 자녀가 이미 사망한 조부모, 외조부모를 부양해야 할 의무가 있다"고 규정하고 있고, 제23조 규정에서는 "부담능력이 있는 형, 누나는 부모가 이미 사망하였거나 부양능력이 없을 경우 동생들을 부양해야 할 의무가 있다"고 규정하고 있다. 제18조 규정에서는 "부부는 서로의 유산을 상속받을 권리가 있다. 부모와 자녀는 서로의 유산을 상속받을 권리가 있다"고 규정하고 있다. 「중국상속법」 제10조 규정에 의하면 배우자, 자녀, 부모와 형제자매, 조부모, 외조부모의 순서대로 유산을 상속한다.

주의해야 할 것은 친족권은 권리이지 의무가 아니며 의무를 포함하지도 않는다는 점이다. 앞에서 살펴본 혼인법규정에서의 부양인은 의무자이지 권리자가 아니다. 권리자는 피부양자이다. 어떤 학자는 친족권이 부양권을 포함한다고 하나 이 의견은 옳지 않다. 왜냐하면 부양은 의무이지 권리가 아니기 때문이다. 앞에서 살펴본 혼인법의 규정에 의하면 몇몇 사람은 자신의 친족신분으로서 다른 사람들에게 부양을 요구할 수 있는 권리가 있다.

物權

제1장

物權總論[1]

제1절 物權과 物權法

I. 물 권

1. 물권의 개념

물권은 중세 주석학파에 의하여 만들어진 개념이다. 그러나 근·현대 각국 민법에서 오스트리아민법전을 제외하고는 대부분 물권개념을 정의하지 않았기 때문에 이에 대한 많은 학설이 있다.[2] 본서에서는 물권을 특정물건을 직접 지배하고 그 이익을 향유하는 권리라고 정의

---

[1] 현재 중국물권법의 초안의 수정은 학계 내에서 논쟁이 일어나고 있다. 베이징대학의 鞏獻田 교수는 물권법의 수정은 중국 공산주의의 발전방향을 위배한다고 지적하였다. 이번 논쟁은 물권법의 수정을 다시 결정하게 할 만큼 큰 영향을 끼쳤다.-역주
[2] 1811년 제정된「오스트리아민법전」제307조는 "물권은 개인의 재산에 속한 권리이기 때문에 어떤 사람에게도 대항할 수 있다"고 규정하고 있다.

한다.

물권의 본질에 대한 여러 견해가 있지만 독일학자의 권리귀속이론이 통설이다. 즉, "물건은 권리주체에 직접 귀속된다"는 법률규정을 전제로 특정물건을 직접 지배하고 그 이익을 향유하는 절대적 권리라는 것이다. 다시 말해서 권리주체는 특정물건에 대한 귀속권을 획득하여 특정물건을 직접 지배하고 이익을 향유하는 동시에 그 물건에 대한 타인의 침해나 방해를 제거함으로써 물권의 본 목적을 실현할 수 있다는 것이다.

2. 물권의 특징

(1) 물권은 물건을 직접 지배하는 재산권이다. 그러므로 타인의 행위 없이 자신의 의사에 따라 목적을 실현하고, 그 권리내용에 대한 이익을 취득할 수 있다.

(2) 물권은 모든 사람에 대하여 대항할 수 있는 절대적인 권리이다. 물권은 불특정인을 의무주체로 하는 민사권리로써, 의무주체는 권리침해금지와 권리행사방해금지의 의무를 가진다. 또한 물권의 효력은 모든 사람에게 주장할 수 있으며, 물권의 권리자는 물상청구권을 행사하여 자신이 지배하고 있는 물건에 대한 타인의 침해를 제거하고, 물권의 원래 상태를 회복시킬 수 있다. 그러므로 물권을 절대권(絶對權) 혹은 대세권(對世權)이라고 한다.

(3) 물권은 권리주체가 물건을 직접 지배하는 권리이다. 물권의 객체는 인체 이외에 인간의 수요를 만족시킬 수 있고 희소성을 지니며 인간이 지배할 수 있는 물건이다. 이는 재산이라고도 한다. 재산에는 유체물과 무체물[3], 유통물과 제한유통물, 동산과

부동산, 소비물과 비소비물, 가분물과 불가분물, 원물과 과실, 단일물과 합성물, 집합물 등이 있다. 행위, 지적성과와 같은 물건 이외의 민사법률관계의 객체는 물권의 객체가 될 수 없다. 이 때문에 물권과 채권, 지적재산권 사이에 차이가 발생한다.

일반적으로 물권의 객체는 다음과 같은 조건이 충족되어야 한다.

(a) 반드시 특정한 물건이어야 한다. 채권의 객체는 특정물과 종류물(種類物)을 모두 포함하지만, 물권의 객체는 특정한 물건이어야만 하며 종류물은 그 객체가 될 수 없다. 즉, 물권은 물건에 대한 지배권이기 때문에 그 객체가 불특정한 것이라면 지배할 수 없다. 또한 실제생활에서 물권인의 지배범위 내의 물건은 항상 다른 물건과 구분되며 구체적이고 특정한 물건이다.

(b) 반드시 독립한 물건이어야 한다. 전통민법에서는 물권의 객체인 물건은 반드시 독립한 물건이어야 한다고 규정하였다. 물론 이것은 합리적인 요구이다. 그러나 독립한 물건에 대한 해석상 문제가 있다. 독립한 물건을 공간적으로 개별적·단독적으로 존재할 수 있는 물건이라고만 해석하면, 실제 경제생활의 요구에 적합하지 않게 된다. 하지만 경제적·법률적으로 독립적 의의가 있는 물건이라고 해석한다면, 실제 경제생활의 요구에 따를 수 있게 된다. 예를 들어, 등기한 토지는 실제로 다른 토지와 연속하지만 법률적으로 독립적

---

3 무체물의 해석은 두 가지가 있다. 하나는 일정한 형태가 없는 자연력(自然力)을 말한다. 또한 공간을 가진 무체물은 인류가 관리하고 지배하는 물건이다. 예를 들면 전기, 열, 소리, 방사선, 입체공간 등이다. 다른 하나는 소유권 이외의 모든 권리를 무체물이라 한다. 본서에서는 두 번째 해석을 따른다.

의의를 가지므로 물권의 객체가 될 수 있다. 이와 같은 이유로 토지에 세워진 건물, 숲, 농작물 등도 독립하여 물권의 객체가 될 수 있다.

이와 반대로 건물에 설치된 문, 창문 등은 독립한 물건이 아니므로 건물과 분리되어 물권의 객체가 될 수 없다. 이 밖에 다수의 단일물로 구성된 집합물도 전통민법의 관점에 따르면 독립된 물건이 아니므로 물권의 객체가 될 수 없을 것이다. 그러나 이런 관점은 실제생활에 적합하지 않으므로 집합물은 물권의 객체가 될 수 있다고 보아야 한다. 또한 동산과 부동산을 포함한 기업법인의 재산은 그 집합체 자체가 독립적인 경제적·법률적 의의를 지니고 있으므로 물권의 객체가 될 수 있다.

(c) 유체물에 한하지 않는다. 전통민법에서는 물권의 객체를 유체물이어야 한다고 규정하였다. 그러나 실제로 사람이 제어할 수 있는 자연력이나 독립적인 공간을 가진 물건은 모두 물권법의 객체인 물건이 될 수 있다. 그러므로 전기, 열, 소리, 방사선, 입체공간 등은 사람에 의하여 이용되는 것이므로 물권의 객체에 포함된다.

(d) 반드시 인체 외부의 것이어야 한다. 법률상으로 모든 물권의 객체는 반드시 비인격적인 것이어야 한다. 즉, 어떠한 사람도 타인의 신체를 지배할 권리가 없다. 인격존엄의 관점에서 보면 인체는 물건이 아니다. 그러나 인체의 어떤 한 부분이 인체와 분리된 후에는 물권의 객체가 될 수 있다. 예를 들어 이식된 장기, 채취된 혈액, 골수 등은 인체에서 분리되었으

므로 물건이 될 수 있다.

이 외에 물권의 객체는 반드시 인간이 지배하고 통제할 수 있으며 인간의 수요를 만족시킬 수 있는 것이어야 한다. 이것은 가장 기본적인 요구이므로 더 이상 서술하지 않는다.

(4) 물권은 물건에 대한 이익의 향유를 내용으로 하는 권리이다. 물건을 지배하는 것은 물권의 목적이 아니라 물권을 실현하는 수단이다. 권리주체의 목적은 물건에 대한 직접적인 관할, 지배와 통제를 통한 이익취득과 향유에 있다.

II. 물권법

1. 물권법의 의의와 규율대상

(1) 물권법의 의의

물권법은 재산법의 일부분으로서 민사상 권리주체의 물건에 대한 점유와 지배관계를 규율하는 각종 법률규범의 총화이다. 근·현대사회에서 '물권법'은 일반적으로 대륙법계의 물권제도를 가리키며[4], 이는 광의와 협의의 물권법으로 나뉜다. 광의의 물권법이란 실질적 의의의 물권법으로서 물건에 대한 점유와 지배관계에 관한 모든 법률규범을 말하며, 그 규범이 일반적인 물권에 관한 것뿐만 아니라 특별물권에 관한 것도 물권법의 범위에 속하는 것으로 본다. 이 때문에

---

[4] 영미법계 국가는 민법전이 없으므로 물권법이란 단어를 사용하지 않는다. 인간의 물건에 대한 권리는 그 재산을 통하여 확인한다.

민법전의 물권편뿐만 아니라 중국의 토지관리법, 부동산법, 도시부동산관리법, 담보법, 삼림법, 초원법, 어업법, 광산자원법, 문물보호법과 같이 물권과 관련 있는 기타 법률의 규정도 광의의 물권법의 범주에 속한다고 볼 수 있다. 이와 달리 협의의 물권법은 형식적 의의의 물권법으로서 민법전의 물권편만을 가리킨다. 현재 독일, 일본, 스위스, 오스트리아, 네덜란드 등의 국가가 형식적 의의의 물권법을 제정하고 있으며, 그중 1896년 독일민법전의 물권편은 가장 전형적이고 비교적 발전된 형식적 의의의 물권법으로 꼽힌다.

중국은 아직까지 민법전을 제정하지 않아 민법통칙 및 기타 법률·법규에서 물권에 대한 규정을 하고 있다. 따라서 현재까지 형식적 의미의 물권법은 없다. 그러나 사회주의 시장경제의 건립과 발전에 따라 정식적으로 물권법 초안을 만들기 시작했고, 민법전 제정도 추진 중에 있기 때문에 머지않아 물권법이 제정될 것으로 예상된다.[5]

(2) 물권법의 규율대상

앞에서 서술한 것과 같이 물권법은 물건에 대한 점유관계를 조절하는 각종 물권법률규범의 총화로서[6], 그 규율대상은 재산에 대한 점유관계이다. 역사적으로 보면, 우선 점유관계가 있은 후에 물권법이 존재한다. "사유재산의 기초는 점유이고, 점유는 사실적 행위이다. 그러므로 물권으로 해석할 수 없는 권리는 사실이 아니다. 그리고 점유사

---

[5] 본서는 「중국물권법」 제정 전에 서술된 것이지만 제정 물권법의 내용과 거의 일치하며, 물권법이 제정된 지금에도 그 설명이 유효한 것으로 보인다. 제정 물권법의 상세한 내용도 부록으로 첨부하였다.-역주
[6] 물권의 관념화, 즉 사실적 점유로부터 점차 관념적 지배로 발전하고 있는, 관점이 아닌 물권 개념의 출발점에 대한 설명이라고 볼 수 있다.-역주

실에 대한 법률규정으로 인하여 실제점유가 합법적인 점유의 성질을 가지게 되었다."[7] 이 말은, 즉 인류의 생산력이 일정한 수준으로 발전하였을 때, 점유관계는 법률권리관계의 성질을 가지게 된다. 여기서 재산의 점유관계란 법률귀속관계와 재산에 대한 물권이용관계를 가리킨다. 이런 점유관계는 재산귀속질서의 보호를 목적으로 하고 재산의 향유와 사용을 내용으로 하며, 사회경제생활의 정태적(靜態的) 안전을 보호한다. 이것은 재산취득을 규율대상의 내용으로 사회경제생활의 동태적(動態的) 안전을 보호하고 재산의 유동적 기능을 실현하는 채권법과는 대응되는 내용이다.

점유관계에서 재산의 귀속관계란 특정한 재산이 특정한 민사주체에게 귀속되어 그 주체가 향유하는 재산관계를 가리키며, 이를 물권의 소유권제도로써 규율한다. 소유권제도는 사회의 근본적인 이익과 직접적으로 관련되기 때문에, 어떤 사회의 법률제도에서든 중요한 지위를 차지한다. 다시 말해서, 현대사회의 법률질서의 기초가 된다고 할 수 있다.

점유관계에서 재산의 물권이용관계란 물권설정계약을 통하여 형성된 재산관계를 말하며, 재산의 사용가치를 반영하는 용익물권관계와 재산의 교환가치를 반영하는 담보물권관계를 포함한다. 물권의 재산이용관계는 계약채권을 통하여 형성된 재산이용관계와는 다르다. 여기서 후자는 재산의 유전(流轉)을 통한 재산의 이용관계를 반영하고, 전자는 재산의 사용가치·교환가치의 지배를 통한 재산이용관계를 반영한다.

---

[7] 《馬克思恩格斯全集》第1卷, 382쪽.

물권의 재산이용관계를 규율하는 법률규범은 근·현대민법의 타물권 또는 한정물권제도이다. 즉, 용익물권과 담보물권이다. 이들은 사용가치와 교환가치의 두 방면으로 나뉘므로 그 목적물에도 차이가 있다. 따라서 한정물권제도는 자신만의 독특한 규율과 권리내용, 권리체계를 가지고 있다.

물권법은 재산귀속관계와 재산물권이용관계의 두 가지 재산점유관계에 대하여 규율한다. 이로써 소유권을 핵심으로 용익물권과 담보물권까지 포함하는 3대(三大)법률제도가 형성되었다.

2. 물권법의 특징

물권법은 각종 물권이 갖는 물건에 대한 여러 관점과 지배력의 정도를 확정한다. 이런 물권의 지배적 성질은 물권법을 제정한 국가의 경제제도와 부합하여야 하고, 물건을 지배하거나 이용할 때에 제3자와 발생하는 직접적인 이해관계도 고려하여야 한다. 따라서 물권법의 규정은 채권법과는 다르고, 그 특징도 비교적 뚜렷하다.

(1) 적용의 강제성

물권법규범은 물권의 지배적·배타적·공시적 성질 때문에 대부분 강제성을 띤다. 그리고 물권법정주의, 일물일권(一物一權)주의, 공시(公示)와 공신(公信)의 원칙 등을 원칙으로 한다. 따라서 예외가 있기는 하나 원칙적으로 물권법의 각 제도는 당사자의 자발적인 창설이나 임의적인 변경을 금지한다. 예를 들어, 당사자의 약정이 물권법에 위배되면 이 약정은 무효이다.

이와 달리 채권법규범은 임의성을 지니고 있고 자유계약원칙에 따른다. 당사자는 원칙적으로 계약의 종류·내용·형식은 물론이고, 심지어 위약책임의 방식까지 규정할 수 있다. 이때에도 채권법은 그에 대하여 관여하지 않으며 유효한 계약은 법률효력을 가진다.

(2) 내용의 고유성

물권법의 내용 및 제정은 국가경제의 기초, 민족의 관습, 역사적 전통과 심지어 통치자의 의지와도 밀접한 관계가 있기 때문에 고유한 성질을 가진다. 특히 토지제도의 규범은 사회제도와 상호작용을 한다. 그 예로 중국은 공유제를 채택하여 토지를 국가와 단체의 소유로 하는데[8], 이런 공유제의 물권법의 내용은 자연히 그 특수성과 고유성을 반영하게 된다.

이와 달리 채권법은 재산의 유동적인 질서의 보호를 강조하며 보편적인 의의를 가진다. 각국의 채권법에 대한 규정은 대동소이할 뿐만 아니라 점점 동일해지고 있는 추세이다. 따라서 물권법의 고유성과 채권법의 보편성은 선명하게 대비된다.

(3) 적용상의 공익성

물권법은 재산의 정태적 안전과 재산귀속의 실현을 임무로 한다. 특히 토지 등 희소성을 가지는 천연자원에 대한 보호를 그 목적으로

---

[8] 「중국헌법」 제10조에서는 "도시의 토지는 국가소유에 속한다. 농촌과 교외의 토지는 법률에 국가소유라고 규정한 것 외에는 단체소유에 속한다. 주택기지와 자류지(自留地), 자류산(自留山)은 단체소유에 속한다"고 규정하고 있다. 여기서 자류지(自留地)란 사회주의 국가에서 농업집체화(集體化) 이후에 농민개인이 경영할 수 있도록 한 자유경작지를 말하고, 자류산(自留山)이란 나무재배 및 그에 따른 부산물의 생산·판매의 권리를 인민공사원(人民公社員)에게 부여한 산을 말한다.-역주

한다. 또한 국가, 사회 그리고 제3자의 이익을 언급하며, 공공의 이익에 대해서도 많은 규정을 하고 있다. 근대의 물권법에는 소유권절대의 원칙이 있었다. 즉, 국가는 소유권의 보호를 위하여 존재하는 것이고, 누구도 소유권의 신성함을 침범할 수 없으며, 법률은 이를 절대적으로 보호해야 한다는 것이었다. 그러나 점점 경제적 강자가 약자를 압박하는 현상이 일어났고, 그 결과 소유권자의 의무가 약화되고 남용을 야기시켰다. 20세기에 이르러 사회의 변천에 따라 소유권절대보호의 원칙을 수정하였다. 즉, 소유권을 가진 자는 사회적 의무를 부여하며 임의로 남용할 수 없다고 명확하게 규정하였다. 다시 말해서, 소유권 행사에 대한 개인적인 이익을 고려하는 것 외에 엄격히 사회공익의 원칙, 신의성실의 원칙과 권리남용금지의 원칙을 준수해야 한다고 강조하였다. 이를 소유권의 사회화 사상의 입법적 표현이라고도 하는데, 이로써 물권법은 채권법과는 다른 공익법성을 가지게 되었다. 그러나 그렇다고 해서 이 특징이 물권법의 본질에 영향을 준 것은 아니므로 물권법은 여전히 사법적 성질을 가진다.

3. 물권법의 기본원칙

현대사회의 물권법은 날로 복잡해지는 물건에 대한 점유관계에 발맞추기 위하여 각종 다른 유형의 물권을 규정하였을 뿐만 아니라 명확한 법률원칙 또한 형성하였다. 일반적으로 물권법은 물권법정주의, 일물일권주의, 공시·공신의 원칙이라는 3대원칙을 갖고 있다.

(1) 물권법정주의

물권법정주의란 물권의 유형, 내용, 취득과 변경은 법률의 규정에 의거하여, 누구도 법률에 규정이 없는 물권을 창설할 수 없으며 법률이 제한한 범위를 넘어선 물권의 행사를 할 수 없다는 법률원칙이다. 물권법정주의는 물권법의 주요 정신사상일 뿐 아니라 어떤 국가에서는 민법전 물권편의 제1조 첫머리에 이 원칙을 제시하고 있다. 「일본민법전」 제175조(물권편 제1조)에서도 "본법 및 기타 법률이 규정한 것 이외의 물권은 창설할 수 없다"고 규정하고 있다.

물권법정주의의 내용은 다음과 같다.

(a) 법으로 규정한 물권 이외의 권리는 그 창설을 금지한다.

(b) 법으로 규정된 권한을 넘어서는 행위는 금지한다.

(c) 법으로 규정된 각종 물권의 설립 및 변동방식에 따르지 않은 물권은 물권설립 및 변경에 의한 법률효과가 발생하지 않는다.

물권법정주의는 물권법규범의 강제성을 명확히 나타내므로 채권법규범과는 구별된다. 물권은 사회의 소유제도를 반영하므로 통치계급에 기대어 생존하는 경제적 기초와 직접적으로 연관된다. 만약 인간이 물권을 자유롭게 창설할 수 있다면, 통치계급의 근본적인 이익에 악영향을 끼쳐 사회가 혼란해질 것이다. 또한 사회주의 사회에서 계급이 소멸한다면, 생산물을 배분할 때에 분쟁이 벌어질 것이다. 따라서 이와 같은 생산물의 배분에 대한 분쟁을 중지시키고 물건이 안전하게 이용되는 등의 일반적인 사회기능을 발휘하기 위해서 물권법정주의의 실행이 필요하다. 그 밖에 물권은 배타성을 가지므로 물권의 행사는 물권권리자의 이익뿐만 아니라 타인, 사회공공이익과도 직접적으로 관련된다. 따라서 타인의 이익과 사회공공이익의 보호를 위해서도 물권법정주의의 실행이 필요하다.

이와 달리 채권은 사회의 상품거래관계를 반영하고 거래발전의 촉진과 재산유동의 안전보호를 그 일반적인 사회기능으로 한다. 또한 채권관계는 특정한 당사자 간의 민사법률관계이므로 일반적으로 제3자의 이익과 사회공익과는 관련되지 않는다. 따라서 채권법은 자유계약원칙을 실행하여 자유로운 채권권리형성의 기회를 부여한다.

그러나 물권법의 물권법정주의가 물권을 억압하여 변화하지 못하게 하는 것은 아니다. 즉, 법률규정에 없는 물권에 대한 개인적인 창설을 금지하는 것이 새로운 물권을 규정하지 않는 것을 의미하지는 않는다. 정반대로 물권법은 사회경제발전에 따른 객관적 요구에 근거하여 새로운 종류의 물권을 계속적으로 규정함으로써 물권체계를 발전시켜 왔다. 중국민법통칙 중의 자연자원사용권, 토지승포경영권 등을 그 예로 들 수 있다.

(2) 일물일권주의

일물일권주의는 대륙법계 국가의 물권법에서 채택하는 것으로 하나의 물건에는 단 하나의 소유권만이 성립할 수 있고, 두 개 이상의 소유권이 성립할 수 없다는 법률원칙이다. 「중국민법통칙」 제5장 제1절 '재산소유권과 관계 있는 재산권'의 규정에서도 일물일권주의가 나타나 있다.

일물일권주의는 소유권을 자물권(自物權)[9], 즉 완전물권으로 보고 소유인에게 그 소유물에 대한 총괄적인 지배력을 부여한다. 이 원칙에 따라 타인은 소유자의 소유물에 대하여 소유권 외의 타물권만 취

---

[9] 자물권이란 재산의 소유자가 법률에 의거한 자기소유의 재산, 즉 자신이 지배할 수 있는 재산에 대한 권리를 말한다. -역주

득할 수 있다. 여기서 타물권은 성질상 소유권과는 다른 종류의 물권이고, 그 권리주체는 소유자의 소유물에 대하여 제한적인 지배만 할 수 있다. 소유권과의 관계에서 볼 때, 타물권은 소유자가 타인에게 형성시켜 준 물권이다. 즉, 소유자가 타인을 향하여 소유권의 부분적 권리를 양도한 결과이다. 따라서 타물권의 성립은 소유권에 대한 제한일 뿐, 소유자의 소유권에는 영향을 주지 않는다. 다시 말해서, 소유물이 타물권의 권리자에 의하여 직접 점유되더라도 소유자는 여전히 그 소유물에 대한 지배력을 가진다는 것이다. 타물권이 소멸할 때, 소유권이 받은 제한은 모두 제거되며 원래의 상태를 회복하게 된다.

일물일권주의 실행의 목적은 물건의 귀속성을 명확히 하고 소유권을 상위물권으로 하는 물권체계의 형성에 있다. 이 목적의 실현을 위하여 대륙법계 국가의 물권법에서는 우선적으로 소유권을 규정하여 소유자가 물건주로서의 법률지위와 소유물에 대한 지배적 권한을 인정한 다음 이를 근거로 용익물권과 담보물권, 이 두 가지 타물권을 규정한다. 용익물권과 담보물권을 규정하는 목적은 소유자의 소유권 실현의 욕구를 만족시키고, 타인의 물건에 대한 이용욕구를 만족시키는 데 있다. 이와 같이 대륙법계 국가의 물권체계는 소유권, 용익물권, 담보물권의 세 종류의 물권을 서로 연관시켜 놓으면서도 각각 자신의 위치에서 물건에 대한 귀속관계, 용익관계, 담보관계에 대한 법적 규율을 실현할 수 있도록 한다.

(3) 공시의 원칙과 공신의 원칙

공시와 공신원칙 또한 물권법의 기본원칙이다. 공시의 원칙이란 물권의 변동은 법정방식을 통하여 대중이 알도록 하여야 한다는 것으로 당사자의 합의만 있고 법정방식에 따르지 않은 물권의 변동은 그 효력이 발생하지 않거나 선의의 제3자에 대하여 대항할 수 없다는 원칙이다. 공신의 원칙이란 법에 의하여 공시된 물권은 사회적 공신력을 갖게 되어 만약 잘못 공시되었더라도, 즉 공시된 물권의 명의자가 실제로 물건에 대한 권리가 없다할지라도 공시된 물권의 명의자와 거래하는 선의의 제3자의 이익은 법률의 보호를 받는다. 예를 들어, 선의의 제3자가 등기상의 건물소유주로부터 건물을 샀을 때, 그 등기상의 명의자가 실제 소유주가 아니더라도 구매한 건물에 대한 소유권을 취득할 수 있다.

공시·공신원칙의 목적은 물권 질서를 확립하고 거래안전을 보호하는 데 있다. 물권은 절대적 권리이기 때문에 어느 누구도 부당하게 물권에 대하여 침해, 간섭, 방해하여서는 아니되는데, 일반인에게 이 의무를 준수하도록 요구하기 위해서는 물권에 대한 식별가능성이 있어야 하므로 법률은 물권의 공시방법을 규정하여 물권의 권리자에게 법이 정한 방식에 따라 공시할 것을 요구하고, 법률에 따라 물권이 공시된 이상 법률도 그에 대한 사회적 공신력을 부여하여 공시된 명의인과 거래하는 선의의 제3자의 이익을 법률로써 보호한다. 따라서 물권은 공시를 통하여 식별가능성을 가지게 된다. 공시원칙에 의하여 공시된 물건에 대하여 공신력을 부여함으로써 공시된 명의인과 거래하는 선의의 제3자의 이익은 법률의 보호를 받게 되며, 이로써 물권 질서를 보호하고 거래의 안전을 보호할 수 있게 된다.

제2절 物權의 分類體系

I. 민법전에서의 물권분류체계

각국 민법전에 규정된 물권은 서로 차이가 있기는 하지만, 상위분류는 일치하는 경향을 보인다. 총체적으로 네 가지 분류로 귀납해볼 수 있다.

1. 소유권

소유권은 권리주체가 법률이 규정한 범위 내에서 소유물을 점유·사용·수익·처분할 수 있고 배타성과 지배성을 가지는 물권이다. 이 때문에 소유권은 기타 물권의 상위에 위치하고, 기타 물권의 기초가 된다. 즉, 물건의 효능을 발휘하기 위하여 소유권으로부터 파생되었지만 전면적으로 물권의 특징을 가지고 있지 않은 권리는 물권의 기타 분류로 간주한다.

2. 용익물권

용익물권은 법률에 의거한 적당한 범위 내에서 타인소유의 물건에 대한 사용과 수익을 주요 내용으로 하는 권리이다. 이는 소유권에서 분리되어 나온 물권형식의 하나이다. 전통민법에서는 일반적으로 지상권, 지역권, 전권(典權), 영소작권(永佃權) 등을 포함하며 물건의 사용가치의 취득을 목적으로 한다.

3. 담보물권

담보물권은 법률에 따라 타인(채무인 또는 제3자)소유의 물건(특정재산)을 채권의 담보로 제공하는 것을 목적으로 하는 물권이다. 일반적으로 저당권, 질권(質權), 유치권(留置權)을 포함하며 물건의 교환가치의 취득을 목적으로 한다.

4. 점유

점유는 점유인의 물건에 대한 사실상의 지배라고 보는 것이 통설이다. 그러나 각국 입법례는 점유가 사실인지 혹은 권리인지에 대하여 일치하지 않고 있다. 예를 들어, 일본민법전은 '물권편'의 별도의 장에서 '점유권'으로 규정해 놓고 있고, 독일민법전은 '물권편'에서 '점유'로 규정해 놓고 있다. 이 때문에 학술이론상 논쟁의 여지가 있는 문제들이 존재한다. 그럼에도 불구하고 각 나라는 보편적으로 이를 물권으로서 인정하고 보호한다. 즉, 점유를 물권제도에 포함시킨다.

II. 학술이론상의 물권분류체계

1. 자물권(自物權)과 타물권(他物權)

물권은 물권의 권리주체가 그 재산의 소유자인가 아닌가에 따라 자물권과 타물권으로 나눌 수 있다. 자물권이란 재산의 소유자가 법률에 의거한 자기소유의 재산, 즉 자신이 지배할 수 있는 재산에 대한 권리를 말한다. 그 예로 소유권이 있다. 타물권은 재산의 소유자가 아닌 자가 법률규정 또는 소유자의 의사를 근거로 타인소유의 재산을 유한하게 지배하는 권리이며, 이는 제한물권이라고도 한다.

타물권의 '타(他)'의 의미는 매우 다양하다. 소유자 이외의 다른 사람이 향유하는 물권임을 표명하기도 하고, 타인의 물건에 대하여 향유하는 물권을 표명하기도 한다. 또한 소유권 이외의 물권을 표명하기도 한다. 소유권과 타물권의 구분은 재산의 소유자와 타물권의 권리자의 관계를 정확히 하여 재산의 소유자와 타물권의 권리자의 합법적 이익을 공평하게 보호하고, 물건의 효용성을 충분히 발휘하여 상품경제의 발전을 촉진시키며, 인간의 물질에 대한 요구를 만족시키는 데 그 의의가 있다.

자물권과 타물권의 차이점은 다음과 같다.

(a) 자물권은 자주물권(自主物權), 즉 재산의 소유자가 재산을 향유하는 물권을 말하고, 타물권은 타주물권(他主物權), 즉 소유자가 아닌 자가 타인의 재산을 향유하는 물권을 말한다.

(b) 자물권은 원시적 물권이고, 타물권은 소유권에서 파생된 물권이다.

(c) 자물권은 완전한 물권이고, 타물권은 제한받는 물권이다.

(d) 자물권은 무기물권(無期物權)이고, 타물권은 유기물권(有期物權)이다.

2. 용익물권과 담보물권

타물권은 설립목적에 따라 용익물권과 담보물권으로 나눌 수 있다. 용익물권은 물건에 대한 사용과 수익을 목적으로 하는 물권으로 외국민법에서 규정된 지상권, 지역권, 영소작권 등이 모두 용익물권에 속한다. 또한 중국민법통칙에서 규정한 전민소유제기업경영권(全

民所有制企業經營權), 채광권, 국유토지사용권과 농촌집체토지 및 기타 생산수단의 승포경영권(農村集體土地及其他生産資料的承包經營權)도 용익물권에 속한다. 이와 달리 담보물권은 채무이행과 채권실현의 보증을 목적으로 하는 물권으로 저당권, 질권, 유치권이 이에 속한다.

일반적으로 타물권은 물건의 사용가치를 이용하느냐, 아니면 물건의 교환가치로써 채무의 이행을 보장하느냐의 이 두 가지 중의 한 가지 목적만을 추구한다. 즉, 용익물권 혹은 담보물권을 가리킨다. 서로 다른 설립목적에 근거한 용익물권과 담보물권은 다음과 같은 차이가 있다.

(1) 용익물권과 담보물권은 모두 물건에 대한 지배권이지만 물건의 어떠한 가치를 지배하느냐에 그 차이가 있다. 용익물권은 물건의 사용가치를 지배하는 반면, 담보물권은 물건의 교환가치를 지배한다. 그러나 이러한 차이는 상대적인 의의만 가진다. 일반적으로 담보물권의 권리주체는 목적물의 교환가치를 통하여 우선적으로 변제받을 수 있지만, 목적물을 사용하거나 수익을 얻을 수는 없다. 반면 용익물권은 목적물의 사용·수익에 대한 제한이 없기 때문에 그 권리주체가 물건을 사용·수익하는 것 이외에 목적물을 양도하거나 신용담보의 용도로 사용할 수 있다. 예를 들어「중국도시, 읍, 국유토지매도와 양도에 관한 임시시행조례(城鎭國有土地出讓和轉讓暫行條例)」에는 토지사용자의 토지사용권 양도와 토지사용권에 대한 저당권 설정에 대하여 명확히 규정하고 있다. 이는 용익물권이 가지는 사용가치에 대한 지배력을 기초로 한다.

(2) 용익물권은 독립성을, 담보물권은 종속성을 가진다. 용익물권

은 법률규정 또는 재산소유자의 계약에 따라 독립적으로 존재하며, 용익물권의 권리자가 재산의 소유자에 대하여 다른 재산권리를 가질 것을 전제로 하지 않는다. 반면 담보물권은 담보물권의 권리자가 담보물의 소유자 또는 그 관계자와 채권관계를 바탕으로 하기 때문에 채권이 소멸하면 담보물권도 소멸하게 된다.[10]

(3) 용익물권의 행사는 반드시 목적물의 점유를 전제로 한다. 왜냐하면 용익물권의 권리자가 목적물을 점유하지 않는다면 목적물을 사용하고 수익을 얻을 수 없기 때문이다. 반면 담보물권자는 목적물을 직접 점유하는 경우도 있고, 점유하지 않는 경우도 있는데 법률상으로 담보물권자가 목적물에 대한 담보물권을 가지고 있음을 확인할 수 있으면 되기 때문이다. 상품경제와 신용제도의 발전에 따라 물건의 사용가치와 교환가치의 효용을 높이기 위하여 점유이전이 불필요한 담보(동산 포함)가 보편적인 담보의 형식이 되어가고 있다.

(4) 담보물권은 물상대위성(物上代位性)을 가지고 있으나 용익물권은 이런 성질이 없다. 담보물권의 목적물이 소멸되거나 상실되었을 때 담보물권자에게 그 책임이 없다면 담보물권자는 담보권설정자, 즉 소유자에게 다른 물건으로 목적물을 대체하거나 보충할 것을 청구할 수 있다. 반면 용익물권의 목적물이 소멸되거나 상실되었을 때에는 그 원인에 관계없이 용익물권은 소멸하고, 용익물권의 권리자는 소유인에게 다른 물건으로 대체하

---

[10] 이는 한국의 '담보물권의 부종성'에 해당한다.-역주

거나 보충할 것을 청구할 수 없다.

3. 동산물권, 부동산물권과 권리물권

물권은 물권의 목적물의 종류에 따라 세 가지로 분류할 수 있다.

동산물권은 이동가능한 재산을 객체로 하는 물권이고, 부동산물권은 토지와 건물 등 이동이 불가능한 재산을 객체로 하는 물권이다. 권리물권은 권리를 객체로 하는 물권으로 권리저당권과 권리질권을 포함한다.

부동산 중 특히 토지는 경제생활에서 매우 중요한 역할을 한다. 인류사회의 역사를 통해 볼 때, 부동산으로 인하여 계급투쟁과 혁명이 일어나기도 하였다. 따라서 각국의 통치계급은 부동산의 점유관계(귀속과 이용의 두 방면 포함)를 어떻게 규율할 것인가를 매우 중시했다. 현대의 각국은 사회의 모순을 완화하고 사회경제질서를 안정시키기 위하여 민법전의 물권편에 전문해석이나 조문 등을 두어 부동산물권에 대하여 자세히 규정하였다. 또한 민법전 이외에 토지, 건축물 등 부동산에 관한 단행법을 제정하여 사회관계에 대하여 종합적으로 규율하고, 지방정부와 토지관리기관의 부동산에 대한 행정관리도 강화되고 있다. 이에 따라 부동산물권과 동산물권은 다음과 같은 차이점이 드러난다.

(1) 부동산과 동산은 설정할 수 있는 물권의 종류가 다르다. 모두 소유권을 설정할 수는 있지만 타물권을 설정할 때에는 큰 차이가 있다. 각국의 민법은 부동산(특히 토지)의 소유권과 부동산의 실제 이용시에 나타나는 모순을 해결하고 부동산소유권을 향유하고 있지 않은 사회구성원의 부동산에 대한 수요를 만족시키

기 위하여 부동산에 대해 지상권, 영소작권, 사용권, 용익권, 지역권 등과 같은 용익물권을 규정하고 있다. 따라서 부동산의 사용이라는 사회문제를 해결하지 않는다면 용익물권은 존재할 수 없고, 더 나아가 타물권제도의 출현도 불가능할 것이다. 반면 동산은 법에 따라 부동산과 함께 용익물권 또는 경영권의 객체가 될 수 있다는 것을 제외하고는 일반적으로 용익물권의 객체가 될 수 없다. 마찬가지로 부동산의 효율적 이용을 위해서 각국 민법전은 부동산에 담보물권을 설정할 때에는 점유를 이전하지 않아도 된다고 규정하고 있다. 그러나 동산에 담보물권을 설정할 때에는 일반적으로 당연히 점유를 이전하여야 한다고 규정하고 있다.

(2) 부동산물권과 동산물권은 공시방법이 다르다. 각 나라는 부동산의 행정관리를 강화하기 위하여 부동산물권의 설립[11]과 양도·소멸에 상응하는 등기제도가 있다. 그러나 동산물권(증기선, 자동차 등 중요한 동산은 예외로 함)에 대해서는 이러한 등기제도를 적용하지 않는다. 즉, 부동산물권의 설립 및 양도는 국가주무관청에 등기하는 것을 공시방법으로 정하고, 만약 등기하지 않으면 실제로 부동산을 점유하고 있더라도 선의의 제3자에게 대항할 수 있는 권리를 갖지 못한다. 반대로 동산물권의 향유와 양도는 점유와 인도를 공시방법으로 하고 이를 통해서 제3자에게 대항할 수 있는 법률효력을 가진다.

(3) 부동산물권과 동산물권에 대한 제한이 다르다. 동산물권의 취

---

[11] 발생을 의미하는 것으로 보인다.-역주

득과 행사는 사회공공이익에 미치는 영향이 적기 때문에 사회주의 국가이든 자본주의 국가이든 일반적으로 법으로 동산의 취득과 행사에 대하여 특별한 제한을 두지 않는다. 그러나 부동산물권의 취득과 행사는 사회공공이익과 직접적인 관계가 있으므로 법으로 특별한 제한을 둔다. 특히 토지를 객체로 하는 물권에 대한 법적 제한은 매우 엄격하여 별도로 토지법의 규정을 통하여 다음과 같이 제한한다. 첫째, 토지소유권의 문제에 있어 사회주의 국가는 개인의 토지소유권 취득을 금지한다. 자본주의 국가는 개인의 토지소유권 취득을 금지하지는 않지만, 봉건사회와 같은 대지주의 토지독점을 막기 위하여 일정한 제한을 둔다. 둘째, 현대 자본주의 국가의 법률에서는 개인에게 귀속되지 않는 토지에 대하여 국가소유임을 규정하고 있다. 즉, 토지에 대하여 무주물 선점의 원칙을 적용하지 않고 즉시취득제도에 따라 토지소유권을 취득할 수도 없다. 부동산물권의 행사는 법률의 제한을 많이 받는다. 예를 들어, 토지소유권과 사용권의 행사는 민법의 상린(相隣)규정의 제한뿐만 아니라 토지행정관리법규의 제한도 받는다. 또한 국가는 토지·건물에 대해 사회공공이익의 수요를 근거로 강제수용할 수도 있다.

　법리(法理)상의 동산물권, 부동산물권과 권리물권의 구분의의도 각종 물권의 성립요건, 효력 및 취득, 상실, 변경에 차이가 존재한다는 데 있다. 그 밖에 권리물권도 그 자체의 특징이 있다.

4. 본권(本權)과 점유

점유는 물건을 직접 통제하는 사실상태를 가리키며, 본권은 민법이 규정한 소유권, 각종 용익물권과 담보물권 및 물권에 대한 임차인과 사용자의 권리를 가리킨다. 물론 점유는 단순사실이라고 여기기도 하고, 권리라고 여기기도 한다. 그러나 점유는 권리이든 사실이든 간에 본권과는 확실히 구분된다. 이를 바탕으로 민법의 물권편에 점유에 대한 전문적 규정을 두고 점유를 보호하는 법률을 제정하였다. 이는 점유관계의 안정과 거래의 안전을 지키는 데 중요한 의의를 가진다.

5. 보통물권과 준물권(準物權)

보통물권은 민사기본법, 즉 민법전에 규정된 물권을 말한다. 준물권은 광업법, 어업법 등 특별법의 규정으로 인해 물권적 성질을 가지는 재산권을 가리키며, 그 예로 광업법에서 규정한 탄광권과 채광권, 어업법에서 규정한 포획권과 양식권 등을 들 수 있다. 그러나 이런 물권은 민법전에 규정된 것이 아니고 취득과 행사에도 행정적 제한을 받기 때문에 전통민법이론에서는 이를 '준물권'이라 한다.

중국은 입법에 있어서 전통민법이론의 준물권을 세 가지의 재산권, 즉 채광권, 포획권, 양식권으로 나누고 민사기본법인 중국민법통칙에서 규정하였다. 그러나 현재의 입법체제하에서 이 세 가지 물권을 계속 준물권으로 볼 것인가에 대해서 의견이 분분하다.

상술한 물권종류 이외에 주물과 종물, 등기물권과 비등기물권[12], 유

---

[12] 등기능력 유무에 따른 구분으로 보인다.-역주

기(有期)물권과 무기(無期)물권을 구분하고 있으며, 이 분류의 기준은 물권과 분리된 후의 독립적 성립 여부, 공시방식, 소멸원인 등이 된다.

III. 중국의 물권분류체계

중국은 건국 후 상당한 시간 동안 이론상으로 물권제도를 부인했을 뿐만 아니라 실제로도 물권의 체계를 확립하지 않았다. 그러나 국가 경제체제의 개혁과 발전에 따라 새로운 재산지배관계가 나타나 그에 상응하는 규율이 필요하였고, 민법통칙을 반포하여 이 문제를 해결하였다. 그러나 중국은 현재까지 민법전을 편찬하지 않았고 민사입법 문건상에 '물권'이라는 단어를 사용한 문건도 없다. 그러므로 실질적으로 완벽한 의의의 물권법제도를 확립했다고는 할 수 없다.[13]

그러나 중국은 민법통칙, 토지관리법, 도시부동산관리법, 광산자원법, 해상법, 어업법, 수도법, 삼림법, 초원법, 담보법 등 법률에서 소유권을 규정하고 있으며, 그 외에 다른 국유토지사용권, 부지사용권, 토지승포경영권, 저당권, 유치권, 질권, 채광권, 어업권과 수도권 등 약간의 권리형식도 규정하고 있다. 그 소유권의 내용은 비교적 규범적이고 명확하며, 성질과 효력도 분명한 편이다. 그렇지만 그 이외의 물권에 대해서는 법률적으로 성질과 효력이 명확하지 않다. 하지만 실제로 소유권 이외의 물권의 향유자도 법률범위 내에서 재산을 독립적으로 지배할 수 있고, 제3자에게 그 권리를 주장할 수도 있으며, 심지

---

13 현재는 물권법이 全人代에서 통과되어 10월 1일 시행을 기다리고 있다.-역주

어 소유권자의 불법적 간섭에 대항할 수도 있다. 그러므로 이 권리는 뚜렷한 타물권의 성질을 가진다.

학계에서는 민법통칙의 소유권과 타물권의 규정은 중국물권제도의 기본틀을 형성하였고, 실질적으로 중국 물권의 입법의 체계화, 과학화, 통일화와 현대화를 위한 기초를 다졌다.

제3절 物權의 效力

물권의 효력이란 물건에 대한 지배권적 성질을 바탕으로 형성된 물권의 특정한 보장력 또는 특수한 법률효력을 가리킨다. 물권의 효력에 대해서는 다수의 국가들이 법률에 명시하지 않았기 때문에 이에 대한 학자들의 해석이 다양하다. 주요 학설로는 '두 가지 효력이 있다는 견해', '세 가지 효력이 있다는 견해', '네 가지 효력이 있다는 견해'의 세 가지가 있는데, 이 중 '네 가지 효력이 있다는 견해'[14]를 통설로 한다. 즉, 물권의 효력은 배타적 효력, 우선적 효력, 추급효와 물상청구권을 포괄한다는 것이다.

---

14 王澤鑒:《民法物權》第1冊, 台灣三民書局, 1992年版, 50쪽.

I. 배타적 효력

물권의 배타적 효력이란 같은 내용의 물권 사이에는 서로 배척하는 성질을 갖는다는 말이다. 즉, 하나의 물건에 같은 성질이나 같은 내용의 물권이 두 가지 이상 존재할 수 없다는 것이다. 이 효력은 물권의 직접적인 지배력에서 비롯된다. 반면 채권은 청구권으로 배타적 효력이 없고, 동일내용의 채권이 동시에 여러 개 존재할 수 있으며, 모두 평등한 지위에 있다. 이중매매를 그 예로 들 수 있다.

물권의 배타적 효력은 주로 다음과 같은 상황에서 나타난다.

내용 또는 유형이 완전히 같은 물건에 동일한 지배내용이 존재하거나 점유를 내용으로 하면 서로 배척하게 되므로 같은 물건상에 다수의 물권은 성립할 수 없다. 예를 들면, 동일한 물건에 두 개의 소유권과 두 개의 동일한 성질의 사용권 등의 제한물권이 존재할 수 없다. 또한 동일한 목적물에 대한 소유권을 타인이 시효취득이나 선의취득을 통하여 취득한 경우 그 원소유자의 소유권은 소멸된다.

다른 유형의 물권내용이 기본적으로 동등하여도 상호 배척하게 되므로 동일한 물권의 병존은 불가능하다. 예를 들어, 어느 국유토지가 A기업에 의하여 사용되고 있을 때, 그 토지를 동시에 B기업에게 사용하도록 하는 것은 불가능하다.

물론 물권이 배타적 성질을 가지고 있다하여 모든 물권에 대하여 배척하는 것을 의미하는 것은 아니다. 그저 동일한 물건에 병존할 수 없음을 말한다.

예외적으로 여러 개의 물권이 동일물건에 존재할 수 있는 경우는 다음과 같다.

(1) 동일한 내용의 여러 가지 지역권

(2) 소유권과 제한물권

(3) 물권이 다른 방면을 지배하는 제한물권. 예를 들면 용익물권과 담보물권이 동일한 물건에 병존하는 것

(4) 점유를 필요요건으로 하지 않는 여러 물권

II. 우선적 효력

물권의 우선적 효력은 물권의 우선권이라고도 한다. 그 기본적인 개념은 권리효력의 강약에 있다. 즉, 동일한 목적물에 이익이 서로 충돌하는 권리가 병존할 때 비교적 강한 효력을 가지고 있는 권리가 효력이 약한 권리보다 우선적으로 실현된다는 것이다. 물론 물권의 우선적 효력의 내용에 관해서는 다른 주장도 있다. 물권의 우선적 효력은 물권이 채권보다 우선한다는 것에만 제한된다고 주장하는 이도 있고, 물권 간의 우선적 효력에 한하여 제한된다고 주장하는 이도 있다. 그러나 물권의 우선권은 전후로 발생한 물권 사이, 물권과 채권 사이에 모두 존재한다는 것이 일반적인 견해이다.

1. 물권과 채권 간의 우선효력

동일한 목적물에 물권과 채권이 병존할 때 물권이 우선적 효력을 가진다.

(1) 물권은 채권을 배제한다

특정한 물건에 채권이 성립할 때 이미 그 물건에 물권이 성립되어 있다면 물권은 채권에 우선한다. 이때, 채권자는 물권자에게 원래 채권의 목적물에 대한 인도를 요구할 수 없으며, 원래의 채무자에게 위약책임만 있다. 예를 들어, 매도자 갑은 자기소유의 특정물을 대상으로 을과 매매계약을 맺었다. 그러나 그 목적물을 을에게 인도하지 않았고, 계약상으로도 목적물의 소유권이 계약성립시에 이전한다고 약정하지 않았다. 며칠 후, 갑은 동일물을 대상으로 병과 매매계약을 맺고 계약에 따라 목적물을 병에게 인도하였다. 이때 만약 병이 선의로써 실시한 매매계약이라면, 「중국민법통칙」 제72조 제2항의 규정에 따라 병은 목적물에 대한 소유권을 얻게 된다. 이때 을은 먼저 맺은 매매계약을 이유로 병에게 목적물을 인도할 것을 요구할 수는 없고 갑에게 채무를 이행하지 않은 데 대한 위약책임만을 청구할 수 있다.

(2) 물권은 채권에 대하여 우선변제권이 있다

여기서 우선변제권이란 담보물권을 가지고 있는 채권자가 다른 채권자보다 먼저 변제받을 수 있음을 가리킨다. 우선변제권에 기초하여 기업 파산시 담보물권자는 별제권(別除權)[15]을 가진다. 즉, 파산재산에서 그 담보물은 제외되어 담보물권자는 단독적으로 변제받게 된다는 것이다. 담보물권자가 채무 전부를 변제받은 후 나머지 재산은 파산재산에 포함되어 기타 채권자가 변제받게 된다. 담보물이 다른 채권

---

15 파산재단(破産財團)에 속하는 특정재산에서 다른 채권자보다 우선하여 변제를 받을 수 있는 권리-역주

자의 신청에 의해 강제집행되었을 경우, 담보물권자는 그 집행에 대하여 법원에 이의를 제기할 수 있다.

(3) 우선적 효력의 예외

(a) 임차권은 그의 물권적 성질을 바탕으로, 우선 성립된 임차권은 임대물을 인도받은 후 나중에 성립된 물권보다 우선될 수 있다. 즉, 임차권의 효력은 임대 이후의 임대물소유권의 이전 또는 기타 물권의 설정의 영향을 받지 않는다.[16]

(b) 법률에서 어떠한 물권에 대해 우선적으로 권리를 향유할 수 없다고 규정해 놓은 경우가 그 예외에 해당한다. 그 예로 먼저 설정된 저당권이 선장과 선원의 임금 등 노동의 보수와 사회보험비 등의 비용에 대한 청구권보다 우선할 수 없다는 규정을 들 수 있다.

2. 물권이 가지는 일반인에 대한 우선적 효력

여기서 말하는 우선적 효력이란 우선구매권을 말한다. 즉, 재산소유자가 그 재산을 매도할 시 동등한 조건 아래 재산소유자와 물권관계에 있는 자가 우선적으로 그 재산을 구매할 수 있다는 것이다. 「중국민법통칙」 제78조 제2항에서는 안분공유자(按分共有者)[17] 중의 한 공유자가 자신의 지분을 처리할 때, 기타 지분소유자는 동등한 조건 아래 우선적으로 지분을 구매할 수 있는 권리를 향유한다고 규정하고

---

16 채권법 부분 참조.-역주
17 안분공유자란 한국의 '공유자'와 같은 의미이다.-역주

있다. 또한, 임대권도 물권의 성질을 가지므로 최고인민법원의 「〈민법통칙〉 의견」 제118조에서 건물임차인의 우선구매권을 규정해 놓고 있다. 그러나 우선적 구매권은 물권의 권리자가 일반인보다 우선권을 가진다는 것이지, 물권이 채권보다 우선한다는 것을 설명한 것이 아니다. 그렇지만 이 또한 물권을 바탕으로 발생한 것이므로 물권의 우선적 효력을 구현한다.

3. 물권 상호간의 우선적 효력

여기서 우선적 효력이란 물권이 성립된 시간의 전후를 기준으로 물권효력의 상하를 정하는 것을 말한다.

(1) 먼저 성립된 물권은 나중에 성립된 물권보다 우선한다

동일한 물건에 내용이나 성질이 같은 둘 이상의 물권이 존재할 때에는 '먼저 성립된 권리가 우선한다'는 원칙을 적용한다. 이런 우선적 효력은 두 가지 형태로 나타난다.

(a) 먼저 성립된 물권은 나중에 성립된 물권보다 우선적으로 권리를 향유한다. 성질상 공존할 수 없는 두 물권이 하나의 물건에 함께 존재할 수 없으므로 나중에 발생된 물권은 성립될 수 없으며, 먼저 발생된 물권이 그 권리를 향유한다. 즉, 소유권에 의하여 지배되고 있는 물건에 다시 소유권을 설정할 수는 없다. 또 하나의 물건에 저당권이 설정된 후 또다시 저당권을 설정했을 때 먼저 등기된 저당권이 우선적으로 변제받는다.

(b) 먼저 성립된 물권은 나중에 성립된 물권을 배척한다. 그러나 만약 물권이 성질상 공존할 수 있다면 나중에 나타난 물권은 먼저

성립된 물권을 방해하지 않는 범위 내에서 성립될 수 있다. 다시 말해서, 먼저 성립된 물권은 항상 우선적인 지위에 있으며, 나중에 성립된 물권이 먼저 성립된 물권을 방해할 경우에는 먼저 성립된 물권의 실행시 나중에 성립된 물권은 배척되거나 소멸한다. 예를 들어, 저당권이 성립된 물건에 또다시 지상권이 성립된 경우, 지상권은 저당권이 실행되는 동시에 소멸한다.

(2) 우선적 효력의 예외

(a) 제한물권은 일정한 범위 내에서 소유권을 제한할 권리가 있으므로 지배범위 내에서는 소유권보다 우선한다.

(b) 법률의 특수규정에 따라 '먼저 성립된 것이 권리도 우선한다'는 원칙이 적용되지 않을 때에는 반드시 법정순위에 따라 물권의 우선적 효력을 확립한다. 예를 들어 「중국해상법」 제21조에서는 "선박우선권은 선박유치권보다 우선하여 배상받고, 선박저당권은 선박유치권보다 우선하여 배상받는다"고 규정하고 있다.

(c) 사회공익과 정책을 이유로 나중에 성립된 물권이 먼저 성립된 물권보다 우선하기도 한다. 예를 들면 중국해상법의 우선권은 나중에 성립된 선박저당권의 효력보다 우선한다.

III. 추급효력(追及效力)

물권의 추급효력은 물권이 성립한 후에 물권의 목적물이 어떠한 경로를 통하여 누구에 의하여 점유되었든 간에 법률에 별도규정이 있는 것을 제외하고는 물권의 권리자가 물건의 소재를 추급해서 물권을 행사할 수 있다는 법률효력을 말하며, '추급권'이라고도 한다.

물권의 추급효력은 주로 두 가지 상황에서 나타난다.

첫째, 목적물이 처분권이 없는 자에 의하여 제3자에게 양도되었을 때, 법률에 다른 규정이 있는 것을 제외하고는 물권의 권리자가 제3자에게 원물(原物)반환을 청구할 수 있다. 이때 물권이 가지는 추급효력은 물상청구권의 한 형식에 속한다.

둘째, 저당권설정자가 마음대로 제3자에게 저당물을 양도하였을 경우, 저당권자는 저당물의 소재를 추급하여 저당권을 행사할 수 있다.

학술적으로 물권의 추급효력의 독립적인 효력 여부를 놓고 긍정설과 부정설이 존재한다. 부정설은 물권의 추급효력이 물권의 우선적 효력의 내용 중의 하나 또는 물상청구권을 반영한 것이므로 독립적인 효력으로 볼 필요가 없는 것이다. 반면 긍정설은 추급효력을 물권의 독립적 효력으로 보는 견해이다. 물권에 대한 전면적인 보호를 위해 자세하고 확실하게 물권의 본질을 파악하려면 추급효력을 독립적인 효력으로 보는 것이 마땅하다고 주장한다.[18]

물권의 추급효력은 상대적이다. 물권법은 거래의 안전과 제3자의 이익보호를 위해서 추급효력에 대해 다음과 같은 제한을 두고 있다.

첫째, 선의의 제3자는 목적물의 점유에 대해 선의취득제도와 시효취득제도의 보호를 받는다. 선의의 제3자가 선의취득제도 또는 시효취득제도에 따라 목적물에 대한 소유권을 취득했을 때, 원래 소유자

---

18 梁慧星主編：《中國物權法研究》(上), 法律出版社, 1998年版, 81쪽.

는 선의의 제3자에게 원물반환을 청구할 수 없고, 이를 권한 없이 처분한 자에게만 손해배상을 청구할 수 있다.

둘째, 물권을 법정방식에 따라 공시하지 않은 자는 선의의 제3자에게 대항할 수 없다. 즉, 선의의 제3자에 대한 추급효력이 없다는 것이다. 예를 들어, 저당권자가 등기하지 않은 저당권의 저당물을 마음대로 제3자에게 양도하였을 경우, 저당권자는 제3자에게 저당권 행사에 대하여 추급할 수 없다.

셋째, 물권등기에 착오가 있을 경우, 등기명의자와 거래한 선의의 제3자는 등기공신력(登記公信力)의 법률보호를 받기 때문에 실제 권리자는 그에 대하여 추급할 수 없다.

IV. 물상청구권(物上請求權)

물상청구권이란 물권의 권리자가 물건을 지배하는 데 있어 타인의 방해를 받아 문제가 발생했을 때 물건의 지배상태를 회복시키기 위하여 생겨난 청구권을 말한다. 물상청구권은 물권의 지배권이 방해받을 경우에 발생하며, 그 목적은 물권권리자의 물건에 대한 지배상태를 유지하는 데 있다. 물상청구권은 원물반환청구권과 방해제거청구권, 원상회복청구권을 포함하며, 이 세 가지 청구권은 물건의 원래 지배상태의 회복이 가능할 때에만 행사할 수 있다.

1. 물상청구권의 성질

물상청구권의 성질에 관해서는 여러 견해가 있는데 대충 네 가지로 요약할 수 있다.

첫째, 물상청구권은 순수한 채권이라는 견해

둘째, 물상청구권은 물권행사에 대한 결과일 뿐 독립적 물권은 아니라는 견해

셋째, 물상청구권은 채권과 비슷하면서도 동일하지 않은 준채권(準債權)이라는 견해

넷째, 물상청구권은 물권을 기초로 하는 종속적 독립청구권이라는 견해

우리는 네 번째 견해가 가장 타당하다고 본다. 왜냐하면 물권은 법률상의 권리로서 성립 후에 타인의 간섭이나 침해를 받았을 때, 권리자가 물권의 원상회복을 청구할 수 있기 때문이다. 이러한 청구는 뚜렷한 독립성을 가지며, 이는 물권의 특유한 현상이기도 하다. 또한 물상청구권의 발생은 물건에 대한 지배권이 침해받았음을 기초로 한다. 따라서 물건의 지배권을 따르는 것도 물상청구권의 특징으로 이는 독립성과 크게 다르지 않다.

2. 물상청구권과 채권청구권

물상청구권과 채권청구권 사이에는 많은 차이가 존재한다.

첫째, 발생하게 된 근거가 다르다. 채권청구권의 발생은 계약, 사무관리[19], 부당이득의 취득 혹은 권리침해로 인한 손해발생 등을 근거로 하지만, 물상청구권의 발생은 물건에 대한 지배권이 침해받았음을 발

---

[19] 중국에서는 '무인관리(無因管理)'라고 칭한다. 무인관리란 법정 또는 약정된 의무가 아니지만, 타인을 위해 사무를 관리하거나 서비스를 제공하는 것을 말한다. 이는 한국의 사무관리와 같은 뜻으로 쓰이므로 본서는 사무관리로 칭한다.-역주

생근거로 한다. 즉, 물상청구권은 불법행위에 대한 손해배상의 채(債)에 관련한 채권청구권과 많은 차이가 있다.

둘째, 목적이 다르다. 미시적으로 말하자면 채권청구권의 목적은 채권자의 물건, 지식상품, 노동력, 서비스 등 이익의 획득을 만족시키는 데 있지만, 물상청구권의 목적은 물권의 권리자가 물건에 대한 원래의 지배상태를 회복하여 각종 이익을 향유하고자 하는 데에 있다. 거시적으로 말하자면, 채권청구권의 목적은 물건의 동태적 안전, 즉 유통의 안전을 지키는 데 있지만, 물상청구권의 목적은 물건의 정태적 안전, 즉 점유·지배상의 안전을 지키는 데 있다.

셋째, 결과가 다르다. 채권청구권의 행사는 채권관계의 소멸을 낳지만, 물상청구권의 행사는 물건에 대한 지배권을 회복시켜 그 능력을 계속적으로 순조롭게 행사할 수 있도록 한다.

3. 물상청구권과 손해배상청구권

물상청구권과 손해배상청구권도 큰 차이가 있다. 그러나 양자의 차이를 혼동하게 되면 물상청구권을 채권으로 보는 실수를 낳는다.

물상청구권과 손해배상청구권의 차이는 크게 두 가지로 볼 수 있다.

첫째, 물상청구권은 물권의 효력이고, 손해배상청구권은 채권의 효력이다.

둘째, 손해배상청구권은 침해행위가 위법성을 지니고 손해가 발생하여야 그 효력이 발휘된다. 하지만 물상청구권은 그런 조건이 없이 그저 행위자의 행위가 물권자의 물건에 대한 정당한 지배권 행사를 방해하였다면 성립된다. 즉, 행위자의 행위에 위법성이 없고 손해발생이 없더라도 물권자는 물상청구권을 행사할 수 있다. 즉, 물건의 소유자는 필요에 따라 물건의 적법한 사용자에게 원물반환을 청구할 수 있다. 또한 토지소유자와 사용자도 정당한 원인이 있다면, 원래 그 토지로 통행하던 자에게 통행금지 또는 다른 길로 통행할 것을 요구할 수 있다. 그러므로 물상청구권과 손해배상청구권은 차이가 있기는 하지만 병존할 수도 있다.

4. 물상청구권의 행사

물권은 자신의 소유물에만 존재하는 것이 아니라 타인의 소유물에도 존재할 수 있다. 그러므로 물상청구권의 발생은 소유권에 대한 것일 수도 있고, 제한물권에 대한 것일 수도 있다. 즉, 용익물권에도 발생할 수 있고, 담보물권에도 발생할 수 있다는 것이다.

물상청구권은 자력보호의 방식으로 행사할 수 있다. 즉, 물권자가 권리를 침해받은 후 직접적으로 침해자에게 일정한 행위를 요구하는 것을 말한다. 예를 들어 침해자에게 침해정지, 방해제거, 방해예방, 원상회복, 원물반환 등을 청구할 수 있으며 이로 인해 물권의 지배력을 회복할 수 있다. 이렇게 물권의 권리자가 직접적으로 택하게 되는 자력보호조치는 침해의 발생을 신속히 막을 수 있고, 자기재산 또는 권리의 손해를 입지 않거나 줄일 수 있으며, 침해자와의 모순도 순조롭게 끝맺을 수 있다는 점에서 필요성이 요구된다. 그러나 자력보호의 행사를 통한 물상청구권이 권리침해에 대한 해결의 필수적 경로는 아니다. 물론 물권의 권리자가 자력보호를 통하여 아무 결과도 얻지 못했을 경우 공권력에 의한 구제를 통하여 권리침해문제를 해결하는 것이 일반적이지만, 직접 법원에 소송을 제기하여 권리확정과 기타 보호조치를 취해줄 것을 요구할 수도 있다.

제4절 物權의 變動

I. 물권변동의 개요

물권변동은 두 가지 관점으로 살펴볼 수 있다. 물권의 주체의 입장에서 보면 물권의 취득, 설정, 변경과 상실을 가리키고, 물권 자체의 입장에서 보면 물권의 발생, 변경과 소멸을 가리킨다. 물권변동은 물권법의 민사법률효과로서 권리주체 사이에서 권리객체에 대한 지배와 귀속의 법적 관계 변경을 그 내용으로 한다.

1. 물권의 취득(발생)

물권의 취득은 특정주체에게 물권이 생기는 것을 가리키며, 타인의 권리와 의사에 대한 근거 여부를 기준으로 원시취득(原始取得)과 승계취득(承繼取得)으로 나눌 수 있다.

(1) 원시취득은 타인의 권리와 의지에 의거하지 않고 물권을 취득하는 것을 말하며, 고유취득이라고도 한다. 물권의 원시취득방법은 통상적으로 9가지가 있다.
　(a) 생산을 통한 상품에 대한 물권취득
　(b) 수익(收益)을 통한 자연과실의 취득

(c) 국가의 세수, 국유화, 징세, 징용, 몰수를 통한 물권취득

(d) 국가의 법정순서에 따라 상속인이 없는 재산, 찾아가지 않는 유실물과 소유권이 불분명한 매장물에 대한 소유권취득

(e) 집체조직이 그 구성원의 상속인이 없는 유산의 소유권을 취득하는 것

(f) 법률이 허락하는 범위 내에서의 무주물 선점을 통한 소유권취득

(g) 첨부물에 대한 물권취득

(h) 시효제도에 의한 물권취득

(i) 선의취득제도를 통한 물권취득

(2) 승계취득은 타인의 권리와 의지에 따라 물권을 취득하는 것을 말하고 전래취득(傳來取得)이라고도 하며, 일반적으로 법률행위에 근거한다. 물권의 승계취득은 이전적 승계(移轉的 承繼)와 설정적 승계(設定的 承繼)[20]의 두 종류로 분류할 수 있다.

(a) 이전적 승계는 물권자의 물권이 완전히 새로운 권리자에게 이전되는 것을 말한다. 예를 들면 매매, 상호거래, 증여 등이 있다.

(b) 설정적 승계는 소유권자가 타인에게 소유권 이외에 다른 물권을 설정해주는 것을 가리키며, 민사와 행정의 두 가지 취득방법이 있다. 민사적 방법은 소유권자가 타인과의 계약체결을 통해 타인에게 타물권을 창설해주는 것을 말한다. 예를 들어 지상권, 영소작권, 지역권, 토지사용권 양도, 저당권

---

[20] 중국에서는 '이전승계취득(移轉承繼取得)과 창설승계취득(創設承繼取得)'이라 한다. -역주

등의 계약체결이 있다. 행정적 방법은 국가행정주관기관의 양도나 특허를 통해 법인, 자연인에게 타물권을 설정해주는 것을 가리킨다. 토지사용권, 채광권, 수산양식권, 수산자원포획권, 취수권, 수렵권 등의 설정이 있다.

상술한 두 가지 승계 외에도 특정대상에 대한 특정승계취득과 타인의 권리·의무를 전부 이어받는 포괄승계취득이 있다.

2. 물권의 변경

물권변경에는 광의와 협의의 물권변경이 있다. 광의의 물권변경은 물권의 주체·객체·내용이 모두 변경되는 것을 가리킨다. 협의의 물권변경은 물권의 객체와 내용이 변경되는 것만을 가리키며 물권주체의 변경은 포함하지 않는다. 왜냐하면 물권주체의 변경을 감안할 경우, 원래 물권자의 물권상실과 새로운 물권자의 물권취득이 동시에 일어날 수 있기 때문이다. 일반적으로 물권법에서의 물권변경은 물권객체와 내용의 변경만을 가리킨다. 즉, 협의의 변경을 가리키며, 이로 인하여 주체변경은 물권의 취득과 상실로 나누어진다.

물권객체의 변경이란 물권의 목적물의 변화를 가리킨다. 즉, 목적물 수량의 증감을 가리킨다. 그 예로 물권의 목적물이 첨부에 의하여 증가되는 것을 들 수 있다. 물권내용의 변경이란 물권의 질(質)적 변화를 가리킨다. 즉, 물권에 대한 권리와 의무의 상태변화를 말한다. 그 예로 토지소유권자와 지상권자의 토지사용방법 또는 지상권의 기간 등의 변경을 들 수 있다.

3. 물권의 소멸

물권의 소멸은 특정한 주체와 물권과의 분리를 가리킨다. 즉, 주체 또는 물권의 소멸을 말한다. 물권의 소멸도 광의와 협의의 의미가 있다. 광의의 물권소멸은 다음과 같은 두 가지 상황이 있다.

(1) 물권의 절대적 소멸이란 물권이 특정한 주체와 분리된 후, 타인이 그 권리를 취득하지 않아 소멸된 것을 가리킨다. 물권의 절대적 소멸은 물권의 목적물이 소실되었거나 물권의 권리자가 물권을 포기하였거나 타물권과 소유권의 혼동 등에 의해서 나타날 수 있다.

(2) 물권의 상대적 소멸이란 물권이 원래의 주체와 분리된 후 새로운 주체와 결합하여 새로운 주체에게 귀속되는 것을 가리킨다. 예를 들어, 양도인이 물건을 양도함으로써 물권을 상실하는 경우 등이 있다.

협의의 물권소멸은 물권의 절대적 소멸만을 가리키고 물권의 상대적 소멸은 포함하지 않는다. 왜냐하면 물권의 상대적 소멸은 다른 관점에서 보았을 때 물권의 승계취득과 물권의 주체변경에 속하기 때문이다. 이 때문에 물권법에서 말하는 물권의 소멸은 대체적으로 절대적 소멸, 즉 협의의 물권소멸로서 규정된 것을 가리킨다.

II. 물권변동의 원인

물권법상의 민사적 법률효과로서의 물권변동이 다른 법률상의 효과를 일으킬 수 있는가?

근·현대 각국의 물권입법과 실무에 따라 살펴볼 때, 물권변동은 민사상의 법률사실을 발생시킬 수 있으며 그 원인은 세 가지로 다음과 같다.

(1) 물권적 법률행위·물권행위

쌍방행위와 일방행위를 포함하며, 쌍방물권행위에는 물권계약이 있다.

(2) 물권행위 이외의 법률사실

생산, 천연과실, 시효, 선점, 유실물 습득, 매장물 발견, 목적물 상실, 혼동, 가공, 첨부, 법정기한의 만료 등이 있다.

(3) 일부의 공법행위

법원의 강제집행, 징수, 몰수 등을 들 수 있다.

물권변동은 주로 물권행위에 의해서 발생된다. 따라서 물권행위는 물권변동의 주요한 원인으로 각국의 민법이론과 민사입법에서 중요하게 다루어진다.

III. 물권변동의 원인 - 물권행위

1. 물권행위의 기본원리

'물권행위'의 개념과 이론은 독일법학에 의해 창조되었다. 독일학자 사비니(Savigny)는 매매계약의 인도행위는 단순한 사실행위가 아니라 채권행위(매매계약), 목적물의 소유권이전의 물권행위, 금전의 소유권이전의 물권행위, 이 세 가지 법률행위로서 이루어진 것이라 주장하였다.[21] 더 중요한 것은 독일학자들이 물권변동에 대하여 채권행위 외에 물권행위가 존재하고, 그 물권행위는 독자성과 무인성(無因性)을 지닌다고 여기는 관점이다.

물권행위의 독자성이란 물권행위가 채권행위와 완전히 분리되어 독자적으로 존재한다는 것을 말한다. 예를 들어, 인도와 소유권이전 시 발생하는 채권계약으로서의 매매계약은 분리될 수 있다. 물권행위의 무인성이란 물권행위의 효력에 상응하는 채권행위, 매매, 증여, 상호거래 등은 채권행위의 영향을 받지 않는 것을 가리킨다. 즉, 상응하는 채권행위가 무효이거나 철회되었을 때 물권에 대한 합의와 인도 또는 등기로 구성된 물권행위는 무효가 되지 않고 여전히 물권변동의 법률적 효과를 발휘한다는 것이다. 하지만 이때 인도 또는 등기로 인해서 법적 근거가 없어지므로 재산을 받는 일방은 부당이득으로 인해 재산을 반환하여야 하는 의무를 가진다. 이는 물권행위의 독자성의 논리적인 결과이다. 이처럼 물권행위는 매매, 증여, 상호거래 등 채권행위와 분리된 독립적 행위이므로, 물권을 설정하거나 이전하기 위한 합의도 매매, 증여, 상호교역 등의 원인과 분리된 단순한 무인성 행위가 된다.

---

21 王澤鑒:《民法學說與判例研究》第1册.

2. 각국 입법이 물권행위에 대하여 유지하고 있는 입장 및 그 입법 비교

각국 입법은 물권행위에 대해서 긍정주의, 부정주의와 절충주의의 세 가지 입장을 보인다.

(1) 독일입법은 물권행위에 대하여 긍정주의 입장을 유지한다.[22]

(2) 프랑스입법은 물권행위에 대하여 부정주의 입장을 유지한다.[23]

(3) 스위스입법은 물권행위에 대하여 절충주의 입장을 유지한다.

스위스민법전의 물권편에서는 부동산물권의 효력변동의 발생은 반드시 다음과 같은 세 가지 조건을 가져야 한다고 규정하고 있다.

(a) 법률상의 원인 또는 원인이 되는 행위(이하 '원인행위'라 함)가 있어야 한다. 원인행위에는 부동산소유권이전의 계약과 부동산의 타물권 설립계약이 있다.

(b) 부동산소유권자에게 등기할 것을 승낙받아야 한다.

(c) 국가주무관청이 부동산소유인의 등기승낙에 따라 등기한 것이어야 한다.

여기서 볼 수 있듯이 스위스민법은 부동산물권의 변동을 주체의 단순한 채권행위로 보고 있지 않으며, 또한 단순한 물권행위로도 보지 않는다. 부동산물권변동의 근거를 원인행위(채권행위), 등기승낙(물권행위), 이 두 가지 행위의 결합으로 본다. 이것은 물권행위문제에 있어 스위스민법이 독일의 긍정주의와 프랑스의 부정주의 사이에 절충주의적 입법의

---

[22] 독일은 물권행위의 무인성을 인정한다.-역주
[23] 프랑스는 물권행위의 독자성을 인정하지 않는다.-역주

입장을 유지하고 있다는 것을 보여준다.

중국은 상술한 긍정주의, 부정주의, 절충주의의 세 가지 입법주의 중에서 스위스의 절충주의 입법이 가장 발전된 주의라고 본다.

중국은 민사입법과 사법집행에서 물권행위의 독자성 여부에 대하여 스위스와 비슷한 태도를 취하고 있다. 즉, 중국법률은 물건에 대한 소유권의 변동은 채권계약의 유효함과 적법한 존재를 근거로 발생한다고 규정하는 동시에, 반드시 법정방식(인도 또는 등기)으로 이행하여야만 그 효력이 발생한다고 규정하고 있다. 다시 말해서, 중국의 현행 법률은 물권행위의 독자성과 무인성을 인정하지 않고 물권변동이 채권행위의 필연적 결과임을 인정하여 그 법률행위의 적법성과 진실성을 강조하고 있다.

물권행위의 독자성과 무인성이론에 대하여 학계에서는 보편적으로 거래의 실태와 민중의 인식을 위배하였고, 법률관계를 복잡하게 만들었으며 매수인에 대한 공평을 잃었고 거래안전에 대한 보호작용도 선의취득제도에 의해 치환되었다고 평가한다. 그러므로 현재 물권입법의 경향에 따라 중국물권법이 이를 채택하는 것은 마땅치 않다.

제5절 物權變動의 公示와 公信原則

I. 물권공시의 원칙

1. 물권의 공시

물권의 공시는 물권의 향유 및 변동에 대하여 사회대중의 신임을 얻는 외부표현형식이다.

물권은 절대적 권리로 배타적 성질을 가지고 있다. 물권이 배타적 작용을 발휘하면, 인간의 물건에 대한 쟁탈과 타인에 의한 재산 침범을 방지할 수 있으므로 법률은 물권의 공시방법을 명확히 하여 대중이 일정한 외부형태(외관)를 통하여 한번 보면 누가 어떤 물건에 대해서 물권을 향유하고 있는지, 누구 사이에 어떤 물권이 이전되었는지 알 수 있도록 하여야 한다. 이를 반영한 것이 과학적인 물권공시제도이며, 이는 점유관계질서를 수호하고 거래안전을 보호한다. 공시제도의 의의에 근거하여 현대 각국의 물권입법에서 공시·공신원칙을 실행하지 않는 국가는 없으며, 민법전에 물권편의 전문해석 또는 조항을 두어 물권의 공시방법을 규정하고 특별법으로써 보충하여 완벽한 물권공시제도를 확립한다. 예를 들어, 독일민법전 물권편 제1장 점유와 제2장 토지권리에 관한 통칙에서는 집중적으로 동산물권과 부동산물권의 공시제도를 규정하고 있다. 또, 「중국민법통칙」 제72조에서도 소유권이전의 공시문제에 대하여 원칙적 규정을 하고 있다. 이 외에 중국은 토지와 건물등기에 관한 특별법을 제정하여 물권의 공시문제를 직접적으로 언급하고 있다.

2. 물권공시제도의 기본내용

물권공시제도의 기본내용은 물권공시의 방법과 효력에 대한 규정을 말한다.

(1) 물권공시의 방법

각국 물권법의 규정에 따라 물권공시방법은 부동산물권과 동산물권에 따라 다르다. 부동산물권은 등기와 등기변경을 그 소유와 변경의 공시방법으로 한다. 반면 동산물권은 점유를 소유의 공시방법으로, 인도를 변경의 공시방법으로 한다. 법률은 등기, 등기변경, 점유와 인도에 공신력을 부여하고, 일반인은 등기, 등기변경, 점유와 인도 등을 통하여 물권의 소유 및 변경상황을 알 수 있다. 이는 거래안전을 보장하는 데 유리하다.

(2) 물권공시의 효력

등기, 등기변경, 점유와 인도 등 법정물권공시의 효력에 대해서는 다음의 세 가지 입법주의가 있다.

(a) 성립요건주의

이 입법주의는 등기, 인도와 같은 법정공시방법이 공신력을 부여할 뿐 아니라 물권변동의 요건이라고 본다. 이 입법주의에 따르면 당사자의 물권변동에 대한 의사표시만 있고 법정공시방법을 갖추지 않으면 물권은 공신력이 없을 뿐 아니라 물권변동의 효력도 생기지 않는다.

(b) 대항요건주의

이 입법주의는 법정공시방법이 공신력을 부여할 뿐, 물권변동의 요건은 아니라고 본다. 이 입법주의에 따르면 당사자의 물권변동에 대한 의사표시만으로도 물권변동의 효력을 발생시킨다. 하지만 공시하기 전에는 공신력이 없어 선의의 제3자에게 대항할 수 없다고 본다. 즉, 선의의 제3자가 당사자의 공시되지 않았음을 이유로 그 물권변동의 효력을 부인할 수 있다는 것이다.

(c) 절충주의

절충주의는 성립요건주의와 대항요건주의를 겸용한 입법주의이다. 그러나 두 가지 입법주의를 겸용하는 동시에 성립요건주의를 원칙으로 대항요건주의를 부가하거나, 대항요건주의를 원칙으로 성립요건주의를 부가하는 현상이 자주 나타난다. 「중국민법통칙」 제72조에서는 "계약이나 기타 적법한 방법으로 재산을 취득한 경우 재산소유권은 재산이 인도될 때부터 이전된다. 법률에 별도로 규정이 있거나 당사자 사이에 별도로 약정한 경우는 제외한다"고 규정하였다. 이 규정은 원칙적으로 인도를 물권변동의 요건으로 한다. 이는 입법상으로는 성립요건주의를 원칙으로 대항요건주의를 부가하는 절충주의를 채택한 것이다.

앞에서 서술한 세 가지 입법주의의 분석을 통해서 성립요건주의와 대항요건주의는 물권공시를 물권변동의 요건으로 할 것인가의 여부에 대해서는 차이가 있지만, 모두 물권의 공시방법을 규정하고 있으며 법정물권공시로써 공신력을 부여한다고 규정하고 있는 점에서는 동일함을 알 수 있다. 그러므로 규정된 물권공시방법이 공신력을 부여하는 것은 물권공시제도의 기본적인 원칙이다.

3. 부동산물권의 공시방법 - 등기

　부동산물권의 공시방법은 행정주무관청에 등기하는 것이다. 부동산물권의 등기란 부동산을 행정관리기관이 신청인의 신청 또는 그 직권에 근거하여 부동산물권의 설립·변경·소멸 등의 상황을 법에 따라 등기부상에 기재하는 것을 가리킨다. 부동산물권의 등기는 행정행위로서 국가의 권력이 부동산물권관계에 대해 관여할 수 있도록 한다. 관여하는 목적은 각종 부동산물권을 명확히 하여 물권자의 적법적인 이익을 보호하는 데 있다.

　중국에서 부동산물권을 등기할 수 있는 행정기관으로는 국토관리기관, 건물관리기관, 광산관리기관, 어업행정관리기관, 임업관리기관 등이 있다. 이들 기관의 차이는 토지, 건물, 광산자원, 수자원, 임업자원에 의하여 발생된 물권 또는 준물권에 대한 등기관리권의 행사에 있다. 토지와 건물은 인간의 생산과 생활에 보편적이면서도 밀접한 관계를 가지고 있으므로 부동산물권의 등기에 대한 관리, 토지관리기관과 건물관리기관의 토지물권과 건물물권의 등기에 대한 관리는 매우 중요하다.

4. 동산물권의 공시방식 - 점유와 인도

　동산물권은 법률에 별도로 규정이 있는 물권은 점유와 인도를 그 공시방법으로 한다. 여기에서 법률에 별도규정이 있는 것을 제외하고는 민간항공기, 선박, 자동차 등을 객체로 하는 물권과 동산저당권과 일부 권리질권을 포함한다. 이와 같은 동산물권은 법률의 규정에 따라 점유와 인도를 그 공시방법으로 하지 않고, 등기를 그 공시방법으로 한다. 하지만 일반적인 동산물권은 모두 점유와 인도를 그 공시방법으로 한다.

(1) 점유의 공시

점유는 동산물권을 향유하고 있음에 대한 공시방법이다. 점유란 인간이 물건을 지배하는 것을 말한다. 물건을 직접적으로 지배하는 것을 직접점유라고 하고, 간접적으로 지배하는 것을 간접점유라고 하며, 이들은 모두 동산물권을 향유하고 있음에 대한 공시방법이 될 수 있다. 예를 들어, 소유자는 임대한 동산에 대해 간접적인 지배력을 가지며, 이러한 간접점유는 그 임대물에 대하여 소유권 향유의 공시방법이 될 수 있다.

(2) 인도의 공시

(a) 인도는 동산물권의 양도에 대한 공시방법이다. 등기는 부동산물권의 모든 변동의 공시방법이 될 수 있는 것과 달리, 인도는 동산물권의 모든 변동의 공시방법이 될 수 없고 민사행위로서 실시하는 동산물권의 양도에 대한 공시방법만 될 수 있다. 여기서 말하는 민사행위는 동산물권의 양도를 목적으로 하는 쌍방법률행위와 일방법률행위(예: 유증), 유상행위와 무상행위를 포함한다. 또한 여기서의 양도란 소유권양도와 점유로 타물권의 설정을 포함한다. 동산물권의 다른 변동은 인도를 공시방법으로 하지 않는다. 다시 말해서 민사행위로서 실시한 동산소유권의 양도와 질권설정시에만 인도를 동산물권의 변동의 공시방

법으로 하며, 그중 동산소유권의 양도만이 보편적인 의의를 가
진다.
(b) 인도방식

인도는 당사자가 물건에 대한 점유를 다른 이에게 이전시키는
것을 가리키며 이전물의 직접점유와 간접점유를 포함한다. 인
도는 동산물권의 양도의 공시방법으로서 인도인의 양도의사를
전제로 한다. 일반적으로 인도인의 일방적인 민사행위 또는 인
도인과 인수인 사이의 쌍방민사행위로 나타난다. 인도의 방식
은 다음과 같다.

(i) 현실인도 : 직접적인 점유의 이전을 말한다. 현실인도는 다
음과 같은 두 가지 방법을 포함한다. 첫째, 정해진 시간과
장소에서 양도인이 양수인에게 직접 물건을 전달하는 방법
이다. 이런 인도는 양수인이 물건을 받은 후 완성된다. 둘
째, 양수인의 지시에 따라 물건을 위탁운송하거나 우송하는
방법이다. 이런 인도는 양도인의 위탁운송 또는 우송수속이
끝났을 때 완성된다.

(ii) 간이인도 : 당사자 간의 합의에 근거하여 양수인이 원래 타
주점유(他主占有)하던 것을 자주점유(自主占有)로 변경하는
것을 가리킨다. 이런 인도는 소유권의 양도합의에서 정한
시간이 도래하였을 때 또는 정한 조건이 성립되었을 때 완
성된다.

(iii) 점유개정(占有改定) : 쌍방의 합의에 따라 양도인의 자주점유
를 타주점유로 변경하는 것을 말한다. 이런 인도는 점유개
정의 합의가 달성되었을 때 또는 합의에 의해서 약정한 시

간이 도래하였을 때 완성된다.

(iv) 지시인도 : 목적물반환청구권의 양도라고 부르기도 한다. 즉, 소유자가 제3자에게 점유한 재산을 양도할 때, 원물반환의 청구권의 양도를 통하여 인도할 수 있다는 것이다. 예를 들어, 임대권의 권리자가 임대물의 소유권을 양도하려고 할 때 이런 방식으로 인도를 대체할 수 있다.

상술한 네 가지 방식 중 현실인도는 자주 볼 수 있는 것이고, 나머지 세 가지는 예외적인 상황이다. 그러나 거래상의 편의를 위해서 네 가지 인도방식의 효력은 동등하다.

II. 물권공신의 원칙

1. 공신의 원칙의 의의와 기능

물권의 공신원칙이란 물권관계와 부합하지 않는 공시에 의해 분쟁이 생기는 경우 거래의 안전을 더 중요시하여 공시(등기 또는 점유)된 대로 상대방을 권리자라 믿고 거래한 선의의 제3자를 보호하여야 한다는 원칙이다. 다시 말해서, 선의의 양수인이 공시를 신뢰할 경우, 목적물의 양도인이 사실상 처분권이 없더라도 제3자는 물권을 취득할 수 있다는 원칙이다. 물권의 공신과 물권의 공시는 밀접한 관련이 있으며 실제로 물권의 공신원칙은 공시원칙에 대한 보충으로서 물권의 공시원칙을 한 단계 더 발전시킨다.

물권변동은 특정한 당사자 간의 관계에 대한 것이지만 실제적 권리와 등기 또는 점유로 명시된 권리가 불일치하는 상황이 일어날 수 있다. 이런 실상권리와 허상권리[24]의 불일치가 거래의 안전 및 선의의 제3자의 이익에 영향을 주는 것은 당연지사이다. 그러므로 상품교환시 등기 또는 점유의 효력을 믿은 선의의 제3자는 물권변동에 결점이 있거나 외형적 특징과 불일치하고 사실상 양도인이 목적물에 대한 처분권이 없더라도 등기 혹은 점유권리가 정당하다고 인정되면 사실물권과 같은 법률효과를 얻게 된다. 이것이 바로 공신원칙의 입법 목적이다.

앞에서 볼 수 있듯이 물권의 공신제도는 상품의 거래질서와 동적 (動的) 안전의 보호를 실현한다. 거래에 참여하는 선의의 제3자는 거래에 있어 목적물 변동의 공시방법만 이해한다면 언제든지 경제이익을 실현할 수 있으며, 공시된 것 이외의 물권의 상태는 고려할 필요가 없다. 따라서 공신원칙은 거래의 안전을 확실히 보장하는 현대 물권법의 중요한 원칙이다.

2. 부동산등기의 공신력[25]

(1) 물권등기의 공신력이란 일반인이 등기기관의 등기부상의 각종 등기가 정확하다고 믿는 것을 말한다. 이에 의거하여 착오가 있거나 누락된 등기에 대해서도 정확하다고 믿고, 등기된 명의자(등기부상 기재된 물권의 권리자)와 거래를 한 선의의 제3자의 이익은 법률의 보호를 받는다.

---

[24] 명부상의 권리자와 실제 권리자의 불일치를 의미한다. 물권변동의 원인이 되는 채권행위의 흠결로 인한 원인무효의 등기가 경료되어 있는 경우 등을 말한다.-역주
[25] 중국물권법은 부동산의 공신력을 인정하여 부동산 선의취득제도를 채택하였다.-역주

(2) 등기공신력의 보호를 받는 선의의 제3자는 등기된 명의자에게서 물권을 취득한 사람과 등기된 명의자에 대해 인도의무를 이행한 사람이다.

(a) 등기된 명의자로부터 물권을 취득한 사람은 다음과 같은 법률보호를 받는다.

(ⅰ) 등기된 명의자로부터 소유권을 취득한 사람은 등기된 명의자가 실제소유자가 아니더라도 그 명의하에 등기된 소유권을 취득할 수 있으며, 실제권리자는 그 소유권을 상실하게 된다. 예를 들어 A건물의 실제소유자는 갑이지만 관할등기소의 건물등기부상에서의 착오로 을이 A건물의 소유자로 등기된 상태에서 병은 을에게서 A건물을 매수하였다. 병은 소유권 명의변경 등기시까지도 을이 허위소유자라는 것을 모르고 A건물에 대한 소유권의 취득을 확정하였다. 이때 병은 A건물에 대한 소유권을 취득하게 되고, 실제 건물소유주인 갑은 A건물에 대한 소유권을 상실하게 된다.

(ⅱ) 등기된 명의자에게서 취득한 재산에 등기되지 않은 저당권이 있을 경우에는 그 재산에 저당권이 없는 것으로 보고, 취득자는 저당권의 부담이 없는 소유권을 취득하게 된다.

(ⅲ) 처분권을 제한받는 등기된 명의인(예: 파산선고에 의하여 처분권을 제한받게 된 경우)이 양도한 물권의 소유자는 이런 제한이 물권등기부에 기재되어 있지 않았을 때에는 그 제한의 영향을 받지 않고 양도된 물권의 취득을 확

정할 수 있다.
  (b) 등기된 명의자에게 인도의무를 이행한 자는 법률에 따라 다음과 같은 보호를 받는다. 제3자가 등기에 따라 등기된 명의자가 권리인임을 믿고 의무를 이행하였다면 등기된 명의자가 실제권리자가 아니더라도 제3자의 의무이행은 유효하다. 이때 실제권리자는 제3자에게 다시 이행할 것을 요구할 수 없으며, 등기된 명의자에게 부당이득의 반환만 청구할 수 있다.
  법률은 등기에 공신력을 부여하여 선의의 제3자의 이익을 보호하는 데 그 목적이 있으므로 잘못된 등기가 제3자에게 불리하다면 공신력은 발생하지 않는다. 예를 들어, 선의의 제3자가 양도받은 재산에 실제로 존재하지 않는 저당권이 등기되어 있을 경우에 이를 등기착오로 보고 선의의 제3자는 저당권의 부담이 없는 재산소유권을 취득하게 된다.
(3) 제3자가 등기로 인한 공신력의 보호를 받기 위해서는 반드시 다음과 같은 조건을 만족하여야 한다.
  (a) 등기착오를 등기부에서 찾을 수 없어야 한다. 등기착오란 등기된 것과 실제상황이 일치하지 않는 것을 가리킨다. 따라서 등기에 착오가 없거나 착오사항을 등기부에서 찾을 수 있을 경우, 제3자는 공신력에 의한 보호를 받지 못한다.
  (b) 제3자는 선의(善意)여야 한다. 선의란 제3자가 등기된 명의자에게 권리양도를 받을 때나 의무를 이행할 때 등기착오에 대하여 몰라야 한다. 만약 제3자가 등기착오를 명백히 알거나 당시의 상황에 비추어 알 수 있었다면, 이를 악의로 보고

등기에 의한 공신력의 보호를 받을 수 없다.

(4) 실제 권리자에 대한 보호

법률은 잘못된 등기에 공신력을 부여하여, 선의의 제3자의 이익과 거래의 안전에 대한 확실한 보호를 목적으로 한다. 그렇다고 실제권리자의 이익을 고려하지 않는 것은 아니다. 법률은 실제권리자의 이익에 대하여 다음과 같은 보호조치를 취한다.

(a) 선의의 제3자가 등기된 명의자에게서 권리를 취득하기 전에 실제권리자가 등기된 명의자에 대해 소송을 제기하여, 법원이 등기된 명의자의 권리를 부정하고 자신의 권리를 인정해줄 것을 청구할 수 있다. 승소 후 실제권리자는 법원판결을 근거로 관할등기소에 잘못된 등기를 수정해줄 것을 요구할 수 있다. 그 전에 실제권리자는 등기에 대한 이의를 관할등기소에 제출하여 등기착오에 대한 공신력을 정지시킬 수 있다.[26]

(b) 선의의 제3자가 등기된 명의자에게서 권리를 취득한 후에 실제권리자의 권리는 상실되지만 등기된 명의자에게 손해배상을 청구할 수는 있다. 만약 관할등기소가 등기착오에 대한 과실이 있다면, 실제권리자는 관할등기소를 상대로 손해배상을 청구할 수 있다. 등기된 명의자의 배상책임은 민사배상책임으로 민사소송절차를 거쳐 확정되고, 등기기관의 배상책임은 행정배상책임으로 행정절차를 통하여 확정된다.

---

[26] 위와 같은 취지로 중국물권법에는 이의등기제도가 채택되었다(제19조). -역주

3. 동산점유의 공신력

동산물권의 향유는 점유를 그 공시방법으로 한다고 법률은 규정하고 있다. 이 규정에 따라 동산의 실제점유도 대중에 대한 공신력을 가지게 된다. 점유의 이런 공신력을 근거로 점유인이 점유동산에 대하여 처분권이 없더라도 그로부터 동산을 양도받은 제3자의 이익은 법률의 보호를 받는다. 각국은 선의의 제3자의 이익을 보호하고 거래의 안전을 보호하기 위하여 점유의 공신력을 바탕으로 물권법에서 선의취득제도를 규정해 놓고 있다. 선의취득제도의 규정에 따라 양도권이 없는 자에게서 동산을 양도받은 제3자는 법률에 규정된 조건에 만족될 때에 그 양도한 권리를 즉시 취득할 수 있으며, 원권리자의 권리는 소멸된다. 이런 상황에서 원권리자는 양도권이 없는 자에게 손해배상을 청구할 수 있다.

제6절 物權의 法律保護

I. 물권의 확인청구

물권의 귀속이 불분명하거나 그 존재에 모순이 나타났을 때, 당사자는 법원에 소송을 제기할 수 있다. 즉, 물권에 대한 확인청구를 할 수 있다. 모순에 대한 확인은 본권의 존재와 그 귀속문제와 직접 관련되므로 일반적으로 당사자 사이에서 해결할 수는 없고, 물권에 대하여 확인할 수 있는 권리가 있는 국가기관만이 이 문제를 해결할 수 있다. 특히 부동산물권은 엄격한 등기제도하에 관리되므로 법원과 주관국가기관만이 이 문제를 해결할 수 있다. 물권확인청구권에는 소유권확인의 청구와 타물권확인의 청구가 있다.

물권의 확인은 물권보호의 독립적인 수단이다. 재산의 소유권 또는 타물권이 충돌하게 되면 진정한 권리자의 권리는 불안정상태에 있게 된다. 그리하여 그 정상적인 물권행사에 영향을 준다. 권리자는 법원 또는 물권을 확인할 수 있는 국가기관이 법률로써 권리자의 물권을 다시 한 번 명확히 확인한 후에야 정상적으로 물권을 행사할 수 있다. 그러므로 물권의 확인은 물권에 대한 법률적 보호의 전제조건이다.

II. 방해배제청구[27]

타인이 불법행위로 권리자의 물권행사를 방해할 경우 권리자는 방해자에게 방해를 제거할 것을 청구할 수도 있고, 법원이 방해자에게 방해제거명령을 내려줄 것을 청구할 수도 있다. 이 청구의 사실적 근거는 타인의 행위가 권리자가 행사하는 사용·수익 등의 권능을 방해하는 데 있으므로 방해제거의 청구는 물건을 점유하고 있는 소유자에게 직접 제기할 수도 있고, 물건을 점유하고 있는 용익물권의 권리자에게 직접 제기할 수도 있다.

---

[27] 원문은 '배제방애청구(排除妨碍請求)'이다.-역주

방해배제청구는 이미 발생한 방해에 대한 제거청구와 나타날 가능성이 있는 방해에 대한 예방청구를 포함한다. 전자는 실제로 방해가 존재할 경우에 제기할 수 있다. 그 목적은 이미 존재하는 방해를 제거하는 데 있다. 후자는 방해의 발생이 예상될 때, 즉 방해의 위험이 존재할 때 제기할 수 있다. 그 목적은 발생할 가능성이 있는 방해를 예방하는 데 있으며 '방해방지청구'라고도 한다.

III. 원상회복청구[28]

물권의 목적물이 타인의 불법행위로 인하여 파손되었을 때, 원상복구가 가능하다면 물권의 권리자는 불법행위자에게 원상복구를 청구할 수 있다. 이 청구는 물건의 소유자가 그 소유권을 근거로 제기할 수도 있고(소유권자의 소유물에 대한 직접점유 여부는 상관하지 않음), 물건의 적법한 점유인(예: 질권인, 보관인)과 사용자(예: 임대인, 승포경영인)가 제기할 수도 있다. 왜냐하면 이들은 소유자의 물건을 온전하게 유지할 의무가 있기 때문이다.

원상회복의 목적은 물건의 완벽한 상태의 회복에 있다.

원상회복청구를 위해서는 반드시 다음과 같은 조건을 구비하여야 한다.

첫째, 재산이 손상된 사실이 존재하여야 한다.

---

[28] 한국민법의 물권적 청구권에는 원상회복청구의 개념이 존재하지 않는다. 또한 불법행위에 기한 손해배상책임에 있어서도 금전배상원칙이 확립되어 있어 원상회복은 해제권 행사의 경우에만 문제되게 된다.−역주

둘째, 손상된 재산은 타인의 불법행위에 의한 것이어야 한다. 이것에는 고의적인 재산파손행위와 부당한 사용에 의한 재산파손행위가 있다. 소유자는 자연적으로 파손된 재산에 대해서 사용자가 불법사용자인 경우나 법률에 별도규정이 있는 경우를 제외하고는 원상회복을 청구할 수 없다.

셋째, 손상된 재산은 복구가 가능한 것이어야 한다. 만약 복구의 가능성이 없다면 물권의 권리자는 불법행위의 행위자에게 손해배상을 청구할 수밖에 없다. 손상된 재산이 복구된 뒤에 그 가치가 떨어지는 경우도 마찬가지이다.

IV. 원물반환청구[29]

소유자의 재산이 타인에 의하여 불법적으로 점유되었을 때, 재산의 소유자나 합법적 점유자는 법률규정에 따라 불법한 점유자에게 원물의 반환을 청구할 수도 있고, 법원이 불법점유자에게 직접적으로 원물의 반환명령을 내려줄 것을 청구할 수도 있다. 각국의 물권법에서는 상품거래의 안전과 점유관계의 보호를 위하여 이 청구에 대한 제한을 두고 있다. 이 때문에 소유자나 적법한 점유자는 물권의 배타성에 따라 모든 불법점유자로부터 원물의 반환을 요구할 수 없다. 또한 어떤 점유자는 비록 '불법'점유를 하고 있다 하더라도 물권법의 점유제도의 특별한 보호를 받아 소유인 또는 적법한 점유자가 그에

---

[29] '물권적 반환청구권'을 의미한다.-역주

대하여 원물의 반환을 청구할 수 없다.

중국 현행민법에는 아직까지 원물반환청구문제에 대한 구체적인 규정이 없다. 그러므로 여기에서는 외국의 관련규정에 대한 비교연구를 기초로 하여 원물반환문제에 대한 기본원리를 소개한다.

(1) 원물반환청구는 물건을 점유하는 것에 대한 권능을 보호하는 방법이므로, 소유자이든 적법한 점유자이든 모두 물권법의 이 청구와 관련된 규정에 따라 불법한 점유자에게 원물반환을 청구할 수 있다.

(2) 원물반환청구는 원물이 특정물이어야 하고 존재하는 것이어야 한다는 것을 전제로 한다.

만약 원물이 종류물이라면 반환을 청구할 필요가 없다. 또 원물이 특정물건이라도 소멸되거나 반환의 가능성이 없는 것도 마찬가지이다. 그러나 이 경우에는 손해배상청구를 할 수 있다.

(3) 불법한 점유자가 소유자나 적법한 점유자로부터 직접적이고 불법적인 방법으로 물건을 취득한 자라면, 즉 도둑, 유실물 습득인, 부당이득자 등의 경우에는 소유자나 적법한 점유자는 원물의 반환청구와 원물에 대한 수익의 반환청구에 있어 어떠한 제한도 받지 않는다.

(4) 불법한 점유자가 양도권이 없는 점유자에게 물건을 취득한 제3자라면, 소유자나 적법한 점유자가 원물 및 수익에 대한 반환을 청구할 때 점유제도와 관련된 규정의 제한을 받는다.[30]

(a) 제3자가 양도인이 양도권이 없는 사람이라는 것을 알거나

---

30 본편 동산소유권 중의 선의취득제도 참고.

알 수 있는 악의의 양수인이라면, 소유자나 적법한 점유자는 어떤 상황에서든 그 원물 및 수익을 반환할 것을 청구할 수 있다.

(b) 제3자가 양도인이 양도권이 없는 사람이라는 것을 모르거나 알 수 없는 선의의 양수인이라면, 반드시 다음과 같은 두 가지 상황으로 구분해서 보아야 한다.

(ⅰ) 불법한 양도인이 소유자의 의사에 따라 물건에 대한 점유를 취득한 점유자라면 소유자는 선의의 제3자에게 그 원물 및 수익에 대한 반환을 청구할 수 없지만 불법한 양도인에게는 손해배상을 청구할 수 있다.[31]

(ⅱ) 불법한 양도자가 소유자의 의사에 따르지 않고 물건에 대한 점유를 취득한 점유자(예 : 도둑, 유실물 습득인)라면 소유자나 적법한 점유자는 법률이 규정한 제척기간 내에 선의의 제3자에게 원물을 반환할 것을 청구할 수 있다(수익반환을 청구할 수는 없음). 만약 제3자가 공개된 시장에서 양도받은 재산이라면 소유자나 적법한 점유자는 원물반환을 청구할 때 양도받았던 대금을 모두 배상하여야 한다. 그러나 선의의 제3자가 양도받은 재산이 금전이나 유가증권이라면 반환을 청구할 수 없다.

---

31 이 상황에 대해서 외국에는 두 가지 입법규정이 있다. 구소련민법은 이 상황을 반드시 유상취득(有償取得)과 무상취득(無償取得)으로 구분하여 선의의 제3자의 유상취득에 의한 점유에 대해 소유자는 반환청구를 요구할 수 없지만, 무상취득에 의한 점유에 대해서는 반환청구를 요구할 수 있다고 규정하고 있다. 그러나 독일, 일본 등의 민법은 이 상황에 대하여 선의점유인의 점유취득의 유상·무상 여부에 관계없이 모두 반환요구를 할 수 없다고 규정하고 있다. 중국민법은 거래안전과 시장경제발전에 의해 후자를 채택하는 것이 바람직하다.

V. 손해배상청구

타인의 불법행위가 물권의 권리자에게 경제적 손실을 입혔을 경우 권리자는 직접 침해자에게 손해배상을 청구할 수도 있고, 법원이 침해자에게 손해배상명령을 내려줄 것을 청구할 수도 있다. 권리자의 손해배상청구는 단독으로 제기할 수도 있고 물상청구권과 함께 행사할 수도 있다. 침해자의 행위가 물권의 목적물을 소멸시켜 권리자가 물상청구권 행사를 통하여 그 물권의 회복을 요구할 수 없는 경우, 권리자는 단독적으로 손해배상청구를 제기할 수 있다. 그리고 방해제거, 원상회복, 원물반환 등의 보호방법으로도 그 손해를 완전히 회복할 수 없을 경우에는 권리자가 물상청구권을 행사하는 동시에 침해자에게 나머지의 손해에 대하여 배상할 것을 청구할 수 있다. 물건에 대한 손해배상청구는 물건의 소유자가 제기할 수도 있고, 물건의 적법한 점유자가 제기할 수도 있다.

제2장

所有權

제1절 所有權의 槪述

I. 소유권의 개념

소유권은 민법학이론과 실제에 있어서 운용장소와 기타 관점의 차이에 따라 여러 가지 의미를 갖는다. 이론적으로 소유권은 재산소유자가 자신의 의지로 점유·사용·수익과 처분의 방식을 통하여 그 소유물을 독점적으로 지배하는 영구적 권리이다.

II. 소유권의 특징

소유권은 물권제도의 기본형태로서 각종 물권의 기초이다. 소유권을 제외한 모든 물권은 소유권에서 파생되었다. 그러므로 소유권은 여러 제한물권(制限物權)의 원천이다. 소유권은 물권의 공통성을 구비하는 것 외에 다음과 같은 법률적 특성을 가진다.

1. 소유권은 완전성을 가진다

소유권은 전형적인 지배권이다. 소유자의 소유물 지배는 점유·사용·수익에 제한되지 않는다. 여기에는 법률로 금지할 수 있는 지배행위도 전부 포함되며, 물건에 대한 마지막 처분권도 포함한다. 소유권은 소유자가 그 소유물에 대한 가장 완전한 물권자임을 나타낸다. 소유권의 전면성은 소유권은 다른 물권의 상위에 있음을 의미하고, 동시에 다른 물권의 원천이 됨을 말한다. 소유권이 없으면 다른 물권도 없으며, 다른 물권의 설정 후에도 단지 특정한 방면에 관계된 물권의 지배가 있을 뿐 여전히 소유권의 나머지 권리를 지배함을 기본내용으로 삼는다.

2. 소유권은 원시물권성(原始物權性)·자물권성(自物權性)을 가진다

소유권은 법률이 그 재산의 귀속을 확정한 후에 소유자가 자신의 재산을 법에 따라 누리는 물권이다. 설령 타물권이 성립된다 하더라도 소유권의 독립성에는 영향을 받지 않는다. 때문에 소유권은 일종의 원시물권, 즉 자물권이다. 그리고 기타물권은 재산소유권으로부터 파생되었고, 소유권의 규정을 벗어나서 단독적으로 표현할 수 없다. 기타물권은 타물권자가 다른 사람의 재산에 대하여 일정한 권능을 누리는 물권을 말하며 이는 타물성(他物性)과 파생성(派生性)[32]을 갖는다.

3. 소유권은 총체성을 가진다

소유권은 그 객체에 대하여 점유·사용·수익과 처분 등 각종 지배적 권리를 가진다. 즉, 소유권의 물건에 대한 통일적이고 전체적인 지배력을 말한다. 그러나 그것은 각종 권능의 집합이 아니고 법률이 제한하는 범위 내에서 자유롭게 대상물을 이용할 수 있는 총체적 권리를 말한다. 각종 제한물권은 여러 가지 부분적인 권능을 지니고 있지만 부분적인 소유권이 있다고는 볼 수 없다. 예를 들어, 전권(典權)[33]은 전전(轉典)의 처분권능이 있지만, 부분적인 소유권은 지니고 있지 않다. 또한 부동산을 저당한 후 소유물에 대한 소유권자의 이용형식은 변하지만 그 소유권의 전체성과 통일적인 지배력은 여전히 존재한다. 이 때문에 타물권이 소유권의 부분적인 권능을 구비한다 하여도 부분적인 소유권을 가지고 있다고는 할 수 없다. 그리고 소유권의 전체성은 소유권의 내용 등의 방면에서는 분할 또는 성질의 분리를 허가할 수 없다고 확정한다.

4. 소유권은 탄력성을 가진다

소유권의 내용은 유동성을 갖는다. 왜냐하면 소유자는 일정한 소유물에 타물권을 설정하여 타인이 점유·사용·수익 등의 권능을 행

---

32 소유권으로부터 모든 물권이 파생되어 나온다는 의미이다.-역주
33 전권(典權)이라 함은 임대료 상당금액(典價)을 지불하고 일정기간 동안 점유인이 타인의 부동산을 사용·수익할 수 있는 권리를 의미한다. 전권자를 승전인(承典人)이라 하고, 상대방을 출전인(出典人)이라 하며, 대상목적물을 전물(典物)이라 한다(中和法學大辭典, 中國檢察出版社, 2003年版, 135쪽). 중국에서는 부동산·동산의 제한물권의 일종으로 전매(典賣)와 전당(典當)으로 구분되어 인정되어 왔으며, 전매는 오늘날의 부동산에 대한 사용·수익권과 유사하고, 전당은 동산에 대한 담보권과 유사하다. 즉, 부동산의 전매로 취득한 권리가 전권이다.-역주

사할 수 있게 하기 때문이다. 이리하여 소유권의 권능과 소유자의 부분적 혹은 전체적인 분리가 발생한다. 때때로 소유권은 일종의 추상적인 권리에 가깝다. 그러나 소유권이 소멸하는 법률사실이 발생하지 않으면 설령 권능과 소유자가 완전히 분리된다 하더라도 소유자는 여전히 그 소유물에 대한 지배권을 유지하며, 소유권은 전과 다름없이 존재하여 그 고유의 작용을 한다.

소유물 위에 설정된 권리가 일단 소멸하면, 소유권은 즉시 지배능력을 완벽하게 회복한다. 또한 분리되었던 권능도 소유권자에게 복귀된다. 이런 독특한 탄력성은 소유자가 자기의 재산에 대하여 사용·수익권을 충분하게 발휘하는 데 아주 중요한 작용을 한다.

5. 소유권은 영속성(永續性)을 가진다

소유권의 존재는 그 존속기간을 예정할 수 없다. 그리고 시효로 인해서도 소멸하지 않는다. 재산이전과 승계는 소유권 자체에 대하여 영향을 주지 않는다. 단지 소유권의 주체가 교체되었을 때에만 해당된다. 또 타물권 및 지적재산권은 모두 일정한 존속기간이 있으며 그 권리기간이 만료됨에 따라 효력을 상실한다.

6. 근대의 소유권은 관념성을 가진다[34]

이는 근대에서 소유권의 존재는 관념화되어 있으므로 소유물의 현실적 지배를 필요로 하지 않는다는 것을 가리키며, 물건을 최대한도로 이용하여 이익을 얻는 것을 뜻한다. 소유자는 실제로 직접 대상물을

---

34 梁慧星主編:《中國物權法硏究》(上), 法律出版社, 1998年版, 232쪽.

지배하지 않고 목적물의 소유권을 향유하고 권리와 이익을 얻는다.

III. 소유권과 소유제도의 관계 및 그 사회작용

 소유제도는 인류사회가 존재하는 기초이다. 다시 말하면 사회의 물질적 기초이다. 중요한 것은 생산수단은 어디에 속하느냐는 것과 어떻게 경제형식과 경제제도를 지배하느냐는 것이다. 인간이 물질자료를 점유·사용·수익·처분하는 것은 주로 같은 생산수단의 사실상태이며 기초적인 경제범주에 속한다. 소유권은 특정한 사회의 소유제도가 법률상에 직접적으로 나타난 것이다. 소유권은 점유·사용·수익·처분 등의 사실권리가 국가로부터 법률적인 보호를 받게 한다. 즉, 사회재산의 귀속관계를 규율하는 상층구조에 속한다.
 소유제도는 인류사회에 존재하며 단지 그 형식, 성질과 내용이 다를 뿐이다. 소유권의 법칙은 일정한 사회발전의 산물이며 일종의 역사현상이다. 계급사회에서 소유제도는 항상 소유권이라는 법률상자 안에 존재하며 법률의 형식을 구비한다. 통치계급은 이 법률제도를 통하여 국가의 강제력을 운용해서 자신에게 유리한 소유제도를 유지한다. 소유권제도가 일단 형성되면, 바로 소유제도에 반작용이 나타난다. 이로써 자신이 의지하는 소유제도를 견고하게 하고 발전을 촉진시킨다. 소유권제도는 소유제의 관계를 확정하는 것이 아니라 소유권의 취득과 상실, 소유권의 권능의 범위와 내용, 소유권의 보호 등 상세하고 명확한 규정을 통해서 소유제 내부의 관계를 정리한다. 재산소유권제도가 변화하고 발전해온 오늘날, 이것은 현대사회에서 아주 중요한 법률제도가 되었고 다음과 같은 기능을 한다.

첫째, 국가의 시장경제체제의 기초는 국가의 기본경제제도를 결정한다. 소유권의 중요한 기능은 사회의 주요한 희소적 생산수단의 귀속을 확정하는 것이다. 이는 곧 국가경제제도의 성질과 심지어 국가의 기본정치제도에도 간접적인 영향을 준다. 그리고 시장경제조건하에서 노동자가 자율적으로 생산활동을 하고 생산품을 거래하도록 한다. 이 모든 것은 재산소유권을 기초로 한다. 재산소유권은 당연히 하나의 시장경제체제의 기초가 된다.

둘째, 사회경제질서를 안정시키고 유지한다. 소유권은 물건의 독점적 지배권으로서 법률적으로 물건에 대한 여러 가지 관점의 최종적인 귀속을 충분히 실현하였다. 이로써 재산관계는 특정화되고 안정화되었다.

셋째, 재산의 효용을 발휘하기 위해서는 가장 우수한 자원을 선택해서 배치해야 한다. 소유자는 그 소유물의 독점적인 지배권에 대하여 다른 사람의 간섭을 배제하고 그 경제적 이익을 누린다. 그리고 재산을 독점함으로써 소유자는 재산의 효용을 최대한도로 발휘한다. 또한 소유권은 동시에 양도성을 가진다. 재산의 거래관계를 확정하고 안정시키는 것은 재산이 평등하고 자유롭게 거래될 수 있도록 한다. 따라서 재산은 최고이용가치를 가지며 시장경제조건하에서도 가격시스템을 통하여 시장선택을 해서 정상적인 자원배치를 보장한다.

넷째, 활발한 재산 축적과 민주사회의 형성을 촉진한다. 소유권제도는 물건이 법률적으로 귀속됨을 확정하고 소유자의 재산에 대한 자유로운 행동영역을 건립하였다. 동시에 개인과 사회재산의 보유와 축적을 유지하고 보장한다. 소유자는 여러 가지 방식을 통하여 재산가치와 실용가치를 실현하는 것 외에도 개인의 재산추구와 사회재산의 지속적인 성장을 촉진시킨다. 개인재산의 추구와 사회재산의 증가에 대한 결과는 개인과 사회의 전면적인 성장을 뜻한다.

제2절 所有權의 權能

어떤 사람은 소유권의 권능을 소유권의 작용이라고 해석한다.[35] 중국의 민법학이론에서는 소유권의 내용 혹은 내용의 한 방면(다른 하나는 권익)을 가리킨다.[36]

이것은 재산소유자가 자신의 재산에 대하여 실행하는 각종 지배행위를 각자 다른 방면에서 설명하였다. 각 항목의 권능은 소유권의 다른 작용이라고 할 수도 있고, 소유권이 포함하는 구체적인 내용 또는 소유권 내용의 유기적인 구성부분이라고도 할 수 있다.

소유권은 적극적 권능과 소극적 권능으로 구분할 수 있다. 적극적 권능은 점유·사용·수익·처분을 의미한다. 적극적 권능은 확실하며 적절하게 소유제관계의 내용을 반영한다. 또한 소유권자의 법적 이익을 향유하는 각종 행위의 조치수단을 포괄한다. 소극적 권능은 소유자가 다른 사람의 부당한 간섭 및 방해를 배제하는 것을 가리킨다.

---

35 史尙寬:《物權法論》, 57쪽. 李湘如:《台灣物權法》, 23쪽.
36 彭萬林主編:《民法學》, 中國政法大學出版社, 1994年版, 217쪽.

I. 소유권의 적극적 권능

소유권의 적극적 권능은 재산소유자가 소유물을 적극적으로 이용하여 능동적으로 소유권을 실현하는 행위이다.

1. 점유

점유란 소유권의 권리주체가 재산을 실제로 관리하고 통제하는 사실을 말한다. 점유권능은 소유권을 목적으로 행사하는 것은 아니다. 그러나 소유자가 물건을 사용·수익·처분하는 전제조건이다. 전통민법의 점유제도의 점유권과는 다르다.

점유는 재산에 대한 사실적 지배이다. 점유권은 그 범위가 재산의 인도, 권능의 이전, 물건의 반환, 소유권의 획득 등 여러 방면에 미칠 수 있다. 여러 가지 점유를 구별하고 소유자와 기타 합법한 점유자의 이익을 보호하기 위하여 다음과 같이 분류할 수 있다.

(1) 소유자점유와 비소유자점유

소유자의 점유는 소유자가 자신에게 속한 재산을 관리하는 것을 말한다. 소유자가 직접적으로 점유권능을 행사하는 것은 그 소유권 행사의 표현이다. 예를 들면, 공민이 자신의 가옥에 거주하는 것을 말한다. 비소유권자의 점유는 소유자 외의 사람이 소유권자의 재산에 대하여 사실적 지배를 하는 것을 가리킨다. 이런 점유의 특징은 타인소유권의 존재를 전제로 한다는 것이다. 비소유자의 점유는 합법점유와 불법점유로 구분할 수 있다.

(2) 합법점유와 불법점유

비소유자의 합법점유는 비소유자가 법률규정이나 또는 소유자의 의지에 따라 소유자의 재산을 점유하는 것을 말한다. 예를 들어, 임대차계약을 체결한 임차인이 임대인의 재산을 점유하는 것이다. 합법점유가 계약에 의해서 발생할 때 비소유자는 그에 상응하는 의무를 이행해야 하고, 동시에 그 점유권능은 법률의 보호를 받는다. 소유권자는 마음대로 원물의 반환을 요청하여 소유물에 대한 점유를 회복할 수 없다. 비소유권자의 합법적인 점유권이 침해당했을 때에는 원물의 반환청구권을 행사할 수 있다. 법률상의 근거가 없고 또한 소유권자의 허가를 받지 않고 비소유권자가 소유권자의 재산을 점유한 것은 불법점유이다. 예를 들면 공금과 공공사물의 횡령, 타인의 재물을 강탈하는 것, 타인의 가옥을 강제로 점유한 것 등은 불법점유로 법률규정과 소유자의 의지에 위배되므로 권리침해행위에 속한다.

(3) 선의점유(善意占有)와 악의점유(惡意占有)

불법점유는 점유자의 심리상태에 따라 선의점유와 악의점유로 나누어진다. 선의점유는 점유자가 자기의 재산을 점유하는 것이 불법점유라는 것을 모르거나 알 수 없는 것을 말하고, 악의점유는 내막을 아는 점유라고도 하는데, 이것은 점유자가 자신의 재산점유는 불법점유라는 것을 명백히 알고 있거나 알아야 하는 것을 말한다. 민법의 의의로 볼 때, 타인의 불법점유는 일반적으로 소유자가 법에 근거하여 구제를 요청하거나 간섭과 방해를 배제하여 그 점유를 회복할 수 있다. 그러나 불법점유 중의 선의점유는 성실한 점유이므로 점유제도의 특수한 보호를 받는다. 심지어 법률이 정한 조건으로 소유자의 물상청구권에 대하여 대항할 수도 있다(이에 대하여는 본서의 제5장 '점유'에서 상술함).

2. 사용

사용이란 특정한 권리주체가 성질과 용도에 따라 재산을 이용하고 변경하는 것을 말한다. 권리자의 이익을 실현하는 것은 소유권 권능의 가장 핵심적인 권리능력이다. 예를 들면 집에 거주하는 것, 밭을 경작하는 것, 각종 교통수단을 이용하는 것 등이다.

사용권능은 점유를 전제조건으로 한다. 사용은 소유자의 사용과 비소유자의 사용으로 구분할 수 있다. 소유자가 재산을 사용하는 것은 법률이 규정한 범위 내에서 보호를 받는다. 그러나 보호가 무한한 것은 아니다. 사용의 보호는 타인이나 공공의 이익을 해하지 않는 범위 내에서 해야 한다. 이로써 권리남용을 방지하여 개인 간의 이익 및 개인의 공공이익 사이의 균형을 이룬다. 비소유권자의 사용은 유상일 수도 있고 무상일 수도 있다. 그러나 법률 혹은 소유자와의 약정한 방식에 따라 재산을 사용한 것만 법률의 보호를 받을 수 있다. 적법하게 사용권능을 이전한 결과는 비소유자로 하여금 물건의 사용가치를 얻게 하고, 소유자로 하여금 물건의 가치를 얻게 한다. 타인의 재산을 불법으로 사용한 자는 무권사용이므로 사용자가 부담해야 하는 것과 상응하는 민사책임을 진다.

3. 수익

수익은 소유물의 점유와 사용을 통하여 새로 증가한 이익을 얻는 권능을 말한다. 소유물의 증가된 이익은 과실과 이윤을 포함한다. 과실은 두 종류가 있다. 하나는 자연적으로 파생된 자연과실이다. 나무의 과실, 땅으로부터 나온 양식, 채광해낸 광석 등이 그 예이다. 또 하나는 법률관계에 따라 소유물에서 취득한 이익, 즉 법정과실이다. 저축의 이자, 가옥임대로 받은 임대료 등이 그 예이다. 수익은 이것 외에도 원물의 생산과 경영활동에서 발생한 이익과 이윤을 포함한다.

수익권능은 일반적으로 소유자가 직접 행사한다. 타인이 물건을 사용할 때에도 법률이나 계약에서 별도로 규정한 경우는 제외하고 수익권능은 소유자에게 귀속된다. 그러나 소유자는 자신의 재산에 대한 수익권능의 일부 또는 전부를 타인에게 양도할 수 있다. 중국의 시장경제는 화폐경제와 가치규율의 특징을 충분히 반영하고 있다. 재산소유자는 소유권능을 점점 중시하여 자신이 가진 재산의 가치를 어떻게 높일지를 중요시한다. 그러나 점유, 사용, 이전의 부분적 처분권능에 대해서는 별로 개의치 않는다. 현대 상품경제에서 수익권능은 이미 소유권의 기본권능이 되었다고 보는 학자도 있는데, 그는 "처분권능을 소유권의 기본적인 권능으로 보는 것은 상품경제와 계획경제의 관념이고, 수익권을 소유권의 기본적인 권능으로 보는 것은 상품경제와 화폐가치경제의 관념이다"[37]라고 하였다.

4. 처분

처분이란 권리주체가 그 재산을 사실상 또는 법률상으로 처리하여 물건의 운명을 결정하는 권능을 말한다. 일반적으로 처분권능은 소유권 내용의 핵심이자 기본적인 권능이며, 사실처분과 법률처분의

---

37 彭萬林主編:《民法學》, 中國政法大學出版社, 1994年版, 232쪽.

두 종류로 나누어진다. 사실처분은 재산을 소비, 변화 또는 소멸하는 행위이고, 생산소비와 생활소비를 포함한다.[38] 법률처분은 법률행위로서 그 소유인의 재산에 대한 권리를 변경·제한·소멸시켜 소유권변동을 발생시키는 것을 가리킨다. 재산에 대한 소유자의 권리를 변경하고 제한하거나 소멸시켜서 소유권변동을 발생시키는 것을 가리킨다. 예를 들면 재산을 양도하거나 타인에게 증여하여 타물권을 설정하는 것 등이 있다.

법률처분은 다음과 같은 특징을 갖는다. 첫째, 법률처분은 법률행위이다. 둘째, 물건의 권리변동을 일으킨다. 셋째, 법률처분은 물건의 가치에 대한 이용이다. 이용목적은 생산·생활의 실질적인 수요를 만족시키는 데 있는 것이 아니라 물건의 화폐가치를 획득하는 것에 있다.

일반적으로, 처분권은 오직 소유자만이 누릴 수 있다. 비소유권자는 오직 특정한 상황에서만 법에 따라 재산처분권을 가질 수 있다. 중국민법통칙은 "전민소유제기업(全民所有制企業)은 국가가 수여하여 경영관리를 하는 재산에 대하여 법률이 규정한 범위 내에서 처분권을 가질 수 있다"고 규정하고 있다. 예를 들어, 가공도급관계에서 도급인이 수취기한이 6개월이 지나도록 가공물을 수취하지 않으면 수급인은 그 물건을 처분할 수 있다. 그러므로 처분권을 처분권능과 소유권의 기타 권능과 비교해서 보든 재산의 운영을 상품의 교환을 실현하는 데 필요한 전제조건이라고 보든 현대 시장경제에서 소유권의 처분권능은 여전히 중요한 권능이다.

---

[38] 생산 중의 소비는 일반적으로 물건의 형태를 바꾸고 그 가치는 소멸하지 않지만, 생활 중의 소비는 물건의 형태와 가치를 동시에 소멸시킨다.-역주

완전한 소유권은 점유·사용·수익·처분, 이 네 가지의 적극적 권능을 포함한다. 상술한 네 가지 권능과 소유자의 결합은 자주 볼 수 있지만, 모든 권능은 그 특유의 내용과 상대적 독립성 때문에 가분성(可分性)을 지닌다. 그러므로 실제 생활에서는 네 가지 적극적 권능이 부분 또는 전체적으로 법률규정 및 소유자의 의지에 의하여 소유자와 분리되는 현상이 발생한다. 그러나 분리가 물건에 대한 소유자의 지배권에 영향을 주는 것은 아니다. 권능은 단지 소유권을 행사하는 하나의 수단일 뿐 소유권의 종합은 아니다. 하물며 소유자는 소유권의 탄력성에 의지하므로 분리되었던 권능을 최종적으로 소유자 본인에게 회복시켜 소유권을 상실하지 않는다.

네 가지 권능의 분리와 회복은 소유자가 소유권을 행사하고 물건의 효용을 발휘하여 개인생산, 생활수요, 재산이익의 실현을 만족시킨다. 네 가지 권능의 활용은 상대적으로 말해서 소유권이 정태적 재산권이란 것을 증명하였다. 즉, 외부의 채권에 대해서는 사실상 소유권 내부도 항상 운동하는 상태에 있다는 것이다.

II. 소유권의 소극적 권능

소유권의 소극적 권능은 소유권자가 소유물에 대한 타인의 지배와 부당한 간섭을 배제하는 것을 말한다. 이 권능은 소유자가 소유물을 적극적·능동적으로 이용하는 것이 아니라 타인이 위배, 간섭, 방해를 할 때 피동적으로 행사하는 권능이다. 그 누구도 소유물에 대한 방해를 하지 않으면 이 권능은 실현될 수 없다. 때문에 민법이론은 이를 소극적 권능이라 부른다. 이에 대하여 프랑스민법전, 스위스민법전, 대만과 마카오지구의 민법들은 아주 명확하게 규정하고 있다. 중국민법통칙은 소유권의 권능을 규범할 때, 타인의 간섭과 방해를 배제하는 것에 대해서는 명확히 규정하지 않았다. 그러나 소유권의 보호라는 민사책임에서 이 권능의 기본내용을 포함하고 있다. 만약 소유권자가 적극적인 권능을 행사함에 있어서 타인의 침해를 받았다면 방해배제, 원물반환, 원상회복과 손해배상을 청구할 권리가 있다. 이는 실제로 소유권자가 소유권을 침해받았을 때 구제받을 수 있는 조치나 수단임을 의미한다. 이로 보아 알 수 있듯이 권능은 소유권의 독점적 지배에 대한 불법간섭을 용납하지 않는 절대권이다. 그러나 각국의 민법에서 소유자가 타인의 간섭, 방해를 배제하는 소극적 권능에 결코 제한이 없는 것은 아니다. 소유권자는 이 권능을 행사할 때 법률과 공중도덕의 제약을 받는다. 즉, 법률이나 공중도덕의 관점에서 정당한 간섭이라면 소유자는 배제를 청구할 수 없다.[39]

제3절 所有權 行使의 制限

소유권의 행사는 권리자의 의지와 자유를 구현하여야 하지만 사회의 발전에 따라 일정한 제한을 받는다. 이 역시 로마법에서 시작된 소

---

39 소유권에 대한 사용, 수용, 공용징수 등의 헌법적 제한과 신의성실의 원칙, 권리남용금지의 원칙, 공공복리의 원칙 등과 같은 민사법적 제한을 의미하는 것으로 보인다.-역주

유권제도에서의 중요한 원칙이다. 소유권 행사의 제한은 소유자가 자신의 권리를 행사하는 동시에 일정한 의무를 가진다는 것이다. 즉, 적극적 권능 또는 소극적 권능의 내용에 일정한 제약을 받는 것이다.

로마법시대부터 소유권의 행사는 개인의지의 결과가 아니었다. 소유권을 제한하여야 한다는 입법주장은 자연스레 현대 각국의 소유권 입법에 영향을 주었다. 비록 19세기 초 민법입법운동과 헌정운동은 소유권의 절대원칙을 형성하였지만, 20세기 중엽 자본의 집중과 독점으로 사회에는 큰 변화가 발생하였다. 소유권의 절대성은 소유권의 사회화운동으로부터 심각한 영향을 받았고 소유권의 사회화는 입법상 다음과 같이 나타났다. 첫째, 소유자는 소유권을 행사할 때에 공법영역에 의한 제한을 받는다. 예를 들면 소유권의 징수, 수용제도 등이다. 둘째, 소유자는 소유권을 행사할 때 사법영역에 의한 제한을 받는다. 민법에서의 성실, 신용, 공서양속, 권리남용의 금지가 이러한 제한의 근거이다.

현대사회에서 소유권의 제한에 대한 입법은 각국의 법률에서 사라지지 않고 오히려 더욱 명확해졌다. 이것은 이해당사자의 이익과 사회공공이익을 고려한 것이다. 소유자는 권리를 행사하고 의무를 이행할 때 타인과 사회공공이익에 피해를 주지 않는 것을 전제로 자신의 이익을 취하여야 한다. 따라서 각국의 민법은 소유권을 완전물권과 절대권으로 인정하는 동시에 원칙성 조문[40] 및 권리남용의 금지, 상린관계 등의 규정으로 소유권의 내용을 제한하고 있다. 중국민법

---

[40] 신의성실의 원칙이나 반사회질서행위의 금지와 같은 일반규정을 의미하는 것으로 보인다.-역주

은 한편으로는 국가와 집체와 공민 개인의 재산소유권을 보호하고, 다른 한편으로는 소유자가 소유권을 행사하고 향유할 때 법률이 규정한 범위를 넘어서는 아니되며, 사회공중도덕과 공익을 위배하여서는 아니된다고 규정한다. 소유권 행사상의 제한에 관한 내용은 다음과 같다.

1. 객체에 대한 제한

공공이익의 수요에 근거하여 재산은 종류와 용도에 따라 각기 다른 제한을 받는다. 예를 들어, 국가가 매매를 금지한 토지와 자연자원에 대하여 사용·관리·양도하는 것 등은 특수한 절차를 거쳐야 한다.

국가는 법에 따라 토지 등의 부동산을 수용 또는 국유로 회수할 수 있다. 국익이나 사회공공이익과 밀접한 관계가 있는 재산은 국유화하거나 국가가 관리·양도만을 할 수 있다. 공민 개인은 법률이 제한하는 유통금지물을 몰래 매매하여서는 안 된다.

2. 권리·의무에 대한 제한

소유권자는 재산의 효용을 충분히 발휘해야 하지만 재산의 점유·사용·수익·처분은 법률과 사회공공이익 또는 사회공중도덕을 위반해서는 아니된다. 예를 들어, 소유자의 재산을 타인이 불법점유했을 시 언제라도 청구권을 행사할 수 있지만, 소송시효[41]가 만료되면 재산반환청구권을 상실할 수 있다. 소유자가 재산을 사용할 때, 천연자원

---

41 한국민법의 소멸시효와 유사한 제도이나 적잖은 차이점이 있으므로 소멸시효라고 변경하지 아니하고 원문 그대로 소송시효라는 표현을 그대로 사용한다. 구체적인 내용은 민법총칙의 소송시효부분을 참고할 것-역주

및 명승고적을 파괴하는 등 소유권을 남용하였을 경우 그에 상응하는 법률적 책임을 져야 한다.

3. 제한방식

상린권(相鄰權) 및 특수불법행위책임 등에 대한 규범이 있다. 예를 들면 소유권자는 이웃의 통행, 통풍, 배수, 채광 등의 편리를 제공하여야 한다. 소유권을 행사할 때 고음, 광음, 진동 등으로 이웃의 일, 생활, 휴식 등을 방해하여서는 아니된다. 소유권자는 소유권을 행사할 때 타인에게 위험을 주거나 방해하여서는 아니된다. 소유자는 위험한 작업, 환경오염, 도로시공, 동물의 사육 등으로 타인에게 손해를 입혔으면 배상책임 등을 져야 한다. 재산소유권 행사의 제한은 강제성 규범이므로 당사자는 이를 변경할 수 없다. 소유권자가 제한규범을 위반할 때에는 법적 규제를 받는다.

제4절 不動産所有權

소위 부동산이란 물리적으로 공간을 차지하며 이동할 수 없는 물건을 가리킨다. 또한 경제가치적으로 부동산은 귀중하고 장기적인 존재로서 수익을 생산하고[42], 거래로 인하여 그 경제적 가치에 영향을 줄 수 있다. 각국의 입법에서 부동산은 일반적으로 토지, 집 등의

---

42 尹田 :《法國物權法》, 法律出版社, 1998年版, 85쪽.

고정된 물건을 포함한다.[43] 부동산소유권의 목적물은 부동산이다. 부동산소유권에서 그 효력범위, 권리사용, 의무부담 등의 특수한 문제를 주의하여 파악하여야 하며, 동시에 부동산소유권이론의 발전과 입법추세를 유심히 살펴보아야 한다.

I. 토지소유권

1. 토지소유권의 개념

토지소유권은 로마법시대부터 오늘날에 이르기까지 모든 토지문제의 핵심이며, 각국 토지제도의 근본적인 제도이다. 그것은 역사, 경제, 법률, 사회학 등에 미치는 복잡한 문제이므로 각국의 관심이 지대하다.

토지소유권은 법률상 두 가지 뜻을 내포한다. 첫째는 토지소유권 법률제도이다. 즉, 여러 가지의 국가입법이 명확하게 규정한 본국의 토지소유제와 서로 연결된 법률규범체계를 가리킨다. 둘째는, 토지소유의 민사권리이다. 본서에서 말하는 토지소유권은 여기에 속한다. 토지소유권은 토지의 점유·사용·수익·처분 등을 독점적으로 지배하며, 타인의 간섭을 배척할 수 있는 권리이다.

토지소유권은 일반재산권과 비교하였을 때, 토지는 인류 번영의 기본이며 인류생활의 모든 물질이 토지에 의지하고 있기 때문에 매우

---

[43] 중국민법통칙에서는 부동산이라는 단어는 있지만 정의는 내리지 않았다. 「중국담보법」 제92조에서는 부동산은 토지 및 가옥, 산림 등 지상물에 한한다고 규정하고 있으며 독일법, 프랑스법, 일본법, 대만민법에도 이와 유사한 규정이 있다.

중요하다. 토지는 일반재산과 비교할 때 사유·독점의 성격 외에도 민법의 의의상 특수한 성질을 가지고 있다.[44] 여기에는 노동을 하지 않고 생성된 단순한 농작물 같은 자연존재물, 주위의 토지와 인접하여 연결되어 있는 것, 소재한 위치의 고정성 등이 있다. 즉, 이것은 모든 생산과 존재의 원천이며, 사회의 공공적 성질을 구비한다.[45] 그러므로 중요한 재산인 토지를 객체로 하는 소유권은 중요한 민사권리이다.

또 토지의 범위는 토지소유권의 효력과 밀접한 관계가 있다. 토지의 범위는 종과 횡의 두 가지 방면이 있다. 먼저 횡(橫)적인 면의 토지는 대부분 끊임없이 연결되어 있다는 것이다. 즉, 토지가 있는 곳에는 토지소유권의 효력이 있다. 종(縱)적인 면은 지하와 지상, 지면에 그 지배력이 미친다는 것이다. 이때 소유권의 효력은 이 세 가지(지하, 지면, 지상) 방면에까지 확장되는가? 고대 로마시기의 토지소유권에는 땅의 위·아래에까지 미친다고 기재되어 있는데 이것이 실제로 많은 국가의 민법에서 구체적이고 절대적인 원칙조항이 되었다. 「프랑스민법전」 제552조에서는 "토지소유권은 지상 및 지하의 소유권을 포함한다"라고 규정하고 있고, 「스위스민법전」 제667조에서는 "토지소유권은 그 이익범위 안에서 사용하여야 하고, 그 효력은 지상 및 지하에까지 미친다"고 규정하고 있다.

중국민법통칙과 토지관리법은 토지소유자의 민사권리를 명확히 규정하고 있지만, 그 권리를 행사하는 효력범위에 대해서는 명확하

---

[44] 다른 재산권에 비하여 중요한 권리의 객체라는 의미로 보인다. 의역을 하게 되면 저자의 뜻이 크게 왜곡될 여지가 있는 듯하여 원문 그대로 직역하였다.-역주
[45] 梁慧星·陳華彬編著:《物權法》, 法律出版社, 1997年版, 132쪽.

게 규정하지 않고 있다. 그러나 법률 본래의 취지나 사법의 집행에서 보면 토지소유권의 횡적인 효과는 땅의 경계가 곧 범위의 기준임을 나타내고, 종적인 효과의 토지소유권은 지면 외에도 지상 및 지하를 승인한다는 것을 나타낸다. 이것은 토지를 충분히 효과적으로 이용하고 지면소유권의 진실한 의의는 독점지배권의 기초와 보장이다. 중국에서 토지소유권이 지상 및 지하에 미치는 효력은 절대적이지 않다. 이 효력은 다음의 두 가지 제한을 받는다.[46]

(1) 내재적 제한

토지소유권의 지배력을 행사할 때 법률이 보호하는 이익의 범위는 제한을 받는다. 그 범위 밖에서 타인이 그 지상 및 지하에 대하여 간섭하는 것은 토지소유자가 배척할 수 없다. 예를 들면, 지하의 하수도와 지상의 항공기가 있다. 토지를 사용하는 목적에 따라 토지소유자의 이익범위도 달라진다. 예를 들면, 토지경작자는 타인이 논두렁을 걸어다니는 것을 금할 수 없으며 오직 타인이 농지를 침점(侵占)[47]하는 것만 금지할 수 있다. 광산기업의 토지에 대한 지배는 경작지소유자의 토지에 대한 지배보다 훨씬 광범위하다. 그리고 토지소유자의 이익범위도 토지사용의 목적에 따라 달라진다.

(2) 법률의 제한

이는 법률이 국가와 사회공공이익을 고려하여 토지소유권을 제한

---

46 錢明星:《物權法原理》, 北京大學出版社, 1994年版, 186~187쪽.
47 점유의 침해를 의미한다.-역주

하는 것이다. 그중에는 상린권의 규정 외에도 국방, 전신, 교통, 환경보호, 자연자원 등 전문적 특수제한이 있다. 예를 들면 중국의 수자원관리법에 따라 수자원은 국가의 소유이고, 농촌집체경제조직소유의 수자원은 집체의 소유이므로 수자원과 토지소유권은 분리된 것임을 알 수 있다. 중국의 광산자원법(鑛産資源法)에 의거하여 지표와 지상의 광산자원의 소유권은 국가에 속하며, 설령 토지의 소유권 또는 사용권이 다르더라도 이는 변하지 않는다.

2. 중국의 토지소유권제도

토지소유권제도는 중국의 토지제도의 핵심이다. 중국 고유의 공유제의 성질에 따라서 토지소유권은 두 종류로 나누어진다. 하나는 국가토지소유권이고, 다른 하나는 집체토지소유권이다. 기타 민사주체(개인 및 기타 사회단체 등)는 토지소유권을 누릴 수 없다. 때문에 토지는 사유할 수 없고, 모든 토지의 민사권리는 국가나 집체에 귀속된다. 이는 법률의 중요한 원칙이며, 중국의 헌법, 민법, 토지관리법 등에 명시되어 있듯이 토지는 국가법률의 엄격한 보호를 받는다.

(1) 국가토지소유권

국가토지소유권은 국가가 토지소유자가 되어 토지를 법에 따라 점유·사용·수익·처분하는 독점성 지배권리이다. 중화인민공화국 건국 이후 국가는 몰수, 회수, 징수, 국유 등의 법률수단을 통하여 국가토지소유권을 건립하였다. 이것이 현재 중국에서 가장 기본적이고 또 가장 중요한 토지소유권제도이다.

중국의 국가토지소유권은 국가소유권의 주요한 구성부분이다. 그러므로 주체와 객체에서 국가소유권의 특징과 일치한다. 국가토지소유권은 유일성·통일성을 가지고 국가 외에 어떤 조직이나 개인도 국가토지소유권의 주체가 될 수 없다. 국가토지소유권의 객체는 상당한 광범성을 띠는데 도시의 토지, 농촌과 도시근교의 토지, 집체소유제 단위나 개인이 법에 따라 사용하는 국유토지, 법에 따라 국가에 속하는 물, 삼림, 초원, 황무지 등의 토지, 국가가 징용하여 국가기관, 군대와 국유기업, 사업단위가 사용하는 토지가 있다. 국유토지는 국가가 소유권을 향유하지만, 일반적으로 국가가 직접 경영하지는 않는다. 국가가 소유권을 사용할 때에는 토지관리부문을 통하여 전민소유제조직(全民所有制組織), 단체소유제조직(團體所有制組織), 기타 조직 및 공민 개인에게 주어 경영하게 한다. 토지사용자는 국가에 일정한 토지사용비를 지불해야 하며 공정하게 사용하여야 한다.

국가토지소유권은 국가경제와 국민생활에서 매우 중요하게 작용한다. 국가의 헌법, 민법, 토지관리법은 특히 국가토지소유권에 대한 법률보호를 강조하고, 동시에 토지를 신성불가침의 재산으로 보고 조직 및 개인의 침점행위, 강탈행위, 사적인 분리, 횡령행위, 파괴행위 등을 엄격히 금지한다.

(2) 집체토지소유권

집체토지소유권은 여러 개로 독립된 농촌집체가 법이 정한 범위 내에서 토지에 대하여 누리는 독점적 권리이다. 집체토지소유권은 중화인민공화국 건국 이후, 국가토지소유권의 원칙과 범위가 확립된 후에 건립되었다. 여기에는 경작지, 택기지, 자류지, 법률규정에 따라 집체가 소유하는 산림, 초원, 황무지 등의 토지가 있다. 그러므로 집체토지소유권의 객체도 일정한 광범성을 띤다. 집체토지소유권의 주체는 통일적이지 않고 분별적이며 독립적인 양상을 보인다. 중국 현행법 상으로 집체토지소유권의 주체는 대략 세 종류로 분류된다.

첫째는 촌농민집체(村農民集體)이고,

둘째는 농업집체경제조직(農業集體經濟組織)의 농민집체(農民集體),

셋째는 향농민집체(鄕農民集體)이다.

여기서 농업집체경제조직과 농민집체는 하나의 내용을 가지는 두 가지로 병렬된 관계일 뿐, 두 가지 소유권의 주체는 아니다. 전자는 법률의 각도에서 나눈 것이고, 후자는 소유제의 각도에서 인정한 것이기 때문이다. 집체토지소유권의 주체는 집체이지만 집체가 공동으로 사용하는 것만은 아니고 농민 개인이 사용하는 경우도 있다. 예를 들어 택기지, 자류지를 사용하는 것이 있다. 1979년 이후의 중국 경제체제개혁으로 인하여 농촌집체의 토지사용제도가 크게 변화하였다. 집체소유와 개인승포경영이 보편화되었고 심지어 택기지사용비제도도 집체토지상의 타물권 형식으로 시행되었다.

국가는 집체소유제도를 중국 공유제경제의 중요한 구성부분으로 본다. 집체토지는 국민경제에서 중요한 생산자원의 하나이다. 그러므로 집체토지소유권을 보호하는 것 역시 국가법률의 중요한 임무이다. 민법통칙은 "농촌집체소유의 토지를 포함한 집체소유의 재산은 법률의 보호를 받는다"라고 확실히 규정하고 있다. 어떠한 조직이나 또는 개인이 침점, 강탈, 사적인 분리, 파괴 또는 불법차압, 구금, 압수, 동결하는 것 등을 금지하며 집체토지소유권의 사용을 보장한다.

II. 가옥소유권[48]과 건축물구분소유권

1. 가옥소유권

현대법에 따라 부동산 범주의 확정과 중국도시부동산관리법〔중국성시방지산관리법(中國城市房地產管理法)〕의 규정은 다음과 같다. 가옥은 토지상의 가옥 등 건축물 및 구조물을 말한다. 가옥소유권은 바로 가옥의 소유자가 그 목적물(가옥 및 그 건축물, 구조물 ; 이하 '가옥'이라 함)에 대한 권리를 독점적으로 지배하는 것을 말한다. 구체적으로 말하면 모든 가옥의 점유·사용·수익·처분에 대한 타인의 간섭과 방해를 배척할 수 있는 것이다.

토지상의 가옥 등 정착물(定作物)은 토지에 긴밀하고 계속적으로 부착되어 사용된다. 그러나 달리 보면, 토지 이외의 독립된 부동산은 경제관계상의 독립성을 지닌다. 이 관점으로 볼 때, 가옥과 토지는 서로 구분되는 부동산이다. 가옥과 땅은 한 사람의 소유일 필요가 없으므로, 양자에 대해서 각기 다른 소유권이 성립할 수 있다. 바로 가옥소유권과 토지소유권이 그것이다. 또 나누어진 소유권은 가옥이 토지의 정착물이기 때문에 필연적인 관계가 있다. 중국법률은 가옥소유권과 가옥의 점유범위 내의 토지사용권은 반드시 동시에 양도하고 저당해야 한다고 규정하고 있다. 그러므로 토지사용권과 가옥소유권은 일반적으로 항상 한 사람에게 귀속되고, 주된 권리와 종된 권리의 관계를 이룬다. 문제는 정당한 권원(權源), 즉 토지사용권이 없을 때, 타인의 토지에 건축된 가옥의 소유권은 누구에게 귀속되는가이다. 중국법률

---

[48] 원문은 '방옥소유권(房屋所有權)'이다.-역주

은 이에 대하여 명문의 규정을 하고 있지 않다. 그러나 중국법률에 의하면 원칙적으로 가옥과 토지는 동일인에게 귀속된다. 어떤 학자들은 "가옥소유권은 주된 권리이고, 토지사용권은 종된 권리이다. 이때 가옥소유권도 독립된 물권이며 그 가옥의 건조자(建造者)에게 속한다"고 해석하고, 또 다른 학자들은 "그 가옥의 소유권은 토지사용권자에게 속한다. 따라서 그 토지사용권자는 불법적인 가옥건조자에게 배상을 요구하거나 방해배제청구, 손해배상을 청구할 수 있다"고 해석한다.

가옥이 있는 곳의 토지의 성질과 위치의 차이에 따라, 중국 가옥소유권은 성진가옥소유권과 농촌가옥소유권의 두 종류로 나뉜다.

(1) 성진가옥소유권(城鎭家屋所有權)

이것은 국유토지의 성진[49]에 성립된 가옥소유권이다. 이런 종류의 가옥소유권은 중국 가옥관리의 중점이므로 가옥재산의 설립등기, 변경등기와 소멸등기제도가 보편적으로 실행된다. 성진가옥소유권은 주체의 유형에 따라 또다시 분리된다.

(a) 국유가옥소유권(國有家屋所有權)

국유가옥소유권은 두 가지 방식을 포함한다. 첫째, 각급의 가옥재산권관리부문이 직접 국가를 대표하여 가옥소유권을 행사하는 것이다. 이를 직접관리의 가옥소유권이라고 한다. 다른 하나는 국가기관, 국유기업, 사업단위, 군중집체, 군인이 자영(自營)관리하는 국유가옥

---

[49] 농촌에서의 주거밀집지역을 의미한다.-역주

소유권이다. 이를 자영관리의 가옥소유권이라 한다. 그 가옥소유권은 모두 국가에 속하고 관리부문은 수권범위 내에서 국유가옥을 지배할 수 있다. 이런 가옥소유권은 중국의 성진가옥소유권의 70%를 차지한다.

(b) 법인가옥소유권

집체기업사업단위(集體企業事業單位), 주식유한회사(株式有限公司), 중외합자(中外合資), 외산(外産), 종교집체, 조합기업 등의 가옥소유권을 말한다.

(c) 공민가옥소유권(公民家屋所有權)

이것은 공민 개인이 그 성진에서 사유가옥을 향유하는 독점적 지배권이다. 중국 부동산시장의 발전에 따라 공민 개인이 가옥을 구매하는 사례도 점차 증가하고 있다. 개인이 소유권을 가지는 가옥의 사용은 대부분 주택 또는 상가의 성질을 띠고 있다.

(2) 농촌가옥소유권(農村家屋所有權)

이것은 농촌집체소유의 토지상에 건축된 가옥을 말한다. 일반적으로 농촌집체경제조직, 향진기업, 농민개인과 가정이 소유한다. 특수한 상황에서는 성진주민, 농촌집체경제조직과 국유기업 혹은 외상(外商)이 공유한다. 그러나 중국 현행법에 따르면 농촌가옥소유권의 주체는 그 자격에 있어 엄격한 제한을 받는다. 대체적으로 집체토지사용권은 유통할 수 없기 때문에 성진단위 또는 자연인이 농촌의 토지 위에 집을 짓거나 집을 사는 것을 허가하지 않는다.

2. 건축물구분소유권

건축물구분소유권은 '구분소유'라고도 한다. 구분소유는 현대민법에서 명확히 규정하는 기본적인 부동산 소유형식이다. 19세기 초부터 20세기 중엽까지 이 제도는 영미법계와 대륙법계의 각국에서 민사입법으로 보편화되었다. 지금 이 제도는 유한한 토지자원을 가장 큰 한도로 이용하여 인류의 거주, 생활, 생산 등의 문제를 해결하는 데에 있어 큰 효용을 발휘하고 있다. 중국의 민사입법에서는 아직 구분소유권제도를 건립하지 않고 있지만, 고층건물의 발전에 따라서 중국 내의 연구성과와 사법실무는 이미 이 법률제도의 필요성과 가능성을 명시하였다. 따라서 간단히 이해하면 본 제도는 실제로 필요하다는 것이다.

건축물구분소유권은 건축물과 기타부분을 구별하는 특정부분에 대한 소유권이다. 이런 소유권은 모든 건축물에 효력이 미치는 전체적인 소유권도 아니고, 건축물을 안분공유[50]하거나 공동공유[51]하는 공유소유권도 아니다. 즉, 단독도 아니고 공유도 아닌 '구분소유'인 것이다. 이 소유권의 효력범위는 독특한 점이 있다. 구분소유, 즉 여러 명이 한 건축물을 구분하여 소유하는 것이다. 그중 종과 횡의 구분이 있는데, 종의 구분은 예를 들어 3층짜리 건물을 갑, 을, 병이 한 층씩 소유하는 것을 가리키고, 횡의 구분은 예를 들어 방이 3개 있는 단층건물을 갑, 을, 병이 각자 한 방씩 소유하는 것을 가리킨다. 각자 종

---

[50] 한국민법의 '공유'와 같다.-역주
[51] 한국민법상 이와 동일한 개념은 없으나, 특약이 없는 경우 공유자의 각 지분이 균등한 것으로 추정된다는 규정은 있는데, 이러한 규정과 유사한 형태의 공유, 즉 공유자의 지분이 균등한 공유관계를 의미하는 개념이다.-역주

과 횡으로 구분하여 소유하지만 이 구분에 상관없이 소유자의 소유권은 자신이 소유하는 부분에만 미친다. 이에 따라 가옥의 공용부분(계단, 이웃, 통로 등)에 대한 이익과 권리의 문제가 나타난다.

건축물구분소유권의 내용은 일반 가옥소유권보다 복잡하다. 이 때문에 일원설, 이원설, 삼원설의 이론이 있다. 중국학계의 분석과 발표는 주로 '이원설'과 '삼원설'에 집중되어 있다. 쉽게 말해서 '이원설'은 건축물구분소유권은 하나의 복층건물을 구조상으로 각 소유자의 전유부분과 공용부분으로 구분하고 있을 때, 각 소유자가 누리는 전유부분의 전유권과 공용부분의 공유권은 서로 결합된 것이라고 본다. '삼원설'의 몇 가지 관점을 종합해보면 다음과 같다. 건축물구분소유권은 여러 명의 구분소유자가 하나의 건축물을 공동으로 가질 때, 각 구분소유권자가 누리는 건축물 전유부분의 전유권과 공용부분의 공유권, 그리고 구분소유권자 사이의 공동사무로 인하여 발생하는 성원권(成員權)[52]의 총칭이다. 즉, 건축물구분소유자의 전유권, 공유권 그리고 성원권의 결합이라는 것이다.

본서는 건축물구분소유권의 목적이 각 소유권의 이익과 공동생활, 생산질서를 보호하고, 유효한 관리집체를 조직하여 각 소유권 사이의 내부적 관계, 소유자를 대표하여 관리사무소 및 기타 기구와 유한한 문제를 조절하는 것에 있다고 본다. 이를 위하여 삼원설은 이원설의 내용을 흡수하였고, 공동관계에서 발생하는 성원권도 포함한다. 본서는 이 학설에 찬성한다.

건축물구분소유권은 부동산소유권의 한 종류로서, 그 특징을 살펴

---

[52] 한국민법에서 사용하지 않는 특수한 용어로 구분소유물 전체에 대한 의사결정에 참여할 수 있는 권리를 의미하는 것으로 보인다.-역주

보면 다음과 같다. 하나의 주체는 다양한 신분을 가진다. 구분소유건축물의 전유자와 공유자, 그리고 그 관리집체의 구성원, 즉 전유권자, 공유권자, 관리집체성원의 세가지 신분은 하나의 주체에 속한다. 그러나 일반적으로 부동산소유권 주체의 신분은 단일성을 지닌다. 주체 간의 권리와 의무는 주로 전유자, 공유자, 관리집체구성원 사이의 권리·의무관계로 나타난다. 그리고 그 주체 간의 관계는 자주 교차하여 내용을 더욱 복잡하게 한다. 권리객체는 다양성을 가진다. 그것은 건축물의 전유부분과 공용부분을 포함한다. 주의해야 할 점은 건축물구분소유권의 객체는 물건 자신일 뿐만 아니라, 전유권과 공유권으로 형성된 관리집체성원의 관리행위 역시 그 객체의 구성부분이라는 것이다. 이 밖에 건축물구분소유권자 자신은 돌출된 복합적인 요소를 지닌다. 전유소유권과 공유권 및 성원권의 세가지 요소로 구성된 특별한 소유권은 일반적인 부동산이 권리주체의 점유·사용·수익·처분의 권능과 많은 차이를 보인다. 건축물구분소유권의 세가지 요소 중 전유소유권은 매우 중요하며 주도적인 작용을 한다. 비록 전통의 부동산소유권의 '종물은 주물을 따라간다'라는 원칙이 있더라도, 전유권의 주도성만큼 뚜렷하지는 못하다. 이러한 주도적인 작용의 표현은 다음에서 알 수 있다. 첫째, 전유권을 얻으면 곧 공유권과 성원권을 얻는다. 둘째, 전유권의 목적물의 크기나 가치는 구분소유자의 지분 및 성원권의 권리·의무에 따라 분담한다. 셋째, 전유권 변동의 효력은 공유권과 성원권에 미치며, 공유권과 성원권은 전유권의 변화 및 변동에 따른다.

 건축물구분소유권의 유형은 종할식, 횡할식 및 종횡식(혼합) 분할의 3종류가 있다.

종할식이란 일반적으로 여러 동으로 구분된 건축물의 종(縱)의 방식으로 수개의 소유권으로 나누는 것을 의미한다. 이러한 형태의 구분소유는 각 구분소유자 사이의 공용부분이 비교적 단순하여 구분소유권 특유의 문제는 조금 발생한다. 따라서 이러한 종류의 구분소유권은 건축물구분소유권제도의 중요부분이 아니다.

횡할식이란 위·아래로 구분된 건축물의 횡(橫)의 방식으로 수개의 소유권을 나누는 것을 말한다. 이러한 형태의 구분소유는 각 공용부분이 비교적 많고 복잡하여 건축물구분소유권의 중요부분 중 하나이다.

종횡(혼합)식 분할방식은 건축물을 위·아래의 횡적으로 구분할 뿐 아니라 좌우의 종적으로도 구분하여 소유한다. 이러한 유형은 중국에서 구분소유권의 가장 통상적인 형태로서 보편화되어 있으며, 현대의 아파트, 빌딩 등에서 적용되며 건축물구분소유권 연구의 핵심이 된다.

III. 부동산 상린관계

1. 부동산 상린관계의 개념

부동산 상린관계란 부동산이 상호 인접한 각 주체가 소유권 또는 사용권을 행사함에 있어 상호간에 편의를 제공하거나 혹은 제한을 받음으로써 발생하는 권리·의무관계를 의미하며, 간단히 상린관계라고도 한다. 「중국민법통칙」 제83조에 의하면, "부동산 상린관계의 주체는 유익한 생산, 생활의 편리, 공평성 및 합리성의 정신에 따라서 배수, 통행, 통풍, 채광 등의 상린관계를 정확하게 처리하여야 한다. 인접한 상대방에게 방해나 손실을 초래하였을 경우 침해를 정지하고 방해를 제거하며 손해를 배상해야 한다"고 규정하고 있다.「〈민법통칙〉의견」제97조~제103조는 상린관계에 대하여 보충규정을 하고 있다. 상당수의 대륙법계 국가는 상린관계에 대하여 상세하고 빠짐없는 규정을 하고 있고 그 내용도 아주 광범위하다. 예를 들면 인접지 통행[53], 유수 배출, 파이프 매설, 음향, 잡음, 처마에서 떨어지는 물 및 경계말뚝, 경계울타리 등이 있다.

본질적으로 상린관계는 토지와 가옥상린부동산의 소유자 또는 사용자의 권리행사에 대한 확대 및 제한이다. 예를 들어 갑의 승포지의 일부분이 을의 승포지와 인접할 경우, 갑은 자기의 토지승포경영권을 행사할 때 필히 을의 승포지를 통과하여야 한다. 이때 갑과 을 사이에는 상린관계가 발생한다. 이런 상린관계는 갑의 입장에서 보면 그 토지경영권에 대한 합리적 확대이고, 을의 입장에서 보면 그 토지경영권에 대한 제한이다. 이런 재산권의 합리적인 확대와 필요적인 제한은 소유자 또는 사용자의 정당한 권익에 손해를 끼치지 않는 동시에 상대방의 합리적 수요를 만족시킬 수 있다. 그러므로 상린관계의 가장 중요한 가치는 부동산의 상린권리주체 상호간의 이익 및 이해의 균형과 관계의 합리적인 규율에 있다. 즉, 재산의 효용을 충분히 발휘시켜 다툼을 감소시키고 충돌을 완화하고 경제적 질서를 안정시키고 사람들 사이의 단결과 협력을 증강시켜 국민경제의 발전을 촉진하는 데 있다. 민법의 권리법상으로 상린관계는 상린권으로 이해할 수 있다. 상린관계가 이익의 균형을 목적으로 하지만 실제 생활에

---

[53] 주위토지통행권과 유사한 의미로 보인다. -역주

서 상린한 쌍방은 부동산관계를 처리할 때, 일방은 권리가 확장되고 일방은 권리가 축소된다.

부동산 상린관계는 다음과 같은 법률적 특징을 가진다.

(1) 상린관계의 주체는 둘 또는 둘 이상의 재산소유자나 사용자이어야 한다. 단일주체로는 상린관계가 성립하지 않는다. 상린관계는 자연인 사이에, 법인 사이에, 또는 자연인과 법인 사이에 발생할 수 있다. 그러나 그들은 반드시 재산의 소유자 또는 사용자이어야 한다.

(2) 상린관계는 인접한 부동산의 소유 또는 사용으로 인하여 발생한다. 예를 들면 인접한 가옥은 통풍, 채광의 상린관계를 만든다. 동산의 상린은 상린관계를 만들지 않는다. 대다수의 상황에서 상린관계의 발생은 자연환경과 관계가 있다. 예를 들면 갑과 을은 하나의 강의 위·아래에 위치하고 있을 때 자연은 갑, 을 상호간의 유수이용과 수익자원의 상린관계를 구성한다.

(3) 상린관계의 객체는 부동산의 소유권 혹은 이용권을 행사함으로써 나타나는 재산이익 또는 기타이익이다(예 : 잠음으로 이웃의 휴식권에 영향을 준 경우가 있다). 부동산 자체에 대한 것은 아니다.

(4) 상린관계의 내용은 적극적인 행위와 소극적인 부작위행위를 포함한다. 구체적으로 인접한 일방이 자신의 재산으로 다른 사람에게 필요한 편익을 제공할 때 인접한 상대방의 권리행사와 합법적인 권익에 손해를 입힐 수 없다. 인접한 상대의 토지에 손해를 입히는 것은 최대한 피해야 하고, 그렇지 못하면 배상책임을 져야 한다. 또한 인접한 상대 역시 최대한 상대방의 통행에 대해 편리를 제공해야 하고, 사람에게 방해가 되는 것을 설치할

수 없다.

상린관계의 성질은 용익물권의 지역권과 아주 비슷하다. 입법사례 중에는 상린관계를 지역권으로 규정하고 있는 것도 있다. 「프랑스민법전」 제639조에는 "상린권은 법정지역권이다"라고 규정하고 있다. 그러나 다수국가의 입법에서는 상린관계와 지역권은 법률성질상의 차이가 있다고 보고 구분하고 있다.[54]

2. 상린관계의 기본적인 종류

상린관계가 발생하는 원인은 여러 가지이고, 종류도 여러 가지이다. 민법통칙과 관계되는 법률에 따라 토지, 유수(流水), 건축물의 인접으로 인해 발생하는 상린관계 및 처리방법은 다음과 같다.

(1) 토지의 상린관계

(a) 경계의 인접관계

상린관계에 있는 양당사자는 그 소유 또는 사용하는 토지(택지 포함), 산림, 산 고개, 황무지, 수면 등의 자연자원을 정당하고 합리적으로 사용하여야 한다. 또한 권리를 남용하여 인접한 상대방의 권익을 손상시킬 수 없으며, 역사와 현실상황을 존중하여 서로 이해하고 양보하고 협상하여 해결하여야 한다.

상린관계 일방의 택지지에 지은 가옥이 경계를 넘었다면, 경계를 넘어온 토지의 사용권자는 건축물의 경계를 넘은 부분을 제거해줄

---

[54] 상린관계와 지역권의 구별은 '용익물권'장의 '지역권' 중에서 다루고 있다.

것을 청구할 권리가 있다. 만약 이 행위가 선의이거나, 경계를 넘은 토지의 사용권자가 즉시 의의를 제기하지 않았다면 할수없이 그 상태를 유지하여야 한다. 대신 건축물 주인은 넘어간 토지의 사용자에게 경제적 보상을 하여야 한다.

상린관계 당사자의 토지의 나뭇가지가 경계선을 넘어 이웃이 토지를 사용하는 데에 영향을 주었다면, 이웃은 상대방에게 경계선을 넘은 그 나뭇가지를 제거해줄 것을 청구할 권리가 있다. 청구에도 불구하고 제거하지 않았을 경우, 이웃이 직접 제거할 수 있다. 당연히 그 넘어간 나뭇가지가 이웃에 아무런 영향을 주지 않는다면, 이웃은 제거를 청구할 권리가 없다.

이웃토지의 경계선상에 있는 나무, 벽, 기타 시설의 소유권이 명확하지 않아서 다툼이 발생하였지만 증거를 찾을 수 없는 경우, 이웃 쌍방의 공유재산으로 추정하고 안분공유의 원칙에 따라 각 상대방의 권리와 의무를 확정한다.

(b) 상린토지의 인정과 통행사용의 관계

일방당사자가 상대방이 사용하는 토지를 통행할 때에는 허가를 받아야 한다. 통행자는 손해가 적은 길을 선택해야 하며 통행으로 인하여 조성한 손실은 배상해야 한다.

장기간에 걸쳐 형성된 범위 내의 통로에 대해서는 소유자와 사용권자가 가로막을 수 없다. 왜냐하면 이를 가로막을 경우 타인의 생산, 생활에 영향을 주고, 그 상대방은 방해의 제거나 원상회복을 법률에 의해 요구할 수 있기 때문이다. 단, 조건하에 열린 합리적인 통로는 제한을 받지 않는다.

상린관계의 일방이 공사로 인해 상대방이 사용하는 토지를 임시로 점유할 때에는 이웃의 손해를 최소화하도록 해야 하고, 인접한 당사자는 이를 허가해야 한다. 그러나 점유하고 사용하는 일방은 쌍방이 약정한 범위와 용도, 그리고 기한에 따라 사용해야 하고, 책임이 있을 경우에는 방해의 제거, 원상회복, 손실배상을 해야 한다. 농촌에서 승포받아 경영하는 토지의 각 당사자는 쌍방이 서로 협조하여 장소 사용권을 만족시켜야 한다. 인접한 일방당사자가 자연재해 또는 계절적 조건으로 인하여 상대방의 장소를 사용하기를 원하면 상대방은 서로 돕는 정신에 따라 허가해주어야 한다.

(c) 상린토지의 환경보호관계

일반적으로 유해한 고체와 액체의 오염을 방지하는 관계를 가리킨다. 중국환경보호법의 규정에 따라 기업 및 사업단위는 삼폐[55]와 방사능물질의 방출은 국가기준을 넘을 수 없다. 이는 개인과 상린관계의 권익을 합법적으로 보호하기 위해서다. 일단 토지오염사건, 예를 들면 처리하지 않은 공업폐수의 방출, 고체형 폐기물 등이 발생하여 생활지역의 활동과 생산 등에 영향을 끼치면 토지의 점유자는 상대방의 침해에 대해 배상을 청구할 수 있는 권리가 있다.

(d) 상린토지의 위험방지관계

상린관계에 있는 일방이 자신의 토지 위에 건축물을 건축할 때에

---

[55] 중국에서는 공업생산과정에서 발생되는 폐수와 폐기가스 그리고 폐기물을 '삼폐(三廢)' 라고 한다.-역주

는 인접한 당사자의 토지와 건축물에 영향을 주어서는 아니된다. 또한 건축물상의 위험적인 요소가 인접한 당사자의 생명과 재산을 위협할 때, 상린관계에 있는 일방은 필요한 예방조치를 취하여야 한다. 그 밖에도 독성물품이나 폭발물 등 위험요소의 사용은 상린관계에 있는 건물과 일정한 거리를 두어야 하며, 필요한 예방대책을 취하여 상린관계에 있는 일방의 신체와 재산상에 손실을 주어서는 안 된다. 만약에 상린관계에 있는 일방의 재산과 신체에 위협 또는 손실을 초래하였을 경우, 상린관계에 있는 일방은 위험의 제거, 원상태의 회복, 손실의 배상을 청구할 수 있다.

(e) 상린관계에 있는 파이프 설치관계

상린관계에 있는 일방이 전선을 가설하고 파이프를 매설함에 있어 다른 일방의 토지를 필요로 할 때, 다른 일방은 이에 동의해야 하며 가장 합리적인 방안을 선택해야 한다. 또 상린자의 건축물과 기타 재산을 침해하지 말아야 하고, 시공을 완료한 후에는 현장을 정리해야 하며 원상을 회복해야 한다. 만약 타인의 손실을 초래했을 경우에는 배상해야 한다.

(2) 유수(流水)상린관계

(a) 상린용수(用水)관계

중국에서 유수는 국가재산에 속한다. 유수지의 각 상대방은 모두 자유롭게 수원과 유수를 사용할 수 있다. 그러나 상린관계에 있는 토지사용자의 용수의 이익에 대해서 영향을 주어서는 아니된다. 물은 지상수와 지하수로 나뉜다. 토지사용자는 마음대로 지하수를 사용할 수 없다. 그리고 상린관계에 있는 각 상대방은 자연적으로 형성된 유수의 방향을 존중하여야 한다. 만약 일방이 유수의 방향을 바꾸려고 한다면, 다른 일방의 동의가 있어야 한다. 유수의 방향이 다른 일방에게 손실을 초래하였다면, 당연히 배상책임을 져야 한다. 상린관계의 각 상대방의 자연유수에 대한 이용은 합리적으로 나누어야 하며, 공동으로 사용해야 한다. 수원(水源)이 남았을 때, 저지대의 상린자는 물을 막아 도류(倒流)시킬 수 없다. 또 물이 부족할 때 고지대의 상린자는 수원을 독점하여 저지대에 물 공급을 중단할 수 없다. 어떤 일방도 독점할 수 없으며, 만약 자연유수를 독점하여 다른 일방의 정상적인 생산활동에 영향을 주었다면, 다른 일방은 상대방에게 민사책임을 물을 권리가 있다.

(b) 상린배수(排水)관계

배수는 자연배수와 인공배수로 나뉜다. 자연배수에 대해 토지점유자는 배수를 부담할 의무가 있고, 인공배수에 대해서는 만약 상린관계에 있는 일방이 상대방의 토지에 배수해야 할 경우, 이를 허락해야 한다. 그러나 필요한 한도 내에서 사용해야 한다. 그리고 적당한 보호조치를 취하여 배수해야 한다. 그럼에도 불구하고 손실을 입혔다면, 이익을 받는 사람이 합리적인 배상을 해야 한다. 이웃 일방이 합리적으로 배수조치를 할 수 있는데도 하지 않고 상대방의 토지에 배수하여 손해를 입힌 경우 상대방은 침해정지, 원상회복, 위험제거, 손실배상을 요구할 수 있다.

(3) 건축물의 상린관계

(a) 상린건축물의 사용관계

건축물이 상호 인접한 각 상대방 중 일방이 건축물 내에서 정상적으로 통행해야 할 경우, 상대방은 이를 허락하여야 하고 방해할 수 없다. 그러나 손실을 초래하였을 경우에는 절차에 따라 배상해야 한다. 상린관계에 있는 일방이 가옥 또는 기타 건축물을 건설할 때, 빗물이 직접 흘러들어가는 등 상대방의 건축물에 위해를 주어서는 아니된다. 또한 자신의 가옥이나 공사 중인 건축물이 상대방의 건축물의 일조권을 침해하는 등 피해를 준 경우 과실이 있는 일방은 반드시 방해를 배제하고 손실을 배상해야 한다.

(b) 상린건축물의 환경보호관계

상린관계에 있는 일방이 인접한 상대방의 생산이나 생활에 대해 유해한 기체를 생산할 때는 일정한 안전거리를 두어야 한다. 특히 유해기체와 유해액체 등의 시설을 건설할 때에는 엄격한 예방과 응급조치를 취해야 한다. 일단 주위의 주민의 신체 및 재산에 손실을 초래한 과실의 유무와는 관계없이 배상해야 한다. 상린관계에 있는 일방이 고음, 진동 등으로 상대방의 정상적인 생활, 작업, 휴식에 장애를 초래하였고, 개선할 수 있음에도 불구하고 개선하지 않은 경우에는 타인의 휴식권 등 합법적인 권익을 침해한 행위로 간주한다. 이 외에 계획을 허락받지 않은 건축물의 소유자나 사용자는 이웃의 동의 없이 이웃이 일하고 생활하는 가옥의 광선을 직접 덮거나 통풍을 막을 수 없다. 그렇지 않으면 이웃은 방해배제, 원상회복을 청구하거나 상응하는 보상을 받을 수 있다.

주의해야 할 점은 중국민법통칙과 사법해석에서 상린관계에 대하여 원칙적인 규정을 하고 있다는 것이다. 각국 민법전과 상린관계의 범위를 비교해보면 중국민법통칙은 아직도 많이 부족하다. 민법의 상린관계제도는 사회의 발전에 따라 변화해왔다. 현대사회에서는 새로운 상린관계가 출현하고 있는데, 예를 들면 구분소유건축물의 상린관계, 전파수신의 장애, 일조권의 방해 등이 있다. 이런 종류의 상린관계는 국외에서만 발생하는 것이 아니라 중국의 사회생활과 사법실천에서도 나타난다. 중국의 민사입법은 이런 상린관계의 객관적 존재를 무시할 수 없다. 그러므로 하루바삐 간단하고 대략적인 규범양식을 수정하여, 각국 민법의 상린관계문제에 대한 성공적인 사례를 적용하여 중국의 상린관계 법률제도의 체계를 건립해야 한다.[56]

제5절 動産所有權

동산소유권의 객체는 동산이다. 또한 주체는 독점지배를 하고 타인의 방해나 간섭을 배제할 수 있는 권리를 가진다. 동산은 공간상 그 위치의 이동이 물건의 경제적 가치에 손상을 주지 않는 것을 가리킨다. 따라서 그 범위가 아주 넓다. 중국의 사법부문이 일찍이 부동산에 대하여 '토지, 토지에 부착된 건축물 및 기타 정착물, 건축물의 고

---

[56] 중국물권법은 제4장에서 상린관계에 관한 규정을 두고 있다(제84조~제92조).-역주

정된 부속물'[57]이라고 해석한 것처럼 동산은 토지 및 정착물, 부착물 외의 재산을 모두 포함한다. 법률이 동산의 당사자에게 주는 권리공간 역시 아주 광대하며 종류가 많다. 그리고 그 공간이동상의 특성 때문에 그 취득방식도 연구의 중점이 되고 있다.

I. 선의취득(善意取得)

1. 선의취득제도의 의의

선의취득제도는 근·현대민법의 산물이며 즉시취득(卽時取得)이라고도 불린다. 이는 처분할 권리가 없는 점유자가 선의의 제3자에게 동산을 양도하여 점유하게 하여, 제3자는 법에 따라 동산의 소유권 또는 타물권을 취득하고, 동산의 원소유자는 제3자에게 반환을 청구할 수 없고, 양도자에게 손해배상만 청구할 수 있는 것을 가리킨다. 이것은 동산소유권의 특수한 취득원인 중 하나이다.

로마법시대에는 선의취득제도가 수용되지 않았으며 '그 누구도 그 소유의 권리를 타인에게 양도할 수 없다'와 '내가 내 재산을 찾아내면 내가 가져간다'의 의사주의원칙이 시행되었다. 그러나 로마법이 선의의 양수인의 권익을 완전히 무시한 것은 아니다. 로마법은 선의의 양수인의 취득시효를 규정하였고, 기간은 1년으로 하였다. 그러나 상품경제의 발전에 따라 이런 제도는 선의의 양수인에 대한 공평함을 잃었고, 취득시효 역시 소유자가 사회에 조성한 손해를 엄격하게 보호

---

[57] 최고인민법원의 「〈民法通則〉意見(試行)」 제186조.

하고 보충할 수 없었다. 이 때문에 일정한 조건에서 법률은 선의의 양수인을 보호하여 재산소유권을 취득하는 것은 인정하고, 소유자의 추급권은 중지시켜야 한다. 이것이 바로 선의취득제도의 발생의 기초이다.

일반적으로 선의취득제도는 게르만법의 한 원칙에서 유래되었다고 여긴다. 이 원칙에 의하면, 재산의 소유권자는 재산을 양도할 권리가 없는 타인이 재산을 양도한 경우, 그 권리를 침범한 상대방에게 반환 혹은 배상을 요구할 수 있다. 그러나 제3자에게는 반환을 요구할 수 없다. 선의의 제3자의 점유는 소유권이전의 효력을 가진다. 선의취득제도의 목적은 정태적 소유권을 보호하고 동태적 거래의 어려움을 완화시키는 데 있다. 즉, 무권처분행위에 의해 생겨난 선의의 양수인과 재산소유자의 이익충돌을 조절한다. 또 부족한 양도인의 처분권을 보충하고 사회의 안정을 유지하는 전제하에 재산의 유동성을 보장하여 거래를 촉진하고 사회 전체의 효과와 이익을 추구한다. 선의취득제도는 현대 각국의 민법에 의해서 받아들여져 중요한 재산소유권제도의 하나가 되었다.

2. 선의취득의 구성요건

선의취득을 적용한 결과는 물건의 원권리자가 재산에 대한 처분권을 상실하거나 그 권리에 제한을 받아 선의의 양수인이 이를 근거로 물건의 소유권과 타물권을 취득하는 것이다. 그러나 당사자의 각방의 이익과 관련이 없는 것은 아니다. 각국은 민법과 사법의 집행에서 다음과 같은 구성요건을 규정하고 있다.

(1) 양수인은 양도인과의 거래를 통하여 재산을 취득해야 한다. 선

의취득제도는 거래의 안전을 보호하는 데 그 목적이 있기 때문에 양수인과 양도인이 서로 거래할 때에만 선의취득이 성립하고 문제도 발생한다. 그러므로 비(非)거래행위, 예를 들면 상속, 유실물 습득, 매장물 발견 등은 소유권을 얻더라도 선의취득제도는 적용되지 않는다. 그러나 선의의 양수인이 거래행위를 통하여 양도인으로부터 재산을 취득하는 것에 대해서는 각국의 의견이 일치하지 않는다. 즉, 유상으로 하거나 유상으로 하지 않는 것을 한계로 한다. 선의취득의 적용은 양수인이 유상으로 재산을 취득하는 것이 더욱 합당하다고 본다.「〈민법통칙〉의견」제89조는 '유상'이라는 조건에 대하여 긍정적인 태도를 보이고 있다. 이 조항은 "제3자가 선의·유상으로 재산을 취득한 것은 제3자의 합법적인 권익을 보호해야 한다"고 규정하고 있다. 유상취득이 반드시 대등한 가격에 이루어져야 하는가에 대해서는 고려하지 않는다. 이 외에 만일 양수인과 양도인 간의 거래행위가 무효가 되면 선의취득제도를 적용하지 않는다.

(2) 양도인은 무처분권자이어야 한다. 양도인이 처분권이 있을 때, 그 양도는 합법적인 양도이므로 선의취득제도는 적용되지 않는다. 양도인이 처분권이 없는 상황은 두 종류로 나뉜다. 하나는 양도인이 처음부터 마지막까지 처분권이 없는 것이고, 다른 하나는 양도인이 본래는 처분권이 있었으나 후에 어떤 원인에 의하여 처분권을 상실한 것이다.

(3) 양도처분의 목적물은 동산이어야 한다. 동산의 공시는 점유를 원칙으로 하고, 등기를 예외로 한다. 점유를 공시방법으로 하는 동산은 처음부터 선의취득을 적용한다. 부동산은 등기제도가

있어서 등기로써 그 권리의 주체가 정해지기 때문에 선의취득의 문제가 없다. 그러나 중국의 저당권법률제도가 규율하는 저당권설정자의 교통운수공구나 해상법이 조정하는 선박같이 등기제도를 적용하는 동산은 부동산으로 보고 선의취득을 적용하지 않는다. 그러므로 등기를 하지 않는 동산에만 선의취득제도를 적용할 수 있다.

(4) 양수인이 재산을 양도받을 때에 반드시 선의점유이어야만 한다. 먼저, 양수인은 재산을 받을 때 양도인이 처분권이 없다는 것을 몰라야 한다. 그렇지 않으면 악의가 되므로 선의취득을 적용할 수 없다. 다음으로 양수인은 양도받은 재산의 점유를 취득해야 한다. 양수인이 동산소유권을 취득하였다 하더라도 양수한 동산의 인도가 필요하다. 「중국민법통칙」 제72조 제2항은 "적법한 방식으로 재산을 취득하여야 하고, 약정재산소유권은 재산의 인도로부터 이전된다. 단, 법률에 별도로 규정이 있거나 당사자 사이에 약정이 있는 경우는 제외한다"고 규정하고 있다. 양도인이 동산을 양수인에게 인도할 때 선의취득이 성립한다. 만약 거래할 때에 계약서에서 목적물의 인도를 합의하지 않았다면 선의취득은 적용될 수 없다.

(5) 선의양수인이 동산을 점유할 때 선의의 제3자는 불법적인 수단을 통하여 재산을 점유할 수 없다. 예를 들면, 절도물과 유실물 등이 있다. 그러나 절도물과 유실물이 화폐이거나 무기명의 유가증권인 경우는 제외한다.[58]

---

[58] 본절의 'Ⅶ. 화폐소유권' 참조.

중국의 통설은 절도물과 유실물은 법으로써 유통을 금지하는 물건이므로 선의취득제도를 적용할 수 없으며, 소유자의 이익을 보호하기 위하여 추급권(追及權)을 행사할 수 있다고 규정하고 있다. 사회질서를 유지하고 보호하기 위하여 중국은 물권의 입법에서 이 제도를 계속하여 사용하지만 두 가지의 예외를 두고 있다. 하나는 구매자가 절도물과 유실물을 공개적인 거래시장을 통해 선의의 방법으로 구매하였을 때 피해자와 유실자가 물건의 반환을 원하면 선의점유자에게 일정한 대가를 지불해야만 하며, 무작정 반환을 청구할 수 없다는 것이다. 그 목적은 정상적인 거래의 안전을 보장하는 데 있다. 다른 하나는 절도물, 유실물이 현금 또는 무기명의 유가증권이면 선의취득이 적용된다는 것이다. 피해자와 유실자는 선의양수인에게 반환을 요구할 권리가 없다. 일부 국가의 법률, 예를 들면 프랑스민법전은 절도물과 유실물의 원소유자에게 그 물건에 대한 반환청구의 제척기간을 규정하고 있다. 제척기간 안에 원권리자는 선의의 점유자에게 원물의 반환을 청구할 수 있다. 그러나 제척기간을 초과하면 반환청구권이 소멸하고 재산은 당연히 선의의 점유취득자에게 귀속된다.

3. 선의취득의 효력

선의취득은 일단 성립되면, 세 가지 방면에서 그 법률효력이 발생한다.

첫째, 선의의 양수인의 입장에서 볼 때, 주체는 소유권 또는 타물권을 즉시취득함으로써 재산의 합법적인 소유자나 타물권의 주체가 된다. 그리고 이런 재산권의 취득은 타인의 양도에 의한 것이 아니고, 원소유자의 의사에 의한 것도 아닌, 법률이 직접 부여한 권한으로서 원시취득에 속한다.

둘째, 원권리자의 입장에서 볼 때, 선의취득의 발생은 그 소유권 또는 타물권이 소멸하는 것을 의미한다. 이는 곧 청구권의 상실을 의미한다.

셋째, 불법한 양도인의 양도행위는 원권리자의 권리를 침해한 것이므로, 원권리자는 불법양도인에게 부당한 이익의 반환을 청구하거나 손실의 배상을 요구할 수 있다.

II. 선점(先占)

1. 선점의 개념

선점이란 선점자가 소유의사와 주인이 없는 동산을 점유하여 재산소유권을 취득하는 것을 가리킨다. 로마법시대부터 선점제도가 있었고, 목적물이 동산이든 부동산이든 모두 선점하면 취득할 수 있다는 '자유선점주의사상'이 있었다. 그러나 게르만법이 선점에 관하여 한 주장은 로마법과 달랐다. 게르만법은 주인이 없는 부동산은 국가가 취득한다고 보았고, 동산은 국가의 허가를 받은 특정한 개인만이 선점취득할 수 있다고 보았다. 이를 '선점권주의'라고 부른다.

현대의 각 국가는 선점을 소유권원칙에 근거한 취득방법으로 승인하고 대다수의 국가에서 '선점권주의'를 많이 채택하고 있다. 선점은 취득할 수 있는 소유권을 동산에 제한하므로[59], 소수의 국가에서는 주인이 없는 재산의 선점취득을 승인하지 않는다. 그 예로 「프랑스민법전」 제731조에서는 "주인이 없는 재산은 국가에 귀속된다"고 규정하고 있다.

선점의 성질에 대하여 각국의 입법사례를 살펴보면, 통상적으로 그 소유자가 소유의사를 가지고 주인이 없는 동산을 점유할 것을 요구한다. 다시 말해서, 선점은 선점취득한 소유권에 근거한 것이지, 선점자의 의사표시에 기초하는 것은 결코 아니다. 선점은 선점사실에 기초하여 소유권을 취득하는 것을 법률로써 인정하는 것이므로 선점은 법률행위가 아닌 사실행위이다.

2. 선점취득의 조건

선점취득한 동산의 소유권은 다음과 같은 조건을 갖춰야 한다.

(1) 선점의 목적물은 동산이어야 하고, 토지와 같은 부동산은 선점으로 하여 그 소유권을 취득할 수 없다.

(2) 점유한 물건은 법률이 사인의 소유를 금지하지 않는 물건이어야 한다. 법률규정을 위반하여 선점한 것은 점유무효이므로 소유권을 취득할 수 없다. 예를 들어 탄약 또는 점유매장물, 숨겨놓은 물건 등은 선점이라도 소유권을 취득할 수 없다.

(3) 소유할 의사를 가지고 점유해야 한다. 선점자가 점유할 때에는 타인이 객관적으로 점유할 의사가 있음을 알 수 있도록 해야 하고 행위능력은 구비할 필요는 없다.

---

59 「독일민법전」 제958조, 「일본민법전」 제239조, 「스위스민법전」 제718조에 선점의 조항이 나와 있다.

(4) 점유한 물건은 무주물이어야 한다. 여기서 말하는 무주물은 현재 주인이 없는 물건을 의미하고, 이전에 주인이 있었는지에 대해서는 상관하지 않는다. 예를 들어, 원소유자가 버리고 돌보지 않는 물건은 선점의 대상이 될 수 있다. 일반적으로 상술한 조건을 구비하여야 선점자가 목적물의 소유권을 취득할 수 있다.

중국의 민사입법은 선점제도를 설립하지 않고 있다. 대부분의 학자들은 「중국민법통칙」 제79조, 「중국상속법」 제32조에 따라 무주물은 국유에 속한다고 하며 선점취득에 대해서 부정적인 입장을 취하고 있다. 실제로 민사기본법인 「중국민법통칙」과 민사단행법인 「상속법」은 모두 선점제도를 규정하고 있지 않고, 무주물은 국가소유로 한다는 것도 규정하고 있지 않다. 그러나 특정한 상황에서 무주물이 국유에 귀속한다는 규정도 하고 있다. 또한 법률의 규율범위 외의 무주물도 있다. 그 주요한 것은 폐기물이고, 폐기물의 이용 또한 주요한 문제이다. 민사주체로서의 국가는 그 소유권을 규범할 필요가 없다. 따라서 실제 생활에서는 이미 버려지거나 기타 법률이 규정하지 않은 무주물의 소유권을 취득하는 것에 대해서는 당연히 선점원칙을 적용하여 선점자가 무주물의 소유권을 취득하게 해야 한다. 입법자는 완벽한 선점제도를 제정하여 사회경제의 발전과 사회경제질서의 안정, 그리고 사회적으로 물건의 효용이 충분히 발휘될 수 있도록 해야 한다.

III. 유실물의 습득

유실물이란 소유자와 적법한 점유자가 조심하지 않아서 잃어버린, 누구도 점유하지 않은 재산을 말한다. 유실물은 동산이고, 부동산은 유실의 문제가 존재하지 않는다. 유실물은 소유자의 포기의사에 의한 것도 아니고, 타인이 침탈한 것도 아니며, 주인이 없는 재산도 아니다. 단지 소유자 또는 적법한 점유자가 잠시 점유를 상실한 현재 어떤 사람도 점유하지 않는 동산이다.

유실물 습득의 법률효과는 대체적으로 두 종류가 있다. 로마법의 소유권취득불능주의와 게르만법의 소유권취득주의이다. 근·현대 대다수 국가의 민법은 게르만법의 주의에 따른다. 유실물 습득은 규정상으로 습득 후에 관계기관에 문서로 보고해야 한다. 그러지 않으면 유실물은닉죄(遺失物隱匿罪)[60]가 성립한다. 관계기관은 서류를 보고받은 후 분실자가 일정한 기간 내에 확인하여 찾아가도록 최고(催告)를 해야 하고, 원물을 분실자에게 돌려주어야 한다. 그리고 분실자는 습득자에게 반드시 일정한 사례금을 지불해야 한다. 만약 분실자가 일정한 기간 내에 찾아가지 않으면 유실물은 국고(國庫)로 귀속되며, 습득자는 법에 따라 일정한 이익을 받는다.

「중국민법통칙」 제79조 제2항은 "유실물, 표류물 또는 잃어버린 애완동물을 습득한 경우 반드시 주인에게 돌려주어야 하고, 이로 인하여 지출한 비용은 분실자가 상환해야 한다"라고 규정하고 있다. 여기서 유실물, 표류물 및 잃어버린 애완동물은 동일한 법률지위를 가진

---

[60] 점유이탈물횡령죄와 유사한 형사처벌규정으로 보인다.-역주

다. 습득자는 분실자에 대한 반환의무와 비용의 구상권(求償權)을 가지며, 사례금청구권은 가지지 않는다. 구체적으로 분실자가 누구인지 알 수 있을 경우에는 직접 돌려주고, 분실자를 모를 경우에는 상황을 관계기관 또는 국가공안기관에 알려주고, 관계기관 또는 공안기관이 6개월의 공고를 한다. 공고기간 내에 찾아가지 않으면 무주물이 되어 국유가 된다. 이는 원시취득에 속한다. 중국의 이런 유실물의 습득에 관한 규정은 대다수의 국가들과는 상반되는 것이다.

유실물의 습득은 선점과 유사한 성질을 가지며, 법률사실에서의 사실행위에 속한다. 그러므로 습득자는 완전행위능력을 구비하지 않아도 된다. 유실물의 습득은 다음과 같은 조건을 갖추어야 한다. 첫째, 유실물은 동산이어야 한다. 즉, 타인의 동산은 습득하기 전에 점유자가 없어야 하고, 권리자가 버린 물건이 아니어야 한다. 둘째, 습득하여 점유한 사실행위가 있어야 한다. 즉, 습득으로 인한 점유여야 한다. 그래야만 분실자와 습득자의 법률관계가 성립된다. 위의 두 가지 조건을 갖춘 후 유실물의 습득자가 성립한다. 그러나 유실물에 대한 소유권을 취득하려는 것은 아니다. 소유권취득주의를 채택하는 국가에서 습득자는 필요한 의무, 예를 들면 통지·보관의무, 게시의무(揭示義務), 보고의무, 반환의무 등을 이행한 후에 유실물비용의 상환청구권, 사례금청구권 등의 권리를 취득할 수 있다. 로마법의 소유권취득불능주의를 채택하는 소수의 국가에서 습득자는 통지, 보관, 보고 등의 의무를 이행한 후에도 유실물의 사례금을 청구할 수 없다.

중국민법통칙의 유실물의 습득규정에 대하여 학계에서는 여러 의견이 있다. 문자가 너무 간략하고 조잡한데다가 실무에 어려움을 가져오기 때문에 보충을 해야 한다는 점과, 입법과 사법자가 주의해야 할 문제점을 지적하였다. 첫째, 유실물 습득에 입법의 주장을 바꾸는 것이다. 습득자는 일정한 조건하에 유실물의 소유권을 취득한다고 규정하여야 한다. 둘째, 습득자의 사례금청구권을 규정하여야 하는 것이 민법의 공평정의이론에 부합한다. 일정한 비율의 사례금을 받는 것은 습득자가 유실물을 돌려주는 것을 격려하고, 그 고생을 인정하든 소유자의 권리를 적극 보호하든 간에 모두 필요한 것이다. 습득자에게 사례금을 지불하는 것은 그 유실물을 침점(侵占)한 것에 대한 민·형사상의 책임을 면하게 해준다.

IV. 매장물의 발견

통설은 매장물을 토지 또는 기타 물건에 매장되어 있어서 그 소유권이 누구에게 속하는지를 판별할 수 없는 재산이라고 본다. 매장물의 발견은 매장물을 발견하여 점유하는 일종의 법률사실을 가리킨다. 그 성질은 선점, 유실물 습득과 상통하며, 사실행위에 속한다. 매장물을 발견하면 바로 물건의 소유권을 취득하므로, 이는 원시취득에 속한다.

각국 민법에는 매장물의 발견에 관한 규정이 있다. 매장물의 발견은 몇 가지 조건을 필요로 한다. 첫째, 매장물은 동산이어야 한다. 둘째, 매장물은 기타 부동산 또는 동산에 은닉되어 있어서 쉽게 찾을 수 있어야 한다. 셋째, 그 물건은 소유권을 판명할 수 없는 동산이어야 한다. 넷째, 매장물을 발견한 다음 점유해야 한다.

매장물을 발견한 후에는 일정한 법률효과가 생길 수 있다. 즉, 소유권취득과 같은 물권의 변동이 발생할 수 있다. 이에 대하여 각국의 입법과 학계에서는 물건의 발견 후 취득되는 소유권에 대하여 효과가 다른 두 종류의 입법주장이 존재한다.[61]

(1) 매장물을 발견한 자가 소유권을 유한하게 취득하는 주의이다. 이것은 로마법을 대표로 다수 국가의 견해이다. 매장물을 발견한 자는 소유권 전부를 취득할 수 있으나, 두 가지의 예외가 있다. 첫째, 매장물이 타인소유의 동산 또는 부동산에서 발견되었을 때 그 동산 및 부동산의 소유자와 발견자는 각각 반씩 매장물의 소유권을 취득한다. 둘째, 발견된 매장물이 학술, 고고 또는 역사적인 자료로 쓰일 때 그 소유권은 반드시 각국 또는 지역의 특별법의 규정에 따라서 귀속된다. 예를 들어, 대만의 특별법인「문화자료보존법」제17조 규정을 들 수 있다. 지하에 매장되었거나 수중에 침몰 혹은 지상으로 나온 무주고물(古物)은 국가소유이다. 고물을 발견하였을 때 발견한 자는 즉시 그 지역 주무관청에 보고해야 하며, 주무관청은 그 고물을 보존하고 그에 상응하는 상금을 지급한다.

(2) 국가소유권취득주의이다. 1964년 구소련민법전과 중국민법통칙에서 이를 반영하고 있다. 소유자가 불분명한 매장물을 발견한 자는 주무관청에 매장물을 넘겨주어야 한다. 동시에 법률은 물건을 접수한 기관에서 신고자에게 정신적 또는 물질적 사례를 해야 한다고 규정하고 있다.

---

61 梁慧星主編:《中國物權法研究》(上), 525쪽.

중국은 현재까지 매장물을 발견한 자(주로 고문이나 고물)에게 일정한 상금을 수여해왔고 이미 공통된 인식 혹은 관례로 형성되었다. 그러나 매장물을 발견한 후, 국가에 신고하는 사례는 소수에 불과했다. 이는 한편으로는 시민들의 사회의식 수준이 높지 않고 이익에 대한 요구는 높게 변하였기 때문이고, 다른 한편으로는 발견한 매장물의 가치가 적어 국가소유로 넘기는 일이 불필요하였기 때문이다. 그러므로 중국의 매장물 발견의 법률효과에 대한 입법원칙은 국가가 소유권을 취득하는 주의에서 발견한 자가 소유권을 취득하는 주의로 넘어가는 과도기라 하겠다. 이는 입법자가 벗어날 수 없는 현실이며 국가와 관계자의 이익을 확실히 보호하는 것이다.

V. 첨부(添附)

첨부라는 것은 부합(附合)·혼화(混和)·가공(加工)의 총칭이며 다른 소유자의 재산 또는 노동의 성과가 결합하여 형성된 새로운 재산을 말한다. 여기에서 소유자가 다른 여러 개의 물건이 가공인을 통하여 새로운 물건으로 탄생하는 것은 기타 원시취득방법과 구별되는 특징이다. 이로써 새로운 소유권의 귀속이 확정되면서 소유권이 상실되는 원인이 된다. 법률상으로 첨부재산의 귀속을 확정할 때 첨부 후 재산의 원상태를 회복하는 것은 실질적으로 불가능하거나 경제적으로 불합리하다. 첨부의 기본적인 특징은 다음과 같다.

첫째, 첨부로 형성된 새로운 물건은 다른 소유자의 원래의 재산으로 이루어진다.

둘째, 첨부소유권의 형성은 일정한 법률사실을 바탕으로 한다. 여러 명의 다른 소유자의 재산 또는 노동의 결합으로 이루어졌으므로 분리할 수 없다.

셋째, 첨부재산에 대한 소유권의 취득은 법률이 규정하는 원시취득에 의거한다.

넷째, 첨부에 관한 법률규정은 일반적으로 강행성을 가지며, 각국은 첨부재산에 대한 소유권취득과 첨부재산을 원상태로 회복할 수 없다는 것을 법으로 규정한다. 목적은 첨부물이 사회경제이익에 부합하고 당사자들 간의 원상회복에 대한 약속을 무효화시키는 데에 있다.

다섯째, 첨부물은 한 사람의 소유이며 다른 일방은 이유 없이 권리를 상실하게 된다. 쌍방당사자의 평등한 손익관계를 위하여, 법률은 일반적으로 첨부로 인해 권리를 상실하여 손해를 받은 일방은 이에 상응하는 보상을 청구할 수 있다고 규정하고 있다.

중국입법에서는 아직까지 첨부에 관한 규정이 없어서, 시장경제하에서 대량으로 발생하는 첨부에 대하여 충분한 해결방법을 제시해주지 못하고 있어 경제발전을 방해하고 있다. 만약에 물권법이 제정된다면 첨부에 관한 규정이 있어야 한다. 외국의 입법사례를 참고하면 첨부에 대한 주요한 내용 및 처리원칙은 다음과 같다.

1. 부합

부합은 두 물건의 소유자가 다를 때, 한 물건이 다른 물건에 결합하여 그 물건의 중요한 성분이 되어 이를 분리할 수 없거나, 혹은 이를 분리한다면 그 가치가 크게 떨어지게 되는 재산의 결합상태를 가리킨다. 부합물이 형성되면 벽돌과 나무로 가옥이 만들어지듯이 물품이 독립성을 가지게 된다. 그러므로 부합이 되면 원소유자들의 재산은 식별해낼 수 있지만, 분리를 할 수 없거나 분리할 필요가 없다. 부합물의 소유권 귀속은 일반적으로 재산이 결합되는 상황을 보고 결정해야 한다. 부합은 부합되는 재산의 성질에 의해서 동산의 부합과 부동산의 부합으로 나뉜다. 예를 들어, 동산이 부동산에 부합하여 중요한 성분이 되었다면, 부동산의 소유자가 그 동산의 소유권을 취득한다. 즉, 부합 후에 새로 나타난 재산의 소유권은 부동산의 소유자에게 속하며, 원래 동산의 소유권자는 그 동산에 상응하는 보상을 받을 수 있다. 만약 동산끼리 부합한 경우, 주물과 종물을 구분할 수 있다면 주물의 소유자가 부합물의 소유권을 취득함과 동시에 동산소유자에게 보상을 해주어야 한다. 만약 주물과 종물을 구분할 수 없다면, 각 동산의 소유자가 그 부합물을 공유하게 된다.

2. 혼화[62]

혼화는 서로 다른 소유자의 동일한 성질의 동산이 섞여 이를 구별하여 분리할 수 없는 상태에 이른 물건의 결합상태이다. 예를 들면 쌀, 광석, 모래 등 고체물건의 혼화와 주정(酒精), 기름 등 액체의 혼화가 있다. 혼화물은 소유자가 원래 자신이 소유하던 물건이 어느 것인지 식별할 수 없거나 식별하기 어렵게 한다. 이 경우 두 가지의 결과가 있다. 첫째, 원재산의 가치와 상당한 경우, 혼화물에 대한 재산공유권을 취득한다. 또는 일방이 혼화물을 취득하고 동시에 다른 일방에게 상당

---

[62] 원문은 '혼합(混合)'이다.-역주

한 보상을 한다. 둘째, 원재산의 가치가 큰 일방이 혼화재산의 소유권을 취득하고 동시에 다른 일방에게 이에 상응하는 보상을 한다.

3. 가공

가공은 타인에게 속하는 동산을 가공·개조하여 더 큰 가치를 갖는 새로운 재산으로 만드는 것을 가리킨다. 예를 들어, 타인이 지닌 옥재료를 사용하여 옥조각 공예품을 만드는 것이다. 가공 후의 재산은 원재산가치와 가공자의 가공가치를 포함한다. 가공은 반드시 다음과 같은 조건을 갖추어야 한다. 가공대상은 반드시 타인이 소유하는 재산이어야 한다. 가공하는 재산은 반드시 동산이어야 하며, 가공자는 반드시 자신의 가치 있는 노동을 부과하여야 한다. 가공생산은 다음과 같은 법률효과가 있다. 만약 당사자가 가공물의 귀속에 대한 약정을 하였다면 약정에 따른다. 만약 약정이 없다면 가공하면서 늘어난 가치가 원재료의 가치를 넘지 않는 경우, 가공물은 원재료의 소유자에게 귀속된다.

가공 후의 물품과 원재료를 비교하면 다음과 같다.

가공가치가 원재료의 가치보다 크면 가공물은 가공자의 소유가 된다. 만약 가공 후의 물품의 가치와 원재료의 가치를 비교하였을 때, 주종관계를 확정하기 어렵다면 원재료소유자와 가공자가 공유한다. 공유를 제외한 어떤 상황을 막론하고 가공물의 소유권을 취득한 일방은 상대방의 가공에 대하여 노동이나 원래의 가치를 보상하여야 한다.

소유권의 첨부취득은 원시취득이다. 나중에 첨부물의 분리가 발생한다 하여도 이미 소멸한 원물의 소유권은 다시 회복할 수 없다. 원소유물에 대한 타물권도 함께 소멸하는 물건에 대해서는 이견이 있다.

「대만민법」 제815조에서는 부합된 동산소유권의 소멸은 동산의 기타 권리와 동시소멸된다고 규정하여 소멸주의를 취하고 있다. 그러나 「일본민법전」 제247조에서는 원칙상 원물소유자는 첨부로 인해 그 소유권이 소멸된다. 그러나 첨부취득으로 인하여 단독으로 소유권 전체를 취득하거나 타인과 소유권을 공동으로 향유할 때 원물에 설정된 타물권은 소멸되지 않는다고 규정하고 있다.

VI. 시효취득(時效取得)

시효취득은 법률규정에 의해 소유권을 취득하는 것이다. 취득시효와 소멸시효는 시효의 일종이다. 이것은 비재산소유자가 소유의 의사로 선의·공공연하게 타인의 재산을 점유하는 사실상태가 지속되어 법률이 규정한 일정기간에 도달하면 그 재산의 소유권을 취득할 수 있는 법률제도이다. 이 제도는 로마의 《12동표법》에서 규정하고 있으며, 이후에 각국 민법에서 이를 수정하고 보충하여 이론과 입법으로 완벽하게 정비되었다. 중국민법통칙은 소송시효제도만 규정하고 취득시효는 규정하고 있지 않다. 또 다년간 취득시효에 대하여 부정적인 태도를 취하고 있다. 그러나 근 몇 년간의 개혁개방과 시장경제의 발전 및 민법연구의 성과는 취득시효와 소멸시효가 병행되는 두 종류의 시효제도라는 것을 표명하고 있다. 두 시효는 서로 배척할 수 없고 서로 대치될 수도 없다. 왜냐하면 일상생활에서 타인이 소유자가 불분명한 재산을 점유하는 경우가 적지 않기 때문이다. 또 취득시효는 점유자를 겨냥한 규정으로 입법의 중점이 성실한 점유자의 적법한 권익을 보호하는 데에 있어서 재산권의 귀속·취득문제를 해결하는 데 쓰인다. 그러나 소멸시효는 채권의 변화에 관한 문제를 해결하는 데 쓰인다. 따라서 취득시효의 기능적 가치는 오랫동안 형성된 사실질서를 존중하는 데 있으며, 이는 재산의 귀속을 확정하는 데 유리하다. 그리고 정상적인 민사유통을 제때에 충분히 활용하여 경제적인 이득을 얻을 수 있도록 하고 인민법원이 정확하고 빠른 시간 내에 재산분쟁을 처리할 수 있도록 한다.

각국의 법에 따라 취득시효의 성립은 사회의 공서양속에 위배되지 않는 것을 바탕으로 하여 다음과 같은 조건에 부합해야 한다.

첫째, 자주점유여야 한다. 즉, 점유자는 자기소유의 의사로 물건을 점유해야 한다. 이는 취득시효의 핵심적인 요건이다.

둘째, 평화점유여야 한다. 폭행, 협박으로 취득하여 점유를 유지하여서는 아니된다.

셋째, 공공연한 점유여야 한다. 점유사실에 대하여 사회적으로 공개할 때 거짓으로 하여서는 아니된다. 공공연한 점유는 점유물에 대해 이해관계가 있을 사람에 대하여 회피할 수 없다. 그렇지 않으면 비밀점유이다. 공공연한 점유는 자주점유와 평화점유가 논리적으로 발전한 것이고, 취득시효를 완성하는 중요한 조건이다.

넷째, 계속적인 점유여야 한다. 취득시효는 법정사유의 출현으로 중단될 수 있다. 중단으로 인해 이미 지나간 시효는 무효가 되고 점유자는 소유권을 취득할 수 없다.

다섯째, 선의점유여야 한다. 즉, 물건의 권리상에 하자가 있는 것을 모르거나 알아서는 안 되는 점유이어야 한다.

여섯째, 지속적인 점유는 법정기간에 도달해야 한다. 취득시효기간의 길고 짧음은 재산권리의 종류와 성질에 따라 확정된다. 각국의 규정은 일치하지 않지만 어떤 국가에서는 동산과 부동산에 취득시효를 적용한다고 규정하고 있다. 그 예로는 일본은 동산에만 적용한다고 규정하고 있고, 독일은 부동산에도 적용한다고 규정하고 있다. 대다수의 국가는 법정기간을 10년에서 20년 사이로 규정하고 있다.

VII. 화폐소유권

화폐는 물건의 종류 중에서 동산에 속한다. 화폐는 가치의 척도이며, 법이 정한 지불수단이다. 일반등가물의 특수상품으로서 시장거래에서 안정적이지 못한 일반등가물로 인해 발생하는 어려운 문제를 해결한다. 또한 경제학과 경제생활에서 중요한 가치를 가진다. 화폐는 일반동산과는 다른 특수한 동산이다. 화폐는 소유권의 범위와 행사에서 기타 동산과는 다른 특수한 문제가 있다.

화폐는 권리객체이며 명확한 법률적 특징을 가진다. 첫째, 화폐는 종류물이다. 이 때문에 서로 대체가 가능하다. 둘째, 화폐는 전형적인 소모물이다. 하나의 목적을 위해 반복적으로 사용할 수 없으며, 소유자가 사용한 후에는 타인에게 이전되어 원소유자는 그 소유권을 상실하게 되고, 타인은 그 소유권을 취득하게 된다. 원소유자는 그 화폐를 다시 사용할 수 없다. 이 때문에 화폐는 지불수단으로 쓰이며 손에서 손으로 유통되는 전형적인 소모물이다.

상술한 화폐의 특징에 따르면 화폐소유권도 자신만의 개성을 가지고 있다. 화폐소유권과 점유는 일치된 성질을 가진다. 달리 말하면 화폐의 점유자는 화폐의 소유자이고, 점유자는 화폐의 소유권을 행사할 수 있다는 것이다. 화폐의 이러한 법률성질은 상품유통에서 화폐의 매개로서의 작용을 결정지었고 화폐를 유통물로서 충당시켰다. 법률상 또는 사실상으로 그 성질을 식별할 수 있는 기능이 없어 화폐의 점유와 소유가 일치되는 조건을 발생시켰다. 경제적 거래의 요구에 따라 부단히 발생하는 거래에서 일방이 화폐를 받을 때 화폐를 지불한 상대방(점유자)이 그에 대한 소유권을 가지는지에 대하여 조사하는 경우는 거의 없다. 따라서 화폐의 점유와 소유가 하나가 되는 상황이 자연스럽게 형성되었다.

화폐소유권과 점유는 둘을 하나의 성질로 한다. 화폐소유권의 취득과 상실에서 다음과 같은 특징을 가진다.

(1) 화폐소유권의 취득과 상실은 화폐점유의 취득과 상실에 달려 있다. 때문에 화폐소유권은 일반적으로 추급효를 가지지 않는다. 화폐소유권에는 원물반환의 물권청구권이 없고 대등한 액수의 화폐로 반환할 것을 청구하는 채권청구권만 있다.

(2) 화폐소유권의 변경은 점유의 이전을 의미한다. 때문에 화폐소유권의 취득과 상실행위는 사실행위이며 법률행위가 아니다. 그러므로 행위능력을 필요로 하지 않는다. 원칙적으로도 간접점유가 발생하지 않기 때문에 행위무능력자, 화폐강탈자 모두 화폐의 소유권을 취득할 수 있다. 위의 내용에 따라 원소유자는 채권(계약, 부당이득, 손해배상)의 청구권만 가진다.

(3) 화폐소유는 점유와 성질이 일치하며, 선의취득의 문제는 발생하지 않는다. 왜냐하면 화폐는 한 사람의 손에서 다른 사람의 손으로 이전되는 점유이기 때문이다. 어떠한 상황에서든 다른

사람은 화폐의 소유권을 취득할 수 있다. 이때 화폐점유를 받아들이는 제3자는 원소유자로부터 원소유자의 의지에 의해 화폐소유권을 취득하게 된다. 이는 승계취득이다.[63] 그러므로 선의취득의 조건에 부합되지 않는다.

제6절 共有

I. 공유의 개술

1. 공유의 개념과 특징

소유권의 기본적인 속성은 하나의 물건에 두 개의 소유권이 존재할 수 없다고 하지만 하나의 소유권은 여러 사람이 동시에 공유할 수 있다. 그러므로 소유권의 주체는 단일한 것일 수도 있고 복합적인 것일 수도 있다. 「중국민법통칙」 제78조에서는 "재산은 두 명 이상의 공민, 법인이 공유할 수 있다"고 규정하고 있다. 이 규정에 따라서 공유는 둘 이상의 사람이 동일한 재산에 대하여 공동으로 소유권을 향유하는 일종의 법률관계이고, 물건의 소유권은 동시에 여러 사람이 공동으로 향유하는 법률상태이다.

공유에서 여러 명의 소유자는 공유자, 공유의 객체는 공유물이라

---

63 원문은 '계수취득(継受取得)'이다.-역주

하며, 공유물을 바탕으로 발생한 권리·의무관계는 공유관계라고 한다. 대륙법계 국가의 민법에서는 소유권 이외의 재산권에 공유를 규정하고 있다. 예를 들면 타물권, 지적재산권, 채권 등의 재산권을 여러 사람에 의해 공동으로 향유한 경우에 공유의 규정을 준용할 수 있다고 규정하고 있다. 이를 학술상에서는 준공유라고 한다.

재산공유관계는 공동생활(예 : 부부관계, 가족구성원 간의 관계), 노동, 공동합작경영, 공동상속, 공동구매 등으로 인해 형성되고 발생한다. 공유는 소유권의 본질에 위배되지 않는다. 소유권은 배타적 권리이다. 따라서 하나의 물건에 여러 개의 소유권이 있는 것을 허락하지 않는다. 공유는 하나의 물건에 대한 하나의 소유자에게 속하는 것이며, 하나의 물건에 두 개의 소유권이 있을 수 없으며, 하나의 권리를 분할하여 향유할 수는 있다. 이와 같이 공유는 일종의 상태이고 복합적인 소유권관계이며, 소유권능에 대한 분할이다. 그러므로 공유는 복합적인 소유권관계의 일종의 상태로서 소유권의 형식은 아니다. 구체적으로 말하면 공유의 법률적 특징은 다음과 같이 말할 수 있다.

(1) 주체는 단일성을 가지지 않는다

공유의 주체는 두 명 이상의 자연인 혹은 법인이다. 이 점은 재산소유권과 다른 점이다. 재산소유권의 주체는 하나일 수밖에 없으므로 단일성을 가진다. 재산공유권은 다수 주체의 연합이고, 이러한 다원성을 가지는 주체는 하나의 완전하고 통일된 소유권을 공동으로 행사한다.

(2) 객체는 특정한 동일항목의 재산이다

특정한 동일항목의 재산이란 재산의 크기와 수량에 상관없이 공유관계가 지속되는 동안 절대 분리될 수 없는 성질을 지닌 재산을 가리킨다. 이 때문에 공유자들은 공유물에 대한 소유권을 나누는 것이 아니라 모든 공유자가 공유재산에 대한 소유권 전체를 같이 사용하는 것이다. 공유는 구분소유와 다르다.

(3) 내용은 대·내외의 이중적인 권리·의무관계를 포함한다

공유의 내부관계에서 공유자는 공유물에 대해 지분[64]에 따라 권리·의무를 가지거나, 지분을 나누지 않고 평등하게 권리·의무를 가진다. 공유재산을 점유·사용·수익·처분할 때 각 공유자들은 법이나 약정에 따라 공동으로 협상하여 결정한다. 만약 어느 공유자가 기타 공유자의 의사를 무시하고 독자적으로 공유물을 처분한다면 이는 불법행위에 속한다. 공유의 외부관계에서 봤을 때 공유자는 하나의 권리주체로서 기타 권리주체와 재산소유 혹은 재산이전관계가 발생한다면, 공유자들이 공동으로 권리를 누리고 의무를 부담한다. 공유자는 권리를 행사할 때 기타 공유자의 제약도 받게 되며 전체공유자들의 의사도 반영해야 한다.

(4) 대다수의 공유는 하나의 소유권을 여러 명이 비독립적으로 소유하는 소유권의 유형을 가진다

법률상의 소유권은 경제상의 소유를 결정한다. 그러나 공유는 여러

---

[64] 원문은 '분액(份額)'이다.-역주

권리 주체가 어떠한 목적을 위하여 재산을 결합하여 발생시킨 재산 형식이다. 공유자 수의 증가는 결코 각 공유자 모두가 하나의 독자적인 소유권을 향유하는 것을 의미하지는 않는다. 여러 명의 공유자가 하나의 소유권을 연합하여 행사하거나 하나의 소유권을 나누어 향유하는 것을 의미한다. 그러므로 공유는 소유권의 성질을 바꾸지도 않고 새로운 소유권의 유형을 형성시키지도 않는다.

이 밖에 공유(共有)와 공유(公有)는 서로 다른 두 개념이다. 공유(公有)는 공공의 소유(公共所有)를 말한다. 일본민법에서는 공유(公有)를 총유(總有)라 한다. 예를 들어, 촌민은 본촌(村)에 속한 산림들에 대하여 공동으로 사용·수익할 권리가 있다. 중국의 현단계에서 전민소유는 곧 국유 혹은 공유(公有)를 가리키고, 소유는 곧 공유(公有)를 가리킨다. 예를 들어 집체에 속하는 산림, 토지, 초원, 간석지, 목장 등은 집체의 촌민이 공동으로 사용·수익한다.

공유(公有)와 공유(共有)는 다른 범주에 속하며 다음과 같이 근본적으로 차이가 난다.

첫째, 공유(共有)재산의 권리주체는 각 소유자이고 공민과 법인이 포함된다. 그러나 공유(公有)재산의 권리주체는 단일성을 가지므로 집체조직이나 사회집체일 수밖에 없다.

둘째, 공유(公有)재산은 개인을 이탈하여 존재한다. 법률상에서 어떠한 개인도 모든 공유(公有)재산에 대한 소유권의 주체가 될 수 없다. 그 구성원은 공유(公有)재산에 대해서 공동으로 사용·수익할 수만 있다. 공유(共有)재산의 존재는 일반적으로 개인과 이탈되지 않아서 각 공유자 모두가 공유재산에 대한 소유권을 모두 향유한다. 공유

(公有)재산의 완전성은 공민이 공유조직을 퇴출하거나 혹은 가입하는 것에 크게 영향을 받지 않는다. 그러나 공유(共有)재산은 영향을 많이 받는다.

셋째, 공유(共有)관계는 일반적으로 공유자가 동일한 목적을 가지고 형성된 재산관계이다. 그것은 공유자의 요구와 외부의 변화에 따라 성취되거나 소멸될 수 있다. 그러나 공유(公有)재산관계는 생산자료[65]의 공유제(公有制)로 인하여 발생하기 때문에 구성원이 임의로 변경되거나 소멸될 수 없다.

2. 공유의 작용과 유형

재산공유관계는 사회경제생활에서 보편적인 재산형식으로 그 영역도 매우 광범위하다. 상품의 교환에서 재산공유형식은 자금을 모으는 데 편리하며, 변화하는 시장경제에 융통성 있게 적응할 수 있다. 지금까지의 중국 상황을 자세히 살펴보면 공유관계를 확실히 하고 보호하는 이유는 공유자 간의 권리와 의무에 관한 분쟁을 정확히 해결하여 경제적 질서를 보장하고 거래를 촉진하기 위해서이다. 동시에 법률형식으로 재산공유관계를 명확히 하는 것은 경제책임제를 한 단계 더 발전시키고 물건의 효용을 충분히 발휘시켜 사업에 유익하고, 가정에서 부부간의 공유재산으로 인하여 다툼이 일어나는 것을 방지하여 가정의 화목을 위해서도 필요한 것이다. 그러나 이러한 재산소유의 형태는 주체의 수가 많으며 관계가 복잡하고 의견을 모으기 어렵고 주체의 소유가 안정적이지 않아서 경제적인 다툼이 발생하기 쉽다.

---

65 본서에서는 생산수단을 일컫는 말로 쓰인다.-역주

공유관계의 발생원인은 일반적으로 두 가지가 있다. 첫째, 당사자의 의사표시 혹은 합의에 의하여 발생한다. 예를 들어 갑과 을이 공동으로 출자하여 한 대의 트럭을 샀다면 그 트럭은 쌍방의 소유이고 여기에서 공유관계가 형성된다. 둘째, 법률규정에 의하여 발생한다. 예를 들어 부부재산, 가정재산의 공유, 유산분배 전 상속인의 유산에 대한 공유, 선점, 부합, 혼화 등 동산을 취득하는 경우가 이러한 공유에 속한다. 공유의 발생이 비교적 간단함에도 불구하고 각국의 민법은 공유의 유형을 서로 다르게 규정하고 있다. 어떤 국가는 안분공유만 인정하고, 또 어떤 국가는 안분공유와 공동공유를 모두 인정한다. 이외에 두 종류의 유형이 더 있으며, 그와 비슷한 제도로 존재한다. 첫째, 총유이다. 총유의 내용은 중국민법 학술상의 공유(公有)와 비슷하고 비교적 짙은 집체의식을 가진다. 둘째, 구분공유(區分共有)이다. 구분공유는 오래 전부터 발전하기 시작한 공유와 근접한 새로운 형식의 공유이다. 수인이 건축물에 대한 소유권의 일부분을 분별하여 향유하는 것을 건축물의 구분소유라고 하고, 구체적으로는 건축물이 가지고 있는 독립적인 용도에 대한 부분적인 소유와 공용부분에 대한 공동소유의 총칭이다. 「중국민법통칙」 제78조 제2항에서는 공동공유와 안분공유의 두가지 공유형식을 규정하고 있다. 이것이 중국의 공유관계의 기본적인 내용이다. 소유권을 제외한 기타 재산권의 준공유는 민법통칙에서 언급되지 않았는데도 불구하고 각 나라의 물권법에서 모두 존재하며, 중국의 민법이론과 실무에서도 이러한 준공유형식을 승인한다. 이러한 준공유에 대한 다툼을 처리할 때에는 소유권 공유의 관련규정을 적용하여 비교·대조한다. 이와 같이 중국민법의 공유는 안분공유와 공동공유 및 준공유의 세 가지로 나누어진다.

II. 안분공유(按份共有)

1. 안분공유의 개념

안분공유는 구별공유(區別共有)라고도 한다. 대만민법상의 공동공유와는 대응되는 의미를 가진다. 안분공유는 둘 혹은 둘 이상의 공유자가 동일한 재산에 대하여 각자 지분에 따라 권리를 향유하고 의무를 분담하는 공유형식을 가리킨다. 「중국민법통칙」 제78조에서는 "안분공유자는 각자 지분에 따라 공유재산에 대하여 권리를 분담하여 향유하고 의무를 분담할 수 있다"라고 명확하게 규정하고 있다. 안분공유는 비교적 자주 볼 수 있는 기본적인 독립공유관계이다. 법인 사이에서도 발생할 수 있고 자연인 사이에서도 발생할 수 있으며, 자연인과 법인 사이에서도 발생할 수 있다. 예를 들면 구입한 재산이 둘 이상의 주체를 가지며 그 둘 이상의 주체 사이에는 안분공유관계가 형성된다.

안분공유는 성질상으로 하나의 소유권에 대한 양적 분할이다. 그것은 공유재산 자체를 분할하여 몇 개로 나누는 것이 아니라 지분에 따라 향유하는 것이다. 각 공유자는 지분에 따라 재산소유권의 권리와 이익을 향유하고 의무를 이행한다. 안분공유자의 모든 소유권이 동일한 재산에 대하여 발생하기 때문에 성질상의 차이가 없어서 안분공유 중의 지분권리에 대하여는 소유권의 일반적인 규정을 적용한다.

안분공유의 특징은 다음과 같다.

(1) 각 공유자는 공유물에 대하여 같거나 혹은 다르게 지분을 향유할 수 있다. 구체적인 지분액은 일반적인 공유자의 의사(약정)로 확정된다. 예를 들어 갑, 을 두 사람이 40%와 60%의 비율로 상

업용 건물을 구매하였다면 각자의 지분은 40%와 60%가 된다. 다시 말하면 공유자의 지분은 원칙적으로 공유자의 출자비율과 공헌정도와 자본에 따라 확정된다. 법률의 요구에 따라서 안분공유관계가 발생한 후에 각 공유자의 지분이 명확하지 않으면, 모든 공유자의 지분은 균등하게 책정한다.

(2) 공유자가 향유하는 권리와 담당하는 의무는 공유재산에서 각자가 가진 지분에 따라 결정된다. 재산의 지분을 확정하는 것도 공유자가 공유물에 대하여 지분에 따라 의무를 분담하고 권리를 향유하는 근거이다. 지분의 크고 작음은 공유재산을 분할하는 척도가 된다.

(3) 안분공유는 구분소유[66]와 다르다. 구분소유는 각 공유재산을 몇 개의 부분으로 나누어 공유자 각자가 그 일부분에 대한 소유권을 가지는 것을 말한다. 안분공유에서 각 공유자의 권리는 꼭 공유물의 어느 일부분에 국한되지 않으며, 혹은 그중에서 어떤 지분이 단독으로 소유권을 향유하기도 한다. 공유자가 그 지분에 근거하여 권리를 향유하는 것도 모든 공유재산에 미친다. 안분공유에서 공유자의 권리와 의무가 크고 작음과 지분이 많고 적음을 막론하고, 그 소유권은 통일적이고 유일한 것이다. 동일한 재산에 대한 소유권은 모두 일정한 이익을 향유하는 것이지, 각자가 하나의 독립적인 소유권을 향유하는 것도 아니다. 그러나 주의해야 할 점은 안분공유자는 가지고 있는 지분에 상응하는 만큼의 권리를 향유한다는 것이다. 법률 혹은 공유합의에서

---

66 원문은 '분별소유(分別所有)'이다.-역주

제한이 없는 상황 아래, 안분공유가 해산될 때 공유관계자들은 수시로 지분의 분할이나 양도를 요구할 수 있다. 안분공유자가 사망할 경우 상속자는 그 상속받은 부분의 지분에 대한 권리를 가진다.

2. 안분공유자의 권리와 의무

(1) 안분공유자의 권리

(a) 지분에 따라 공유권을 향유한다

안분공유자가 행사하는 권리와 향유하는 이익의 크고 작음은 사전에 확정한 지분과 정비례한다. 각각의 공유자의 점유·사용·수익권은 기타 공유자가 향유하는 권리의 영향과 제약을 받는다. 그러므로 공유재산의 사용과 수익방법은 전체공유자의 이익을 보호하는 것에서부터 출발해야 한다. 전체공유자들이 사전에 협상하여 결정한 것을 위반하여 공유자 1인이 임의로 공유재산에 대하여 점유·사용·수익 등의 권리를 행사하는 것은 다른 공유자들의 적법권리를 침해한 것이므로 다른 공유자들은 불법행위자인 공유자 1인에게 손해배상 또는 부당이익의 반환과 기타 민사적 책임을 추궁할 권리가 있다.

(b) 분할청구권(양도권을 포함한다)

「중국민법통칙」 제78조에서는 "안분공유재산의 모든 공유자는 자신의 지분의 분할이나 양도를 요청할 권리가 있다"고 규정하고 있다. 분할이란 안분공유자가 공유관계의 소멸을 목적으로 하거나 공유에서 퇴출될 때 스스로 공유재산의 지분을 나누는 행위를 가리킨다.[67] 양도란 공유자가 법에 따라 스스로 공유재산의 지분을 기타 공유자 이외의 제3자에게 하는 모든 행위를 가리킨다. 공유자의 이익을 보호하는 동시에 공유자가 공유에 가입하거나 퇴출하는 자유를 보장한다. 기타 공유자의 이익에 손해를 입히지 않는다는 전제하에서 공유자는 공유물에 대한 분할청구권을 향유한다. 그러나 양도는 법에 따라 반드시 공유자의 우선구매권의 제한을 받는다.

(c) 우선구매권

「중국민법통칙」 규정에 따라 공유자가 자신의 지분을 양도할 때 기타 공유자는 동등한 조건에서 우선구매권을 가진다. 그러므로 공유자는 자신의 지분을 매각할 때 기타 공유자의 우선구매권을 존중하여야 하고, 기타 공유자에게 즉시 고지할 의무, 최선을 다하여 편의를 제공할 의무를 가진다. 여러 명의 공유자들이 경쟁할 때에는 지분을 양도하는 공유자는 그중 어느 공유자에게 매각할지 결정한다. 권리를 침범한 양도행위는 무효가 된다. 지분양도의 합법적인 매각조건, 일정 구매기한에 의하지 않은 것은 우선구매권을 상실한다.

(d) 지분에 담보물권을 설정한다

안분공유자가 공유물 전부를 처분할 때에는 반드시 전체공유자의 의사에 따라 결정해야 한다. 그러나 안분공유자는 자신의 지분에 담보권을 설정할 수 있다. 그 예로는 저당권설정이 있다.

---

[67] 여기서 분할은 양도를 포함하지 않는다. 원문에서는 '분출(分出)'이라 하고 있는데, 나누어 가진다는 의미를 가진다.-역주

(e) 물상청구권

하나 혹은 여러 공유자가 전체공유자의 동의를 거치지 않고 다른 공유자들의 이익을 침해하거나, 공유자 이외의 제3자가 공유자의 소유권 행사를 방해하면 공유자가 단독 혹은 공동으로 법에 따라 물상청구권을 향유한다. 침해정지, 방해배제, 원상회복, 반환의 청구를 포함하며 공유권익을 보호한다.

(2) 안분공유자의 의무

안분공유자는 권리를 향유하는 동시에 반드시 공유재산에 따라 의무를 분담해야 한다. 공유자의 의무는 권리와 마찬가지로 모든 공유재산에 미친다. 그러므로 공유자가 담당하는 구체적 채무는 향유하는 지분이 크면 클수록 부담해야 하는 채무나 책임도 커진다.

안분공유자의 의무범위는 손실과 책임 외에도 공유자의 재산지분에 따라 공유재산에 대한 관리비도 포함된다. 안분공유자의 대외적 의무는 원칙적으로 안분의무와 책임이다. 그러나 법률에서 별도로 규정하고 있거나 당사자가 별도로 약정한 경우는 제외한다. 만약 민법통칙에 규정이 있는 경우, 공유자들이 공동으로 기타 공유자의 권리를 침해하는 행위를 했을 때에는 그 행위에 대해 연대책임을 진다. 공유물에 결함이 있어 제3자가 손실을 입으면 각 공유자는 지분비율에 따라서 책임을 진다.

안분공유관계의 형성원인은 법률규정과 공유자 사이의 약정을 기초로 한다. 실제 생활에서 흔히 나타나는 공유는 약정에 의하여 형성된 안분공유이다. 공유자 사이의 약정에 따라 공유하는 공유재산은 공유자 중 한 명이 모두 소유하게 되거나 분할되는 등의 상황이 나타나면 안분공유관계가 소멸한다.

III. 공동공유(共同共有)

1. 공동공유의 특징

공동공유는 두 명 혹은 두 명 이상의 소유자가 공유하는 모든 재산을 지분을 나누지 않고 공동으로 물건의 소유권을 향유하는 공유형식이다.

대륙법계 국가와 대만민법에서는 공동공유를 '공동공유(公同共有)'라 한다. 그 이유는 공유재산은 각 소유자가 '공유(公有)'하는 것이고, 각 소유자는 전체 공유재산에 대하여 권리를 향유하고 의무를 부담하기 때문이다. 「중국민법 통칙」 제78조 제2항에서는 "공동소유자는 공유재산에 대하여 권리를 향유하고 의무를 부담한다"고 규정하고 있다. 이로 보아 알 수 있듯이 공동공유는 공유형식의 하나이고, 안분공유와 주요하게 구별되는 점은 각 공유자의 지분을 나누지 않는다는 것이다. 이 밖에 공동공유는 다음과 같은 특징을 가진다.

(1) 공동공유재산의 형성은 여러 사람 사이의 공동관계를 기초로 한다. 공동이익 혹은 목적으로 인한 공동관계의 존재는 공동공유발생의 기초가 되며, 공동관계는 반드시 법률에 의거하거나 약정에 따라 형성된다. 예를 들면 부부관계, 가족구성원관계, 유산 미분할시의 공동상속관계, 합작관계 등이 있다.

(2) 공동공유는 지분을 확정하지 않는 공유이다. 공동관계가 해체되면 공동공유가 소멸되고, 이때 각자의 지분을 나누어 가질 수

있다. 그러나 공동공유관계가 존속되는 기간에는 공유자가 공유물에 대한 분할을 청구할 수 없다. 예를 들어, 어떠한 부분의 공유자가 제멋대로 지분을 나누어 공유물을 처리한다면 그 처리는 원칙상 무효이다.

(3) 공동공유의 각 공유자는 공유물에 대하여 평등하게 권리를 향유하고 의무를 부담한다. 이 외에도 연대책임을 진다. 공유자가 전체 공유재산에 대해서 가지는 점유·사용·수익과 처분권은 모두 평등한 것이다. 어떤 이유로도 권리를 박탈하거나 기타 공유자가 공유권을 행사하는 것을 간섭할 수 없다. 동시에 공유자는 반드시 공동으로 의무를 부담해야 한다. 외부관계로 볼 때, 연대책임을 지는 것은 중요한 특징이다. 안분공유와 비교해보면 공유자 사이의 신분관계와 권리·의무관계가 더욱 친밀하다.[68]

2. 공동공유의 효력

공동공유의 대외적 효력과 대내적 효력은 매우 명확하다. 대외적 효력은 공유자의 행위가 제3자에 대하여 발생한 효력이다. 공동공유관계에서 그 공유자는 공유자 수에 관계없이 대외적으로는 하나의 통일체이다. 일반적으로 그 전체의 명의로 민사활동을 한다. 법률에 별도로 규정이 있는 것은 제외하고, 일반적으로 공유자는 기타 공유자에 대하여 공유관계의 명의로 재산을 취득하고 권리를 향유하며 의무

---

[68] 공동공유의 성질에 대해서 학계에서는 세 가지 학설이 있다. 분할하지 않는 공동소유권설, 사회구성원권설, 결합하는 공유권설인데, 중국 대다수의 학자들은 첫번째 학설을 채용한다.-역주

를 부담한다. 일반적으로 공유물에 대한 처분행위는 전체공유자의 의견이 일치하는 경우에만 대외적 효력이 발생한다. 부분공유자가 제멋대로 공유재산을 처분하는 행위는 무효이다. 그러나 제3자가 선의·유상으로 재산을 취득한 경우 법률은 제3자의 선의취득을 보호한다. 그러나 이로써 기타 공유자에게 손실을 입힌 경우, 마음대로 공유물을 처리한 자는 배상을 부담한다. 각 공유자가 대외적으로 발생시킨 채무나 국가·집체나 제3자에게 손해를 입힌 경우, 전체공유자는 연대책임을 진다. 유효한 거래행위를 통하여 취득한 재산은 법의 보호를 받는다. 그러나 타인의 소유물을 권한 없이 처분하여 소유자에게 손해를 입힌 사람은 그 손해를 배상해야 하고, 소유자는 자신의 소유물로 인하여 대외적으로 발생한 채무나 국가 혹은 제3자에게 입힌 손실에 대해서 책임을 진다.

대내적 효력은 각 공유자 사이의 권리·의무관계를 가리킨다. 그 내용은 법률규정이나 약정을 따른다. 공동공유자는 공동공유법률제도의 제한을 받고 공유관계의 존속기간에는 분할이나 양도권, 분할청구권, 우선구매권 등을 향유하지 않는다.[69] 공유재산의 완전성을 유지할 의무를 지는 동시에 공유물이 타인에 의해 불법적으로 침해받을 때에는 어떤 공유자라도 물상청구권을 행사하여 공유물에 대한 소유권을 원만한 상태로 회복시켜야 한다.

---

[69] 예를 들면 중국혼인법에서도 부부관계의 존속기간과 부부재산의 공동소유제도를 마음대로 변경해선 안 된다고 규정하고 있다.-역주

3. 공동공유의 기본형식

(1) 조합공동공유

조합은 민사주체의 특수한 형식이다. 중국민법통칙의 규정에 따라 모든 조합은 상호를 만들 수 있고 법에 따라 등기한 후 독립적으로 경영할 수 있다. 이와 같이 조합의 구성원은 개인에 국한되지만 집체의 성질을 명확하게 가진다. 중국에서 조합의 재산은 조합인이 통일하여 사용·관리하고, 조합인은 조합의 채무에 대하여 연대책임을 지며, 각 조합원이 조합의 명의로 대외적으로 한 민사행위는 전체조합인에게 효력이 발생한다. 이를 분석해볼 때, 조합경영으로 축적된 재산은 조합인의 공동소유이다. 단, 안분공유를 약정한 것은 제외한다. 조합의 공동공유는 공유재산에서 자신의 재산지분을 구분할 수 없으므로 조합이 해산할 때에만 분할할 수 있다.

(2) 부부공동공유

혼인관계로 인해 발생한 재산을 부부가 공동으로 공유하는 것을 가리킨다. 결혼존속기간에 부부 쌍방이나 일방의 노동소득과 상속과 재산, 개인의 소유를 확인할 수 없는 재산은 모두 부부의 공유재산이다. 부부의 혼전재산, 결혼 후 구입한 옷과 직업에 필요한 일반적인 물건 및 쌍방이 자의로 적법하게 일방의 소유로 하기로 약정한 재산은 부부공유재산이 아니다. 부부는 쌍방이 공동으로 소유하는 재산에 대하여 평등하게 관리하고 처분할 수 있는 권리를 가진다. 부부공유재산에 대하여 어떤 형식으로 분할할지는 원칙적으로 쌍방의 협상·동의가 필요하다. 부부공유재산에 대한 분할은 혼인관계가 중지되었을 때

한다. 부부공유재산을 분할할 때 법률에 별도로 규정이 있거나 별도로 합의가 있는 경우를 제외하고 평등과 공평의 원칙에 따라 평균적으로 배분해야 한다.

(3) 가정의 공동공유

가정의 공유재산에 대하여 중국 현행법은 정식적으로 규정하고 있지 않다. 그러나 학술과 실무에서 보면 가정공유재산은 가족구성원이 공동생활기간에 공동으로 창조하거나 공동으로 소득한 재산을 가리킨다. 가정의 공유재산은 가정재산과는 다른 의미를 갖는다. 가정재산은 가족구성원이 공동으로 소유한 재산과 각자가 소유한 재산을 모두 가리킨다. 그러나 가정의 공동공유재산은 부부의 재산, 미성년 자녀와 기타 가족구성원에 속하는 개인의 재산은 포함하지 않는다. 가정공동공유의 재산은 반드시 가족구성원의 공동생활, 공동노동(생산, 경영)으로 인한 수입이어야 한다. 현재 중국에서는 가정공유재산에 생활자원을 포함하고 있고, 여러 가정에서 생산하고 경영하는 공유재산도 포함하고 있다. 이러한 재산에 대하여 권리를 행사하든 의무를 부담하든, 다툼을 해결하거나 재산을 분할할 때에는 공동공유의 일반원칙을 적용한다.

(4) 유산의 공동공유

유산의 공동공유는 일반적으로 유산상속인이 여러 명이고, 상속의 시작과 유산의 분할 전에 발생하는 것을 전제로 한다. 이러한 공동공유의 조건이 소실되지 않는 한 유산에 대한 공동공유도 민법의 공동공유와 관련된 일반적인 규정의 적용을 받는다.

IV. 공유재산의 분할

공유재산의 분할은 공유관계가 소멸될 때 당사자 사이의 합의나 법률규정에 따라서 공유재산을 정리하는 행위를 말한다. 재산분할은 법의 준수, 의사합치, 평등을 기본원칙으로 한다. 공유재산분할을 일단 청구하면, 안분공유의 관계에 관한 합의가 있으면 그 합의에 따르고, 합의가 없으면 협상하여 처분한다. 협상에 성공하지 못하면, 전체재산의 절반 이상을 차지하는 지분을 가진 공유자의 의견에 따라 처분한다. 그러나 적은 지분을 가진 공유자의 이익에 손해를 입혀서는 아니된다. 만약 전체의 절반 이상을 가진 공유자가 없다면, 다수공유자의 의견에 따라 처리한다. 공동공유재산의 분할은 공유관계의 소멸을 전제로 위에서와 같이 합의에 따라 처리한다. 합의가 없으면 일반적으로 등분(等分)원칙에 따르고, 동시에 공유자의 공유재산에 대한 공헌정도, 공유자의 생활, 생산에 실질적인 필요정도 등을 고려하여 확정한다.

공유재산을 분할할 때에는 재산의 성질과 용도, 각 공유자의 구체적인 상황에 따라 각기 다른 분할방식을 채택하여 사용한다.

1. 실물분할(實物分割)[70]

원물분할이라고도 한다. 공유재산의 사용가치와 특정한 용도에 영향을 주지 않을 때 이러한 방식을 사용한다. 여기서 실물은 일반적으로 분할할 수 있는 종류물이다. 공유자는 자신의 지분에 따라 공유재

---

[70] 원물분할을 의미한다.-역주

산을 분할해서 취득할 수 있다. 실물분할은 가장 자주 볼 수 있는 공유재산의 분할방식이다.

2. 변가분할(變價分割)[71]

가금분할(價金分割)이라고도 한다. 이것은 공유재산을 분할할 수 없거나 분할하면 가치가 떨어지거나, 공유자 모두 공유재산의 취득을 원하지 않을 때 그 공유재산을 환금하여 얻은 가격을 각 공유인이 수령하는 분할방법이다.

3. 작가분할(作價分割)[72]

가금배상분할(價金賠償分割)이라고도 한다. 공유자 중의 한 사람 혹은 여러 사람이 공유물을 취득한 후에 기타 공유자에게 그가 얻어야 하는 부분과 상응하는 배상을 하는 것이다. 이러한 공유물의 분할방식은 대부분 공유물이 분할할 수 없는 물건이고 공유자가 물건에 대한 소유권을 포기하고자 하는 상황에서 적용된다. 공유재산이 분할되면 공유관계는 즉시 소멸된다. 그리고 각 공유자들은 자신들에게 귀속되야 하는 재산을 얻음으로써 독립적인 소유권자가 된다. 중국의 법률규정에 의하면 공유재산을 분할한 이후에 한 사람 혹은 여러 사람이 분할하여 얻은 재산을 매도할 시 그 재산과 기타 원래의 공유자가 분할해서 얻은 재산이 한쌍이거나 같이 사용할 수 있다면 기타 공유자는 그 재산에 대한 우선구매권을 가진다. 만약 분할한 후 공유

---

[71] 대금분할을 의미한다.-역주
[72] 가격배상을 의미한다.-역주

자가 소유한 재산이 분할 이전의 원인으로 제3자에 의해 독촉을 받거나 하자가 있는 것이 발견되면 기타 원래의 공유자도 그 하자에 대한 책임을 진다. 공유관계에서 공유자와 제3자의 합법적인 권익은 보장받는다.

공유재산을 분할할 때, 공유의 성질에 대하여 일부공유자는 안분공유를 주장하고 또 다른 일부공유자는 공동소유를 주장하는 경우에, 안분공유에 의한 분할을 객관적으로 증명하지 못하면 공동공유의 원칙을 기초로 하여 분할한다.

V. 준공유

소유권 이외의 재산권을 여러 사람이 공동으로 향유하는 경우를 가리켜 준공유라 칭한다. 즉, 소유권 이외의 재산권을 공유하는 것이다. 사회생활에서 재산권을 공유의 주요한 형식으로 하는 것 외에 기타 재산권, 예를 들면 저당권, 특허권 등을 공유하는 양상이 나타났고, 이런 양상은 물권의 목적에 위배되지 않았다. 이로써 준공유가 건립되었다. 근대 각 국가에서 물권법을 제정할 때에는 소유권의 공유 외에도 준공유를 규정하고 있다. 「일본민법전」 제264조, 「독일민법전」 제741조와 「대만민법」 제831조에서도 소유권 이외의 재산권은 수인(數人)의 공유 혹은 공동공유자의 규정을 준용한다고 규정하고 있다.

수인이 공유하는 소유권 이외의 재산권에는 전통민법상의 지상권, 지역권, 전권, 저당권 등의 물권, 어업권, 채광권 등의 준물권, 그리고 저작권, 특허권 등의 무체재산권이 있으며 공유에 관한 규정을 준용할 수 있다. 채권에 대한 준공유는 불가분채권과 비슷하지만 양자의 관련성, 향유하는 채권의 독립성, 내용, 효력 등에 큰 차이가 있다. 그러므로 채권에 대한 준공유는 합리성을 가진다. 그러나 재산권 이외의 인신권은 준공유의 대상이 될 수 없다. 준공유의 유형은 안분과 공동의 관계에 따라 준안분공유와 준공동공유로 나눌 수 있다. 준공유재산의 분할은 소유권의 재산공유에 관한 규정을 준용할 수 있다.

제3장

用益物權

제1절 用益物權의 槪述

I. 용익물권의 발생과 특징

전통민법에서는 소유권 이외의 권리를 모두 타물권으로 간주한다. 물권은 물건에 대한 사용가치를 목적으로 하느냐, 아니면 물건에 대한 교환가치를 목적으로 하느냐에 따라 용익물권과 담보물권으로 나눌 수 있다. 용익물권의 내용은 타인의 소유물을 사용하여 이익을 얻는 물권을 가리킨다. 용익물권의 발생은 경제관계의 요구를 나타낸다. 용익물권은 초창기에 상품사회의 빠른 경제발전에 의하여 만들어졌다. 물권의 생산적인 소유권제도는 상품경제의 신속한 발전에 따라 더이상 각종 재산이익의 요구를 만족시킬 수가 없게 되었다. 사회의 전체적인 부(富)는 유한하지만 경제발전에 따른 욕구는 만족시키기가 매우 어렵다. 사회는 재산을 가진 소유자도 있지만 재산과 능력이 없는 소유자도 존재한다. 그리하여 용익물권이 만들어지게 되었다. 용익물권 특유의 방식으로 비소유자가 타인의 재산을 이용하게 되면서 스스로 재산을 가질 가능성을 만들어 비소유자의 특수한 요구를 만족시켰다. 물론 사람들은 소유물의 재산을 사용하여 이익을 내는 것에 대하여 임대차제도와 대차제도 같은 채권을 설정하기도 한다. 그러나 채권과 물권은 범주가 서로 다르고 각자 서로 다른 지위와 효능이 있으므로 상호 대체할 수 없다. 이로써 용익물권이 존속해야 하는 필연성과 필요성을 알 수 있다.

오늘날 민법의 발전에서 보면 용익물권제도는 초기에는 소유권에 부속된 것이었다가 현대민법에서는 중요하고 독립적인 민사상의 권리제도가 되었다. 그리고 용익물권은 소유권, 담보물권, 점유 등과 같이 물권제도의 기본내용을 구성한다. 용익물권과 소유권, 담보물권이 구분되는 분명한 특징은 다음과 같다.

(1) 용익물권은 제한물권이다. 여기서 제한은 두 가지 의미를 가진다. 첫째는, 소유권이 물건에 대한 완전한 지배권을 가진다는 것이다. 용익물권은 일정한 범위 내에서 사용하고 수익을 얻지만 소유권만큼 철저한 지배권을 가지지는 않는다. 왜냐하면 용익물권은 법률의 제한과 소유자의 제한을 받기 때문이다. 둘째는, 용익물권은 본질적으로 소유자가 행사하는 권능을 제한한다는 것이다. 그러나 담보물권이 제한적 기능을 모두 체현시킬 수는 없다. 부동산저당권이 설정된 부동산의 점유는 저당권자에게 이전되지 않고, 저당권이 설정되어 있더라도 물건소유자는 각종 권능을 누릴 수 있다.

(2) 용익물권은 독립성이 있는 타물권이다. 용익물권은 소유권의 권능에서 분리되어 나온 것으로써 타인의 소유물에 대한 독립적인 권리이다. 담보물권도 소유권에서 파생된 것이지만 그 존재는 담보권자가 소유권자 또는 기타 관계자에 대하여 채권을 보유하는 것을 전제로 한다.

(3) 용익물권은 물건을 사용해 수익을 얻는 것이 목적인 타물권이다. 용익물권의 이러한 성질은 담보물권과 상대적이다. 용익물권의 목적은 타인의 물건의 이용가치를 얻는 것이다. 그러나 담보물권의 특징은 물건의 교환가치에 있고, 목적은 물건의 가치담보를 통해 채권을 배상받는 것에 있다.

(4) 용익물권의 대상물건은 부동산이다. 어느 국가의 법률에도 직접적으로 동산을 용익물권의 목적물로 규정한 예는 없다. 동산에 대하여 용익물권을 설정하면 복잡한 법률관계의 공시방법상에 어려움이 발생한다. 그러나 소유권과 담보물권은 동산과 부동산 두 종류의 물건에 대하여 권리가 발생할 수 있다. 이와 같이 용익물권을 행사하기 위한 전제는 부동산을 점유하여야 한다는 것이다. 그러나 소유권과 담보물권은 반드시 그 부동산을 직접적으로 점유할 필요가 없다.

II. 용익물권의 종류와 발전

용익물권은 점차 물권의 법률체계에서 중요한 부분을 차지하고 있다. 용익물권은 인류사회의 물질에 대한 소유와 사용의 요구 사이에 존재하는 모순을 해결하였고, 재산사용가치의 요구를 확장시켰다. 용익물권은 사람들이 재산을 사용하는 과정에서 형성된 사회관계를 조정할 뿐만 아니라 물질의 효용을 충분히 발휘하게 한다. 또한 자원의 효과적인 이용을 촉진시키고 물건사용에 있어서 이익을 보장하여 물건을 이용하는 질서를 보호하고[73] 안전을 유지시킨다.

용익물권의 종류는 로마법에서 창시되었다. 당시 상품경제는 자연경제의 속박을 받았음에도 불구하고 크게 발전했다. 특정한 소유권제도 아래 로마법은 지상권, 인역권, 지역권, 영소작권이라는 네 종류의 용익물권을 발전시켰다. 이러한 제도에서 나타난 체계의 유형은 근·현대 서방민법체계의 용익물권의 입법에 있어서 중대한 영향을 주었다. 각국은 민법에서 대동소이하게 용익물권을 규정하고 있다. 프랑스민법전은 '소유권의 파생권리'에서 용익물권과 사용권, 지상권, 지역권 상린관계를 규정하고 있다.[74] 독일민법전은 '부동산 용익물권'에서 지상권, 역권(지역권, 인역권, 용익권, 거주권)과 실무부담을 규정하고 있다.[75] 일본민법전은 토지용익물권을 규정하여 지상권, 영소작권, 지역권, 입회권을 포함한다.[76] 스위스민법전의 제2부분 제한물권에서 역권(지역권, 용익권, 거주권, 건축권)과 토지를 책임지는 것을 규정하고 있다.[77]

중국도 고대에는 용익물권의 규범이 없었던 것은 아니다. 영소작권제도는 송나라 초기부터 발생하였지만 청나라 말기까지 용익물권

---

73 梁慧星主編:《中國物權法硏究》(下), 585~587쪽.
74 尹田:《法國物權法》第三編, 法律出版社, 1998年版.
75 孫憲忠:《德國當代物權法》第六章, 法律出版社, 1997年版.
76 肖賢富主編:《現代日本法論》第三章第二節, 法律出版社, 1998年版.
77 殷生根譯:《瑞士民法典》, 法律出版社, 1987年版.

체계는 존재하지 않았다. 그러다가 1911년 청나라 정부가 반포한《대청민율초안(大淸民律草案)》에서 처음으로 용익물권, 즉 지상권, 지역권, 영소작권을 포함한 세 개의 독립적인 제도가 세워졌다. 1925년 민법초안에서 전권이 추가되었고, 1930년에는 정식적으로 중화민국민법에 지상권, 지역권, 영소작권 외에 전권을 용익물권의 규범에 수용하였다. 중화인민공화국 건국 이후 구법(舊法)을 폐지하고, 통일되고 집중된 경제계획을 확립함으로써 토지 등 부동산제도에 큰 변화를 가져왔다. 50년대 초 농촌토지는 공산화되었고 60년대 전후에 도시와 시골의 토지와 가옥도 일률적으로 공산화되었다. 그리하여 용익물권이 중요하지 않게 되었다. 더욱이 중국은 구소련의 문물을 받아들여 물권의 개념을 인정하지 않고 공유제의 소유권제도만을 인정하고 타물권은 인정하지 않았다. 또한 현실생활에서 국가와 집체가 소유재산을 이용하는 것에 대해서도 용익물권제도의 각도에서 보는 것이 아니었다. 어느 학자의 말에 따르면 중국은 건국 후 근 40년간 입법상으로 용익물권제도가 없었고, 실무에서도 용익물권의 체계와 종류는 건립되지 않았다. 80년대 경제체계의 개혁으로 중국에도 용익물권제도의 성질을 가진 법률제도가 나타났다. 민법통칙에서 토지사용권, 국유재산사용권, 농촌토지승포경영권 등 소유권과 관련 있는 용익물권유형을 만들었고, 토지관리법, 도시부동산관리법, 성진의 국유토지사용권 출양과 양도에 관한 집행조례(城鎭國有土地使用權出讓和轉讓暫行條例), 삼림법, 수법 등 특별법에서도 토지 등에 대한 중요한 부동산의 효과적인 이용과 재산을 이용하는 권리·의무관계를 규정했다. 중국법률이 규정하는 용익물권의 유형은 주로 도시와 농촌의 국유토지사용권, 국유경지, 산지, 초원사용권, 택기지사용권, 농촌토지승포경영권과 수질자원 사용권 등을 포함한다. 이 법률은 내용상으로 부족함이 많기 때문에 용익물권관계에서 발생하는 구체적인 문제를 해결하기에는 역부족이다. 그러나 중국의 입법이 민사주체가 토지 등 중요한 부동산을 사용해 이익을 얻는 물권성질의 민사권리를 인정하였다는 데에 큰 의미를 가진다.

종합적으로 볼 때, 중국의 현행민법은 로마법 이래 각국의 전통민법 중의 용익물권을 받아들여 발전시켰지만 하나의 학문을 형성하기 위한 체계로서는 아직 부족한 부분이 많다. 또한 국유토지 등의 자연자원을 충분히 이용하게 하거나 각종 재산이 경제적 효용을 얻도록 하였지만 많은 방면에서 법률의 강력한 보호와 지지를 잃어버렸다. 중국이 앞으로 용익물권의 체계와 내용을 연구하는 것은 입법이 나아갈 방향이자 임무이다.[78·79]

---

[78] 중국물권법 초안은 다음과 같은 용익물권의 유형을 규정하였다. 농지사용권, 건설용지사용권, 택기지사용권, 영지이용권, 전권, 거주권, 채광권, 취수권, 어업권, 방목권, 수렵권이 있다. 이 용익물권들 중에서 제일 중요한 것은 농지사용권, 기지사용권, 전권과 영지이용권이다.-역주

[79] 중국물권법은 제3편 용익물권에서 일반규정을 두고, 구체적인 용익물권으로 토지승포경영권, 건설용지사용권, 택기지사용권, 지역권만을 규정하고 있다.-역주

제2절 承包經營權[80,81]

I. 현행 승포경영권의 개념과 특징

승포경영권은, 즉 농촌승포경영권이며, 농업경영자가 법률이 규정하거나 계약으로 약정한 범위 내에서 집체경제조직이나 국가가 소유하는 토지를 사용하여 수익을 얻는 권리를 가리킨다. 중국민법통칙, 토지관리법 및 농업법의 규정에 따라 현행 승포경영권은 다음과 같은 특징을 지닌다.

(1) 승포경영권 주체의 지역성

중국 농지소유권의 주체는 지역성, 분산성, 독립성을 가진다. 경제와 법률지위가 독립된 각각의 농촌지역에서 토지 내의 재산은 일반적으로 그 지역 내의 구성원 집체의 소유이며, 그 지역 내의 구성원이 아니라면 그 토지 내의 재산을 소유할 수 없다. 이것은 집체경제조직이 토지를 나눌 때, 승포경영권은 본 지역의 사회구성원에게만 주어진다는 것을 결정짓는다. 대체적으로 사회구성원의 권리를 갖는 것은 집체토지승포경영권을 취득하는 필요조건이다. 이로 보아 알 수 있듯이

---

80 中南政法學院 朱廣新선생의 발표되지 않은 문서를 참고하였습니다.
81 '승포경영권'이란 개인의 토지소유권이 인정되지 않는 중국의 법체계상 독특한 토지사용권의 하나로 근대 자본주의 도입 이전의 동양에서의 왕토사상에 근거한 정전법과 유사한 형태라고 판단된다. 즉, 농업생산을 위하여 국가는 개인 또는 집체에게 토지경작권을 부여하고, 개인 또는 집체는 이 토지의 경작권을 부여받는 대가로 일정한 금원을 국가에 납부하는 제도이다(「중국물권법」 제124조~제134조).-역주

승포경영권의 주체는 명확한 지역성을 가진다.

(2) 승포경영권의 평균배분성

승포경영권은 본래 쌍방의 합의에서 나오는 민사권리이므로 당사자가 상응하는 민사행위능력을 가질 때 법률이 정한 효력이 발생한다. 또한 농업생산상의 특성을 볼 때 일반적으로 완전민사행위능력을 갖춘 자만이 토지를 경영할 수 있다. 대륙법계의 몇몇 국가나 지역에서는 토지를 사용하고자 하는 행위자에게 일정한 연령, 기술, 자금 조건을 요구한다. 그러나 중국은 현행 농지제도하에서 농지승포경영권의 취득을 희망하는 사람에게 균등하게 배분하는 방식을 채택하고 있다. 이 방식은 명확하게 토지경영자의 연령, 정신상태, 생산능력 등의 방면에서의 차별을 없앤 것이다. 즉, 지역구성원의 고정된 권리로 명확한 준행정배분의 성질이 있다. 그리고 중국 농촌의 실제상황에서 보면 토지사용권의 공평한 배분은 토지제도의 안정적인 기초인 동시에 중요한 요소이다.

(3) 승포경영권의 객체는 농용지이다

토지관리법의 규정에 따라서 국가토지의 편제 및 이용은 토지용도를 규정하여 토지를 배분하고 건설하여 이용하지 않는 토지를 종합적으로 계획하여 관리한다. 소위 농지는 직접적으로 농업생산하는 토지를 가리키며 경지, 초지, 산지, 농전수를 이용하는 토지, 식물을 재배하는 수면 등이 포함된다. 중국에서 중요한 토지는 농촌집체경제조직에서 관리하지만 국유토지원칙상 토지를 이용하는 데 한정한다. 어떤 지방의 역사적인 원인으로 인하여 존재하는 소수의 국유토지도 역시 승포경영권의 객체에 속한다.

II. 승포경영권의 내용

1. 승포경영권자의 권리와 의무

(1) 승포경영권자의 권리

(a) 사용권

승포경영권자는 소유자의 토지에 대해 자연적인 속성과 법률의 규정에 따라서 식물을 재배하여 가축을 사육할 권리가 있다.

(b) 수익권

농민은 농작물, 수산물, 축산물 등 농업생산물을 소유할 권리가 있다.[82]

(c) 임대권

승포경영권은 일종의 용익물권이므로 구체적으로 재산가치를 가지며, 그 성질에 기초하여 임대할 수 있다. 이 권리는 농업생산의 발전을 촉진시키고 또한 당사자의 권리를 보호할 수 있다. 유상으로 임

---

[82] 대만의 '민법전 물권편 수정초안'에는 농용권에 대해서 상반되는 입장을 보여, 농지사용권자가 토지 혹은 농용물을 임대하는 것을 금지한다.-역주

대할 수 있으며, 약정에 따라 임대가 가능하므로 등기를 하지 않아도 임대의 효과가 있지만 등기를 하여야 대항의 효력을 가진다. 그러나 전대는 금지된다.

(2) 승포경영권자의 의무

(a) 토지승포비용을 납부해야 한다

토지승포경영권은 국가에 토지사용료를 납부하지 않아도 발생하지만 토지사용료 납부는 토지승포경영권자의 중요한 의무이다.

(b) 법정용도에 따라 토지를 사용해야 한다

가장 중요한 것은 농업경영자의 자격 준수이다. 또한 토지관리법, 기본농전보호조례(基本農田保護條例) 등 법률규정에 의하면 농지는 농업의 목적으로 이용되어야 한다.

(c) 토지의 보호

토지승포경영권자는 농업생산에서 토지의 자연적 생산력을 유지시켜야 한다. 농지에 건축물을 짓거나, 독단적으로 집을 짓거나, 채석, 채광, 흙을 채취하는 것 등을 금지한다.

2. 승포경영권의 기한

중국 농업발전의 실제 상황에 따라 승포경영권의 존속기간은 각 지역의 구체적인 실정에 맞게 규정한다.

(1) 규정된 권리의 종류에 따라 구분하여 기간을 책정한다. 다년간

의 생장작물(임업, 가축재배 등)은 30～50년을, 식품작물과 수산물, 식물의 경우에는 각 지역의 경제발전 정도에 따라 정한다.
(2) 지역의 경제수준에 따라 승포경영권의 기한도 다르다. 안정적인 토지사용을 보장하기 위하여 농촌승포경영권의 기간은 최소 20년이다. 각 성, 자치구, 직할시의 인민정부는 토지발전에 따라 20년의 기한 이상의 승포경영권의 존속기간을 구체적으로 규정할 수 있다.

3. 승포경영권의 발생과 소멸

(1) 승포경영권의 발생

승포경영권의 발생은 토지승포경영권을 최초로 취득하는 것을 말한다. 농업경영자는 법률의 규정과 쌍방의 약정에 기초하여 토지승포경영권을 취득한다. 이에는 두 가지 방식이 있다. 첫째, 사회구성원이 사회적 자격에 따라 평균적인 배분원칙으로 얻은 토지승포경영권이다. 이러한 권리의 발생은 중국의 현실에서 매우 일반적인 것이다. 둘째, 지역 외 구성원이 시장배치에 따라 토지승포경영권을 취득하는 것이다. 토지승포경영권은 쌍방의 자의에 의한 합의를 바탕으로 발생한다.

(2) 승포경영권의 소멸

승포경영권은 일종의 물권이다. 목적물의 소멸, 사용기한의 만료 등은 모두 권리소멸의 원인이다. 중국에서는 토지승포경영권이 농민에 대한 사회보장기능을 담당하기 때문에 소멸도 비교적 특수한 경우에 해당한다. 토지승포경영권의 주요한 소멸원인은 다음과 같다. 첫째, 농촌지역의 구성원이 여러 가지 원인으로 지역의 호적을 도시나 현으로 이동시켜 이동한 도시와 현의 사회보장체계의 보호를 받을 때이다. 둘째, 농촌지역의 구성원이 스스로 토지승포경영권을 포기하고 도시로 들어가 공업이나 상업에 종사할 때이다.[83] 셋째, 토지승포경영권자가 중국토지관리법의 규정을 위반하거나 지력(地力)을 해치면서도 집체경제조직의 제지에도 불구하고 개선하지 않을 때이다.

제3절 使用權[84]

I. 사용권의 개념

「중국민법통칙」제80조·제81조 규정과 관련법규를 보면 사용권은 학술적으로 광의의 의미와 협의의 의미로 나눌 수 있다. 협의의 사용권은 전민소유제기업, 집단소유제기업 및 개인이 국가소유의 토지와

---

83 농지사용권의 포기는 농지사용권이 소멸하는 중요한 원인 중의 하나이다. 농지사용권은 지세(地稅)를 지불하는 것으로 성립하는 것이기 때문에 학자들은 농지사용권을 포기할 수 있는지의 여부에 의문을 가지게 되었다. 통설은 부정적인 입장으로 농지사용권은 아무 때나 포기할 수 없으며 일정행위를 한 후에야 포기할 수 있다.-역주
84 토지의 국가소유를 원칙으로 하는 중국물권법에 있어 토지사용권에 대한 논의는 매우 민감한 주제로 보인다. 본서에서 살펴볼 수 있는 바와 같이 물권법 제정과정에서 다양한 내용의 토지사용권이 검토되었으나, 중국물권법에 실제로 규정된 구체적인 사용권은 건설용지사용권과 택기지사용권뿐이고, 토지사용권에 대한 일반규정은 포함되지 않았다.-역주

천연자원을 법에 따라 사용하는 권리를 가리킨다. 광의의 사용권은 위에서 서술한 협의의 범위 외에 승포경영권을 포함한다. 승포경영권은 사용권을 행사하는 방식 중 하나이다. 승포경영권과 협의의 사용권은 각기 다른 특징을 가진다.

사용권의 특징은 다음와 같다.

(1) 사용권의 주체는 광범위하다. 민사상의 모든 주체는 사용권의 주체가 될 수 있다.

(2) 사용권의 객체는 전문성을 가진다. 일반적으로 국유토지와 산림, 산야, 초원, 황무지, 호수 등의 천연자원을 사용권의 객체로 한다. 또한 종종 집단이 소유한 토지도 객체의 범위에 포함되기도 한다. 예를 들어 농촌의 택지지 등이 있다. 승포경영권은 집단소유뿐만 아니라 국가소유의 토지도 객체로 한다. 그중 농촌 집단소유제기업이 국유토지 등 천연자원에 행사하는 사용권은 일부 승포경영권 생성의 기초가 된다.[85] 이와 같은 사용권의 특정한 객체는 사용권을 기타 용익물권과 구별시키는 내용 중 하나이다.

(3) 사용권은 명확한 법정성(法定性)을 가진다. 사용권은 소유권한의 제한과 자연환경 및 생태계 평형을 기초로 하여 법률이 규정한 권리와 의무를 그 내용으로 한다. 사용자는 법에 따라 토지 등의 천연자원에 대하여 점유·사용·수익하고 타인의 간섭을 배제할 수 있는 권리가 있다. 사용권에서의 사용은 유상사용과

---

[85] 중국의 농민은 대체로 집단화되어 있으며 상위집단이나 국가의 토지를 빌려 농지를 경영한다. 일반적으로 하위집단이 토지사용권을 받아 그 집단에 속해 있는 각 농민에게 분배하는 방식으로 승포경영권을 행사한다.-역주

무상사용의 두 가지를 포함한다. 그러나 사용기간이 길고 권리에 대한 처분권이 없기 때문에 그 사용권을 행사할 권리는 현실적으로 국가소유권과 집단소유권의 제한을 받는다. 중국민법통칙에 의거하면 사용자는 목적물을 관리·보호하고 합리적으로 이용해야 하는 법정의무를 가진다. 승포경영권자는 일정기간 동안 승포받은 토지 등을 점유·사용·수익할 수 있는 권리를 가지지만 그에 상응하는 특정한 의무도 지게 된다. 승포경영권자는 다음과 같은 특정한 의무를 가진다.

(a) 구체적인 약정에 의거해야 한다.
(b) 국가 혹은 집단에게 세금 등의 합리적인 비용을 납부해야 한다. 승포기간은 사용기간에 비해 더욱 고정(固定)적인 특징을 가진다.
(4) 사용권은 반드시 합법적인 절차와 방식으로 취득해야 한다. 예를 들어 확인, 허가, 출자양도 등의 방법과 같은 법률의 특별규정에 의해 발생한다. 그러나 승포경영권은 승포계약에 의해 발생하고, 사용권을 취득한 경우 채권적 성질도 가지게 된다.

국유토지와 천연자원에 대한 사용권은 중국 현행민법에서 독립적이고 매우 중요한 물권이다. 왜냐하면 사람들이 토지와 천연자원을 개발하거나 이용·관리하면서 형성된 사회관계는 국민경제의 발전을 촉진시키기 때문이다.

II. 사용권의 성질

중국민법통칙에 규정된 전민소유제기업과 집단소유제기업의 국유토지 등 천연자원에 대한 사용권은 소유권 이외의 새로운 형식의 타물권이다. 비록 그것이 전통적인 타물권인 지상권과 그 특징이 비슷하다 하더라도 양자의 권리행사의 목적은 서로 다르므로 사용권과 지상권은 서로 같다고 할 수 없다. 양자는 다음과 같이 구분된다.

(1) 지상권 행사의 목적은 토지소유권이 없는 자가 토지소유자의 토지에 건축하거나 나무를 심는 등 토지를 사용하는 것이다. 지상권의 목적은 건축하여 생산경영활동을 하기 위해서이다. 예를 들어 관광사업, 항행(航行), 취수(取水)의 건설 등이 있다.

(2) 권리의 객체가 서로 다르다. 지상권의 객체는 토지 하나뿐이다. 그러나 사용권의 객체는 토지 외에도 수자원, 산림, 초원 등 기타 천연자원을 포함한다.

(3) 권리의 내용이 서로 다르다. 지상권의 권리범위는 지상의 건물, 공작물과 각종 식물, 산림 등에 국한되는 데 비해 사용권의 권리는 비교적 광범위하다. 사용권자는 토지 등의 천연자원을 사용하고 수익할 수 있을 뿐 아니라 헌법규정에 따라 토지를 유상으로 양도할 수 있는 권리도 가진다.

그러므로 중국민법의 사용권은 전통민법의 물권 중의 지상권이 아니고, 내용상으로도 전통민법의 용익물권과도 다르다. 그러나 이 권리는 타인의 소유물을 사용하고 수익하는 불완전한 물권이므로 물권에서 그 성질에 제한을 받는 용익물권에 속한다.

Ⅲ. 사용권의 분류

서로 다른 기준과 관점에 따라서 사용권을 여러 유형으로 분류할 수 있다. 중국민법통칙규정에 의해 사용권은 서로 다른 객체에 따라 여러 가지 형식으로 분류할 수 있다.

1. 국유토지사용권

국유토지사용권은 독립적인 민사주체의 자격이 있는 법인과 자연인이 향유하는 권리로서 반드시 법적 절차에 의해 그 권리를 취득하고 사용하여야 한다.

2. 국유산림지사용권

국유산림지사용권은 전민소유제기업과 집단소유제기업, 개인이 법에 따라 국유산림지를 점유·사용·수익할 수 있는 권리를 가리킨다. 개인과 법인이 점유·사용하는 산림지는 반드시 엄격한 법정절차에 따라야 한다.

3. 국유초원사용권

국유초원사용권은 전민소유제기업과 집단소유제기업이 국가소유의 초원을 법에 따라 사용·수익할 수 있는 권리를 가리킨다.

초원사용권에서 가장 중요시되는 권리는 방목권이다. 중국초원법에서 초원사용권자는 초원을 합리적으로 사용하고 보호해야 할 의무를 가진다. 초원사용권자는 초원의 동식물을 보호하여야 하고, 초원을 개간하거나 훼손할 수 없다. 황폐화된 초원과 반황폐화된 초원, 사막화된 지역에서 약초를 재배하거나 사방림(砂防林) 등을 설치할 수 없다. 합리적으로 초원을 사용하려면 과량(過量)의 방목을 막아야 한다.

4. 국유수면·간석지의 동식물 양육사용권

국유수면과 간석지에서 동식물을 양육할 수 있는 권리는 전민소유제기업과 집단소유제기업이 법에 따라 취득한 국유의 수면과 간석지에서 동식물을 양식할 수 있는 권리를 가리킨다.

5. 채광권

채광권은 전민·집단소유제기업 및 개인이 법정절차에 따라 취득한 권리로서 국가소유의 광산 및 집체소유의 광산을 채굴할 수 있는 권리를 가리킨다. 채광권은 천연자연의 사용권을 객체로 한다.

제4절 宅基地使用權[86]

I. 택기지사용권의 개념과 특징

택기지사용권은 자연인이 법에 따라 취득한 국가 혹은 집체의 택기

---

[86] 건설용지사용권과 구별되는 독특한 토지사용권의 태양으로 중국물권법은 제152조~제155조에서 이를 규정하고 있다.-역주

지에 주거목적의 건축물을 건설하여 거주 및 사용할 수 있는 권리를 가리킨다. 사실상 택기지사용권은 토지사용권의 구체적인 형식을 조금 벗어났지만 중국토지관리법과 관련하여 사법해석에 의해 특별히 규정되어 법적 보호를 받는다. 택기지사용권은 기타 토지사용권과는 다른 법률적 특징을 갖는다.

(1) 택기지사용권의 가장 중요한 주체는 중국인이며 도시인과 농민이 이에 포함된다.

(2) 택기지사용권의 객체인 토지가 도시 내부에 위치한 경우 그 토지는 국가소유의 토지이고, 농촌과 도시의 교외지역에 위치한 경우 일반적으로 집단소유의 토지이다. 택기지는 건축물이 위치한 토지와 건축물이 위치한 토지 이외의 부속적인 토지를 포함한다. 또한 자연인이 거주하는 주택과 보조방(화장실, 손님방, 외양간), 정원, 오랫동안 사용하지 않은 농지 등의 장소도 포함된다.

(3) 택기지사용권은 장기간 동안 국가나 집단의 토지를 유상으로 적법하게 사용하는 것을 내용으로 한다.

(4) 택기지사용권은 반드시 법률규정에 의거한 행정심사절차를 통해서 취득해야 한다. 성진(城鎭)[87]에서는 개인이 집을 건설할 때 국가토지를 사용하는 것이 불가피하기 때문에 반드시 소재지의 토지관리부문에 신청하여 비준을 받은 후 택기지사용권을 취득한다. 농촌에서 주민이 주거 목적의 건축물을 건설할 때에는 원래 있던 택기지나 농촌 내의 공지를 사용한다. 농지를 사용하려면 향촌(鄕村)급 인민정부의 심사를 거쳐 현(縣)급 인민정

---

[87] 성진(城鎭)은 '도시'의 의미이다.-역주

부의 비준을 받아야 한다. 원래 있던 택기지와 촌 내의 공지 그리고 기타 토지를 사용하기 위해서는 향촌급 인민정부의 비준을 받아야 한다. 농민 이외의 자연인이 주택을 건설하려면 집단소유의 토지를 사용해야 하는데 반드시 현급 인민정부의 허가를 받아야 한다. 건축하는 면적은 성(省), 자치구, 직할시가 규정하는 표준을 초과해서는 안 되며, 또한 '국가건설징용토지'의 기준을 참고하여 배상비용과 보조비용을 지불해야 한다. 누구든 비준을 받지 않고서는 마음대로 택기지에 거주목적의 건축물을 건설할 수 없다.

(5) 택기지사용권은 양도할 수 있다. 중국법률에 따라 택기지사용권은 주택권[88]의 양도에 따라 이전할 수 있다. 일반적으로 주택과 토지를 분리할 수 없기 때문에 택기지사용권은 단독적으로 양도될 수 없다. 만약 당사자가 마음대로 비어 있는 택기지를 양도, 임대, 저당하거나 주택을 양도하여 단독적으로 이윤을 얻는 행위는 무효이다. 국가는 불법양도한 택기지를 회수할 권리가 있고 당사자에게 그에 합당한 처분을 내릴 수 있다.

II. 택기지사용권의 내용 및 행사

택기지사용권은 자연인이 사용하는 택기지에 대한 권리와 의무를

---

88 중국은 토지소유권이 모두 국가에게 있기 때문에 건물 혹은 주택의 매수인에게는 소유권이 아닌 사용권을 부여한다. 주택권은 그 주택을 소유했다는 것을 증명하는 권리이고, 그 주택이 위치한 토지를 사용할 수 있다는 것을 뜻한다.-역주

그 내용으로 한다.

(1) 자연인은 비준받은 택지지에 대하여 장기간 사용할 수 있는 권리를 가진다. 그러나 이런 종류의 사용권이 반드시 영구적인 것은 아니다. 국가정책에 따른 토지의 징용과 개발 및 개인의 택지지가 실제로 사용할 수 있는 면적기준을 초과했을 때 법에 따라 합리적으로 규율될 수 있다.

(2) 자연인은 택지지 위에 주택 및 기타 건축물을 건설할 수 있는 권리가 있고, 택지지 위에 외양간, 화장실, 죽림, 화원 등의 영구적인 것들은 자연인에게 소유된다.

(3) 자연인이 비준받지 않거나 사기행위로 인해 비준받아 불법으로 택지지를 점유할 수 없다. 만약 위와 같은 상황하에서 택지지를 불법점유했을 때에는 토지를 반환하여야 하고, 불법점유한 토지에 새롭게 건설한 주택 등은 국가로부터 매수된다. 국가공무원이 자신의 직권을 이용하여 불법으로 택지지를 점유하였을 때에는 그 관할부문 및 상급기관이 법에 따라 처분을 내린다.

(4) 자연인은 매매 및 기타 형식으로 불법양도할 수 없다. 만일 불법으로 양도했을 때에는 국가는 법에 따라 불법소득에 대해 몰수하고, 불법으로 점유한 택지지 위의 건축물이나 기타 시설을 몰수한다. 또한 당사자에게 벌금을 부과한다.

(5) 자연인이 합리적이고 합법적으로 취득한 택지지사용권은 국가의 보호를 받는다. 그러나 자연인은 택지지사용권을 행사할 때 공공이익 혹은 기타 합법적인 이익을 침해할 수 없다.

제5절 傳統 用益物權制度와 中國의 民事立法

I. 지상권[89]

1. 지상권의 개념, 성질과 특징

지상권은 건물 기타 공작물 혹은 수목을 소유하기 위하여 타인의 토지를 사용하는 물권을 가리킨다.

고대 로마시기에는 소유권제도의 첨부(添附)원칙에 따라 건축가가 토지를 빌린 대가를 지불하고 건물을 짓거나 수목을 심었다. 하지만 건물, 수목을 건설한 자에게 그 토지에 대한 소유권이 없기 때문에 건축가가 자신이 건설한 건물이나 수목에 대해 완전한 권리를 향유할 수 없었다. 이는 소유자가 아닌 자들에게 많은 불편을 가져왔다. 따라서 로마 말기에 일정한 조건하에 타인의 토지를 사용하여 건물 및 공작물 등을 건설하고 소유권을 향유할 수 있는 권리를 규정하였다. 그 권리가 바로 지상권이다. 이 규정은 이후 현대민법에 많은 영향을 주었고, 지상권은 첨부원칙을 따르지 않는 토지소유자가 첨부원칙에 의해 건축물의 소유권도 취득하는 가능성을 배제하였다. 즉, 건축물 및 공작물에 대한 소유권을 독자적으로 향유하도록 분리시켰다. 그리고 지상권은 타물권적 성질을 가지고 있어 지상권이 일단 등기하여 효력이 발생되면 권리자는 직접 소유자의 토지를 사용할 수 있다. 지상권

---

[89] 토지소유권은 국가소유이므로 중국물권법에는 사인 간의 계약에 의하여 성립하는 지상권의 규정이 없다. 대체로 지상권이 달성하려는 목적은 여러 토지사용권을 통하여 달성될 수 있을 것으로 보인다.-역주

은 양도할 수 있고 저당의 목적물이 될 수도 있다. 지상권은 다음과 같은 법률적 특징을 가진다.

(1) 지상권은 직접적으로 타인의 토지를 사용하는 권리이다. 지상권의 작용에 대해 각 나라의 법은 서로 다르게 규정하고 있다. 어떠한 나라는 토지공작물에 대한 소유권에 중점을 두어 지상권을 타인소유의 토지 위의 건물과 수목 등의 부착물에 대한 소유권으로 본다. 그리고 토지사용권은 그 부착물에 간접적인 영향을 미치는 권리로 간주한다. 「프랑스민법전」 제553조, 「독일토지법」 제12조에 이와 유사한 규정이 있다. 또 어떠한 나라는 토지의 사용에 중점을 둔다. 즉, 지상권은 토지의 사용을 목적으로 하는 권리이며, 공작물과 수목이 그 목적이 되는 권리는 아니라는 것이다. 그렇기 때문에 지상권은 건물, 공작물 혹은 수목이 없는 토지에도 설정할 수 있다. 또한 건물 혹은 공작물이 소멸하여도 지상권은 소멸하지 않는다. 「일본민법전」 제265조와 「대만민법」 제841조에서 이와 같은 규정을 하고 있다. 그러나 어디에 중점을 두던지 간에 지상권은 타인의 토지를 직접 사용한다는 사실은 모두 동일하다.

(2) 지상권은 건물 기타 공작물 혹은 수목을 건설하기 위하여 타인의 토지를 사용하는 권리이다. 여기서 말하는 건물과 기타 공작물은 지상·지하에 인공적으로 설치한 모든 시설을 가리킨다. 예를 들면 교량, 기념비, 용수로 등이 있다.

(3) 지상권은 존속기간의 제한이 없는 권리이다. 지상권은 장기적이고 안정적이다. 일반적으로 무기한이며 설령 법률에 의해 기한이 정해진다 하여도 그 기한이 매우 길다. 또한 지상권은 건

물과 기타 공작물의 소멸에 의하여 소멸되는 것이 아니며, 토지임대에 대한 비용을 지불하는 것을 성립요건으로 하지 않는다.
(4) 지상권은 건물과 기타 공작물 그리고 수목을 보존하고 소유권의 취득을 목적으로 하는 권리이다. 그러므로 장기간 동안 안정적인 특징을 가진다. 일반적으로 무기한이고, 법률규정에 따라 그 기한을 약정할 수도 있는데 그 기간 역시 비교적 길다. 지상권은 토지임대비용의 지불을 그 성립요건으로 하지 않지만 일반적으로 지상권은 유상으로 취득한다.

지상권은 부동산물권에 속한다. 부동산물권의 취득은 부동산을 사용하기 위해서이다. 지상권의 취득은 법률행위에 의한 취득과 법률행위 이외의 원인에 의한 취득의 두 가지로 나눌 수 있다. 예를 들어, 토지소유자와 지상권자의 설정계약 및 지상권의 양도는 전자에 속하고, 취득시효, 상속, 법정지상권 등은 후자에 속한다.

(5) 지상권자는 토지에 대한 점유, 용익권, 상린권, 처분권, 실용비청구권, 지상물의 수확, 보상청구권 등의 권리를 가지며, 토지임대비용의 지불의무, 토지에 대한 원상회복의 의무를 가진다. 지상권은 존속기간 만료, 권리에 대한 포기, 법정원인에 의한 폐지, 약정사유의 발생, 토지상실 등의 원인에 의해 소멸될 수 있다. 지상권의 소멸 이후 지상권자는 토지를 반환해야 하고 지상권등기를 말소해야 한다. 지상권자는 공작물과 수목을 회수하여 토지를 원래 상태로 회복시켜 놓아야 한다. 만약 어떠한 건물을 토지에 남겨 놓았을 때 토지소유자는 그 건축물을 시가에 구매할 수 있고 지상권자는 그 구매요청을 거절할 수 없다.

2. 지상권과 중국의 토지사용권

중국은 법률상으로 지상권제도를 명확하게 규정하고 있지 않다. 중국민법통칙에서 전민소유제기업과 집단소유제기업은 국유토지의 사용권을 향유할 수 있다고 규정해 놓았고, 자연인도 법에 따라 국가나 집단소유의 토지를 사용할 수 있도록 규정해 놓았다.

이와 같은 토지사용권 역시 건물, 공작물, 수목 그리고 부합물을 건설함으로써 수익하는 것을 목적으로 한다. 토지사용권은 전통적인 지상권과 비교하였을 때 대동소이하고 본질적인 차이는 존재하지 않는다. 그리고 토지사용권은 용익물권의 중요한 부분이므로 후에 물권을 입법할 때 충분히 규정되어야 하는 것이다. 그러므로 지상권의 정확한 개념을 확립하여 토지사용권을 채권적 성질의 유사한 사용권으로부터 혼동하지 않게 할 필요가 있다.

중국의 지상권제도는 성진의 국유토지사용권, 국유수림사용권, 택기지사용권을 기초로 하여 설립되었다. 이 제도는 국가소유권을 경제적으로 현실화하였고, 토지공유제(土地公有制)를 기초로 성진의 건설용지, 공업용지, 임업용지, 주민택기지와 타인소유의 토지를 이용하여 교량, 댐, 등 공용시설의 설치문제를 쉽게 해결할 수 있게 하였다.

그러나 어떤 학자는 다음과 같은 의견을 제시하고 있다. 지상권은 전통민법상의 법률용어로서 중국은 오랫동안 이 용어를 사용하지 않고 있다. 따라서 용익물권의 설정이 보편적인 법률사실이 될 이후를 생각해서 그 명칭을 통속적으로 고려해야 한다. 그러므로 '택기지사용권'으로 사용하는 것이 더욱 과학적이다. 타인의 토지를 건축물이나 부착물의 기지(基地)로 사용하는 권리의 의미를 표현할 수 있을 뿐만 아니라 기타 물권성질이나 채권성질의 토지사용권과 구분지을 수

있기 때문이다.[90]

II. 지역권[91]과 상린관계

지역권은 오래 전 로마법에서부터 그 역사가 시작되어 각국의 민법을 통해 그 사회의 특징에 따라 끊임없이 변화하고 발전하였다. 그것은 자신의 토지를 사용하고 경영하는 데 불편한 점을 제거하기 위해 계약을 통해 타인의 토지를 사용하는 물권의 일종이다. 예를 들면 통행지역권, 인수지역권 등이 있다.

지역권자가 사용하고 경영하는 자신의 토지를 가리켜 수역지(需役地)[92]라고 하며, 그 수역지의 편익을 위해 사용권을 제공하는 타인소유의 토지를 가리켜 공역지(供役地)[93]라고 한다.

지역권은 그 성질로 볼 때 일종의 용익물권이고 이는 수역지의 편익을 위해 설정되었다. 일반적으로 수역지의 소유권이나 사용권의 존재를 전제로 하기 때문에 일종의 종된 물권이라 할 수 있다. 지역권은 반드시 두 개의 토지(수역지, 공역지)가 존재하여야만 성립할 수 있는 권리이다. 일반적으로 서로 인접한 토지 사이에 지역권이 성립된다. 지역권은 토지를 객체로 하고 그 토지는 타인의 소유여야 한다. 지역권 중 공역지는 반드시 수역지의 편익을 위해 사용되어야 한다. 만일

---

90 梁慧星主編:《中國物權法硏究》(下), 法律出版社, 1998年版, 621쪽.
91 중국물권법은 제156조~제169조에 걸쳐 비교적 상세하게 지역권을 규정하고 있다.-역주
92 한국민법의 요역지와 같다.-역주
93 한국민법의 승역지와 같다.-역주

공역지가 수역지에게 편익을 제공하지 못한다면 지역권을 설정할 필요가 없다. 즉, 지역권은 타인토지를 사용하여 자기토지의 편익에 이용하는 권리이다. 또한 반드시 자기토지의 편익을 목적으로 권리를 행사할 수 있을 뿐 지역권을 가진 본인의 편익을 목적으로 그 권리를 행사할 수 없다. 예를 들어 사냥, 산책, 운동을 하기 위해 타인의 토지를 사용하는 것은 지역권이라 할 수 없다. 여기서의 편익은 공역지가 수역지에게 제공하는 경제적 이익과 정신적 이익을 가리킨다. 편익의 내용은 법률 및 사회규범을 위반하지 않는 범위 내에서 당사자 간에 자유롭게 약정할 수 있다. 법률은 반드시 서면계약을 통해 등기하지 않으면 그 효력이 발생하지 않는다고 규정하였다. 지역권설정계약의 주요한 내용은 다음과 같다.

지역권의 사용(통행권), 공역지로부터 획득하는 이익(급수권), 공역지 사용자의 권리행사에 대한 제한(일정한 도시에서의 주택건축을 금지함), 상린관계의 임의규정을 피할 수 없다는 내용 등이 있다.

지역권관계에서 공역지의 이용자는 그 토지에 대해 소극적 의무만을 부담한다. 수역지의 이용자는 지역권을 이유 없이 설정하거나 실제 수요에 초과하여 권리를 확장할 수 없다. 또한 수역지의 일부분을 분리하여 다른 지역권자에게 양도할 수 없고, 공역지를 저당, 임대의 대상으로 할 수 없다. 만일 공역지에 공동시설을 설치하거나 수리할 때 그 비용은 쌍방이 아닌 일방만이 부담하게 되는데 이런 내용에 대해 반드시 쌍방이 협상하여 결정하여야 한다.

지역권은 종속성과 불가분성을 가진다. 지역권은 일반적으로 유상으로 설정되지만 법률상으로 무상에 의한 지역권설정을 금지하지는 않는다. 존속기간에 대해서 법률은 융통성 없는 제한을 두었는데, 이런 규정과 제한은 지상권과 유사하며 영소작권과는 다르다.

중국의 현행민법은 지역권과 유사한 상린관계만을 규정해 놓았으며, 이런 용익물권의 전통적 형식인 지역권은 아직 명문으로 규정하지 않았다. 실제로 지역권과 상린관계는 인접한 토지를 이용하며 자기토지의 편익을 위한다는 공통점이 있기는 하지만 양자는 명확하게 구분된다. 상린관계는 법률이 직접 규정하고 있으며 인접한 관계이고 소유권 범주에 속한다.

그에 반해 지역권은 당사자 간의 설정계약을 통해 발생하는 용익물권 중 하나이다. 상린관계는 법률이 토지 간의 이용관계를 규율하는 것 중에서 가장 협소하고 기본적인 관계이므로 유상문제에 대해서는 굳이 논할 필요가 없다. 반면에 지역권은 상린권의 범위를 넘어서 더욱 광범위한 권리 및 의무를 규율할 수 있는 권리이다. 따라서 유상문제가 발생한다.

지역권의 목적은 토지를 충분히 이용하고 수익을 얻어 상린관계작용의 부족한 부분을 보충하는 데 있다. 상린관계의 발생은 상호 인접한 토지, 수역 혹은 건물을 전제로 한다. 또한 그 관계는 광범위하고 상황 역시 복잡하다. 반면에 지역권은 상린관계를 반영하긴 하지만 공역지와 수역지가 반드시 인접하여야 하는 것은 아니다. 수역지가 공역지를 이용한다는 사실만으로도 지역권이 성립할 수 있다.

중국은 현재 시장경제의 발전 아래 민사주체 간에 자신의 토지와 인접한 타인의 토지를 이용하여 자신의 토지에 편익을 제공하는 사례가 빈번해지고 있다. 그리고 이때의 토지소유자와 토지사용자 간의 관계는 모두 지역권의 범주에 속한다. 그러나 만일 입법할 때 상린관계와 지역권을 확실히 구분하지 않으면 사람들은 도대체 어떠한 상황에서 이웃의 허락 없이도 법률에 의하여 이웃의 부동산을 사용할 수 있는지 여부를 알 수가 없고, 또 다른 상황에서는 이웃의 부동산을 사용하기 위해서는 반드시 이웃과 합의하여야 하는지 알 수가 없다. 또한 합의한 내용은 법정절차를 거쳐 등기해야 이웃의 부동산을 사용할 수 있다. 다시 말해서, 두 가지 다른 종류의 권리를 명확히 구분하지 않으면 민사주체가 혼동하기 쉬우므로 일어나지 말아야 할 분쟁들이 일어난다. 이는 사회의 안정과 경제질서에 악영향을 끼치며 더 나아가서는 인민법원이 이러한 안건을 공정하고 합리적으로 심리하는 데 영향을 줄 수도 있다. 그러므로 중국은 현단계에서 상린권과 지역권을 분별하여 서로에게 있어야 하는 법적 지위를 부여해야 하고 포함관계를 더욱 명확히 규정해야 할 것이다.

III. 영소작권[94·95]

영소작권은 소작료를 지불하는 대가로 영구적으로 타인의 토지에 경작을 하거나 방목할 수 있는 권리를 가리킨다. 권리자는 영소작권자가 되고, 토지를 제공한 사람은 토지소유자가 된다. 영소작권은 타인소유의 토지를 점유·사용·수익하는 것이 목적이므로 이 권리는 용익물권에 속한다.

---

94 중국에서는 '영전권(永佃權)'이라 칭한다. 영전이란 한국어의 영소작과 같은 뜻으로 쓰인다.-역주
95 토지사용권으로 도입한 것이라기보다는 연혁적인 의미를 두고 검토한 것으로 보인다. 중국 물권법에도 영소작권에 관한 규정은 없다.-역주

영소작권은 토지소유자와의 영소작계약에 의해 발생한다. 영소작권의 특징은 타인의 토지를 영구적으로 사용할 수 있다는 것이다(일반적으로 존속기간을 설정할 수 없다. 그렇지 않으면 그것은 영소작권이 아닌 임대차이고 임대차의 규정을 따른다). 또 하나의 특징은 타인소유의 토지를 사용하는 목적은 반드시 경작이나 방목이어야 하고, 이 사용목적을 변경할 수 없다. 또한 반드시 소작료를 지불한 후에 사용하여야 한다.

영소작권과 지상권은 모두 타인의 토지를 사용하는 용익물권에 속하고 양도할 수 있으며 저당권의 목적물이 될 수 있다. 그러나 두 가지 권리는 사용목적, 기한의 규정, 성립요건, 토지의 임대가능 여부(영소작권은 임대가 불가능하다) 등 많은 면에서 차이가 존재한다. 영소작권과 토지임대의 구별은 더욱 명확하다. 영소작권은 물권이고, 토지의 임대는 채권에 속한다. 또한 영소작권은 반드시 등기해야만 그 효력이 발생하고, 토지임대는 토지를 인도하는 즉시 그 효과가 발생한다. 영소작권의 존속기간은 영구적이고, 임대는 명확한 기간을 설정한다. 영소작권은 타인에게 양도할 수 있으나 토지임차인은 그 권리를 타인에게 양도할 수 없다.

영소작제도는 중국 봉건시대 초기 때부터 수천 년간 지속되어 왔다. 근대 중국의 영소작제도는 형식상으로 일본민법에서 따왔다는 설이 있다. 실제적인 내용으로 보면, 땅은 있지만 경작하지 않거나 경작자는 있지만 땅이 없는 현상을 규율하는 데에 쓰이지만, 본질상으로는 봉건토지사유제에 근거하여 지주가 농민을 지배하는 법권표현이다. 중국은 생산자원의 공유제를 시행한 뒤로 이런 제도가 없다. 그러나 대만에는 영소작제도가 아직 폐지되지 않았다. 대만은 자경농(自耕農)을 돕고 스스로 토지를 사용하는 것을 원칙으로 하여, 1953년 1월

26일에 경작지개혁조례를 실시하였다. 이리하여 영소작제도는 사실상 사라졌다.

중국이 가정경영을 기초로 한 연산승포제(聯産承包制)를 추진하면서부터 농업생산이 한 발 더 발전함과 동시에 승포기한이 제한됨으로써 농촌경제에는 경영행위의 단기화와 토지 등의 자연자원을 강탈하는 식의 경영 등의 문제가 나타났다. 어느 학자들은 농촌토지국유제 하의 영소작권제도를 건립하여야 한다고 주장하였는데, 주장이 합당한지는 이론적으로 의견이 분분하다. 필자가 보기에 영소작권을 다시 회복시킬 경우, 공유제와 충돌될 우려가 있기 때문에 받아들여질 가능성은 매우 희박하다고 본다. 특히 그 제도는 여태껏 지주 같은 지배자만이 이익을 얻지, 노동을 하는 백성들은 근본적으로 권리주체가 될 수 없었다. 때문에, 현대중국의 수많은 농민들은 용납하기 힘들 것이다. 따라서 현대법에서 그것을 발전시킬 필요가 없다. 그러나 농촌승포경영책임제를 건설하고 국유경지를 보호하려면 입법에서 영소작제도의 물권성질과 그중 합리적인 성분과 규범을 참고하여야 한다.

여기서 주의해야 할 것은 앞에서 말한 것처럼 농업을 목적으로 장기적으로 배타성을 가지는 집체소유 혹은 국유토지를 승포경영하는 것은 지상권의 종류에서 배척되어 지상권과는 다른 권리를 가진다. 중국 현행법에서는 이것을 '토지승포경영권'이라고 한다. 이것은 채권적인 성향을 가지고 있고 실무에서도 채권의 범위에 귀속된다고 여긴다. 그리고 농민권익의 보호에 매우 불리하다. 그러므로 어떻게 법률로써 적절한 규범의 명칭을 설정하여 이런 종류의 용익물권의 범주를 확정할 것인가는 매우 중요한 것이다. 이것에 대하여 학계에는 세 가지 주장이 있다. 첫째는 지상권 외에 '경지사용권'을 사용해

'토지승포경영권'을 대체하자는 주장이다. 수자원사용권, 광산사용권을 점유·수익을 내용으로 한 사용권제도를 만들어 현행법과 상대적으로 일치시킨다는 주장이다. 둘째는 '용익권'으로 '토지등자연자원승포경영권'을 대체하자는 주장이다. 셋째는 토지등승포경영권이 농업을 목적으로 한 용익물권임을 고려하여 '농지사용권'이라는 명칭을 사용하는 것이 비교적 적절하다는 주장이다. '용익권'은 그 발생과 전통적 의의로 볼 때 부동산의 용익을 뜻하는 것이 아니고, '용익'과 '용익물권'은 구별하기가 쉽지 않으므로 여러 가지 해석을 가능하게 한다. 그리고 '농지사용권'은 농업을 목적으로 토지를 사용하는 것이라고 권리의 내용을 명확히 표현하고 있지만 농업을 목적으로 하지 않는 자연자원의 사용권을 전부 포함하지는 못하고 있다. 그러므로 필자는 민법통칙에서 국유경지사용권, 수자원사용권, 광산자원사용권을 보존하는 것은 현재의 제기방법으로 매우 타당한 것이라고 본다. 하지만 물권을 입법할 때에는 위에서 서술한 권리의 물권성질을 반드시 규명하고 그 체계와 내용을 완성해야 할 것이다.

제4장

擔保物權

제1절 擔保物權의 槪述

I. 담보물권의 개념과 특징

담보물권은 채권자가 채무를 변제받기 위해서 채무자나 제3자의 물건에 대해서 환가권(換價權)[96]과 우선변제권(優先辨濟權)을 가지는 일종의 타물권(他物權)이다. 채무의 이행과 채권의 실현과정에서 채무자가 예정된 날짜에 채무를 이행하지 못할 경우 채권자는 채무자가 담보한 물건 등을 현금으로 환산하여 변제받거나 채무자가 담보한 물건을 다른 사람에게 팔아서 우선적으로 변제받을 수 있다. 중국 민법에서는 아직까지 '담보물권'이라는 학술단어를 정식적으로 사

---

[96] 채무자 혹은 제3자의 재산에 대해 시가로 환산할 수 있는 권리-역주

용하고 있지 않다. 그러나 법학계에서는 '담보물권'에 저당권, 질권, 유치권 등을 규정지어 채무의 처리를 위한 타물권으로 인정하고 있는 추세이다. 타물권의 한 종류인 담보물권은 물권의 일반적인 성질 이외에 다음과 같은 특징을 가지고 있다.

(1) 담보물권은 채무의 이행을 위하여 설립된 권리이다(부종성을 가진다).
(2) 채무를 이행하지 않을 경우에만 권리를 행사할 수 있다(조건적인 성질을 가지고 있다).
(3) 물품을 환가하여 우선적으로 변제를 받을 수 있는 성질을 가진다. 담보물권은 취득하는 목적물의 사용가치를 목적으로 할 수 없고, 다만 획득한 담보재산을 교환가치로서 사용할 수 있다. 즉, 대상물의 가치에 따라 그것을 환가하여 우선적으로 변제받을 수 있는 권리를 말한다.
(4) 담보물권은 물상대위권(物上代位權)을 가진다. 담보물권의 목적물이 훼손·손실될 경우, 만약 채권자의 책임이 아니라면 채권자는 담보인에게 다른 물건(예 : 배상금 등)으로 대신하여 배상할 것을 청구할 수 있다. 이것을 가리켜 물상대위권이라고 한다. 이것은 담보물권이 목적물의 교환가치를 직접 지배하는 효력을 가지고 있다는 것을 의미한다. 즉, 담보물권의 효력은 원래의 목적물에 대해 발휘될 뿐만 아니라 원래의 목적물에서 다른 상태 혹은 다른 물건으로 바뀌더라도 그에 미치는 효력은 변화하지 않고 바뀐 상태의 가치 혹은 물건에도 발휘된다.

이외에도 담보물권은 반드시 어떠한 특정물을 대상으로 해야 하며 지배(支配)성, 배타성, 추급적 성질 및 물질청구권 등의 물권적인 특성도 가지고 있다.

II. 담보물권의 종류

학술이론적으로 담보물권을 각기 다른 기준에 따라 여러 종류로 나눌 수 있다. 담보물권의 발생원인을 기준으로 하면, 법정담보물권(法定擔保物權)과 약정담보물권(約定擔保物權)으로 나눌 수 있다. 담보물권이 가지는 주요효력을 기준으로 하면 유치성 담보물권과 우선변제성(優先辨濟性) 담보물권으로 나눌 수 있다. 담보목적물의 유형을 기준으로 하면 동산담보물권, 부동산담보물권 그리고 권리담보물권으로 나눌 수 있다. 점유를 기준으로 하면 점유담보물권과 비(非)점유담보물권으로 나눌 수 있다. 담보물건을 반드시 등기해야 하는가 아닌가를 기준으로 하면 등기담보물권과 비등기담보물권으로 나눌 수 있다.

중국담보법의 규정을 보면, 담보물권은 기본적으로 저당권, 질권, 유치권으로 분류할 수 있다.

III. 반담보(反擔保)

반담보는 제3자가 채무자를 위하여 채권자에게 담보를 제공할 때, 채무자가 제3자의 요구에 응하여 제3자를 위하여 제공하는 담보를 의미한다. 로마법 및 근·현대의 대륙법계와 영미법계는 모두 반담보의 개념에 대하여 정확히 규정하고 있지 않다. 그러나 실제로는 대출담보, 어음담보 등 여러 가지 방면에서 담보의 한 종류로서 이용되고 있다.[97] 중국은 외국과의 무역에서는 반담보를 이용하는 것이 보편적이고, 중국 국내의 경제활동에서는 대부분 무상담보(無償擔保)를 이용한다. 중국담보법은 반담보를 규정하고 있고, 반담보가 내포하는 의미 또한 규정하고 있다. 하지만 반담보의 채무자와 제3자의 관계에선 일반적인 보통담보와 비교해서 큰 차이점이 없다. 엄격하게 말해서 반담보와 담보의 질적인 차이는 존재하지 않는다. 반담보 역시 담보의 특성을 가지고 있고 담보의 성립조건, 효력 등도 모두 보통담보와 동일한 규정으로 실행하고 있다. 이 때문에 반담보와 담보는 오직 형식상·용어상의 차이만 있을 뿐, 근본적인 내용과 효력은 동일하다.

반담보는 원시담보(제3자가 주채권에 대해 설립한 담보)에 상대적인 개념이다. 반담보는 다음의 세 가지 내용을 그 구성요건으로 한다. 첫째, 원시담보가 채무자 이외의 제3자에 의해 제공된 것이어야 한다. 둘째, 주채권과 원시담보 자체가 유효·적법하여야 한다. 셋째, 반담보는 담보법의 담보의 설립요건규정에 부합하여야 한다. 이 외에도 반담보는 담보인의 피담보인에 대한 구상권 실현을 목적으로 하여야 한다. 즉, 반담보의 대상은 주채권이 아닌 담보인의 피담보인에 대한 구상권이다. 그러므로 원시담보가 성립되지 않으면 반담보 역시 성립될 수 없고, 원시담보가 무효이면 그에 따라 반담보도 무효이다. 반담보의 실현방식과 원시담보의 실현방식은 기본적으로 동일하지만 엄연한 차이점이 있다. 반담보는 원시담보와는 달리 다음과 같은 요건

---

[97] 張向東:《對外擔保》, 中國對外經濟貿易出版社, 1992年版, 10∼15쪽.

이 충족할 때 실현된다. 첫째, 제3자가 원시담보계약에 의거하여 채무자를 대신하여 주채권자에게 실제 담보책임을 부담하여야 한다. 둘째, 채무자의 채무기한 만료시, 담보인이 담보책임을 부담하여 입은 손해에 대해 보상하지 않은 경우이어야 한다. 셋째, 반담보계약이 적법하여야 한다.

주의하여야 할 것은 비록「중국담보법」제4조에서 '반담보는 본 담보법의 규정을 적용한다'라고 규정되어 있지만, 반담보의 내용을 보면 알 수 있듯이 반담보제도의 적용범위는 원시담보에 비해 넓지 않다. 반담보는 오직 제3자가 채권자에게 담보를 제공하는 경우에만 성립하므로 채무자가 만일 자신의 재산으로써 원시담보를 제공할 경우 반담보의 문제는 발생하지 않는다. 구체적으로 말해서 반담보는 오직 원시담보의 성질이 보증, 저당, 질권저당인 상황에서 발생하며 유치·보증금 지급의 경우에는 발생하지 않는다. 그 이유는 유치·보증금 지급의 경우는 제3자가 채무자를 위해 채권자에게 담보를 제공하는 경우가 발생할 수 없기 때문이다. 그 외에 반담보 자체에도 제한이 따른다. 즉, 원시담보가 유치일 경우 반담보의 규정을 적용할 수 없다. 왜냐하면 유치는 오직 담보의 규정만을 적용시키는 보관계약, 운구계약, 가공청약계약 등에 의해서 발생되어지는 채권이기 때문에 법정성을 가지며 구상권에 의해 발생되는 채권을 담보할 수 없다. 그러므로 유치는 반담보의 방식에서 제외된다.

Ⅳ. 담보물권의 기능

시장경제와 신용관계가 발전한 사회에서는 담보제도가 광범위하고 깊게 작용한다. 비록 각종 담보물권의 구체적인 작용과 의의가 조금씩 다를 수 있지만 대체로 세 가지의 기능을 가진다.

1. 채권의 변제를 확실히 보증하는 기능

이것은 담보물권의 가장 기본적인 기능이다. 채무자는 채권자에게 물질적인 책임을 져야 하며, 채무자는 자신의 모든 재산으로써 채무를 책임져야 한다. 채권자의 권리가 실현되었는가 안 되었는가는 채무자가 채권자에게 변제하였는가 안 하였는가에 따라 달라진다. 한 측면에서 보면 담보물권의 내용은 담보목적물(擔保目的物)을 교환가치로 이용하여 채권을 실현시키기 때문에 채무자는 어쩔수없이 적극적으로 채무를 이행하게 된다. 또 다른 측면에서 보면 채무자가 채무를 이행하지 못할 경우에 채권자는 담보목적물을 현금으로 바꾸는 등의 방법을 사용하여 우선적으로 변제받을 수 있다. 그러므로 담보물권은 채권의 효력을 강화시켜 채권의 변제를 더 확실하게 보장하였다.

2. 자금융통을 촉진시키는 기능

현대사회의 발전은 거래과정을 점점 더 복잡하게 변화시켰다. 상업과 은행신용이 중요시됨에 따라 거래과정에서 즉각 결산·청산할 수 없는 현상이 나타났다. 이것은 이미 현대 거래관계의 특징이 되었다. 만약 제때에 결산·청산할 수 없는 거래를 피하는 적당한 방법이 없었다면 시장경제에 치명적인 위험을 안겨주었을 것이며 시장이 지속될 수 없었을 것이다. 또한 시장과 신용의 발전은 '껍데기만 있고 속은 빈 발전'이 되었을 것이다. 하지만 담보물권으로써 채권자는 채권의 실현을 보장받게 되었고, 상업신용과 은행신용의 확장은 거래의 안전을 보장하였다. 그러므로 채무자는 담보물권을 이용하여 채권자에게 신용을 보증하고 자금을 융통시킴으로써 필요한 자금을 충족시킬 수 있게 되었다. 담보물권의 이용은 사회의 자금융통을 가속화시키고 경제를 발전시키는 데 중요한 역할을 한다.

3. 재산의 효용을 충분히 발휘하게 하는 기능

담보물권의 내용은 목적물의 교환가치를 지배하는 것이다. 따라서 채권자가 담보재산을 실제로 점유할 필요는 없다. 그러므로 담보물권의 설정은 담보목적물의 이용에 영향을 주지 않을 수도 있다. 이로써 사람들은 재산을 사용할 수 있고, 다른 물질가치로 교환해서 이용할 수도 있다. 즉, 물질의 효용성을 높여 시장경제를 더욱 발전시킬 수 있다.

제2절 抵當權[98]

I. 저당권의 개술

1. 저당권의 개념

저당권은 채무자 혹은 제3자가 채권자에게 담보로 일정한 재산을 제공하여, 채무자가 채무를 이행하지 않을 경우에 채권자가 법률규정에 따라 담보로 제공한 재산을 금전으로 환산하거나 경매하여 우선적으로 변제받을 수 있는 권리를 말한다. 저당의 법률관계에서 저당권을 누리는 사람, 즉 채권자를 일컬어 저당권자라 부르고, 일정한 담보재산을 제공하는 사람, 즉 채무자 혹은 제3자를 일컬어 저당권설정자라 부른다. 또 채무자가 제공하는 재산을 일컬어 저당재산 혹은 저당물이라 부른다. 저당권은 비록 채무의 이행을 담보하기 위해 설립된 권리이지만 담보물권의 한 종류이기 때문에 반드시 법에 의거해서 설립하여야 한다.

2. 저당권의 종류

저당권은 각 나라마다 다르게 분류하였고, 시대의 발전에 따라 새로운 저당방법이 끊임없이 나타나고 있다. 따라서 저당권은 여러 가지 관점에 따라 여러 종류로 분류할 수 있고, 각종 저당권 사이에 있는

---

[98] 중국에서는 '저압권(抵押權)'이라 칭한다. 저압권의 의미와 일치하는 한국의 법률용어로는 저당권이 있기에, 본서는 저당권이라고 번역하였다.-역주

차이점에 대해서도 비교할 수 있다.

(1) 부동산저당권, 동산저당권, 권리저당권

이것은 저당목적물의 유형에 따라 나눈 것이다. 부동산저당권은 부동산을 저당목적물로 하여 형성된 저당권이다. 이것은 저당권 중에서 가장 보편적인 형식이며, 심지어 어느 나라는 부동산저당권을 저당권 자체로 간주한다. 부동산이란 어떠한 물건이 고정적인 위치를 점유하고 있으며, 이동시에 그 물건 자체의 가치가 변화할 수 있는 것을 말한다. 예를 들면 토지, 건축물 등이 있다. 부동산의 특수성에 따라 채권자가 그 물건을 옮겨 점유하지 않더라도 일정한 조건하에 그 위치에서 바로 저당권을 행사할 수 있다. 때문에 사회에서 비교적 보편적으로 이용된다. 동산저당권은 동산을 저당목적물로 하여 형성된 저당권이다. 동산은 공간적으로 이동하여도 그 물건의 경제적 가치에는 손해를 주지 않는 물건이다. 예를 들면 생산설비, 교통수단 등이 있다. 동산저당권은 일반적으로 동산 자체에 대해서도 제한을 두고 있고, 중국담보법은 동산도 담보로 제공할 수 있다고 규정하고 있는데, 원칙적으로 생산설비 등 중요한 동산만을 담보로 제공할 수 있다.[99] 하지만 동산의 저당도 물건을 이전시키지 않고 점유하는 것을 조건으로 한다. 그렇지 않고는 저당권에 속할 수 없다. 권리저당권은 특정한 재산에 대한 권리를 저당목적물로 설정한 저당권이다. 중국담보법의 이에 대한 규율은 명확하고 구체적이며 권리 자체는 재산가치를 가진 무체재산의 법률가치관이라고 표명하고 있다. 저당할

---

[99] 《中和人民共和國擔保法(草案)》의 설명 중 2번째 문제 '저당에 관하여'를 참조.

수 있는 권리는 중국법률에서도 대체적인 범주가 있는데 일반적으로 토지사용권이 이에 해당한다.

(2) 일반저당권과 특수저당권

적용범위에 따라 일반저당권과 특수저당권으로 나눌 수 있다. 일반저당권은 법률에 특별한 규정이 없는 저당권을 가리키고, 이에 비해 특수저당권은 법률에 특별한 규정이 있는 저당권을 가리킨다. 이러한 저당권의 종류에 대해서 여러 나라들이 서로 다르게 분류하고 있는데 대체로 근저당[100], 공동저당, 재단저당[101] 등으로 나누고 있다. 근저당은 비교적 특수한 저당인데 주요한 것은 채권액수의 양(量)을 기초로 하여 그 기준을 정하는 것이다. 즉, 저당권설정자와 저당권자가 합의한 최고채권액의 한도 내에서, 저당물로써 일정기간 안에 연속적으로 발생하는 채권에 대해 담보하는 것을 가리킨다(「중국담보법」제59조). 근저당은 새로운 형태의 저당방법이다. 중국에서는 쉽게 찾아볼 수 없는 담보방법이지만 중국의 은행에서 이용되고 있는 곤동(滾動)대출[102]은 그것과 형식이 비슷하다. 그러나 그 제도 자체의 선진성, 우월성을 중국이 형성하고 진행시켜 시장경제에 큰 이익을 가져다 주었고, 중국담보법은 그것에 대한 원칙적인 규정을 만들었다. 재단저당도 현대 시장경제의 발전에 따라 적용되는 새로운 저당유형인데 기업저당(企

---

[100] 근저당은 중국에서 최고액저압(最高額抵押)으로 불린다. 근저당과 최고액저압의 의미는 일치하기 때문에 본서는 근저당이라 번역하였다.-역주
[101] 하나의 기업경영을 위한 토지, 건물, 기계 등의 목적설비 및 그 기업이 가지는 면허, 특허 그 밖의 특권 등이 유기적으로 결합한 집체(이른바 재단)를 일괄하여 담보가치를 파악하고 그것을 저당권의 목적으로 인정하는 제도-역주
[102] 한국의 당좌대출과 그 형식이 비슷하다.-역주

業抵當)이라고도 한다. 저당권설정자(기업)는 소유하고 있는 동산, 부동산, 권리를 하나의 공동저당권의 객체로 묶어 저당권을 형성하게 되는데, 이런 종류의 저당은 기업의 담보능력을 집중시키고 큰 재력으로 더 큰 자금을 융통시킬 수 있게 한다. 「중국담보법」 제34조 제2항 규정에 따르면 채무자는 동산, 부동산, 권리를 구분하지 않고 적법한 재산을 모두 합쳐서 저당할 수 있다. 공동저당은 총괄저당(總括抵當)이라고도 하며, 동일한 채권을 담보하기 위하여 여러 개의 다른 재산을 저당하는 것을 말한다. 공동저당은 재단저당과는 다르다. 공동저당은 저당물 하나에 대하여 하나의 저당권만 성립될 수 있다. 저당권이 복수로 존재할 경우 그중 하나의 저당권이 실현되면 나머지 재산상의 저당권은 전부 소멸하게 된다. 재단저당에서는 여러 종류의 물건도 하나의 집합된 전체로 보고, 그 전체에 하나의 저당권만 성립될 수 있다. 공동저당은 실제로 일반저당의 변종이고 보편적인 저당과의 실질적인 차이는 거의 없다. 중국담보법에서는 아직 이에 대한 규정을 하고 있지 않지만, 재산상으로 담보법률과는 충돌이 없고 당사자에게도 불리하지 않으므로 여러 가지 재산에 공동저당권을 설정하는 것을 긍정하고 허락하여야 한다.[103]

(3) 법정저당권과 약정저당권

이것은 저당권을 설정원인에 따라 나눈 것이다. 법정저당권은 법

---

[103] 공동저당에 관하여 한국민법은 1개조의 규정(제368조)만을 두고 있지만 실제로는 많이 이용되고 있다. 한국은 토지가 세분화되어 있고 또한 토지와 건물이 별개의 독립부동산으로 되어 있기 때문에, 하나의 채권의 담보로서 1개의 부동산이 저당에 제공되는 단독저당보다 동일한 채권의 담보로서 수개의 부동산, 특히 토지와 건물이 저당권의 목적이 되는 공동저당이 많이 이용되고 있다.-역주

의 규정에 따라 설정된 것이고, 꼭 당사자가 설정하여야 할 필요가 없다. 그 반면에 약정저당권은 당사자 간의 약정에 의해 설정된다. 일반적으로 약정저당권이 보편적이다. 그러나 법률도 어떠한 관계에서의 필요성에 따라 그 관계가 발생할 때 저당권이 설정될 수 있다고 규정하고 있다. 당사자가 설정할 필요가 없고 법에 의해 자연적으로 설정된다는 점은 법정저당권과 약정저당권의 근본적인 차이점이다. 법정저당권의 종류에 관해서는 프랑스법이 가장 많이 규정하고 있으며, 중국은 아직까지 이에 대한 규정을 하고 있지 않다.

3. 저당권의 의의

저당권은 채무의 이행을 위하여 설정한 권리이다. 이미 오래 전부터 사용해오던 법률제도 중 하나로서 여러 국가에서 전면적으로 저당제도를 규범화하고 있다. 저당권은 채무자가 채무를 이행하지 않았기 때문에 저당물을 금전으로 환산하여 우선적으로 변제받을 수 있는 것이다. 그러므로 가장 이상적이고 의지할 수 있는 담보물권으로서 '담보의 왕'으로 불리기도 한다. 다른 담보제도에 비해서 저당물권은 채권자와 채무자 쌍방에게 중요한 의의를 가진다.

저당목적물은 이전하지 않고 점유하므로 채무자는 점유·사용·수익권(이때 수익권은 일정한 제한을 받는다)을 계속적으로 향유한다. 그리고 목적물의 사용가치를 이용하여 자금을 쌓고 채무이행의 능력을 더욱 강화시킨다. 또한 채무자의 입장에서는 신용을 잃을 걱정도 없게 된다. 동시에, 저당관계의 성립을 통하여 채무자가 경제적 이익을 얻어서 경영활동을 하는 데 사용할 수도 있고, 더 큰 경제적 효익을 남길 수도 있다. 만일 채무자가 예정된 기간 내에 채무를 이행한다면 저당한 물건은 다시 원래의 주인에게 돌아가게 되지만, 채무자가 이행기간 내에 채무를 이행하지 못했을 경우 등가교환원칙(等價交換原則)[104]에 따라 채권자는 저당한 물건을 금전으로 환산하여 변제받을 권리를 갖는다. 채권자 입장에서는 저당권에 기인하여 담보물권을 취득할 수 있는 것이고, 자신의 채권은 저당물의 교환가치로써 보장받는 것이다. 일단 채무자가 채무를 이행하지 않을 때에는 바로 담보물을 금전으로 환산하여 우선적으로 변제받을 수 있다. 저당관계에서 채권자(저당권자)가 저당물을 반드시 보관해야 하는 의무는 없다. 그리고 저당물에 미치는 위험에 대해서도 책임을 져야 하는 의무가 없다. 이 외에 저당권은 나누어 가질 수 없고, 물상대위권을 가지고 있기 때문에 채권자는 저당된 재산의 감소, 소멸, 분할, 양도로 인해 변제받아야 하는 채무의 감소를 걱정할 필요가 없다. 즉, 저당권은 채권자에게 유리할 뿐만 아니라 채무자의 경제적 이익에도 손해를 주지 않는다. 이러한 안전성과 효율성 때문에 다른 담보물권과는 비교할 수 없는 우월성(優越性)을 가진다.

II. 저당권의 설립

1. 저당계약

저당권설정자는 특정한 재산을 저당권자에게 담보로 맡기게 된다.

---

104 이는 등가유상원칙(等價有償原則)과 비슷한 의미로 민법이 규정한 민사주체가 민사활동 시 가치에 대한 규율에 따라 등가교환하는 것을 말하며, 자기의 경제이익을 실현할 때 반드시 상대방이 요구하는 경제이익에 대해서도 만족시켜야 한다는 준칙이다.-역주

저당권의 발생은 저당물의 특정성을 기초로 하지만 또한 법률이 규정한 조건에도 반드시 부합되어야 한다. 중국에서는 저당계약을 체결(저당계약서에 서명)하는 것이 저당권을 형성하는 중요한 조건 중 하나이다.

2. 저당물

저당물은 민법통칙과 담보법에 따라 저당관계에서 채무자나 제3자가 담보(동산, 부동산)로 제공하는 물건을 가리킨다. 담보법은 저당가능한 물건의 범위, 저당할 수 없는 물건의 범위, 저당물의 원칙의 세 가지 내용을 규정하고 있다.

(1) 저당이 가능한 재산

「중국담보법」제34조 규정에 따라 저당이 가능한 재산에 대해 입법상으로 법정주의를 채택하고 있다. 모든 재산이 다 저당권의 객체가 될 수 있는 것은 아니다. 저당가능한 재산의 종류는 다음과 같다.

(a) 저당권설정자가 소유권을 가지는 특정한 재산

채무자가 소유한 부동산, 기계설비, 교통수단 및 기타 재산 등이 그 예가 될 수 있다.

(b) 저당권설정자가 법에 따라 처리할 수 있는 특정한 재산

저당권설정자가 처분할 권리가 있는 국유토지사용권, 주택 기타 재산이 포함된다. 국유기업은 누구도 기업 자체에 대한 소유권은 향유할 수 없지만 법인재산권은 향유할 수 있기 때문에 국유기업의 법인

재산도 저당물이 될 수 있다.

(c) 저당권설정자가 사용권을 가진 특정한 재산

이런 종류의 특정재산 역시 사용권인데, 구체적으로 말하면 저당권설정자가 법에 따라 승포인으로부터 황무지, 황폐한 산 등의 토지사용권을 저당하는 것이다. 「중국담보법」제37조에 따라 상술한 집단소유의 황무지사용권, 향(진), 촌 기업의 공장 등 건축물이 자리잡고 있는 토지사용권 이외에 기타 집단소유의 토지사용권은 전부 저당할 수 없다. 이것은 황무지의 개발과 이용을 촉진시키기 위해서이다. 그리고 황무지의 토지사용권을 저당할 경우에는 반드시 발포인의 동의가 있어야 한다. 이것은 토지사용권자가 토지에 대한 소유권이 없을 뿐만 아니라 독립적으로 처리할 권리도 없다는 것을 뜻한다.[105]

(d) 법에 따라 저당할 수 있는 기타 재산[106]

법은 이 재산의 구체적인 내용에 대해서는 규정하고 있지 않다. 따라서 그 범위를 토론하고 연구할 수 있다. 한 측면에서는 인민법원의 사법해석을 근거로 하고, 다른 한 측면에서는 입법기관이 사회의 요구에 따라 새로운 저당물의 내용을 규정할 수도 있다.

---

[105] 중국의 실질적인 토지제도에서는 아직까지 국민의 개인 토지소유권을 인정하고 있지 않지만 도시 이외의 지역에 한해 그 소유권을 중국정부가 집단에게 부분적으로 부여하여 인정하고 있다. 예를 들어 농촌의 농업생산지 등이 있다.-역주
[106] 중국물권법은 동산저당을 인정하는 규정을 두고 있다(제181조).-역주

(2) 저당이 금지되어 있는 재산

담보법에 따라 담보로 저당할 수 없는 재산은 다음과 같다.

(a) 법적으로 양도를 금지하는 재산

(ⅰ) 토지소유권(지하자원, 하천)

국가의 이익을 고려할 때 다른 사람에게 양도할 수도 없고 저당할 수도 없다.

(ⅱ) 독극물, 총기 등의 금지물품

담보법은 직접적이고 구체적으로 저당금지물을 규정하고 있지 않다. 그러나 민법의 규정과 담보법의 입법사상에 따라 이들은 저당이 금지된 물건에 속한다.

(b) 법적으로 양도를 제한하는 재산

집단소유의 논, 주택기지, 자류지(自留地), 자류산(自留山)에 대한 토지사용권은 저당할 수 없다. 집단토지사용권은 법에 따라 양도할 수 있지만 중국에서 이런 종류의 토지사용권을 양도하려면 엄격한 조건하에서만 양도할 수 있다. 일반적인 상황으로 볼 때 법이 규정한 사용권만을 저당할 수 있다. 「중국담보법」 제37조 제2항 규정에 의하면 두 가지 예외적인 상황이 있다. 하나는 사용권을 부여하는 사람의 동의를 통해 황무지사용권을 저당할 수 있다는 것이고, 다른 하나는 향촌의 건축물은 그 건축물이 점유하는 범위 내의 토지사용권과 함께 저당할 수 있다.

(c) 소유권, 사용권이 불명확하거나 주인이 불명확한 재산, 어떠한 원인에 의해 법원이 강제조치를 취한 재산

(d) 공익을 목적으로 하는 회사, 사회집체의 교육시설, 의료위생시설과 기타 공익시설

(e) 법에 따라 저당할 수 없는 기타 재산

III. 저당권등기

1. 저당권등기의 의의 및 효력

저당권은 성질상으로 물권의 범위에 속한다. 저당은 부동산을 위주로 한다. 중국의 토지사용권도 부동산을 저당권의 중요한 객체로 설정하고 있다. 물권은 채권과는 달리 모든 사람에게 대항할 수 있는 효력이 있지만, 객체의 가치에 따라 법적으로 그 거래의 안전에 대해 특별히 주의하여야 한다. 이 때문에 저당권의 취득, 설정, 상실, 변경은 반드시 등기 등의 법적 절차를 거쳐야 한다. 등기는 물권의 공시방식의 하나이다. 저당권의 등기는 사람들이 저당권에 대한 신뢰도를 높이고, 시장경제라는 울타리 안에서 안전한 거래를 보장하며, 저당관계자와 제3자의 이익을 보호한다. 또한 저당의 사회적 기능을 강화시켜 분쟁 발생을 막는다. 저당권등기는 이러한 법률적 의의를 가지고 있다.

저당권등기의 효력은 예로부터 두 가지 주장이 있다. 하나는 등기요건주의, 또 다른 하나는 등기대항주의(등기공시주의(登記公示主義)라고 함)이다. 전자는 저당권은 당사자 사이에 저당계약을 체결하는 것 외에도 반드시 등기해야 성립한다는 주장이다. 즉, 만일 등기하지 않으면 저당권 성립의 효력이 없다는 주장이다. 이 주장은 독일법에서 채택하고 있다. 후자는 저당권은 오직 당사자 사이에 저당계약을 체결하면 성립하고, 그 효력을 나타낸다는 주장이다. 그러나 선의의 제3자에게 대항하기 위해서 저당권을 등기하여도 무방하다는 주장이다. 이 주장은 프랑스법에서 채택하고 있다. 이 두 가지 주장을 비교해보면 등기대항주의는 법률상의 의견과 현실적인 상황이 서로 모순이 된다는 것을 발견할 수 있다.

현행 중국담보법은 각국 법률의 성공적인 경험을 흡수하여 등기요건주의를 위주로 하여 등기대항주의를 보조하는 원칙을 취하고 있다. 이 원칙 내에서도 특정저당의 등기효력과 일반저당의 등기효력은 약간의 차이를 보인다.

2. 반드시 등기해야 하는 저당권과 등기기관

(1) 「중국담보법」제41조와 제42조의 규정에 의하면 저당권이 형성된 후에 반드시 등기해야 하는 특정한 재산에는 다섯 가지가 있다.

(a) 공지(空地)의 사용권

(b) 도시의 부동산 및 향촌기업의 공장 등의 건축물

(c) 수림(樹林)

(d) 항공기, 선박 및 자동차

(e) 기업의 설비와 기타 동산

위에서 언급한 재산은 반드시 등기해야 하며, 등기하지 않을 경우에는 저당계약이 무효가 된다. 「중국담보법」제43조에서는 위에서 언급한 다섯 가지 이외의 재산에 대한 저당계약은 계약이 체결되는 날부터 그 효력을 가진다고 규정하고 있다. 또한 상술한 다섯 가지 이외의 재산에 대한 등기 여부는 당사자들의 결정에 맡긴다. 그러나 당사자가 저당물을 등기하지 않을 경우 제3자에 대하여 대항할 수 없다.

(2) 서로 다른 저당물에 따라 서로 다른 등기기관이 있다. 기본적으로 다음과 같은 주무관청이 있다.

(a) 저당된 공지의 사용권에 대한 토지사용권의 증서는 토지관리부문이 발급한다.

(b) 도시의 부동산이나 향촌기업의 공장 등의 건축물을 저당할 경우에는 현 이상의 지방인민정부가 규정한 부문에 등기하여야 한다.

(c) 수림(樹林)을 저당할 경우에는 현급 이상의 임업주관부문에 등기하여야 한다.

(d) 항공기, 선박, 자동차 등을 저당할 경우에는 그 재산소재지의 공상행정관리부문에 등기하여야 한다.

(e) 기업설비와 기타 동산의 저당은 재산소재지의 공상행정관리부문에 등기하여야 한다.

(f) 위에서 언급한 다섯 가지 이외의 기타 재산을 저당한 것에 대하여 당사자가 등기를 하고자 할 경우에는 저당권설정자가 소재지의 공증부문에 등기하여야 한다.

IV. 저당권의 효력 및 범위

담보법은 저당권의 효력에 대하여 전면적으로 해석하고 있지 않지만, 그 효력의 구체적인 내용에 대해서는 전면적인 규정을 하고 있다. 저당권의 효력은 저당권이 성립된 후 저당권자가 법률이 정한 범위 내의 채권에 대하여 우선변제받을 권리 및 저당이 의무적으로 관련

된 재산에 주는 영향을 말한다.[107]

1. 저당권의 우선변제의 범위

저당권의 우선변제는 저당권의 물권적 효력을 잘 나타내준다. 저당권의 우선변제의 범위는 저당담보의 범위일 뿐만 아니라 저당권의 우선변제의 효력에 있어 중요한 구성부분이다. 저당관계에서 당사자가 부담하여야 하는 경제적 이익과 권리·의무에 대하여 언급하고 있다. 「중국담보법」제46조 규정에 의하면 저당담보의 범위는 저당계약시 약정을 통하여 결정될 수 있으며, 만일 당사자 간의 약정이 없을 시에는 반드시 다음과 같은 법정범위에 따라 저당물이 변제하는 채권의 내용을 확정하여야 한다.

(1) 주된 채권

주채권은 원본채권이라고도 한다. 이것은 저당담보의 법정범위에서 주요한 위치에 있다. 금전채권을 주된 채권으로 하는 경우 그 금액에 따라 저당등기를 해야 하고, 기타 재산이 주된 채권의 대상인 경우 그 재산의 가치를 감정하여 저당등기하여야 한다.

(2) 법정이자와 약정이자를 모두 포함한다

약정이자율은 법에 어긋나지 않게, 그리고 사회관행에 따라 정직하게 결정하여야 한다. 법정이자는 또다시 보통이자와 장기이자로 나눌 수 있는데, 이 두 가지 모두 법률의 직접적인 규정에 따라 발생한다.

---

[107] 董安生:《債權擔保》, 黑龍江人民出版社, 1995年版, 128~129쪽.

(3) 위약금

민법통칙 등 현행법에 따라 위약금은 배상성(賠償性)과 징벌성(懲罰性)을 가진다. 법정위약금이나 약정위약금 모두 담보의 분류에는 속하지 않는다.

(4) 손해배상금

채무자가 이행기한 내에 채무를 이행하지 못하여 채권자에게 손해를 입혔을 때 나타난다. 사실상 이행의 연속이고, 채권자의 권리와 이익을 보호하기 위한 수단의 일종이다.

(5) 저당권의 실행에 드는 비용

채권자가 저당권을 행사하는 데 사용한 합리적인 비용을 말하는데, 이것은 채권의 이익과도 밀접한 관계를 맺고 있다. 예를 들면 인민법원이 부담하는 집행비, 광고비, 경매비 등이 있다. 이런 비용에 대하여 법정등기를 할 필요는 없다.

2. 저당권의 저당물에 대한 효력

이 효력은 저당권이 저당권의 효력이 지향하는 저당물의 구성을 가리킨다. 저당물은 그 자체가 복잡하기 때문에 항상 주물, 종물, 주된 권리와 종된 권리를 언급하게 된다. 저당권의 효력은 자연스럽게 저당목적물 이외의 일부 범위에도 영향을 미치게 된다.

(1) 종물

종물은 주물과 한 세트인 물건이다. 이 물건은 이용하거나 경제적인 이익을 취할 때 종속성을 가진다. 예를 들면 건물의 창문, 자동차의 부속장치 등이 있다. 종물이 저당목적물이 될 수 있는 자격을 두 가지 기준으로 나누어볼 수 있다. 하나는 종물과 주된 물건의 경제적인 결합의 정도이고, 다른 하나는 주된 물건과 종물이 한 명의 소유권자의 소유인가 아닌가 하는 것이다. 당연히 당사자 간에 특별한 약정이 있을 수 있다.

(2) 종된 권리

주된 권리에 부속된 권리이다. 일반적으로 종된 권리는 등기하여 공시하지 않아도 그 효력이 발휘된다. 예를 들면 지역권 등이 있다.

(3) 과실

물건에 의해 생겨난 이익을 가리킨다. 민법학에서는 자연과실과 법정과실로 나누고 있다. 과실은 독립성을 지니고 있기 때문에 각 나라마다 종물, 종된 권리와는 약간의 차이를 두고 있다. 즉, 저당권의 효력은 과실의 전제조건과 여러 가지 특징에까지 영향을 미친다. 이 말은 곧 채권자는 채무자의 채무이행기간이 만료된 후에 법원에 저당물의 압류를 신청할 수 있고, 그 기간이 만료된 후부터 과실에 대해서도 저당권의 효력이 미친다. 「중국담보법」 제47조에서는 저당물을 압류하기 시작한 때부터 채권자는 저당물의 자연과실과 법정과실을 취득할 수 있는 권리를 가진다고 규정하고 있다.

3. 저당권의 효력과 임차권의 효력

저당권을 물권이라 하면, 임차권은 채권으로 보아야 한다. 물권은 채권보다 우선한다는 법률원칙은 예외도 있다. 「중국담보법」제48조 규정에 따라 임차인의 이익을 보호하기 위하여 저당권설정자는 임차인에게 임차목적물의 저당상황을 서면으로 고지하여야 한다. 또한 원래의 임대차계약은 계속 유효하다. 이것은 사실상 '저당은 임대를 파기할 수 없다'는 원칙을 확인하는 것이다. 주의할 점은 먼저 임대계약을 하고 저당권이 형성된 경우에만 이 원칙을 적용할 수 있다. 이로써 임차인의 이익을 보호할 수 있다. 저당이 먼저 설정되고 그 뒤에 임대가 설립되었을 경우, 중국은 아직 그 내용에 대한 규정을 하고 있지 않지만 법률의 담보법조문을 내용상으로 분석해볼 때 '저당은 임대를 파기할 수 있다'고 해석하는 것이 통설이다. 임대물에 우선 저당이 되어 있었을 경우 임차인은 그 저당권으로 인한 영향을 받는다.

4. 저당권의 저당물처분권에 대한 효력

저당은 목적물을 이전하지 않고 점유하는 것을 조건으로 하기 때문에 저당권이 형성된 후에도 저당권설정자는 여전히 저당물의 소유자이고, 저당물에 대한 처분권한을 가진다. 하지만 결국 저당물은 채권에 대한 담보물이기 때문에 저당권자의 우선변제권을 보장하기 위하여 채무자가 저당물을 처분하는 데에 어느 정도의 제한을 가하고 있다. 처분은 사실처분과 법적 처분으로 나눌 수 있다. 저당권은 가치권(價値權)[108]이기 때문에 저당물의 사실처분은 저당물의 가치를 소멸시켜 저당권자가 가지는 저당물에 대한 우선변제권 등의 권리를 침해할 수 있는 가능성이 있다. 그렇기 때문에 저당권설정자는 저당

---

[108] 물건의 교환가치의 취득을 목적으로 하는 권리-역주

물에 대한 사실처분은 할 수 없다.

　반면에 저당권설정자의 저당물에 대한 법률상의 처분은 저당권자에게 영향을 주지 않는다. 저당권이 형성된 후에도 저당권설정자는 저당물에 대한 소유권을 상실한 것이 아니기 때문에 저당물의 소유권을 다른 사람에게 양도할 수 있다. 하지만 채무이행기간이 만료되기 전까지 저당권자에게 채무를 변제하지 못하였을 경우, 저당권자는 저당권설정자를 추급하여 자신의 채권을 변제받을 수 있는 권리를 가진다. 그러나 중국담보법에는 추급에 대한 명확한 규정이 없는 상태이다. 다만, 저당권설정자가 저당물을 양도하는 데에 일정한 제한을 두고 있고, 저당기간 중에 이미 저당한 물건을 양도할 때에는 양수인에게 그 물건에 대한 저당이 있다는 사실을 확실하게 알린 후 그의 동의를 얻어 양도하여야 한다고 규정하고 있다. 만일 저당권설정자가 저당물의 양수인에게 통지하지 않았거나 저당권자에게 통지하지 않은 상태에서 양도하였을 경우, 그 양도행위는 무효이다. 저당물을 양도하는 가격이 저당물의 원가보다 낮을 경우 저당권자는 저당권설정자에게 그 차이에 상응하는 담보를 제공할 것을 요구할 수 있다. 저당권설정자가 그에 상응하는 담보를 제공하지 않을 경우, 저당물을 양도할 수 없다. 저당권설정자는 저당물의 양도금으로 저당권자에게 사전에 변제하거나 저당권자와 약정한 제3자에게 공탁하여야 한다. 채권의 액수를 초과한 부분은 저당권설정자가 가지고, 부족한 부분은 저당권설정자가 변제하여야 한다. 또한 주의해야 할 점은 등기하지 않은 저당권으로 제3자에 대하여 대항하는 것은 불가능하기 때문에 저당권설정자가 등기하지 않은 저당물을 마음대로 양도할 때 저당권자는 저당물에 대해 추급할 수 있는 권리를 가지지 못한다. 그러나 저당권설정자에게 양도한 저당물에 상응하는 담보를 요구할 수 있다.

V. 저당권의 실현

저당권설정자가 채무이행기간이 만료될 때까지 채무를 이행하지 않았을 경우, 저당권자는 저당물로써 우선변제받아 채권을 만족시킬 수 있다. 이것이 바로 저당권의 실현이다.

1. 권리행사의 조건
일반적으로 권리를 행사하기 위해서는 두 가지 조건이 필요하다.
(1) 저당권이 유효하게 성립한 것이어야 한다. 채권자와 채무자의 주된 채권에 대한 계약은 이미 성립되어 유효한 것이어야 하고, 그 효과가 소멸하지 않은 상태이어야 한다.
(2) 채무자가 이행기간이 넘어서도 변제하지 못하는 경우이어야 한다. 채무자가 이행기간 내에 채무를 모두 이행하였을 경우에는 저당권을 행사할 수 없다. 그러나 이행기간을 넘어서도 채무자가 채무를 이행하지 못하였을 경우에는 채권자가 저당권을 행사할 수 있다.

2. 저당권의 실현방식
「중국담보법」제53조 규정에 따르면 저당권의 실현방식에는 환가(換價), 경매, 매각 등의 방식이 있다.

VI. 저당권의 소멸

저당권은 담보물권에 속하기 때문에 원칙적으로는 물권의 소멸원칙에 따라 소멸되어야 하지만, 저당권의 담보성과 가치성으로 인하여 어떠한 물권의 소멸원인(예: 목적물의 소실)이 반드시 저당권을 소멸시키는 것은 아니다. 저당권은 다음의 몇 가지 주요한 원인에 의해 소멸된다.

1. 저당권은 그 권리를 실행하면 소멸된다

채무자가 이행기간 내에 채무를 이행하지 못하여 채권자가 저당권을 행사하여 저당물로써 우선변제를 받았을 때 저당권은 소멸된다.

2. 저당권은 채권이 소멸되면 같이 소멸된다

저당권은 담보에 대한 채권의 실현을 위해 존재한다. 따라서 채권이 소멸되면 저당권 역시 소멸된다.

3. 저당물이 소실된 후 그 저당물을 대체할 물건이 없을 경우 소멸된다

「중국담보법」 제59조 규정에 따르면, 저당물이 소실되면 저당권도 소멸된다. 채권자는 반드시 저당물의 가치로써 채무를 변제받아야 하는데 저당물이 존재하지 않게 되면 저당권은 실현될 수 없다. 그러나 물상대위권에 따라 채권자는 저당물이 소실되었을 경우에도 다른 물건으로 대신하여 변제받을 수 있다. 그러므로 저당물이 소실된다고 해서 저당권이 반드시 소멸되는 것은 아니다. 다만, 저당한 재산이 소실되었어도 대체할 물건이 없을 경우에는 저당권이 소멸된다.

4. 저당권이 다른 원인에 의해 소멸되는 경우
(1) 포기
(2) 쌍방합의
(3) 혼동(混同)

VII. 근저당(根抵當)[109]

근저당은 한정액저당이라고도 한다. 이 저당은 채권의 최고액을 결정하고, 그 최고액의 범위 내에서 계속적으로 발생하는 채권에 대해 설정한 저당권을 말한다. 근저당은 특수한 저당이다. 이미 각국의 입법과 학계에서 인정하고 있다. 그 예로 「독일민법전」 제1190조와 「프랑스민법전」 제2132조에서 모두 근저당을 규정하고 있다. 또한 일본민법전에서도 규정하고 있으며, 대만에서는 아직까지 이에 대한 규정을 하고 있지 않지만, 대만의 최고법원은 1962년에 이러한 저당 방식을 명확히 하였다.

근저당의 특징은 다음과 같다.

첫째, 저당담보하는 것은 현재에 발생하지 않은 미래의 채권이라는 것이다.

둘째, 저당담보하는 채권액수가 확정되어 있지 않지만 최고액수를

---

[109] 원문은 '최고액저압(最高額抵押)'이다.-역주

제한한다는 것이다.

셋째, 실제로 발생한 채권은 연속적이고 불특정하다는 것이다. 즉, 채권자는 발생할 채권의 액수와 횟수를 규정하지 않는다.

넷째, 채권자는 최고한도액 내에서 저당물에 대한 저당권을 발휘할 수 있다.

다섯째, 근저당은 한 번의 등기로 즉시설정이 가능하다.

중국담보법은 근저당의 효력에 대하여 아직 명문으로 규정하고 있지 않다. 일반적으로 근저당하는 채권의 최고액수는 정해져 있다. 하지만 실제로 발생하는 액수는 불특정하기 때문에 매우 큰 융통성을 가진다. 저당권자의 저당권행사는 채권이 확정되어야 하고, 또 이행기간이 만료되어 변제받을 수 없는 것을 선결조건으로 한다. 근저당을 할 때에 연속성을 가지는 채권의 거래가 끝난 경우, 만약 실제로 발생한 액수가 설정된 제한액수를 초과하면 설정한 한정액(限定額) 이상으로 변제받을 수 없고, 초과한 부분은 보통채권이 되어 저당물로써 우선변제받을 수 없다. 반대로 실제로 발생한 액수가 설정된 최고액보다 적은 경우에는, 실제로 발생한 액수에 상당하게 저당물에 대한 우선변제권을 가진다. 중국의 근저당은 법에 따라 두 가지 법률관계에 적용된다. 하나는 대출계약이고, 다른 하나는 채권자와 채무자가 어떠한 상품에 대해 일정한 기간 동안 연속적으로 거래한 계약이다. 근저당계약과 담보의 주채권(主債權)계약 사이에는 기본적으로 종속성이 존재하지 않는다. 그러므로 주된 채권에 관한 계약 중의 채권을 양도할 수 있는데 양수인이 반드시 근저당계약에 의한 저당권을 누리는 것은 아니다. 많은 나라들이 근저당권은 채권의 양도에 따라 양도되지 않는다고 명확하게 규정하고 있다.「중국담보법」제61조 규정에 의하면, 중국은 근저당권자에게서 채권을 양도받은 당사자가 그 채권의 근저당권을 누린다는 것을 부정할 뿐만 아니라, 근저당권자가 주된 채권에 관한 계약을 타인에게 양도하는 것을 금지한다.

근저당은 약정하여 성립되고, 당사자 사이에 반드시 저당합의가 있어야 한다. 또한 반드시 등기하여 공시(公示)하여야 한다. 저당권의 실행은 원칙적으로 채무자의 채무불이행을 요건으로 한다. 채권계약에서, 매번 거래에 대하여 이행기간을 특약한 경우 그 기간을 넘겨서 이행하지 않았을 때부터를 저당권의 실행기간으로 한다. 근저당권을 결산하는 시기를 저당권이 발휘되는 시기로 한다. 만일 근저당권이 존속하는 기간 내에 당사자가 근저당을 취소하기로 약정하였고, 이 기간 동안 이미 확정된 채권을 담보배상으로 한 경우 근저당은 보통저당으로 전환되고, 보통저당의 규정을 적용한다.[110]

근저당은 자금융통의 과정을 간단하게 하는 데 도움을 준다. 이는 자금융통의 속도를 높일 수 있고, 경제발전을 가속화할 수 있으며, 시장거래의 안전을 보장할 수 있다. 그러나 이런 저당을 중국의 거래 활동에서 찾아보기란 쉽지 않고, 실제 거래에도 문제가 많다. 그러므로 중국담보법은 근저당에 대한 현재까지의 허술한 규정을 장래에 다시 완벽하게 규정해야 한다.

---

110 董安生:《債權擔保》, 黑龍江人民出版社, 1995年版, 123쪽.

제3절 質權

I. 질권의 개술

1. 질권의 개념 및 법률적 특징

질권은 채무자나 제3자가 동산이나 권리를 채권자에게 이전시켜 점유하게 하여 채무자가 채무를 이행하지 않을 경우에 채권자가 법에 따라 그 동산이나 권리로써 우선변제를 받을 수 있는 권리를 말한다. 질권을 형성한 채무자나 제3자는 질권설정자(質權設定者)가 되고, 질권을 향유하는 채권자는 질권자(質權者)[111]가 된다. 채권자에게 이전시킨 동산을 질물(質物)이라고 한다. 질권과 저당권 모두 물권적인 성질을 가지고 있으며, 타물권 중 담보물권의 가치권, 불가분성, 우선변제와 물상대위의 특징을 공동으로 가진다.

2. 질권의 종류

각 나라마다 규정하고 있는 종류가 각기 다른데, 중국은 담보법 규정에 따라 동산질권과 권리질권으로 나눈다.

3. 질권설정의 의의

중국은 담보법이 규정되기 전에는 단독적인 질권제도가 없었다. 민

---

[111] 여기서의 질권자는 질물에 대한 질권을 가지고 있는 사람으로 채권자에 해당한다. 본서에서는 채권자라고 표기한다. -역주

법통칙 등 민법범위 내의 저당권은 질권을 포함하고 있고, 따로 나누어 분류하고 있지 않다. 현행 담보법은 중국의 입법사상 처음으로 저당권과 질권을 따로 분류시켜 놓았다. 그러므로 더욱 중요한 의의를 가진다.[112]

우선 물건의 분류에서 동산과 부동산은 경제적인 특성과 효력이 다르게 나타난다. 그러므로 경제적인 특성이 서로 다른 물건으로 채권에 대한 담보를 하기 위해서는 과학적인 분류방법이 필요하다. 그 다음에 법률상으로 편리하게 범위를 구분하여야 한다. 구체적으로 두 가지 방면에서 표현된다. 첫째, 담보물권이 성립할 때, 부동산은 이전하여 점유하기가 쉽지 않아서 일반적으로 저당권의 목적물이 되고, 동산은 이전하여 점유하기가 쉽기 때문에 일반적으로 질권의 목적물이 된다. 둘째, 두 가지 제도의 목적물이 서로 달라서 제도를 성립하는 방식에도 차이가 있다. 두 가지 제도는 공시방식에 따라 구분할 수 있다. 부동산은 등기하여 타인에게 공시를 하고, 동산은 점유로써 사회에 공시한다. 따라서 거래의 안전을 보장하기 위하여 당사자의 법적 권리와 의무를 명확히 해야 한다.

질권은 일종의 담보물권으로서, 인도한 물건의 양에 관계없이 반드시 질권설정자에게 영향을 주게 된다. 따라서 물건을 이용하는 데 일정한 제한이 따른다. 질권은 우리가 생활 속에서 사용하는 생활필수품 등의 동산이나 권리를 그 목적물로 한다.[113] 다시 말해서, 질권

---

112 董安生:《債權擔保》, 黑龍江人民出版社, 1995年版, 261쪽.
113 질권은 유치적 효력 때문에 저당권과 달라 기업설비를 담보로 하여 자금을 얻으려는 목적에는 적합하지 않고, 주로 생활필수품 등을 담보로 하는 소비금융(일상생활자금의 조달)에 편하며, 저당권은 부동산 기타의 생산설비 등을 담보로 하는 생산금융에 편하다.-역주

설정자는 반드시 직접적인 경제적 가치를 가지는 물품을 담보로 하지 않아도 된다. 또한 그 설정절차가 매우 간단하여 급하게 필요한 자금을 구할 수 있다. 질권자는 질물의 유치(留置)를 통해 채권의 실현에 대한 안전성을 보장받는다. 권리질권에서는 목적물에 대한 이용가치는 없고 거래가치만 있다. 따라서 질물을 질권자에게 인도하여 점유하게 하기 때문에 양쪽 모두에게 이익이 있다.

II. 동산질권(動産質權)

1. 동산질권의 개념

동산질권은 질권의 한 종류이다. 「중국담보법」 제63조 규정에 따르면, 동산질권은 동산을 채권자에게 인도하여 점유하게 하고, 채무자가 채무를 이행하지 않을 경우 채권자가 그 동산을 처분하여 우선적으로 변제를 받는 권리이다.

(1) 동산질권의 설정[114]

동산질권은 당사자 사이의 약정에 따라 발생하는 담보물권의 일종이다. 그러나 입법상으로 법정질권과 약간 관련이 있다. 로마법은 각종 법정질권을 인정하였다. 하지만 지금은 소수의 국가에서만 법정질권을 인정하고 있다. 현재 법정질권을 인정하는 국가에는 독일이 그 대표적이고, 스위스 등의 나라도 유치권을 법정질권으로 보고 있다.

---

[114] 董安生:《債權擔保》, 黑龍江人民出版社, 1995年版, 159~161쪽.

그러나 동산질권은 일반적으로 채권자와 채무자 사이의 계약에 의하여 형성된다. 「중국담보법」 제64조 규정에 의하면 질권설정자와 채권자 사이의 질권계약에 의하여 질권이 형성된다.

동산질권의 설정행위는 동산에 직접적으로 질권을 성립하는 것을 목적으로 하는 법률행위이다. 동산질권은 당사자 간의 합의에 의하여 완성된다. 저당권과 다른 점은 질권의 설정은 당사자 간의 합의 외에 반드시 저당하는 동산을 채권자가 유치하여야 한다는 점이다. 따라서 질권은 당사자 사이에 약정하고 목적물을 인도하여야 발생한다. 두 가지 조건에서 하나라도 부족할 경우 질권은 발생하지 않는다.

사회관계가 복잡해짐에 따라 질권계약의 질권자가 저당물을 점유하고 있어야 하는 기간에 입질자가 저당물을 인도하지 않았을 경우 일반적으로 그 질권계약은 무효가 된다. 그러나 만약 당사자가 이미 그에 관한 의사표시를 하여 일정한 형식에 따라 등기하고 타인에게 질권성립을 표명하여 공시하였을 경우에는 그 질권이 인정된다. 이때 담보를 제공한 채무자 혹은 제3자는 그 목적물을 계속 사용하고 수익할 수 있지만 반드시 동산저당권의 규정에 따라야 한다.

(2) 동산질권의 목적물과 피담보채권

질권의 목적물은 질권성립의 기초가 되는 물건이다. 질물을 채권자에게 인도하지 않는 것을 포함한 질물이 없는 질권계약은 법적 효력이 나타나지 않는다. 질권계약을 맺을 때 당사자가 '질물조항'에 대한 내용을 빠뜨렸다면 다시 보충하여 넣을 수 있다. 동산질권의 목적물은 각종 동산이다. 동산은 토지와 주택 등의 부동산 이외의 모든 이동이 가능한 물질을 말하고, 그 범위는 매우 광범위하다. 질권의 실현은 질물의 교환가치를 이용한 우선변제를 의미하기 때문에 질물은 반드시 거래가 가능한 물건이어야 하고, 법에 따라 유통이 가능한 동산이어야 한다. 일반적으로 질물의 범위에 화폐는 포함되지 않는다. 하지만 만일 일정한 화폐에 다른 화폐와 다르다는 표시를 하여 다른 화폐로 대체할 수 없도록 조치를 취해 놓은 화폐는 저당할 수 있다. 일반적으로 질권을 설정할 때에 물건은 있고 돈이 없는 경우가 대부분이다. 따라서 실제 상황에서 위와 같은 화폐를 질물로 하는 경우는 거의 찾아볼 수 없다.

동산질권으로 담보가능한 채권으로서 실제로 가장 많은 것은 금전채권과 실물(예 : 매매거래)채권이다. 질권담보의 범위에 대해「중국담보법」제67조에서는 법정범위와 약정범위를 모두 규정하고 있다. 질권담보의 법정범위에는 주된 채권과 이자, 위약금, 손해배상금, 물건보관비용과 질권실행비용 등이 있다. 만일 당사자가 별도로 법정범위 내에서 선택하여 약정하였거나, 공서양속에 위배되지 않는 기타 약정을 한 경우 약정한 범위 내에서 담보할 수 있다. 그러나 계약에서 약정한 내용이 담보법에 위배되는 경우, 당사자의 약정에 따르지 않고 법의 규정에 따라야 한다. 그리고 담보법은 질권계약의 내용에 대해서도 제한을 두고 있다. 질권설정자와 질권자는 계약에서 채무이행기한이 만료되어 질권자가 변제받지 못할 때, 질물의 소유권이 질권자에게 이전된다는 이른바 '강제조항'[115]을 둘 수 없다. 이렇게 하는 목적은 저당권의 가치권으로써의 성질을 보호하고, 질권설정자의 이익을 보호하기 위해서이다.

---

115 원문은 '절질(絶質)'이며, 채무불이행시 소유권이 강제로 이전된다는 의미이다.-역주

(3) 공시

동산질권은 유치를 중요한 조건으로 한다. 동산질권은 그 자체에 공시작용이 있다. 따라서 일반적으로 등기하여 공시해야 할 필요가 없다. 또한 법률상으로도 동산의 등기를 요구하고 있지 않다. 그러므로 동산질권의 설정은 유치함으로써 사회에 공시된다. 따라서 주무관청에 등기할 필요가 없다. 이것이 저당권과 명확하게 다른 점이다.

2. 동산질권의 효력

동산질권은 채권자가 동산을 유치하는 담보물권이다. 따라서 그 효력이 복잡하다. 광의의 동산질권의 효력은 대외적인 효력과 대내적인 효력으로 나누어볼 수 있다. 질권의 설정은 일반적으로 '일물일질(一物一質)', 즉 하나의 물건에는 반드시 하나의 질권만이 성립될 수 있다. 이미 질물이 질권자에게 인도되어 유치되고 있는 상황에서도 질권설정자는 소유권을 잃은 것이 아니다. 하지만 자신이 점유하고 있지 않은 상태이기 때문에 그 동산에 대해 깊이 관여할 수 없게 된다. 다시 말해서, 사실상 그 동산을 이용하여 이익을 얻을 수 없다. 질물을 양도처분(예 : 매매의 성립, 임대관계의 성립)한다 하더라도 질권의 존재에는 영향을 줄 수 없다. 이로 보아 알 수 있듯이 질권의 효력은 목적물의 범위에 따른 효력, 피담보채권의 효력, 질권자가 질권으로 인해 가지는 각종 권리와 의무 등을 포함하는 대내적인 효력이 그 주요한 내용이다.

(1) 목적물에 대한 효력

주요한 것은 질권설정자와의 약속이다. 이에 대하여 두 가지 문제가 있는데, 한 가지는 질권의 효력은 질물 자체보다 우선한다는 것이고, 또 다른 문제는 과실에도 영향을 미친다는 것이다. 「중국담보법」 제68조에서는 "질권자는 질물에 대한 과실을 취득할 수 있는 권리가 있으며, 질권계약에 별도로 한 약정이 있다면 그 약정에 따른다. 또한 전항의 과실은 먼저 그 과실을 취득하는 비용과 서로 상대시켜야 한다"고 규정하고 있다. 이로 보아 질권은 저당권과 다르다. 그 차이는 질권자가 합법적으로 저당물을 점유하고 질물의 과실에 대한 취득권을 인정하는 데 있다. 그렇기 때문에 질권은 담보의 측면에서 채권을 보장하는 작용을 충분히 발휘한다. 이 외에 과실의 취득을 위해 예를 들어, 송아지의 생육비와 같이 일정한 비용을 종종 지불해야 하는 경우도 있다. 이때 질권자가 비용을 모두 지불하였다면, 질권자가 취득한 과실에서 우선적으로 자신이 지불한 비용을 충당하는 것을 허락해야 한다. 물론 질권설정자의 과실취득권은 약정을 통하여 포기할 수도 있다.

(2) 피담보채권의 범위에 대한 효력

질권은 일정한 채권의 우선변제를 내용으로 하여 설정된다. 일정한 채권의 존재는 피담보채권의 전제조건이 된다. 따라서 피담보채권의 범위는 권리질권의 효력을 발휘하는 데 중요한 역할을 한다. 각국의 입법을 보면 질권에서 담보하는 채권의 범위가 주된 채권에만 한정되는 것은 아니다. 중국담보법의 규정에 따르면, 질권을 위해 담보할 수 있는 채권의 범위는 다음과 같다.

(a) 주된 채권

주된 채권은 기타 파생채권의 기초이고 질권설정의 원인이므로 질권의 효력범위에 포함된다.

(b) 이자[116]

이자는 법정이자와 약정이자를 모두 포함한다. 약정이 있으면 약정대로 하고, 약정이 없으면 법률이 정한 대로 한다. 그러나 약정이자의 이율은 반드시 신의성실의 원칙과 공서양속(公序良俗)원칙이 허용하는 범위 내에서 정하여야 한다. 그렇지 않으면 법의 보호를 받지 못한다.

(c) 위약금

위약금은 당사자 일방이 계약의무를 위반하여 실제 손실 여부와 상관없이 손해입은 당사자에게 지불해야 하는 일정액수의 금전을 말한다. 당사자의 위약금에 대한 약정은 주된 채권에 관한 계약에서 약정해야 한다. 만약 주된 채권계약에서 위약금에 대한 약정을 하지 않았다면 위약금으로 담보한 사실은 발생하지 않는다.

(d) 손해배상금

채무자의 이행불능이나 이행지체로 인하여 채권자가 손해를 입었을 경우 채무자는 그 손해에 대하여 배상하여야 한다.

---

[116] 원문에서는 '이식(利息)'이라 표기되어 있으나, '이자'가 내포하는 의미와 같으므로 이자라고 번역하였다.-역주

(e) 질물보관비용

동산질권은 동산의 점유를 요건으로 하고, 질물의 정상적인 보관·보호가 필요하다. 이때 이런 비용을 채권자가 부담하게 된다면 질권의 담보효과가 떨어지기 때문에 질권의 보관비용은 질권의 담보범위 내에서 해결한다.

(f) 질권실행비용

질권자가 질물을 환가(換價)하고, 경매하며, 매각하는 과정에서 지불되는 비용을 말한다. 예를 들면 관련기관을 불러 질물을 감정하는 데 드는 비용, 질물을 옮기는 데 드는 비용 등이 있다.

(3) 질권자의 권리와 의무

질권자는 질물을 유치하기 때문에 저당권자와는 다른 권리를 가진다. 그러나 동시에 법적으로 그 행위에 제약을 받는다.

(a) 질권자의 권리는 다음과 같다.

첫째, 질물유치권(質物留置權)을 갖는다. 이것은 질권설정의 전제조건이며, 질물에 대한 점유권리는 채무자가 채무를 이행하여 변제하지 않을 경우 법률의 보호를 받는다.

둘째, 우선변제권을 갖는다. 「중국담보법」 제71조 규정에 따르면, 채무이행기가 도래하여 채권자가 변제를 받지 못하였을 경우 질권자는 질권설정자와 협의하여 질물을 처분하고 우선적으로 변제받을 수 있다. 그리고 우선변제권은 채권자가 채무자의 주된 채권에 대해서 가지는 청구권에는 영향을 주지 않는다. 예를 들면 환가하거나 경매 또는 매각하여도 그 금액이 채무액 총액보다 적을 경우, 주된 채권에 따라 나머지 채무의 변제를 요구할 수 있다.

셋째, 과실을 취득할 수 있는 권리를 갖는다.

넷째, 기타 관련된 비용을 보조받을 권리 등이 있다.

(b) 질권자의 의무는 다음과 같다.

첫째, 질물보관의 의무이다. 질물은 비록 질권설정에 의해 질권자에게 이전되어 유치되지만 그 질물의 소유권을 가지고 있는 사람은 질권설정자이다. 그렇기 때문에 질권자는 질물을 완전하게 보관할 의무가 있으며, 보관부실로 질물이 소실되거나 손실을 입으면 질권자는 그에 상응하는 민사책임을 져야 한다. 이것은 질물의 가치를 보전하기 위해서이고 질권설정자와 질권자 쌍방의 이익을 보호하기 위해서이기도 하다. 「중국담보법」 제69조 규정에 따르면, 만일 질권자가 질물을 잘 보관하지 못하여 질물을 소실시키거나 손상을 입혔을 경우 질권설정자는 질권자에게 그 질물의 공탁을 청구할 수 있고, 채권자에게 채무를 미리 변제하여 질물의 반환을 청구할 수도 있다.

둘째, 이행기간이 도래하면 질물을 반환할 의무이다. 채무자가 이행기간이 도래하기 전에 채무를 변제하였을 경우, 이것은 실질적으로 질권이 소멸된 것이므로 질권자는 이행기간이 만료하면 질물을 질권자에게 반환해야 한다.

3. 동산질권의 소멸

동산질권은 일정한 목적과 조건에 의해 형성된다. 만일 질권형성의 목적과 조건이 존재하지 않으면 동산질권은 소멸하게 된다. 동산질권의 소멸원인은 매우 많은데, 다음에 나열된 원인은 그중에서도 자주 볼 수 있는 것들이다.

(1) 동산질권은 피담보채권의 소멸에 의해 소멸된다.

(2) 동산질권의 권리를 포기함으로 인해 소멸된다.

(3) 동산질권은 질물의 소멸로 인해 소멸된다.

(4) 동산질권은 질권을 행사함으로 인해 소멸된다.

「중국담보법」 제71조 제2항 규정에 의거하면, 동산질권의 권리 행사방법에는 두 가지가 있다.

(a) 질권자와 질권설정자 쌍방의 합의하에 질물을 환가하는 방법

(b) 법에 따라 질물을 경매하거나 매각하는 방법이 있다.[117]

III. 권리질권

1. 권리질권의 개념과 성질

권리질권은 권리가 질권의 목적물이 되는 경우를 말한다. 채무자가 이행기간 내에 채무를 이행하지 않을 경우 채권자는 그 권리를 양도받아 우선변제를 받을 권리가 있다.

권리질권에 관해서 두 가지의 다른 주장이 있다.[118] 하나는 양도설이다. 이 학설은 질권의 목적물을 유기물로 보는 관점을 바탕으로 질권은 물건에 대한 질권이고, 권리에는 다시 권리를 설정하지 않는다

---

117 중국에서는 변매(變賣)라는 용어를 사용하며, 재산이나 물건 따위를 팔아 돈을 만들다라는 뜻이다.-역주
118 董安生:《債權擔保》, 黑龍江人民出版社, 1995年版, 171쪽.

고 본다. 그리하여 권리질권은 담보를 목적으로 채권이나 기타 권리를 양도하는 것이다. 다른 하나는 권리목적물설이다. 이 학설은 질권의 목적물은 유체물에 국한되지 않고, 양도가 가능하고 교환가치가 있는 재산권도 다른 거래물과 같이 질권의 목적물이 될 수 있다고 본다. 권리의 실질은 채권이나 기타 권리로써 목적물로 하는 질권이다. 질권의 목적물에 대한 권리는 질권설정자에게 있고, 질권자는 직접 질권목적물에서 일정한 가치를 얻어 변제받는다. 권리목적물설은 담보물건의 가치의 역사적인 추세를 잘 반영하였다.

2. 권리질권에서 객체인 권리의 법정범위

「중국담보법」제75조 규정에 의하면, 중국은 질권의 객체가 되는 권리를 네 가지 종류로 나누어 놓았다.

(1) 채권

채권은 양도성을 가지며 권리질 중 가장 이상적인 종류이다. 법률이 열거한 채권은 환어음, 은행어음, 수표, 채권(債券), 예금단, 창단, 선하증권의 일곱 가지가 있다.

(2) 법에 따라 양도할 수 있는 주식이나 증권

이것은 사실상 일정한 재산권리로써의 주주권을 반영한 것이다. 하지만 반드시 교환가치, 즉 양도성을 지니고 있어야 하고, 양도를 금지하고 제한하는 주식이나 증권은 질권의 목적물이 될 수 없다.

(3) 법에 따라 양도가능한 지적재산권

구체적으로 상표전용권, 특허권, 저작권 등을 가리킨다. 그것은 상당한 재산적 가치를 지니며 질권권리의 일종이다.

(4) 법에 따라 질권으로 저당할 수 있는 기타 권리

이런 권리의 확정은 상술한 세 가지 권리 외에 존재하는 법에 따라 질권으로 저당할 수 있는 특정한 권리이다. 이런 보충성조항은 권리질권에 융통성을 부여하였다. 이로써 양도할 수 있는 권리가 될 수 있다. 예를 들면 토지사용권, 부동산에 대한 수익권 등이 있다.[119]

3. 권리질권의 설정방식

권리질권의 설정방식은 동산질권과 크게 다르지 않다. 당사자는 먼저 권리질권에 대하여 계약하고 계약에서 약정한 기한 내에 권리증명서를 채권자에게 교부한다. 그러나 구체적인 설정과정에서는 권리질(權利質)에 따라 설정내용마다 약간의 차이가 있다.

(1) 유효한 채권질권계약의 성립

담보법은 환어음, 수표, 은행어음, 채권(債券), 예금단, 창단(倉單), 선하증권의 질권을 설정하려면 계약에서 일정한 기한 내에 권리증명서를 채권자에게 교부하여야 한다고 명확히 규정하고 있다. 질권계약은 그 권리증명서를 채권자에게 교부하는 날부터 효력이 발생한다.

---

119 이는 한국의 법률과 비교되는 점으로 한국의 경우 부동산의 사용·수익을 목적으로 하는 권리인 지상권, 전세권, 부동산임차권 등은 권리질권의 목적이 될 수 없다(제345조 단서).-역주

즉, 질권설정자가 권리증명서를 교부하기 전에는 계약이 체결되었더라도 그 효력이 발생하지 않는다. 이런 면에서 보면 유가증권의 질권계약과 동산질권은 완전히 동일하다. 즉, 질권자가 질물을 유치하였을 때 효력이 발생된다. 법률규정에 의해 질권설정자가 현금교환이나 출고날짜가 기재된 환어음, 수표, 은행어음, 채권, 예금단, 창단, 선하증권에 질권을 설정한 경우 그 현금교환이나 출고날짜에 우선변제를 받을 수 있다. 질권자는 이행기간이 도래하기 전에 현금으로 교환하거나 출고할 수 있으며, 질권설정자와 합의한 현금교환가격이나 출고화물을 담보한 채권으로 우선적으로 변제받거나, 질권설정자와 약정한 제3자에게 공탁할 수 있다. 이것은 질권자나 질권설정자에게 모두 유리하다.

(2) 유효한 주식, 증권의 질권계약의 성립

주식, 증권이 포함하고 있는 주주권에 대하여 권리질권을 설정하는 것은 시장경제발전의 요구에 적합한 것이다. 담보법의 요구에 따라 주식질권계약은 특별한 요식계약이다. 다시 말해서, 법에 따라 양도할 수 있는 주식에 질권을 설정할 때에는 질권설정자와 질권자 사이에 반드시 서면으로 계약해야 하고, 반드시 증권등기기관에 질권설정등기를 하여야 한다. 질권계약은 등기한 날부터 효력이 발생한다. 이로 보아 알 수 있듯이 주식에 대한 질권계약의 성립과 유효한 유가증권에 대한 계약의 성립은 다르다. 그 차이는 질권설정의 등기 여부에 있다. 등기 후에 증권등기기관은 질권이 설정된 주식을 엄격하게 검사하고 통제하여야 한다. 따라서 증권은 양도할 수 없다. 그러나 질권설정자와 질권자의 동의를 얻어 양도할 수도 있다(「중국담보법」 제78조). 이것은 질권설정자가 주식의 권리를 임의로 다른 이에게 양도하는 것을 제한하는 것이다. 질권이 설정된 주식의 처분권은 질권설정자와 질권자가 공동으로 갖는다는 것을 설명해준다. 양도 후 취득한 소득을 처리하는 방법에는 법원에 공탁하거나 채권을 변제하는 방법이 있다. 두 가지 처리방법은 채무이행기의 도래 여부에 따라 다르게 사용된다.

이 외에 유한책임공사(有限責任公司)의 주식에 질권을 설정한 경우 회사법의 주식양도와 관련된 규정을 준용한다. 권리질권담보와 회사법의 협조에 대해서도 주의하여야 한다. 질권계약은 주식에 질권을 설정한 사항이 주주명부에 기록된 날부터 그 효력이 발생한다.

(3) 유효한 지적재산권의 질권계약의 성립

지적재산권에 질권을 설정하는 것은 여러 방면으로 통제하기가 어렵다. 담보법은 이에 대하여 권리증명서를 교부하는 방법을 규정하고 있지 않다. 왜냐하면 지적재산권과 관련이 있는 증서를 교부하는 것만으로는 신뢰할 수 없어 질권설정자가 질권자의 권리를 침범하는 일이 발생할 수 있기 때문이다. 따라서 중국담보법은 다음과 같이 규정하고 있다. 법에 따라 양도할 수 있는 상표전용권, 특허권, 저작권 중의 재산권에 질권을 설정할 때, 질권설정자와 질권자는 반드시 서면계약을 체결해야 하고, 주무관청에서 질권설정등기를 하여야 한다. 계약과 등기를 통하여 질권설정자는 권리의 처분권을 일정한 조건 아래 쌍방이 공동으로 행사하는 것을 승낙한다. 지적재산권에 질권설정한 후 질권설정자와 질권자가 동의한 경우를 제외하고 양도비와 허가비는 채권을 변제하는 데 사용하여야 한다.

IV. 전질권(轉質權)

　전질은 질권자가 자신의 채무를 담보하기 위하여 자신이 책임지거나 질권설정자의 승낙을 받아낸 경우 질권설정자가 제공하는 질물을 가지고 자신의 채권자에게 인도하여 점유하게 하는 새로운 질권의 형식이다. 이 행위는 두 가지의 채권·채무관계를 바탕으로 형성되고, 한 개의 질물에 두 개의 질권이 병존(竝存)하게 된다. 전질이란 질물의 전점유를 가리킨다. 그 법률적 속성은 질권자가 가진 일종의 권리를 표현한다. 그러나 이 권리에 대한 각 국가의 의견은 똑같지 않다. 일본, 스위스, 대만은 일반적으로 이를 인정하고 있지만, 독일, 프랑스는 이를 완전히 인정하지는 않는다.[120] 이론상으로 질물의 효용성을 충분히 발휘할 수 있다는 관점에서 보면 질권은 질물을 점유함으로써 공시와 공신을 획득하고, 질물의 담보가치나 교환가치로써 질권을 보장한다. 이것은 불안을 감소시키고 거래을 촉진시키는 데 그 목적이 있다. 따라서 한 가지 물건에 여러 가지 담보를 설정하는 것은 적극적인 작용을 하고, 최대한도로 질물의 효용가치를 발휘시킬 수 있다. 그리하여 질물을 단일주체가 정태적으로 점유하여 나타날 수 있는 가치적 낭비를 피한다. 명문으로 허가하고 있는 국가들은 대부분 동산질권에서 전질의 적용범위를 규정하고 있다. 동산질과 권리질이 비슷한 점이 많기 때문에 권리질에 대해 권리질의 특별한 성질에 대하여 규정이 없는 것을 제외하고는 동산질에 관한 일반규정을 준용한다. 그러므로 권리질의 전질은 '준용'의 예로 이해하여야 한다.

---

[120] 史尙寬:《物權法論》, 臺灣, 1979年版, 228쪽.

전질의 활용은 다음 두 가지로 표현된다. 하나는 책임전질이다. 질권자는 질권의 존속기간에 질권설정자의 동의를 얻지 않고 질물을 제3자에게 전질하여 새로운 질권을 설정할 수 있다. 「일본민법전」제348조, 「대만민법」제891조에서는 이에 대하여 전문적인 규정을 하고 있다. 그러나 이런 종류의 전질은 질권설정자, 즉 질물소유자의 의견을 무시한 것이다. 질권자는 자신의 책임으로써 자신하여 어떤 상황에서도 전질에 대한 책임(불가항력)을 질 수 있다. 그러나 질권설정자의 입장에서 보면 질권자가 발생가능성이 있는 위험을 모두 부담할 수 있는가 하는 의문을 품게 되고, 질권설정자의 위험부담과 채무이행의 약속을 증가시키게 된다. 그러므로 법률상으로 사회의 자금융통을 편리하게 하는 것을 바탕으로 물질의 가치와 질권설정자의 이익을 모두 고려해야 한다. 한편으로는 타협하여 전질권에 대한 책임을 허락해야 하고, 다른 한편으로는 적당한 제한을 두어 질권자가 마음대로 전질권을 하는 것을 제약해야 한다. 다른 하나는 승낙전질이다. 즉, 질권자가 질권설정자의 승낙을 받아 자신의 채무를 담보하기 위하여 점유한 질물로써 자신의 질권이 우선적인 효력을 가지는 새로운 질권을 제3자에게 다시 설정하는 것이다. 「일본민법전」제350조, 「스위스민법전」제887조에서 이를 전문적으로 규정하고 있다. 이런 종류의 전질의 관건은 질권설정자의 동의 여부에 있다. 실질적으로 질권설정자의 동의는 질권자에게 질물의 처분권을 준다는 의미이다. 따라서 질권자가 한 전질행위의 결과는 바로 질권설정자에게 영향을 미치게 된다. 이 두 가지 전질 중 승낙전질은 민법의 의사자치원칙을 관철한다. 당사자 세 명의 합의를 통해 각 당사자의 의사가 충분히 표현되어야 전질의 구성요건이나 효력 등 승낙전질의 내용을 정확히 결정할 수 있다. 이것은 책임전질과 구별될 수 있는 특징이다. 따라서 책임전질에 존재하는 이익충돌과 위험에 대한 책임에 대하여 법률은 그 구성요건과 효력을 규정하고 있다. 그러므로 당사자들의 뜻에만 의지하는 것은 아니다.

전질권제도를 중국담보법과 실무에서 흡수해야 하는게 아닌가? 긍정적으로 말해서 전질은 질물을 법률의 수단으로써 충분하게 이용한다. 물건의 기능을 충분히 활용시켜 물건에 대한 단순한 점유와 사용을 피하였다. 이것은 현대사회에서 물건의 소유보다 물건의 이용을 중요시하는 관념에도 부합한다. 중국법률은 이에 대하여 침묵하여서는 아니되고 더욱이 의심하거나 배척하여서는 아니된다. 사실 승낙전질은 질권설정자가 권리를 합법적으로 자유롭게 행사하는 것에 의해 결정지어진다. 그러므로 법률로써 규정할 필요없이 사법해석으로써 설명만 하면 된다. 하지만 승낙전질의 효력은 반드시 법화해야 한다. 책임전질은 다툼이 일어날 가능성이 크므로 간단하고 추상적으로 규정짓기가 쉽지 않다. 그렇다고 한 쪽으로 편향된 해석을 할 수도 없다. 그러므로 법률로써 그 설정을 다시 허가하는 규정을 하여 완벽하고 세밀한 제도를 만들어야 한다. 그리고 법률이 책임전질을 규정할 때에는 사회의 기초에 이 전질권이 합당한가를 고려해야 한다. 예를 들어 도덕적 수준, 법제관념 및 시장의 적용범위 등을 고려해야 한다. 그리하여 다시 책임전질에 대한 엄격한 규정을 확립하고 전질에 대해 책임을 지지 않은 당사자에 대한 민사제재조항을 규정하여야 한다.

제4절 留置權[121]

I. 유치권의 개술

1. 유치권의 개념

유치권의 개념은 광의의 유치권과 협의의 유치권으로 나눈다. 광의의 유치권은 당사자가 동일한 법률관계를 바탕으로 채권·채무를 가지고 있고, 상대방의 채무의 변제기가 도래하여 채무를 이행하기 전까지 이행을 거절하는 권리이다. 이런 의의의 유치권은 사실상 이행거절권이다. 협의의 유치권은 일반적으로 타인의 물건을 합법적으로 점유한 채권자가 그 물건에 대한 채권이 변제기가 도래하여 받기 전까지 그 물건을 담보로 하는 담보물권을 말한다.

「중국민법통칙」 제89조 제4항에서는 "계약한 약정내용에 따라서 일방의 상대방의 재산을 점유할 수 있고, 상대방이 마땅히 지불해야 하는 채무를 채무만기일까지도 지불하지 않은 경우 채권자는 채무자의 재산을 유치할 수 있으며, 법의 규정에 따라 유치한 재산을 금전으로 환가하거나 다른 사람에게 팔아서 자신의 채권에 대해 우선적으로 변제받을 수 있다고 규정하고 있다. 「중국담보법」 제82조에서는 "본법에서 유치라 칭하는 것은 본법 제84조의 규정에 따라 채권자가 계약의 약정에 따라서 채무자의 동산을 점유하고, 채무자가 계약에서 약정한 기한에 따라 채무를 이행하지 않은 경우 채권자는 본법에 따

---

[121] 중국물권법에서 유치권규정은 유치물을 동산으로 한정하고 있다(제230조).-역주

라 그 재산을 경매·매각하여 우선적으로 채권을 변제받을 수 있는 권리를 가진다"라고 규정하고 있다. 이 규정에 따라 유치권의 범주는 다음과 같다. 즉, 유치권은 계약약정에 따라 채권자가 채무자의 재산을 점유하고 채무자가 규정된 기한 내에 채무를 이행하지 않을 때, 채권자는 유치된 재산을 법에 따라 경매, 환금함으로써 그 재산의 대금을 우선변제받을 권리이다. 유치권의 채권자를 유치권자(留置權者)라 하고, 유치된 재산을 유치물(留置物)이라 한다. 중국민법에서 사용하는 유치권의 개념에서 알 수 있듯이 그 활용범위는 매우 협소하다.

2. 유치권의 법률적 특징

유치권은 담보물권의 일종이다. 따라서 유치권은 담보물권과 공통된 성질을 가진다. 그러나 유치권은 저당권, 질권과는 다음과 같은 특징을 가진다.

(1) 유치권은 채무자에게 속한 특정한 동산을 목적물로 하는 담보물권이다. 채권자에게 유치된 물건은 채무자의 것이며, 이렇게 되어야 채권자의 채권이 실현될 수 있다. 중국담보법의 관련규정에서 동산만이 유치가 가능하고 부동산은 유치할 수 없다는 것을 알 수 있다.

(2) 유치권은 채권자가 채무자의 변제를 받기 전까지 압류한 재산의 반환을 거절할 수 있는 권리이다. 이것은 두 가지 성질을 가지고 있다.

 (a) 유치물은 채무자소유의 물건에 제한되지 않고 계약의 약정에 따라 채무자가 점유하고 있는 물건도 유치물이 될 수 있다. 다시 말해서, 유치물은 채무자의 소유물일 수도 있고 제

3자의 소유물일 수도 있다. 만일 유치권이 형성된 후에 유치물의 소유권을 다른 사람에게 양도하였을 경우 유치담보물권 우선의 원칙에 의하여 채권자는 그 유치물에 대한 유치권을 계속 행사할 수 있다. 채무자가 제3자소유의 재산을 점유하여 유치한 경우에도 동일한 효과가 나타난다. 그러나 저당권에서 저당물의 소유권은 저당권설정자에게 있다.

(b) 유치권은 채권자가 채무자의 재산을 점유하는 것을 존속이나 성립에 반드시 필요한 조건으로 한다. 점유의 전제조건이 만족되지 않으면 유치권은 존재할 수 없다. 즉, 점유가 유치보다 우선시되어야 유치권이 발생할 수 있다. 이는 저당권이 점유하지 않는 목적물에 형성되는 것과 차이가 있다.

(3) 유치권은 이중적인 물권효력을 가진다. 채무자가 채무를 이행하지 않을 경우 채권자는 목적물을 점유하여 채무자의 의무이행을 독촉할 수 있다. 채무자가 제때에 채무를 변제하지 않을 경우 유치물을 돌려받을 수 없는데 이것이 첫번째 효력이다. 두번째 효력은 채무자가 최고 후에도 채무를 이행하지 않을 경우 유치물을 환금하여 우선변제권을 실행할 수 있다.

(4) 유치권은 법정담보물권이다. 유치권은 당사자 간의 합의나 약정에 의해서가 아니라 직접적인 법률규정에 의하여 생겨난다. 즉, 법률이 규정한 조건에 부합될 때 유치권이 발생할 수 있고, 채권자가 임의로 유치권을 남용할 수는 없다. 유치권의 법정성은 다른 담보물권과는 구별되는 중요한 표지이다.

II. 유치권의 성립조건

유치권의 성립은 유치권의 발생을 뜻한다. 유치권은 법정담보물권이기 때문에 어떤 일정한 조건만 갖추면 법률규정에 의하여 발생된다. 중국민법의 규정에 따르면 유치권의 성립은 다음과 같은 조건을 갖추어야 한다.

1. 채권자는 반드시 채무자의 동산을 점유해야 한다

먼저, 유치권자는 반드시 계약에 의해서만 상대방의 재산을 점유할 수 있다. 유치권의 적용범위는 비교적 좁은 편이다. 계약의 채무담보에만 적용할 수 있고, 모든 채권·채무관계에 적용되지는 않는다. 예를 들어, 임대인은 임차인이 이행기간 내에 채권을 변제하지 않았다고 해서 기타 재산을 압류하여 채권을 충족시킬 수 없다. 유치권의 성립에서 채권자의 적법한 점유는 채무자가 약정에 따라 정상적으로 채권자가 점유하도록 하는 것을 가리킨다. 점유방식에 대해서는 법으로 제한하고 있지 않으므로 직접점유와 간접점유(유치물을 타인에게 주어 보관하게 하는 것) 모두 가능하다. 또한 단독으로 점유하거나 공동으로 점유하면 된다. 공동점유는 채권자와 제3자가 목적물을 함께 점유해야 한다. 만약 채권자와 채무자가 목적물을 공동으로 점유하면 유치권이 성립되지 않는다.

점유물은 유통물이거나 유통제한물이어야 한다. 왜냐하면 유통금지물은 채권자의 우선변제를 방해할 여지가 있기 때문이다. 대륙법계는 일반적으로 채무자는 채권자가 점유한 동산에 대하여 소유권을 가지지만 선의의 제3자(채권자)는 보호할 필요가 있다고 생각하여, 채권자가 선의로 점유한 채무자가 아닌 자(者)의 소유가 아닌 재산에 대해서도 유치권을 가지게 된다.

2. 반드시 채무자가 채무이행기에 변제하지 않아야 한다

채권자가 비록 채무자의 동산을 점유하고 있다 하더라도 채무자가 채무를 이행할 능력이 없는 것이 아니라면 일반적으로 유치권은 발생하지 않는다. 그렇지 않으면 채무자에게 압력이 가해지고, 공평원칙에 어긋나며 채권자의 권리남용이 용이하다. 따라서 채무이행기가 도래하여 채무자가 변제하지 않는 경우에만 동산을 유치할 수 있다. 채무이행기에 대하여 계약서에서 약정한 경우에는 그 약정에 따르고, 약정하지 않은 경우에는 최고하거나 법정방식에 의해 채무이행기를 결정한다. 만일 채무이행기에 채무자가 이행능력을 상실하여 파산선고를 받으면 채무이행기가 지나지 않았더라도 이미 채무이행기가 지난 것으로 보고 유치권이 발생하게 된다. 그러나 쌍무계약에서 만일 채권자가 해야 할 의무를 모두 이행하지 않았을 경우에는 유치권을 누릴 수 없다. 가령 도급계약에서 만일 수급인이 도급맡은 사항을 완성하지 못하면 유치권을 주장할 수 없는 경우가 있다.

3. 채권의 발생과 동산 사이에 견련관계가 있어야 한다

이에는 대체로 두 가지 관점이 있다.

(1) 채권과 채권의 견련설

이 주장은 유치권자의 상대방에 대한 채권(물건의 교부를 목적으로 하는)과 상대방의 유치권자에 대한 채권이 동일한 법률관계에서 생긴 것을 견련관계(牽連關係)로 본다. 그 예로 로마법의 사기항변권을 들 수 있다.

(2) 채권과 물건의 견련설

이 주장은 채권자의 채권과 그 점유된 물건 사이에 관련이 있을 때, 유치권이 성립한다는 설이다. 이 설은 또다시 일원론과 이원론으로 나눌 수 있다. 일원론은 채권과 물건 사이에는 반드시 인과관계가 있어야 하고, 점유물은 채권발생의 직접적인 원인이라고 본다. 이원론은 채권과 점유물 사이에 직접적인 원인과 간접적인 원인이 모두 존재한다고 본다. 중국담보법 및 관련법률규정에 따르면 유치권의 견련관계에서 채권·채무는 채권자의 점유취득계약으로 인하여 설정된다. 즉, 채권과 물건의 반환청구원인은 동일한 법률사실 혹은 채권, 채무, 유치물이 하나의 민사법률관계(계약)에 속하는 것을 가리킨다. 그러므로 유치물과 견련이 있는 채권은 모두 유치물이 담보하는 범위 내에 있다. 손해배상금, 유치물보관비용과 유치권실행비용 등도 포함된다. 그리고 유치물의 범위 내에는 주된 물건, 종된 물건, 그리고 과실 등도 포함된다. 유치권자는 본 계약의 권리를 이용하여 견련관계가 없는 채권의 목적물에 대한 유치권을 행사할 수 없다. 예를 들어, 갑은 사용대차계약에 따라 을의 측정기를 점유하고 있고, 을은 갑에게 돈을 빌렸다고 하자, 이때 갑이 을에게 돈을 갚으라고 청구하는 권리와 사용대차계약의 측정기는 아무런 관계가 없다. 그러므로 갑은 을이 돈을 갚지 않는 것을 이유로 을의 측정기에 대하여 유치권을 행사할 수 없다.

유치권의 성립은 위에서 서술한 조건 외에도 몇 가지 더 주의할 점이 있다.
- (a) 당사자 간의 약정을 배제하고 유치권을 행사할 수 없다.
- (b) 채무자의 재산을 유치할 때에 법률의 강행규범을 위반할 수 없다. 그리고 사회공공이익과 공서양속도 위반할 수 없다. 예를 들면 채무자의 신분증 등은 유치할 수 없다.
- (c) 채권자는 유치권의 행사를 이유로 상응하는 의무의 이행을 거절할 수 없다.
- (d) 재산의 유치는 상대방의 물건을 인도하기 전이나 인도할 때의 지시와 서로 저촉될 수 없다.

III. 유치권의 효력

1. 유치권의 효력범위

유치권의 효력범위는 유치권이 담보하는 채권의 범위와 유치권의 효력이 미치는 목적물의 범위로 나눌 수 있다.

(1) 유치권이 담보하는 채권의 범위

유치권이 담보하는 채권의 범위는 각국의 유치권 성립의 조건에 따라 조금씩 차이를 보인다. 일반적인 규정에 따르면 유치권은 채권과 물건 사이에 반드시 견련관계가 있어야 성립한다. 그러므로 유치권이 담보하는 채권은 유치물과 관계 있는 모든 채권이다. 중국민법통칙은 유치권이 담보하는 채권의 범위에 대하여 아직 규정하지 않고 있지만 중국담보법에서 주된 채권 및 이자, 위약금, 손해배상금, 유치물의 보관비용, 유치권의 실현비용 등을 포함하는 유치담보의 범위에 대해서 명확하게 규정하고 있다.

(2) 유치권목적물의 범위

중국담보법은 유치권의 목적물의 범위를 동산으로 규정하였으나 구체적인 범위에 대해서는 언급하지 않고 있다. 민법의 물건에 대한 분류이론에 따라 유치권의 목적물은 동산 자체 및 종물, 과실, 대위물이어야 한다. 종물은 주된 물건에 부속되어 있는데, 유치물이 주물이라면 담보물 불가분성(不可分性)에 따라 종물유치권의 효력범위에 포함된다. 그러나 유치권은 물건을 점유하는 것을 성립의 전제조건으로 하기 때문에 주물을 점유하여야 종물에 대한 유치권을 가질 수 있다. 채권자는 목적물을 유치하는 기간 동안에 목적물에 대한 점유권을 가지고 유치물의 과실을 취득할 수 있다. 그러므로 유치물의 과실도 당연히 유치권의 효력범위에 속한다. 유치물의 대위물이 유치권의 효력범위에 속하는가? 각 나라마다 이에 대하여 서로 다른 규정을 하고 있다. 중국담보법은 우선변제를 유치권의 가장 기본적인 기능으로 한다. 중국의 유치권은 물상대위성을 가지므로 그 효력은 유치물의 대위물(代位物)에도 그 효력이 미친다.

2. 유치권의 유치물소유자에 대한 효력

유치물은 채무자의 점유에서 벗어나지만 채무자가 유치물에 대한 소유권을 상실한 것은 아니다. 그러므로 채무자는 목적물을 자유롭게 처분할 수 있고, 이런 처분은 유치권의 목적에 영향을 주지 않는다. 그 효력은 다음과 같이 나타난다.

(1) 유치물의 소유권은 상속 등 법률이 규정한 사건에 의하여 승계자에게 이전된다. 동시에 승계자는 피담보채무를 부담해야 한다. 그러므로 유치권의 관계는 새로운 소유권자와 유치권자의 사이에서 계속적으로 존재한다.
(2) 유치물의 소유권이 채무자의 일방법률행위(예 : 증여, 유증 등)에 의하여 양수인에게 이전된 경우, 양수인과 함께 피담보채무에 대한 책임을 져야 한다. 유치권자와 새로운 소유자 사이에 계속 유치권관계가 존재한다.
(3) 유치물의 소유권이 채무자와 제3자의 합의에 의해서 양수인에게 이전된 경우, 제3자와 동시에 채무에 대한 책임을 져야 하므로 그들 사이에 유치권관계가 계속 존재한다. 유치물소유권을 양도한 후 양수인이 채무에 대한 책임을 지지 않을 경우, 유치권의 효력이 양수인에게 미칠 수 있을까? 만일 양수인이 선의로 목적물에 대하여 결함이 있는 것을 모르고 소유권을 양수한 경우 선의취득제도에 의하여 유치물의 소유권을 가질 수 있다. 그러나 채무에 대한 책임은 져야 한다. 그리하여 유치권은 채권자와 새로운 소유자 사이에 계속 존속하게 된다. 양수인이 채무를 이행한 후에는 당연히 채권대위자로서 원래의 채무자에게 추상(追償)할 수 있다. 만일 양수인에게 악의가 있는 경우에는 유치물의 소유권을 가질 수 없고, 유치물소유권의 양도계약은 무효가 된다.

3. 유치권이 유치권자에게 미치는 효력

(1) 유치권자의 권리

(a) 목적물에 대한 점유권

유치권자는 채권을 변제받기 전에 목적물을 유치할 권리를 가진다. 이 권리로써 물건의 반환청구권에 대하여 대항할 수 있고, 목적물의 반환거절을 이유로 이행지연의 책임을 부담하지 않는다. 유치권자는 목적물을 유치함으로써 계속 점유권을 가진다. 이 사이에 만약 유치물을 침탈당하면 유치권자는 점유권을 바탕으로 침탈자에게 침탈당한 유치물의 반환을 청구할 수 있다. 만일 그렇게 하여 점유가 회복되면 유치권은 계속 존속하게 된다.

(b) 목적물의 과실에 대한 수취권

유치권자는 유치물에 대한 유치권에 기초하여 천연과실과 법정과실을 취득할 수 있는 권리를 가진다. 그러나 이 권리는 과실에 대한 소유권을 취득하는 것이 아니다. 단지 그 과실에 대하여 우선적으로 변제를 받을 수 있는 변제권을 가진다.

(c) 목적물의 보관사용권

유치권자는 마땅히 선량한 관리인의 주의로 유치물을 보관해야 하는 의무를 가진다. 따라서 유치권자는 원칙적으로 유치물에 대한 사용권을 가지지 않는다. 그러나 유치물의 필요에 따라 보관을 위하여 사용하는 것은 법에 의하여 허용된다. 무엇이 필요한 사용인가 하는 것은 사실문제이고, 물건의 성질과 보관의 관례에 따라 인정하고, 법률에서는 이를 자세하게 규정하지 않는다. 예를 들어, 기계가 녹스는 것을 방지하기 위하여 적당히 돌리는 경우는 필요한 사용에 속한다. 이것은 적당한 행사범위로서 보관의무에도 위반되지 않으며 소유권의 침범도 아니다.

(d) 필요한 비용의 구상권

유치권자는 유치물을 보관하고 과실을 취득하기 위하여 든 필요비용에 대하여 채무자에게 청구할 수 있는 권리가 있다. 필요비용은 보관 및 관리상으로 반드시 지급되어야 할 비용이다. 예를 들어, 가축을 유치물로 할 경우의 사육비 등이 있다. 만일 채권자가 청구한 액수가 실제로 보관하는 데 든 액수를 초과했을 경우, 채권자는 구상할 수 없다.

(e) 유치물에 대한 우선변제권

유치물에 대한 우선변제권은 일정한 조건 아래에서 실현될 수 있다. 즉, 채무자가 이행기 안에 채무를 이행하지 못하였을 경우 채권자 자신이 가지고 있는 유치물을 경매·매각하여 우선적으로 변제를 받을 수 있는 권리이다. 이 권리에는 두 가지 단계가 있다.

첫번째 단계는 환가권(換價權), 즉 경매·매각할 수 있는 권리이다.

두 번째 단계는 환가(換價)한 소득으로 우선적으로 변제받을 수 있는 권리이다. 우선변제권을 바탕으로 유치권자는 채무자의 파산시에 변제권을 행사하여야 한다. 그리하여 파산재산에서 유치한 재산을 제거해야 한다. 그러나 유치물의 가치가 담보채권을 초과한 경우, 초과한 부분은 파산재산에 속한다.

(2) 유치권자의 의무

(a) 유치물에 대한 보관의무

유치권자는 선량한 관리인의 주의로 유치물을 보관하여야 하고, 이것은 유치관계를 기초로 발생한 의무이다. 유치권자가 선량한 관리자의 주의로 유치물을 보관하는지 아닌지에 대해서는 객관적으로 유치권자가 필요한 보관조치를 실시하였는지 아닌지 여부에 따라 알 수 있다. 예를 들어, 유치권자가 유치물의 천연과실을 제때에 수취해야 하는데 제때에 수취하지 않아 과실이 소멸된 경우 등이 있다. 이것은 유치물을 주의하여 보관하지 않았기 때문에 일어날 수 있는 일이다. 유치권자는 다음과 같은 보관의무를 가진다.

(ⅰ) 유치물의 안전을 보장해야 한다. 유치물이 유치권자의 과실로 소실되거나 훼손되면 유치권자는 채무자에게 그에 상응하는 배상을 하여야 한다. 하지만 채무자의 협조가 필요한 경우에 채무자가 협조하지 않아 손해를 야기시킨 것은 제외한다. 예를 들어, 불가항력에 의하여 유치물이 소실, 훼손된 경우에 그 위험에 대한 부담을 소유권의 귀속에 따르면, 채무자가 부담한다. 이것도 채무자가 제때에 채무를 이행하지 않은 것에 대한 징벌이다. 그러나 공평원칙에 따르면 유치물은 이미 채무자가 점유하는 것이 아니므로 채무자가 모든 위험을 부담하는 것은 불공평한 것이다. 그러므로 공평하게 쌍방이 부담하여야 한다. 이것은 중국법

이 명확히 규정하여야 하는 것이다.
(ⅱ) 유치물에 대한 과실을 제때에 적당하게 수취하여야 한다.
(ⅲ) 보관의 필요를 위해서가 아니라면 유치물을 사용할 수 없다. 그러나 채무자의 동의를 거쳐 사용한 것은 제외한다.

(b) 유치물의 채권 보전의무

유치권은 담보물권의 한 종류이다. 주요한 기능은 채권의 실현에 있다. 채권자는 일정한 조건하에 유치물을 처분할 수 있는 권리를 가지지만 그 처분권능은 불완전한 것이다. 상술한 일정한 조건하에서 환금변제권을 제외하고 유치권은 채무자의 동의 없이 마음대로 유치물을 임대하거나 기타 채권에 대한 담보로 제공할 수 없다.

(c) 유치물 반환의무

채무자가 채무를 변제한 후에는 채권자의 유치권이 소멸되는데, 채권자는 반드시 유치물을 채무자에게 돌려주어야 한다.

Ⅳ. 유치권의 실현

1. 실현절차

채권자는 일반적으로 네 가지 절차를 거쳐 유치권을 실현한다.
(1) 재산을 유치한다. 즉, 채무이행기한이 도래하였을 때 채권을 전액 변제받지 못한 경우 채권자는 계약에 따라 채무자의 재산을 점유하여 유치한다.

(2) 기한연장을 확정한다.[122] 채권자와 채무자는 계약에서 채권자가 재산을 유치한 후에 채무자는 2개월보다 적지 않은 기한 내에 채무를 이행하여야 한다고 사전에 약정할 수 있다. 만약 약정이 없으면 채권자가 채무자의 재산을 유치한 후 2개월 이상의 기한을 확정하여 채무자에게 그 기한 내에 채무를 이행할 것을 요구할 수 있다.

(3) 채무자에게 통지하고 연장한 기한이 도래하였는데도 불구하고 채무를 불이행하는 경우에는 유치권을 행사한다.

(4) 연장한 기한이 도래하였는데도 불구하고 채무자가 채무를 이행하지 않고 그에 상응하는 담보를 제공하지 않은 경우, 채권자는 유치권을 행사한다.

2. 실현방식

「중국담보법」 제87조 규정에 따르면 유치권을 실현하는 방식에는 두 가지가 있다.

(1) 변제하는 방식. 즉, 채권자와 채무자가 합의하여 목적물의 소유권을 이전함으로써 채무자가 지불해야 하는 비용을 변제받는 방식이다.

(2) 유치물을 경매하거나 환금하여 우선변제하는 방식이다. 구체적인 방식은 저당권과 일치한다.

---

[122] 이는 한국의 법률과 비교되는 점으로 한국의 경우 부동산의 사용·수익을 목적으로 하는 권리인 지상권, 전세권, 부동산임차권 등은 권리질권의 목적이 될 수 없다(제345조 단서).-역주

3. 우선변제의 범위

유치권자가 우선변제권을 행사하여 우선변제를 받을 수 있는 범위(즉, 유치담보의 범위)는 일반적으로 다음과 같다.

(1) 주된 채권 및 이자. 보관계약에서 보관비와 지불연체에 관한 이자, 가공도급계약에서 가공비와 지불연체에 관한 이자, 운수계약의 운송비와 지불연체에 관한 이자이다.

(2) 위약금. 채무자가 계약의무를 위반하여 계약의 약정에 따라 채권자에게 지불하는 돈이다.

(3) 손해배상금. 채무자가 계약에 따른 의무를 이행하지 않아 채권자에게 재산적 손실을 조성하였을 경우에 지불하는 돈이다.

(4) 유치물의 보관비용. 채권자가 채무자의 재산을 점유하는 기간 동안 유치물의 보관을 위하여 지출한 필요비용이다. 이 비용은 공평과 합리를 원칙으로 '필요'를 제한한다.

(5) 유치권의 실현비용. 채권자가 유치권을 실행하기 위해서 지불한 필요비용을 말한다. 예를 들어, 소유권을 이전할 때 필요한 절차나 등기비용, 경매비용 등이 있다.

V. 유치권의 소멸

유치권은 다음과 같은 사유에 의하여 소멸된다.

(1) 채권의 소멸

유치담보의 채권이 어떤 원인에 의해서 소멸되었는지에 관계없이 그 종된 채권인 유치권에 따라 소멸된다. 예를 들어, 채권을 이미 변제받으면 유치권도 소멸된다.

(2) 채무자가 별도로 담보를 제공하고 채권자가 이를 받아들인 경우

채무자가 이행기간이 도래하였음에도 불구하고 채무를 이행하지 않을 경우 채권자의 동의를 얻어 상응하는 기타 담보방식, 예를 들어 보증, 저당 등을 제공함으로써 채권자의 유치권은 소멸된다.

(3) 채권자가 유치물에 대한 점유를 상실한 경우

유치권은 채권자가 채무자의 재산을 점유하는 것을 성립요건으로 하는데, 만약 채권자가 유치물에 대한 점유권을 상실한다면 유치권이 소멸된다. 그러나 만약 이후에 채권자가 다시 물건에 대한 점유권을 취득하고 또 유치권의 성립조건에 부합하면 채권자는 다시 유치권을 취득할 수 있다.

(4) 유치권의 실현

채권자가 유치권을 실현하여 이미 자신의 채권을 변제받은 경우 유치권은 소멸된다.

(5) 채권변제기의 연장

유치권은 채권의 이행기가 도래한 것을 성립요건으로 한다. 만일 당사자가 합의하여 채권변제기의 연장에 동의하면 유치권은 소멸된다. 그러나 그 소멸은 일시적인 것이다.

(6) 유치물의 소실

유치권은 채권자가 유치물을 점유하는 것을 성립요건으로 하는데, 유치물이 이미 소실되었을 경우에는 채권자는 그 점유에 대한 권리를 상실하게 되므로 유치권이 소멸된다.

제5장

占 有

제1절 占有制度의 槪述

I. 점유[123]의 개념

　점유는 사람이 물건을 실제로 통제하고 관리하는 사실을 말한다. 이는 일종의 사실일 뿐 권리가 아니다. 하지만 점유는 권리를 발생시키는 기초가 된다. 점유는 소유권의 범위에 속할 수도 있고, 속하지 않을 수도 있다. 그렇기 때문에 법률제도의 체계에서 보면 점유는 소유권제도에 완전히 포함되지 않으며, 점유는 민사상 하나의 독립된 법률제도이다. 이를 전통민법에서는 유물권(類物權)이라 칭하며, 점유는 반드시 다음의 조건에 부합되어야 한다.

---

[123] 「중국물권법」 제241조~제245조에 규정되어 있다.-역주

(1) 점유의 객체는 반드시 물건이어야 한다. 민법에서 물건은 유체물과 무체물을 포함하며, 권리는 점유의 객체가 될 수 없다. 동시에 권리에 속하지 않는 무체물, 예를 들어 전력 같은 것은 특정화가 되기 전에는 점유가 성립될 수 없다. 따라서 지역권과 특허권 등 물건의 점유에 따라 형성되지 않은 재산권은 점유로 보지 않고, 모두 준점유(準占有)로 본다.
(2) 점유는 반드시 사실상 물건을 관리하고 통제해야 한다. 점유는 사람과 물건 사이의 관계에 속하며, 그것은 사람이 물건에 대해 사실상 지배력을 가지고 있다는 것이다. 또한 사람의 의사와는 상관없이 객관적으로 보았을 때 사람이 그 물건을 지배하고 있다면 점유가 성립된다. 광의의 점유란 주체(소유자와 비소유자를 포함)가 물건을 사실적으로 지배한다는 의미이고, 협의의 점유란 비소유자에게 양해를 구할 권리 혹은 쌍방의 합의가 없을 때, 타인의 물건을 사실적으로 지배하는 사실이다. 이러한 사실 자체는 권리가 아니며, 오직 법률이 부여한 일정한 효력에서 점유자가 사실에 근거하여 일정한 권리를 누리는 것이다. 이것이 바로 점유권이다.
(3) 점유는 반드시 다른 사람에게 인식될 수 있는 외관을 갖추어야 한다. 물건의 지배관계는 다른 사람이 인식할 수 있는 외관적인 표현이 필요하다. 이러한 외관은 일반적으로 다음의 두 가지로 나뉜다.
 (a) 물건의 공간적 위치
  어느 사람의 주택 안에 놓여진 물건은 일반적으로 주택점유자 혹은 사용자가 점유한 것으로 인식된다.

(b) 물건의 법적 지위

임차인이 어떠한 물건을 사용하여 수익을 얻었을 때, 그 물건과 소유자 사이에는 간접점유(間接占有)관계가 형성된다.

II. 점유의 사회적 작용

점유제도는 현대사회의 경제생활에서 중요한 의의를 가지며 점유제도의 사회기능은 매우 풍부하다. 일반적으로 점유는 점유보호청구권(占有保護請求權)에 의하여 점유사실 자체에 대한 보호가 형성된다. 따라서 사회경제질서를 보호하여 사람과 물건 사이의 정상관계의 기능을 확정한다. 현대 각국의 민법전에서 점유는 이미 하나의 완전한 체계로 발전하였다. 또한 이론상으로 유물권제도라 칭하고, 소유권제도와 타물권제도의 적용범위 외의 공백을 채웠다. 그것은 일반적으로 현실상의 점유를 합법점유로 간주하는 것에서 시작하여, 우선 점유에 관해 법으로 보호할 것을 보장하였다. 특히 본권에 하자가 있는 몇 가지 점유에 대하여 적절히 규율하였다. 종합적으로 보면, 점유제도는 다음의 몇 가지 사회적 작용을 한다.

(1) 점유제도는 민법의 공평원칙과 신의성실의 원칙을 구현하여 정의로운 사회를 형성하는 데 큰 도움을 준다. 물권법의 많은 제도 중 점유제도는 민법의 공평원칙과 신의성실의 원칙을 가장 잘 구현하고 있다. 예를 들어, 무권점유(無權占有)에서 선의점유자(善意占有人)에 대한 보호인 즉시취득제도(即時取得制度)는 본권자와 선의점유자 간의 분쟁을 공평하게 해결한다. 이렇게 공평원

칙과 신의성실의 원칙에 따라 사회의 정의를 실현하게 된다.
(2) 점유제도는 재산의 점유관계를 보호하며 경제적 질서의 보호를 목적으로 한다. 이런 의의에서 점유제도는 소유권제도, 기타 점유제도와 같이 민법의 물권제도에서 하나의 완벽한 체계를 구성한다. 점유제도가 다른 제도와 구별되는 근본적인 특징은 점유는 사실의 보호만 중시하고 권리의 보호를 중시하지 않는다는 것이다. 점유는 물건의 점유자가 소유권이나 기타 물권을 가지고 있는지의 여부를 따지지 않고 합법점유로 간주한다. 어떤 사람이 이 점유사실에 이의를 제기했을 때, 점유자는 그 점유가 합법적이든 아니든 그에 대한 책임을 지지 않는다. 이렇게 하는 것은 현실상의 점유관계를 안정시키는 데에 매우 유리하고 경제적 질서의 안정에도 유리하다. 왜냐하면 현실사회에서 사람과 재산의 관계는 복잡하고 불안정하기에 점유관계가 원만하지 못하면 사회 전체의 경제적 질서안정에 피해가 올 수 있기 때문이다.
(3) 점유제도는 안전하게 상품을 거래할 수 있도록 한다. 안전은 이론상으로 정태적 안전과 동태적 안전의 두 방면으로 나뉜다. 물건의 정태적 안전은 물건을 점유할 때의 안전을 가리키고, 물건의 동태적 안전은 물건의 유통과정 중의 안전을 가리킨다. 점유제도는 정태적 안전과 동태적 안전에 그 영향을 미친다. 점유제도는 사실상의 점유를 보호하고, 동시에 거래에서 선의의 거래행위로 인하여 취득한 이익도 보호한다. 이로써 거래주체의 상품거래에 대한 안정감을 조성한다. 이는 상품거래의 효율을 높이고 경제의 발전을 촉진시킨다.

III. 점유와 관계되는 개념의 비교

1. 점유와 소지

점유와 소지는 모두 사실상의 통제상태를 가리킨다. 하지만 서로 다른 개념으로서 다음과 같이 구분한다.

(1) 점유는 민법에서 중요한 제도이고, 소지는 그저 사실상태의 간략한 묘사일 뿐 법률효력은 발생하지 않는다.

(2) 점유는 이중점유, 즉 직접점유(直接占有)와 간접점유(間接占有)로 구성되어 있다. 예를 들어 A가 B에게 물건을 빌려줬다면 B에게는 직접점유가 형성되고, A에게는 간접점유가 형성된다. 하지만 소지는 일종의 사실적 지배상태일 뿐, 이중적인 상태는 존재하지 않는다.

(3) 점유의 객체는 물건이지만 그중 법이 금지하는 물건(마약 등)은 점유의 객체가 될 수 없다. 하지만 소지는 소지대상이 반드시 법률의 허가를 받아야 하는 것은 아니다.

(4) 점유는 권리를 추정하는 능력을 가지고 있다. 즉, 법률은 점유자가 점유에 대해 합법적으로 가질 수 있는 권리를 추정할 수 있지만, 소지는 이러한 효력이 없다.

(5) 점유는 법정사실에 따라 계속해서 양도하고 승계할 수 있다. 설령 양수인과 승계자가 상황을 자세히 알지 못하고 물건을 지배하였더라도 여전히 물건을 점유할 수 있다. 그외에 점유는 현실인도, 간이인도, 점유개정 등의 방식을 통하여 점유를 양도할 수 있다. 하지만 소지자는 일단 그 물건에 대해 사실적 지배를 할 수 없을 경우에는 소지의 효과가 상실되며 절대로 양도할 수 없다.

2. 점유와 소유

점유와 소유는 밀접한 관계를 가지고 있다. 고대민법에서부터 점유는 취득소유의 중요한 조건이고, 혹은 점유사실을 통해 점유자가 점유물의 소유권을 가지고 있다고 추정하였다. 이러한 의의에서의 점유는 소유의 외부적 표현방식이다. 양자의 관계는 민법에서 다음의 몇 가지 상황으로 표현된다.

(1) 일반적인 상황에서 소유와 점유는 동시에 발생한다. 소유자가 어느 물건을 점유하고 있을 때 소유자는, 즉 점유자이고, 소유는 점유를 기초로 한다. 또한 소유는 객관적인 권리를 주관적인 권리로 바꾼다. 그리고 소유자가 점유를 회복했을 경우에만 소유권은 원만한 상태로 유지된다.

(2) 물건이 소유자를 이탈하여 타인에게 점유되었을 때 합법점유 혹은 비합법점유로 인하여 소유와 점유는 분리된다.

(3) 소유자 이외의 점유자는 특정한 상황에서 법에 따라 점유물에 대한 소유권을 얻을 수 있다. 동산의 선의취득제도와 같이 선의로 물건을 양도받은 사람은 양도받은 물건에 대해 소유권을 가진다. 점유의 시효제도에 의하면, 점유자가 지속적으로 어느 물건을 점유하면 법에 따라 소유권을 얻을 수 있다.

(4) 소유자의 재산이 침해받을 때 소유자는 자신의 소유에 대한 소를 제기할 수 있을 뿐만 아니라 점유에 대한 소도 제기할 수 있다. 이렇게 소유자의 재산은 보호받는다. 특히 소유권 자체에 분쟁이 발생할 시에는 점유에 대한 소송을 하는 것이 소유자에게는 유리하다.

3. 점유와 점유권

점유는 일종의 사실상태이다. 그러므로 점유권은 물건의 점유자가 법에 따라 점유한 물건을 사용하는 권리이다. 양자는 다음과 같은 관계를 갖는다.

(1) 점유는 점유권이 형성되는 기초이며 전제조건이다. 만약 어떠한 주체가 어떠한 물건을 점유할 수 없다면 점유권 또한 가질 수 없다.

(2) 점유 자체는 점유권과 같지 않다. 현실에서 사람이 물건을 지배하는 방식은 굉장히 많은데 합법점유만이 법률상의 권리를 형성할 수 있고, 불법점유는 절대로 점유권을 형성할 수 없다. 예를 들어, 도둑이 도둑질한 물건을 지배하는 것은 점유에 속하지만 점유권은 가질 수 없다. 점유라는 사실상태는 어느 때는 적법하고 또 어느 때는 적법하지 않다. 이런 특징을 바탕으로 유물권제도는 이론상으로 소유권제도와 기타 물권제도와는 따로 분리되어 하나의 독립된 제도를 이룬다.

제2절 占有의 分類

I. 유권점유(有權占有)와 무권점유(無權占有)

점유는 본권의 발생 여부에 따라 유권점유와 무권점유로 나뉜다.

유권점유는 합법점유, 정권원점유(正權原占有)라고도 불리며, 법률행위 혹은 법률규정을 기본으로 하여 취득하는 점유이다. 무권점유는 불법점유, 무권원점유(無權原占有)라고도 불리며, 불법적으로 취득한 점유이다. 소위 본권이란 '점유를 하기 위한 권리'라고도 불리며 일정한 법률상의 원인을 기초로 점유하는 권리를 가리킨다. 그것은 합법적인 점유의 기초가 되며 물권과 채권이 이에 속한다.

유권점유와 무권점유를 구분하는 이유는 두 가지 점유에 대한 법률보호를 구분하기 위함이다. 구체적으로 두 종류의 보호가 있는데, 첫째 유권점유의 점유자는 점유권으로 타인의 본권에 대한 행사에 대항할 수 있다는 것이다. 반면에 무권점유자는 점유로 타인의 본권에 대한 행사에 대항할 수 없다. 즉, 유권점유는 점유제도의 보호를 받을 뿐 아니라 물권, 채권 등의 제도의 보호도 받는다. 반면에 무권점유는 일종의 상태로써 점유제도의 적절한 보호만을 받을 뿐이다. 둘째, 불법행위로써 타인의 물건을 점유하였을 때, 유치권의 효과는 발생하지 않는다. 즉, 유치권은 반드시 정당한 행위로 타인의 동산을 점유하였을 때 발생한다는 것이다. 예를 들어, 도둑질한 물건에 수리비용을 많이 지불하였다 하여도 그 물건을 유치할 수 없다.

II. 무권점유 중의 선의점유(善意占有)와 악의점유(惡意占有)

무권점유에 의한 주관적 심리상태는 서로 다르며, 무권점유는 선의점유와 악의점유로 나뉜다. 선의점유는 점유자가 자신이 점유할 권리가 없는 것을 모르고 계속 점유하고 있는 것을 가리키고, 악의점유는 점유자가 자신이 점유할 권리가 없는 것을 알면서도 계속 점유하고 있는 것을 가리킨다. 점유자가 선의인지 아닌지는 구체적인 거래환경과 상황에 따라 결정된다. 점유자가 점유를 시작할 때에는 선의였으나, 나중에 점유권이 없다는 것을 알면서도 계속 점유하고 있다면 당연히 악의점유로 간주한다. 그 밖에 선의점유자가 본권의 소송에서 패소했을 시에는 고소장이 발송된 날짜로부터 악의점유로 간주한다.

선의점유와 악의점유를 구별하는 의의는 다음과 같다.

(1) 즉시취득제도가 다르게 적용된다. 만약 점유자가 타인이 처분할 권리가 없는 물건을 그 사실을 모르고 구매하였다면 선의가 되며, 그 점유한 재산 역시 선의가 되어 선의취득제도에 의해 그 동산에 대해 소유권을 얻을 수 있게 된다. 그러나 악의점유는 이러한 효과가 나타나지 않는다.

(2) 시효취득이 다르다. 만약에 점유자가 재산을 자신의 것으로 만들려는 의사로 선의, 평화, 공연(公然), 지속적으로 어느 재산을 점유하려고 한다면 법이 정한 시효기간을 거쳐서 그 점유재산에 대한 소유권을 얻을 수 있다. 그러나 악의점유자는 시효취득이 적용되지 않는다.

(3) 청구인에 대한 권리와 의무가 다르다. 선의점유자는 점유물을 보관·보존하기 위하여 지출한 비용을 청구할 수 있으며, 점유기간 동안 얻은 수익을 반환해야 할 의무는 없다. 그러나 악의점유자는 지출된 비용을 청구할 수 없으며 수익 또한 반환해야 한다.

(4) 점유로 인해 얻은 부당한 이익을 반환해야 하는 범위도 다르다. 선의점유자는 보통 현존하는 이익만을 반환하고 이미 사라진

이익을 반환할 책임은 없다. 하지만 악의점유자는 이러한 상황에서도 모두 배상하여야 한다.

III. 자주점유(自主占有)와 타주점유(他主占有)

점유는 점유한 대상물에 대한 소유의사 여부에 따라 자주점유와 타주점유로 나눌 수 있다. 즉, 소유의사를 가지고 하는 점유를 자주점유, 그렇지 않은 점유를 타주점유라고 한다. 자주점유자는 소유자 혹은 비소유자에 상관없이 소유의사를 가지고 타인의 재산을 점유한다. 자주점유는 점유자 자신이 소유의사를 가지고 있어야만 한다. 점유자가 정말로 소유자이거나 자기가 소유자인 것을 확신하는 것에 대해서는 관여를 하지 않는다. 타주점유는 점유물에 대해 소유의사를 가지지 않은 점유이다. 임차인, 질권자, 전권자, 보관인, 토지사용권자의 점유와 같이 채권이나 타물권을 근거로 물건을 점유하는 것을 말한다. 타주점유는 또한 점유자의 의사에 따라서 자주점유가 될 수도 있다.

자주점유와 타주점유의 구분은 주로 시효취득과 선점취득의 구성에까지 영향을 미친다. 각국의 입법관례를 보면 점유의 시효취득과 선점취득의 주요조건은 반드시 자주점유이어야 하기 때문에, 타주점유는 시효취득과 선점취득으로 인한 소유권 분쟁이 발생될 수 없다. 그 밖에 점유물이 훼손되거나 없어졌을 시에는 자주점유자가 타주점유자보다 더 가벼운 배상책임을 진다.

IV. 직접점유(直接占有)와 간접점유(間接占有)

점유는 타인의 점유를 매개로 하는지 안 하는지에 따라 직접점유와 간접점유로 나눌 수 있다. 직접점유는 타인의 점유를 매개로 하지 않은 것을 가리키고 물건을 직접 지배한다. 임차인의 임대물에 대한 점유, 질권자의 질물에 대한 점유 등은 모두 직접점유이다. 간접점유는 타인의 점유를 매개로 한다. 일정한 법률관계에 따라 직접점유자가 점유하고 있는 물건에 대한 반환을 청구할 수 있는 권리를 가진다. 이때 간접점유는 물건을 간접적으로 지배하고 관리하는 것을 말한다. 예를 들어, 임대인의 임대물에 대한 점유, 채무자가 채권자에게 저당한 질물을 점유하는 것 등이 있다. 만약 직접점유자가 점유물을 다시 다른 이에게 양도한다면, 하나의 객체에 여러 가지 간접점유의 관계가 형성된다. 간접점유는 일반적으로 계약관계 및 법률규정에 의해서 발생하는 재산관계이다. 예를 들면 운송, 신탁, 청부 등이 있다.

이론적으로 간접점유는 세 가지로 구성된다. 첫째, 간접점유자와 직접점유자 간에는 일정한 법률관계가 존재한다. 둘째, 반드시 직접점유자에게 원래 물건의 반환을 청구할 수 있다. 셋째, 반드시 직접점유자의 점유에 일정한 제약을 가한다. 따라서 직접점유자의 물건에 대한 지배는 이러한 제약을 받기 때문에 불완전하다.

직접점유와 간접점유를 구분하는 의의는 다음과 같다.

(1) 간접점유는 독립적으로 존재할 수 없으나 직접점유는 독립적으로 존재할 수 있다. 이러한 점유는 비록 직접 물건을 지배하지는 않지만, 직접점유제도와 비슷한 보호를 받는다. 단, 구체적인 보호의 범위는 양자가 다르다.

(2) 간접점유자와 직접점유자 사이에는 일정한 법률관계가 존재하기 때문에 간접점유자는 이 법률관계가 소멸된 후 직접점유자에게 원물을 반환해 달라고 청구할 수 있는 권리를 가진다. 점유물이 제3자에 의해 침탈당했을 경우, 직접점유자와 간접점유자 모두 불법침탈인에게 점유물을 반환할 것을 청구함으로써 점유를 유지한다.

V. 자기점유(自己占有)와 보조점유(輔助占有)

점유는 점유자가 대상물건을 직접적으로 점유하는가 아닌가에 따라 자기점유와 보조점유로 나눌 수 있다. 자기점유는 점유자가 직접적으로 물건을 관리하고 지배하는 것을 가리킨다. 보조점유는 특정한 종속관계를 바탕으로 하여 보조자가 점유자의 지시를 받아 대상물건을 관리하는 것을 가리키며, 여기서 말하는 보조자란 점유자에 의해 고용된 사람을 가리킨다.

점유자가 보조자를 통해 물건을 관리했다는 이유로 간접점유자가 되는 것은 아니다. 점유보조자는 대상물건을 직접적으로 관리하기 때문에 직접점유의 기본적인 특징을 가지고 있다. 점유보조자는 어떠한 물건을 관리하고 지배하지만 대상물건을 완전히 점유한 것은 아니고, 타인으로서 점유자가 되는 것이다. 점유보조자는 점유자가 아니기 때문에 점유에 대한 권리와 의무를 누릴 수 없다. 또한 점유보조자는 자기이익을 위해서가 아니라 점유자의 이익을 위해 점유를 해야 한다.

자기점유와 보조점유를 구분하는 의의는 다음과 같다.

(1) 진정한 점유자를 명확히 규정한다. 그리하여 권리와 의무가 누구에게 속하는지 확정할 수 있다.
(2) 점유보조자가 점유자를 대신하여 법률행위를 할 때 대리의 기능을 가질 수 있지만, 사실행위를 할 때에는 대리를 적용할 수 없다.
(3) 보조점유는 독립적으로 존재할 수 없지만, 자기점유는 독립적으로 존재할 수 있다.

VI. 공연점유(公然占有)와 은닉점유(隱匿占有)

점유는 점유의 방법을 기준으로 하여 공연점유와 은닉점유로 나눌 수 있다. 전자는 공개적이고 지속적으로 어떠한 물건을 점유하는 것을 가리키고, 후자는 물건을 숨겨 타인에게 발견되는 것을 피하는 점유이다. 점유의 비공개는 점유의 은닉성을 갖게 해준다. 이론상으로 비밀적인 점유는 자주점유가 될 수 없다. 시효취득의 성립은 반드시 공연점유를 전제로 해야 하고, 은닉점유는 시효취득의 문제가 발생하지 않는다는 데 그 구분의의가 있다.

VII. 단독점유(單獨占有)와 공동점유(共同占有)

점유는 점유자의 수(數)를 기준으로 단독점유와 공동점유로 나눌 수 있다. 한 사람이 대상물건을 점유하면 그것은 단독점유이다. 단독점유는 직접점유일 수도 있고 간접점유일 수도 있다. 공동점유는 여러 사람이 한 가지 물건을 점유하는 것을 가리킨다. 이론상으로 공동점유를 다시 중복공동점유와 통일공동점유로 나눈다. 전자는 각 공유자마다 물건을 단독으로 지배할 수 있는 것을 가리킨다. 한집에 여러 명이 모두 열쇠를 갖고 타인을 방해하지 않는다는 상황 아래 집을 점유한다거나 부부가 주택을 점유하는 것은 모두 중복공동점유이다. 후자는 주체점유자가 점유물에 대해서 하나의 관할력을 가지는 것을 가리키며 전체공유자가 함께해야만 가능한 점유이다. 만약 많은 사람이 한 물건을 보관하는데 열쇠가 각각 달라서 어느 한 사람도 단독으로 열 수 없다면 모든 보관자〔공동점유자(共同占有人)〕가 다같이 있어야만 보관물을 꺼낼 수 있다. 이런 것이 통일공동점유에 속하는 것이다.

단독점유와 공동점유는 청구할 수 있는 권리의 범위에서 차이가 있다. 공동점유의 각 점유자는 점유물을 사용하는 데 있어서 독립적인 보호를 요구할 수 없다. 하지만 단독점유는 이런 문제가 존재하지 않는다. 그 밖에 공동점유에서 봤을 때 한 점유자가 주장하는 권리는 항상 타점유자의 의사에 의한 제약을 받는다.

VIII. 준점유(準占有)

준점유는 권리점유라고도 칭하며, 재산권리를 객체로 한 점유를 가리킨다. 엄격히 말해서 준점유는 진정한 점유가 아니다. 권리를 점유의 객체로 여길 수 있는지 없는지에 관해서 여러 나라가 입법상 서로 다른 관점을 가진다. 프랑스민법전에는 권리가 점유의 객체가 될 수 있다고 규정하였고, 권리점유의 개념을 확대시켜 신분관계도 포함시켰다. 이를 '신분점유(身分占有)'라 부른다. 독일민법전에서는 권리점유를 일반적으로 규정하고 있지는 않지만, 지역권과 인역권(人役權)의 준점유는 허용하고 있다. 스위스민법전은 완전하게 독일법을 계승하여 준점유의 객체를 지역권과 사용권으로 제한하고 있다. 일본민법전과 대만민법에서는 재산권리를 준점유의 객체로 삼는다.

준점유의 효력은 점유규정이 적용되는 것 외에 두 가지의 특별한 효력이 더 있다. 첫째, 채권의 준점유자가 선의로 변제하려 한다면 변제의 효력이 발생한다. 둘째, 계속 행사하는 권리와 같은 준점유의 대상물건은 소유권 이외에 재산권의 시효취득의 효력이 발생한다.

이 외에 점유는 평화점유(平和占有)와 강폭점유(强暴占有), 하자가 있는 점유와 하자가 없는 점유, 유과실점유(有過失占有)와 무과실점유(無過失占有) 등으로 나눌 수 있다. 서로 다른 점유는 서로 다른 법률결과를 낳기 때문에 서로 다른 점유를 구분하는 것은 실무에서 중요한 의의를 갖는다.

제3절 占有의 發生과 消滅

I. 점유의 발생

점유의 발생은 점유의 취득이라고도 불리며, 특정한 사실이나 법정원인에 따라 점유를 취득하는 것을 가리킨다. 당사자가 재산을 점유하는 방법에는 원시적인 방법과 파생적인 방법이 있다. 이론상으로 이를 점유의 원시취득(原始取得)과 승계취득(承繼取得)이라 한다.

점유의 원시취득은 타인이 가진 점유를 기본으로 하지 않고 취득하는 점유를 가리킨다. 점유의 원시취득은 완전한 사실행위이지 법률행위가 아니다. 주인이 없는 물건을 선점취득하거나, 분실물을 습득하거나, 바다에 표류하는 물건을 건지는 것 등은 모두 사실행위에 의해 취득한 점유에 속하므로 모두 원시취득이다. 그러므로 행위자가 원시취득에 의해 점유하기 위해서는 반드시 민사상의 행위능력을 갖추어야 하는 것은 아니다. 원시취득의 점유의 객체는 동산일 수도 있고 부동산일 수도 있으며, 취득자는 보조자에게 위탁하여 점유행위를 할 수도 있다. 원시취득은 항상 직접점유로 나타나지만, 실무에서는 간접점유로 나타나는 원시취득도 많이 존재한다. 원시취득의 점유자는 물건을 점유했다고 해서 소유권을 얻는 것이 아니다. 점유는 일종의 사실상태로써 소유권의 이전과는 필연적인 관계가 없다.

점유의 승계취득은 타인의 점유를 기초로 하여 취득하는 점유를 가리킨다. 이론상으로 점유의 승계취득이 발생하는 이유로는 두 가지가 있는데, 바로 점유이전과 점유승계이다.

1. 점유이전

점유이전은 점유의 양도라고도 불리며, 점유자가 법에 따라 점유물을 타인에게 인도함으로써 타인이 물건을 점유하게 하는 것을 가리킨다. 점유이전은 목적물을 인도함으로써 양수자가 취득물을 지배하였을 때 비로소 완성된다. 인도행위는 현실적으로 물건을 인도하는 것 외에

간이인도, 점유개정, 지시인도 등 각종 특수한 인도행위를 포함한다.

점유이전은 법률행위에 의해 성립된다. 우선 점유자는 점유권이 있어야 한다. 법률은 불법점유자의 양도행위를 보호하지 않으며, 합법점유자라 하더라도 양도행위에 있어서는 일정한 제한을 두고 있다. 처분권이 없는 합법점유자(임차인, 질권인 등)는 함부로 타인의 소유권을 행사할 수 없다. 실무에 존재하는 각종 무권처분행위(無權處分行爲)는 함부로 타인의 소유권을 행사하는 것에 속한다. 이러한 행위는 권리자의 허락을 거쳐야만 법률효력이 발생할 수 있다. 각국의 입법에 따르면 점유이전이 법률보호를 받으려면 다음의 조건을 갖추어야 한다.

(1) 점유이전의 의사표시가 있어야 한다.
(2) 양도인은 타인에게 점유를 이전해줄 권리가 있고 그 양도관계는 합법적이어야 한다.
(3) 인도행위가 있어야 한다.

2. 점유승계

점유는 일종의 사실상태에 의해 만들어지는 이익이다. 인신전속성(人身專屬性)이 없기 때문에 점유는 승계가 가능하다. 독일, 프랑스, 스위스민법전에서는 모두 다음과 같은 규정을 하고 있다. 승계로 인해 발생한 점유이전은 승계가 시작될 때부터 그 효력이 발생한다. 요구받은 사람은 승계사실이 이미 발생할 것을 알지 않아도 되며, 사실상의 관리나 인도행위의 실행이 없어도 된다. 승계로 인한 점유는 일반적인 점유와 다르기 때문에 모두 법률에 의거하여야 한다.

II. 점유의 소멸

점유는 물건에 대한 사실적 지배를 가리킨다. 만약 이런 지배력을 상실했을 때에는 점유도 소멸된다. 점유는 일종의 유물권이지 물권상의 권리가 아니다. 따라서 혼동, 포기, 법정원인으로 인한 철회 등의 물권의 일반적인 소멸원인은 점유의 소멸원인이 되지 않는다. 점유는 점유자가 물건에 대한 사실적 통제와 지배를 상실했을 때 소멸한다. 점유를 상실한 경우에는 법률규정과 사회관념 등에 기인하여 결부시켜야 한다. 점유자가 자기의 의사를 기본으로 하지 않은 점유를 상실하였을 때에는 소멸로 보지 않는다. 점유자는 점유반환의 소(訴)를 제기하여 법률의 보호를 받을 수 있다. 그 밖에 점유물의 소멸은 정확해야 하고 지속적이어야 한다. 그렇지 않으면 점유물이 소멸한 것으로 보지 않는다.

제4절 占有의 效力 및 保護

I. 점유의 효력

점유는 일종의 사실상태이지만 소유권과 기타 물권의 기초가 된다. 법률규정에 따라 점유는 다음의 몇 가지 법률효력을 발생시킨다.

1. 동산물권의 선의취득

　소유자의 동산을 점유자가 제3자에게 불법으로 양도한 경우 제3자가 선의로 물건을 점유하였다면 법적으로 소유권 또는 기타 물권을 얻을 수 있는 것을 가리킨다. 선의취득은 재산소유권의 취득과 기타 물권설정의 두 가지 내용을 포함한다. 중국의 사법집행에서도 선의취득제도를 인정하고 있다. 1988년 4월 2일, 최고인민법원의 「〈민법통칙〉」 의견(시행) 제89조에서는 "공동공유관계가 존속하는 기간에 부분공유자가 독자적으로 공유재산을 처분한 경우, 제3자의 합법적인 권익을 보호해야 한다. 기타 공유자의 손실에 대해서는 공유재산을 처분한 사람이 독자적으로 배상한다"라고 규정하고 있다.

　선의로 취득한 재산은 반드시 유통이 허가된 재산이어야 하기 때문에 총기, 탄약, 마약같이 법적으로 유통을 금지하거나 제한하는 물건은 선의취득제도를 적용시킬 수 없다. 예를 들면, 장물 자체도 법적으로 유통을 금지한 물건이기 때문에 선의취득의 적용대상이 될 수 없다. 「중국민법통칙」 제79조에서는 소유자가 불분명한 매장물, 유실물, 표류물 혹은 주인이 없는 애완동물은 모두 국가소유가 되거나 원래 주인에게 돌려줘야 하며, 선의취득제도를 적용하지 않는다고 규정하고 있다.

　만약 불법점유자가 불법으로 제3자에게 점유물을 양도하였다면 제3자에겐 과실이 없지만 불법적으로 물건을 취득한 것이기 때문에 소유자는 원물을 제3자로부터 반환받을 권리가 있다. 이런 상황은 선의취득에 속하지 않는다.

　선의취득의 효력은 선의의 양수인이 취득한 재산에 대한 소유권을 갖는 것이다. 무권처분자가 소유자의 재산을 양도하는 것은 불법양도에 속한다. 그가 재산을 양도해서 얻은 불법이익은 부당한 이익에 속하기 때문에 반드시 원권리자에게 돌려줘야 한다. 부당한 이익을 반환하여도 원권리자의 손실을 배상하기에 부족하다면 원권리자는 무권처분자에게 손실에 대한 배상을 청구하여 부족한 부분을 채울 수 있다. 만약 불법양도인이 양도한 재산이 시장가격보다 높아서 얻은 수익이 원래 얻을 수 있는 수익보다 높을 때에는 초과하는 부분까지 전부 원래의 소유자에게 돌려줘야 한다. 이런 상황에서는 원래의 소유자가 무권처분자에게 그 재산의 처분을 동의한 것으로 여긴다. 만약 무권처분자가 아무 생각 없이 재산을 처분했다면 무권처분자가 손해에 대한 모든 배상을 책임져야 한다.

2. 권리추정의 효력

권리추정은 점유사실을 이용하여 소유자 혹은 타물권자를 추리하여 확정해내는 것을 가리킨다. 점유자가 점유물에 권리를 행사하는 것은 점유자가 합법적으로 향유한 것으로 추정한다. 점유자가 정말로 권리를 향유하고 있는지 아닌지에 관해서는 제3자가 증거를 내세워 법률로 추정한 내용을 바꾸기 전에는 거론할 수 없다. 로마법에서는 점유를 소유권이나 기타 본권과 같이 확실하게 구별해 놓았다. 이 때문에 점유가 권리의 추정효력을 갖는 것을 인정하지 않았다. 게르만법에서의 점유는 권리를 표현하는 일종의 형식으로 여겨졌고, 이 때문에 권리의 추정효력을 가졌다. 근대 각국의 입법은 사회경제질서의 안정을 보장하기 위해 대부분의 권리관계가 우선 외부적인 표현형식에 의해 결정될 수 있도록 규정하였다. 부동산은 등기를 기준으로 하고, 동산은 점유사실을 기준으로 하여 권리자를 추정한다. 「프랑스민법전」제2227조는 "동산에 있어서 점유는 권리의 근원적 효력을 갖는다"라고 규정하고 있다. 「독일민법전」제1006조는 "동산점유자의 이익을 위해 점유자를 물건의 소유자로 추정한다"라고 규정하고 있다. 「일본민법전」제188조에서는 "점유자가 점유물에 권리를 행사하는 것은 합법으로 추정한다"라고 규정하고 있다. 이리하여 점유물이 없으면서 자기가 소유자라고 주장하는 사람은 거증책임을 지게 된다. 자신에게 점유물은 없으나 권리의 근원은 있다고 증명할 수 있을 때에는 그 소유자로 인정된다. 중국민법통칙은 이에 대한 규정을 하고 있지 않다. 그러나 관련법률의 사법집행시에는 이를 인정하는 편이다. 1988년 12월 19일 중국인민은행에서 공포한 「은행결산방법」제13조 제15항에서는 "어음소지인은 반드시 어음을 적절히 은행에 보관하여 유실을 방지해야 한다. 만약 '현금'이라고 적힌 은행수표를 유실하였다면 어음을 바로 지불한 은행이나 발급한 은행에 과실을 통보하여야 한다. 은행이 그의 과실을 수리하기 전에(상대방 은행이 과실통보를 받기 전을 포함한다) 이미 다른 사람이 어음소지인을 사칭하여 돈을 받아갔다면 은행은 그에 대한 책임을 지지 않는다"라고 규정하고 있다. 여기서 어음소지인을 사칭한 사람은 불법으로 어음을 점유하였지만, 어음소지인이 은행에서 자기가 어음의 소유자라는 것을 증명하고 어음을 유실했다는 것을 설명하지 않으면, 은행은 어음소유자를 소유자로 추정하고 지불한다. 만일 은행에서 어음을 지불한 대상이 불법으로 소지인을 사칭한 사람이라 하여도 은행은 그 손실에 대하여 책임지지 않는다. 중국은 사법집행에서 등기가 되지 않은 부동산도 점유사실을 기초로 소유자를 추정한다. 토지개혁시에 등기가 누락된 하나의 가정이 서로 공유해온 가옥에 대해 가족구성원은 그 가옥에 대한 재산권을 갖는다. 예를 들어, 토지개혁 이후 공유가옥을 실제로 오랫동안 점유하였거나 사용·관리하였다면 그 상황에 비추어 원공유가옥에 대한 재산권을 향유할 수 있다.[124]

법률이 권리를 추정하여 점유자에게 효력을 부여하고자 하는 취지는 점유를 법률로 보호하기 위함이다. 구체적으로 서술하면 권리추정은 다음과 같은 특징이 있다.

(1) 권리추정은 자주점유와 타주점유, 선의점유와 악의점유, 유권점유와 무권점유 등 모든 점유에 적용된다.
(2) 권리추정은 점유자가 점유물에 행사하는 소유권에 적용된다. 이런 권리는 모두 합법적인 사용으로 추정할 수 있다.
(3) 권리추정은 점유자의 점유를 소유의 의사로 추정할 수 있다.
(4) 권리추정은 현재의 점유에서도 적용되고 과거의 점유에서도 적용된다.
(5) 주로 동산에 적용되며 어떤 때에는 부동산에도 적용된다. 여기서 알 수 있듯이 권리추정의 적용범위는 광범위하고 효력도 상당하다 하지만, 근본적으로 그것은 그저 사실에 대한 가정과 추리일 뿐이다. 점유와 본권을 위반할 시, 실제권리자는 완전한 반증을 거쳐서 그 추정을 뒤집을 수 있다. 즉, 권리추정으로써 실제권리자의 이익에 손해를 줄 수 없다.

3. 점유물에 대한 사용·수익의 효력

선의점유가 합법적인 권리라고 추정되는 경우, 선의점유자는 오신

---

124 全國法院業餘法律大學編著:《中國民法講義》(上), 224쪽.

하여 얻은 권리를 향유할 수 있다. 또한 점유물을 사용·수익하고 원물을 반환할 때 과실 및 사용대가를 지불하지 않아도 된다. 그러나 물건을 소유한 선의점유자가 그 사용권과 수익권을 항상 사용할 수 있는 것은 아니다. 그 권리의 향유 여부는 그 물건을 점유하였을 때 향유할 수 있다고 오신한 권리의 범위에 의하여 결정된다. 예를 들어, 타인의 재산이 자기의 재산인 줄 착각하고 점유했다면 점유자는 일반적으로 점유물을 사용할 수 있고 과실까지 취득할 수 있다. 재산을 반환할 때에는 원물은 반환하되 과실은 반환하지 않아도 된다.

선의점유자의 사용·수익권은 목적물을 넘겨 받았을 때 시작되고, 선의점유가 악의점유로 바뀔 때 사라진다. 일반적으로 선의점유자가 점유가 불법인 것을 알았을 때나 본권소송에서 패소한 점유자가 항소를 제기했을 때에는 모두 선의의 상실로 간주되어 사용·수익권이 소멸한다.

4. 점유한 물건상에 대한 청구효력

점유자는 점유를 보호하는 목적으로 점유물반환청구권, 점유물방해제거청구권, 점유물방해예방청구권 등을 포함하는 물건에 대한 청구권을 가진다.

점유물반환청구권은 점유자가 점유물을 침탈당했을 때, 그 점유물의 반환을 청구하는 것을 가리킨다. 점유는 물건에 대한 사실적 지배와 관리를 필요로 하며, 점유물이 상실된 점유가 계속 존재할 수 있는지 없는지의 문제까지 관계된다. 때문에 법률은 점유자에게 반환청구권을 부여한 것이다. 점유물이 침탈당했다는 것은 점유자가 이미 점유물에 대한 지배력을 잃은 것을 가리킨다. 동산이 강탈을 당했거나 부동산이 강제점유를 당한 상황 모두 점유물이 침탈당한 것으로 여겨진다. 점유물반환청구권의 주체는 점유자이며, 본권이 있어야 할 필요는 없다. 직접점유자와 간접점유자를 포함하며, 상대방은 점유물을 빼앗으려는 사람과 승계인을 가리킨다.

  점유물방해제거청구권은 점유가 방해를 받았을 때 점유자가 방해를 제거할 것을 요구하는 권리를 가리킨다. 점유가 방해받는다는 것은 침탈 이외의 방법으로 점유자가 순조롭게 점유를 할 수 없도록 방해하는 행위를 가리킨다. 점유자의 자동차가 다른 사람이 쌓아놓은 나무더미 때문에 지나갈 수 없는 것과 같이, 점유자는 점유를 잃지 않고 방해자 역시 점유하지 않은 상황에서 방해자가 어떠한 행위로써 점유자가 점유를 행사하는 것을 방해했다면, 점유가 방해받은 것으로 간주되어 점유자는 방해자에게 방해를 하지 말 것을 요구할 권리가 있다. 방해행위는 작위일 수도 있으며 부작위일 수도 있다. 점유물방해제거청구권의 주체는 점유자이며, 청구를 당하는 사람은 행위로써 점유를 방해하는 사람과 존재하는 것 자체로도 점유를 방해하는 사람을 모두 가리킨다.

  점유물방해예방청구권은 점유가 방해받을 위험이 있을 때 점유자는 방해를 예방해줄 것을 요구할 권리가 있다. 권리의 청구대상은 아직 없지만 나중에 위험이 발생할 가능성이 있는 상황, 예를 들면 이웃집의 커다란 나무가 바람에 의해 자신의 집 방향으로 쓰러질 우려가 있다면, 이 집의 점유자는 커다란 나무의 주인에게 그 위험을 제거해 줄 것을 요구할 수 있다.

5. 청구권을 회복한 자에 대한 점유자의 권리와 의무

(1) 선의점유자의 권리와 의무

부당하게 얻은 이익을 반환할 때, 선의점유자는 보통 현존하는 이익만을 반환할 뿐, 이미 사라진 이익을 반환해야 하는 책임은 없다. 원물반환시 선의점유자는 소유자에게 점유물을 보관하는 데 드는 비용과 점유물에 지출된 유익비에 대해 반환청구를 할 수 있으며, 그 점유물로부터 얻은 과실은 소유자에게 반환하지 않아도 된다.

(2) 악의점유자의 권리와 의무

악의점유자는 현존하는 점유물을 반환하는 것 외에도 이미 없어지거나 훼손된 점유물도 전부 배상해야 할 책임이 있다. 전부 배상할 책임에는 손해를 본 것과 얻을 수 있는 이익을 잃은 것도 포함한다. 이외에 악의점유자는 과실(果實)에 대해서도 반환할 의무가 있다. 그 과실(果實)이 소비되었든 과실(過失)로 인해 훼손되었든, 악의점유자는 그 과실을 모두 반환해야 할 의무를 가진다. 악의점유자는 점유물을 보관하기 위하여 지출한 비용에 대해서도 소유자에게 반환하여 줄 것을 청구할 수 없다.

II. 점유의 보호

1. 물권법상의 점유의 보호

점유자가 물권적 청구권을 행사하여 점유를 보호하는 것 외에도 법률은 점유자에게 일정한 자력구제권(自力救濟權)을 부여한다. 점유자는 자주행위에 의해 점유를 유지할 수 있고, 점유를 침탈하거나 방해하는 행위에 대해서 방어할 권리가 있다. 침탈당한 점유물이 부동산이라면 점유자는 즉시 방해를 제거한 다음 되찾을 권리가 있고, 동산일 경우에는 침해자가 있는 지역까지 쫓아가서 되찾아올 권리가 있다. 단, 불필요한 폭력을 사용하여서는 안 된다.

2. 채권법상의 점유의 보호

(1) 점유로 인해 발생된 부당이득의 반환

점유는 물권법의 보호를 받는 일종의 사실이며 이익의 범위에 속한다. 따라서 부당이익의 객체가 될 수 있다. 점유에 의해 형성되는 부당한 이익은 두 가지 종류가 있다. 하나는 타인이 점유를 침해하여 얻은 이익이고, 다른 하나는 이행의 목적에 미달될 경우 발생하는 부당한 이익이다. 일반적으로 합법점유자의 점유가 불법적으로 침해받았을 때는 물권법의 청구권과 부당이득청구권(不當利得請求權) 중 하나를 선택하여 그 권리를 행사할 수 있다. 원물이 소멸되었을 때는 부당이득청구권을 적용하는 것이 적합하다.

(2) 점유로 인해 발생한 불법행위책임

법률은 점유가 불법행위의 객체가 될 수 있는지 될 수 없는지에 대해서는 규정하고 있지 않다. 전통민법에서는 이것에 대하여 두 가지 관점이 존재한다. 하나는 부정설이다. 이 학설은 점유는 오로지 사실상태만을 의미할 뿐, 그 권리와 이익은 법률로 규정되어 있지 않기 때문에 불법행위법이 보호하는 대상에 속하지 않는다고 본다. 다른 하나는 긍정설이다. 이 학설에서는 점유를 불법행위의 객체로 본다. 필자는 불법행위는 계약법이 보호하는 권리와 이익 이외에 모든 합법적인 권리와 이익을 보호한다고 생각한다. 따라서 합법점유도 불법행위법의 보호를 받는다고 생각한다.

債權

제1장

債權[1]과 債權法[2]

제1절 債權의 意義

I. 서설

1. 채권의 의의

　'채(債)'라는 단어는 약속, 채무를 가리키는 라틴어 Obligatio에서 유래되었고, 이에 대한 권리를 채권이라 한다. 즉, 채는 채권·채무관계를 뜻한다. 독일민법전을 토대로 한 법률체계는 '주체', '법률행위' 등을 핵심으로 총칙을 구성하고, 여러 민사법률관계는 각칙으로 분리한다. 중국은 청 말기 이후부터 독일법의 영향을 받아왔고, 현재의 중

---

[1] 중국에서는 '채(債)'라고 하는데 채권·채무를 통틀어 일컫는 용어이다. - 역주
[2] 중국에서는 '채법(債法)'이라 한다. - 역주

국민법통칙은 독일법의 체계를 이어받았다. 중국민법통칙에서 '채(債)'는 채권·채무관계를 가리키며, 이를 줄여서 '채의 관계'라고도 한다. 채의 관계는 민사상의 법률관계에 포함된다. '채'는 특정당사자 사이에서 특정행위를 청구하는 재산적 성질을 가진 민사상의 법률관계'로 정의할 수 있다. 그중 일방이 타방에게 특정행위를 청구할 수 있는 권리를 채권이라 하고, 그 채권을 향유하는 당사자를 채권자라고 한다. 그리고 특정행위를 부담하는 의무를 채무라 하고, 그 채무를 부담하는 당사자를 채무자라고 한다.

2. 채권의 변천사

고대 중국어에서 '채'는 '책임'의 뜻으로 그 본래 의미는 빚진 금전이나 재물을 뜻한다. 재산적 성질을 가진 민사관계로서의 채는 로마법을 근원으로 한다. 로마법에서 '채'는 법률에 의거하여 어떤 물건을 급부하는 의무[3]를 말한다. 로마법의 체계를 계승한 근대 민법전 중에서 프랑스민법전은 '채'를 '재산을 취득하는 여러 가지 방법'편에서 정의하고 있고, 독일민법전은 각칙의 '채권'편에서 따로 정의하고 있다. 중화민국시기에 민법이 채택된 후 중국의 입법체계와 학설은 독일법의 많은 영향을 받았다.

---

3 査士丁尼著, 張企泰譯: 「法學總論」(中文版), 商務印書館, 1988年版, 158쪽.

II. 채권의 요소

채권의 요소란 채권관계를 구성하는 구체적인 부분을 말한다.

1. 채권의 주체

채권의 주체는 당사자, 즉 채권자와 채무자를 포함한다. 채권자와 채무자의 지위를 살펴보면 일반적으로 특정행위를 하는 사람은 채무자이지만, 채권이 대응할 경우에는 쌍방 모두가 특정한 의무를 가진다. 매매의 경우를 예로 들어보자. 매매시 매도인은 물품을 인도해야 하는 의무를 가지는 채무자이고, 매수인은 채권자이다. 그러나 매도금의 지불에 대해서는 매수인이 채무자이고, 매도인은 채권자이다. 채권자나 채무자의 수가 많을 경우를 다수의 채권자, 다수의 채무자라고 하며, 이들 사이의 채권관계를 다수의 채권이라고 부른다. 다수의 채권의 내부에도 민사법률관계는 존재한다. 민법이론과 민법규범은 채권자와 채무자를 단수라고 가정하고 채권에 대하여 서술한다. 그러나 다수당사자의 채권은 단수의 당사자의 채권과는 다른 특수성을 가지므로 채권의 유형편에서 다시 설명하기로 한다.

2. 채권의 내용

채권의 내용이란 채권과 채무의 내용을 가리킨다. 채권의 내용과 기타 민사법률관계의 내용의 다른 점은 채권·채무의 특정성에 있다. 그것은 채권과 채무가 동일하게 특정한 내용을 지니고 있다는 점에서 나타나는데 채권은 특정행위를 청구할 수 있는 권리이고, 채무는 특정행위를 이행하여야 하는 의무이다. 두 가지 모두 특정행위를 바탕으로 하고, 이것이 채권과 채무의 의존성과 공생(共生), 대응성을 결정 짓는다. 채권과 채무의 '법쇄(法鎖)'식 연결을 바탕으로 학자들은 채권을 '대인권(對人權)'이라고 부르며, 이는 물권과 구분되는 특징이다.

3. 채권의 객체

채권의 객체는 중국의 민법학계에서 가장 이견이 많은 내용 중의 하나이다. 그러므로 채권의 객체에 대한 연구가 많이 필요하다.

법학에서의 '객체'는 철학을 그 근본으로 한다. 영어로는 object, 독일어로는 objekt로서 주체의 인식대상을 뜻한다. 채권관계에서 객체는 주체의 이익대상이다. 중국학자들은 이런 이익대상을 채권의 '객체'나 채권의 '목적'이라고 한다. 채권자와 채무자 사이의 공통된 이익(즉, 채권·채무)은 당사자의 특정행위에 의하여 결정되기 때문에 이 이익의 '목적'은 곧 특정행위라고 할 수 있다. 독일민법전은 Inhalt로 나타내는데 직역하자면 '용기 안에 있는 물건'이다. 이런 의미에서 채권관계를 고려하면, '채권의 객체 안의 물건(내용)'이라 할 수 있다. 중국학자는 채권의 동태적 가치를 나타내기 위하여 '급부'라고 의역하고 있다. '급부'는 '특정행위'를 동사화한 표현이며 관습에 따라 명사적 성질도 나타낼 수 있다. 한마디로 민법에서의 '급부'는 명사와 동사적인 성질을 모두 지니고 있다. 동사로서의 '급부'는 채권의 각 단계에서 서로 다른 법률효과를 발생시킨다. 급부하여 채권을 만족시키는 과정을 '이행'이라 하고, 급부완료의 결과로 채권관계가 소멸하는 것을 '변제'라고 한다. 독일어에서 Leistung은 이행, 변제 등의 급부행위를 뜻한다. 그리하여 Inhalt라는 이익의 대상과 같은 추상적인 개념과 구별된다. 이와 달리 중국어에서 사용하는 '급부'는 논리적으로 완전하지 않아 채권관계를 문자화할 경우 그 의미가 모호하다. 그러나 학계는 오래 전부터 이런 '급부'의 모호한 상태를 인정하고 있다. 따라서 채권법에서 넘을 수 없는 장애는 아니다. 그러므로 본서에서 사용하는 '급부' 또한 논리적이지 못한 상황이 있더라도 독자의 양해를 바란다.

제2절 債權의 本質

I. 채권은 법률효과를 기대할 수 있는 신용이다[4]

채권은 상품경제사회에서 생긴 법률제도이다. 채권은 상품교환에서 교환자들을 연결시키는 '법쇄'로서 채권과 채무로 분리할 수 있다. 이때 채무이행은 '법쇄'를 푸는 '열쇠'로서의 역할을 하며 '법쇄'의 해제는 곧 교환의 실현을 뜻한다. 그러나 한 손으로는 돈을 내고, 한 손으로는 물건을 건네주는 간단한 상품교환은 굳이 '채권'이라는 복잡한 법률용어를 사용하지 않는다. 채권의 등장으로 인해 상품의 양도와 가치의 실현이 시간상 분리될 수 있다는 것이 법적으로 인정되었다. 또한 이 시간상의 분리로 인해 발생하는 문제 혹은 불균형

---

[4] 채권자라는 이 단어는 영어의 Creditor, 프랑스어의 Craditeur, 라틴어의 Credo에서 왔는데, 원래 뜻은 신뢰, 믿음 등의 뜻을 가지고 있다.

을 조절하는 것이 채권이다.⁵ 상품교환의 시간과 공간의 분리는 교환과정을 복잡하게 하였다. 따라서 교환규칙을 대체하는 법률규범이 필요하게 되었다. 그러므로 채권은 법적 효과를 기대할 수 있는 신용이다. 채권법은 서로 다른 지역·시간에서 상품교환이 실현될 수 있도록 보장하는 역할을 한다. 각종 이익은 채권을 통해서 시공을 넘나드는 교환을 할 수 있게 되었다. 또한 과거와 미래의 시간상의 장애를 없애 인류가 시간과 공간을 자유롭게 지배할 수 있게 한다.⁶ 여기서 알 수 있듯이, 채권법은 상품교환에서 가장 일반적이고 보편적으로 적용되는 법률규범이다.

상품교환은 채권법을 내포함으로써 채권법이 상품교환의 일반적 규칙을 지니도록 하였다. 그러나 채권법을 상품교환의 규범과 동일시할 수는 없다. 왜냐하면 상품교환은 법률상 재산양도로 표현되지만 재산양도는 상품교환뿐만 아니라 다른 사회영역에서도 존재할 수 있기 때문이다. 예를 들면 손해배상에서의 배상은 재산양도의 한 방식이다. 그러므로 채권법은 재산양도 혹은 재산유통에 관한 법률제도이다. 이 제도는 교환을 주된 내용으로 하고, 동시에 기타 영역의 재산양도관계를 규율한다.

---

5 柔主編:「經濟體制改革中的若干民法問題」, 北京師範學院出版社, 1985年版, 9쪽.
6 我妻榮著, 王書江, 張雷譯:「債權在近代法中的優越地位」(中文版), 中國大百科全書出版社, 1999年版, 6쪽.

II. 채권의 성질

채권관계는 채권과 채무를 포함한다. 채권과 채무 간에 서로 의존하고 공생하며 서로 대응하는 성질을 기초로 한다. 이론적으로 채권은 다음과 같은 성질을 지닌다.

1. 채권은 재산권이다

채권은 각종 이익을 교환하거나 분배할 때 생기는 권리이며 그에 대한 이행은 반드시 재산 혹은 재산으로 평가할 수 있는 것(예 : 노동)을 주된 내용으로 한다. 예를 들면 채권과 물권, 지적재산권 모두 재산권에 속한다고 할 수 있다.

2. 채권은 청구권이다

채권은 특정인 사이의 법률관계이다. 채권이 실현되려면 채무자의 협조가 있어야 하므로 채권은 채권자가 채무자에게 특정행위를 요구하는 권리이다. 따라서 채권은 청구권에 속한다. 이는 지배권에 속하는 물권과 비교되는 점이라 할 수 있다. 청구권 외에도 특수한 상황에서 채권은 대위권, 취소권, 해제권 등을 포함하지만, 그중 청구권이 가장 광범위하게 사용된다.

3. 채권은 대인권이다

대인권이란 채권자가 채무자의 인신에 대하여 지배권을 누리는 것이 아니라, 채권자가 원칙적으로 그 채권에 대해서 채무자에게 이행을 요구할 수 있는 권리를 뜻한다. 단, 제3자에게는 직접적으로 요구할 수 없다. 그러므로 채권자는 특정한 주체에 대해 권리를 갖기 때문에 대인권에 속하며, 이를 달리 표현하면 채권의 상대성이라 한다. 그것은 불특정한 주체에게 의무를 부여하는 물권의 '대세권'과는 구별되는 것이다.

III. 채권과 물권

채권과 물권은 관계가 가장 밀접한 재산권이다. 재산관계의 과정에서 물권은 과정의 시작과 끝이 된다. 그리고 채권은 시작에서 끝까지의 상태를 모두 개괄한다. 따라서 물권은 채권의 종착점이 된다. 양자의 관계를 명확히 하는 것은 민법학에서 재산법체계를 파악하는데 매우 중요하다.

(1) 채권은 청구권이고, 물권은 지배권이다. 이것은 두 권리의 작용상의 차이이다. 이에 대해서는 이미 앞에서 서술하였다.

(2) 물권은 '일물일권주의'에 의하여 원칙적으로 하나의 목적물에 여러 개의 물권이 존재할 수 없다. 즉, 물권은 배타적인 효력을 가진다. 채권은 채권평등원칙에 의하여 하나의 목적물에 여러 개의 동일한 채권이 존재할 수 있다. 즉, 배타적 효력이 없다.

(3) 물권(주로 담보물권)은 우선성을 지닌다. 동일한 내용의 담보물권이 경합할 때, 그중 먼저 발생한 물권을 우선으로 한다(「중국담보법」제54조[7]). 그러나 하나의 목적물에 물권과 채권이 경합한 경우, 물권을 우선으로 한다. 「〈민법통칙〉의견」제116조에 따르면 채권은 상대성을 가지므로 채권의 발생시간과 관계없이 모

두 같은 조건으로 배상을 받는다고 하여 채권의 평등성을 강조하였다.
(4) 물권은 정태적 재산권이다. 그 사회적 기능은 목적물을 항상 같은 상태로 보호하는 데 있으므로 재산의 정태적인 안전을 중시한다. 채권은 동태적 재산권으로 그 사회적 기능은 시공의 장애를 넘어 교환재산을 얻는 데에 있다. 그러므로 재산의 동태적 안전을 중시한다.
(5) 물권의 유형과 효력은 법으로 규정하고 있으며, 이를 물권법정주의라고 한다. 채권은 법으로 규정하고 있을 뿐만 아니라(예 : 권리침해행위에 의한 채권, 부당이득에 의한 채권) 약정을 통하여 결정할 수도 있다(예 : 계약에 의한 채권).

IV. 채권의 물권화

앞에서 서술한 바와 같이 채권과 물권은 차이가 있지만 채권을 더욱 효과적으로 보장하기 위하여 몇 가지의 채권은 상대성(즉, 대인권)을 타파하고 물권의 효력을 나타내고 있다. 이론상으로 이것을 채권의 물권화라고 한다. 예를 들면 「중국해상법」 제21조에서는 선박우선권을 규정하고 있고, 「중국계약법」 제229조에서는 매매는 임대를 파기할 수 없다고 규정하고 있다. 즉, 청구권의 효력을 확장한 채권은

---

[7] 2007. 10. 1.부터 시행되는 「중국물권법」 제199조에 동일한 내용이 규정되어 있다. 등기된 두 개 이상의 저당권은 등기된 순서에 의하고(제1항), 등기된 저당권과 미등기저당권이 경합하는 경우 등기된 저당권이 우선한다(제2항). 부록편 중국물권법 참조. — 역주

특수한 상황에서 제3자에게 대항할 수 있는 효력을 갖게 한다.

V. 채권의 확장

1. 서설

민사법률관계에서 채권은 특정인 사이에서 발생하기 때문에 효력 발생시 채권자와 채무자 이외의 제3자를 언급하지 않는다. 그러나 거래영역의 확대와 거래형식의 다양화에 따라 특정인 사이의 관계는 어떤 상황에서 제3자의 '침해'에 의한 손해를 받을 수 있다. 채권관계를 견고하게 하고 거래의 안전을 보호하기 위하여, 채권법이론은 전통적인 채권의 본질을 수정하여 제3자에 대한 효력을 확장시켰다.

2. 채권의 보전

채무불이행이 제3자의 행위와 관계가 있다면 채권자는 그 행위를 간섭하여 채권을 보전시킬 수 있다. 이것이 채권보전의 기본적인 가치이며, 이 제도는 이미 많은 나라의 민법에서 사용하고 있다. 중국 계약법에서도 채권보전에 대한 규범을 명시하고 있다.

3. 제3자의 채권에 대한 침해

채권법이론에서 채무자가 채무자의 귀책사유로 인해 발생한 채무를 이행하지 않는다면 채무불이행의 책임을 지게 된다. 만일 제3자의 행위가 채무자의 행위를 방해하여 채무를 완수하지 못하였을 경우에 제3자가 그에 대한 책임을 져야 하는가? 예를 들어, 갑이 을에게 명화

(名畫)를 팔려고 하는데, 팔기 전에 병에 의하여 훼손되어 갑이 을에게 팔 수 없게 되어 병이 갑에게 권리침해행위의 책임을 져야 할 경우, 을이 대신 그 손해에 대하여 병에게 청구할 수 있을까? 영국과 프랑스의 판례에서는 이에 대하여 긍정적인 태도를 보인다.[8] 중국과 대만 학자들도 긍정설을 지지하는 편이지만[9], 중국학자들은 보다 더 신중한 입장이다.[10] 중국계약법의 규정으로 볼 때, 채권을 침해하는 제3자의 책임을 기본적으로 부정하고 있다.

4. 제3자를 위한 계약[11]

제3자를 위한 계약은 계약의 당사자가 제3자에게 당사자의 채권이나 채무를 취득하게 하거나 부담하게 하는 계약이다. 이런 계약은 로마법의 '타인과는 계약을 할 수 없다'라는 이념을 타파하고 채권의 상대성을 확장시킨 것이다. 이런 이론은 이미 각국의 민법전에 의하여 보편적으로 인용되었고[12], 중국도 「중국계약법」제64조와 제65조에서 제3자와의 이와 같은 계약체결에 대해 규정하고 있다. 그러나 의사자치원칙에 따라서 제3자를 위한 계약의 제3자가 부담한 채권이나 채무를 이행하지 않았을 때 채무자는 스스로 채권자에 대하여 채무불이행의 책임을 져야 한다.

---

8 史尙寬:「債法總論」, 2쪽.
9 王澤鑒:「民法債編總論」제1책, 19쪽.
10 李永軍:「合同法原理」, 中國人民公安大學出版社, 1999年版, 206~207쪽 참고.
11 원문은 '섭타계약(涉他契約)'이다. - 역주
12 「프랑스민법전」제1121조, 「독일민법전」제328조, 「일본민법전」제537조, 「러시아연방민법전」제430조 참조.

제3절 債權法

I. 대륙법계의 채권법

　민법전을 특징으로 하는 대륙법계에서 채권법의 규범체계는 전형적으로 프랑스와 독일이 대표한다. 프랑스민법전은 로마법의 체계를 이어받아 독립적인 채권편을 만들지 않았다. 그러나 '채권'을 민법전 제3권의 '재산을 취득할 수 있는 각종 방법'에 두고 있고, 이 조문은 민법전의 2/5를 차지한다. 독일민법전은 총론의 '법률행위' 장에서 '계약통칙'절을 두고, 총론편에 이어 제2편 채권편을 두고 있다. 이 조문은 법전의 1/4을 차지한다. 앞에서 서술한 내용을 살펴보면 채권법이 민법전에서 얼마나 중요한가를 알 수 있다. 특히 독일민법전은 채권편을 물권편 앞에 두고 있다. 이처럼 요즘의 성문법국가들은 모두 채권법을 두고 있고, 단지 명칭만 조금씩 다를 뿐이다.
　중국도 성문법은 있지만 민법이 법전화되지는 않았다. 그러나 중국민법통칙과 중국계약법에서 중국채권제도의 윤곽이 드러난다.

II. 채권법과 상법

　대륙법계에서 상법은 개인의 상업활동을 규율하는 법률규범을 말한다. 상법은 일반적으로 상인 및 상업행위와 관련된 일반적인 규범과 회사, 어음, 보험 등과 관련된 구체적인 규범을 포함한다. 상법은 유럽 중세시기에서 근대 시장경제로 넘어가는 과도기에 민법에서 파생된 것이다. 근대 법전화활동에서는 프랑스와 독일이 대표적으로 민법전 외에 상법전을 따로 만들어 민상분립을 실현하였고, 스위스와 이탈리아 등의 국가들은 민상합일을 실현하였다. 중국은 중화민국 때부터 민상합일을 실천해왔다. 1980년대 이후에도 이 체계를 따랐고 앞으로도 민상합일체계를 확고히 할 것이다. 민상합일에서 채권법이 포용할 수 있는 상법규범, 예를 들어 상사위탁, 위탁매매 등의 규범은 채권편에 속한다. 그러나 보험, 어음과 같이 민법이 포용할 수 없는 특수한 형태는 특별법으로 규정하고 있다.[13]

현대사회의 사법에서는 상업활동의 보편화와 상인독점제의 해체에 따라 민상이 분리되었다. 그러나 상법은 민법과 떨어질 수 없으므로 민법총론과 분리하여 상사관계를 해석할 수 없다. 쉽게 말하자면, 민상합일이나 민상분립은 그저 형식적 의의만 가지고, 실질적 의의는 가지지 않는다. 프랑스학자 達維斯는 "상사와 민사상의 채권을 구별하여 대우하는 규정은 거의 없다"[14]라고 말했다.

III. 중국의 채권법규범

중국채권법은 평등한 주체 사이의 채권·채무관계를 규율하는 법

---

13 민상합일을 채택한 국가는 그 입법체계에 따라 민법이 포함하는 상법규범에도 차이가 있다. 예를 들어 「스위스채무법」 제3편에서는 회사법을 포함하고 있다. 여기에서는 일반적인 것만 논한다.
14 勒內·達維斯著, 漆竹生譯: 「當代主要法律體系」(中文版), 上海譯文出版社, 1984年版, 84쪽.

률규범으로 다음과 같은 규범으로 이루어진다.
(1) 중국민법통칙의 '채권', '민사책임' 부분. 「〈민법통칙〉 의견」의 '채권에 관한 문제'(제104조~제132조), '민사책임'(제142조~제162조)부분
(2) 「중국계약법」 및 「중국보험법」, 「중국담보법」의 채권법에 관한 규범
(3) 최고인민법원의 채권문제에 관한 회답 및 행정법규 중의 채권과 관련된 규범. 후자의 예로는 중국도시부동산법의 주택매매계약에 관한 규범 등이 있다.
(4) 중국정부가 체결하거나 참가한 양자 간 협정과 국제협약. 예를 들어 「국제물품매매계약에 관한 유엔협약」, 「바르샤바협약」 등이 있다.

IV. 채권법의 적용에 관한 논리적 분석

중국의 채권법은 '일반적인 것에서 구체적인 것으로'라는 입법체계를 따르지만, 채권법의 분산성 때문에 채권의 유형에 대한 구체적인 규정은 많지만 채권의 공통된 사항을 귀납하는 일반적인 규정은 적다. 이 때문에 입법에서 명실상부하지 않은 현상이 나타나기도 한다. 예를 들어 중국계약법의 보전, 권리침해 등은 채권법 총론의 규범에 속한다. 이것은 채권법의 기본규정을 잘 파악하여 활용할 것을 요구한다. 먼저 법률사실로 인하여 만들어진 권리·의무관계가 채권법의 범위에 속하는지를 명확히 해야 한다. 예를 들어, 관리사무소의 관

리에 대한 계약이나 기타 채권은 그와 비슷한 채권법, 심지어 민법의 일반원칙으로써 해결해야 한다. 그리고 채권이 속한 유형에 채권법 규정이 있다면 그에 따라 처리한다. 채권의 유형에 관한 규정이 없다면 이에 관련된 채권법규정이나 민법의 기본원칙으로 처리하여야 한다. 현행 입법은 채권에 대한 일반적인 규정과 구체적인 규정을 하나로 합쳐서 그 적용에 어려움이 발생하는 것을 막는다. 본서의 채권법은 현행 법률규범을 기초로 성문법을 기초로 하는 국가의 채권법체계를 참고한 채권이론체계로서, 독자가 현행 채권법의 논리적 체계와 전체적인 구조를 잘 파악할 수 있도록 하여 채권법의 올바른 적용을 돕는다.

V. 채권법과 재산법

채권법은 민법의 구성부분이다. 채권관계시 민법총칙의 규정을 적용하는 것에 대해서는 논할 필요가 없지만, 기타 재산규범과의 관계에 대해서는 특별히 설명할 필요가 있다.

1. 채권법과 물권법

채권법과 물권법은 모두 재산법에 속하고, 다음과 같은 세 가지 공통된 기능이 있다.

(1) 채권은 물권의 변동을 내용으로 하고, 그 이행은 물권행위로써 완성된다. 예를 들어 매매, 증여 등은 물권행위(물권행위라고 확정할 수 없을 경우, 이행행위라고 간주할 수 있다)에 의하여 물권을 취

득하고, 채권계약을 법적 근거로 한다.
(2) 거래의 안전을 지키기 위하여 채권을 담보물권으로 보장할 수 있다. 여기서 담보물권의 기능은 채권을 실현시키는 데에 있다.
(3) 채권청구권과 물상청구권은 병존하여 경합할 수 있다. 예를 들어, 임대인은 임대기한 만료일이 도래하였을 때 임대물의 반환을 청구할 수 있다.

2. 채권법과 상속법

상속법에도 채권관계에 대한 규정이 있다. 하나는 유산을 상속한 때 채권의 이전과 채무부담에 관한 규정이고, 다른 하나는 채권의 발생에 관한 규정이다. 예를 들면 유증(「중국상속법」 제16조), 유증부양협의(「중국상속법」 제31조)가 있다.

3. 채권법과 지적재산권법

지적재산권의 양도와 사용허가는 모두 채권관계를 통하여 실현된다. 공업재산권법(工業財産權法)에서 공업재산권의 무효가 선고된 경우, 상표나 특허의 양도·사용허가로 인해 얻은 이익은 부당이득의 규정에 따라 진정한 권리자에게 반환해야 한다.

4. 채권법과 혼인법

혼인법에서는 일정한 신분관계를 기본으로 발생하는 채권을 규정하고 있다. 예를 들어, 결혼할 때의 부부의 재산에 대한 약정, 이혼시 재산분할 혹은 부양권설정에 관한 계약, 친족 간의 법정부양청구권의 행사 등은 모두 청구권을 기초로 한다. 중국계약법은 신분계약에 관하여 적용하지 않지만, 친족법(親族法)[15]에서 다루지 않은 상황에 대해서는 채권법규범을 참조하여 처리하기도 한다.

---

15 중국은 아직까지 포괄적인 가족법을 제정하지 않고 있다. 따라서 가족법을 세분화하여 위와 같이 친족법, 상속법 등으로 따로 규정하고 있다. — 역주

제2장

債權의 類型

제1절 序說

경제생활과 재산의 유통방식이 다양화됨에 따라 채권의 유형도 다양해졌다. 그러나 현실사회에서의 모든 거래를 채권의 유형으로 옮기기에는, 첫째로 민법이 용납하기에는 한계가 있다. 둘째로, 이론의 기반이 없는 채권유형은 경전으로서의 의의가 없다. 따라서 민법학에서 채권의 유형은 일정한 기준에 따라 구분하고 공통된 특징을 가진 채권끼리 모아서 분류한다. 그러므로 채권의 유형을 연구할 때에는 채권관계의 구조를 정확히 파악하여야 하고, 민법이 재산관계를 규율할 때 쓰는 과학적 방법도 역시 연구해야 한다.

채권의 유형에 대한 연구는 채권의 분류에서부터 시작하는데, 이런 분류는 채권의 목적을 기준으로 한다. 전체적으로 말해서 이론과 법률의 분류기준은 다음을 포함한다. 하나는 채권의 발생근거이고, 다른 하나는 채권의 요소이다. 예를 들면 주체, 객체 등이 이것이다. 또 다른 하나는 채권의 법률효력이다. 예를 들면 주종관계 등이 있다. 독일민법전의 양식을 계승한 체계에서는 채권의 발생원인을 기준으로 계약, 권리침해행위, 사무관리, 부당이득을 채권에 포함시킨다. 그리고 이것은 채권법 각론의 체계를 이루고, 기타 기준에 의하여 나눈 채권의 유형은 특수한 유형으로서 채권의 총칙에서 규정하고 있다. 특수한 유형의 채권에서는 다수의 채권은 다른 특수한 유형의 채권보다 더욱 보편적인 적용성을 가진다. 그러므로 본장에서는 별도로 한 절을 두어 일반적인 채권의 유형에 대해서 자세히 설명한다.

제2절 債權의 類型

I. 채권의 급부목적에 의한 분류

채권은 급부목적에 따라 다음과 같이 여섯 가지 유형으로 나눌 수 있다.

1. 실물채권

실물은 교환가치가 있는 유체물이다. 실물을 채권의 급부대상으로 하는 것을 실물채권이라 한다. 실물채권은 실물의 속성에 따라 특정물채권과 종류채권으로 나눌 수 있다.

(1) 특정물채권은 특정물을 급부대상으로 하는 채권을 가리킨다.

특정물은 객관적 특정물과 주관적 특정물로 나눌 수 있다. 전자는 독자적인 특징을 지니고 있어서 다른 물권으로 대체할 수 없는 것이고, 후자는 당사자의 의사표시를 거쳐서 특정화된 종류물을 가리킨다. 특정물채권의 목적물은 채권발생시에 확정된다. 그러므로 채무자는 반드시 특정물을 인도하여 채무를 이행해야 한다. 그러나 특정물이 상실되어 존재하지 않을 때에는 원물을 인도할 의무를 면제받는다. 특정물채권에서 당사자는 특정물에 대한 소유권을 이전하는 시간에 대해서 법률에 강행법규로 규정되어 있지 않는 한 약정하여 정할 수 있다.

(2) 종류채권은 종류물을 급부목적으로 하는 채권이며 종류물채권이라고도 한다. 종류채권의 목적물은 채권이 발생할 때에 확정되는 것이 아니라 인도할 때에 특정화된다. 따라서 채권의 목적물이 인도하기 전에 소실되더라도 채무자의 의무가 없어지는 것은 아니다. 그러므로 채무자는 동등한 종류물로 채무를 이행하여야 한다. 채권관계에서 종류물에 대한 소유권의 이전은 인도될 때 발생한다.

실물채권이 이행불능인 경우 금전채권[16]으로 대체할 수 있다. 채무자는 금전의 지급으로써 실물인도를 대체할 수 있다(「〈민법통칙〉 의견」 제68조).

---

[16] 원문에서는 이를 '화폐채권(貨幣債權)'이라고 하는데, 금전의 급부를 목적으로 한다는 뜻이 한국의 금전채권과 상통하므로 본서에서는 금전채권으로 번역하였다. — 역주

2. 금전채권

금전채권은 금전의 급부를 목적으로 하는 채권이다. 중국에서 금전은 인민폐와 외화로 나뉜다. 인민폐는 중국이 법으로 지정한 유통가능한 금전이다. 따라서 의무이행시 일반적으로는 인민폐를 사용하고, 특별한 규정이 있는 경우에는 외화도 채권의 이행대상이 될 수 있다. 금전은 일반적인 등가물이기 때문에 다른 채권과는 다른 특수한 효력을 가진다.

(1) 금전채권의 특수한 의의

금전채권은 특수한 종류채권이다. 금전의 사용가치는 그것의 교환가치에 집중되어 있고, 일반등가물로서 기타 물품, 노동, 외화와 교환할 수 있다. 그러므로 기타 실물보다 큰 유통성을 가진다. 기타 유형의 채권이 이행불능인 경우, 모두 금전채권으로 대신할 수 있다. 또한 금전채권은 원칙적으로 이행지체만이 발생하고 이행불능은 발생하지 않는다. 그러므로 채무자는 이행불능에 의한 채권의 소멸이 불가능하다(「중국계약법」 제111조). 채무자가 파산을 선고받았을 경우, 상황에 따라 채무의 부분 혹은 전체적으로 면제받을 수 있다.

(2) 금전채권의 이행변경

금전의 교환가치는 가격을 통해서 나타나므로, 금전가치가 떨어지거나 올라서 구매가 저조하거나 증가할 때 다음과 같은 문제가 나타날 수 있다. 그렇다면 금전채권의 급부에도 이에 상응하는 변경이 발생하는가? 즉, 원래 정해진 금전의 수량대로 이행해야 하는가, 아니면 원래 정해진 구매력에 의해 금전의 수량대로 이행해야 하는가? 법률의 기능면에서 볼 때, 금전가치의 변화는 시장의 상황에 의한 것이지 법률에 의한 것이 아니다. 이 이념을 바탕으로 영국은 1604년에 유명주의(唯名主義)원칙을 확립하였다.[17] 즉, 금전의 가치가 어떻게 바뀌었든 채무자는 원래 책정된 액수의 금액대로 지불해야 한다. 이 원칙을 각국에서 모방하였고, 민법전에 기재하고 있는 국가도 있다(「프랑스민법전」제1895조). 그러나 20세기 이후에 경제위기의 발생이 빈번해지고 통화팽창률이 계속 높아짐에 따라 유명주의원칙은 떨어지는 화폐가치를 채권자가 부담하게 하여 거래의 공평성을 상실하게 하였다. 따라서 당사자들은 이런 위험을 합리적으로 배분하기 위하여 계약에서 사전에 금전가치의 변화를 배제하는 약정을 하는 보호성조항을 만들었다. 예를 들어, 황금이나 양식(良食)으로 가격을 계산하는 방법이 있다. 중국민법은 이와 같은 지도성규정을 하고 있지 않다. 새로 공포된 계약법에서도 '사정변경'을 규정하지 않았다. 이를 통하여 중국이 적용해야 하는 '유명주의'원칙은 입법의 의도에 부합하는 것이다.

(3) 금전의 교환행위

금전채권에 따라 급부된 화폐는 화폐를 집행하여 지불하는 수단으로서의 기능을 가진다. 이러한 급부와 화폐의 교환과는 구분되는바, 후자는 일국의 화폐를 타국의 화폐와 환전하는 행위를 말한다. 교환 중의 화폐는 지불수단으로서의 기능을 갖지 못하며, 종류물로서 매매되는 것에 불과하다. 따라서 금전교환은 반드시 동등한 사용가치를 가지는 금전과의 교환이어야 하며, 유명주의원칙은 적용하지 않는다

---

[17] 이 원칙은 Gilbert v. Brett사건에 의하여 확립되었다. 納雷什金娜主編:「資本主義國家民商法」(下)(中文版), 中國政法大學出版社, 1989版, 52쪽.

(「국제화폐기금협정」제19조 제7항(a)).

3. 이자채권

이자는 타인의 금전을 사용함으로써 타인에게 급부해야 하는 대가이다. 이자의 급부를 목적으로 하는 채권을 이자채권이라 한다. 이자채권은 원금을 목적으로 하는 주된 채권에 대한 종된 채권이다. 이자는 주된 채권에 의한 수익으로서 법정과실(法定果實)이 된다.

(1) 이자의 유형

이자는 그 발생원인에 따라 약정이자와 법정이자로 나눌 수 있다. 약정이자는 당사자의 약정에 의하여 발생한 이자이고, 법정이자는 법률의 강행규정에 의하여 발생한 이자이다. 법정이자는 그 성질에 따라 다시 두 가지로 나눌 수 있다.

(a) 벌식(罰息)은 채무자의 위약으로 인하여 지급해야 하는 원래 이자에서 가중된 이자로 일종의 위약금이다.

(b) 지체이자는 채무자의 이행지체로 인하여 지불해야 하는 이자로서, 본질적으로는 일종의 부당이득이다(「중국계약법」제207조).

(2) 이율

이율은 일정기간 동안 원금에 붙는 이자의 비율을 가리킨다. 기간은 월간 혹은 연간으로 계산한다. 월 단위로 세는 것은 월이율, 연단위로 세는 것은 연이율이라 한다. 비율은 십분비, 백분비, 천분비나 푼, 리, 밀리로 표시한다. 이율은 발생하는 원인에 따라 다음과 같이 나눌 수 있다.

(a) 법정이율은 강행규정에 의한 이율이고, 다시 두 가지로 나눌 수 있다. 하나는 고정이율이고, 다른 하나는 유동이율이다. 중국의 법정이율은 중국인민은행이 결정하고 공포한다(「중국인민은행법」제27조).

(b) 약정이율은 당사자가 자유로이 결정한 이율이다. 약정이율은 법률상의 두 가지 특수한 제한을 받는다. 첫째, 금융기구가 채무자 혹은 채권자일 때 그 이율은 반드시 법이 정한 최고와 최저이율의 한도 내에서 정하여야 한다(「중국상업은행법」제31조·제38조). 자연인 간의 임대차관계의 이율은 법정이율보다 적당히 높아야 한다(「〈민법통칙〉의견」제69조). 그리고 생산성 임대차의 이율은 생활성 임대차의 이율보다 적당히 높아야 한다(「〈민법통칙〉의견」제122조).

주의해야 할 점은 약정이율과 약정이자가 같은 개념이 아니라는 것이다. 전자는 이자를 계산하는 방법이고, 후자는 원금에 의하여 발생한 과실(果實)이다. 약정이자의 이율이 정해지지 않았거나 불명확할 때에는 법정이율에 관한 규정을 준용해야 한다(「〈민법통칙〉의견」제121조).

(3) 복리

복리(複利)는 이자가 이월된 원금에 다시 이자가 붙는 방식을 말한다. 이 방식은 채권액을 급속히 증가하게 하여 거래의 공평성을 위협하기 때문에 각국의 민법은 이에 대하여 제한을 가하고 있다. 중국은 임대차관계에서 원칙적으로 복리사용을 금지한다(「〈민법통칙〉의견」제125조). 그러나 법률이 복리의 사용을 허락한 예외적인 상황도 존재한다(예 : 민정부(民政府)가 1994년에 공포한 「농촌사회 양로보험과 양로금계산법」 제1조 제1항). 또한 복리는 법정이율이기 때문에 당사자의 의사에 따라 자유로이 약정하는 것을 허락하지 않는다.

(4) 이자채권의 특수한 효력

이자채권에 대한 연구는 다른 유형의 채권과 다른 특수한 효력을 명확히 하는 데 그 의의가 있다. 우선, 이자채권은 종된 채권으로서 주된 채권의 존재를 조건으로 한다. 주된 채권에 변경이나 소멸이 발생하면 이자채권도 그 영향을 받는다. 그리고 주된 채권의 변제기가 도래할 때 이자가 발생하고 독립적인 이자채권의 법률효력을 가진다.

4. 노무채권

채무자가 노무를 제공하는 것을 목적으로 하는 채권을 노무채권이라고 할 수 있다. 노무란 채무자의 작위행위를 통하여 구현되는 서비스를 가리킨다. 그것은 물질화된 노동의 결과(예 : 옷을 만드는 것)로 나타날 수도 있고 특정요구를 만족시키는 서비스(예 : 소송대리)로 나타날 수도 있다. 영국법에서는 전자를 기술성서비스, 후자를 전문성서비스라고 한다.

노무채권은 실물채권 등 기타 채권과는 다른 성질을 갖고 있다. 노무채무의 이행은 인신적 성질을 가지고 있다. 따라서 노무채무는 일반적으로 채무자 자신이 직접 이행해야 하며 약정을 거치지 않고 제3자로 대체하여 이행할 수 없다. 노무채권이 이행불능이 되었을 때에는 강제이행이 아닌 손해배상으로 구제받는다.

5. 지적재산채권[18]

저작물, 특허, 상표, 기술 등의 지적재산을 급부목적으로 하는 채권을 지적재산의 채권이라고 한다. 지적재산은 지력(智力)에 의한 것으로 '무체물'에 속하며 교환가치는 지적재산권법에 의해서 정해진다. 이리하여 지적재산과 노무는 서로 다른 법적 성질을 가진다. 전자는 지적재산권의 객체이고, 그 재산성은 법률로써 정해진다. 타인이 허가 없이 지적재산을 공유하려고 한다면 이는 권리침해행위에 속한다. 그러나 법률이 재산성을 가지지 않는다고 긍정한 지적재산은 누구나 사용할 수 있다. 후자는 사람의 행위로 그 재산성은 당사자의 약정에 의하여 정해진다. 그러므로 채권의 목적이 될 수밖에 없다.

6. 손해배상채권

손해배상채권은 타인에게서 손해받은 것에 대한 회복이나 보상을 목적으로 하는 채권이다. 손해로 인하여 발생한 배상채무를 중국민법통칙에서는 '민사책임(民事責任)'이라고 하여 권리침해행위와 채무불이행(위약)과 분리하여 규정하고 있다. 손해배상채권에서 채무를 부담하는 방법에 대한 각국의 민법규정은 서로 다르다. 프랑스, 일본 등의 민법은 금전으로 하는 배상을 원칙으로 하고, 독일 등의 민법은 원상회복을 원칙으로 하였다. 중국은 민법통칙과 계약법의 입법정신에 의거하여 원상회복을 원칙으로 하고, 손해배상의 규정으로써 원상회복의 부족한 부분을 보충한다.

---

[18] 원문에는 '지혜성과'라 되어 있는데 문맥으로 볼 때 '지적재산'으로 쓰는 것이 타당하다고 생각되어 '지적재산'으로 번역하였다. – 역주

손해배상채권이 발생하는 원인에는 다음의 두 가지가 있다.

(1) 법률규정에 의한 손해배상채권의 발생

(a) 권리침해행위(「중국민법통칙」 제106조 제2항)

(b) 채무불이행 (「중국계약법」 제107조)

(c) 대리권 남용과 무권대리(「중국민법통칙」 제66조)

(d) 민사행위의 무효 혹은 취소(「중국민법통칙」 제61조, 「중국계약법」 제58조)

(e) 법률이 허락한 권리확장행위「중국민법통칙」 제83조, 「〈민법통칙〉 의견」 제86조), 「중국토지관리법」이 규정한 토지징용 등)

(f) 타인의 이익을 위하여 재산에 손해를 입히는 행위(「중국민법통칙」 제93조)

(2) 약정에 의한 손해배상채권의 발생

(a) 보험계약(「중국보험법」 제2조)

(b) 손해배상담보계약(최고인민법원의 「압수한 선박을 강제로 환금하여 채무를 변제하는 것에 관한 구체적인 규정」 제1조 제1항)

손해배상채권의 발생원인은 여러 가지이므로 그 성질을 하나의 개념적 이론으로 확립하기가 어렵다. 그러나 권리침해행위로 인하여 발생한 손해배상과 채무불이행으로 인하여 발생한 손해배상은 비교할 수 있다. 첫째, 채무불이행에 대한 손해배상은 원래 이행을 대체하는 채권으로서 원래의 채권과 동일한 담보를 받는다. 원래의 채권이 성립되지 않았다면 이 채권도 성립되지 않는다. 둘째, 권리침해행위에 대한 손해배상은 원시채권이라 한다. 그 성립과 권리침해행위는 동시에 발생하며 그 채무는 법정채무가 된다.

II. 채권의 목적에 대한 선택가능 여부에 의한 분류

1. 선택채권

선택채권은 여러 가지 급부 중에서 당사자의 선택에 따라 확정된 한 가지 급부의 이행을 목적으로 하는 채권이다. 선택채권은 민사행위에 의하여 발생한다. 예를 들면 화물운수계약시 철도, 항공 등의 운송방식을 선택할 수 있다. 또 법률의 규정에 의해서도 발생한다. 예를 들면 상품의 하자에 대한 손해배상에서 변경과 수리 중에서 하나를 선택하여 이행할 수 있다(「중국소비자권익보호법」 제44조).

(1) 선택채권의 성립요건

두 가지 이상의 다른 내용의 급부가 있어서 당사자가 선택할 수 있는 권리가 있다. 따라서 선택채권은 종류채권과 다르다.

(a) 선택채권의 급부목적은 물건의 급부와 행위의 급부를 포함한다.
(b) 선택채권의 목적이 물건의 급부인 경우, 특정물일 수도 있고 종류물일 수도 있다. 만약 종류물의 급부를 선택한 경우, 그 범위는 반드시 개별적이고 미리 정할 수 있으며, 식별가능하고 쉽게 선택할 수 있는 여러 가지 종류물이어야 한다. 그러나 종류채권의 범위는 한 가지의 종류물만을 가리킨다.

(2) 선택채권의 급부의 특정화

선택채권의 이행은 반드시 한 가지 급부를 이행목적으로 해야 한다. 이를 가리켜 선택채권의 급부의 특정화라고 한다. 특정화의 방법으로는 선택이행, 이행불능 그리고 계약의 세 가지가 있다. 계약으로 특정화하는 경우 법에 어긋나지 않는 범위 내에서 당사자의 의사로 정할 수 있다. 그러나 선택이행과 이행불능에 대한 특정은 조금 복잡하므로 다음과 같이 나누어볼 수 있다.

(a) 선택이행은 선택권자가 상대방에게 특정한 이행을 할 것을 표현하는 의사표시이다. 선택은 일방의 의사에 의하여 성립되므로 선택권은 형성권에 속한다. 채권자가 선택권을 누리는 것은 선택채권이라 하고, 채무자가 선택권을 누리는 것은 선택채무라고 한다. 만약 약정이나 법에 특별한 규정이 없다면, 선택권은 채무자에게 귀속한다. 선택권을 누리는 당사자 일방이 변경된다면 선택권도 변경된다. 선택권자가 선택권을 제 시간에 행사하지 않는다면, 선택권은 상대방 당사자에게 이전된다. 만약 선택권이 제3자에게 있고, 제3자가 선택권을 행사하지 않는다면 선택권은 채무자에게 이전된다.

(b) 이행불능은 여러 가지의 이행에서 하나의 이행을 선택하여 하는 경우에 발생할 수 있다. 만약 실현가능한 이행이 두 가지 이상이라면 선택범위의 축소에 의한 문제가 발생하지 않는다. 하지만 실현가능한 이행이 한 가지이면 선택채권은 간단채권으로 바뀐다.

(3) 선택채권의 특정의 효력

선택채권이 계약, 선택이행 혹은 이행불능으로 인하여 특정되었다면 간단채권의 효력이 발생한다. 즉, 선택채권에서 선택이 확정되면 간단채권으로 바뀐다는 것이다.

2. 간단채권

간단채권은 한 가지 이행만을 목적으로 하는 채권이다. 간단채권에서 당사자는 채권의 급부목적에 대하여 선택의 여지가 없으므로 선택할 수 없는 채권 혹은 단순채권이라고도 한다. 간단채권은 계약에 의하여 생길 수도 있고, 법률규정에 의하여 발생할 수도 있다(「중국민법통칙」 제119조).

3. 임의채권

임의채권은 채권자나 채무자가 원래 정해진 급부 이외의 기타 다른 형태의 급부로써 원래 정해진 급부를 대신할 수 있는 채권이다. 원래 정해진 급부를 대체한 다른 급부수단을 대용급부(代用給付)라고 한다. 이것은 채권의 종된 권리이고 대용권이라 한다. 대용권은 민사법률행위에 의하여 생길 수도 있고 법률의 규정에 의하여 직접적으로 생길 수도 있다. 임의채권은 대용권의 귀속에 따라 채권자 임의채권과 채무자 임의채권으로 나눌 수 있다. 선택채권, 간단채권과 비교했을 때, 임의채권은 다음과 같은 특징을 가진다.

(1) 임의채권의 목적은 단일급부라는 점에서 간단채권과 비슷하다. 그러나 다른 형태의 급부로써 원래 정해진 급부를 대체할 수 있다. 선택채권과 병렬관계를 가지며 선택을 기다리는 것이다.

(2) 임의채권이 성립될 때, 원래 정해진 급부는 가능한 것이어야 한다. 만일 원래 정해진 급부가 자체적으로 불능인 경우 채권관계는 근본적으로 성립될 수 없다. 이것은 임의채권이 선택채권과 다른 점이고, 간단채권과 비슷한 점이다.

(3) 임의채권에서 대용권자가 대용급부의 의사를 표시한 후에 대용이행이 불능이 된 경우, 채무자는 원래 정해진 이행을 계속 이행해야 하는 의무를 가진다. 그러나 선택채권에서 선택한 이행이 실현불가능하게 되었을 경우, 채권의 목적은 자체적으로 무효가 된다.

Ⅲ. 채권의 급부방법에 따른 분류

1. 일시적 채권

일시적 채권은 한 번의 행위로 급부를 완성하는 채권이다. 예를 들어 매매시에 물건을 인도하고, 금전을 지불하는 행위는 한번의 행위로 완성되기 때문에 일시적 채권에 속한다. 일시적 채권에서 채무자가 급부를 한번에 완성하지 않으면 하자가 있는 급부이므로 그에 상응하는 책임을 져야 한다.

2. 지속적 채권

지속적 채권은 지속적인 급부를 목적으로 하는 채권이다. 예를 들면 임대인의 급부의무 등이 있다. 지속적인 급부란 그 내용과 범위가 채권이 존속하는 시간의 영향을 받는 급부이다. 급부의무는 시간의 경과에 따라 계속적으로 이행된다. 지속적 급부에는 두 가지 형태가 있다.

(1) 회귀적(回歸的) 급부

회귀적 급부는 반복적이고 개별적인 급부를 내용으로 하는 급부를 가리킨다. 예를 들면 정기적인 월급, 이자 등이 있다.

(2) 비회귀적(非回歸的) 급부

회귀적 급부 이외의 모든 급부는 비회귀적 급부에 속한다. 예를 들면 보관인의 급부 등이 있다.

IV. 채권의 집행력에 따른 분류

1. 자연채무

자연채무는 법이 인정하고 있지만 강제적인 집행력에 의한 보호를 받지 못하는 채권이다. 그러므로 자연채무에서 채무자가 채무를 불이행하는 경우 채권자는 법원에 강제집행을 청구할 수 없다. 채무자가 자의로 이행할 때에만 그 이행이 유효하게 된다. 대륙법계에서의 자연채무는 네 가지가 있다. 즉, 결혼중개에서 약정한 보수, 도박채무, 한정된 상속에 의한 채권 및 소멸시효가 지난 채무가 있다. 중국에서는 소송시효가 지나거나 유산의 가치를 넘어선 자연채무에 대하여 법률로써 인정하고 있다(「중국민법통칙」 제138조, 「중국상속법」 제33조). 중국의 법률은 도박을 명확하게 금지한다(「치안관리처벌조례」 제32조). 그러나 법률은 도박으로 발생한 채권은 부당이득에 속하므로 반환해야 한다고는 규정하고 있지 않다. 그러므로 법률은 도박의 자연채무적 속성을 인정하고 있다고 추론할 수 있다. 법률은 또한 결혼중개에 대하여 약정한 보수에 대해서도 규정하지 않고 있다. 만약 법에 의하여 성립된 혼인중개소가 당사자에게서 보수를 받았다면 이것은 법정채권으로 간주하여 처리하여야 한다.

2. 법정채권

광의의 법정채권은 자연채무와 서로 대응되며, 약정 혹은 법률규정에 의하여 발생하여 소송집행력의 보호를 받는 채권을 가리킨다. 협의의 법정채권은 약정채권과 대응되며 권리침해행위, 사무관리 등과 같이 법률규정에 의하여 직접적으로 발생한 채권을 가리킨다.

제3절 多數當事者의 債權關係

I. 서 설

채권관계는 주체의 수를 기준으로 단일채권과 다수의 채권으로 나눌 수 있다. 단일채권은 채권자와 채무자가 각각 한 사람인 채권으로 단순주체의 채권이라고도 한다. 다수의 채권은 여러 명의 채권자 혹은 여러 명의 채무자가 동일한 급부를 목적으로 하는 채권으로 복수

주체의 채권이라고도 한다.

다수의 채권은 단일채권과는 다르게 채권자와 채무자의 외부관계 외에도 다수의 내부적 문제가 존재한다. 다수의 채권은 다수의 채권자 혹은 다수의 채무자의 내부적 관계에 따라 다시 연대채권과 분할채권으로 나눌 수 있고, 다수의 채권의 급부분할 여부에 따라 가분채권과 불가분채권으로 나눌 수 있다.

다수의 채권의 주체가 복수라고 채권관계도 복수일까? 이에 대하여 민법학에서는 세 가지 학설이 있다. 주체설은 채권관계에서 주체가 단수이면 단수채권으로 하고, 복수이면 복수채권으로 해야 한다고 본다. 객체설은 객체가 동일한지를 기준으로 채권관계가 단수인지 복수인지를 정해야 한다고 본다. 따라서 주체가 여럿이더라도 객체가 동일하면 그것은 단일채권이다. 효력설은 주체가 독립적으로 채권자 혹은 채무자의 효력을 발생시킬 수 있는지를 기준으로 해야 한다고 본다. 각각의 주체가 그 효력을 발생시킬 수 있다면, 객체의 동일 여부에 관계없이 복수채권으로 한다. 근대 민법학에서는 효력설을 통설로 하고 있으며, 대륙법계의 각 민법전에서 채택하고 있다.[19]

다수의 채권과 단일채권을 비교하였을 때 각 주체 사이에서는 다음과 같은 두 가지 특수한 효력이 발생한다. 첫째, 외부관계에서 각 채권자와 채무자가 채권을 어떻게 행사하고 채무를 어떻게 이행하는가 하는 면에서 각 채권자와 채무자에게 대외적 효력이 발생한다. 둘째, 내부관계에서 다수의 채권자 중 한 명이 채권을 수령하거나 다수의 채무자 중 한 명이 채무를 이행할 때, 다수의 채권자와 채무자 사이에

---

[19] 史尙寬 : 「債法總論」, 607쪽.

서는 대내적 효력이 발생한다.

민법이 단일채권과 다수의 채권을 분류하는 목적은 다수의 채권을 연구하기 위해서이다. 왜냐하면 민법전을 편찬하고 채권법이론을 구성할 때 용어를 간단히 하고 중복을 막기 위하여 각종 채권관계를 모두 단일채권으로 가정하고 기술하였으므로 다수의 채권에 대해서는 별도로 장을 두어 설명하였다.[20] 대륙법계의 민법전은 대부분 채권법 총론에서 가분채권과 불가분채권, 연대채권과 분할채권, 네 가지 다수의 채권의 유형과 특수효력을 전문적으로 규정한다. 그리고 물권편(일본민법전, 중화민국시기의 민법) 혹은 채권 각칙(독일민법전)에서 공유에 의하여 발생하는 다수의 채권을 규정한다.[21] 중국민법통칙은 안분채권(按分債權, 제86조)과 연대채권(제87조)을 채권절에서 두 가지 조문으로 규정하고 있고, 재산소유권절에서 공유에 의하여 발생한 채권을 규정하고 있다(제78조).

채권의 유형을 완벽하게 구별하기 위해서 중국민법통칙은 연대채권과 안분채권뿐만 아니라 대륙법이 보편적으로 규정하고 있는 분할채권과 불가분채권도 모두 다수의 채권체계에 포함시켜야 할 것이다. 왜냐하면 연대채권과 안분채권은 분할채권의 내용에 포함되기 때문이다. 불가분채권에서는 연대채권만을 포함하고 안분채권은 포함하지 않는다. 따라서 분할채권과 불가분채권을 떠나서는 연대채권과 안분채권을 구분할 수 없다.

---

20 「프랑스민법전」 제1125조~제1197조, 「독일민법전」 제2편 제6장, 「일본민법전」 제3편 제1장 제3절, 「이탈리아민법전」 제4편 제1장 제7절, 「러시아연방민법전」 제321조~제326조 참조.
21 「독일민법전」 제1011조, 「일본민법전」 제254조·제259조, 「이탈리아민법전」 제1104조 참조.

II. 안분채권

안분채권은 동일한 가분급부를 목적으로 하고 채권자와 채무자가 각각 지분을 나누어서 채권을 향유하거나 채무를 이행하는 다수의 채권이다. 그중 각 채권자가 누리는 채권을 안분채권이라 하고, 각 채무자가 부담하는 채무를 안분채무라고 한다.

안분채권에서 각 채권자는 채무자에게 각자의 채권지분만큼만 이행할 것을 요구할 수 있다. 향유하는 채권지분을 변제받았을 때, 그 부분의 채권은 소멸되며 다른 채권자의 안분채권에는 영향을 주지 않는다. 안분채무에서 각 채무자가 자신이 부담한 채무지분을 채권자에게 변제하였다면, 다른 채무자의 안분채무를 부담하지 않는다. 자신의 채무지분을 변제하였을 때 그 부분의 채무는 소멸되고, 다른 채무자들의 안분채무에는 영향을 주지 않는다.

이로써 알 수 있듯이 안분채권의 채권·채무는 각 채권자 혹은 각 채무자에 대해서는 효력이 발생하지만, 전체적인 채권관계에 대해서는 독립적인 효력이 발생하지 않는다. 그러므로 안분채권은 실질적으로 독립된 다수의 채권이다.

대륙법계의 각국 민법전에서는 일반적으로 분할채권과 불가분채권의 유형에 대하여 특별히 규정하고 있다. 불가분채권에서는 그 급부를 분할할 수 없다. 그러나 채권이 발생하여 전체적인 채권관계에 영향을 미친다면, 안분채권에 대하여 가분채권의 규정을 적용한다. 중국민법통칙에서는 다수의 채권에서 연대채권과 안분채권을 규정하고 있다. 그러나 분할채권과 불가분채권은 규정하고 있지 않다. 이것은 소련민법전의 영향을 받은 것이라고 볼 수 있다. 그런데 소련민법전에서는 연대채권과 안분채권의 관계에 대하여 법률에 특별한 규정이나 당사자의 약정이 없을 경우 다수의 채권은 안분채권을 적용한다고 규정하였다(제179조). 「중국민법통칙」 제87조에서도 연대채권을 적용할 때에는 반드시 "법률의 규정이나 당사자의 약정에 의거해야 한다"고 규정하고 있다. 이로써 안분채권을 다수의 채권의 원칙으로 하는 것으로 추론할 수 있다.

III. 분할채권

1. 분할채권의 의의

분할채권은 가분채권 혹은 연합채권이라고도 부른다. 동일한 급부 이행을 목적으로 하는 채권을 분할하여 향유하거나 채무를 분할하여 이행하는 다수의 채권을 가리킨다. 여러 명의 채권자가 동일한 분할 급부를 향유하는 채권을 분할채권이라 하고, 여러 명의 채무자가 동일한 분할급부를 부담하는 채무를 분할채무라 한다. 분할급부란 여러 개로 나누어도 그 성질과 가치는 변하지 않는 급부를 가리킨다. 예를 들어, 곡류와 주류는 수량을 나누어도 그 가치가 떨어지지 않는다. 그리고 불가분급부가 분할급부로 바뀌었을 때에도 분할채권이 성립된다. 여러 명이 함께 차 한 대를 채무로 지고 있다면, 이것은 불가분 이행이다. 하지만 이행불능으로 인하여 금전배상으로 채무의 성질이 변하면 분할급부가 성립된다.

2. 분할채권의 법적 효력

(1) 대외적 효력

법률의 특별규정이나 당사자의 약정이 없을 시에는 각 채권자와 채무자가 채권과 채무를 균등하게 나눈다.

(2) 대내적 효력

한 사람의 채권자 혹은 채무자에 의해서 이행지체, 이행불능, 수령지체, 채권면제, 소송시효의 소멸 등이 발생하였다면 그 채권자 혹은 채무자에 대한 효력이 발생하지 않는다. 법률의 특별규정이나 당사자의 약정이 있는 경우를 제외하고 각 채권자와 채무자는 분할채권과 분할채무를 향유하고 부담하게 된다.

IV. 연대채권

1. 서설

연대채권은 동일한 급부를 목적으로 하고 각 채권자 혹은 각 채무자 사이에 연대관계가 있는 다수의 채권이다. 수인의 채권자가 연대하여 동일한 급부를 향유하는 것을 연대채권이라 하고, 수인의 채무자가 연대하여 동일한 급부를 이행하는 것을 연대채무라 한다. 연대란 한 채권자가 다른 채권자의 채권을 대신 변제받을 수 있는 채권 혹은 한 채무자가 다른 채무자의 채무를 대신 부담할 의무가 있는 채무를 말한다. 연대채무는 담보의 작용이 있기 때문에 채권자에게 유리하다. 연대채권은 다른 채권자가 채무를 대신 변제받은 후에 본 채권자가 배상을 요구하기 어렵기 때문에 채권자에게 불리하다. 연대채권과 연대채무에서 당사자 사이의 연대는 비슷한 점이 매우 많다. 그러므로 민법은 연대채무에 대하여 많이 규정하고, 연대채권에 대하여는 적게 규정한다. 따라서 연대채권에서 규정하고 있지 않은 내용은 연대채무에 대한 규정을 준용한다.

2. 연대채무

연대채무는 각 채무자가 동일한 목적의 급부에 대하여 전부 배상할 의무를 가지는 채무이다.

(1) 연대채무의 발생원인

연대채무는 채권자에게는 유리하지만 채무자에게 책임을 가중시킨다. 중국민법통칙에서 연대채무는 반드시 당사자의 약정이나 법률 규정에 따라야 한다고 규정하고 있다. 다시 말해서, 다수의 채권에서는 안분채권을 기본원칙으로 한다는 것이다.

우선 약정은 민사법률행위로 이해할 수 있고, 일반적으로 계약을 가리킨다. 어느 국가의 민법에서는 약정은 반드시 명시되어야 한다고 규정하고 있다(「프랑스민법전」 제1202조, 「독일민법전」 제427조). 중국민법통칙은 이에 대하여 규정하고 있지 않지만 국제적으로 통용되는 이러한 규칙을 참고할 수는 있다.[22]

---

[22] 「중국담보법」 제19조에서는 "보증하는 방식을 약정했는지의 여부가 불확실할 때에는, 연대책임보증으로 보증책임을 진다"고 규정하고 있다.

다음으로 채무자가 약정으로 자신의 책임을 가중하는 일은 거의 없다. 따라서 연대채무는 대부분 법률규정에 의하여 발생한다. 연대채무의 발생원인을 규정하는 법률규범은 매우 복잡하다. 「중국민법통칙」외에도 「중국해상법」(제16조), 「중국계약법」(제272조) 등의 단행법과 최고인민법원의 사법해석(「농촌승포다툼안건을 해결하는 데 있어 약간의 문제에 관한 의견」(제9조) 및 관련행정법규(국무원의 「성진노동자의 합작경영에 관한 약간의 규정」(제9조)에도 있다. 그러므로 채무자의 연대채무에 대한 부담을 확정할 때에는 채무발생의 사실에 근거하여 적용되는 법률규정이 있는지 없는지를 찾아봐야 한다. 만약 이러한 규정도 없고 당사자도 약정하지 않았다면 채무자는 안분채무의 책임을 진다.

(2) 연대채무의 법적 효력

(a) 대외적 효력(채권자의 권리), 즉 채권자와 채무자의 관계에서 주요한 것은 채권자의 청구권 문제이다. 중국민법통칙에 의하면 연대채무자는 채권자에게 채무를 변제해야 할 의무가 있다. 바꿔 말하면, 채권자가 채무자의 일부 혹은 전부에게 부분급부나 전체급부를 청구한다면, 청구를 받은 채무자는 자기가 분담하는 채무를 초과한다는 이유로 대항할 수 없다.

(b) 대내적 효력(채무자 내부의 관계), 즉 채무자 간의 권리·의무관계이다. 연대채무의 대내적 효력은 두 가지가 있다. 첫째는 연대채무자 중 한 사람이 변제, 공탁, 혼동, 면제 및 소송시효의 완료 등의 이유로 인해 채무의 부분이나 전부가 소멸되었을 때 전체 채무자에 대하여 효력이 발생한다. 기타 채무자는 채권자에 대한 채무이행을 면제받는다. 둘째는 중국민법통칙의 규정에 따

라 연대채무자 내부는 여전히 안분채무를 적용한다. 연대채무자 중 한 사람이 변제하거나 기타 행위로써 다른 채무자의 채무를 면제해주었다면 채무자는 대신 부담한 채무를 변제할 것을 상대채무자에게 청구할 권리가 있다. 이 권리를 구상권(求償權)이라 한다. 각 연대채무자의 채무부담은 약정에 의거하여 확정하고, 법정채권일 경우에는 법률의 규정에 의하여 확정된다. 법률규정도 없고 당사자의 약정도 없다면 채무를 균등하게 부담한다.

3. 연대채권

연대채권은 각 채권자가 동일한 목적의 급부를 채무자가 전부 이행하도록 청구할 수 있는 권리이다. 대외적 효력면에서 연대채권자 중 한 사람이 전체급부를 수령하였다면 모든 채권자의 채권은 소멸된다. 대내적 효력면에서 채권자는 각자가 향유하는 채권을 정해야 하며, 한 채권자가 전체급부를 수령하여 자신의 채권을 초과하였을 때에는 나머지 채권자에게 상응하는 채권을 돌려주어야 한다. 연대채권에 관한 기타 사항은 연대채무의 규정을 참고할 수 있다.

V. 불가분채권

불가분채권은 동일한 불가분급부를 목적으로 하는 다수의 채권이다. 그중에서 동일한 불가분급부를 청구목적으로 하는 복수의 채권을 불가분채권이라 하고, 동일한 급부를 목적으로 하는 복수의 채무를 불가분채무라 한다. 급부의 불가분은 성질상의 불가분과 의사상의 불가분으로 나눌 수 있다. 성질상의 불가분급부는 급부 자체가 성질상으로 분리될 수 없는 것이다. 분할하면 그 가치에 손해를 입는 것으로, 예를 들면 만담, 공연 등이 있다. 불가분채권은 급부의 불가분성 때문에 각 채권 혹은 채무가 그에 의한 제약을 받는다. 일단 급부가 분할되면 채권관계도 분할채권으로 바뀐다.

불가분채권은 일반적으로 민사법률행위나 법률규정에 의하여 발생한다. 전자의 예로는 계약 등이 있고, 후자의 예로는 「중국민법통칙」제122조에 규정하고 있는 상품책임에 관한 제조상과 판매상의 불가분채권이 있다.

불가분채권에서 급부의 불가분성은 채권과 채무의 불가분성을 결정지었다. 그러므로 불가분채권의 청구와 불가분채무의 이행은 원칙적으로 연대채권에 관한 규정을 준용한다. 그러나 다음과 같은 점에서 불가분채권은 연대채권과 다르다.

(1) 각 채권자는 이행청구권을 가지지만 채권자가 청구권을 행사할 때에는 반드시 채권자 전체를 대신하여 전체이행을 청구하여야 한다. 마찬가지로 채무자 중 한 사람이 채무를 변제할 때에는 전체채무자를 대신하여 전부 변제하여야 한다. 부분적으로 채권을 청구하거나 채무를 이행하는 것은 부분적 채권 혹은 부분적 채무를 소멸시키는 효력을 발생시키지 않는다.

(2) 불가분채권은 채권자가 변제를 수령하거나 채무자가 변제함으로써 소멸된다. 그 후 수령한 채권자나 변제한 채무자의 변제의무나 구상권의 부담 여부를 불가분채권의 발생원인에 따라 결정한다. 예를 들어, 공동공유자에게 발생한 불가분채무에서는

분할의 문제가 없으므로 구상권이 없다. 그러나 상품책임에 의하여 발생한 불가분채무에서는 판매상이 채무를 변제한 후 제조상에게 구상할 수 있는 권리를 가진다.

제3장

債權의 發生

제1절 序說

  채권의 발생은 채권·채무가 상대적인 당사자 사이에 발생하는 것으로 채권의 '출생'이라고도 한다. 광의의 의미에서 채권·채무는 약정이나 법률에 의하여 당사자 사이에 발생할 수 있을 뿐만 아니라 원래는 채권·채무관계가 없던 당사자 사이에서도 타인의 채권·채무를 부담함으로써 채권·채무가 발생할 수 있다. 협의의 의미에서 채권의 발생은 전자만을 의미한다. 왜냐하면 후자는 단지 채권의 주체가 바뀌었을 뿐 객체상의 새로운 채권·채무가 발생한 것이 아니기 때문이다. 그러므로 민법원리에서는 채권의 발생에 대하여 대체로 협의의 의미에서 연구한다. 채권은 민사법률관계로서 어떠한 사실이 일정한 법률요건을 충족시키면 채권·채무관계가 발생한다.

  고대 로마법에서는 채권의 발생원인을 네 가지로 귀납하였다. 첫째, 계약, 즉 당사자 쌍방이 채권의 발생, 변경, 담보와 소멸을 목적으로 하는 합의행위를 말한다. 둘째, 준계약, 즉 당사자의 채권·채무관계를 발생시키는 당사자 일방의 행위이다. 예를 들면 사무관리, 부당이득 등이 있다. 셋째, 사범(私犯), 즉 타인의 인신 혹은 재산을 침해하는 행위이다. 이것은 국가를 위협하는 행위인 '공범(公犯)'과 상대되는 행위이다. 넷째, 준사범(準私犯), 즉 사범과 비슷하나 사범에 속하지 않는 위법행위이다. 예를 들어, 법관의 권력남용 등이 있다.[23]

근대 대륙국가의 민법전은 로마법을 이어받았고 그중 프랑스민법전과 독일민법전이 대표적이다. 프랑스민법전은 로마법의 옛 제도를 이어받아 채권의 발생을 합의와 비합의로 나누었다. 전자는 주로 계약을 가리키고, 후자는 준계약(사무관리), 권리침해행위, 준권리침해행위를 포함하며, 부당이득은 채권의 발생원인이므로 인정하지 않는다. 그러나 독일민법전은 로마법을 약간 수정하여 계약, 사무관리, 부당이득 및 권리침해행위를 채권의 발생원인으로 하였다.

「중국민법통칙」제5장 제2절에서 계약, 부당이득, 사무관리로 인하여 당사자 사이에 발생한 채권·채무관계를 규정하고 있고, 제6장 제3절에서 '권리침해행위의 민사책임'을 규정하고 있다. 중국민법통칙은 권리침해행위가 발생한 후에 당사자 사이에서 채권·채무관계가 발생하는 것을 인정하지만 체계적으로는 민사책임으로 본다. 중국민법통칙의 내용을 체계에 구애받지 않고 보았을 때, 채권의 발생에 관한 규정은 독일민법전을 이어받았다는 것을 알 수 있다.

두 개의 큰 법계를 비교하여 볼 때 영미법계에는 대륙법계의 '채권'에 관한 이념과 비슷한 것이 없다. 그러나 채무의 발생원인에는 두

---

[23] 周枏 :「羅馬法」제5장 제3절 '債的發生', 群衆出版社, 1983年版.

가지가 있다. 하나는 합의행위(계약과 합의를 포함)이고, 다른 하나는 반환의 채권을 발생시키는 사무관리, 부당이득, 권리침해행위 등의 법정채권을 포함한다.[24]

제2절 契約

I. 계약은 상품거래의 법률형식이다

분업은 상품의 생산과 상품의 교환을 야기시켰다. 그런데 교환은 어떤 형식으로 진행되어야 하는가? 강제로 아니면 교환자의 자의에 따라 선택해야 하는가? 이것에 대하여 마르크스는 "내가 상품유통을 분석할 때 지적한 것으로 아직 발달되지 않은 물물교환의 상황에서 교환을 하는 개인은 피차 평등한 개인인 것에 묵인한 것이다", "이렇게 교환과 교환 중에 발생한 실제적 관계는 나중에 계약이라는 법률형식을 얻었다"[25]라고 말했다. 이로써 알 수 있듯이 계약은 당사자의 이익을 교환하는 조건과 방식에 대한 설계이다. 이 설계가 법률의 인정을 받으면 '준법률'의 지위를 얻게 된다. 그러므로 계약은 본질상으로 이익을 교환하는 개인의 입법과정이다. 계약은 이익교환을 내용으

---

24 「옥스퍼드法律大辭典」(中文版), 650쪽.
25 「馬克斯恩格斯全集」第19卷(中文版), 422~423쪽.

로 하므로 시장경제는 바로 계약제도가 존재하는 무대이다. 언제 어디에서나 시장체제가 아니더라도 계약은 있을 수 있지만 계약제도체계는 있을 수 없다. 시민사회를 떠나서는 계약제도체계가 존재할 수 없고, 진정한 계약도 있을 수 없다.

II. 계약의 의의

1. 합동과 계약의 어원

지금의 한자문화권에서는 합동과 계약이 함께 쓰이며 서로를 구별하기 힘들다. 따라서 요즘 출판되는 서적에서는 '계약은, 즉 합동'이나 '합동은, 즉 계약'으로 해석한다.[26] 그런데 우리가 주의할 점은 동아시아의 한자문화권 안에서 대륙법계에 속하는 한국, 일본 및 대만의 민법에서는 모두 '계약'이라는 단어만 사용한다는 것이다. 한자의 발원지인 중국만이 정식적인 법률문건에서 계약이라는 단어를 사용하지 않고 '합동'을 사용한다.

《사원(辭源)》의 해석에 의하면 '계(契)'는 동물의 뼈나 거울의 껍데기에 새겨서 쓴 문자이고, '약(約)'은 규약을 가리킨다. 즉, 계약은 당사자의 합의를 뜻한다. 계약의 본의는 갑골문자를 새기는 것으로, 현대적으로 표현하면 당사자의 합의를 기록하는 것이다. 옛날 사람들은 계약을 어기는 것을 막기 위하여 계를 두 개로 나누어 각자 반반씩

---

26 이는 권위 있는 사서를 통하여 인증해볼 수 있다. 《사해(辭海)》(축소본)의 312쪽 '합동'과 646쪽 '계약'의 두 항목 및 《중국대백과전서》(법학권) 245쪽 '합동'과 464쪽 '계약'은 모두 이렇게 해석한다.

가지고 이를 계약의 증명으로 하여 서로의 약속으로 하였다. 쌍방이 '계'에 따라 약정을 이행하여 반반씩 가진 계를 하나로 합쳤다. 그리고 이를 '합동'이라고 하였다. 그러므로 '계약'은 합의를 표시하는 명사이고, '합동'은 합의의 이행을 표시하는 동사이다. 단어의 구성으로 보아 '계약'은 그 단어 하나하나의 결합이 대응하지 않고 수식관계나 한정관계로 이루어진 절이나 구이기 때문에 중국어의 규범에 부합하는 구성이라고 할 수 있다. 하지만 합동의 언어구성은 중국어의 명사구성에 부합되지 않는다. 중화문화의 근원에 따라 '계약'을 사용하여야 올바른 것이다.

현대계약의 이념은 유럽대륙에서 온 것이다. 합동이나 계약을 유럽의 언어로 분석해보면 어떨까? 한자의 계약과 같은 뜻으로 라틴어의 Contractus, 영어의 Contract, 프랑스어의 Contrat가 있다. 이들의 접두사 'Contra'의 뜻은 '상반되다' 라는 뜻이다. 특별한 점은 쌍방의 권리와 의무는 상반된 내용을 설명하는 데 있다. 한자의 '계약'에서 '각자 반반씩 가진다'의 의미와 가깝다. 영어에서는 Agreement, 프랑스에서는 Agrement로 '합의'를 나타낸다. 이로써 계약과 서로 구별한다. 채권관계를 발생시킬 수 있는 합의가 계약이다. 그런데 독일어에서는 'Vertag' 라는 단어를 쓰는데 영어, 프랑스어와는 구성 자체가 다르다. 접두사 'Ver'는 '合'의 뜻이다. 쌍방의 권리·의무를 합친다는 의미가 있다. 한자 '합동'의 '반으로 나눈 것을 합친다'라는 의미와 비슷하다. 이로 보아 알 수 있듯이 유럽은 '합동'과 '계약'을 나누어 표시하고 있지 않다. 문화적 측면에서 볼 때 'Contra'로 계약을 설명한 것은 개인 본위로써 계약의 위치를 정한 로마법의 영향을 받은 것이고, 'Ver'로 계약을 설명한 것은 단체적 가치가 드러나는 게르만법의 영향을 받은 것이다. 이들 사이의 차이는 서로 다른 문화권에 의하여 생긴 이념의 차이일 뿐이지 게르만인이 잘못 표기한 것이 아니다.

2. 민사계약과 기타 계약

계약은 현대사회에서 가장 광범위하게 사용되는 법률언어이다. 경제뿐만 아니라 정치, 문화, 교육, 심지어 인구를 관리하는 측면까지도 사람들은 계약을 사용한다. 보통 사람들의 공통된 인식은 '사람들이 말하는 계약이란 권리를 서로 양도하는 것'[27]이라는 것이다. 이런 인식에서 계약은 타인이 예정된 목적에 가장 이상적이고 가장 효과적으로 도달하게 하는 수단이라는 관념이 파생되었다. 계약은 민사 외의 사회관계에서도 사용된다. 이 사회관계의 어느 정도는 '신분'과 '명령'에 따라 계약관계를 맺는다고 볼 수 있다. 그러나 법률관계에서는 평등한 주체 사이의 합의만이 민법상의 계약이다. 상하급의 책임과 공권력을 구체화하기 위한 계약은 민법에서 말하는 계약이 아니며 민법의 계약범위에도 속하지 않는다.

3. 채권계약, 물권계약과 신분계약

계약은 광의와 협의로 구분할 수 있다. 광의의 계약은 두 명 이상의 사람 사이에서 민사적 권리와 의무의 변동을 목적으로 하는 쌍방 법률행위이다. 물권의 변동을 목적으로 한 것을 물권계약이라 하고 그 예로는 저당권설정이 있다. 그리고 신분관계의 변동을 목적으로 하는 것은 신분계약이라 하고 그 예로는 수양이 있다. 또 채권·채무

---

[27] 霍布斯 :「利維坦」(中文版), 100쪽.

의 변동을 목적으로 한 것은 채권계약이라 한다. 협의의 계약은 채권계약을 가리키는데, 두 명 이상의 사람 사이에서 채권의 설정, 변경, 소멸을 목적으로 하는 쌍방법률행위이다.

민법은 사법의 기본법으로서 그 규율범위는 당연히 광의의 계약이어야 한다. 그러나 '법률행위'라는 추상적인 개념 때문에 각국의 민법전은 계약을 채권의 발생원인으로 간주하여 채권편에 기술하고 있다. 채권 이외의 계약은 총칙의 '법률행위'에서 직접 규율하고 있다. 독일 등 소수 국가의 민법전만이 물권계약을 인정하고 총칙에 계약통칙을 만들어서 광의의 계약의 개념을 사용하고 있다.

중국민법통칙은 계약을 '채권' 절에 기술하고 있지만 계약을 광의의 계약으로 정의하고 있다.[28] 중국민법통칙의 '채권' 절의 계약에 대한 다른 조문을 보면 채권계약으로 그 위치를 정하고 있다. 그러므로 중국민법통칙이 규정하고 있는 계약의 대부분은 채권계약이고, 물권계약과 신분계약 등은 중국민법통칙의 채권계약에 관한 규정을 준용한다. 「중국계약법」 제2조에서 규정한 계약의 정의는 중국민법통칙과 다르다. 중국계약법의 규율범위는 채권계약에 한한다.

---

[28] 동법 제85조에서는 계약을 다음과 같이 정의하고 있다. "계약은 당사자 간의 민사관계를 설립, 변경, 소멸시키는 합의이다." 중국민법통칙은 계약의 상위개념을 '합의'로 하고 있지만 총칙에서는 '민사법률행위'로 하고 있다. 따라서 '합의'에 대하여 설명하고 있는 조항이 없다. 그러므로 필자는 '합의'는 중국민법통칙의 정의체계에 위배되므로 계약에 속하는 개념으로는 적합하지 않다고 생각한다.

제3절 權利侵害行爲

I. 서 설

　권리침해행위는 과실로 타인의 신체권리와 재산권리를 불법적으로 침해하는 행위를 말한다. 권리침해행위로 인해 가해자와 피해자 사이에는 손해배상의 채권·채무관계가 발생한다. 따라서 권리침해행위는 채권·채무관계가 발생하는 원인이 된다. 근대 각국의 민법에서 채권에 대한 권리침해행위의 규정은 로마법의 '사범(私犯)'의 내용을 기초로 하고 있다. 로마법에서 사범은 타인의 신체나 개인의 재산을 침해하는 행위를 가리키며, 위약 등 채권을 침해하는 행위는 포함하지 않는다.

　프랑스민법전은 채권에 대한 권리침해행위를 '합의에 의하지 않고 발생한 의무'라고 정의하고 있고, 독일민법전은 권리침해행위를 '고의나 과실로 타인의 생명, 신체, 건강, 자유, 소유권 및 기타 권리를 불법적으로 침해하는 것'이라고 정의하였다(제823조). 러시아연방민법전은 '손해에 의하여 발생한 채권'이라고 정의하고 있다. 영미법에서는 권리침해행위를 법률이 규정한 보편적인 의무를 위반하여 타인에게 해를 끼치는 행위라고 정의하고 있고, 위약행위는 약정한 의무를 위반한 행위라고 정의하고 있다.

　이와 같이 권리침해행위는 물권, 지적재산권 등의 재산권과 신체권을 침해하는 행위를 가리키며 채무불이행은 권리침해행위에 포함되지 않는다. 제2차 세계대전 이후에 파시즘의 영향으로 인해 인간의 인격권이 침해당하였다. 이 전쟁으로 인해 인격의 중요성이 부각되었고, 그리하여 연합국은 회의에서 《세계인권선언》의 정신적 권리도 인간의 기본권에 속한다는 주장을 통과시켰다. 이에 맞추어 각국의 민법은 서서히 정신적 권리를 침해하는 행위도 권리침해행위라고 규정하기 시작하였다. 또한 권리침해행위로 인하여 발생한 채무는 재산으로써 이행하여 피해자에게 보상하는 이행방식을 사용하게 되었다.

중국민법통칙은 각국의 민법이 입법과정에서 쌓아온 경험과 이론을 충분히 흡수하여 더욱더 발전하고 있다.

II. 권리침해행위와 민사책임

중국민법통칙은 위약책임과 권리침해행위에 대한 책임을 채권법과 분리시켜 다른 종류의 민사책임으로 분류하여 규정하였다.

권리침해행위에서 가해자의 목적은 민사상의 권리·의무관계를 확정하는 것이 아니다. 따라서 권리침해행위로 인하여 발생한 채권은 가해자가 채무를 부담하는 것을 강행규정에 넣음으로써 피해자가 입은 손해를 보장받는 권리이다. 이에 대하여 중국민법통칙에서는 권리침해행위는 가해자와 피해자 간에 발생한 채권·채무관계로 인정한다. 그러나 입법상 국민의 준법정신을 강화하기 위하여 권리침해행위로 인해 발생한 채권·채무는 법정의무를 위반하였기 때문에 마땅히 책임을 져야 한다고 규정하고 있다. 그러므로 '권리침해행위에 대한 민사책임'으로 권리침해행위의 채권·채무를 대신한다. 따라서 중국민법통칙에서의 '민사책임'은 의무의 의미를 부각시킨다.

III. 권리침해행위의 의의

권리침해행위는 위법행위에 속한다. 위법의 정의에 대하여 민법학상으로 다음과 같은 두 가지 학설이 존재한다.

주관설에서는 위법이란 법률을 위반한 행위라고 보고, 객관설에서는 위법이란 권리를 행사하여 손해를 발생시키는 행위라고 본다(「중국민법통칙」 제106조 제2항).

법률이 권리침해행위의 위법성을 규정한 것은 국민의 권리행사에 제한선을 두기 위함이다. 국민은 법률이 정한 범위 내에서 권리를 행사한 경우 그 행위는 법률에 의하여 허가된 것이며, 반대로 법의 허가 밖의 권리행사는 행위자에게 상응하는 채무를 부담하게 하여 허가받지 아니한 권리행사에 대한 금지를 나타낸다.

IV. 권리침해행위의 기능 및 지위

1. 권리침해행위법의 기능

인류사회는 처음부터 개인 혹은 단체 사이의 충돌이 잦았다. 그리고 그 충돌을 해결하는 것은 인류사회의 질서와 생존의 안전을 보장하는 기본조건이 되었다. 원시시대에 인간은 복수로써 그 충돌을 해결하였고, 지금의 문명사회는 상호간의 충돌을 막기 위해 배상으로써 복수를 대신하고 있다.[29]

---

29 摩爾根:「古代社會」(中文版), 75쪽.

인류사회의 질서를 법률화시킬 때 충돌을 발생시키는 사람의 행위를 권리침해행위라고 부른다. 그러나 권리침해행위는 피해자에 대한 위해(危害)로 볼 수 있을 뿐만 아니라 공공이익에 대한 도전이라고도 볼 수 있다. 후자에 대하여 현대의 법률체계는 형법에 그 내용을 포함하고 있고 그 도전을 가리켜 '범죄행위'라고 한다.

민법은 타인의 권리에 손해를 줄 수 없다는 것을 기준으로 하여 각각의 주체가 행사할 수 있는 권리의 최대한도를 확정하였다. 만일 권리의 행사가 이 한도를 넘었을 경우 법은 그 손해에 대한 책임을 행위자에게 묻는다. 타인의 권리에 입힌 손해는 귀책원칙에 따라 판단한다. 이 원칙은 피해자의 이익을 보호하고 동시에 행위자의 자유활동공간을 최대한도로 확보한다. 민법에서 과실책임은 위험에 대한 손해를 분배하는 준칙이고 채권법규범을 통하여 피해자와 가해자 사이의 권리·의무관계를 확립한다. 그리하여 피해자는 채권자의 지위에서 가해자에게 손해배상을 청구할 수 있는 권리를 가지고, 가해자는 채무자의 신분으로서 배상의 의무를 부담한다. 따라서 권리침해행위의 법률규범의 기능은 가해자에게 위해로 인한 손해와 피해자가 받은 재산손실에 대해 책임지게 하는 데 있다. 이것이 보편적으로 사용되는 채권법규범이다.

2. 권리침해행위법의 지위

권리침해행위법은 인간의 자유활동공간을 대부분 보장하고 있지만 하자가 없는 것은 아니다. 근대민법이 손해에 대한 위험을 줄이고 있음에도 불구하고 무과실책임의 범위는 거듭 확장되었다.

천재지변 및 전쟁이 인간에게 주는 손해에 대한 배상문제와 같이 완전히 해결할 수 없는 문제, 그리고 공익구조(예 : 정부문제), 상업보험 등에 따른 문제는 해결방안이 아직 미흡하다. 따라서 현대사회의 손해에 대한 위험을 줄이는 방안이 권리침해행위법을 위주로 다원화 되어가고 있다.

제4절 不當利得

I. 의 의

부당이득은 법적인 근거가 없이 타인에게 손해를 입혀 얻은 이익을 말한다. 부당이득의 상황에서 이익의 본래 소유자는 부당한 이익을 취득한 사람에게 반환을 청구할 수 있는 권리를 가지며, 그 즉시 채권·채무관계가 발생한다. 그러므로 부당이득은 채권·채무관계를 발생시키는 원인이 될 수 있다.

부당이득은 로마법의 Condictio(반환청구의 소송)에서 유래되었으며, 그것은 대인소송(Actio in personam)에 속한다. 로마법학자는 이에 대해 적절하게 설명해 놓았으며 그 내용은 바로 "사람에게 손해를 입히고 이익을 얻는 행위는 형평성에 위배된다"라는 것이다. 근대법의 부당이득제도는 독일민법전에서부터 규정하기 시작하였으며 독일민법전은 부당이득을 법적 원인이 없는 것과 법적 원인이 있는 것으로 분류하였다. 그러나 이후에 이 두 가지 종류의 부당이득은 사라졌다

(제812조).

「중국민법통칙」 제92조에서는 부당이득에 대하여 "합법적인 근거가 없이 부당이득을 취득하여 타인에게 손실을 조성한 경우 취득한 부당이득을 마땅히 피해자에게 반환해야 한다"라고 규정하고 있다. 여기서 '합법적인 근거가 없이'를 '근거가 없이'와 '근거가 있었다가 소멸된'으로 해석하는 것이 적절하다.

II. 부당이득의 성질에 대한 학설

로마법의 개별적 소송권리를 기초로 하는 부당이득은 근세에 민법의 한 제도로 변화하였다. 그러나 아직까지 그 체계는 완전하지 못하여 특히 '법적 원인이 없음'을 어떻게 판단할 것인지에 대해서는 아직까지 정확한 답이 없는 상태이기 때문에 더 많은 연구와 보충이 필요하다.

1. 통일설

이 설은 부당이득은 이미 총괄적으로 정의되어 있으므로 법률상의 원인에 대해 통일된 성질을 가진다고 보는 설이다. 그 통일된 원인을 어떻게 인정하느냐는 또 다시 두 가지 학설로 나누어진다. '사건설'에 따르면, 부당이득은 법률규정에 의하여 직접 발생하고 그 이익을 반환해야 한다. 이때 당사자의 주관적 의사와 상관없이 부당이득이라는 사실이 존재하는 한 채권·채무관계가 발생한다. 그러므로 부당이득은 사건에 속한다. '행위설'에 따르면 부당이득이 발생한 원인이 많을

지라도 본질적으로 여전히 인간의 주관의지와 관련된 불공정한 행위이다. 그러므로 법률상으로 부당이득의 불법성을 확인하고 민사주체의 행위를 규범하는 데 도움을 주기 때문에 부당이득은 '행위'에 속한다.

2. 비통일설

이 설은 오스트리아의 학자 윌버그(Wilburg)가 주장하였으며 부당이득은 각각 다른 원인에 의해서 발생한다는 설이다. 따라서 이는 통일될 수 없고 부당이득의 법률요건은 통일설로 설명하기가 어렵다는 것이다. 또한 부당이득은 이행에 의한 이익과 이행 외의 사유에 의한 이익의 두 가지로 구분해야 하고, 유형화(類型化)를 통하여 재산의 변동이 법적 원인이 되는지 아닌지를 잘 분별해야 한다는 설이다.[30]

III. 부당이득의 가치와 규범기능

부당이득은 지금까지 다른 사람들에게 손해를 주면서까지 자신의 이익을 얻을 수는 없다는 것과 공평한 거래를 보호하는 것을 기본이념으로 해왔다. 그러므로 이 제도는 법적 근거가 부족한 손익변동을 규율하고, 타인에게 손해를 주면서까지 법적 근거가 없는 수익을 얻은 사람에 대해서 그 수익을 반환해야 하는 의무를 부여한다. 또한 소유자의 의지에 어긋나는 재산양도를 교정한다.

---

30 王澤鑒:「民法債編總論」第2冊, 17쪽.

부당이득이 채권법에서 발휘하는 기능은 다음과 같다.
(1) 부당이득에 대한 이행을 채무의 내용으로 하고, 소유자의 의지에 부합하지 않은 재산의 변동을 확정한다. 또한 공정한 거래와 질서를 보호한다.
(2) 이익에 대한 반환을 청구함으로써 채권에 대한 재산귀속관계를 확정한다. 또한 공정하지 않은 거래를 교정한다.

제5절 事務管理[31]

I. 의 의

사무관리는 법정 혹은 약정에 근거하지 않고 타인의 사무를 관리하는 행위를 말한다. 사무관리의 발생에 따라 관리자와 피관리자 사이에는 채권·채무관계가 발생한다. 그러므로 사무관리는 채권·채무관계가 발생하는 원인이 된다.

사무관리는 로마법의 '준계약'에서 유래되었다. 「중국민법통칙」 제93조에서는 "법정 혹은 약정의 의무가 없이 타인의 이익손실을 막기 위하여 관리하거나 서비스한 경우, 수익자에게 관리에 드는 필요

---

[31] 중국에서는 '무인관리(無因管理)'라고 하며, 그 의미가 한국의 사무관리와 상통하므로 본서에서는 사무관리로 번역하였다. - 역주

비용을 청구할 수 있다"라고 규정하고 있다.

II. 성 질

사무관리는 성질상 사실행위, 비민사법률행위에 속한다. 사무관리의 관리자는 타인의 사무를 관리할 의사가 있더라도 그 의사를 표시하지 않아도 되며 민사법률관계의 성립을 목적으로 할 필요도 없다. 사무관리의 사실이 존재하기만 하면 사무관리에 대한 채권·채무관계의 효력은 발휘된다.

III. 사무관리의 가치 및 기능

현대 문명사회에서 타인을 존중하고 타인의 사무관리에 관여하지 않는 것은 사람 사이의 교류의 기본적인 원칙이다. 만일 타인의 사생활을 간섭한다면 그것은 권리침해행위로 인정된다. 그러나 또 다른 면에서 보면 사회구성원 모두는 하나의 하늘 아래 공동생활하고 있기 때문에 서로 돕고 사는 미덕도 역시 중요하다. 그럼 이 두 가지 가치를 어떻게 접목시켜야 하는가? 이것이 바로 법이 사무관리제도를 규정함으로써 해결하려는 문제이다.
이 두 가지 가치의 총합인 사무관리는 다음과 같은 내용을 가진다.
사무관리는 상부상조의 유익적인 측면을 판단기준으로 하며, 다만 반드시 이행하여야 하는 의무는 아니다.

손익의 변동을 기준으로 다음과 같이 사무관리에 대한 채권법규범의 기능을 계정한다. 첫째, 상부상조행위는 반드시 타인의 사회논리적 가치에 이익을 가져다 준다. 둘째, 관리의 진행 중 재산손실은 관리자의 채권 및 피관리자의 채무를 결정하고 상부상조행위로 인한 재산관계의 기준을 발생하게 한다.

제4장

債權의 效力

제1절 序說

I. 의 의

　채권의 효력은 채권이 발생한 이후에 그 권리를 실현하기 위하여 법이 관여하는 작용을 말한다. 채권의 효력범위에는 채권자와 채무자가 포함되는데 채권자에 대한 효력을 채권적 효력, 채무자에 대한 효력을 채무적 효력이라고 한다.

　채권의 발생에서 소멸까지가 곧 채무를 이행하여 채권을 실현하는 과정이다. 이 과정에서 법은 채권자의 권리를 인정하여 채권의 실현을 돕고 동시에 채무자에게 의무를 부여함으로써 채권이 만족될 수 있게 한다. 또한 만일 채무자가 채권의 내용에 합치되지 아니하게 채무를 이행하였을 경우 채권자의 이익을 보호하기 위하여 채권의 효력이 채권구제로서 나타난다. 각각의 채권은 발생원인 혹은 유형이 서로 다를지라도 법이 채권에게 부여하는 효력은 모두 동일하다.

II. 유 형

법률규범상 채권의 효력은 구체적인 규범 안에 존재하며, 학술이론상 채권의 효력은 법률규범을 근거로 하여 체계적으로 표현된다.

1. 주체의 범위에 의한 분류
(1) 대내적 효력은 채권자와 채무자 사이에 발생하는 효력을 말한다.
(2) 대외적 효력은 채권자와 제3자 사이에 발생하는 효력을 말한다.

2. 채권의 효력범위에 의한 분류
(1) 일반효력은 모든 유형의 채권에 적용되는 효력을 말한다.
(2) 특수효력은 특정적인 채권에만 적용되는 효력을 말한다. 예를 들면, 침해에 대한 채권 혹은 도급계약에만 적용되는 효력 등이 있다.

III. 채권의 효력에 관한 입법사례

입법사례에서 각국의 민법전은 채권의 대내적 효력과 대외적 효력을 같이 규정하고 있다(예: 프랑스민법전, 스위스민법전, 일본민법전). 또한 대외적 효력은 일반효력 이외의 다른 예외적인 채권유형에 적용되고 있다. 중국민법통칙은 채권의 일반효력을 두 가지(채무의 이행과 불이행)로 축소시켜 놓았으며, 특수효력에 대한 규정은 적은 편이다. 계약법의 '계약의 이행'과 '위약책임'에서는 일반효력에 대하여 규정하고 있다. 하지만 '계약의 효력'에서 중요한 내용은 대리, 무효, 취소행위 등이다. 민법의 체계를 이해한 사람은 계약에 대한 효력의 내용뿐만 아니라 민법총칙의 내용에 대해서도 이해하기 쉽다.

IV. 본장의 구조

본장은 비교법상의 입법사례를 참고로 하고, 민법의 이론을 기초로 하여 현재 시행되고 있는 채권법규범 중 채권·채무의 효력에 대한 규정을 개괄한다. 채권법의 일반효력 중 대내적인 측면을 본장의 주요내용으로 하고, 채권의 대외적인 효력은 다른 장에서 소개하기로 한다. 보충적인 설명은 각국 민법전에 기술된 채권·채무의 대응성에 기초를 두기로 한다.

본서에서는 학술이론을 토대로 채권·채무를 연구하여 권리에 대한 이념을 강화할 것이다. 또한 효력체계에 대한 균형을 추구할 것이며, 중국의 채권법 중 '채권·채무의 이행'을 효력체계의 핵심관념으로 하여 이를 교정하고, 시민사회에 헌정사상을 세우는 연구를 할 것이다.

제2절 債權의 效力

I. 서 설

채권의 효력은 채권이 채권·채무관계에서 작용하는 정도를 말하며 이 권리를 가지는 사람을 채권자라고 한다. 채권에 대해 말하자면 채권의 실현 혹은 만족이 필요한가 아닌가의 문제는 채권자가 결정한다. 즉, 법은 채권자에게 선택권을 부여할 뿐이며 주동적으로 채권의 실현을 돕지는 않는다. 법은 채권자가 채권을 행사할 시에 채권이 실현되어 만족될 수 있도록 그에 상응하는 권리를 보장한다. 채권의 실현을 위해서는 반드시 채무자의 협조가 필요한데, 채무자가 협조를 하지 않을 경우 채권의 실현은 각종 어려움을 겪게 된다. 그러므로 채권의 효력은 다방면으로 모든 과정을 거치게 된다. 그리고 채권은 청구력, 집행력, 유지력 등의 효력을 가진다.

II. 채권의 청구력

1. 의의

채권의 청구력은 채권자가 채권에 의거하여 채무자에게 채무를 이행하게 하는 효력을 말한다. 청구력은 광의와 협의로 나눌 수 있다. 광의의 청구력은 소송 및 소송 외의 범위를 포함하고, 협의의 청구력은 소송 외의 범위만을 포함한다. 소송상의 청구력을 가진 권리를 소송권이라고 하며, 소송 외의 청구력을 가진 권리를 청구권이라고 한다. 소송상의 청구는 반드시 실체법상의 청구권을 근거로 해야 하고, 실체법상의 청구권은 소송상 공력구제를 요구할 수 있도록 보장해야 한다. 그러므로 채권의 청구력은 민법상의 효력일 뿐만 아니라 소송법상의 효력이기도 하다.

2. 청구력에 대한 규범의 기초

(1) 중국민법통칙의 규정

「중국민법통칙」 제84조 제2항에서는 "채권자는 채무자에게 약정된 계약의 약정이나 법률규정에 의거하여 의무의 이행을 요구할 수 있는 권리를 가진다"라고 규정하고 있고, 또한 제87조에서는 "연대적 권리를 가지는 채권자들은 모두 채무자에게 의무의 이행을 요구할 수 있는 권리를 가진다"라고 규정하고 있다. 이 두 가지 규정은 청구력에 대한 실체법규범의 기초가 된다. 때문에 채권자가 채무자에게 채무이행을 요구할 경우 그 요구에 의해 1차적 효력이 발휘된다. 그 효력에 대한 내용은 다음과 같다.

 (a) 소송시효를 중단시키는 효력이 있다. 「중국민법통칙」 제139조에 의거하면 소송시효는 채권자의 요구에 의하여 중단될 수 있다.

 (b) 이행기가 불명확한 경우 청구권에 의거하여 최고할 수 있으며, 채무자가 최고를 무시하고 채무를 이행하지 않을 경우 채무이행지체에 대한 책임을 부담한다(「중국계약법」 제62조 제4항).

 (c) 유치권은 청구(최고)에 의하여 그 효력이 발생한다(「중국담보법」 제87조).

(2) 중국민사소송법의 규정

중국민사소송법은 소송법규범으로써 채권이 가지는 청구력의 기초를 확립하고 있다. 동법 제189조 제1항에서는 "채권자는 채무자에게 금전, 유가증권의 이행을 요구할 수 있으며, 다음의 조건에 부합되는 상황일 경우 관할권을 가진 지방법원에 이행령을 신청할 수 있다"라고 규정하고 있다. 또한 제192조에서도 "이행령이 실효될 경우 채권자는 제소할 수 있다"라고 규정하고 있다. 기타 채권도 제108조 규정에 의해서 법원에 제소할 수 있다. 이에 의거하여 채권자는 법원의 독촉절차와 심판절차를 통하여 채무자의 채무이행을 요구할 수 있다.

III. 채권의 집행력

채권의 집행력이란 채무자가 채무를 이행하지 않을 경우 집행절차를 통하여 이행을 강제로 실현시키는 효력을 말한다. 채권·채무관계에서 법은 채권자에게 청구권을 부여하지만 그것만으로는 채무자의 채무이행을 확실히 보장할 수 없다. 그러므로 채권에 집행효력을 부여하여 강제적인 공력구제를 실현하도록 한다.

채권의 집행력은 그 내용과 방식, 과정을 민사소송법에서 규정하고 있지만 그 규정의 근거는 민법에 있다. 그러므로 채권의 집행력과 강제집행절차를 혼동하지 말아야 한다. 즉, 전자는 채권은 공력에 의해서도 이행을 실현할 수 있다는 것을 나타내고, 후자는 사법적 구제방법과 절차를 가리킨다. 이와 같이 채권의 집행력은 소송법상의 효력일 뿐만 아니라 실체법상의 효력이다.[32]

IV. 채권의 유지력

채권의 유지력은 수령유지력이라고도 한다. 이것은 채권에 의하여 받은 이행을 보류할 수 있다는 것을 가리킨다. 앞에서 서술한 청구력, 집행력과 같은 적극적인 효력과는 다르게 채권의 유지력은 채권의 소극적인 효력이다. 만일 채권자가 받은 이익을 유지할 수 있는 권리가 없다면 그 이익은 부당이득이 되어 반환해야 하기 때문에 유지력은 소극적인 성질을 가지지만 없어서는 안 되는 권리이다. 「중국민법통칙」 제92조에서는 "합법적인 근거 없이 부당한 이득을 취득하여 타인에게 손해를 입혔을 경우 취득한 부당이익은 손해를 입은 당사자에게 반환되어야 한다"고 규정하고 있다. 이 규정을 다른 각도로 해석해보면 "합법적으로 취득한 이익이 타인에게 손해를 입혔을 경우에는 그 이익을 반환하지 않는다"라고 할 수 있는데, 이 중 '합법적으로 취득한 이익'에 채권도 포함된다.

일반적으로 채권은 세 가지 효력을 가진다. 그러나 채권이 청구력을 통하여 이행이 실현되었을 경우 집행력이 발생할 필요가 없다. 채권의 청구력만으로는 이행을 실현시키기 어려운 경우에 비로소 집행력이 발생한다. 또한 어떠한 채권은 비록 청구력과 집행력을 가지지 않았더라도 유지력은 가진다. 예를 들면, 소송시효가 다가오는 채권 등이 있다. 따라서 채권의 효력은 입체적 효력이다.

---

32 1985년 4월 9일 최고인민법원 사법부는 〈공증받은 채권문서에 대한 법의 강제집행문제〉에 관하여 다음과 같이 설명하였다. "당사자가 인민법원에 강제집행을 신청하는 것은 공증기관이 공증시 강제집행효력을 부여하여 추급할 수 있는 차관이나 물품의 문서가 있어야 한다." 즉, 채권에 대하여 강제집행하려면 반드시 실체법상의 집행력이 있어야 한다. 간단히 말해서 실체법상 집행력이 없는 채권은 소송법상에서 강제집행효력을 발생시킬 수 없다.

V. 채권효력의 조각

1. 서설

채권효력의 조각이란 채권자가 채권의 행사를 게을리 했을 경우 채권의 효력에 장애가 발생한다는 것을 가리킨다. 채권자가 채권행사를 게을리 하는 행위는 채권을 포기하는 행위도 아니고 채무자에게 채무를 면제시켜 주는 행위도 아니다. 그렇기 때문에 채권의 소송시효가 지나 권리가 소멸되지 않는 이상 채권의 청구력과 집행력은 소멸하지 않고, 다만 잠시 중지될 뿐이다. 채권자가 채권행사를 게을리 하는 경우를 수령지체라 한다.

2. 수령지체의 구성요건

수령지체, 즉 채권자지체는 채무자의 이행을 수령하지 않거나 채권자가 이행에 협조하지 않은 행위를 가리킨다. 그 구성요건은 다음과 같다.

(1) 채무자가 채무를 이행할 때 채권자의 수령이 반드시 필요한 경우이어야 한다

수령은 채무이행행위에 협조하는 것을 뜻한다. 채무이행을 수령할 필요가 없다면 수령지체는 발생할 수 없으며, 예를 들면 부작위채무, 의사표시채무 등이 있다. 따라서 오로지 수령에 의해서만 채무가 이행될 수 있을 때 수령지체가 발생한다. 예를 들면 화물의 접수와 교부 등이 있다.

(2) 채무자가 이미 채무내용에 따라 이행한 상황이어야 한다

이행은 채무자가 이행시간, 장소 등의 준비를 포함한 채무이행에 필요한 모든 행위를 완료했다는 것을 뜻한다.

(3) 채권자가 수령하지 않은 상태여야 한다

수령하지 않은 상태는 수령할 수 없는 경우와 수령을 거절한 경우 모두 포함한다. 수령할 수 없는 경우는 채무자의 이행행위에도 불구하고 채권자의 주관적인 원인에 의하여 수령하지 못한 경우를 말한다. 예를 들면 지병, 외출, 수령설비의 준비미흡 등이 있다. 그러나 채무자가 예정된 시기 이전에 채무를 이행하여 채권자가 수령하지 못한 경우에는 수령지체의 책임을 부담하지 않는다.

수령을 거절하는 경우, 즉 수령할 수 있지만 수령을 허락하지 않은 경우는 협조불이행에 속한다.

3. 수령지체의 효력

수령지체가 성립된 날부터 채권자는 수령지체의 책임을 가지게 된다. 수령지체는 채권이 가지는 청구력을 감소시키는 효력을 발휘한다. 단, 그 구체적인 내용은 채권·채무의 유형에 따라 각각 다르게 규정하고 있다.

제3절 債務의 效力

I. 서 설

　채무의 효력이란 채무의 이행이 채권을 만족시켰을 때의 효과를 가리키며, 채무를 부담하는 사람이 채무자이므로 이것은 채무자에 대한 효력이다.

　채권·채무관계에서 이익을 분배할 때에는 언제나 채권자에게 유리하게 한다. 그러므로 민법은 채무효력에 대한 규정을 채권의 만족이라는 목표를 위주로 구성하였다. 따라서 채무효력은 이행의무를 핵심으로 하는 의무군(群)이며, 그 의무는 복수(複數)의 성질을 띤다.

　강조할 필요가 있는 것은 채권·채무관계는 상대적 성질을 가지고 있기 때문에 채무의 다른 한 면은 채권이 된다는 것이다. 즉, 의무를 이행함과 동시에 권리(채권)도 실현된다는 말이다. 그러나 채권·채무관계의 효과에서 관찰해보면 종종 의무를 이행하였다고 해서 채권을 완전히 만족시키는 것은 아니다. 예를 들면, 새로 산 컴퓨터에 사용설명서가 없어 사용하는 데 불편함이 있는 경우 등이 있다. 그러므로 채무의 효력은 이행의무 이외에 다른 기타 의무도 포함되며, 채권이 완전히 만족되었을 때 비로소 채무자의 채무이행이 인정된다. 이 밖에도 채무자가 채무를 불이행 혹은 불완전이행하였을 때 구제조치를 통해 채권은 실현된다. 이 구제조치 역시 채무의 효력 안에 포함된다.

II. 이행의무

1. 이행의무의 의의

이행의무란 채권을 만족시키는 것을 주요목적으로 하는 특정행위를 말한다. 또한 이것은 채무자가 우선적으로 부담해야 하는 의무이다. '이행'은 채권을 만족시키는 효과로서 '급부'라고도 한다. 중국의 법에서는 후자가 더욱 보편적으로 사용된다.

이행은 거래를 실현하는 기초이다. 현대사회에서 화물거래, 서비스거래, 기술거래, 증권·부동산매매 등은 모두 당사자 간에 채권·채무관계를 만들 수 있으며 채무의 핵심은 '이행'이 된다. 공평한 거래의 실현을 위하여 현대의 민법은 신의성실의 원칙을 이행의 척도로 하여 정의의 실현을 위한 법률이론을 두고 있다.

2. 이행의무의 유형

각각 다른 유형의 채권·채무관계에서 채권의 이익을 얻는 방법이 각기 다르기 때문에 채권에 대한 이행도 유형에 따라 각각 다르게 실현된다.

(1) 이행행위와 이행효과

이것은 이행과 이행기 이전의 이익관계를 기준으로 이행을 분류한 것이다.

이행행위는 채권·채무관계의 유형 혹은 성질을 확정하며 이행의 내용은 오직 이행행위 자체에 근거한다. 이행기 이전의 이익에 따른 이행효과가 있고 없고는 고려하지 않는다. 예를 들어, 변호사가 소송대리인으로 위탁되었을 때 이행의무는 소송에 대한 대리행위이다. 대리인의 행위가 위탁자에게 승소를 가져다 줄 수 있는가 아닌가는 그의 의무가 아니다. 그러므로 변호사는 약정에 의한 대리행위만 완성하면 이행의무를 완성하는 것이다.

이행효과는 채권·채무관계의 유형 또는 성질을 확정하고 이행내용이 행위 자체뿐만 아니라 상대방의 이행기 이전의 이익까지도 고려하는 이행을 말한다. 예를 들어, 도급관계에서의 도급인은 주문받은 의무를 완성해야 할 뿐만 아니라 주문자의 이행기 이전의 요구도 만족시켜야 한다. 그렇지 않으면 도급행위의 이행효력이 발생하지 않는다. 그러므로 이행에 의하여 이행효과가 발생할 때 이행의 완성 여부를 판단한다. 이것은 행위에 의해서가 아니라 효과에 의해서 결정된다.

어떤 특정한 채권·채무관계에서 이행이 이행행위에 속하는지, 아니면 이행효과에 속하는지 불분명할 때가 많다. 이것은 채무자에게 중요한 사항이기 때문에 반드시 명확하게 해야 하는데 일반적으로 채권·채무관계의 유형 및 성질, 당사자의 약정, 거래관례 등에 의하여 확정된다.

(2) 주된 이행의무와 종된 이행의무

이것은 복수이행에서 각 이행 간의 관계에 따라 분류한 것이다.

주된 이행의무는 채권·채무관계의 유형을 결정하는 고유적이고 기본적인 의무를 가리킨다. 예를 들어, 물건의 매매에서 매도인은 목적물을 지급해야 할 의무가 있으며, 매수인은 가격에 맞는 돈을 지불해야 할 의무가 있다. 여기에서 이 두 가지 의무는 주된 이행의무이다.

종된 이행의무는 독립적 의의를 가지지 않으며 주된 이행을 보조하는 이행의무이다. 그 기능은 채권자에게 가장 큰 만족을 주는 데 있으며, 채권자는 종된 이행의무에 대해서도 청구권과 집행권을 행사할 수 있다. 채무이행시 종된 이행의무가 생기는 원인은 다음과 같이 세 가지가 있다.

(a) 법의 강행규정

예를 들면, 운송을 맡은 사람이 승객을 태우고 이동할 때에는 승객의 물건이나 짐도 같이 운송해야 하는 의무가 있다(「중국계약법」 제296조).

(b) 당사자의 약정

예를 들면, 컴퓨터를 사고팔 경우 파는 사람이 사는 사람에게 사용하는 방법에 대해 설명하기로 약정했을 경우 종된 이행의무가 생긴다.

(c) 신의성실의 원칙

예를 들면, 신체보험 중 보험계약자가 신체에 대한 구체적인 사항을 보험회사에게 알려야 하는 경우 종된 이행의무가 생긴다.

(3) 원래의 이행의무와 부차적 이행의무

원래의 이행의무란 채권·채무관계에서 원래부터 정해져 있던 의무를 가리킨다. 다른 말로 제1차적 이행의무라고 한다.

부차적 이행의무란 원래부터 정해져 있던 의무를 이행하는 과정에서 특수한 사유로 인하여 새롭게 생긴 의무를 가리킨다. 예를 들어, 책임사유가 있어 원래 있던 이행의무를 이행할 수 없거나 연기되었을 경우 혹은 이행을 하였지만 불완전한 이행일 경우 배상의무가 발생하는 것을 말한다(「중국민법통칙」 제111조). 그렇기 때문에 제2차 의무라고도 한다. 부차적 이행의무는 비록 채권 혹은 채무의 효력을 변경하고 확장시킬 수 있지만 그 발생원인은 원래의 이행의무에 있기 때문에 원래의 채권·채무관계 자체의 성질에는 영향을 주지 못한다.

III. 부수적 의무

이것은 신의성실의 원칙에 의하여 생겨난 의무이다. 그러나 그 명칭에 대해서는 아직까지 이견이 있다. 중국의 학자 대부분은 부수적 의무라고 부른다.[33] 부수적 의무는 채권·채무관계의 상황에 맞추어 상대자에게 통지하고 상대자를 보호하는 등의 의무를 가리킨다. 예를 들면 기술개발에 실패한 후에 개발자는 그 실패에 대한 통지의 의무를 가지며, 여관주인은 고객의 신체와 재산의 안전 등을 보장하는 의무를 가진다.

「중국계약법」 제60조는 당사자 간의 부수적 의무를 인정하고 있지만, 이 의무가 발생하는 데에는 "신의성실의 원칙을 존중하고 계약의 성질, 목적, 거래습관에 근거하여야 한다"라는 법적 요건에 의해 제한을 받는다. 예를 들면 「중국계약법」 제301조에 규정되어 있는 여객운송업무 중 위험한 병이나 분만, 위험한 상황에 있는 승객의 구제의무 등이 있다.

---

[33] 王澤鑑 교수의 소개에 따르면 독일학자들 사이에서도 이 명칭을 두고 논쟁이 있다고 한다. 예를 들어 보호의무, 부수적 의무, 유지행위의무 등이 있다. 대만학자들은 '부종의무(附從義務)'라 한다. 한국에서는 '부수적 주의의무'와 '보호의무'의 명칭이 사용되고 있다. 본서에서는 중국의 용어를 사용하여 '부수적 의무'라고 번역한다. —역주

부수적 의무와 주된 이행의무를 구별하여 각각의 의무에 따라 청구권을 적절하게 행사하여야 한다. 부수적 의무와 주된 이행의무는 세 가지 내용으로 구분할 수 있다.

(1) 주된 이행의무가 확정될 때 채권의 유형이 결정된다. 반면에 부수적 의무는 채권·채무관계의 발전에 따라 채권자가 채권을 만족시키기 위하여 채무자에게 요구하는 작위 혹은 부작위의 무이다. 그러므로 부수적 의무는 어떠한 유형의 채권에서도 모두 발생할 수 있으며 특정한 채권의 유형에 제한받지 않는다.

(2) 주된 이행의무를 이행하지 않았을 경우에는 채권자에게 계약을 해제할 수 있는 권리를 부여한다. 반면에 부수적 의무를 이행하지 않았을 경우에 채권자는 계약 자체를 해제할 수 없다. 대신에 부수적 의무의 불이행에 따른 채권자의 손실은 불완전이행의 규정에 근거하여 배상받을 수 있다.

(3) 이행의무가 쌍무계약의 동시이행의무[34]일 경우 일방의 당사자는 다른 일방의 당사자가 채무를 이행하기 전에 자신의 의무에 대한 이행을 거절할 수 있다. 반면에 부수적 의무는 원칙적으로 동시이행의무가 있는 급부에 속하지 않는다. 그러므로 동시이행의 항변권이 발생할 수 없다. 주의해야 할 점은 어떠한 의무가 구체적으로 주된 이행의무에 속하는가, 아니면 부수적 의무에 속하는가를 구분할 때 구분하기가 불명확한 경우가 생기게 된다는 것이다. 구분의 요점은 그 의무가 '특정한 유형의 채권·채무에 속하는가?' 아니면 '채권·채무관계의 발전에서 특

---

[34] 원문은 '대대급부(對待給付)'이다. — 역주.

정한 상황에 따라 나타난 의무인가?'에 따른다. 예를 들어, 수돗물공급계약 중 수돗물공급과 수돗물의 사용비용의 지불은 주된 이행의무에 속하며, 수도공급설비의 수리 등으로 인하여 물이 공급되지 못할 경우 사용자에게 통지해야 하는 의무는 부수적 의무에 속한다.

부수적 의무와 종된 이행의무의 구별은 더욱 애매하다. 학술이론상으로도 정확히 정해진 것이 없다. 일반적으로 집행력이 있느냐 없느냐를 판단의 기준으로 한다. 여기서 독립적으로 소송을 통하여 청구할 수 있는 의무는 종된 이행의무이고, 독립적으로 소송을 통해 청구할 수 없는 의무는 부수적 의무이다. 예를 들어, 에어컨을 매매할 때 매도인이 물건을 인도하는 것이 주된 이행의무이고, 매수인에게 설치해주는 행위는 종된 이행의무이다. 또한 사용방법 또는 주의사항에 대하여 설명해주는 것이 부수적 의무이다. 만일 매도인이 주·종된 이행의무를 이행하지 않을 경우, 매수인은 소송을 통해 의무이행을 청구할 수 있다. 그러나 매도인이 부수적 의무를 이행하지 않을 경우, 매수인은 의무불이행으로 인한 손해배상만을 청구할 수 있다.

IV. 계약전의무와 계약후의무

계약전의무란 계약의 체결 후 발생할 수 있는 일에 대한 사건설명, 통지, 주의 등을 해야 할 의무를 가리킨다. 이 의무는 계약이 체결되기 전에 발생하기 때문에 이론상으로 계약전의무라고 부른다. 이 의무의 위반은 체약과실(締約過失)로 인정된다. 「중국계약법」 제42조와 제43조에서는 악의거래, 사기계약, 상업비밀의 누설 및 기타 신의성실의 원칙을 위배한 행위 등 네 가지의 계약전의무를 규정하고 있다. 그러므로 계약전의무는 법정의무이며 계약전의무를 이행하지 않을 경우 손해배상책임을 부담한다.

계약후의무는 채권·채무관계가 소멸된 후에 당사자가 이행의 효과를 보호하기 위하여 혹은 상대자가 완성해야 하는 채권의 뒷처리에 협조하기 위한 작위 혹은 부작위의무를 가리킨다. 계약후의무는 대부분이 법의 특별규정에 그 기초를 두고 있다. 「중국계약법」 제43조에서는 상업비밀의 누설을 금지하는 규정을 하고 있으며, 제266조에서는 도급인은 비밀보장의무의 준수 여부에 대하여 반드시 약정해야 한다고 규정하고 있다. 채권자는 계약후의무를 채무자에게 청구해야 하고, 채무자가 이 의무를 이행하지 않은 경우에는 채무불이행 혹은 손해배상의 책임을 부담하여야 한다.

계약전의무와 계약후의무는 광의적 의미상 부수적 의무에 속한다. 두 가지 의무와 부수적 의무는 채권·채무관계가 유효한 시기에 맞추어 비교해서 구분할 수 있다. 즉, 계약전의무와 계약후의무는 채권이 성립되기 전, 혹은 채권이 소멸된 후에 발생한다는 뜻이다. 또한 미세하게 구별되는 것은 계약전의무와 계약후의무의 대부분은 법정의무 혹은 약정의무인 데 반하여, 부수적 의무는 기본적으로 신의성실의 원칙에 근거하여 거래의 성질, 목적 및 거래습관에 의하여 발생한다. 실무에서 어떻게 부수적 의무를 판단하느냐는 대부분 법관의 자유재량권에 맡긴다.

V. 진정한 의무가 아닌 의무[35]

진정한 의무가 아닌 의무는 강도가 비교적 약한 의무이다. 이것은 권리의 감소 혹은 상실의 의무를 가리킨다. 주요한 특징은 상대자가 이행을 청구할 수 없고, 이 의무를 이행하지 않을지라도 손해배상의 책임을 부담하지 않는다는 것이다. 법률상으로 당사자는 자신의 권리에 손해를 주지 않는다는 의무를 부담하지 않는다. 그러나 만일 자신의 권리에 손해를 주었을 경우 그 손해를 부담하여야 한다. 「중국민법통칙」 제114조에서는 "당사자 일방이 다른 일방의 계약위반에 의해 손실을 입을 경우 마땅히 제때에 조치를 취하여 손실의 확장을 막아야 한다. 제때에 조치를 취하지 않아 확장된 손실에 대해서는 배상을 요구할 권리가 없다"고 규정하고 있다. 「중국계약법」 제119조에서도 이와 비슷한 규정을 하고 있다. 이 규정에서 보면 피해자가 위반한 것은 자신의 이익에 대한 보호의무이지 상대자에게 만족을 주는 의무가 아니다. 진정한 의무가 아닌 의무에 의해서 채권자의 권리가 감소되거나 상실된다. 그러므로 그 효력은 상대자가 부담해야 하는 의무를 감소시키고 소극적인 권리를 취득하게 한다.

---

35 채권자의 자신의 이익에 대한 의무이다. —역주

VI. 채권과 책임

1. 서설

앞에서 서술된 내용으로 비추어볼 때 채권의 실현은 채무자의 이행을 기초로 한다. 과연 채무자는 무엇을 담보로 하여 의무를 이행하는 것일까? 여기서 바로 책임의 문제가 대두된다. 민법에서 말하는 책임은 전문적으로 민사책임을 가리킨다. 「중국민법통칙」은 이것에 대하여 전문적으로 해설해 놓았다(제6장). 공권력과 사권력의 관계상의 책임은 제1성질의 의무를 위반하고 제2성질의 의무를 불러일으킨다. 제1성질의 의무는 권리에 상응하고, 제2성질의 의무는 국가공권력에 상응한다. 제1성질의 의무를 이행하지 않을 경우 제2성질의 의무가 야기되며, 제2성질의 의무도 이행하지 않을 경우 국가의 강제이행을 부담하게 된다. 채무와 책임의 관계에서 부르는 '민사책임'은 실제로 사권에 대한 국가의 공권력에 의한 구제이다. 즉, 채권의 공권력에 대한 담보이다. '구제가 없으면 권리도 없다', 어떠한 권리이든 모두 구제로 인하여 지지받는다. 그렇기 때문에 '민사책임'이란 용어를 '채무'가 대신한다고 해서 그것이 꼭 적합한 것은 아니다.

채무와 책임관계로부터 인류문명을 엿볼 수 있다. 로마법과 게르만법에서 채무자는 채무에 대하여 신체를 담보로 하여 채무자가 채무를 이행하지 않을 시 채권자는 강제적으로 채무자의 신체에 구속을 가할 수 있었다. 사회의 진보와 국가권력의 발전에 따라 채무자에 대한 직접적인 강제력은 점점 줄어들고 마침내 재산으로 구제하는 방법이 규정되었다. 그러므로 근대민법에서는 채무와 책임이 결합하여 채무자는 그 채무에 대하여 원칙상 전부의 재산으로써 책임을 부담하게 되었다.

2. 「중국민법통칙」 제134조의 분석

「중국민법통칙」 제6장의 책임에 대한 규정을 살펴보면 책임을 여러 가지로 분류해 놓았다. 예를 들면 과오, 과실책임 등이 있다. 여기서는 제134조 규정의 책임을 부담하는 방법에 대하여 분석한다. 여기서 규정하는 민사책임은 성질상 두 가지로 나눌 수 있다. 하나는 민사주체 간의 책임인데, 이는 사법(私法)상의 책임이다(제1항). 다른 하나는 사법(司法)의 간섭으로 인하여 생긴 책임이며 공법상의 책임이다. 이 사법상의 책임은 다시 작위책임과 부작위책임으로 나눌 수 있다. 후자의 예를 들면 침해의 정지가 있다. 민법상 공법의 책임을 규정하는 것은 적당하지 않고 '의사표시'의 방식으로서 책임을 지는 것 또한 적당하지 않다. 왜냐하면 그런 책임에 대하여 법률은 강제력을 행사하지 않으며 헌법·민법이 보호하고 있는 의사표시의 자유권과도 충돌되기 때문이다(「중국헌법」 제35조, 「중국민법통칙」 제55조). 그러므로 민법에서 공법책임과 의사표시책임은 규정할 필요가 없다.

3. 재산책임의 유형

재산책임이란 채무자가 재산으로써 채무를 책임지는 형태를 말한다. 재산책임은 다음과 같이 두 가지 종류로 나눌 수 있다.

(1) 무한책임

채무자가 자기재산의 전부를 채무로 부담하는 책임을 가리킨다. 무한책임에 의거하여 채무자의 기본적인 생활용품과 비용 이외의 재산 전부를 채권을 만족시키기 위하여 강제집행할 수 있다(「중국민사소송법」제222조 제1항). 채무자는 채무에 대하여 원칙상 무한책임을 부담한다. 복수의 채권자는 누구의 채권이 우선적으로 발생했는지에 관계없이 모두 평등한 위치에서 변제받을 수 있다. 이것을 가리켜 채권의 평등이라고 한다.

(2) 유한책임

유한책임이란 채무자가 특정재산에만 제한을 두어 특정재산으로만 채무를 변제하는 책임을 말한다. 유한책임에서는 채무자의 특정재산만으로 채권을 만족시키기 어렵더라도 기타 재산으로 변제할 필요가 없다. 채무자가 채무에 대한 책임이 제한적이기 때문에 채권의 실현에 불리한 영향을 끼친다. 그러므로 유한책임을 가지는 채무는 법의 명확한 규정에 의하여 제한받는다. 그렇지 않으면 무한책임을 부담해야 한다. 현행법은 유한책임에 대하여 네가지 측면에서 규정하고 있다.

  (a) 유산에 대한 유한변제책임. 즉, 상속의 제한이다(「중국상속법」 제33조).
  (b) 유한책임회사의 주주의 유한책임(「중국회사법」 제3조)
  (c) 향촌집단기업의 투자자의 유한책임(「중국향촌단체소유제기업조례」 제2조)
  (d) 국가의 국유기업에 대한 유한책임(「중국전민소유제공업기업법」 제2조, 「중국회사법」 제64조)

4. 채무와 책임

일반적으로 채무에는 책임이 뒤따르지만 그렇지 않은 경우도 있다. 책임이 있는 사람이 채무는 없는 경우 등 책임이 있는 사람과 채무가 있는 사람이 분리되는 경우도 있다. 이와 같은 채무와 책임의 관계에는 다음의 몇 가지 유형이 있다.

(1) 책임은 없고 채무만 있는 경우

이 경우 강제이행의 책임은 지지 않는다. 예를 들면, 소송시효가 지난 후의 지체에 대한 채무 등이 있다.

(2) 채무는 없고 책임만 있는 경우

이 경우 채무는 부담하지 않지만 채무이행을 보증해야 하는 책임이 있다. 예를 들면, 제3자가 채무자를 위해 저당물을 제공하여 물건상 보증인의 책임을 지는 경우(「중국담보법」 제33조)가 있다.

(3) 채무·책임이 둘 다 있는 경우

이 경우는 채무도 부담하여야 하고 채무이행에 대한 책임도 부담해야 한다. 채무와 책임은 원칙상 같이 생기며 동시에 발생하여 동시에 소멸한다. 위의 두 가지 경우는 소수의 상황이고 대부분은 채무와 책임이 같이 존재하게 된다.

제4절 債務不履行 및 그 效力

Ⅰ. 서 설

　채무불이행은 채무자가 채무에 맞게 이행하지 않아 채권자를 만족시키지 못한 이행을 가리킨다. 주의해야 할 것은 채무불이행이란 용어는 대륙법계에서 사용하는 용어라는 점이다. 대륙법계에서는 채권·채무의 발생원인은 네 가지로 서술되어 있으며, 이 중 채권·채무의 이행 및 불이행의 규정은 채권법 총론에 소개되어 있다. 이 규정은 계약, 권리침해행위, 사무관리, 부당이득 등의 채권에도 포함되어 있다. 그리고 영미법계의 채권법 체계에는 이런 내용이 없기 때문에 계약과 권리침해체계 사이에 연관이 없다. 따라서 계약법은 계약에 대한 채무의 불이행을 '위약'이라고 부르고, 계약에 대한 채무를 불이행했을 시 부담하는 책임을 '위약책임'이라 부른다. 중국은 1980년대 이래로 채권법 중 계약에 대한 입법에만 신경을 썼을 뿐 정작 중요한 기타 방면의 법률에는 신경을 쓰지 않았다.[36] 특히 채권법 총칙의 규범이 많이 부족하다. 따라서 단행법 형식으로 공포한 계약법에 영미법의 '위약'과 '위약책임'의 개념을 채택하여 덧붙여 제정하였다. 만일 이후에 민법전을 제정하려면 채권법 총론의 체계를 구성할 때 '위약' 및 '위약책임' 등의 개념은 '채무불이행'의 범위 안에 넣어야

---

[36] 중국민법통칙은 총·분칙을 모두 합쳐봐야 156개 조항뿐이었지만, 1999년 3월 15일 공포한 「중국계약법」은 조항이 무려 427개이다.

할 것이다.

중국의 민법통칙과 계약법은 채무불이행에 대하여 유형별로 구분하고 있지 않으며, 다만 '계약의무의 불이행 혹은 약정과 불일치한 의무이행'을 규정하고 있다(「중국민법통칙」 제111조,「중국계약법」 제107조). 「중국계약법」 제108조에서는 '이행기 이전의 위약'의 채무불이행의 형태를 추가하였으나 실제로 영미계약법상의 '이행기 이전의 위약'은 대륙채권법상의 '이행거절' 및 '불안항변권'[37]의 내용과 비슷하다.[38] 중국의 계약법은 영미법과 대륙법의 두 가지 제도를 혼합하여 적절하게 받아들였다.

대륙법의 분류에 따르면 채무불이행의 형태는 네 가지로 나눌 수 있다. 이행불능, 이행지체, 이행거절 그리고 불완전이행이 그것이다. 채무불이행의 형태는 각기 다르지만 효과는 서로 비슷하다. 즉, 채권을 만족시키지 못한다는 공통적인 효과를 가진다. 그러므로 채무불이행이 발생했을 시에도 채권·채무관계는 여전히 존재한다. 따라서 법률은 채권자에게 채권에 대하여 보충하고 구제하는 권리를 부여하여 채권의 구제를 실현하였다. 이러한 구제는 채무불이행에 대한 효력이며 강제이행과 손해배상도 이에 포함된다.

---

[37] 불안항변권 : 영미법의 예기위약에 해당한다. 계약성립 후 타방당사자가 어떤 원인으로 인하여 대부분의 중요한 의무를 불이행할 것이 뚜렷할 때, 일방당사자는 자신의 의무이행을 중지할 수 있으며, 타방당사자에게 이행에 대한 담보를 제공해줄 것을 요구할 수 있다. -역주
[38] 李永軍 :「合同法原理」, 中國人民公安大學出版社, 1999版, 570쪽.

II. 이행불능

1. 이행불능의 의의

이행불능이란 실제로 이행할 수 없는 것을 말한다. 이때 이행을 할 수 없는 것과 하지 않는 것은 다른데, 할 수 없는 것은 불이행이라고 하며, 하지 않은 것은 이행의 지체라고 한다. 그러므로 이행불능시 채무불이행의 효력이 발생한다.

2. 이행불능의 유형

(1) 사실상 불능과 법적 불능

사실상 불능은 자연법칙에 의한 이행불능이다. 따라서 자연불능이라고도 한다. 예를 들면, 이행하여야 하는 특정물의 소멸이 있다. 법적 불능은 법적 원인에 의하여 이행할 수 없는 것을 말한다. 예를 들면, 이행물이 법원에 의하여 차압되었을 경우 등이 있다. 사실상 불능 혹은 법적 불능에 의하여 채무자는 이행의무를 면제받을 수 있다(「중국계약법」 제110조 제1항).

(2) 원시적 불능과 후발적 불능

원시적 불능은 채권이 성립할 시에 불능의 상태가 된 것을 말한다. 후발적 불능은 채권의 성립 후 이행의 불능이 발생하게 되는 것을 말한다. 원시적 불능에서 언급하는 것은 채권의 성립문제이고, 후발적 불능에서 언급하는 것은 채무이행의 문제이다. 그러므로 채무불이행을 논하기 위해서는 후발적 불능을 연구하여야 한다.

(3) 객관적 불능과 주관적 불능

객관적 불능과 주관적 불능에 대한 구분은 그 기준에 관한 의견이 분분하다.[39] 중국법은 채무자에 의한 원인을 그 기준으로 하는 것이 적당하다고 규정하고 있다. 따라서 채무자의 원인에 의한 이행불능은 주관적 불능이고, 채무자 이외의 원인에 의한 이행불능은 객관적 불능이다.

(4) 영구적 불능과 일시적 불능

영구적 불능은 채무의 이행기에 이행할 수 없음을 가리킨다. 반면 일시적 불능은 채무이행기 중 일부기간 내에 이행할 수 없는 경우를 말한다.

(5) 전부불능과 부분불능

전부불능은 채무 전부를 이행할 수 없음을 가리키고, 부분불능은 채무의 일부분을 이행할 수 없음을 가리킨다.

(6) 채무자에게 책임이 있는 의무의 이행불능과 채무자에게 책임이 없는 의무의 이행불능

채무자에게 책임이 있는 의무는 채무자에게 책임이 있는 사유에 의한 이행불능이고, 채무자에게 책임이 없는 의무의 이행불능은 채무자에게 책임이 없는 사유에 의한 이행불능이다.

---

39 史尙寬:「債法總論」, 366쪽.

3. 이행불능의 효력

중국의 민법에서 채무불이행에 대한 책임은 귀책사유를 기본요건으로 한다(예 : 불가항력에 의한 채무의 면제 등). 따라서 이행불능에 대한 효력 또한 귀책사유의 여부에 따라 결정된다.

(1) 채무자에게 책임이 없는 사유에 의한 이행불능

채무자에게 책임이 없는 사유는 일반적으로 법이 규정하고 있거나 당사자의 약정이 존재하여만 한다. 예를 들면 불가항력 등이 있다. 또한 채무자는 책임이 없는 사유에 대한 증거를 제시하여야 한다. 즉, 채무자는 과실추정책임을 부담하여야 한다(「중국계약법」 제107조). 채무자에게 책임이 없는 사유에 의한 채무불이행은 다음과 같은 효력을 발휘한다.

(a) 이행의무의 면제

「중국계약법」 제117에서는 "다른 법률에 규정이 있는 것을 제외하고는 불가항력에 의하여 계약을 이행하지 못할 때 불가항력의 영향에 근거하여 부분 혹은 전부의 책임을 면제한다"라고 규정하고 있다. 즉, 채무의 전부를 이행할 수 없을 때 이행의무의 전부를 면제하고, 부분적 불능시 이행의무의 일부분을 면제한다.

(b) 대상청구권

채무자의 채무불이행의 사유로 인하여 제3자에 대하여 손해배상을 청구할 경우, 채권자는 그 청구권을 대위하여 청구하거나 채무자가 제3자로부터 수령한 배상물에 대하여 자신에게 교부할 것을 청구할 수 있다.

(2) 채무자에게 책임이 있는 사유에 의한 이행불능

채무자의 책임으로 인하여 이행불능이 된 경우, 전부불능 또는 부분불능이냐에 따라 그 효력이 정해진다.

(a) 전부불능

전부에 대한 이행불능의 경우, 채무자는 약정된 채무를 이행하는 것이 불가능하므로 손해배상의 책임을 져야 한다.

(b) 부분불능

이행의 부분불능은 채무자가 이행할 수 없는 일부분에 대하여 손해배상책임을 부담하는 것이다. 기타 부분에 대하여서는 원래의 계약에 따라 이행하여야 한다. 그러나 기타 부분의 이행이 채권자에게 아무런 이익도 주지 못하는 불필요한 이행일 경우, 채권자는 부분이행에 대한 수령을 거절하여 이행의무의 전부불이행으로 간주하여 손해배상을 청구할 수 있는 권리를 가진다(「중국계약법」 제155조 · 제156조 · 제157조).

이상은 일반채무에서의 이행불능에 대한 효력이다. 계약에 의하여 발생한 채무에 대한 이행불능은 계약해제권을 발생시키는 법정원인이 된다(「중국계약법」 제94조).

III. 이행거절

1. 이행거절의 의의

이행거절은 급부거절이라고도 한다. 이것은 채무자가 채권의 성립 후 이행기간이 만료되기 이전에 이행할 수 있으면서도 명확하게 이행하지 않겠다는 의사를 표시한 경우, 즉 이행할 수 있지만 하지 않는 것을 말한다. 만일 이행할 수 없다면 이행불능의 문제에 속한다. 그러나 소송시효가 이미 지난 채무에 대한 이행거절은 채무자가 채무이행에 대한 거절권을 가지기 때문에 이행거절에 속하지 않는다.

「중국계약법」제108조에서는 당사자 일방이 '이행기 이전의 위약'을 명시 혹은 암시할 경우에 대하여 규정하고 있는데 각기 다른 효력을 발휘한다. 이행기 이전의 위약을 '명시'한 상황에 대해서는 「중국계약법」제94조 제2항의 규정을 근거로 하고 채권자는 직접 해제권을 행사하여 계약을 해제할 수 있다. 또한 이행기 이전의 위약을 '암시'한 상황에 대하여서는 제68조의 규정만 근거로 하며 불안항변권을 행사할 수 있다. 그러나 직접 해제권을 행사할 수는 없다. 따라서 '명시'한 이행기 이전의 위약에 대한 효과와 '암시'한 이행기 이전의 위약에 대한 효과는 서로 다르다. 즉, 전자는 해제권을 발생시키는 법적 원인이고, 후자는 불안항변권을 행사하기 위한 법적 요건이 된다. 형성권과 항변권을 하나의 조항에 놓는 것은 학자들 사이에서 의견이 분분하다.[40] 그러므로 「중국계약법」제108조를 자세히 보면, 이행기가 되기 전에 '당사자가 계약을 불이행할 것을 명확히 표시하는 것'은 급부이행에 대한 법률규정으로 볼 수 있다.

2. 이행거절의 효력

(1) 이행기한이 있는 이행에서 채무자가 이행기 이후부터 그 이행기 만료 전에 이행을 거절하였을 때 채권자는 채무자에게 강제

---

[40] 崔建遠主編:「新合同法原理與案例評析」(上), 吉林大學出版社, 1999年版, 562~563쪽.

이행 혹은 채무불이행의 책임을 청구할 수 있는 선택권을 가진다. 이에는 위약금과 손해배상을 포함한다(「중국민법통칙」 제111조, 「중국계약법」 제108조).

(2) 이행기 이전의 이행거절에 대하여 채권자가 수령하였다면 쌍무계약인 상황에서는 채권자가 직접 계약을 해제할 수 있다(「중국계약법」 제94조).

IV. 불완전이행

1. 불완전이행의 의의

불완전이행은 불완전급부라고도 한다. 이것은 채무자가 완전한 이행의 의사를 가지고 이행하였지만 채무의 내용과 비교하였을 때 완전한 이행에는 미치지 못하는 이행을 말한다. 로마법 및 독일법에서는 불완전이행을 따로 분류하지 않았다. 이 유형은 독일학자 Staub가 《적극적인 계약침해》에서 계약에 대하여 적극적인 침해를 주장한 후 이 내용을 토대로 점점 채무불이행의 유형이 귀납추리되었다. 이후에 민법이 이 학술이론을 흡수하였다.[41]

(1) 불완전이행의 법적 요건

(a) 반드시 채무에 대하여 이행하였지만 불완전한 이행이어야 한다. 즉, 이행의 내용과 채무의 내용이 부분적으로 일치하지 않아

---

41 대만의 '民法債編修正案' 제226조·제227조에서는 불완전이행을 채무불이행의 유형에 넣었다.

야 한다.
(b) 반드시 책임이 있는 채무자여야 한다. 즉, 불완전한 이행의 원인은 채무자에게 있어야 한다.

(2) 불완전이행의 유형
(a) 하자이행. 즉, 채무자의 이행에 하자가 존재하는 것을 말한다. 예를 들면 이행물품의 수량부족, 품질 불합격, 잘못된 주소, 시간의 부적절함, 부당한 방법 그리고 부수적 의무의 미이행 등이 있다.
(b) 이행가해. 즉, 채무자의 이행에 결함이 있을 뿐 아니라 이 결함이 채권자에게 손해를 입히는 이행을 말한다. 예를 들어, 건축공사시 시멘트에 물을 섞어 사용하여 A건물을 지었는데, 그 A건물이 부실공사로 인해 무너져 공사를 맡긴 사람에게 피해나 손해를 주는 경우가 있다. 이러한 종류의 이행에 의하여 초래되는 손해가 바로 스터브(Staub)가 주장한 '적극적인 채권침해'라고 볼 수 있다. 「중국계약법」 제112조는 "당사자 일방이 계약의무를 불이행하거나, 이행했으나 계약에 어긋나 재이행하거나, 보조조치를 취하여도 상대방에게 손실을 입힐 경우 채무자는 마땅히 그 손실에 대하여 배상하여야 한다"라고 규정하고 있다. 이것은 이행가해의 법적 근거가 된다.

2. 불완전이행의 효력
(1) 변제기간 내에 보충할 수 있는 불완전이행에 대하여 채무자는 이를 보충하여야 하는 책임을 가진다. 예를 들어, 보충하여야

할 이행이 이미 변제기한을 넘었을 경우 채무자는 이행지체의 책임을 부담하게 된다. 채무자는 보충하여야 할 책임 이외에 이행가해로 인하여 발생한 손해에 대해서도 배상책임을 진다. 보충하여야 할 이행이 채권자에게 아무런 이익도 되지 않는다면 채권자는 이행의 수령을 거절할 수 있고 이때 채무자는 손해배상책임을 부담한다.

(2) 보충할 수 없는 이행에 대하여 채무자는 배상의 책임을 부담한다. 그중 이행가해로 인한 손해의 배상도 포함된다. 그러나 이행하는 목적물이 상품이면 가해로 인한 배상에서 민법의 상품에 대한 권리침해행위의 규정을 적용한다(「중국계약법」 제112조). 주의하여야 할 점은 어떠한 불완전이행의 보충 및 손해배상청구권에 대하여 법률이 특수시효를 규정하고 있는 것은 그에 따라야 한다.

V. 이행지체

1. 이행지체의 의의

이행지체는 채무자지체라고도 한다. 이것은 채무이행기가 도래하였을 때 이행할 수 있는 상황에서 채무자에게 책임이 있는 사유에 의하여 이행하지 않아 이행이 지체되는 것을 말한다. 이행지체는 채권을 제때에 만족시킬 수 없고, 채권을 소극적으로 침해한다. 이것은 시간상의 불완전이행이고 독특한 효력이 있기 때문에 채무불이행에서 독립적인 하나의 유형이 된다.

2. 이행지체의 요건

(1) 이미 채무이행기가 만료된 상태이어야 한다. 이행지체는 이행의 시간적 하자이다. 그러므로 이행기의 만료는 중요한 요건이 된다. 이행기한이 명확한 경우 채무자는 기한만료일부터 이행지체의 책임을 부담한다(「중국계약법」 제226조·제227조). 만일 이행기한이 명확히 정해져 있지 않으면 채권자는 채무자에게 채무이행을 최고할 수 있고, 그래도 채무를 이행하지 않을 경우에는 최고한 날부터 이행지체의 책임을 부담한다. 만일 최고에 대하여 법정 혹은 약정한 기한이 있을 때 채무자는 그 기한이 만료된 후부터 지체책임을 부담한다. 최고란 채권자가 채무자에게 기한 내에 이행하기를 요구하는 의사표시이다.

(2) 반드시 이행이 가능하여야 한다. 이행지체는 반드시 이행이 가능할 때 발생한다. 이것은 이행지체와 이행불능을 구분하는 중요한 요건이 된다. 이행지체가 성립된 후 이행불능상태가 되면 그때부터는 이행불능의 효력이 발생한다.

(3) 반드시 채무자에게 책임이 있는 사유가 있어야 한다. 만일 채무자에게 책임이 있는 사유가 없이 이행이 지체되면 채무자는 지체에 대한 책임을 부담하지 않는다.

3. 이행지체의 효력

(1) 일반채무에 대한 효력

(a) 손해배상

채무자는 손해배상책임을 부담한다. 배상책임은 다음의 세 종류가 있다.

(ⅰ) 지체배상. 즉, 지체로 인하여 생긴 손해에 대한 배상을 말한다.
(ⅱ) 불가항력배상. 즉, 자연에서 발생한 불가항력에 의하여 생긴 손해에 대한 배상을 말한다. 이때 채무자는 가중책임을 지게 된다. 일반적인 상황에서의 불가항력은 채무자에게 채무를 면제해주는 조건이 되지만, 지체 중 발생한 불가항력에 의한 손해는 채무자가 제때에 이행하지 못한 잘못과 관계가 있기 때문에 마땅히 채무자가 그 책임을 부담하여야 한다.
(ⅲ) 전보(塡補)배상. 이행지체의 상태가 채권자에게 아무런 이익도 되지 않을 때 채권자는 원래의 이행을 거절하고 이행지체로 인한 손해에 대하여 배상을 청구할 수 있다.

(b) 강제이행

채무자가 지체에 대한 배상책임을 이행한 후에도 계속해서 원래의 이행의무를 실시하여야 한다. 「중국계약법」 제110조 규정에 따르면 채무가 강제이행하기에 적합하지 않거나 강제이행비용이 너무 많이 들 때를 제외하고 채권자는 채무자의 이행을 청구할 수 있는 선택권을 가진다.

(2) 금전채무에 대한 특수효력

금전채무는 이행지체만을 발생시킨다. 즉, 대체배상 혹은 불가항력의 배상을 발생시킬 수 없다. 금전채무의 지체는 일반채무와는 다르다.

(a) 지체이익

금전채무의 상황에서 이행지체가 발생하였을 경우 채무자는 지체된 금전에 대한 이자도 변제하여야 한다. 지연된 이자의 액수는 법이 규정하고 있는 이자율에 맞추어 계산하여야 하고, 법이 규정하고 있지 않으면 당사자의 약정에 따라 계산한다(「중국계약법」 제207조).

(b) 물가이익

정부에서 정한 가격이나 권장가격의 물품이나 서비스는 이행지체 기간에 가격이 오르더라도 원래의 가격으로 이행하고, 가격이 떨어졌으면 새롭게 바뀐 가격으로 이행한다. 반대로 채권자가 수령을 지체하였을 때, 채권자는 가격에 대하여 불이익을 받는 책임을 진다. 즉, 유명주의(唯名主義)원칙을 배제한다(「중국계약법」 제63조).

4. 이행지체의 종결

(1) 이행의 완성

채무자가 채무의 내용에 좇아 이행을 완성했을 때 이행지체는 종결된다. 그러나 이행이 완성되기 전까지 지체의 효력은 소멸하지 않는다.

(2) 채무의 소멸

채무가 어떤 원인에 의하여 소멸이 되었는가에 상관없이 채무가 소멸되는 경우 이행지체도 종결된다. 그러나 이미 생긴 지체에 대한 효력은 소멸되지 않는다.

(3) 이행의 연기

채권자가 채무자의 이행연기를 허락하면 이행지체는 종결된다. 종결 전의 지체에 대한 효력은 마음대로 소멸되는 것이 아니라 채권자의 의사에 의하여 결정된다.

(4) 이행불능

이행지체기간에 이행불능상태가 되면 그때부터 채무자는 이행불능의 책임을 부담하게 되고 이행지체는 종결된다.

VI. 채무불이행의 효력

채무불이행의 각종 형태에 대한 특수효력은 앞에서 모두 서술하였다. 여기서부터는 앞의 네 가지의 일반적인 효력에 대하여 서술한다.

1. 강제이행

중국법은 채무불이행된 채무에 대하여 계속적인 이행을 위주로, 배상을 보조로 규정하여 실시하고 있다. 따라서 이행거절, 불완전이행 및 이행지체 등의 채무불이행에 대하여 일반적으로 모두 강제이행의 효력이 발생한다. 이행불능에 대하여서는 강제이행할 수 없지만, 손해배상을 청구하는 과정에서 채무자가 손해배상을 하지 않을 경우 강제로 이행할 수 있다. 이와 같이 강제이행은 각종 채무불이행에 적용되는 일반적인 효력이다.

　강제이행은 법원이 국가강제력을 사용하여 채무자에게 채무를 이행하게 함으로써 채권자의 민사상 권리를 보호하는 행위이다. 강제이행은 채무불이행에 따른 효과이고 채권을 구제하는 방법 중 하나이다. 이런 종류의 구제는 일반적으로 국가의 강제력 행사에 의하여 실현되므로 사법구제(司法救濟) 혹은 공력구제라고 한다. 이것은 사력구제와는 상대적인 구제형태이다.

　강제이행은 민사소송법의 강제집행절차에 대한 규정에 의거하여 실행되어야 하며, 그 구체적인 내용은 소송법학의 범주에 속한다. 여기서는 집행방식에 대해서만 간략하게 소개하기로 한다.

(1) 직접강제이행

　이것은 채무자의 의사는 묻지 않고 국가의 강제력으로써 직접 채무를 이행하게 하는 절차이다. 직접적인 강제의 방법으로써 이행되는 채무는 일반적으로 채무자의 재산을 처분하거나 채무자의 점유를 해제하는 형식으로 한다. 단, 인격권과 관계되어 있는 '채무행위'에 대해서 법은 직접적인 강제이행을 허락하지 않는다. 예를 들면 노무, 의사표시채무 등은 강제로 집행하지 않는다.

(2) 간접강제이행

　이것은 채무자의 비용으로써 연대공동채무 혹은 제3자가 채무자

대신에 채무를 이행하는 것을 말한다. 이런 종류의 강제적 방법은 '채무행위'에 더 많이 사용된다(「중국민사소송법」 제231조). 법정이나 약정, 혹은 습관에 의거하여 채무자 자신이 직접 채무를 이행할 필요가 없을 때 간접적인 강제이행을 실시할 수 있다. 예를 들면 임대인은 주택을 수리할 의무가 있다. 그런데 이를 이행하지 않을 경우 법원은 임대인에게 방의 수리를 강제로 이행하게 할 수 있으며, 임대인에게 다른 사람을 고용하여 수리하도록 명령할 수도 있다.

2. 손해배상

채무의 불이행으로 인하여 채권자가 손해를 입었을 경우 채무자는 손해배상책임을 부담한다. 채무불이행에 대한 손해배상과 권리침해행위에 대한 손해배상은 손실에 대하여 배상을 청구하는 권리라는 면에서는 같지만 다음과 같은 차이점도 있다.

(1) 성립기초의 차이

전자는 채무의 불이행으로 인하여 채권에 손해를 입히는 것을 성립기초로 하지만, 후자는 채권 이외의 인신권 혹은 재산에 피해를 끼치는 것이 성립기초가 된다.

(2) 입증책임의 차이

전자는 채무자에게 책임이 없는 사유를 책임면제의 조건으로 하기 때문에 채무자는 입증책임을 져야 한다. 즉, 과실추정책임을 져야 한다. 그러나 후자는 일반적으로 과실을 성립조건으로 하기 때문에 채권자(피해자)가 입증책임을 진다.[42]

채무불이행과 권리침해행위에 대한 손해배상청구권은 종종 서로 경합하기도 하는데 이때 채권자는 선택권이 있으며, 그중 하나를 선택하여 권리를 행사할 수 있다(「〈中和人民共和國合同法〉若干問題的解釋(1)」. 예를 들어, 임차인이 임대물을 훼손했을 경우, 즉 계약에 대한 의무를 위반하였을 경우와 타인의 재산소유권을 침해한 경우에 발생되는 손해배상청구권은 경합할 수 있다. 채무불이행은 종종 권리침해행위에 의한 손해로 바뀐다. 앞에서 서술한 이행가해 외에 예를 들어, 운송의 의무가 있는 사람이 부주의하여 승객에게 신체적 손해를 입힌 경우에는 과실 여부와 관계없이 권리침해행위에 대한 배상책임을 이행하여야 한다(「중국계약법」 제302조). 따라서 대륙법계의 채무불이행의 의미는 비교적 광범위하다. 계약과 권리침해행위에 대한 채권·채무관계의 논리구조가 명확하기 때문에 법의 사용이 편리하다. 이처럼 대륙법계의 체계가 영미법계의 계약법체계에 비하여 더 명확하다. 「중국계약법」 제113조 규정에 따르면 채무불이행에 대한 손해배상의 범위는 실제적인 손실뿐만 아니라 이행기 이전의 이익 등도 포함한다. 실제손실은 현실적 재산의 감소를 뜻하며, 직접손실이라고도 한다. 그러나 이행기 이전의 이익을 판단하기에는 주관적 성질이 강하기 때문에 채권자와 채무자는 서로 다른 판단을 내릴 수 있다. 그러므로 법을 적용할 때에는 학술과 판례로서 그것을 보충하여야 한다.

화폐가 배상의 목적물로 결정되면 중국 내에서의 그 화폐는 마땅히 인민폐이어야 하고, 법이 특별히 규정한 상황에서만 외화를 사용할 수 있다(「중국외환관리조례」 제11조).

---

42 가해자가 과실의 추정책임이나 무과실책임을 부담하는 것은 특수한 권리침해행위에 포함되므로 명백하게 법으로 규정되어 있는 경우이어야 한다.

제5장

債權의 實現

제1절 序說

I. 채권의 효력이 미치지 않는 범위

매일매일 변화하는 시장경제사회에서는 사회적 역할이 나누어짐에 따라 사람과 사람 사이에 의지하여야 하는 경우가 늘어났다. 개인재산의 축적이든 사회 총재산의 증가이든지 간에 모두 재산을 유통시켜야 실현된다. 그러므로 채권을 확실히 보증하는 것은 인류의 생존과 발전에 중요한 역할을 한다. 그러나 채권은 대인권이며, 채무자에게 과한 채무를 이행하게 하여서만은 채권을 만족시킬 수 없다. 채권의 실현을 보장하기 위해서 법률은 완성된 효력으로써 지지하지만 채권의 특성상 한계가 있기 때문에 채권이 어느 상황에서나 그 실현이 보증되는 것은 아니다. 그럼 채권의 효력이 미치지 못하는 범위에 대하여 간단히 알아보도록 하자.
(1) 불가항력, 목적물의 소실 등 채무자의 객관적인 이행불능에 의한 채무불이행일 경우 채권은 실현될 수 없다.
(2) 채무자가 주관적 원인에 의하여 이행불능이 된 경우(예 : 파산)에 채권은 실현이 불가능해진다.
(3) 채무자가 채무이행을 게을리 할 경우 설령 채권이 집행력에 의하여 만족을 얻었을지라도 채권자는 민사소송으로 인하여 자신의 많은 시간과 비용을 소모했기 때문에 어떤 경우에는 이익을 좇지 않은 것만 못하다. 따라서 채권의 효력이 미치지 않는 경우 그 채권·채무관계는 위법에 직면할 가능성이 크고 안전면에서 채권은 물권보다 그 효력이 떨어진다. 그렇기 때문에 어떻게 하면 채권의 안전성을 높일 수 있는가에 관한 문제는 민법학자들이 직면하고 있는 난제이다. 보험제도는 당사자가 미래의 위험에 대한 부담을 사전에 약정하는 제도이다. 이 제도는 학자와 상인들이 서로 돕고 노력한 결과이며, 그것은 일정한 범위 안에서 채권의 안전성에 대한 난제를 조금은 해결하였다. 그러나 채권의 효력이 미치지 않는 범위의 체계화에 대한 연구는 아직까지 두드러진 진전을 보이지 않고 있다.

II. 채권실현에 대한 연구방법

로마법 이후에 '사력적 구제'부터 '공권력에 의한 구제'까지 채권의 보전, 채권의 담보 등의 채권이익을 보장하는 여러 가지 제도들이 형성되었다. 그러므로 채권의 영향이 미치지 않는 범위라고 해서 채권을 구제하는 방법이 없는 것은 아니다. 다만, 그 범주의 내용에 대한 소멸이론이나 제도체계가 형성되어 있지 않을 뿐이다. 그리고 생각해봐야 할 것은, 채권의 운행시 채권자는 채권법체계 안에서 채권의 실현에 필요한 근거를 찾아낼 수 있는가이다. 만약 찾아낼 수 없다면 어떠한 제도를 통해서도 채권을 실현시킬 수 없을 것이다.

III. 본장의 맥락

본장의 목적은 채권의 구제제도를 총합하여 채권실현의 체계를 만드는 것이다. 이 체계의 내용은 이미 존재하는 채권실현방법의 총체이다. 체계화의 목적은 채권자의 이익을 완전히 만족시키는 것을 목적으로 하는 채권·채무관계를 설명하는 데에 있고, 채권실현의 체계는 이 목적을 기본적인 틀로 한다. 채권은 각각의 거래에서 최대만족의 가능성을 지향하고, 그 기능은 채권의 효력이 미치지 않는 범위에도 영향을 미칠 것이다. 그러므로 민법에서의 채권·채무의 담보와 보유로써 채권실현을 확장시키는 채무 및 채무자의 이행방법 또한 채권실현의 체계 안에 넣을 것이다. 이러한 체계는 채권의 효력과 연결되어 현존하는 채권을 보호하기 위한 방법과 하나가 되어 채권자가 채권을 행사할 때 그 이익을 최대화시키고, 가장 안전한 거래를 실현하는 데 편리함을 더할 것이다.

채권의 실현은 어떻게 하면 최대한의 이행이익을 얻느냐를 연구하는 것이다. 그것은 채권의 소멸과는 다르다. 채권의 소멸은 채권·채무관계의 종점이다. 바꿔 말하면 채권의 실현에서는 어떻게 하면 채권의 목적에 도달할 수 있는지에 대하여서 연구할 것이고, 채권의 소멸에서는 채권의 종결의 여러 가지 원인에 대하여 연구할 것이다.

제2절 完全債權과 不完全債權

I. 서 설

채권은 그 자체에 하자가 없어야 실현될 수 있다. 완전채권과 불완전채권은 채권의 하자를 선별할 수 있는 방법의 존재 여부를 구분기준으로 한다. 완전채권은 채권의 효력 또는 권능을 행사함으로써 실현할 수 있는 채권이고, 불완전채권은 채권의 효력 또는 권능에 결함이 있어 행사할 수 없거나 실현에 장애가 있는 채권이다.

II. 완전채권의 구성

완전채권은 다음과 같이 두 가지 내용으로 구성되어 있다.

1. 채권의 효력(동태적 요소)

완전채권은 채권의 일반적인 효력을 가진다. 즉, 청구력과 집행력,

유지력을 가진다. 또한 특수한 조건에서 성립되는 채권이나 일부 유형의 채권이 가지는 특수효력도 가진다. 즉, 대위권, 취소권, 해제권, 상계권 등과 같은 형성권과 항변권을 가진다. 그렇다고 해서 한 개의 완전채권에 상술한 효력이 동시에 발생하는 것은 아니고 채권의 실현과정에서 장애가 있을 때 상술한 효력으로써 장애를 제거하여 채권을 실현시킨다. 예를 들어, 청구력의 행사로 채권의 실현이 가능할 때, 집행력은 작용하지 않는다. 그러나 청구력만으로 채권의 실현이 불가능할 때에는 집행력이 작용한다. 이 때문에 채권의 효력은 완전채권의 동태적 요소이며, 이는 채권이 동태적 재산권임을 뒷받침한다.

2. 채권의 권능(정태적 요소)

채권의 권능은 채권의 운행과정에서 항상 존재하는 효력이다. 따라서 채권의 평면적 효력이라고도 한다. 그러나 채권의 청구력과 집행력, 유지력 등 입체적 효력과 구별하기 위해서 채권의 권능이라고 한다.

채권의 권능과 채권의 효력은 다르다. 채권의 운행과정이 무수한 점으로 이루어진 선이라고 가정해보자. 그렇다면 채권의 전체효력을 구성하는 단일효력은 각 점에서만 작용하고, 그 점을 지나면 다음 효력이 작용한다. 쉽게 말해서 채권의 효력은 각 점의 효력이 모여서 이뤄진 것이다. 이와 달리 채권의 권능은 채권의 운행과정 어디에서든 작용할 수 있는 효력이다. 다시 말해서, 채권의 권능은 채권의 운행과정에서 항상 존재하고, 상대적으로 변하지 않는 효력이다. 따라서 채권의 권능은 완전채권의 정태적 요소이다.

채권은 동태적 재산권이므로 정태적 권능이 많지 않다. 또한 채권의 권능은 채권의 효력과 경합하여 채권의 효력이 되기도 한다. 그 예로 청구권을 들 수 있으며, 이를 제외한 채권의 주요한 권능에는 처분권이 있으며, 채권의 양도, 면제와 권리질권의 설정 등의 내용을 포함한다.

III. 불완전채권의 유형

 엄격한 의미에서 완전채권을 구성하는 요소 중 하나라도 부족한 채권은 모두 불완전한 채권이다. 그러나 채권의 어떠한 특수효력은 일부 채권에만 나타날 수도 있다. 예를 들면, 쌍무계약에서만 존재하는 동시이행의 항변권을 들 수 있다. 이 외에도 어느 채권은 그 구성요소가 부족해도 대위권, 취소권 등의 다른 방법을 통해서 그 권리를 행사할 수 있다. 그러므로 불완전채권은 어떤 요소가 부족함으로 인하여 예기에 실현되기 어렵거나 실제로 실현에 장애가 있는 채권이다.
 일반적으로 다음과 같은 채권의 구성요소가 부족한 채권은 불완전채권에 속한다.

1. 청구력의 결함

 통상적으로 채권의 청구력 상실은 그 채권의 소멸을 의미한다. 그러나 몇몇 채권은 청구력이 없어도 수령의 유지력으로 인하여 그 채권의 효력이 유효하므로 불완전채권에 속한다. 예를 들어, 소송시효 기간 만료 후의 채권은 채무자의 이행거절이 가능하므로 공력구제를 통해서 실현될 수 없다.

2. 집행력의 결함

채권에 청구력이 없다면, 집행력에 대하여서는 언급할 필요도 없다. 그러나 집행력이 없다고 해서 청구력이 없는 것은 아니다. 예를 들어 배우가 연기하는 것을 거절한 경우, 배우에게 강제적으로 연기할 것을 요구할 수 없다. 따라서 일반적으로 특정인의 행위를 급부의 내용으로 하는 채권은 특정인이 특정한 행위를 이행하지 않은 경우에 불완전채권이 되며 원래 정했던 급부이익도 없어진다. 그러므로 이에 대하여 법률은 손해배상의 방식으로 그 권리를 구제한다.

3. 처분권의 결함

채권에 처분권이 없을 때 채권자가 자신의 의지대로 채권을 처분하는 것은 불가능하다. 그러므로 처분권이 없는 채권도 불완전한 채권이다. 예를 들면, 소송 중인 채권자는 채권의 처분권을 상실한다.

제3절 債權의 擔保

I. 서 설

채권의 담보는 기능에 따라 물권담보(저당권, 질권 등)와 채권담보(보증, 위약금 등), 공력담보(공탁 등), 형성권담보(상계 등), 신탁담보(동산양도담보, 영미법의 Mortgage 등)로 나눌 수 있다. 이렇듯 담보의 방식은 가지각색이며 중국담보법에 규정된 담보만을 담보라고 하는 것은 아니다. 민법분칙 중의 채권과 물권은 효력에 따라 나뉜 것이며, 논리적 체계에 따라 물권담보는 물권편에서, 채권편에는 채권담보만을 규정하고 있다. 그러므로 본절에서는 채권담보에 대하여서만 소개한다.

채권이 담보를 필요로 하는 것은 채권이 무능해서가 아니다. 채권은 고유효력으로써 급부이익을 얻을 수 있지만, 변화무쌍한 상업사회에서 그 위험을 예측하기란 매우 어렵다. 채권자가 거래에 실패하거나 경영이 순조롭지 않거나 불가항력이 발생하였거나 사전에 예기하지 못하여서, 심지어 채무자가 파산하여 채무이행에 위기를 맞아 채권이 허사가 될 수도 있는 것이다. 이 때문에 거래상의 안전을 위해서 주된 채무에 담보를 내용으로 하는 종된 채무를 두어 채권의 실현을 이중으로 보장한다.

채권담보는 그 목적에 따라 신용담보와 재산담보로 나누어진다. 신용담보는 제3자의 신용으로써 채권의 실현을 보장하는 것으로, 실질적으로 책임의 이행을 채무의 주체 및 재산범위와 관련하여 채무자에서 제3자로 넓혀 채권자가 변제를 받을 수 있는 기회를 증가시키는 데에 있다. 재산에 대한 담보는 채무자 또는 제3자의 특정재산으로 채권의 실현을 보장하며, 특정재산으로 담보한 후에 소유자는 그 권리행사에 제한을 받게 된다. 따라서 실질적으로 담보한 재산의 기능을 약화시켜 채권의 급부이익의 거래상 위험을 면하는 데 있다.

중국담보법과 중국계약법에서 규정하고 있는 담보는 민법에서 규정하는 담보방식 이외에 생활 속에 상용되는 담보도 포함한다. 이는 다음과 같이 여섯 종류로 나눌 수 있다.

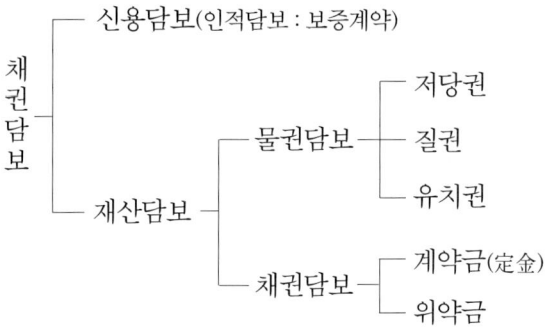

    중국계약법에서는 저당, 질권설정, 유치, 보증, 계약금(定金)[43]의 다섯 가지 담보방식만을 규정하고 있다. 위약금은 담보작용이 비교적 약하기 때문에 민법통칙을 시작으로 위약금을 손실(채무)에 대한 담보로 보기도 하고, '위약'에 대한 징벌로 보기도 하여 중국민법통칙의 '민사책임방식'(제134조 제8항)에 규정을 두고 있다. 징벌은 사권의 효력이 아니므로 위약금에 징벌의 객관적 기능이 존재하는가의 유무에 관계없이 사법의 속성에 따라 채권담보로 귀납되는 것이 알맞다.

    상술한 이념에 따라 본절에서는 보증, 계약금과 위약금의 세 가지 채권담보에 대하여서 소개한다.

---

43 정금은 계약금, 보증금 등의 의미를 가진다. 법조문상에서 계약금인지 보증금인지 확실한 규정은 없으나, 내용으로 볼 때 계약금으로 번역하는 것이 합당하다고 생각되어 본서에서는 계약금이라고 번역한다. ─ 역주

II. 보증

1. 보증의 의의

보증은 보증인의 채권자에 대한 약속이며, 주된 채무자가 채무를 이행하지 않았을 때 그 대신 불이행에 대한 책임을 지거나 연대책임을 부담한다는 약속이다. 따라서 보증은 담보기능을 가지고 있지만 그 행위 자체는 계약에 속하므로 담보는 보증의 효과일 뿐이다. 보증인은 책임재산의 전부를 채무의 담보로 함으로써 채무자는 채권의 실현을 더욱 확실하게 보장할 수 있다.

보증채무를 보증인과 채권자의 관계로 보면 종된 채무이다. 왜냐하면 그 이행은 주된 채무의 불이행을 발생조건으로 하기 때문이다. 보증인과 채무자의 관계로 보면 보증인은 대위변제의 의무를 가지며, 변제함으로써 주된 채무자의 채무는 소멸한다. 이와 동시에 보증인은 대위구상권을 가지게 된다.

2. 보증의 성립

보증이 성립하기 위해서는 반드시 보증인과 채무자의 합의가 있어야 한다. 따라서 보증은 계약을 통해서 성립한다.

(1) 보증의 성립조건

(a) 주된 채무의 유효

보증은 종된 채무이므로 주된 채무(즉, 보증을 받는 채무)가 유효하여야 한다. 주된 채무가 무효가 되거나 취소·해제되었을 때 당사자 간에 약정한 부분을 제외하고는 보증의 효력이 발생하지 않는다. 그러나 주된 채무의 계약이 무효가 되었거나 취소·해제되었을 때, 채무자가 부담하고 있는 재산반환 또는 손해배상의 채무는 변함없이 유효한 주된 채무이므로 보증인은 이 채무에 대하여 과실책임을 져야 한다(「중국담보법」 제5조). 여기서 알 수 있듯이 보증이 담보하는 것은 계약행위가 아니라 주된 채무이다. 따라서 계약이 무효가 되었거나 취소되어도 주된 채무는 손해배상채무로 전환되어 존재한다.

(b) 보증인의 자격

보증인은 채무를 보증하는 채무자이다. 법률은 보증인의 행위능력에 대하여 특수한 요구를 하고 있는데, 보증인은 반드시 대상능력(代償能力)이 있는 자연인이거나 법인, 기타 경제조직이어야 한다는 것이다. 수권하지 않은 기업법인의 분리기구, 국가기관 및 공익사업을 목적으로 하는 사업단위(事業單位)[44]나 사회단체법인은 보증인이 될 수 없다(「중국담보법」 제8조·제9조).

(c) 보증의 성립방식

보증은 요식방식으로 성립한다. 따라서 약정보증은 보증인과 채무자의 서면상의 보증계약을 통해서만 성립한다(「중국담보법」 제13조). 법률의 직접규정에 의한 법정보증은 보증계약뿐만 아니라 공백보증(쭈白保證)을 하여야 한다(「중국해사소송특별절차법(中國海事訴訟特別程序法)」 제73조 제2항]. 공백보증이란 보증인 일방의 의사표시로써 채무제공을

---

[44] 사업단위란 중국 특유의 개념으로 기관, 단체 또는 기관·단체의 부문을 의미한다. —역주

보증하는 것을 말한다. 이는 반드시 법률의 특별허가를 받아야 한다.

(2) 보증계약

(a) 보증의 범위

보증의 범위는 보증채무(즉, 주된 채무)의 범위이다. 보증채무의 범위는 약정할 수 있지만, 일반적으로 주된 채무의 범위를 초과할 수 없다. 보증범위에 대한 약정이 없거나 약정이 불확실한 경우, 보증범위는 주된 채무 전체라고 추정한다(「중국담보법」 제21조 제2항). 보증기한 내에 주된 채무가 감소하면 보증채무도 감소한다. 반대로 주된 채무가 증가할 경우, 보증인의 동의를 얻지 않고서는 보증범위를 넓힐 수 없다(「〈민법통칙〉 의견」 제109조). 동일한 주된 채무에 보증과 담보물권이 경합할 경우 담보물권에 우선효력이 있으므로 보증의 효력은 담보물권 외의 주된 채무에만 있다(「중국담보법」 제28조).

(b) 보증유형

보증에는 보충보증(補充保證)과 연대보증(連帶保證)이 있다.

보충보증은 일반보증이라고도 한다. 보충보증의 보증인은 채권자가 주된 채무자의 재산에 대하여 강제집행을 신청하여 그 효과가 나타나기 전에는 변제를 거절할 수 있는 항변권을 가진다. 이런 항변권을 선소항변권(先訴抗辯權)[45]이라고 한다. 보증인은 선소항변권을 근거로 보증채무의 이행을 거절할 수 있다(「중국담보법」 제17조).

---

[45] 한국에서 선소항변권이라 하면 최고·검색의 항변권을 가리키지만, 중국에서는 검색의 항변권만을 의미한다.-역주

연대보증은 주된 채무의 이행이 지체되었을 때, 채권자가 보증인이나 주된 채무자에게 채무이행을 청구할 수 있는 선택권을 가지게 되고(「중국담보법」 제17조), 보증인과 주된 채무자는 연대배상책임을 진다. 이때 선소항변권은 발생하지 않는다. 보증인은 보충보증 또는 연대보증을 해야 하고, 이를 계약시 약정하여야 한다. 약정이 없거나 불명확한 것은 보증인이 연대보증책임을 부담하는 것으로 추정한다(「중국담보법」 제19조).

(c) 보증의 기한

보증의 기한은 보증채무의 유효기간이기도 하다. 보증은 종된 채무이므로, 그 이행기한은 주된 채무의 불이행이나 강제이행의 효과가 없을 때를 시작점으로 한다. 그 최종기한은 반드시 약정에 의거하여야 하고, 만일 약정하지 않았다면 주된 채무의 이행만료일부터 6개월로 한다(「중국담보법」 제25조·제26조). 또 채권자가 기한 내에 청구권을 행사하지 않은 채권의 보증인의 보증채무는 면제된다. 또 중국담보법은 약정 또는 법정보증기한에 소송시효의 중단의 규정을 적용한다(제25조 제2항). 그러나 이 기한은 소송시효기한은 아니고 법률에 규정된 채권자의 암시적 의사표시로써 보증인의 종된 채무가 면제되는 것이다. 다시 말해서 암시적 의사표시로 인하여 면제효력이 발생하며, 보증인의 종된 채무는 면제로 인하여 소멸한다. 왜냐하면 소송시효는 법정기간이므로 약정할 수 없지만, 보증기간은 약정할 수 있는 기간으로 소송시효의 특징에 맞지 않기 때문이다.

보증기한이 약정되지 않은 근보증은 보증인이 서면상으로 종결의사를 밝히는 것을 최종기한으로 한다. 그러나 이 기한 전의 채무에 대하여서는 약정에 따라 보증책임을 진다.

3. 보증의 효력

(1) 채권자와 보증인에 대한 효력

(a) 보증채권의 효력

보증채권의 효력은 채권의 일반효력과 차이가 없다. 보충보증에서 보증채권의 청구력은 주된 채무자에 대한 강제집행의 효과가 나타나지 않을 때 발생한다. 유일하게 주된 채무자의 주소변경으로 인하여 청구에 장애가 발생하거나 주된 채무자가 파산하였을 때에만 보증인의 선소항변권이 없어지고, 연대보증의 효력이 발생한다.

연대보증에서 보증채권의 청구력은 주된 채무에 이행지체가 발생하였을 때 발생하며, 채권자는 급부거절로 인하여 보증채권을 행사할 수 있다. 보증채권의 청구력의 범위는 주된 채무뿐만 아니라 주된 채무자가 부담하여야 할 재산반환 또는 손해배상의 채무, 약정이 있는 것을 제외한 보증인의 과실배상책임에도 미친다.

(b) 보증채무의 효력

주된 채무자는 채권자에 대하여 권리를 향유하거나 의무를 부담하고, 보증인에 대해서도 절대적인 효력을 가진다. 주된 채무자가 항변권을 포기하는 의사표시는 보증인에게 영향을 미치지 않는다(「중국담보법」제20조). 선소항변권만이 보증채무의 특유한 효력인 것이다.

(c) 다수보증인의 상호관계

동일채무에 두 명 이상의 보증인이 있는 것의 다수보증인은 연대보증책임을 진다. 그러나 보증인이 채권자와 분할보증책임을 질 것을 약정한 경우, 보증인은 약정된 부분에 대하여서만 보증책임을 진다(「중국담보법」 제12조).

(2) 보증인과 채무자에 대한 효력

보증인은 채무를 이행한 후에 주된 채무자에 대한 대위구상권을 가진다. 즉, 보증인은 자기명의로 배상을 받아야 할 한도 내에서 채권자의 권리를 대신하여 행사할 수 있다(「중국담보법」 제31조).

4. 보증의 소멸

보증은 다음과 같은 원칙으로 인하여 소멸한다.

(1) 주된 채무의 소멸

주된 채무가 주된 채무자의 이행 또는 이행과 같은 효력이 있는 사실로 인하여 소멸할 때 보증도 소멸한다.

(2) 주된 채무의 인수

보증은 일종의 신용담보이므로 주된 채무자 변경시 보증인의 동의를 얻은 것을 제외한 보증은 소멸한다(「중국담보법」 제23조).

(3) 보증인의 사망 또는 법인의 해산

자연인인 보증인이 사망한 후 그 상속인은 유산범위 내에서 유한보증책임을 지고, 유산이 없으면 보증은 소멸한다. 법인해산시 청산조직은 법인의 보증책임에 대하여 상속인과 같은 책임을 진다.

(4) 보증기간의 만료 또는 해소

채권자가 보증유효기간 내에 보증청구권을 행사하지 않은 보증채무는 면제되어 소멸한다. 채권자가 보증인의 동의를 얻지 않고 주된 채무자의 채무이행기간에 대한 연기를 허락한 보증은 기한만료시 종결한다. 법률규정 또는 약정한 보증계약이 해소된 보증은 소멸한다.

III. 계약금

1. 계약금의 의의 및 성질

계약금은 계약당사자 일방이 계약의 이행을 확실하게 보증하기 위하여 미리 상대방에게 교부하는 금전이나 기타의 대체물이다. 계약금은 서면형식으로 계약하여야 하며, 계약금에 대한 약정은 실천계약[46]에 속하므로 급부이행시 그 효력이 발생한다(「중국담보법」 제90조). 계약금은 매매 등 각종 유상계약에서 담보의 방식으로 쓰일 수 있다. 계약금과 선불금은 조금 다르다. 물론 이 둘을 구별하기는 어렵지만, 계약금은 주된 채무의 이행을 담보하는 종된 채무이고, 선불금은 배상이라는 성질로 보아 분명히 다르며 기능이 비슷할 뿐이라는 것을 알 수 있다.

---

46 실천계약(實踐契約, real contract)은 요물계약이라고도 하며, 당사자의 합의 외에 물건의 인도 기타의 급부를 이행하여야만 성립하는 계약이다. — 역주

계약금의 '약(約)'은 약정된 약속력이란 뜻이다. 따라서 이 약속력의 성질에 대한 인식에 따라 각국의 민법이 규정하고 있는 계약금의 유형도 각각 다르다. 대강 열거해 보면 다음과 같다.

(1) 성약(成約)계약금

성약계약금은 계약금을 계약의 성립요건으로 한다. 따라서 그 교부가 있어야 계약이 성립한다(예: 「독일민법전」 제336조).

(2) 증약(證約)계약금

증약계약금은 계약금을 계약체결의 증거로서의 의미를 가진다(예: 「러시아연방민법전」 제380조).

(3) 위약(違約)계약금

위약계약금은 급부하는 일방의 채무불이행시 계약금을 받는 일방이 계약금을 몰수하는 것을 말한다. 여기서 계약금은 선불위약금의 성질을 갖는다(예: 「중국계약법」 제116조).

(4) 해약(解約)계약금

해약계약금은 계약금을 해약권 보류의 대가로 한다. 즉, 계약금의 급부자는 계약금을 포기함으로써 계약을 해제하고, 계약금을 받는 자는 두배의 액수로 계약금을 반환함으로써 계약을 해제한다(예: 「프랑스민법전」 제1590조, 「일본민법전」 제557조). 중국은 채무불이행의 구제로써 계속이행의 원칙을 적용하고 있다. 따라서 계약금의 해약효력의 유무에 대하여서는 법률로써 규정하고 있지 않다. 그러나 행위를 내용으로 하는 채무에 대하여서는 강제집행이 불가하므로 도급, 위임, 위탁매매[47]등의 계약에서 제작자, 위임자, 위탁매매인이 급부하는 계약금은 해약계약금으로 본다. 이 외에 거래습관에 따라서 가옥매매, 임대차 등의 거래에서 매수인이나 임차인이 계약금을 방치한 경우, 해약권을 가진다. 즉, 계약금을 급부하는 일방은 더 이상의 채무이행의 책임을 지지 않는다.

(5) 입약(立約)계약금

입약계약금은 정식적인 계약의 체결을 보증하기 위해 교부하는 계약금이다.

2. 계약금의 급부

(1) 급부시간

계약금채무는 종된 채무이므로, 그 성립은 주체의 유효한 존재를 전제로 한다. 따라서 주된 채무성립 후, 이행기한이 만료하기 전에 급부하여야 한다.

---

[47] 원문은 '항기(行紀)'이며, 위탁매매를 말한다. 즉, 일방당사자(위탁매매인)가 상대방(위탁자)의 위탁을 받아 자신의 명의로 상대방의 이익을 위해서 대신하여 구매, 판매 등의 활동을 하고, 상응하는 보수를 받는 행위를 말한다. 위탁매매계약와 위탁계약은 다르다. 첫째, 위탁계약에서 수탁자는 위탁자의 명의나 자신의 명의로 위탁자를 대신하여 제3자와 계약하며, 위탁자와 제3자 간의 관계를 결정한다. 그러나 위탁매매계약 중의 위탁매매인은 자신의 명의로 위탁자를 대신하여 사무하며, 위탁매매인과 제3자와 직접적인 권리·의무관계가 발생한다. 둘째, 위탁계약은 무상일 수도 있고 유상일 수도 있다. 위탁매매계약은 유상계약으로서 위탁매매인이 위탁자의 지시에 따라 위탁매매사무를 했을 경우, 그에 상응하는 보수를 받는다. ─ 역주

(2) 급부의 대상

계약금의 급부대상은 원칙상 금전으로 한다. 그러나 당사자 간에 특별한 약정이 있을 경우에는 물건을 대상으로 할 수도 있다. 예를 들어, 농부산물의 매매계약에서 매수인은 화학비료, 농약 등의 물품으로 계약금을 대신할 수 있다.

(3) 급부금액

급부금액은 주된 채무의 급부가치 내에서 당사자 간에 정한다. 그러나 주된 채무가 지급하여야 할 금액의 20%를 넘을 수 없다고 법으로 제한하고 있다(「중국담보법」 제91조).

3. 계약금의 효력

중국민법통칙과 그와 관련된 법률의 규정에 따라 계약금은 다음과 같은 효력이 있다.

(1) 약정을 증명하는 효력

계약금을 급부한 후 상반되는 증거나 증명이 없을 경우 주된 계약은 성립되는 것으로 본다. 따라서 계약금은 주된 계약의 성립을 증명하는 효력이 있다.

(2) 금액보충과 반환효력

계약금은 담보의 주된 채무에 따르는 채무이므로, 주된 채무이행 후 종된 채무도 소멸한다. 계약금을 급부하는 당사자는 계약금에 대하여서 선택권을 가진다. 즉, 계약금을 받는 당사자가 계약금을 반환해줄 것을 요구하거나 계약금과 급부하여 할 금액을 상계시킬 것을 요구할 수도 있다. 후자와 같은 상황에서 계약금은 상계의 효력을 갖는다. 반환청구권을 행사했으나 계약금을 받는 당사자의 일방이 계약금을 반환하지 않은 경우 반환청구권의 기초는 부당이득이 된다. 즉, 계약금을 급부하는 당사자는 부당이득에 관한 청구권을 행사하여 반환을 요구할 수 있다.

(3) 이익보충효력

「중국담보법」제89조에서는 "계약금을 급부하는 일방이 약정한 채무를 불이행하였을 경우, 계약금의 반환을 요구할 수 없다. 계약금을 받는 일방이 약정한 채무를 불이행하였을 경우, 두배로 계약금을 반환하여야 한다"라고 규정하고 있다.

이 규정이 계약금의 해약효력에 관한 것인가? 아니면 계약금의 징벌효력에 관한 것인가? 이 문제에 대하여 여러 가지 견해가 있다. 그러나 계약금의 기능으로 볼 때, 이는 채무의 이행을 확실히 보장하기 위하여 규정된 것이다. 채무자가 채무를 불이행하여 계약금을 잃게 되었을 때, 이는 채무불이행으로 인한 대가이지, 징벌이라고 할 수 없다. 왜냐하면 당사자 일방이 계약금을 잃은 것은 자신의 채무불이행으로 인하여 얻은 이익으로 대가를 치룬 것이기 때문이다. 상대방이 얻은 계약금은 채권의 급부이익을 얻지 못해서 얻은 보상이다. 이처럼 급부이익을 얻지 못한 채권자에게 계약금을 분배함으로써 계약금은 담보채권의 기능을 실현한다.

이를 근거로 다음과 같은 결론을 낼 수 있다. 즉, 채무의 불이행이 당사자 쌍방의 사유로 인한 것이 아닐 때, 계약금은 원래 소유자에게 돌아가게 된다. 그러나 쌍방이 면책한 사유로 인하여 채무불이행이 발생한 경우, 그로 인한 손실은 쌍방이 부담한다. 만약 계약금으로 조절한다면 이익불균형이 발생하여 민법상 공평유지의 원칙을 위반하게 될 것이기 때문이다.

「중국담보법」은 채무불이행시에 이익보충효력이 발생한다고 규정하고 있으며, 「중국계약법」 제107조에서 규정한 채무불이행은 이행불능, 이행지체, 또는 불완전이행를 가리키고, 이행거절에 대하여는 따로 규정하고 있으며(「중국담보법」 제108조), 이 효력의 발생 여부에 대하여는 학설이나 사법해석으로 보충한다. 그러나 이치대로 말하자면, 이행거절은 채무불이행의 형태이므로 채권자는 계약금을 몰수할 수 있다.

(4) 배상금대체효력

법정 또는 약정한 위약금에 대한 항목이 있을 때, 당사자 일방이 채무불이행으로 계약금의 반환청구권을 잃은 경우 위약금이나 배상금의 급부책임을 면제하여야 하는가? 중국계약법의 규정에 의하면 계약금은 대체효력이 있다. 즉, 당사자가 급부한 계약금이 손실과 같거나 그보다 적을 경우 계약금은 배상금을 대신하는 효력을 가진다. 「중국계약법」 제114조에서 위약금은 배상금을 대신하는 효력을 가진다고 규정하고 있으므로, 제116조에서는 위약금과 계약금을 모두 약정하였을 때 당사자는 한 가지만 선택할 수 있다고 규정하고 있다. 즉, 계약금을 선택한 자는 위약금을 선택할 수 없고, 계약금은 위약금의 효력을 대신한다. 또한 위약금은 배상금을 대신할 수 있으므로 계약금은 위약금을 대신할 수도 있다. 이렇게 계약금의 대체효력을 추론해낼 수 있다.

IV. 위약금

1. 위약금의 의의

위약금은 당사자의 약정 또는 법률의 직접적인 규정에 따라 당사자 일방이 채무불이행 시 상대방에게 상응하는 액수의 금전을 지불하는 것이다. 위약금은 발생원인에 따라 약정위약금과 법정위약금으로 나눌 수 있고, 또한 기능에 따라 배상성의 위약금과 징벌성의 위약금으로 나눌 수도 있다. 위약금은 채무자의 채무불이행 후에 급부하는 것이므로 채무자가 급부를 거절한 경우 채권자는 위약금을 통한 채권의 강제력을 실시하여 급부를 요구할 수 있다. 위약금은 사후급부이므로 채권에 대한 담보작용은 다른 방법보다 약하다. 이 때문에 중국민법통칙에서는 이를 채무불이행에 대한 당연한 민사책임이라고 보고 있다. 그러나 중국계약법에서는 위약금을 사전에 약정한 배상이라고 보고 있다. 위약금을 어떻게 이해하느냐에 관계없이 위약금은 주된 채무의 불이행을 발생조건으로 한다. 따라서 위약금채무는 종된 채무이며 주된 채무를 전제로 존재한다. 이 점은 담보와 같다.

2. 위약금지불

위약금지불은 당사자 쌍방의 약정에 의한다. 그러나 법률에 강제적 규정이 있는 경우에는 법률규정을 따른다. 법률에서 법정위약금을 규정하고 있는 동시에 당사자의 약정도 허락하고 있는 경우에는 약정의 내용을 우선적으로 적용한다.

(1) 위약금의 지불액수

(a) 약정위약금의 액수
약정위약금의 액수는 당사자가 주된 계약 또는 위약금계약에서 정하며, 액수는 채무불이행이 낳은 손실과 상응하여야 한다. 그보다 훨씬 많거나 훨씬 적은 경우 당사자는 법원이나 중재기구에게 액수의 증감(增減)을 청구할 수 있다(「중국계약법」 제114조 제2항).

(b) 법정위약금의 액수
법정위약금의 액수는 일반적으로 법률규정을 따른다. 종합해서 보면 세 가지 액수확정방법이 있다.
(i) 고정비율
고정비율은 법률이 규정하고 있는 강제성을 지닌 비율이다. 당사자 일방은 위약시 반드시 고정비율에 따라 상대방에게 위약금을 지불하여야 한다. 예를 들어, 한정된 기간 내에 지급하여야 하는 위약금의 액수는 하루를 기준으로 지급하여야 하는 금액의 5‰로 계산한다.[48]
(ii) 부동(浮動)비율
부동비율은 법률이 위약금 액수계산의 비율에 폭을 두어 당사자가 그 폭 내에서 구체적 비율을 선택해 약정할 수 있도록 한

---

48 구체적인 부분은 最高人民法院의 "法復 (1996年) 7號" 참조.

것이다. 예를 들어 「중국농부산품 구입 및 판매계약조례(農副産品購銷合同條例)」 제18조 규정에 따라 수요자가 계약을 위반한 것은 공급자에게 '상품대금 총액의 5%~25% 사이의 위약금'을 지불하여야 한다.

(iii) 고정액수

고정액수는 법률이 위약금의 액수를 직접 규정하고 있는 것이다. 예를 들어 「중국철도화물운수계약조례실시세칙(鐵路貨物運輸合同條例實施細則)」 제19조에서는 "탁송자가 화물운수계약에 따라 이행하지 않으면 차종(車種)에 따라 수송자에게 위약금 50위안(약 1만원)을 지불하여야 한다"고 규정하고 있다.

(2) 급부시간

위약금은 종된 채무로써 당사자 쌍방의 합의를 통해 성립되며, 주된 채무의 불이행시 효력이 발생한다. 채권자는 위약금채무의 효력이 발생할 때부터 청구권을 행사할 수 있다.

3. 위약금의 효력

(1) 이익보충의 효력

계약을 위반한 일방이 위약금을 급부하는 것은 상대방이 불이행 또는 채무의 불완전이행으로 인하여 얻지 못한 이익에 대한 보충이다. 그러므로 위약금은 이익을 보충하는 효력이 있다. 그러나 '얻지 못한 이익'이 실제손실만을 가리키는 것은 아니다. 그것은 유기이익[49], 심지어 신뢰이익까지도 포함한다. 따라서 위약금의 지불은 실제손실의 존재 여부를 조건으로 하지 않고 이익보충에 대한 약정 또는 법률 규정의 여부를 원인으로 한다.

(2) 배상금대체의 효력

당사자 일방의 채무불이행으로 상대방에게 손실을 입혔을 때 위약금은 배상금을 대체하는 효력을 가진다. 그러나 채무불이행으로 인하여 채권자에게 낳은 손실이 위약금보다 작거나 대등한 것에 대하여서 채무자는 손해배상의 의무를 갖지 않는다. 이때, 위약금은 사전에 예약된 배상금이다.

(3) 위약금과 계약금의 선택권

중국계약법은 위약금과 계약금을 모두 약정한 상태에서 상대방이 채무불이행을 했을 경우 채권자는 그중 하나를 선택해서 행사할 수 있다고 규정하고 있다(「중국계약법」 제116조). 이 조항은 다음과 같이 해석하는 것이 필요하다. 왜냐하면 계약금약정은 실천계약으로서 계약금을 지불하지 않으면 효력이 발생하지 않기 때문이다. 채무자가 계약금을 이미 지불했다면 채권자의 선택권은 없다. 아직 계약금을 지불하지 않아 계약의 효력이 발생하지 않은 경우 채권자는 아직 효력이 발생하지 않은 채권을 선택해서 이행을 청구할 수는 없다. 여기서 볼 수 있듯이 중국계약법상의 계약금은 낙성계약[50]으로서 중국담보법의 규정과 서로 모순된다. 따져보면 그 원래의 의미는 아마도 당사

---

49 채무이행이 법정 혹은 약정한 기한을 넘김으로 인해 얻지 못한 예상이익이다. ― 역주
50 낙성계약(諾成契約, consensual contracts)은 당사자의 의사표시의 일치만으로 성립하는 계약이다. ― 역주

자가 계약금을 받은 후 계약금이 손실을 보충할 수 있으면 위약금을 청구할 수 없다는 것이다. 당연히 유효한 해석은 해석의 권리가 있는 부문의 해석을 기다려봐야 알 수 있다.

제4절 債權의 保全

I. 서 설

채권자는 채무자에게 이행에 대한 청구만 할 수 있으며, 원칙적으로 제3자와는 연관되지 않는다. 그러나 채무자와 제3자의 행위가 채권자의 이익에 악영향을 미칠 경우 채권자는 채무자와 제3자의 관계에 대하여 간여를 할 수 있으며, 이로써 채권이 직면할 수 있는 위험을 제거한다. 이런 제도를 채권·채무의 보전 또는 채권의 보전이라고 한다. 또한 채권자와 제3자의 관계를 설정하고 있으므로 채권·채무의 대외적 효력이라고도 한다.

보전은 책임재산에 대한 완전한 유지를 통해 손해를 보지 않는다는 뜻이다. 채권의 보전이 성립하게 되는 사고(思考)의 맥락은 "채무자의 재산 전부를 채권을 실현하는 보증으로 한다"는 데 있다. 왜냐하면 채무자의 채무는 원칙적으로 그 재산의 전부에 대해서 책임을 져야 하고, 이 재산 전부는 소위 법률상의 책임재산이며, 책임재산의 감소나 손실은 채권자의 이익과 연관되기 때문이다. 따라서 근대민법에서 로마법의 '외상매매의 소'가 발전해 채권의 보전을 이루고, 프랑스민법전부터 시작하여 점차적으로 채권자대위권과 채권자취소권을 자채권(資債權)으로서 긍정하고 있다.

중국계약법은 중화인민공화국 성립 이래 입법전통에 따라 채권보전제도를 긍정하고, 대위권과 취소권에 대하여 비교적 전면적인 규정을 하고 있다.

이성적인 사유(思惟)에 뛰어난 게르만인은 채권을 대인권으로 보고, 제3자에 대하여 대항하는 효력은 발생하지 않는다고 보았다. 따라서 독일민법전은 채권의 보전을 실제적 권리로 인정하지 않고, 민사소송법의 강제집행절차에서 재산책임의 문제로서 따로 처리한다.

위의 두 가지 입법사례를 두고 채권보전은 실제적 권리인가, 아니면 절차적 권리인가를 연구하도록 한다.

II. 채권자대위권[51]

1. 채권자대위권의 의의

채권자의 대위권은 채권자가 채권을 보전하기 위하여 자신의 명의로 채무자의 권리를 행사하는 것이다. 권리의 성질로 보면 형성권에 속한다. 중국법률의 채권자대위권에 관한 규정은 최고인민법원의 민사소송법에 대한 사법해석부터 시작되었고[52], 「중국계약법」 제73조에서 처음으로 실체법으로서의 대위권의 채권효력을 긍정했다. 따라

---

51 간접소권(間接訴權) 또는 대위소권(代位訴權)이라고도 한다.—역주

서 중국에서 채권자대위권은 소송법과 실체법의 이중보장을 받는다. 서로 비교하자면 절차법상의 권리가 더 우세하다.

민법상 대위권은 대위구상권과 대위상속권으로 나누어지며, 대위구상권은 또다시 채권자대위권과 변제대위권으로 나눌 수 있다. 후자는 대위변제의무자가 채무자를 대신하여 변제한 후 채권자의 지위를 얻는 것을 말하며, 이때의 변제자는 새로운 채권자가 된다. 실질적으로 채무대위권이다. 이는 채권자대위권과는 다르다.

채권자대위권과 대리권은 서로 다르다. 후자는 대리인이 피대리인의 명의로 권리를 행사한다. 채권자대위권은 우선변제권과도 다르다. 후자는 종된 채무자의 재산에서 변제를 받고, 종된 채무자가 아닌 채무자의 재산에서도 변제를 받는다.

2. 채권자대위권의 구성요건

중국계약법 등 법률규정에 따라 채권자대위권의 행사는 다음과 같은 요건을 만족하여야 한다.

(1) 채무자가 권리행사를 소홀히 하여야 한다

소위 '소홀한 권리행사'는 마땅히 행사하여야 할 권리를 행사할 수 있지만 행사하지 않는 것을 말한다. 행사하지 않은 이유에 대해서는

---

52 最高人民法院의 〈關于適用「中和人民共和國民事訴訟法」若干問題的意見〉 제300조에는 "피집행자는 채무를 변제할 수 없다. 그러나 제3자에 대하여 기간이 도래한 채권은 인민법원이 집행자의 신청에 따라 제3자에게 신청한 집행인에게 채무를 이행할 것을 통지할 수 있다. 제3자가 채무에 대해 이견이 없음에도 통지한 채무를 기한 내에 이행하지 않았을 경우, 인민법원은 강제집행을 할 수 있다"고 규정하고 있다. 실질적으로는 법원이 월권을 행사하여 일을 대신해주기 때문에 채권자가 권리를 행사할 필요가 없다.

묻지 않는다. 그러나 채무자가 행사할 수 없는 권리(예: 파산인의 재산권)나 이미 행사한 권리 또는 대위행사하기에 적절하지 않은 권리 등에 대해서는 채권자가 대위권을 행사할 수 없다. '소홀한 권리행사'의 의미를 최고인민법원의 《계약법해석(1)》은 '채무자가 소송이나 중재 이외의 방식으로' 채권을 주장하는 것으로 해석하고 있다(제13조).

(2) 채권보전의 필요가 있어야 한다

대위권은 채권의 보전을 위해서 성립하므로 채무자가 이 권리를 행사하지 않아 채권자의 채권에 손해를 입혔을 때에 대위가 필요하다. 채권자에 대한 '손해' 조성의 여부와 보전의 '필요' 유무의 판단은 채무자와 보증인의 재산 및 기타 담보재산이 채무를 변제하기에 부족한지 불능한지 여부를 기준으로 한다.

(3) 채권의 이행기가 도래한 것이어야 한다

채권자는 채권이행기가 도래하였을 때에 대위권을 행사할 수 있다. 이행기 이전의 채권은 채권자가 채권의 실현불능의 예측 여부에 따라 채권에 위험이 있는 것은 불안(不安)항변권을 행사하는 것이 타당하다. 그러나 이와 같은 상황에서 채권자가 채권자대위권을 행사하는 것은 채무자에게 불공평할 뿐만 아니라 권리남용의 문제를 낳을 수도 있다. 따라서 중국민법은 채무자의 지체책임을 대위권 행사(제243조)의 요건으로 하고 있다.

최고인민법원의 사법해석은 반드시 '적법한' 채권이어야 하며, 대위하는 채권은 자연채권에 속하지 않는 것으로 이해하고 있다.

3. 채권자대위권의 행사

(1) 채무자의 권리가 일신에 전속한 것이 아니어야 한다. 따라서 채무자의 인신권과 재산권리는 대위해서 행사할 수 없다. 여기서 재산권리란 채무자가 직접 행사하여야 법률효력이 발생하는 재산권이며, 최고인민법원의 《계약법해석(1)》 제12조 규정에 따라 다음과 같이 개괄할 수 있다.

(a) 친족관계에 기초해 발생한 재산권, 즉 친족 간의 부양, 상속 등의 급부청구권이다.

(b) 자연인의 채권, 예를 들어 인격이나 신체에 상해를 입혀 발생한 손해배상채권, 생명보험의 보험금청구권 등이 있다.

(c) 양도금지의 권리, 즉 노동임금, 양로금, 연금 등의 청구권이다.

(d) 권리 중 대위해서 행사할 수 없는 권리, 예를 들어 채무자가 임대하지 않는 가옥은 채권자가 대신해서 임대할 수 없다.

(2) 대위권 행사의 범위는 채권보전의 필요에 한한다. 다시 말해서, 채무자의 권리를 대신 행사하여 얻은 가치는 채권의 보전에 필요한 가치와 상응하여야 한다. 만약 채권보전의 범위를 초과했다면, 채무자의 권리를 분할하여 행사하여야 한다. 분할할 수 없다면 권리의 전부를 행사할 수 있다.

(3) 대위권 행사의 방법은 중국계약법의 규정에 따라 소송상의 청구에 한하며, 사력(私力)으로 청구할 수 없다. 이것은 대륙법계의 민법규정과 다른 점이고, 공력구제 이외의 방법으로 강제적으로 대위권 행사를 요구하는 경우는 거의 없다. 이것은 중국에서 성행하고 있는 '전능(全能)정부'의 제도이념과 유관하다고 할 수 있다.

4. 채권자대위권의 효력

대위권에 관한 규정이 있는 대륙법계의 민법은 채권평등원칙을 근거로 채권자가 행사한 대위권 효력은 채무자에게 귀속하며, 이로써 채무자와 제3자의 채권·채무관계는 소멸된다고 규정하고 있다. 다시 말해서 채무자가 제3자에 대하여 가진 청구권을 채권자가 대위행사하여 얻은 재산은 채무자에게 귀속되어 채권자의 채권에 대한 담보가 된다. 이때 채권자는 이 재산으로 직접 변제를 받을 수 없으며, 채무자가 채권대위로 인하여 재산을 취득하였음에도 불구하고 채무를 이행하지 않을 때, 강제이행을 청구하여 변제받을 수 있다.

중국계약법은 이에 대하여 명확한 규정을 두고 있지 않다. 그러나 최고인민법원의 《계약법해석(1)》에서 채권자대위권 행사의 효과는 제3채무자가 채권자에게 직접 변제하는 것이라고 규정하고 있다(제20조). 그러므로 채권자가 얻은 '우선변제권'은 채권의 배타적 효력을 가지게 한다. 이 규정은 기타 채권자의 권리에 손해를 조성할 수 있고, 채권평등원칙을 위배할 수도 있다. 따라서 이러한 확대해석은 질의를 받아야 마땅하다.

III. 채권자취소권

1. 채권자취소권의 의의

채권자취소권은 채무자가 고의로 채권의 실현에 대해 유해한 행위를 한 경우, 채권자가 법원에 그 행위로 인한 효력을 취소해줄 것을 청구하는 권리이다. 취소권은 로마법의 'Paoliana'를 기원으로 하고, 소송을 통해서만 실현되므로 폐파소권(廢罷訴權)이라고도 한다. 취소권은 채무자의 행위를 발생시부터 무효하게 하는 실체법상의 효력이 있으므로 실체법상의 권리에 속한다.

취소권은 취소행위의 주체에 따라 자기행위에 대한 취소권과 타인행위에 대한 취소권으로 나눌 수 있으며, 만약 전자가 민사행위를 취소할 수 있는 취소권이라면 채권자취소권은 타인행위에 대한 취소권이 된다. 취소청구의 주체에 따라 채권자취소권과 채무자취소권으로도 나눌 수 있으며, 후자에는 증여자취소권 등이 있다. 또한 취소권은 법적 근거에 따라 민법상의 취소권과 파산법상의 취소권으로 나눌 수 있으며, 채권자취소권은 민법과 파산법상의 취소권에 모두 속한다. 그러나 파산법상의 취소권은 그 요건과 효과가 민법상의 취소권과는 다르므로 여기서는 파산취소권에 대하여서는 언급하지 않는다.

중국의 채권자취소권에 대한 규정은 「〈민법통칙〉 의견」에서부터 시작되었지만, 법정채권의 만족에 유해한 행위에 대한 취소권만 규정하고 있고, 취소할 수 있는 행위도 증여로 제한하고 있다(제130조). 중국계약법은 이와 다르게 계약채권의 만족에 유해한 행위에 대한 취소권만 규정하고 있다. 그러므로 이 둘을 정리·조합한다면 중국은 비교적 완전한 채권자취소권제도를 확립하게 될 것이다.

2. 채권자취소권의 성립요건

중국계약법은 취소권의 취소행위를 유상(有償)과 무상(無償)으로 구분하고, 서로 다른 요건을 요구한다. 다음은 외국의 입법사례를 참고하여 객관적 요건과 주관적 요건으로 나누어 설명한다.

(1) 객관적 요건

(a) 채무자의 행위가 있어야 한다

채무자가 재산을 감소시키거나 재산부담을 증가시킨 행위가 있어야 한다. 중국계약법은 채무자의 행위에 대하여 채권포기나 재산증여 등 처분행위만을 규정하고 있고(제74조), 제3자가 재산담보를 제공하는 등과 같이 재산부담을 증가시킨 행위에 대하여서는 규정하고 있지 않다.

채무자의 무상행위나 반대급부가 없는 채무부담행위(非동시이행의무)는 채무자의 재산을 감소시킨다. 그러나 반대급부가 있는 유상행위는 재산형태에 변화를 발생시킬 뿐 채무자의 재산가치를 감소시키지는 않는다. 상업적인 위험을 맞아 재산이 감소되었더라도 힐난(詰難)을 받지 않는다. 그러므로 채무자가 반대급부가 있는 유상행위에 대하여서는 취소권을 행사할 수 없다. 이 외에 채무자의 신분행위가 재산을 감소시켰더라도 그에 대하여 취소권을 행사할 수 없다. 예를 들면 결혼, 수양, 상속에 대한 포기권 등으로 인한 행위가 있다. 공익행위에 의한 재산감소에 대하여 취소권을 행사할 수 있는가? 재산을 희망공정(希望工程)[53]사업에 기부하는 등의 행위에 대해서는 주관적인 '악의' 여부를 조건으로 하며, 일반적으로 무상행위와 함께 논하지 않는다.

---

[53] 희망공정은 1989년부터 시작된 중국정부의 낙후지역 학교설립 프로젝트이다. 돈이 없어 취학하지 못하는 학생들에게 학비를 대주고, 학교가 없는 지역에 학교를 지어주자는 취지로 시작되었으며 아직도 계속되고 있다. 도시지역주민 또는 기업의 찬조를 받아 자금을 마련한다. -역주

(b) 채무자의 행위가 채권에 손해를 조성하여야 한다

상술한 채무자의 행위가 재산의 감소를 야기하여 채권의 변제를 받을 수 없으면 현실적인 채권의 이익에 손해를 본다. 따라서 채무자의 행위가 재산을 감소시켰지만 남은 재산이 채무를 변제하기에 충분한 경우에는 채권에 대한 손해를 조성하는 문제가 발생하지 않는다.

(c) 채무자의 행위는 채권성립 후의 행위여야 한다

채권성립 전에 채무자의 행위는 채권에 대한 위협의 가능성을 발생시키지 않는다. 따라서 채권자는 채권성립 후의 채무자의 행위에 대하여서만 취소권을 행사할 수 있다. 그러나 파산법에서 파산채권은 개괄채권이므로 법원이 파산사건을 수리하기 전 6개월부터 파산선고일 사이에 파산자가 파산채권에 손해를 입힌 행위에 대하여 청산인은 취소권을 행사할 수 있다.

(2) 주관적 요건

취소권을 행사할 때 채무자의 과실 여부를 따질 필요가 있는가에 대하여서 각국 민법은 서로 다른 규정을 하고 있다. 프랑스민법전(제1167조)과 일본민법전(제424조)은 악의를 요건으로 하고, 중국민법통칙은 유상행위와 무상행위로 구분하고 있으며, 전자는 악의를 요건으로 하고, 후자는 주관적 요건이 아니다(제244조). 중국계약법도 채무자의 유상행위와 무상행위로 구분하고 있으며, 유상행위에 대하여 '채무자의 불합리적인 낮은 가격'을 한정요건으로 규정하고 있으며, 반대로 무상행위는 한정조건이 없다. 따라서 중국계약법의 본의를 긍정하자면 무상행위에 대하여 주관적 요건을 두지 않고, 유상행위에 대하여서는 채무자의 '악의'를 요건으로 한다. 또 상술하였던 공익성의 무상행위에 대해서도 주관적인 '악의'를 요건으로 하여야 할 것이다.

3. 채권자취소권의 행사

(1) 채권자취소권은 반드시 소송을 통하여 행사된다. 채무자의 행위가 일방적 행위라면 취소소송은 채무자를 피고로 한다. 채무자의 행위가 쌍방행위라면 채무자 및 상대자나 수익자가 피고가 된다.

(2) 취소권 행사의 기간은 중국계약법의 규정에 따라 채권자는 취소사유를 알거나 당연히 안 때부터 1년 내에 취소권을 행사하여야 하며, 채무자의 행위발생일부터 5년 내에 행사하지 않은 취소권은 소멸한다(제75조).

4. 채권자취소권의 효력

채권자의 취소권 행사가 채무자행위에 효과를 발휘한 후 다음과 같은 효력이 발생한다.

(1) 채무자에 대한 효력

채무자의 행위는 시작부터 무효로 처리된다. 증여, 타인을 위한 저당 등과 같은 행위는 무효가 된다.

(2) 제3자에 대한 효력

제3자는 해당행위로 인하여 얻은 재산을 채무자에게 반환하여야 한다. 반환할 수 없는 물건은 금전으로 환산하여 보상한다.

(3) 채권자에 대한 효력

취소권으로 인하여 반환된 재산은 채무자에게 속하여 채무자의 책임재산을 완전하게 한다. 이 재산은 채무자의 전체채무자의 공동담보로써 채권자는 우선변제권이 없다.

5. 취소권과 대위권의 관계

채무자의 행위가 취소된 후, 제3자가 반환하여야 하는 재산에 대하여 '소홀하게' 청구권을 행사하거나 채무자가 재산을 얻은 후 주동적으로 채무를 이행하지 않을 때 채권자는 채권자대위권을 다시 한 번 행사하는 동시에 강제력을 이용하여 채권을 실현할 수 있다.

제6장

債權의 移轉

제1절 序說

I. 채권이전의 개념

　채권의 이전은 채권변경의 범주에 속한다. 채권변경은 전체적인 채권관계는 변하지 않고 부분적 요소에만 변화가 발생하는 것을 말한다. 이것은 채권의 주체, 내용과 객체의 변경을 포함한다. 채권관계는 동태적인 재산관계로서 그 과정 중 거래위험, 이익변동 등의 객관적 요소나 당사자의 주관적 요소 등의 원인에 따라 채권의 어떤 요소를 주관·객관적인 조건에 맞게 변동시켜 채권관계를 원활하게 한다. 즉, 채권의 변동은 채권관계의 원활한 소통을 위해 만들어진 제도이다.

　각종 채권의 내용이나 객체는 그 변경의 원인이나 방식 때문에 매우 복잡하고, 공통적이기보다 개별적인 경우가 많다. 따라서 각국에서는 민법전을 편찬할 때, 연관되는 부분에 개별적인 조항을 규정하고 있을 뿐 개괄적인 규정은 하고 있지 않다. 예를 들어 채무자의 사망으로 인한 채권·채무의 이전(「중국상속법」제33조), 대물변제로 인하여 발생된 채권의 목적물에 대한 변경 등이 있다. 순수한 재산관계 중 채권주체의 변경은 그 변경의 원인과 방식 때문에 개괄성이 비교적 강하다. 따라서 채권편 총칙에 별도로 한 장(章)을 두어 총괄적으로 규정하고 있다. 「중국계약법」제5장 '계약의 변경과 양도'는 채권·채무의 이전에 대한 총괄적 규정이다.

II. 채권이전의 의의

채권의 이전은 채권의 내용이나 목적물을 변경하지 않는 한도 내에서 발생된 채권의 주체에 대한 변경을 말한다. 채권의 이전은 실질적으로 채권이나 채무가 서로 다른 민사주체로 이전하는 것을 말한다. 즉, 새로운 채권자나 채무자가 원래의 채권자나 채무자를 대신함에 따라 채권의 주체가 이전된다. 채권의 이전은 다음과 같은 유형이 있다.

1. 발생원인에 따른 구분

(1) 법률행위상의 이전

법률행위로 인하여 발생한 채권의 이전이다. 계약으로 인하여 발생하기도 하고 일방의 행위로 인하여 발생하기도 한다. 예를 들면 유증, 기부 등이 있다.

(2) 법률상의 이전

법률규정에 의하여 발생한 채권의 이전이다. 그 예로 법정상속을 들 수 있다.

(3) 재판상의 이전

법원이나 중재기구의 재정이나 판결에 의하여 발생한 채권의 이전이다.

2. 이전내용에 따른 구분

(1) 개괄인수

개괄인수는 채권과 채무를 재산의 전체로 하여 이전하는 것이다. 예를 들면 상속인 경우가 있다. 또한 법인의 합병도 마찬가지이며 민법총칙이나 회사법 등의 규정에 의한다.[54] 그러나 개괄인수 중 채권양도와 채무부담에 관한 몇몇 사항이 민법의 기타규범이나 특별법에서 규정이 없는 경우에는 채권법의 총칙 중 채권이전과 관련된 규정을

---

54 「중국계약법」 제90조에서는 "당사자가 계약을 체약한 후 합병한 것은 합병 후의 법인이나 기타 조직이 계약권리를 행사하고 계약의무를 이행한다. 당사자가 계약을 체약한 후 분립한 것은 채권자와 채무자 간에 별도규정이 있는 것은 제외하고, 분립된 법인이나 기타조직이 계약된 권리와 의무에 대하여 연대채권을 향유하고 연대채무를 부담한다"고 규정하고 있다. 「중국회사법」 제184조 제3항에서는 "회사합병시, 합병 각방의 채권과 채무는 합병 후 존속하는 회사나 신설된 회사가 상속해서 부담한다"고 규정하고 있다. 「중국회사법」 제185조 제2항에는 "회사분립 전의 채무는 달성된 협의에 따라 분립 후의 회사가 부담한다"고 규정하고 있다. - 역주

적용한다.

(2) 특정인도

특정인도는 채권이나 채무에 단독적으로 이전이 발생한 것이다. 채권의 이전에서 연구하여야 할 것은 바로 채권·채무의 특정인도이다.

III. 채권이전의 입법

채권이전제도의 건립은 민법의 사회경제생활의 발전에 대한 적극적인 반영이다. 로마법은 채권을 '법쇄'로 보고, 법쇄의 양단에 있는 채권자와 채무자는 변경할 수 없는 것으로서 일단 채권의 관계가 성립되면 채권자와 채무자는 '백년해로'하며, 채무를 이행함으로써 그 관계가 소멸한다고 여겼다. 그러나 근대에 이르러 시장경제제도가 발전하고 거래수단이 다양화됨에 따라 상업상의 위험도 다변화(多邊化)되었다. 사람들은 채권이 성립할 때에 모든 위험을 예측할 수 없게 되었으며, 더욱이 채권의 증권화의 경향으로 인하여 채권은 거래의 방법과 수단이자 거래의 '물품'이 되었다. 따라서 제때에 상업상의 위험을 이전할 수 있도록 하기 위해 채권을 거래대상으로 하여야 할 필요성이 제기되었으며, 마침내 민법은 채권이전을 인정하기 시작했다. 먼저 1804년의 「나폴레옹민법전」이 이 제도를 '채권의 갱신'으로 명명하여 채권소멸의 원인으로 규정했다. 1896년 독일민법전에 이르러 채권이전제도와 채권의 소멸이 분립되었고, 채권이전은 독립적인 채권의 변동원인으로서 채권편 총론에서 '채권양도'와 '채권인수'의 두 장으로 나누어 규정하고 채권이전제도를 더욱 구체화시켰다. 프랑스민법전과 독일민법전의 채권의 이전에 대한 규정은 후대민법의 모범으로서 각 성문법국가는 법률이식시 기본적으로 모두 이 두 가지 모식을 따른다. 중국민법통칙 중 채권이전에 관한 조문은 하나뿐이고 (제91조), 중국계약법에 별도로 한 장(章)을 두어 규정하고 있다(제5장). 이로써 중국법률 중의 채권이전제도는 완전해지고 있다.

채권양도와 채무인수의 요건과 법률효과는 아주 큰 차이가 있으므로, 두 절로 나누어 소개한다.

제2절 債權讓渡

I. 채권양도의 의의

채권양도는 채권자가 채권을 양수인에게 이전하는 민사법률행위이다. 양수인은 양도된 채권을 얻은 후 채권자가 되고, 양도자는 채권자자격을 상실한다. 채권양도는 채권자가 처분행위로써 채권을 이전하는 방법이며, 그 법률효과는 원래채권자가 채권관계에서 빠지고 새로운 채권자가 그 자리를 이어받으며 전체적인 채권의 내용은 변하지 않는 한도 내에서 새로운 채권자에 대하여 효력이 발생한다.

채권의 이전은 채권양도 외에도 법률규정에 의하여 발생하는 채권이전의 효력이 있다. 예를 들어, 연대채무자와 보증인이 채무를 변제할 때의 대위, 상속 등이 있다. 그러나 채권양도는 채권자와 양수인의 약정에 의한 것이므로 계약의 방식을 취한다.

II. 채권양도계약

채권양도계약은 채권자와 양수인 사이에 채권양도를 내용으로 하는 계약을 말한다. 이는 채권변동을 목적으로 하며 채권자의 채무양도와 채권양도의 효력이 발생한다. 따라서 채권양도계약은 채권양도와 동일한 개념이 아니다. 전자는 후자의 발생원인이고, 후자는 전자의 효력이다. 채권양도계약은 낙성계약으로서 쌍방의 의사표시가 일치해야만 성립하며, 이때 채권·채무관계가 양도된다. 그러나 양도된 채권의 발생은 행정절차에 의한 비준이나 등기절차를 거쳐야 하며, 채권양도계약도 동일한 절차를 거친 후에 효력이 발생한다(「중국계약법」 제87조).

자유양도가 가능한 채권을 제외한 채권의 양도계약은 채무자가 공시하기 이전에는 채무자에 대항하는 효력이 발생하지 않는다. 그러므로 양도계약이 유효하다고 해서 양도채권의 효력이 발생하는 것은 아니다. 그러면 채권양도의 효력은 언제 발생하는가? 채권은 대인권이고, 채권을 처분할 때에 채무자의 이행문제도 설정하기 때문에 물품을 처분하는 것처럼 간단한 일이 아니다. 따라서 채권양도는 공시제도를 실시하며, 이를 바로 채무자에 대한 효력발생의 요건으로 한다.

III. 채권양도의 제한

채권은 채권자의 재산권이지만 임의대로 양도할 수는 없다. 법률은 이에 대하여 여러 가지 제한을 가하고 있다. 법률이 양도를 금지하거나 제한하는 채권은 채권자가 함부로 양도할 수 없다.「중국계약법」 제79조와 기타 관련법규에 따라 다음과 같은 채권은 양도를 금지하거나 제한한다.

1. 양도를 제한하는 채권

(1) 단독으로 양도할 수 없는 종된 채권. 예를 들어 보증, 계약금 등과 같은 채권이 주된 채권과 함께 양도되지 않았을 경우 그 양도는 무효이다.
(2) 복리(福利)로 인하여 발생한 채권은 동의를 얻지 않고서는 양도할 수 없다. 예를 들어 임차한 사택의 전대(轉貸)금지, 도급계약의 하청금지 등이 있다.
(3) 선박보험(「중국해상법」 제230조)과 같이 법률이 양도를 제한하는 채권
(4) 약정으로서 양도를 제한하는 채권. 예를 들어, 반드시 동의를 얻은 후 양도하기로 약정한 채권 등이 있다.

2. 양도를 금지하는 채권

법률이 양도를 금지하는 채권의 채권양도는 무효이다.
(1) 계약의 특성상 양도할 수 없는 채권. 대부분이 공연, 위임 등을 내용으로 하는 채권이다.

(2) 당사자가 양도할 수 없도록 약정한 채권 역시 양도할 수 없다. 예를 들면, 빈민농가 부양, 개조기술과 관련된 차용계약에 대한 채권이 있다.

(3) 법률이 양도를 금지하는 채권. 예를 들어, 건설공정 등의 계약이 있다(「중국계약법」 제272조).

(4) 채권의 특성상 양도할 수 없는 기타 채권. 예를 들면, 인신권의 침해로 인하여 발생한 배상청구권, 위로금채권 등이 있다.

IV. 채무자에 대한 채권양도의 효력발생요건

1. 서설

채권은 대인권이며, 양도된 채권은 채무자의 이행을 통해서 실현된다. 그러므로 채권양도의 효력발생은 채무자에 대한 양도공시 여부와 공시방법에 따라 달라진다. 한편 채권의 유형에 따라 공시방법도 달라진다. 그러나 법률은 항상 한 가지의 일반원칙을 규정하고 있으며 이것이 바로 채권양도의 일반적인 효력발생의 요건이다. 이에 대해서 각국의 민법은 각각 규정하고 있으며, 대략 다음과 같은 세 종류로 개괄할 수 있다.

(1) 자유양도의 원칙

채권양도는 채권자와 양수인의 합의에 의해 성립된다. 채권양도는 채권자의 자유행사에 준하며, 제3자에 대한 공시의무는 없다(예:「독일민법전」 제398조).

(2) 양도통지의 원칙

채권양도의 양도자나 양수인이 채무자에게 통지하여야 채무자에 대한 효력이 발생한다. 다시 말해서 채권양도의 통지를 채무자에 대한 효력발생의 요건으로 한다(예:「프랑스민법전」 제1690조,「일본민법전」 제467조).

(3) 채무자승낙의 원칙

채권양도는 채무자의 승낙을 얻어야 채무자에 대한 효력이 발생한다(예:「일본민법전」 제467조). 일본민법은 조문에서 통지원칙과 승낙원칙을 함께 규정하고 있다. 이는 각 원칙에 따라 제3자에 대항하는 효력이 다르기 때문이다.

「중국계약법」에서 채권양도는 채무자에게 통지하는 것을 채무자에 대한 효력발생의 요건으로 한다(제80조)고 규정함에 따라 양도통지원칙을 적용하고 있음을 알 수 있다. 양도통지가 채무자에게 도달하면, 채무자에 대한 채권양도의 효력이 발생하는 것이다. 이때 양수인의 동의는 얻지 않아도 되며, 이 통지는 취소할 수 없다.

그러나 중국계약법이 규정한 양도통지원칙은 일반채권에만 해당된다. 따라서 법률에 특별규정이 있거나 거래습관이 자유양도를 허락하는 것은 통지를 채무자에 대한 효력발생의 요건으로 하지 않는다. 예를 들어 철도, 운송계약은 여객이 기차표 혹은 승차권을 양도하는 것을 허락한다. 다시 말해서, 채권의 자유양도를 허락하며 양도에 대해 운송업자에게 통지하지 않아도 그 효력이 발생한다. 이와 반대로 채권양도에서 채무자의 동의를 얻어야 한다고 법률로써 규정하고 있거나 당사자 사이에 약정한 것은 채권양도를 채무자에게 통지하고 채무자의 허락을 얻은 후에야 효력이 발생한다.

2. 채권양도의 통지

(1) 채권양도의 통지방식

채권양도의 통지는 채무자에게 채권양도에 관한 의사표시를 하는 것이다. 양도통지를 누가 할 것인가에 대해서 법률에 정확한 규정이 없기 때문에 양도자, 양수인 및 대리자, 전달자 중 누구나 가능하다. 통지의 방식에 대해서도 법률에 특별한 요구가 없으므로 구두통지, 서면통지 또는 양수인이 채권양도계약을 채무자에게 제시하는 등과 같이 통지의 효과를 낼 수 있는 방법이면 모두 사용할 수 있다. 그러나 법률에 특별규정이 있는 것은 배서(背書)방식으로 채권을 양도하며 통지와 동등한 효력이 발생한다. 예를 들면 표거(票據)[55](「중국표거법」 제27조·제81조·제94조), 지시(指示)식 선하증권 등의 채권양도가 있다.

(2) 채권양도통지의 효력

채권양도통지가 채무자 또는 대리인에게 도달하면 그 효력이 발생한다. 채무자는 통지를 받은 후에는 양수인이 채권자가 되고, 원래채권자를 상대로 변제나 기타 면책행위를 할 수 없다. 그러나 채무자가 통지를 받기 전에 원래채권자에게 변제했거나 원래채권자가 채무자에게 면제, 상계 등을 한 것은 유효하다. 채무자는 통지를 받았을 때 양도자의 각 사유항목에 대하여 대항할 수 있다. 예를 들어 양도계약

---

55 어음, 수표, 증권, 유가증권, 영수증, 인수증 등을 총괄하는 단어이다. — 역주

이 무효이거나 취소할 수 있는 것, 권리소멸의 항변, 해소권 등은 양수인에 대하여 대항할 수 있다(「중국계약법」 제82조).

V. 채권양도의 효력

채권양도의 효력은 채권양도로 인하여 양도자, 양수인과 채무자에게 발생하는 법률상의 효과이다.

1. 채무자와 양수인 간의 효력
(1) 채권 및 종된 권리의 이전에 따라 양수인은 채무자의 새로운 채권자가 되고 채권의 효력이 발생한다.
(2) 채무자는 채권·채무관계에서 양도자의 모든 권리에 대하여 대항하며, 법률에 별도로 규정이 있는 부분을 제외하고는 양수인에 대하여서도 대항한다. 예를 들어 급부협조청구권, 상계권 등이 있다(「중국계약법」 제83조).
(3) 채권양도로 인하여 채무이행의 비용이 증가한 것은 양수인이 부담하며, 약정한 경우 약정에 따라 부담한다.

2. 양도자와 양수인 간의 효력
(1) 양도자는 양수인에 대하여 채권을 완전히 이전할 의무를 가진다. 이 의무는 급부의무, 부수의무 등을 포함한다. 채권을 증명할 수 있는 문건은 모두 양수인에게 교부하여야 하며, 이로써 양수인의 채권취득을 도와준다.

(2) 양수인의 채권실현을 위해서 양도자는 채권을 주장하는 데 필요한 사항을 양수인에게 통지하여야 한다. 예를 들면 보증인의 주소, 이행방법, 수령장소 등이 있다.

제3절 債務引受

I. 서 설

채무인수는 광의의 의미와 협의의 의미가 있다. 광의의 채무인수는 면책된 채무인수와 병존하는 채무인수를 모두 포함한다. 면책적 채무인수는 제3자가 채무자를 대신해서 그 채무를 부담하는 민사법률행위이며, 협의의 채무인수이다. 중첩적 채무인수는 제3자가 채권관계에 참여해 채무자와 함께 그 채무를 부담하는 민사법률행위이며, 이런 채무인수는 채무가입(債務加入)이라고도 한다. 제3자가 채무이행에 참여함으로써 채무자와 연대책임을 지기 때문에 채무자는 채권관계를 벗어날 수 없다. 협의의 채무인수는 채무가입에 대하여 채무인수의 규정을 사용할 수 있고, 제3자가 채무관계에 참여한 후 원래채무자와의 관계에 대해서는 연대채무의 규정이 적용된다.

채권양도처럼 로마법이 인정하지 않은 채무의 이전은 근대민법에 이르러서야 이런 제도를 마련하게 되었다. 「프랑스민법전」은 채무부담을 채권의 갱신에 포함시켜 채권소멸의 원인으로 하고(제1217조·제

1275조),「독일민법전」은 채무인수부분을 별도의 장(章)을 두어 다루었다(제2편 제5장).「중국민법통칙」(제91조)은 계획경제와 상응하는 채권이전제도를 규정했고,「중국계약법」(제5장)에서 채무인수에 관한 규정을 두어 기본적으로 시장제도와 발걸음을 함께하고 있다.

II. 채무인수의 법률요건

1. 이전할 수 있는 채무이어야 한다

채무인수는 유효한 채무가 존재하여야 하고 그 채무가 이전하여야 한다. 다시 말해서, 법률이나 특성상으로 이전의 금지나 제한을 받지 않아야 한다. 상술한 공법상의 채무, 채무의 특성상 이전하지 못하는 것 혹은 인신에 관련된 손해배상, 부양비 급부 등의 채무는 이전하지 못하는 채무에 속하므로 채무인수가 발생하지 않는다.

2. 채무인수계약이 있어야 한다

중국법에는 아직까지 채무인수계약의 주체에 대한 규정이 없다. 세계 각국의 입법사례로 보아 채무인수계약은 채무자 혹은 채권자와 인수인이 체결하는 두 종류가 있으며 종류에 따라 효력발생요건도 다르다.

(1) 채무자와 인수인의 인수계약[56]

채무인수계약은 제3자(인수인)가 채무인수를 승낙하여 채무자가 변제책임을 면제받는 내용의 계약이다. 채무인수계약의 정해진 형식은 없으므로 구두나 서면상으로 모두 가능하며, 법률규정이 있으면 규정에 따른다.

채무자와 인수인 간의 채무인수계약의 성질에 대하여 이론상으로 네 가지 해석이 있다.[57]

(a) 청약설

이 설에 의하면 채무자와 인수인 간의 계약은 채권자에 대한 청약으로써 채권자의 승낙을 거친 후 채무이전의 효력이 발생한다.

(b) 채권처분설

이 설에 의하면 채무자와 인수인이 체약한 채무인수계약은 채권자의 채권에 대한 처분도 포함한다고 본다. 그러므로 채권자의 동의를 얻어야만 효력이 발생한다.

(c) 대리설

이 설에 따르면 채무자의 채무이전은 채권자의 수권하지 않은 대리라고 본다. 따라서 반드시 채권자의 추급(승낙)을 받아야 채권자에 대하여 효력이 발생한다.

---

[56] 「중국계약법」 제84조~제87조의 규정으로 볼 때, 채무자와 인수인의 인수계약은 채권자의 동의를 얻어야 효력을 발휘한다. 이 계약의 효력발생조건은 다음과 같다. 첫째, 유효한 채무가 있어야 한다. 둘째, 이전할 수 있는 채무이어야 한다. 행위, 전문성, 특정신분 등을 내용으로 하는 것은 이전할 수 없다. 셋째, 채무인수를 내용으로 하는 계약을 하여야 한다. 이 계약은 이행부담을 내용으로 하는 계약과는 다르다. 이행부담을 내용으로 하는 계약은 채무자와 제3자 간의 내부계약이고 주체가 변하는 것이 아니므로 채권자의 동의를 얻을 필요가 없으며, 제3자의 채무변제는 위탁, 대리와 같은 사실행위가 된다. 넷째, 채무인수계약은 채권자의 동의를 얻은 것이어야 한다. ―역주

[57] 史尙寬:「債法總論」, 709~710쪽.

(d) 제3자 체약의 계약설

이 설에 따르면 채무자와 인수인의 계약은 채권자를 위해서 체약한 것이며, 채권자는 이 계약에 의거하여 새로운 채무자의 채권자가 된다.

어떤 학설이든 채무인수계약은 채권자의 승낙을 통해서 효력이 발휘된다고 해석한다. 각국 민법전의 규정으로 볼 때 청약설과 채권처분설이 통설이다. 즉, 청약설에서 채권자의 동의는 곧 승낙이고, 이 승낙은 채무인수계약의 성립요건이 된다. 그리고 채권처분설에서의 채권자의 동의는 계약의 대항요건이 된다. 만일 채무인수계약이 무인행위라면 채권처분설이 더 합리적이라고 할 수 있고, 무인행위가 아니라면 청약설의 해석이 타당하다.

(2) 채권자와 인수인의 인수계약

대륙법계의 민법은 채권자와 제3자가 체약한 채무인수계약도 허락하고 있다. 이 인수계약은 성립시에 인수인에게 채무가 이전되고(「프랑스민법전」 제1274조, 「독일민법전」 제414조), 채무자에 대한 통지나 채무자의 승낙 여부는 묻지 않는다.

중국민법이나 계약법은 이에 대하여 명확한 규정을 하고 있지는 않지만 채권자와 인수인이 체결한 채무인수계약에 대해서 효력상으로 채권자가 채무자의 변제책임을 면제한다는 법적 근거를 두고 있다(「중국계약법」 제105조). 그러므로 이 인수계약은 성립시부터 효력을 발휘하며, 채무자의 승낙은 필요하지 않다. 인수인은 채무를 변제한 후 대위구상권을 가지지 않는다. 물론 법률에 별도규정이 있거나 약정한 것은 제외한다. 그러나 사무관리의 청구권으로써 채무자(피관리자)에게 그 급부이익을 반환할 것을 청구할 수 있다.

3. 채권자의 승낙

채무인수는 채무자를 바꾼다. 따라서 새로운 채무자(인수인)의 신용, 약정이행능력 및 재산상황은 채권안전과 급부이익의 최종실현과 엄청난 관계가 있다. 따라서 채무자와 인수인이 체결한 채무인수계약이 채권자의 동의를 얻지 않거나(「중국계약법」 제84조), 담보로 제공한 것(「중국회사법」 제184조)은 채권자에 대하여 효력이 발생하지 않는다. 채권자 동의의 의사표시방식은 법률에 뚜렷한 규정이 없으므로 구두나 서면 모두 가능하다. 채권자가 승낙을 거절한 것은 채무이전이 발생하지 않은 것으로 보고, 채무자 또한 바뀌지 않는다.

채권자와 인수인의 채무인수계약은 채권자가 승낙의 의사표시를 한 것이므로 계약효력이 발생하는 즉시 채무이전효력이 발생한다.

III. 채무인수의 효력

채무인수는 채권자에 대하여 효력이 발생한 때부터 다음과 같은 효력이 발생한다.

(1) 인수인은 채무자의 위치를 대신하는 채권자의 새로운 채무자가 되며, 채무이행 및 기타 의무의 책임을 진다. 그리고 원래채무자는 채무변제의 의무를 면제받는다.

(2) 종속채무와 채권에 종속되는 권리는 채권인수로 인해 소멸하지 않는다. 예를 들어 이자, 위약금 등의 종된 채무나 원래채무자가 자신의 재산을 채권으로 설정한 저당권 등의 종된 권리는 채무인수에 따라 이전효력이 발생한다. 그러나 당사자 간에 특

별히 약정했거나 채무자가 분리할 수 없는 종된 권리, 종된 채무는 이전효력이 발생하지 않는다. 예를 들어, 인수인이 저당을 설정하여 원래의 저당을 대체할 것을 약정할 경우에 원래저당권은 소멸되거나 채무자가 노무로서 이익을 충당하는 것 등이 있다(「중국계약법」 제86조).

(3) 제3자가 채권에 설정한 담보는 채무인수에 의하여 소멸한다. 단, 제3자가 승낙한 것은 제외한다(「중국담보법」 제23조).

(4) 채무자는 채권자의 사유에 대항하고, 인수인도 채권자에 대항한다. 예를 들어 동시이행의 항변권, 시효항변권 등이 있다. 그러나 채무자에게 종속되는 채권에 대해서는 인수인이 상계할 수 없다(「중국계약법」 제85조).

(5) 채무인수가 무인행위라고 인정할 경우, 인수인은 채무자의 사유(채무이전의 원인사실)로써 채권자에게 대항할 수 없다. 예를 들어, 채무자 갑이 가옥을 인수인 을에게 임차하였다. 갑이 채권자 병에게 차용한 데 대한 급부로서 가옥에 저당을 설정했을 경우, 을은 가옥이 건축위장에 속하므로 상계하여 면제해줄 것을 이유로 병에게 대항할 수 없다. 중국법률은 이런 무인행위 여부의 문제에 대하여 아무런 규정도 하지 않고 있다.

제7장

債權의 消滅

제1절 序說

I. 채권소멸의 의의

채권의 소멸은 채권종결이라고도 한다. 채권과 채무가 객관적으로 존재하지 않는 것을 말한다.

채권관계가 소멸하면 채권의 법률효력도 소멸된다. 이와 같이 채권의 운행과정에서 보면 채권소멸은 '채권의 사망'이라 할 수 있고, 채권발생은 '채권의 출생'이라 할 수 있다.

채권소멸과 채권효력의 정지는 다르다. 후자는 채권에 대하여 채무자가 항변함으로써 잠시 효력을 잃는 것을 가리킨다. 예를 들어, 급부시 채무자가 동시이행의 항변권을 행사하면 채권자는 잠시 채권에 대한 청구력을 상실하고 항변사유가 소멸한 후에 채권효력을 회복한다. 그 밖에 채권의 소멸은 채권·채무의 모든 효력이 소멸하는 것을 가리킨다. 채권의 일부가 그 효력을 상실한다고 해서 채권이 소멸되는 것은 아니다. 예를 들어, 소송시효가 지난 채권은 청구력과 집행력을 상실하지만 수령유지력은 계속 존재하므로 채권관계는 소멸하지 않는다. 채권이 소멸된 후 채권의 주된 급부의무뿐만 아니라 종된 급부의무, 채권의 담보와 기타 종된 권리도 동시에 소멸한다.

II. 채권의 소멸원인

채권의 소멸원인은 채권·채무의 소멸을 일으키는 법률사실을 말한다. 법률사실에 따라 채권의 소멸이 필연적으로 일어나는지 아닌지에 따라, 채권의 소멸을 일으키는 원인에는 필연적으로 소멸을 일으키는 것과 채권소멸을 일으킬 가능성이 있는 것의 두 가지가 있다. 후자에는 자연인의 사망, 법인의 해산, 민사행위의 무효나 취소, 이행불능 등이 있다. 이런 원인은 채권을 반드시 소멸시키는 것이 아니라 소멸시킬 수도 있고 소멸시키지 않을 수도 있다. 따라서 민법에서는 채권이 소멸하는 원인에 대하여 구체적인 제도를 두고 있다. 예를 들면 자연인의 사망 후 채무의 소멸 여부, 상속인에 대한 효력 여부 등을 상속법에서 규정하고 있다. 채권법 총론에서는 채권이 필연적으로 소멸하는 원인만을 규정하고 있다. 「중국계약법」(제91조)에서 규정한 채권소멸의 원인은 변제, 공탁, 상계, 면제, 혼동과 해소의 여섯 가지가 있다. 해소는 계약의 해소를 말하고 계약의 채권관계에서만 발생한다. 계약 이외의 채권관계에서는 채권소멸의 원인이 아니다. 총론과 각론의 체계에 따라 계약법에서 설명하도록 한다.

제2절 辨濟

I. 변제[58]의 의의와 성질

변제는 채무의 내용인 이행이 실현됨으로써 채권이 만족을 얻어 소멸하는 것을 말한다. 중국어와 중국의 법률에서 이 단어는 많은 뜻을 가진다. 예를 들면 '이행', '상환', '급부', '변제' 등 (「중국민법통칙」 제86조)이 있다. 급부는 특정행위에 대응하는 것이다. 채권을 만족시키는 급부과정을 '이행'이라고 하고, 채권이 만족되어 소멸하는 것을 '변제'라고 한다. 이것은 학술상으로 급부의 서로 다른 기능을 설명하고 구별하기 위한 '별칭'이다. 그러므로 이행과 변제는 다른 개념이다. 이행에 하자가 있으면 채권은 소멸되지 않고, 하자가 없는 채무의 이행으로 채권이 소멸하는 것을 변제라 한다. 중국계약법의 '약정에 따른 이행'은 이행으로 인하여 채권이 소멸하는 원인이다. 여기서는 이행을 구별하기 위하여 민법학 전통에 따라 변제를 사용한다.

변제의 성질에 대하여 여러 가지 학설이 있다. 법률행위설에 따르면 변제는 채무소멸의 의사표시를 해야 하므로 법률행위에 속한다.

---

58 중국법 및 원서에서는 '청상(淸償)'이다. —역주

사실행위설에 따르면 변제는 변제의 의사표시가 없어도 된다. 사실행위설은 독일법의 통설이다. 절충설에 따르면 변제는 일종의 급부행위이다. 이에는 법률행위도 있고 사실행위도 있다. 그러므로 변제의 성질은 구체적인 급부행위의 성질에 따라 정할 수밖에 없다.[59]

II. 변제자

변제자는 채무내용에 따라 변제수령의 권한을 가진 사람에게 변제하는 사람이다.

(1) 채무자

변제는 채무자의 의무이고, 원칙상 채무자가 이행한다. 변제할 수 있는 채무자에는 채무자 본인과 연대채무자, 채무보증인 그리고 채무자와 분리할 수 없는 사람 등이 있다.

(2) 채무자의 대리인

채무자가 수권한 범위 내에서 채무자의 대리인이 한 변제는 채무자에게 그 법률효과가 귀속된다. 그러나 법률규정 혹은 당사자 간의 약정에 따라 대리인이 변제할 수 없으면 반드시 본인이 변제하여야 한다.

---

[59] 黃立:「民法債編總論」, 668~672쪽.

(3) 제3자

채권은 제3가 변제하여 채권의 소멸을 발생시킬 수 있다. 제3자가 대위변제할 경우 제3자는 변제 후에 구상권을 취득할 수 있고, 이로써 제3자는 원래의 채권자를 대신하는 새로운 채권자가 된다(예:보험인의 변제). 그러나 당사자 간에 별도로 약정이 있거나 채권성질에 의거하여 반드시 채무자가 직접 변제하여야 하거나 제3자의 변제가 채권자의 이익에 손해를 줄 수 있는 경우에는 변제자가 될 수 없다.

III. 변제수령자

변제수령자는 변제받을 권한이 있는 사람을 말하고, 채권자와 채권자 이외의 사람이 포함된다.

(1) 채권자

채권자는 이행을 청구할 권리가 있으므로 당연히 변제수령자이다. 그러나 다음과 같은 상황에서 채권자는 변제를 수령할 수 없다. 첫째, 법원에서 민사소송법의 규정에 따라서 채권자의 채권에 대하여 강제조치를 취할 때, 채권자는 채권에 대하여 변제를 수령할 수 없다(「중국민사소송법」 제228조). 둘째, 「중국기업파산법」 제25조 제2항의 규정에 따라 채권자가 파산선고를 받은 기업일 경우 변제를 수령할 수 없다. 셋째, 변제의 급부행위가 법률행위일 때 채권자가 무민사행위능력자 혹은 제한민사행위능력자이면 감호인의 동의를 얻어 수령하거나 감호인이 대신 변제를 수령해야 한다. 변제의 이행이 사실행위일 경우에는 변제수령자의 민사행위능력의 유무와 상관없이 변제받을 수 있다.

(2) 채권자의 대리인

채권자의 수권이나 법률규정에 의거하여 채권자의 대리인은 변제를 수령할 수 있다.

(3) 수령증서소지자

채권자의 서명이 있는 수령증서를 소유한 자도 변제수령자이다. 그러나 채무자가 이미 변제를 수령할 권리가 없다는 것을 알고 있거나, 과실 때문에 증서소유자가 변제를 수령할 권리가 없다는 것을 모를 때, 증서소유자가 수령하는 변제는 효과가 없다.

Ⅳ. 변제의 목적

1. 서설

변제의 목적은 급부내용이다. 이행의 구체적인 내용은 반드시 채권의 종류 및 채무의 구체적인 성질에 따라 확정하여야 한다. 예를 들면 물건, 금전, 서비스 및 권리, 부작위 등이 있다.

채무변제는 반드시 전부변제를 원칙으로 한다. 채무의 내용에 따른 전부변제만이 채권을 소멸시킬 수 있다(「중국계약법」 제60조). 부분변제에 대한 수령 여부는 채권자에게 선택권이 있다. 부분변제나 채무내용에 부합하지 않는 급부는 하자 있는 급부로 보아야 하고, 채권자는 수령을 거절할 권리가 있다.

채무의 변제는 원칙적으로 반드시 채무내용을 좇아 변제하여야 한다. 채무자가 채무내용에 따라 변제하지 않아 변제의 효력이 발생하지 않거나 변제에 하자가 있을 때 채무자는 불이행의무 혹은 손해배상책임을 부담하여야 한다.

법률의 허락이나 당사자의 약정에 따라 변제와 동등한 효과를 가지는 채무급부의 방식은 허락되어야 한다. 중국법률은 변제와 동등한 효력을 가진 대물변제와 경개(更改)에 대해서 명확히 규정하고 있지 않다. 그러나 중국계약법에서는 당사자 간의 합의로써 계약을 변경할 수 있다고 규정하고 있다.

2. 부분변제

원칙상 채무는 전부변제하는 것이 원칙이다. 그러나 법률에 특별한 규정이나 당사자 간에 특별한 약정이 있을 경우, 부분적으로 변제할 수 있다. 채무자는 다음의 상황에서 부분변제를 할 수 있으며, 채권자는 수령을 거절할 수 없다.

(1) 당사자 간의 약정에 따라 부분변제하는 경우
(2) 채권의 성질과 법률규정에 의거하여 부분변제하는 경우. 예를 들면 가분채권이거나 판결과 재정(裁定)에 따른 부분변제 등이 있다(「중국민법통칙」 제108조).
(3) 부분변제가 채권자의 이익에 손해를 주지 않는 경우
(4) 부분변제는 부분적인 채무를 소멸시킨다. 부분변제로 인하여 증가된 변제비용은 채무자가 부담한다(「중국계약법」 제72조).

3. 대물변제

대물변제는 다른 종류의 급부로 원래 정한 급부를 대신하여 변제하는 것이다. 채권자가 대물변제를 수령하면 채권관계는 소멸된다. 채무자가 원래 정한 급부로써 변제할 수 없을 때 기타 이행으로써 원래 정한 급부를 대신하여 변제하기를 원하는 경우, 예를 들면 채권(債券)을 금전으로 대신하여 변제하는 경우 등이 있다. 그 채권자는 채권이 변제받지 못하는 경우를 면하기 위하여 대물변제를 받아들일 수 있다. 대물변제가 변제의 효과를 가지려면 반드시 채권자의 승낙이 있어야 한다.

(1) 대물변제의 법률요건

(a) 채권이 있어야 한다.
(b) 다른 이행과 원래 정한 이행이 서로 다른 종류이어야 한다.
(c) 다른 이행은 원래 정한 이행을 대신하는 것이다. 단, 대물변제는 요물행위이므로 합의만 있고 현실적인 교부가 없으면 효력이 발생하지 않는다. 또한 원래 정한 이행을 대신하는 것이 부동산일 경우 등기하여야 그 효력이 발생한다.
(d) 당사자의 합의가 있어야 한다. 즉, 대물변제로 채권을 소멸하려는 합의가 있어야 한다. 그러나 만약 합의만 있고 인도행위가 없으면 채권의 목적이 변경될 뿐 대물변제는 아니다.

(2) 대물변제의 효력

대물변제와 변제는 동등한 효력이 있다. 대물변제로 인하여 채권이 소멸한 경우에 채권의 종된 권리도 소멸한다. 연대채무자와 불가분채무자 중 한 사람이 대물변제할 경우, 기타 채무자의 변제책임은 면제된다.

4. 경개

경개는 새로운 채무를 설정하여 원채무를 경개하고 소멸시키는 행위이다. 예를 들면, 임대차계약을 매매계약으로 변경하는 것 등이다. 경개는 원채무를 소멸시켜 새로운 채무를 발생시킨다. 경개의 행위는 경개의사라고 불리고, 경개의 효과는 채무의 갱신으로 나타난다. 프랑스민법전과 일본민법에서 경개는 채권의 소멸원인이지만, 독일민법에서는 규정하고 있지 않다.

(1) 경개와 대물변제의 차이
(a) 경개에 의하여 채권자는 신채권으로 구채권을 대체한다. 그러나 대물변제에 의하여 채권자는 다른 종류의 이행을 수령해야만 원래의 이행을 대신할 수 있다.
(b) 경개에서는 원채권이 소멸한 후에 새로운 채권이 발생한다. 그러나 대물변제에서는 새로운 채권이 발생하지 않는다.
(c) 경개에 의하여 채권자와 채무자의 교체가 가능하다. 예를 들어, 대출을 증여로 변경할 경우 당사자의 법률적 지위는 교체된다. 그러나 대물변제에서는 그렇지 않다.

(2) 경개의 요건
(a) 유효한 채무가 존재하여야 한다. 경개는 유인행위(有因行爲)이므로 반드시 경개채무가 존재하여야 한다. 자연채무, 취소할 수

있거나 해제조건이 부여된 채무의 경우 취소하거나 해제하기 전에 경개할 수 있다. 그러나 성립하지 않았거나 이미 무효인 채무는 경개할 수 없다. 채무효과가 존재하지 않음을 알고 한 경개는 증여계약을 경개의사로 보아야 한다.
(b) 새로운 채무가 발생하지 않거나 무효, 취소될 경우, 경개는 무효가 되고 원채무는 계속 존재하게 된다.
(c) 새로운 채무와 원채무는 반드시 서로 다른 종류여야 한다. 예를 들면, 보관계약이 차용계약으로 경개되는 것이 있다.
(d) 당사자 사이에 반드시 경개합의가 있어야 한다.

V. 변제지, 변제기, 변제비용

1. 변제지

변제지는 급부지 혹은 이행지라고도 한다. 채무자가 급부행위를 하는 장소이다. 예를 들어, 부동산의 급부는 부동산소재지를 변제지로 하고, 건설공정계약은 채권자의 소재지를 변제지로 한다. 급부의 성질에 따라 변제지를 당사자가 합의하여 선택할 수 있을 경우, 합의한 장소가 곧 변제지이다. 약정이 없거나 명확하지 않을 때에는 관습이나 법률로써 당사자의 의사를 보충하여 변제지를 결정한다(「중국계약법」 제61조).
(1) 금전적 급부는 채권자의 소재지를 변제지로 한다(「중국계약법」 제62조 제3항). 국제화물매매에서 화물증빙서류의 인도에 의거하여 가격을 지불할 경우, 화물이나 증빙서류의 인도지점을 변제

지로 한다(「국제물품매매계약에 관한 유엔협약」 제57조 (1)의 (b)항).
(2) 기타 급부는 채무자의 소재지를 변제지로 한다(「중국계약법」 제62조 제3항).

변제지의 확정은 실체법 및 절차법상으로 각종 효력을 발생시킨다. 실체법적인 면에서 변제지는 채권·채무의 소멸지점이고, 변제비용을 누가 부담할 것인지를 결정하는 근거가 된다. 급부금액이 불명확하여 시장가격을 참조하여 결정하여야 할 때에는 변제장소의 시장가격이 기준이 된다(「중국계약법」 제62조 제3항). 절차법상으로 변제지는 법원의 관할지역을 결정하는 근거이다(「중국민사소송법」 제24조). 섭외계약에서 다툼이 발생한 경우 변제지는 법률적용에 의거하여 결정한다(최고인민법원의 「섭외경제계약법의 적용에 관한 해답」 제2조 제4항).

2. 변제기

변제기는 급부기 또는 이행기라고 한다. 채무자는 변제하여야 하고 채권자는 수령하여야 하는 시기이다. 채권의 변제기는 당사자 간의 약정에 따르고, 약정하지 않았거나 약정이 불분명한 것은 관습이나 법률의 규정으로 보충한다.

(1) 변제기의 결정

당사자가 변제기에 대하여 약정하지 않았거나 약정이 불분명하면 채무자는 언제든지 변제할 수 있고, 채권자도 언제든지 변제해줄 것을 요구할 수 있다(「중국계약법」 제62조 제4항). 채무자가 변제를 제기하거나 채권자가 변제를 요구하면, 채무자에게 일정한 준비시간을 주어야 하고 변제기한은 만료된다. 채무자가 실제로 급부하거나 변제의 의사통지를 제출하는 시간을 변제기라고 한다. 채권자가 변제의 청구의사를 명시하고, 채무의 성질에 근거하여 필요한 준비시간을 주는 것이 확정된 변제기이다.

(2) 기한의 이익

기한의 이익은 변제기가 만료되기 전에 채무자가 변제하거나 채권자가 변제를 청구하여 상대방이 얻을 수 없게 된 이익을 가리킨다. 채권자에게 기한의 이익이 없을 경우, 채무자는 기한의 이익을 포기하고 변제기 이전에 변제할 수 있다. 이때 채권자는 수령을 거절할 수 없다. 채무자나 채권자가 모두 기한의 이익을 가질 경우, 상대방이 변제기 이전에 변제하는 것을 거절할 수 있고, 항변권을 청구할 수 있다. 기한의 이익을 보상하는 약정을 하고 변제기 이전에 변제하였거나 변제기 이전의 변제를 청구할 경우, 변제기 이전에 변제할 수 있다 (「중국계약법」 제71조).

동의가 없이 변제기 이전에 변제하여 상대방의 기한의 이익에 손해를 준 경우 침해자가 배상책임을 부담하고, 채무자는 변제기 이전에 변제한다. 채권자가 수령을 거절할 경우, 변제의 효력이 발생하지 않는다.

3. 변제비용

변제비용은 채무를 변제할 때 필요한 비용을 말한다. 채무의 급부목적물 자체는 변제비용에 포함되지 않는다. 예를 들어, 매매계약에서 화물의 가치는 변제비용에 속하지 않지만 화물의 운송비는 변제비용에 속한다. 채무를 변제하는 비용은 법률에 특별한 규정이 있거나 당사자 간에 약정한 것을 제외하고 채무자가 부담한다(「중국계약법」 제62조 제6항). 그러나 채권자의 원인, 즉 영업지 변경 등으로 인하여 증가된 변제비용은 채권자가 부담한다. 채무자가 채무를 부분적으로 변제하거나 변제기 이전에 변제하는 데 증가되는 변제비용은 채무자가 부담한다(「중국계약법」 제71조·제72조).

VI. 변제의 효력

1. 서설

변제로써 채권관계는 소멸된다. 채권의 종된 권리도 이에 따라서 소멸된다. 그러나 계약 후 의무는 법정의무이기 때문에 계약의무가 소멸된다고 해서 반드시 소멸되는 것은 아니다(「중국계약법」 제92조). 변제자는 변제 후 변제수령자에게 채권증서의 반환이나 변제수령증서를 요구할 수 있고, 이로써 변제완료를 증명한다. 제3자가 채무자를 대신하여 변제하였을 경우, 채권관계는 채권자에 대해서만 소멸된다. 제3자가 채권을 대위하여 행사한 경우, 제3자의 채권은 소멸하지 않는다. 위에서 말하는 두 가지 변제효력은 다음과 같이 설명할 수 있다.

2. 수령증서와 채권증서

수령증서는 변제를 이미 수령하였음을 증명하는 증거이다. 변제자는 변제수령자에 대하여 수령증서를 요구할 권리가 있다. 수령증서는 소송법상으로 채무변제의 증거이고, 실체법상으로 수령증서는 채권자가 채무소멸을 인정하는 의사표시이다. 예를 들어, 거래관습에 따른 영수증은 금전적 변제의 수령의 증거이다〔「중국영수증관리법(發票管理辦法)」 제3조〕.

채권증서는 채무자의 채무부담을 증명하는 증거이다. 채무가 모두 소멸한 후에 채무자는 채권증서의 반환을 청구할 권리를 가진다. 채권증서를 반환한 후에 채무는 이에 소멸되었다고 추정할 수 있다. 동일한 채무에 대하여 채권자는 채권증서를 가지고 있고, 채무자는 수령증서를 가지고 있을 때, 수령증서는 효력이 있고 채권증서는 효력이 없다.

3. 제3자의 대위변제

제3자의 대위변제는 법정채권의 이전이라고도 한다. 제3자가 변제하여 채권자의 위치를 대신하는 것이다. 대위변제로 인하여 채권자와 채무자 간의 채권·채무관계가 소멸되면, 제3자는 채권자의 지위를 대치하고 채무자에게 변제를 받는다. 대위변제와 채권양도는 발생원인에서 주로 차이가 있다. 후자의 대위는 약정에 의해서 발생한 것이다. 중국민법의 규정에 따라서 제3자의 대위변제가 발생할 수 있는 경우는 다음과 같다.

(a) 공동채무자 간의 대위변제에서 연대채무자, 보증채무자는 채권자에게 변제한 후에 대위구상권을 취득한다(「중국민법통칙」 제87조, 「중국담보법」 제31조).

(b) 이해관계가 있는 제3자의 대위변제, 예를 들면 보험인이 대위변제한 후 채무자에 대한 구상권을 즉시취득한다(「중국담보법」 제44조).

제3절 供託

I. 서설

공탁[60]은 채무자가 변제가 어려운 목적물을 공탁기관에 공탁하여 채권행위를 소멸시키는 것이다(「중국계약법」 제101조). 채권관계는 공탁기관과 채권자 사이에 발생하고 채무의 이행은 일반적으로 채권자의 협조를 필요로 한다. 채무자가 돈을 지불하기 위해서는 채권자의 수령이 필요하다. 채권자가 수령을 거절하거나 수령불능일 경우, 그것이 채권의 포기를 의미하는 것은 아니다. 그러므로 채무자의 채무는 면제될 수 없다. 채무자가 장기간에 걸쳐 채무를 이행하는 데 어려움이 있으면 불안정적이고 재산관리가 불가능해진다. 공탁은 이 불안정한 요소를 보완하기 위하여 형성된 채무소멸의 방법이다. 공탁의 성질과 기능에 따라 주로 금전채무에 적용되며, 급부내용에 대해서 한 행위나 기타 공탁에 적절하지 않은 채무는 공탁할 수 없다.

입법사례로 볼 때, 공탁기관은 일반적으로 법원이나 공공기관이다(「일본민법전」 제495조, 「독일민법전」 제372조, 「이탈리아민법전」 제1212조). 그러므로 공탁은 국가가 비소송형식의 방법을 통하여 직접적으로 채권관계를 간섭하는 것이며 이것은 공력구제에 속한다. 따라서 공탁의 법적 효력은 사법상의 채권관계를 소멸시키고, 공탁기관과 기타 지정된 공탁소에서 채무를 보존하는 공법행위를 발생시킨다.

---

[60] 중국법 및 원서에서는 '제존(提存)'이다. —역주

공탁은 채권소멸의 효과가 있는 것 외에도 채권담보로서 사용할 수 있다. 이것이 담보공탁이다. 즉, 미리 대금을 급부하여야 하는 채무가 있는 채무자는 그 대금을 공탁하면 채무는 소멸되고, 상대방은 자신의 급부를 변제한 후라야 그 공탁금을 수령할 수 있다. 소멸공탁과 다른 점은 담보공탁의 공탁자는 상대방이 채무를 불이행할 경우 회수권을 가진다는 것이다.

II. 공탁의 원인

공탁의 원인은 공탁을 발생시키는 요건이다. 채무이행에 방해를 받았을 때, 반드시 공탁요건에 부합하여야만 공탁할 수 있다. 중국계약법의 규정에 따르면 공탁을 구성하는 원인은 다음과 같다.

1. 채권자의 수령거절

채무자의 급부에 대해서 채권자가 정당한 이유 없이 수령을 거절할 경우, 채무자는 급부목적물을 공탁할 수 있다. 채권자가 수령불능인 경우, 채무자는 공탁을 할 수 없다. 법률은 채권자에게 정당한 이유가 없을 것을 요구하기 때문에 정당한 이유가 있는 채권불능에 대해서는 공탁할 수 없다(「중국계약법」 제101조 제3항). 중국법에서는 수령거절은 반드시 명시를 요건으로 하여야 하는가에 대해서 아직 규정하고 있지 않다. 그러나 외국의 입법사례를 참고해볼 때, 명시한 수령거절과 수령지체는 모두 가능하다. 특히 수령지체는 묵시적인 수령거절로 보아야 한다.

2. 확실히 알 수 없는 수령자

채무자는 수령자가 누구인지 확실히 알 수 없을 때 공탁할 수 있다. 수령자를 모르는 것은 채권자를 모르는 것이 아니라 채무를 누가 수령해야 하는지 몰라서 이행이 어려운 경우로 다음과 같다.

(1) 확인할 수 없는 채권자의 상속자와 감호자, 즉 채권자가 자연인일 경우 사망 후 상속자가 누구인지 알 수 없거나, 행위능력을 상실하였지만 감호인이 확정되지 않은 경우(「중국계약법」제101조 제3항)

(2) 채권자가 주소를 변경한 후 채무자에게 통지하지 않아서 이행에 어려움이 발생한 경우(「중국계약법」제70조)

(3) 채권자가 분리되거나 합병되어 채무이행에 어려움이 있을 경우. 예를 들면 법인이 해산된 후 다수의 채권자가 동시에 채권을 주장하여 채무자가 누구에게 이행할지 모르는 경우(「중국계약법」제70조)

3. 채권자의 행방불명

채권자가 자연인일 때 그 행방을 알 수 없어서 채무자가 채무이행을 할 수 없는 경우이다. 자연인의 행방불명은 사망통지와 실종통지의 법률요건이 된다. 행방불명은 공탁의 원인이 될 수 있지만 자연인의 사망통지나 실종통지는 공탁요건이 아니다. 다만, 자연인이 소재지에서 벗어나 소식을 알 수 없을 경우에만 행방불명으로 인정된다(「중국계약법」제101조 제2항).

4. 법률이 규정한 기타 상황

당사자가 공탁방식으로 급부할 것을 약정한 경우, 계약자유원칙에 따라 계약에 의한 약정도 공탁의 원인이 될 수 있다.

III. 공탁의 주체와 객체

1. 공탁의 주체

공탁은 공탁자와 공탁기관 사이에서 발생한다. 따라서 그 주체는 공탁자와 공탁기관이다. 채무자와 그의 대리인은 공탁자가 될 수 있지만, 제3자는 공탁자가 될 수 없다.

공탁기관은 일반적으로 법원과 중재기관 등의 공공기관을 말하며, 공탁은 일반적으로 채무변제지에 있는 공탁기관에서 한다. 중국은 현재 공증공탁만 있기 때문에 공증처가 공탁기관이다.

2. 공탁의 객체

공탁의 목적물은 원칙적으로 반드시 채무이행의 목적물이어야 한다.

(1) 종류

일반적으로 금전, 유가증권 등과 같은 동산이다. 공탁하기에 적합한 물건도 공탁할 수 있다. 공탁하기에 적당치 않거나 공탁비용이 높은 것은 채무자가 환전한 후, 그 금전으로 공탁할 수 있다.

(2) 범위

전부변제의 원칙에 따라서 공탁한 채무는 변제하여야 하는 채무 전부이다. 원칙적으로 부분공탁은 허락하지 않는다.

Ⅳ. 공탁의 성립

(1) 공탁의 신청

공탁을 신청하려면 공탁자는 공탁기관에 공탁신청서를 제출하여야 한다. 신청서에는 공탁의 원인과 이유, 목적과 채권수령자 등을 기재하여야 한다.

(2) 공탁물의 인도

공탁기관의 지도에 따라 공탁소에 공탁물을 인도해야 한다. 공탁기관과 공탁소가 동일한 기구라면 직접적으로 공탁기관에 공탁물을 인도할 수 있다.

(3) 공탁증서의 수여

공탁기관과 지정된 공탁소는 공탁신청 및 공탁물을 받은 후에 공탁자에게 공탁증서를 수여해야 한다. 공탁증서는 변제수령증서와 동등한 효력이 있다.

V. 공탁의 효력

공탁이 성립된 후 다음과 같은 세 가지 효력이 발생한다.

1. 채무자와 채권자의 관계

(1) 채권관계의 소멸

공탁과 변제는 채권의 소멸과 동등한 효력을 발생시키고, 채권자의 권리도 소멸된다.

(2) 공탁물의 위험부담은 채권자에게 있다

공탁기간 동안의 공탁물에 대한 위험부담은 채권자에게 있다. 공탁의 보관비용과 기타 비용도 채권자가 부담하고, 동시에 공탁물건에 발생한 이익도 채권자가 가진다(「중국계약법」 제103조).

(3) 공탁자의 통지의무

채권자가 행방불명된 경우를 제외하고, 채무자는 공탁 후 즉시 채권자나 채권자의 상속인, 감호인, 채권수령자에게 통지해야 한다(「중국계약법」 제102조). 채무자가 통지의무를 제대로 이행하지 않아서 채권자가 공탁물건을 수령하는 데 손해를 준 경우, 채무자는 손해배상책임을 진다.

2. 공탁자와 공탁소의 관계

공탁성질에 어긋나는 사유를 제외하고 공탁자와 공탁소의 관계는 보관계약의 규정을 따른다. 중국법률에서는 공탁원인이 소멸된 후에 공탁자가 공탁물을 되찾는 것을 허락할 것인지 아닌지 여부에 대하여 아직까지 명확하게 규정하고 있지 않다. 중국 외의 다른 나라의 민법규정은 공탁취소를 허가하는 경우가 많다(「프랑스민법전」 제121조, 「독일민법전」 제376조, 「일본민법전」 제596조). 공탁물을 채무자가 되찾으면 공탁의 효력은 즉시 소멸되고 동시에 채무의 효력이 회복된다. 중국에서도 채무이행에 유리한 경우에 한하여 공탁의 취소를 허락하여야 할 것이다.

3. 채권자와 공탁소의 관계

채권자는 인도된 공탁물건에 대한 청구권을 가진다. 그러나 이행 중 채권자가 공탁자(채무자)에 대하여 이행기가 만료된 채무를 부담할 때, 공탁자의 청구를 거쳐 채무를 이행하거나 담보를 제공하기 전에 공탁소는 채권자가 공탁물을 수령하는 것을 거절하여야 한다.

채권자의 공탁물의 수령에 대한 제척기간은 공탁일로부터 5년이고, 5년 이내에 권리를 행사하지 않으면 수령권은 소멸된다. 그리고 공탁물은 국가소유로 한다(「중국계약법」 제104조).

제4절 相計

I. 서설

상계[61]는 당사자가 모두 같은 종류의 급부를 가지고 있고, 대등액수에 대하여 서로의 채무를 소멸시키는 의사표시를 가리킨다. 상계로 인하여 서로의 채권과 채무는 소멸되기 때문에 이는 채권의 소멸원인이 된다.

상계는 발생근거에 따라 합의상계와 법률상의 상계로 나눌 수 있다. 합의상계는 서로 채무가 있는 쌍방이 약정하여 서로의 채무에 대해 상계하는 것을 말한다. 법률상의 상계는 법률규정에 의한 상계이다. 합의상계 중 사전의 약정에 의하여 일방의 의사로 상계할 수 있는 경우, 즉 상계권에 대하여 합의가 있는 경우를 일방적 상계라 한다. 사전에 약정하지 않고 변제할 때 상호간의 약정에 따라 상계하는 것은 쌍방적 상계라 하며, 이 경우 상계권은 발생하지 않는다. 상계가 발생하는 규범적 기초에 따라 상계는 민법상의 상계와 파산법상의 상계로 나눌 수 있다.

상계권은 당사자가 서로의 채권으로써 서로의 채무를 소멸시키는 채권의 종된 권리이다. 따라서 채권과 분리되어 단독적으로 양도될 수 없다. 상계권은 일방상계에 속하고 한쪽의 의사표시에 의하여 효력이 생기므로 형성권에 속한다. 상계권을 행사할 때는 조건부와 기

---

[61] 원문은 '저소(抵銷)'이다. —역주

한부로 할 수 없다.

상계의 기능은 변제비용과 급부의 지출을 아껴 채권을 제때에 실현하는 것이고, 허망한 결과를 피하는 것이다. 그러므로 상계는 변제를 간편히 하고 담보채권의 기능을 가진다.

II. 상계의 요건

당사자 간의 약정에 의한 상계권은 당사자 간의 합의에 의한다. 법률상으로 규정된 상계는 법률규정에 따른다. 그러나 다음 요건은 약정상계권과 법정상계권이 반드시 구비해야 하는 요건이다(「중국계약법」 제99조·제100조).

1. 쌍방채권의 존재

상계는 대대채권(對待債權)에 적용되므로 상계할 수 있는 쌍방의 채권이 있어야 한다. 상계할 수 있는 채권은 집행력을 가지고 있는 채권이다. 집행력에 결함이 있는 채권은 상계할 수 없다. 예를 들면, 정지조건부의 채권은 조건이 성취되기 전에 상계할 수 없다.

2. 쌍방채권은 변제기가 도래한 것이어야 한다

채권의 변제기가 도래한 것이어야 상계할 수 있다. 그러나 이미 변제기가 도래하여 기한의 이익이 없는 주동채권과 아직 변제기가 도래하지 않은 수동채권을 상계하는 것은 유효하다. 파산인의 채권이 아직 변제기가 도래하지 않았다면 파산청산을 하기 전에 상계할 수 있다. 그러나 취득한 기한의 이익은 채권에서 제(除)하여야 한다 (「중국기업파산법」 제31조·제33조).

3. 상계되는 채권과 상계된 채무는 대립되는 당사자 사이에 존재한다

상계되는 채권은 당사자가 스스로 향유하는 채권이다. 채무자는 제3자의 채권으로 타인의 채권과 상계할 수 없다. 단지 채권양도에 의해 채무자가 채권자의 채권을 얻을 경우 상계할 수 있다.

4. 상계되는 채무는 동일한 종류의 급부이어야 한다

실질적으로 상계는 쌍방의 급부를 교환하는 것이다. 그러므로 교환 시 가격계산이 용이하다. 급부의 종류는 동일하여야 하며 일반적으로 대부분 상호관계에 있는 금전채권을 사용한다. 상계를 적용할 때, 다음의 채권·채무에 대한 상계에 대하여 주의하여야 한다.
(1) 상호관계에 있는 채무 중 일방의 급부화폐가 외환인 것은 중국 외환관리조례의 규정에 따라 상계의 사용 여부를 결정한다. 상계로써 외화를 암거래하거나 불법유출할 수 없다.
(2) 채무의 목적물이 특정물인 경우는 동일한 종류물일지라도 일반적으로 상계할 수 없다.
(3) 채권의 이행을 얻지 못하여 취득한 손해배상을 금전채권으로 전환한 채권에 대해서는 상계할 수 있다.
(4) 채권자와 파산기업의 상호관계에 있는 채권이 급부의 종류가 다를 경우에는 금전으로 환산해서 상계할 수 있다.

III. 상계의 금지

상계의 금지는 상계해서는 안 되는 채권이다. 상계의 소극적 요건이라고도 한다.

(1) 채권의 특성상 금지된 상계

행위나 지적재산이 급부목적인 채권은 동일한 종류의 급부라 할지라도 그 특성상 상계할 수 없다.

(2) 법률로 금지된 상계

(a) 법률로 압수가 금지된 채권에 대하여 채무자는 상계를 주장할 수 없다. 예를 들어 노동보수, 인신에 대한 손해배상 등의 채권은 상계가 금지된다.

(b) 공법의 약속을 받는 채권은 상계될 수 없다.

(3) 당사자의 약정에 의하여 상계가 금지된 채권은 상계할 수 없다

당사자 간에 만일 어떤 채권에 대해 상계할 수 없다는 약정이 있으면 그 채권은 상계할 수 없다.

IV. 상계의 방법

1. 상계의 의사표시

상계에서 주동채권자는 수동채권자에게 상계의 의사표시를 하여야 한다. 상계의 의사가 조건부나 기한부인 경우, 상계의 효력은 발생하지 않는다. 상계의 의사는 통지의 방법으로 상대방에게 송달되었을 때 법률효력이 발생한다.

2. 채권상계의 범위

자동채권의 급부이익과 수동채권의 급부이익이 대등할 경우, 채권관계는 전부 소멸된다. 그러나 자동채권의 급부이익이 수동채권의 급부이익에 비해 크거나 작으면 대등한 액수의 범위 내의 채권만 소멸된다. 즉, 채권의 그 부분만 소멸된다.

3. 공동채무자의 상계

보증인, 조합자 등 연대채무자는 단일채권으로써 연대채무를 상계할 수 있고, 연대채무자는 상계로 인해 구상권을 가지게 된다.

V. 상계의 효력

1. 채권관계의 소멸

쌍방의 대등한 액수의 채권은 상계로 인해 소멸된다. 채권은 상계에 의해 소멸되므로 상계가 발생한 후에 그 소멸에 대해 철회할 수 없다. 상계 후 당사자 일방이 상계된 채무와 동일한 채무의 변제를 수령하면 그것은 부당이득에 속하므로 이익을 얻은 수령자는 수령한 채무를 반환할 의무가 있다.

쌍방의 채권의 액수가 같지 않아서 상계되지 않고 남아 있는 채권에 대해서 채권자는 여전히 변제를 수령할 권리가 있다.

2. 상계의 소급력

상계의 효력이 발생할 때, 쌍방채권의 소멸효력은 상계권이 발생할 때로 소급한다.

(1) 상계권이 발생한 후 지불한 이자는 부당이득이므로 반환해야 한다. 만일 서로 이자가 발생하면 상계의 소급력에 의하여 함께 소멸된다.

(2) 상계권이 발생한 후의 이행지체에 대한 책임은 소멸된다. 그러나 상계하기 전의 책임은 소멸되지 않는다.

(3) 상계권의 효력이 발생한 후 채무자가 상계발생시에 부담한 불이행책임은 면제된다.

3. 시효의 중단

상계는 권리를 행사하는 것이므로 청구권의 행사와 동등한 시효중단의 효력이 발생한다. 상계 후 남은 채권으로 인하여 시효는 다시 새롭게 기산한다.

제5절 免除

I. 면제의 의의 및 성질

면제는 채권자가 채권의 소멸을 목적으로 채권을 포기하는 의사표시이다. 채권자가 채권을 포기하면 채무자의 변제의무가 면제된다. 따라서 면제는 채권이 소멸하는 방식 중 하나이다. 중국계약법에서 규정한 면제는 채권이 소멸하는 방법 중 하나이다(제105조).

그러나 중국계약법은 면제에 대하여 하나의 조항에서만 규정하고 있다. 따라서 면제에 대한 의사표시의 성질이 명확하지 않아 적용하기가 어렵다. 그러므로 그에 대한 보충이 필요하다. 다음은 각국의 입법사례에서 면제의 성질에 대한 규정을 비교한 것이다.

(1) 면제는 법률행위이다

채권은 특정인 사이에 존재하는 청구권이며 지배권이 아니다. 따라서 채권의 포기는 사실행위의 방식으로 할 수 없고, 반드시 포기의 의사표시가 있어야 한다. 즉, 면제는 법률행위이다. 그러나 면제의 효력이 발생하는 것이 일방의 의사표시에 의한 것인지, 아니면 쌍방의 의사표시에 의한 것인지는 아직까지 중국계약법에서 명확히 규정하고 있지 않다. 세계 각국에서도 서로 다른 규정을 하고 있다. 어떤 국가에서는 채권은 특정인 사이의 관계이기 때문에 채무자가 채권자 스스로 이익을 포기하는 것에 대해 반대한다면 강제로 면제될 수 없다고 여겨 면제를 쌍방법률관계로 규정하고 있다(「프랑스민법전」 제1282조,

「독일민법전」 제397조). 반면, 어떤 국가에서는 채권의 포기의사가 타인의 이익에 손해를 주지 않는 한 채권자 일방의 의사표시에 의해 면제의 효력이 발생할 수 있다고 규정하고 있다(「일본민법전」 제519조).

(2) 면제는 무상행위이다

채무자는 면제로 인해 얻은 이익에 대해 대가를 지불할 필요가 없다. 규정에 의하면 면제는 일방법률행위로서 일종의 무인행위(無因行爲)이다.

(3) 면제는 채권의 소멸을 그 내용으로 한다

면제는 직접적으로 채권관계를 소멸시킨다. 따라서 면제는 채권을 처분하는 행위이다. 면제로 인해 소멸된 채무는 포기한 채권의 범위와 대체로 비슷하다.

II. 면제의 조건

(1) 면제는 쌍방법률행위인 경우 계약방식, 면제증서를 교부하는 방식, 채권증서를 교환하는 방식으로 하여야 한다. 면제가 일방행위인 경우, 반드시 채권자 혹은 대리인(채권자의 대리인)이 그 채무자나 그 대리인(채무자의 대리인)에게 면제의 의사표시를 하여야 한다.

(2) 면제는 법률행위이고 법률규정을 적용해야 한다.

III. 면제의 효력

(1) 채권관계의 절대적 소멸

채권·채무는 면제에 의해 소멸한다. 채권의 종된 권리도 따라서 소멸한다. 채권의 일부분을 면제한 경우, 채권의 일부분만 소멸된다. 면제는 제3자의 이익에 손해를 주어서는 아니된다. 그렇지 않으면, 면제는 무효가 된다.

(2) 보증채무의 면제

보증채무는 종된 채무이다. 따라서 주된 채무가 소멸하면 보증채무도 소멸한다. 하지만 채권자가 보증인의 의무를 면제한다면 보증이라는 종된 채무는 소멸되지만 주된 채무는 소멸되지 않는다.

(3) 연대채권·채무의 면제

채권자가 일부 연대채무자의 채무를 면제하면, 면제한 연대채무자의 채무 외에 남아 있는 채무자의 채무는 소멸되지 않는다.

면제가 쌍방법률행위인 경우, 채권자가 일부 연대채무자의 채무를 면제하려면 기타 연대채무자의 승낙이 있어야 한다. 승낙이 없으면 면제의 효력이 발생하지 않는다(「프랑스민법전」 제1285조).

(4) 불가분채권·채무의 면제

급부를 분할할 수 없는 불가분채권과 불가분채무에 대한 면제는 반드시 그 채권과 채무의 전부에 대해서 해야 한다. 채권자가 부분 불가분채무자의 채무를 면제하거나 혹은 부분 불가분채권자가 면제하였을 때, 면제의 효력은 발생하지 않는다.

(5) 법률이 포기하는 것을 금지하는 채권은 면제할 수 없다

예를 들면 고용주는 피고용자에게 작업에 관계된 사고(事故)에 대한 손해배상청구권을 사전에 포기하라고 할 수 없다(최고인민법원의 '고용계약에서 엄격히 집행해야 하는 노동보호법규문제에 관한 회답').

제6절 混同

1. 서설

혼동은 채권과 채무가 동일한 사람에게 귀속되는 법률사실이다. 채권관계는 채권자와 채무자가 동시에 존재할 때 성립될 수 있다. 채권자와 채무자가 동일한 사람일 때 채권·채무는 당연히 소멸된다(「중국계약법」제106조). 따라서 혼동도 채권의 소멸원인 중 하나이다. 동일한 채권자의 두 명의 채무자가 하나가 되거나 소유권과 타물권이 동시에 한 사람에게 속할 때 혼동은 발생하지 않는다. 왜냐하면 이때 채무나 권리는 여전히 존재하고, 다만 그 주체에만 변화가 있기 때문이다.

혼동의 성질에 대하여 민법이론상으로 여러 가지 학설이 존재한다. 이행불능설에 따르면 채권·채무가 동일한 사람에게 귀속할 때 이행불능이 발생한다. 변제설에 따르면 상속에서 상속인이 피상속인의 채무자일 경우 유산으로 채무를 변제하고, 그렇지 않으면 유산으로 변제받는다. 목적도달설에 따르면 채권이 혼동으로 인하여 목적에 도달하면 채권은 소멸된다. 채권소멸설에 따르면 채권성립은 반드시 둘 이상의 주체가 있어야 하는데 채권자와 채무자가 동일하게 되면 채권의 기본적인 요건에 부합하지 않으므로 채권은 소멸한다. 학계에서는 채권소멸설을 통설로 한다.[62]

2. 혼동의 효력

혼동은 채권관계를 절대적으로 소멸시킨다. 소멸효력은 채권자와 채무자의 항변권에 미칠 뿐만 아니라 채권의 종된 권리에도 발생한다. 예를 들면 담보, 위약금채권 등이 있다.

그러나 법률에 별도로 규정이 있거나 채권의 목적이 타인의 권리에 속할 경우, 혼동의 채권소멸효력이 발생하지 않는다.

(1) 법률이 혼동으로 채권소멸의 효력을 발생시키지 않는다고 규정한 경우

법률은 채권·채무가 동일한 사람에게 귀속됨을 허가하지만, 채권관계가 여전히 존재할 시 혼동은 채권소멸의 효력을 발생시키지 못한다. 예를 들어, 어음만기 전에 양도에 의해 동일한 사람에게 귀속되면 어음은 여전히 통용되고 어음이 표시한 채권은 소멸되지 않는다.

(2) 채권의 목적이 타인의 권리에 속하는 경우

채권·채무가 동일한 사람에게 귀속되고 채권의 목적이 타인의 권리에 속할 때, 채권은 혼동에 의하여 소멸되지 않는다. 예를

---

[62] 史尚寬: 「債法總論」, 834~835쪽.

들어, 채권에 담보권이 설정된 경우 채권·채무의 혼동이 발생하더라도 담보권자의 이익을 보호하기 위하여 채권은 소멸되지 않는다.

제8장

權利侵害行爲

제1절 權利侵害行爲法의 槪述

I. 권리침해행위의 개념

　인류의 생존에 있어서 사람의 인신과 재산의 안전은 필수적 요소이다. 그러므로 인류가 인신과 재산을 침범하는 행위에 대하여 방어하는 것은 본능적인 것이다. 인신과 재산적 권리에 대한 침범은 인류사회의 기본적인 충돌형식으로서 줄곧 인류사회가 통제하고자 하는 대상이 되어왔다. 씨족사회의 복수부터 고대법 및 중세기 관습법의 가혹한 징벌까지, 고대 로마의 아퀼리아법(Lex Aquilia)에서부터 현대 각국의 법전에 이르기까지 인류사회의 이런 노력이 실현되어 있지 않은 것은 없다. 그렇다면 권리침해행위란 무엇인가?
　각국의 학자들은 권리침해행위에 대하여 거의 완벽하게 이해하고 있다. 그리고 문자로써 합리적으로 해석할 수도 있다. 그러나 정확한 언어로써 매우 추상적이지만 대부분의 사람들이 받아들일 수 있는 개념을 지어내기는 매우 어렵다. 오늘날까지도 이 문제 같지 않은 문제를 완성한 사람은 아무도 없다. 사변(思辨)에 능한 독일인도 민법전을 제정할 때 개괄방식을 완전하게 사용하지 않고, 개괄과 열거의 방식을 함께 사용하였다. 이로 말미암아 대륙법과 영미법은 비슷하다는 것을 알 수 있다. 영미법계 및 대륙법계의 학자들이 권리침해행위에 대하여 내린 정의는 다음과 같이 몇 가지로 정리해볼 수 있다.

(1) 과실설

이 학설은 권리침해행위를 과실이라고 본다. 영국학자 플레밍은 "권리침해행위는 일종의 민사적 과실이지 계약을 위반한 것이 아니다. 이런 과실에 대하여 법원은 손해배상의 소송형식을 통하여 구제하여야 한다"고 보았다. 그리고 모리스(Maurice)도 "만약 권리침해행위를 간단하게 개괄한다면 사법상의 과실이라고 할 수 있다"고 보았다. 또한 마이클(Michael)도 "권리침해행위가 규율하는 이런 '거래관계'는 이런 관계에서 일방이 상대방에게 손실을 주고 그로 인하여 이런 거래관계에 따옴표를 찍는 것이다. 왜냐하면 그것은 계약관계와 다른 관계이기 때문이다"라고 보았다.

그러나 이런 정의는 일부 사람들로부터 날카로운 비평을 받았다. 위그모어(Wigmore)는 다음과 같이 지적하였다. "지금까지 이렇게 사물에 대한 정확한 이해를 방해하는 개념은 없었다. 우리를 이런 곤경에 빠뜨린 원인은 사람들이 권리침해행위에 대한 정의를 내릴 때 그것이 계약을 위반한 것이 아니라고만 단언하는 방법을 가장 잘 사용하기 때문이다. 이것은 화학에 대한 정의를 내릴 때 화학이 물리학이나 수학이 아니라고 하는 것과 마찬가지이다."

(2) 법정의무위반설

영국학자 윙필드(Wingfield)는 권리침해행위와 위약행위를 구별하여 권리침해행위에 대한 이와 같은 정의를 내렸다. "권리침해행위의 책임은 법률이 사전에 규정한 의무를 위반함으로써 발생한다. 이런 의무는 일반공민에게도 보편적으로 적용되는 것이다. 이러한 의무를 위반한 데 대한 구제방법은 변제하지 않은 손해에 대하여 배상을 청구하는 소송을 하는 것이다." 즉, 권리침해행위는 법률이 규정한 일반공민에 대한 의무를 위반한 것이지 당사자 사이에 자의로 협정한 것이 아니다. 후자는 단지 특정인에 대한 의무, 즉 계약의무일 뿐이다. 이런 학설은 영미법계 국가의 권리침해행위의 구성에 관한 이론에 큰 영향을 주었다.

(3) 과실과 책임의 결합설

책임설은 대부분 「프랑스민법전」 제1382조와 「독일민법전」 제823조를 그 근거로 한다. 전자는, 즉 "어떤 행위로 인하여 타인이 손해를 입은 경우, 자신의 과실로 인하여 행위를 발생시킨 자는 타인에 대하여 배상책임을 진다." 후자는, 즉 "(a) 고의나 과실로 인하여 불법적으로 타인의 생명, 신체, 건강, 자유, 소유권이나 기타 권리를 침해한 자는 피해자에 대하여 배상의무를 진다. (b) 타인을 보호하는 것을 목적으로 하는 법률을 위반한 자도 같은 의무를 진다. (c) 법률로써 규정하고 있고, 과실은 없지만 이런 법률을 위반할 가능성이 있는 자는 과실이 있을 때부터 손해배상의무를 진다." 이로 보아 알 수 있듯이 책임설은 권리침해행위를 일종의 손해배상책임으로 본다.

상술한 세 가지 학설에서 마지막에 소개한 학설은 대륙법계의 다수설이다. 대륙법계의 학자들은 권리침해행위에 대하여 정의를 내릴 때 대부분 법전의 규정에 의거한다. 그리하여 대륙법계가 권리침해행위의 구성요건, 특히 과실요건을 중시하는 특징을 반영하고 있다. 앞의 두 가지 학설은 영미법계의 학설이다. 이들은 법률규제를 중시하는 영미법계의 특징을 반영하고 있다. 중국민법통칙의 규정으로 볼 때, 중국은 대륙법계의 전통적인 개념을 이어받았다. 즉, 공민, 법인이 과실에 의하여 국가·단체의 재산을 침해하거나 타인의 재산·인신을 침해한 경우, 민사책임을 부담하여야 한다.

학술적으로 학자들은 권리침해행위에 대하여 다른 정의를 내리기도 하였다. 본서에서는 권리침해행위를 '행위자가 타인의 인신권리와 재산권리에 대하여 손해를 입히고 법에 의거하여 과실책임이나 무과실책임을 부담하여야 하는 행위'라고 정의한다.

II. 권리침해행위제도와 계약제도의 차이

권리침해행위제도와 계약제도는 민법의 서로 다른 두 가지 제도이다. 이런 차이는 영미법에서도 매우 두드러진다. 그러나 권리침해행위책임과 계약책임의 차이는 연구가치가 있는 문제이다.

1. 권리침해행위책임과 계약책임의 차이

계약제도와 권리침해행위제도는 독립적으로 존재가치를 가지는 제도이므로 여러 방면에서 차이가 난다. 주요한 차이는 다음과 같다.

(1) 책임요건이 다르다

(a) 행위자의 범위가 다르다. 당사자가 계약을 체결할 때에는 반드시 상응하는 행위능력이 있어야 한다. 그러나 권리침해행위는 행위능력이 없어도 된다.

(b) 시효기한이 다르다. 계약에 의하여 발생한 책임은 권리침해행위에 의하여 발생한 책임보다 상대방 당사자의 권리에 대한 보호기한이 짧다.

(c) 입증책임이 다르다. 계약책임에서는 과실추정원칙을 적용한다. 즉, 채무자가 채무를 불이행하면 이런 사실에 근거하여 그 과실을 추정할 수 있다. 그러나 권리침해행위책임에서는 피해자가 권리침해행위자의 과실에 대한 입증책임을 부담하여야 한다(무과실책임 제외).

(2) 적용범위가 다르다

일반적으로 권리침해행위책임은 계약관계 이외의 모든 가해자나 피해자 사이에 적용되고, 계약당사자 사이에 계약의 불이행을 바탕으로 하지 않는 손해에도 적용된다. 그러나 계약책임은 계약관계가 있는 당사자 사이에서만 존재한다. 프랑스 최고법원이 민사판결에서 "손해의 사실이 계약관계와 독립된 것일 때는 이를 권리침해행위책임으로 한다"고 확정하였다. 이 때문에 프랑스계약법에서 계약의 무효로 인하여 발생한 책임은 권리침해행위책임이다.

어떤 이는 권리침해행위의 객체를 기준으로 계약책임과 권리침해행위책임으로 구분할 것을 주장한다. 그는 절대권에 대한 침해는 계약책임이고, 상대권에 대한 침해는 권리침해행위책임이라고 본다. 그러나 채권의 침범불가의 성질이 확인된 후에는 이런 주장이 용납될 수 없다.

계약당사자에 대한 손해가 계약의무를 바탕으로 발생한 것이 아닐 때, 그 책임은 계약책임으로 여겨지지 않는다. 즉, 계약의무의 불이행이 존재하지 않으므로 계약책임은 존재하지 않는다. 다시 말해서, 계약책임은 손해와 계약의무 사이의 인과관계를 성립조건으로 한다. 이에 대하여 다음 몇 가지를 명확히 하여야 한다.

(a) 손해와 계약의무 사이의 인과관계에 대한 판정원칙

동등한 조건에서 계약관계가 존재하지 않아도 손해는 발행할 수 있다. 즉, 이런 손해는 계약의 상대방 이외의 제3자에게 발생하고, 이런 책임은 권리침해행위책임이지 계약책임이 아니다. 예를 들면 갑, 을 사이에 계약관계가 존재하고, 갑은 을에게 인신적 상해를 입혔다. 그러나 이런 상해가 양자 사이의 계약의무에 의한 것이 아니라면 갑의 을에 대한 책임은 권리침해행위책임이다. 이와 반대로 손해가 계약의무에 의한 것이라면 계약책임이 된다.

(b) 계약의 이행에 사용한 물품의 품질로 인하여 타인에게 손해를 입힌 경우 책임의 인정

이런 상황에서 계약책임과 권리침해행위책임을 구분하는 것은 어렵다. 예를 들어, 의사가 환자의 병세를 진찰할 때 사용한 의

료기계의 품질에 문제가 있어서 환자에게 손해를 입힌 경우가 있다. 또 상점의 바닥이 너무 미끄럽거나 바닥에 결함이 있어서 고객이 넘어져 다치는 경우가 있다. 이 두 가지 상황에서 계약책임과 권리침해행위책임을 구분하는 것은 매우 어렵다. 이를 구분하는 기준은 다음과 같다. "손해를 입힌 물품과 계약의 이행 사이에 직접적인 관계가 있으면 계약책임이고, 그렇지 않으면 권리침해행위책임이다." 상술한 두 가지 예에서 전자는 계약책임이고, 후자는 권리침해행위책임이다. 「프랑스민법전」 제1384조에서는 "모든 사람은 자신의 행위에 의한 손해에 대하여 책임을 지고, 그 관리하에 있는 물품에 의한 손해에 대해서도 손해배상책임을 진다"라고 규정하고 있다.

(3) 입법상의 이원제체계

이런 이론상의 구분에 따라 입법상으로도 계약책임과 권리침해행위책임을 엄격하게 구분하게 되었다. 대륙법계에서는 로마법부터 프랑스, 독일민법전까지 모두 계약과 권리침해행위를 나누어서 규정하고 있고, 이들을 채권·채무관계가 발생하는 중요한 근거로 한다. 이것은 영미법계에서도 마찬가지이다. 예를 들면 미국은 《계약법중술》, 《권리침해행위법중술》이 있다. 또 영국은 소송상으로 계약의 소와 권리침해행위의 소를 구분하고 있다.

2. 권리침해행위책임과 계약책임의 경합문제

과연 양자의 경합문제는 존재하는 것인가?

어떤 이는 계약책임과 권리침해행위책임은 여러 가지 면에서 차이가 있지만, 각자 자신의 책임귀속체계를 가진다고 본다. 그러나 실무에서 양자를 절대적으로 구분하는 것은 매우 어렵다. 두 가지 제도의 당사자의 권리에 대한 보호가 주연(周延)해짐에 따라 이들의 경합문제도 증가하고 있다. 예를 들어, 의료사고로 인하여 환자가 사망한 경우 위약책임과 권리침해행위책임이 경합된다. 한편, 책임을 부담하는 방법에 의하여 양자가 비슷한 점도 있는데, 바로 손해배상이다. 이 때문에 미국의 법학자 蒙吉爾莫는《계약의 사망》에서 다음과 같이 서술하였다. "대량의 사실은 권리침해행위책임과 계약책임이 점점 융합되는 것을 표명하였다. 동시에 양자의 융합은 본능적이고 무의식적인 발전과정이라는 것도 증명하였다."

대다수의 상황에서 계약책임과 권리침해행위책임의 차이는 매우 뚜렷하다. 그러므로 지나치게 계약책임과 권리침해행위책임의 경합을 강조할 수는 없다. 단지 계약책임인지 권리침해행위책임인지 판정하기가 어려운 경우에만 당사자의 선택권을 승인하여야 한다. 즉, 피해자에게 가장 유리한 원칙에 따라 피해자가 자신에게 유리한 소송을 선택하도록 허락한다. 이런 사실은 부득이한 처리방법일 뿐이다.

III. 권리침해행위제도의 규범적 기능

권리침해행위법의 기능이란 권리침해행위법이 도달하여야 하는 목적을 가리킨다. 이런 기능은 모든 권리침해행위법의 지도방침이다. 그러므로 모든 제도는 그 규범의 기능을 중심에 두고 설립된다. 인류가 야만사회에서 문명사회로 변화하면서 야만적인 권리침해규칙의 규범적 기능, 즉 보복성을 가지는 징벌의 규범적 기능에 큰 변화가 발생하였다. 대륙법계와 영미법계 학자들의 일치된 견해에 따라 권리침해행위법은 다음과 같은 세 가지 규범적 기능을 가진다.

1. 징벌

이런 기능에서 현대 권리침해행위법 속의 고대 권리침해행위법의 흔적을 찾을 수 있다. 미국학자 마이클(Michael)은 징벌의 중심이 되는 이념이 사람이 반드시 권리침해행위에 대하여 대가를 치루어야 한다는 것이라고 보았다. 법률부문에 따라 징벌의 방식도 서로 다르다. 예를 들어, 형법에서 이런 대가는 형벌을 가리키고, 민법이나 사법에서 이런 대가는 피해자에 대한 금전적 배상을 가리킨다.

그러나 권리침해행위법의 이런 기능은 국한성을 가진다. 주요한 것은 다음과 같다.

(1) 엄격한 책임을 가지는 특수권리침해행위에는 적용되지 않는다. 엄격한 책임을 실행하는 특수권리침해행위에서 행위 자체는 비난받을 가능성을 가지지 않는다. 즉, 도덕적인 질책성을 가지지 않는다. 예를 들면 자동차공업의 발전, 항공공업의 발전 등 그 자체에는 비난성이 없다. 오히려 인류의 생활을 풍부하게 하고 인류의 발전에 필수적인 것이다. 그들에 대한 권리침해행위책임은 징벌에 그 목적이 있는 것이 아니라 피해자에 대한 보상과 사고에 대한 예방에 그 목적이 있다. 다시 말해서, 이런 위험이 큰 공업행위는 도덕적으로 질책받아야 하는 행위는 아니지만 피해자에게 손해를 입혔을 경우에는 이에 대하여 마땅히 보상하여야 한다. 동시에 이런 보상에 대한 금전적 지출은 업주가

경제적으로 계산하게 하고, 이로써 사고의 발생을 최대한으로 감소시킨다.

(2) 어떤 상황하에서는 징벌의 목적에 도달하지 못한다. 예를 들어, 주관적으로 과실이 있는 가해자가 어떤 의외의 원인으로 인하여 그가 침해하고자 하는 사람에게 손실을 입히지 못한 경우, 권리침해행위법은 이에 대하여 징벌할 수 없다. 그렇다면 이 경우 권리침해행위법의 징벌목적이 약해진 것이 아닌가? 이것은 사실상 형법과 권리침해행위법의 차이를 반영하고 있다. 즉, 형법은 사회의 전체적 이익을, 권리침해행위법은 개인의 이익을 중요시한다. 당연히 권리침해행위가 우연적 요소로 인하여 타인에게 상해를 입히는 효과에 도달하지 못하였을 때는 그 주관적 불법에 대한 징벌을 실현할 수 없다. 그러므로 권리침해행위법의 징벌기능이 어떤 면에서만 실현된다고 하여 이를 부정할 수는 없다.

2. 억제와 예방

권리침해행위법의 억제와 예방기능은 다음과 같은 시스템을 통하여 작용한다.

(1) 이익시스템

부당이익의 취득을 꾀하거나 기타 불법적인 목적으로 타인을 침해하려는 사람에게 있어서 미래에 손해배상책임을 부담하게 될 위험은 그가 생각을 바꾸거나 필요한 예방조치를 하게 한다. 물론 이런 이익시스템은 책임보험제도가 발생한 후에 매우 약화되었다. 가해자는 값싼 보험비를 지불하는 방식으로 책임을 전가할 수 있게 되었고, 보험회사는 이 책임을 보험가입자의 인신에 분산시킨다. 이 제도는 학자들의 날카로운 비판을 받았고, 동시에 권리침해행위법에 엄청난 충격을 가져왔다.

(2) 도덕적 심리시스템의 약속

가해자에게 배상책임을 부담하게 함으로써 심리적인 스트레스를 주어 자율적으로 반성하게 한다. 현대사회의 모든 공민은 그가 어떤 물건을 사기 위하여 가격을 지불할 때와 타인의 물품에 손해를 입혀서 가격을 지불할 때의 심경이 어떻게 다른지를 당신에게 알려줄 수 있다. 만약 액수가 크다면 더욱 심각해질 것이다. 이것은 아주 간단한 도리이다.

(3) 여론시스템

어떤 손해배상에 관한 판결은 여론의 평론을 받게 된다. 손해배상책임을 부담하는 가해자가 여론상으로 받는 스트레스는 그가 후회하게 하거나 교훈을 얻어 다시 범하지 않도록 할 수 있다. 다른 사람들도 그로 인하여 경각심을 가지고 자각적으로 자신의 행위에 주의하게 됨으로써 같은 비난을 받는 것을 면할 수 있다.

3. 보상

많은 사람들이 보상을 권리침해행위법의 주요한 목적이라고 한다. 가해자가 배상책임을 지는 형식으로 볼 때 이것은 의심할 여지도 없는 말이다. 그리고 피해자는 보상의 목적으로 징벌 및 예방의 목적을 실현할 수도 있다. 피고에 대하여 징벌하는 것만으로 원고가 이미 보상을 얻었다고 할 수 있는가? 다시 말해서, 만약 피고는 징벌을 받고 원고는 아무런 손해배상도 받지 못하였다면, 이것은 원고의 보복심리에 만족을 얻은 것인가? 우리는 이런 요소의 존재를 부인한다. 이것은 단지 형법상의 목적일 뿐이다. 사람들은 이런 유형의 권리침해행위법 체계를 지지할 이유가 없다. 피고가 징벌을 받는 것으로 만족하고 손해에 대하여 어떠한 보상도 할 수 없다는 것은 소송을 위하여 소모한 시간과 금전에 비교해볼 때 마땅치 못한 것이다. 물론 어떤 원고, 예를 들어 명예훼손사건의 원고는 명예를 얻거나 소량의 보상을 통해서도 만족할 수 있다. 그러나 대부분의 상황에서 사람들이 보복심리의 만족을 위해서만 계속적으로 소송을 하는 것은 아니다.

그러므로 보상목적은 징벌 및 예방목적보다 광범위하다. 즉, 이런 목적이 더 많은 소송을 지지하였다.

이상 권리침해행위법의 세 가지 규범적 기능에 대한 논술은 아마도 일반적인 권리침해행위에만, 즉 과실책임원칙에만 적용되는 것이라고 할 수 있다. 기타 특수한 권리침해행위에서는 동시에 존재하지 않을 수도 있다. 이 외에도 이런 사건에서는 이런 목적이 더 중요하고 다른 사건에서는 다른 목적이 더 중요할 수도 있다. 예를 들어, 명예훼손사건의 원고는 보상보다 징벌에 더 관심이 있을 수 있다.

제2절 權利侵害行爲法의 歸責原則 및 그 歷史發展

권리침해행위법의 역사적 발전은 그 귀책원칙의 발전사라고 말할 수 있다. 권리침해행위법의 역사적 발전은 엄격함부터 관대함, 불합리에서 합리적, 단일화에서 다원화의 발전과정을 거쳤다. 그러므로 권리침해행위법의 발전을 논할 때에도 귀책원칙을 중심으로 한다.

I. 결과책임원칙

결과책임원칙은 가해책임원칙이라고도 한다. 인류가 자신을 침범한 행위에 대하여 징벌하는 가장 원시적인 방식이다. 원시사회의 각 부락이 생존을 위하여 하던 복수 및 그와 관련된 방식은 필연적으로 결과책임원칙이다. 초기국가의 법률체계에서 형사처벌과 민사배상은 엄격한 차이가 없었다. 그들은 모두 고대 관습법이 남긴 징벌주의와 보복주의의 사상을 관철하여 '가해하면 책임이 있다'는 객관적인 귀책원칙을 실행하였다. 이런 원칙은 대륙법계와 영미법계에서 공통적으로 반영되었다. 이는 곧 한 사람이 손해를 입힌 사람으로 확인되면 가해사실 자체가 그가 책임을 부담하는 충분한 이유가 된다는 것을 의미한다.

결과책임원칙의 장기적인 존재는 역사적으로 필연적인 원인이 있다. 상품경제가 발달하지 않은 비공업사회에서 권리침해행위는 원시적인 형태로 나타났다. 예를 들면 살인, 상해, 절도 등이었다. 이런 상황에서 사람들에게 '과실에 의한 손해', '무과실에 의한 손해'를 이해시키는 것은 매우 어렵다. 한편, 그 시기에 사람에 대한 절대적 통제는 통치자가 제일로 삼는 가치적 취향이었다. 주관상으로 과실이 없지만 행위가 타인에게 손해를 조성하는 결과를 낳은 사람에게 책임을 부담하게 하는 것은 사회적 질서를 유지시키는 데 유리한 것이었다. 결과적으로 사람들은 항상 조심할 수밖에 없었다.

II. 과실책임원칙

과실책임원칙은 자본주의의 맹아와 자유에 대한 추구에 의하여 발생하였다고 할 수 있다. 자본주의가 발전하기 위해서는 자유정치와 법률상의 권리가 요구된다. 따라서 결과책임은 자유경제의 발전에 불리한 것이었다. 사람들은 고대 로마법이 상품경제에 적합한 가장 좋은 법률제도라는 것을 발견하고 로마법을 부흥시켰다. 로마법의 부흥에 따라 과실책임원칙이 결과책임원칙을 대신하게 되었다. 14세기 이후, 법학가의 추진 아래 법률의 로마화를 표지로 하는 법률통일 운동이 유럽에서 유행하였다. 이런 역사성 개혁에서 과실책임원칙은 로마법의 중요한 문화유산으로써 충분하게 실현되었다. 12세기의 저명한 교회법학가인 그라치(Gerlach)는 오스틴의 명언, 즉 '범죄의 의사가 없으면 죄도 없다'는 격언을 이론적으로 발휘하여 과실책임의 대문을 활짝 열었다. 19세기부터 과실책임은 프랑스, 영국, 독일 등 대다수 자본주의 국가에서 주도적인 지위를 얻었다. 이런 원칙을 처음으로 법전화한 국가는 프랑스이고, 1804년「프랑스민법전」제138조는 여러 세기에 걸친 권리침해행위법이 진보한 결정체이다.

1. 과실책임원칙의 기본적인 사상

17, 18세기에 인류는 새로운 시기에 진입하였다. 과학기술면에서는 공업혁명의 신속한 발전이 상업거래활동을 촉진시켰고, 경제면에서는 자유방임을 강조하였으며, 사상면에서는 이성 및 개인의 자유를 중시하였다. 이런 사회적 변천은 법률의 발전에 깊은 영향을 주었다. 사법면에서는 소유권 절대, 계약자유, 과실책임의 세 가지 기본원칙을 확립하였다.

19세기의 독일의 위대한 학자인 예링은 이렇게 말했다. "사람에게 손해배상책임을 지게 하는 것은 손해가 있기 때문이 아니라 과실이 있기 때문이다. 그 도리는 화학상의 원칙과 같이 촛불이 연소하는 것은 불이 아닌 산소라는 것을 이해하면 된다." 예링의 명언은 당시의 법학사상을 충분히 표현하고 있다. 과실책임원칙은 당시의 의사자치원칙과 같이 당연히 신성한 것으로 여겨졌다. 이러한 사상은 다음 몇 가지 면에서 표현된다.

(1) 논리적 역량

한 사람이 자신의 과실행위로 인한 손해에 대하여 책임을 부담하여야 하는 것은 이성을 중시하던 시대의 당연한 이치이다. 그러므로 증명할 필요가 없다. 이런 원칙의 반면에도 행위가 과실에 의한 것이 아니면 배상책임을 질 필요가 없다는 논리적인 설득력을 가진다.

(2) 도덕적 관념

한 사람이 자신의 행위로써 타인에게 손해를 입힌 경우, 이런 행위에 대하여 그에게 과실이 있으면 그 행위는 비난받을 가능성을 가진다. 그러므로 배상책임을 부담하여야 한다. 이것은 정의적 요구이다. 반대로 만약 그의 행위가 과실에 의한 것이 아니라면 그 행위는 도덕적으로 비난받을 가능성을 가지지 않는다. 그러므로 배상할 필요가 없다.

(3) 사회적 가치

어떤 사회에서든 개인의 이익과 사회의 이익 사이에는 충돌과 모순이 존재하게 마련이다. 그러므로 어떤 법률은 반드시 이런 모순에 대하여 규율하여야 한다. 즉, 개인의 자유와 사회의 안전이라는 두 가지 가치에 대하여 합리적인 판단을 하여야 한다. 과실책임원칙은 이런 가치를 판단하는 가장 좋은 기준이다. 한 사람이 만약 그 주의를 다하였다면 권리침해행위책임을 면할 수 있고 그 자유에도 제한을 받지 않는다. 만약 사람들이 모두 그 주의를 다한다면 일반적으로 손해를 모면할 수 있을 것이고 사회적 안전도 보호받게 될 것이다.

2. 과실책임원칙의 역사적 공헌

19세기부터 문명국가의 권리침해행위법은 과실책임의 원칙을 바탕으로 건립되었다. 이 원칙의 역사적 공헌은 주요하게 다음 두 가지가 있다.

(1) 권리침해행위법의 적용범위를 확대시켰다

초기의 권리침해행위법은 결과책임원칙을 채택하여 권리침해행위가 유형화되는 경향이 있었다. 과실책임원칙은 이런 제한을 없앴다. 19세기부터 공업기술의 진보와 빈번한 거래활동으로 인하여 손해사고도 증가하였다. 과실책임을 기초로 건립된 권리침해행위법 체계는 손해의 전보면에서 중요한 임무를 부담하였다.

(2) 개인의 자유를 보장하고 사회경제의 성장을 촉진시켰다

결과책임원칙에서는 손해가 있으면 곧 배상을 부담하여야 했다. 행위자는 행위를 할 때 앞뒤를 살피게 되었고, 이로 인하여 창조적인 활동에 제한을 받았다. 그러나 과실책임원칙에서는 행위자가 상당한 주의를 다하였으면 책임을 부담하지 않는다. 이로써 오늘날 사회경제활동의 발전에 도움을 주었다. 과실책임원칙은 19세기 자유방임의 경제이론 및 의사자치의 사법이론과 서로 밀접한 관계에 있다. 스웨덴 학자 赫爾那는 "경제적 효율이 있는 보이지 않는 손은 과실책임의 진정한 이유이다"라고 말하였다. 미국학자 에드워드의 말은 이에 대한 가장 좋은 주석이라 할 수 있다. "보통법이 과실책임원칙을 기용하는 정신은 발전단계에 있는 미국공업을 보호하여 그 발전에 장애가 되는 비용의 부담을 면하는 데 있다. 그러나 이런 보호는 경제발전이 필요하지 않을 경우 과실책임원칙을 포기하고 무과실책임으로 전환하여 사회적인 복리를 실현한다."

오늘날에도 과실책임원칙은 모든 권리침해행위법에서 중요한 지위를 차지하고 있다. 그러나 사회의 끊임없는 발전에 따라 과실책임만 적용해서는 공업화가 피해자에게 조성한 손해에 대하여 합리적인 보상을 할 수 없다. 어떤 때에는 원고가 피고의 과실을 입증하는 것이 매우 어렵다. 따라서 과실책임의 원칙을 기초로 발전한 과실추정원칙이 출현하였다.

Ⅲ. 과실추정원칙

1. 개념

과실추정원칙은 가해자가 야기한 침해에 대하여 자신이 과실이 없다는 것을 증명할 수 없는 경우 마땅히 배상책임을 부담하여야 한다는 귀책원칙이다.

2. 제도적 가치

과실추정원칙의 기본적인 사상은 다음과 같다. 이 원칙은 입증책임의 도치방법을 취하여 전통적인 권리침해행위법의 '주장하는 자가 입증한다'는 원칙을 바꾸었다. 즉, 원고(피해자)가 피고의 과실을 입증하는 것이 아니라 피고가 자신에게 과실이 없음을 입증하는 것이다. 그러니까 우선 피고가 손해의 발생에 대하여 과실이 있다고 추정하고, 만약 피고가 반증을 할 수 없으면 피고의 책임을 확정할 수 있다. 이 원칙의 목적은 가해자의 책임을 가중시켜 더욱 유력하게 피해자를 보호하는 데 있다. 왜냐하면 대부분의 상황에서 가해자가 자신에게 과실이 없음을 증명하는 것은 매우 어렵기 때문이다.

영미법에서 과실추정원칙은 '사실자증(事實自證)'[63]으로 표현된다. 영국의 판례법은 대륙법계의 '주장하는 자가 입증한다'라는 원칙과 마찬가지로 대다수의 상황에서 피고의 과실에 대하여 원고가 입증책임을 져야 한다. 그러나 이 원칙의 예외로 영국법원은 '사실자증'의 원칙을 창조하였다. 즉, 충분한 증명이 부족한 상황에서 사실을 말하도록 한다. 이때 입증책임은 피고에게 있고, 그는 반드시 자신이 과실이 없음을 증명하여야 한다. 그렇지 않으면 책임을 피하기 어렵다.

표면적으로 보면 과실추정과 결과책임은 비슷한 점이 많지만 실제로는 큰 차이가 있다. 우선, 결과책임은 과실 여부를 묻지 않지만 과실추정은 과실을 책임의 기초로 하여 '과실이 없으면 책임도 없다'는 원칙을 승인한다. 그것은 단지 과실에 대하여 추정을 시행하는 원칙일 뿐이다. 즉, 당연히 피고에게 책임이 있다고 추정한다. 이는 계약채권의 채무자가 계약을 불이행하였을 때 그에게 과실이 있다고 추정하는 것과 같다. 다음으로 추정은 '~로 보는 것'이 아니다. 그것은 피고의 입증으로 추정을 뒤집을 수 있는 권리를 부여하고 있다. 만약 피고가 자신에게 과실이 없다는 것을 증명하면 추정을 뒤집어서 책임을 면제할 수 있다. 반대로 자신에게 과실이 없는 사유를 제출할 수 없으면 법관은 추정에 따라 민사책임을 확정한다.

중국의 과실추정에 관한 입법은「중국민법통칙」제126조에서만 볼 수 있는데, "건축물 혹은 기타 시설 및 건축물상의 방치물, 걸어놓은 물건이 무너지거나 칠이 벗겨지거나 추락하여 타인에게 손해를 초래하였을 경우, 소유자나 관리인은 마땅히 민사책임을 부담하여야 한다. 그러나 자신의 과실이 없음을 증명할 수 있는 것은 제외한다"라고 규정하고 있다.

---

63 그 뜻은 '사실을 자기가 증명하는 것이다'이다. — 역주

3. 과실추정원칙의 활용방법

(1) 가해사실의 증명

과실추정은 입증책임의 도치이다. 즉, 가해자의 과실에 대한 피해자의 입증책임을 면제하였다. 그러나 가해자의 행위, 피고의 점유, 관리나 통제하의 타인의 행위나 물품과 손해결과 사이에 인과관계가 있는 것에 대해서는 입증책임을 진다. 만약 피해자가 손해사실의 존재만 증명할 수 있고 어떤 사람의 행위로 인한 것인지를 증명할 수 없으면 과실추정원칙을 적용할 수 없다.

(2) 입증책임의 도치

손해가 피고의 행위나 그 관리, 통제하의 타인의 행위나 물품으로 인한 것이라는 것을 원고가 증명할 수 있을 때, 피고는 반드시 자신에게 과실이 없음을 입증하여야 한다. 예를 들어, 아파트가 무너져 타인에게 상해를 입힌 경우, 그 소유자가 지진으로 인한 것임을 증명할 수 있으면 그 책임을 면제받는다.

(3) 책임의 확정

피고가 자신에게 과실이 없음을 증명할 수 있을 때 민사책임은 면제될 수 있다. 그렇지 않으면 피고는 민사책임을 져야 한다.

(4) 범위적 제한

무과실책임과 마찬가지로 과실추정책임도 법률에 특별규정이 있는 상황에만 적용된다. 법률에 특별규정이 없는 경우에는 일반적인 과실책임원칙을 적용한다.

　과실추정원칙의 기초는 과실책임과 마찬가지로 과실이다. 단지 입증책임이 원고에서 피고에게로 이전되었을 뿐이다. 따라서 과실책임에 있는 문제를 여전히 해결할 수 없었다. 그리하여 무과실책임원칙이 발생하였다.

IV. 무과실책임원칙

1. 무과실책임원칙의 발생의 역사적 배경

　과실책임원칙을 기초로 하는 권리침해행위법은 19세기에 크게 성행하였다. 그리고 공업과 교통업의 지속적인 발전으로 인하여 과실책임원칙의 부족함도 명확해지고 있다. 그 주요한 표현은 다음과 같다.

(1) 손해위험원의 복잡화와 다양화

　공업과 교통업의 지속적인 발전에 따라 공업재해, 자동차사고, 공해와 상품하자에 의한 손해가 나날이 심각해지고 있다. 통계에 따르면 제2차 세계대전 이후 자동차사고로 사망한 사람 수가 제2차 세계대전 시기에 사망한 사람 수를 크게 뛰어넘고 있다. 미국에서만 제2차 세계대전 이후 매년 교통사고로 10만 명에 달하는 사람이 사망하고 있다. 대만에서도 매년 교통사고 횟수가 1만 건, 사망자가 1000명에 달하고 있다. 공업사고에 의한 손해는 이보다 더 무섭다. 종합해보면 이런 사고는 네 가지 기본적인 특징을 가진다.

(a) 사고가 빈번하게 발생한다.
(b) 손해가 크고 피해자도 많다.
(c) 사고의 발생은 대부분 고도의 공업기술의 결함에 의한 결과이다. 따라서 그 발생을 막기가 어렵다. 가해자의 과실 여부에 대해서도 피해자가 증명하기 어렵다.
(d) 사고를 조성시킨 활동은 사회발전이나 사람들의 생활에 필수적인 것이다. 즉, 합법적이고 필요한 것이며 비난받을 가능성이 없는 것이다. 그러므로 무과실을 논할 여지가 좁다.

(2) 과실책임원칙의 부족

공업사고와 교통사고의 위와 같은 특징 때문에, 특히 비난받을 가능성이 없고 높은 기술성분을 가지고 있기 때문에 과실추정원칙으로도 이 문제를 완전히 해결할 수 없다. 왜냐하면 거의 대부분의 상황에서 가해자는 과실이 없기 때문이다. 예를 들면, 항공운송 중에 발생한 비행기사고에서 항공회사가 과실이 있는 경우는 매우 드물다. 왜냐하면 세계의 동종업계에서 인가한 비율은 1‰이고, 이 1‰에게는 과실이 없을 것이기 때문이다. 이런 상황에서 극단적인 방식으로 항공운송업의 발전과 존재를 방해하여서는 아니되고, 항공기제조업 또한 정지될 수 없다. 그러나 사고의 피해자에 대하여 보상을 해주지 않을 수도 없다. 그리하여 새로운 귀책원칙인 무과실책임원칙이 출현하였다.

2. 무과실책임원칙의 기본사상

과실책임원칙을 기초로 하는 귀책체계하에서 가해자가 자신의 행위에 의한 손해에 대하여 배상책임을 져야 하는 것은 그 행위가 도덕적으로 질책성을 가지기 때문이다. 이것은 일반적으로 당연한 도리이므로 사람들이 의식적으로도 쉽게 받아들일 수 있다. 무과실책임의 귀책체계하에서 행위자의 무과실은 책임부담의 조건이 아니다. 그렇다면 그 의의는 무엇인가?

무과실책임의 기본사상은 반사회적 행위에 제재를 가하는 데 있다. 왜냐하면 기업의 경영, 자동차의 사용, 상품의 생산과 판매, 원자력 설비의 보유는 현대사회에 필요한 경제활동이므로 위법을 논할 여지가 없기 때문이다. 무과실책임원칙의 기본사상은 손해를 합리적으로 부담하는 데 있다. 그러므로 독일학자 에서(Esser)가 특별히 강조한 '정의배분' 이론처럼 건전한 사회는 공평한 이익배분제도와 공평한 손실배분제도를 모두 가지고 있어야 한다. 또한 Esser는 사고에 의한 손해의 귀책원칙은 행위에 의한 손해의 귀책원칙과 마땅히 달라야 하고, 그것의 결정근거는 '공평교환'의 원칙이 아니라 '공평배분'의 원칙이라고 보았다. 이런 공평배분이론은 세계 각국의 권리침해행위법의 발전에 중요한 영향을 끼쳤다. 그러나 공평분배의 기준 및 공평의 실현방법은 아직 문제점으로 남아 있다.

의외의 재해에 의한 손해에 대하여 특정한 기업, 특정한 설비의 소유자 또는 보유자가 책임을 부담하여야 하는 이유는 대략 다음과 같다.

(1) 그들은 이런 위험원의 제조자이고, 어느 정도에서 이런 위험을 방지하거나 통제할 수 있다.

(2) 이익을 얻고 위험을 부담하는 것은 공평정의의 요구이다.

(3) 이런 기업은 부담을 분산하는 능력을 가지고 있다. 따라서 기업이 위험책임을 부담한다고 하더라도 법률에서 사전에 손해배상의 최고제한을 규정하고 있거나 손해배상책임을 미리 정산할 수

있으면 상품의 가격체계로써 그 부담을 분산시킬 수 있다.

제3절 權利侵害方法의 現狀

I. 권리침해행위의 책임귀속원칙의 현상

　현대의 권리침해행위법에서 규범하고 있는 대상이 복잡한 성질을 가짐에 따라 책임귀속원칙에도 과거의 단일한 과실책임원칙에서 과실책임원칙을 중심으로 하고 무과실책임을 보조로 하는 책임귀속원칙이 나타났다. 이것은 주로 전통적인 과실책임원칙의 적용과 동시에 과실추정원칙을 사용하여 피해자의 입증책임을 경감시키는 형태로 나타난다. 예를 들면, 일반적으로 영미법계에서는 '사실 자체로 증명한다'는 규칙을 채택하는데, 이는 피해자의 이익을 보호하는 동시에 과실책임원칙 체계의 내부적 조화를 유지시킨다. 특별법상으로는 무과실책임원칙을 채택하고 있다. 각국에서는 의료사고배상법, 상품책임법, 항공법 등 많은 특별법을 반포하고, 이 영역 내에서 무과실책임원칙을 실행하여 권리침해행위법의 적용범위를 넓혔다.

II. 권리침해행위법의 위기

어떠한 책임귀속원칙을 채택하든지 책임은 개인에게 있다. 전통적인 채권의 원리에 따라 책임은 특정한 당사자 사이에서만 존재한다. 그러므로 이러한 손실은 당사자 사이에 분배하여 피해자가 부담을 하던지, 아니면 가해자가 부담하여야 한다. 이러한 상황은 피해자를 보호하는 데 불리하다. 권리침해행위법의 제3의 규범적 기능인 배상기능을 강화하기 위해서는 피해자와 가해자라는 특정한 범위 내에서 손해를 부담하게 할 것이 아니라 사회에 분산시켜야 한다. 그리하여 경영자는 안전을 얻고, 피해자는 배상을 얻는 '손실부담의 사회화의 구상'을 실현할 수 있다. 이러한 손실의 방식은 대략 두 가지로 분산할 수 있다. 하나는 책임보험이며 다른 하나는 사회보장제도이다.

1. 책임보험

(1) 개념

책임보험은 피보험자가 타인에게 손해를 입히고 배상책임을 부담해야 할 때, 보험자가 배상비를 지불하는 일종의 재산보험이다.

(2) 책임보험제도의 권리침해행위법에 대한 영향

이러한 영향은 주로 다음과 같은 몇 가지 면에서 나타난다.

(a) 무과실책임의 입법의 촉진

책임보험제도가 건립된 후, 입법자는 기업이 적당한 방법으로 손해를 분산시킬 수 있다면 기업이 특정한 손해에 대한 무과실책임을 지게 하는 것은 당연한 이치이다. 그러므로 책임보험은 무과실책임제도의 현실적 기초를 제공하여 무과실책임의 입법적 발전을 확정지었다. 이로써 무과실책임의 활동범위가 넓어졌고, 책임보험제도의 발전도 촉진되었다.

(b) 개인책임의 몰락

책임보험제도의 발달로 권리침해행위책임의 의의에도 중대한 변화가 발생하였다. 가해자가 타인에게 상해를 입혔을 때, 책임보험으로 이를 해결할 수 있게 됨에 따라서 전통적인 권리침해행위상의 개인의 민사책임은 형해화되었다. 가해자는 보험회사에게 소량의 보험비를 지불하는 것 이외에는 사실상 어떠한 책임도 지지 않는다. 전통적인 권리침해행위법에서 강조하는 것은 개인의 책임이고, 손해배상책임은 가해자 행위에 대한 비난적 표현이다. 그러나 책임보험제도에서 개인의 민사책임은 더 이상 존재하지 않고, 손해배상은 보험회사가 부담한다. 따라서 사회의 안전성이 증가하더라도 개인의 책임은 날로 몰락하고 있다.

(c) 권리침해행위법의 기능적 변화

권리침해행위책임은 보험을 통하여 분산될 수 있고, 개인의 책임은 사실상 존재하지 않기 때문에 권리침해행위법의 기능에 변화가 발생하였다. 이러한 변화는 권리침해행위법의 적극적인 기능, 즉 억제와 예방의 기능을 약화시켰고, 권리침해행위법의 소극적인 기능, 즉 보상기능을 강화시켰다. 전통적인 권리침해행위법은 가해자에게 배상책임을 부과함으로써 심리적 압박을 가하고 이익과 여론을 고려하도록 하여 보다 더 신중하게 주의를 다하도록 기능한다. 그러나 책임보험제도가 건립된 후 가해자는 소량의 보험비를 지불하는 방식으로 배상책임을 보험회사에게 전가시키고, 보험회사는 이를 다시 무수한 보험계약자에게 전가시켜 객관적으로 행위자의 주의의무가 느슨해졌다. 따라서 많은 사람들로부터 비판을 받았다. 반대자들은 "이 제도의 건립으로 권리침해행위에 의한 손해는 보험의 방식으로 전가되어야 한다. 이는 도덕적 규범을 위반한 것이고, 행위자의 주의를 해이하게 하여 반사회적 행위를 조성시키고 공공의 이익을 해친다. 그러므로 그 존재를 허락하여서는 아니된다"라고 주장한다. 그러나 하나하나 따져 다시 되돌릴 수 없으며 책임보험은 아직 발전단계에 있다. 이렇게 지지하는 큰 이유는 다음과 같다.

첫째, 책임보험은 민사책임의 의도대로 가해자가 도피하는 것을 방지하고, 피해자에게 가해자의 경제능력 혹은 기타 원인으로 인한 보상에 부족함이 없게 한다.

둘째, 19세기 이래 사고발생이 잦아졌고 가해자는 보상금을 지불하기 어려워져 피해자가 배상받는 것이 더욱 어려워졌다. 따라서 책임보험제도는 피해자의 손해에 대해 도움을 주어 사회이익에 부합된다.

셋째, 사실증명, 책임보험은 결코 반사회적 행위의 신장을 조장하지 않는다. 왜냐하면 현대사회에서 의외의 사고가 많이 발생하는 것과 당사자의 과실은 그다지 크게 관계되지 않는다. 설령 행위자가 주의를 하더라도 사고의 발생을 모면할 수는 없다. 그 밖에 행위자 또한 책임보험으로 인하여 자신의 주의를 해이하게 할 수 없다. 왜냐하면 형사책임은 행위자에게 무력으로 위협할 수 있기 때문이다.

그러나 어찌되었든 우리는 모두 승인하지 않을 수 없다. 책임보험제도가 비록 권리침해행위법의 보상기능을 강화할지라도 그밖의 다른 기능은 약화된다. 즉, 예방과 억제의 기능으로 권리침해행위법은 위기에 직면하게 하였다. 흡사 Lawson이 주장한 것과 같다. "조금도 과장하지 않고 말해서, 현재 대다수 국가의 학자들은 승인하였는데 권리침해행위법의 가장 중요한 목적은 보상이며 형법에 위탁하여 경고를 주지 않았어도 매우 적어 보잘것이 없다"고 승인하였다.

책임보험제도와 관련 있는 다른 하나의 제도는 손실분담제도이다. 손실분담은 손실전환이라고도 부르는데, 수많은 사람에게 손실이 발생할 경우, 가해자의 소속단체가 손실을 부담함에 따라 피해자가 받은 손실이 분산되는 것을 가리킨다. 손실을 분담하는 전형적인 방식은 대기업의 업주의 책임을 확대하는 것이다. 기업의 업주는 상품의 가격을 올려 권리침해행위로 조성된 손해를 무수한 소비자에게 전가한다. 그러나 이렇게 가격을 올려 책임을 전가하는 방식은 기업의 이윤에 영향을 줄 수 있고 발전을 저해한다는 불리한 요소를 가지고 있다.

2. 사회보장제도(사회보험제도)

(1) 사회보장제도의 개념

사회보장제도는 일련의 상호연계된 질병, 재해, 실업, 노동능력 상실 등의 원인으로 인해 야기된 개인생존권에 대해 무료로 보장해주는 제도의 총칭이다.

(2) 사회보장제도와 권리침해행위법 간의 관계

사회보장제도와 권리침해행위법은 비록 손해를 보충해주는 작용을 구비한다는 점은 같지만 기본제도의 출발점은 다르다. 권리침해행위법은 권리침해행위로 인해 발생된 손해를 규율하고, 사회보장제도는 사회연대사상에 기초하여 인류에 대해 기본적인 생존을 보장한다. 그밖에 권리침해행위법은 특정인이 입은 손해에 대해 전부배상의 원칙을 취하여 재산의 손해 외에 정신적인 피해도 보상한다. 이와는 반대로, 사회보장제도는 사람들에게 가장 기본적인 생활을 보장해준다.

권리침해행위법과 사회보장제도 사이에는 긴밀한 관계가 존재한다. 주의해야 할 점은 첫째, 한 국가의 권리침해행위법의 중요성과 일반사회보장제도는 완벽하게 반비례하는가이다. 사회보장제도의 건전한 사회에선 개인의 상해, 장애, 실업, 고령화와 사망 등은 기본적인 보장을 받으므로 설령 피해자가 권리침해행위자에게 보상을 받지 못하더라도 기본적인 생활이 보장된다. 반면, 사회보장제도가 갖추어져 있지 않은 사회에서 피해자가 권리침해보상을 받을 수 있는지 없는지는 매우 중요하다. 둘째로, 사회보장제도는 서로 다른 속도와 방식으로 전통적인 권리침해행위법의 영역을 점령하고 있다. 따라서 권리침해행위법의 활용범위는 점차 줄어들고 있다. 미국학자 Michael.D.Bayles는 "대부분의 공업국가 중 산재보험은 이미 산업재해의 영역에서 권리침해행위법의 영역을 대신한다. 미국의 많은 지방에서는 무과실의 자동차보험제도는 적어도 소액손해배상의 영역에서 권리침해법률제도를 대신한다. 캐나다와 영국에서도 국가의 건강보험은 이미 모든 의료비용을 포괄하고 있고 의료방면의 손해배상은 더 이상 중요하지 않게 되었다. 미국조차도 공민의 건강은 사회의 책임이라 인식하고 국가의 건강보험을 제공할 것이다"라고 했다. 심지어 어떤 학자는 무과실의 보험제도가 권리침해행위법을 대신해야 한다고 주장한다.

이러한 이상은 이미 이론단계에서 멈춘 것이 아니라 몇몇 국가에서는 이미 진행하고 있다. 예를 들어, 뉴질랜드에서는 이러한 계획들을 표결에 부쳐 실시하고 있다. 이러한 계획을 바탕으로 노동자배상, 자동차보험, 장애인사회보장제도도 하나의 큰 제도로 융합되어 사고로 인한 인신상해의 배상에 대해 기타 원인을 고려하지 않고 모든 인신상해에 대한 보상을 실시할 수 있다. 또한 예방의 목적 또한 기타 수단을 이용하여 실현된다. 오스트레일리아에서는 이미 이것과 유사한 유형의 계획이 질병을 보장하고 있다. 이 제도는 분명히 권리침해행위법보다 더욱 보편적으로 보상의 목적을 만족시키므로 지지를 얻고 있다. 그 다음으로, 전통적인 예방의 목적은 기타 수단을 통하여 실현하는 것이 더 좋을 수도 있다.

한층 더 나아가 무과실의 재산보험제도를 건립하는 것을 건의한다. 뉴질랜드 빅토리아 대학의 Palmer 교수는 1973년 미국 비교법학신문에 '인신손해배상 : 뉴질랜드 보편법의 만가'라는 내용을 게재하였다. 그중 명백하게 표시되어 있는데, 뉴질랜드의「의외의 사고보상법」에서는 보통법체계 중에서 가장 광범위한 의외의 사고배상법이 건립되었고, 이것은 전통적인 권리침해행위법 체계에 대한 하나의 치명적인 공격이었다. 미국 비교법학신문의 편집장인 캘리포니아 대학 교수인 Pleming은 이 논문을 보고 '본법은 인류의 문화역사상 전례가 없는 최초의 기획'이라고 평론하였다.

학자들의 논술 중 우리는 어렵지 않게 전통적인 권리침해행위법이 많은 새로운 문제와 난제에 직면하고 있음을 발견할 수 있다. 틀림없이 책임보험과 사회보험제도의 충돌 아래 전통적인 권리침해행위법은 심각한 위기에 직면하고 있다. 그러나 위기가 결코 몰락을 의미하는 것이 아니라며 현재까지 이것을 다른 제도로 대체한 나라는 하나도 없다. Michael은 다음과 같이 말하였다. "대다수 권리침해행위는 충분한 이유가 있어서 방치한다. 그렇지만 미국에서는 만상을 다 포괄한 무과실계획이 심지어 책임보험의 위기시기에도 토론의 과정 중에서 실패하였다. 여기서 보통법의 심판조직에서 당연한 관념으로 전과 다름없이 큰 영향을 주고 있다는 것을 표명하고 있다……." 어떻게 권리침해행위법을 현대사회에 적용시킬지에 관한 것은 각국의 학자들이 당면한 중요한 문제이다. 그러나 전통 권리침해행위법에 대한 개혁의 진행에 관해서는 각국 학자들의 공통적인 견해가 일치하고 있다.

제4절 一般權利侵害行爲

I. 일반권리침해행위의 구성요건의 개념

민법 중에서 권리침해행위책임의 구성요건은 행위자가 권리침해책임을 지는 조건을 가리키며, 행위자가 책임을 져야 하는지를 판단하는 것에 근거한다. 그것과 귀책원칙은 서로 밀접한 관계가 있다. 귀책이란 권리침해행위자의 행위 혹은 물건이 타인에게 손해사실을 발생시키면, 어떠한 근거에 의해 그 책임을 부담하느냐는 것이다. 귀책원칙은 귀책의 기본원칙이며 행위자의 권리침해행위의 민사책임을 결정하는 근거와 표준이 된다.

귀책원칙은 책임구성요건의 기초와 전제이고 책임구성요건은 귀책원칙의 구체적인 실현이다. 일반권리침해행위와 특수권리침해행위는 귀책원칙의 근거로 구분한다. 일반권리침해행위는 과실책임원칙을 채용하고, 특수권리침해행위는 오직 무과실책임원칙이나 과실추정원칙을 근거로 삼고 있다.

1. 대륙법계 국가의 일반권리침해행위의 구성요건에 관한 학설과 입법

대륙법계 국가에서는 2종류의 서로 다른 구성요건이 있다.

(1) 3요건설

3요건설은 프랑스민법전과 이론이 대표적이다. 일반권리침해행위의 구성요건은 과실, 손해사실과 인과관계라고 인식하고 있다.

(2) 4요건설

이 학설은 독일민법전과 이론이 대표적인데, 일반권리침해행위의 요건은 과실행위와 불법성, 손해사실과 인과관계라고 인식하고 있다.

3요건설과 4요건설의 다른 점은 과실에 대한 개념의 이해가 다르다는 것이다. 3요건설은 불법은 과실 중에 용해되고, 과실은 불법을 포함한다고 인식하고 있으며, 4요건설의 인식은 주관불법과 객관불법의 두 가지의 다른 개념이다. 그러므로 권리침해행위의 구성 중에서 두 가지 다른 점의 구성요건이라는 것이다. 중국은 3요건설을 찬성한다.

2. 영미법계 국가의 일반권리침해행위의 구성요건에 관한 이론

영미법계 국가에서의 전통적인 권리침해행위의 구성요건은 다음과 같다.

(1) 피고는 원고에 대한 주의의무를 지고 있다.
(2) 피고는 행위가 그 의무를 위반한 것이다.
(3) 피고의 행위가 인과적으로 원고에게 영향을 준다.
(4) 이상의 세 가지 정황의 결과로 원고에게 손해를 끼친다.

II. 일반권리침해행위의 구성요건

1. 과실의 개념

권리침해행위법의 귀책체계 중에서 과실은 가장 일반적인 것이고, 가장 기본적인 귀책원칙이며 귀책의 기초는 과실에 있다. 일반적인 권리침해행위 중에서 비록 손해사실과 인과관계가 존재하더라도 만약 과실이 없다면 행위자는 권리침해행위책임을 지지 않는다. 그렇다면 과실이란 무엇일까? 각국의 입법과 이론상 의견이 각각 엇갈리는데 대체로 다음과 같이 세 종류의 학설로 나눌 수 있다.

(1) 주관설

이 견해에 따르면, 민사상의 과실과 형사죄악은 서로 같다는 것이다. 행위자는 비난받아야 마땅한 심리상태를 가지고 있지만 행위자의 외부행위는 포함하지 않는다. 그 기본사상은 의지능력과 책임능력을 구비하고 있는 모든 사람은 의지자유를 구비하고 있으며, 그러므로 마땅히 자신이 선택한 행위의 결과에 대해서 책임을 져야 한다. 과실을 고찰할 때 행위자의 심리상태를 분석해야 하며, 의지의 활동과정에서부터 과실의 정도를 확정하고 행위자의 책임을 결정한다. 주관설은 독일입법과 이론이 대표적이며, 중국대륙과 대만이론에서도 과실의 개념에 이 학설을 많이 채택하고 있다.

(2) 객관설

객관설에 따르면 과실은 행위자의 주관적 심리상태로 인하여 비난을 받는 것이 아니라 그 의지가 반영된 외부행위로 인하여 비난을 받는 것이며, 행위자의 행위가 어떠한 행위기준에 부합되지 않는 것을, 즉 과실이라 한다. 객관설의 주요점은 행위자가 법정의 주의의무를 위반한 것인데, 영미법계 국가에서는 이 학설을 많은 국가가 채택하고 있다. 영국법관 Fraster는 "소위 과실이란 의무를 위반한 것을 가리키며, 과실에 대한 것은 처벌이나 비난을 경하게 하며 혹은 말로써 경고한다"라고 하였으며, 아르헨티나학자 Salvat는 "의무의 성질이 요구한 주의에 미치지 못한 것이, 즉 과실을 구성하며, 이러한 의무는 행위의 구체적인 시간, 지점, 인물과 서로 적합해야 한다"라고 하였다.

(3) 경제분석설

이것은 미국경제법학파의 대표적 학설이다. 이 학설은 勒呢德·漢德공식으로부터 실현되었다. 勒呢德·漢德은 미국의 법관으로서 그가 제기한 과실인정의 기준은 피고가 사고방지에 소비한 비용이 손해비용과 손해가 발생할 수 있는 횟수를 곱한 것보다 작은지의 여부이다. 만약 피고가 사고방지에 소비한 비용이 그것보다 적다면 피고는 과실이 있으며, 그렇지 않으면 과실이 없다. 만약 P를 사고발생의 빈도로 하고, S를 손해의 결과, F를 피고가 사고방지에 소비한 비용이라고 가정해보자. 만약 F〈S*P이면 피고는 과실이 있으며, 반대로 F〉S*P이며 피고는 과실이 없는 것이다.

  상술한 학설은 모두 장점과 단점을 가지고 있다. 주관적 과실설은 주관적 과실을 책임귀속의 요건으로 하고, 과실이 행위자가 비난받아야 마땅한 주관적인 상태에 의한 것임을 밝힘으로써 책임의 기초를 다졌다. 그러나 주관적 과실설은 피해자의 입증책임을 더욱 증가시키는 결과를 낳아서 피해자의 이익을 보호하기가 어렵다. 객관설은 행위자의 외부적인 행위만 강조하여 피해자를 보호하는 데 중점을 두고 있다. 이 점에서 볼 때, 객관설은 주관설보다 더 유력하지만 의지와 행위 사이의 연결을 끊어버림으로써 행위에 대하여 인간의 의지가 가지는 결정적인 작용을 부정한다. 그러므로 과실의 본질을 이해하기가 어렵다. 실무에서도 피고에게 책임을 가중시킬 수 있다. 현재 '한덕공식(漢德公式)'은 권리침해행위법을 공부하려는 미국학생이 반드시 장악하여야 하는 지식이다. 한덕공식은 비교적 큰 비용을 지불함으로써 비교적 적은 손실을 방지하거나 비교적 적은 비용의 사용으로 비교적 큰 손해를 모면하는 것을 거절하는 것 또한 자원적인 낭비라는 비교적 합리적인 경제적 성분을 가진다. 그러나 미국학자도 그것은 단지 일반적인 예방적 사고(思考)를 일으키는 하나의 요소에 불과하고 과실을 검사하는 면에서만 작용한다고 본다.

  필자는 주관과 객관의 통일설을 지지한다. 권리침해행위법의 제도에서 볼 때, 과실은 그저 행위자의 행위에 대한 법률의 부정적인 평가이고, 사람들의 행위는 주관적인 의지에 의해 한 것이다. 그러므로 과실은 행위자의 주관적 의지의 지배하에 한 행위의 과실이다. 과실은 행위자가 주관적으로 비난받아야 마땅한 성질을 의미하지만 행위자의 주관적 상태의 고립화를 의미하는 것은 아니다. 실제로 사람의 주관적 의지를 관찰할 때에 외부적인 요소를 참조하지 않는다면 그 목적에 도달하기가 어렵다. 한편, 사람의 의지는 잠재된 것이기 때문에 만약 외부적인 행위로 표현하지 않는다면 객관적으로 손해의 결과를 발생시킬 수 없다. 그러면 권리침해행위법의 과실문제를 논할 필요도 없게 된다. 그러므로 과실은 주관과 객관이 서로 결합된 개념으로서 행위자가 법률과 도덕적으로 비난받을 가능성을 가지는 행위를 표현한 주관적인 상태이다.

2. 과실의 인정기준

과실의 인정기준은 어떤 척도와 방법을 활용하여 행위자의 과실 여부를 판단하는 것이다. 과실은 개념상으로 주관설과 객관설의 구분이 있기 때문에 그에 따라 인정기준도 서로 다르다.

(1) 주관설

주관설에서는 행위자의 주관적 심리상태를 통하여 그 과실 유무를 확정하는 것이 주요한 과실의 인정기준이다. 즉, 행위자가 주관상으로 자신의 행위가 발생시킬 결과를 예견하지 못한 경우, 행위자는 결과에 대한 책임을 지지 않는다. 그러나 행위자가 예견할 수 있거나 예견하여야 하지만 예견하지 못한 경우에는 책임을 져야 한다. 이런 인정기준은 대체로 다음 세 가지 과정으로 나눌 수 있다. 첫째, 행위자가 손해결과의 발생에 대하여 예견하였는가? 둘째, 만약 예견하였다면 행위자는 행위결과에 대하여 어떤 태도인가? 셋째, 만약 예견하지 못하였다면 행위자가 반드시 예견하여야 하는 것은 아니었는가이다.

(2) 객관설

객관설에서는 객관적인 행위의 기준으로써 행위자의 행위를 가늠하여 행위자의 과실 유무를 확정한다. 이런 객관적 행위기준은 추상적인 제3자의 기준이다. 즉, 정상적이고 합리적인 제3자의 기준으로써 행위자의 행위를 가늠한다. 일반적으로 법관은 행위자의 과실 유무를 확정할 때에 합리적인 제3자를 그 환경에 놓고 고려한다. 즉, 그런 상황에서 그렇게 할 수 있는가를 고려하여, 만약 합리적인 제3자도 그런 행위를 할 것이라면 행위자에게 과실이 없고, 그렇지 않으면 과실이 있다.

필자는 객관설의 인정기준이 주관설의 인정기준보다 더 실질적이고 조작이 용이하다고 생각한다. 실제로 주관설은 과실을 인정하는 제3과정, 즉 '행위자가 반드시 예견하여야 하는 것은 아니었는가' 하는 문제에 대하여 객관적 기준을 사용한다. 즉, 합리적인 제3자의 기준을 사용한다.

3. 인과관계

(1) 인과관계의 개념

민법의 인과관계는 행위자의 행위나 행위자의 관리하에 있는 물건과 손해결과 사이에 존재하는 상호적인 관계를 말한다. 그러나 이런 관계가 법률과 사실상으로 가지는 의의는 무엇인가 하는 문제는 공업과 과학기술의 발전에 따라 이론상으로도 확실하게 설명할 수 없게 되었고, 입법과 사법상으로도 점점 모호해지고 있다.

(2) 인과관계의 확정

이론이 얼마나 추상적이냐에 관계없이 모두 그 기본적인 목적을 기억하여야 한다. 즉, 어떻게 객관적으로 공평하게 책임의 귀속을 확정할 것인가 하는 목적을 기억하여야 한다. 이론은 심오할수록 좋은 것이 아니라 실무에 더 명확한 나침반이 될 수 있는 것이어야 한다. 이를 바탕으로 현대민법은 인과관계에서 '양분법'이라 불리는 기본적인 방법을 채택하였다. 이 방법에 따르면, 인과관계에 대한 고찰은 다음과 같은 두 가지 단계로 나누어야 한다.

단계1 : 피고의 행위나 책임을 져야 하는 사건이 사실상으로 손해를 발생시킨 원인에 속하는가?

단계2 : 손해를 발생시킨 원인이 법률책임을 져야 하는 원인인가?

단계1을 '사실상의 원인에 대한 확정'이라 하고, 단계2를 '법률상의 원인에 대한 확정'이라 한다.

(a) 피고의 행위나 책임을 져야 하는 사건이 사실상으로 손해를 발생시킨 원인에 속하는지를 어떻게 확정할 수 있는가? 이에 대하여 주요하게 두 가지 방식(공식)이 있다.

(i) 필요조건의 규칙

영미법에서는 필요조건의 규칙을 'if not공식'이라고 한다. 즉, 갑의 상황이 없으면 을의 상황은 발생할 수 없으므로 갑은 을의 필요조건이다. 필요조건의 규칙에 따르면 손해의 발생을 구성하는 필요조건의 상황은 모두 사실상의 원인이다.

(ii) 실질적 요소공식

대다수의 상황에서 손해의 결과를 발생시키는 결과는 두 개 이상의 조건에 의한 것이다. 이 경우에는 'if not공식'으로 문제를 해결할 수 없다. 예를 들어, 갑과 을이 각각 서로 다른 방향에서 불을 붙여 병의 창고를 태웠을 때, 사실상으로 갑과 을의 행위는 모두 결과를 발생시킬 수 있는 행위이다. 이처럼 필요조건의 규칙으로써는 인과관계를 확정할 수 없다. 이 경우, 법관은 피고의 행위가 원고가 받은 손해를 촉진한 것인가 아닌가 하는 실질적 요소를 고찰한다. 만약 그렇다면 인과관계가 있는 것이고, 그렇지 않으면 인과관계가 없는 것이다. 다시 말해서, 이런 상황에서 여러 가지 원인이 공동으로 손해를 발생시킬 수 있는 일련의 조건인 필요요소라고 보는 것이다. 이 규칙은 《미국권리침해행위법중술》에 의하여 긍정되었다.

(b) 어떻게 법률상의 인과관계를 확정할 것인가? 즉, 손해를 발생시킨 원인이 법률책임을 져야 하는 원인인가 아닌가? 대다수의 상황에서 어떤 사건은 손해를 발생시키는 사실상의 원인이지만, 법률책임을 져야 하는 원인이 아닐 수도 있다. 왜냐하면 세상은 보편적으로 연결되어 있으므로 어떤 사건이 이런 보편적 연결 중의 하나가 될 수도 있지만, 손해의 결과와는 거리가 있어 법률책임을 지지 않을 수도 있기 때문이다. 예를 들어, 갑과 A는 같은 기숙사에 사는데 말다툼이 발생하여 갑이 기숙사를 나와 길

을 건너다가 자전거를 타던 사람 B와 부딪혀 쓰러졌고, 그 뒤에 오던 자동차 운전사 C가 브레이크를 밟지 못하여 갑에게 상해를 입혔다. 병원으로 이송하는 중에 구급차 기사인 D의 음주운전으로 인하여 차가 전복되어 갑이 사망하였다. 이 사고에서 A와 B의 행위는 사실상 갑의 사망과 관련이 있다. 그러나 이 두 사람에게 갑의 사망에 대한 법률책임을 부담하게 하는 것은 공평하지 못하다. 어떻게 법률상의 인과관계를 확정할 것인가에 대하여 많은 학설이 있다.

(i) 필연적 인과관계이론

이 이론에 따르면 행위자의 행위와 손해의 결과 사이에 내재적, 본질적, 필연적인 관련이 있으면 법률상의 인과관계가 있다. 정확하게 책임을 확정하기 위하여 원인과 조건을 구분하여야 한다. 원인은 필연적으로 결과를 발생시키는 요소이고, 조건은 결과의 발생에 가능성을 제공할 뿐이다. 만약 조건을 원인으로 하면 법률책임을 지지 않아도 되는 사람도 민사책임을 져야 한다. 반대로 법률책임을 져야 할 사람은 민사책임을 지지 않아도 된다.

이 이론은 철학상의 조건과 원인의 관계를 기초로 한다. 사실상으로 조건과 결과는 외재적이고 우연하게 연결되어 있다. 이런 우연한 인과관계도 인과관계이다. 이런 경우에 우연한 연결도 손해의 결과를 발생시킬 수 있다. 그러므로 이 이론은 책임의 객관적인 기초와 범위를 축소시킨 것이다. 이 때문에 많은 학자들의 비난을 받았다.

(ii) 상당인과관계설

상당인과관계설에 따르면, 어떤 사실이 현실적인 상황에서 그런 결과를 발생시키는 것만으로는 인과관계를 판단하기에 부족하다. 그러므로 반드시 일반적인 상황에서 사회의 일반적인 관념에 따라서도 그런 결과가 발생할 가능성이 있을 경우에만 인과관계가 있다. 많은 중국학자들은 이 이론을 지지하고 있다.

4. 손해사실

손해는 권리침해행위책임의 기초이다. 왜냐하면 '손해가 없으면 책임도 없다'는 로마법에서부터 격언이 되었기 때문이다. 손해는 행위가 법률이 보호하는 재산이나 권익을 가치나 용도상으로 감소시킨 것이다.

손해는 서로 다른 기준에 따라 재산손해와 인신손해, 직접손해와 간접손해로 나눌 수 있다. 인신손해와 재산손해는 손해의 대상을 기준으로 나눈 것이다. 즉, 인신권에 대한 손해는 인신손해이고, 재산권에 대한 손해는 재산손해이다. 직접손해는 현존하는 재산이나 권리의 고유한 상태에 감소나 손해가 발생한 것이고, 간접손해는 원래 얻어야 하는 이익을 얻지 못한 것이다. 직접손해와 간접손해, 재산손해와 인신손해를 구분하는 의의는 주로 손해정산과 배상의 차이에서 나타난다.

제5절 特殊權利侵害行爲

I. 공무권리침해행위

1. 개념

공무권리침해행위란 국가기관 혹은 국가기관의 공무원이 직무집행 중 공민, 법인의 합법적 권익을 침범하여 법에 의거하여 민사책임을 부담하는 행위이다. 「중국민법통칙」 제121조에서는 "국가기관 혹은 국가기관의 공무원이 직무집행 중 공민, 법인의 합법적 권익에 손해를 초래하였을 경우 반드시 민사책임을 부담하여야 한다"고 규정하고 있다.

2. 구성요건

(1) 행위자는 반드시 국가기관 혹은 국가기관의 공무원이어야 한다. 이것은 공무권리침해행위가 기타 권리침해행위와 구별되는 요건이기도 하다. 특히 국가기관의 공무원이 행위자일 때, 그 행위는 반드시 공무집행과 관련되어야 한다. 즉, 반드시 국가공무원의 신분으로 종사한 행위이어야 한다. 만약에 공민 혹은 법인에 대한 행위자의 권리침해행위가 공무집행과 무관할 경우, 일반적인 권리침해행위의 규정을 적용한다.

(2) 공민 혹은 법인의 합법적인 권익에 손해를 초래한 사실이 반드시 존재하여야 한다.

(3) 손해사실과 국가기관 혹은 국가기관의 공무원의 행위 사이에 인과관계가 존재하여야 한다.

3. 귀책원칙과 책임주체

(1) 귀책원칙

「중국민법통칙」제121조의 규정에 따르면, 공무권리침해행위는 무과실책임원칙을 적용한다. 즉, 손해를 입은 공민 혹은 법인은 권리침해행위자의 과실을 증명하지 않아도 배상을 주장할 수 있다. 이것은 주로 일반법인 및 공민의 합법적 권익을 보호하기 위한 것이다.

(2) 책임주체

「중국민법통칙」제121조의 규정에 따르면, 공무권리침해행위가 발생하였을 경우 마땅히 손해를 초래한 국가기관 혹은 공무원이 소재한 국가기관에서 배상책임을 부담하여야 한다. 국가기관은 국가의 명의로 국고재산에서 배상한다. 그러므로 이러한 책임을 국가배상책임이라고도 한다.

II. 위험성이 높은 작업으로 인하여 타인에게 손해를 초래한 권리침해행위

1. 개념

위험성이 높은 작업으로 인하여 타인에게 손해를 초래한 권리침해행위(이하 '위험성이 높은 작업으로 인한 권리침해행위'라 함)는 위험성이 높은 작업에 종사하여 타인의 인신 혹은 재산에 손해를 초래하는 행위이다. 그렇다면 '위험성이 높은 작업'은 무엇일까? 「중국민법통칙」 제123조의 규정에 따르면 위험성이 높은 작업이란 고공, 고압, 인화물질, 폭발물, 독극물, 방사성, 고속운수작업을 가리킨다.

2. 구성요건

(1) 책임주체는 주위환경에 대하여 위험성이 높은 작업에 종사하여야 한다. 즉, 앞에서 서술한 7종류의 작업에 종사하여야 한다.
(2) 반드시 위험성이 높은 작업으로 인하여 타인에게 손해를 초래한 사실이 있어야 한다. 이러한 손해에는 인신에 대한 상해와 재산에 대한 손해를 포함한다.
(3) 책임주체가 종사하는 위험성이 높은 작업과 손해사실 사이에 인과관계가 존재하여야 한다.

3. 귀책원칙과 책임주체

(1) 귀책원칙

위험성이 높은 작업으로 인한 권리침해행위는 무과실책임의 원칙을 채택한다. 즉, 피해자는 책임자의 과실을 증명할 필요 없이 그에 상응하는 민사책임을 주장할 수 있다.

(2) 책임주체

위험성이 높은 작업으로 인한 권리침해행위의 책임주체는 직접적으로 위험성이 높은 작업에 종사하는 사람일 수도 있고, 법률규정 혹은 계약의 약정에 따라 책임을 부담하는 사람일 수도 있다.

4. 면책요건

(1) 원고의 고의가 있을 경우에는 면책사유가 인정된다. 「중국민법통칙」 제123조의 규정에 따르면, 만약 피해자의 고의에 의한 손해라고 증명할 수 있는 경우에는 민사책임을 부담하지 않는다.
(2) 불가항력은 면책사유가 될 수 없다.

III. 환경오염으로 인하여 타인에게 손해를 초래한 권리침해행위

1. 개념

환경오염으로 인하여 타인에게 손해를 초래한 권리침해행위(이하 '환경오염으로 인한 권리침해행위'라 함)는 환경을 오염시켜서 타인에게 손해를 초래하여 법에 의해서 마땅히 민사책임을 부담하여야 하는 행위이다.

환경오염은 인류의 공해로써 우리에게 불행을 초래한다. 수자원과 공기의 오염은 우리의 신체에 해를 입힌다. 그렇다면 '환경오염'은 무엇일까? 그것은 생산, 생활 및 기타 활동으로 인해서 인류의 생존공간에 배출한 유해물질이다. 예를 들어 폐수, 폐기가스, 폐기물, 가루와 먼지, 방사성물질, 오물 등이 있다. 이러한 물질이 인류의 생존공간을 훼손시키고, 인류의 신체 및 재산에 손해를 초래한다. 예를 들어, 오염된 식수를 마시고 병에 걸리거나 오염된 물로 관개하여 작물의 생산이 감소한 경우 등이 있다.

2. 구성요건
(1) 피고는 환경을 오염시키는 행위를 하여야 한다.
(2) 피고의 환경을 오염시키는 행위에 의하여 원고에게 손해가 초래되어야 한다.
(3) 피고가 환경을 오염시킨 행위와 손해사실 사이에는 인과관계가 있다.

3. 귀책원칙과 책임주체
환경오염으로 인한 권리침해행위는 무과실책임원칙을 적용한다. 책임주체는 오염행위자이다.

4. 면책사유
중국환경보호법과 수질오염방지법의 관련규정에 근거하여 환경오염으로 인한 권리침해행위의 면책사유는 다음과 같다.
(1) 불가항력
(2) 피해자 자신의 책임
(3) 제3자의 과실
(4) 책임주체가 그 오염이 국가규정에 위반되지 않는다고 면책을 주장할 수 있는가? 「중국민법통칙」 제124조에서는 "국가환경보호규정을 위반하고 환경을 오염시켜 타인에게 손해를 초래한 경우, 반드시 법에 의하여 민사책임을 부담하여야 한다"고

규정하고 있다. 이 규정에서 '국가환경보호규정을 위반'하는가는 주의의무의 기준이다. 만약 오염행위자가 타인에게 손해를 초래하였지만 국가환경보호규정에 위반되지 않는다면 민사책임을 부담하지 않을 수 있을까?

이에 대하여 피고의 오염행위가 타인에게 손해를 초래하였지만 국가환경보호의 규정을 위반하지 않았다면 이를 이유로 면책을 주장할 수 없다는 것이 대다수 학자들의 주장이다. 국가환경보호국은 1991년 10월 10일 후베이(湖北) 환경보호국에게 보낸 환경오염으로 인한 손해배상책임의 확정에 관한 회답에서 "현행 법률, 법규는 과실유무 및 오염의 배출기준의 초과 여부를 오염물 배출단위의 배상책임의 유무를 확정하는 조건으로 하지 않는다"고 하였다. 국가 혹은 지방에서 규정한 오염배출기준은 환경보호부문에서 오염물 배출단위가 기준을 초과한 오염물을 배출하는 비용을 납부해야 하는지와 환경보호관리를 필요로 하는지를 근거로 결정하는 것이다. 그러나 오염물 배출단위가 부담하는 배상책임의 한도를 확정하는 것은 아니다.「중국환경보호법」제41조에서도 다음과 같이 규정하고 있다. "환경오염에 해를 조성한 것은 해를 제거할 책임이 있다. 또한 직접적으로 손해를 당한 단위나 개인에 대해서 손실을 배상한다." 이 규정은 국가의 관련규정을 위반하였는지에 대해서는 분명하게 언급하지 않고 있다. 그러므로 필자는 만약 피고가 그 오염이 '국가환경보호규정을 위반하지 않았다'는 것을 이유로 면책을 주장할 수 없다고 생각한다.

IV. 지면시공으로 인하여 타인에게 손해를 초래한 권리침해행위

1. 개념

지면시공으로 인하여 타인에게 손해를 초래한 권리침해행위(이하 '지면시공으로 인한 권리침해행위'라 함)는 지면을 시공할 때 안전조치를 취하지 않았거나 분명한 표지를 설치하지 않음으로 인해서 타인에게 손해를 입혀 법에 의하여 마땅히 배상책임을 부담하여야 하는 행위이다.

그렇다면 '지면시공'은 무엇일까? 「중국민법통칙」 제125조의 규정에 의하면, 지면시공이란 공공장소, 길가 혹은 대로에서 구멍을 파거나 지하시설을 설치·수리하는 것을 가리킨다.

2. 구성요건

(1) 반드시 지면시공행위가 있어야 한다. 즉, 공공장소, 길가 혹은 대로에서 구멍을 파거나 지하시설을 수리·설치하여야 한다. 이 요건은 기타 권리침해행위와 서로 구별되는 것이다. 지면시공이 아니라면 이 규정을 적용하지 않는다.

(2) 피고는 안전조치를 취하지 않았거나 분명한 표지를 설치하지 않았어야 한다.

(3) 피고의 지면시공행위는 안전조치를 취하지 않았거나 분명한 표지를 설치하지 않음으로 인해서 타인에게 손해를 초래하여야 한다.

이러한 요건은 두 가지 의미를 가진다. 첫째는 타인이 손해를 입은 사실이 있다는 것이고, 둘째는 피고의 지면시공과 피해자의 손해 사이에는 인과관계가 존재한다는 것이다.

3. 귀책원칙과 책임주체

(1) 귀책원칙

「중국민법통칙」 제125조의 규정에 따르면, 지면시공으로 인한 권리침해행위는 과실추정원칙을 적용한다. 즉, 반드시 피고 자신이 이미 안전조치를 취하였거나 분명한 표지를 설치하였음을 근거로 제시하여 증명하여야 한다.

(2) 책임주체

책임주체는 시공자 혹은 마땅히 시공에 대해서 책임을 져야 하는 사람이다.

4. 면책요건

만약 시공자가 이미 안전조치를 취하였거나 분명한 표지를 설치하였음을 증명할 수 있다면 그 책임을 면할 수 있다. 그러나 시공자가 취한 안전조치나 설치한 표지가 타인에 의하여 훼손되었다면 마땅히 책임을 져야 한다. 왜냐하면 시공자는 안전조치 혹은 분명한 표지에 대한 보호의 의무를 가지기 때문이다.

V. 건축물 혹은 기타 물건으로 인하여 타인에게 손해를 초래한 권리침해행위

1. 개념

「중국민법통칙」 제126조의 규정에 따르면 건축물 혹은 기타 물건으로 인하여 타인에게 손해를 끼친 권리침해행위(이하 '건축물 혹은 기타 물건으로 인한 권리침해행위'라 함)는 건축물 혹은 기타 시설 및 건축물상의 방치물, 걸어놓은 물건이 무너지거나 칠이 벗겨지거나 추락하여 타인에게 손해를 초래하였을 경우, 법에 의거하여 반드시 책임을 부담하여야 하는 행위이다. 이러한 규정에 따라서 이런 권리침해행위는 다음 세 가지 상황을 포함한다.

(1) 건축물 전부 혹은 부분이 무너져 타인에게 손해를 입힌 것
(2) 건축물상의 기타 시설의 칠이 벗겨져 타인에게 손해를 입힌 것
(3) 건축물상의 방치물, 걸어놓은 물건이 추락하여 타인에게 손해를 입힌 것

2. 구성요건

(1) 건축물 혹은 기타 시설 및 건축물상의 방치물, 걸어놓은 물건이 무너지거나 칠이 벗겨지거나 추락한 사실, 다시 말하면 타인에게 손해를 초래한 원인이 반드시 건축물 혹은 기타 시설 및 건축물상의 방치물, 걸어놓은 물건이 무너지거나 칠이 벗겨지거나 추락한 것이어야 한다는 것이다.
(2) 반드시 타인에게 손해를 초래한 사실이 있어야 한다.
(3) 건축물 혹은 기타 시설 및 건축물상의 방치물, 걸어놓은 물건이

무너지거나 칠이 벗겨지거나 추락한 것과 원고가 입은 손해 사이에는 인과관계가 있어야 한다.
(4) 피고는 과실이 있어야 한다. 그러나 입증책임은 반드시 피고가 부담하여야 한다.

3. 귀책원칙과 책임주체

(1) 귀책원칙
「중국민법통칙」 제126조의 규정에 따르면, 자신이 과실이 없음을 증명할 수 있는 피고는 책임을 면할 수 있다. 즉, 건축물 혹은 기타 물건으로 인한 권리침해행위는 과실추정원칙을 적용한다.

(2) 책임주체
책임주체는 건축물 혹은 기타 물건의 소유자 혹은 관리인이다.

4. 면책사유
(1) 불가항력
(2) 피해자의 과실
(3) 제3자의 과실

VI. 동물로 인하여 타인에게 손해를 초래한 권리침해행위

1. 개념

동물로 인하여 타인에게 손해를 초래한 권리침해행위(이하 '동물로 인한 권리침해행위'라 함)는 사육하는 동물이 본능에 의해서 타인에게 손해를 초래하여 반드시 그 소유자 혹은 관리자가 배상책임을 부담하여야 하는 행위이다. 동물로 인한 권리침해행위는 오래된 권리침해행위의 일종이므로 각국의 민법에서 모두 그에 관한 규정을 하고 있다.

2. 구성요건

(1) 반드시 사육하는 동물이어야 한다. 만약에 사육하는 동물이 아니면 이 규정을 적용할 수 없다.
(2) 반드시 동물이 타인에게 가한 손해여야 한다. 동물이 타인에게 가한 손해란 동물이 본능에 의해 타인에게 가한 상해이다. 만약 타인이 동물을 혹사시켜 타인에게 상해를 초래하도록 하였으면 이 규정을 적용하지 않는다. 왜냐하면 그것은 사람의 상해행위이지 동물의 상해행위가 아니며, 동물은 일종의 가해도구에 지나지 않기 때문이다.
(3) 반드시 타인에게 손해를 초래한 사실이 있어야 한다.
(4) 동물의 행위와 손해 사이에는 인과관계가 있어야 한다.

3. 귀책원칙과 책임주체

동물로 인한 권리침해행위에 대해서 각국은 모두 무과실책임원칙을 적용하며, 중국 또한 예외가 아니다. 책임주체는 동물의 소유자 혹은 관리인이다.

4. 면책사유

(1) 피해자의 과실

여기에서 동물의 가해행위란 피해자의 희롱 혹은 기타 행위로 인해서 야기된 것이다. 즉 피해자의 행위가 동물이 손해를 가하도록 한 것이다.

(2) 제3자의 과실

여기에서는 주로 제3자가 희롱 혹은 기타 행위를 통하여 동물의 본능을 일으켜 동물이 타인에게 상해를 입히도록 하는 것이다. 이에 대한 책임은 마땅히 제3자에게 있다.

VII. 피감호인이 타인에게 손해를 초래한 권리침해행위

1. 개념

피감호인이 타인에게 손해를 초래한 권리침해행위(이하 '피감호인에 의한 권리침해행위'라 함)는 무민사행위능력자 혹은 제한민사행위능력자가 타인에게 손해를 초래하여, 그 재산으로 혹은 감호인이 배상책임을 부담하여야 하는 권리침해행위이다. 무민사행위능력자와 제한민사행위능력자는 인류집합체 속에 있지만 자신의 행위를 인식할 수 없거나 완전하게 제어할 수 없기 때문에 종종 타인에게 손해를 초래한다. 그러므로 감호인의 책임을 가중시켜 비교적 유효하게 그들의 행위를 방지할 수 있다. 따라서 각국의 민법은 모두 피감호인에 의한 권리침해행위의 책임제도를 규정하고 있다. 「중국민법통칙」 제133조에서도 이 제도를 규정하고 있다.

2. 구성요건

(1) 행위자는 반드시 무민사행위능력자 혹은 제한민사행위능력자이어야 한다.
(2) 반드시 타인에게 손해를 초래한 사실이 있어야 한다.
(3) 무민사행위능력자 혹은 제한민사행위능력자의 행위와 손해결과 사이에는 인과관계가 존재하여야 한다.

3. 귀책원칙과 책임주체

(1) 귀책원칙

중국의 이론상으로는 피감호인에 의한 권리침해행위의 귀책원칙에 대한 이견이 있다. 그러나 중국법에서 적용하는 것은 무과실책임원칙이다.

(2) 책임주체

「중국민법통칙」제133조의 규정에 따라 피감호인에 의한 권리침해행위의 책임주체는 감호인이다. 그러나 만약에 피감호인이 재산이 있을 경우에는 마땅히 피감호인의 재산에서 먼저 배상비용을 지불하여야 한다.

4. 책임제한

「중국민법통칙」제133조의 규정에 따르면, 만약 감호인이 감호책임을 다하였음에도 불구하고 여전히 피감호인의 권리침해행위를 피할 수 없는 경우에는 그 배상책임을 적당히 경감하여 줄 수 있다.

VIII. 제조물책임[64]

1. 개념

제조물책임을 확정하려면 반드시 먼저 '제조물'에 관한 정의를 내려야 한다. 이것은 간단한 문제처럼 보이지만 각국의 입법과 이론을 골치 아프게 하고 있다. 따라서 이론상으로 의견이 분분하며 입법상으로도 각각 다르다.

1987년 「영국소비자보호법」 제1조의 규정에 근거하면, 제조물은 어떠한 제조물 혹은 전기를 가리키며 부품으로서, 원재료로서, 혹은

---

[64] 원문은 '産品責任(산품책임)'이다. ─ 역자

기타 물건으로서 다른 하나의 제조물로 조립되는 것도 포함한다. 영국학자 스티븐슨은 이 조항에 대해서 해석하였는데 '제조물'을 다음과 같이 정의하였다.

(1) 어떤 제조물(기본적으로 동산이며, 재산, 현재 자라고 있는 농작물, 붙이고 묶어서 토지와 건축물에 설치되어 있는 시설 및 차량, 선박, 비행기 등을 포함한다)

(2) 합쳐져서 다른 제조물이 된 것 중의 부재와 원재료

(3) 전기기구

실제로 이것은 모든 제조물에 적용된다. 제조물에 관한 정의의 범위가 매우 광범위하다 해도 가공하지 않은 농산품과 포획물은 범위 내에 포함되지 않는다. 그것을 제조물책임의 밖으로 배제하는 이유는 다음과 같다. 첫째, 기타 제조물과 다르다. 가공을 거치지 않는 농산품은 객관적인 환경의 영향을 받기 쉬우므로 잠재된 결함이 발생할 수 있다. 그러므로 이것은 생산자가 제어할 수 없는 것이다. 둘째, 이런 제조물이 시장에서 대량으로 섞여 판매되면 결함의 근원지를 발견하기가 매우 어렵다. 셋째, 결함이 생산과 판매 중 어느 부분에서 발생한 것인지 확정하기가 매우 어렵다.

「제조물책임에 관한 EU지침」(1985년 7월 25일) 제2조는 제조물에 대해서 이와 같은 정의를 내렸다. 본 지침 중의 '제조물'은 모든 동산을 가리키며, 다른 동산으로 조립된 것 혹은 부동산 중의 동산으로 조립된 것을 포함한다. 그러나 초급 농산품과 포획물은 제외한다. '초급 농산품'은 재배업과 목축업, 수산업의 제조물을 가리키지만 가공을 거친 제조물은 제외한다. '제조물'은 전기를 포함한다. 그러나 「제조물책임에 관한 EU지침」 제15조는 각 성원국이 본국의 입법을 통하여

제조물의 정의에서 '농산품과 포획물'에 대한 지침과 다른 규정을 할 수 있도록 허락하였다.

1973년 제조물책임의 적용법률에 관한「헤이그조약」제5조는 제조물에 대해서 이러한 정의를 내렸다. '제조물'은 반드시 천연제조물과 공업제조물을 포함하여야 하며, 가공된 것이든 가공되지 않은 것이든 모든 동산 혹은 부동산이다. 이러한 정의는 분명하게 농산품을 그 범위 내에 포함시킨다.

중국 민사입법의 '제조물'에 대해서 학리상으로 불일치가 존재한다. 어떤 학자는 만약 생산활동의 생산물이기만 하면 공업, 농업생산 또는 기타 생산물을 막론하고 원칙상 모두 제조물책임 중의 '제조물'이 될 수 있다고 여긴다. 하지만 법률에 다른 규정이 있는 것은 제외한다. 그러나 어떤 학자들은 민법통칙 중에서 일컫는 '제조물'에 대해서 마땅히 축소해석을 하여야 한다고 여긴다. 첫째, 그것은 자연산물을 포함하지 않은 노동제조물이다. 둘째, 노동제조물 중에서 정신적 제조물을 포함하지 않는 물질적 제조물만을 가리킨다. 셋째, 농업원제조물과 포획물은 마땅히 포함하지 않아야 한다. 이를 종합해보면 본 조항에서 가리키는 '제조물'은 공업제조물, 무체물인 전력, 가스도 포함한다. 그리고 토지, 목축, 어업상품과 포획물이 가공을 거친 경우에도 포함한다.

「중국제조물품질법」제2조에서는 "본법에서 가리키는 상품은 가공과 제작을 거쳐 판매에 쓰이는 상품을 가리킨다"고 규정하고 있다. 그러므로 축소해석을 하여야 한다. 그러나 일반법인「중국민법통칙」제122조에서 가리키는 상품에도 이러한 해석을 하여야 하는지는 탐구할 만한 가치가 있다.

한편 영국학자 스티븐슨은 제조물책임에서 흔히 발생하는 문제를 제기하였다. 즉, 도서 혹은 기타 정보제조물(예 : 컴퓨터의 소프트웨어)에 유형손실이 발생하였을 때, 제조물책임법을 적용할 수 있는가 하는 것이다. 예를 들어, 어떤 사람이 서점에서 친구에게 줄 선물로서 과수관리에 관한 서적 한 권을 구입하였다. 그 책을 받은 친구는 그 책의 내용에 따라 자신의 과수원을 관리하였다. 그 결과 책의 잘못된 내용으로 인하여 과수원에 중대한 손실을 초래하게 되었다. 이때 그는 제조물책임법에 근거하여 소송청구를 제기할 수 있는가는 깊이 생각해보아야 할 문제이다.

2. 책임주체

제조물책임의 현저한 특징은 소비자와 시종 연결되어 있다는 것이다. 현대사회에서 하나의 제조물은 최초의 제조자에서 최후의 소비자에게 가기까지 많은 복잡한 과정을 거치며 많은 주체와 관련되어 있다. 예를 들면 최초의 원료공급자, 부품의 생산자, 조립자, 운송자, 판매상 등은 모두 소비자와 직접 혹은 간접적으로 연결되어 있다. 그렇다면 그 상품의 결함으로 인해서 소비자에게 손해를 초래하였을 때, 결과적으로 누가 배상책임을 져야 하는가? 이 문제는 소비자의 이익과 관련이 있을 뿐만 아니라 전체적으로 연결되어 있는 모든 주체와 관련이 있다. 그러므로 이에 대해서 연구할 필요가 있다. 이 문제에 대하여 각국의 입법에서는 서로 다른 규정을 하고 있다.

(1) 영국의 제조물책임법

1987년 영국의「소비자보호법」제2조의 규정에 따르면 책임주체의 범위는 매우 광범위하다. 그것은 다음과 같은 내용을 포함한다. (a) 완제품의 제조자, (b) 부재의 제조자, (c) 원재료의 생산자, (d) 자신이 생산자 위치에 놓여 있는 사람, (e) 수입상 등이다. 만약에 두 명 혹은 두 명 이상의 사람이 동일한 손해에 대하여 책임이 있을 때, 그들은 연대책임을 진다. 만약 제조물의 생산자 혹은 수입상을 확정할 수 없을 때, 제조물의 공급상이 책임을 부담한다.

이 중 '자신이 생산자 위치에 놓여 있는 사람'을 어떻게 이해하여야 할까? 1987년「소비자보호법」제2조의 규정에 따르면, 제조물에 자신의 이름을 달거나 자신의 상표 혹은 기타 현저한 표시를 사용한 사람이 바로 '자신이 생산자 위치에 놓인 사람'이다. 이것은 타인이 생산한 상품을 자신의 상표로 판매한 상점도 포함한다.

(2) 미국의 제조물책임법

미국에서는 제조물책임의 주체를 제조물의 제조자와 판매자로 한다. 제조물의 제조자는 완제품의 제조자를 포함하고, 원재료, 부재의 제조자 및 조립, 가공자, 실제로는 아니지만 자칭 제조자의 상품의 판매자도 포함한다. 제조물의 판매자의 범위도 상당히 광범위하다. 그것은 도매상, 소매상뿐만 아니라 식당의 영업자까지 포함한다. 구체적으로 말해서 제조물의 제조자, 동산 혹은 부동산의 판매자, 부품의 제조자, 동산의 임대인, 서비스제공자, 증정인을 포함한다.

어떤 학자는《미국권리침해행위법중술》제412조에서 제조물책임을 판매상에까지 확장시키는 것에 대하여 이의를 제기하였다. 마이클은《미국권리침해행위법중술》이 제조물책임을 제조물판매에 종사하는 어떠한 사람에게까지 확장시켜, 소매상이 제조상으로부터 받은 상품이 밀봉포장된 것일지라도 소매상도 제조물에 대한 책임을 부담하여야 한다고 생각하였다. 그러나 제조물의 제공자에게 상품의 안전에 대한 특수한 책임의 부담을 요구하는 것은 무익한 것이다. 왜냐하면 밀봉포장된 상품이나 밀봉포장은 하지 않았지만 상품에 어떤 변화를 가하지 않고 그대로 판매한 경우, 소매상에게 책임을 부담하게 하는 것은 경제예방의 원칙에도 불리하기 때문이다. 이것은 소매상은 손해를 초래하지 않고서는 그 활동에 종사할 수 없고, 제조자에 비해서도 원가를 분산시키는 능력이 떨어지는 데 그 원인이 있다. 그러나 소매상이 상품에 어떤 변화를 가하였다면 상품책임원칙을 적용할 수 있다. 따라서 그는 다음과 같은 제조물책임원칙을 얻어냈다. 결함이 있는 제조물을 제조, 개선 혹은 판매하는 사람은 합리적으로 사용할 수 있는 제조물이 결함에 의하여 형태적인 손해를 받았을 경우, 책임을 부담하여야 한다며, 경제분석적 각도에서 결론을 냈다. 그러나 소비자의 입장에서 본다면, 밀봉포장된 제조물의 판매자에게 청구서를 제출하는 것도 소비자의 권리를 보호하는 데 유리하다.

(3) 유럽경제공동체의 제조물책임지침

이 지침의 제3조에서는 생산자를 책임주체로 하는데, 책임주체란 무엇인가? 지침에서는 이를 다음 다섯 종류로 나눈다.

(a) 최종제조물의 생산자

(b) 원료 혹은 부품의 생산자

(c) 자신의 성명, 상표 혹은 다른 형식으로 상품에 제조상을 표시한 자

(d) 생산자의 책임에 영향을 주지 않으며, 유럽공동시장에서 상품을 매매, 고용, 임대 혹은 다른 형태로 상업을 경영하는 위탁경

영자. 본 지침은 이 역시 생산자로 보며, 생산자와 같은 책임을 부담한다.
(e) 생산자를 확실히 알 수 없을 때에는 공급상을 생산자로 본다. 단, 손해를 입은 소비자가 합리적인 시간 안에 문제가 있는 제조물의 진정한 생산자나 진정한 제공자를 확인하였을 때는 제외한다. 수입상이 누군지 알 수 없을 때에는 위탁경영자를 생산자로 보아 생산책임을 지게 한다.

(4) 대만의 제조물책임법

대만의 「소비자보호법」 제7조의 규정에 따르면 상품책임주체는 다음 몇 가지 종류로 나눈다.
(a) 디자인, 생산, 상품제조에 종사하는 기업경영자
(b) 서비스업을 제공하는 기업경영자
(c) 판매에 종사하는 기업경영자
(d) 준(準)기업경영자. 여기서는 주로 상품 혹은 서비스수입상을 가리킨다.

(5) 중국의 제조물책임법

중국에서는 상품책임주체에 관련된 규정을 중국민법통칙, 소비자권익보호법, 그리고 제조물품질법에서 찾을 수 있다. 이 법률들의 규정에 의거하여 중국의 상품책임의 의무주체는 다음과 같이 나뉜다.

(a) 제조물의 생산자와 판매자

「중국민법통칙」 제122조에서는 "제조물의 품질이 합격되지 않아서 타인의 재산과 인신에 손해를 초래한 경우, 제조물의 제조자와 판매자가 민사책임을 진다"고 규정하고 있다. 운송자, 창고관리자가 이에 대해 책임을 져야 한다면, 상품제조자와 판매자는 손해배상을 청구할 권리가 있다.

「중국소비자권익보호법」제35조는 "소비자가 제조물을 구매하거나 사용할 때 합법적인 권익에 피해를 받는다면, 판매자에게 손해배상을 청구할 권리가 있다"고 규정하고 있다. 판매자는 우선 배상한 후, 책임이 생산자, 판매자 또는 제조물을 제공하는 기타 판매자에게 있다면 판매자는 생산자 혹은 기타 판매자에게 손해배상을 청구할 수 있다.

이로 보아 알 수 있듯이, 중국상품책임법은 생산자와 직접 판매자를 책임주체로 한다. 운송자와 창고관리자 같은 기타 성원은 상품결함에 대하여 책임을 지지만, 소비자는 직접적으로 이들에게 배상을 청구할 수는 없다. 단지 생산자, 판매자가 소비자에게 배상을 해준 후에야 이들에게 배상을 청구할 수 있다. 이런 규정의 목적은 소비자의 청구를 편리하게 하기 위해서이다. 그러나 중국제조물품질법에서는 이와 다른 규정을 하고 있다. 「중국제조물품질법」 제30조 제2항에서는 "판매자가 결함이 있는 제조물의 생산자와 상품의 공급자를 판명할 수 없는 경우에는 판매자가 배상책임을 져야 한다"고 규정하고 있다. 이로써 알 수 있듯이, 만약 판매자가 결함이 있는 제조물의 제공자를 판명할 수 있다면 그가 직접 판매자가 아닌 한 제공자가 책임을 진다.

중국의 어떤 학자들은 제조물의 생산자와 판매자에 대하여 넓은 의미의 해석을 하여야 한다고 주장한다. 생산자는 부품의 제조자와 완성품의 제조자를 포함한다. 전자는 일반적으로 완성품제조자에게 완성품을 생산할 때 필요한 물질적 조건을 제공한다. 그러나 소비자에게 직접적으로 제조물을 제공하지 않는다. 완성품의 제조자는 최종적으로 제조물을 완성시키는 생산과정을 거쳐 그것을 유통시키는 생산자이다. 이리하여 제조물의 생산자는 주로 완성품의 제조자를 가리킨다. 제조자는 각 제조단계에 따라 다시 여러 제조자로 나뉜다. 만약 제조물이 어느 단계에서 결함이 발생하였는지 알 수 없다면, 일반적으로 완성품의 제조자가 책임을 진다. 제조물의 판매자는 도매상, 소매상, 수입상을 포함한다. 이들은 연대책임을 진다. 이런 주장은 찬성할 만한 가치가 있다.

한편 소비자가 상품의 결함으로 인하여 손해를 입은 경우, 먼저 생산자에게 배상을 청구하여야 하는가, 아니면 먼저 판매자에게 청구하여야 하는가? 책임자가 책임을 전가하여 소비자에게 청구상의 불편을 조장하는 것을 피하기 위하여「중국소비자권익보호법」제35조에서 이에 대하여 전문적인 규정을 하고 있다. 즉, 소비자 혹은 기타 피해자가 상품의 결함으로 인하여 인신적, 재산적으로 손해를 입었을 경우, 판매자에게 배상을 요구할 수도 있고, 생산자에게 배상을 요구할 수도 있다. 생산자의 책임일 경우, 판매자는 배상한 후에 생산자에게 다시 배상을 요구할 권리가 있다. 그 반대인 경우도 마찬가지이다. 이렇게 하여 소비자는 자신의 편의에 따라 임의로 청구대상을 택할 수 있다.

(b) 서비스의 제공자

「중국소비자권익보호법」제35조에 따르면, 소비자가 서비스를 받을 때 합법적인 권익에 손해를 입었다면 서비스업자에게 배상을 요구할 수 있다.

(c) 영업집조의 소지자 혹은 차용인

중국에서 타인의 영업집조를 차용하여 불법적으로 경영하는 일은 보편적인 현상이다. 따라서 「중국소비자권익보호법」 제37조에서는 이에 대하여 전문적인 규정을 하고 있다. 본조에서는 "타인의 영업집조를 사용하는 위법경영자가 제공하는 상품 혹은 서비스가 소비자의 합법적인 권익에 손해를 입힐 경우, 소비자는 배상을 요구할 수 있다. 그리고 영업집조의 소지자에게 배상을 요구할 수도 있다"고 규정하고 있다.

(d) 전시판매회의 개최자 혹은 코너의 임차인

각종 전시판매회가 보편적인 구매방식이 됨에 따라 한 코너를 임대하는 것도 매우 보편화되었다. 양자의 공동된 특징은 판매자 혹은 생산자가 전시판매회의 소재지나 코너의 임대지에 없는 경우가 자주 있고 유동성이 크다는 것이다. 만약 책임주체로서 소비자에게 손해를 입혔다면 배상을 받기가 힘들다. 따라서 중국소비자권익보호법에 의하면, 소비자가 전시판매회 또는 코너에서 상품을 구입하거나 서비스를 받았을 때 합법적인 권익에 손해를 입은 경우, 판매자 혹은 서비스업자에게 배상을 요구할 수 있다. 전시판매회가 끝나거나 코너의 임대기간이 만료된 후에도 전시판매회의 개최자 또는 코너의 임차인에게 배상을 요구할 수 있다. 전시판매회의 개최자와 코너의 임차인은 배상한 후에 판매자 혹은 서비스업자에게 다시 배상을 요구할 수 있다.

(e) 광고경영자

허위의 광고로 소비자를 우롱하는 경우는 이미 중국에선 자주 있는 일이다. 광고시장을 규범하고 광고경영자의 책임을 강화하기 위해서 「중국소비자권익보호법」 제39조에서는 전문적인 규정을 하고 있다. 본조에서는 "경영자가 상품 혹은 서비스를 허위광고를 통해 소비자에게 제공하여 합법적인 권익에 손해를 입혔을 경우, 소비자는 경영자에게 배상을 요구할 수 있다. 광고경영자가 허위광고를 발포할 때 경영자의 명칭, 주소를 사실대로 제공하지 못한다면 배상책임을 져야 한다"고 규정하고 있다.

3. 제조물결함의 확정

(1) 제조물결함의 개념

제조물결함은 제조물책임을 부담하는 기초이다. 따라서 제조물결함 및 제조물에 결함이 어떻게 존재하는지를 판단하는 것은 중요한 문제가 되었다. 미국제2차권리침해행위법은 '제조물결함'에 대하여 다음과 같이 정의하였다. "결함이란 제조물이 사용자 혹은 소비자의 인신 혹은 재산에 불합리한 위험을 가져올 수 있는 것을 가리킨다." 미국학자 마이클은 제조물결함이란 제조물이 소비자가 제조물을 사용할 때 기대하는 안전을 제공할 수 없는 것이라고 여긴다.

「제조물책임에 관한 EU지침」에서는 결함의 정의를 규정하지 않고 있다. 하지만 제6조에서 만약 제조물이 사람들이 기대하는 안전의 정도에 다다를 수 없는 경우, 그 제조물은 결함이 있다고 규정하고 있다. 이때 고려하여야 할 상황은 다음과 같다. ① 제조물의소개, ② 제조물이 원래의 용도로 사용되는 데에 부합하여야 하고, ③ 제조물의 유통시간이다. 이 조항의 제2항에서는 "나중에 더 좋은 제조물이 유통된다고 해서 제조물에 결함이 있다고 여겨서는 아니된다"라고 규정하고 있다.

미국 보통법에 따르면 「미국통일상법전」 제2-314조 제2항의 제조물의 판매적합성에 관한 여섯 가지 기준을 위반한 것은 결함이 있는 제조물이다. 이 여섯 가지 기준은 다음과 같다. ① 계약의 기술에 의거하여 화물이 거래 중에 이의 없이 유통될 수 있어야 한다. ② 만약에 대체가 가능한 물건이라면 계약이 기술한 범위 내에서 양호한 평균품질에 도달하여야 한다. ③ 화물의 사용목적에 적합하여야 한다. ④ 합의에서 허가된 오차범위 안에서 매 단위 내 혹은 각 단위 간에 화물의 품종, 품질 그리고 수량이 일치하여야 한다. ⑤ 합의의 요구에 따라 화물은 용기에 담겨져 있고, 포장되어 있어야 하며, 상표가 붙어 있어야 한다. ⑥ 용기와 상표가 있다면 화물은 그 용기와 상표가 허락하거나 확정한 사실에 부합하여야 한다.

1979년 「미국통일제조물책임법초안」 제104조는 결함을 다음과 같은 세 종류로 나누었다. ① 제조와 장비상의 결함, ② 설계결함, ③ 결함지시와 경고이다.

각국의 법률규정에 의거하여 제조물결함은 다음 몇 가지로 개괄할 수 있다.

    (a) 영국학자 스티븐슨의 관점에 의거하여 설계상의 결함은 다음 몇 가지를 포함한다. 적당하지 않은 재료와 배합방법, 결

함이 있는 설명서, 안전성 결여이다. 제조물에 결함이 있는지를 판단하는 것은 매우 복잡한 과정이므로 제조물의 설계자는 설계할 때 제조물의 사용안전성을 주의하여야 한다.
(b) 제조상의 결함은 생산자가 제조과정에서 제조물의 품질에 대한 감독, 관리, 제어의 의무를 위반하여 제조물이 위험성을 가지게 되는 것을 가리킨다.
(c) 지시상의 결함은 제조물의 사용상이나 위험방지상에서 주의해야 할 사항을 표시하지 않은 것을 가리킨다. 지시상의 결함은 제조물 자체의 결함이 아니다. 제조물 자체에 결함이 있다면 지시상의 결함이 있다고 하여 보정을 받을 수 없다.
(d) 이것은 주로 당시의 기술수준으로는 발견할 수 없는 결함을 가리킨다. 이런 결함의 생산자가 제조물책임을 지는지에 대해서는 각국의 입법은 서로 다른 규정을 하고 있다. 왜냐하면 생산자가 제조물책임을 지게 된다면 중요한 문제에 치닫게 된다. 만약 과학기술의 발전을 촉진시키고 보호하는 것을 강조한다면, 인류가 발명하고 창조하는 것을 장려하기 위하여 생산자에게 항변권을 부여하여야 하는데, 이것은 소비자에게 매우 불리하다. 만약 소비자의 이익을 강조한다면 결함이 있는 과학개발이 책임을 지게 해야 하는데, 이는 과학기술개발이 위축되게 한다.

제조물책임제도가 발달되어 있는 미국은 제조물에 결함이 있는지 여부를 판단하는 세 가지 기준이 있다. 첫번째는 원가와 효과이익의 기준이고, 두 번째는 소비자 기대의 기준이며, 세 번째는 앞의 두 가지 기준을 혼합한 기준이다. 원가와 효과이익의 기준은 제조물의 유용성과 위험성을 비교하여 안전조치를 취했는지를 검사하는 방식으로 제조물에 결함이 있는지 판정하는 것을 가리킨다. 소비자 기대의 기준은 일반적으로 소비자가 기대하는 것을 기준으로 제조물의 안전성을 평가하여 제조물에 결함이 있을 때 소비자가 기대하는 성능, 품질, 지시, 경고 등이 부족하지 않는지를 고려하여야 하는 것을 가리킨다. 원가와 효과이익기준은 조작하기 힘들고, 소비자 기대의 기준은 확정성이 없기 때문에 법원은 이 두 가지 기준을 혼합하여 채택하기도 한다. 제조물책임을 판정할 때에 절대적인 안전과 절대적인 효과이익은 불공정을 가져오기 때문에 많은 요소들을 고려하여야 한다. 영국학자 스티븐슨이 말했던 것처럼 만약 자동차를 설계할 때 시속 5km로 설계하였다면 안전하긴 하지만 기타 많은 요소들에 부합하지 않게 된다.

(2) 중국법률상의 제조물결함

중국상품책임법에서 어떻게 「중국민법통칙」 제122조의 규정을 이해해야 하는가? 이 조항은 "제조물의 품질이 불합격하여 타인의 재산, 인신에 손해를 입힌다면 제조물제조자, 판매자는 민사책임을 져야 한다"고 규정하고 있다. 어떤 학자들은 제조물의 결함은 제조물이 국가의 품질기준과 계약에서 규정한 기준에 부합하지 않아서 생기는 것이라고 본다. 1993년 「중국제조물품질법」은 이러한 관점을 채용하여 제34조에서 "본법에서 칭하는 결함이란 제조물에 타인의 인신, 재산의 안전에 불합리한 위험이 존재하는 것을 가리킨다. 제조물에 인체의 건강, 인신, 재산의 안전을 보장하는 국가기준, 업계기준이 있는 경우, 그 기준에 부합하지 않는 것을 가리킨다"라고 규정하고 있다. 이런 규정은 이론상의 논쟁과 실무상의 착오를 가져왔다. 논쟁의 중점에는 다음 두 가지가 있다. 첫째는, 이러한 '제조물불합격'이 도대체 제조물결함을 가리키는 것인가, 아니면 중국상품책임법에서 '과실책임원칙'을 적용하는 것을 가리키는 것인가 하는 것이다. 둘째는, 만약 제조물이 국가기준, 업계기준에 부합하는 경우에도 소비자에게 손해를 입혔다면 생산자와 판매자가 책임을 져야 하는가 하는가이다.

  이에 대하여 리앙훼이씽(梁慧星) 선생은 중국민법통칙의 입법배경에서 출발하여 설득력있는 해석을 하였다. 중국민법통칙을 제정할 때 '제조물품질문제로 인하여 타인의 재산과 인신에게 손해를 초래한 경우'를 먼저 규정하고, 나중에 '문제'라는 이 두 글자를 삭제하였다. 그리고 정식으로 전국인민대회 상임대표위원회에 제출할 초안에는 '불합격'이라는 이 세 글자를 추가하였다. 어떤 사람들은 품질은 좋을 수도 있고 나쁠 수도 있기 때문에 원문에서 '제조물의 품질로 인한'이라고만 말하는 것에 대하여 애매모호하다고 한다. 그 결과 계약법상의 '품질의 불합격'과 혼동되어 몇몇 학자들이 계약법상의 '결함'의 개념을 국가기준과 계약의 약정기준에 부적합한 것이라고 해석하였다. 이런 해석상의 착오로 인하여 본 조항의 귀책원칙에 대한 오해를 불러일으켰다. 왜냐하면 법정 혹은 약정의 기준을 위반하였다면 당연히 잘못이 있다고 볼 수 있기 때문이다. 어떤 학자들은 본 조항을 과실책임으로 보거나 과실책임에 속하는 것이라고 주장한다. 중국민법통칙의 기초작업을 맡았던 꾸앙란(顧昂然) 선생은 본 조항을 해석할 때에 "제조물책임과 제조물품질은 서로 관련되지만 일반적인 제조물품질문제가 아니다"라고 강조하면서 '품질불합격'이라는 이 단어의 사용이 부당하다고 하였다. 따라서 「중국민법통칙」 제122조의 '품질불합격'이라는 단어의 사용은 적절하지 못하고, 입법의 본의에도 적합하지 못하다. '결함'의 개념을 정확히 해석하자면, 소비자의 인신과 재산에 대하여 위험성을 지니고 소비자가 제조물을 합리적으로 사용할 때 기대할 수 있는 안전기준에 부합하지 않는 것을 가리킨다.

왕리밍(王利明) 교수는 제조물품질기준은 국가가 현존하는 과학기술의 발전상황에 의거하여 제조물설계, 가공수준 등 많은 요소들을 지정하는 것이지, 제조물의 위험성 여부를 유일한 기준으로 두는 것이 아니라고 여긴다. 실무에서는 품질기준에 부합하지만 위험성을 지니는 상황에서 소비자가 배상을 얻지 못하는 경우가 발생할 수 있다. 제조물책임제도는 그것이 탄생한 이래로부터 소비자보호를 근본으로 삼아왔다. '생산품품질 불합격'기준을 채택하는 상황에서 제조물제조자는 품질불합격한 제조물이 초래한 손해에 대해서만 책임진다. 만약 제조물이 합격된 것이라면 인신 혹은 재산에 손해를 입혔더라도 제조물제조자는 책임을 지지 않는다. 이런 방법은 제조자에게 유리하지만 소비자에게는 불리하며 제조물책임제도의 종지와 위배된다.

이 두 학자의 의견은 모두 일리가 있다. 만약 사법실무에서 제조물책임과 제조물의 '결함'이 계약법상의 '국가기준, 약정기준'이 같다면 소비자에 대한 피해가 더욱 커질 것이다.

4. 면책사유

제조물의 제조자 혹은 판매자는 어떤 상황에서는 제조물의 결함으로 인하여 타인에게 초래한 손해에 대하여 책임을 지지 않는다. 따라서 각국은 모두 일정한 면책사유를 규정하고 있다.

(1) 「제조물책임에 관한 EU지침」 제7조 규정에 따르면, 제조자가 다음과 같은 상황을 증명할 수 있으면 책임을 지지 않는다.

　(a) 제조물을 유통시키지 않은 경우

　(b) 객관적인 상황에 의거하여 생산자가 제조물을 유통할 때 손해를 일으킬 수 있는 결함이 없거나, 결함이 제조물을 유통한 이후에나 나타나는 경우

　(c) 결함이 생산자가 판매하거나 기타 상업적 공급으로 발생한 것이 아니고, 생산자가 상업활동을 하는 중에 발생하거나 제공된 것도 아닌 경우

　(d) 결함이 정부의 강제성법규에 부합하여 발생한 경우

　(e) 제조물이 유통될 때에 결함의 존재를 발견할 수 있는 정도의 과학기술이 없는 경우

　(f) 부품의 제조자가 완성품의 설계 또는 완성품제조자의 지침대로 준수하여 부품에 결함이 발생한 경우

(2) 「중국제조물품질법」 제29조의 규정에 의거하여 생산자가 다음과 같은 상황을 증명할 수 있으면 배상책임을 지지 않는다.

　(a) 제조물을 유통시키지 않은 경우

　(b) 생산자가 제조물을 유통할 때 손해를 일으킬 수 있는 결함이 없는 경우

　(c) 제조물이 유통될 때 결함의 존재를 발견할 수 있는 과학기술이 없는 경우

　　「중국제조물품질법」 제34조의 규정과 결합하여 제3항의 면

책사유는 제조물이 국가기준이나 업계기준을 통과하지 않은 상황에서 사용할 수 있다. 왜냐하면 동법 제34조의 규정에 의거하여 제조물이 국가기준이나 업계기준을 통과하였다면 결함은 그 기준에 부합하지 않는다는 것을 의미하기 때문이다. 국가기준이나 업계기준은 현재 존재하는 과학기술수준에 의거하여 제정하는 것이기 때문에 제조물이 이런 기준에 부합할 때에는 결함이 있다고 보지 않는다. 따라서 '과학기술이 발견할 수 없는 결함'의 문제가 존재하지 않는다.

(3) 이상의 면책사유 외에 각국의 입법과 실무에서 보면 다음과 같은 면책사유가 더 있다.

(a) 피해자의 과실이다. 미국에서는 손해를 초래하는 데 있어 피해자의 주관적 과실이 존재한다면, 피고인은 '신행위개입설(新行爲介入說)' 혹은 '유과실의 규칙'에 의거하여 책임지는 것을 거절할 수 있다. 또한 '비교과실의 규칙'으로 책임을 분담할 수도 있다. 예를 들면, 제조물로 자해한 경우가 있다.

(b) 비정상적인 사용 혹은 사용착오이다. 만약 소비자가 제조물의 사용목적과 방식에 맞지 않게 제조물을 사용하였다면 소비자는 이로 인하여 생긴 손해에 대하여 배상을 청구할 권리가 없다.

(c) 옛 제조물의 사용이다. 미국에서 어떤 법원은 중고품을 사용한 자에게 법률로써 보호하는 것을 거절하기도 한다. 왜냐하면 합리적인 소비자는 이미 사용기한이 지났거나 원래의 성능을 발휘할 수 없는 옛 제조물을 사용하지 않을 것이기 때문이다. 이같은 이유 때문에 「스트라스포공약」과 「제

조물책임에 관한 EU지침」에서는 유통된 지 10년이 된 생산품은 소송을 제기할 수 없다고 규정한다.

5. 책임범위

책임범위문제는 제조물책임의 실질적 문제이다. 왜냐하면 이는 피해자가 넓은 범위 내에서 배상을 요구하기 때문이다. 이에 대하여 각국의 입법, 판례, 이론에서는 서로 다른 태도를 취하고 있다. 결함이 있는 제조물이 초래하는 손해는 다양하지만 이것은 세 종류로 포괄할 수 있다. 즉, 인신상해(신체, 건강, 정신적 손해 포함), 재산손해(직접손해와 간접손해 포함) 및 순수경제적 손실(제조물의 결함으로 인하여 제조물 자체에 손해를 입힌 것도 포함)이 그것이다. 정신배상문제에 대하여 각국의 법은 대부분 부정적인 태도를 가지고 있다. 소수의 국가들이 정신적 배상을 승인하고 있지만 많은 제한을 가하고 있다. 또 각국의 법은 기타 배상의 액수에 대하여 큰 차이를 보인다. 어떤 국가는 최고배상액을 제한하고, 어떤 국가에서는 제한하지 않는다. 여기에서는 순수경제적 이익의 배상문제에 대하여 다룬다.

순수경제적 이익상의 손실(pure economic loss)은 독일의 판례이론상에서 순수재산상의 손해 혹은 재산 자체의 손해라고 하고, 미국법에서는 '상품자해(product injuries only itself)라고 한다. 예를 들어, 갑이 을에게서 병이 제조한 자동차를 구매하였는데 브레이크 제조상에 결함이 발생하여 교통사고가 났다. 갑은 중상을 입었고 자동차에 실었던 화물에 손해를 초래하였으며 차는 완전히 망가졌다. 갑의 중상과 화물에 초래된 피해에 대하여 갑은 제조물책임법에 따라 배상을 청구할 수 있다. 결함으로 인하여 생긴 자동차 자체의 손해는 갑이 제조물책임법에 의거하여 배상을 청구할 수 있는가? 이것이 순수경제적 손실의 문제이다. 이에 대하여 우리는 비교법적 각도에서 연구해볼 수 있다.

《미국권리침해행위법중술(2)》제402A는 순수경제적 손실에 대하여 부정적인 태도를 취하였다. 전통적인 판례 및 학설 역시 순수경제적 손실에 대하여 부정적인 태도를 취한다. 1965년 Seely v. White Motor Co.사건에서는 이러한 태도를 명확히 나타냈다. 이 사건의 정황은 다음과 같다. 원고는 피고가 제조한 트럭 한 대를 구입하였는데, 이 트럭에는 결함이 있었고 심한 떨림이 11개월간 지속됐으며 브레이크가 고장나서 차가 전복되었다.

Seely는 자동차회사에게 자동차 수리비 및 손실의 경제이익배상을 청구하였다. 캐나다최고법원은 원고가 입은 손실은 순수경제적 이익상의 손실이고 제조물책임의 목적은 소비자의 인신과 재산이 침해를 받지 않게 보호하는 데에 있다고 하였다. 매수자는 상품이 경제상의 기대에 부합하지 않음으로 인해 불이익을 받았으면, 권리침해행위법의 규정에 의하여 제조상에게 손해배상을 청구할 수 없다. 이 사건의 판결과 관점은 대다수의 미국법원에 받아들여졌고, 상품책임이 과실책임이든 무과실책임이든 상관없이 상품 자체 손해 등 순수경제적 손실에까지 미쳐선 안 된다고 여겼다.

그러나 현재 미국의 많은 주의 법원판례는 전통적인 관점에 대해 조금씩 흔들리는 모습을 보이며 조건이 있을 때 순수경제적 손실에 대하여 배상을 해준다. 이런 추세는 1976년 레트판사가 Berg v. General Motors Co.사건에서 낸 판결에서 잘 나타난다. 어떤 주들은 공평정책을 고려하여 피고와 원고가 다음과 같은 관계에 있을 때 순수경제이익의 손실을 주장할 수 있다고 결정하였다.

(1) 거래의 정도가 원고에게 영향을 끼치는 경우

(2) 피고가 원고의 손실을 예견할 수 있는 경우

(3) 피고의 행위가 도덕의 질책을 받아야 마땅한 경우

영국의 1987년「소비자보호법」제5조의 규정에 의거하여 순수경제적 손실은 생산법책임법에 의하여 청구할 수 없다. 이 조항의 제1, 2항은 다음과 같이 규정한다. "본 조항의 다음 규정에 의하면 여기에서의 손해는 인신의 사상 혹은 재산의 멸실, 훼손을 가리킨다. 결함이 있는 제조물과 결함이 있는 생산품으로 조립되어 만들어진 제조물이 멸실, 훼손되었을 때에는 제조물책임을 지지 않는다. 이러한 소송은 계약법에 의거하여 소송을 제기하여야 한다."

독일민법은 제조물책임에 대하여 특별한 규정을 하지 않았지만, 독일민법의 전통적인 견해는 제조물이 생산 혹은 설계상에 결함이 있다면, 이 결함은 상품이 유통되어 시장에 입점했을 때 이미 존재하며 구매자가 취득하는 것은 처음부터 결함이 있는 제조물의 소유권이라고 여긴다. 개념상으로 보아 이것은 물건의 하자담보책임밖에 발생하지 않으므로 소유권의 침해로 볼 수 없다. 구매자는 권리침해행위법의 규정에 의하여 판매자 혹은 제조상에게 손해배상을 청구할 수 없다. 그러므로 주의해야 할 점은 1976년 이후 독일연방법원이 약간의 판결에서 다음과 같은 원칙을 창설한 것이다. 즉, 제조물의 어느 한 부분에 결함으로 인해 제조물 전체가 훼손, 멸실되었다면, 이는 권리침해행위법의 규정에 의하여 배상청구를 해야 한다. 예를 들어, 기계의 스위치가 결함이 있는데 이로 인하여 기계가 타버렸다면 이는 소유권에 대한 침해로 보고 권리침해행위법의 규정에 의하여 배상청구를 하는 것이다. 이것은 실제상 조건적으로 순수경제적 손실에 대한 배상을

승인한 것이다.

「일본제조물책임법」제3조의 규정에 의거하면, 제조자는 제조물의 결함으로 인하여 타인의 생명, 신체 및 재산에 손해를 입혔다면 배상책임을 져야 한다. 그러나 그 제조물만 손해를 입었다면 이는 포함하지 않는다.

이상의 비교법상에서의 고찰로 보면 각국의 민법은 일반적으로 순수경제손실을 제조물책임법으로 배상하게 하는 것을 승인하지 않는다. 이유는 왕쩌지엔(王澤鑒) 선생이 "제조물은 그 자체가 가진 결함으로 인하여 가치가 감소, 멸실 혹은 훼손되므로 구제할 때에는 계약법의 권리침해행위법의 규범에 관련된다. 계약법은 특정인 사이의 신뢰와 기대를 규범할 때 원칙적으로 당사자가 권리·의무의 분배와 위험부담을 직접 결정하고 법률이 보충을 한다. 그러나 권리침해행위법은 일반인 사이의 관계를 규범할 때 목적은 권익이 침해를 받지 않도록 보호하는 데에 있다. 상품자해로 발생한 순수경제적 손실은 그 범위를 쉽게 확정할 수 없으나 원칙적으로 계약법의 규범에 놓아야 한다"라고 말한 것과 같다.

중국제조물책임법은 책임범위문제를 어떻게 다루는가? 중국소비자권익보호법 및 제조물품질법의 규정을 보면, 중국법은 대다수 국가의 제조물책임법과 같다는 것을 알 수 있다. 인신상해와 재산손해에 대한 배상을 포함하고 재산결함에 의한 상품 자체의 상해, 즉 순수경제적 손실은 포함하지 않는다. 「중국제조물품질법」제29조는 "제조물의 결함으로 인하여 인신 기타 재산에 손해를 초래하였다면, 생산자는 배상책임을 져야 한다"고 규정하고 있다. 이로써 알 수 있듯이, 중국제조물품질법은 순수경제적 손실을 배제하고 있다.

6. 제조물책임의 시효

　민상법에서 시효제도는 권리자가 권리를 소홀히 행사하는 것에 대한 일종의 제재이며, 사회질서의 안정을 유지시키는 일종의 수단이다. 각국의 제조물책임법에서도 시효에 관하여 규정하고 있다. 「제조물책임에 관한 EU지침」제10조 및 제11조는 다음과 같이 규정하고 있다. "배상청구권의 시효기간은 3년이고 원고가 손해, 결함 및 생산자를 명확히 알았거나 알아야 하는 날짜부터 기산한다. 그러나 생산자가 제조물을 유통한 지 10년이 지나면, 피해자는 본 지침에 의거하여 배상을 청구할 권리를 상실한다."

　미국에서는 각 주마다 법률제도가 많이 다르기 때문에 제조물책임의 시효방면에서도 차이가 있다. 이러한 차이를 없애기 위해서 미국통일생산법책임시범법은 일반소송시효를 2년으로 하고, 원고가 발견하거나 신중하게 행사하는 상황에서 마땅히 손해 및 그 원인을 발견할 수밖에 없는 날부터 기산하여야 한다고 건의한다. 그러나 만약 제조물이 안전사용기를 초과하면 청구권을 잃게 된다. 동법에서는 제조물의 판매자가 제조물의 안전사용기가 10년을 초과한다고 명시하지 않았으면, 제조물의 안전사용기를 10년으로 한다고 규정하고 있다.

　「중국제조물품질법」제33조는 기본적으로는 미국법의 규정과 같다. 이 조항에서는 "제조물에 결함이 존재하여 손해를 초래한 경우 배상을 요구할 수 있는 소송시효기간은 2년으로 하며, 그 권익이 침해를 받았다는 것을 알았거나 알아야 하는 날부터 기산한다. 제조물에 결함이 존재하는 것으로 인하여 손해를 초래한 경우, 배상청구권은 손해를 초래한 제조물이 최초고객, 소비자에게 거래된 후 10년이 되면 상실된다. 그러나 명시된 안전사용기를 초과하지 않은 것은 제외한다"고 규정하고 있다.

제6절 抗辯事由

I. 항변사유의 개념

항변사유는 민사소송에서 피고가 원고에게 소송청구를 제출하고 그 소송청구가 성립하지 않거나 완전하게 성립할 수 없는 사실이다. 항변사유는 반드시 대항성과 객관성, 이 두 가지 기본적인 특징을 가진다. 유효한 항변사유는 피고의 책임을 면제하거나 경감할 수 있다. 그러므로 어떤 때에는 항변사유가 곧 면책사유가 될 수 있다.

중국의 이론 및 실무에 따르면 항변사유에는 주로 법에 의한 직무집행, 정당방위, 긴급피험(緊急避險), 자조행위(自助行爲), 피해자의 동의, 불가항력, 의외의 사건, 피해자나 제3자의 과실이 있다. 그러나 이런 항변사유가 모든 권리침해행위에서 항변사유를 가지는 것은 아니다. 법률이 항변을 배제하는 상황에서는 항변사유가 성립될 수 없다. 예를 들어, 고도로 위험한 작업에 의하여 손해를 조성한 권리침해행위에서 불가항력은 항변사유가 될 수 없다.

II. 각종 항변사유

1. 법에 의한 직무집행

법에 의한 직무집행은 법률규정이나 구권에 근거하여 권력을 행사하거나 법정의무를 이행하는 행위이다. 이런 행위는 타인의 인신 또는 재산상의 손해를 조성하기도 한다. 예를 들어, 공안은 법에 의거하여 용의자를 체포할 때나 탈주범에 대하여 총기를 사용할 수 있는 것과 외과의사가 환자의 팔을 절단하는 수술을 하는 것 등이 있다. 표면상으로 이런 행위는 권리침해행위의 특징을 가진다. 그러나 합법적인 근거가 있으므로 권리침해행위의 효력이 조각된다. 그러나 법에 의한 직무집행이 항변사유가 되기 위해서는 다음과 같은 조건을 구비하여야 한다.

(1) 반드시 적법한 수권이 있어야 한다.
(2) 직무집행의 절차와 방법이 반드시 적법하여야 한다. 적법한 수권이 있더라도 직무집행의 절차나 방법이 부당한 경우, 타인에 대한 손해에 대하여 권리침해행위책임을 부담하여야 한다.

2. 정당방위

정당방위는 본인이나 타인의 합법적인 권리가 현실적이고 불법한 침해를 받는 것을 피하기 위하여 실시한 방위조치이다. 사실상 정당방위는 법률이 공민에게 부여한 일종의 정당한 권익에 대한 보호권이다. 실제로 합법적인 권리에서 파생된 권리이지만 성질상으로는 사력구제에 속한다. 각국의 민법은 모두 정당방위를 항변사유로 승인하고 있다.「독일민법전」제227조에서는 "정당방위에 의하여 한 행위는 위법을 논하지 않는다"고 규정하고 있고, 「중국민법통칙」 제128조에는 "정당방위에 의한 손해에 대해서 민사책임을 부담하지 않는다"고 규정하고 있다.

정당방위는 다음과 같은 요건을 구비하여야 항변사유가 될 수 있다.
(1) 방위는 반드시 현실적이고 현재 발생하고 있는 침해행위를 전제로 하여야 한다.
(2) 정당방위는 반드시 불법한 침해에 대하여 실시한 것이어야 한다.
(3) 정당방위는 반드시 합법적인 권익의 보호를 목적으로 하여야 한다.
(4) 정당방위의 정도는 반드시 적당하여야 한다. 정당방위가 필요한도를 넘은 경우 그 권리침해행위책임을 면제받을 수 없다.

「중국민법통칙」 제128조에 따르면, 정당방위가 필요한도를 넘은 경우 마땅히 적당한 민사책임을 부담하여야 한다.

3. 긴급피난[65]

긴급피난은 사회공공의 이익, 본인 또는 타인의 합법적인 권익에 대한 현실적이고 긴박한 침해의 위험을 피하기 위하여 부득이하게 타인에게 손해를 주는 행위를 하는 것이다. 긴급피난이 합법적인 항변사유가 될 수 있는가에 대하여 각국의 입법과 이론에서는 서로 다른 입장을 취하고 있다. 일반적으로 원래 사회주의 국가의 민법은 긴급피난을 항변사유로 인정하였다. 그러나 자본주의 국가에서는 그렇지 않다. 미국에서는 긴급피난자가 피해자에게 전액배상을 하여야

---

[65] 원문은 '긴급피험'이다. - 역주

한다.「스위스채무법」제52조는 "자신이나 제3자의 손해나 긴급한 위험을 면하기 위하여 타인의 재산에 손해를 준 경우, 그가 지불해야 하는 배상금액은 법원이 공평하게 결정한다"고 규정하고 있다.「중국민법통칙」제129조는 "긴급피난으로 손해를 조성한 경우, 위험한 상황을 일으킨 사람이 민사책임을 부담하여야 한다. 만약 위험이 자연적 원인에 의한 것이면 긴급피난자는 민사책임을 부담하지 않거나 적당한 민사책임을 부담한다"고 규정하고 있다.

필자는 긴급피난은 형법에서는 항변사유가 될 수 있지만, 민법에서는 항변사유가 될 수 없다고 본다. 왜냐하면 긴급피난의 피해자는 종종 무고한 제3자이고, 그 권익에 무고한 손해를 받고서도 배상을 받지 못하는 것은 불공평한 것이기 때문이다. 이것은 사권에 대한 무시이기도 하다. 그러므로 긴급피난의 수익자나 책임이 있는 제3자가 전액 배상책임을 부담하여야 한다.

4. 자력구제[66]

자력구제는 권리자가 자신의 합법적인 권리를 보호하기 위하여 긴급한 상황에서 공력구제를 청구할 수 없는 경우에 채택하는 사력구제 조치이다. 예를 들어, 여관의 손님이 숙박 후에 비용을 지불하지 않아서 손님의 물건을 압수하는 경우가 있다. 이는 현대사회에서 공력구제 외의 사력구제를 승인하는 전형적인 형식이다.「독일민법전」제229조는 "자조를 목적으로 한 압수, 훼손 또는 타인의 재산에 손해를 입힌 경우, 자조의 목적으로 도망갈 용의가 있는 채무자를 구류한 경

---

[66] 원문은 '자조행위'이다. — 역주

우, 채무자를 제지하여 의무로써 용납할 수 있는 행위에 대하여 저항한 경우, 만약 관청에 도움을 청할 수 없고 즉시 처리하지 않으면 청구권을 행사할 수 없거나 행사가 어려우면 그 행위는 위법이 아니다"고 규정하고 있다.

그러나 자력구제가 항변사유가 되기 위해서는 다음과 같은 요건을 구비하여야 한다.

(1) 반드시 자신의 합법적인 권익을 보호하기 위해서여야 한다.
(2) 반드시 상황이 긴급하여 공력구제를 청구할 수 없어야 한다.
(3) 자력구제의 수단은 법률, 도덕이 허락하는 범위를 넘어설 수 없다.
(4) 자력구제 후 제때에 관련기관에 넘겨야 한다.

5. 피해자의 승낙[67]

피해자의 승낙이란 피해자가 사전에 명시로써 자의로 어떤 손해의 결과를 부담하겠다는 의사표시를 하는 것이다.

피해자의 승낙이 항변사유가 될 수 있는가에 대하여 각국의 입법과 사법상으로 서로 다른 규정을 하고 있다. 미국에는 '자의는 침해를 성립하지 않는다'는 권리침해행위법과 관련된 오래된 격언이 있다. 예를 들면, 구타를 구성하는 기초는 동의를 얻지 않고 충돌하는 것이다. 외과의사가 환자의 동의를 얻은 후 수술하는 것은 환자에 대한 침해를 구성하지 않는다. 피해자의 위험부담에 대한 동의의 진정한 의미는 다음과 같다. 사람들은 타인의 과실에 의하여 발생한 손해에 대한 보상의 청구권을 포기하였다. 그러나 미국법원은 피해자가

---

[67] 원문은 '피해자의 동의'이다. —역주

자의로 위험을 부담하는 것을 항변사유로 인정하는 것을 꺼려한다. 대륙법계의 스위스에서 피해자의 동의는 법률이나 공공질서를 위반하지 않을 경우에만 정당한 이유로써 가해자의 책임을 면제할 수 있다. 그러나 프랑스에서는 그렇지 않다. 중국민법통칙은 이에 대하여 명확한 규정을 하고 있지 않다. 그러므로 피해자의 동의가 항변사유가 될 수 있는가에 대하여 연구해볼 가치가 있다.

필자는 피해자의 승낙이 항변사유가 될 수 있는가 하는 문제에 대하여 다음과 같이 상황을 나누어 처리하여야 한다고 생각한다.

(1) 만약 순수한 재산성침해라면 피해자의 사전승낙은 항변사유가 될 수 있다. 왜냐하면 타인이 자신의 재산을 침해하는 것을 동의하여 재산권리를 포기한 것이기 때문이다. 일반적으로 재산권리를 포기하는 행위는 도덕적으로나 법률적으로나 사람들에게 받아들여질 수 있다.

(2) 일반적으로 피해자의 인신성침해에 대한 사전승낙은 항변사유가 될 수 없다. 상해가 피해자의 이익을 위한 행위인 경우를 제외하고는 말이다. 왜냐하면 일반적으로 피해자가 타인이 자신의 신체에 상해를 가하는 것에 동의하는 것은 법률이나 사회도덕적으로 받아들여질 수 없기 때문이다. 예를 들면 채무를 변제하기 위하여 타인이 자신의 신체에 상해를 가하는 것에 동의하는 경우가 있다. 그러나 침해가 피해자의 이익을 위한 경우, 예를 들면 의사가 자신이나 친척에게 수술하는 것에 동의한 경우 등이라면 항변사유가 될 수 있다.

(3) 피해자의 승낙에 대한 심사는 면책조항과 서로 관련이 있어야 한다. 경제력 및 기타 역량에 따라 우위를 확보한 일방이 자신

의 우세한 지위를 이용하여 불평등한 조건을 상대방이 받아들이게 하고 자신의 권리침해행위책임을 면제받는 경우가 있다. 일반적으로 각국의 법률은 면책조항에 대하여 공평을 잃어 법률효력을 가지지 않는다고 규정하고 있다. 피해자가 재산성침해에 승낙하였든지 인신성침해에 승낙하였든지 모두 면책조항의 규제제도와 서로 관련이 있어야 한다.

6. 불가항력 또는 의외의 사건

(1) 불가항력

불가항력은 인류가 항거할 수 없는 힘이다. 인류의 생활환경에서 자연의 힘은 인류가 예견할 수 없거나 완전히 예견할 수 없고, 피할 수 없거나 완전히 피할 수 없는 것이다. 이처럼 자연력은 사람의 의지의 지배하에 있지 않다. 이런 자연력이 사람에게 상해를 조성한 경우 자연은 책임을 면제받아야 마땅하다. 「중국민법통칙」 제107조에서는 "불가항력으로 인하여 계약을 이행할 수 없거나 타인에게 손해를 조성한 경우, 민사책임을 부담하지 않는다. 그러나 법률에 별도로 규정이 있는 것은 제외한다"고 규정하고 있다. 일반적인 상황에서 불가항력은 항변사유가 될 수 있지만, 법률에서 항변사유로 할 수 없다고 규정하고 있는 경우에는 항변사유가 될 수 없다.

그러나 이론상으로 무엇이 불가항력인가에 대해서 여러 가지 해석이 존재한다. 대체적으로 주관설, 객관설, 절충설이 있다. 주관설은 당사자의 예견력과 예방력을 기준으로 당사자가 최대한으로 주의를 다하여도 그 발생을 방지할 수 없는 경우를 불가항력이라고 한다. 객관설은 사건의 성질과 외부적 특징을 기준으로 일반인이 방어할 수 없는 중대한 외래적 힘을 불가항력이라고 한다. 절충설은 주·객관적 기준에서 판단하여 외래적 요소에 기인하여 발생하고, 당사자가 최대한으로 조심하고 최대한으로 노력하여도 방지할 수 없는 것을 불가항력이라고 한다.「중국민법통칙」제153조의 규정에 따르면 불가항력은 예견할 수 없고, 피할 수도 없으며, 극복할 수 없는 객관적인 상황이다. 이 규정에 대하여 학자들은 절충설의 입장을 취하는 것이 옳다고 여긴다.

일반적으로 당사자는 불가항력에 의하여 조성된 손해에 대하여 민사책임을 지지 않는다. 그러나 불가항력은 그것이 손해발생의 유일한 원인일 경우에만 항변사유가 될 수 있다. 만약 당사자에게 과실이 있고 그것이 손해의 발생과 인과관계에 있을 경우, 당사자는 책임을 면제받을 수 없다.

(2) 의외의 사건

의외의 사건은 당사자가 예견할 수 없는 우연하게 발생한 사고를 말한다. 예를 들면, 위험한 환자에게 응급조치를 취할 때에 갑자기 정전이 되어서 환자가 사망한 경우가 있다.

의외의 사건이 항변사유가 될 수 있는가에 대한 각국의 규정은 일치하지 않는다. 어떤 국가에서는 의외의 사건은 불가항력과 마찬가지로 항변사유가 될 수 있다. 그러나 어떤 국가에서는 불가항력만이 항변사유이고, 의외의 사건은 항변사유가 될 수 없다.[68] 중국의 이론과 사법에서는 의외의 사건을 항변사유로서 보편적으로 승인하고 있다.

7. 피해자의 과실이나 제3자의 과실

(1) 피해자의 과실

만약 피해자가 손해의 발생에 대하여 과실이 있다면 가해자의 책임을 면제하거나 경감하여야 한다. 「중국민법통칙」 제123조에서는 "고공, 고압, 연소 용이, 폭발 용이, 독극(毒劇), 방사성, 고속운수 등에 종사하고 주위 환경에 고도의 위험이 있는 작업으로써 타인에게 손해를 조성한 경우, 마땅히 민사책임을 부담하여야 한다. 그러나 피해자의 고의를 증명할 수 있으면 민사책임을 부담하지 않는다"고 규정하고 있다. 만약 피해자의 과실이 손해발생의 유일한 원인이라면, 마땅히 피해자가 그 손해에 대한 책임을 져야 한다. 예를 들면, 상술한 「중국민법통칙」 제123조 규정이 있다. 그러나 만약 피해자의 과실이 손해발생의 실질적인 요소일 뿐이고, 가해자에게도 그에 대한 과실이 있는 경우가 있다. 중국민법에서는 이런 경우를 가리켜 '혼합과실'이라고 하고, 외국이론에서는 '과실상계'라고 한다. 대부분의 국가에서는 이런 상황에서 과실의 구체적인 상황에 따라 쌍방이 책임을 부담하게 한다. 중국민법통칙에서도 비슷한 처리방법을 채택하고

---

68 사실, 의외의 사건과 불가항력의 차이점은 이론상의 이의가 있는 문제이다. 대체로 세 가지 학설이 있다. 첫째, 주관설이다. 이 학설에 따르면, 불가항력은 일반적으로 예견할 수 없고 방지할 수 없는 것이고, 의외의 사건은 특정한 당사자가 예견할 수 없고 방지할 수 없는 것이다. 둘째, 객관설이다. 이 학설에 따르면 의외의 사건은 가해자의 업무범위 내에서 특수한 내재적 연결이 있는 상황이고, 불가항력은 가해자의 업무범위 외에서 발생한 업무와 내재적 연결이 없는 상황이다. 셋째, 절충설이다. 이 학설에 따르면, 의외의 사건과 불가항력은 모두 당사자에게 과실이 없는 사실이고, 그 차이점은 발생의 원인과 예견할 수 없는 정도에 있다. 이상의 학설로 볼 때 불가항력과 의외의 사건의 차이는 분명한 것이 아니다. 예를 들어, 그리스법에서는 의외의 사건을 매우 광범위한 개념으로 하여 사람의 행위에서 독립된 각종 사건도 포함한다. 좁은 의미로서 의외의 사건을 사용할 때에는 불가항력을 가리킨다.

있다. 「중국민법통칙」 제131조 규정에 따르면, 피해자에게도 손해의 발생에 대한 과실이 있는 경우, 가해자의 민사책임을 경감할 수 있다.

(2) 제3자의 과실

제3자의 과실은 제3자에게 손해의 발생에 대한 과실이 있는 것을 말한다. 제3자의 과실도 피해자의 과실과 마찬가지로 손해에서의 작용에 따라 두 가지 상황으로 나뉜다.

(a) 제3자의 과실이 손해발생의 유일한 원인, 즉 손해의 발생이 제3자의 과실에 의한 것이고 피고에게 과실이 없는 경우, 제3자가 책임을 부담하여야 한다. 이로써 피고의 책임은 면제된다. 「중국민법통칙」 제127조는 "사육하는 동물에 의하여 타인에게 손해를 조성한 경우, 동물의 사육인 또는 관리인이 민사책임을 부담하여야 한다. 피해자의 과실에 의한 손해일 경우, 그 소유자나 관리인은 민사책임을 부담하지 않는다. 제3자의 과실에 의한 손해일 경우, 제3자가 민사책임을 부담하여야 한다"라고 규정하고 있다.

(b) 제3자와 가해자의 혼합과실이 있다. 제3자와 가해자의 혼합과실은 다시 두 가지 상황으로 나눌 수 있다. 하나는 제3자에게 고의나 중대한 과실이 있고, 가해자에게는 경과실만 있는 경우인데, 이 경우 고의나 중대한 과실이 있는 제3자가 책임을 부담하는 것이 현대 권리침해행위법의 추세이다. 다른 하나는 제3자와 가해자 모두에게 과실이 있고 앞의 경우에도 속하지 않는 경우인데, 이 경우 제3자와 가해자가 책임을 부담한다. 그러나 책임을 어떻게 부담하는가에 대해서는 여러 가지 입법사례가 있

다. 어떤 국가에서는 가해자와 제3자가 연대책임을 부담하게 하고, 또 어떤 국가에서는 과실의 정도에 따라 공평하게 책임을 확정하기도 한다. 중국의 법률규정 및 실무에서는 과실정도에 따라 공평하게 책임을 분담한다.

제7절 損害賠償

I. 서 설

권리침해행위의 민사책임에 대한 규정에는 두 가지 입법주의가 있다. 하나는 원상회복주의이다. 즉, 손해가 발생하기 전의 상태로 회복할 것을 요구하는 주의이다. 다른 하나는 손해배상주의이다. 즉, 금전으로 피해자의 손실을 배상하는 것을 기본원칙으로 하는 주의이다. 「중국민법통칙」 제134조에서 규정하고 있는 민사책임의 부담방식은 모두 10가지이다. 즉 침해정지, 방해배제, 위험제거, 재산반환, 원상회복, 수리와 재제작과 교환, 손실배상, 위약금 지불, 영향제거와 명예회복, 사과가 있다. 이로써 알 수 있듯이 중국은 원상회복을 주로 하고 손해배상을 보조로 하는 원칙을 채택하고 있다.

권리침해행위에 의한 피해자의 손해는 재산성손해와 인신성손해로 구분할 수 있다. 이 두 가지 손해는 그 배상방식에도 차이가 있다.

II. 재산에 대한 침해

재산에 대한 침해는 상황에 따라 각각 다른 책임방식을 적용하여야 한다. 만약에 점유가 침해되었다면 반환의 방식을 채택하여야 하고, 손실이 있다면 손실배상도 하여야 한다. 그리고 만약 훼손된 것이 있다면 수리하여야 하고, 손실이 있다면 손실을 배상하여야 한다. 또 만약 재산이 이미 존재하지 않는다면 금전으로 배상하여야 한다.

III. 인신손해에 대한 배상

인신에 대한 손해는 자연인의 인신권을 침해하여 발생한 재산상의 손실이다. 공민의 인신에 대한 침해정도에 따라 일반적인 상해, 인신장애, 사망의 세 가지로 나눌 수 있다.

1. 일반적인 상해

일반적인 상해는 공민의 신체나 건강이 상해를 받았지만 치료를 통하여 회복될 수 있는 침해이다. 중국민법통칙 및 최고인민법원의 사법해석에 따라 배상범위는 의료비와 일을 하지 못하여 감소된 수입 두 가지를 포함한다.

의료비에 대한 배상은 일반적으로 소재지의 치료받은 병원의 진단증명서와 의약비, 입원비를 증빙으로 한다. 의무(醫務)부문의 비준을 거쳐야 하고, 비준하지 않고 임의대로 치료비용을 받은 경우는 배상하지 않는다. 임의대로 손해와 무관한 약품을 구입하거나 기타 질병의 치료를 받은 경우 그 비용에 대해서도 배상하지 않는다.

일을 하지 못하여 감소된 수입에 대한 배상기준은 피해자의 임금기준이나 실제수입액수에 따라 계산할 수 있다. 일을 하지 못한 기간은 실제손해의 정도, 회복상황과 치료받는 병원에서 제출한 증명이나 법의 감정 등을 참조하여 확정하여야 한다. 개체공상호가 일을 하지 못하여 감소된 수입에 대한 계산기준은 일정한 시기 내의 평균수입을 참조하여 확정한다. 병원의 비준을 거친 간병인의 감소된 수입은 실제수입의 손실에 따라 계산한다. 만약 임금수입이 없는 경우 현지의 임시직원의 보수기준에 따라 계산하여야 한다.

2. 인신장애

인신장애는 타인에 의한 상해가 치료를 통하여 완전히 회복될 수 없어 전체적으로나 부분적으로 노동능력을 상실한 것을 말한다. 중국 민법통칙 및 사법해석의 규정에 따르면 이런 상해에 대해서는 '일반적인 상해'의 비용 외에 생활보조금도 배상하여야 한다. 일반적으로 생활보조금의 기준은 현지주민의 기본생활비기준보다 낮을 수 없다.

실제로 피해자에 의지하여 부양되고 기타 생활근원이 없는 사람이 필요한 생활비용을 요구한 경우 마땅히 이를 지불하여야 한다. 그 액수는 구체적인 상황에 근거하여 정한다.

3. 사망

만약에 공민이 상해에 의하여 사망하면 사망자의 장례비용과 사망자 생전의 부양자에 대한 필요한 생활비 등도 배상범위에 포함된다.

4. 정신적 손해

사람의 정신에 손해를 받은 경우 금전으로 위안해줄 수 있는가? 이 문제는 종종 '정신적 배상' 문제라고 불린다. 중국은 원래 민법학의 이론상으로 이를 부정해왔다. 그러나 민법통칙이 반포된 후 '정신적 배상'을 승인하였다.「중국민법통칙」제120조에서는 "공민의 성명권, 초상권, 명예권, 영예권에 침해를 받은 경우, 침해정지, 명예회복, 영향배제, 사과를 요구할 수 있으며 손실배상도 요구할 수 있다"라고 규정하고 있다. 중국은 현재 많은 판례에서 이를 승인하였다.

'정신적 배상'에는 아직 연구해야 할 문제들이 많이 있다. 예를 들면, '정신적 배상'은 공민의 성명권, 초상권, 명예권, 영예권에 대한 침해에만 적용되는가, 공민의 재산성침해에도 '정신적 배상' 문제가 존재하지는 않는가, '정신적 배상'의 구체적인 기준은 과학적으로 어떻게 정량화할 것인가 하는 등의 문제가 있다.

제9장

不當利得의 債權·債務

제1절 不當利得의 法律要件

I. 서 설

　부당이득에 대한 중국의 민법규정은 「중국민법통칙」 제93조와 「〈민법통칙〉 의견」 제131조밖에 없다. 그러므로 적절한 적용을 위해서는 민법이론의 해석 및 완전한 체계의 틀이 필요하다.
　부당이득의 일반적인 구성요건에 관하여 통일설과 비통일설이 있고, 그에 따라 긍정과 부정 등의 다른 해석이 존재한다. 학습의 편의를 위해 통설을 개괄하여 서로 다른 유형의 부당이득의 특수한 구성요건에 대해서 구체적 유형을 들어 설명하겠다.

II. 재산상의 이익취득

재산상의 이익취득이라는 것은 일정한 사실로 인하여 전체재산이 증가하는 것을 말한다. 부당이익의 성립은 반드시 수령인의 재산이익의 취득을 가장 우선적인 조건으로 한다. 만일 타인에게 손해만 초래하고 자신은 아무런 소득이 없다면, 가해자는 권리침해행위에 대한 배상책임은 부담하더라도 부당이득은 성립되지 않는다.

재산이익의 형태에는 소유권, 지식재산권 취득과 같은 재산의 적극적인 증가와 채무의 소멸로 재산의 감소를 피하여 실질적으로는 재산이 증가하는 것과 같은 소극적인 증가도 포함한다.

III. 타인에게 손실을 주는 것

타인에게 손실을 주는 것은 일정한 사실로 인하여 타인(이익소유자)의 재산총액을 감소시키는 것을 말한다. 이것은 이익수령인의 재산상황과는 상반되고 취득한 이익은 타인에게 손해를 끼치지 않으므로 부당이득에도 속하지 않는다. 손실의 형태상 이익과 상대되는 것은 이미 존재하는 재산의 감소와 증가가 가능한 재산의 미증가의 두 가지 형태를 포함한다.

Ⅳ. 손실을 입는 것과 이익을 취득하는 것은 인과관계가 있다

손실을 입는 것은 이익의 취득으로 인한 것이며, 손실과 이익의 크고 작음이 일치하는지와 형태가 상통하는지는 묻지 않는다. 이익수령인이 부담하는 반환의무의 범위에서 이익이 손실보다 작으면 이익을 그 기준으로 하고, 이익이 손실보다 크면 손실을 그 기준으로 한다. 그러나 손실부분을 넘어선 이익은 노무 및 관리비를 제한 후 법원이 몰수한다.

Ⅴ. 법률상에 없는 원인

중국민법통칙은 이 조건을 '합법근거가 없다'고 설명한다. 법률상에 없는 원인은 다음과 같이 이해한다.
(1) 법률상에 없는 원인은 취득한 이익에 대한 것이다. 취득한 이익이 법률근거가 있으면 설령 상대자가 손실을 입었다 하여도 부당이득이 성립되지 않으며, 그 예로는 증여가 있다.
(2) 법률상에 없는 원인은 곧 이익취득의 원인이 없는 것을 가리킨다. 또 이익취득시 원인이 있고, 이후에 그 해당원인이 소멸하는 것도 포함한다. 후자의 예로는 매매의 취소가 있다.
(3) 법률상에 없는 원인의 '법률'은, 부당이득에 관한 법률규범은 물론이고 그 외의 기타 법률규범도 포함한다. 예를 들어 계약 무효, 해소, 취소가 있으며, 그것이 해소된 후에 당사자가 받는

이행이익은 부당이득에 근거하여 반환해야 하지만, 원인이 없는 법률근거는 계약법에서 나온다. 그러므로 재산변동이 법률상에 없는 원인인지를 판단할 때는 반드시 관련된 법과 결부하여 자세히 조사해야 한다. 하지만 원인이 없는 재산변동은 부당이득제도의 조정일 뿐이다. 이것이 부당이득 연구의 난점이며 동시에 매력이기도 하다.

제2절 不當利得의 類型

I. 서 설

'손해를 입히고 이익을 얻는 것은 형평성에 어긋나는 것이다'라는 이념에 기초하여 부당이득은 로마법의 개별적 소송권리에서 발전되어 오늘날의 일반적인 규칙이 되었다. 그러나 비교법상 각국 민법전이 법률상에 없는 원인(민법통칙에서는 '합법근거가 없다'라고 함)의 재산변동에 대하여 강경한 규정이 결핍되어, 법관이 '형평' 사상을 빌려 판결을 내린다. 부당이득은 민법 중 탄성을 가진 제도인 동시에 형평사상을 흡수해 '인식'적 단계에만 머무르고 있다. 따라서 체계화된 개별적 규정으로서 '조작'의 단계에는 이르지 못하고 있다.

Wilburg는 부당이득의 유형화에 대해 연구하였다. 이는 부당이득의 연구에 대한 더한층 깊은 단계의 진입이며, 부당이득의 적용과 제도화에 커다란 이론적 근거를 제공하였다. Wilburg의 부당이득 유형화연구의 주요내용은 부당이득에 근거한 청구권의 발생원인과 부당이득의 유형을 나누는 것이었다. 유형은 이행으로 인한 수익과 이행 이외의 사유로 인한 수익에 기초하는 것의 두 가지 유형으로 나누었다.

II. 이행의 부당이득

1. 의의 및 기능

이행의 부당이득이란 이행에 기초하여 발생한 부당이득을 가리킨다. 이행의 부당이득에 의해 성립하는 청구권이므로 이행의 부당이득에 대한 청구권이라 한다. 법률은 당사자가 그 의사에 근거하여 각종 교역에 종사하고 이행의 목적을 결정하는 것을 허락한다. 때문에 이행에 의한 부당이득은 바로 교역실패의 구제를 위해 이행자는 수령자에게 결함 있는 목적물에 대한 지급에 대해 반환을 청구할 수 있는 기능이 있다.

2. 구성요건의 특수요구

이행의 부당이득은 부당이득에 부합되는 일반구성조건 외에 일반조건을 보충하는 것이 있다.

(1) 재산상의 이익취득은 반드시 이행이 발생의 원인이어야 한다. 여기서 이행은 의식이 있는 것과 일정한 목적에 기초하여 타인의 재산이 증가하는 것을 가리킨다. 소위 의식이 있다는 것은 이행자의 의사에서 나온다는 것을 가리킨다. 만약 이행자의 의

식에서 나오지 않았다면 비이행의 부당이득에 속한다. 소위 일정한 목적에 기초한다는 것은 이행자에게 이행으로 인한 교환의 이익이 존재한다는 것을 가리킨다. 목적성을 강조하는 의의는 크다. 한 방면은 당사자가 바라는 목적이 실현에 다다를 수 있을지와 법률상 원인의 유무가 인정될 수 있을지이고, 다른 한 방면은 이행관계가 부당이득청구권의 당사자를 결정하는 것이다.

(2) 타인에게 손실을 입히는 것은 이행관계에 기초해야 한다. 이 요구는 타인에게 손실을 입히는 것의 사실원인이 이행관계라는 것을 뜻한다. 이 이행관계에 의거하여 이행자는 이행수령인에게 법률에 없는 원인의 반환을 청구하여 이익을 수령할 수 있다.

(3) 법률상에 없는 원인은 이행목적이 결핍되어야 한다. 주된 이행목적은 채무의 청산 또는 채무의 성립의 두 종류이다. 전자의 예가 매매 중의 이행이고, 후자의 예가 사무관리 중의 관리인 이행이다. 당사자의 일방이 일정한 목적으로 이행할 때 그 목적은 객관적으로 이행행위의 원인이 된다. 이행원인이 결핍되었다면 타방당사자의 수령은 법률상에 없는 원인임에 따라서 부당이득이 성립된다.

이행목적의 결핍은 다음의 두 가지 유형으로 나눌 수 있다.

(a) 시작부터 이행목적이 없는 것. 이것은 다시 두 가지로 나뉜다. 하나는 채무가 아닌 것의 청산이 채무를 부담하지 않는 것을 가리킬 때이고, 다른 하나는 이행원인의 행위로 하는 것이 성립되지 않거나 무효 또는 취소되었을 때이다.

(b) 이행목적이 계승된 후 존재하지 않는 것. 예를 들면, 해소의 부가적 조건의 성취 또는 기간이 종료된 민사법률행위가 조

건이 성취되었거나 기간이 만료된 것이다.

3. 이행의 부당이득의 배제

이것은 비록 부당이득의 조건에 부합되지만 법률이 그 부당이득규정을 적용하는 것을 배제하는 이행이다.

(1) 도덕의무이행의 이행

양자는 친부모에 대하여 부양의 의무가 없지만 부양한다. 그리고 부당이득의 이행비용반환을 청구할 수 없다. 이 규정은 법률과 도덕의 조화를 나타낸다.

(2) 기한만료 전에 빚을 청산하는 이행

채무자가 변제기한이 다하지 않은 채무를 이행한 것으로, 채무자는 반환을 청구할 수 없다. 그러나 이행으로 인해 채무가 소멸하면 기한의 이익을 스스로 포기한 것으로 본다.

(3) 채무가 없음을 확실히 알고 하는 이행

채무자가 채무가 없는 것을 확실히 알고 빚을 청산하는 채무의 이행을 하였을 때, 이는 증여로 보고 반환을 청구할 수 없다. 이것과 비채무의 변제와는 다르다. 후자는 채무자가 그 이행의무가 존재하는지의 유무를 모르는 상태에서의 이행이다. 따라서 이 둘은 이행할 때 채무 유무를 알고 있었느냐의 여부가 기준이 된다.

(4) 불법원인의 이행

불법원인으로 인한 이행으로써 부당이득의 규정적용을 배제한다. 이것은 각국의 민법에 보편적으로 받아들여져 있다(「독일민법전」 제817조, 「일본민법전」 제708조). 이익소유인의 보호를 위하여 법률은 불법원인이 단지 수령인에게만 존재하고 있을 때는 부당이득규정의 적용을 배제하지 않는 것을 동시에 규정하고 있다.

고대 로마법에서는 이행자의 전통논리에 위배되는 모욕성 이행에 대해서는 법원은 그 소송권리를 인정하지 않았다. 근대민법은 이것을 '불법원인의 이행'으로 추상화하였다. 때문에 이 항목의 규정 속에 내포된 이념은 인류사회의 이념체계와 질서를 지키는 것에 있다. 만약 이 규정이 없다고 하면 이익소유인이 수령인에 대해 반환청구권을 보유하게 되고 불법은 '합법'이 된다. 만약 이 규정을 실시하지 않고 민사행위무효의 규정을 인용하여도 상술한 것과 같은 결과가 발생한다. 그러나 만약 이에 근거하면 이익수령인은 이행이익을 반환할 필요가 없기 때문에 합법적으로 이익을 향유하는 것이 아닌가? 이에 대하여 두 가지 대책이 있다. 첫째는, 당사자가 '불법'을 사유로 상대방의 이행청구를 거절하는 것이다. 이것은 곧 법률은 권리침해행위의 금지를 목적으로 한다는 것을 설명한다. 둘째는, 위법한 '이행'에 대하여 행정법 등의 공법규정에 의거하여 그 대상물을 몰수하는 것이다. 예를 들면, 도박채무의 이행 같은 것이다.

주의해야 할 점은 불법원인의 이행은 위법이나 그 이행관계는 위법이 아닐 수도 있다는 점이다. 이행관계가 증여에 속하나, 증여의 원인이 뇌물이라면 이것과 도박채무의 이행과는 그 위법 자체에 차이가 있다.

III. 비이행의 부당이득

1. 의의

일반적으로 이행 이외의 사실로 인하여 발생한 부당이득을 비이행의 부당이득이라 부른다. 이행 이외의 사실이란 행위에 기초하는 것과 법률규정에 기초하는 것 그리고 자연사실 등에 기초하는 것을 포함한다. 이런 사실은 개성이 공통성보다 크기 때문에 구성조건의 방면에서 이론이 갈리기 쉽고 추상적이어서 공통적인 일반규칙을 가지기가 쉽지 않다.

2. 행위로 인한 부당이득

이런 행위는 주체가 다름에 따라서 다시 다음의 세 가지 유형으로 나눌 수 있다.

(1) 수익자의 행위로 인한 부당이득

비이행의 부당이득 중에서 수익자의 행위로 인하여 생겨나는 부당이득은 가장 흔히 볼 수 있는 유형에 속한다. 예를 들면, 타인의 물건을 임대하는 것 등이다. 독일학자들은 이를 Eingriffs-kondiktion (타인의 권익을 침해하는 부당이득)이라고 한다. 수익자가 그 행위로 인하여 이익을 취득할 때 '타인에게 손해를 입히는 것'과 '법률상에 없는 원인'의 판단의 기준을 어떻게 확정할 것인지에 대해서는 이론상 두 가지의 학설이 존재한다. 위법성설(違法性說)은 타인에게 손해를 입히고 이익을 얻는 행위의 위법성은 곧 '법률상에 없는 원인'을 구성하여 부당이득이 발생한다고 여기는 학설이다. 권익귀속설(權益歸屬說)은 권리가 포함하는 이익의 내용은 당연히 권리자에게 귀속되어 향유해야 하고, 권익귀속을 위반하여 이익을 취득했을 시에는 곧 법률상의 원인이 결핍되어 부당이득이 성립한다는 것이다.

　이 두 가지 학설을 만약 부당이득의 기능적 가치로 판단한다면 위법성설은 행위과정의 위법성을 제시하여, 부당이득의 기능가치에 근거하지 않고도 보유이익의 정당성을 고려한다. 행위과정의 위법성과 보유이익의 정당성은 다른 문제이기 때문이다. 그러나 대부분의 상황에서 양자는 일치한다. 예를 들면, 타인의 위탁물판매 같은 것이다. 하지만 일치하지 않을 때도 있다. 예를 들면, 갑이 을에 대한 채권을 병에게 양도하였는데 병의 수령과 통지 전에 갑에게 빚이 청산되었다면 갑의 수령은 비록 위법이 아니라 하더라도 보유의 정당성이 결핍되어 있으므로 부당이득이 성립한다. 따라서 오직 권익귀속설만이 보유이익의 정당성을 판단하는 기준이 되고, 부당이득의 기능가치와도 서로 부합된다.

　구성요건에 대한 특별한 요구는 다음과 같다.

(a) 취득한 재산상의 이익은 타인의 권익을 침해한 것이어야 한다. 예를 들면 타인의 물건을 임대하고 돈을 받는 것, 보관물의 사용 등이 있다.

(b) 타인에게 손해를 입히는 것은 재산이전을 필요로 하지 않는다. 이행의 부당이득에서 이행당사자는 재산이전의 관계가 발생하지만, 수익자의 행위로 인한 부당이득에서는 타인의 권리를 침해하여 얻은 이익, 즉 타인에게 손실을 초래한 것에 기초하며 재산의 이전 유무는 묻지 않는다. 예를 들면, 갑이 을의 동의 없이 을의 옥상에 광고판을 설치했을 때, 을의 옥상에 발생하는 손해

가 어느 정도인지는 묻지 않는다.

(c) 법률상에 없는 원인은 수익자에게 이익의 근거가 없어야만 한다. 예를 들면, 임차인이 임대인의 동의 없이 집을 빌려주고 대금을 획득하고 계약관계 중지 후 계약물을 반환하지 않고 이익을 얻은 경우 등이 있다.

부당이득의 반환의무와 권리침해행위의 배상의무를 구별해보자. 수익자의 행위로 인해 발생하는 부당이득과 권리침해행위에 대한 손해배상은 혼돈하기 쉬우므로 수익자가 부담하는 반환의무와 권리침해행위로 인한 배상의무는 구별할 필요가 있다. 우선 구성요건이 다르다. 권리침해행위의 성립은 다섯 가지 요건에 부합되어야 하며, 부당이득은 위법과 과실을 요건으로 하지 않는다.

다음으로 적용하는 관계가 다르다. 부당이득이 성립될 때 권리침해행위가 꼭 성립하는 것은 아니다. 예를 들어, 상술한 계약관계의 중지 후 임차인이 계약물을 반환하지 않은 상황은 권리침해행위가 구성되나 부당이득은 성립하지 않는다. 또 다른 예로 갑이 타인의 물건을 을에게 증여하면 이익을 얻은 것은 아니므로 부당이득은 성립하지 않으나 권리침해행위는 성립한다.

(2) 손해자의 행위로 인하여 발생하는 부당이득

손해자의 행위로 발생하는 부당이득은 그 행위가 이행에 속하면 이행의 부당이득이 되고, 당사자와 이행관계가 없고 손해자의 행위로 인하여 손해를 입은 것은 비이행의 부당이득이 된다. 즉, 수익자가 손해자 자신의 행위로 인해 손해자에게 귀속되어야 하는 이익을 얻는 부당이득이다. 예를 들면, 갑이 을의 뽕나무밭에 몰래 누에콩을 심어서 분쟁이 발생되었을 때 을은 갑의 권리침해행위를 이유로 지력손실에 대해 배상을 청구할 수 있다. 하지만 을이 얻게 되는 누에콩은 법률상 원인이 없는 수익이므로 갑은 반환을 청구할 권리가 있다.

(3) 제3자의 행위로 인하여 발생하는 부당이득

이것은 수익자가 제3자의 행위로 인하여 당연히 손해자에게 귀속되어야 하는 이익을 얻는 부당이득을 가리킨다. 예를 들면, 제3자가 손해자의 목재를 이용해서 수익자의 집을 수리해주는 경우 등이다.

3. 법률규정에 의하여 발생하는 부당이득

부당이득이 발생하는 규범의 기초는 법률규정이다. 그러나 여기서는 법률의 직접적인 규정으로 인하여 발생한 부당이득만을 가리킨다. 바꾸어 말하면 어떤 사실에 대하여 법률은 명문으로 그 부합되는 부당이득의 구성요건을 추정하고 바로 부당이득의 법률효과가 발생한다. 최고인민법원의 「〈민법통칙〉 의견」 제86조에는 비재산권자가 타인재산을 사용하여 부속물을 더할 경우 '철거할 수 없으며', '돈으로 환산하여 재산소유자에게 반환하는 것은 가능하다'라는 규정이 있다. 이것은 곧 첨부를 상실한 권리자(손해를 입은 자)가 재산소유자(수익자)에 대하여 부당이득의 반환청구권이 있다는 것을 뜻한다.

4. 자연현상에 의하여 발생하는 부당이득

자연현상으로 인하여 발생하는 부당이득은 수익자가 자연현상으로 인하여 원래는 손해자에게 돌아가야 하는 이익을 얻는 부당이득이다. 예를 들면, 폭우로 인하여 갑이 키우던 물고기가 인접한 을의 양어장으로 뛰어들었고 분별할 방법이 없을 때, 갑은 을에 대하여 부당이득에 의거한 반환청구권이 있으며, 을은 그 이익을 반환해야 한다.

제3절 不當利得의 效力

I. 서 설

일정한 사실이 부당이득의 구성조건에 부합될 때 곧 부당이득의 법률효력이 발생한다. 다시 말해서, 이익의 소유자와 수령자 간에 채권·채무관계가발생한다. 소유자가 상실한 이익을 채권이라고 하고, 수령자가 얻은 이익을 채무라 해서 채의 관계상 채권자과 채무자가 나뉜다. 다음에서는 부당이득의 채권·채무의 객체와 이익반환의 범위 및 부당이득청구권과 물상청구권의 관계를 나누어 설명하기로 하자.

II. 부당이득의 채권·채무의 객체

부당이득에서 채권·채무의 객체는 곧 얻은 이익을 얻는 이행의 반환이다. 이행방식상 이익의 형태가 다르기 때문에 그 요구 역시 다르다.

1. 원물반환

여기서의 원물은 이익의 원래의 형태를 가리키며 이익과 이익에 대한 과실(果實)을 포함한다. 이익의 반환방식에 관하여서 법률이 규정한 각종 유형의 이전방식에 따라 채무자는 채권자에게 권리를 넘겨야 한다. 예를 들면, 동산은 실물교부에 근거하며, 부동산은 등기교부에 의거하고, 채권은 양도합의에 의해 이전한다.

2. 가격의 상환

얻은 이익 및 과실을 반환할 수 없을 때는 그 가격에 근거하여 상환한다. 가액의 계산은 채무자가 이익을 얻었을 때의 객관적인 가치로 정해진다. 예를 들면, 수령한 이익은 와이셔츠 한 장인데, 그 당시 시장가격은 3000원이었고 수익자가 타인에게 판매할 때의 시장가격은 4000원이었으나 2000원에 팔았다면, 객관적인 가치에 근거하여 상환가액은 3000원이다. 이 객관적인 가치에도 이의는 있다.

3. 이익반환의 범위

수령자가 부담해야 하는 이익반환의 책임에 대하여 법률은 수령자의 주관적인 상태와 제3자와의 관계를 고려해 서로 다른 이익반환의 범위를 확정한다.

(1) 선의의 수령자의 반환책임

법률상에 없는 원인을 모르는 수령자는 선의의 수령자이다. 법률은 선의자에 대해서는 관용을 베풀어 선의의 수령자의 재산상황이 부당이득의 발생으로 인하여 감소하지 않도록 선의의 수령자는 단지 현존하는 이익에만 책임을 지고, 만약 그 이익이 존재하지 않으면 그 반환책임을 적절히 감면한다.

(2) 악의의 수령인의 반환책임

수령할 때 명백히 알았거나 수령 후 법률상에 없는 원인이라는 것을 안 수령자는 악의수령자이다. 악의의 수령자는 가중된 반환책임을 부담하며 얻은 이익의 존재 여부와는 관계없이 얻은 이익의 전부 또는 저하된 공제액 및 과실을 소유자에게 반환해야 한다.

(3) 제3자의 반환의무

선의의 수령인은 얻은 이익이 존재하지 않아서 책임을 감면받는다. 그러나 그 이익이 존재하지 않는 것이 그 이익을 무상으로 제3자에게 양여했기 때문이라면 제3자는 그 이익을 반환하는 의무를 부담한다. 제3자는 그 얻은 이익이 존재하는지에 따라 주관적으로 선의 또는 악의에 속하며 수령자에 대한 법률규정이 적용된다.

III. 부당이득청구권과 물상청구권

부당이득의 규범은 부합되지 않는 이익소유자의 재산변동과 그중에 당연히 포함되는 물권의 변동을 조정하는 기능을 한다. 또한 물건에 대한 권리가 있는 사람은 그 물건이 침해를 받을 때 물상청구권에 근거하여 원물의 반환청구권을 행사할 수 있다. 이때 동일한 표적물의 반환은 부당이득의 청구권효력과 물권의 청구권효력의 경합을 발생시킨다. 이에 대하여 어떻게 두 가지의 효력을 구별해야 하는지 이론상 두 가지의 학설이 있다. 물권효력우선설은 물권효력과 부당이득의 효력이 경합할 때 부당이득청구권의 효력은 물상청구권의 효력을 보조하므로 당연히 물권효력을 먼저 적용해야 한다고 여긴다. 부당이득청구권독립설은 부당이득청구권의 효력은 독립적인 효력이고 보조적인 위치에 있지 않다고 여긴다. 따라서 동일한 표적물상에서 두 가지의 효력이 발생하면 물권자는 무권점유 또는 소유물의 침탈자에 대하여 물상청구권에 근거하여 반환청구권을 얻고, 동시에 부당이득청구권에 근거하여 무권점유자에게 물건점유의 반환을 청구할 수 있다. 왜냐하면 점유도 일종의 이익이기 때문이다.[69]

---

[69] 보조성설(Subsidiaritat)은 프랑스, 독일 및 스위스의 초기학자들이 이끌어냈으나, 근세의 학자들은 독립설쪽으로 더 많이 기우는 추세이다.

제10장

事務管理의 債權·債務

제1절 事務管理의 法律要件

I. 서 설

사무관리는 두 가지의 다른 이념을 정리하고 합쳐서 형성된 행위규범이다. 두 가지 이념의 충돌은 격렬하므로 조정을 거쳐 다시 조합하는 것 역시 쉽지 않다. 때문에 유형이 다른 사무관리의 공통적인 구성요건을 추상적으로 만들어내는 것은 상당히 어렵다.

중국민법은 사무관리의 법률조항에 대하여 두 가지 조항이 있다(「중국민법통칙」 제93조, 최고인민법원의 「〈민법통칙〉의견」 제132조). 비록 그 규범체계가 형성되지 않았지만 현재 보여지는 가치판단과 각국의 민법은 다르지 않다. 그러므로 비교법상의 관계규정을 참고로 할 수 있다.

사무관리의 구성요건은 세 가지로 '타인의 사무를 관리할 것, 타인

을 위하여 관리하고자 하는 의사가 있을 것, 법률상 의무가 없을 것'
인바, 상세히 설명하면 다음과 같다.

II. 타인사무의 관리

타인의 사무를 관리하는 것은 다음의 두 가지 방면으로 이해할 수 있다.

1. 사무관리

사무라 함은 사람의 생활수요를 만족시킬 수 있고 채권·채무의 객체의 사항이 되기에 적합한 것을 가리키며, 사무관리는 사실행위(예: 물에 빠진 사람을 구하는 것, 길 잃은 아이를 보호하는 것)일 수도 있고 민사법률행위(예: 물건을 사는 것, 방을 수리하는 것)일 수도 있다.

관리라 함은 사무의 관리와 처리 등의 행위를 가리킨다. 관리의 목적에 도달하였는지에 대한 여부는 사무관리의 성립에 아무런 영향을 주지 않는다. 예를 들면, 화재시 불을 끄다가 부상을 입었을 때 불은 꺼지지 않아도 사무관리가 성립하는 것이다.

2. 타인의 사무

사무관리의 가치는 사람을 돕는 기쁨에 있으므로 관리하는 사무는 반드시 '타인'의 사무이어야 한다. 사무가 타인에게 속하는지의 확정 여부는 객관적으로 사무의 법률상 귀속을 판단기준으로 할 수 있다. 예를 들면 '타인'의 채무를 변제하는 것, '타인'의 집을 수리하는 것 등이 있다. 법률상 누구에게 귀속되는지를 판단할 수 없는 중성사무, 예를 들면 박람회 입장권의 구매, 가옥의 임차 등은 관리자의 주관적 의사에 따라 결정한다. 만약 타인의 사무를 관리할 의사가 있었다면, 곧 타인의 사무가 된다.

III. 타인을 위한 관리

타인을 위해서 관리하고자 하는 의사라는 것은 관리자가 사무관리로 인하여 생기는 이익은 타인에게 귀속된다는 의사를 가리킨다. 이 의사는 사실상의 의사이지 효력상의 의사가 아니므로 표시할 필요가 없으며, 학술상으로 '관리의사'라고 불린다. 사무관리는 타인의 이익에 대한 관리의사가 있음으로 해서 확정되며 사무관리의 적용범위를 한정한다. 또한 관리의 이유로 '간여'하면, 즉 타인의 사무행위가 불법적인 제지를 받는 것이 합법의 핵심적 문제이다. 때문에 관리자가 자신의 사무를 실수로 타인의 사무로 여기거나 자신의 이익을 위해 타인의 사무를 관리하면 사무관리는 성립하지 않는다. 관리의사에서 타인은 관리자 이외의 사람을 가리키고, 타인이 누구인지는 확정할 필요가 없다. 예를 들면 관리자가 실수로 갑의 사무를 을의 사무로 여겨 관리했을 때에도 사무관리는 여전히 성립하는 것이다.

IV. 법률상 의무의 부존재

법률상에 없는 의무라는 것은 관리인이 사무의 관리에 대하여 계약적 의무 또는 법정의무가 없다는 것을 말한다. 만약 관리인이 위탁이나 청부와 같은 계약의무나 후견과 같은 법정의무로 인하여 타인의 사무를 관리할 때에는 사무관리가 성립하지 않는다.

제2절 事務管理의 類型 및 그 效果

I. 서 설

사무관리는 관리자가 타인사무를 관리하는 목적에 따라 진정한 사무관리와 진정하지 않은 사무관리로 나뉜다. 진정한 사무관리는 관리가 피관리자의 사익 또는 공익에 근거하여 다시 적법적인 사무관리와 적법하지 않은 사무관리로 나뉜다.

II. 적법한 사무관리

1. 의의

적법한 사무관리라는 것은 사무관리의 기능가치 및 구성요건에 부합하고, 법률이 규정하는 사무관리의 채권·채무의 효과가 완전히 발생하는 사무관리를 가리킨다.

2. 유형

사무관리는 본인(피관리자)의 의사에 근거하여 다음의 두 가지 유형으로 나뉜다.

(1) 주관적으로 적법한 사무관리

이것은 사무관리의 이익이 본인에게 있고, 본인이 명시했거나 혹은 짐작할 수 있는 의사에 위배되지 않는 사무관리를 가리킨다. 이런 사무관리의 특징은 주관적으로 완전히 본인의 의사와 부합된다. 명시된 의사란 본인이 사실상 이미 표시한 의사이다. 그 예로는 물에 빠진 사람이 살려달라고 외치는 것을 들 수 있다. 짐작할 수 있는 의사는 사무를 관리하는 데 있어 객관적으로 본인의 의사를 판단하는 것이다. 예를 들면, 행인이 우연히 교통사고를 당했을 때 병원으로 옮겨 응급처치를 하는 것은 본인의 의사를 짐작한 것이다.

(2) 객관적으로 적법한 사무관리

사무관리가 본인의 의사에 위배되는 것을 가리킨다. 그러나 관리는 본인의 공익상 의무 또는 법정부양의무의 이행인 사무관리이다. 공익상의 의무라는 것은 세금의 납부와 같은 '공법(公法)'의무와 구덩이를 팔 때 명확한 표지를 설치해야 하는 것과 같은 '사법(私法)'의무를 포함한다. 법정부양의무를 이행하는 예로는 갑이 노모를 유기하여 을이 갑의 모친에게 옷과 음식을 제공하는 것 등이 있다. 관리자가 앞에서 서술한 의무를 부담하는 본인을 관리할 때 사회의 공공이익에 부합하여야 하기 때문에 비록 본인의 의사를 존중하지 않더라도 사무관리는 성립할 수 있다.

3. 법률효력
적법적인 사무관리는 관리인과 본인 간에 발생하는 채권·채무의 관계에서 성립한다.

(1) 관리자의 의무

(a) 주된 급부의무
관리자의 주된 급부의무는 타인의 이익에 손실이 가지 않도록 관리하는 것을 말한다(「중국민법통칙」 제93조). 관리자가 의무를 이행할 시에 어떤 의무를 부담해야 하는지 법률은 규정하고 있지 않으며, 일반적으로는 선량한 관리자의 의무를 부담해야 된다고 여긴다. 만약 의무를 완수하지 않아서 본인에게 손해가 발생하면 채무불이행의 규정에 따라 손해배상의 책임을 진다.

(b) 종된 급부의무
(i) 통지의무(通知義務)가 있다. 관리인이 관리를 시작할 때 그 본인에게 적시에 통지를 해야 한다. 본인이 계속적인 관리를 지시하면 그것은 곧 관리행위의 승인이고, 본인이 관리의 정지를 지시했는데 만약 관리인이 계속적으로 관리를 한다면 그 사무관리는 본인의 의사에 위배되는 것으로 여긴다.

(ⅱ) 계속적인 사무관리의무(繼續管理事務)가 있다. 이 의무의 유무를 가지고 학계에서는 많은 쟁의가 있으나 일반적으로 관리를 중지하는 것이 관리하는 것보다 더 불리할 때 관리인은 계속적인 사무관리의무를 가진다.

(ⅲ) 결산의무(結算義務)가 있다. 관리중지시 관리자는 본인에게 관리상황을 보고해야 하고, 사무관리로 인하여 얻은 금전과 물품을 본인에게 넘겨주어야 한다. 또한 자신의 명의(名義)를 본인이 취득하는 권리로 한 것 역시 본인에게 이전해야 하며, 관리인이 자신의 이익을 위해 본인의 금전을 사용하면 이자를 지불해야 한다.

(2) 관리인의 권리

관리인의 권리는 다시 말하면 본인의 의무이다.

(a) 지출비용의 상환청구권

관리자는 사무관리를 위해 지출한 필요비용의 상환을 본인에게 청구할 수 있다. 해당비용의 필요 여부의 확정은 지출할 때의 객관적인 기준에 따라 정해진다.

(b) 채무를 변제하는 청구권

관리인은 사무관리로 인해 부담한 채무를 본인이 대신하여 변제해 줄 것을 청구할 수 있다.

(c) 손해배상청구권

관리자는 사무관리로 인하여 손해를 입었을 때 손해의 배상을 청구할 수 있으며, 만약 관리한 사무가 관리자의 직업범위에 속할 때는 관리자는 보수를 청구할 수 있는 권리가 있다. 예를 들면, 의사가 교통사고환자에게 응급처치를 한 것 등이 있다. 그러나 관리자가 보수를 청구할 수 있으면 사무관리는 형태를 바꾼 유상계약이 되므로 일반적인 상황에서 관리자는 보수의 청구를 할 수 없다.

III. 불법적 사무관리

1. 의의

불법사무관리란 본인의 의사에 위배되며 객관적인 적법사유가 결여된 사무관리를 가리킨다. 법적 효과가 없는 사무관리도 사무관리의 구성요건에 부합되기 때문에 진정한 사무관리에 속한다. 그러나 그것은 본인의 의사에도 위배되므로 타인사무에 대한 지나친 관여에 속하고, 그 관리자가 자기와 상관없는 일을 꺼리면서 왜 관리를 하는지에 대한 의문이 존재한다. 이런 사무관리의 효력을 인정할지는 상황에 따라 결정한다.

2. 유형

사무관리는 결과가 본인에게 유익한지의 여부에 따라 다음의 세 가지 유형으로 구분할 수 있다.

(1) 본인에게 불리한 사무관리, 본인의 의사에 위배되고 또 본인에

게 불리한 사무관리를 말한다. 예를 들면, 타인이 거절한 이행을 변제하는 자연채무가 있다.
(2) 본인에게 유리한 사무관리, 비록 본인의 의사에는 위배되지만 본인에게 유리한 사무관리를 말한다. 예를 들면, 갑이 출국하면서 을에게 집을 대신하여 관리해줄 것을 부탁했고, 을은 집을 세를 놓아서 갑이 전세금을 얻는 것 등이 있다.
(3) 본인의사에 부합되는 사무관리, 비록 본인의 의사에는 위배되지 않지만 본인에게 불리한 사무관리를 말한다. 예를 들면, 타인의 도박채무변제 등이 있다. 통상적으로 사무관리가 본인에게 불리할 때는 본인의 의사에도 위배된 경우가 많다. 본인의 의사에 부합되고 본인의 상황에 불리한 경우는 매우 드물다.

3. 법률효력

(1) 관리인의 책임

사무관리가 본인의 의사에 위배되거나 본인에게 불리할 경우, 관리행위가 위법성이 없으면 권리침해행위의 규정에 근거하여 관리인이 손해배상의 책임을 부담한다. 이 책임은 일반적인 권리침해민사책임과 상통하며 과실책임에 속하고, 만약 과실이 없다면 관리로 인해 일어난 손해에 대하여 관리인이 배상책임을 부담한다.

(2) 본인의 권리

불법적인 사무관리로 인하여 발생하는 이익에 대하여 반환을 청구할 수 있으며 청구하지 않아도 무방하다.

(3) 본인이 소득이익의 반환을 청구할 경우

(a) 본인에게 유익한 사무관리에 대하여 본인은 관리로 인하여 얻은 이익의 반환을 청구할 수 있다. 예를 들면, 가옥을 임대했을 때 관리자가 얻은 임대차익의 반환을 청구할 수 있다. 그러나 소득이익의 범위 안에서 관리자가 지출한 필요비용은 상환해야 한다.

(b) 본인에게 불리한 사무관리에 대하여 본인은 역시 관리로 인하여 얻은 이익의 반환을 청구할 수 있다. 예를 들면, 갑이 판매예정인 TV를 잠시 을에게 빌려주었고 을은 그것을 자신의 명의로 시가 10만원보다 싸게 병에게 팔았다면, 갑은 을에게 TV의 반환을 청구할 수 있지만, 을은 갑에게 관리비용을 청구할 수 없다. 본인이 사무관리로 인해 얻은 이익의 향유를 주장하지 않을 때, 관리자와 발생하는 재산손익의 변동에는 부당이득의 규정을 적용한다. 예를 들면 앞에서 설명한 TV같은 경우, 갑은 부당이득의 규정에 근거하여 을에게 TV의 이익반환을 청구할 수 있고, 시장가격에 근거해 이익의 실제가치를 확정할 수 있다.

IV. 진정하지 않은 사무관리

1. 의의

진정하지 않은 사무관리는 관리인이 타인의 사무에 대하여 타인을 위한 것이 아닌 관리를 가리킨다. 사무관리의 관리자는 반드시 타인을 위해 관리하는 의사가 있어야 하므로 의사가 없을 때는 사무관리가 성립되지 않는다. 당연히 사무관리의 법률상 효력도 발생하지 않는다. 그러나 개별적인 상황에서는 관리자를 고려하여 사무관리의 규정을 적용할 수 있다.

2. 유형 및 법률효과

(1) 오신관리(誤信管理)

오신관리란 타인의 사무를 자신의 사무로 착각하여 관리하는 것을 가리킨다. 예를 들면 갑은 부친이 병사한 후, 갑의 부친이 자주 사용하던 자전거를 팔고 자전거를 새로 장만하였다. 그런데 그 자전거는 사실 을의 소유였고 갑의 부친이 빌려서 사용했던 것이었다. 그러므로 갑의 자전거에 대한 관리는 오신관리에 속한다. 오신관리는 사무관리의 규정을 적용하지 않고 부당이득 또는 권리침해행위의 규정을 적용한다.

(2) 자신을 위한 관리

자신을 위한 관리란 것은 타인의 사무인 것을 알고 있으면서 자신의 이익을 위해서 하는 관리를 말한다. 위의 것을 예로 들면 갑은 그 자전거가 을이 부친에게 빌려준 것을 알면서도 병에게 5만원에 팔았다. 이때, 부당이득의 규정에 의한다면 을은 오직 손실의 반환만을 청구할 수 있다. 다시 말하면 자전거의 실제가격이 3만원이라면 을은 오직 3만원만 받을 수 있다. 또 위약(갑은 그 부친으로부터 자전거의 반환채무를 승계받은 것이다) 또는 권리침해행위에 의거한다면 을은 자전거의 실질적인 손실에 대한 배상만을 청구할 수 있다. 또한 갑은 손실을 제외하는 다른 이익도 향유할 수도 있다(2만원). 그러므로 이익의 계산 및 가치의 판단상 이 이익은 을에게 돌아가야 합리적이고, 규범상 사무관리규정에 의거해야만 을은 갑이 관리해서 생긴 이익의 전부를 얻을 수 있다. 그러나 갑이 사무관리시 지출한 비용에 대해서는 을이 얻은 이익의 범위 안에서 상환해야만 한다.

契約

제1장

契約과 契約法의 一般的 槪述

제1절 契約의 槪述

I. 계약의 개념

1. 대륙법계 국가의 계약에 관한 일반적인 개념

　대륙법계 국가에서 민법상의 수많은 원칙은 모두 로마법에서 그 근원을 찾아볼 수 있으며 '계약'도 예외가 아니다. 로마법에 따르면 계약이란 '법률이 승인하는 채(債)를 얻는 합의'[1]를 뜻한다. 로마법은 사법뿐만 아니라 공법과 국제법에서도 계약의 개념을 가지고 있다. 로마의 황제 유스티니아누스의 《학설휘찬》에서는 그 합의(Conventio)를 국제합의, 공법합의, 사법합의의 세 종류로 나누었다. 사법(私法)상의

1　彼德羅·彭梵得:《學說彙纂》, 黃風譯, 中國政法大學出版社, 1992年版, 307쪽.

로 채권법뿐만 아니라 물권, 친족, 상속법에서도 계약의 개념을 찾아볼 수 있는데, 예를 들면 물권의 설정과 이전, 혼인관계의 성립, 유산 배분의 합의 등이 있다. 일반적으로 사법적 효력을 발생하는 모든 당사자의 합의는 계약이다. 기원전 2세기 이후, 채권에 대한 합의가 시민법의 보호를 받는 것을 계약이라 하였고, 시민법의 보호를 받지 않는 것을 '약속(Pactum)'이라 하였다.[2] 프랑스민법전에서 규정하고 있는 계약의 정의는 로마법으로부터 계승되었으며, 「프랑스민법전」 제1101조에서 규정하고 있다. 이 규정에 따르면, 계약이란 1인 또는 다수가 다른 1인 또는 다른 다수에 대하여 어떤 물건이나 작위 또는 부작위의무에 대한 급부를 책임지는 합의(合意)를 뜻한다. 세계 민법역사에서 프랑스민법전이 가지는 특수한 지위로 인하여 앞에서 언급한 이 정의는 차츰 계약에 대한 대륙법계 민사입법의 가장 전통적인 표준이 되었으며, 수많은 국가의 민사입법과 민사이론에 큰 영향을 주었다. 이 정의는 두 가지의 요소를 내포하고 있는데 하나는 쌍방의 합의이고, 다른 하나는 채권·채무관계의 발생근거 또는 원인이다.

앞에서 서술한 내용에 대해 프랑스민법전은 계약에 대한 정의를 내릴 때 '합의'라는 용어를 사용하였고, 독일민법전은 계약을 법률행위의 범주 안에 포함시켜 법률행위의 일종으로서 총칙 제3장에서 규정하였다. 이런 차이가 나타나게 된 원인은 쉽게 찾아볼 수 있다. '총칙'을 규정한 독일민법전은 총칙과 각 부분을 유기적으로 연결하기 위하여 추상적인 '법률행위'라는 개념을 창조하였다. 그러므로 독일민법전의 이러한 구성은 당연한 것이다. 프랑스민법전에는 '총칙'도 없고

---

[2] 周枏 :《羅馬法原論》, 商務印書館, 1994年版, 654쪽.

'법률행위'의 개념도 없지만, 그렇다고 해서 독일법과 프랑스법 사이에 실질적인 차이가 있다는 것을 뜻하는 것은 아니다. 왜냐하면 프랑스학계는 역사적으로 법률행위이론을 독일학자가 계약이론에 기초하여 창립했다고 여기기 때문이다. 독일인과 같이 엄격한 논리적 사고습관을 가지고 있고 이성을 숭상하는 전통적인 프랑스학자들이 법률행위이론에 매료되는 것은 지극히 자연스러운 일이다. 그렇기 때문에 오랫동안 법률행위와 관련된 수많은 개념들, 예를 들면 의사표시 및 그 하자, 행위능력, 대리, 기한과 조건, 무효 등은 많은 프랑스학자에 의하여 사용되었다. 이런 개념들은 계약에 운용되었을 뿐만 아니라 유언 등에서도 응용되었다.[3] 프랑스의 저명한 학자 Carbocier는 프랑스민법전에서 왜 계약을 법률행위의 일종으로 정해놓지 않았는가를 설명할 때 다음과 같이 말한다. "사실상 법률행위에 대한 일반적인 이론을 건립하는 것에 대해서 프랑스민법전은 이미 충분한 기본자료를 제공하였다. 정확히 말하자면, 계약 이외의 법률행위는 그 상호간의 차이가 상당히 커서 사람들이 근본적으로 이런 행위의 규칙을 공통적인 원리로 개괄하기는 어려우므로, 법률행위이론을 건립하는 것과 관련된 자료의 대부분은 계약법에 그 근원을 두고 있다. 동시에 계약은 가장 중요한 법률행위이고, 계약과 관련된 법률준칙은 바로 법률행위의 공통준칙이다. 법률행위의 특수성과 기타 법률사실과의 차이점은 모든 법률행위는 일종의 특수한 '시스템'이라는 점, 그 목적은 법률효과를 발생시키는 데 있다는 점이다. 이 시스템은 차이점과 공통점을 모두 가진다. 차이점은 서로 다른 유형의 법률행

---

3 尹田 : 《法國現代合同法》, 法律出版社, 1995年版, 1쪽.

위의 구성 및 그 효과가 다르다는 것이고, 공통점은 어떠한 법률행위의 요소 또는 원동력도 불변한다는 것이다. 즉, 어떠한 법률행위이든지 당사자의 자유의지를 구현하고 의사자치의 기본원칙을 표현한다."[4] 의사표시는 법률행위의 기본적인 요소이며 법률행위는 기본적으로 일방법률행위와 쌍방법률행위로 분류되는데, 여기에서의 계약은 쌍방법률행위에 속한다.

프랑스학자의 위와 같은 해석은 독일민법전의 계약의 정의에 관한 명확성을 아주 잘 설명하고 있다. 그러므로 만약 계약의 정의를 '민사주체 간의 채권·채무의 성립, 변경 또는 소멸을 목적으로 하는 쌍방법률행위'[5]라 한다면 더 적합할 것이다. 왜냐하면 '법률행위'란 하나의 상위개념이고, '합의' 또는 '협의'는 하위의 개념이기 때문이다. 그러므로 이 두 개의 하위개념을 '법률행위'의 범주에 귀속시키는 것이 논리적으로 더 타당할 것이다.

중국민사입법(예: 민법통칙)에서는 '민사법률행위'에 관한 개념이 있기는 하지만, 계약법은 계약을 하나의 민사법률행위로 규정하고 있지 않다. 현행 「중국계약법」 제2조에 따르면 "본법에서의 계약은 평등주체인 자연인, 법인, 기타 조직이 상호간에 민사권리·의무관계를 설립, 변경, 소멸하는 합의를 뜻한다"라고 규정하고 있다. 혼인, 수양, 감호 등 신분과 관계된 합의에는 다른 법률규정을 적용한다. 그리하여 위와 같은 비재산성 계약에는 계약법을 적용하지 아니한다.

필자는 계약을 '평등한 주체인 자연인, 법인, 기타 조직이 상호간에 민사권리·의무관계를 설립, 변경, 소멸하는 법률행위'라고 정의하는

4　尹田:《法國現代合同法》, 法律出版社, 1995年版, 1～2쪽.
5　張俊浩:《民法學原理》, 中國政法大學出版社, 1991年版, 577쪽.

것이 중국의 민법입법논리에 더욱 적합한 것이라고 생각한다.

2. 영미법계 국가의 계약에 관한 일반적인 개념

영미법계 국가에서는 윌리엄 블랙스톤이 1756년에 출판한《영국법률석의(英國法律釋義)》에서 한 계약의 정의가 유행하였다. 그가 한 정의는 다음과 같다. "계약은 충분한 대가에 따라 행하거나 또는 행하지 않는 일종의 특수한 사정(事情)에 대한 합의이다." 이 정의는 가장 기본적인 두 가지 요소를 포함하고 있는데, 바로 '대가'와 '합의'가 그것이다.[6] 그러나 영국학자 아티야는《미국계약법중술》중의 계약의 정의가 가장 확실하며 적절하다고 생각했다. 그 정의는 다음과 같다. "계약은 법률이 계약의 불이행을 구제하거나 일정한 의의에서 계약의 이행을 승인할 것을 의무로 하는 하나 또는 일련의 승낙이다."[7] 또한 아티야는 이 개념에서 부족한 점도 지적하였다. "《미국계약법중술》의 단점은 계약에서 합의를 달성하는 요소를 소홀히 한 것이다." 이 정의에서 지적하고 있지 않은 것은 전형적인 계약은 쌍방에 의한 것이고, 일방의 승낙이나 하겠다고 표시하는 것은 다른 일방이 승낙 또는 하겠다고 의사를 표시하는 것에 대한 응답이라는 것이다. 그러므로 만일 이 정의에서 서술한 것처럼 하나의 계약이 하나의 승낙이라면 이것은 승낙되기 전에 일반적으로 어떤 행위나 승낙으로

---

6 岳彩申:《合同法比較硏究》, 西南財經大學出版社, 1995年版, 16쪽.
7 阿帶亞:《合同法槪論》(中譯本), 法律出版社, 1982年版, 27쪽. 그러나 저자는 번역자의 중문 번역을 그대로 쓰지 않았다. 원래 번역은 "하나의 계약은 하나 혹은 일련의 허락이고, 이것을 위배하면 법률은 구제를 한다. 이것을 이행하면 법률은 어떠한 방식을 통하여 일종의 의무를 확정한다"라고 되어 있지만, 저자는 리웨이둥(季衛東) 선생이 중문으로 번역한《신사회계약론》이 더욱 원문과 법리에 충실하였다고 여겨 그 문장을 인용하였다.-《新社會契約論》, 麥克尼爾著, 雷喜寧等譯, 中國政法大學出版社, 1994年版(代譯序), 2쪽.

써 다른 일방의 의사에 대하여 응답한다는 사실을 경시한 것이다. 하나의 계약이 일련의 승낙을 포함하고 있어도 이런 승낙들이 통상적으로 다른 일방의 의사에 대한 응답이라고는 설명하고 있지 않다. 이런 까닭으로 미국법원이 '저스티스와 랭지의 소송'에서 계약에 대해 내린 정의가 보편적으로 사람들에 의하여 받아들여졌다. 이 사건에서 법원은 "계약은 둘 또는 둘 이상의 계약을 체결할 수 있는 사람들이 유효한 대가로써 자의로 달성한 거래 또는 합의를 집행하거나 집행하지 않는 적법한 행위이다"라고 정의했다. 이 개념은 영미법계 국가에서 비교적 권위가 있고 사람들이 보편적으로 받아들이는 개념이라 말할 수 있다.

영미법계 국가에서의 계약에 관한 정의를 소개할 때에는 즉시 현금으로 매매하는 것이 계약에 속하는지 아닌지에 관한 간단한 토론이 필요하다. 상점 또는 시장에서 즉시 현금으로 매매하는 것은 중국민법이론에서 관습적으로 '즉시청결의 계약'이라 불린다. 그러나 영미법계 국가에서는 그것이 계약의 범주에 속하는가 아닌가 하는 것이 하나의 문제이다. 그리고 영국법과 미국법에서도 서로 많은 차이가 있다. 미국법에 따르면 즉시 현금으로 매매하는 것은 계약의 범주에 속하지 않는다. 그 이유는 다음과 같다. 첫째, 계약은 승낙(promise)으로 구성되고, 즉시 현금으로 매매하는 것은 어떠한 승낙도 필요로 하지 않는다. 둘째, 계약은 대인권이고, 즉시매매는 대물권이다.[8] 그러나 영국에서는 그것을 계약의 일종으로 본다. 아티야는 "계약법 중의 승낙은 계약자의 미래의 행위를 출발점으로 할 필요가 없다. 바꾸어

---

8 梁慧星:《民法學說判例與立法研究》, 中國政法大學出版社, 1993年版, 238쪽.

말하면, 승낙은 어떤 사실의 객관적 존재는 장래에 어떤 일을 하겠다는 승낙이자 이 사실을 위하여 객관적으로 존재하는 승낙이다. 그러므로 심지어 그 즉시 완전히 달성된 거래, 즉 상점의 현금판매와 같이 쌍방이 모두 이행한 거래도 일종의 계약이다. 이런 거래가 한 종류 또는 일련의 승낙을 포함한다고 하는 것은 마치 아무런 상관이 없는 일을 억지로 끌어다 붙인 것 같지만 우리는 일종의 승낙을 생각할 수 있다. 즉, 어떠한 사태의 객관적 존재, 예를 들면 물건을 살 때 품질이 좋아야 한다는 것이 일종의 계약적인 승낙이라고 생각하면 이해하기 쉽다"고 하였다.[9] 미국학자 Mac. Neil은 관계계약이론에서 계약을 당사자의 장래관계에 대한 약속이라고 하여 즉시매매를 계약에서 배제하였다.[10] 그러나 대륙법계 각국에서 즉시거래는 계약의 범주에 포함되며, 이것은 입법, 사법 및 학설상으로도 마찬가지이다.

특별히 지적해야 할 것은 현재 영미법계 국가의 이론과 사법판례는 계약의 개념과 관련하여 대륙법계의 양상을 띠고 있으며, 두 법계가 서로 융합되는 추세라는 점이다. 중국계약법에서는 계약을 '법률의 강제집행이나 인정한 채무에 대한 합의에 의하여 발생한 것'이라고 정의하고 있다.[11] 존 하얏트는 "계약은 적법한 일을 하거나 하지 않을 수 있는 구속력을 구비한 합의이다"라고 정의했다.[12] 《브리테니커백과사전》, 《옥스퍼드법률대사전》이 계약에 대해 내린 정의도 모두 이것과 상통한다. 그 원인을 연구해보면 영미법계에서 '약속의 원

---

9 阿帶亞 : 《合同法槪論》(中譯本), 法律出版社, 1982年版, 28쪽.
10 麥克尼爾 : 《新社會契約論》, 雷喜寧 等譯, 中國政法大學出版社, 1994年版, 4쪽.
11 梁慧星 : 《民法學說判例與立法硏究》, 中國政法大學出版社, 1993年版, 238쪽.
12 約翰·懷亞特, 麥迪·懷亞特 : 《美國合同法》, 汪仕賢 等譯, 北京大學出版社, 1980年版, 1쪽.

인'에 관한 전통적인 이론에 큰 변화가 발생했기 때문이다.[13] 영국법의 역사에서 당사자의 합의에 법원이 강제집행력을 부여할 것인지 아닌지를 구별하는 기준은 '약속의 원인'이었다. '약속의 원인'은 승낙의 강제성을 확정하는 기준으로서 두 가지 장점을 가진다. 즉, 상업상의 수요를 만족시켜주고 법률과 도덕의 충돌을 방지해준다. 그러나 판례법의 끊임없는 발전에 따라서 '약속의 원인'이 점점 혼란스러워져 하나로 통일하기조차 어려워졌다. 이에 대하여 아티야는 "약속의 원인 학설과 관련된 법률은 어려움이 많고 혼란스러우며 곳곳에서 많은 모순이 발생한다. 만약에 이 학설을 압축하여 전후가 일치하는 하나의 규칙으로 만들 수 있다고 여기거나 또는 이런 학설이 처음부터 '최종적인' 형식을 가지고 있어서 다른 변화가 일어나지 않는다고 여긴다면 그것 역시 잘못된 것이다"라고 지적하였다.[14] 이것에 대하여 프레이트 교수는 "판례에는 모순이 많고, 약속에 의거한다는 이론은 일관된 형식이 없는 이론이기 때문에 계약의 생명은 약정이라는 것이 최종적인 결론이다"라고 지적하였다.[15] 약속의 원인에 관한 이론상의 불일치로 인하여 수많은 영미법계 학자들은 당사자의 약정을 직접적으로 이용하여 계약을 정의하게 되었으며, 결과적으로 대륙법계의 계약개념과 점차 융합되었다.

---

13 전통적인 약속의 원인이론에 변화가 발생하여 약속의 원인에 관한 규칙을 지킬 수가 없게 되었다. 따라서 전통적인 계약이론에도 변화가 발생하였다. 이러한 변화는 미국학자 Grant Gilmore가 '계약의 사망'이라고 부를 정도로 법학계에 커다란 파장을 불러일으켰다.
14 阿帶亞 : 《合同法槪論》(中譯本), 法律出版社, 1982年版, 74쪽.
15 [日]內田貴 : "契約的再生", 胡寶海譯, 載于《民商法論叢》第4卷, 梁慧星主編, 法律出版社, 1996年版, 201쪽.

II. 준계약

준계약의 기원은 로마법에서 찾을 수 있다. 상품경제의 영향을 받고 지극히 이성적이었던 로마인들은 이미 오래 전에 계약책임과 불법행위책임 사이에 민사권리·의무관계를 야기할 수 있는 '무인지대'가 있음을 알고 있었으며, 그들은 그것을 '준계약' 이라고 불렀다. 또한 로마인은 계약은 당사자의 합의를 요건으로 하고, 만약 일방의 행위가 다른 일방의 동의를 얻지 못하면 계약은 당연히 구성될 수 없다는 것을 인식하였다. 그러나 만약 그 일이 위법이 아니고 '사범(私犯)'의 범주에 속하지 않는다면, 예를 들면 타인을 구하기 위하여 자신이 상처를 입거나, 잘못된 변제가 존재하지 않는 채무 등은 당사자가 계약을 체결하지 않았더라도 공평원칙과 공서양속에 따라 그 행위로 인하여 발생한 효과를 계약의 체결과 상통하게 하였다. 따라서 유스티니아누스의 《법학제요》는 이와 같은 유형의 행위를 '준계약'이라 하고, 계약과 관련된 규정으로 사용하였다. 로마법에서 준계약은 부당이득과 무인관리, 기타 준계약을 포함한다. 이 개념은 영미법계와 대륙법계에 의하여 계승되었지만 그 내용은 일치하지 않는다.

1. 대륙법계의 준계약의 개념

대륙법계의 준계약에 관한 개념은 프랑스민법전이 대표적이다. 프랑스민법전은 로마법을 계승하여 계약과 불법행위 외에 채무를 발생시키는 원인을 준계약이라 하고, 불법행위와 함께 '계약으로 인하여 발생한 것이 아닌 채무'라고 하였다. 「프랑스민법전」 제1371조는 준계약을 '개인의 완전한 자의행위가 제3자에 대하여 발생시킨 의무'

라고 규정하고 있다. 단지 이 한 줄의 규정만으로 본다면 준계약은 사무관리에 가깝다. 하지만 제4편 제1장[16]의 규정에서 본다면 명백히 부당이득을 포함하고 있다.

2. 영미법계의 준계약의 개념

영미법계에서의 준계약은 형평법적인 개념이다. 라틴어 'quautum meruit'에서 왔으며 영어로 해석하면 'as much as he deserves'로서 '소득은 당연히 얻어야 할 것보다 많아서는 안 된다'라는 뜻이다. 그러므로 준계약과 부당이득은 동일한 법률원리에 대한 서로 다른 서술이다.[17] 이로 보아 알 수 있듯이 영미법계의 준계약은 대륙법계의 준계약과 명확한 차이가 있다. 영미법계의 준계약은 부당이득과 관련된 규칙을 뜻하고, 대륙법계의 준계약은 사무관리와 부당이득을 가리킨다. 또한 영미법계에는 사무관리에 상응하는 제도가 없다.[18] 이론적으로 보면 준계약과 계약의 경계는 분명하다. 준계약의 당사자 간에는 명시의 합의가 없고, 사실상의 묵시적 합의도 없다. 당사자 사이의 합의는 법률상 허구로 존재하는 것이고, 그 존재의 이유는 이익을 얻는 자가 대가를 지불하지 않는 상황에서 획득한 이익을 보유하는 것은 형평원칙에 맞지 않기 때문이다. 또한 합의가 결여되어 있으므로 그것을 계약의 범주에 귀속시키기도 어렵다.

이것으로 미루어보아 영미법계에서는 여전히 준계약의 개념에 의의를 둔다. 그러나 대륙법계에서는 독일민법전이 반포된 이래로 대부

---

16 「프랑스민법전」 제1376조~제1381조
17 王軍編著:《美國合同法判例選評》, 中國政法大學出版社, 1995年版, 7쪽.
18 沈達明編著:《英美合同法引論》, 對外貿易教育出版社, 1993年版, 159쪽.

분 준계약의 개념을 사용하지 않고, 직접적으로 부당이득과 사무관리의 규정을 사용하고 있다. 특히 중국은 준계약의 개념을 사용한 적이 없으며, 계약법과 관련된 교과서에서 준계약을 언급하는 것도 극소수에 불과하다.

III. 계약의 특징

계약은 가장 중요하고 흔히 볼 수 있는 채권의 발생원인 중 하나이며, 다음과 같은 특징을 가지고 있다.

(1) 계약은 민사법률행위의 일종이다

민사법률행위는 사실행위와는 다르고, 일정한 민사법률결과를 발생시키는 것을 그 목적으로 하며, 당사자의 의사표시를 기본으로 한다. 그러므로 불법행위같은 민사법률행위의 특징을 구비하지 않은 행위는 계약이 아니다.

(2) 계약은 쌍방법률행위이다

민사법률행위는 의사표현의 많고 적음에 따라 일방행위, 쌍방행위 및 다방(多方)행위로 구분된다. 계약은 쌍방법률행위에 속한다. 즉, 두 가지의 상반되는 의사표현으로 형성된 민사법률행위에서 쌍방당사자의 이해관계가 서로 대립되는 상황에 있는 것이다.

(3) 계약은 채권·채무관계의 발생 등을 목적으로 하는 합의의 일종이다

계약의 목적은 재산에 대한 권리·의무관계의 발생·변경·소멸에 있다. 따라서 이런 목적이 없으면 계약이 아니다. 예를 들면 결혼 및 이혼합의는 계약이 아니다. 한편, 계약의 이러한 특징은 계약이 성립되면 구속력을 가진다는 것이다. 따라서 당사자는 그 약속에 따라 이행해야 하며, 그렇지 않으면 위약에 대한 책임을 져야 한다.

제2절 契約의 分類

대륙법계 국가이든 영미법계 국가이든 서로 다른 기준에 따라서 계약을 여러 가지로 분류하고 있다. 그러나 대륙법계 국가에서는 이론상의 분류와 법전상의 분류가 있지만, 영미법계 국가에서는 이론상의 분류가 대부분이다. 이런 이론상의 분류는 실무에 큰 영향을 주지 않는다.

I. 대륙법계의 계약에 대한 분류

앞에서 이미 언급하였듯이 대륙법계 국가에서는 대부분 계약을 법률행위의 일종으로 귀결시킨다. 따라서 계약에 대한 분류와 법률행위에 대한 분류기준은 동일하며, 어떤 부분에서는 중첩되기도 한다. 대륙법계 국가의 계약에 대한 기본적인 분류는 다음과 같다.

1. 쌍무계약(雙務契約)과 편무계약(片務契約)[19]

이는 쌍방당사자가 관련된 의무를 서로 부담하는지에 따라 구분한 것이다. 편무계약은 일방당사자만 의무를 부담하고 상대방은 의무를 지지 않는 계약이다. 「프랑스민법전」 제1103조는 "만약 1인 혹은 수인이 다른 1인 혹은 다른 수인에 대하여 의무를 부담하고 후자는 의무를 부담하지 않는 경우, 이런 계약을 편무계약이라 한다"라고 규정하고 있다. 쌍무계약은 두 당사자 모두가 서로 관련된 의무를 지는 계약을 일컫는다. 「프랑스민법전」 제1102조는 "만약 계약체결자 쌍방이 서로 의무를 부담할 경우, 이런 계약을 쌍무계약이라고 한다"라고 규정하고 있다. 현대사회에서 쌍무계약은 가장 흔히 접할 수 있을 뿐 아니라 가장 중요하고 가장 활발한 계약이다.

계약을 쌍무계약과 편무계약으로 나누는 의의는 다음과 같다.

(1) 계약의 이행에서 당사자나 법률에 특별한 규정이 있는 경우를 제외하고 쌍무계약은 동시이행을 원칙으로 한다. 즉, 쌍무계약의 당사자는 동시이행의 항변권을 가진다. 일방이 이행하지 않았거나 이행에 대한 담보를 제공하지 않았을 경우, 상대방에 대한 자신의 급부 제공을 거절할 수 있는 권리를 가진다. 그러나 편무계약은 이러한 문제가 없다.

(2) 위험부담에서 특정물인 경우, 편무계약의 위험은 상대방의 과실이 없는 한 소유자가 부담한다. 한편, 쌍무계약의 위험부담에는 다음 세 가지 상황이 존재한다.

---

19 원문은 '쌍무합동(雙務合同)과 단무합동(單務合同)'이며, 우리나라의 쌍무계약과 편무계약의 의미이다.-역주

(a) 불가항력이 발생하여 쌍방의 동시이행이 불가능할 경우, 어떤 당사자 일방도 상대방에게 이행을 요구할 수 없다. 즉, 채무자는 의무를 면제받는다. 만약 당사자 일방이 이미 이행하였다면 상대방은 이를 반환하여야 하며 그렇지 않으면 부당이득이 성립된다.

(b) 채무자의 책임 있는 사유로 동시이행이 불가능해진 경우, 채무자는 상대방에게 이행을 요구할 수 없다. 상대방은 계약해제를 요구할 수 있고 손해배상도 청구할 수 있다.

(c) 채권자에게 책임이 있는 사유로 동시이행이 불가능해진 경우, 채무자는 상대방에게 이행을 요구할 수 있다. 그리고 그로 인한 손해에 대한 배상을 청구할 수 있는 권리를 가진다.

(3) 쌍무계약에서 계약의 채권자가 상대방의 책임 있는 사유로 이행할 수 없을 경우, 계약을 해제할 수 있는 권리를 가진다. 편무계약에서는 채권자가 철회할 경우, 계약해제의 문제가 발생하지 않는다.[20]

2. 물권계약과 채권계약

이것은 독일민법전을 대표로 하는 대륙법계 국가의 계약에 대한 분류이다. 그 분류기준은 물권의 변동이 직접적으로 발생하는지 여부이다. 직접적으로 물권의 변동이 발생하는 계약은 모두 물권계약이고, 예를 들면 물건의 인도가 있다. 물권의 변동이 발생하는 것을 직접적인 목표로 하지 않고, 단지 채권적 청구권의 발생을 직접적인 목표로

---

[20] 周枏:《羅馬法原論》, 商務印書館, 1994年版, 659쪽.

하는 계약을 채권계약이라고 한다. 이런 구분에 대하여 그 밖의 대륙법계 국가는 보편적인 의의를 두고 있지 않다. 프랑스민법전은 물권의 변동은 채권에 따른 필연적인 결과라고 여기기 때문에 프랑스법을 대표로 하는 법계에서는 더욱 의미가 없다.

3. 낙성(諾成)계약과 요물(要物)계약

이것은 계약의 성립이 당사자의 의사표현 외에 목적물의 인도가 필요한지에 따라서 분류한 것이다. 낙성계약은 당사자 사이의 의사표시가 일치하기만 하면 계약이 성립하고 기타 절차나 목적물의 인도를 필요로 하지 않는 계약이다. 요물계약은 당사자 간의 의사표시가 일치하는 것 외에 목적물의 인도가 필요한 계약이다. 낙성계약과 요물계약의 분류는 아주 오래된 분류이다. Maine의 조기계약사(早期契約史)에 대한 고찰을 통하여 낙성계약은 로마법 후기에 계약성립방식으로서 발생되었다는 것을 알 수 있다. 그러나 후세에 비교적 큰 영향을 준 중요한 형식들은 대부분 로마시대의 '만민법'에 있었다.[21]

전통민법에서 매매계약, 임대차계약, 고용계약, 도급계약, 위탁계약 등은 모두 낙성계약에 속하고, 사용대차계약, 보관계약 등은 요물계약에 포함된다.[22]

낙성계약과 요물계약을 구분하는 의의는 다음과 같다.

첫째, 양자의 성립요건이 다르다. 낙성계약은 당사자 사이의 의사표시가 일치하는 즉시 성립하며, 요물계약은 이것 외에도 목적물의 인도를 필요로 한다.

---

21 梅因 : 《古代法》(中譯本), 商務印書館, 1996年版, 188쪽.
22 王家福主編 : 《中國民法學·民法債權》, 法律出版社, 1991年版, 274쪽.

둘째, 양자의 성립시간이 다르다. 낙성계약의 성립시간은 의사표시가 일치하는 시간이지만, 요물계약의 성립시간은 물건을 인도한 시간이다.

4. 유명계약(有名契約)과 무명계약(無名契約)

이것은 계약법(민법전)에서 계약의 유형을 규정하고 있고 그에 대하여 일정한 명칭을 부여하였는지가 그 기준이 되는 분류이다. 유명계약은 전형계약(典型契約)이라고도 하며, 법률에서 계약의 유형을 규정하고 있고 또 일정한 명칭을 부여한 계약이다. 무명계약은 비전형계약(非典型契約)이라고도 하며, 법률이 계약의 유형에 대하여 규정하고 있지 않고 부여된 명칭도 없으며 당사자가 자유롭게 창설한 계약이다. 무명계약은 자신의 명칭이 존재하지 않으며, 법률도 이에 대해 명확하게 규정하고 있지 않다.

유명계약과 무명계약을 분류하는 기원은 로마법에서 찾아볼 수 있다. 로마법에서는 유명계약의 성립요건, 내용, 효력, 당사자의 권리·의무를 모두 법률로써 구체적으로 규정하고 있다. 유명계약과 무명계약을 나누는 의의는 다음과 같다. 유명계약은 법률의 해당계약에 대한 규정을 직접 적용하고, 무명계약은 유사한 성질을 가지는 유명계약 및 일반계약의 규칙을 적용한다.[23] 현대 각국 민법전은 모두 로마법체계를 이어받아 일상생활에서 흔히 볼 수 있는 계약의 유형을 전문적으로 규정하고 있고, 이외에도 계약자유의 원칙에 따라 당사자가 자유롭게 계약의 유형을 설립하는 것을 허락하고 있다. 그 예로 중국 현

---

23 周枏:《羅馬法原論》, 商務印書館, 1994年版, 660쪽.

행 계약법이 규정하고 있는 매매계약, 임대차계약, 융자임대차계약[24] 등 15종류의 유명계약을 들 수 있다. 이렇게 계약법에서 계약의 개별적인 유형에 대해서 전문적인 규정을 하는 현상을 영미법계 학자들은 '구체적인 계약의 법'이라 일컫는다. 영미법은 계약의 구체적인 내용을 사실문제로 보기 때문에[25] 이런 현상과 분류가 없다.

5. 유상계약(有償契約)과 무상계약(無償契約)

당사자 간에 대가의 급부가 있었는지가 기준이 되는 분류이다. 유상계약은 당사자 쌍방이 이익을 취득하고 그에 대한 대가를 지급해야 하는 계약이다. 「프랑스민법전」 제1106조에서는 "당사자인 쌍방이 서로 어떤 물(物)의 인도 또는 어떤 일을 하는 의무를 부담하는 경우, 이런 계약을 유상계약이라고 한다."라고 규정하고 있다. 무상계약은 당사자가 상대방으로부터 이익을 취득하더라도 대가를 지급할 필요가 없는 계약을 뜻한다. 「프랑스민법전」 제1105조에서는 "당사자 일방이 대가가 없이 상대방에게 이익을 급부했을 때 이런 계약을 은혜계약(恩惠契約)이라고 한다"라고 규정하고 있다.

로마법에서 유상계약은 다시 실정계약(實定契約)과 사행계약(射幸契約)으로 나뉜다. 실정계약이란 계약을 체결할 때 쌍방의 권리와 의무가 확정되어 쌍방이 각각 이를 부담하는 계약을 가리킨다. 사행계약이란 쌍방의 권리와 의무가 우연한 사건에 의해 결정되는 도박, 복권 구입 같은 것을 가리킨다. 「프랑스민법전」 제1104조 제2항에서는

---

24 원문에서는 '융자조임합동(融資租賃合同)'이라고 표기하고 있는데, 이것은 리스계약 중의 금융리스계약(financial leasing)에 가까운 것으로 이해할 수 있다. 제7장 주요계약의 제3절 참조.-역주
25 沈達明編著:《英美合同法引論》, 對外貿易敎育出版社, 1993年版, 19쪽.

"당초에 각각이 부정확한 사건으로 인하여 이익을 얻거나 손해를 입는 것에 우연성이 존재한다면 이런 계약을 사행계약이라고 한다"라고 명확하게 규정하고 있다. 유상계약을 이렇듯 두 가지로 구분하는 의의는 다음과 같다. 실정계약에 대해서만 당사자 일방이 손해를 이유로 계약의 취소를 청구할 수 있다. 그러나 사행계약에서는 쌍방의 급부가 등가(等價)하는지에 대한 문제가 없다. 그러므로 계약의 우연성은 계약이 일방에게 손해를 초래할 가능성을 배제한다.[26]

유상계약과 무상계약을 구분하는 의의는 다음과 같다.

(1) 유상계약을 규율하는 법률에 특별한 규정이 없을 때에는 매매의 규정을 적용한다. 그러나 무상계약에서는 그 채무자가 목적물의 권리하자의 담보책임과 품질하자의 담보책임을 지지 않는다. 다만, 특수상황은 예외로 한다.

(2) 당사자가 부담하는 과실책임의 정도가 다르다. 무상계약에서 급부는 당사자 일방에게만 유리하고, 채무자 자신에 대해서는 유리하지 않다. 그러므로 채무자는 고의와 중대한 과실에 대한 책임만 진다. 하지만 유상계약에서의 급부는 채권자와 채무자 모두에게 이익이 있다. 그러므로 채무자는 추상적인 경과실(輕過失)에 대해서도 책임을 져야 한다.

(3) 일반적으로 제한민사행위능력자는 법정대리인의 동의를 얻지 않고 유상계약을 체결할 수 없다. 그러나 부담이 없는 무상계약은 체결할 수 있고, 상대방이 급부한 이익을 받을 수 있다.[27]

---

26 尹田:《法國現代契約法》, 法律出版社, 1995年版, 9쪽.
27 周枏:《羅馬法原論》, 商務印書館, 1994年版, 661쪽.

6. 요식계약(要式契約)과 불요식계약(不要式契約)

이것은 계약의 성립이 일정한 형식과 절차의 이행을 요구하는지에 따라 나눈 것이다. 법률이 일정한 형식과 절차를 갖출 것을 요구하는 계약은 요식계약이고, 반대로 일정한 형식과 절차를 요구하지 않는 계약을 불요식계약이라고 한다. 계약법의 발전 초기에는 계약성립의 형식에 대하여 비교적 엄격하게 요구하였으므로 요식계약을 원칙으로 하였다.[28] 현대에 이르러 각국은 계약의 자유를 기본원칙으로 하므로 불요식계약을 원칙으로 하고 요식계약을 예외로 하고 있다. 그러나 거래의 안전을 위해서 특수한 재산(예 : 부동산계약)에 대한 계약은 요식계약으로 규정하고 있다.

계약을 이렇게 구분하는 의의는 서로 다른 유형의 계약에 대한 효력을 구별하기 위해서이다. 이 문제에 있어서 각국에서 규정하는 것도 서로 다르다. 몇몇 국가의 민법전에서는 계약은 법률이 규정하는 형식을 갖추지 않은 경우, 그 효력이 발생하지 않는다고 규정하고 있고, 어떤 규정에서는 법정형식을 갖추지 않으면 계약은 성립되지 않는다고 규정하고 있다.

7. 즉시청결(卽時淸結)의 계약과 불즉시청결(不卽時淸結)의 계약

이것은 급부의 연속성을 기준으로 하는 분류이다. 즉시청결의 계약은 일회성 급부의 계약이라고도 한다. 만약 계약이 규정하는 당사자의 급부가 일회적으로 완성될 경우, 이를 즉시청결의 계약이라고 하며 예를 들면, 특정물의 매매 등이 있다. 만약 계약이 규정하는 당

---

[28] 梅因 : 《古代法》(中譯本), 商務印書館, 1996年版, 184~185쪽.

사자의 급부가 일정한 기간 안에 여러 번에 나누어 완성될 경우, 이는 연속급부의 계약이며 예를 들면, 임대차계약, 고용계약, 정기공급(定期供給)계약 등이 있다.

이러한 분류를 하는 의의는 다음과 같다.

계약에서 무효나 철회로 인하여 발생하는 법률결과가 다르다. 일회성 급부의 계약은 그 무효 또는 철회가 소급효를 가지기 때문에 당사자는 당연히 급부를 반환해야 한다. 하지만 연속성 급부의 계약은 그 무효 또는 철회가 소급효를 가지지 않는다. 예를 들어, 고용계약의 무효 또는 취소 후, 고용주는 고용인이 제공한 노동에 대하여 이미 제공한 임금의 반환을 요구할 수 없고, 고용인도 이미 제공한 노동에 대한 반환을 요구할 수 없다. 즉, 불즉시청결의 계약은 무효 또는 취소 후에 장래에 대한 효력만 가진다.[29]

8. 민사계약, 상사계약과 행정계약

대륙법계의 많은 국가들은 예로부터 민(民)과 상(商)을 분리하는 전통이 있었기 때문에 민법전 외에도 상법전을 제정하였다. 따라서 계약을 민사계약과 상사계약으로 나누는 것은 지극히 자연스러운 것이라 하겠다. 여기서 민법전에 근거하여 성립된 계약을 민사계약이라 하고, 주로 민사주체 간에 적용된다. 상법전에 근거하여 성립된 계약은 상사계약이라 하고, 주로 상인들 사이에 적용된다. 이외에도 프랑스에는 독특한 '행정계약'이 있다. 이러한 분류는 영미법계 학자들에 의해 대륙법계 계약의 '3대 기본분류'라고 일컬어진다.[30] 우선 프랑스

---

29 尹田:《法國現代契約法》, 法律出版社, 1995年版, 11쪽.
30 沈達明編著:《英美合同法引論》, 對外貿易敎育出版社, 1993年版, 16쪽.

의 행정계약이 가지는 특수성에 대하여 간단히 살펴보고자 한다.

(1) 행정계약의 개념

행정계약이란 행정주체가 그 특수한 신분으로 행정주체 또는 사법(私法)의 주체와 체결한 계약을 말한다. 행정주체는 사법의 주체도 될 수 있고 행정주체도 될 수 있는 이중성을 가진다. 만약 사법의 주체로서 계약을 했다면, 그의 법률상 지위는 일반적인 사법의 주체가 가지는 지위와 다르지 않으며 따라서 사법의 규율을 받는다. 만약 행정주체로서 사법주체 또는 행정주체와 계약을 했을 경우, 그 계약은 행정계약이며 사법의 규율은 받지 않는 대신 공법의 규율을 받는다. 프랑스에서는 공무의 확장에 따라 행정주체가 공권력을 행사하는 것 외에도 경제관리, 과학, 교육, 문화 등 다방면의 임무를 수행한다. 행정주체가 일방적인 의사표시에 의거하여 상대방의 법률지위와 행동방식을 결정하는 것은 다양해지는 공무의 요구에 부응할 수 없다. 이 밖에도 공공행정의 민주의식이 강해져 행정주체도 상대방의 이익을 중요시하지 않을 수 없게 되었다. 프랑스 행정계약의 출현은 이 두 방면의 요구를 잘 반영하고 있다.

(2) 행정계약에 대한 식별기준

행정계약과 사법계약은 다르고, 이 두 종류의 계약에서 당사자가 갖는 지위도 다르다. 그렇다면 어떻게 어떤 계약이 행정계약인지 판단할 수 있는가?

계약의 주체로 볼 때 행정계약은 체약자 중 일방이 반드시 행정주체이어야 한다. 왜냐하면 행정계약은 본질적으로 말하면 일종의 행정행위이고 개인은 일반적으로 행정행위능력이 없으며, 개인 사이에 체결된 계약은 행정계약이 아니기 때문이다. 따라서 두 행정주체 간에 성립된 계약이 행정계약임에는 의심의 여지가 없다. 하지만 행정계약의 대부분은 개인과 체결되므로 주체의 기준에만 근거하여 이런 계약의 성질을 판별하기는 힘들다. 그리하여 프랑스 행정법원은 이런 계약이 행정계약이 되기 위해서는 다음 두 가지 조건 중 하나를 구비해야 한다고 지적했다. 계약체결의 목적이 공무를 집행하기 위한 것이거나, 계약의 체결에 사용된 규정이 사법(私法)을 초월했을 경우이다.

 첫번째 조건은 쉽게 이해할 수 있다. 그러나 두 번째 조건은 난해하다. 확실히 무엇이 사법을 초월한 규정인지 통일된 정의를 내리기가 쉽지 않다. 사실 영미법계 국가에서 공법과 사법의 한계는 명확하지 않다. 그리고 그 계약법은 일원재결제(一元裁決制)를 실행하기 때문에 계약법에서 공법과 사법을 구분하는 규정도 필요가 없다. 그러나 대륙법계에서는 공법과 사법을 구분하고 있으며 공법과 사법을 규율하는 규정도 서로 다르다. 프랑스에서는 행정계약과 관련된 해석에 대하여 일반적으로 최고행정법원이 1955년 2월 15일 판결에서 제기한 관점을 따른다. 행정계약에서 규정하는 당사자의 권리 또는 의무의 성질은 당사자의 자유로운 약정에 근거하는 권리 및 의무와는 다르다. 이런 차이점은 이행에도 반영된다. 행정계약의 이행에서 행정주체는 자신의 특별한 권리를 가지고 구체적으로 상대방 본인에게 의무를 이행할 것을 요구할 권리, 계약이행에 대한 감독권 및 지휘권, 일방적인 계약변경의 권리, 상대방의 계약불이행에 대한 제재권(법원을 통하지 않고 곧바로 제재한다)을 가진다. 반면, 상대방은 행정주체의 특권을 받아들이는 동시에 사법상에 없는 일정한 권리도 누린다. 통치자의 행위에 대하여 보상을 요구할 수 있는 권리(행정주체는 통치자의 행위로 인하여 당사자가 받은 손실 모두를 보상하여야 한다)와 예견할 수 없었던 상황에 대하여 보상을 요구할 권리가 그것이다.

종합해보면, 프랑스법률은 행정계약을 일종의 독립된 제도로써 일반적인 사법계약과 구분하였다. 이것은 프랑스의 이원제(二元制)법률의 배경적 원인과 현대 공무집행의 요구에 의한 것이다. 행정계약은 행정주체가 공무집행을 위하여, 즉 공공이익의 요구를 만족시키기 위하여 체결하는 계약이다. 행정주체는 계약으로써 공무이행에 필요한 특별한 권리를 포기하지 않는다. 또한 행정계약은 행정주체가 공무를 집행하는 사명과 개인의 이익추구를 조화시켜, 행정주체의 일방적인 행위에 융통성을 더하고 사법계약의 완전한 자유를 방지한다.[31]

II. 영미법계의 계약에 대한 분류

1. 정식계약(正式契約)과 간단계약(簡單契約)

이 분류는 영미법계의 전통적인 분류이다. 정식계약은 등기(登記)계약, 개인(蓋印)계약을 포함한다. 등기계약은 일정한 관할권을 가지고 있는 법원의 공문서에 기록되어 있는 계약을 말하고, 인가와 법정의 결정절차를 포함한다. 하지만 결정절차에서는 승낙의 요소가 부족하므로 정식계약의 분류에서 생략되기도 한다.[32] 등기계약은 계약이 아니고 또한 무관하지만 계약이라 불린다. 왜냐하면 등기계약도

---

31 舒適: '法國行政合同制度', 載于《外國法學研究》, 1993年復刊 第1期, 37~41쪽.
32 約翰·懷亞特, 麥迪·懷亞特:《美國合同法》, 汪仕賢等譯, 北京大學出版社, 1980年版, 1~2쪽.

오래된 보통 소송절차에서는 진정한 계약사건과 마찬가지로 소송절차를 통하여 실행되기 때문이다.[33] 초기의 불문법에 따르면 개인계약은 계약의 의무자가 개인의 인장을 문건 위에 찍는 계약을 가리킨다. 다시 말해서 도장이나 기타 인감을 납이나 종이 또는 기타 물질에 찍어 흔적을 남기는 것이다. 만일 계약이 도장이 찍혀 있지 않은 문건의 형식을 가지면 그 계약은 강제로 집행될 수 없었다. 하지만 현재의 개인(蓋印)의 의미는 역사의 옛 자취가 되었다. 왜냐하면 불문법에서 개인의 정의는 이미 'L. S.', 'SEAL'을 쓰거나, 심지어 사인이나 엉망으로 쓴 한 획까지 유효한 상태에 이르렀기 때문이다.[34]

간단계약은 앞에서 설명했던 영미법계에서의 계약의 보편적인 정의이다. 그것은 구두로 한 것일 수도 있고 서면으로 한 것일 수도 있다. 앞에서 이런 형식의 계약이 가지는 정의에 대하여 이미 서술하였으므로 이를 생략한다.

2. 단변계약(單邊契約)과 쌍변계약(雙邊契約)

이런 분류형식은 대륙법계의 편무계약과 쌍무계약의 분류와 대부분 일치한다. 단변계약은 계약의 일방이 상대방의 의사내용을 받아들이는 약정이고, 쌍변계약은 계약의 쌍방이 서로 상대방의 의사를 약정으로 받아들이는 것을 말한다.[35] 아티야는 쌍변계약에서 일방의 한 개 또는 일련의 승낙은 다른 일방의 한 개 또는 일련의 의사에 대한 응답이라고 여겼다. 단변계약과 쌍변계약의 근본적인 차이는 쌍변계약

---

[33] P. S. 阿帶亞:《合同法槪論》(中譯本), 法律出版社, 1982年版, 29쪽.
[34] 約翰·懷亞特, 麥迪·懷亞特:《美國合同法》, 汪仕賢 等譯, 北京大學出版社, 1980年版, 2쪽.
[35] 約翰·懷亞特, 麥迪·懷亞特:《美國合同法》, 汪仕賢 等譯, 北京大學出版社, 1980年版, 4쪽.

에서는 쌍방당사자가 평등하게 그들의 의무를 이행해야 하지만, 단변계약에서는 체약자 일방만 어떤 일을 해야 한다는 데 있다.[36]

3. 명시계약과 묵시계약, 준계약

이것은 당사자의 동의를 표시하는 방식에 따라 분류한 것이다. 명시계약은 계약당사자의 의사표시가 명확한 방법을 통해 표현되는 것이고, 묵시계약은 쌍방당사자의 의사표시행위 및 계약의 모든 상황을 분석하여 추정할 수 있는 계약이다. 법률상으로 명시계약과 묵시계약은 명확한 차이가 없다. 유일한 차이점은 계약에서 다툼이 발생하여 법원에 소송을 제기하였을 때 증거를 제시하는 방법이 다르다는 점이다.

영미법계에서의 준(準)계약은 형평법상의 개념이며, 라틴어의 'quautum meruit', 영문으로 번역하면 'as much as he deserves'에서 유래되었으며, '얻은 것은 당연히 얻을 것보다 많아서는 아니된다'는 의미를 가진다. 때문에 준계약과 부당이득은 동일한 법률원리에 대한 서로 다른 서술이다.[37]

4. 유효계약, 무효계약 및 취소가능한 계약

유효계약은 계약의 효과를 발생시키는 모든 요소를 포함하고 법률상의 권리와 의무를 발생시킨다. 무효계약은 효력을 발생시키는 요소가 부족하여 법률상의 효력이 발생하지 않는 계약이다. 취소가능한 계약이란 무효일 수 있는 계약을 가리킨다. 즉, 계약에서 법률이

---

36 P. S. 阿帶亞:《合同法槪論》(中譯本), 法律出版社, 1982年版, 31쪽.
37 王軍編著:《美國合同法判例選評》, 中國政法大學出版社, 1995年版, 7쪽.

규정한 당사자의 선택에 따라 무효가 될 수 있는 요소를 포함하고 있는 것이다. 그러나 취소가능한 계약과 무효계약은 다르다. 왜냐하면 취소가능한 계약의 당사자가 취소를 하기 전에 계약의 쌍방이 지는 권리와 의무는 유효계약과 같기 때문이다.

5. 불법계약과 강제이행불가(強制履行不可)의 계약

불법계약은 법률이나 공공질서에 위반되는 계약을 가리키며 일반적으로 무효계약이다. 그러나 불법계약으로 발생하는 법률결과와 단순한 무효계약은 다르다. 따라서 무효계약과 구분하여야 한다. 강제이행불가의 계약은 법률상 권리와 의무를 발생시키지만 법률절차를 통한 강제이행은 할 수 없다. 법률이 규정한 소송기한을 경과하여 소송상 권리가 소실되는 계약은 일반적으로 강제이행불가의 계약이다.[38] 정부와 체결한 계약도 주권면제의 규정에 따라 강제이행할 수 없다.[39]

6. 일회성계약과 관계성계약

이것은 앞에서 나온 미국학자 Mac. Neil의 분류방법이다. 일회성계약은 일회성 거래와 관련된 계약이다. 즉, 계약의 목적이 일회성 거래이고 계약의 모든 조항도 전부 일회성 거래에 관련된 것이다. 관계성계약은 장기간 교역에 관한 계약이다. 관계계약이론은 미국에서부터 시작되어 큰 반향을 불러일으켰으며, 세계적으로 광범위한 토론과 반응을 일으켰다.

---
38 일종의 자연채무가 된다는 의미이다.-역주
39 約翰・懷亞特, 麥迪・懷亞特:《美國合同法》, 汪仕賢等譯, 北京大學出版社, 1980年版, 3쪽.

상술한 분류에서 볼 수 있듯이, 영미법계의 계약에 대한 분류는 대륙법계의 계약에 대한 분류보다 자세하지도 못하고 논리적이지도 않다. 또한 계약의 분류에 있어서도 통일적인 기준이 없고 유형 간의 관계에서도 두드러지는 통일성이 내재되어 있지 않다. 이것은 영미법계의 계약법이 판례법이라는 특징을 충분히 반영해준다.

제3절 私法體系 중 契約法의 地位

I. 계약은 사법상의 권리·의무를 발생시키는 가장 중요한 근거이다

만약 사법을 실질적으로 분류한다면 정태적 주체, 정태적 권리(의무) 및 권리(의무)와 주체를 서로 결합한 법률사실로 나눌 수 있다. 법률사실은 법률행위와 불법행위로 나눌 수 있으며, 법률행위는 주체가 주동적이고 적극적인 권리(의무)를 가지고, 불법행위는 주체가 소극적이고 피동적인 권리(의무)를 가진다. 법률행위에서 가장 중요한 것은 쌍방법률행위이며, 이것은 곧 계약이다. 전제제도(專制制度)에서 허락된 계약의 범위는 지극히 제한적이다. Maine은 그 당시와 전제시대와의 차이를 다음과 같이 지적하였다. "우리가 절대로 깨닫지 못하는 것이 있다. 무수한 사례에서 법은 사람의 출생시에 변할 수 없는 사회적 지위를 확정하였고, 현대의 법률은 합의의 방법으로 자신의

사회적 지위를 창설하는 것을 허락한다." 확실히 Maine의 시대는 자산계급이 발전하고 상승하던 시기였다. 모든 자본주의 사회는 '신분에서 계약으로' 발전하는 과정 중에 있었다. 봉건제도하에서는 젊은 자본주의가 싹트기 시작했으나, 이 시기에는 전제(專制)의 억압과 질식이 경제발전에 많은 영향을 끼쳤다. 그리하여 사회를 정치국가와 시민사회로 분리하고, 법률의 영역을 공법과 사법으로 나누며, 국가권력이 개인의 생활에 한정적으로 관여하기를 강력히 주장하기에 이르렀다. 사법(私法)의 영역에서는 당사자가 계약자유의 원칙에 의거하여 자신의 권리·의무를 설정하는 것을 허락한다. 때문에 계약은 사법상의 권리·의무에서 가장 중요한 근거이다.

계약이 사법의 권리·의무를 발생시키는 가장 중요한 근거라는 점은 영미법계 국가의 법률이든 대륙법계 국가의 법률이든 예외가 없다. 그러나 두 법계의 입법체제에 있어서는 큰 차이가 있다. 대륙법계에서는 법전화(法典化)의 전통 때문에 계약관계를 규율하는 법률조문을 대부분 민법전의 채권편에서 규정하고 있고 채권의 발생원인의 하나로 규율하고 있다. 학술상으로는 '계약채권'이라고 불린다. 프랑스의 학자 茨尼·達維는 다음과 같이 말하였다. "현대 국제무역에서 가장 중요한 법은 계약법이다. 그러나 프랑스와 기타 대륙법계 국가를 막론하고 계약법이란 주제에 대하여 논술한 서적은 찾지 못하였다. 원인은 대륙법계 국가의 계약법이 실제보다는 더 큰 분류로 여겨지는 것에 있다. 즉, 채권법의 일부분으로 불리고······ 계약은 채권과 채무의 가장 중요한 근거로 불리며, 계약법의 범위는 이러한 중국의 법률의무의 모든 방면에 미친다. 즉, 어떻게 발생하는지 뿐만 아니라 어떻게 이행되는지, 한 사람이 어떻게 이행의무를 피할 수 있을지, 의무를 위배한 결과는 어떠한지 등에 미친다. 대륙법계 국가에서 가장 기본적인 개념은 바로 이와 같은 채권의 개념이다." 확실히 대륙법계 국가에서 계약과 채권은 항상 연결되어 있다. 민사권리·의무를 발생시키지 않는 합의나 협의는 계약이라 칭하지 않는다. 이에 대해 Maine은 로마법의 계약의 초기 역사를 고찰하면서 다음과 같이 지적하였다. "하나의 협의는 개인 상호 동의의 산물이다." 그것은 '계약'이라 할 수 없다. 그것이 최종적으로 하나의 '계약'으로 불릴 수 있는지는 법률이 채권을 부가하는지의 여부에 달려 있다. 다시 말해서 하나의 '계약'은 하나의 합의에 채권을 더한 것이다. 합의에 채권을 더하지 않으면 그것은 '공허'한 약정이 된다. 계약과 채권의 이런 관계는 로마법학자부터 오늘의 대륙법계의 민법학자에 이르기까지 모두 동일하게 여기는 점이다. 이 점은 대륙법계의 민법전 및 대학 교과서에서 확실한 인정을 받고 있다.

    영미법계 국가에는 대륙법계처럼 확실한 채권의 개념이 없다. 하지만 계약이 사법상의 권리·의무가 발생하는 근거라는 점에 대해서는 의심할 여지가 없다. 다시 말해서 대륙법계와 영미법계의 계약은 권리·의무의 관계에선 결과적으로 상통한다고 할 수 있다. 다만, 그 과정에 큰 차이가 있을 뿐이다. 그러나 영미법계 고유의 '약속의 원인이론'이 그 옛날 고전계약법에서의 지위를 상실하여 그 차이도 점차 줄어들고 있다. 「미국통일상법전」 제1-102조의 총정의 중 제11항은 계약에 대하여 다음과 같은 정의를 내리고 있다. "계약은 쌍방이 본법과 기타 약속력이 있는 법률에 근거하여 달성한 합의이고, 그리하여 발생한 법률상의 채무이다." 이로써 계약은 쌍방의 합의에 의하여 발생한 채권·채무관계라는 것이 명확해졌다. 동법 제2-609조의 해석에서 초안작성자는 계약의 본질적인 특징은 상대방이 상호 의지하는 관계를 확정하는 데 있다고 지적하였다. 간단히 말해서 계약은 합의에 의하여 발생하는 채권관계이다.

II. 거래를 보호하여 사법상의 목표의 실현을 촉진시킨다

영국의 역사법학자 Maine은 진보한 사회와 이전의 사회의 차이를 비교할 때 계약법영역의 확장과 강행규정이 가지는 영역의 축소가 그 표지라고 여겼다. 우리가 처해 있는 시대에 관하여 한번 보고 즉시 받아들일 것에 동의할 수 있는 일반적인 명제는 이러한 것이다. 즉, 최근의 사회와 이전의 사회 사이에 존재하는 주요한 차이점은 계약이 사회에서 차지하는 범위의 대소(大小)에도 있다는 것이다. 아티야는 시민사회에서 계약법에 대한 수요는 적어도 지금 서술하는 두 가지의 원인으로 인해 갈수록 절박해지고 있다고 하였다. "첫째는, 노동의 분업이다. 이것은 현대사회가 가지는 아주 중요한 기본적인 특징이다. 노동의 분업으로 인하여 재산을 사회의 다른 사람에게로 이전시키거나 서비스를 제공할 것을 끊임없이 그리고 점차적으로 더 많이 요구한다. 이런 재산의 이동과 서비스의 제공은 각종 법률수단의 적용을 받는다. 즉, 광의의 계약법에 의지한다. 사회가 적당한 계약법을 필요로 하는 두 번째 원인은 신용제도의 발전이다. 복잡한 신용경제의 출현은 재산의 이동과 서비스의 제공에서 사람들이 이전보다 더 넓은 범위에서 허락과 합의에 의지한다는 것을 의미한다. 결국 계약법은 그들이 그들의 권리를 행사할 수 있게 해준다." 그리고, Roscoe는 "상업시대에서 재산의 대부분은 약속에 의하여 조성된다"라는 명언을 남겼다.

대륙법계 국가는 물권과 채권을 엄격히 구분한다. 소유권은 목적과 기초이고, 채권(계약)은 소유권자 사이의 소통과 교량이다. '소유권의 절대'는 필요한 것이다. 그러나 사회의 분업 및 각 소유권자가 자신의 수요를 만족시키기 위하여 서로의 재산을 양도하는 것도 빼놓을 수 없는 부분이다. 계약은 바로 이런 수요를 만족시키는 데 가장 적합한 수단이다. 이 점에서 독일의 철학자 헤겔은 다음과 같이 지적하였다. "계약관계는 중개작용을 하며, 절대적이고 독립적인 소유자들의 의지가 상호 통일에 도달할 수 있게 한다. 그 뜻은 다음과 같다. 일방이 자신과 상대방의 공통된 의지에 근거하여 그 결과로서 소유자를 결정하게 된다. 그것은 중개에 의하여 일방의 의지가 한편으로는 자신의 소유권을 포기하게 하고, 다른 한편으로는 다른 소유권을 받아들이게 한다." 이 때문에 절대적인 소유권과 계약의 자유는 자산계급이 갖는 민법의 양대 기본원칙이다. 당연히 이런 교환은 두 가지 기본적인 전제를 필요로 한다. 하나는 개인의 재산소유권에 대한 국가의 승인과 보호이고, 다른 하나는 완비된 시장이다. 소유권은 교환의 시작점이자 기초이고, 그 교환 중 가장 활발한 것은 개인재산소유권이다. 만약 개인재산소유권을 승인하지 않는다면 교환의 범위도 줄어들고 빈도도 줄어들 것이다. 계약의 사회적 작용은 말할 필요도 없다. 그리고 완비된 시장이 없다면 계획에 의존하여 개인의 요구를 조정해야 하는데, 이 경우 계약은 존재할 필요가 없다. 중국은 건국 이래로 오늘날에 이르기까지 이에 대하여 장점과 단점을 분석하여 비교적 신임할 만한 설명을 만들어냈다.

영미법계 국가에서는 물권과 채권의 개념에 대한 구분이 없으며 계약법은 독립적인 법률부문으로 인정된다. 따라서 영미법계 국가에는 우리가 알고 있는 많은 계약법 전문가들이 있다. 계약법은 거래를 규율해주는 가장 중요한 법률이다. 때문에 영미법계의 계약법이론은 어느 정도선에서 거래이론과 동의어로 사용되고 있다. Robert Carter는 "계약법에서 전형적인 사건은 거래이고, 그 기본적인 요소는 가격공시와 접수, 그리고 대가이다. 이 요소는 거래관계에 있어 강제이행을 승낙하는 충분조건으로 단언지을 수 있다"라고 지적했다. 미국의 학자 Michael. D는 거래관계를 플러스가치의 거래관계, 제로가치의 거래관계, 마이너스가치의 거래관계의 세 종류로 구분하였다. 이런 분류에 기초하여 계약법에 대하여 다음과 같이 정의하였다. "계약법은 서로 기대하는 플러스가치의 거래관계에 관여하는 법률로 볼 수 있다. 계약법의 주요 기능은 개인 사이에 발생하는 재산 또는 노동을 양도하는 거래관계를 규율하는 데 있다." 다시 말해서, 계약법의 기본목표는 합리적이고 정당한 거래를 보호하여 개인의 목적을 달성하는 것에 있다. 이에 대하여 Robert Carter는 다음과 같이 지적하였다. "계약의 본질적인 목적은 사람들이 개인의 목적을 실현하도록 하는 것이다. 우리의 목적을 실현하기 위하여 우리의 행동에는 반드시 결과가 있기 마련이다. 계약법은 우리의 행동에 계약의 결과를 부여하여 적법한 결과가 되도록 한다. 그리고 승낙된 강제이행은 사람들이 서로 신뢰하고 그들의 행동을 조절하게 하여 개인의 목적을 달성할 수 있게 돕는다. 공민이 자의적인 합의로 그 개인의 목적을 달성할 수 있는 권리를 가진다는 것은 제도적 취지이다. 계약법은 한 공민을 위하여 서로 자의적인 관계를 달성하도록 조항을 제공하는 제도이다."

　사람들은 스스로의 목적을 위해 계약을 체결하였기 때문에 계약자는 기대를 가지게 되었고 그 기대는 신뢰에서 발생되었다. 때문에 정상적인 신뢰에 의해 발생한 합리적인 기대는 마땅히 법률의 보호를 받아야 한다. 이처럼 계약법의 목적은 바로 합리적으로 만들어진 기대를 보호하고 촉진하는 것이다. 일방당사자는 그의 언행을 합리적으로 신뢰한 상대방에 대하여 책임을 져야 한다. 만약 일방당사자의 행위가 상대방으로 하여금 합리적인 기대를 갖게 하고 일방당사자가 그 사실을 알거나 알 수 있었다면 그 기대가 실현되도록 하거나 그 기대가 허사가 되지 않도록 하여야 한다. 영미법계 국가에서 신뢰이익 원칙은 계약에 대한 구제에 있어서 중요한 원칙이다. 이것은 약속의 원인이론에 대한 보충이자 발전이다. 현재, 이 원칙은 대륙법계 국가의 입법과 사법 그리고 이론상으로도 광범위하게 이용되고 있다.

Ⅲ. 최대한도의 경제가치 증가

　프랑스의 학자 Tony weir은 다음과 같이 지적하였다. "불법행위로 인한 채권이 가지는 규칙은 주로 재산을 보호하는 작용을 하고, 계약채권이 가지는 규칙은 재산을 창조하는 기능을 한다." 또한 거래의 방식을 통하여야만 자원을 최적의 장소에 배치하고 가장 유용하게 이용할 수 있다고 생각했다.

　미국의 경제분석법학파의 관점에 따르면, 자원을 효율성 있게 사용하기 위해서는 반드시 거래의 방식을 취해야 한다. 자의적인 교환방식을 통하여야 각종 자원의 흐름이 필연적으로 가장 가치 있게 이용되는 곳으로 향할 수 있다. Posner에 따르면 법률, 특히 사법(私法)은 될 수 있는 한 경제가치를 증가시킬 수 있게 설계되어 있으며, 법률이 강제하는 취지나 기준은 미래의 가치를 최대화시키는 행위를 창조하는 데 그 동기가 있다.

경제분석의 관점에 따르면, 계약의 자유는 재산을 증가시키는 목적에 따르고 당사자의 자유 자체는 목적으로 중요하지 않다. 하지만 당사자의 자유가 중요한 까닭은 계약조항의 확정면에서 당사자의 자유로운 선택권이 매우 중요한 것이기 때문이다. 왜냐하면 자유로운 선택권은 당사자가 계약에서 얻고자 하는 이익을 기대하게 할 수 있고, 이로써 그 가치가 높아지기 때문이다. 경제분석법학파의 이런 관점에 따라 계약이행상의 필연적인 결론은 다음과 같다. 계약이 재산을 증가시킬 수 없을 경우 다시 말해서, 제로가치의 거래나 마이너스가치의 거래일 경우, 당사자는 위약의 자유가 있다. 만약 일방당사자가 계약금을 지불한 후 그가 다른 거래에서 더 큰 이익을 얻을 수 있다는 것을 발견한 경우, 당사자는 위약의 자유를 가진다. 마찬가지로 만약 한 사람이 계약을 체결할 때에 기대이익에 대한 착오가 있었고 계약의 이행이 가져올 손실이 지불하여야 하는 위약비용을 초과할 경우 그는 위약금을 지불한 후 위약할 수 있다. 이런 분석에 따르면 이것은 곧 미시(微視)경제학의 필연적인 결론이다. 확실히 미시적인 면에서 출발하면, 즉 쌍방의 이익을 추구하는 점에서 보면 상술한 위약의 이유가 충분한 설득력이 있다.

그러나 만약 사회의 거시적인 면에서 보면 충분한 설득력이 없을 수도 있다. 이 때문에 영미법계 국가이든 대륙법계 국가이든 위약문제를 해결하는 데 있어서는 경제의 이익만 생각하지 않고 실질적인 이행도 특별한 구제수단으로 인정하고 있다. 그러나 경제분석법학파의 위약자유의 이유에 대한 분석은 당사자의 위약동기를 이해하는 점에서 큰 의미를 가진다.

제2장

契約의 締結, 成立과 效力

제1절 契約締結의 原則

계약의 체결은 당사자가 합의하는 과정이다. 계약의 체결은 민법의 기본원칙인 평등원칙, 신의성실의 원칙, 공서양속의 원칙뿐만 아니라 계약자유의 원칙도 준수해야 한다.

I. 계약자유의 의의

소유권절대의 원칙, 과실책임의 원칙과 계약자유의 원칙은 근대사법의 3대원칙이다. 그중 계약자유의 원칙은 사적자치 내의 의사자치의 핵심적 부분이기도 하다. 독일학자 하인 쾨츠 등은 "사법의 가장 중요한 특징은 개인자치나 자아발전의 권리를 최고로 한다는 것이다. 계약자유는 일반적인 행위자유의 구성부분이고…… 융통성 있는 도구이다. 그것은 끊임없는 자아조절을 통하여 새로운 목표에 적용한다. 그것은 자유경제에서 필수불가결한 특징이기도 하다. 그것은 개인기업을 가능하게 하고, 사람들이 책임감 있는 경제관계를 설립하도록 한다. 그러므로 계약자유는 모든 사법영역을 통틀어 핵심적인 작용을 한다"고 말하고 있다. 이 의사자치이론에 따르면 인간의 의지는 그 자신의 법칙에 따라 자신의 권리와 의무를 창설할 수 있다. 당사자의 의사는 권리와 의무의 원천일 뿐 아니라 그 발생의 근거이기도 하다. 이 원칙은 모든 사법영역, 예를 들어 혼인, 유언, 계약 등의 의사를 핵심으로 하는 법률행위가 지배하는 사법영역에서 보편적으로 적용되며, 계약법상에서는 계약자유의 원칙으로 나타난다. 계약자유원칙의 실질적 내용은 계약의 성립에 있어서 당사자의 의사표시의 일치를 필요로 하며, 계약의 권리와 의무가 당사자의 의지로써 성립할 때에 합리성과 법률상의 효과를 가진다는 것이다. 영국의 저명한 계약법학자 아티야의 이론에 따르면 계약자유의 사상은 두 방면에서 의의를 가진다. 첫째, 계약은 당사자 상호간에 동의한 결과라는 것이고, 둘째, 계약은 자유롭게 선택한 결과라는 것이다.

1. 계약은 당사자 상호간에 동의한 결과이다

이는 계약자유의 첫번째 방면의 의의이다. 그 뜻은 계약쌍방의 공통된 의지가 계약성립의 기초라는 것이다. 이런 결론은 계약체결의 형식인 청약과 승낙의 연속성과 승계성(承繼性)에서 검증할 수 있다. 계약이 쌍방당사자가 상호간에 동의한 결과라면, 다음과 같이 세 가지 추론을 해볼 수 있다.

(1) 계약은 불요식(不要式)을 원칙으로 하고, 요식(要式)을 예외로 한

다. 쌍방의 의사표시의 일치가 계약성립의 핵심이라면 계약은 쌍방당사자의 의사표시가 일치할 때에 즉시 성립될 수 있다. 이 때 당사자가 계약을 받아들일 것을 표시하지 않았더라도 계약성립에 영향을 주지 않으며, 자신이 약정한 어떤 형식의 제약도 받지 않는다. 왜냐하면 당사자에게 특정한 형식을 강제로 요구하는 것 자체가 당사자의 의지를 제한하는 것이기 때문이다. 어떤 신성(神聖)한 형식(形式)도 당사자가 완전히 자유로운 상태에서 자신의 진실된 의지를 표시하는 것을 방해할 수 없다. 그것은 사회가 어떤 형식을 통하여 당사자의 의지를 초월하고 당사자의 의지보다 우선하는 것을 당사자에게 강요할 수 없기 때문이다. 따라서 계약은 불요식을 원칙으로 하고, 특정형식을 요구하는 것을 예외로 한다. 이것이 바로 계약자유와 거래안전의 충돌과 모순을 필연적으로 일으킨다.

(2) 의사표시의 하자에 대해서 법적으로 구제해준다. 계약은 당사자 상호간에 일치된 의사를 기초로 성립하므로 당사자의 의사표시에 하자가 있을 때, 즉 협박, 착오, 기만 등의 상황에서 계약은 효력을 가지지 않는다. 그러므로 법률은 이를 구제해주어야 한다. 그러나 의사하자에 대한 법률상의 구제, 특히 착오에 대한 구제는 공평에 대한 보호에서 나온다.

(3) 당사자의 진실된 의사를 탐구하는 것을 계약해석의 유일한 원칙으로 한다. 당사자의 의사는 계약쌍방의 권리와 의무의 원동력이자 유일한 근거이다. 그러므로 쟁의가 발생하여 계약에 대해 해석이 필요한 경우, 당사자의 진실된 의사를 탐구해야 한다. 19세기의 법관들은 당사자의 합의와 의사표시를 극도로 강조하

였는데, 그들의 의도는 다음과 같다.

계약법의 규칙 대부분은 쌍방당사자의 의사표시를 근거로 한다. 당사자 간의 계약으로 인한 쟁의가 발생했을 때, 법관들은 사건을 처리할 때 주로 쌍방당사자의 의사표시에 쟁의가 발생한 것으로 간주하여 해결하였다. 법원은 그들이 법률규정을 쌍방당사자에게 강요하는 것이 아니라 당사자 스스로가 선택한 해결방법을 찾아내는 것이라고 여긴다.

부르주아 계급의 혁명이 승리를 공고(鞏固)히 한 성과인「프랑스민법전」제1156조는 "계약을 해석할 때에는 계약체결 당사자의 의사를 탐구해야 하며 문자의 표면상의 뜻에 구속받지 않는다"고 규정하고 있다. 계약조항의 규정이 명확하지 아니하여 해석이 필요한 경우, 법관은 자신의 판단을 근거로 임의적 해석을 할 수 없으며 당사자의 의사에 가장 부합되는 방식으로 해석해야 한다. 경제분석법학파는 계약법이 시민들 상호간에 서로 원하는 바를 충족하는 제도를 제공했다고 본다. 리차드 포스너(Richard Posner)는 사람은 자기의 생활목표와 자신의 만족, 즉 우리가 통상적으로 말하는 '자아이익'을 이성적이고 최대한도로 추구한다고 본다. 그러므로 계약에 갈등이 발생했을 경우, 법원은 이런 원칙에 따라 계약조항을 재구성해야 한다. 비록 오늘날 법해석학적 이론과 사법상에 변화가 발생했고 많은 규칙이 생겨났지만, 당사자의 진실된 의사를 탐구하는 원칙은 여전히 존중되고 있다.

2. 계약은 당사자가 자유롭게 선택한 결과

이는 계약자유의 두 번째 방면의 의의이다. 즉, 당사자는 자신의 선택에 따라 계약의 체결 여부와 계약의 체결대상 및 계약내용을 결정하여 체결할 권리가 있다는 것이다. 여기서 '자유로운 선택'은 매우 중요한데, 이는 그 의지가 불법적인 제한을 받지 않는 상황 아래에서 한 선택을 가리킨다. 이렇게 해야만 진정한 계약자유의 본의를 구현할 수 있다. 독일 민법학자 헬무트(Helmut)는 "독일민법전은 그 시대에 적응할 수 있도록 계약자유의 원칙[40]을 규정하였다. 계약을 체결할 것인지, 누구와 체약할 것인지, 계약의 내용은 어떻게 할지 등의 문제는 시민 각자에게 있어서는 자유를 원칙으로 한다. 다만, 계약의 내용에 대해서는 상당한 제한이 있다. 사람들은 '거래능력의 자유로운 지배'라는 신조를 유지하고 있고, 경쟁이 이익관계를 더욱더 조화롭게 한다"라고 했다.

계약자유의 이러한 의의는 다음과 같은 내용을 포함해야 한다.

(1) 계약체결의 자유

개인은 자신의 의지에 따라 계약체결 여부를 결정할 수 있는 권리가 있으며, 법으로 정한 계약체결의무는 없다. 계약의 자유를 제창한 자연법학자에게 있어서 이것은 영원불변의 진리이다.

(2) 계약체결대상 선택의 자유

당사자는 누구와 계약을 체결할 것인지를 결정할 수 있는 권리가

---

[40] 「독일민법전」 제305조 참조.

있다. 이것은 시장경쟁체제가 완비된 사회에서 완전하게 실행이 가능한 것이다. 다시 말해서, 선택을 제공할 수 있는 상대자가 객관적으로 존재한다는 것이다. 만약 이런 객관적 조건이 없으면 이런 자유권은 빈 껍데기에 불과하다.

(3) 계약내용 결정의 자유

당사자는 계약의 내용을 자주적으로 결정할 수 있는 자유가 있다. 당사자가 체결한 계약이 불공정하고 불공평한 것이라도 당사자가 협박 등 요소의 영향을 받아서가 아니라 스스로 선택한 것임이 명확하면 타인도 이를 변경할 수는 없다. 영미법계 국가는 계약법의 이론에서 '약속의 원인은 충분할 필요가 없다'는 원칙을 두어 이 사상을 나타내고 있다.

그 외에 당사자는 상호합의의 방식으로 법률규정을 변경할 수도 있다. 예를 들면 합의관할[41]의 원칙, 어떤 법정의무에 대한 배제(예: 하자담보책임의 배제 등)가 있다.

(4) 계약방식 선택의 자유

어떤 방식으로 계약할 것인가에 대해서는 당사자가 자유로운 협상을 통해서 결정해야 한다. 법률은 당사자가 어떤 방식을 채택하도록 강제적인 규정을 두고 있지 않는 것이 마땅하다.

우리는 계약자유가 계약신성(神聖)과 계약의 상대성, 이 두 가지 내용을 포함한다고 본다.

---

41 원문은 '협의관할(協議管轄)'이다.-역주

계약신성은 계약자유의 또 다른 측면이다. 즉, 계약이 쌍방당사자의 자유로운 의지에 의해서 체결된 것이라면, 그로 인해 발생한 권리와 의무는 신성한 것이며, 법원은 그 이행을 보증하여야 하고 당사자도 위반할 수 없다는 것이다. 이러한 신성성은 계약의 자유에서 도출된 것이다. 계약의 신성성은 법원이 직접적으로나 간접적으로 당사자가 체결한 계약을 변경할 수 없도록 한다. 따라서 계약이 성립하면 당사자는 공권력의 관여를 배제하고 거절할 권리를 가진다. 사정의 변화로 쌍방당사자의 권리와 의무가 심하게 불평등한 경우에도 법원은 계약의 내용을 변경할 수 없다. 이와 같은 원리에 따라서 입법상으로 변화가 있어도 계약상의 권리와 의무에 대해서는 아무런 영향이 없다. 의사자치의 원칙에 대한 관철로서 계약은 '새로 공포된 법률은 즉시 효력이 발생한다'는 원칙을 위배할 수 있으며, 계속적으로 계약이 성립한 당시에 근거한 법률에 따라 효력이 발생한다. 왜냐하면 계약이 새로운 법률의 지배하에 있으면, 다시 말해서 새로운 법률에 따라 계약의 효력이 발생하게 하려면 계약에 대한 간접적인 수정이 불가피하기 때문이다.

계약의 상대성은 계약효력의 상대성을 가리킨다. 계약의 권리와 의무는 당사자의 자유로운 의지에 의해서 발생된 것이므로 계약의 구속을 받고자 하는 표시를 한 당사자만이 계약의 구속을 받고, 계약관계에 참가하지 않은 제3자에게는 효력이 발생하지 않는다. 물론 제3자에 대해서만 설정한 권리와 의무는 예외로 한다. 왜냐하면 권리는 선택을 의미하므로 권리자가 포기할 수도 있기 때문이다.

「프랑스민법전」 제1134조에서는 "법에 의거하여 체결한 계약은 당사자 간에 법률과 같은 효력을 가진다"라고 계약신성과 계약의 상대성원칙에 대해서 가장 명확하게 규정하고 있다. 많은 학자들이 이 조항의 규정이 계약자유의 원칙을 확정한 것인가 아닌가 하는 문제에 대한 의문을 품고 있지만, 프랑스학자를 포함한 대다수의 학자들은 이 조항이 계약자유의 원칙을 확정했다고 본다.

II. 계약자유의 원칙의 형성

일반적으로 계약자유의 원칙은 고전계약이론과 함께 발생한 것이다. 따라서 계약의 자유는 고전계약이론의 핵심이라고도 할 수 있다. 그런데 고전계약이론이란 무엇을 말하는가? 일반적으로 학자들은 고전계약이론이 18, 19세기에 발전되고 완성되기 시작한 계약이론이라고 본다. 그랜트 길모어(Grant Gilmore)가 "소위 '순수한' 또는 '고전적인' 계약이론은 19세기에 발전하기 시작한 계약이론이다"라고 언급했듯이 말이다. 한편, 계약이론의 기원을 고찰해보면 비교적 이른 시대까지 거슬러 올라갈 수 있는데, 이런 연유에서 어떤 학자들은 로마법에서 계약자유의 사상이 있었다고 본다. 그러나 사람들이 계약자유의 원칙을 완비된 형식으로 만든 것은 18, 19세기에 이르러서이다. 왜냐하면 이때부터 계약자유의 원칙에 필요한 이론적·정치적·경제적 기초가 갖추어지기 시작했기 때문이다.

1. 이론적 기초

계약자유의 원칙이 형성되는 과정에서 고전자연법학파의 영향이 컸다. 제임스 고들리의 관점에 의하면 계약이론의 기원과 소유권이론의 기원은 같다. 이 이론의 기본구조는 토마스가 발전시킨 것인데, 아리스토텔레스의 일부 사상을 기초로 하였다. 스콜라법학파는 이 이론을 완성시켰고, 후에 자연법학파가 이를 차용했다. 토마스 아퀴나스는 자연법을 하느님이 이성이 있는 동물(인류)을 통치하는 법이라고 보았다. 유스티니아우스는 《법학제요》에서 "자연법은 자연계가 모든 동물에게 가르치는 법률이다. 자연적인 이성에 의해 인류가 지정한 법은 모든 민족의 동등한 존중을 받으며 이를 만민법이라 부른다. 만민법은 인류 공통의 것이다. 만민법은 각 민족의 실질적인 생활상의 필요에 의해서 지정된 법칙을 포함하고 있다. 거의 모든 계약, 예를 들어 매매, 임대, 조합, 보관, 실제 물건으로써 상환할 수 있는 대차 및 기타 등등은 만민법에 기원하고 있다"라고 기록하고 있다. 자연법의 주요한 의의는 최고의 가치기준을 언급하고 있다는 것에 있다. 이는 실정법(實定法)과는 다르지만, 실정법을 평가하는 척도가 될 수도 있다. 자연법은 《독립선언》과 프랑스의 《인권선언》에서 선언한 것과 같이 인간이 선천적으로 자유와 평등의 권리를 향유한다는 자연법칙을 확정하였다. 또한 이는 계약자유의 출발점이기도 하다.

사회계약론은 계약자유의 원칙이 형성되는 과정에서 중요한 작용을 하였다. 자연법의 사회정치이론이 발전한 황금시대는 17, 18세기인데, 이는 사회계약론이 성행한 시기이기도 하다. 이 시기에 자연법은 자주 사회계약론과 연결되었는데, 사회계약론은 해석의 틀과 방법을 제공하였고, 자연법은 실질적인 정신을 제공하였다. 사회계약론과 자연법 사이에는 밀접한 관계가 있다. 자연법의 대표적인 인물이기도 한 그로티우스는 "계약을 준수하는 것도 자연법의 구성부분이다. 왜냐하면 사람들은 계약체결 이외의 다른 방법으로는 서로를 제한하는 사회관계를 건립할 수 없기 때문이다"라고 했다. 18세기 말, 고전 자연법학파와 계몽사상가의 장기적인 노력하에 사회계약론은 유럽에서 유행하는 정치학설이 되었다. 사회계약론은 계약의 자유와 병렬되는 이론이었고, 공공권력에 대한 것으로서 정치사회의 규칙이었다. 반대로 계약의 자유는 개인의 권리에 대한 것으로서 시민사회의 규칙이었다. 한발 더 나아가 사회계약론은 의사자치(계약자유)에 더한 층 유리한 논거를 제공하였다. 이는 사람의 의지가 사회 및 법률상의 일반적인 의무를 만드는 데 충분하다면, 사람의 의지는 당사자를 구속하는 특별한 권리와 의무를 만들 수 있다는 데서 나타난다.

18, 19세기 자연법학이론과 자유주의 철학의 전성기에 법관들은 근대 사조(思潮)의 영향을 많이 받았다. 18세기의 법관에게 있어서 자연법학의 이론은 모든 사람은 자신을 위해서 계약을 체결할 권리가 있고 이 권리는 박탈할 수 없다는 것을 의미했다. 이런 법관에게 있어서 민법의 주요한 작용은 소극적인 것이었다. 민법의 주요한 목적은 사람들이 자신의 의지를 실현할 수 있게 하는 것이었다. 다시 말해서, 사람들이 자유롭게 의지를 행사할 수 있도록 하며, 정부와 지주의 관여를 받지 않고 자유롭게 계약을 체결하되 법률의 관여 또한 받지 않는 것이었다. 법률이 사법(司法)적인 이익을 위하여 사람들이 계약을 체결할 권리를 제한하거나 계약을 체결한 쌍방당사자에 대한 관여를 할 수 없다. 하지만 일방당사자가 체약한 규칙을 위반했거나 계약의 무를 이행하지 않았을 때에는 다른 일방을 도와야 했다. 이런 사상이 계약법에 적용된다는 것은 무제한적인 계약의 자유를 장려하는 것을 의미했다. 따라서 '계약자유'나 '계약절대' 등은 계약법을 확립하는 기초가 된다. 19세기, 가장 위대한 법관 중의 한 사람인 조지 제슬

(George Jessel)은 "만약 공공질서에 대한 요구보다 더 중요한 것이 있다면, 그것은 이성을 갖춘 성년자가 가지고 있는 계약체결의 자유이다"라고 했다.

2. 경제적 기초

자연법이론이 계약자유의 원칙의 형성에 정신적인 지주가 되었다면, 자유로운 경제는 그 원칙의 발생에 가장 적합한 토대가 되었다. 이는 자유경제가 계약자유의 형성에 가장 충분한 조건을 제공했기 때문이다.

(1) 자유경제의 주체의 자주성과 평등성

18, 19세기 자본주의는 자유경쟁의 전성기에 있었다. 경제학적인 관점에서만 보아도 자유경쟁의 주체는 평등성과 자주성을 가진다. 경쟁하는 쌍방은 타인의 제어를 받지 않으며, 그 의지는 자유로운 것이다. 헤겔은 "계약의 쌍방당사자는 독립된 사람으로 대한다. 따라서 계약은 임의성에서 출발한다. 계약을 통해서 도달하고자 하는 동일한 의지를 쌍방당사자만이 설정할 수 있다. 그것은 계약당사자의 공통적인 의지일 뿐 보통의지(普通意志)는 아니다"라고 했다. 주체의 신분상 평등과 자유로운 의지는 계약의 자유를 실현하는 우선적인 조건, 즉 주관적 조건이다. 그랜트 길모어가 "고전의 추상적인 계약법은 현실주의적인 것이다. 당시의 사회와 서로 상응하게 계약법은 구체적이고 상세한 규정을 하지 않았고, 사회의 정책을 이유로 개인의 자치와 시장의 자유를 제한하지도 않았다. 따라서 계약법은 자유로운 시장과 대체적으로 잘 맞아떨어졌고 공교롭게도 19세기 자유경제의 발전에

협력했다. 양자—계약법과 자유경제—의 이론 모식(模式)은 당사자를 개체의 경제단위로 보았고, 그들은 이론상으로 완전한 자주권과 자유결정권을 향유하고 있었다"고 한 것과 상통한다. 19세기 당시 주체 간의 상대적 평등은 존재가능한 것이었다.

(2) 계약체결 당사자의 선택

완비된 시장에는 많은 자유로운 주체가 병존한다. 주체가 시장의 규칙과 이익의 최대화의 원칙에 따라 가장 적합한 상대자를 선택하는 것은 계약의 자유를 실현하는 객관적 조건이다. 만약 선택할 수 있는 주체가 없다면, 계약체결의 자유는 실현되기 어렵다. 왜냐하면 받아들인 계약조건이 공평·타당하기 어렵고, 이익의 최대화를 추구할 수 있는 자유도 형식만 있을 뿐이지 사실상 박탈당하기 때문이다.

(3) 교환과 분배의 공정

자유경제는 교환과 분배의 공정을 실현할 수 있다. 공평한 교환은 자유경제와 계약법의 공통적인 목적이다. 헤겔은 "계약의 대상은 성질과 외형상으로 천차만별이지만 가치상으로는 상호 평등하다"고 했다. 자유경제의 기본적인 관념은 주관적인 의지가 완전히 자유로운 주체가 자주적으로 체약의 당사자를 선택하고, 시장의 규칙과 자신의 능력에 따라 가격을 조절하고 담판하는 것이다. 시장의 원칙은 청약, 반대청약, 승낙과 관련된 규칙에서 반영된다. 각 당사자는 다른 당사자에게 정보를 제공할 의무가 없다. 가격을 정하는 데 있어 유일한 제한은 사기나 허위의 진술을 할 수 없다는 것이다. 자유롭고 자주적인 교환은 재산이용의 효율을 높여서 모든 교환과정에서 가치를 증가시켜 교환의 쌍방이 최초에 설정한 목표에 도달하게 한다. 또 이런 전제하에 이루어진 교환은 공평할 수밖에 없다. 자유경제이론은 사람들이 진정으로 자신의 자유의지에 따라 행사하기만 하면, 모든 일은 가장 좋은 결과를 얻는다고 믿는다. 물론 여기에서 말하는 공평은 이론과 이념의 것이므로 실제로 발생한 교환과는 거리가 있다. 그러나 자유경제이론이 가정한 것과 같이 외부의 압력이 없는 상황에서 당사자가 자유롭고 자주적으로 한 교환과 선택의 결과가 무슨 이유에서 불공정하다고 할 수 있는가?

상술한 이유로 말미암아 자유경쟁의 경제적 기초는 계약자유의 원칙에 가장 적합한 토대를 제공하였다. 로렌스 프리드만(Lawrence Friedman) 교수는 "고전계약법의 이론은 방임주의 경제이론과 서로 상응하는 것이다. 이런 두 가지 이론에서 당사자는 개체의 경제단위가 되고, 그들은 이론상으로 완전한 자주성과 자유의지를 가진다"고 보았다. 그랜트 길모어는 이에 보충하여 "나는 프리드만 교수가 이 두 가지 모식을 건립한 법학자와 경제학자가 서로의 일로 인한 영향을 받았거나 서로의 일에 익숙하여 비슷한 결과의 발생을 야기했다고 생각하지는 않을 것이라고 믿는다. 확실히 말해서, 이것은 법학자와 경제학자가 동일한 자극에 대해서 비슷한 반응을 하여 서로 협조적인 이론체계가 창립된 것이다. 이 두 가지 체계는 시대적 요구의 반영이다"라고 했다.

3. 정치적 기초

계약자유의 원칙은 사법(私法)영역이라고 하지만, 구체적으로 말하면 계약법영역 내의 원칙이다. 그러나 이 원칙을 제창한 목적은 공권력과 맞서는 데 있었다. 이 원칙의 제창, 공고화(鞏固化) 및 법정화과정은 부르주아 계급의 봉건제도에 대한 투쟁의 과정이었다. 이는 정치적 자유가 사법에서 실현된 것이며, 정치적 자유권의 변종(變種)이다. '자유로운 교환'이라는 말에서 계약의 발전사를 고찰한다면, 계약과 사유제, 분업 및 소유권의 기원은 일치할 것이다. 물론 노예사회와 봉건사회에서도 노예와 노예 간에, 평민과 평민 간에, 노예주와 노예주 간에 평등한 교환은 존재했을 것이다. 그러나 이러한 교환은 보편적인 성질을 가지지 않는다. 어느 학자가 말한 것처럼 고대 로마시대에 계약의 자유는 로마법의 이상(理想)으로 존재했을 가능성이 크다. 그러나 이것이 로마법의 잘못은 아니다. 왜냐하면 황제와 신하, 귀족과 평민의 구분이 있는 계급사회에서 진정한 계약의 자유를 실현할 수 있었다면 로마제국에는 스파르타쿠스의 봉기도 없었을 테고, 로마법도 역사적으로 단절되지 않았을 것이기 때문이다. 따라서 로마시대의 계약자유는 로마황제 통제하의 비명(悲鳴)일 수밖에 없었다. 노예사회와 봉건사회에서의 평등한 교환은 보편성을 가지지는 않았지만 물물교환에 있어서는 절대적 의미를 가졌다. 영미법계 국가의 대부분은 '즉시매매(卽時賣買)'[42]를 계약법의 규율 외의 것으로 하고 있다. 신용제도의 발달은 미래의 권리와 의무에 대한 안배(按排)를 의미했다. 이런 권리와 의무의 안배를 규율하는 제도와 법률이 진정한 의미의 계약법이다. 반면 대륙법계 국가에서는 일반적으로 즉시매매를 계약법에서 규율하고 있다. 그러나 보편적으로 신용제도의 발생과 발달은 채권제도(계약법)의 발전의 원동력이라고 본다. 따라

---

42 현장에서 즉시 사고 파는 것을 의미한다.-역주

서 신용이 발생하지 않으면, 즉 미래의 권리와 의무에 대한 안배가 없으면 채권법의 대부분의 제도가 그 존재의 의의를 잃는다고 본다. 이런 점을 고려하여 서양법학자는 고전계약이론이 18, 19세기에 형성되었다고 본다. 이 시기는 세계적인 범위에서 부르주아 계급이 정권을 얻고 그것을 공고히 하는 시기였다. 이때 봉건제도를 대표하는 신분계급을 폐지하였으며, '천부인권' 사상을 계약법의 이론 내에 두었다. 메리맨(Merryman)은 혁명이 대륙법계에 가져온 영향에 관한 논술에서 "이번 혁명으로 인해 발생한 주요한 사상 중의 하나는 바로 후에 '자연법'이라고 불리는 사상이다. 이것은 미국의 독립선언과 프랑스의 인권선언이 추앙하는 '인간'의 관념 위에 건립되었다. 이런 관념에서 모든 인간은 평등하고 재산, 자유와 생존에 대해서 부인할 수 없는 자유로운 권리를 가진다는 것을 추론해낼 수 있다. 또 정부는 이런 권리를 승인하고 보호하며 사람 사이의 평등을 보증할 의무가 있다는 것도 추론해낼 수 있다"고 했다. 공권력에 맞서서 개인의 천부적 권리를 강조하기 위하여 부르주아 계급의 이론법학자는 국가와 시민사회, 공법과 사법을 나누었다. 사법의 주체는 평등하고 권리와 의무의 설정도 자유로우며 공법의 간섭을 받지 않았다. 계약의 자유는 이러한 제도하에서만 실현될 수 있으며 기본적인 원칙에서 법률이 될 수 있다. 그러나 전제제도하에서 신분성을 가지는 법률은 계약평등의 관념과 상극되므로 계약자유는 보편적인 법률원칙이 될 수 없었다. 따라서 민주적인 정치제도는 계약자유를 보장하는 정치적인 토대라고 할 수 있다.

III. 계약자유의 원칙의 부작용

자유자본주의(自由資本主義)시대에 있어서 계약자유의 원칙은 신성한 것으로 여겨졌으며, 민법의 3대(三大) 기본원칙의 하나로 불렸다. 어떤 의미에서 계약은 당사자가 자신을 위해서 제정한 법률이다.「프랑스민법전」제1134조에서는 "법에 의하여 성립된 계약은 계약을 체결한 쌍방당사자 사이에 상당한 법률적 효력을 가진다"라고 규정하고 있다.

그러나 독점자본주의(獨占資本主義)시대에 들어선 후 계약자유의 원칙은 커다란 충격을 받았다. 이런 충격은 표준계약에서 시작되었다. 표준계약에서 상대방 당사자는 전부 받아들이거나 전부 거절하는 선택만 할 수 있으며, 계약의 각 조항에 대하여 의견을 발표할 수 없다. 다시 말해서 계약의 내용을 결정할 수 없다. 표준계약은 전력, 은행, 보험, 철도, 가스 등과 같은 대기업이 거래조건을 정형화한 것으로 거래에 있어서 원가가 절감되어 가격이 하락하는 등 소비자에게 유리하다. 그러나 다른 방면에서 보면 이것은 소비자의 계약의 자유를 박탈한 것이다. 이들 기업은 자주 자신의 유리한 지위를 이용하여 자신에게는 유리하고 소비자에게는 불리한 '표준계약'[43]을 제정하여 상대방이 받아들이게 강요한다. 이런 계약에는 대부분 면책조항을 두고 있고, 거의 모든 상황에서 그 책임을 면할 수 있게 하고 있다. 그러므로 어떻게 약자를 보호하고 계약의 정의를 실현할 것인가 하는 문제는 각국이 직면하고 있는 중대한 과제이다.

---

43 원문은 표준계약을 가리켜 '격식합동(格式合同) 또는 패왕합동(覇王合同)'이라 한다.-역주

한편, 계약의 정의를 실현하기 위해서 각국의 입법은 계약의 자유에 대해서 적극적인 관여를 하고 있다. 이는 개인주의의 남발로 인해 여러 가지 사회적 폐단이 발생했기 때문이다. 아담 스미스의 자유주의경제이론도 그 역사적 사명을 다하고 케인즈주의로 대체되었다. 케인즈는 국가의 경제적 직능을 확대하여 개인주의의 남발이 가져온 사회적 위기를 제거해야 한다고 주장했다. 많은 자본주의 국가가 이 이론을 받아들였고, 이는 국가의 계약자유에 대한 관여의 이론적 근거가 되었다. 계약자유에 대한 국가입법의 관여는 다음과 같은 방면에서 주로 나타난다.

(1) 계약체결의 강제이다. 일반적인 상황에서 당사자의 계약체결의 자유는 상대방에게 불이익을 주지 않는다. 그러나 특수한 상황에서는 계약의 정의와 모순되는 경우가 발생할 수 있다. 예를 들어 전기공급, 수도공급, 우편, 철도 등과 관련된 당사자가 사용자에 대한 서비스를 거절한다면, 사용자는 다른 선택의 여지가 없다. 그러므로 국가는 입법이나 정부행위를 통해서 계약체결의 의무를 지도록 하고 있다.

(2) 당사자가 적용을 배제할 수 없는 강제성 조항을 규정한다.

(3) 탄력성이 있는 조항을 제정한다. 예를 들어 신의성실의 원칙, 공평원칙, 사정변경의 원칙, 권리남용금지의 원칙 등이 있으며, 법관에게는 자유재량권을 부여하고, 당사자의 의사자치를 제한한다.

여하튼 계약자유가 계약법의 기본원칙이라는 것은 부인할 수 없는 것이다. 그에 대해 필요한 제한을 함으로써 계약자유가 더 완벽하게 될 수 있도록 한다.

제2절 契約締結의 一般節次(請約과 承諾)

계약은 당사자 사이의 권리와 의무관계에 관한 합의(合意)이다. 이 개념은 대륙법계 국가에서 보편적으로 받아들여지고 있다. 만약 계약관계의 성립을 행위로 간주한다면 성립은 순간적으로 완성된 것이 된다. 다시 말해서, 당사자가 권리와 의무관계에 대한 합의를 형성한 때부터 계약이 바로 성립한다. 만약 계약의 체결을 하나의 과정으로 간주한다면 계약체결은 각 순서를 포함하게 된다. 즉, 계약체결은 협상에서 일치에 이르는 과정인 것이다. 이런 과정은 서로 협상하고 가격을 정하며 타협하는 과정이다. 이 과정을 계약성립의 전문용어로 말하자면 청약과 승낙, 심지어 반대청약까지도 포함한 비교적 복잡한 과정이다. 독일학자 노버트 등이 말한 것처럼 청약과 승낙의 차이는 시간상의 차이이다. 청약은 먼저 하는 의사표시이고, 승낙은 나중에 하는 의사표시이다. 계약은 길고 긴 과정의 가장 마지막 문이다.

가격을 상의하고 서로 협상하고 타협하고 양보하는 과정은 고전계약이론의 모든 요소를 포함하고 있다. 이 과정에서 계약주체의 의지가 자유롭고 지위가 평등하기 때문에 계약이 자유롭게 체결되고 공정한 계약이 성립되는 것이다. 이 때문에 많은 서양학자들이 고전계약이론을 거래이론이라고도 한다. 아티야도 이 점에서 출발하여《미국 제2차 계약법총술》에서 제출한 계약의 정의에 대하여 비판하였다. 그는 허락을 근거로 계약에 대한 정의를 내린 것의 부족한 점은 일반적인 계약에서의 거래요소를 경시했다는 데에 있다. 우리가 계약의 형성을 연구할 때 이 결점은 명확하게 나타난다. 계약은 승낙으로 인해 설립되더라도 순수한 허락에만 근거할 수 없다. 전형적인 계약은 상호간의 거래이다.

전형적인 거래형식을 통해서 합의가 형성되는 일반적인 과정을 분석할 필요가 있다. 계약성립의 일반적 절차와 특수한 절차를 나누어 분석할 수 있으나, 본절에서는 일반적 절차에 대해서 살펴보기로 한다.

거래하는 쌍방의 이익과 목적에서 볼 때, 거래의 쌍방은 두 가지 기본적인 목표를 잠재적으로 추구하고 있다. 첫번째는 자신이 필요로 하는 상품이나 서비스를 얻는 것이다. 이는 거래의 우선적이고 직접적인 목적, 즉 거래의 직접적인 동기이다. 두 번째는 최소의 대가로 최상의 상품이나 서비스를 얻는 것이다. 이 또한 경제분석법학파가 계약을 가장 기본적인 효율의 출발점으로 본 것이다. 그러나 이 두 가지 목표를 가진 주체가 시장에서 만나 거래할 때에는 그 목표와 추구에 직접적인 충돌이 발생하기 마련이다. 이로 인해서 쌍방은 가격을 협상하고 서로 타협한다. 이런 가격의 협상은 반복적으로 진행될 수도 있으며, 이로 인해 최후에 합의를 형성하기도 한다. 이런 과정은 청약[44]-반대청약[45]-재청약-승낙(합의)의 과정을 거친다. 그러므로 밸리스(Michael. D. Bayles)는 "청약과 승낙의 개념은 쌍무 또는 가격을 협상하는 계약에서 사람들이 가장 잘 아는 것이다"라고 했다.

---

44 원문은 '요약(要約)'이다.-역주
45 원문은 '반요약(反要約)'이다.-역주

I. 청 약

1. 청약의 개념

청약은 일방당사자가 타방에게 한 계약체결의 의사표시이다. 이 의사표시의 내용은 확정된 것이어야 하고, 의사표시가 받아들여지면 표의자가 그 구속을 받는다는 뜻이 포함된 것이어야 한다. 청약을 보낸 사람을 청약자라 하고, 청약을 받은 사람은 상대자나 피청약자[46]라고 한다. 「중국계약법」 제14조에서는 "청약은 타인과 계약을 체결하고자 하는 의사표시이며, 이 의사표시는 다음 규정에 부합해야 한다"고 규정하고 있다. 그것은 내용이 구체적이고 확정적이어야 하며, 피청약자가 승낙하는 즉시 청약자는 의사표시의 구속을 받는다는 것을 표명해야 한다는 것이다.

2. 청약의 구성요건

청약의 법률효력이 발생하기 위해서는 다음과 같은 요건을 구비해야 한다.

(1) 청약은 특정인의 의사표시여야 한다. 청약은 장차 계약당사자가 될 사람은 모두 제출할 수 있다. 그러나 제출자는 특정되어야 한다. 즉, 객관적으로 확정할 수 있어야 하고, 상대방이 그에 대한 승낙을 할 수 있어야 한다.

(2) 청약은 청약자가 계약을 체결하고자 하는 상대방에게 하는 것

---

[46] 원문의 '수약인(受約人)'은 청약을 받는 사람이라는 뜻에서 피청약자와 그 의미가 상통하므로 피청약자로 번역하였다.-역주

이다. 상대방은 특정인일 수도 있고 불특정인일 수도 있다. 전자의 예로는 구체적인 기업, 회사, 개인 등이 있으며, 후자의 예로는 대중(大衆)이 있는데, 서비스업의 대부분이 불특정한 다수를 청약의 상대방으로 한다.

(3) 청약은 계약의 체결을 목적으로 해야 한다. 청약자가 상대방에게 한 의사표시는 그와 계약을 체결하고자 하는 주관적 목적이 있어야 한다. 그렇지 않으면 청약으로 보지 않고 청약의 유인[47]으로 본다.

(4) 청약의 내용은 확정된 것이어야 한다. 내용의 확정이란 청약에 계약을 성립시킬 수 있는 주요한 내용이 포함되어야 한다는 것이다. 청약의 목적은 상대방과 계약을 체결하는 데 있고, 그 작용은 상대방이 승낙을 하도록 하는 데 있다. 따라서 상대방이 승낙하면 계약이 즉시 성립한다. 이런 점은 청약에 계약의 성립을 결정하는 주요한 내용이 있을 것을 요구한다. 그렇지 않으면 상대방이 승낙을 할 수 없기 때문이다.

(5) 청약에는 청약이 받아들여지면 청약자는 청약의 구속을 받는다는 뜻을 포함해야 한다. 다시 말해서, 청약자는 상대방에게 청약이 상대방에 의해 받아들여지면 계약이 즉시 성립한다는 것을 표명해야 한다.

유효한 청약은 위 다섯 가지 요건을 구비해야 하고, 그렇지 않으면

---

47 원문은 '요약요청(要約邀請)'이며, 상대방이 자신에게 청약을 해줄 것을 요청한다는 뜻을 가진다. 이는 청약의 유인과 상통하는 개념이므로 청약의 유인으로 번역하였다.-역주

청약이 아니다.

3. 청약의 형식

일반적으로 청약은 구두형식이나 서면형식으로 할 수 있다. 그러나 법률이 어떤 계약에 대해서 서면형식을 취하도록 규정하고 있으면 반드시 서면형식으로 해야 한다.

4. 청약의 법률적 효력

청약의 법률적 효력은 청약자 및 피청약자에 대한 구속력이다.

(1) 청약자에 대한 구속력

계약법상의 청약자에 대한 구속력은 형식적 구속력이라고도 하는데, 이는 청약에 효력이 발생하면 청약자가 청약의 구속을 받고 임의적으로 철회하거나 취소하거나 청약을 변경할 수 없다는 것을 말한다. 그 목적은 피청약자의 이익을 보호하고 거래의 안전을 지키기 위해서이다. 어떤 이는 청약자가 청약의 제한이나 구속을 받지 않는다고 설명할 수 있다고 여기기도 하지만, 이러한 경우 청약은 원래의 의의를 잃어 청약이라고 할 수 없으며, 청약의 유인이라고 볼 수 있다.

(2) 피청약자에 대한 구속력

계약법상으로는 청약의 실질적 구속력이라고도 하는데, 청약은 피청약자에 대해 아무런 구속력이 없다고 하는 것이 타당하다. 그것은 피청약자에게 승낙의 권리가 있는가 없는가 하는 것이지, 피청약자에게 반드시 승낙해야 한다는 의무를 부여한 것은 아니다. 그러므로 이런 권리의 행사는 피청약자가 자유롭게 결정한다. 피청약자가 승낙을 하지 않을 경우에도 청약자에게 통지해야 하는 의무는 없다.

5. 청약의 효력발생시간

청약의 효력발생시간은 청약의 형식이 서면형식인지 구두형식인지에 따라 각각 다르다.

(1) 구두형식

구두형식에서 청약의 효력은 상대방이 청약을 이해한 때부터 발생한다.

(2) 서면형식

서면형식에서 청약의 효력이 언제 발생하는가를 두고 학술상으로 서로 다른 해석이 있다. 대체로 두 가지 주장이 있는데 하나는 발신주의이고, 다른 하나는 수신주의이다. 전자는 예를 들어, 전보나 편지나 팩스를 보내는 것 등 청약이 청약자의 실질적인 제어범위에서 벗어나면 효력이 발생하는 것을 말한다. 후자는 청약이 피청약자에게 도달해야 효력이 발생한다는 것이다. 중국의 학계 및 실무에서는 수신주의를 채택하고 있다. 「중국계약법」 제16조 규정에 따라 청약은 피청약자에게 도달했을 때 효력이 발생한다. 이를 통하여 볼 때, 중국계약법이 채택하고 있는 것은 수신주의의 원칙이다. 그러나 현대 통신수단의 발전을 고려하여 위 조항 외에 다음의 규정을 두고 있다. 전자문서의 형식으로 체결한 계약은 수신자가 지정한 특정사이트에서 전자문서를 받은 경우, 그것이 특정사이트에 진입한 시간을 도달시간으로 본다. 특정사이트를 지정하지 않은 것은 수신자가 임의로 지정한 사이트에 전자문서가 진입한 첫번째 시간을 도달시간으로 본다.

6. 청약의 법률효력의 존속기간

청약의 법률효력 존속기간은 청약의 형식에 따라 각각 다르다. 「중국계약법」 제23조에서는 다음과 같이 이를 규정하고 있다.

(1) 구두형식으로 한 청약에서 승낙기한을 정한 것은 이 기한을 청약의 법률효력의 존속기간으로 하고, 승낙기한을 정하지 않은 것은 피청약자가 즉시 승낙하지 않으면 효력을 상실한다.

(2) 서면형식으로 한 청약에서 승낙기한을 정한 것은 이 기한을 청약의 법률효력의 존속기간으로 하고, 기한을 정하지 않은 것은 합리적인 기간을 청약의 효력의 존속기간으로 한다. 무엇을 합리적인 기간으로 볼 것인가는 통상적으로 다음과 같은 요소를 고려해야 한다. 첫째는, 청약이 피청약자에게 도달하는 데 필요한 시간이다. 둘째는, 피청약자가 청약을 받을 것인가 아닌가를 고려하는 데 필요한 시간이다. 셋째는, 피청약자가 승낙을 보낸 후 청약자에게 도달하기 위해 필요한 시간이다.

7. 청약의 철회와 취소

(1) 청약의 철회

청약의 철회는 청약의 효력이 발생하기 전에 청약자가 그 청약의 효력을 잃게 하려는 의사표시이다. 「중국계약법」 제17조 규정에 따라 청약의 철회는 청약이 피청약자에게 도달하기 전에 해야 한다. 청약이 피청약자에게 도달하면 법률효력이 발생하여 철회할 수 없기 때문이다. 그러나 청약철회의 통지와 청약이 동시에 피청약자에게 도달한 경우에는 철회의 효력이 발생한다.

(2) 청약의 취소

청약의 취소는 청약의 효력이 발생한 후에 청약자가 그 청약의 효력을 잃게 하려는 의사표시이다. 청약의 취소는 청약의 효력이 발생한 후 계약이 성립되기 전에 해야 한다. 다시 말해서 청약이 피청약자에게 도달한 후 피청약자가 승낙을 보내기 전에 해야 한다. 왜냐하면 피청약자가 승낙을 하면 계약이 성립하므로 청약자가 청약을 취소할 수가 없기 때문이다. 「중국계약법」 제18조 규정에 따라 다음과 같은 상황에서는 청약을 취소할 수 없다. 첫째는, 청약에서 승낙기한을 규정했거나 기타 방식으로 청약을 취소할 수 없다고 규정한 경우이다. 둘째는, 피청약자가 청약이 취소될 수 없을 것이라고 신뢰할 만한 이유가 있고, 이미 청약을 신뢰하여 무엇인가를 행한 경우이다.

8. 청약의 법률효력의 소멸

청약의 법률효력은 다음과 같은 원인으로 인해서 소멸한다.
(1) 피청약자가 청약을 거절했거나, 피청약자가 회답했으나 원래의 청약에 대해서 수정을 한 경우에는 원래의 청약을 거절하고 새로운 청약을 한 것으로 본다.
(2) 승낙기한의 만료
(3) 청약의 철회와 취소
(4) 피청약자가 청약의 내용에 대해서 실질적인 변경을 한 경우

II. 승낙

1. 승낙의 개념

승낙은 피청약자가 청약자에게 청약에 완전히 동의한다는 의사표시이다. 승낙은 명시의 방식으로만 할 수 있고, 침묵이나 부작위로 한 것은 승낙이 아니다.

2. 승낙의 구성요건

(1) 승낙은 피청약자가 청약자에게 해야 한다. 승낙은 피청약자나 그 대리인이 해야 하고, 그 이외의 제3자가 청약자에게 한 승낙은 피청약자에게 효력이 발생하지 않는다. 또한 승낙은 반드시 청약자에게 해야 한다. 청약자에게 하지 않은 동의의 표시는 승낙이 아니다.

(2) 승낙의 내용은 청약의 내용과 일치해야 한다. 피청약자가 청약의 내용을 모두 받아들이지 않는다면, 청약에 대한 변경을 한 것이 되므로 원래의 청약에 대해서 거절하고 청약자에게 보낸 새로운 청약, 즉 반대청약으로 보아야 한다. 실무에서 때때로 계약의 체결은 가격을 협상하는 과정이다. 다시 말해서 청약하고, 반대청약하고, 다시 반대청약을 하는 과정이다.

그러나 청약에 대해서 동의를 표시한 후 청약의 내용에 대해서 '비실질적인 변경'을 한 것은, 청약자가 적시에 반대를 표시했거나 청약에서 청약의 내용에 어떤 수정도 할 수 없다고 규정한 경우를 제외하고는 유효하다. 계약의 내용은 승낙의 내용을 기준으로 한다. 이에 대하여는 「중국계약법」 제31조에서 규정하고 있다. 그런데 '실질적인 변경'이란 무엇인가?「중국계약법」 제30조 규정에 따르면 계약의 목적물, 수량, 물질, 가격이나 보수, 이행기한, 이행지와 이행방식, 위약책임과 쟁의의 해결방법 등과 유관한 것에 대해서 한 변경은 청약의 내용에 대한 실질적인 변경이다.

(3) 승낙은 청약의 법률효력이 존속하는 기간 내에 해야 한다. 그렇지 않으면 승낙의 효력이 발생하지 않아서 새로운 청약으로 본다.

3. 승낙의 기한

청약에서 승낙기한을 정한 경우 승낙은 규정한 기한 내에 청약자에게 도달해야 한다. 청약에서 승낙기한을 정하지 않은 경우 다음의 기한 내에 승낙을 해야 한다. 대화의 방식으로 한 청약에 대해서는 즉시 승낙해야 한다. 대화가 아닌 방식으로 한 청약에 대해서는 통상적인 상황에서 승낙을 기대할 수 있는 기간 내에 승낙해야 한다. 이 기간은 관습이나 거래의 성질 및 청약에서 사용한 통신방법의 신속도에 따라 결정해야 한다.

승낙기한의 구체적인 기산점에 관해서「중국계약법」제24조는 다음과 같이 규정하고 있다. 편지나 전보로 청약을 한 경우의 승낙기한은 편지에 기재한 날짜나 전보를 보낸 날부터 계산한다. 편지에 날짜를 기재하지 않은 경우에는 편지봉투에 찍힌 우체국 도장의 날짜부터 계산한다. 전화, 팩스 등 빠른 통신방식으로 청약을 한 경우의 승낙기한은 청약이 피청약자에게 도달했을 때부터 계산한다.

4. 승낙의 방식

각국의 법률은 승낙의 방식에 대해서 일반적으로 제한하는 규정을 두고 있지 않다. 원칙적으로는 구두와 서면방식 모두 가능하다. 그러나 청약에 특별한 요구가 있을 때에는 그에 따라야 한다.

5. 승낙의 효력

(1) 효력발생시간

승낙이 청약자에게 도달했을 때 효력이 발생한다. 이는 대륙법계 대다수 국가에서 채택하고 있는 원칙, 즉 수신주의(受信主義)의 원칙이다. 중국계약법도 수신주의를 채택하고있다.[48]

(2) 승낙의 효력

법률에 특별한 규정이나 당사자 간에 특별한 약정이 있는 경우를 제외하고, 청약자가 승낙을 받으면 계약이 성립한다.[49]

(3) 연착된 승낙의 효력

연착된 승낙은 새로운 청약으로 본다. 승낙의 통지가 통상적인 상황에서 적시에 청약자에게 도달할 수 있었는데 송달자(예: 우체국)의 사정으로 인해서 연착된 경우, 청약자는 즉시 이 사실을 승낙자에게 통지해야 한다. 청약자가 연착의 통지를 소홀히 한 승낙은 연착하지 않은 것으로 본다.

---

48 「중국계약법」 제26조.
49 「중국계약법」 제25조.

6. 승낙의 철회

「중국계약법」 제27조는 승낙은 철회할 수 있지만, 철회의 통지는 승낙의 효력이 발생하기 전에 해야 한다고 규정하고 있다. 다시 말해서, 철회의 통지는 승낙의 통지보다 먼저 또는 동시에 청약자에게 도달해야 한다.

제3절 契約締結의 特殊한 方式

현실에서는 비전형적인 거래도 발생하기 마련이다. 즉, 가격을 협상하는 과정이 없거나 혹은 다른 형식으로 가격을 협상하는 거래가 있다. 예를 들어, 매도자가 가격을 정하고 매수자가 동의를 표시하는 거래가 있다. 현대사회의 거래에서는 표준계약의 대량 사용으로 인하여 가격을 협상하는 과정이 거의 없다. 대형시장의 출현과 발달로 인해서 소비자는 이미 정해진 가격에 대해 협상을 할 수 있는 여지조차 없다. 이런 대형기업 앞에서 사람들은 이미 가격을 협상하는 방법을 잃었다. 자유로운 시장에서 소자본 경영을 하는 곳에서만 고전계약이론이 제창한 체약자유―가격을 협상하는 자유로운 권리―가 존재하는 것 같다. 이외에 입찰과 경매의 특수한 체약방식에서도 매도자와 매수자 사이에 가격을 협상하지 않는다. 매도자는 고기를 잡겠다는 의지가 눈에 가득찬 낚시꾼과 같이 가장 자신에게 유리한 체약자가 나타나기를 기다릴 뿐이다. 또한 사실계약과 교차청약 등의 방식도 전통적인 체약방식에 변화를 가져왔다.

이런 계약체결의 방식이 현대생활에서 무시할 수 없는 작용을 하고 있으므로 이런 특수한 체결방식에 대해서 연구와 분석이 필요하다.

I. 입찰공고와 입찰[50]

1. 입찰공고

입찰공고는 일정한 방식으로 공개적으로 특정 또는 불특정한 사람들이 자신에게 입찰하게 하는 행위이다. 그 목적은 입찰자의 경쟁을 통해서 가장 경제적인 투입으로써 최상의 효익(效益)을 얻는 데 있다. 각국의 계약법은 입찰공고의 성질에 대해서 청약이 아닌 청약의 유인이라고 본다. 입찰공고의 목적은 더 많은 사람들을 유인하여 청약하게 하고, 이로써 입찰공고자가 더 많은 선택의 여지를 가지고, 자신에게 가장 알맞은 계약상대방을 선택하는 데 있다.「중국계약법」제15조 규정에 따르면 청약의 유인은 타인이 자신에게 청약해주기를 희망하는 의사표시이다.

2. 입찰

입찰은 입찰자가 입찰공고자의 요구에 따라 기간 내에 입찰하여 계약의 체결을 목적으로 하는 의사표시이다. 각국의 법은 이를 청약이라고 본다. 따라서 입찰은 청약의 구성요건을 구비해야 한다.

---

50 원문은 '초표(招標)와 투표(投標)'이다. 그 의미로 미루어 보아 입찰공고와 입찰이 상통하여 입찰공고와 입찰로서 번역하였다.-역주

3. 낙찰[51]

낙찰은 입찰기한이 만료된 후 입찰공고자가 많은 입찰자 중에서 낙찰자를 선택하는 것이다. 각국의 법은 이를 승낙이라고 본다.

II. 교차청약(交叉請約)

교차청약은 청약의 교차(交叉)라고도 하며, 쌍방당사자가 서로에게 방향은 다르지만 같은 내용의 청약을 한 것이다. 이런 상황에서 형식적으로는 두 개의 청약이 존재하지만 실제로는 내용의 방향이 상반되므로 청약과 승낙의 효과를 낳는다. 예를 들어, 갑이 을에게 1000톤의 비료를 팔겠다는 청약을 했는데, 을이 갑에게 1000톤의 비료를 사겠다는 청약을 하여 쌍방이 상대방에 대한 승낙을 할 필요가 없이 계약이 성립하는 경우이다.

III. 경 매

경매[52]는 매도자가 다수의 매수신청자 중에서 최고가를 제시한 자를 선택하고 그와 매매계약을 체결하는 것이다. 일반적으로 매도자의 광고나 선전과 매번 가격을 부르는 것은 청약의 유인이고, 매수신청자가 가격을 제시하는 것은 청약에 속하며, 경매진행자가 경매의 성립을 표시하는 것은 승낙이다.

---

51 원문은 '정표(定標)'이다.-역주
52 원문은 '박매(拍賣)'이다.-역주

IV. 정가를 표시한 상품의 진열

정가를 표시한 상품의 진열은 청약이나 청약의 유인이다. 대륙법에서는 일반직으로 청약이라고 보고, 영미법에서는 청약의 유인이라고 본다. 소비자의 이익보호를 위해서 중국에서는 청약으로 보는 것이 타당하다. 소비자가 승낙하면 매매계약은 성립한다. 상점에 설치된 자동판매기 또한 청약으로 본다.

V. 상품가격표

상품생산자나 소비자가 특정한 사람이나 불특정다수에게 제시한 상품가격표는 상품을 파는 방식의 하나이다. 계약체결의 의사를 가지고 있지만, 행위자는 상대방이 승낙하면 약속을 받겠다는 의지를 표시하고 있지 않고, 상대방이 그에 대한 청약을 하고 자신이 승낙한 후에 계약이 성립한다. 그러므로 각국의 법에서는 이를 청약의 유인이라고 본다. 「중국계약법」 제15조에서도 상품가격표를 청약의 유인이라고 규정하고 있다.

VI. 일반광고

보통 광고의 목적은 상품을 선전하여 고객이 상품을 사도록 유인하는 데 있다. 그러므로 각국의 법에서는 이를 청약의 유인이라고 본다. 그러나 광고에 확정된 내용이나 광고자가 계약을 체결하고자 하는 소망이 포함되어 있고, 또 약속을 받고자 하는 것은 청약으로 보아야 한다. 「중국계약법」 제15조 제2항은 이에 대한 규정을 하고 있다.

VII. 현상광고

(1) 현상광고의 정의
현상광고는 광고자가 광고의 형식으로 광고에서 지정한 행위를 완성한 사람에게 광고에서 약정한 보수를 주겠다고 성명하는 의사표시이다.

(2) 현상광고의 성질
현상광고의 성질에 관해서 어떤 사람은 단독행위라 보고, 어떤 사람은 청약이라 본다. 필자는 현상광고를 청약으로 해석하는 것이 타당하다고 본다.

(3) 현상광고의 효력
광고자는 광고에서 요구한 행위를 완성한 사람에 대해서 보수를 제공할 의무가 있다. 광고가 있는 줄 모르고 광고에서 요구한 행위를 완성한 사람에 대해서도 마찬가지이다. 여러 사람이 나누어 이 행위를 완성했을 때, 광고자가 가장 먼저 통지한 사람에게 보수를 제공하면 광고자의 급부의무는 바로 소멸한다.

(4) 현상광고의 취소

특별한 규정이 있는 것을 제외하고 광고자는 광고에서 지정한 행위가 완성되기 전에 같은 방식을 통해서 광고를 취소할 수 있다. 그러나 성실(誠實)과 신용으로 행위를 완성한 사람에게는 적당한 배상을 해주어야 한다. 광고자가 행위자는 행위를 완성할 수 없다고 증명할 수 있는 경우는 제외한다. 중국계약법은 현상광고를 명확하게 규정하고 있지 않다.

VIII. 공공사업

공공사업에 관하여는, 예를 들면 철도, 항공, 수도공급, 전기공급, 가스공급, 우정, 통신 등의 성질이 '청약에 유사한 것'인가 아니면 '청약의 유인'인가에 대한 규정은 각국의 입법마다 다르게 나타난다.

IX. 의사의 실현

습관이나 거래의 성질에 근거해 승낙을 통지할 필요가 없거나 청약자가 청약에서 미리 명시하여 청약에 대한 승낙을 통지할 필요가 없을 경우, 청약을 받은 자에게 상당한 기간 내에 승낙의 의사를 추정할 수 있는 객관적인 사실이 있을 때, 이를 근거로 계약이 성립하는 것을 일컬어 의사의 실현이라고 한다.

제4절 契約의 成立

I. 계약성립의 성질

　계약체결의 목적과 과정을 보면 당사자는 개인적인 목표를 만족시키기 위하여 일정한 법률효과에 도달하고자 하는 합의를 한다. 계약을 체결하고자 하는 당사자는 서로 다른 목표와 수요를 가지고 충분한 협상을 통하여, 즉 청약, 반대청약, 재청약, 승낙의 복잡한 과정을 통해서 합의를 보면 계약은 성립한다. 여기서 알 수 있듯이 계약의 성립은 개인 간의 일이다. 계약체결의 당사자는 자신의 이익과 의무에 대해서 가늠하고 결정한다. 이 점에서 계약의 성립과 효력의 발생은 구분된다. 왜냐하면 효력의 발생은 국가 혹은 법률이 관리자와 통치자의 신분으로 국가와 사회의 이익을 척도로 하여 계약체결의 당사자 간에 이미 성립한 계약에 대해 평가하고, 계약체결의 당사자가 희망하는 효과가 발생하게 할 것인가 아닌가를 결정하는 것이기 때문이다. 당사자 간에 이미 성립한 계약이라 할지라도 국가나 사회의 이익에 위반되면 그 효력이 부정된다. 그러므로 효력의 발생은 개인 간의 일이 아니다.

II. 계약성립의 요건

계약의 성립은 당사자의 개인적인 일이므로 계약자유의 원칙을 관철하기 위해서 당사자가 계약의 효력발생요건에 대하여 약정하는 것도 허락된다. 그러나 중요한 성립조건은 당사자의 의사표시와 일치해야 한다. 중국에는 계약의 성립요건이 계약의 요식과 불요식에 따라 차이가 있다고 보는 학자도 있다. 불요식계약은 당사자의 의사표시가 일치하면 즉시 성립하고, 요식계약은 그 절차가 완성되어야 성립한다.

III. 계약성립의 시기와 지점

1. 계약성립의 시기
일반적으로 불요식계약은 승낙의 효력이 발생한 때에 성립한다. 요식계약은 특정한 절차를 완성한 때 성립한다. 그러나 법률에 특별한 규정이 있거나 당사자 간에 특별한 약정이 있는 경우에는 그 규정이나 약정에 따른다.

2. 계약성립의 지점
계약의 성립지점은 실체법과 절차법상으로 중요한 의의를 가진다. 요식계약은 특정한 절차를 완성한 지점이 성립지점이고, 불요식계약은 승낙의 효력이 발생한 지점이 계약의 성립지점이다.

제5절 契約의 效力發生

I. 서 설

　계약의 효력발생은 계약이 일정한 요건을 구비하여 당사자가 예상하는 법률효과가 발생하는 것이다.

　계약의 성립과 계약의 효력발생은 서로 다른 개념이다. 일반적인 상황에서 계약의 성립과 계약의 효력발생은 시간상으로 일치한다. 그러나 일치하지 않는 상황도 자주 발생한다. 예를 들면 조건부의 계약이 그러하다. 이 외에도 계약은 법으로 정한 요건을 구비하여야 성립한다. 그러나 법률효력이 발생할 수 있는가 하는 것은 당사자의 의지에 의해서 좌우되지 않는다. 유효하게 성립한 계약이 필연적으로 법률의 보호를 받는 것은 아니다. 왜냐하면 계약은 민사행위이고, 법률의 보호를 받고 싶으면 법률이 규정한 효력발생의 요건을 구비해야 하기 때문이다.

II. 계약의 효력발생요건

1. 당사자가 상응하는 계약체결능력을 구비해야 한다

　법인의 계약체결능력은 허가받은 경영범위나 설립등기의 목적과 일치해야 한다. 그러나 선의의 제3자 및 거래의 안전을 위해서「중국계약법」제50조에서는 법인이나 기타 조직의 법정대표자, 책임자가 월권하여 체결한 계약은 상대방이 그 월권을 알거나 알 수 있는 경우를 제외하고는 그 대표행위는 유효하다고 규정하고 있다. 자연인의 계약체결능력은 행위능력자의 여부에 따라서 달라지며 그 행위능력과 상응하는 경제활동만 할 수 있다.

2. 계약은 법률과 사회공공의 이익을 위반할 수 없다

이것은 각국의 법률이 승인하고 있는 원칙으로써 이에 위반한 것은 무효이다. 각국의 법률규정에는 차이가 있으므로 이 요건의 내용은 지역적 특징을 가진다. 한편 법률은 강제성규범과 임의성규범을 가지는데, 법률을 위반할 수 없다는 것은 강행성규범을 위반할 수 없다는 것을 가리킨다. 사회공공의 이익은 공서와 양속을 말하는데, 이는 민법의 기본원칙이므로 이를 위반한 계약은 법률효력이 발생하지 않는다.

3. 계약의 내용은 확정된 것이고 가능한 것이어야 한다

계약의 내용은 각자의 권리와 의무를 확정하는 근거, 즉 당사자가 계약을 이행하는 척도가 된다. 내용이 확정되지 않았거나 불가능한 것이라면 당사자는 계약을 이행할 수 없을 뿐 아니라 분쟁이 발생했을 때에도 법원이 당사자의 권리와 의무를 확정하기 어렵다. 따라서 계약의 내용이 확정되지 않았거나, 확정할 수 없거나, 계약의 목적물(급부)이 원시적·객관적·영구적 불능인 계약은 효력이 발생하지 않는다.

4. 계약의 형식이 법률의 규정이나 당사자의 약정에 부합해야 한다

일반적으로 계약의 형식은 당사자가 자유롭게 선택할 수 있다. 그러나 당사자 간에 특별한 약정이 있거나 법률이 특별한 규정을 하고 있는 경우, 즉 공증, 검증, 등기 등과 같은 경우에는 형식적인 요구가 만족되어야 계약의 효력이 발생한다.

진실된 의사표시가 계약의 효력발생요건인가? 이에 대해서 대다수는 긍정적인 태도를 가지고 있다. 그러나 우리는 진실된 의사표시는 계약의 효력발생요건이 아니라고 본다. 허위의 의사표시는 의사하자(意思瑕疵)라고도 하는데, 이는 고의에 의한 허위의 의사표시와 고의에 의하지 아니하는 허위의 의사표시로 나뉜다. 전자의 예로는 위장, 통모, 진의의 보류 등이 있고, 후자의 예로는 중대한 오해와 착오가 있다. 이 외에도 의사표시가 자유롭지 못한 경우, 즉 당사자가 외부의 압력에 의해 한 의사표시가 있다. 예를 들면 협박, 승인지위 등이 있다. 이런 경우는 취소할 수 있는 계약이 되나, 계약의 효력이 발생하지 않는 것은 아니다.

왜냐하면 취소할 수 있는 계약은 효력이 발생하지 않는 계약이 아니기 때문에 권리자가 그에 대하여 취소를 주장할 수도 있지만, 사정의 변화로 인해서 계약이 자신에게 유리하게 되면 취소를 주장하지 않을 수도 있기 때문이다. 이런 상황에서 당사자가 계약의 취소를 적극적으로 주장하지 않는다면 법률이 이를 어떻게 간섭할 수 있겠는가? 권리자는 자신에게 불리하다고 여기면 취소를 주장할 것이다. 그러므로 진실된 의사표시는 계약의 효력발생요건이 아니다. 규정이 있어도 별로 의의가 없고, 계약취소제도로써 구제할 수 있기 때문이다.

제3장

標準契約과 規制

제1절 標準契約의 槪述

I. 표준계약의 개념

우리는 자유롭게 계약할 수 있는 시대에 살고 있다. 계약자유에 대한 선전(宣傳)이나 표방(標榜)을 볼 때마다 우리가 얼마나 행운아인지를 실감한다. 그런데 이게 정말 사실일까? 우리들이 은행, 보험회사 등의 서비스기구[53]에 갈 때마다 주어지는 것은 이미 인쇄되어 있는 서식뿐이다. 우리가 기차나 비행기를 이용할 때도 돈을 지불하고 받는 것은 권리와 의무가 이미 기재되어 있는 계약서이고, 다른 어떤 유사한 서비스기구에 가도 모두 마찬가지이다. '손님'들은 돈을 지불

---

[53] 원문은 '복무기구(服務機構)'이다.-역주

하고 서명하는 권리만 있을 뿐, 이미 인쇄가 다 되어 있는 표준계약에 대해 교섭을 할 수는 없는 것이다. 아무리 오랜 시간이 지난다 해도 '손님'들에게 '협상'이란 개념은 존재하지 않는다. 아티야가 "요즘 세상에서 계약을 합의라고 생각하는 것은 굉장히 좁은 의미에서나 통용된다. 예를 들어 누군가 기차여행을 하려 한다면, 그는 철도청의 조항과 조건을 따라야 한다. 그는 그 조항과 조건에 대해 협상을 할 수는 없다"[54]라고 지적한 것은 표준계약이 보편적으로 운용되고 있기 때문이다.

중국계약법의 규정에 따르면 표준계약이란 당사자가 중복하여 사용하기 위해 미리 추측해서 정한 계약을 말하며, 계약을 체결할 때 상대방과 협상을 하지 않는 조항을 표준계약, 부합계약, 일반조항 혹은 약관이라고도 한다. 표준계약은 다음 세 가지의 특징을 가지고 있다.

(1) 표준계약은 광범위성(廣範圍性), 지속성(持續性), 세부성(細部性)을 지닌다. 광범위성이란 표준계약의 청약이 대중들에게 혹은 장차 거래하게 될 사람들에게 나누어지게 되는 것을 가리킨다. 지속성이란 청약이 특정한 날짜에 성립될 모든 계약에 영향을 끼친다는 것을 가리킨다. 세부성이란 청약이 계약이 성립될 때 필요한 모든 조항을 포함한다는 것을 가리킨다.[55]

(2) 계약조항은 협상할 수 없다. 표준계약의 제일 중요한 특징은 그 조항의 불가협상성에 있다. 즉, 표준계약의 사용자가 미리 자신의 의지를 문자로 표시하고, 상대방은 전부 받아들이거나 전부

---

54 아티야(Atiyah):《合同法槪論》, 程正康 등 飜譯, 法律出版社, 1982年版, 13~14쪽.
55 尹田:《法國現代合同法》, 法律出版社, 1995年版, 121쪽

거부하는 'take it or leave it' 식인 것이다. 예를 들어 보험회사의 표준계약에 대해 보험계약자는 전부 동의하거나 전부 거부하거나이므로 다른 선택은 할 수 없는 것이다.
(3) 계약쌍방의 경제지위 혹은 법률지위싱의 불평등성이 있다. 표준계약의 사용자는 대부분 경제상 혹은 법률상으로 비교적 우월한 지위에 있다. 따라서 사전에 자신의 독단적 의사를 반영시켜 놓은 표준계약을 사용하여 상대방에게 강요하는 것이다. 법률지위상의 불평등이란 법률이나 행정권력을 이용해 업종을 독점할 수 있는 권리를 가지고 있는 것을 가리킨다. 표준계약은 이런 독점에 근거하여 상대방에게 자신의 의사를 강요할 수 있다. 이런 업종들은 모든 나라에 존재하지만, 중국은 비교적 많다.

이런 표준계약을 사용하는 공·상업조직은 소비자들을 '왕'이라고 칭하는데, 그들은 '왕'의 의미를 온순한 노예로 바꾸어버렸다. 요즘 사회에서는 길가의 노점상에서나 '왕'의 '존엄'을 찾아볼 수 있을 것이다. 그리고 그곳에서야말로 옛 고전계약이론가들이 제창하던 가격 절충의 재미를 맛볼 수 있을 것이다.

II. 표준계약의 경제기초와 이론기초

1. 표준계약의 경제기초

표준계약은 다양한 객관적인 원인이 있을 수 있지만, 제일 중요한 것은 표준계약의 청약인이 경제지위상으로 우세하다는 것이다. 이

우위는 표준계약의 사용자가 법률상 혹은 사실상으로 독점을 하고 있다는 데에서 비롯된다.

사실상의 독점이라는 것은 당사자가 경제상으로 월등한 우위에 있어서 그 업종 혹은 그 영역에서 사실상의 독점경영권을 가지고 있다는 것을 의미한다. 예를 들어 자동차제조업, 항해업 등은 점유하고 있는 자금의 액수가 워낙 크기 때문에, 많은 사람들이 그 영역에서의 경영에 대해서 따져 묻지를 못하고 경제력이 강대한 소수의 집단이 그 사업을 제어하게 되면서 사실상의 독점이 형성되는 것이다.

법률상으로 독점한다는 것은 당사자가 법률의 규정에 근거하여 특수한 업종 혹은 영역에서 독점경영권을 갖는 것을 가리킨다. 예를 들면 철도, 전력, 통신 등의 독점경영권이 있다. 법률의 규정에 의해 다른 주체는 그 영역의 경영에 개입할 수 없고, 법률이 허가한 주체만이 경영의 독점권을 취득하게 된다.

사실상의 독점이든 법률상의 독점이든 계약을 체결할 때에는 체결능력의 불평등 혹은 체결환경의 불공정이 나타나게 된다. 예를 들어, 한 시민이 기차여행을 하기 위해서 표를 구입할 때에는 구입할 것인지 구입하지 않을 것인지만 결정할 수 있다. 그는 근본적으로 차표의 가격, 승차조건, 서비스의 질, 손해가 발생했을 시의 배상액수 등을 철도부와 협상할 수가 없다. 이렇게 되면 결국 구매조건을 받아들일 것인지 안 받아들일 것인지의 양자택일만을 할 수밖에 없는 것이다. 이 문제는 대륙법계뿐만 아니라 영미법계에서도 존재한다. 미국의 사법판례에서는 당사자의 이런 우월적 지위를 '계약환경의 불공정' 탓으로 돌린다. 계약환경의 불공정은 거래방식의 불공정 외에도 교역조건에 대한 당사자들의 이해능력이 모두 같지 않은 점에도 또한 존재한다.

이로써 알 수 있듯이 체약쌍방의 경제력의 불평등은 표준계약 출현의 가장 주요한 객관적 기초이다.

2. 표준계약의 이론기초

표준계약의 개념이 출현한 지는 많은 시간이 지났지만, 이론상 그 효력에 대한 논쟁은 아직도 끊이지 않고 있다. 사람들이 많이 다루는 문제는 "표준계약에서 당사자의 합의가 존재하는가? 계약자유의 원칙의 실질적인 의의와 충돌되는 표준계약의 효력은 어디에서 오는가?"이다. '표준계약에서 당사자의 합의는 존재하지 않는다'라는 이유로 점점 증가하는 표준계약을 부정하는 것은 시대의 흐름에 비추어 적합하지 않다. 일본학자 內田貴는 표준계약이론의 가장 큰 난제는 그 구속력의 근거를 어디서 찾느냐는 것이라고 지적하였다. 다시 말하면 엄격한 의미에서 의사일치도 되지 않는 계약조건의 영향을 왜 받아야 하느냐는 것이다.[56] 여기에 대해서는 각양각색의 이론이 있다.

(1) 계약자유이론

비록 표준계약의 발전이 결국에는 계약자유원칙의 본래의 뜻을 어기는 것이라고 하지만, 표준계약의 이론기초는 확실히 계약자유이다. 우리는 이미 본서의 제2장에서 계약자유와 계약정의에 대해 상세

---

56 內田貴의 '계약의 재생'을 인용. 《民商法論叢》 第3卷, 梁慧星主編, 法律出版社, 1995年版, 310쪽.

히 토론하였다. 계약영역은 공인된 사법영역이기 때문에 이익의 유무에 상관없이 당사자들의 협상결과는 어떤 누구도 간섭할 수 없다. 계약이익의 사인성(私人性)과 상대성(相對性)은 계약자유의 기초이다. 이런 식으로 계약자유원칙을 핵심으로 이루어진 계약법에서는 임의성규범을 주(主)로 하고 강제성규범을 종(從)으로 한다. 이렇게 계약자유원칙을 핵심으로 한 임의성규범을 당사자가 약정의 방식으로 그 적용을 배제함으로써 객관적 기초를 창조하였다. 표준계약은 바로 약정의 방식으로 임의성규정의 적용을 배제하여 타인의 권리를 침범하고 자신의 목적에 도달하는 것이다. 조셉(Joseph)은 표준계약이 약정의 방식으로 임의성규범을 배제하여 타인의 권리를 침범하기 때문에 사용자 자신의 이익을 얻을 수 있다고 말하였다. 당사자가 상대방보다 경제력이 얼마나 큰지는 상관이 없다. 만약 당사자 일방이 그의 책임을 감하거나 면제시키는 조항을 내건다면(오늘날의 면책조항), 쌍방이 체결한 부분은 완전히 동등한 효력을 발생시킬 것이라는 것이다.[57] 이것이 계약자유의 이론으로 표준계약이 발생시키는 효력을 해석한 것 중에서 가장 전형적인 설명이다.

  계약자유의 개념 및 표준계약에 대한 방임은 학자들에게 경제분석의 방식을 통해서 특정된 상황에서 가장 효율이 있다고 인증받았다. 왜냐하면 자유로운 의사의 합치에 의한 표준계약은 법률규정에 의한 계약방식보다 더 효율적으로 위험을 분배하기 때문이다. 어느 정도는 이런 효율성이 합의에 의한 계약의 정확성에서 온다고 볼 수 있다. 그 이유는 책임을 인정하는 것과 위험부담의 확정성이 더욱 뚜렷하기 때

---

[57] 《民商法論叢》第2卷, 梁慧星主編, 法律出版社, 1995年版, 457쪽.

문이다.

당연히 계약자유이론으로 표준계약의 효력을 해석하는 것은 가장 기본적이며 제일 먼저 나온 해석이론이다. 이런 이론은 우리가 '계약효력의 근원'에서 논술한 것과 같이 계약의 효력의 근원이론과 일치한다. 그러나 표준계약에서는 '자유'와 '합의'는 찾아볼 수 없다.

(2) 교역원가절약론

전통적인 교역원가절약이론은 표준계약을 적용하면 계약체결 당사자가 개개인을 찾아가 협상하는 과정이 줄어들기 때문에, 시간과 교역의 원가를 절약하여 생산효율을 높인다고 여긴다. 예를 들어, 우체국이 표준계약을 사용함으로써 고객들은 이미 준비가 되어 있는 표준계약에 몇 글자만 채워주면 교역이 완성되는 것이다. 이렇게 하지 않으면 고객들은 계약조항을 협상하려 들기 때문에 원가가 증가된다. 학자들이 지적한 것처럼 이윤의 한도는 효율에 의해 결정되기 때문에, 제조자가 개별적으로 하나하나 계약을 체결하기에는 시간과 돈이 부족하다. 이 문제를 해결하는 것이 바로 대량으로 제작된 표준계약을 끌어들이는 것이다. 이런 계약은 여러 번씩 사용될 수 있다. 그러므로 표준계약은 대량으로 생산된 상품의 자연적 생산물이며 그 생산물의 보충이라 할 수 있다. 아티야는 표준계약의 장점은 계약을 협상할 때 시간, 비용과 같은 번거로움을 줄일 수 있는 데에 있다고 지적하였다. 표준계약의 또 다른 장점은 한 사건에서 나온 판결로 다른 사건에서 나오는 몇 가지 문제들을 해결할 수 있는 것이다.[58]

---

[58] 아티야(Atiyah):《契約法槪論》, 程正康 등 翻譯, 法律出版社, 1982年版, 15쪽.

이 뿐만 아니라 표준계약을 사용하면 거액의 교역도 간편해지며, 현대적인 기술을 교역하는 것이 가능해진다. 독일학자 노버트(Norbert)가 지적한 것처럼 오늘날에는 공업, 무역과 상업부문의 활동은 우리가 상상할 수 없을 정도로 변할 것이다. 표준계약의 통일된 조항은 거액의 교역을 가능케 하며 컴퓨터의 보급도 여기에 한몫을 했다. 이렇게 각종 교역 중에 나타나는 특정한 문제들에 적용되는 조항들은 사람들의 법률행위를 통일시켰다.[59]

교역비용의 절약과 생산효율의 향상은 표준계약의 생명력이자 표준계약이 사용될 수 있는 근원이다.

(3) 기업내부조직론

이 이론은 하버드 대학의 라코프(Rakoff) 교수가 제기한 것이다. 그는 왜 표준계약을 사용해야 하는가에 대해서 지금까지의 학설로는 불충분하다고 여겼다. 원래의 관점은 표준계약으로 하여금 교역비용과 영업상에서의 위험을 줄여서 시장에 대한 기업의 지배를 강화한다고 여겼다. 그러나 이 견해는 표준계약의 이용이 증가하는 것은 기업조직이 현대 경제를 지배하는 것의 한 측면에 지나지 않는다는 것을 간과하였다. 기업은 한 쪽으론 대외적인 시장교역상의 안정을 위해서, 다른 한 쪽으론 관료제로 구성되어 있는 기업구조의 내부에 적응하기 위해서 표준계약을 제정한다. 기업 내부의 조직구조적 관점에서 봤을 때, 표준계약은 다음과 같은 방면에서 효율적이다. 첫째, 기업부문 간을 조정하기가 쉬워진다. 둘째, 문제의 발생에 대한 조직의 결정이 말

---

[59] 노버트(Norbert) 등 : 《德國民商法導論》, 楚建 飜譯, 中國大百科全書出版社, 1996年版, 94쪽.

단직원까지 관철되기 때문에, 하나하나 설명할 필요가 없다. 셋째, 내부에서 제어할 때 필요한 자본을 줄일 수 있다. 넷째, 조직 내부의 권력구조를 고정시키는 데에 유리하다. 즉, 조직에게 있어서 재량권(裁量權)은 곧 권력인데, 말단직원이 자기재량으로 계약내용을 바꾼다면 통제가 매우 힘들어질 것이다. 만약 모든 조항에 대해 재량을 허락하려면 말단직원들도 그에 맞는 훈련을 받아야 할 것이고, 그에 상응하는 지위와 보수를 요구하게 될 것이다. 표준계약의 교역을 강화함으로써, 이러한 재량권은 기업의 상류층에서 유지될 수 있게 한다.

표준계약이 현실에서 이런 효과를 발휘하기 때문에 고객이 어떤 조항에 대해 기업과 교섭하고 싶더라도 담당자는 자기에게 권한이 없음을 알려줄 수 있다. 실제로 고객이 권한이 있는 인물을 찾기란 어려운 일일 것이다. 따라서 법률상에서 이용되는 계약의 관례들은 권력을 만들어내고 분배하는 제도가 된다.

한편, 라코프는 표준계약의 효력을 지지하는 그 어떠한 정당화이론도 존재하지 않기 때문에 법적 구속력을 부정해야 한다고 주장했다.[60]

III. 표준계약의 경제기초와 이론기초에 대한 사고

표준계약이 탄생한 날부터 지금까지 표준계약을 반대하는 소리들은 끊이질 않고 있다. 그러나 표준계약은 아무런 방해 없이 오히려 더

---

60 內田貴의 "계약의 재생"을 인용. 《民商法論叢》 第3卷, 梁慧星主編, 法律出版社, 1995年版, 321쪽.

욱더 발전하고 있다. 근본적인 이유는 표준계약이 존재할 만한 사회적 밑바탕이 있기 때문이다. 필자는 이론기초와 경제기초 외에 법인제도의 탄생 역시 표준계약이 발전하는 데 중요한 요소라고 여긴다.

1. 법인제도가 표준계약에 끼치는 영향

고전의 계약법이론은 자연법과 이성주의를 기초로 했기 때문에 공법과 사법의 구분을 강조했다. 사법은 개인을 중심으로 하기 때문에 개인의 의사자치와 사유재산이 침범당하지 않는 것이 핵심내용이다. 사법의 영역 내에서는 정부와 그 어떤 공공단체도 적극적으로 개입해선 안 되며, 소극적으로 사(私)권을 확인하거나 보호만 할 수 있다. 미국학자 존헨리메리먼(John Henry Merryman)은 이것에 대해 "사법자치 이론의 탄생에 대한 관념에는 두 가지 중요한 점이 있다. 첫째, 경제생활의 기본주체는 개인이다. 둘째, 경제활동에 종사하는 개인의 연합을 허락하지 않는다. 법률영역에서는 두 가지 주체만이 있는데 바로 국가와 개인이다. 국가는 공법 내에서 활동하고 개인은 사법 내에서 활동한다"라고 논술한 적이 있다.[61] 유럽의 각국은 중세기를 벗어난 후에야 개인의 존엄, 권리와 개인의 가치를 깨달았으나 '법인', '회사', '단체' 같은 개념들은 사람들로부터 개인의 활력을 앗아갔던 교회와 길드를 생각나게끔 했다. 따라서《인권선언》에는 단체를 조직하는 것에 대해서는 규정하지 않았다. 이와 달리 1794년에 한 법령에는 "학술회의, 생명보험회사 및 무기명 주식회사나 주식양도를 제한하

---

61 존헨리메리먼(John Henry Merryman) :《大陸法系》, 知識出版社, 1984年版, 109쪽.
62 鄭立 등 主編 :《企業法通論》, 中國人民大學出版社, 1995年版, 307쪽.

는 합자회사는 모두 금지시킨다"라고 했었다. 이러한 상황에서 프랑스민법전은 아예 '법인'을 규정하지 않았고, '법인'이라는 단어를 사용하지도 않았다. 프랑스민법전에서 유일한 주체는 자연인뿐이고, 자연인이 조직한 단체는 독립된 법률인격을 가지고 있지 않다.[62] 조합은 계약관계로써 주체는 각 조합원들이지 조합 자체가 아니다. 하늘이 준 자유와 이런 자유를 침범하는 것을 막는 것이 입법이 추구하는 주요 목표이다.

비록 자연인을 기본적인 경제주체로 보는 개념이 상당히 원시적이라고 할 수 있지만, 이는 봉건제도에 대한 증오와 봉건제도로 회귀하는 것을 걱정하여 이를 차단하고 예방하기 위한 것이다. 오늘날 법인, 회사 같은 단체가 독점하고 전횡하는 것을 보면 이러한 걱정이 일리가 없는 것은 아니다. 이러한 단체가 출현하고 경제력이 계속 증가하는 것은 정치와 경제상으로 사회에 영향을 끼치게 된다. 사법영역에서 법률 혹은 사실상의 독점이 형성된다면, 반드시 계약의 자유를 위협하게 된다. 표준계약의 사용이야말로 이러한 위협이 직접적으로 반영된 것이다. 라코프의 조직론적 관점 역시 법인제도와 표준계약의 관계에 반영되었다.

2. 이론기초에 대한 사고

계약자유의 원칙을 표준계약의 정당화이론으로 본다면, 그만한 이유와 근거가 있다. 왜냐하면 당사자 쌍방에게 이익이 되든 안 되든 당사자 일방이 스스로 희망하여 승낙하였다면 그 어떤 이유로도 간섭할 수 없고, 설령 당사자 한 쪽이 표준계약으로 체결하고자 하더라도 상대방이 자의에 의하여 승낙한다면 당연히 법률효력이 발생한다.

여기서 문제되는 관건은 '자의로 받아들인다'는 것에 있다. 당사자 쌍방이 경제적인 자유의 차이 때문에 당사자 한 쪽이 할수없이 받아들이는 것을 '진정한 자의'로 볼 수 있는가는 연구해볼 만하다. 생명에 지장이 있는 환자가 의사를 찾아왔을 때 의사는 표준계약을 내밀 것이며, 환자는 이를 받아들일 수밖에 없을 것이다. 표면상으로 볼 땐 이것도 하나의 '자의'이다. 그러나 이것은 비뚤어진 '자의'이다. '계약은, 즉 정의'에서의 정확성에 흠이 가기 때문에 이것 역시 표준계약의 규제를 받는 원인이 된다. 전통적인 거래원가절약이론으로 표준계약의 적극적인 일면을 볼 수 있었지만, 표준계약을 사용하는 사람에게 있어 제일 중요한 것은 또 다른 일면, 즉 자신에게 돌아올 위험을 줄일 수 있느냐는 것이다. 왜냐하면 모든 표준계약이 자신의 이익을 최대한도로 규정하기 때문에 상대방이 불리한 결과를 받을 수 있다. 따라서 원가절약이론으로 표준계약의 전부를 설명할 수는 없다.

라코프의 표준계약이론은 조직론에 기초한 것으로써 조직 내부의 권력문제를 기초로 삼았기 때문에, 미국의 표준계약이론의 새로운 시야를 개척했다고 여겨진다. 이 이론에 따르면 표준계약교역은 표준계약을 지키는 당사자 일방이 상담을 신청하는 것을 제한할 뿐만 아니라, 표준계약을 사용하는 사람의 내부적인 관계도 제한한다. 라코프의 이론은 새로운 것이지만, 이것은 법학에서의 계통화이론을 비판한 것에 지나지 않는다. 이 이론은 절대로 현재의 교역활동에는 적용되지 않는다. 실제상으로 미국의 입법과 상법에는 영향을 주지 않았다. 표준계약에 대해 각국에서는 합법적인 전제가 있음을 인정하고 불합리한 내용에 대해 규제하는 태도를 취하고 있을 뿐 표준계약의 효력을 근본적으로 부정하지는 않는다.

제2절 標準契約에 대한 規制(1)-법리적 기초

I. 계약자유를 위반한 표준계약

표준계약이 탄생하는 법률기초가 계약자유라고 한다면, 표준계약에 대한 규제는 자유남용에 대한 규제라고 볼 수 있다.

전통적인 관념에 의하면 계약은 당사자 쌍방의 의사표시의 합치라고 볼 수 있는데, 의사표시의 합치는 두 가지를 포함한다. 첫째, 당사자는 명시 혹은 묵시의 방법으로 의지를 표현하고 쌍방의 의무에 대하여 세밀한 내용을 확인한다. 즉, 당사자들은 독립적으로 의지를 완전히 일치시킬 수 있다는 것이다. 계약의 성질상 필수적인 요소 외에는 당사자들은 대부분의 요소에 대해 결정권을 가진다. 둘째, 당사자 간에는 협상이 존재할 수 있다. 전통이론상에서는 청약과 반대청약이 계약을 체결하는 협상과정이었고, 협상은 의사표시를 일치시키는 기초였다. 그러나 표준계약의 출현은 이러한 두 가지 기본을 흐트려 놓았다.[63]

(1) 계약당사자 쌍방의 경제적 지위의 격차는 당사자의 '자의(自意)'를 왜곡할 수 있다. 표준계약을 지지하는 이론은 일반적으로 당사자가 자의로 그 법률효력이 발생하는 것으로 인정한다. 그러나 자의는 두 종류로 나누어진다. 하나는 진정한 자의이고, 다른 하나는 '어쩔 수 없는 자의'이다. 전자는 당사자가 아무런

---

[63] 尹田:《法國現代合同法》, 法律出版社, 1995年版, 117~118쪽.

강제 없이 결정을 내리는 진정한 자의를 가리킨다. '어쩔 수 없는 자의'는 무형의 강제 아래에 할수없이 결정을 내리는 것으로 표면상으로 보면 이것도 역시 자의이다. 그러나 이것이 진정한 의사표시인지는 토론해볼 만하다. 아쉬운 것은 이러한 '어쩔 수 없는 자의'가 우리 일상생활에 깊이 스며들어 있다는 것이다. 게스트(Guest)는 현재 보통사람들이 체결하는 계약 중에서 약 90%가 표준계약이라고 지적했다. 대부분의 사람들은 자신이 언제 마지막으로 일반적인 계약을 맺었는지 기억하지 못할 것이다. 비교적 활동적인 사람들은 매일 몇 건의 표준계약을 체결한다.[64] 현대사회에서 개인의 지위는 《고대법》 시기 때보다 더욱 특별단체, 특히 직업단체의 지배를 받게 된다. 이것들 전부가 자신들 각자의 자유선택이라고 볼 수는 없다.[65] 이것이 자유선택의 비진실성을 충분히 설명하고 있다.

(2) 표준계약의 출현이 당사자 일방의 협상할 권리를 빼앗았다. 우리가 앞에서도 계속 말했듯이 고전적 계약이론에서 중요한 원칙 중의 하나는 '그의 동의 없이 그에게 의무를 부여할 수 없다'이다. 그러나 기업이 거대한 경제력으로 표준계약의 조항을 변경하려는 사람들을 거부한다면, 그것은 상대방의 협상할 권리를 빼앗는 것이다. 이때에 진실한 동의가 존재할까? 표준계약의 난해한 점이 바로 여기에 있다. 이런 문제에 대해서는 여태껏 '총괄적인 동의' 혹은 '열람의무'를 평계로 당사자를 구제하는 것을 거부해왔다. 그러나 한 쪽이 자신의 우월한 지위를 이용하

---

[64] 付靜坤:《21世紀契約法》, 法律出版社, 1997年版, 118쪽.
[65] 梅因:《古代法》, 沈景一 飜譯, 常務印書館, 1995年版, 머리말 18쪽.

여 다른 한 쪽을 부득이하게 받아들이는 지위에 놓는다면, 이러한 '총괄적인 동의' 혹은 '열람의무'는 무슨 의미가 있는가?

II. 표준계약과 계약정의의 충돌

고전계약이론으로 봤을 때, 계약의 자유와 계약의 정의(正義)는 통일성을 가지고 있다. 이런 통일성은 계약주체의 지위에 있어서 평등성과 호환성을 통해서 체현된다. 그러나 표준계약이 출현하면서 이런 통일성은 깨져버렸다.

양혜성(梁慧星) 선생이 고전계약이론의 기본가치를 총괄하면서, 고전계약이론이 두 가지의 기본판단에 의해 건립된다고 여겼다. 그중 하나는 지위의 평등성이고, 다른 하나는 지위의 호환성이다. 호환성이란 민사주체가 시장교역에서 위치가 빈번하게 바뀌는 것으로, 매도인이 되었다가 매수인이 될 수도 있는 것을 가리킨다. 이때의 모든 주체들의 지위가 같은 것은 아니지만 차이가 뚜렷하지는 않다. 그러나 지위의 호환성은 이러한 가벼운 차이를 보충하여 각자의 지위를 평형하게 하였으므로 불평등성은 아예 사라졌다. 민사주체가 평등성과 지위의 호환성을 지니기 때문에, 자신들끼리 자유롭게 평등협상을 하게 하여 그들 간의 권리·의무관계를 결정한다. 그들이 체결한 계약은 어느 정도의 법률효력을 가지고 있다고 보여지기 때문에, 권리와 의무의 행사뿐만 아니라 재판에 있어서도 기준이 된다. 이것이 바로 계약자유와 사적자치이다.[66]

19세기 말부터 인류의 생활에 큰 변화가 생기기 시작했다. 우선 근대민법의 기초이던 평등성과 호환성은 사라지고 심각한 대립이 발생하였다. 그중 하나는 기업주와 노동자의 대립이고, 둘째는 생산자와 소비자의 대립으로써 노동자와 소비자는 사회생활에서 약자가 되어 버렸다. 생산자와 소비자의 분화와 대립을 예로 들면 생산조직이 변화하면서 생산자는 더 이상 수공업자나 공장장이 아니라 하나의 큰 기업이 되었다. 그들은 커다란 경제력을 지녔기 때문에 상품교환에서 뚜렷하게 우월한 지위에 있다. 과학기술이 발전함에 따라 생산과정과 생산기술도 더욱 복잡해져서 소비자는 스스로 상품의 품질을 판단할 길이 없게 되었다. 유통혁명 때문에 상품은 많은 단계를 거쳐야 소비자에게 갈 수 있으므로 생산자와 소비자의 직접적인 계약관계가 발생하지 않는다. 이리하여 현대의 발달한 시장경제하에서 생산자와 소비자는 더 이상 평등하지 않으며, 지배자와 피지배자의 관계에 놓여 있게 된다. 주체 간의 경제력의 차이는 지위에 있어서 불평등을 유발하였을 뿐 아니라 호환성을 상실하게 하였다.

 그렇지만 당연히 현실생활에서 주체 간의 지위의 호환성이 완전히 없다고는 할 수 없다. 그러나 이런 호환성은 대기업 간에 혹은 경제력이 비슷한 비소비자 간에만 존재하지, 기업과 소비자 간에는 존재하지 않는다. 이러한 지위의 호환성의 상실은 계약정의를 보장하는 기초를 흔들어 놓았다.

 이런 상황에서 경제적인 우위로 상대방을 불리하게 하는 것을 법률이 그냥 지나칠까? 독일학자 아티야는 "일반조항(표준계약)은 상대방이 불리하게 되도록 제작된 계약형식이다. 하지만 상대방 당사자는

---

66 梁慧星 : "근대민법에서부터 현대민법까지-20세기 民法回顧", 《中外法學》1997年 第2期, 21쪽.

어쩔 수 없이 그 위험을 무릅써야 하는데, 그 이유는 일반조항을 따로 협상할 도리가 없기 때문이다. 오로지 동등하거나 더 강한 경제력을 지닌 당사자만이 특수하게 계약을 맺을 수 있다. 만약 계약당사자 중 한 쪽이 경제력을 이용하여 상대방을 불리하게 할 수 있다면, 계약자유는 어떤 종류의 보충적(補充的)인 보호가 필요하다"[67]라고 말했다. 형평성을 회복하기 위해서 법원은 그에 대하여 규제를 해야만 한다.

표준계약은 계약자유와 사적자치의 구호 아래 탄생했다고 할 수 있는데, 경제력이 큰 기업과 조직은 이 권리를 남용하였다. 스코틀랜드학자 윌리엄(William)은 "개인활동을 간섭하지 않는 것을 정부정책의 주요원칙으로 하는 사회제도에서는 생산력이 불평등한 사회가 나타날 수 있다"[68]고 말했었다. 절대적인 계약자유는 강자가 경제력으로 계약의 조항을 지정하기 때문에 진정한 자유라고 볼 수 없다.[69] 바로 이런 계약자유에 대한 남용 때문에 국가가 계약을 규제하게 되는 것이다.

위에서 살펴본 바와 같이 계약효력의 근원은 자연법의 공평과 정의만이 아니다. 표준계약에 대한 국가의 규제는 공평과 정의를 위반하였기 때문만이 아니라, 국가이익과 사회이익 때문에도 존재한다. 모든 사법제도는 개인이익과 사회이익이 평형을 이루는 기초상에서 세워진다. 만약 개인이익이 팽창하여 이런 평형을 깨뜨린다면, 법률은 그것을 조정하고 회복시켜야 한다. 표준계약의 사용은 개인의 영역에서 불평등과 독점을 조성하고, 이것들은 사법상 이익의 모순과

---

[67] 노버트(Norbert) 등 :《德國民商法導論》, 楚建 麟譯, 中國大百科全書出版社, 1996年版, 94쪽.
[68] 《民商法論叢》第2卷, 梁慧星主編, 法律出版社, 1994年版, 464쪽.
[69] 68과 동일.

충돌을 만들어 개인과 사회 간의 질서를 깨뜨린다. 그러므로 법률의 규제가 필요한 것이다.

여기서 세 가지 개념을 짚고 넘어가야 하는데 그것은, 즉 표준계약, 불공평조항과 면책조항이다. 불공평조항의 범위가 가장 넓고, 그 다음으로 면책조항, 그리고 표준계약이 제일 좁다. 현대사회에서 대부분의 면책조항과 불공평조항은 표준계약을 통해서 나타나는데, 이 점에서 보면 세 가지는 매우 비슷하다. 본장에서 말하는 규제는 표준계약 중에서 불공평조항(면책조항 포함)에 대한 규제를 가리키는 것이다.

III. 불공평조항의 표현형식

표준계약에서 불공평조항은 다음의 형식들로 표현된다.

(1) 직접 책임을 제한하는 조항

만약 계약 중에 조항을 부가하는데, 그 내용이 어떤 상황에서 발생하는 책임을 직접적으로 감하거나 면해주는 것이라면 그 조항은 불공평조항이다.

(2) 공급자에게 임의로 계약을 해제할 권리를 주는 조항

영미법이든 대륙법이든 계약의 해제는 반드시 법률규정에 부합해야 한다. 하지만 어떤 표준계약에서는 공급자가 마음대로 조항을 바꾸거나 해제하거나 소비자의 권리를 제한시켜서 소비자를 힘들게 하는데, 이것은 불공평조항이다.

(3) 상대방의 권리를 제한하는 조항

계약관계에서 쌍방의 권리·의무는 평등하다. 그러나 어떤 때에는 자신의 이익을 위해서 당사자 일방이 상대방의 동의 없이 그 권리를 행사할 수 없게 하는 경우가 있다. 이것은 억압성조항이므로 불공평하다.

(4) 계약과는 무관한 사항으로 일방의 권리를 제한하는 조항

어떤 계약의 당사자는 장기점유를 목적으로 상대방에게 자신하고만 교역할 것을 요구하는 조항을 규정한다. 이런 조항은 계약상 권리·의무의 범위를 벗어나고, 타인의 교역의 자유를 제한하기 때문에 불공평하다.

(5) 권리를 포기하는 조항

계약을 체결한 당사자들은 법정의 상황하에서 어떤 권리를 주장할 권리가 있다. 그러나 어떤 표준계약에서는 소비자가 그 권리를 먼저 포기할 것을 조항으로 규정하는 경우가 있다. 이것도 당연히 불공평하다.

(6) 소비자가 법률상 구제수단을 찾는 것을 제한하는 조항

어떤 표준계약에서는 공급자가 자신의 이익을 확보하기 위해 상대방이 법률구제를 받는 것을 제한하는 조항이 있다. 이것도 불공평하다.

(7) 기타 신의성실원칙을 위배하는 불공평조항[70]

표준계약에서 신의성실의 원칙 등을 위배하여 불공평한 결과를 초래하는 조항 등은 불공평하다.

제3절 標準契約에 대한 規制(2) - 입법규제

표준계약에 대한 규제로는 주요하게 입법규제, 사법규제와 행정규제가 있다. 입법규제는 또 일반법의 규제와 특별법의 규제로 나뉜다.

I. 민사일반법에 의한 규제

표준계약의 불공평조항에 대한 입법규제 중에서 민사일반법에 의한 규제는 기본적인 규제이다. 대륙법계 국가에서 이런 규제는 민법전의 일반원칙규정을 통해 실현되고, 영미법계 국가에서는 일반 상업법을 통해 실현된다. 예를 들면 미국통일상법전[71] 등이 있다.

대륙법계의 전통민법이론은 민사법률행위 중에서 계약이 제일 중

---

70 付靜坤:《21世紀契約法》, 法律出版社, 1997年版, 119~120쪽.
71 미국의 상법은 각 주마다 다른데, 이를 통일한 법전이다. 'uniform commercial code'를 줄여 UCC라고 하며, 연방통일상법전이라고도 한다. 주마다 서로 상법이 달라 초래되는 혼란을 없애기 위해 1890년부터 논의해오다가 1942년부터는 법률을 입안하였으며, 마침내 1952년 미국법률협회와 통일주법전국위원회에서 공포하였다. 이후 여러 번의 개정을 거쳐 1978년에 완성되었으며, 몇 차례 개정되어 오늘에 이른다. 현재 루이지애나주를 제외한 각 주가 상거래의 기본으로 삼고 있다.-역주

요하다고 여긴다. 따라서 표준계약에 대한 규제에도 법률행위에 대한 규범요건을 적용한다. 한편, 어떤 국가의 민법전은 아예 계약조항에 대한 규제를 특별히 따로 규정하였고, 이런 규제는 대체로 강제성규범을 통해 실현된다.

1. 민법총칙 중에서의 규제

표준계약에 대한 민법총칙의 규제는 대체로 민사행위제도의 규정을 통해서 실현된다. 이런 규제는 두 종류로 나눌 수 있다.

첫째는 직접적인 제어이다. 즉, 민법총칙 중에서 민사행위가 효력을 발생하는 요건에 관한 규정이다. 행위능력에 관한 강행성규정, 의사표시의 진실 여부에 관한 강행성규정, 행위내용이 합법적인지에 관한 강행성규정 및 행위내용이 사회공공의 이익과 도덕을 위반하지 않는지에 관한 강행성규정을 포함한다.

둘째는 간접적인 제어이다. 즉, 민법 중의 '인도성(引導性)조항'[72]을 통하여 제어를 할 수 있다. 이런 인도성조항으로는 '내용이 불법인 민사행위는 무효'라는 조항과 '공공질서를 위반하는 민사행위는 무효'라는 조항이 있다. 전자를 통하면 민사법률행위 이외의 기타 강행법으로 민사법률행위의 효력을 규제하는 기능을 발휘한다. 후자를 통하면 원래 공익범주와 도덕에 속하는 공공질서도 민사행위의 효력에 대해 제어작용을 발휘한다.[73]

이러한 것들이 뜻깊은 이유는 민법의 강행성규범을 민사행위를 제어하는 데 끌어들였기 때문이다. '내용이 불법인 것'은 민법전의 일

---

72 원문은 이 조항을 '인치조관(引致條款)'이라 한다.-역주
73 董安生 : 《民事法律行爲》, 中國人民大學出版社, 1994年版, 265쪽.

반규정만을 어긴 것이 아니라 당연히 공법과 사법도 포함해야 한다. 어느 학자가 지적한 것처럼 내용합법의 원칙은 두 가지 방면으로 나타난다. 하나는 민사강행법이 법률행위내용을 통일적으로 제어함으로써 '사적자치의 내용의 경계선'이 구성되는 것이다. 다른 하나는 공법규범이 사법영역에 들어오도록 제공하는 것이다.[74]

2. 채권법 중에서의 특별규정

대륙법계 국가에서 계약은 채권이 발생하는 제일 중요한 원인이므로 일반적으로 채권법편에서 규정한다. 따라서 채권편에 표준계약의 규제에 관한 일반적 규정이 있다.

채권법상의 규정은 우선 신의성실원칙을 제일로 한다. 신의성실원칙이 민법의 일반원칙인지 채권법의 일반원칙인지에 대해서는 논쟁이 많다. 독일민법전, 프랑스민법전, 스위스채무법의 규정을 보면 모두 채권편에 있지만, 중국은 민법의 기본원칙에 두고 있으므로 민법의 기본원칙이 된다. 민법의 일반원칙이든 채권법의 기본원칙이든 모두 표준계약의 규제에 적용된다. 신의성실원칙의 의의에 관해서는 모두가 인정하고 있으며, 표준계약의 불공평조항은 신의성실원칙이 규제할 수 있다.

이 외에 어떤 국가의 민법전은 '계약의 채권'에서 전문적으로 불공평조항에 대해 규정을 하고 있다. 가장 대표적인 것은 네덜란드민법전(수정초안)이다. 이 법전의 제2조와 제3조에서는 각각 적극적인 방면과 소극적인 방면에서 표준계약을 규제하고 있다.

---

[74] 《民商法論叢》第2卷, 梁慧星主編, 法律出版社, 1994年版, 504쪽.

영미법계는 대륙법계 민법전처럼 거대하진 않지만, 상업법전의 강행성규정을 통해 표준계약의 불공평조항을 규제한다.

II. 특별법에 의한 규제

거래에서의 표준계약은 어디에서나 볼 수 있다. 상업거래영역뿐만 아니라 소비영역에서도 존재한다. 비록 공상업조직 간의 경제력에도 차이가 있다고는 하지만 소비자와의 차이만큼 크지는 않다. 따라서 각국의 표준계약의 불공평조항규제는 소비영역에 집중되어 있다. 나라마다 거의 불공평조항을 규제하는 전문입법을 가지고 있다. 예를 들면 1976년 독일의 표준계약조항법, 1964년 이스라엘의 표준계약법, 1992년 EU불공평조항지령(초안)이 있다.

제4절 標準契約에 대한 規制(3)-사법규제

표준계약에 대한 사법규제는 주요하게 두 가지 방식으로 실현된다. 첫째는 직접적으로 강행법규정을 적용하는 것으로, 강행법규범을 어긴 표준계약조항을 무효라고 재판한다. 둘째는 법률이 판사에게 부여한 자유재량권을 통하여 법률이 규정한 탄성조항(彈性條項)으로 계약조항을 해석하여 표준계약의 불공평조항을 규제한다. 전자는 입법규제의 범주에 속하며, 후자야말로 진정한 사법규제이다. 대륙법계 국가에서 이런 규제는 민법이 규정한 신의칙, 공평원칙 등을 통하여 실현된다. 그러나 영미법계 국가에서는 고유의 판례법에 의해 실현된다.

I. 대륙법계 국가의 사법규제

제2차 세계대전이 일어나기 전에 독일에서는 이미 표준계약이 널리 인정되고 있었다. 개인 간의 계약내용으로 인정되고, 일종의 자치법규로 보기도 했다. 만약 표준계약의 사용자가 심할 정도로 지위가 독립적이면 「독일민법전」 제138조로 무효를 판결했다. 제2차 세계대전이 일어난 후 표준계약내용에 대한 규제를 강화하였다. 연방최고법원은 「독일민법전」 제138조 이외에 제242조(신의칙) 및 제315조로 표준계약을 엄격히 규제했다. 당사자가 계약을 체결해서 유효로 보여지더라도 표준계약은 무효가 될 수 있다. 표준계약의 조항에 대해선 일반적인 계약이념 혹은 임의성 법규상의 공평정의에 의해서 판단해야 한다. 예를 들면 재판관할권, 거증책임 기타 각종 계약상의 책임이 공평정의개념에 부합한다면, 응당 그 규정에 따라 고객의 이익을 영업자의 이익보다 우선적으로 고려해야 한다.[75] 법원이 표준계약을 분석할 때에는 계약내용을 해석하는 것도 중요한 방법이 된다. 「독일민법전」 제157조에서는 "계약의 해석은 신의성실원칙을 준수하여 거래상의 관습도 함께 고려해야 한다"라고 규정되어 있다. 이렇게 하면 판사

---

[75] 劉得寬:《民法諸問題及新展望》, 臺灣三民書局, 1980年版, 161~162쪽.

가 표준계약을 판단할 때 고려해야 할 범위가 넓어지며, 사법규제에 있어서 강력한 무기가 될 수 있다.

대륙법계인 프랑스에서는 학리상으로 표준계약을 규제하는 이론이 있고 민법전에서도 찾을 수 있지만, 실무에서는 그러하지 못하다. 어느 기간 동안은 하급법원 판사들이 표준계약에 대해 특별심판을 한 적은 있으나, 프랑스최고법원에 의해 제지되었다. 그 원인은 표준계약의 이론이 불확실하며 구체적이지 못한 특징을 가지고 있기 때문이다. 그것이 비록 판사에게 계약의 효력을 판단하는 자유재량의 권한을 부여하였지만, 그 구체적인 범위까지는 정하지 못하고 있다. 이런 프랑스민법전의 권위성(제1134조 : 법에 의해 체결된 계약은 당사자 쌍방에게 법률효력을 지닌다) 때문에 법원은 불확실한 개념으로 적용범위가 불확정하고 너무 광범위한 계약조항은 심사할 권리가 없는 것이다. 따라서 실무상 표준계약에 대한 규제가 힘을 얻지 못한다. 기타 계약처럼 표준계약의 조항은 당사자에 대해 대항력을 지닌다. 판사는 표준계약을 심사 및 부정하는 특수한 권력을 누리기 때문에, 표준계약에 대해선 여전히 계약법의 일반규정을 적용한다.[76] 프랑스법원은 독일법원과는 달리, 적극적으로 자유재량권을 이용하여 표준계약 중의 불공평조항을 규제한다. 프랑스는 표준계약을 규제할 때 입법에 기대어 실현하는 편이다.

---

76 尹田:《法國現代契約法》, 法律出版社, 1995年版, 124쪽.

II. 영미법계 국가의 사법규제

영미법계에서는 판례법의 특징과 형평법(衡平法)[77]의 전통 때문에 판사가 자유재량권으로 표준계약의 불공평조항을 부정하는 것이 대륙법계보다는 더 쉽다. 영국은 불공평조항을 규제하는 것에 대해 적극적인 태도를 갖고 있으며, 사법규제를 주로 한다. 전문적인 법규제도로 제정되지는 않았지만, 표준계약에 적용되는 보통법[78] 원리로는 '엄격해석이론(嚴格解釋理論)', '불리해석이론(不利解釋理論)', '사전통지이론(事前通知理論)', '계약상대성이론(契約相對性理論)', '사기금지이론(詐欺禁止理論)', '합리성이론(合理性理論)' 및 '부정당경쟁이론(不正當競爭理論)'이 있다.[79] 이 외에도 묵시조항제도 역시 판사가 자주 쓰는 무기이다.

계약법의 이론에 따르면 당사자 쌍방의 권리·의무는 반드시 당사자 쌍방의 협상에 의해 확정되며, 계약의 명시조항은 그 기초가 된다. 그러나 당사자의 권리·의무는 명시의 계약조항만이 아니라, 법률의 규정과 관습들도 모두 그 기초와 근거가 된다. 당사자가 계약 중에서 명확히 약정하지 않았더라도 법률규정이나 관습에 의하여 존재하는

---

[77] 넓은 뜻으로는 형평·평등·정의를 의미하며, 영미법에서는 코먼로(보통법)에 대립하는 법을 가리킬 때도 있다(협의). 이것은 코먼로만으로는 지나치게 엄격하고 사회의 진전과 발달에 부응하지 못하는 경우 코먼로 법원(法院)과 다른 법원이 형평·평등·정의의 원리에 입각하여 이를 보충하는 재판을 한 데에서 유래하였다.-역주
[78] 원래는 잉글랜드 전체에 공통되고 보편적인 법이라는 뜻에서 '코먼로'라는 말이 쓰였다. 그 후 이에 대립해서 생긴 에퀴티(equity:衡平法)도 포함한 판례법의 뜻으로도 쓰였다. 이 경우는 제정법(制定法)과 대립되는 뜻을 갖는다. 다시 여기에 덧붙여 제정법까지도 포함한 넓은 뜻의 용법도 생기게 되었다. 이 경우에는 대륙법과 대립되는 영미법 일반도 의미하게 된다.-역주
[79] 付靜坤:《21世紀契約法》, 法律出版社, 1997年版, 132쪽.

권리·의무라면 당사자가 승낙한 것으로 본다. 이것이 묵시조항(默示條項)제도이다. 묵시조항제도는 계약에 규정되어 있지는 않더라도 분쟁이 생겼을 시 계약에 포함시켜야 하는 조항을 가리킨다. 이런 묵시조항은 서로 다른 기준에 따라 세 종류로 나뉜다. 첫째는 진실상의 묵시조항이고, 둘째는 관습상의 묵시조항이고, 셋째는 법률상의 묵시조항이다.[80] 묵시조항제도의 발전은 계약자유의 쇠퇴를 나타낸다. 묵시조항제도는 표준계약의 조항을 규제하는 방식 중의 하나이다.

1. 사실상의 묵시조항

어떤 사람이든 계약을 체결할 때에는 자신의 권리·의무범위 내에서 이성적으로 결정을 내리지만, 종종 몇몇 문제들을 소홀히 여기기도 한다. 이런 문제들이 계약의 근본적인 사항이라면 계약이 성립되지 못할 것이고, 세세한 문제라면 법원이 제3자의 입장에 서서 당사자의 의사를 보충할 것이다. 바로 이 보충되는 조항이 사실상의 묵시조항이다.[81]

일반적으로 사실상의 묵시조항제도를 적용하려면 두 가지 조건은 구비해야 한다. 첫째는 '제3자 기준의 원칙'인데, 즉 합리적인 제3자의 입장에서 보아 계약에 반드시 있어야 할 조항이 사실상의 묵시조항이라는 것이다. 둘째는 '상업효과원칙'인데, 즉 거래관행에 비추어 보아 목표량 혹은 상업효과가 일정수준에 도달해야 하는 조항이 사실상의 묵시조항이라는 것이다.

그러나 사실상의 묵시조항제도는 당사자의 의사에 의해 추단(推

---

80 付靜坤:《21世紀契約法》, 法律出版社, 1997年版, 101쪽.
81 蕭號鵬: "論英國法中的合同默示條款",《民商法學》, 1996年 第5期, 95쪽.

斷)하는 것이므로 당사자가 명시한 조항에 위배되면 안 된다. 이 점에서 사실상의 묵시조항으로 표준계약을 규제하는 것은 힘들다고 할 수 있다.

2. 관습상의 묵시조항

관습상의 묵시조항제도는 관습에 의하여 형성되며 업무상 규칙의 특징을 가진다. 당사자는 명시의 방식으로 적용을 배제할 수 있다. 그러므로 표준계약을 규제하기엔 매우 약하다.

3. 법정묵시조항

법률이 규정한 조항은 당사자가 계약에 약정을 하지 않았더라도, 합리적으로 배제하지 않는 한 역시 계약조항으로 된다. 영국의 면책조항제도는 상매매법상의 계약에 속하며, 그 법에 의하면 묵시조항에 의한 면책을 금지한다.

미국에서 묵시조항제도로 표준계약의 불공평조항을 규제하는 것은 종종 공평하지 않다 하여, 당사자가 명시의 방식으로 몇몇 임의성 규범을 배제하기도 한다. 그러나 이런 배제가 공평성을 잃거나 법률 혹은 공공정책을 위반할 때에는 효력이 없다.

제5절 中國의 標準契約에 대한 規制體系

I. 계약법 반포 전의 표준계약에 대한 규제방법 및 규칙

중국은 장기적으로 계획경제[82]에서 시장경제로의 과도기를 거치고 있기 때문에 계획경제의 흔적이 분명하다. 그것은 법률상으로 특정업종에 대한 독점권이 매우 많다는 것에서도 볼 수 있다. 경제적으로 또는 사실상 독점적 지위에 있는 기업과 조직이 행정권력과 결합하여 특수한 민사주체가 되었다. 이러한 기업과 조직의 표준계약에는 어느 학자가 지적한 바와 같이 불공평한 조항이 많다. 이러한 현상은 특히 운수, 통신, 우정(郵政)[83], 공공사업 등의 업종에서 분명하다. 기타 상품교환과 서비스업에서도 여러 가지 형식의 불공평한 계약조항을 자주 볼 수 있다. 그리고 중국에서는 적지 않은 업종이 행정주관부문에 고르게 속해 있어서 어떠한 업종은 지금도 정부와 기업 합일의 관리방법을 채택하고 있다. 생산자와 서비스제공자는 정부정책의 영향을 소비자보다 많이 받는다. 따라서 최근 몇 년 사이에 이러한 불공평한 계약조항은 통제받지 않을 뿐만 아니라 나날이 합법화되어가는 추세이다. 불공평한 표준계약조항의 대부분은 어떤 정부주관부문이 규정한 규칙에서 적법한 근거를 찾을 수 있다. 그러나 전체적으로

---

[82] 중국은 1949년 중화인민공화국 성립 이후 1978년 개혁개방정책을 펴기까지 사회주의체제 하의 계획경제를 실행해왔다. -역주
[83] 한국의 우체국에서 하는 체신업무를 뜻한다. -역주

볼 때 결코 규제체계가 부족한 것은 아니다.

1. 입법규제

중국은 민법통칙을 중심으로 하는 민사법률체계를 가지고 있고, 특별법과 일반법에서 모두 표준계약의 규제에 대한 조항을 찾을 수 있다. 일반법의 규제에서 중국민법통칙은 독일법이 창립한 법률행위제도를 도입하여 민법통칙에 법률행위에 대한 통제규정을 두고 있다. 예를 들면 제4장 제1절에 규정된 '진의 의사표시', '법률과 사회공공의 이익을 위반하지 않는 것'은 법률행위의 효력발생의 요건으로, 법률과 사회공공의 이익을 위반하는 민사행위는 절대적 무효가 된다. '공평을 현저히 잃는' 민사행위는 상대적 무효가 된다. 제1절에서 '공평(公平)과 자원(自願)', '등가유상(等價有償)[84]', '신의성실', '지위평등'을 민법의 기본원칙으로 규정하고있다.

특별법에도 표준계약을 규제하는 근거가 있다. 「해상법」제44조에서는 해상화물운송계약과 계약의 증거가 되는 선하증권 혹은 기타 운송서류 중의 조항이 본장의 규정을 위반하면 무효라고 규정하고 있다. 동법 제126조에 의하면 해상여객운송계약 중 다음에 열거한 내용 중의 하나를 포함하는 조항은 효력이 없다.

(1) 운송인의 여객에 대한 법정책임을 면제한다.
(2) 본장이 규정한 운송인의 책임한도액을 감소한다.
(3) 본장에서 규정한 입증책임과 상반된 규정을 한다.

---

[84] 등가유상원칙은 민사주체가 민사활동에서 가치규율에 따라 동등한 가격으로 교환하여 각자의 경제이익을 실현하는 것을 말한다. 「중국민법통칙」제4조에서 이 원칙을 규정하고 있다.-역주

(4) 여객의 배상청구권리를 제한한다.

그 밖에도 특별법인「중국소비자권익보호법」[85]에서도 표준계약에 대한 규제를 규정하고 있다. 동법 제24조에서는 "경영자는 표준계약, 통지, 성명, 매점 내 게시 등의 방식으로 소비자에게 불공평하고 불합리한 규정을 하거나 소비자의 합법적인 권익에 손해를 입힌 데에 대해서 부담하는 민사책임을 경감·면제할 수 없다. 표준계약, 통지, 성명, 매점 내 게시 등에 전항에서 열거한 내용을 포함하고 있는 것은 그 내용이 무효이다"라고 규정하고 있다. 이것은 중국에서는 처음으로 소비자에 대한 직접적인 보호를 목적으로 제정된 특별법이다. 또한 처음으로 표준계약의 문제를 명확하게 제기한 법이기도 하여 중국법률의 발전사에 중요한 의의를 갖는다.

2. 행정규제

계약에 대한 관리기구가 현존하고 있는 것을 볼 때, 행정규제도 존재한다. 1981년의「중국경제계약법」[86] 제51조에서는 "각급 업무주관 부문과 공상행정관리부문은 관련된 경제계약에 대해 감독·관리해야 하고 필요한 관리제도를 건립한다"라고 규정했다. 동법 제53조는 "허위로 경제계약을 맺거나, 전매(專賣)경제계약을 하거나 또는 경제계약을 이용하여 공(쭉)매매를 하거나 하청을 내어 이익을 추구하거나 불법양도하거나 뇌물수수 및 국가의 이익과 사회공공의 이익을

---

[85] 1993년 10월 31일 제8회 전국인민대표대회 상무위원회 제4차 회의에서 통과되어 1994년부터 실시되었다.-역주
[86] 1999년 중국의 통일계약법이 제정되기 전 1981년 12월 13일 제5회 전국인민대표대회 제4차 회의에서 통과되어 1982년 7월 1일부터 실시된 민사주체 간의 경제계약을 조정하는 계약법이다.-역주

해치는 위법행위는 공상행정관리부문이 책임지고 처리한다"라고 규정했다. 이로써 중국의 각급 행정관리부문 및 정부주관부문이 표준계약 중의 불공평조항에 대해 규제할 수 있는 완전한 법률적 근거가 있음을 알 수 있다.

3. 사법규제

중국은 대륙법계의 재판방식을 취하고 있지만, 중국의 민사법률규정이 지나치게 원칙화되면서 법관은 다른 대륙법계 국가보다 큰 자유재량권을 가지게 되었다. 그리고 민법통칙이 기본원칙을 통해 법관에게 이른바 형평의 권력을 부여하였으며, 법원은 민법통칙에 규정된 탄성조항에 근거하여 표준계약의 불공평한 조항에 대한 규제를 할 수 있게 되었다.

위와 같은 분석을 통해서 중국은 입법·사법과 행정에서의 규제가 적지 않을 뿐만 아니라 상대적으로 비교적 완벽하다는 것을 알 수 있다. 안타까운 점이 있다면 이러한 규제가 해당 표준계약에 대한 규제에 제대로 작용하고 있지 않다는 것이다. 원인은 다방면에 있는데 가장 주된 원인은 법률 본질의 문제에 있다. 중국의 법률은 대부분 입법에서 고정된 체계를 형성하고 있다. 제1조는 천편일률적으로 입법목적(혹은 宗旨)에 관한 것이며, 뒤이어 나오는 것은 기본원칙이다. 그러나 집법자(執法者)는 기본원칙이 왜 있는지에 대해서 깊게 인식하지 못하고 있는 듯하다. 예를 들어, 중국민법통칙의 신의성실의 원칙은 총칙에서 기본원칙으로 규정되어 있다. 이러한 방식은 매우 교묘하다. 그 목적은 각 규정에 대한 부족을 보완하려는 데 있다. 그러나 아직까지는 신의성실원칙에 근거하여 심판한 판결은 없다. 그러나 같은 대륙법계인 독일, 일본, 중국의 대만지역까지도 해결하기 곤란한 문제를 이러한 탄성조항으로 융통성 있게 해결하고, 법률규정의 부족한 부분을 보충하고 있다. 법률문제에 대한 직접적인 규정을 찾기 어려울 때 이러한 규정을 통해서 공평하게 해결한다. 그러나 중국은 오히려 '제왕(帝王)조항'을 방치해 둔 채 사용하지 않아 신의성실의 원칙과 공평원칙이 있음에도 불구하고 계약체결상의 과실문제 및 사정변경문제를 해결하지 못하고 있다. 표준계약의 불공평조항을 규제할 수 없는 원인을 물으면, 전국 억만의 텔레비전 관중 앞에서 다음과 같이 당당하게 말한다. "중국의 법률이 아직 완전하지 못하므로 되도록 빨리 관련법률이 제정되기를 바란다"고 말이다. 사회는 끊임없이 발전하고 변화하는데 법률은 상대적으로 안정적이다. 법률과 현실의 이러한 괴리를 보완하기 위해서 법률은 탄성조항을 필요로 한다. 그러나 이것을 잘 이용하지 못한다면 사회에서 수시로 나타나는 문제를 해결할 방법이 없을 것이다. 따라서 법률이 불완전하다고 불평만 하게 되는 것이다.

II. 중국 신(新)계약법[87]의 표준계약에 대한 규제 방법 및 규칙

1999년에 제정된 중국계약법은 표준계약에 대한 규제에 유력한 무

---

[87] 신계약법이란 1999년 3월 5일 제9회 인민대표대회 제2차 회의에서 통과된 중국의 국가계약법이다. 본법은 종래의 중국경제계약법, 중국섭외경제계약법, 중국기술계약법을 통폐합한 것이다. -역주

기를 제공했다고 할 수 있다.

1. 규제대상

중국계약법의 규제대상은 상업표준계약뿐만 아니라 소비표준계약도 포함한다. 본법 제39조의 규정을 보면 중국계약법상의 표준계약이 소비계약만을 가리키는 것은 아니다. 왜냐하면 중국계약법은 민법의 일반법적인 특징을 가지고 있고, 소비자이익만을 위해서 제정된 것이 아니기 때문이다.

2. 표준계약에 대한 유효한 규칙

중국계약법은 표준계약의 조항에 대한 규제방법방면에서 세계 각국의 입법례를 참고로 하였다. 즉, 대륙법계의 일반법과 특별법규칙을 포함할 뿐만 아니라 영미법계의 보통법 규제도 포함한다. 이러한 규칙은 다음과 같다.

(1) 합리적이고 적당하게 제시한다

소위 합리적이고 적당한 제시는 표준계약의 사용자가 합리적이고 적당한 방식으로 표준계약의 조항 전부를 상대방이 주의하도록 요청하여 상대방이 그 내용을 이해하도록 하는 것을 말한다. 「중국계약법」제39조는 "표준조항을 채택하여 체결한 계약은, 표준조항을 제공한 일방이 합리적인 방식을 취하여 상대방에게 책임을 면제하거나 제한하는 조항에 주의하도록 요청해야 하고, 상대방의 요구에 따라서 해당조항에 대한 설명을 해주어야 한다"라고 규정하고 있다. 즉, 표준계약조항의 사용자가 명시의 방식으로 상대방이 표준계약조항에 주의하도록 요청함으로써 합리적인 방식으로 계약조항의 내용을 이해하게 하는 것이다. 이러한 규칙은 세계 대다수 국가의 입법과 판례에서 확인된 것이다. 독일의「표준계약조항법」제2조는 다음과 같은 상황에서 표준계약조항은 계약의 일부분이 된다고 규정한다. 첫째, 조항이용자가 계약을 체결할 때 그 조항을 명시했거나, 체결방식 때문에 명시하기가 어려울 때에는 표준계약조항을 체결장소의 볼 수 있는 곳에 걸어두고 장소를 명확히 지적한 경우이다. 둘째, 상대방이 기대할 수 있는 정도에서 그 내용을 알 수 있게 하고, 상대방이 그 효력에 대해 동의한 경우이다.

영국 보통법에서는 일방당사자가 타방당사자에게 준 문건에서 면책조항이 열거·제시되거나 계약체결시에 분명하게 나타나면 면책조항의 영향을 받는 당사자에게 합의의 방식으로 주의를 요청해야 계약의 일부분이 된다. 영국 보통법은 주의를 요청하는 것이 합리적인 것인지 아닌지를 인정하는 방면에서 비교적 완비된 판례규칙을 형성하였다. 이것은 중국 사법실천에서 참고의의를 가진다.

(a) 문건의 성질

문건의 외형은 문건에 당사자의 권리와 의무에 충분히 영향을 줄 수 있는 내용을 기재하고 있다는 표준계약의 인상을 주어야 한다. 그렇지 않으면 상대방이 그 문건을 읽지도 않을 것이고, 이는 사용자의 주의요청이 불충분한 것이 된다.

(b) 주의요청방식

거래의 구체적인 환경에 따라 개별적으로 주의를 요청하거나 공개적으로 게시함으로써 주의를 요청하는 방법을 취할 수 있다.

(c) 분명하게 이해할 수 있는 정도

주의를 요청하는 데에 사용되는 모든 언어와 문자는 반드시 분명하게 이해할 수 있어야 한다.

(d) 주의요청시간

주의요청은 계약체결 전에 해야 하고, 그렇지 않으면 면책조항의 효력이 발생하지 않는다.

(e) 주의요청의 정도

원칙적으로 주의요청은 상대방이 면책조항에 주의할 수 있도록 할 수 있는 정도여야 한다. 영국에서는 면책조항을 이용하는 쪽에서 실제로 상대방이 면책조항에 주의하도록 요청했는지를 증명할 필요가 없이 합리적인 절차대로 했으면 된다. 주의요청을 충분히 하였는가 하는 문제는 주로 주의를 요청하기 위해 채택한 절차 및 면책조항의 성질의 두 가지에 의해 결정된다. 그러므로 면책조항이 평범하지 않을수록 주의요청의 정도에 대한 요구가 더 높다.

1940년의 어느 사례이다. 원고가 모 구락부에서 의자를 빌리면서 대여료를 미리 지급하고 영수증도 받았다. 영수증에는 "임대인은 임대물로 인하여 일어나는 사고 혹은 손실에 대해 책임을 면한다"라는 조항이 있었다. 그러나 원고는 영수증을 읽지 않고 그대로 주머니에 넣어버렸다. 후에 원고가 의자를 사용하다가 상처를 입었다. 법원은 면책조항이 문건의 형식상으로나 제출방식으로나 모두 합리성을 가지고 있지 않아서 계약에 포함되는 것으로 볼 수 없으므로 효력을 가지지 않는다고 판결했다.

(2) 조항내용의 합리성원칙

조항내용의 합리성원칙은 표준계약조항의 형평을 가늠하는 탄성조항의 하나이고, 일반적으로 민법의 신의성실원칙과 공평원칙을 가리킨다. 영국「불공평계약조항법」제11조에 규정된 합리성원칙이란, 체결시에 당사자의 의도에 이미 고려되었거나 고려해야 하는 것이라면 해당조항이 공평하고 합리적인 것이라는 것이다. 독일「표준계약조항법」제3조는 "객관적으로 보아 표준계약의 조항, 특히 계약의 외관이 보통 것과 달라 상대방의 수락 여부를 고려하지 않게 되면 계약의 일부분이 될 수 없다"라고 규정하고 있다.

「중국계약법」제39조 제1항은 표준조항을 채택하여 계약을 체결하는 것은 표준조항을 제공하는 일방이 공평원칙에 따라 당사자 간의 권리의 유무를 확정해야 한다고 한다. 동법 제125조는 당사자가 계약조항에 대해서 쟁의가 있을 때에는, 계약체결의 목적과 거래관습 및 신의성실원칙에 따라서 조항내용을 확정해야 한다고 한다. 곧 표준계약조항이 신의성실원칙을 위배하여 상대방에게 불이익을 주면 계약의 효력이 발생하지 않는다. 영국법과 독일법 그리고 위에서 상술한 규정의 요지는 일치한다. 그런데 무엇이 합리성을 판단하는 기준인가?

독일에서는 표준계약의 조항이 '평범하지 않은 조항'인지 아닌지를 판단할 때 일반적으로 두 가지 요소를 보고 결정한다. 첫번째 요소는 해당조항이 법률행위가 속하는 법률의 전형적인 정도에서 벗어난다는 것이고, 두 번째 요소는 표준계약의 사용자는 상대방에게 표준계약내용에 주의하도록 요청한다는 것이다.

영국은 불공평계약조항법의 부록2에서는 판례법규칙을 총괄하여 당사자의 약정 혹은 면책조항의 인용이 합리적인지 여부를 확인하기 위해서는 다음의 요소들을 고려해야 한다고 하고 있다. 첫번째는 쌍방이 가격을 협상하는 데 있어서의 상대적인 지위와 권리를 고려해야 하고, 특히 소비자가 계약체결 중에 선택의 여지가 있는지의 여부를 고려해야 한다. 두 번째는 소비자가 면책조항의 체결에 동의할 때에 권유를 받았는지의 여부, 또는 소비자가 다른 사람과 이런 조항을 부가하지 않는 계약을 체결할 기회가 있었는지의 여부이다. 세 번째는 소비자가 이미 이런 종류의 조항을 알고 있었는지의 여부이다. 네 번째는 피해자가 면책조항에 반하여 배상을 요구하였을 때, 그 면책조항이 효력을 갖기 위해서는 그 조항이 합리적인지 또는 실행할 수 있는지를 고려해야 한다. 다섯 번째는 화물이 소비자의 특수한 요구에 기초하여 제조, 가공 혹은 수정되었는지의 여부이다. 영국 판례는 구체적이고 조작하기 쉬워서 중국사법에 높은 참고가치가 있다.

다음과 같은 상황은 신의성실원칙에 위배되고 상대방에게 불합리한 불이익을 주었다고 추정할 수 있다. 첫째, 표준계약조항과 법률의 기본원칙이 서로 부합되지 않거나 법률의 강행성규정을 교묘하게 회피한 경우이다. 둘째, 표준계약조항이 계약에서 발생하는 중요한 권리 혹은 의무를 배제하거나 제한하여 계약목적을 달성할 수 없게 하는 경우이다.

(3) 근본적(根本的) 위약원칙

면책조항에 대한 입법제한제도, 특히 면책조항에 대한 합리성의 원칙이 확립되기 전에, 보통법 판례는 계약자유의 원칙과 면책조항 남용금지의 원칙 사이에 어떠한 공정한 평형제도를 찾아내었다. 근본적 위약원칙은 이러한 시도의 결과이다. 소위 근본적 위약(違約)원칙은 계약조항을 해석하는 중요한 원칙이다. 즉, 일방당사자의 위약행위가 계약의 근본적 내용에 저촉되고 계약의 면책조항이 그 요구에 기초하는 것이면, 그 면책조항은 근본적인 위약자에 대해서 보호력을 갖지 못한다고 해석해야 한다는 것이다. 영국 보통법의 이러한 규칙은 영미법계 국가의 표준계약의 입법과 판례에서 이어받았을 뿐만 아니라 대륙법계의 많은 국가의 입법에도 매우 큰 영향을 끼쳤다. 독일의 「표준계약조항법」제9조는 "(a) 신의성실원칙을 위반한 조항은 무효이다. (b) 조항이 신의성실원칙을 위반했는지의 여부에 대해 의문이 존재할 때에는 다음의 기준에 따라서 결정한다. (i) 기본적인 법리에 포용될 수 없다. (ii) 계약의 본래의 취지에 의해서 발생한 중요한 권리와 의무가 제한을 받아서 계약의 목적을 이룰 수 없을 경우이다"라고 규정한다. 「국제물품매매계약에 관한 유엔협약」도 이 규칙을 채택한다. 조약 제25조는 "일방당사자가 계약을 위반한 결과가 다른 일방당사자에게 손실을 입히고, 이로 인해 계약규정에 근거하여 물건을 얻을 수 있는 권리를 실질적으로 박탈당했을 때, 근본적 위약으로 간주한다"라고 규정하고 있다.

「중국계약법」제53조는 "만약 표준계약조항이 상대방 인신에 상해를 입히거나 고의 또는 중대한 과실에 의해서 상대방에게 재산적 손실을 입히는 경우 또는 표준계약을 제공한 일방당사자의 주요한 의무를 면제하거나 상대방의 주요한 권리를 배제하는 경우, 그 해당 조항은 무효이다"라고 규정하고 있다. 그러나 중국계약법에는 예외적 규정이 없다. 표준계약의 사용자가 사전에 상대방에게 주의를 제청하고, 상대방 동의를 얻었을 시에도 유효한가? 영국 판례에 근거하면 그 효력을 승인해야 한다. 이러한 상황에서 중국계약법이 그 효력을 인정해야 하는가에 관해서 필자는 상황을 나누어 그에 따라 정해야 한다고 본다. 표준계약으로 소비계약을 할 때에는 그 효력을 부정해야 하고, 상업계약을 할 때에는 그 효력을 승인해야 한다. 이렇게 하면 약소한 소비자에게 협상의 권리가 없는 상황을 보호하게 되고, 또 중국계약법이 규정한 계약자유의 원칙을 구현할 수 있다.

(4) 엄격한 해석의 원칙

엄격한 해석의 원칙은 불리한 해석의 원칙이라고도 한다. 즉, 어떠한 조항에 두 가지 혹은 두 가지 이상의 해석이 존재할 때에 법원은 표준계약의 사용자에 대해 가장 불리한 해석을 한다. 이것은 대륙법계 국가와 영미법계 국가가 모두 인정하는 원리이다. 독일의 「표준계약조항법」 제5조는 "표준계약조항의 내용에 이의가 있을 시에는 조항의 사용자가 그 불이익을 받는다"고 규정하고 있다. 영국 판례에서도 "면책조항의 용어는 정확해야 하고 틀림없어야 하며, 다른 뜻이 발생하지 않는 상황에서만 그것은 유효하다"고 판결한다. 모호하고 분명하지 않으면 표준계약의 사용자에 대해서 불리한 해석을 하고, 심지어는 그 효력을 부정하기도 한다.

「중국계약법」 제41조는 "표준조항의 이해에 대해 쟁의가 발생하면 일반적인 이해에 따라 해석해야 한다. 표준조항에 관해 두 가지 이상의 해석이 있으면 표준조항을 제공하는 일방에게 불리한 해석을 해야 한다. 표준조항과 비표준조항이 불일치하면 비표준조항을 채택해야 한다"라고 규정하고 있다. 이로써 중국도 불리한 해석의 원칙을 채택하고, 동시에 합리적으로 공평하게 해석하는 것을 함께 포함함을 알 수 있다. 그러나 불리한 해석은 표준계약조항이 모호하고 불분명한 상황에서만 적용할 여지가 있다.

3. 행정규제

계약법의 초안 작성과정에서 행정기관의 계약관리상의 지위를 계약법에 규정해야 하는지를 두고 논쟁이 있었다. 그리하여 제정 계약법에서는 행정기관의 계약에 관한 관리와 감독을 규정하고 있다. 「중국계약법」 제127조는 "현(縣)급 이상의 행정관리부문과 기타 유관주관부문은 법률과 행정법규에서 규정한 직책에 따라 계약에 대한 감독을 책임진다"라고 규정하고 있다. 이것은 표준계약의 행정규제에 대해 법률적 근거를 제공하는 것이다.

사실 대다수의 국가에서 계약에 대한 행정적 제약, 특히 불공평계약조항에 대한 행정적 규제는 보편적으로 존재한다. 스웨덴에서는 1971년에 '소비자호민관'이라는 특별행정기구를 두어 정부의 위탁을 받아 영업자가 불공평한 계약조항을 사용하는지 여부를 감독했다. 영국에서는 1973년의 공정거래법에 근거하여 설립한 특별행정기구인 '공정거래위원회'가 기업의 영업행위를 감독하고 불공평계약조항을 조율한다.

중국에도 영국의 '공정거래위원회'와 비슷한 직능과 명칭을 가지는 기관으로 공상행정관리부문이 있고, 소비자보호협회도 있다. 그러나 중국의 소비자보호협회는 엄격히 말하면 행정기구가 아니다. 필자는 이러한 기구는 불공평한 계약조항에 대해서, 특히 계약 중의 불공평한 조항에 대해 적합한 행정감독과 관리·규제를 하고 공평한 거래를 보호해야 한다고 생각한다.

III. 결 론

　표준계약은 계약자유를 이론적 기초로 하여 발생하고 발전했지만 결국에는 권리남용의 본보기로 변했다. 자유를 향해서, 계약자유의 이면을 향해서 가다보니 입법·사법·행정의 광범위한 관심을 불러일으켰고, 심지어 표준계약에 대한 보편적인 적대감을 불러일으켰다. 그러나 이 때문에 표준계약이 소멸하지는 않았다. 오히려 보편적으로 사용되고 있다. 이것은 그 존재의 합리성을 충분히 설명해준다. 비록 필자는 그 존재가 합리적이라고 주장하지는 않지만 말이다. 따라서 각국이 표준계약에 대해서 완전히 부정할 수도 없다. 그러나 불공평한 조항에 대한 규제는 프랑스최고법원 제1민사법정이 1982년 11월 9일의 판결에서 지적한 것과 같이 일반적으로 당사자가 민사책임에 대한 제한적 조항이나 면책조항을 표준계약에 삽입하는 것을 금지하는 법률은 없다. 그러므로 표준계약의 적극적인 의의에 대해서는 긍정하고 그것이 존재할 수 있는 공간을 주어야 한다. 한편, 다른 방면으로는 불공평한 조항에 대해 규제해야 하고 그 생존의 공간적 범위를 확정해야 한다. 다시 말해서 불공평한 조항의 소극적인 요소를 부정하고 권리의 남용을 방지해야 한다. 왕쩌지엔(王澤鑑) 선생이 말했듯이 계약자유체제하의 불합리한 거래조항을 어떻게 규제해야 계약정의를 수호하고 경제상의 강자가 계약자유의 이름으로 약자를 억압하는 일이 없도록 할 수 있는가? 이것이 현대법률이 져야 하는 임무이다.

　동시에 소비계약과 상업계약을 구별해야 한다. 왜냐하면 소비자는 사회경제상의 지위가 미약하고 교섭능력과 맞설 힘도 없기 때문이다. 그러므로 특수한 보호를 해야 한다. 이것 또한 각국 입법과 사법분야에서 담당해야 할 부분이다.

최근 몇 년 사이에 중국에서는 표준계약에 대한 규제가 사람들에게 많이 인식되었다. 그러나 입법·사법·행정규제 모두 부족한 부분이 많다. 새로운 계약법도 소비자문제를 전문적인 문제로 단독으로 열거하지 않았다. 또한 특별법의 보호도 매우 한계가 있다. 따라서 우리 앞에 놓인 임무는 소비자보호의 입법을 강화하면서, 중국민법통칙의 기본원칙의 규정과 탄성조항을 적극적으로 이용하여 사법규제를 강화하는 것이다. 동시에 행정규제를 완벽하게 하고 표준계약을 적용하는 모든 조직과 기업으로 하여금 표준계약을 행정부문에 제출하여 심사하게 하고, 심사를 거치지 않은 표준계약은 사용할 수 없게 하여야 한다. 입법·사법·행정방면에서 표준계약의 불공평조항을 규제하여야 소비자의 이익을 보호할 수 있고 정상적인 거래질서도 보호할 수 있기 때문이다.

# 제4장

契約解釋

제1절 契約解釋의 槪述

I. 계약해석의 객관적 기초

계약은 당사자 스스로가 제정한 법률이며 당사자의 권리와 의무도 자신의 기준에서 확정한다. 이것은 당사자가 스스로 모든 상황과 위험을 예견하고 자의(自意)적으로 위험을 분배하였으며, 명확하고 확실한 언어로 표현하여 당사자가 계약의 내용에 대해서 이의가 없다는 가정을 전제로 하고 있다. 그래야만 당사자 사이의 권리의 향유나 의무의 부담이 외부 요소의 영향과 간섭을 받지 않게 되고 계약자유도 절대적으로 관철할 수 있다. 그러나 실제 생활에서는 결코 이와 같지 않다. 각종 원인으로 당사자가 체결한 계약에 여러 가지 뜻이나 공백이 존재한다. 이것이 계약해석의 객관적인 기초이다.

계약에서 여러 가지 뜻과 공백이 나타나는 주요한 원인은 다음과 같이 두 가지가 있다.

1. 언어와 문자의 국한성(局限性)

언어는 무한한 객관적 세계의 유한(有限)한 부호이다. 세상에 존재하는 사물은 그것을 묘사하는 데 쓰이는 어휘보다 훨씬 많다. 이러한 한계 때문에 한 개의 단어가 여러 가지 뜻을 의미하거나, 여러 가지 사물에 하나의 단어를 사용하기도 한다. 이것이 바로 한 단어에 여러 가지 뜻이 나타나는 객관적인 원인이다. 개개인의 의식구조는 경험과 이익에 따라 같은 단어에 대해서도 종종 다른 견해를 가질 수 있다. 이것이 불일치의 가능성을 확대시킨다. 언어는 객체 사이의 무한하고 미세한 차이에 대해서 매우 적확하게 그들을 하나하나 표현해 낼 방법이 없다. 로크(Locke)는 "우리가 사용하는 어휘가 추상적인 관념으로 형성될 때에 우리는 착오를 일으킬 수 있다. 단어를 사물의 정확한 그림으로 간주하면 안 된다. 그것은 어떠한 관념을 임의적으로 규정한 부호에 지나지 않고, 따라서 수시로 바뀔 가능성이 있다"[88]고 지적하였다. 그 밖에 언어는 많은 미세한 과정에 대해서 확실하고 적절하게 표현할 방법이 없다. 그러므로 많은 상황에서 필연적으로 모호한 언어가 나타나는 것이다. 예를 들어, 우리가 음식점에서 음식을 주문하면서 음식을 '담백하게' 해달라고 요구하였을 때에 '담백하다'는 정도를 언어로 묘사하기는 매우 어렵다. 즉, 언어를 사용하여 우리 자신만이 직접 느끼는 것을 표현할 방법이 없다. 또한 '담백하

---

[88] 徐國棟:《民法基本原則解釋》, 中國政法大學出版社, 1992年版, 141쪽.

다'는 것에 대한 음식점의 이해와 우리의 이해는 다를 수도 있다. 그러므로 합의된 내용은 불일치의 발생을 면하기 어렵다.

예를 들어, 뉴욕 주 남구지방법원이 1960년 심리한 수입회사와 국제판매회사 간의 사건은 다음과 같다. 미국의 매도자와 스위스의 매수자가 닭고기(chicken) 매매계약을 체결하였다. 후에 '닭고기'란 단어에 대한 의견이 서로 엇갈렸다. 매도자는 이 단어는 삶는 닭고기를 포함한다고 생각하였으나, 매수자는 이 단어를 볶고 튀기는 데에 쓰이는 아주 부드러운 병아리만을 가리켜 사용하였다.[89] 이와 같이 서로 다른 해석에 따라 당사자의 이익에 상당히 큰 영향을 줄 수 있다.

2. 주체의식의 국한성

계약은 쌍방의 권리와 의무를 판단하는 수단이다. 일반적으로 당사자는 이를 신중하게 다룰 것이고 가능한 한 권리와 의무를 명확하게 약정하고, 동시에 예상할 수 있는 위험에 대하여 합리적으로 배분할 것이다. 그러나 주관적 한계 때문에 당사자가 권리와 의무 및 위험의 모든 자세한 사항을 모두 예상하고 명확하게 규정하는 것은 불가능하다. 쌍방당사자가 예상하지 못한 문제가 나타나면 공백과 위험이 나타나게 된다. 당연히 계약의 쌍방 모두 가장 적은 위험을 부담하고 싶어한다. 따라서 합리적인 해석과 공평한 분배가 필요하다.

그 밖에 전통적인 영향으로 계약법과 계약에 대한 인식 사이에 비교적 큰 차이가 존재하는 결과를 낳는다. 때로는 당사자가 어떤 문제에 대해서 이미 정확하게 인식하고 있지만 전통적인 인간관계에 방해

---

[89] 王軍:《美國合同法》, 中國政法大學出版社 1996年版, 232쪽.

가 되면 고의로 문제를 제기하지 않거나 제기하기 어려울 수 있다. 그러면 상호간의 사회적 신임에 의지한다. 이것을 일본의 학자들은 '계약의 이원성(二元性)'이라고 한다.[90]

어떤 학자는 "의사주의의 법률체계에서는 법률이 당사자의 진실한 의도를 탐구할 필요가 있고 이로 인하여 계약해석제도가 필요하다. 왜냐하면 동의(同意)주의는 당사자의 의지를 법률이 계약에 효력을 부여하는 것을 근거로 하기 때문이다. 형식주의에 의한 법정의식(法定儀式)의 완성은 계약의 유효한 조건일 뿐 아니라 계약효과발생의 조건이 된다…… 따라서 형식주의의 법률체계에서 계약해석의 문제는 존재하지 않는다"[91]라고 지적한다. 우리는 이러한 관점을 정확하지만 총체적이지는 않다고 본다. 형식주의 체계라도 단어의 부정확성과 모호성은 존재하므로 당사자의 권리와 의무의 구체적인 내용이 엇갈릴 수 있는 가능성이 있다. 따라서 해석이 필요하다. 의사주의와 형식주의의 차이는 해석의 대상과 방식의 다름에 있다.

II. 계약해석의 성질

계약은 쌍방당사자 사이의 법률이다. 당사자가 계약을 이행하는 과정에서 계약을 해석하지 않는 것은 불가능하다. 계약을 공증하거나 증거가 될 때 관련기관은 그것에 대한 해석을 하여야 한다. 한편

---

90 王晨 "日本契約法的理論現狀與課題",《外國法譯評》, 1995年 第2期, 49~50쪽.
91 尹田:《法國現代合同法》, 法律出版社, 1995年版, 255쪽.

당사자에게 분쟁이 발생하였을 때 사법기관 또한 의견이 엇갈리는 조항의 내용에 대하여 해석을 하여야 한다. 넓은 의미에서 말하자면 이러한 모든 것을 계약의 해석이라고 부를 수 있다. 그러나 각국의 학술이론과 실무에서 보면 계약의 해석은 사법기관의 해석을 가리킨다.

계약해석의 성질에 대하여 프랑스학자는 "당사자 간의 계약내용에 대한 확정이 불일치하여 의견이 일치되지 않을 때, 법정이 그에 대한 판단을 하여야 한다. 즉, 다툼이 있는 계약조항에 대하여 해석을 하여야 한다"고 지적하였다. 계약에 대한 해석은 법규에 대한 해석과 다르다. 그 임무는 계약조항 상호간의 모순과 충돌을 해결하고, 회삽(晦澁)[92]하고 모호한 조항에 대해서 설명하는 것이다.[93]

미국에서는 계약해석의 일반적 의미를 법관이 계약 중의 단어의 뜻을 확정하여 법률상의 효과를 결정하는 과정이라고 한다.[94]

스위스의 학술이론에 따르면 계약해석은 계약이 소송의 대상이 되었을 때에 법관이 계약의 내용을 확정하는 과정이다. 구체적으로 말하자면 계약당사자 사이에 계약에 대한 다른 이해로 인하여 다툼이 발생하였을 때에 법관이 계약을 해석한다. 당사자가 계약이 성립한 후에 부족함을 발견하면 법관이 계약을 보충한다. 당사자가 계약이 새로운 환경에 적합하지 않다고 주장하면 법관이 계약을 개정한다.[95]

중국의 어떤 학자도 계약해석의 근본적인 목적은 불명확하고 불구체적인 계약내용을 명확하고 구체적이게 하여 당사자 사이의 분쟁을

---

[92] 말이나 문장 등이 어려워 뜻을 잘 알 수 없다는 뜻이다.-역주
[93] 尹田:《法國現代合同法》, 法律出版社, 1995年版, 256쪽.
[94] 王軍:《美國合同法》, 中國政法大學出版社, 1996年版, 232쪽.
[95] 沈達明編著:《德意志法上的法律行爲》, 對外貿易教育出版社, 1992年版, 164쪽.

합리적으로 해결하는 것이라고 지적하였다. 그러므로 계약해석의 실무상 당사자 사이에 다툼이 발생하지 않거나, 다툼이 발생하였지만 협상하여 해결할 수 있는 통상적 의미의 계약해석은 법률적인 가치가 없다. 사건에 대한 심리 중 당사자 및 기타 대리인 등 소송에 참가하는 사람에 의존하는 계약해석은 그 목적을 달성하기 어렵다. 진정한 법률적 의의를 갖는 계약해석은 계약분쟁을 처리하는 과정에서 재판의 근거가 되는 객관적 사실에 대한 권위적인 해석이다.[96]

이상 각국의 입법과 학술이론에서 계약해석의 개념에 대한 분석을 통하여 계약해석은 다툼이 있는 계약조항의 내용을 사법기관이 확정하는 과정이라는 결론을 얻을 수 있다. 중국계약법은 계약해석에 대한 구체적인 개념을 규정하지 않았지만 이상의 해석은 합리적인 것이다.

Ⅲ. 계약해석의 목적과 대상

사법은 당사자 자치의 영역이기 때문에 권리와 의무가 복잡하고 다양하여 법률로 하나하나 규정할 수 없다. 그리고 이상의 원인으로 인하여 어떤 구체적인 계약에서 포함된 의사가 불명확하고 불완전한 것을 피할 수 없다. 따라서 일련의 원칙을 적용하여 해석하여야 한다. 구체적으로 말해서 계약해석은 다음과 같은 목적을 가진다.

첫째, 계약해석의 가장 중요한 목적은 어떤 애매모호한 내용이나

---

[96] 蘇惠祥主編:《中國當代合同法》, 吉林大學出版社, 1992年版, 246쪽.

불명확한 의사표시를 명확하고 정확하게 합리적인 확정을 얻어 민법의 의사표시내용에 대한 전형적인 요구에 부합하는 데 있다.

둘째, 계약해석의 기본적인 목적은 내용이 불완전한 구체적인 표시의 내용을 보충하는 것이다. 이론상으로 말하자면, 법제(法制)의 의사표시에 대한 완전성의 요구는 단계가 있는데 대체적으로 법률의 요구와, 다툼을 피하는 요구와, 거래안전의 요구로 개괄할 수 있다. 원칙적으로 구체적인 표의행위(表意行爲)는 우선 특정유형의 법률행위요건을 갖추어 법률행위가 성립할 수 있도록 하여야 한다. 동시에 예견가능한 다툼사실을 약정하고, 이러한 종류의 다툼이 발생하였을 때에 당사자의 권리와 의무를 명확하게 하여야 한다. 신중하게 하기 위하여 중요한 법률행위에서 예측하지 못하는 각종 사항에 대해서 명확한 규정을 한다. 그러나 구체적인 표의행위를 살펴보면, 행위자는 흔히 법률의 기본적 요구만 고려하며 관습과 전통의 영향으로 그 직접적인 내용을 간략하게 나타낸다. 이로 인하여 의사표시의 기본적인 내용이 불완전해지거나, 특히 예견가능한 사항도 규정되지 아니하고 누락될 수 있다.

셋째, 계약해석의 목적은 내용이 통일되지 않거나 모순이 있는 표의행위를 통일하는 데에 있다. 이런 종류의 해석은 의사표시내용의 일부분을 변경하는 것과 유사하다.[97]

계약해석의 대상은 무엇인가? 모든 계약조항에 다툼이 발생하는가? 중국의 어떤 학자는 계약해석의 객체는 다툼이 발생하는 조항뿐만 아니라 다툼이 없는 계약조항 또한 해석을 필요로 한다고 본다.[98] 필자는

---

97 史尙寬:《民法總論》, 臺灣正大印書館, 1980年版, 413~415쪽, 董安生:《民事法律行爲》, 中國人民大學出版社, 1994年版, 244쪽.
98 王利明 등:《合同法新論·總論》, 中國政法大學出版社, 1996年版, 483쪽.

이러한 관점에 동의하지 않는다. 당사자가 계약조항에 대해서 다툼이 없을 때에 해석의 의의는 어디에 있는가? 스위스 판례원칙에 따르면 상대방이 이해한 의미가 표의자의 의사와 부합될 때, 즉 쌍방이 의사표시의 의미에 대해서 같은 이해를 가질 때, 의사표시는 이러한 의사에 의하여 효력이 발생한다.[99] 따라서 필자는 계약해석의 대상은 다툼조항에만 제한된다고 생각한다. 당연히 비다툼조항도 해석의 참고가 될 수 있다. 그러나 해석의 대상 자체는 아니다. 객관적인 효과에서 볼 때, 만약 법관이 계약의 비다툼조항에 대한 해석을 허락하면, 곧 공법이 사법에 대해서 지나치게 간섭하게 되고, 법관이 사법권력을 남용하게 될 것이다. 심지어 법관이 당사자의 계약체결까지도 대신하게 될 것이다. 이는 사법정신에 위배되는 것이다. 동시에 계약의 해석은 사실의 문제이지 법률의 문제가 아니며, 쌍방당사자가 계약조항에 대해서 다툼이 없으면 사실이 분명하다고 보아야 한다.

제2절 契約解釋의 原則

I. 주관적 해석의 원칙

주관적 해석이란 사용된 문자의 의미에 대하여 해석함에 있어서

---

99 沈達明編著 : 《德意志法上的法律行爲》, 對外貿易敎育出版社, 1992年版, 165쪽.

계약을 표현하는 당사자의 진실된 의사를 탐구하는 것을 가리킨다. 그러나 언어문자 자체가 다의성을 가지고 있고, 당사자의 언어수준과 법률지식의 부족으로 인해서 사용하는 언어가 부정확하므로 불합리한 현상의 출현을 피하기 어렵다. 언어가 표시하는 외적 의미와 진실된 의사가 불일치하고, 심지어는 당사자가 고의로 적당하지 않은 문자를 사용하여 그 진실된 의사를 은폐하기도 한다. 그러므로 주관적 해석은 단어와 문장의 의미에 대한 해석에 만족하면 안 되고, 사용하는 문자에 구애받지 않아야 하며 당사자의 진실된 의사를 탐구하여야 한다.[100]

주관적 해석주의를 언급하면서 의사주의와 표시주의를 언급하지 않을 수가 없다. 계약의 내용을 확정할 때 의사와 표시가 일치하는 경우에는 어떠한 문제도 발생하지 않는다. 그러나 양자가 불일치할 때에는 상당히 큰 차이가 있을 수 있다. 대만의 저명한 학자 스샹콴(史尙寬) 선생은 "의사와 표시가 완전히 일치하는 것이 의사표현의 이상(理想)이다. 그러나 실제는 이처럼 완전하지 않다. 그러므로 지금부터 표시인의 의사를 중시하느냐, 표시를 중시하느냐에 따라 의사주의와 표시주의가 구별된다"[101]고 하였다. 의사주의와 표시주의는 법률행위이론의 형성과정에서 중요한 작용을 하였고, 때때로 민법학술은 그것을 법률행위의 개념체계의 기초로 한다. 그러나 현대민법의 실천적 의미에서 말하자면, 이 두 가지 이론은 주로 의사표시해석과 관련이 있다.

고대 게르만법과 최초의 로마법은 모두 엄격한 형식주의를 취하였다. 자연히 법률해석상 표시주의가 필연적이었다. 로마 유스티니아누

---

100 梁慧星主編:《民商法論叢》第6卷, 法律出版社, 1997年版, 539~540쪽.
101 史尙寬:《民法總論》, 臺灣正大印書館, 1980年版, 315쪽.

스 시대에 이르면서 비로소 완전한 의사주의를 취하였다. 즉, 당사자의 진정한 의사를 채(債)의 기초로 하고, 이런 전환은 유스티니아누스가 주관한 《로마법대전》에서 나타난다. 동로마제국의 의사주의는 15세기에 게르만에 전해져 들어왔고 독일 보통법의 발생에 중대한 영향을 주었다. 그것이 취한 것은 의사주의원칙이며, 당사자의 진정한 의사는 계약의 유효조건일 뿐만 아니라 계약성립의 조건이다. 독일학자 에넥케루스(Enneccerus)는 1889년에 출판한 《법률행위론》에서 "의사주의를 취하지 않는 일체의 태도는 모두 법률행위의 가치를 폄하하는 것이다"라고 하였다. 이러한 가치에서 출발하면 법률행위란 의사표시가 성립하는 과정이라는 결론을 얻을 수 있다. 의사표시의 두 가지 구성부분은 첫째는 진정한 의사이며, 둘째는 표시이다. 여기에서 두 가지 기본적인 원칙을 얻을 수 있다.

(1) 의사와 표시의 두 가지 요소를 동시에 포함하고, 두 가지가 서로 부합하는 의사표시여야 비로소 유효하다.
(2) 상응하지 않는 의사표시이면, 상응하지 않는 의사의 표시는 모두 효력을 발생하지 않는다.[102]

상술한 이중(二重)제기법은 반드시 다음과 같은 결론을 초래한다. 즉, 내적인 주관의사는 절대적으로 중요한 지위를 갖는다. 표시는 의사를 나타내는 방법일 뿐이고 진정한 의사만이 중요한 것이다. 의사표시의 대표적인 인물로 불리는 사비니(Savigny)는 "의사 그 자체는 유일하게 중요하고, 효력을 발생시키는 것으로 보아야 한다. 단지 익충(益蟲)[103]은 내심에 있고 볼 수 없기 때문에 우리는 신호의 도움을

---

[102] 沈達明編著:《德意志法上的法律行爲》, 對外貿易教育出版社, 1992年版, 90쪽.

빌어 제3자가 볼 수 있게 한다. 의사를 나타내기 위하여서 사용하는 모든 신호가 바로 표시이다"[104]라고 하였다. 계약의 해석문제에서 의사주의이론은 계약해석의 목적은 체약자의 '진의'를 발견하고 탐구하는 데에만 있다고 주장한다. 표시와 진의가 일치하지 않는 상황에서 법률행위는 당사자의 진의에 대한 해석에 의하여 성립되어야지, 표시한 글자의 의미에 따라 성립되어서는 안 된다. 행위의 표시는 의사를 외부로 표시하는 것이므로 정확하게 의사를 표시하는 범위 내에서만 그 가치가 있다. 이 원칙을 위반하면 계약자유를 위배한 것이다.[105]

의사주의는 계약자유의 기초를 다졌고 대륙법계와 영미법계에 중대한 영향을 끼쳤다. 거의 모든 대륙법계 국가의 민법전이 의사주의를 계약해석의 기본원칙으로 하고 있다.「프랑스민법전」제1156조는 계약을 해석할 때 당사자의 공통된 의사를 탐구하여야 하고 문자의 구애를 받지 않는다고 규정하고 있다. 그리고「독일민법전」제133조는 의사표시를 해석할 때 그 진의를 탐구하여야 하고 문자와 어구의 구애는 받지 않는다고 규정하고 있다. 또「스위스채무법」제18조 제2항은 계약을 판단할 때에는 그 방식과 내용에 대한 당사자의 일치된 진실한 의사에 주의하여야 하고, 당사자가 오해하거나 진실을 은폐하는 데에 사용한 타당하지 않은 문자와 단어에 치중해서는 안 된다고 규정하고 있다.

---

103 익충은 사람에게 직접적으로나 간접적으로 이로움이 되는 곤충을 말하는데, 이 문장에서는 '동기(動機)'를 은유적으로 표현한 것으로 해석된다.-역주
104 沈達明編著:《德意志法上的法律行爲》, 對外貿易教育出版社, 1992年版, 91쪽.
105 鄭玉波:《現代民法基本問題》, 臺灣漢林出版社, 21～22쪽.

II. 객관적 해석의 원칙

1. 객관적 해석의 원칙 발생의 필연성

객관적 해석의 원칙 발생의 필연성은 주관적 해석의 원칙의 국한성에서 비롯된다. 의사주의를 핵심으로 하는 주관적 해석의 원칙은 계약자유 및 사법자치의 원칙에 가장 부합된다. 그러나 쌍방당사자 사이에 계약내용에 대한 다툼이 있을 때, 당사자의 진실한 의사를 탐구하는 것은 사실상 매우 어려운 것이다. 또 당사자의 내심의사로써 다툼이 있는 계약조항에 대한 의미를 확정하는 경우, 그 과정에서 법관이 사법권력을 남용할 여지가 많으며 거래의 안전에도 이롭지 않다. 따라서 각국의 민법전에서는 "계약을 해석할 때에는 당사자의 진실된 내심을 탐구하여야 한다"라고 규정하고 있다. 그러나 실무에서 합리적인 제3자를 기준으로 다툼이 있는 조항의 내용을 확정한 사례는 거의 없다.

독일의 학술이론에서는 계약해석을 법관이 성문법을 해석하는 방법을 응용하여 사법행위를 해석하는 것이라고 주장한다. 일반적으로 법률을 해석하는 것은 입법자의 의사를 탐구하는 것이 아니며, 그렇게 하는 것은 사실상 불가능한 일이다. 왜냐하면 표결에 참여한 모든 사람의 의사를 확정한 후 다수표의 평균수에서 일반적인 의사를 구하게 되는데 이것은 현실적으로 가능하지 않기 때문이다. 그리고 성문법에서 장차 발생하게 될 모든 상황을 예상할 수 없으므로 법률은 추상적인 규정을 할 수밖에 없다. 법관은 각 안건의 구체적인 상황을 실제 생활에 접목시켜 이해함으로써 구체적인 처리를 할 수 있다. 법관의 해석은 법률의 적용을 받는 사람과 함께 생활하는 사람도 할 수 있는 것이어야 한다. 그렇지 않으면 일반인이 법률의 구체적인 집행을 예상할 수 없게 되어 개인의 이익을 끊임없이 위협하게 될 것이다. 이러한 상황은 또한 법관의 직책이 입법자의 의도만 증명하는 것일 때에도 발생하게 될 것이다. 왜냐하면 법관은 복잡한 조사를 거쳐 입법자의 의도를 인식할 수 있지만 일반인으로서는 할 수 없는 것이기 때문이다. 독일학자들은 상술한 법률해석에 대한 원칙을 사법행위(私法行爲)에 대한 해석에도 적용하여야 한다고 본다. 성문법의 목적은 사회의 이익을 위하여 규범을 제정하는 데 있고, 사법행위의 목적은 개인의 이익을 위하여 규범을 제정하는 데 있다. 사법행위는 두 명의 당사자와 관련되지만 법률은 모두와 관련된다. 그러나 두 사람 사이에 있어서 사법행위는 입법행위가 사회에 일으키는 작용과 같은 작용을 일으킨다. 법관이 사법행위를 해석하는 것은 당사자의 마음속의 의사를 탐구하는 것이 아니라 법률의사를 확정하는 것이다. 즉, 표의자가 창조하고 표의자와 이해관계자가 법률적으로 한 법률의사이다. 당사자 자신이 창조한 법률은 창조자에게서 독립되어 생존하며, 그 생명은 당사자로부터 오고 당사자의 의사를 근거로 한다. 그러므로 이것은 의사에 기인한 행위이지만 그 법률이 반드시 내심의 의사를 표현하는 것은 아니다. 그것은 관련된 이익을 위하여 규범성 법률문건을 제공하는 데 목적이 있다. 그러므로 그 집행은 이러한 이익의 요구에 부합되어야 하고 관습과 신용, 공평원칙도 고려하여야 한다.[106]

의사주의와 서로 대립하는 표시주의이론은 고대로마 및 게르만의 엄격한 형식주의하에 나타난 필연적인 결론이다. 그러나 계통이론으

---

106 沈達明編著:《德意志法上的法律行爲》, 對外貿易敎育出版社, 1992年版, 159쪽.

로 본다면 19세기 말 독일 민법학설의 논쟁의 산물이다. 초기의 대표적 인물로는 예링(Jhering)이 있고, 이 이론은 20세기에 들어와서 크게 발전하였으며 주창자 중에서 프롬(Fromm)과 베커(Wecker)가 대표성을 가진다. 이 이론에 따르면 법률행위의 본질은 행위자의 내심의 의사가 아닌 행위자가 표시한 의사이고, 행위자의 내심의 의사를 의사표시의 성립조건으로 할 필요없이 외부로 표시한 의사로 충분히 그 성립 여부를 알 수 있다고 주장한다. 법률행위 성립의 모든 문제는 의지가 어떻게 표현된 것인지 혹은 의지가 어떻게 이해되는지에 있다.[107] 의사표시이론에 따르면, 첫째, 표시된 의사에만 법률상의 효력이 발생하고, 둘째, 의사는 외부로 한 표시의 한도 내에서만 법률상의 효력이 발생한다.[108]

계약해석의 문제에서 표시주의이론의 다음 두 가지 관점은 중시할 만한 가치가 있다. 하나는 계약의 해석에 대하여 원칙적으로 객관적인 입장을 취하고, 표시와 의사가 일치하지 않는 상황에서는 외부의 의사를 기준으로 하여야 한다는 관점이다. 왜냐하면 내심의 의사가 어떠한가는 다른 사람이 살펴 알 수 없는 것이기 때문이다. 다른 하나는, 상대방이 있는 의사표시에 대한 해석은 상대방이 합리적이고 객관적으로 이해할 수 있는 표시내용을 기준으로 하여야 하고 이로써 상대방의 신뢰이익을 보호한다는 관점이다.[109]

---

107 董安生:《民事法律行爲》, 中國人民大學出版社, 1994年版, 238쪽.
108 沈達明編著:《德意志法上的法律行爲》, 對外貿易敎育出版社, 1992年版, 160쪽.
109 董安生:《民事法律行爲》, 中國人民大學出版社, 1994年版, 239쪽.

2. 객관적 해석의 구체적인 방법

(1) 합리적인 제3자의 원칙

합리적인 제3자의 원칙이란 쌍방당사자 사이에 계약조항의 의미에 대한 다툼이 있을 때, 법원이 쌍방당사자를 떠나서 사리에 밝은 제3자가 그 조항의 내용을 어떻게 이해하는가를 보고 그 제3자가 이해한 의사를 확정의 기준으로 하는 것이다.

합리적인 제3자의 기준으로 계약을 해석할 때, 그 결론은 당사자가 계약을 체결할 때의 진실한 의사와 일치하지 않을 수 있다. 왜냐하면 그것은 법관이 해석원칙에 따라서 부여한 의도이기 때문이다. 독일학자의 의견에 따르면 객관적 해석의 원칙이란 당사자의 의사가 마땅히 무슨 내용을 가지고 있어야 하는지를 탐구하는 것이지, 당사자의 진정한 의사의 내용을 탐구하는 것은 아니다. 이렇게 법관의 임무는 의사를 해석하는 것이 아니라 규범을 제정하는 것이다.[110] 즉, 진정한 계약은 쌍방의 불일치를 초월하여 쌍방의 공통된 의사를 찾는 것이다. 이러한 상황에서 당사자가 향유하는 권리나 부담하는 의무는 자신이 동의한 것일 수도 있고 외부에서 온 것일 수도 있다.

(2) 열거한 사항이 열거하지 않은 사항을 배제하는 원칙

계약에서 몇 가지 사항을 열거하고 그에 대하여 개괄적인 언어를 사용하지 않았다면 법원은 당사자의 의도가 열거하지 않는 사항을 배제하는 것이라고 추정할 만한 이유가 있다. 열거하지 않은 사항과 열

---

110 沈達明編著:《德意志法上的法律行爲》, 對外貿易教育出版社, 1992年版, 162쪽.

거한 사항이 비슷한 성질을 가지고 있어도 마찬가지이다. 상술한 원칙을 라틴어로 expressio unius est exclusio alterius(한 가지 물건을 언급하는 것은 타물을 배제하는 것과 같다)라고 한다.[111]

그러나 계약에서 개괄적인 언어를 사용하고 열거의 방식으로 설명한 경우에는 위 원칙을 적용하지 않는다. 계약에서 "신의성실의 원칙에 의하여서 발생하는 의무도 계약의 의무에 포함된다. 예를 들면 필요한 정보를 제공하는 의무가 있다"라고 규정하였을 때에 열거는 쉽게 이해할 수 있도록 개괄적인 언어를 사용한 것이므로 열거한 하나의 의무만을 포함한다고 볼 수 없다. 이 때문에「프랑스민법전」제1164조는 "계약에서 한 가지 상황만을 기재하여 의무를 해석할 때에 당사자의 뜻이 열거한 의무의 범위에 제한된다고 볼 수 없고, 열거한 의무는 마땅히 포함되어야 하며, 열거하지 않은 각종 상황도 포함되어야 한다"라고 규정하고 있다.

(3) 특별조항은 일반조항에 우선한다

계약에서 두 가지 조항이 충돌할 때, 그중 한 조항은 구체적인 규정이고 다른 한 조항은 일반적인 규정이면 구체적인 조항은 일반적인 조항에 우선하여야 한다. 이 원칙은 입법해석에서 시용(試用)하고 있는 '특별법은 일반법에 우선한다'는 원칙과 일치한다.[112] 한편, 당사자가 체결한 계약조항 중 한 조항의 뜻은 비교적 구체적이고 다른 조항의 뜻은 모호할 때 이러한 원칙을 선택할 것인가 하는 것은 사리에 따른다.

---

111 王軍:《美國合同法》, 中國政法大學出版社, 1996年版, 240쪽.
112 王軍:《美國合同法》, 中國政法大學出版社, 1996年版, 241쪽.

(4) 합의조항은 표준계약조항에 우선한다

표준계약은 비합의성(非合意性)을 가지고 실제로 한 쪽이 경제상의 힘을 빌어 자신의 의지를 상대방에게 강요하는 경우가 자주 발생함에 따라 각국의 법률은 표준계약을 해석할 때에 일반적으로 표준계약의 사용자에게 불리한 해석을 하고 있다. 쌍방에게 별도의 합의조항이 존재하고 그 합의조항과 표준계약조항이 일치하지 않으면 합의조항은 표준계약조항에 우선한다. 주로 두 가지 경우가 있다. 하나는 계약의 일부분은 표준계약조항을, 나머지 부분에는 합의조항을 채택하였고, 이 두 가지 조항 사이에 모순이 있을 때 합의조항이 우선하는 원칙을 취하는 경우이다. 다른 하나는 표준계약과 별도로 합의조항이 있고, 합의조항이 표준계약조항과 일치하지 않을 때 합의조항이 표준계약조항보다 우선하는 경우이다.

다음은 이 규칙과 관련이 있는 내용이다. 계약이 표준계약이고 공란이 있는 경우 당사자는 직접 손으로 쓸 수도 있고 타자기를 이용하여 칠 수도 있다. 만약 손으로 쓴 것, 타자로 친 것, 인쇄한 것의 내용 사이에 모순이 있을 때는 다음과 같은 원칙에 따라 해석하여야 한다. 손으로 쓴 것은 타자로 친 것과 인쇄한 것에 우선한다. 타자로 친 것은 인쇄한 것에 우선한다. 그 이유는 인쇄한 표준계약은 당사자가 부주의하고 소홀하기 쉽기 때문이다. 타자로 친 것은 한 글자 한 글자 보기 때문에 당사자가 비교적 신중할 수 있고, 손으로 쓴 것은 더욱 그러하다. 인쇄한 계약은 일반적인 매매계약에 적용되고 타자로 친 것 또는 손으로 쓴 것은 목전(目前)의 계약에 적용된다.[113] 「미국통일상법

---

[113] 徐炳:《賣買法》, 經濟日報出版社, 1991年版, 172쪽.

전」제3∼118조(B)는 "손으로 쓴 조항의 효력은 타자로 친 것과 인쇄한 조항에 우선하며, 타자로 친 조항의 효력은 인쇄한 조항에 우선한다"라고 규정하고 있다. 「중국계약법」제41조 또한 "표준조항과 일반조항이 일치하지 않으면 일반조항을 채택하여야 한다"라고 규정하고 있다.

각국의 민법전과 실무에서 의사주의와 표시주의, 주관적 해석의 원칙과 객관적 해석의 원칙의 관계에 대하여 하나의 견해를 취하고 있는 경우는 매우 드물다. 일반적으로 절충주의를 취하여 어떤 것은 의사주의와 주관적 해석을 주로 하고, 표시주의와 객관적 해석을 보충으로 한다. 또 다른 어떤 것은 표시주의와 객관적 해석을 주로 하고, 의사주의와 주관적 해석을 보충으로 한다. 후자를 채택하는 경우가 비교적 많다. 독일법은 표시주의를 취하면서도 의사표시가 진실하지 않은 것을 이유로 계약을 취소하는 규정을 두고 있다. 또한 프랑스법에서도 의사주의를 취하면서도 「프랑스민법전」 제1341조의 "당사자가 입증을 통하여 서면으로 표시한 것과 다른 진의를 증명하는 것을 허락하지 않는다"는 규정과 제1321조의 "허위로 법률행위를 한 자가 비밀스럽게 법률행위로 표시한 내심의사로써 제3자에게 대항할 수 없다"는 규정을 하고 있다.

III. 전체해석의 원칙

전체해석의 원칙이란 계약의 각 조항을 상호 해석하여 각 조항이 조항 전체에서 가지는 진정한 의사를 확정하는 것을 말한다. 하나의 계약은 전체로서 그 의미가 있으므로 그 전체의 의사를 이해하려면 반드시 각 부분의 의사 및 상호간의 관계를 정확하게 이해하여야 한다. 바꾸어 말하면 계약내용의 각 부분은 전체를 고려하여 상호 유기적으로 해석하여야 각 부분의 진실된 뜻을 이해할 수 있다. 만약에 어떤 조항을 단독적으로 해석하거나 서로 다른 뜻이 존재하는 것을 허락한다면 당사자의 진의를 확정하기 어렵다. 각 조항을 서로 연결하여 상호 보충하고 상호 이해하면 당사자의 진의를 확정하기 어렵지 않다.[114] 이에 대해서「프랑스민법전」제1161조는 "계약의 모든 조항은 상호 해석하여 전체 행위에서 얻은 의미로서 각 조항을 확정하여야 한다"고 규정하고 있다.

중국의 실무에서도 전체해석의 원칙을 적용한 판례를 어렵지 않게 볼 수 있다. 최고인민법원이 심리한 샨시성(陝西省)기계수출입회사(이하 '기계수출입회사'라 함)가 샨시성석유화공물자공급판매회사경영부(이하 '석유화공경영부'라 함)를 고소한 사건은 전체해석의 전형적인 경우이다. 구체적인 사건의 내용은 다음과 같다. 1993년 5월 19일 기계수출입회사는 석유화공경영부와 93004호 공업광물상품공급판매계약을 체결하였다. 계약에서는 다음과 같이 약정하였다.

- 기계수출입회사가 석유화공경영부에 폴란드산 저탄소 강철판 5000톤을 공급하고 1톤의 가격(시안(西安) 형판 납품가)은 4205위안으로 총금액은 상품검사 후 실제 납품수량에 따라 계산한다.
- 납품시간 및 수량 : 1993년 7월 5일 전에 상해항에 도착해서 통관수속을 하고 상품검사 후 납품한다.

---

[114] 梁慧星 :《民法總論》, 法律出版社, 1996年版, 186쪽.

- 납품지점과 방식 : '중국저장수송 본사인 시안(西安)회사의 스지아지에(石家街)창고와 서안동역 201전용선'으로 한다. 기계수출입회사가 국내운수책임 및 비용을 부담한다. 만약 국내운수에서 분실이 발생하면 석유화공경영부가 20일 내에 배상을 요구하는 문서를 제출하고, 기계수출입회사가 관련단위에 배상을 요구한다.
- 계약체결 후 석유화공경영부가 기계수출입회사에게 계약금 600만 위안을 지급한다. 화물이 상해항에 도착하면 상품을 검사하고, 기계수출입회사는 철도운수전표를 제시해 보이고, 5일 내에 석유화공경영부가 기계수출입회사에게 남은 모든 대금을 지급한다.
- 계약위반시 위약책임을 진다.
- 계약유효기간 : 1993년 5월 19일~1993년 8월 30일

계약체결 후 석유화공경영부가 1993년 5월 22일에 600만 위안의 계약금을 기계수출입회사에게 지급하였다. 석유화공경영부는 기계수출입회사가 7월 5일 전에 화물을 상해항까지 운송하지 못한 것을 이유로 7월 6일 이전에 계약해제를 요구하였지만 기계수출입회사가 이에 동의하지 않았다. 7월 9일 석유화공경영부가 같은 이유로 기계수출입회사에 계약의 종료를 서면으로 통지하였고 계약금의 두 배를 반환하라고 요구하였다. 7월 10일 기계수출입회사는 계약해제에 동의하지 않는다고 회답하였다. 7월 25일 강철판이 상해에 운송되었고, 8월 4일 첫번째 강철판이 시안 스지아지에창고에 운송되었다. 8월 5일 석유화공경영부는 기한 내에 화물이 상해항에 운송되지 않았다는 이유로 기계수출입회사를 시안 베이린취(碑林區)법원에 소송을 제기

하여 계약해제를 요구하였다. 8월 24일 기계수출입회사는 강철판 전부를 지정된 창고에 운송하였다. 8월 28일 기계수출입회사는 석유화공경영부에 이러한 상황을 세 차례 통지하였고 5일 내에 남은 대금을 지급하여 줄 것을 요구하였다. 그러나 석유화공경영부는 이미 법원에 소송한 것을 이유로 화물을 받는 것을 거절하고 대금을 지급하는 것도 거절하였다. 8월 31일 석유화공경영부는 시안 베이린취법원에 소송철회를 신청하고, 같은 날 샨시성 고등인민법원에 소송을 제기하여 계약규정에 따라 기계수출입회사의 위약책임을 추궁할 것을 요구하였다. 기계수출입회사는 답변에서 화물이 상해항에 연착한 것은 태풍으로 인한 불가항력이었고, 7월 5일은 항에 도착하는 시간이지 납품시간이 아니라고 반소를 제기하였다. 또한 기계수출입회사는 계약에 따라 이미 의무를 이행하였고, 석유화공경영부는 위약하였으므로 그 경제적 손실을 보상하여야 한다고 주장하였다.

샨시성 고등인민법원은 기계수출입회사가 패소하는 것으로 판결하였다. 판결이유는 7월 5일 전에 납품하지 않았다는 것이다. 기계수출입회사는 이에 불복하여 즉시 최고인민법원에 상소하였다.

최고인민법원은 계약에서 약정한 '7월 5일에 상해항에 도착하여 통관수속을 하고 상품검사 후 납품한다'는 조항에 대하여 전체적인 해석을 한 후 7월 5일은 화물이 상해항에 도착하는 시간이지, 최후 납품기간이 아니라고 간주하였고, 계약에서 약정한 유효기간 내에 납품한 것은 법률의 보호를 받아야 마땅하다고 하였다. 최고인민법원은 본 안건에 대하여 계약에서 납품지점을 중국저장수송 본사의 시안 회사의 스지아지에창고, 서안동역 201전용선이라고 명확하게 약정하였고, 상해에 납품한다는 말은 사실적인 근거가 없으므로 1심판결을 파

기한다고 판결하였다.[115]

IV. 목적해석의 원칙

목적해석이란 다툼이 있는 계약조항에 대하여 두 가지 혹은 두 가지 이상의 해석이 가능할 때에 계약의 목적에 가장 적합한 해석을 선택하여야 한다는 것이다.

당사자가 계약을 체결하는 데는 그 목적이 있게 마련이다. 이런 목적은 당사자가 계약과 유관한 행위를 하는 것의 핵심이자 지침이다. 따라서 목적과 가장 근접한 해석은 당사자의 진의에 가장 부합되는 해석이다. 이에 대하여 「프랑스민법전」 제1158조는 "문자에 대하여 두 가지 해석을 할 수 있을 때, 계약의 목적에 가장 적합한 해석을 취하여 적용하여야 한다"고 규정하고 있다. 「중국계약법」 제125조[116]에서도 목적해석의 원칙을 규정하고 있다.

목적해석과 연관되는 다른 해석원칙에는 유효해석이 있다. 즉, 계약조항에 대하여 유효한 해석과 무효한 해석이 있을 때 '차라리 유효하게 하는 것이 무효하게 하는 것 보다 낫다'는 원칙에 입각하여 유효한 해석을 하는 것이다. 「프랑스민법전」 제1157조는 "한 개의 조항

---

115 梁慧星主編:《民商法論叢》, 法律出版社, 1997年版, 535~537쪽.
116 「중국계약법」 제125조: 당사자는 계약의 조항에 대한 이해에 다툼이 있을 경우 계약에 사용된 문구, 계약의 관련조항, 계약의 목적, 거래관습 및 신의성실의 원칙에 의거하여 해당 조항의 진의를 확정하여야 한다. 계약서를 두 가지 이상의 문자로 체결하고 또한 동등한 효력을 가진다고 약정하였을 경우에는 각 계약서에 사용한 문구에 대하여 같은 내용을 가진다고 추정한다. 각 계약서에 사용한 문구가 일치하지 않을 경우에는 계약의 목적에 근거하여 해석하여야 한다. -역주

에 두 가지 의미가 있을 때, 어떤 효과를 발생시킬 수 있는 조항으로 이해하는 것이 어떤 효과를 발생시킬 수 없는 조항으로 이해하는 것보다 낫다"고 규정하고 있다. 중국계약법에는 위「프랑스민법전」제1157조와 같은 유효해석에 대한 구체적인 규정은 없지만,「중국계약법」제125조의 목적해석에 대한 규정에서 같은 취지의 내용을 확인할 수 있다. 그러나 프랑스학자는 사람들이「프랑스민법전」제1157조에 대하여 계약 자체가 유효한 것에만 적용할 수 있지, 무효인 계약에는 적용할 수 없다는 것을 정확하게 이해하여야 한다고 각성시킨다. 왜냐하면 계약은 인류문명의 정신과 사회적 효율을 반영하기 때문이다. 이것은 법률이 계약을 보호하는 근본적인 원인이기도 하다.[117]

V. 공평해석의 원칙

덴닝(Denning)법관[118]은 다음과 같이 말한 적이 있다. "계약조항을 문자의 표면적 뜻으로 해석하여 불공평하거나 불합리적인 결과를 낳았을 때 당신은 모든 기교, 예술가의 기교를 사용하여 이러한 불공정하고 불합리적인 결과의 발생을 피하여야 한다. 당신의 수중에는 여

---

117 尹田:《法國現代合同法》, 法律出版社, 1995年版, 258쪽.
118 알프레드 톰슨 덴닝(Alfred Thompson Denning, 1899.1.23~1999.5.6)은 제2차 세계대전 이후 영국의 가장 저명한 법관이자 세계적인 명성을 가지고 있는 법학가이다. 그는 1923년에 변호사가 되었고, 1982년 83세의 나이로 영국민사법원장(Master of Rolls)에서 물러났다. 그의 대표적인 저서로는 《법률하의 자유》(Freedom under the Law, 1949), 《변화 중의 법률》(The Changing Law, 1953), 《법률의 훈계》(The Discipline of Law, 1979), 《법률의 정당절차》(The Due Process of Law, 1980), 《법률의 미래》(What Next in the Law, 1982) 등이 있다. -역주

러 가지 도구가 있는데, 그중 가장 유효한 도구는 당신이 법관에게 어떠한 단어나 문장이 두 가지 이상의 의미를 가질 수 있으며, 광의로 해석할 수도 있고 협의로 해석할 수도 있다고 지적하는 것이다. 그리고 나서 법관이 가장 공평하고 합리적인 해석을 하도록 하는 것이다. 만약 단어와 문장의 실제 의미가 모두 불공평하거나 불합리한 결과를 초래한다면 당신은 법관에게 계약내용에서 표현되지 않은 어떤 것을 계약내용에 넣도록 재촉할 수 있다."[119]

공평은 민법에서 가장 탄성을 가지고 있는 조항이다. 그 진실된 의미에 대해서 예로부터 철학자, 사회학자, 경제학자, 법학자들이 서로 다른 각도에서 전반적인 해석을 시도하고 있다. 그러나 지금까지도 공인할 수 있는 전반적인 개념이 없다. 따라서 공평을 계약의 해석기준으로 삼는 것은 신축성이 크다. 여기에서 필자는 공평의 의미를 탐구하고 싶지 않다. 단지 공평원칙에 따라서 계약에 대한 구체적인 해석을 하는 원칙에 대해서 간단하고 명백하게 서술하고자 한다.

1. 채무자에게 유리한 해석원칙

「프랑스민법전」제1162조는 "계약에 이의가 있을 때 채권자에게는 불리하고 채무자에게는 유리한 해석을 하여야 한다"고 규정하고 있다. 스위스의 판례가 확인하는 해석원칙 또한 "계약조항은 의무를 부담하는 한 쪽에게 유리한 해석을 하여야 한다(favor actus)"고 본다.[120]

프랑스학자는 위 규정에 대해서 계약이 야기할 수 있는 모든 손해를 줄이기 위하여 채무자에게 유리한 해석을 하도록 규정하였을 뿐

---

119 丹寧:《法律的訓戒》, 龔祥瑞 등 飜譯, 群衆出版社, 1985年版, 54쪽.
120 沈達明編著:《德意志法上的法律行爲》, 對外貿易敎育出版社, 1992年版, 169쪽.

만 아니라 입법자가 계약당사자의 진실한 의사를 찾는 기본목적을 동시에 표현하였다고 본다. 채권자가 진실로 권리를 획득하려고 하고 채무자도 진실로 의무의 제약을 받기를 바란다면 그들은 상술한 의사를 계약에서 명확하게 규정하였을 것이기 때문이다. 실제로 '채무자에게 유리한' 해석원칙은 채무자를 변호하는 요소도 포함한다. 만약 계약이 어떠한 한 문제에 대해서 명확한 규정을 하지 않으면 채권자에게 과실이 있다고 볼 수 있다. 왜냐하면 채권·채무계약은 채무자가 아닌 채권자가 제시한 조건으로 계약을 체결하기 때문이다.[121] 이것은 공평원칙이 요구하는 것이기도 하다. 왜냐하면 현실생활의 일반적인 논리에 따라 권리를 얻고 의무를 부담하는 것이며, 이 둘 사이에 충돌이 발생하였을 때에 의무자의 부담을 경감시키는 것 또한 일반적인 원칙이기 때문이다.

채무자에게 유리한 해석은 무상계약에서 더 필요하다. 왜냐하면 무상계약에서는 당사자 사이의 이익 교환이 발생하지 않고 일반적으로 채권자에 대해서만 유리하고 채무자는 일방적으로 의무를 부담하기만 하기 때문이다. 그러므로 공평이라는 이념에서 출발하여 채무자의 의무가 가장 가벼운 해석을 하여야 한다.

2. 계약의 기초자(起草者)[122]에게 불리한 해석

일방이 초안을 작성한 계약조항에 두 가지 이상의 해석이 있을 때는 초안을 작성한 쪽에게 불리한 해석을 하여야 한다. 통상적으로 계약의 기초자는 계약조항에 대해서 많은 궁리를 하는 반면, 받아들이

121　尹田:《法國現代合同法》, 法律出版社, 1995年版, 257쪽.
122　초안 작성자란 뜻이다.-역주

는 쪽은 피동적이기 때문에 기초자가 이해한 의미에서 이해하면 불공정한 결과를 야기시킬 수 있다. 그러므로 기초자로 하여금 이의(異議)가 있는 조항의 불이익을 부담하게 하는 것이 타당하다.

스위스의 판례에 따르면 어떤 표시의 의미에 대한 이의가 있을 때, 계약조항은 기초자에게 불리하게 해석되어야 하고 이를 일컬어 '불분명한 원칙'이라고 한다. 스위스법원은 공동적인 조건을 해석할 때, 특히 보험계약의 공동적인 조건을 해석할 때 자주 이 원칙을 사용한다.[123] 미국에는 계약과 관련하여 "contra proferentem(제출자에게 유리할 수 없다)"이라는 격언이 있다. 이 격언에 따라 만약 계약에서 다툼이 있는 문장은 일방이 계약에 첨가한 것이고 해당어구에 대하여 두 가지의 합리적인 해석을 할 수 있을 때, 그중 한 가지 해석이 그 일방에게 불리한 것이면 이 해석을 채택하여야 한다.[124]

계약의 기초자에게 불리한 해석원칙은 표준계약을 해석하는 데 있어서 더욱 중요하다. 표준계약에 이 해석원칙을 적용할 때에는 '계약제출자에게 불리한' 해석원칙이어야 한다. 왜냐하면 많은 상황에서 표준계약은 제출자 자신이 초안을 세운 것이 아니고 업종협회 혹은 변호사협회에서 초안을 잡은 것이기 때문이다. 이러한 상황에서는 표준계약의 사용자에 대해서 불리한 해석을 하여야 한다. 미국에서는 계약제출자에게 불리한 해석원칙을 표준계약의 해석에서 광범위하게 사용하고 있다. 「제2차계약법총술」 제211(2)조에서는 표준화된 표준계약에 대해서 합리적인 해석을 하여 같은 처지에 있는 사람들이 동등한 대우를 받도록 하여야 한다고 규정하고 있다. 그들(표준계

---

123 沈達明編著:《德意志法上的法律行爲》, 對外貿易教育出版社, 1992年版, 169쪽.
124 王軍:《美國合同法》, 中國政法大學出版社, 1996年版, 242쪽.

약의 사용자)이 해당 서면계약의 표준조항에 대해서 아는지 혹은 이해하는지의 여부는 상관이 없다. 「독일표준계약조항법」 제5조는 "표준계약조항의 내용에 대해서 이의가 있을 때 조항의 이용자가 그 불이익을 받는다"고 규정하고 있다. 「중국계약법」 제41조는 "표준조항의 이해에 다툼이 있으면 일반적인 이해에 따라 해석하여야 한다. 표준조항에 대해서 두 가지 이상의 해석이 있을 때에는 표준조항을 제공한 일방에게 불리한 해석을 하여야 한다"고 규정하고 있다.

VI. 관습과 거래관행에 따른 해석

관습은 생활을 실현하는 규칙이며 그것은 마치 보이지 않는 손이 사람들의 행위를 규정하고 지배하는 것과 같다. 따라서 각국 민법에서는 이것을 매우 중시하고 있다. 계약해석에서도 예외는 아니다. 「프랑스민법전」 제1159조에서는 "다른 뜻이 있는 문자는 계약체결지의 관습에 따라 해석한다"고 규정하고 있다. 동법 제1160조에서는 "관습상의 조항은 계약에 명기하지 않았더라도 보충하여 해석하여야 한다"고 규정하고 있다. 「독일민법전」 제157조에서는 "계약은 신의성실의 원칙 및 일반거래의 관습에 의거하여 해석하여야 한다"고 규정하고 있다. 「국제물품매매계약에 관한 유엔협약」[125] 제8조에서는 "당

---

[125] 「국제물품매매계약에 관한 유엔협약(United Nations Convention on Contracts for the International Sale of Goods : CISG)」은 무역매매법 통일을 목적으로 유엔 국제무역법위원회(UNCITRAL)에 의하여 성안되고, 1980년 3월 비엔나의 유엔외교회의에서 만장일치로 통과된 후 1988년 1월 1일부터 발효된 것으로 「비엔나 협약(Vienna Convention)」이라고도 한다.-역주

사자 일방의 의도 또는 합리적인 사람이 동일한 사정에서 가졌을 인식을 확정함에 있어서는 교섭, 당사자 사이에 확립된 관습, 관례와 당사자의 부수적 행위를 포함한 모든 관련사정을 적절히 고려하여야 한다"고 규정하고 있다.

그러나 관습으로 계약을 해석할 때 특히 주의할 것은 일반적인 관습과 상업(또는 업종)관습을 구별하여야 한다는 것이다. 관습이 형성된 상황에 따라 계약해석에 차이가 있다. 예를 들어, 업종관습은 상사계약에 대한 해석에서는 매우 중요하지만 일반적인 민사계약을 해석할 때에는 거의 사용하지 않는다.[126] 계약의 전형적인 유형은 거래이므로 대부분 상업계약에 대해서 확립된 업종관습을 통하여 해석한다. 「중국계약법」제125조에서도 거래와 관습에 따른 해석의 원칙을 규정하고 있다.

VII. 신의성실의 해석원칙

신의성실의 해석원칙은 대륙법계 국가의 민법전이 계약법에 관한 일반적인 원칙으로 승인한 것이다. 이 원칙은 계약당사자의 권리·의무의 기본원칙으로 평가되며, 계약해석도 이러한 원칙에 따라야 한다. 「독일민법전」제157조는 신의성실의 해석원칙을 규정하고 있고, 「국제물품매매계약에 관한 유엔협약」제7조 또한 이와 같은 규정을 하고 있다. 중국은 민법통칙에서 신의성실을 민법의 기본원칙으로

---

[126] 尹田:《法國現代合同法》, 法律出版社, 1995年版, 258쪽.

하고 있으므로 계약을 해석할 때에도 이 원칙을 준수하여야 한다.「중국계약법」제125조에서는 신의성실의 해석원칙을 명확하게 규정하고 있다.

제5장

契約履行

제1절 契約履行의 一般的 概述

계약의 이행이란 채무자가 자신의 채무를 완벽하게 이행하여 채권자가 채권을 실현하는 것을 가리킨다.[127] 계약의 이행은 계약행위의 진정한 목적이며 계약법에서 중요한 의의를 가진다. 또한 계약법은 계약에 의하여서 발생한 효력을 보호하고, 위약한 일방의 상대방을 구제하는 등 계약의 이행을 보장하고 촉진시키는 것을 핵심내용으로 한다. 따라서 독일의 법학자 노버트는 "현재 독일의 법학자들은 채권의 계약시 여러 가지 의무가 발생하고 그것은 오직 하나의 목표만을 실현하기 위함이며, 그 목표는 바로 '이행'이라고 정확하게 강조하였다"고 지적하였다. 즉, 채권관계의 목적은 이행이며 어떠한 거래이든 이것만은 완성하여야 한다. 또한 수요를 만족하거나 재산을 획득하

---

[127] 王利明 등 : 《合同法新論·總則》, 中國政法大學出版社, 1997年版, 317쪽.

는 등 계약을 체결한 목적을 위하여서도 의무가 이행되어야 한다.[128] 즉, 계약 및 계약에 의하여서 발생한 권리·의무를 로마법에서 말하는 '법쇄(法鎖)'에 비유하면 계약에서의 쌍방당사자의 이행은 '법쇄'를 열 수 있는 가장 좋은 '열쇠'임이 틀림없다. 또한 계약이행은 계약상의 권리와 의무를 소멸시키는 가장 주요한 원인이 된다.

계약 및 계약의 이행에 대한 법적 보호는 현대 신용제도의 중요한 구성부분이며 이미 신용제도에 대한 보호를 구체적으로 실현하고 있다. 현대사회에서 정확하고 투명한 무역물의 거래는 이미 중요한 의미를 가지지 않으며, 많은 거래는 쌍방의 의무이행시간의 비동시성(非同時性)을 중요한 특징으로 한다. 그리고 이 비동시성은 신용제도를 구현한다. 이러한 제도 아래 계약의 이행은 중요한 의의를 갖는다. 만일 계약의 이행을 보장하는 법률제도가 존재하지 않으면 사회 전체의 신용제도가 붕괴되고, 사회 전체의 거래제도 체계 역시 도태될 것이다. 계약이행률의 저하에 따라 계약체결의 빈도가 줄어들고 심지어 많은 지역의 매매방식이 원시시대의 한 손으로는 돈을 받고 다른 한 손으로는 물건을 주는 방식으로까지 퇴보하게 될 것이다. 이에 따라 미국의 관계계약론학자 맥네일(Mac neil)은 계약을 '장래 교환에 대한 약속'이라고 정의하였다.[129] 그는 현대사회 안에서 행해지는 거래에 대한 중요성을 파악하였다. 또한 사회 전체의 거래질서와 거래재산은 모두 이 '약속'과 연결되고, 만일 이 '약속'이 혼란스러워지고 실현할 수 없게 되면 사회에 큰 혼동을 가져다 준다고 하였다. 그러므로 계약의 이행 및 계약이행에 대한 법적 보호는 사회에서 중요한 역할을 한다.

---

128 Norbert·Horn 등:《獨國民商法導論》, 楚建 麟譯, 中國大百科全書出版社, 1996年版, 97쪽.
129 Mac·neil:《新社會契約論》, 中國政法大學出版社, 1994年版, 4쪽.

계약의 효력방면에서 살펴보면 계약이행은 법에 의거하여 성립된 계약이 발생시키는 효과이고 계약의 법적 효력을 구성하는 중요한 내용이다. 그러므로 많은 입법체계에서 계약이행을 채권의 효력이라는 표제 아래 놓는다. 그러나 계약관계 소멸의 각도에서 보면 채무자가 계약을 완전히 이행함으로써 계약관계가 소멸될 수 있으므로 계약의 이행은 계약관계의 소멸원인이 된다. 그러므로 계약의 이행을 '채권의 변제'라고도 부르며, 몇몇 입법체계에서는 계약이행을 채권소멸의 표제 아래 놓는다.[130] 대륙법계의 일반적인 이론을 근거로 하면 계약은 채권을 발생시키는 주요원인이기 때문에 계약의 효력 역시 채권의 효력에 포함된다. 그러므로 계약이행은 채권의 효력을 구현하기 위한 필수요소이다. 계약이행에 대한 불필요한 논쟁을 피하기 위하여 일단 여기까지 논술하도록 하고, 다음은 계약이행과 관련된 각종 항변권에 대하여 서술하기로 한다.

---

130 王利明 등:《合同法新論・總則》, 中國政法大學出版社, 1997年版, 318쪽.

제2절 契約履行 중의 抗辯權

I. 사정변경의 항변권[131]

1. 사정변경의 항변권의 개념

사정변경의 항변권은 여러 학자들에 의하여서 '사정변경의 원칙'이라고 불려진다. 이는 계약성립 후 당사자에게 귀책시킬 수 없는 사유에 의하여서 발생한 사정변경으로, 계약의 기초가 영향을 받아 계약의 공평성에 손실을 주게 되는 경우 그 계약의 내용을 변경하거나 해제할 수 있는 원칙이다.[132] 어떤 이는 사정변경의 원칙이 신의성실의 원칙의 구체적인 활용이라고 한다.[133] 사실 이 원칙은 신의칙과 관계가 있지만 명확히 구분되기도 한다. 신의칙은 계약체결의 기초가 변경되지 않은 것을 전제로 하며 공평의 이념으로써 법률의 비융통성, 하자, 공평성의 결함 등을 조정한다. 반면에 사정변경의 원칙은 계약체결의 기초가 변경된 상황 아래 공평의 이념으로써 법률의 유연성 부족으로 인해 발생된 당사자 간의 권리와 의무의 불균형을 조정한다.

일반적으로 사정변경원칙은 12, 13세기의 주석법학파의《유스티니아누스법학주석》을 기원으로 하고 있다. 그중 한 원칙은 만약 모든 계약이 암묵적으로 내포하고 있는 원칙이 있다면 그것은 계약체결시 계

---

131 여기서 항변권은 주요한 계약법상의 특수한 항변권을 가리키고, 시효항변 등과 같은 민법상의 일반항변권도 계약항변권에 적용되지만 여기서는 논하지 않는다.
132 王家福主編:《民法債權》, 393쪽.
133 132와 동일.

약의 객관적 기초는 지속적으로 존재하여야 하고, 일단 그 기초가 소멸하게 되면 계약의 변경 혹은 해제를 허락하여야 한다는 것이다. 후에 이 원칙은 자연법학파에 의하여 자세하고 명확하게 표명되었고, 대륙법계와 영미법계는 이 원칙의 가치를 높이 평가하고 받아들여 의사자치와 사회공평의 균형을 맞추는 수단이 되었다.

사정변경은 각국의 학술이념마다 각기 다른 명칭으로 불려진다. 프랑스에서는 '예견불가설(豫見不可說)', 독일에서는 '법률행위기초설(法律行爲基礎說)', 그리고 영미법에서는 '계약낙공(契約落空)'[134]이라고 불려진다.

프랑스의 학술이념인 '예견불가설'은「프랑스민법전」제1134조에 근거를 둔다. 위 조항은 "법에 의거하여 성립한 계약은 당사자 사이에 법률과 같은 상당한 효력을 가진다. 그러나 당사자의 예견불가능한 사정의 변경으로 인하여 그 이행이 당사자 일방에게 있어서는 아주 중대한 부담이 된다면 이 점에 관해서 당사자 사이에 합의가 없는 계약내용이므로, 원래 계약은 당사자에게 법률효력이 없고 계약의 변경이나 해제를 허락하여야 한다"라고 규정하고 있다.

법률행위기초설은 독일학자 오트머(Othmer)가 1921년에 처음으로 주장한 학설이다. 이 학설이 제기된 후에 곧바로 법원에 의하여 준용되었다. 오트머의 학설에 의하면 법률행위기초란 계약시 일방당사자가 특정환경의 존재 혹은 발생할 효력에 대하여 예상하거나 또는 쌍방의 당사자가 특정환경의 존재 혹은 발생할 효력을 함께 예상하고 그 예상을 바탕으로 법률행위의사를 형성하는 것을 가리킨다. 법률

---

[134] 영문으로는 Frustration of Contract이고, 계약의 실패로 해석할 수 있다.-역주

행위기초설에 의하면 법률행위의 기초에 하자가 있어서 불이익을 받는 당사자는 계약을 해제할 수 있는 권리를 가진다.[135]

영미법계의 계약낙공원칙은 1863년의 타일러와 콜드웰의 소송(Taylor V. Caldwell)에서 처음으로 등장하였다. 그 전의 영국법원은 만일 계약에 당사자의 이행책임을 면책하는 약관이 없으면 외적인 요소의 변화에 상관없이 무조건적으로 의무를 이행하게 하였다. 그러나 위 사건에서 법원은 계약을 체결한 후 예측하기 어려운 계약의 이행을 방해하는 사유가 발생하여 계약을 이행할 수 없게 되면 계약을 해제할 수 있다고 판결을 내렸다. 이에 대하여 영국의 유명한 법관인 덴닝은 다음과 같이 서술하였다. "문제는 아주 간단하다. 만일 계약의 이행과정에서 쌍방 모두가 예측하지 못한 근본적으로 다른 상황이 발생하였다면—이러한 상황에서 원래 계약의 조항이 그들을 속박하는 것은 불합리한 것이다—이 계약은 마땅히 종료되어야 한다."[136]

이후의 데이비스 도급상과 팔함시 정부의 소송[137]에서 법률은 '계약낙공'의 이론을 한 단계 더 발전시켜 새로운 원칙을 확립하였다. 즉, 법률이 쌍방당사자의 의무를 바꿀 수 있는 사건의 발생을 인정하였고, 이 사건의 발생에 대하여 어느 일방의 과실도 없으며, 계약의 이행이 당사자에게 있어서는 원래 계약의 요구와 다르게 부담하여야 하는 행위일 때 계약은 허사가 된 것으로 본다는 것이다.

1903년 크렐과 헤리의 소송(Krell V. Herry)에서 영국법원은 또 하나의

---

135 王家福主編:《民法債權》, 395쪽.
136 [英] 丹寧:《法律的訓戒》, 群衆出版社, 1985年版, 43쪽.
137 원문에는 戴維斯承包商訴法爾哈姆市區政府라고 되어 있는데 이는 영어발음과 비슷한 한자음으로 표기한 것이다. 그러나 그 영문표기를 알 수 없어 중국어발음에 기초하여 데이비스 도급상과 팔함시 정부의 소송으로 추측하고 그대로 썼다.-역주

중요한 원칙을 창조해내었다. 그것은 바로 '목적낙공(目的落空)'[138]의 원칙이다. 즉, 계약의 목적은 쌍방당사자의 계약체결을 기초로 하기 때문에 일단 그 목적이 허사가 되면 계약은 종료되어야 하고 쌍방의 의무도 해제되어야 한다.[139]

현재 사정변경의 원칙은 대륙법계 대부분의 국가의 민법전에 규정되어 있다. 「중국경제계약법」[140] 제27조에서는 "불가항력 혹은 쌍방의 과실이 없고 방지할 수 없는 외부의 원인에 의하여 계약을 이행할 수 없게 된 경우 계약의 변경 혹은 해제를 허가하여야 한다"고 규정하고 있다. 실질적으로 이 규정은 사정변경의 원칙을 내포하여야 한다. 그러나 중국은 학술이념 및 사법(司法)에서 이 원칙을 중요하게 인식하고 있지 않다. 현행 계약법에도 그에 대해서 명확하게 규정을 하고 있지 않다.

2. 적용조건

사정변경의 원칙이 어떠한 내용을 가지고 있는지는 계속 연구하여야 할 중요한 문제이다. 그 원칙의 적용은 당사자의 이익과 연관되며 비록 공평성을 기초로 하지만 탄성을 많이 가지기 때문에 어떠한 요건 아래서 적용하느냐가 관건이다. 필자는 사정변경의 원칙을 적용하기 위하여서는 다음과 같은 요건이 구비되어 있어야 한다고 생각한다.

---

138 영문으로는 Frustration of Purpose이고, 계약의 목적미달로 해석할 수 있다.-역주
139 岳彩申:《合同法比較硏究》, 西南財經大學出版社, 1995年版, 255~256쪽.
140 중국의 경제계약법은 1999. 3. 15. 기존의 경제계약법, 중국섭외경제계약법, 중국기술계약법을 통합하여 제정되었다. 중국경제계약법은 1981. 12. 13.에 제정된 것으로서 평등한 민사주체 간의 계약을 규율하였다.-역주

(1) 반드시 사정이 변경되어야 한다. '사정'이란 계약시 계약의 기초가 되는 사항 혹은 기타 객관적인 상황을 말한다. '변경'이란 그 객관적 사실에 생긴 이상(異常)적인 변화(變化)를 말한다. '이상적인 변화'란 당사자가 예상하지 못한 비정상적인 변화로서 당사자의 권리와 의무에 변동을 주고 사회공평의 이념으로도 이해할 수 없는 변화를 가리킨다. 만일 사정의 변경이 당사자의 권리와 의무에 큰 영향을 끼치지 않은 경우 사정변경의 원칙을 적용할 수 없다.
(2) 사정변경은 당사자에게 귀책시킬 수 없는 사유에 의하여 발생되어야 한다. 만일 계약의 기초의 변화가 당사자의 원인에 의한 것이라면 이 원칙을 적용할 수 없다.
(3) 사정변경은 예측불가능한 것이어야 한다. 당사자가 계약의 기초에 대한 변화를 예측할 수 있는 경우에는 실질적으로 당사자에게 불이익을 가져다 주었다 할지라도 이 원칙을 적용할 수 없다.

II. 쌍무계약 이행 중의 항변권

쌍무계약은 특수성을 가지고 있기 때문에 계약에 대한 일반적인 항변권을 적용하는 것 이외에도 동시이행의 항변권, 불안의 항변권을 적용한다.

1. 동시이행의 항변권

(1) 개념

동시이행의 항변권은 계약불이행의 항변권이라고도 하며 쌍무계약에서 당사자 일방이 상대방에게 채무를 이행하지 않았을 때 자신의 의무이행을 거절할 수 있는 권리이다. 「중국계약법」 제66조는 동시이행의 항변권에 대하여 "당사자 간에 서로 이행하여야 하는 채무가 있고 이행순서를 약정하지 않았을 경우 동시에 이행하여야 한다. 일방은 상대방이 자신의 의무를 이행하기 전에 요구한 의무이행에 대하여 거절할 수 있는 권리가 있다. 또한 일방은 상대방이 이행한 급부가 완전하지 않은 경우 그에 상응하여 자신의 급부이행을 거절할 수 있다"라고 규정하고 있다.

동시이행의 항변권은 쌍무계약에서 대립하는 두 개의 채무가 서로 연관된 관계임을 인정하고 쌍방당사자 간의 공평한 관계를 기초로 하는 제도이다. 즉, 공평의 이념에 따라서 자신의 의무를 이행하지 않고서 타인의 의무이행만을 요구할 수 없다는 것이다.[141]

(2) 구성요건

(a) 쌍방의 채무는 동일한 쌍무계약에 의해서 발생한 것이야 한다. 동시이행의 항변권의 근본은 쌍무계약의 이행상의 관련성에 있다. 그러므로 동시이행의 항변권은 쌍무계약에만 제한된다. 동시에 쌍방의 채무는 반드시 동일한 쌍무계약에 의해서 발생

---

141 蘇俊雄:《合同原理及實用》, 臺灣中華書局, 1969年版, 126쪽.

된 것이어야 한다. 그렇지 않으면 동시이행의 항변권을 행사할 수 없다.

(b) 쌍방의 채무가 모두 이행기간이 만료되었거나 어느 당사자 일방이 먼저 채무를 이행하여야 하는 의무가 없어야 한다. 왜냐하면 동시이행의 항변권은 자신의 급부와 상대방의 급부를 동시에 교환하여 채무에 대한 대가가 동시에 실현되어야 하기 때문에 쌍방의 채무는 반드시 이행을 청구할 수 있는 상태에 있어야 한다. 만일 법률규정에 의하여 혹은 약정에 의하여 당사자 중 일방이 선이행하여야 한다면 동시이행의 항변권을 행사할 수 없다.

(c) 상대방이 자신의 의무를 아직 이행하지 않은 상태이어야 한다. 그렇지 않으면 동시이행의 항변권을 행사할 여지가 없다.

(d) 상대방의 의무이행이 가능하여야 한다. 만일 상대방의 의무이행이 불가능하게 되면 그 책임의 귀속 여부와는 상관없이 동시이행의 목적이 실현될 수 없으므로 다른 수단을 통하여 구제받아야 한다.

(3) 효력

(a) 동시이행의 항변권은 오직 항변기간을 순연[142]하는 성질만 가지며 청구권의 효력은 가지지 않는다.

(b) 동시이행의 항변권을 행사할 때에 피고는 원고의 불이행에 대해 입증할 필요없이 항변권 행사의 의사표시만으로도 권리를 행사할 수 있다.

---

[142] 한국민법상 연기적 항변권으로서의 효력에 해당된다. —역주

(c) 동시이행의 항변권을 행사한 경우 채무자는 이행지체에 관한 책임을 지지 않는다.

2. 불안항변권(不安抗辯權)[143]

(1) 개념

계약약정에 따라서 당사자 일방이 상대방에 대한 선이행의무를 가지고 상대방의 재산이나 자금력이 계약약정 후에 현저히 감소하여 계약에 대한 이행이 어려운 경우 상대방이 상응하는 급부를 하거나 담보를 제공하기 전에는 급부를 거절할 수 있는 권리이다. 원래 선이행의무가 있는 당사자는 원칙적으로 동시이행의 항변권을 가지지 않는다. 하지만 상대방의 재산상태가 악화되어 의무이행에 대한 대가를 얻지 못하는 상황에서 강제로 급부를 이행하여야 한다면 이는 공평성에 어긋나는 것이다. 그러므로 각국의 법률은 공평성 및 사정변경의 원칙에 기인하여 위와 같은 경우 계약상 선이행의무가 있는 일방에게 급부를 거절할 수 있도록 허가하고 있다.

(2) 구성요건

전통민법에 따라서 불안항변권을 발생시키려면 다음의 두 가지 요건을 갖추어야 한다.
(a) 재산상황의 악화는 계약체결 후에 발생한 것이어야 한다.
(b) 재산이 현저히 감소하여야 하고 상대방이 급부하기 어려운 상

---

[143] 우선이행의 항변권이라고도 한다. 영미법의 예기위약에 해당된다.-역주

황이어야 한다. 바꾸어 말하면 상대방의 재산상황이 먼저 급부를 이행하는 일방의 채권실현에 위협이 되어야 한다.

(3) 불안항변권의 효력

(a) 상대방이 급부나 담보제공을 거절하는 경우 먼저 급부를 이행할 의무를 가진 일방은 그에 따른 이행지체에 대한 책임을 지지 않는다.
(b) 상대방이 급부를 제공하거나 담보를 제공하면 불안항변권은 소멸된다.

(4) 중국계약법상의 불안항변권

중국계약법상의 불안항변권은 여러 가지 특수성을 가진다. 「중국계약법」제68조에서는 "선이행의무가 있는 당사자가 다음과 같은 상대방의 상황을 입증할 때 이행을 중지할 수 있다. (a) 경영상태가 악화된 경우, (b) 재산을 이전하고 자금을 도피시켜 채무를 이행하지 않으려고 하는 경우, (c) 상업적 신용을 잃은 경우, (d) 채무이행능력을 잃거나 잃을 가능성이 있는 경우이다. 만일 선이행의무가 있는 당사자가 위와 같은 상황을 입증하지 못하고 채무의 이행을 중지하였다면 마땅히 위약책임을 져야 한다"라고 규정하고 있다.

효력면에서 보면 이행을 중지한 일방은 이행중지에 대해서 상대방에게 통지하여야 하며, 상대방이 그에 상응하는 담보를 제공하였을 경우 다시 채무를 이행하여야 한다. 만일 합리적인 기간 안에 이행능력을 회복하지 못하고 담보도 제공하지 않은 경우에는 이행을 중지한 일방이 계약을 해제할 수 있다.

제6장

違約 및 救濟

제1절 違約의 一般的 概述

I. 위약의 개념

이미 앞에서 서술한 바와 같이 계약 및 계약법의 궁극적인 목적은 계약의 이행이다. 계약의 주요한 법적 효력은 당사자가 계약을 정확하게 이행하는 것이다. 그렇지 않으면 계약을 위반한 것이고, 이러한 계약의무에 대한 위반을 위약(違約)이라고 한다. 즉, 위약이란 계약한 당사자가 법정면책사유가 없으면서 계약에서 약정한 의무를 이행하지 않는 행위를 가리킨다.

위약에 대한 법률규정을 잘 살펴보면 당사자가 위약하였다고 해서 모두 위약책임을 지는 것은 아니다. 위약책임은 일정한 주관적·객관적 요건을 필요로 하고 약정 혹은 법정사유로 인해 책임을 면제받을 수도 있다. 일반적인 면책사유로는 불가항력, 면책항목의 약정, 채권자의 과오 등이 있다. 이와 같은 면책사유는 이미 앞의 장과 절에서 모두 서술하였기 때문에 본장에서는 언급하지 않는다.

II. 위약의 형태

계약상의 의무는 복잡하고 다양하기 때문에 위약 역시 그 형태가 복잡하고 다양하게 나타난다.

로마법은 위약의 형태를 이행불능과 이행지체의 두 종류로 나누었다. 1804년 프랑스 역시 로마법의 영향을 받아 위약의 형태를 불이행과 이행지체의 두 종류로 나누었다. 로마법은 독일의 학술이론에도 깊은 영향을 주었고, 1853년 독일학자 몸젠(Mommsen)은 "모든 위약의 형식은 이행불능과 이행지체에 속한다"라는 관점을 제시하였고, 독일민법전은 이를 수렴하여 위약을 이행불능과 이행지체의 두 종류로 나누었다.[144]

위약의 형태에 대하여 중국 학자들은 여러 가지 견해를 제시하고 있다. 어떤 학자는 「중국민법통칙」 제111조의 규정을 분석하여 결론을 도출한다. 그들은 제111조가 "당사자 일방이 계약의무를 불이행하거나 이행한 의무가 계약한 내용과 부합되지 않을 때, 다른 일방은 이행 혹은 구제조치를 요구할 수 있으며 또한 손해배상을 요구할 수도 있다"라고 규정하고 있으므로 중국민법은 위약의 형태를 불이행과

---

144 Mommsen : "論履行不能對債權關係的影響, Norbert·Horn 등 : 《獨國民商法總論》, 中國大百科全書出版社, 1996年版, 103쪽.

불완전이행으로 나누고 있다고 본다. 실제로 이와 같은 추정은 독일법 혹은 로마법과 큰 차이가 없다. 왜냐하면 독일의 학술이론에 따르면 모든 불완전이행은 이행지체에 포함되기 때문이다. 또 어떤 학자는 위약의 형태를 이행불능, 이행지체, 불완전이행, 이행거절, 수령지체의 다섯 종류로 나누며, 위약의 형태를 이행불능, 이행거절, 이행지체, 부당한 이행으로 나누는 학자도 있다.

영미법은 위약에 대한 일반적인 분류를 하지 않고 있다. 「국제물품매매계약에 관한 유엔협약」은 대륙법계의 분류를 채택하고 있지 않고 위약을 계약의 근본적 위반과 비근본적 위반으로 나누고 있다.[145] 이 협약은 제25조에서 근본적 위반을 다음과 같이 규정하고 있다. "당사자의 일방이 범한 계약위반은 그것이 그 계약하에서 상대방이 기대할 권리가 있는 것을 실질적으로 박탈하는 정도의 손해를 초래하는 경우에는 근본적 위반으로 한다." 근본적 위반 이외의 위약은 모두 비근본적 위반에 포함된다. 이와 같은 분류는 현실적으로 매우 중요한 의의를 가진다. 사실상 많은 국가들이 계약의 해제가 문제될 때 그 위약이 근본적 위반인지 아닌지를 판단의 기준으로 하는 경우가 많다.

위약형태는 위약행위로써 위반한 의무의 성질과 특징에 따라 나눈다. 또한 계약의 복잡성과 다양성에 따라 학자들이 위약형태를 분류하는 기준이 달라지고 자연히 위약형태에 대하여 각기 다르게 분류한다. 그렇기 때문에 프랑스와 영국에서는 많은 학자들이 위약형태

---

[145] 계약의 근본적 위반은 영문으로 Fundamental breach of Contract라 하고, 비근본적 위반은 Non-Fundamental breach of Contract라 한다.-역주

에 대한 유형화가 꼭 필요한지 의문을 제기하기도 한다. 왜냐하면 계약의무를 위반하면 어떤 상황에서든 위약에 대한 책임을 져야 하기 때문이다. 계약관계에 따라 일방은 여러 종류의 의무를 이행하며, 다른 일방은 그에 상응하는 권리를 향유한다. 그러므로 일방이 의무를 위반하면 다른 일방은 구제받을 수 있는 권리를 얻게 됨에 따라 그 권리를 실현한다. 이렇게 위약형태의 분류에 따라 각종 구제방법을 확정하는 것은 의미가 없다.[146] 중국계약법은 위약형태를 분류하지 않고 있으며, 다만 위약의 핵심은 의무에 대한 위반이라고 본다. 그러나 일반적으로 중국의 학술이념은 위약에 대한 유형화를 주장한다. 그러므로 우리는 여기서 위약을 이행불능, 이행거절, 이행지체, 부당이행으로 나누기로 한다. 우리는 위 내용을 이미 채권편에서 상세하게 서술하였으니 본장에서는 생략하기로 한다.

제2절 違約救濟

계약은 비록 쌍방당사자의 의사표시의 일치의 결과지만 이 결과가 일단 성립하면 당사자 사이에 독립적으로 존재하게 되고 어떤 일방도 임의로 변경할 수 없다. 만일 일방이 약정에 따르지 않으면 다른 일방은 법적 구제를 받을 수 있는 권리를 가진다. 각국의 입법과 판례를 살펴보면 다음과 같은 법적 구제의 방법이 있다.

---

[146] 王利明:《違約責任論》, 中國政法大學出版社, 1996年版, 120쪽.

I. 실제이행(實際履行)[147]

1. 실제이행의 개념과 성질

계약의 실제이행은 당사자가 계약에서 약정한 목적물에 의거하여 계약의 의무를 이행하는 것을 가리킨다. 실제이행은 성질상 일종의 구제조치인가 아니면 계약법의 기본원칙인가? 중국의 학자들은 이 문제에 대하여 의견이 분분하다.

왕리밍(王利明) 교수는 실제이행은 중국계약법의 기본원칙이라고 하였다.[148] 반면에 리앙회이싱(梁慧星) 교수는 실제이행은 계획경제체제의 산물(産物)이라고 하였다. 실제이행원칙에 따르면 계약이 일단 성립하면 계약에 의거하여 당사자에게 채권과 채무가 생겨날 뿐만 아니라 실제이행의 원칙에 의하여 쌍방은 국가에 대한 의무도 생기게 된다. 설령 계약이 위반되었을 경우라도 실제이행원칙은 쌍방에게 효력을 미치게 되고 쌍방에게 계약에 대하여 실제이행할 것을 요구한다. 위약금을 지급하거나 손해배상으로 실제이행을 대신하는 행위는 허락되지 않는다. 이 원칙은 계약당사자의 협상을 통한 변경 혹은 계약을 해제할 수 있는 권리를 박탈하였다. 중국은 1981년에 발표한 경제계약법에서 경제생활 중 이미 변화된 것과 경제체계의 개혁에 필요한 사항 그리고 학계의 실제이행에 관련된 반대의견 등을 반영하였다. 그러므로 지금의 중국계약법에는 실제이행의 원칙이 존재하지 않는다.[149]

---

147 사회주의체제하의 중국에서 발달된 위약구제의 방법으로서 현재는 그 실효성이 반감되었다. 그 구체적 내용은 위에서 번역한 바와 같다.-역주
148 王利明:《違約責任論》, 中國政法大學出版社, 1996年版, 359쪽.

우리는 실제이행이 시장경제국가의 계약법의 기본원칙이 된다는 점에 대하여 검토해볼 만한 가치가 있다고 생각한다. 실제이행의 의미는 당사자가 약정한 내용에 따라 의무를 이행하는 것이다. 이는 실제로 계약법이 구현하여야 할 법률상의 효력이다. 문제는 당사자가 의무를 이행하지 않거나 약정에 의거하여 이행하지 않으면 법률은 이를 어떻게 처리하여야 하는가이다. 따라서 실제이행은 성질상 일종의 구제조치이고 계약법 이외의 분야에서의 기본원칙이다. 그러므로 실제이행은 사실상 피해를 받은 일방이 법원 혹은 중재기관에 실제이행의 소를 제기하는 것이고, 법원 혹은 중재기관은 위약한 일방에 대하여 실제이행의 판결을 선고하는 것이다.[150] 따라서 실제이행은 일종의 위약에 대한 구제조치 혹은 수단이라고 볼 수 있다.

2. 비교법상의 실제이행

(1) 영미법계의 실제이행

영미법계에서의 실제이행은 일종의 특수하고 예외적인 위약구제의 수단으로 출현하였다. 대부분 계약의 목적물은 그것을 대신할 수 있는 물건이 있기 때문에 계약해제와 손해배상의 방법으로 피해자를 충분히 구제할 수 있다. 그러므로 실제이행은 일반적으로 사용하는 구제방법에 속하지 않는다. 특수한 상황에서 계약의 목적물을 대신할 만한 물건이 없을 때에만 위약하지 않은 일방이 실제이행을 청구할 수 있다. 「미국통일상법전」 제2716조에 따르면 "매도한 일방은 다음

---

149 王家福主編 : 《民法債權》, 法律出版社, 1991年版, 389쪽.
150 徐炳 : 《賣買法》, 經濟日報出版社, 1991年版, 315쪽.

과 같은 상황일 때 실제이행 혹은 매수된 물건의 권리를 요구할 수 있다. (a) 만일 받아야 하는 물건을 어떠한 물건으로도 대체할 수 없거나 기타 적당한 사유가 존재할 경우 법원은 실제이행의 판결을 내릴 수 있다. (b) 실제이행의 판결은 금전의 지급, 손해배상금, 법원이 공정하다고 판결한 기타 구제 등을 포함한다"라고 규정하고 있다.

(2) 대륙법계의 실제이행

영미법계와는 다르게 대륙법계에서는 실제이행을 위약에 대한 구제시 사용되는 주요한 구제조치로 본다. 「프랑스민법전」 제1184조에 따르면 "쌍방계약 중 당사자 일방이 그의 의무를 이행하지 않으면 계약해제의 조건을 구비하게 된다. 이러한 상황에서 반드시 계약이 해제되는 것은 아니며, 이때 채권자는 채무자가 계약을 이행할 가능성이 있는 경우 그에게 계약의 이행을 요구하거나 계약을 해제시키고 그에 대한 손해배상을 청구할 수 있다"라고 규정하고 있다. 위에서 볼 수 있듯이 프랑스민법전은 실제이행을 계약해제 및 손해배상과 양립하는 구제수단으로 본다.[151]

(3) 사회주의 국가의 실제이행

사회주의 국가는 계획경제체제를 실행함에 따라 모든 기업을 계획을 행하는 가장 작은 단위로 본다. 이러한 체제 아래 실제이행은 특수한 의미를 가지게 된다. 왜냐하면 만일 어느 한 기업이 실제이행을 실행하지 않으면 계획경제의 계획을 실행할 수 없다는 의미를 가지기

---

[151] Norbert·Horn 등:《獨國民商法總論》, 中國大百科全書出版社, 1996年版, 118쪽.

때문에 계약이 성립한 때부터 계약의 의무자는 표면상으로 상대방에 대한 의무를 부담하게 되고 실제로는 국가에 대한 의무를 부담하는 것이다. 그러므로 이러한 체제 아래의 실제이행원칙은 의심할 여지없이 계약법상의 기본원칙이 된다. 그러나 그런 종류의 계약은 진정한 의미의 계약이라고 볼 수 없다. 왜냐하면 그 계약에는 당사자의 자유의지가 결여되어 있기 때문이다.

계획경제가 시장경제로 변화됨에 따라 많은 사회주의 국가의 계약관념이 실질적으로 많이 변화되었다. 예를 들면, 중국은 의사자치가 계약의 핵심이 되었으며 이러한 상황 아래 실제이행은 기본원칙이 아닌 위약에 대한 일종의 구제조치가 되었다. 「중국계약법」 제110조에서 실제이행은 위약책임을 부담하는 방식 중 하나라고 규정하고 있다.

3. 실제이행의 적용의 한계

실제이행은 위약에 대한 일종의 구제조치이지만 어떠한 상황에서든 모두 적용할 수 있는 것은 아니다. 일반적으로 다음과 같은 상황에서는 적용할 수 없다.

(1) 실제이행이 불가능한 경우

만일 실제이행이 객관적으로 불가능하다면 근본적으로 실제이행을 적용할 수 없다. 여기서의 불가능은 주관적이고 일시적인 불가능이 아닌 객관적이고 영구적인 불가능이어야 한다.

(2) 실제이행이 경제적으로 불합리한 경우

이것은 경제적인 관점을 중심으로 분석한 경우이다. 효율은 법률의 중요한 특징 중 하나이다. 특히 민상법에서 중요한 의의를 가지며, 만일 경제적으로 효율이 없다면 그 제도는 다시 고려해볼 만한 가치가 없다. 위약구제 중 실제이행 역시 그 비용이 과다하게 많이 들거나 기타 부분에서의 대가가 크면 실제이행을 적용하지 않는다.

(3) 채권자가 계속 이행하는 것을 필요로 하지 않는 경우

이것은 경제적인 의의에서 고려한 것이다. 여기서 '이행의 불필요'란 채권자가 채무자에게 강제로 의무를 이행하게 한다 해도 계약성립시 기대했던 목적의 달성이 불가능하다는 것을 가리킨다. 예를 들면 채권자가 맡긴 예복이 결혼식 전에 인도되지 않은 경우 등이 있다. 이러한 상황의 대부분은 채권자가 입은 손실에 대하여 금전으로 배상하는 방법을 통하여 보상하게 된다. 그러므로 이러한 상황에서는 계약해제 혹은 손해배상의 방법으로 구제하는 것이 적절하다.

「중국계약법」 제110조는 "당사자 일방이 비금전채무를 이행하지 않거나 비금전채무의 이행이 약정한 내용과 부합하지 않는 경우 이행을 요구할 수 있다. 단, 다음과 같은 상황에서는 이행을 요구할 수 없다. (a) 법률상 혹은 사실상 이행이 불가능한 경우, (b) 채무의 대상이 강제이행하기에 적절하지 않거나 이행비용이 과다하게 많이 드는 경우, (c) 채권자가 일정기간 내에 이행을 요구하지 않은 경우이다"라고 규정하고 있다.

II. 계약해제

1. 계약해제의 개념

계약해제에는 법정해제(法定解除)와 약정해제(約定解除)가 있다. 약정해제는 의사자치의 범주에 속하므로 여기서는 법정해제에 대하여서만 언급하기로 한다. 계약의 법정해제는 계약성립 후 법정사유에 기인하여 계약의 쌍방에 대한 구속력이 소멸되는 법률사실이다. 여러 구제조치 중에서 계약해제는 가장 엄중한 것이기 때문에 각국은 그에 대한 일정한 제한을 하고 있다. 영미법계와 대륙법계는 계약의 실제 이행에 대한 관점의 차이에 따라 계약해제에 대하여서도 서로 차이가 있다. 종합적으로 영미법계의 계약법은 계약을 해제하는 조건이 비교적 약한 반면, 대륙법계의 계약법은 그 규정이 엄격하다. 일반적으로 계약의 근본적 위반의 경우에만 계약을 해제할 수 있다.

「중국계약법」 제94조에서는 계약해제의 조건에 대하여 다음과 같이 규정하고 있다.

(1) 불가항력에 의하여 계약의 목적을 달성할 수 없는 경우
(2) 이행기한이 만료되기 전 당사자 일방이 명확히 표현하거나 행위로써 주요한 채무의 불이행의사를 밝힌 경우
(3) 당사자 일방이 주요한 채무의 이행을 지체하여 다른 당사자 일방이 최고한 후에도 합리적인 기간 안에 채무를 이행하지 않는 경우
(4) 당사자 일방이 채무이행을 지체하거나 기타 위약행위를 함으로써 계약의 목적을 달성할 수 없게 되는 경우
(5) 법률이 규정한 기타 상황

위의 규정으로 보아 중국의 계약법과 협약(CIFS)의 기본정신이 일치한다는 것을 알 수 있다. 다시 말하면 계약의 근본적 위반인 경우에만 계약을 해제할 수 있다.

2. 계약해제의 방법

각국 민법전의 규정을 살펴보면 계약의 해제에 대하여 세 종류의 입법사례가 존재한다. 첫번째는 법원의 재판을 통한 해제이다. 프랑스민법전이 이와 같은 방식을 채택하고 있다. 두 번째는 해제하고자 하는 자가 의사표시로써 상대방에게 통지하는 방식의 해제이다. 이 해제방식은 굳이 법원의 재판을 통하지 않아도 된다. 독일이 이와 같은 방식을 채택하고 있다. 세 번째는 해제의 조건만 구비하면 계약이 자동으로 해제되는 것이다. 일본상법전이 이와 같은 방식을 채택하고 있다. 대다수의 국가는 독일의 입법사례를 따르고 있다. 「중국계약법」 제96조에서도 기본적으로 독일의 방식을 따르고 있다.

3. 계약해제의 법률효력

(1) 계약해제의 소급력

계약해제는 계약관계를 소멸시킨다. 그럼, 과연 이 소멸은 해제 후의 관계에 대한 소멸인가 아니면 해제 전의 관계에도 그 소멸의 영향이 미치는 것인가? 이것이 계약해제의 소급력에 관한 문제이다.

이에 대한 대륙법계 국가 및 중국의 일반적인 관점은 다음과 같다. 계약은 원칙적으로 소급력을 가지지만 성질상 소급력을 가지지 않는 것을 원칙으로 하는 계약은 예외적으로 소급력이 인정되지 않는다.

성질상 소급력을 가지지 않는 것을 원칙으로 하는 계약에는 계속적 계약[152] 등이 있다. 계속적 계약의 특징은 당사자 중 일방의 급부가 지속성을 가지고 있어 이러한 급부의 성질상 이행을 되돌릴 수 없다는 데 있다. 예를 들면, 고용계약 등이 있다. 즉, 피고용인이 발휘한 노동력은 계약이 해제되더라도 이미 발휘한 노동력을 돌려받을 수 없다는 것이다. 따라서 이러한 계약은 성질상 소급력이 존재하지 않는다. 그 외에도 임대차계약, 보관계약 등이 이러한 성질을 가지고 있다.

계약해제시 소급력을 구현하는 구제조치로는 원상회복이 그 예가 된다. 원상회복이란 말 그대로 계약의 목적물을 계약 전의 원래의 상태로 회복시키는 것을 말한다. 즉, 계약성립 후 당사자가 전부 혹은 부분의 의무를 이행하였다면 쌍방 모두 그 목적물을 반환하여야 할 의무가 있다. 이는 청구권의 기초적인 문제로 각국의 물권행위의 무인성(無因性)에 대한 인정 여부에 따라 큰 차이가 있다. 물권행위의 무인성을 인정하는 국가는 반환청구권의 기초를 채권(채권의 부당이득)으로 보고, 물권행위의 무인성을 인정하지 않는 국가는 청구권의 기초를 물권으로 본다. 중국은 대체로 물권행위의 무인성을 인정하지 않으므로 반환청구권의 기초를 물권으로 본다.

원상회복시에 원물이 존재한다면 당연히 원물을 반환하여야 한다. 하지만 원물이 존재하지 않을 때에는 원물이 종류물인 경우 동일한 종류의 물건으로 반환하고, 원물이 특정물인 경우 계약을 해제하고 원물에 상응하는 금액을 반환하면 된다.

계속적 계약에서 계약의 해제는 소급력이 없기 때문에 해제 전의

---

[152] 원문은 지속성합동(持續性合同)이다.-역주

계약관계는 유효하다. 그러므로 해제 전의 법률관계에 의한 급부 및 수령은 유효하다. 다만, 해제 후 이행하지 않은 의무는 면제된다. 이는 다음과 같은 문제를 야기시킨다. 만일 쌍방당사자 중 일방은 급부하고 다른 일방은 급부하지 않은 경우 혹은 쌍방 모두 급부하였지만 그 급부의 정도가 서로 다른 경우에는 어떻게 처리하여야 할 것인가? 해결방법은 바로 부당이득의 반환제도를 통하여 그 차액을 반환하는 것이다.

(2) 손해배상

(a) 계약해제와 손해배상의 관계

계약해제와 손해배상의 관계에 대하여 각국의 입법은 서로 다른 태도를 취하고 있다. 독일민법을 대표로 하는 입법사례는 계약해제와 손해배상을 양립할 수 없는 택일관계로 규정하였다. 왜냐하면 손해배상은 유효한 계약의 존재가 그 전제가 되지만, 계약의 해제는 그 상황을 계약하기 전의 상황으로 되돌리는 것이므로 계약관계도 소급하여 소멸한다. 그러므로 계약해제는 손해배상을 존재하게 하는 기초를 소멸시키기 때문에 계약해제와 손해배상은 양립할 수 없다.

프랑스민법을 대표로 하는 입법사례는 계약해제와 손해배상이 양립할 수 있다고 규정하였다. 채무자가 위약한 상황에서 손해에 대하여 배상하여야 한다면 위약하지 않은 일방이 계약을 해제한다 하여도 손해에 대하여서는 배상하여야 한다. 즉, 계약을 해제한다고 하여서 손해에 대한 배상을 하지 않는 것은 아니다.

스위스의 채무법은 절충적인 태도를 취하고 있다. 즉, 어느 방면에서는 독일의 입법사례를 채택하여 계약해제와 손해배상을 양립할 수 없다고 규정하고 또 어느 방면에서는 위약하지 않은 일방이 계약을 신뢰함으로써 입은 손해에 대하여서 배상하여야 한다고 규정하고 있다. 그러나 이 배상은 계약채무의 불이행에 따른 것이 아닌 직접적인 법률규정에 따른 것이다. 이렇게 하면 논리상의 일관성을 유지할 수 있을 뿐만 아니라 위약하지 않은 일방에 대하여서도 실질적인 배상을 할 수 있다.[153]

이에 대한 문제에 대하여「중국민법통칙」제115조에서는 명확하게 규정해 놓았다. 이 규정에 따르면 계약의 해제는 당사자의 배상청구권에 영향을 주지 않는다. 동법 제97조에서도 이 원칙에 대하여 규정하고 있다.

(b) 계약해제시 손해배상의 범위

계약의 해제는 당사자의 배상청구권에 영향을 주지 않는다. 그렇다면 손해를 배상하는 범위는 어떻게 확정하는가? 여기서 가장 중요한 문제는 계약불이행에 의하여 발생한 장래의 이익에 대한 손실의 배상 여부이다. 필자는 계약해제로 인해 발생한 손해배상은 계약해제의 목적과 그 작용에 맞추어야 한다고 생각한다. 계약해제는 당사자를 계약하기 전의 상황으로 회복시켜 놓는 효력을 가진다. 그리고 장래에 얻게 되는 이익[154]은 계약의 이행에 의하여 도달하는 상황이다. 구제

---

[153] 王利明:《違約責任論》, 中國政法大學出版社, 1996年版, 553쪽, 王家福主編:《民法債權》, 法律出版社, 1991年版, 381쪽.
[154] 원문에는 '가득이익(可得利益)'이라 되어 있고, 이는 계약이행 후에 얻을 수 있는 이익을 말한다.-역주

수단이 다양화됨에 따라 당사자는 자신에게 유리한 선택을 할 수 있게 되었다. 그러나 당사자가 만일 계약해제를 선택하였으면 그것은 계약의 효력을 유지하지 않겠다는 의미이다. 즉, 그는 계약의 이행 후에 얻을 수 있는 이익을 얻을 수 없다. 그러므로 여기에서의 손해배상은 계약불이행에 의해서 생긴 장래의 이익에 대한 손실을 포함하지 않는다.

III. 손해배상

1. 서설

우리가 여기에서 언급하고 있는 손해배상은 위약손해배상이다. 위약손해배상이란 위약한 일방이 계약을 이행하지 못하거나 완전하게 이행하지 못하여 상대방에게 손실을 입혔을 때에 부담하여야 하는 배상책임을 가리킨다.

위약손해배상은 위약에 대한 구제방법 중 가장 광범위하고 중요하게 사용되는 방법이다. 이 제도는 위약으로 인해 피해를 받은 일방에게 금전으로 보상해주는 것을 목적으로 한다. 위약손해배상이 가장 광범위하고 중요하게 사용되는 이유는 다음과 같다. 첫째, 계약관계는 일반적으로 거래관계를 뜻하는데 거의 모든 거래관계에 사용되는 것이 금전이다. 둘째, 손해배상은 단독적으로 사용될 수 있을 뿐 아니라 실제이행 등의 다른 구제수단과 함께 사용될 수도 있다. 「중국계약법」제112조에서는 "당사자 일방이 계약에 따라 의무를 이행하지 않거나 이행한 의무가 약정한 내용과 부합하지 않아 다시 이행하거나 구제조치를 취한 후에도 손실이 있는 경우 위약한 일방은 그 손해에 대하여 배상하여야 한다"고 규정하고 있다. 이 구제조치는 기타 구제조치와 함께 사용할 수 있기 때문에 그 사용범위가 더 광범위하다.

위약손해배상을 이해할 때에는 다음과 같은 사항을 특별히 주의하여야 한다.

(1) 위약손해배상은 채무불이행으로 인해서 발생한 책임이고 채무자의 위약으로 인해서 채권자가 손해를 입은 경우 사용하게 된다. 쌍방당사자는 계약상의 권리와 의무관계에서 손해배상에 대한 채권·채무관계로 변하게 된다. 이 점은 손해배상의 단독적인 활용에 대한 이해에 매우 중요하다.

(2) 위약손해배상은 보상적 성질을 가진다. 위약에 대한 배상은 일반적으로 위약한 일방이 발생시킨 타방의 손해에 대하여 보상하기 위함이기 때문에 징벌적 성질을 가지고 있는 것은 아니다. 따라서 배상액을 계산할 때 위약한 일방의 고의 여부는 배제한다.

(3) 위약손해배상과 위약금의 관계이다. 통설은 위약금을 계약을 체결한 일방이 의무를 불이행하거나 이행한 의무가 계약의 내용과 부합하지 않은 경우 다른 일방에게 지급하는 일정한 액수의 금전이라고 본다.[155] 중국 학계에서는 위약금의 개념에 대하여서는 다툼이 없지만 위약금의 성질에 대하여서는 의견이 분분하다. 주로 의견이 엇갈리는 부분은 위약금은 징벌적 성질을 가지는가 아니면 보상적 성질을 가지는가의 문제이다.

중국에는 위약금에 관하여 크게 세 가지 학설이 존재한다.

---

[155] 梁振山 등 : 《民法自學讀本》, 北京出版社, 1986年版, 337쪽.

첫번째는 위약금은 징벌적 성질만을 가진다고 보는 관점이다. 즉, 위약금은 손해배상과 명확하게 다르며 위약금의 징벌적 성질만을 인정한다. 그러므로 일단 약정을 위반하였다면 위약금을 지급하여야 하고 이와는 별도로 위약에 의한 손해에 대하여서도 배상하여야 한다.[156]

두 번째는 위약금은 보상적 성질만을 가진다고 보는 관점이다. 계약관계는 쌍방의 법적 지위가 평등함을 본질로 하기 때문에 어느 일방도 상대방을 징벌할 수 있는 권리를 가지지 못한다.[157]

세 번째는 위약금은 징벌적 성질뿐만 아니라 보상적 성질도 가진다고 보는 관점이다. 이는 주요하게 중국의 입법에서 관찰한 것이다.[158]

영미법계와 대륙법계를 비교하면 영미법계 국가는 일반적으로 위약금의 징벌적 성질을 인정하지 않는다. 예를 들어, 「미국통일상법전」 제2718조의 규정을 따르면 계약시 쌍방은 손해배상에 대하여 약정할 수 있다. 위약금은 위약함으로써 발생되는 예상 혹은 실제 손실에 의거하여 정한다. 위약금을 확정할 때에는 손실증명에 대한 어려움, 기타 구제방법의 부적절함 등의 요소도 고려하여야 한다. 만일 계약에 불합리적으로 과도한 손해배상을 약정하여 징벌적 성질이 강하면 그 계약은 무효가 된다. 한편, 대륙법계 국가는 일반적으로 징벌적 성질의 위약금을 인정한다. 「독일민법전」 제339조는 위약금에 대하여 "(a) 채무자

---

156 詹智玲: "試論我國違約金的懲罰性", 《法學評論》, 1983年, 3~4쪽.
157 李鑄國: "淺論我國經濟違約金制度中的幾個問題", 《法學》, 1985年 第5期.
158 《法學研究》編輯部: 《新中國民法學研究綜述》, 中國社會科學出版社, 1990年版, 485쪽.

와 채권자는 채무자의 이행불능 혹은 부적합한 이행시 일정한 액수의 위약금을 지급하기로 약정할 수 있다. (b) 약정에 대한 위반행위시 지급하는 벌금이다"라고 규정하고 있다.

중국의 입법은 일관적으로 위약금은 징벌적·보상적 성질을 둘 다 가지고 있다는 것을 원칙으로 한다. 이에 대한 근거로 과거의「경제계약법」제34조 규정을 들 수 있다. 이에 따르면 "당사자 일방은 계약을 위반하였을 경우 상대방에게 위약금을 지급하여야 한다. 만일 당사자 일방이 위약함으로써 상대방에게 위약금의 액수를 넘는 손해를 입혔다면 위약금을 초과한 부분에 대하여서도 보상하여야 한다"라고 규정하고 있다. 위 규정의 첫 번째 문장에서 알 수 있듯이 당사자 일방이 일단 위약하였다면 상대방의 손실 유무에 상관없이 위약금을 지급하여야 한다. 하지만 규정의 두 번째 문장에서 서술해 놓았듯이 위약금은 보상적 성질 또한 가지고 있다. 위약금과 손해배상은 상호 보충적인 역할을 한다. 과거의「섭외경제계약법」[159]에서는 위약금의 보충적인 성질을 더 많이 강조하였다.「섭외경제계약법」제20조 제2항에서는 "계약에서 약정한 위약금을 계약위반에 대한 손해배상금으로 본다. 그러나 약정한 위약금이 계약위반에 따른 손실액수보다 과도하게 많거나 작은 경우 당사자는 중재기관 혹은 법원에 위약금의 절감 혹은 인상을 청구할 수 있다"라고 규

---

[159] 1985년 3월 21일에 통과되었고 후에 중국경제계약법, 중국기술계약법과 함께 중국계약법에 의하여 통폐합되었다. 여기에서 섭외경제계약이란 중국의 기업이나 기타 경제조직이 외국의 기업과 기타 경제조직이나 개인 사이에 일정한 경제목적의 실현을 목적으로 형성한 권리·의무관계에 관한 합의를 말한다.—역주

정하고 있다. 최고인민법원은 1987년 10월 19일에 공포한 「〈섭외계약법〉에 관한 몇 가지 문제에 대한 해답」에서 "당사자가 계약에서 약정한 위약금은 약정된 배상금이다. 당사자 일방이 계약을 위반하였다면 반드시 상대방에게 약정한 위약금을 지급하여야 한다. 만일 계약에서 약정한 위약금이 계약위반에 따른 손실액수보다 많거나 적은 경우 당사자의 청구를 전제로 인민법원이 정상참작하여 적절히 절감하거나 인상한다"라고 규정하고 있다. 이와 같은 규정은 위약금의 이중성을 강조한다. 현행「중국계약법」제2조는 실질적으로 과거의 섭외경제계약법의 규정을 이어받았다고 볼 수 있다.

2. 손해배상의 범위

(1) 손해배상범위를 확정하는 기본원칙

(a) 완전배상원칙

완전배상원칙이란 위약한 일방이 위약에 의하여 상대방에게 입힌 손실의 전부를 배상하는 원칙을 말한다. 다시 말해서 위약한 일방은 위약함으로써 입힌 상대방의 재산상의 감소뿐만 아니라 계약이행에 의해서 얻을 수 있었던 이익에 대하여서도 배상하여야 한다.

(b) 합리예견원칙(合理豫見原則)

완전배상원칙은 전적으로 위약하지 않은 일방을 보호하기 위한 원칙이다. 그러나 민법의 기본원칙상 손해배상의 범위를 합리적으로 제한하여야 한다. 세계의 많은 국가 혹은 공약(公約)은 그 범위를 적절하게 제한하고 있다. 「프랑스민법전」 제1150조에서는 "만일 채무자의 불이행이 채무자의 기만에 의한 것이 아니면 채무자는 계약시 예상했거나 예상할 수 있는 손해 혹은 이익에 대하여서만 배상의 책임을 진다"라고 규정하고 있다. 프랑스의 이와 같은 원칙은 영국에 영향을 주었고 1854년 Hadley v. Baxendle안(案)에 반영되었다. 후에 이 원칙은 더 체계화되었으며 많은 안건에 반영되었다.[160] 「미국통일상법전」 제2715조에서도 이 원칙을 반영하였고, 「국제물품매매계약에 관한 유엔협약」 제74조에서도 손해배상은 계약을 위반한 일방이 계약 당시의 상황과 사실에 의거하여 계약위반시 예상되는 손실액수를 초과해서는 안 된다고 규정하였다. 중국의 계약법 역시 이 원칙을 적용하고 있으며, 「중국계약법」 제113조 규정에 따르면 손해배상은 계약을 위반한 일방이 계약 당시 위약에 의해서 발생할 수 있는 손실에 대한 예상액수를 초과해서는 안 된다.

(c) 피해자의 손실절감의무의 원칙

이 원칙에 의거하여 상대방이 약정을 위반할 시 위약하지 않은 일방은 손실의 최소화를 위한 조치를 취하여야 한다. 피해자가 이 원칙을 어겨서 얻은 손실에 대하여서는 위약자가 책임지지 않는다. 이 원칙은 이미 많은 국가와 판례 그리고 국제공약에 의해서 인정받았다. 「국제물품매매계약에 관한 유엔협약」 제77조에서는 "계약위반에 의하여 피해를 받은 일방은 반드시 이유을 포함한 자신의 이익에 대한

---

[160] 徐炳:《賣買法》, 經濟日報出版社, 1991年版, 324쪽.

손실을 막기 위한 합리적인 조치를 취하여야 한다. 만일 조치를 취하지 않았다면 계약을 위반한 일방은 원래 막을 수 있었던 손실에 대하여서는 책임지지 않는다"라고 규정하고 있다. 「독일민법전」 제254조에서도 이와 같이 규정하였다. 또한 「중국민법통칙」 제114조, 「중국계약법」 제119조에서도 모두 이 원칙에 대해서 규정하였다.

(2) 손해배상의 범위와 관련된 여러 가지 개념

손해배상 범위의 문제에는 여러 가지 개념이 존재한다. 이는 계약법을 공부할 때 반드시 구분하고 이해하여야 하는 개념이다. 그 개념은 다음과 같다.

(a) 신뢰이익과 기대이익

신뢰이익과 기대이익은 미국의 학자인 풀러(Lon L. Fuller)가 1936년 《예일법률잡지》에 쓴 '계약에 대한 손해배상 중의 신뢰이익'이란 글에서 처음으로 구분하였다. 그는 손해를 받을 수 있는 이익을 반환이익, 신뢰이익, 기대이익의 세 가지 이익으로 나누었는데, 그중 신뢰이익과 기대이익의 구분이 사회에 큰 영향을 주었다. 풀러가 한 구분에 의하면 신뢰이익이란 피고의 승낙한 사항에 대하여 원고가 신뢰함으로 인해서 발생한 변화 혹은 상황을 말한다. 예를 들면, 토지매매계약에 기인하여 매수인이 매도인의 토지소유권에 대하여 조사하는 데 드는 비용, 그 계약 때문에 놓친 다른 계약의 기회비용 등이 있다. 법원에서 위와 같은 이익에 입힌 손실에 대해서 배상판결을 내리는 목적은 원고에게 계약 전 원래의 상황으로 회복시켜주기 위하여서이다.

기대이익이란 피고의 승낙행위에 의해서 원고가 희망하게 되는 이익을 말한다. 우리는 소송 중 피고가 이미 승낙한 이행을 원고에게 제공하도록 강제할 수 있고, 피고에게 그 이행에 상응하는 액수의 금전을 원고에게 제공하게 할 수도 있다. 목적은 원고가 피고의 승낙에 의해서 희망하였던 상황이나 이익에 대해서 실현시키는 것이다.[161]

풀러의 이러한 구분이론은 각국의 판례 및 민법이론에 의하여서 그 개념이 채택되었는데, 중국의 민법이론과 입법 역시 위와 같은 개념을 인정하고 있으며, 현행「중국계약법」제119조에 따르면 위의 기대이익과 흡사한 '이행이익' 그리고 신뢰이익과 흡사한 '소극적 이익'으로 구분해 놓고 있다.

(b) 직접손실과 간접손실

직접손실과 간접손실을 구분하는 기준은 학술이론상 세 가지 관점으로 나눈다. 첫 번째 관점은 손실과 위약행위 사이의 인과관계가 직접적인가 아니면 간접적인가에 따라 나눈다. 만일 그 손실이 위약행위의 직접적인 영향을 받았다면 이는 직접손실이다. 반면에 만일 손실이 위약행위뿐만 아니라 다른 요소에 의하여서도 영향을 받았다면 이는 간접손실이다. 두 번째 관점은 손실된 대상에 따라 직접손실과 간접손실로 나눈다. 만일 위약행위가 직접적으로 목적물에 손실을 주었다면 이는 직접손실이고, 위약행위가 목적물 이외의 재산에 손실을 주었다면 이는 간접손실이다. 세 번째 관점은 위약행위의 대상에 따라 나눈다. 이 관점에서의 직접손실이란 손실을 채권자에게 주었을 때를 말하며, 만일 채권자가 아닌 제3자에게 손실을 주었다면 이때의

---

[161] Lon L. Fuller: "合同損害賠償中的信賴利益", 韓世遠譯,《民商法論叢》제7권에서 인용, 梁慧星主編, 法律出版社, 1997年版, 413쪽.

손실은 간접손실이라고 한다. 중국은 첫번째 관점을 통설로 한다. 즉, 중국은 직접손실과 간접손실을 손해와 위약행위의 인과관계에 따라 구분한다.[162]

미국통일상법전은 신뢰이익과 기대이익을 구분하고 있지 않다. 반면에 손실을 직접손실, 간접손실 그리고 부대손실로 나누었다. 직접손실은 화물과 금전의 손실을 뜻하고, 부대손실은 계약관계로 인해 발생한 각종 비용을 뜻한다. 예를 들면, 매수인이 매도인의 물건을 검역, 수령, 운수, 보관하는 등의 비용 및 계약한 화물을 전매하는 데 드는 비용 등이 부대손실에 해당한다. 또한 매수인이 위약하여 화물의 수령을 거절하거나 급부하지 않은 경우 매도인이 운수를 중단하고 화물을 돌려보내며 보관하는 데 드는 비용 역시 부대비용에 포함된다. 간접손실이란 피해자 일방이 잃은 이익을 가리키며 「미국통일상법전」 제2715조의 규정에 따르면 (i) 일반적인 혹은 특별한 수요에 의하여 발생한 손실을 가리키며 이 손실은 계약 당시 매도인이 알고 있는 전매나 기타 방법을 통하여도 막을 수 없는 손실을 가리킨다. (ii) 화물의 하자에 의하여 발생한 인신 혹은 재산상의 손실을 가리킨다고 정의할 수 있다.

피해자 입장에서 생각하면 중요한 것은 손실을 구분하는 기준이 아닌 그에 대한 실질적인 보상이다. 우리는 위와 같이 각종 개념에 대하여 분석하여 중국과 미국의 입법상 이를 구분하는 기준이 비슷하다는 점을 알 수 있다. 즉, 우리는 두 나라 모두 예견가능성에 그 기준을 둔다는 사실을 알 수 있다.

---

162 王利明:《違約責任論》, 中國政法大學出版社, 1996年版, 401~402쪽.

제7장

主要契約[163]

제1절 賣買契約

I. 매매계약의 개술

1. 매매계약의 개념

매매계약이란 일방이 물건을 인도하여 소유권을 상대방에게 이전하고, 다른 일방은 물건을 수령하고 대금을 지급하는 것을 약정하는 계약을 말한다. 「중국계약법」 제130조에서는 매매계약의 개념을 "매매계약은 매도인이 목적물의 소유권을 매수인에게 이전하고 매수인이 대금을 지급하는 계약이다"라고 규정하고 있다. 물건을 인도하여

---

[163] 중국계약법에서는 매매계약, 전기·물·가스·열에너지 공급사용계약, 증여계약, 대출계약, 임대차계약, 융자임대차계약, 도급계약, 건설공정계약, 운송계약, 기술계약, 보관계약, 창고저장계약, 위탁계약, 위탁매매계약과 중개계약을 규정하고 있다.

야 할 의무가 있는 일방은 매도인이고, 매도인에 대하여 대금을 지급할 의무가 있는 일방은 매수인이다.

매매계약의 목적물은 반드시 매도인의 소유물이거나 매도인이 그에 대하여 처분권을 가지고 법률에 의하여 허용되는 유통물이어야 한다. 「중국계약법」 제132조는 "매출(賣出)하는 목적물은 매도인의 소유물이거나 매도인에게 처분권이 있는 것이어야 한다. 법률·행정법규가 그 양도를 금지하거나 제한하도록 규정하는 목적물은 그 규정에 따른다"라고 규정하고 있다. 그러나 계약의 목적물이 계약성립 시에 이미 존재할 것을 요구하지는 않는다. 목적물이 계약이행시에 존재하고 이행가능하다면 매매계약의 목적물로 삼을 수 있다.

2. 매매계약의 특징

(1) 매매계약은 소유권의 이전을 최종목적으로 삼는다. 이는 다른 계약유형과 구별되는 특징이다.

(2) 매매계약은 전형적인 유상·쌍무계약이다. 매매계약의 쌍방당사자의 권리와 의무는 서로 반대성을 가진다. 즉, 일방의 권리는 상대방의 의무이고, 일방의 의무는 상대방의 권리이다. 그러므로 쌍무계약이다. 일방이 상대방의 이익을 얻으려면 반드시 대가를 지급하여야 한다. 그러므로 유상계약이다.

(3) 매매계약은 낙성계약이다. 법률에 특별규정이 있는 것과 당사자 사이에 특약이 있는 경우를 제외하고, 매매계약은 쌍방이 합의했을 때 법률효력이 발생하며 물건의 인도를 성립조건으로 하지 않는다.

II. 매매계약의 효력

1. 매도인에 대한 효력

(1) 목적물의 인도의무

매도인은 목적물을 인도하고 매수인이 그 물건에 대한 소유권을 취득하게 할 의무가 있다. 매도인이 목적물을 인도할 때에는 계약에서 규정한 수량, 품종, 기한, 방식과 시간에 따라서 목적물을 인도하여야 한다. 법률에 별도로 규정이 있는 경우를 제외하고, 인도의무의 이행에 필요한 비용은 매도인이 부담한다. 목적물을 인도할 때에는 목적물과 관련된 모든 문건도 함께 인도하여야 한다. 예를 들어, 종된 물건이 있을 때에는 그 물건도 함께 인도하여야 한다. 이에 대하여「중국계약법」제135조는 "매도인은 매수인에게 목적물 또는 목적물의 인출증서를 인도하고 목적물의 소유권을 이전하는 의무를 이행하여야 한다"라고 규정하고 있으며, 동법 제136조에서는 "매도인은 약정 또는 거래관습에 따라 매수인에게 목적물의 인출증서 이외의 관련증서와 서류들을 인도하여야 한다"라고 규정하고 있다.

인도기간은 계약의 약정이나 법률규정에 의거한다. 당사자 사이에 약정이 없거나 법률에 규정이 없는 경우에는 다음과 같은 원칙으로 결정한다.

(a) 채무자는 언제든지 이행이 가능하고 채권자도 언제든지 이행을 요구할 수 있다. 그러나 상대방에게 필요한 준비기간을 주어야 한다.

(b) 계약을 체결하기 전에 이미 매수인이 계약의 목적물을 실제로

점유하였을 경우, 인도일시가 계약의 효력발생일시가 된다.
(c) 특별한 절차를 거쳐야 하는 경우, 법정절차가 완성된 일시를 인도일시로 한다.

인도지점은 계약에 약정이 있으면 약정에 따르고, 법률에 규정이 있으면 그 규정에 의거한다. 법률에 규정이 없거나 당사자 사이에 약정이 없는 경우에는 다음과 같은 기준에 따라 인도지점을 확정한다.

(i) 화폐로 지급하는 경우에는 화폐를 받는 일방의 소재지에서 이행하고, 부동산을 인도하는 때에는 부동산소재지에서 이행한다. 그 밖의 목적물은 의무를 이행하는 일방의 소재지에서 이행한다.

(ii) 목적물을 운송하여야 하는 경우, 매도인은 목적물을 제1운송인에게 인도하여 매수인에게 운송하도록 한다. 목적물을 운송하지 않아도 되는 경우, 매도인과 매수인이 계약을 체결할 때에 명확히 알고 있는 목적물의 지점에서 매도인은 목적물을 인도하여야 한다. 목적물이 어느 지점에 있는지 모를 때에는 계약체결시의 매도인의 영업장소에서 목적물을 인도하여야 한다.

(iii) 매도인이 목적물건을 운송하는 경우, 매도인이 목적물을 예정지점으로 운송하고 매수인이 검사하고 접수한 후에 인도된 것으로 본다.

(iv) 매도인이 운송을 위탁하거나 우송한 경우, 매도인이 운송을 위탁하거나 우송한 것에 대한 수속을 끝낸 시점으로부터 인도된 것으로 본다.

(v) 매수인이 물건을 출하하는 경우, 매도인이 통지한 운송출하 일시를 인도일시로 한다. 그러나 매도인이 통지한 시간은 매수인이 필요로 하는 이동시간을 남겨둔 것이어야 한다.

(2) 하자담보책임(瑕疵擔保責任)

전통민법이론에 따르면 채권법상의 하자는 두 종류로 나누어진다. 하나는 품질하자(品質瑕疵)이고, 다른 하나는 권리하자(權利瑕疵)이다.

(a) 품질하자

품질하자는 물건의 하자라고도 한다. 이는 매도인이 인도한 목적물에 법정 또는 약정한 품질이 결여되어 있는 것을 말한다. 물건의 하자는 그 발견의 어려움에 따라 표면하자(表面瑕疵)와 은폐하자(隱蔽瑕疵)로 나누어진다. 전자는 물건의 표면상에 하자가 존재하는 것을 말하며, 이는 전문적인 검사가 없이도 일반인의 경험에 비추어 즉시 발견할 수 있는 것이다. 후자는 물건의 내부에 하자가 있는 것을 말하며, 이는 전문적인 검사를 통해서 하자를 발견할 수 있다. 이 두 가지를 구분하는 의의는 매수인이 권리를 주장할 수 있는 시간이 다르다는 데에 있다. 전자는 그 기한이 비교적 짧고, 후자는 비교적 길다. 품질하자의 담보책임은 다음과 같다. 매수인은 감가(減價)나 계약해제를 청구할 수 있다. 또 매도인에게 수리를 하도록 요구하거나 자체 수리할 수 있으며, 이에 드는 비용은 매도인이 부담한다. 목적물이 종류물인 경우 매수인은 매도인이 온전한 대체물을 별도로 인도하도록 청구할 수 있다. 매도인이 하자가 있는 물건을 인도하여 매수인이 손실을 입었을 경우에는 매도인에게 손해배상을 청구할 수 있다. 그러나 매수인이 물건에 하자가 있는 것을 명확히 알고 있었음에도 불구하고 물건을 인도받았다면 매도인은 책임을 지지 않는다. 중국계약법은 물건의 품질에 대한 하자담보책임을 규정하지 않고 위약으로 처리하고 있다.

(b) 권리하자

권리하자는 목적물이 타인소유이거나 대상물권에 타인의 권리가 있을 때에 권리인이 청구하여 회수하거나 목적물에 대하여 기타 권리를 주장할 수 있는 것을 말한다. 매도인은 제3자의 매매계약의 목적물에 대한 담보를 이유로 매수인에게 어떠한 권리도 주장할 수 없다. 이것은 로마법의 "어떠한 사람도 자기권리보다 큰 권리를 다른 사람에게 줄 수 없다"라는 원칙이 반영된 것이다. 매도인이 이 의무를 위반했을 때 매수인은 채무불이행에 관한 규정에 따라 매도인에게 위약금 지급, 이행, 계약해제, 손해배상이나 기타 권리를 주장할 수 있다. 그러나 매도인이 권리하자를 매수인에게 고지했거나 상황에 근거하여 매수인이 하자의 존재를 알고 있었다는 것을 증명할 수 있을 때에는 매도인이 책임을 지지 않는다. 중국계약법에는 품질하자에 대한 담보책임규정을 두고 있지 않지만, 권리하자에 대한 담보책임규정은 두고 있다. 「중국계약법」 제150조는 "매도인은 인도하는 목적물에 대하여 제3자가 매수인에게 그 어떤 권리도 주장하지 못하도록 보장할 의무를 가진다. 그러나 법률이 별도로 규정하고 있는 것은 이에 속하지 않는다"라고 규정하고 있다. 또 동법 제151조는 "매수인이 계약체결시 제3자가 매매하는 목적물에 대하여 권리를 향유하고 있음을 알거나 알았어야 할 경우 매도인은 본법 제150조가 규정한 의무를 부담하지 않는다"라고 규정하고 있다.

2. 매수인에 대한 효력

(1) 대금지급의무
대금을 지급하는 것은 매수인의 주요한 의무이고, 매수인은 제때에 지급하지 못하면 이행지체에 대한 책임을 져야 한다.

(2) 이행의 수령의무
신의성실의 원칙에 근거하여 채권자는 채무자의 이행을 즉시 수령하여야 한다. 채권자가 법정이나 약정한 항변사유 없이 이행의 수령을 거절하면 수령지체의 책임을 져야 한다.

(3) 보관의무
매수인은 매도인이 인도한 하자가 있는 목적물에 대하여 수령을 거부할 권리가 있다. 그러나 이와 같은 상황에서 매도인이 목적물을 우송 혹은 운송으로 전달하였을 때 매수인에게는 보관의무가 있다. 매수인은 쉽게 곰팡이가 피거나 부식되는 물품에 대하여서는 변매(變賣)[164]하여 변매금으로 보관한다. 매수인이 하자가 있는 물건의 보관이나 처리를 위하여 지출한 비용은 매도인이 부담한다.

---

164 물건을 매출하여 권리를 실현하는 것-역주

3. 목적물소유권의 이전과 위험부담

(1) 목적물소유권의 이전

전통민법이론에 따르면 목적물이 특정물이면 계약성립시에 매수인에게 소유권이 이전된다. 목적물이 특정물이 아니면 목적물을 인도할 때에 소유권이 이전된다. 중국민법통칙의 규정에 따르면 재산소유권은 인도할 때부터 매수인에게 이전된다. 그러나 법률이 별도로 규정하고 있거나 당사자 사이에 별도로 약정이 있을 경우에는 규정 혹은 약정에 따라야 한다.

「중국계약법」은 제133조에서도 이와 같은 규정을 두고 있다. 그러나 동법 제134조에서는 "당사자는 매수인이 대금을 지급하지 않았거나 기타 의무를 이행하지 않았을 경우 목적물의 소유권은 매도인에게 속한다고 매매계약에 약정할 수 있다"라는 '소유권보류제도'를 규정하고 있다.

(2) 위험부담

위험부담은 매매계약이 성립한 후 쌍방당사자에게 귀책시킬 수 없는 원인에 의하여 목적물이 훼손·멸실되었을 때의 손실책임의 귀속을 말한다.

위험부담문제에 관하여 각국의 입법 및 법학이론은 서로 다른 규정과 주장을 하고 있다. 하나는 소유권이 이전되는 시간을 위험이 이전되는 시간으로 하는 것이고 영국법과 프랑스법에서 이 주장을 채택하고 있다. 다른 하나는 인도이전의 원칙에 따라서 목적물이 실질적으로 인도된 시점을 위험이 이전되는 지표로 하는 것이고 미국과 독일이 이 주장을 채택하고 있다.

중국민법통칙에는 이에 관한 규정이 없고「중국계약법」에서 다음과 같이 명확한 규정을 두고 있다.

- 제142조 : 목적물의 훼손·멸실의 위험은 목적물을 인도하기 전에는 매도인이 부담하고, 인도한 후에는 매수인이 부담한다. 그러나 법률이 별도로 규정하고 있거나 당사자가 별도로 약정한 것은 이에 속하지 않는다.
- 제143조 : 매수인의 사정으로 인하여 목적물을 약정한 기간에 인도할 수 없을 경우에 매수인은 약정을 위반한 날부터 목적물의 훼손·멸실의 위험을 부담하여야 한다.
- 제144조 : 매도인이 매출하고 운송인에게 인도한, 수송 중에 있는 목적물은 당사자가 별도로 약정한 경우를 제외하고 훼손·멸실의 위험은 계약이 성립되는 때부터 매수인이 부담한다.
- 제145조 : 매도인이 목적물을 제1운송인에게 인도한 후 목적물의 훼손·멸실의 위험은 매수인이 부담한다.
- 제148조 : 목적물의 품질이 요구에 부합되지 않아 계약의 목적을 실현할 수 없는 경우 매수인은 목적물의 인수를 거절하거나 계약을 해제할 수 있다. 매수인이 목적물의 인수를 거절하거나 계약을 해제할 경우에 목적물의 훼손·멸실의 위험은 매도인이 부담한다.

중국계약법은 목적물의 훼손·멸실에 대한 위험부담과 위약책임과의 관계에 대하여서도 명확히 규정하고 있다. 동법 제149조는 "목적물의 훼손·멸실의 위험을 매수인이 부담하는 경우, 매도인의 채무이행이 약정에 부합되지 않아 매수인이 매도인에게 위약책임을 부담할 것을 요구하는 권리에는 영향을 미치지 않는다"라고 규정하고 있다.

III. 특수매매계약

1. 환매(還買)[165]

이것은 당사자가 매매계약 체결시에 매도인이 장래에 매도한 목적물을 재매입할 권리를 보류하는 계약이다. 이는 시간상의 제한을 두어야 하고, 그 기간 내에 매수인은 목적물을 사용할 수 있을 뿐 마음대로 처분할 수 없다.

2. 경매

경매는 공개경쟁방식을 통하여 그 목적물의 최고가격을 부르는 사람에게 파는 매매방식이다. 경매와 일반적 계약효력과의 차이는 경매는 매수인이 목적물의 품질을 인가(認可)하는 것이기 때문에 일반적으로 하자담보를 주장할 수 없다는 데 있다.

3. 시험매매

시험매매는 계약성립시에 매도인이 매수인에게 일정기한 동안 목적물을 시험사용하게 하고, 기한이 만료되기 전에 매수인이 목적물을 인가하고 구매에 동의하는 계약이다. 일반적으로 시험매매계약은 정지조건부 계약의 성질을 가진다고 본다. 매수인은 약정한 기한 내

---

[165] 원문은 '매회(買回)'이다.-역주

에 목적물에 대한 인가를 하여야 한다. 약정한 기한이 없으면 매도인이 규정한 기한 내에 하여야 한다. 기한을 초과하고 의사표시를 하지 않는 경우 매수인이 대금의 일부 또는 전부를 지급하는 것을 인가한 것으로 본다. 또 목적물을 시험사용 외의 용도로 사용했을 때에도 인가한 것으로 본다. 그러나 시험매매에서 매수인이 인가할 의무가 있는 것은 아니다. 목적물과 계약의 규정이 일치하더라도 당사자는 거부할 수 있다. 「중국계약법」 제171조는 "시험매매하는 매수인은 사용기한 내에 목적물을 구입할 수도 있고 구입을 거절할 수도 있다. 사용기한이 만료된 후 매수인이 목적물의 구매 여부에 대하여 의사표시를 하지 않을 경우에는 구매하는 것으로 본다"라고 규정하고 있다.

4. 견본매매

견본매매는 계약체결시 당사자 쌍방이 특정한 견본을 미래에 인도할 목적물의 기준으로 하여 약정하는 점 외에는 일반매매와 별 차이가 없다. 이러한 견본매매에서 매도인은 미래에 인도할 목적물과 견본의 품질이 동일할 것을 이미 보증한 것이 된다. 만약 매도인이 미래에 인도할 목적물과 견본의 품질이 동일하지 않으면 불완전이행의 책임을 져야 한다.

「중국계약법」 제169조 규정에 따르면 견본으로 매매하는 매수인이 견본에 은폐된 하자가 있음을 모를 경우에는 인도한 목적물이 견본과 동일하다 해도 매도인은 인도한 목적물의 품질이 같은 종류의 물품의 보통기준에 도달되게 하여야 하는 의무를 가진다.

5. 건물매매

건물매매는 건물을 목적물로 하는 매매이다. 가옥은 부동산이므로 건물매매계약은 특수성을 가진다. 우선 계약은 서면형식으로 하여야 한다. 다음으로 건물소유권의 이전은 등기를 기준으로 한다. 즉, 쌍방당사자가 건물소재지의 건물관리기관에서 이전등기를 경료한 후에 건물소유권이 이전된다.

6. 할부매매[166]

할부매매는 매수인이 대금총액을 약정한 기한에 따라서 분기로 지급하여야 하는 매매이다. 이러한 매매는 중국에서는 보편적이지 않지만 선진국에서는 매우 보편적인 소비방식이다. 할부매매에서 당사자는 목적물의 인도시간을 약정할 수 있다. 매도인은 매수인과 소유권을 보류하는 약정을 할 수 있다. 당사자 사이에 약정이 없는 것은 목적물이 인도된 날부터 매수인에게 소유권이 이전된다.

「중국계약법」 제167조 규정에 따르면, 대금을 분할지급하는 매수인이 연속으로 두 번 이상 대금을 지급하지 않았거나 지급하지 않은 만기대금액수가 대금 전액의 1/5에 달할 경우 매도인은 매수인에게 대금의 전액지급 또는 계약의 해제를 요구할 수 있다. 매도인이 계약을 해제할 경우 매수인에게 해당목적물의 사용료를 지급할 것을 요구할 수 있다.

---

[166] 원문은 '분기부관매매(分期付款買賣)'이다.-역주

제2절 贈與契約

I. 증여계약의 개념과 특징

1. 증여계약의 개념

증여계약은 당사자 일방이 자기소유의 재산을 무상으로 다른 타인에게 양도하는 것을 약정하는 계약이다. 재산을 양도하는 일방은 증여자이고, 재산을 수령하는 일방은 수증자(受贈者)이다. 증여계약은 재산소유자가 법에 의거하여 자기재산을 처분하는 법률형식의 하나이고, 이것은 재산소유권을 양도하는 계약의 일종이다. 증여계약에 따라서 증여자는 재산을 수증자에게 양도하여야 하고 그의 소유가 되도록 하여야 한다.

2. 증여계약의 특징

(1) 증여계약은 쌍방법률행위이다

증여는 계약형식의 하나로서 당사자 쌍방 간의 의사표시가 일치하여야 효력이 발생한다. 즉, 당사자 사이에 무상으로 지급한다는 것에 대한 의사표시가 일치하여야 하며, 무상으로 재산을 준 객관적 사실에만 의거하여 판단하면 안 된다. 그러므로 당사자 일방이 무상으로 재산을 줄 의무가 있는 경우는 증여계약이 아니다. 예를 들어, 고용주가 고용원에게 고용기간 동안 숙식을 무료로 제공한다고 했을 때 이러한 사실은 고용계약의 내용일 뿐이지 증여계약은 아니다. 증여자가 증여의 의사표시를 하고 수증자가 증여받기를 원하는 의사표시를 할 때에 증여계약이 성립되고 효력이 발생한다. 이것은 증여계약이 유증(遺贈)과 구별되는 특징이다. 유증도 재산소유권을 양도하는 행위이지만 유증은 일방법률행위이므로 유증자 일방의 의사표시만으로도 성립이 가능하다.

(2) 증여계약은 단무(單務)[167]· 무상계약이다

증여계약이 성립되어 효력이 발생한 후 증여자 일방은 재산을 수증자에게 인도할 의무를 지지만, 수증자는 어떠한 의무도 부담하지 않는다. 부담부증여(負擔附贈與)라도 수증자가 부담을 이행하는 것은 증여자가 의무를 이행하는 것에 대한 대가는 아니다. 그러므로 증여계약은 한 쪽이 의무를 부담하는 단무계약이다. 증여자가 증여물을 인도한 후 수증자는 어떠한 대가도 지급하지 않는다. 그러므로 증여계약은 무상계약이다. 증여계약의 무상성은 매매와 물물교환과 구분되는 특징이다. 증여계약은 무상계약이기 때문에 수증자는 이익만 얻을 뿐, 어떠한 대가도 지급할 필요가 없다. 따라서 제한민사행위능력인과 무민사행위능력인도 단독으로 증여를 받을 수 있고 수증자가 될 수 있다.

(3) 증여계약은 낙성계약이다

증여계약이 낙성계약인가 실천계약[168]인가에 대하여서 각국은 서

---

167 한국민법의 편무계약에 해당한다.-역주
168 실천계약(實踐契約, real contract)은 요물계약이라고도 하며, 당사자의 합의 외에 물건의 인도 기타의 급부를 이행하여야만 성립하는 계약이다.-역주

로 다른 법률규정을 하고 있으며, 중국 법학계에도 서로 다른 관점이 있다. 필자는 증여계약을 낙성계약으로 본다. 만약 증여계약을 실천성 계약으로 본다면 증여계약이 성립된 후에 증여자에 대한 구속력이 없다. 따라서 수증자가 증여를 받아들이는 의사표시를 하고 증여를 받아들이기 위하여 경제상의 지출을 하더라도 증여자의 불이행으로 인해서 계약이 허사가 될 수 있다. 그러므로 증여자에 대하여 구속력이 있도록 하기 위하여는 증여계약을 낙성계약으로 규정하여야 한다. 물론, 증여계약은 무상계약이므로 증여자의 합법적인 권익을 보호하기 위하여 증여자가 증여재산의 권리를 이전하기 전에는 증여를 해지할 수 있다. 그러나 성금이나 가난한 농가를 돕는 등 사회공익적·도덕적 의무의 성질을 가지는 증여계약이나 공증한 증여계약은 마음대로 해지할 수 없다.

II. 증여계약의 효력

증여계약의 효력은 증여계약의 당사자 쌍방의 권리와 의무와 책임을 말한다. 증여계약은 단무계약으로서 증여자는 의무와 책임을 부담하고, 수증자는 증여받는 권리를 향유하지만 의무를 부담하지는 않는다. 증여자의 의무와 책임은 다음과 같이 개괄해볼 수 있다.

1. 증여물의 인도의무
증여자의 주요한 의무는 증여물 및 그 소유권을 증여계약에서 약정한 시간·장소·방식에 따라 수증자에게 이전하는 것이다. 법률이 별도로 규정하고 있거나 당사자 사이에 별도로 약정이 있는 상황을 제외하고 증여물의 소유권은 인도에 의하여 이전된다. 법률이 재산권을 변동할 때에 등기를 하도록 규정하고 있는 경우는 이전등기를 경료하여야 소유권이 이전된다. 등기를 하지 않은 것은 선의의 제3자에 대하여서 대항할 수 없다.

2. 인도의무의 불이행의 책임

사회공익·도덕적 의무의 성질을 가지거나 공증한 증여계약에서 증여자가 증여물을 인도하지 않은 경우 수증자는 이행을 청구할 수 있고, 증여자는 채무불이행의 책임을 져야 한다. 그러나 증여계약은 무상계약으로서 증여자만 의무를 부담하기 때문에 증여자가 증여의무를 불이행할 때에 부담하여야 할 책임은 쌍무계약의 당사자가 채무를 이행하지 않았을 때의 책임보다 가볍다. 「독일민법전」 제521조는 "증여자는 고의나 중대한 과실에 대한 책임만 부담한다"고 규정하고 있다. 동법 제522조는 "증여자는 지연으로 인하여 발생한 이자를 지급할 의무를 지지 않는다"라고 규정하고 있다. 우리는 사회공익·도덕적 의무의 성질을 가지거나 공증한 증여계약에서 증여자의 고의나 중대한 과실로 인하여 증여재산이 훼손·멸실되어 급부불능이 되어 수증자에게 손실을 초래한 경우 증여자는 손해배상책임을 져야 한다고 본다. 그리고 증여자가 자신에게 책임 있는 사유로 이행을 지연한 경우 수증자는 증여자에게 증여물을 인도할 것만 청구할 수 있고, 그 밖의 손실이나 지연으로 인하여 발생한 이자에 대한 배상은 청구할 수 없다고 본다. 그러나 증여자의 경제상태가 현저하게 악화되어 그의 생산경영이나 가정생활에 영향을 미치는 경우에는 증여

의무를 이행하지 않을 수도 있다고 본다.

3. 하자보증책임

증여자는 자신의 재산을 무상으로 타인에게 증여한다. 증여의 대부분은 어떤 사업에 대한 관심이나 절친한 친구나 생활이 어려운 사람에게 도움을 주는 것이고, 증여자는 일반적으로 물건을 현재 상태로 증여할 뿐 증여물의 하자를 꼭 알고 있지는 않다. 그러므로 증여자는 증여물의 하자에 대하여 원칙적으로 책임을 지지 않는다. 그러나 각국의 입법에서 볼 때, 증여자가 고의로 증여물의 하자를 고지하지 않은 경우에는 하자보증책임을 져야 한다. 「일본민법전」 제551조는 "증여자는 증여하는 물건이나 권리의 하자나 결함에 대한 책임을 지지 않는다. 그러나 증여자가 하자나 결함이 있다는 것을 알고도 수증자에게 알리지 않았을 경우 이에 제한받지 않는다"고 규정하고 있다. 필자는 증여자가 고의로 하자가 있는 것을 알리지 않았거나 하자가 없다는 것을 보증하지 않아서 수증자에게 손실을 초래했을 경우 손해배상책임을 져야 한다고 본다. 그 밖에 부담부증여나 증여재산에 하자가 있는 경우는 증여자가 부담의 한도 내에서 매도인과 같은 보증책임을 져야 한다고 본다.

III. 증여계약의 취소

증여계약의 취소는 두 가지 의미를 가진다. 하나는 증여계약이 성립한 후에 증여물을 수증자에게 인도하기 전의 취소이고, 다른 하나는 증여물을 수증자에게 인도한 후의 취소이다. 여기서 말하는 증여계약의 취소는 후자를 가리킨다.

증여자가 수증자에게 증여물의 권리를 이전한 후에 재산소유권은 수증자에게 이전되고 이는 법률의 보호를 받아야 하며, 증여자는 마음대로 증여계약을 취소할 수 없다. 그러나 수증자가 다음과 같은 상황 중의 하나에 해당하는 경우에는 증여자는 증여계약을 취소할 수 있다.

(1) 증여자 또는 증여자의 근친족에게 심각한 불법행위를 한 경우
(2) 증여자에 대한 부양의무를 이행하지 않은 경우
(3) 부담부증여에서 수증자가 부담하여야 하는 의무를 이행하지 않은 경우

그 밖에 수증자의 위법행위로 인해서 증여자의 사망 또는 민사행위능력의 상실을 초래했을 경우, 증여자의 상속인이나 법정대리인이 증여를 취소할 수 있다.

취소권을 행사할 때에는 취소권자가 증여계약의 취소의사를 수증자에게 통지하여야 하고, 취소권은 취소권자가 행사함으로써 효력이 발생한다. 사회관계의 안정을 위하여 증여자, 그의 상속인이나 법정대리인은 빠른 시일 내에 취소권을 행사하여야 하고, 취소권자가 규정된 기간 내에 권리를 행사하지 않았을 경우 취소권은 소멸된다. 일반적으로 증여자의 취소권은 취소원인을 안 날부터 1년 내에 행사하여야 한다. 증여자의 상속인이나 감호인의 취소권은 취소원인을 안 날로부터 6개월 내에 행사하여야 한다.

IV. 부담부증여[169]

　부담부증여는 증여자가 재산을 증여할 때에 일정한 조건을 부관으로 하여 수증자에게 일정한 의무를 지우는 증여이다.

　부담부증여는 특수한 증여이고, 증여자는 그 증여에 대하여 일정한 조건을 부관으로 하여 수증자에게 일정한 의무를 지게 한다. 이러한 의무를 부담이라 한다. 증여가 부관으로 하는 부담은 증여의 대가가 아니다. 증여자는 수증자가 부담을 이행하지 않은 것에 대하여 증여 불이행의 항변을 할 수 없다. 원칙적으로 증여자가 급부의무를 이행한 후에 수증자가 그 부담의무를 이행한다. 수증자는 일정한 의무를 부담하지만 계약을 변경할 수 있는 단방적인 의무와 무상성(無償性)도 가지지 않으므로 부담부증여는 증여의 일종이다.

　부담부증여에서 부관으로 한 조건은 적법한 것이어야 한다. 만약 부관으로 한 조건이 법률의 규정이나 공서양속에 위배되는 것이라면 증여계약은 무효가 된다. 그러므로 부관으로 한 조건이 적법할 때에만 유효하다. 증여자가 급부의무를 이행한 후 수증자는 증여재산의 가치범위 내에서 부담을 이행하여야 한다. 그렇지 않으면 증여자는 수증자에게 이행을 청구할 권리를 가지고 수증자가 이행을 거절한 경우에 증여를 취소할 수 있다. 그러나 부담이 수증자에게 책임 있는 사유가 아닌 사유로 인하여 이행불능이 되거나 이행이 불필요한 경우에는 증여자가 증여를 취소할 수 없다.

　부담부증여는 증여에 대하여 일정한 조건을 부관으로 하지만 조건

---

[169] 원문은 '부부담적증여(附負擔的贈與)'이다.-역주

부증여와는 다르다. 조건부증여에서의 조건은 증여계약의 효력과 직접적인 관계가 있지만, 부담부증여에서의 부담은 증여계약의 법률효력과 무관하고 부담으로 인하여 증여의 효과발생을 늦추거나 해제할 수 없다.

한편, 실제 생활에서 증여가 부관으로 하는 조건이 수증자에게 일정한 의무를 부담하게 하는 것이 아니라 일정한 목적을 실현하여 일정한 결과에 도달하게 하기 위한 경우가 있다. 이러한 증여는 부담부증여에 속하지 않는다. 학자들은 이를 일반적으로 목적증여(目的贈與)라고 한다. 목적증여와 부담부증여의 차이점은 목적증여의 증여자는 수증자에게 결과의 실현을 청구할 수 없고, 결과가 실현되지 않았을 때에만 수증자에게 부당이득의 반환을 청구할 수 있다는 것이다. 예를 들어, 남녀 쌍방이 결혼을 위하여 상대방에게 재물을 증여하는 것은 목적증여에 속한다.[170] 부담부증여의 경우 수증자가 부담을 이행하지 않았을 때에 증여자는 그 이행을 청구할 수 있다.

---

170 최고인민법원은 「〈중국혼인법〉 적용에 관한 약간문제해석(二)」 제10조에서 당사자가 관습에 따라 준 예물을 반환할 것을 청구할 때, 만일 쌍방이 혼인신고를 하지 않았거나, 쌍방이 혼인신고는 하였지만 공동으로 생활하지 않은 경우, 혼전의 급부로 인하여 급부한 자의 생활이 어려워진 경우에 속하는 것으로 조사·판명되면 반환하여야 한다고 규정하고 있다. 여기에서 두 번째와 세 번째의 상황에 해당되어 이 해석을 적용하는 때에는 이혼을 그 전제조건으로 하여야 한다.-역주

제3절 賃貸借契約[171]

I. 임대차계약의 개념과 특징

1. 임대차계약의 개념

임대차계약은 당사자 일방이 상대방에게 물건을 인도하여 사용하게 하고, 상대방은 이에 대하여 합당한 차임을 지급하고 사용 후 다시 당사자에게 원물을 반환할 것을 약정하는 계약이다. 물건을 사용하게 하는 일방을 임대인[172]이라 하고, 물건을 사용하는 일방을 임차인[173]이라고 하며, 인도하여 사용하는 물건을 임대물[174]이라 한다. 임대인과 임차인은 임대차계약의 쌍방당사자이다. 임대차계약은 시민·법인이 현존하는 물질적인 재산을 사용하여 과부족(過不足)을 조절하고 사회의 생산과 생활의 순조로운 발전을 보증하는 필수불가결한 법률형식이다.

2. 임대차계약의 특징

(1) 임대차계약은 재산의 사용권을 양도하는 계약이다

임대차계약은 임대인이 임대물의 사용권을 임차인에게 기한을 두

---

171 원문은 '조임합동(租賃合同)'이다.-역주
172 원문은 '출조인(出租人)'이다.-역주
173 원문은 '승조인(承租人)'이다.-역주
174 원문은 '조임물(租賃物)'이다.-역주

어 양도하는 것이지 물건의 소유권을 양도하는 것은 아니다. 이것은
임대차계약이 매매 등 재산소유권을 양도하는 계약과 근본적으로 구
별되는 특징이다. 임대차계약의 목적은 물건의 사용권이기 때문에
임차인이 계약의 유효기간 내에 획득하는 것은 물건을 점유하고 사
용하는 권리와 제한이 있는 수익권이다. 그러나 임의적으로 임대물
을 처분할 수는 없으며, 임대차관계가 종료된 후 임차인은 임대물을
다시 임대인에게 반환하여야 한다.

(2) 임대차계약의 목적물은 특정한 비소모물(非消耗物)이다

임대차계약이 종료되면 임차인은 임대물을 임대인에게 돌려주어
야 한다. 이 때문에 임대차계약의 목적물은 특정한 비소모물일 수밖
에 없다. 가소모물(可消耗物)이나 종류물(種類物) 등은 임대차계약의
목적물이 될 수 없다. 이는 임대차계약이 소비대차계약과 구별되는
중요한 특징이다.

(3) 임대차계약은 낙성·쌍무·유상계약이다

임대차계약은 쌍방당사자가 합의한 때부터 성립한다. 임대물의 실
제인도는 계약의 효력발생요건이 아니다. 그러므로 낙성계약이다.
임대차계약의 쌍방당사자는 일정한 권리도 가지고 일정한 의무도 부
담한다. 쌍방당사자의 권리와 의무는 서로 대응되므로 임대차계약은
쌍무계약이다. 임대차계약에서 어떤 일방당사자가 상대방을 통하여
이익을 취득하면 일정한 대가를 지급하여야 한다. 임대인은 임대물
의 사용·수익권을 양도하여 차임을 받고, 임차인은 차임을 지급함으
로써 임대물의 점유·사용·수익권을 취득한다. 그러므로 임대차계약

은 유상계약이다. 이는 임대차계약이 사용대차계약[175]과 구별되는 중요한 특징이다.

(4) 임대차계약은 임시성(臨時性)을 가진다

임대차계약은 임대인이 임대물의 사용·수익권을 양도하는 계약이다. 임대물의 사용가치는 모두 일정한 기간을 가진다. 만약 당사자가 약정한 계약기간이 지나치게 길다면 임대물의 사용가치를 거의 다 상실하게 될 것이고 임대물을 반환할 때 임대물의 상태에 대하여 다툼이 발생하기 쉽다. 일반적으로 계약기간은 20년을 초과할 수 없고, 계약기간이 만료되면 당사자는 기간을 갱신하는 임대차계약[176]을 할 수 있다. 그러나 갱신한 임대차기간은 갱신하는 계약을 한 날로부터 20년을 초과할 수 없다. 당사자가 임대차기간을 약정하지 않은 것은 기간을 정하지 않은 임대차[177]가 된다. 임대차기간이 6개월 이상일 경우 반드시 서면형식을 채택하여야 한다. 당사자가 서면형식을 채택하지 않았다면 기간을 정하지 않은 임대로 간주한다.

(5) 임대차계약은 물권의 특징을 가진다

임대차계약은 본질적으로 일종의 채권이고 제3자에 대하여 대항하는 효력을 가지지 않는다. 대다수 국가의 민법은 임차인의 이익을 보호하기 위하여 임대권을 인정하고 있다. 특히 부동산임대권은 물권의

---

175 원문은 '차용합동(借用合同)'이다.-역주
176 이를 임대차의 갱신이라고 하며, 그 존속기간이 만료된 경우에 당사자의 합의로 그 기간을 연장하는 것을 말한다.-역주
177 원문은 이를 '부정기조임(不定期租賃)'이라 한다.-역주

효력을 가지는 '임대권의 물권화' 경향이 나타났다. 한편으로는 '매매가 임대차계약의 효력을 파기할 수 없다는 원칙'[178]을 확립하였다. 즉, 임대기간 내에 임대물의 소유권에 변동이 있더라도 임대차계약의 효력에는 영향을 미치지 않는다. 다른 한편으로는 부동산임차인의 '우선구매권'을 확립하였다. 즉, 임대인은 주거용 임대건물을 매출하기 전 합리적인 기간 내에 임차인에게 이를 통지하여야 하고, 임차인은 동등한 조건으로 우선적으로 구매할 수 있는 권리를 가진다.

II. 임대차계약의 쌍방당사자의 권리와 의무

1. 임대인의 주요의무

(1) 계약에서 약정한 시간에 임대물을 임차인에게 인도하여 사용하게 하는 의무
임대차계약은 재산사용권을 양도하는 계약이다. 일반적으로 재산의 점유를 이전하여야 임차인이 임대물을 사용하는 목적에 다다를수 있다. 따라서 임대물을 임차인이 사용하게 하는 것은 임대인의 주요한 의무의 하나이다. 점유의 이전이 불필요한 사용인 경우, 임대인은 계약에서 약정한 시간부터 임차인이 임대물을 사용하도록 허락하여야 한다. 계약에서 별도로 약정한 것 외에 임대인이 인도한 것이 주된

---

[178] 원문은 이를 '매매불파조임원칙(買賣不破租賃原則)'이라 한다. 건물에 임대차계약이 있는 경우에 한 매매는 임대차관계를 파기할 수 없고, 새로운 매수인은 건물의 사용권에 관여할 수 없다. 이때에 임대권의 효력은 매매한 쌍방에게 발생하는 양도의 효력보다 크다. 임대차기간이 만료되었을 때에만 새로운 매수인이 자신이 취득한 완전한 소유권을 행사할 수 있다.-역주

물건이면 종된 물건도 함께 인도하여야 한다. 임대인이 계약에서 약정한 시간에 맞추어 임대물을 인도할 수 없으면 임차인은 그 인도를 청구할 수 있고 동시에 임대인에게 위약금 지급이나 손실배상을 요구할 수 있다.

(2) 임대물의 하자담보의무

임대인은 임대물의 하자에 대하여서 담보의무를 진다. 이러한 담보의무에는 물건에 대한 하자담보의무와 권리에 대한 하자담보의무를 포함한다. 임대인의 물건에 대한 하자담보의무는 임대인이 인도하는 임대물이 계약에서 약정한 품질기준이나 용도에 부합하는 것이어야 한다는 것을 말한다. 만약 임대물에 임차인이 정상적으로 사용·수익할 수 없는 하자가 있다면 임차인은 임대물의 수리나 교환을 요구할 수 있으며, 차임의 삭감이나 계약해지, 손실배상을 요구할 수도 있다. 임대물이 임차인의 안전이나 건강을 위협할 경우, 임차인이 계약체결 시에 임대물의 품질에 문제가 있다는 것을 알고 있었다 하더라도 언제든지 계약을 해지할 수 있다. 임대인의 권리에 대한 하자담보의무는 임대인이 임차인과 한 약정에 따라서 임대물을 사용할 권리를 보증하여야 한다는 것을 말한다. 제3자가 임차인에게 권리를 주장하여 임차인이 약정에 따라서 임대물을 사용하지 못하게 된 경우, 임차인은 임대인에게 권리하자담보책임을 질 것을 요구할 수 있고, 계약해지나 차임삭감이나 차임부지급을 요구할 수도 있다.

(3) 임대물의 수리와 그 밖의 합법적인 부담을 질 의무

법률에 별도로 규정이 있거나 당사자가 별도로 약정을 한 경우를 제외하고 임차인은 계약기간 내에 임대인에게 임대물에 대하여 필요한 수리를 해줄 것을 요구할 수 있다. 임대인이 부담하는 수리의무는 임차인이 임대물을 정상적으로 사용하는 중에 발생한 파손이나 그 밖의 고장으로 인한 것이어야 한다. 또 이러한 고장은 임차인의 과실로 인한 것이 아니어야 한다. 임대물을 수리할 필요가 있을 때에 임대인은 합리적인 기간 내에 수리하여야 한다. 임대인이 수리의 의무를 다하지 않았을 경우에 임차인은 스스로 수리할 수 있고, 수리비는 임대인이 부담한다. 임대물의 수리가 임차인의 사용에 영향을 미친 경우에는 상황에 따라서 차임을 삭감하거나 계약기간을 늘리거나 계약해지를 요구할 수도 있다. 또 수리로 인해서 발생한 손실에 대한 배상을 요구할 수도 있다. 한편 세수(稅收), 관리비 등 임대물에 대한 합법적인 부담은 당사자가 별도로 약정한 경우를 제외하고 임대인이 부담하여야 한다. 임차인이 대신 납부했을 경우 차임에서 제(除)할 수 있다.

(4) 담보물반환의 의무

임대차계약의 성립시에 임대인이 담보물을 받았다면, 임대차계약이 종료할 때에 임대인은 담보물을 반환하여야 한다. 임대인이 담보물반환을 계속 미루는 경우에 임차인은 그 기간 동안의 부당이득을 반환할 것을 요구할 수 있는 권리를 가진다. 그리고 임대인은 담보물의 의외멸실의 위험을 부담하여야 한다.

2. 임차인의 주요의무

(1) 약정한 기일에 차임을 지급할 의무

임차인은 계약에서 규정한 기준, 일자와 방식에 따라서 임대인에게 차임을 지급하여야 한다. 차임은 주로 화폐방식으로 지급하며 당사자 사이에 약정하여 현물(現物)로 할 수도 있다. 차임의 지급일자는 계약에서 확실하게 정하여야 한다. 차임과 지급일자를 약정하지 않았거나 약정이 불분명할 때에는 거래관습에 따른다. 따를 수 있는 거래관습이 없다면, 계약기간이 1년이 되지 않을 경우에는 계약기간이 만료되었을 때 지급하여야 하고, 계약기간이 1년 이상일 경우에는 매 1년이 만료될 때마다 지급하여야 한다. 남은 기간이 1년이 되지 않는 경우에는 계약기간이 만료될 때에 지급하여야 한다. 임차인이 정당한 이유가 없이 차임을 지급하지 않거나 연체하는 경우에 임대인은 임차인이 합리적인 기간 내에 지급할 것을 요구할 수 있다. 임차인이 그 기간을 넘기고 지급하지 않는 경우에 임대인은 계약을 해지할 수 있다.

(2) 계약규정에 따라 합리적으로 임대물을 사용할 의무

임차인은 계약규정에 따라 임대물을 사용하여야 한다. 임대물의 사용방법에 대한 규정이 없거나 규정이 정확하지 않을 경우, 임차인은 임대물의 용도와 성질에 따라 사용하여야 한다. 임차인이 임대물을 계약규정대로 사용하지 않거나 용도와 성질에 맞게 사용하지 않은 경우에 임대인은 계약을 해지할 수 있고 손해배상을 요구할 수 있다.

(3) 선관의무

계약기간 동안 임차인은 임대물을 타당하고 알맞게 보관할 의무가 있다. 임차인은 소유자의 주의로서 자연현상이나 제3자로 인한 훼손을 막아야 한다. 임차인이 보관을 잘못하여 임대물이 손상되었거나 멸실된 경우에는 손해배상책임을 져야 한다. 임차인은 임대인의 동의를 얻지 않고 임대물을 타인에게 양도하여 사용하게 하거나 전대(轉貸)할 수 없다. 전대는 먼저 임대인의 동의를 얻어야 하고, 임차인은 임대인에게 전차인의 행위에 대해서 책임을 져야 한다. 전차인이 임대물에 손실을 입힌 경우에는 임차인이 손해를 배상하여야 한다. 임차인이 임대인의 동의를 얻지 않고 전대한 경우에 임대인은 계약을 해지할 수 있다.

그밖에 임차인은 원칙적으로 임대물의 상태를 변형하거나 임대인의 동의를 얻지 않고 임대물을 개선(改善)하거나 다른 물건을 증설(增設)하여서는 아니된다. 이에 위반한 경우 임대인은 계약을 해지할 수 있다.

(4) 계약기간이 종료된 후 임대물을 반환할 의무

임대차계약이 종료되었을 때에 임차인은 제때에 임대물을 반환하여야 한다. 그리고 반환한 임대물의 상태는 계약에서 약정한 상태에 부합하거나 정상적인 사용으로 인한 합리적인 소모 후의 상태이어야 한다. 임차인이 제때에 임대물을 반환하지 않을 경우에는 기간을 넘긴 부분에 대한 차임을 지급하여야 하고 위약금도 지급하여야 한다. 또 임차인은 임대물의 의외멸실의 위험도 책임져야 한다.

III. 주택임대차계약[179]에 관한 특수규정

주택임대차계약은 임대인이 주택을 임차인에게 인도하여 사용하게 하고 임차인은 차임을 지급하며, 계약이 종료될 때에 이 주택을 임대인에게 반환하는 계약을 말한다. 주택임대차계약은 임대차계약의 보편적이고 전형적인 형식이며 기타 재산임대차계약과 동일한 법률적 특징을 갖는다. 그러나 주택임대차계약은 주택이라는 특정한 부동산이 계약의 목적물이므로 기타 재산임대차계약과 다른 특징을 가지며, 법률은 주택임대차계약에 대하여 특수한 규정을 두고 있다.

1. 우선임차

우선임차는 주택임대차계약에서 임차인이 가지는 권리 중 하나이다. 각 지방은 공유주택(公有住宅)[180] 임대차에 대하여 지방성법규로 규정을 하고 있다. 공유주택을 개축·재건한 것이면 일반적으로 부동산관리부문이나 재건축단위에서 동등한 주거조건의 주택을 배치하여 세대주에게 임대하여 준다. 세대주가 새로 배치된 주택을 받아들이지 않거나 부동산관리부문이나 재건축단위에서 주택을 배치하지 않은 경우, 세대주는 개축·재건한 주택에 대하여 우선임차권을 가진다. 그러나 세대주가 우선임차권을 강요하여 낡은 주택의 개축과 재건을 방해하여서는 아니된다. 그렇지 않으면, 임대인은 임대차계약을 해지할 수 있다. 사유주택임대차에서 확실히 주택을 재건할 필요가 있는 경우

---

[179] 원문은 '방옥조임합동(房屋租賃合同)'이다. 여기서 방옥(房屋)은 건물, 집 등의 의미를 가지는데, 주택으로 번역하였다.-역주
[180] 공방(公房)이라고도 하며, 이는 정부기관이 지은 집이다.-역주

에 임대인은 임대차관계를 종료할 수 있다. 재건한 주택을 임대하는 경우에 원래 임차인은 동등한 조건에서 우선임차권을 가진다. 임대인이 원래 임차인에 대하여 통지하지 않아서 우선임차권을 행사할 수 없게 된 경우에는 원래 임차인은 임대인과 타인이 체결한 임대차계약의 취소를 청구할 수 있고 자신의 임차권을 주장할 수 있다.

2. 우선구매권

우선구매권은 법률이 주택임대차계약의 임차인에게 부여한 또 하나의 특수한 권리이다. 이 권리는 임대차계약의 물권화의 지표 중의 하나이기도 하다. 임대인이 임대차계약의 유효기간 내에 주택을 매도하려고 할 때에는 매도하기 전의 합리적인 기간 내에 임차인에게 이를 통지하여야 하고 임차인은 동등한 조건에서 우선구매권을 가진다. 임대인이 임차인에게 통지하지 않고 주택을 제3자에게 매도한 경우에 임차인은 매매계약의 무효확인을 청구할 수 있는 권리를 가진다. 우선구매권은 법률이 임차인에게 부여하는 권리로서 임차인은 이를 행사할 수도 있고 행사하지 않을 수도 있다. 임차인이 우선구매권을 행사하지 않을 경우에 임차인은 임대차계약의 유효기간 내에 계속 주택을 임대할 수 있는 권리를 가지고 제3자는 이를 거절할 수 없다.

3. 주택교환[181]

주택교환은 임차인과 제3자가 사용하는 주택을 서로 바꾸는 것을

---

[181] 주택교환이라 함은 일전에 중국에서 환방대회(換房大會)를 열어 직장 근처로 이주하기를 희망하는 사람이 일정한 날에 모여, 시의 주택관리국이 게시하는 주택교환희망자등록서를 보고 조건이 맞으면 서로 주택을 바꾸는 모임이 있었다.-역주

말한다. 현재 주택교환은 중국에서 보편적이며, 시민의 거주를 조절하고 임차인의 생활과 일의 어려움을 해결하는 작용을 하였다. 임차인이 주택교환을 요구할 경우에는 임대인의 동의가 있어야 한다. 그렇지 않은 경우 주택교환행위는 무효이다. 주택교환의 법률성질은 원래의 임대차계약이 종료되는 동시에 새로운 임대차계약을 체결하는 것이다. 즉, 임차인 및 임대차계약의 내용을 변경하는 것이다. 주택교환은 전대와는 다르다. 주택교환 후에 원래임차인은 임대차계약에서 퇴출되고 임대인의 권리와 의무관계도 종료된다. 임대인은 새로운 임차인과 새롭게 임대차계약을 체결하고, 원래임차인은 새로운 임차인이 임대차계약을 이행하는 행위에 대하여 어떠한 책임도 지지 않는다. 그러나 전대의 경우에는 전대 후 임차인이 제3자가 임대차계약을 이행하는 것에 대한 책임을 져야 한다.

IV. 융자임대차계약

1. 융자임대차계약의 개념과 특징

융자임대차계약은 임대인이 매수인으로서 임차인의 요구에 따라 출자하여 제3자로부터 임대물을 구매하여 그것을 임차인에게 사용·수익하게 하고 임차인이 차임을 지급하는 계약이다. 융자임대차계약은 시장경제조건에서 출현한 일종의 신형계약이다. 실질적으로는 자금과 물건을 일체로 하는 새로운 신용대부방식이다. 임차인은 필요한 설비의 가격을 한꺼번에 지급할 필요없이 장기간에 걸쳐 이윤을 얻어 지급할 수 있다. 임대인은 수중의 자금을 이용하여 임차인에게 신용대부를 제공해줄 수 있고 임차인의 요구에 따라 자산을 구매하고 이를 인도하여 대차한다. 임대기간 내에 임대물의 소유권은 임대인에게 귀속되지만, 임대물에 대한 보관·수리·보험 등의 책임은 임차인에게 있다. 임대인은 임차인이 분기로 지급하는 차임으로 투자를 회수할 수 있다. 이로써 알 수 있듯이 임대인은 융자임대차계약을 이용하여 금융신용대부활동을 실현한다. 융자임대차계약은 '사는 것(買)'과 '임대차하는 것', 즉 '융자'와 '물융'이 관련되어 있기 때문에 일반적인 임대차계약과 비교하여 보았을 때 본질적인 차이를 가진다.

(1) 융자임대차계약은 두 가지 혹은 두 가지 이상의 계약이 결합한 것이다. 융자임대차계약은 일종의 특수한 임대차계약이다. 그것의 실현은 세 가지 관계와 관련되므로 두 가지 혹은 두 가지 이상의 계약을 포함한다. 첫째, 임차인은 임대인과 구매를 위탁하는 합의를 체결할 수 있으며, 임차인이 매도인과 구매목적물의 조건을 확정한다. 둘째, 임대인은 임차인의 요구에 따라 출자하여 자신의 명의로 매도인과 매매계약을 체결한다. 셋째, 임대인은 모든 목적물을 임차인에게 임대하여 사용하게 하고, 임차인은 약정에 따라 차임을 지급한다. 매매계약에서 매도인과 임차인 사이에는 직접적인 관계는 없다. 그러나 융자임대차관계로 인하여 매도인은 임차인에 대하여 목적물의 인도 및 목적물에 대한 하자담보의무를 진다. 임차인은 목적물을 수령하여야 하고 목적물을 검수하여 검수결과를 적시에 임대인에게 통지하여야 한다. 그러므로 융자임대차계약은 실질적으로 매도인과 임대인, 임차인이 서로 제약하는 관계이다.

(2) 융자임대차계약은 융자와 물융의 이중적 속성을 가진다. 융자

임대차계약은 은행 등 신용기구의 단순한 융자의 신용대부계약과 다르다. 융자임대차계약에서 임차인은 임대인으로 하여금 임대물을 구매하도록 하여 융자의 목적을 달성함으로써 자신이 임대물을 한꺼번에 사기 위하여 필요한 자금의 부족문제를 해결한다. 이렇게 보면 임차인은 임대인으로부터 대출받는 것과 마찬가지이다. 그러나 임차인이 임대인에게서 임대물이나 금전의 소유권을 취득하는 것은 아니다. 임대차의 형식으로 임대물의 사용권을 취득하고 차임의 형식으로 임대인이 임대물을 구매하는 데 지급한 대가 등의 비용을 상환하는 것이다. 그러므로 융자임대차계약은 단순한 융자신용대부계약과 다르다. 그리고 물건의 사용가치만을 중시하는 일반적인 임대차계약과도 다르다. 융자임대차의 과정은 화폐자금과 상품자금의 상대적인 이전과정을 보여준다.

(3) 융자임대차계약은 실천성 계약이다. 당사자 사이에 별도로 약정이 있는 경우를 제외하고 임차인이 매수인으로부터 모든 목적물을 인도받은 때부터 융자임대차계약의 효력이 발생한다.

2. 융자임대차계약에서의 임대인과 임차인의 주요의무

(1) 임대인의 주요의무

(a) 임대물을 구매할 의무가 있다. 임대인은 임차인과의 위탁합의에 따라서 임대물을 구매한다. 이것은 융자임대차를 실현하는 전제이다.

(b) 임대물을 임차인에게 인도하여야 한다. 융자임대차계약은 임대

차계약의 내용을 포함하고 있고 임대차계약에서 임대물을 임차인에게 인도하는 것은 임대인의 기본적인 의무이다. 그러므로 융자임대차계약의 임대인도 임대물을 임차인에게 인도할 의무를 가진다.

(c) 매도인에게 대금을 지급하여야 할 의무가 있다. 매매계약은 융자임대차계약의 구성부분이므로 임대인이 매도인에게 대금을 지급할 의무를 이행하는 것과 매도인이 목적물을 인도할 의무는 서로 관련되어 있으며, 임차인이 임대물에 대한 사용·수익권 취득 여부와 관계된다. 그러므로 매도인에게 대금을 지급하는 것도 임대인의 주요한 의무 중 하나이다.

(d) 임차인이 매도인에게 손해배상을 청구하는 것에 대하여 협조할 의무가 있다. 일반적으로 융자임대차계약에서 임대인은 목적물의 하자에 대한 담보책임을 지지 않는다. 매도인이 인도한 목적물에 하자가 있을 때에 임차인은 매도인에게 직접 손해배상을 청구할 수 있다. 이 경우에 임대인은 임차인이 매도인에게 손해배상을 요구하는 것에 대하여 협조할 의무를 가진다.

(2) 임차인의 주요의무

(a) 매도인이 인도하는 목적물을 받을 의무가 있다. 융자임대차계약에서 매도인은 임차인에게 목적물을 직접 인도하여야 하고, 임차인은 매도인이 인도하는 목적물을 받아야 한다. 그리고 목적물을 검수하여 검수결과를 적시에 임대인에게 알려야 한다.

(b) 약정에 따라서 차임을 지급하여야 하는 의무가 있다. 융자임대차계약의 차임은 융자한 물건에 대한 대가가 아니고 융자에 대

한 대가이다. 그러므로 임대물에 하자가 있거나 임대인이 임대한 목적물이 의외로 멸실한다고 해도 차임의 지급을 거절할 수 없다. 임차인은 약정에 따라 차임을 지급하여야 한다. 약정에 따라 차임을 지급하지 않았을 경우에 임대인은 임차인이 합리적인 기간 내에 지급할 것을 요구할 수 있다. 임대인의 최고(催告)에도 불구하고 임차인이 규정된 기간 내에 차임을 지급하지 않는 경우에 임대인은 임차인에게 기간이 만료된 차임과 기간이 만료되지 않은 나머지 차임을 모두 지급할 것을 청구하거나 계약을 해제하고 임대물을 반환할 것을 청구할 수 있다.

(c) 임대물에 대한 보관·수선·보험의 의무가 있다. 계약기간 중에 임차인은 임대물을 점유하고 임대물에 대한 선관의무를 진다. 임대인은 임대물에 대한 하자담보책임을 지지 않기 때문에 임대물에 대한 수선의무를 부담하지 않으며 임차인이 수선의무를 부담한다. 또한 임차인은 임대기간 내에 목적물의 의외의 멸실위험에 대하여서도 책임을 부담한다. 따라서 계약에 별도로 약정이 있는 경우를 제외하고 임대인은 임대물을 보험에 가입시키고, 보험료는 임차인이 부담한다.

(d) 계약이 종료되었을 때에 임대물을 반환하여야 하는 의무가 있다. 일반적으로 융자임대차계약에서 임차인과 임대인은 약정한 임대기간이 만료된 후, 임차인은 일정한 가격으로 임대물의 구매를 청구할 수 있고 계속 임대할 것을 청구할 수도 있다. 만약 임차인이 구매하지도 않고 계속 임대할 것을 청구하지도 않는 경우, 계약기간이 만료되면 임차인은 임대물을 반환하여야 한다.

제4절 土地使用權의 出讓[182]과 讓渡契約[183]

I. 토지사용권의 출양과 양도계약의 개념

토지사용권의 출양계약이란 토지소유자가 토지사용권을 일정한 기간 동안 토지사용자에게 출양하고, 토지사용자는 토지소유자에게 그 대가를 지급하는 계약을 의미한다. 토지사용권의 양도계약이란 출양계약으로 토지사용권을 취득한 토지사용자가 토지사용권을 제3자에게 넘겨주고 제3자는 일정한 대가를 지급하는 계약이다. 중국헌법은 토지를 국가와 노동단체조직[184]의 소유로 규정하고 있기 때문에 토지사용권의 출양과 양도는 국유토지사용권과 단체토지사용권의 출양과 양도계약을 모두 의미한다. 「중국헌법」 제10조에 따르면 도시의 토지는 국가소유이고, 농촌과 교외의 토지는 법률이 국가소유로 규정한 것을 제외하고는 단체의 소유이다. 주택지와 자류지(自留地)[185], 자류산(自留山)[186] 또한 단체의 소유이다. 어떠한 조직이나 개인도 토지의 점유를 침해하거나 매도할 수 없으며, 기타 비합법적인 형식으로 토지를 양도할 수 없다. 그러나 토지사용권은 법률규정에

---

182 출양(出讓)의 본뜻은 '팔다, 양도하다, 권리를 넘기다'의 의미이다. 중국에서는 사회주의적 특성으로 인하여 토지의 국가소유를 원칙으로 하는데, 국가가 한 개인에게 당해 토지에 대하여 최초의 사용권을 설정하는 것을 출양이라고 한다. 이 개념은 소유권의 이전인 통상의 '매매(賣買)'와 구별되며, 취득한 사용권의 이전인 '전양(轉讓)'과도 구별된다.-역주
183 원문은 '전양합동(轉讓合同)'이다.-역주
184 원문은 '노동군중집체조직(勞動群衆集體組織)'이다.-역주
185 개인이 사용할 수 있는 텃밭을 의미한다.-역주
186 개인이 사용할 수 있는 산을 의미한다.-역주

의하여 양도할 수 있다. 토지사용권의 출양과 양도계약은 법에 의하여 토지사용권을 넘겨주는 법률형식이다. 토지사용권의 출양과 양도계약은 새로운 형태의 계약형식으로서 토지시장의 법률형식을 만들고 완성하였으며, 토지의 합리적인 이용과 토지자원의 보호에 기여하였다. 그러므로 토지사용권의 출양 및 양도계약은 사회주의 시장경제의 발전에 있어 다른 계약으로 대체할 수 없는 작용을 한다.

II. 국유토지사용권의 출양 및 양도

1. 국유토지사용권 출양계약

(1) 국유토지사용권 출양계약의 개념과 특징

국유토지사용권 출양계약은 국가가 국유토지사용권을 일정한 기간 동안 토지사용자에게 출양하고 토지사용자는 국가에게 그 대가를 지급하는 계약이다. 국유토지사용권의 출양계약은 다음과 같은 특징이 있다.

(a) 출양자는 국가의 토지관리부문을 대표한다. 국가는 국유토지의 소유권자이지만 국가가 직접 토지사용권 출양계약에 참여할 수는 없다. 법률에 의하여 권리가 부여된 토지관리부문은 국가를 대표하여 출양자로서 계약을 체결한다. 그러므로 국유토지사용권 출양계약에서 출양자는 토지관리부문이어야 하며 다른 기관이나 개인이 될 수 없다.

(b) 사용자는 토지를 개발·이용·경영하는 법인이나 개인이다. 토

지사용권 출양계약의 사용자는 국가에게 그 대가를 지급하고 토지사용권을 취득한 사람을 말한다. 법률은 토지사용권자에 대하여 엄격한 제한을 두고 있지 않다. 그렇다고 해서 모든 법인이나 시민이 토지사용권 출양계약의 사용자가 될 수 있는 것은 아니다. 토지의 개발·이용·경영활동에 종사하는 법인이나 시민만이 사용자가 될 수 있고, 다른 법인이나 시민은 토지사용권 출양계약의 사용자가 될 수 없다.

(c) 토지사용권 출양계약은 낙성계약이다. 토지사용권 출양계약은 당사자가 계약을 체결하는 동시에 그 효과가 발생한다. 출양자가 출양한 토지를 사용자에게 인도하는 것은 계약의 효력이 발생하기 위한 요건이 아니다. 그러므로 토지사용권 출양계약은 낙성계약이다. 여기서 주의하여야 할 점은 토지사용권 출양계약은 낙성계약이지만, 당사자가 계약을 체결하는 동시에 사용자가 토지사용권을 취득하는 것은 아니라는 것이다. 토지사용권에 대한 등기를 경료한 후에야 사용자가 토지사용권을 취득할 수 있다.

(2) 국유토지사용권 출양계약 당사자의 권리와 의무

(a) 국유토지사용권 출양계약의 출양자의 주요의무

(ⅰ) 계약의 약정에 의거하여 토지를 제공하여야 한다. 출양자는 사용자가 계약약정에 의거하여 그 대가를 지급했을 때 출양토지를 제공하여야 한다. 출양자가 계약의 약정에 따르지 않고 제때에 토지를 제공하지 않으면 사용자는 계약을 해제

하고 위약책임을 청구할 수 있다.

(ii) 사용자가 계약기간 동안 토지를 사용할 수 있도록 보장하여야 한다. 출양자는 약정된 토지를 제공하여야 될 뿐만 아니라 사용자가 계약기간 동안 토지사용권을 취득할 수 있도록 보장하여야 한다. 출양자의 사정으로 인해 사용자가 토지사용권을 취득할 수 없거나 토지사용권에 대하여 제3자로부터 독촉을 받았을 때, 출양자는 하자담보에 대한 배상책임을 져야 한다.

(iii) 계약갱신의 의무가 있다. 도시부동산관리법에 따르면 사회공공이익을 위하여 출양을 취소하는 토지를 제외하고 사용자가 계약기간 만료 1년 전에 연장을 신청했을 때 출양자는 사용자와 다시 토지사용권 출양계약을 체결하여야 한다.

(b) 국유토지사용권 출양계약의 사용자의 주요의무

(i) 계약약정에 따라 제때에 대가를 지급하여야 한다. 토지사용권에 대한 대가를 지급하는 것은 사용자의 기본적인 의무이다. 국무원의 「중화인민공화국 도시 및 농촌의 국유토지사용권 출양 및 양도에 관한 잠정조례(中華人民共和國城鎭國有土地使用權出讓和轉讓暫行條例)」(이하 「잠정조례」라 함) 제14조에서는 "토지사용자는 토지사용권 출양계약을 체결한 후 60일 내에 토지사용권의 대가 전부를 지급하여야 한다. 토지사용자가 위 금액을 약정에 따라 지급하지 않으면 출양자는 계약을 해제하고 위약책임을 질 것을 청구할 수 있다"라고 규정하고 있다.

(ii) 계약의 약정에 따라 토지를 사용하여야 한다. 「잠정조례」 제17

조 규정에 따르면 토지사용자는 토지사용권 출양계약의 규정과 도시계획의 요구에 따라 토지를 개발·이용·경영하여야 한다. 토지사용자가 계약의 약정에 맞지 않는 용도와 조건으로 토지를 개발·이용·경영하고 그에 상응하는 수속을 밟지 않았을 때, 토지관리부문은 이를 시정할 수 있고 상황에 따라 경고, 벌금, 토지사용권의 무상회수와 같은 처벌을 할 수 있는 권리가 있다.

(iii) 법률규정이나 계약에서 약정한 기간 동안에만 토지를 사용하여야 한다. 토지사용권자는 계약이 규정한 기간 내에서만 토지를 사용할 수 있고, 토지의 사용기간은 당사자가 법률이 규정한 범위 내에서 자체적으로 결정한다. 「잠정조례」 제12조 규정에 따르면 토지사용권 출양의 최고기간은 거주용지 70년, 공업용지 50년, 교육·과학기술·문화·위생·체육용지 50년, 상업·여행·오락용지 50년, 종합 또는 기타 용지 50년이다. 사용자가 계속해서 토지를 사용하여야 하는 경우에는 연장을 신청할 수 있다.

(3) 국유토지사용권 출양계약의 해제와 종료

(a) 국유토지사용권 출양계약의 해제

(i) 당사자가 합의하여 해제하는 경우이다. 사용자가 토지사용용도의 변경을 원할 때에는 출양자의 동의를 얻어 쌍방의 계약을 해제하고 다시 새로운 토지사용권 출양계약을 체결한다.

(ii) 일방의 중대한 위약에 의하여 계약을 해제하는 경우이다. 예를 들어, 「잠정조례」의 규정에 따라 토지사용자가 계약약정에 맞

지 않는 대가를 지급했을 때 출양자는 계약을 해제할 권리를 가진다. 출양자가 계약의 약정에 따르지 않고 토지사용자에게 토지를 제공했을 때에 토지사용자는 계약을 해제할 수 있는 권리가 있고 이미 지급한 대가를 회수할 수 있다.

(b) 국유토지사용권 출양계약의 종료
(i) 토지사용기간이 만료되었거나 토지가 멸실된 경우
(ii) 사회공공이익의 필요에 의하여 출양자가 계약기간이 만료되기 전에 토지를 회수하는 경우
(iii) 사용자의 이전, 해산, 소멸, 파산이나 기타 원인에 의하여 국유토지의 사용이 중단된 경우

2. 국유토지사용권 양도계약

(1) 국유토지사용권 양도계약의 특징

국유토지사용권 양도계약은 토지사용권자가 토지사용권의 유효기간 범위 내에서 그 토지사용권을 다시 타인에게 양도하는 계약이다. 「잠정조례」 제19조의 규정에 따라 토지사용권의 양도는 매각, 교환, 증여의 형식을 가지고 있다. 매각, 교환, 증여 등의 형식을 가지는 토지사용권의 양도는 서로 다르지만 전체적으로 볼 때 국유토지사용권 양도계약은 다음과 같은 특징을 가지고 있다.

(a) 국유토지사용권 양도계약은 토지사용권 출양계약을 기초로 삼는다. 국유토지사용권 양도계약의 대상은 토지사용권이지 토지소유권이 아니다. 그러므로 토지사용권은 토지사용권 출양계약

을 체결하여야만 토지사용권자가 그 권리를 취득할 수 있다. 토지사용권 출양계약이 없으면 토지사용권도 없고 따라서 토지사용권이 시민과 법인 사이에 자유롭게 유통된다는 것은 있을 수 없는 일이다. 그러므로 토지사용권 양도계약은 토지사용권 출양계약을 기초로 하여야 한다.
(b) 국유토지사용권 양도계약은 낙성계약이다. 토지사용권 양도계약은 쌍방이 평등한 조건에서 자신의 의지로 계약을 체결한다. 계약은 쌍방이 체결하는 동시에 성립된다.
(c) 국유토지사용권 양도계약은 일반적으로 유상계약이다. 증여계약을 제외한 국유토지사용권 양도계약은 모두 유상계약이다. 토지사용권을 양도받는 양수인은 계약규정에 의거해 양도인에게 양도금을 지급하여야 한다.

(2) 국유토지사용권 양도계약의 기본요건과 효력

(a) 양도인이 계약을 체결할 때에는 사용할 토지에 대한 개발과 이용이 어느 정도 진행되어 있어야 한다. 「잠정조례」 제19조는 "토지사용권 출양계약이 규정한 기간과 조건을 따르지 않는 투자에 의하여 개발·이용된 토지의 토지사용권은 양도할 수 없다"고 규정하고 있다.
(b) 토지사용권 양도는 법률규정에 의거한 명의변경절차를 거쳐야 한다. 토지사용권의 양도는 부동산물권변동이므로 당사자는 반드시 명의변경을 하여야 한다. 토지사용권의 명의변경이 끝난 후에 양수인은 권리를 양도받아 향유할 수 있다.
(c) 토지사용권 양도계약의 유효기간은 양도인이 실질적으로 가지

는 토지사용권의 기간을 초과할 수 없다. 양수인의 사용기간은 토지사용권 출양계약에서 규정한 사용기간에서 양도인이 이미 사용한 기간을 뺀 나머지 기간이다.

(d) 토지사용권을 양도할 때 토지사용권 출양계약과 등기문서에 명기되어 있는 권리와 의무도 양도된다. 토지 위의 건축물과 기타 부착물의 소유권도 양도된다. 토지사용자가 토지 위의 건축물과 기타 부착물의 소유권을 양도했을 때, 그 사용범위 내에서 토지사용권도 함께 양도된다. 단, 지상의 건축물과 기타 부착물을 동산의 양도로 한 것은 제외한다.

(e) 토지사용권 양도가격은 국가의 통제를 받는다. 국유토지사용권의 양도가격이 시장가격에 비해 현저하게 떨어졌을 때, 현(縣)[187] 인민정부는 우선매수권을 가지고, 이로써 국유토지이익의 유실을 방지한다.

---

[187] 중국의 현행 행정구역은 전국을 크게 성(省), 현(縣), 향(鄕)의 3급으로 구분된다. 그중 성1급은 성/자치구 및 직할시 등을 포함하는데 현재 전국은 모두 23개 성, 5개의 자치구 및 직할시가 있다. 성과 자치구 아래에 자치주(自治州), 현(縣), 자치현(自治縣), 시로 분화된다. 현, 자치현 아래에 향(鄕)과 진(鎭)으로 분화된다. 직할시와 비교적 큰 시 아래에 구와 현이 있다. 자치주 아래에 현, 자치현, 시가 있다. 성과 현의 사이에 약간의 전구(專區)가 있다.-역주

III. 농촌토지사용권의 출양 및 양도

1. 농촌토지사용권 출양계약

(1) 농촌토지사용권 출양계약의 개념과 특징

농촌토지사용권 출양계약은 촌민위원회[188]나 기타 농촌단체경제조직[189]이 소유하고 있는 토지 또는 국가가 이와 같은 단체에게 위임해 준 토지사용권을 일정한 기간 내에 토지사용자에게 사용할 수 있도록 제공하고, 토지사용자는 그 대가를 지급하는 계약을 말한다. 농촌토지사용권 출양계약과 국유토지사용권 출양계약은 대체적으로 같은 특징을 가진다. 서로 다른 점이 있다면 농촌토지사용권 출양계약에서 출양하는 것은 농촌단체조직의 토지사용권이라는 점이다. 농촌토지사용권 출양계약은 다음과 같은 독특한 특징을 가진다.

(a) 계약의 출양자는 농촌위원회 혹은 기타 농업단체조직이다. 농촌토지사용권 출양계약에서 출양할 수 있는 것은 단체조직이 소유하거나 위임받은 농지의 사용권이다. 권리의 주체는 단체소유제조직이고 다른 조직이나 개인이 될 수 없다.

(b) 계약의 사용자는 반드시 농업, 임업, 축산업에 종사하고 부업으로 생산과 경영을 하는 조직이나 개인이다. 농촌토지사용권 출양계약의 사용자는 단체에 대가를 지급하고 토지사용권을

---

[188] 중국헌법과 촌민위원회조직법에 의거하여 농촌의 거주지구에 따라 설립된 기층적이고 군중성을 가지는 자치조직이다.-역주
[189] 원문은 '농촌집체경제조직(農村集體經濟組織)'이고, 줄여서 농경조(農經組)라고 한다. 이는 농촌의 단체토지에 대하여 소유권을 가지는 경제조직을 말한다.-역주

취득하는 사람이다. 법률규정에 의하여 농촌토지사용권의 출양은 토지의 용도를 변화시킬 수 없으므로 토지사용권의 사용자는 농지개발·이용·경영에 종사하는 단체 혹은 개인일 수밖에 없다.

(c) 출양자가 출양한 토지는 반드시 농민기본용지 외의 토지여야 한다. 농민의 기본적인 생활을 유지하는 데 필요한 토지는 농촌토지사용권 출양계약의 목적물이 될 수 없다. 그리고 농촌토지의 관리를 강화하기 위하여 농촌토지사용권의 출양은 반드시 국가의 허가를 받아야 한다. 그렇지 않으면 토지사용권 출양은 허가되지 않는다.

(2) 농촌토지사용권 출양계약 당사자의 권리와 의무

(a) 농촌토지사용권 출양계약에서 출양자의 주요의무는 계약의 약정에 의거해 토지사용자에게 출양된 토지사용권을 제공하는 것이다. 이는 다음과 같은 내용을 가진다.

   (ⅰ) 출양자는 계약에서 약정한 시간에 맞추어 사용권이 출양된 토지를 사용인이 점유할 수 있도록 인도하여야 한다.
   (ⅱ) 출양된 토지가 제3자의 독촉을 받지 않을 것을 보장하여야 한다.

출양자가 상술한 의무를 위반했을 때, 토지사용자는 계약을 해제하거나 이미 지출한 대가의 반환 또는 장래 지급할 대가의 감소를 청구하거나 손해배상을 청구할 권리도 있다.

(b) 농촌토지사용권 출양계약의 사용자의 주요의무는 다음과 같다.
   (ⅰ) 계약약정에 따라 토지사용권의 대가를 지급하여야 한다. 사

용자가 계약에 맞지 않게 토지사용권의 대가를 지급했을 때, 출양자는 계약을 해제할 권리를 가지고 손해배상을 청구할 수 있다.

(ii) 계약에서 약정한 용도에 따라 토지를 개발·이용·경영하고 토지자원을 보호하여야 한다. 사용자가 토지를 방치하거나 약탈적인 경영을 하거나 임의대로 토지의 경제적 용도를 변경했을 때, 출양자는 계약을 해제하고 토지를 회수할 권리가 있고 손해배상을 청구할 수 있다.

(iii) 농업세 부담, 특산물세 부담, 부산물의 구입 등을 해야 한다. 사용자가 토지에 대한 임무를 이행하지 않았을 때, 출양자는 계약을 해제하고 미리 토지를 회수할 권리가 있다.

(iv) 계약기간이 만료되었을 때는 점유하고 있는 토지를 반환하여야 한다.

(3) 농촌토지사용권 출양계약의 해제와 종료

(a) 농촌토지사용권 출양계약의 해제에는 다음의 두 종류가 있다.

(i) 양당사자가 합의하여 해제하는 경우이다. 양당사자가 일치된 조건에 대하여 합의했을 때, 계약기간 만료 전에 계약을 해제할 수 있다.

(ii) 일방의 중대한 위약에 의하여 계약을 해제하는 경우이다. 예를 들면 출양자가 출양된 토지사용권을 제공하지 않았을 때, 사용자가 계약약정에 맞지 않게 토지사용권의 대가를 지급했을 때 등이 있다.

(b) 농촌토지사용권 출양계약의 종료에는 다음과 같은 상황이 있다.

(ⅰ) 토지가 불가항력에 의하여 멸실되었을 경우

(ⅱ) 토지가 법에 의하여 수용되었을 경우

(ⅲ) 유효기간이 만료되었을 경우

2. 농촌토지사용권 양도계약

농촌토지사용권 양도계약은 토지사용권 출양계약에 의하여 토지사용권을 획득한 토지사용권자가 토지사용권을 다시 제3자에게 양도하는 계약이다. 농촌토지사용권 양도계약은 양도인(토지사용권 출양계약에 의하여 토지사용권을 취득한 사람)과 양수인 사이에 평등·자유·유상 원칙에 의하여 합의하에 체결한 것이다. 농촌토지사용권 양도계약과 국유토지사용권 양도계약의 조건과 법률효력은 기본적으로 같다. 다른 점은 농촌토지사용권의 양도는 양도인이 출양계약에 의하여 향유하는 권리만을 양도하는 것이 아니라 출양계약에 의하여 부담하여야 할 의무까지도 함께 양도한다는 것이다. 여기서 알 수 있듯이 농촌토지사용권 양도계약은 직접적으로 농촌의 이익과 밀접한 관계가 있다. 그러므로 농촌토지사용권 양도계약은 반드시 토지사용권 출양계약의 출양자의 동의가 있어야 한다. 농촌토지사용권 양도계약은 토지사용권 출양계약의 출양자가 동의한 후에야 효력이 발생한다.

제5절 都給契約[190]

I. 도급계약의 개념과 특징

1. 도급계약의 개념

도급계약은 당사자 중의 일방은 타방을 위하여 일정한 일을 하여 그 성과를 인도하고, 타방은 그 일의 성과를 받아들이고 그에 상응하는 보수를 지급하기로 약정하는 계약을 말한다. 도급계약에서 일을 완성하고 일의 성과를 인도하는 일방을 수급인이라 하고, 일의 성과를 받아들이고 보수를 지급하는 일방을 도급인이라고 한다. 완성된 일의 성과를 목적물이라고 한다. 도급계약은 경제생활에서 광범위하게 적용되는 계약의 하나이고, 공민과 법인 등 민사주체의 생산과 생활의 특별한 요구를 만족시키는 수단의 하나이다.

2. 도급계약의 특징

(1) 수급인의 일은 독립성을 가진다

수급인은 자신의 설비에 기술과 노동력을 동원해 독립적으로 일을 완성한다. 수급인은 자신의 생산조건에 맞춰서 독립적으로 생산계획을 정하고 작업방법과 순서를 정할 권리가 있다. 도급인은 수급인의 작업에 대하여 감독할 수 있는 권리가 있다. 하지만 수급인이 독립적

---

[190] 원문은 '승람합동(承攬合同)'이다.-역주

으로 일을 완성하는 것을 방해해서는 안 된다.

(2) 도급계약은 일정한 일을 완성하여 그 성과를 제공하는 것을 목적으로 하는 계약이다

도급계약의 수급인은 도급인의 요구에 따라 그 일을 완성하여야 한다. 이러한 점에서 도급계약은 고용계약과 비슷하다. 그러나 도급계약에서 도급인이 필요로 하는 것은 성과이다. 수급인은 일의 진행과정에서 노동을 제공하여야 하고, 이러한 노동은 일의 성과와 결부되어 있으므로 일의 성과를 완성하여야 도급인의 필요를 만족시킬 수 있다. 그러므로 이론상으로 도급계약은 완성된 일에 대한 성과의 계약으로 분류된다.

(3) 수급인은 일을 할 때 독립적으로 위험부담을 진다

수급인은 독립적으로 일을 완성하는 과정에서 일의 성과에 대하여 모든 책임을 진다. 즉, 완성된 일의 성과를 도급인에게 인도하기 전에 훼손되거나 멸실되는 위험은 수급인이 부담한다. 단, 그 위험이 불가항력에 의한 것이면 수급인의 위약책임은 면제될 수 있다. 그러나 수급인이 도급인이 주문한 일을 완성하였다고 해서 도급인에게 보수나 손해배상을 요구할 수는 없다.

(4) 도급계약은 낙성·쌍무·유상계약이다

도급계약은 쌍방당사자의 의사표시가 일치하면 바로 성립되고 효력이 발생하므로 낙성계약이다. 계약을 체결한 후에 쌍방당사자는 일정한 의무를 부담하여야 하고, 쌍방의 의무는 서로 대응되므로 쌍무계약이다. 도급인은 수급인으로부터 완성된 일의 성과를 취득하면 보수를 지급하여야 한다. 일방이 다른 일방으로부터 이익을 얻으면 그에 대한 대가를 지급하여야 하므로 유상계약이다.

II. 도급계약의 종류

도급계약은 유구한 역사를 가지고 있는 계약 중의 하나이다. 사회가 진보하고 발전함에 따라 도급계약의 종류도 끊임없이 발전하고 정비되어 왔다. 지금까지 흔히 볼 수 있는 도급계약에는 다음과 같은 것이 있다.

1. 가공계약

가공계약이란 도급인이 수급인에게 원료를 제공하고 수급인이 자신의 기술로 가공하여 상품을 만들어내면, 도급인은 상품을 받고 그에 맞는 보수를 지급하는 계약이다. 예를 들면 도급인이 제공한 반가공품을 가공하여 상품으로 만드는 것, 도급인이 제공한 옷감, 목재 등을 가공해 옷이나 가구를 만드는 것 등이 있다.

2. 주문계약

주문계약이란 수급인이 도급인의 요구에 따라 자신의 재료와 기술을 사용하여 도급인을 위하여 상품을 만들고, 도급인은 상품을 받고 보수를 지급하는 계약이다. 주문계약과 가공계약의 근본적인 차이점은 주문계약은 수급인이 원료를 스스로 준비하는 것으로 도급인이 제공하는 것이 아니라는 점이다.

3. 수리계약

수리계약은 수급인이 도급인을 위하여 손상된 상품을 수리·복원하고, 도급인은 보수를 지급하는 계약이다. 수리계약에서 교환하여야 되는 부품은 도급인이 제공할 수도 있고 수급인이 제공할 수도 있다. 수리계약은 동산뿐만 아니라 가옥과 같은 부동산에 대하여서도 체결할 수 있는 계약이다.

4. 인쇄계약

인쇄계약은 수급인이 도급인의 요구에 따라 도급인의 초고(草稿)를 도급인이 원하는 형식으로 인쇄하고, 도급인은 인쇄의 성과를 받고 보수를 지급하는 계약이다. 인쇄계약을 체결할 때에는 도급계약의 규정 이외에 인쇄관리와 관련된 법규도 준수하여야 한다.

5. 복제계약

복제계약은 수급인이 도급인이 제시한 견본에 따라 복제품을 만들고, 도급인은 복제품을 받고 보수를 지급하는 계약이다.

6. 측량·실험계약

측량·실험계약은 수급인이 자신의 기술과 설비를 이용하여 도급인이 부탁한 어떠한 공정에 대하여 측량 또는 실험하고, 도급인은 측량·실험의 결과를 받고 보수를 지급하는 계약이다.

7. 검사와 감정계약

검사와 감정계약은 수급인이 자신의 기술, 기구, 설비 등을 이용하여 도급인이 부탁한 특정한 사물의 성능과 문제점을 검사·감정하고 도급인은 그 결과를 받고 보수를 지급하는 계약이다.

실제 생활에서는 상술한 전형적인 도급계약의 형식뿐만 아니라 여러 가지 형식이 존재한다.

III. 도급계약의 당사자 쌍방의 권리와 의무

도급계약은 불요식계약으로서, 수급인과 도급인이 자원하여 합의함으로써 계약이 이루어진다. 그러나 다툼발생을 방지하고 당사자의 권리와 의무를 명확히 하기 위하여 생산상의 도급계약처럼 비교적 긴 시간을 필요로 하는 것은 서면형식을 취하는 것이 좋다. 도급계약의 수급인은 한 명일 수도 있고 여러 명일 수도 있다. 여러 명이 공동으로 하나의 일을 도급받는 것을 공동도급이라 한다. 당사자 사이에 별도로 약정하지 않은 경우, 공동수급인은 도급인에 대하여 연대책임을 진다. 도급계약은 합의를 거쳐 의사를 확인하면 즉시 법률효력이 발생하며, 당사자는 권리를 향유하고 의무를 부담하게 된다.

1. 수급인의 주요의무

(1) 계약의 요구에 따라서 자신이 직접 약정된 일을 완성하여야 한다. 수급인은 도급인이 요구하는 기술조건에 맞춰서 일을 완성

하여야 하며, 도급인의 동의 없이 마음대로 도급인의 기술적 요구를 바꿀 수 없다. 수급인이 도급인이 제공한 도면이나 기술적 요구가 불합리하다는 것을 알았을 때에는 곧바로 도급인에게 알리고 일정기간 내에 수정안을 제출하여야 한다. 도급인의 태만한 회답으로 인해 수급인에게 손실이 발생했을 때에 수급인은 손해배상을 요구할 권리가 있다. 한편, 도급계약은 도급인의 수급인에 대한 신임을 기초로 하므로 아무나 수급인이 될 수 있는 것은 아니다. 그러므로 수급인은 자신의 설비, 기술과 노동을 이용하여 맡은 임무를 완성하여야 한다. 수급인은 도급인의 동의를 거치지 않고 도급받은 중요한 업무를 제3자에게 맡길 수 없다. 만일, 이에 위반하면 도급인은 계약을 해제할 수 있다. 당사자 간에 별도로 약정이 있는 것을 제외하고 수급인은 도급받은 일의 보조업무를 제3자에게 맡겨 완성할 수 있다. 그러나 수급인은 제3자가 완성한 일의 성과에 대한 책임을 부담하여야 한다.

(2) 목적물을 인도하는 동시에 목적물의 권리도 이전하여야 한다. 도급인이 수급인에게 일을 주문하는 목적은 목적물에 대한 소유권을 취득하기 위하여서이다. 그러므로 목적물의 인도와 동시에 목적물의 소유권이나 점유권은 도급인에게 이전되고 이것이 바로 도급계약을 체결하는 기본적인 경제적 목적이다. 도급계약의 이행과정에서 원자재를 누가 제공하는가에 관계없이 수급인은 목적물에 대하여 사실상의 점유관계를 가진다. 원자재를 수급인이 조달하는 경우 수급인은 목적물에 대하여 소유권을 가진다. 그러므로 수급인이 목적물을 인도할 때 목적물의 소

유권을 도급인에게 이전하여야 한다. 그 외에 수급인은 목적물을 인도하는 동시에 목적물의 부속물도 인도하여야 한다. 예를 들면, 목적물에 반드시 구비하여야 하는 도면, 기술자료 등이 있다.

(3) 선량한 관리자로서의 주의의무와 비밀보장의 의무가 있다. 수급인의 선량한 관리자로서의 주의의무란 도급인이 제공한 원자재, 부속품, 도면, 기술자료 등을 수급인이 선량한 관리자로서 적절하게 보관하여 자연적 손실이나 멸실을 방지하여야 하는 것을 말한다. 수급인의 과실로 인해서 원자재가 손실되거나 멸실되면 수급인은 배상책임을 져야 한다. 수급인은 도급인이 제공한 재료를 적시에 검사하여 약정과 맞지 않는 것을 발견한 경우, 적시에 도급인에게 알려 교환 또는 보충하거나 다른 구제조치를 취하여야 한다. 수급인은 도급인이 제공한 재료를 마음대로 변경할 수 없고, 수리가 필요 없는 부품을 교환할 수 없다. 일이 완성된 후 수급인은 인도하지 않은 목적물에 대하여 적절한 보관을 하여야 할 의무와 위험을 부담할 책임이 있다.

수급인의 비밀보장의무는 도급인이 도급한 일에 대하여 비밀을 보장할 것을 요구했을 때 수급인은 그 비밀을 보장하여야 한다는 것이다. 일이 완성된 후 수급인은 일과 관련된 도면, 기술자료 등을 도급인에게 돌려주어야 한다.

(4) 목적물에 대한 하자담보의 의무가 있다. 수급인은 목적물에 대한 하자담보의 의무를 가진다. 완성된 성과물이 계약에 약정한 품질의 기준과 요구에 부합하지 않거나 목적물의 가격이 떨어졌거나 일반적 효용에 부합하지 않을 때, 수급인은 하자담보의

책임을 져야 한다. 목적물의 하자를 방지하고 줄이기 위하여 수급인은 작업기간 동안 도급인의 감독을 받아야 한다. 그러나 도급인은 감독을 핑계로 수급인의 정상적인 작업을 방해할 수 없다. 수급인의 일이 완성된 후 도급인은 목적물을 검사하고 품질을 확인하여야 한다. 수급인은 도급인이 목적물을 검수(檢收)하기 전에 필요한 기술자료를 제공하고 품질을 입증하여야 하며, 도급인은 약정에 맞춰 일의 성과를 검수하여야 한다. 목적물에 하자가 있을 때에는 일반적으로 다음과 같은 구제조치가 있다.

(a) 도급인이 성과물을 수령하였을 때, 품질에 따라 가격을 정하고 그에 상응하게 보수를 삭감하여 지급할 것을 청구한다.

(b) 도급인이 성과물을 수령하지 않았을 때, 수급인은 수리하거나 교환하든지 아니면 다시 제작하여야 하고, 동시에 기간을 지체한 데 대한 위약책임도 져야 한다.

(c) 수급인이 수리나 교환을 거절했거나 교환 후의 목적물이 여전히 계약의 요구에 부합하지 않을 때, 도급인은 목적물의 수령을 거절할 수 있으며, 계약을 파기하고 손해배상을 청구할 수 있다.

2. 수급인의 유치권

수급인의 유치권이란 수급인이 법에 의거해 목적물을 유치하여 이를 보수취득의 담보로 하는 권리이다. 이는 법률이 수급인의 노동을 특별히 보호하는 권리이다. 수급인이 법에 의거한 유치권을 가지기 전에 목적물의 소유권은 도급인에게 있어야 한다. 목적물을 제작할 때 전부 혹은 주요한 재료나 기본적인 재료를 수급인이 제공하였다면 목적물의 소유권은 수급인에게 있다. 그러므로 이때는 유치권의 규정을 적용할 수 없다. 따라서 목적물이나 원자재의 소유권이 도급인에게 있을 때에만 목적물에 대하여 유치권을 행사할 수 있다.

3. 도급인의 주요의무

(1) 수급인이 일을 완성하는 데에 협조하여야 한다. 도급인은 도급업무의 성질에 따라 자신의 협조가 필요할 때에 협조할 의무가 있다. 도급계약에서 당사자 사이에 도급인이 원자재, 부품, 설계도면, 기술자료를 제공하기로 약정하였다면, 도급인은 계약에 따라 제때에 이를 제공할 의무가 있다. 수리, 수선, 개조, 개축이 필요한 것에 대하여서는 도급인이 적시에 수리, 수선, 개조, 개축될 물품을 제공하여야 한다. 도급인이 협조의무를 이행하지 않아서 수급인이 일을 완성하지 못했을 때, 수급인은 합리적인 기간 내에 의무를 이행할 것을 최고(催告)할 수 있고 이행기한을 순연(順延)할 수 있다. 도급인이 기간을 넘기고도 이행하지 않은 경우 수급인은 계약을 해제할 수 있다.

(2) 목적물을 수령할 의무가 있다. 목적물의 수령이 도급인의 의무인지 아닌지에 대하여는 서로 다른 관점이 있다. 중국의 통설은 수급인이 완성한 목적물을 도급인이 수령할 의무를 진다는 것이다. 도급인은 계약의 약정에 부합되는 목적물을 즉시 수령하여야 한다. 규정된 기간을 넘겨서 수령하는 경우에는 위약금을 지급하여야 하고 수급인이 지급한 보관 및 관리비용도 부담하여야 한다. 아무런 이유 없이 수령을 거절했을 때는 위약금을 지급하여야 할 뿐만 아니라 수급인의 손실에 대하여도 배상하

여야 한다.
(3) 수급인에게 보수를 지급하여야 한다. 도급인은 계약에 규정된 기간과 방식에 맞추어 수급인에게 보수를 지급하여야 한다. 보수의 기준은 통상 계약에서 약정하며 그에 따라 지급한다. 약정이 없을 때는 당시 그 지역의 같은 종류의 작업의 보수기준에 맞추어 지급한다. 도급인은 약정된 기간에 맞추어 보수를 지급하여야 한다. 보수지급기간에 대한 약정이 없거나 불명확할 때에는 수급인이 도급인에게 일의 성과를 인도하는 동시에 지급하여야 한다. 일의 성과를 부분인도할 경우, 도급인은 그에 상응하는 보수를 지급하여야 한다. 도급인이 규정된 보수지급기간을 연체한 경우에는 연체된 기간의 이자를 부담하여야 한다. 보수의 지급을 거절한 경우 수급인은 목적물을 유치할 권리가 있다.

IV. 도급계약의 위험부담

도급계약의 위험부담이란 도급업무를 완성하는 과정에서 일의 성과나 원자재가 당사자에게 귀책될 수 없는 사유로 인해 훼손되거나 멸실되었을 때 누가 손실을 부담할 것인가 하는 문제이다. 도급업무의 위험부담은 일반적으로 두 가지 상황으로 나눌 수 있다.

1. 일의 성과에 대한 위험부담
일의 성과는 실질적으로 인도되어야 한다. 일의 성과를 인도하기 전에 사고가 발생한 경우에는 수급인이 위험을 부담하며, 이때 도급인은 수급인에게 보수를 지급할 필요가 없다. 인도 후에 사고가 발생했을 때는 도급인이 위험을 부담하고 도급인은 반드시 보수를 지급하여야 한다. 그러나 일에 대한 성과의 훼손과 멸실이 도급인이 수령을 지연한 기간 내에 발생하면 도급인이 그 위험을 부담한다.

2. 원자재에 대한 위험부담

원자재에 대한 위험부담은 도급계약에서 비교적 복잡한 부분이다. 원자재를 수급인이 점유하고 있을 때 사고로 인한 훼손과 멸실의 책임은 누가 부담하여야 하는가에 대해서 이론상으로 서로 다른 관점이 있다. 하나는 원자재의 사고로 인한 멸실의 위험은 원자재를 제공한 사람이 부담하여야 한다는 관점이고, 다른 하나는 원자재의 사고로 인한 위험은 원자재의 소유권의 귀속에 따라 소유권자가 부담하여야 한다는 관점이다. 필자는 두 번째 관점이 더욱 합리적이라고 생각한다. 위험부담의 일반적 원리에 따라서 소유권자는 목적물에 대한 의외의 훼손과 멸실의 위험을 부담하여야 한다. 수급인이 원자재를 제공한 경우에는 도급인이 이미 원자재 대금 및 수급인의 노동에 대한 보수를 지급하였고, 아무리 완성물이 장래에 도급인의 소유가 된다고 할지라도 완성물이 아직 실제로 도급인에게 교부되지 않았다면 도급작업 중에는 여전히 수급인의 소유에 속하며, 원자재의 의외의 훼손, 멸실 등의 위험은 응당 수급인이 부담한다. 한편, 도급인이 원자재를 제공한 상황하에서 당사자 사이에 수급인이 원자재의 비용과 대금을 지급하기로 한 약정이 있다면, 원자재의 소유권은 수급인이 원자재를 지급받은 때부터 수급인의 소유가 되고 그 위험은 수급인이 부담한다. 수급인이 그 비용과 대금을 지급하여야 하더라도 당사자 사이에 원자재의 비용과 대금을 지급하기로 한 약정이 없다면 그 위험은 수급인이 아닌 도급인이 부담한다.

제6절 委託契約

I. 위탁계약의 개념과 특징

1. 위탁계약의 개념

위탁계약은 위임계약이라고도 하는데, 쌍방당사자의 약정에 의하여 일방이 타방을 위하여 사무를 처리하는 계약을 말한다. 위탁계약에서 타인에게 위탁하여 자신의 사무를 처리하는 사람을 위탁자라고 하고, 위탁을 받아들이는 사람을 수탁자라 한다. 위탁계약은 비교적 오래된 계약종류 중의 하나이다. 고대 바빌론의 함무라비법전에도 위탁계약에 대한 전문적인 규정이 있다. 위탁계약은 위탁대리의 발생기초이다. 현대사회에서 위탁계약의 범위는 상당히 광범위하고, 위탁계약을 통하여 민사주체의 활동공간과 범위가 확대되었다.

2. 위탁계약의 특징

(1) 위탁계약의 목적은 사무를 처리하는 행위이다

위탁계약의 목적은 사무를 처리하는 행위이고, 그 행위는 위탁매매, 임대차 등과 같은 법률행위일 수도 있고, 재산정리, 장부정리 등과 같은 경제적 의의를 가지는 행위일 수도 있으며, 편지를 대신 부쳐주거나 퇴직한 직원을 면회하는 것과 같이 순수한 사실행위일 수도 있다. 하지만 모든 사무처리행위가 위탁계약의 목적이 될 수는 없다. 위탁계약은 인신성질의 행위에는 적용되지 않는다. 예를 들면 결혼행위, 이혼행위, 수양행위 등이 있으며, 인신성질의 채무를 이행하는 행위에도 적용되지 않는다.

(2) 위탁계약의 성립은 쌍방당사자 사이의 신임을 기초로 한다

위탁자가 자신의 사무를 처리하는 수탁자를 선택하는 이유는, 수탁자의 처리능력과 신용에 대한 이해를 통하여 위탁받은 사무를 잘 처리할 것이라는 믿음을 기초로 한다. 수탁자가 위탁을 받아들이는 것 또한 위탁자에 대한 이해와 신용을 기초로 한다. 당사자 사이에 믿음과 자의(自意)가 없다면 위탁계약관계는 성립할 수 없다. 따라서 위탁계약을 체결한 후에 어느 일방이 다른 일방에 대한 불신이 발생하였다면 언제든지 위탁계약을 해제할 수 있다.

(3) 수탁자는 위탁자의 비용으로 위탁받은 사무를 처리한다

위탁계약은 전형적인 고용계약이고, 위탁계약을 체결한 후에 수탁자는 위탁자의 수권범위 내에서 위탁자의 사무를 처리하여야 한다. 그러므로 일을 처리하는 모든 비용은 위탁자가 부담한다. 수탁자가 위탁자의 명의로 위탁사무를 처리하느냐 자신의 명의로 하느냐에 대하여서는 이론상으로 서로 다른 관점이 있다. 하나는 당연히 위탁자의 명의로 위탁사무를 처리하여야 한다고 보는 관점이고, 다른 하나는 수탁자는 위탁자의 명의로 활동할 수도 있고 자기의 명의로 활동할 수도 있다는 관점이다. 필자는 위탁계약의 중요한 특징은 수탁자가 위탁자가 요구한 위탁사무를 처리하는 것이지, 사무를 처리할 때 위탁자의 명의를 쓰느냐 쓰지 않느냐는 중요하지 않다고 생각한다. 그러나 수탁자가 위탁자의 명의를 사용함에 있어 위탁권의 범위 내에서 제3자와 법률행위를 하면 그 결과는 위탁자가 직접 책임져야 한다. 수탁자가 자기의 명의로 위탁권의 범위 내에서 제3자와 법률행위를 하였는데, 제3자의 사정에 의하여 수탁자가 위탁자에게 의무를 이행할 수 없을 때에는 수탁자는 위탁자에게 제3자를 공표(公表)함으로써 위탁자는 수탁자가 제3자에 대하여 가지는 권리를 행사할 수 있다. 그리고 수탁자가 위탁자의 사정으로 제3자에게 의무를 이행하지 못하였을 때에는 수탁자가 제3자에게 위탁자를 공표하고, 제3자는 수탁자나 위탁자 중 하나를 선택해서 그에게 권리를 주장할 수 있다. 제3자는 한번 상대를 결정하면 바꿀 수 없다.

(4) 위탁계약은 낙성·불요식계약이다

위탁계약은 낙성계약이다. 그러나 위탁계약은 대리관계에서의 수권행위와는 다르다. 위탁계약은 반드시 수탁자가 승낙을 하여야 성립한다. 하지만 수권행위는 피대리인의 단독행위로 즉시 성립되므로 양자를 혼동하면 안 된다. 위탁계약은 원칙상 불요식계약이고, 당사자는 실제 상황에 맞춰서 적당한 형식을 선택할 수 있다. 단, 법률에서 서면형식을 취하여야 한다고 규정한 것은 제외한다. 위탁계약의 당사자 간에는 신용관계나 상업합작관계가 많고 계약조항의 체결도 비교적 간단하다. 이러한 상황에서 당사자는 이전의 합작관례와 그 지방의 상사관습(商事慣習)에 따라야 한다. 이것은 민법의 신의성실의 원칙의 요구이다.

(5) 위탁계약은 유상계약일 수도 있고 무상계약일 수도 있다

위탁계약이 유상인지 아닌지는 법률규정이나 당사자 간의 약정에 의하여 결정한다. 현실생활에서 법인 간에 혹은 공민과 법인 간에 체결한 위탁계약의 대부분은 유상계약이다. 하지만 공민 간에 친척과 친구관계에 근거하여 성립된 위탁계약은 대부분이 무상계약이다.

II. 위탁계약과 유사한 개념의 구별

1. 위탁계약과 대리

대리란 대리인이 대리권한 내에서 피대리인의 명의로 법률행위를 실시하고 그 행위의 결과는 피대리인에게 직접적으로 효력을 미치는 제도이다. 대리는 대리인이 본인을 위하여 의사표시를 하거나 의사표시를 수령하듯이, 수탁자도 위탁자를 위하여 사무를 처리하고 타인을 위하여 일하는 것은 양자의 유사점이다. 그 외에도 위탁계약은 위탁대리의 대리권 수여와 기본관계를 가진다. 하지만 위탁계약과 대리는 주로 다음과 같은 차이가 있다. 첫째, 대리인의 대리행위는 사실행위를 포함하지 않지만, 수탁자가 받아들이는 위탁사무행위는 사실행위를 포함한다. 둘째, 대리는 대외적 관계이다. 대외적이 아니라면 대리라 말할 수 없다. 하지만 위탁계약은 대내적 관계에 속하고 위탁자와 수탁자 사이에 존재한다. 셋째, 대리관계의 성립은 피대리인이 대리인에게 대리권을 수여하는 일방법률행위이다. 하지만 위탁계약은 쌍방법률행위이고 위탁계약의 성립은 수탁자의 승낙이 있어야 한다. 만약 수탁자가 승낙하지 않으면 계약은 성립될 수 없다.

2. 위탁계약과 도급계약

도급계약의 수급인은 도급인의 요구에 따라 일정한 일을 완성한다. 이것은 위탁계약의 수탁자가 위탁자의 요구에 따라 일정한 사무를 처리하는 것과 유사하다. 하지만 양자 또한 현저한 차이가 있다. 첫째, 도급계약의 수급인은 자기의 명의와 비용을 사용하여 도급인이 요구한 일을 완수하고 독립적으로 위험을 부담한다. 둘째, 도급계약의 수급인은 도급인이 지시한 일을 완성하는 과정에서 일반적으로 제3자와 관련된 민사활동을 하지 않는다. 하지만 위탁계약의 수탁자는 위탁받은 사무를 처리할 때 일반적으로 제3자와 관련된 민사활동을 한다. 셋째, 도급계약은 유상계약이지만, 위탁계약은 유상계약일 수도 있고 무상계약일 수도 있다. 쌍방당사자가 보수를 약정할 때에만 수탁자는 사무처리부분에 상응하는 보수를 요구할 수 있다.

3. 위탁계약과 고용계약

고용계약은 당사자 일방이 상대방을 위하여 노무를 제공하고, 상대방은 이에 대하여 보수를 지급하는 계약이다. 고용계약에서 피고용자는 고용자에게 노무를 제공하여야 한다는 점에서는 위탁계약과 유사하다. 그러나 다음과 같은 점에서 위탁계약과 고용계약은 주요한 차이가 있다. 첫째, 고용계약의 체결목적은 근로자가 고용인에게 노무를 제공하는 것이다. 하지만 위탁계약의 체결목적은 수탁자가 위탁자를 위하여 사무를 처리하는 것이다. 수탁자가 노무를 제공하는 것은 단지 목적을 만족시키기 위한 하나의 수단에 불과하다. 둘째, 피고용자는 고용계약에 따라 노무를 제공하고 절대적으로 고용자의 지시에 복종하여야 한다. 하지만 위탁계약의 수탁자는 위탁자의 지시에 따라 사무를 처리하기는 하지만 일반적으로 일정한 독립적 재량의 권리를 가진다. 셋째, 고용계약은 유상계약이지만, 위탁계약은 유상계약일 수도 있고 무상계약일 수도 있다.

III. 위탁계약 당사자의 권리와 의무

1. 수탁자의 의무와 책임

(1) 위탁받은 사무를 처리하여야 할 의무

수탁자는 위탁자의 지시에 따라 직접 위탁받은 사무를 처리한다. 이것은 수탁자의 기본적인 의무이다. 일반적으로 수탁자는 위탁자의 지시에 따라 위탁받은 사무를 처리한다. 수탁자가 위탁자의 지시에 대하여 변경을 필요로 할 때는 위탁자의 동의를 거쳐야 한다. 하지만 수탁자가 위탁받은 사무를 처리하던 중, 만약 위탁계약을 체결할 당시에는 예상할 수 없었던 새로운 일이 발생하였고 그 상황이 긴급하여 위탁자와 연락이 어려울 때에는, 수탁자는 위탁자의 지시상황을 참작해서 변경하여 위탁받은 사무를 적절히 처리할 수 있다. 이와 같은 상황에서 수탁자는 사무처리가 완성된 후 그 상황을 즉시 위탁자에게 알려야 한다. 그 외에 위탁계약의 당사자 사이에는 신뢰관계가 존재하므로 원칙적으로 수탁자는 자신이 직접 위탁받은 사무를 처리하여야 한다. 위탁자의 동의를 얻어 위탁사무를 양도하려고 할 때, 위탁자는 위탁사무를 전(轉)위탁받은 제3자에게 직접 지시할 수 있고, 수탁자는 제3자의 선임과 제3자에 대한 지시에 대하여 책임을 져야 한다. 위탁을 양도하는 과정에서 위탁자의 동의를 거치지 않았을 때, 수탁자는 전위탁받은 제3자의 행위에 대하여 책임을 져야 한다. 하지만 긴급한 상황에서는 수탁자가 위탁자의 이익을 보호하기 위하여 위탁자의 동의를 거치지 않고 위탁사무를 타인에게 양도할 수 있다.

(2) 보고의무

수탁자는 위탁사무의 처리상황을 위탁자에게 보고하여야 한다. 수탁자의 보고의무의 구체적인 내용은 당사자가 필요에 따라 약정한다. 위탁사무의 처리가 완성된 후에는 사무처리의 전 과정과 처리결과를 위탁자에게 보고하여야 하고 필요한 증명문서도 제공하여야 한다.

(3) 이익과 권리를 이전할 의무

수탁자는 위탁자의 명의와 비용으로 위탁사무를 처리한다. 그러므로 수탁자는 위탁사무에서 획득한 모든 이익, 예를 들면 금전, 물품, 수익과 권리 등을 즉시 위탁자에게 이전하여야 한다.

(4) 수탁자의 책임

수탁자가 상술한 의무를 이행하지 않거나 이행이 완전하지 않을 때에는 그에 상응하는 민사책임을 진다. 유상위탁계약에서 수탁자의 과실에 의하여 위탁자에게 손실이 발생했을 때에 위탁자는 일반적 과실에 의한 위약책임의 부담을 청구할 수 있다. 무상위탁계약에서 수탁자의 고의 또는 중대한 과실에 의하여 위탁자에게 손실이 발생했을 때에 위탁자는 손해배상을 청구할 수 있다. 수탁자가 월권하고 그 상황을 제때에 보고하지 않아서 위탁자에게 손실이 발생하였을 때에는 수탁자는 그로 인한 손해를 배상하여야 한다. 수탁자가 제때에 권리와 이익을 이전시키지 않은 것은 위탁자의 재산권에 대한 침해로 볼 수 있다. 이때 위탁자는 위약책임의 부담을 요구할 수도 있고 권리침해의 책임을 청구할 수도 있다.

2. 위탁자의 의무와 책임

(1) 비용을 지급할 의무

위탁계약이 유상계약이든 아니든 위탁자는 수탁자가 위탁사무를 처리하기 위하여 지출한 비용을 제공할 의무가 있다. 위탁자가 얼마의 비용을 지급하고 언제 어떤 방법으로 지급하여야 하는가는 위탁사무의 성질과 사무처리의 구체적인 상황을 보고 결정한다. 당사자가 위탁사무를 완성한 후에 지급할 비용을 계산하는 경우에는 상계(商界)의 관습을 따라야 한다.

(2) 보수를 지급할 의무

유상위탁계약에서 수탁자가 위탁업무의 처리를 완성하면 위탁자는 그 대가를 지급하여야 한다. 위탁계약의 당사자는 스스로가 보수의 기준이나 금액을 약정할 수 있고, 구체적 약정이 없을 때에는 상계(商界)의 관습에 따른다. 만약 수탁자에게 귀책시킬 수 없는 사유로 인해 위탁사무의 처리가 완성되지 못하면 위탁자는 이미 완성된 부분의 보수를 지급하여야 한다. 그러나 당사자 간에 다른 약정이 있는 것은 제외한다.

(3) 채무변제의 의무

위탁자는 수탁자가 수권한 범위 내에서 사무를 처리하면서 발생한 채무에 대하여 변제할 의무가 있다. 만약 수탁자가 수권한 범위를 초과해서 사무를 처리하고 위탁자가 그에 대한 명확한 반대표시를 하지 않으면 「중국민법통칙」 제66조 제2항 규정에 의하여 위탁자가 동의한 것으로 보고, 위탁자는 수탁자가 그 기간 동안 부담하는 채무에 대하여 변제할 의무를 가진다.

(4) 손해배상의 의무

위탁자가 수탁자의 과실에 의하여서가 아닌 다른 이유로 중간에 유상위탁계약을 종료하여 수탁자에게 손실을 주었을 때, 위탁자는 손해를 배상하여야 한다. 단, 위탁자에게 귀책시킬 수 없는 사유인 경우는 제외한다. 수탁자가 위탁사무를 처리할 때, 자신에게 귀책시킬 수 없는 사유로 손해를 입으면 위탁자에게 배상을 청구할 수 있다. 위탁자는 수탁자의 동의를 얻어 수탁자 외의 제3자에게 위탁사무를 맡길 수 있고, 그것으로 인해 수탁자에게 손실이 발생하면 배상하여야 한다. 만약 두 명 이상의 수탁자가 공동으로 위탁사무를 처리한다면 각각의 수탁자는 위탁자에 대하여 연대책임을 져야 한다.

IV. 위탁계약의 종료

위탁계약의 종료는 일반적 원인에 의한 종료와 특별한 원인에 의한 종료의 두 가지 경우로 나누어진다. 위탁계약의 종료의 일반적 원인은 일반적인 계약에 모두 존재하는 종료원인이다. 이에는 위탁사무처리 완료, 위탁계약의 이행불능, 위탁계약의 약정기간 만료, 계약에서 약정한 해제조건의 성립 등이 있다.

위탁계약 종료의 특별한 원인이란 위탁계약의 종료를 유발시키는 특별한 원인이다. 이에는 주로 다음과 같은 것이 있다.

(1) 일방당사자가 임의로 계약을 종료하는 경우이다. 위탁계약에서 쌍방당사자는 모두 임의의 종료권을 가지고 있고, 따라서 임의로 계약을 종료할 수 있다. 그러나 위탁계약의 종료가 상대방에게 손실을 입히면 해당당사자에게 귀책시킬 수 없는 경우를 제외하고는 손해를 배상하여야 한다.

(2) 위탁자가 사망하거나 민사행위능력을 상실한 경우이다. 위탁자의 사망이나 민사행위능력의 상실은 위탁계약의 종료를 유발시킨다. 그러나 그것으로 인해 위탁자의 이익에 손해를 주었다면 수탁자는 위탁자의 승계인이나 법정대리인이 위탁사무를 이어받기 전에 위탁 사무를 계속해서 처리하여야 한다.

(3) 수탁자가 사망하거나 민사행위능력을 상실한 경우이다. 수탁자가 사망하거나 민사행위능력을 상실한 경우에도 위탁계약의 종료를 유발시킨다. 그러나 그로 인해 위탁자의 이익에 손해가 있다면 위탁자가 사후처리를 하기 전까지는 수탁자의 승계인이나 법정대리인이 필요한 조치를 취하여야 한다.

(4) 위탁자나 수탁자의 법인이 종료한 경우이다. 위탁계약은 위탁자나 수탁자의 법인이 종료하면 함께 종료한다. 위탁계약에서 당사자 일방이 법인일 때, 그 법인이 종료하면 위탁계약의 당사자 일방이 없어지게 되어 계약의 종료를 유발시킨다.

지금까지 살펴본 종료의 특별한 원인에도 예외는 있다. 만약 쌍방 당사자 사이에 다른 약정이 있거나 위탁사무의 성질상 위탁계약을 종료하는 것이 좋지 않을 때에는 위탁계약은 계속적으로 유효하다.

제7절 運送契約

I. 운송계약의 개념과 특징

1. 운송계약의 개념

운송계약은 운수계약이라고도 하는데 운송인이 여객이나 화물을 약정한 지점까지 운송하고, 여객이나 송하인이 운송인에게 운임이나 보수를 지급하는 계약을 말한다.

운송계약에는 광의의 계약과 협의의 계약이 있다. 광의의 운송계약에는 화물운송, 여객운송, 통신운송의 세 가지가 있으며, 협의의 운송에는 화물운송계약과 여객운송계약이 있다. 본절에서의 운송계약은 협의의 운송계약을 말한다.

2. 운송계약의 법률적 특징

(1) 운송계약의 목적물은 운송행위이다

운송계약은 노무를 제공하는 계약에 속하고 화물이나 여객을 운송하는 데 그 목적이 있다. 이와 같이 운송계약의 목적물은 화물이나 여객이 아닌 운송인이 화물이나 여객을 약정한 지점까지 운송하는 행위이다.

(2) 운송계약은 표준계약이다

운송계약상의 운송인은 승객과 화물을 운송하는 업무를 가진 자이다. 운송계약의 조건은 일반적으로 운송인이 사전에 정하고 기본적인 권리와 의무, 책임은 운송법규로써 규율하며, 승차권, 운송장, 선하증권은 통일하여 인쇄한다. 그러므로 운송계약은 표준계약이다. 이렇게 하면 운송인이 운송수단을 제어하고 있는 유리한 조건을 이용하여 임의적으로 운송비를 인상하는 것을 방지할 수 있고, 당사자 쌍방이 운송계약을 체결하기도 편리하다.

(3) 운송계약은 쌍무·유상계약이다

운송계약을 체결하면 당사자 쌍방은 각각 의무를 가진다. 즉, 운송인은 여객이나 화물을 약정한 지점까지 운송하여야 하고, 여객이나 송하인은 운송인에게 운임을 지급하여야 한다. 이러한 쌍방의 의무는 대가성(對價性)을 가진다. 그러므로 운송계약은 쌍무계약이다. 운송계약의 운송인이 종사하는 운수업은 경영활동의 일종이고 운임을 받는 것을 영리수단으로 한다. 그러므로 운송계약은 유상계약이다.

(4) 운송계약은 낙성계약이다

운송계약의 성질에 대한 학자들의 의견은 분분하다. 어떤 학자는 운송계약을 실천성 계약이라고 주장하고 수하인에게 화물을 운송하고 인도한 후에야 계약이 성립한다고 본다. 우리는 화물운송계약이든 여객운송계약이든 법률에 별도로 규정이 있는 경우를 제외하고는 모두 낙성계약이라고 본다. 여객운송계약은 여객이 승차권을 구입하면 운송계약이 성립하므로 낙성계약이어야 한다. 화물운송계약에서 수하인에게 화물을 운송하여 인도하는 것은 운송인이 계약을 이행하는 조건이지 계약이 성립하는 조건이 아니다. 만약 화물운송계약을 실천성 계약이라고 한다면 운송인이 탁송에 동의하고 실제로 화물을 수령하기 전에는 계약의 효력이 발생하지 않는다. 이 경우 송하인이 인도한 화물을 수령하지 않거나 탁송을 받아들이지 않아도 위약책임을 지지 않는다. 이렇게 되면 대량생산이라는 조건하에서 송하인과 수하인의 생산경영활동에 영향을 미치게 된다. 운송인이 탁송준비를 완료하여도 송하인이 화물을 인도하지 않으면 송하인에게 그 위약책임을 추궁할 수 없게 되고 이는 필연적으로 운송인의 영업에 영향을 미친다. 따라서 운송계약을 낙성계약으로 보는 것이 더욱 합리적이다.

II. 여객운송계약

1. 여객운송계약의 개념

여객운송계약은 운송인과 여객 사이에 체결한, 운송인이 여객 및 화물을 안전하게 운송하고 여객은 이에 대한 비용을 지급하는 계약을 말한다.

여객운송계약은 차표, 승선표, 비행기표 등의 승차권의 형식을 따른다. 승차권은 여객운송계약의 서면형식이며 여객이 운수수단에 승차하는 증서이다. 또 여객의 의외의 상해에 대한 보험증서이기도 하다. 일반적으로 국가는 여객운송계약에서 보험을 강제적으로 가입하게 한다. 의외의 사고로 인하여 여객이 의외의 상해를 입었을 때에 보험회사가 그 배상책임을 진다. 여객운송계약은 낙성계약이고, 운송인이 여객에게 승차권을 판매할 때에 성립하고 운송인이 검표(檢票)할 때에 효력이 발생한다. 여객이 운송수단에 승차한 후에 승차권을 다시 사야 하는 특수한 상황에서만 여객이 운송수단에 승차한 후에 계약이 성립하고 효력이 발생한다. 여객운송계약이 성립하고 효력이 발생하기 전, 규정기간 내에 운송인의 동의가 없이 계약을 해제하여 환불할 수 있고 타인에게 승차권을 양도할 수 있다.

2. 여객운송계약의 당사자 쌍방의 권리와 의무

(1) 운송인의 권리와 의무

(a) 운송인의 주요한 권리는 다음과 같다.
 (ⅰ) 규정에 따라서 운임 및 수화물 포장, 운송비 등과 관련된 비용을 받을 수 있다.
 (ⅱ) 규정에 따라 여객의 승차권을 검사할 수 있다.
 (ⅲ) 규정에 따라 여객의 법규위반행위 및 위험물과 금지품 소지에 대한 처리를 할 수 있다.

(b) 운송인의 주요한 의무는 다음과 같다.

(i) 약정에 따라 승객에게 운송수단을 제공하고 제때에 여객 및 그의 수화물을 안전하게 목적지까지 운송하여야 한다. 운송인은 운송이 지연될 때에 여객의 요구에 따라서 기타 운항편수를 변경하거나 운송노선을 변경하여 목적지에 도착하도록 하거나 운임을 전부 환불하여야 한다. 법률에 별도로 규정이 있는 것을 제외하고 운송인은 운송과정 중에 발생한 여객의 상해와 사망에 대하여 손해배상책임을 부담하여야 한다. 그러나 여객의 고의나 중대한 과실, 혹은 여객의 건강상의 이유로 인해 발생한 사고에 대하여서는 운송인이 그것을 증명할 수 있으면 손해배상책임을 지지 않는다.

(ii) 여객의 수화물을 잘 보관하여야 한다. 운송과정에서 여객의 수화물이 훼손되거나 멸실되었을 때 운송인에게 과실이 있으면 손해배상책임을 져야 한다.

(iii) 여객에게 정상적으로 운행할 수 없는 중요한 사항과 안전에 관한 주의사항을 고지하여야 한다.

(iv) 여객을 위하여 반드시 필요한 서비스를 제공하여야 한다. 운송인이 마음대로 서비스기준보다 낮은 서비스를 제공할 경우에 여객은 환불하거나 운임을 내려달라고 요구할 수 있다. 그러나 서비스기준을 높인 경우에는 운임을 올릴 수 없다.

(2) 여객의 주요권리와 의무

(a) 여객의 주요한 권리는 다음과 같다.

(i) 승차권에 기재된 일시, 차량, 좌석 등에 따라서 약정한 운송수단으로 목적지에 도착할 권리가 있다.

(ii) 규정에 따라서 일정한 중량과 크기의 물건을 무료로 휴대할 수 있고, 신장의 기준 이하의 어린이 한 명은 무임승차할 수 있다.

(iii) 운송 중에 운송인이 제공한 서비스와 설비를 이용할 수 있다.

(iv) 승차권에 규정된 시간범위 내에서 편수 등을 변경할 수 있다.

(b) 여객의 주요한 의무는 다음과 같다.

(i) 규정에 따라 승차권과 수화물에 대한 운임을 지급하여야 한다. 이 의무는 일반적으로 계약성립시에 이행이 완료된다. 여객은 유효한 승차권을 가지고 운송수단을 이용하여야 한다. 만일 여객이 무임승차하였거나 운행지를 지났거나 무효인 승차권으로 승차하였다면 추가운임을 지급하여야 하고, 운송인은 운송을 거절할 수 있다.

(ii) 여객운수규정을 준수하여야 한다. 승객은 승차권에 기재된 시간, 차량, 좌석에 따라서 운송수단을 이용하여야 한다. 승객이 규정한 시간 내에 승차수속을 하지 못하면 운송인은 그 좌석에 대하여 처리할 권리를 가진다. 또 여객은 인화성 물질, 폭발물, 유독물, 부식물, 방사성물질 및 운송수단을 이용하는 사람이나 재산에 위험을 줄 가능성이 있는 위험물이나 기타 금지물품을 휴대할 수 없다. 운송인은 위험물품을 발견하였을 때 그것을 내려놓거나 처분할 수 있고, 혹은 유관부문에 보낼 수도 있다. 만약 여객이 운송인의 처분에 따르지 않는다면 운송인은 운송을 거절할 수 있다. 여객이 휴대한 위험물이 제3자에게 피해를 주거나 운송인에게 손실을 입혔을 경우에는 손해배상책임을 부담하여야 한다.

(iii) 운송수단과 관련된 설비를 보호하여야 한다. 승객의 과실로 인해 운송설비가 파손된 경우에는 승객이 손해배상책임을 져야 한다.

III. 화물운송계약

1. 화물운송계약의 개념과 특징

화물운송계약은 운송인이 수하인에게 운송물을 지정된 지점에 인도하고, 송하인은 그에 대한 운임을 지급하는 계약이다. 화물운송계약은 운송수단에 따라 도로화물운송계약, 수로화물운송계약, 철도화물운송계약, 항공화물운송계약 등으로 나눌 수 있다. 화물운송계약은 운송계약이 가지는 일반적인 특징 외에 여러 가지 법률적 특징을 가진다.

(1) 화물운송계약은 종종 제3자와 관련이 있다. 화물운송계약은 운송인과 송하인이 체결한 것이지만 때때로 제3자가 참가한다. 화물운송계약의 수하인은 송하인 본인일 수도 있고 송하인 이외의 제3자일 수도 있다. 수하인과 송하인이 일치하지 않는 운송계약은 제3자의 이익을 위하여 체결된 계약이다. 이때 수하인은 계약당사자가 아니더라도 계약에서 일정한 권리를 향유하고 일정한 의무를 부담한다.

(2) 화물운송계약의 이행은 화물을 수하인에게 인도하는 것으로 종료된다. 화물운송계약은 승객운송계약과 마찬가지로 운송인의 운송행위를 목적물로 한다. 승객운송계약은 운송인이 승객을

목적지까지 운송하였을 때에 이행이 완료되는 계약이고, 화물운송계약은 운송인이 화물을 수하인에게 인도한 후에서야 그 이행이 완료된다. 화물을 목적지까지 보낸 것만으로는 계약이행이 완료되지 않는다.

2. 화물운송계약 당사자의 권리와 의무

(1) 송하인의 권리와 의무

(a) 송하인의 주요한 권리는 다음과 같다.
  (ⅰ) 송하인은 계약에 따라 약정한 시간 내에 화물을 안전하게 목적지에 도착하도록 요구할 권리가 있다.
  (ⅱ) 운송인이 화물을 수하인에게 인도하기 전에 운송인에게 운송중지와 화물반환, 도착지 변경이나 화물을 기타 수하인에게 인도하도록 요구할 수 있다.

(b) 송하인의 주요한 의무는 다음과 같다.
  (ⅰ) 계약에서 약정한 시간과 요구에 따라 탁송물을 제공하여야 한다. 허가나 검수수속이 필요한 탁송물은 그와 관련문서를 운송인에게 제출하여야 한다. 송하인은 탁송물을 약정한 방법에 따라 포장하여야 한다. 화물의 포장에 대한 약정이 없거나 불명확할 경우 당사자는 보충합의를 할 수 있다. 합의할 수 없으면 통상적으로 사용하는 방식으로 포장하고, 통상적으로 사용하는 방식이 없으면 목적물을 보호할 수 있는 방식을 채택하여야 한다. 송하인이 화물을 포장하지 않았을 경우 운송인은 운송을 거절할 수 있다.

(ii) 위험물을 탁송할 때에는 관련규정에 따라서 수속을 하여야 한다. 송하인이 인화성물질, 폭발물, 유독물, 부식물, 방사성 물질 등 위험물을 탁송할 때에는 위험물 운송관련규정에 따라 포장하여야 한다. 그리고 위험물표지와 태그(tag)를 달아야 한다. 또 위험물의 명칭, 성질과 방비조치에 관한 서면자료를 운송인에게 제출하여야 한다. 그렇지 않으면 운송인은 운송을 거절할 수도 있고 상응하는 조치를 취하여 손해의 발생을 피할 수도 있다. 후자의 경우에 발생한 비용은 송하인이 부담한다.

(iii) 약정에 따라서 운송인에게 운임 등을 지급하여야 한다.

(2) 운송인의 권리와 의무

(a) 운송인의 주요한 권리는 다음과 같다.

(ⅰ) 약정에 따라서 송하인과 수하인으로부터 운송료 등 관련비용을 수취할 권리가 있다.

(ⅱ) 운송물에 대하여서 유치권을 행사할 수 있다. 송하인이나 수하인이 운송료, 보관비 및 기타 운송비용을 지급하지 않았을 경우에 운송인은 상응하는 운송물에 대하여 유치권을 행사할 수 있다.

(ⅲ) 무주물을 처리할 권리가 있다. 수하인이 불확실하거나 수하인이 정당하지 않은 이유로 수령을 거절할 때에 운송인은 화물을 공탁할 수 있다. 공탁하기 어려운 화물은 법에 의거하여 경매나 변매할 수 있고 운송료와 보관비 및 기타 운송비용을 뺀 나머지 액수를 공탁한다.

(b) 운송인의 주요한 의무는 다음과 같다.
   (ⅰ) 계약에서 약정한 시간과 요구에 따라 운송수단을 배치하고 약정에 의거하여 송하인이 탁송하는 화물을 받아야 한다.
   (ⅱ) 계약에서 약정한 시간에 따라서 화물을 지정된 지점까지 운송하여야 한다. 운송인이 잘못된 목적지점에 도착하였거나 수하인을 잘못 알고 운송물을 인도한 경우 무상으로 계약에서 약정한 목적지점까지 운송하거나 손해배상책임을 져야 한다.
   (ⅲ) 운송인은 화물을 안전하게 목적지까지 운송하여야 한다. 운송인은 운송과정에서 발생한 화물의 훼손·멸실에 대하여 손해배상책임을 져야 한다. 그러나 불가항력이나 화물의 자연적인 성질로 인한 훼손·멸실, 합리적인 소모, 송하인·수하인의 과실로 인한 훼손·멸실이라는 것을 운송인이 증명할 수 있으면 손해배상책임을 지지 않는다.
   (ⅳ) 계약의 약정에 따라서 화물을 수하인에게 인도하여야 한다. 운송인은 화물을 목적지까지 운송한 후 제때에 수하인에게 출고할 것을 통지하여야 한다. 수하인이 불명확하거나 수하인이 수령을 거절할 경우 운송인은 적시에 송하인에게 이를 통지하여야 하고, 합리적인 기간 내에 화물의 처리에 대한 지시를 해줄 것을 요구하여야 한다. 송하인이 합리적인 기간 내에 지시를 하지 않았거나 실행할 수 없는 지시를 한 경우 운송인은 화물을 공탁할 수 있다.

(3) 수하인의 권리와 의무

(a) 수하인의 주요한 권리는 다음과 같다.

(ⅰ) 화물을 송달한 후에 증명서로 화물을 수취할 권리가 있다.

(ⅱ) 화물을 검수할 때에 화물의 훼손이나 부족 등 운송증명서와 부합하지 않는 상황이 발견되면 운송인에게 배상을 요구하거나 화물수령을 거절할 권리가 있다.

(b) 수하인의 주요한 의무는 다음과 같다.

(ⅰ) 수취통지를 받은 후 규정된 기간 내에 화물을 수취하여야 한다. 규정기간을 넘겨 화물을 수취할 경우 운송인에게 보관비를 지급하여야 한다.

(ⅱ) 화물을 받을 때에 운송인과 함께 화물을 검수하여야 한다. 수하인은 화물을 수취할 때 약정한 기한이나 합리적인 기한 내에 화물을 검수하여야 한다. 그렇지 않으면 운송인이 운송증명서에 기재된 것에 따라서 인도하였다는 초보(初步)증거로 볼 수 있다.

(ⅲ) 송하인이 지급하지 않았거나 적게 지급한 비용 및 기타 수하인이 지급하여야 하는 비용을 지급하여야 한다.

(ⅳ) 수하인이 화물을 수취할 때에 선하증권이나 기타 수취증명서를 운송인에게 반환하여야 한다.

제8절 委託賣買契約[191]

I. 위탁매매계약의 개념과 특징

1. 위탁매매계약의 개념

위탁매매계약은 일방당사자가 상대방의 위탁을 받고 자기명의로 구매·판매나 기타 상업상의 무역활동을 하고, 상대방이 그에 대하여 일정한 보수를 지급하는 것을 약정하는 계약이다. 위탁매매계약에서 자기명의로 업무를 처리하는 일방당사자는 위탁매매인이고, 보수를 지급하는 상대방은 위탁인이다.

위탁매매계약은 현대사회에서 광범위하게 사용되는 계약형식 중의 하나이다. 위탁매매인은 자기명의로 위탁인의 사무를 처리하고 자신의 지식·능력·책임으로 위탁인의 이익을 보호하므로 위탁인의 각종 거래활동에 유리하다. 특수한 지식과 전문적인 기술을 필요로 하는 거래활동에서는 더욱 그러하다. 위탁매매계약을 통하여 시장을 활성화시킬 수 있고 생산을 촉진시킬 수 있으며 유통을 활발하게 할 수 있다.

2. 위탁매매계약의 특징

(1) 위탁매매인은 자기명의로 위탁인을 위하여 일정한 법률행위를 행한다. 위탁매매계약에서 위탁매매인은 자기명의로 위탁매매

---

[191] 원문은 '행기합동(行紀合同)'이다. -역주

사무를 처리한다. 위탁매매인은 제3자와 법률행위를 하고 그 법률결과도 위탁매매인이 직접 부담한다. 위탁인과 제3자 사이에 직접적인 권리와 의무관계는 없다. 이것은 위탁매매계약이 위탁계약과 다른 점이다. 한편, 위탁매매계약에서 위탁매매인이 하는 위탁사무는 일반적으로 구매·판매와 기타 상업상의 무역활동 등의 법률행위에만 제한되지만, 위탁계약에서 위탁인이 하는 위탁행위는 법률행위와 사실행위를 모두 포함한다.

(2) 위탁매매인은 위탁인의 이익을 위하여 사무를 처리한다. 위탁매매계약에서 직접적인 법률관계는 위탁매매인과 제3자 사이에 발생하지만, 그로 인하여 발생한 권리와 의무는 최종적으로 위탁인에게 귀속된다. 그러므로 위탁매매인이 제3자와 법률행위를 할 때에는 위탁인의 권익을 고려하여야 하고 그 결과는 위탁인에게 귀속된다. 위탁매매인이 위탁인을 위하여 구매·판매한 물건의 소유권은 위탁인에게 있고, 물건의 훼손·멸실로 인한 위험도 위탁인이 부담한다. 위탁매매인은 위탁매매물건에 대하여 점유권과 조건이 있는 처분권만 가진다.

(3) 위탁매매계약은 낙성·쌍무·유상계약이다. 위탁매매계약은 쌍방당사자의 의사가 일치하면 즉시 성립할 수 있다. 실제로 이행할 필요가 없고, 특별한 방식으로 이행할 필요도 없다. 그러므로 낙성계약이다. 위탁매매인은 위탁인을 위하여 구매·판매나 기타 상사거래의 의무를 지고 위탁인은 그에 대하여 보수지급의 의무를 부담하므로 쌍무계약이다. 위탁매매인이 사무를 완성하면 위탁인으로부터 법정 또는 약정한 보수를 받아야 한다. 이때에 쌍방의 이익은 대가(代價)관계에 있기 때문에 위탁매매계약

은 유상계약이다.

II. 위탁매매계약에서 당사자 쌍방의 권리와 의무

1. 위탁매매인의 권리와 의무

(1) 위탁매매인의 권리

(a) 보수청구권이 있다. 위탁매매인은 위탁사무를 전부 혹은 부분적으로 완성한 후에 법률규정이나 당사자 간의 약정에 의거하여 상응하는 보수를 지급할 것을 청구할 수 있다.

(b) 개입권(介入權)이 있다. 위탁매매인이 위탁을 받아 유가증권이나 기타 공시가격이 있는 물품을 매도하거나 매입할 때에 자기 명의로 매수인이나 매도인이 된다. 이것이 바로 위탁매매인의 개입권이다. 개입권의 행사는 쌍방당사자, 특히 위탁인의 이익에 큰 영향을 미친다. 따라서 위탁매매인은 위탁인의 위탁을 받아 유가증권이나 기타 공시가격이 있는 물품을 매도하거나 매입하고 위탁매매계약에 상반되는 약정이 없을 때에만 개입권을 행사할 수 있다. 이 경우에 위탁매매인은 위탁인에게 보수를 청구할 수 있다.

(2) 위탁매매인의 의무

(a) 위탁인의 요구에 따라 위탁매매하는 사무를 처리할 의무가 있다. 위탁매매인이 위탁인을 위하여 거래를 할 때에는 위탁인의

지시에 따라야 한다. 위탁매매인이 위탁인이 지정한 가격보다 낮은 가격으로 매도하거나 위탁인이 지정한 가격보다 높은 가격으로 매입할 때에는 위탁인의 동의를 얻어야 한다. 그렇지 않으면 위탁인은 자신에게 발생한 매매의 효력을 승인하지 않을 수 있다. 그러나 위탁매매인이 그 차액을 보상하기를 원하면 위탁인에게 매매의 효력이 발생한다. 위탁인이 최저매도가격과 최고매입가격을 지정해 놓았을 때에 위탁매매인이 위탁인이 지정한 가격보다 높은 가격으로 매도하였거나 지정한 가격보다 낮은 가격으로 매입하면 약정에 따라서 보수를 높게 줄 수 있다. 약정이 없으면 그 거래의 이익은 위탁인에게 속한다. 위탁매매계약과 제3자가 한 법률행위는 위탁매매계약에 의거한 것이므로 그 결과는 직접 위탁인에게 귀속된다. 그러나 위탁인이 가격에 대하여 특별한 지시를 한 경우에 위탁매매인이 이를 위배할 수는 없다.

(b) 위탁물의 선관의무와 검사의무가 있다. 위탁매매인이 위탁물을 점유한 경우 위탁물에 대한 선관의무를 진다. 위탁매매인이 위탁물을 인도할 때에 하자가 있거나 부패·변질하기 쉬운 것을 발견한 경우 적시에 위탁인에게 통지하여야 하며, 위탁인의 동의를 얻어 그 물건을 처분할 수 있다. 위탁인에게 적시에 연락할 수 없으면 위탁매매인이 합리적으로 처분할 수 있다. 위탁매매인이 관리·검수를 소홀히 하여 위탁물에 손실이 발생한 것은 배상책임을 져야 한다.

2. 위탁인의 의무

(1) 보수지급의 의무가 있다. 보수지급은 위탁인의 주요한 의무이며 위탁인은 약정한 액수에 따라서 위탁매매인에게 보수를 지급하여야 한다. 위탁매매인이 부분적으로 위탁사무를 완성한 경우, 그에 상응하는 보수를 지급하여야 한다. 위탁인이 약정한 기간을 넘겨 보수를 지급하지 않으면 당사자 사이에 별도로 약정이 있는 경우를 제외하고 위탁매매인은 위탁물에 대하여 유치권을 가진다.

(2) 위탁매매인이 처리한 위탁매매업무의 결과를 받아들일 의무가 있다. 위탁인은 제때에 위탁매매인이 완성한 위탁매매사무를 받아들여야 하고 약정에 따라서 구매한 위탁물에 대하여서는 적시에 검수하여야 한다. 그렇지 않으면 위탁매매인은 물품의 하자에 대한 책임을 지지 않는다. 위탁인이 이유 없이 위탁물 수령을 거절하면 위탁매매인은 최고(催告)를 거쳐 위탁물을 공탁할 수 있다.

제9절 仲介契約[192]

Ⅰ. 중개계약의 개념과 특징

1. 중개계약의 개념

중개계약은 중개인[193]이 위탁인의 요구에 따라 위탁인에게 제3자와 계약을 체결할 기회를 제공하거나 소개를 하고, 위탁인은 이를 위하여 중개인에게 보수를 지급하는 것을 약정하는 계약을 말하며 중개서비스계약이라고도 한다.

중개는 오래된 상업현상 중의 하나이다. 중국 고대에는 중개인을 '호랑(互郞)'이라 하였고, 이는 쌍방이 거래가 성사되도록 촉진하여 거기에서 보수를 얻는 중개인을 말한다. 상품경제의 발전에 따라 중개업도 크게 발전하였다. 중개인의 중개는 상품유통경로를 확장시켰고 무역발전을 촉진하는 데에도 적극적인 역할을 하였다.

2. 중개계약의 특징

(1) 중개인은 위탁인에게 계약체결의 기회를 알려주거나 계약체결을 알선해주는 사람이다. 중개계약에서 중개인은 위탁인에게 서비스를 제공하는 사람이고, 이러한 서비스는 위탁인을 위하여 계약을 체결하는 것이 아니고 위탁인을 위하여 계약체결의

---

192 원문은 '거간합동(居間合同)'이다.-역주
193 원문은 '거간인(居間人)'이다.-역주

기회를 보고하거나 계약체결을 알선하는 것이다. 예를 들어, 위탁인의 위탁을 받아서 계약을 체결할 상대방을 찾아주거나 쌍방당사자가 계약을 체결하도록 소개하여 위탁인이 거래를 성사시키도록 협조하는 것이다. 중개인은 위탁인이 거래를 성사할 수 있도록 서비스를 제공하지만 계약의 당사자는 아니다. 그리고 일방의 대리인으로써 위탁인의 명의로 계약을 체결하는 것도 아니다.

(2) 위탁인이 보수를 지급하는 것은 제3자와 거래를 성사하는 것을 조건으로 한다. 중개계약에서 중개인의 중개활동만으로는 위탁인이 보수를 지급하는 근거가 될 수 없다. 중개활동의 목적을 달성하여야만, 즉 위탁인과 제3자의 거래가 성사되어야만 위탁인이 보수를 지급할 의무를 가진다. 이것은 일반적인 유상계약에서 당사자 일방이 의무를 이행하면 즉시 상응하는 보수를 취득할 수 있는 것과 명확하게 다른 점이다.

(3) 중개계약은 유상·낙성·불요식계약이다. 중개인이 계약의 체결을 달성시킨 후에 위탁인은 중개활동에 대한 보상으로서 중개인에게 보수를 지급하여야 한다. 그러므로 중개계약은 유상계약이다. 중개계약은 위탁인과 중개인 쌍방의 의사표시가 일치하면 성립하고 물건의 인도를 계약성립의 조건으로 하지 않는다. 그러므로 중개계약은 낙성계약이다. 중개계약의 성립은 특정한 형식을 채택하지 않아도 된다. 구두형식, 서면형식 모두 가능하다. 그러므로 불요식계약이다.

II. 중개계약과 위탁계약, 위탁매매계약의 차이점

중개계약과 위탁계약, 위탁매매계약은 모두 일방이 상대방의 위탁을 받아 일정한 사무를 처리하고 서비스를 제공하는 계약에 속한다. 그러나 이 세 가지 계약에는 다음과 같은 명확한 차이점이 있다.

첫째, 중개인은 위탁인에게 계약을 체결할 기회를 보고하거나 알선해줄 뿐 위탁인과 제3자가 계약을 체결하는 데에는 참여하지 않는다. 그러나 위탁계약에서의 수탁인은 위탁인의 명의나 자기명의로 위탁인을 대신하여 제3자와 계약을 체결할 수 있고 위탁인과 제3자와의 관계에 관한 내용을 결정할 수 있다. 또 위탁매매계약에서는 위탁매매인이 자기명의로 위탁인의 사무를 처리하므로 제3자와 직접적인 권리·의무관계가 발생한다.

둘째, 중개계약에서는 중개인이 위탁인에게 계약을 체결할 기회를 제공하거나 알선해주는 행위 자체에 법률의의가 있으며, 중개인이 제3자와 체결한 계약에는 법률의의가 없다. 그러나 위탁계약에서의 수탁인이 처리하는 사무는 일반적으로 법률의의가 있는 사무이다. 위탁매매계약에서 위탁매매인이 수탁받은 사무는 법률행위이어야 하며, 당연히 법률의의를 가진다.

셋째, 중개계약은 유상계약이다. 그러나 중개인은 중개활동만으로 위탁인에게 보수지급을 청구할 수 없다. 중개결과가 있을 때에만 보수지급을 청구할 수 있다. 만약 중개인이 쌍방의 위탁을 동시에 받기로 약정하였으면 쌍방으로부터 보수를 받을 수 있다. 그러나 위탁계약은 무상계약일 수도 있고 유상계약일 수도 있으며, 위탁매매계약은 유상계약이다. 위탁매매인은 위탁인의 지시에 따라 위탁매매사무를 처리하기만 하면 위탁인으로부터 보수를 받을 수 있다.

III. 중개인 당사자 쌍방의 권리와 의무

1. 중개인의 의무

(1) 사실대로 보고할 의무와 신의성실의 의무를 가진다. 중개인은 자신이 알고 있는 계약체결과 관련된 상황이나 상업정보를 사실대로 위탁인에게 고지하여야 한다. 위탁인과 제3자 사이에 체결한 계약에 대하여 임의로 방해할 수 없고 체약조건에 대하여 불리한 영향을 주어서는 아니된다. 중개인이 고의로 허위의 상황을 제공하거나 위탁인의 계약체결을 방해하여 위탁인의 이익에 손해를 입힌 경우 보수지급을 청구할 수 없으며 손해배상책임을 져야 한다.

(2) 비밀보장의 의무가 있다. 위탁인이 중개인에게 자신의 성명, 명칭, 상호를 상대방에게 고지하지 말라고 요구한 경우 중개인은 고지하지 않을 의무가 있다. 중개인이 비밀보장의 의무를 위반하여 위탁인에게 손해를 입혔을 때에는 손해배상책임을 져야 한다.

(3) 최선을 다할 의무가 있다. 중개인은 위탁받은 후에 위탁인의 이익을 지키는 것에서 출발하여 거래성사의 기회와 상업정보를 제공하여 계약의 체결을 촉진하여야 한다. 임의적으로나 소극적으로 중개사무를 대하여서는 아니된다.

2. 위탁인의 의무

(1) 보수지급의 의무가 있다. 위탁인의 주요한 의무는 보수를 지급하는 것이다. 중개인이 계약을 성사시킨 후에는 위탁인은 약정한 보수를 지급하여야 한다. 보수를 약정하지 않았거나 약정한 보수가 명확하지 않은 경우, 중개인의 노무에 근거하여 합리적으로 확정하고 위탁인이 평균적으로 부담한다.

(2) 중개활동에 대한 비용을 지급할 의무가 있다. 중개인이 계약을 성사시키지 못하였을 때에는 보수지급을 요구할 수 없다. 하지만 중개활동을 위하여 지출한 필요비용은 위탁인에게 청구할 수 있다. 그러나 중개인이 계약을 성사시켰을 경우에는 중개활동비용은 중개인이 부담한다.

제10절 承包經營契約[194]

승포경영계약은 중국의 경제체제 개혁에서 출현한 새로운 계약유형의 하나로서 그 적용범위가 매우 넓다. 승포경영계약에는 공업기업 승포경영계약과 농촌승포경영계약이 있다. 승포경영계약은 중국이 개혁개방 후에 '양권분리'의 이론을 활용한 구체적인 형식이다. 즉, 소유권과 경영권 분리의 원칙에 따라서 승포경영계약의 형식으로 국가와 기업, 노동단체경영조직과 기업, 농촌단체경제조직과 농민의 권

---

194 원문은 '승포경영합동(承包經營合同)'이다 -역주

리·의무관계를 명확히 하고 있다. 승포경영계약은 기업 내부에 잠재되어 있는 힘을 충분히 발휘하게 하여 기업에 활력을 불어넣고 기업을 발전시키는 원동력이 된다. 또 기업생산자와 경영자의 적극성을 유발시키기도 한다. 이 절에서는 국유기업승포경영계약과 농촌승포경영계약을 주요하게 다룬다.

Ⅰ. 기업승포경영계약

1. 기업승포경영계약의 개념과 특징

기업승포경영계약은 발포인[195]이 평등자원의 원칙을 견지하고 승포경영책임제와 유관한 사항을 협상한 후에 쌍방의 권리와 의무를 명확하게 하기 위하여 달성한 서면합의를 말한다. 기업승포경영계약에서 발포인은 기업자산소유자이고, 국유기업인 경우에는 인민정부가 지정한 관련부문이 발포인이 되는데, 일반적으로 발포기업의 주관부문이 맡는다. 승포인[196]은 승포경영을 하는 기업이다. 기업승포경영계약은 다음과 같은 법률적 특징을 가진다.

(1) 기업승포경영계약의 주체는 기업자산의 소유자와 승포경영자이다. 기업승포경영계약은 기업소유권과 경영권과의 분리를 실현하는 법률형식이다. 1998년 2월 국무원이 발표한 「전민소유제공업기업 승포경영책임제잠정조례(全民所有制工業企業承胞經營責任制暫行條例)」 제14조는 "승포경영책임제를 시행하기 위

---

195 승포경영권의 설정자를 의미한다.-역주
196 승포경영권자를 의미한다.-역주

하여서는 기업경영자가 승포인을 대표하여 발포인과 승포경영계약을 체결하여야 한다. 발포인은 인민정부가 지정한 유관부문이다. 일반적으로 승포경영기업의 상급 주관부문이 발포인이 되고 국가를 대표하여 승포경영기업과 기업승포경영계약을 체결한다"고 규정하고 있다.
(2) 기업승포경영계약은 기업경영권을 양도하는 계약이다. 기업승포경영계약의 승포인이 계약에 따라서 취득하는 것은 기업경영관리권이다. 승포경영자는 기업의 자산 전부에 대하여 점유·사용·수익할 수 있고 일정한 범위 내에서 처분할 권리가 있다. 그리고 기업의 모든 재산을 이용하여 자주적으로 경영하고 손익을 부담하여야 한다. 그러므로 표면상으로 볼 때 기업승포경영계약의 목적은 기업의 자산이다. 그러나 실제로 발포인과 승포인이 기업의 자산에 기초하여 서로 간의 권리와 의무관계를 확정하는 것은 아니다. 그들은 기업의 경영관리권에 기초하여 서로 간의 권리와 의무를 확정한다. 또 기업자산의 소유자가 기업의 재산을 승포인 소유가 되도록 하는 것이 아니라 기업자산의 경영관리권을 승포인이 행사하도록 한다.
(3) 기업승포경영은 쌍무·낙성·유상계약이다. 기업승포경영계약에서 발포인은 이윤취득권[197]을 향유하고, 승포인은 기업경영권을 향유한다. 동시에 발포인은 기업경영권을 인도할 의무가 있고 승포인은 이윤상납, 기술개조 등의 의무가 있다. 쌍방당사자에게 권리와 의무가 모두 있으므로 쌍무계약이다. 계약당사자

---

[197] 원문은 '이윤수취권(利潤收取權)'이다.−역주

의 일방이 권리를 취득하려면 일정한 대가를 지급하여야 하므로 유상계약이다. 기업승포경영계약은 쌍방당사자의 의사표시가 일치하면 성립하며 당사자일방의 인도를 계약의 성립요건으로 하지 않는다. 그러므로 낙성계약이다.

2. 기업승포경영계약의 주요내용

기업승포경영계약은 일반적인 계약조항 외에 다음과 같은 내용도 가진다.

(1) 승포형식

승포경영계약은 승포경영의 형식을 확실하게 표기하여야 한다. 현재 승포경영의 주요한 형식으로는 상납하는 이윤에 따른 승포[198], 상납한 이윤의 기수(基數)에 따라 도급하여 초과수입을 나누는 것[199], 소형기업에 상납하는 이윤정액에 따른 승포[200], 적자감소(또는 보조금)에 따른 승포[201], 국가가 허가한 기타 형식이 있다.

(2) 승포기한

기업승포경영계약의 유효기간은 일반적으로 3년보다 짧을 수 없다. 그러나 기업승포경영의 구체적인 기간은 기업의 구체적인 상황에 근거하고 기업의 생산주기와 고정자산의 갱신주기 및 승포형식을 참조하여 확정하여야 한다. 기업승포기간의 확정은 승포임무의 완성

---

198 원문은 '상교이윤체증포간(上交利潤遞增包干)'이다.-역주
199 원문은 '상교이윤기수포간, 초수분성(上交利潤其數包干, 超收分成)'이다.-역주
200 원문은 '미형기업상교이윤정액포간(微型企業上交利潤定額包干)'이다.-역주
201 원문은 '휴손기업감휴(혹보첩)포간(虧損企業減虧(或補貼)包干)'이다.-역주

에 유리한 것이어야 하고 기업의 단기적인 행위를 극복할 수 있는 것이어야 한다.

(3) 이윤이나 결손액수의 상납

상납하는 이윤은 상납하는 이윤의 기수와 체증비율, 초과수입을 비율로 나눈 것에 의하여 결정된다. 그러므로 승포경영계약에서 상납하는 이윤의 기수와 두 가지 비율을 명확히 규정하여야 한다. 상납하는 이윤의 기수와 체증비율, 초과수입을 비율로 나눈 것을 확정할 때에는 국가이익과 기업이익을 모두 고려하여야 한다는 원칙, 기업의 실제 상황에서 출발하여 기업의 적극성을 동원하여야 한다는 원칙, 진보적인 것을 장려하고 낙후된 것을 격려하는 원칙, 기업우선발전의 원칙을 준수하여야 한다.

(4) 상품의 품질 및 기타 주요한 경제기술지표

상품의 품질은 상품의 사용가치가 사회적 수요를 만족시킬 수 있는 정도를 가리킨다. 주요한 경제기술지표는 일반적으로 상품의 품질, 주요상품의 단위생산품의 소비, 노동생산율, 유동자금의 이익률, 상품원가의 하락률, 생산액, 수출외화가득률, 신상품의 개발 등의 지표를 포함한다. 상품의 품질과 기타 주요한 경제기술지표는 기업의 종합실력을 반영하는 것이다. 그러므로 기업승포경영에서 규정하여야 한다.

(5) 유리사용(留利使用)[202], 대출금의 상환, 승포 전의 채권·채무의 처리

유리사용은 국가의 규정에 의거하여 생산발전기금, 복리기금과 장려기금의 분배비율을 합리적으로 나눌 것을 요구한다. 대출금의 상환은 승포 전과 후의 대출금을 상환하는 것이다. 승포 전의 대출금은 일반적으로 세전(稅前)에 대출금을 상환하는 방법에 따라서 집행하고, 세후(稅後)에 대출금을 상환하는 방법에 따를 수도 있다. 승포 전의 채권·채무는 합의로 확정하여야 한다.

그 밖에 기업의 기술개조임무와 당사자 쌍방의 권리와 의무, 기업경영자에 대한 상벌, 기업승포경영계약의 위약책임 등의 사항도 기업승포경영계약에서 규정하여야 한다.

3. 기업승포경영계약 당사자 쌍방의 권리와 의무

(1) 발포인의 권리와 의무

발포인은 승포경영계약의 규정에 따라서 승포인의 생산·경영활동에 대하여 검사·감독하고 이윤을 상납받을 권리가 있다. 승포인이 경영과 관리를 잘 하지 못해서 승포경영계약의 임무를 완성할 수 없으면 발포인은 승포경영계약의 해제를 요구할 권리를 가진다.

발포인은 기업의 생산·경영의 자주권을 침범하여서는 아니된다. 즉, 기업의 정상적인 생산·경영활동을 간섭해서는 아니되고, 승포기업의 재산적 권리와 경제적 이익을 침범해서도 아니된다. 또한 발포인의 임의대로 경영자의 수익을 삭감할 수 없고 직책범위 내에서 승포인이 생산·경영활동에서 겪는 어려움을 해결할 수 있도록 도와야 한다.

---

202 이윤의 일부를 남겨두고 사용하는 것을 말한다.-역주

(2) 승포인의 권리와 의무

승포인은 국가법률과 법규, 정책과 승포경영계약의 규정에 의거하여 경영·관리의 자주권을 가진다. 발포인이 위약하여 승포인이 승포경영계약을 이행할 수 없을 경우에 승포인은 승포경영계약의 해제를 요구할 수 있다.

승포인의 의무에는 국가에 이윤을 상납할 의무, 기술개조의 임무를 완성할 의무, 국가자산의 온전함과 절상을 보증할 의무, 상품의 품질 보증의무, 노동생산율의 제고의무, 직원생활의 점진적 개선의무, 합리적으로 이윤을 남겨 사용하여야 하는 의무 등이 있다.

(3) 당사자 쌍방의 법률책임

기업승포경영계약의 법률책임은 주로 기업승포경영계약의 위약책임을 말한다. 발포인이 계약을 이행하지 않아서 승포경영계약의 완성에 영향을 미쳤을 경우에 발포인은 위약책임을 부담하여야 한다. 또 상황의 경중에 따라 책임자의 행정책임과 경제적 책임을 추궁하여야 한다. 승포인이 승포경영계약을 완성할 수 없는 경우에 승포인은 위약책임을 져야 하고 상황의 경중에 따라 기업경영자의 행정책임과 경제적 책임을 추궁하여야 한다.

II. 농촌승포경영계약

1. 농촌승포경영계약의 개념

농촌승포경영계약은 농촌단체경제조직 또는 촌민위원회와 그에 속한 구성원 사이에 체결하는, 단체소유 혹은 국가소유의 단체가 사용하는 재산을 경영하고 승포인이 일정한 수익을 인도하는 것에 관한 계약이다. 농촌승포경영계약에서 발포인은 농촌단체경제조직 또는 촌민위원회이고, 승포인은 그에 속한 구성원, 즉 발포인에게 속해 있는 촌민이다.

농촌승포경영계약은 승포목적물의 내용에 따라 경작지승포경영계약과 산지승포경영계약, 수면승포경영계약, 과수원승포경영계약 등으로 나눌 수 있다

농촌승포경영계약은 중국의 농촌경제체제 개혁과정에서 발생한 새로운 형식의 계약관계이다. 「중국민법통칙」 제80조와 제91조는 농촌승포경영권을 확립하는 법률적 근거이다. 농촌승포경영계약은 승포인의 승포경영권을 확립하였고 농민생산의 적극성을 제고하였다. 현재, 승포경영은 중국의 발전된 농촌단체경제의 주요한 경영방식이 되었다.

2. 농촌승포경영계약의 법률적 특징

농촌승포경영계약은 독특한 법률적 특징을 가진다.

(1) 농촌승포경영계약의 주체는 농촌단체경제조직 및 그에 속한 구성원이다. 농촌승포경영계약의 발포인은 농촌단체경제조직 또는 촌민위원회이다. 승포인은 승포받아 경영하는 자이고 일반적으로 발포인의 내부구성원이며, 여기에는 개인, 농가, 연합경영체, 전문적인 조직 등이 포함된다. 그러나 농촌경제의 시장화에 따라서 경영자가 발포인의 내부구성원 이외의 주체까지 확대되고 있다. 이러한 상황에 대하여 이론상으로 서로 다른 주

장이 존재한다. 승포인은 발포인의 내부구성원일 수밖에 없고 그 외의 사람은 승포인일 수 없다고 보는 주장이 있고, 승포인은 발포인의 내부구성원에 제한되어서는 안 된다는 주장이 있다. 필자는 첫번째 주장에 동의한다. 농촌승포경영계약에서 승포경영은 복리의 성질을 가진다. 승포 초기에는 인구평균에 따라서 토지를 나누어 발포하여 주고 승포비용이 낮은 편이므로 이러한 복리를 발포인의 내부구성원 이외의 사람에게 주어서는 아니된다. 발포인의 내부구성원이 아닌 사람이 토지 등 자연자원을 경영하는 것은 사실상 임대경영에 속한다. 현재 농촌승포경영계약의 승포인을 발포인의 내부구성원으로 확립하여 농사를 포기하고 기타 경영활동에 종사하는 농민의 훗날에 대한 걱정을 해결해주는 새로운 토지승포형식이 전국에서 전개되고 있다. 동시에 여러 가지 형식의 임대경영, 외주(外注)[203] 경영 및 양도가 확대되어 토지의 효용을 극대화시키고 있다. 이렇게 하면 농촌생산·경영의 질서안정에 유리하고 농촌경제체제의 개혁의 심화를 촉진시킬 수 있다.

(2) 농촌승포경영계약은 경영권을 양도하는 계약이다. 농촌승포경영계약을 체결함으로써 승포인은 발포인이 소유하거나 관리하고 있는 토지 등 생산자원이나 기타 자연자원의 경영권을 취득한다. 그러나 소유권을 취득하는 것은 아니다. 승포인은 승포한 재산에 대하여 점유·사용·수익과 일정한 범위 내에서 처분할 권리를 가지고 법률이나 계약이 허락하는 범위 내에서 외주할

---

[203] 원문은 '전포경영(轉包經營)'이다.-역주

수 있다.
(3) 농촌승포경영계약의 기간은 비교적 긴 편이다. 이것은 농업생산의 특징에 의하여 결정된 것으로 일반적으로 농업생산에서 투자를 회수하는 기간이 길기 때문이다. 그리고 토지의 생산력을 보호하고 토양을 개량하며 무분별한 개발을 방지하기 위하여 농촌승포경영계약의 기간을 일반적으로 길게 규정한다.
(4) 농촌승포경영계약은 쌍무·유상·낙성계약이다. 농촌승포경영계약에서 쌍방당사자는 모두 권리와 의무를 가진다. 당사자 일방이 권리를 취득하면 그에 대하여 일정한 대가를 지급하여야 한다. 그러므로 쌍무·유상계약이다. 농촌승포경영계약은 당사자의 의사표시가 일치하면 성립하므로 낙성계약이다.

3. 농촌승포경영계약 당사자 쌍방의 권리와 의무

(1) 발포인의 권리와 의무

발포인은 승포인에게 계약의 약정이나 통상적인 용도와 방식에 따라 발포한 재산을 합리적으로 사용·보호·관리하도록 요구할 수 있는 권리가 있고, 승포인의 승포한 재산에 대한 사용과 경영을 감독할 권리가 있다. 승포인에게 약정한 시간과 액수에 따라서 승포료를 청구할 수 있는 권리가 있다. 승포인이 계약규정을 위반하여 국가나 단체에 손해를 입힌 경우 발포인은 법률의 규정이나 계약의 약정에 의거하여 승포경영계약을 해제할 권리가 있다.

발포인은 법률의 규정이나 계약의 약정에 의거하여 발포한 토지나 자연자원을 승포인에게 제공하여 사용하게 하여야 하고 승포인의 승포경영권을 존중하여야 한다. 무고하게 승포인이 승포받은 토지나 자연자원을 회수할 수 없다. 계약의 약정에 따라서 필요한 생산조건을 제공하여야 한다. 예를 들면 관개시설, 농기구 등이 있다. 승포인의 정당한 경영활동을 간섭하여서는 아니된다. 발포인이 이상의 의무를 위반하여 승포인에게 손실을 주었을 경우에는 민사책임을 져야 한다.

(2) 승포인의 권리와 의무

승포인은 승포기간 내에 승포받은 토지 및 자연자원을 점유할 권리가 있고 법률의 규정과 계약의 약정에 따라서 승포받은 토지 및 자연자원을 제3자의 간섭을 받지 않고 자주적으로 경영할 권리가 있으며, 승포경영에서 얻은 수익을 취득할 권리가 있다. 승포인이 그 일에 종사할 수 없거나 그 일을 완성할 수 없는 경우 혹은 다른 정당한 직업에 종사하고 있는 경우, 발포인의 동의를 얻어서 법에 의거하여 승포경영계약을 제3자에게 양도할 수 있다. 승포인은 승포경영의 내용의 일부나 전부를 제3자에게 외주할 수 있다. 그러나 임의대로 승포경영계약의 내용을 변경할 수는 없다.

승포인은 약정기간에 맞추어 발포인에게 승포료를 지급하여야 한다. 토지나 자연자원을 관리·보호하고 무분별하게 경영하여서는 아니되며, 합리적으로 이를 사용하여야 하고 발포인으로부터 필요한 감독이나 관리를 받아야 한다. 승포경영이 완료된 후에 승포받은 토지나 자연자원을 발포인에게 반환하여야 한다. 승포인이 이상의 의무를 위반하여 발포인에게 손실을 입힌 경우에는 민사책임을 져야 한다.

부록

중국물권법

제1편 총 칙

제1장 기본원칙

제1조　국가의 기본경제제도와 사회주의 경제질서를 수호하고, 물(物)의 귀속을 명확히 하며, 물의 효용을 발휘하게 하고 권리자의 물적 권리를 보호하기 위하여 헌법에 의거하여 본법을 제정한다.

제2조　물의 귀속과 이용으로 인하여 발생하는 민사관계에 대하여 본법을 적용한다. 본법이 일컫는 물은 부동산과 동산을 포함한다. 법률에 규정된 권리를 물권의 객체로 하는 경우, 그 규정에 따른다. 본법이 일컫는 물권은 권리자가 법에 따라 특정한 물에 대해 직접적으로 지배하고 배타적인 권리를 향유하는 것으로서 소유권, 용익물권과 담보물권을 포함한다.

제3조　국가는 사회주의 초급단계에서 공유제를 중심으로 견고히 유지하며, 여러 소유제경제를 함께 발전시키는 기본경제체제를 구축한다. 국가는 공유제경제를 강화·발전시키는 한편, 비공유제경제의 발전을 장려하고 지지하며 인도한다. 국가가 실행하는 사회주의 시장경제는 모든 시장주체의 평등한 법적 지위와 발전할 수 있는 권리를 보장한다.

제4조　국가, 단체, 개인의 물권과 기타 권리자의 물권은 법률의 보호를 받으며, 어떠한 단위와 개인도 이를 침해해서는 아니된다.

제5조　물권의 종류와 내용은 법률의 규정에 따른다.

제6조　부동산물권의 설립, 변경, 양도와 소멸은 법률규정에 따라 등기하여야 한다. 동산물권의 설립, 양도는 법률규정에 따라 교부에 의하여야 한다.

제7조　물권의 취득과 행사는 법률에 따라야 하고, 사회공중도덕을 존중하여야 하며, 공공의 이익과 타인의 적법한 권익을 침해하여서는 아니된다.

제8조　기타 관련법률에 물권에 대한 특별한 규정이 있는 경우에는 그 규정에 의한다.

제2장 물권의 설립, 변경, 양도와 소멸

제1절 부동산등기

제9조   부동산물권의 설립, 변경, 양도와 소멸은 법률에 따라 등기하여야 효력이 발생한다. 등기하기 전에는 그 효력이 발생하지 않는다. 그러나 법률에 다른 규정이 있는 경우에는 그렇지 아니하다. 법률에 따라 국가소유의 천연자원의 소유권은 등기하지 않을 수 있다.

제10조 부동산등기는 부동산소재지의 등기기구에서 처리한다. 국가는 부동산에 대하여 통일등기제도를 실시한다. 통일등기의 범위, 등기기구와 등기방법은 법률과 행정법규의 규정에 따른다.

제11조 등기를 신청하는 당사자는 각종 등기사항에 대한 권리증명과 부동산의 경계, 면적 등 필요한 자료를 제출하여야 한다.

제12조 등기기구는 다음과 같이 업무를 수행하여야 한다.
(1) 신청인이 제출한 권리증명과 기타 필요한 자료에 대하여 검토한다.
(2) 등기사항과 관련하여 신청인에게 질문을 한다.
(3) 관련사항에 대하여 신속하고 사실에 부합하게 등기를 실시한다.
(4) 법률, 행정법규에서 규정하고 있는 기타 사무를 실시한다.
등기를 신청한 부동산에 대하여 관련내용을 보충하여 명확히 할 필요가 있는 경우에는 등기기구는 신청인에게 필요한 자료를 보충할 것을 요구할 수 있고, 필요한 경우에는 사실 여부를 조사할 수 있다.

제13조 등기기구는 다음과 같은 행위를 할 수 없다.
(1) 부동산에 대한 평가를 요구하는 행위
(2) 연 1회 정기검사 등의 명의를 이용한 중복등기
(3) 등기사무의 범위를 넘는 기타 행위

제14조 부동산물권의 설립, 변경, 양도와 소멸은 법률규정에 따라 등기하여야 하고, 부동산등기부에 기재한 때 효력이 발생한다.

제15조   당사자 간에 설립, 변경, 양도와 소멸에 관한 부동산물권계약을 체결한 경우, 법률에 다른 규정이 있거나 계약상 별도의 약정이 있는 경우를 제외하고는 계약의 성립으로 효력이 발생하며, 물권등기를 하기 전이라도 계약의 효력에는 영향이 없다.

제16조   부동산등기부는 물권의 권리속과 내용의 근거이다. 부동산등기부는 등기기구에서 관리한다.

제17조   부동산권리증서는 권리자가 향유하는 그 부동산물권에 대한 증명이다. 부동산권리증서의 기재사항은 부동산등기부와 일치해야 하며, 기재가 불일치하는 경우 등기부에 명확한 착오가 있음을 증명할 수 있는 증거가 있는 경우를 제외하고는 부동산등기부의 기재에 의한다.

제18조   권리자 또는 이해관계인은 등기자료에 대한 열람·등사를 신청할 수 있고, 등기기구는 이를 제공할 의무가 있다.

제19조   권리자 또는 이해관계인은 부동산등기부 기재사항에 착오가 있다고 생각할 때에는 경정등기를 신청할 수 있다. 부동산등기부상의 권리자가 서면으로 경정에 동의하거나 등기가 명백히 잘못되었음을 증명할 수 있는 증거가 있는 경우, 등기기구는 직권으로 경정하여야 한다.

부동산등기부상의 권리자가 경정에 동의하지 않을 경우, 이해관계인은 이의등기를 신청할 수 있다. 등기기구가 직권으로 이의등기를 한 경우, 신청인이 이의등기일로부터 15일 내에 소를 제기하지 아니하면 이의등기는 그 효력을 잃는다. 이의등기가 부당하여 권리자가 손해를 입은 경우, 권리자는 신청인에게 손해배상을 청구할 수 있다.

제20조   당사자가 주택매매 또는 기타 부동산물권에 대한 합의를 한 경우, 물권의 장래 실현을 보장하기 위하여 약정에 따라 등기기구에 물권에 대한 예고등기를 신청할 수 있다. 예고등기 후 예고등기를 경료하지 않은 권리인의 동의하에 해당 부동산을 처분한 경우에는 물권적 효력이 발생하지 않는다.

예고등기 후 채권이 소멸되거나 부동산등기를 할 수 있는 날로부터 3개월 이내에 등기신청을 하지 않으면 예고등기는 그 효력을 잃는다.

제21조 당사자가 허위자료를 제공하여 등기신청하여 타인에게 손해를 가한 경우 상응하는 배상책임을 져야 한다.

등기의 착오로 인하여 타인에게 손해를 입힌 경우 등기기구는 손해배상 책임을 져야 하고, 등기기구는 배상한 후 등기의 착오를 조성한 사람에게 구상할 수 있다.

제22조 부동산등기비용은 사건 수를 기준으로 지불하고 부동산의 면적, 부피 혹은 가격에 비례해서 지불한다. 구체적인 표준비용은 국무원 관련부문과 가격주관부문에서 동시에 규정한다.

제2절 동산의 교부

제23조 동산물권의 설립과 양도는 교부할 때 효력이 발생한다. 그러나 법률에 다른 규정이 있을 때에는 그렇지 아니하다.

제24조 선박, 항공기와 자동차 등에 대한 물권의 설립, 변경, 양도와 소멸을 등기하지 아니한 경우에는 선의의 제3자에게 대항할 수 없다.

제25조 동산물권의 설립과 양도 전에 권리자가 이미 법에 따라 그 동산을 점유하고 있을 경우, 물권은 법률행위의 효력이 발생한 때로부터 그 효력이 발생한다.

제26조 동산물권의 설립과 양도 전에 제3자가 법에 따라 그 동산을 점유하고 있는 경우, 교부의무가 있는 자는 제3자에 대하여 목적물반환청구권을 양도하는 것으로 교부에 갈음할 수 있다.

제27조 동산물권의 양도시 쌍방이 양도인으로 하여금 그 동산을 계속 점유하도록 약정한 경우, 물권은 그 약정의 효력이 발생한 때부터 효력이 발생한다.

제3절 기타 규정

제28조 인민법원, 중재위원회의 법률문서 또는 인민정부의 징수결정 등이 물권의 설립, 변경, 양도 또는 소멸을 초래한 경우, 법률문서나 인민정부의 징수결정 등의 효력이 발생한 때부터 물권의 효력이 발생한다.

제29조 상속 또는 유증으로 물권을 취득할 때, 상속 또는 유증을 받는 때부터 효력이 발생한다.

제30조 적법한 건물의 건축, 주택의 철거 등 사실행위에 의하여 물권이 설립 또는 소멸하는 경우 사실행위가 이루어지는 때에 그 효력이 발생한다.

제31조 본법 제28조부터 제30조의 규정에 따라 향유하는 부동산물권을 처분할 때에는 법률규정에 따라 등기를 하여야 하며, 등기를 하지 아니한 경우에는 물권의 효력이 발생하지 아니한다.

제3장 물권의 보호

제32조 물권이 침해된 경우 권리자는 화해, 조정, 중재, 소송 등의 수단을 통하여 해결할 수 있다.

제33조 물권의 귀속과 내용에 대하여 분쟁이 발생했을 경우, 이해관계인은 권리의 확인을 청구할 수 있다.

제34조 권리 없이 부동산 또는 동산을 점유한 경우, 권리자는 물건의 반환을 청구할 수 있다.

제35조 물권을 방해하거나 방해할 염려가 있는 경우, 권리자는 방해의 배제 또는 위험의 제거를 청구할 수 있다.

제36조 부동산 또는 동산을 훼손하였을 경우, 권리자는 수리, 재제작, 교체, 원상의 회복 등을 청구할 수 있다.

제37조 물권의 침해로 권리자가 손해를 입은 경우, 권리자는 손해의 배상 또는 그에 상응하는 기타 민사상의 책임을 청구할 수 있다.

제38조 본장에서 규정하고 있는 물권에 대한 보호방법은 독립적으로 행사될 수도 있고, 권리침해상황에 따라 동시에 행사될 수도 있다.

물권의 침해로 민사책임을 지는 외에, 행정관리규정에 위반되면 법에 따라 행정책임을, 범죄를 구성하면 형사책임을 지게 된다.

제2편 소유권

제4장 일반규정

제39조 소유권자는 자신의 부동산 또는 동산에 대하여 법에 따라 점유, 사용, 수익과 처분의 권리를 향유한다.

제40조 소유권자는 자신의 부동산 또는 동산에 용익물권과 담보물권을 설정할 수 있다. 용익물권자나 담보물권자는 그 권리의 행사로 소유권자의 권익에 손해를 가하여서는 아니된다.

제41조 법률규정에 국가소유로 전속된 부동산과 동산은 어떠한 단위나 개인도 소유권을 취득할 수 없다.

제42조 공공이익의 수요를 위하여 법률이 규정한 권한과 절차에 따라 집체소유의 토지와 단위, 개인의 가옥 및 기타 부동산을 수용할 수 있다.

집체소유토지를 수용한 때에는 법에 따라 토지보상비, 안치보조비, 지상부착물 및 수확하지 않은 농작물의 보상비 등의 비용을 지급하여야 하며, 토지를 수용당한 농민의 사회보장비용으로 충분히 배분하고 생활을 보장함으로써 합법적인 권익을 보호해야 한다.

단위, 개인의 가옥 및 기타 부동산을 수용할 때에는 법에 따라 이주비를 주어야 하고 피수용자의 적법한 권익을 보호해야 한다. 개인주택의 수용시, 피수용자의 거주권을 보장해주어야 한다.

어떠한 단위나 개인도 수용보상비 등을 횡령하여 개인적인 용도로 전용(轉用)하거나 사적으로 배분해서는 안 된다.

제43조   국가는 경작지를 특별히 보호하기 위하여 농지를 건설용지로 바꾸는 행위를 엄격히 금지하고, 건설용지의 총량을 규제한다. 법률이 정한 권한과 절차를 어기고 집체소유토지를 수용하여서는 아니된다.

제44조   긴급구조, 재난구조 등 긴급한 수요를 위하여 법률에 규정한 권한과 절차에 따라 단위 또는 개인의 부동산이나 동산을 징용할 수 있다. 징용한 부동산 또는 동산을 사용한 후에는 피징용자에게 반환하여야 한다. 단위, 개인의 부동산 혹은 재산이 징용되거나 징용 후 훼손되거나 소멸된 경우 그에 상응하는 보상을 해야 한다.

제5장   국가소유권과 집체소유권(集體所有權) 그리고 개인소유권

제45조   법률이 국가소유의 재산으로 규정하는 것은 곧 전체 공민의 소유이다. 국무원은 국가를 대표하여 국유재산에 대한 소유권을 행사한다. 법률로 달리 규정하는 부분은 그 법률규정을 따른다.

제46조   광산, 강, 하천, 해역은 국가소유이다.

제47조   도시의 토지는 국가소유이다. 법률이 농촌, 도시의 교외지역의 토지 중 국가소유라고 규정한 토지는 국가소유이다.

제48조   삼림, 산지, 초원, 황무지, 간석지 등의 천연자원은 국가소유이다. 단, 법률이 집체소유로 규정한 경우는 제외한다.

제49조   법률이 국가소유로 규정한 야생동식물자원은 국가소유이다.

제50조   무선 전자력자원은 국가소유이다.

제51조   법률이 국가소유로 규정한 문화재(文物)는 국가소유이다.

제52조   국방자산은 국가소유이다.
철도, 도로, 전력설비, 전신설비, 기름 및 가스파이프 등의 기본설비는 법률규정에 따라 국가소유로 한다.

제53조   국가기관은 직접 지배하는 부동산 또는 동산에 대하여 점유·사용할 권리 및 법률과 국무원의 관련규정에 따라 처분할 권리를 향유한다.

제54조   국영사업단위는 직접 지배하는 부동산과 동산에 대하여 점유·사용할 권리 및 법률과 국무원의 관계규정에 따라 수익·처분할 권리를 향유한다.

제55조   국가출자기업은 국무원과 지방인민정부가 법률과 행정법규에 따라 국가를 대표하여 출자자의 직책이행의무를 분담하고 출자자로서의 권익을 향유한다.

제56조   국가소유의 재산은 법률의 보호를 받고, 어떠한 단위와 개인의 침점, 강탈, 사적인 배분, 억류, 훼손을 금지한다.

제57조   국유재산의 관리, 감독직책을 이행하는 기구 및 그 구성원은 법에 따라 국유재산의 관리와 감독을 강화하고 국유재산의 보존과 증가를 촉진하며, 국유재산의 손실을 방지해야 한다. 직권남용, 직무소홀로 국유재산의 손실을 초래하면 법률에 따라 책임을 져야 한다.

국유재산관리규정에 위반하는 것에는 기업의 구조조정, 합병과 분할, 관련교역 등의 과정 중에 저가로 양도하거나, 공모하여 개인적으로 나누거나, 독단적으로 담보 또는 기타 방식으로 국유재산에 손실을 초래하였을 경우, 법률에 따라 책임을 져야 한다.

제58조   집체소유의 부동산과 동산은 다음과 같은 것을 포함한다.

(1) 법률의 규정에 의하여 집체소유로 속하는 토지와 삼림, 산봉우리, 초원, 황무지, 간석지

(2) 집체소유의 건축물, 생산시설, 농지수리시설

(3) 집체소유의 교육, 과학, 문화, 위생, 체육 등의 시설

(4) 집체소유의 기타 부동산과 동산

제59조   농민집체소유의 부동산과 동산은 그 단체구성원의 집체소유에 속한다. 다음은 법정절차에 따라 그 집체구성원의 결정을 거쳐야 한다.

(1) 토지승포방안 및 토지를 그 집체 외의 단위 또는 개인에게 하청을 주는 승포

(2) 개별적인 토지승포경영권자 사이의 승포지 조정

(3) 토지보상비 등의 비용의 사용, 분배방법

(4) 집체출자한 기업의 소유권 변동 등의 사항

(5) 법률이 규정한 기타 사항

제60조 집체소유의 토지와 삼림, 산봉우리, 초원, 황무지, 간석지 등에 관해서는 다음 규정에 따라 소유권을 행사한다.

(1) 농민집체소유에 속할 경우, 촌(村)의 집체경제조직 또는 촌민위원회가 대표로 소유권을 행사한다.

(2) 촌 내에서 2이상의 농민집체소유에 속할 경우, 촌 내에서 각 집체경제조직 또는 촌민소조직이 대표하여 소유권을 행사한다.

(3) 지방도시의 농민집체소유에 속할 경우, 지방도시 집체경제조직이 집체를 대표하여 소유권을 행사한다.

제61조 농촌의 주거밀집지역(城鎭) 집체소유의 부동산과 동산은 법률과 행정법규의 규정에 따라 그 집체가 점유·사용·수익·처분할 권리를 향유한다.

제62조 집체경제조직 또는 촌민위원회, 촌민소조직은 법률과 행정법규의 규정 및 조항, 촌의 규정과 약정에 따라 그 집체구성원에게 집체재산의 상황을 공개하여야 한다.

제63조 집체소유의 재산은 법률의 보호를 받고, 어떠한 단위와 개인의 침점, 강탈, 사적인 배분, 억류, 훼손을 금지한다.

집체경제조직, 촌민위원회 또는 그 책임자의 결정이 단체구성원의 적법한 권익을 침해하면 침해를 당한 집체구성원은 인민법원에 그 취소를 청구할 수 있다.

제64조 사인(私人)은 그 적법한 수입, 주택, 생활용품, 생산공구, 원재료 등 부동산과 동산에 대하여 소유권을 향유한다.

제65조 사인의 합법적인 저축, 투자 및 그 수익은 법률의 보호를 받는다. 국가는 법률규정에 따라 사인의 상속권 및 기타 적법한 권익을 보호한다.

제66조 사인의 적법한 재산은 법률의 보호를 받고 어떠한 단위나 개인의 침점, 강탈, 사적인 배분, 억류, 훼손을 금지한다.

제67조 국가와 단체 그리고 사인은 법에 따라 출자하여 유한책임회사, 유한주

식회사 또는 기타 기업을 설립할 수 있다. 국가와 단체 그리고 사인소유의 부동산 또는 동산이 기업에 투자되면 출자자는 약정 또는 출자비율에 따라 자산수익, 중대한 정책의 결정, 경영관리자의 선출 등의 권리를 향유하는 동시에 의무를 이행한다.

제68조 기업법인은 그 부동산과 동산에 대하여 법률과 행정법규 및 정관에 따라 점유·사용·수익·처분할 수 있는 권리를 향유한다.

기업법인 이외의 법인의 그 부동산이나 동산에 대한 권리는 법률, 행정법규 및 정관의 규정을 적용한다.

제69조 사회단체가 법에 따라 소유하는 부동산과 동산은 법률의 보호를 받는다.

제6장 업주의 건축물구분소유권

제70조 업주는 건축물 내의 주택, 경영목적의 방 등 전유부분에 대하여 소유권을 향유하고, 전유부분 이외의 공유부분에 대해서는 공유와 공동관리의 권리를 향유한다.

제71조 업주는 그 건축물의 전유부분에 대하여 점유·사용·수익과 처분의 권리를 향유한다. 업주의 권리행사는 건축물의 안전에 위험을 끼쳐서는 아니되고, 다른 업주의 적법한 권익에 손해를 주어서는 아니된다.

제72조 업주는 건축물의 전유부분 이외의 공유부분에 대하여 권리를 향유하고 의무를 부담한다. 권리를 포기하고 의무를 불이행해서는 아니된다.

업주가 건축물 내의 주택, 경영목적의 방을 양도할 때는 공유부분이 향유하는 공유와 공동관리의 권리도 모두 양도된다.

제73조 건축구획 내의 도로는 업주들의 공유에 속한다. 그러나 농촌의 주거밀집지역의 공공도로는 제외한다. 건축구획 내의 녹지는 업주들의 공유에 속한다. 그러나 농촌의 주거밀집지역의 공공녹지 또는 개인소유에 속하는 것으로 명시된 것은 제외한다. 건축구획 내의 기타 공공장소, 공용시설과 관리사무소는 업주들의 공유에 속한다.

제74조   건축구획 내의 주차장의 위치와 차고에 대한 계획은 우선 업주들의 수요를 충족시켜야 한다. 건축구획 내의 주차장의 위치와 차고의 귀속에 관한 계획은 당사자가 매각, 증여 또는 임대 등의 방식을 통하여 약정한다. 점용업주들의 공유도로 또는 기타 장소를 주차장으로 사용하면 업주들의 공유가 된다.

제75조   업주는 업주총회를 설립하여 업주위원회를 선출할 수 있다.
지방인민정부의 관련기관은 설립된 업주총회와 선출된 업주위원회에 지도와 협조를 해야 한다.

제76조   다음 사항은 업주들이 공동으로 결정한다.
(1) 업주총회 의사규칙의 제정과 수정
(2) 건축물 및 그 부속시설 관리조약의 제정과 수정
(3) 위원회 선출 또는 위원회 성원의 교체
(4) 관리기업 또는 기타 관리자의 선임과 해임
(5) 건축물 및 그 부속시설 수리자금의 조달과 사용
(6) 건축물 및 그 부속시설의 개축과 중건
(7) 공유와 공동관리에 관련된 기타 중대한 사항
제5항과 제6항의 결정은 전유부분을 점유하고 있는 건축물 총면적의 3분의 2 이상의 업주, 그리고 전체업주의 3분의 2 이상의 동의를 거쳐야 한다. 기타 사항의 결정은 전유부분을 점유하고 있는 건축물 총면적의 과반수에 해당하는 업주와 전체업주의 과반수 이상의 동의를 거쳐야 한다.

제77조   업주는 법률과 법규 및 관리규약을 어기고 주택을 경영목적의 방으로 개조해서는 안 된다. 업주는 주택을 경영목적의 방으로 개조할 때에는 법률, 법규 및 관리규약을 준수하는 것 외에도 이해관계에 있는 업주의 동의를 얻어야 한다.

제78조   업주총회 또는 업주위원회의 결정은 구속력을 가진다.
업주총회 또는 업주위원회의 결정이 업주의 적법한 권익을 침해하면 침해를 받은 업주는 인민법원에 취소를 청구할 수 있다.

제79조 건축물 및 그 부속시설의 유지 및 보수자금은 업주들의 공유에 속한다. 업주들의 공동결정을 통하여 엘리베이터, 물탱크 등 공유부분을 유지 및 보수하는 데 사용할 수 있다. 유지 및 보수자금의 조달과 사용상황은 공개해야 한다.

제80조 건축물 및 그 부속시설의 분담, 수익분배 등의 사항은 약정이 있는 경우에는 약정에 따르고, 약정이 없거나 약정이 명확하지 않은 경우에는 업주의 건축물 총면적 전유부분의 비율에 따라 확정한다.

제81조 업주는 건축물 및 그 부속시설을 스스로 관리할 수 있으며 관리기업 또는 기타 관리자에게 위탁하여 관리할 수도 있다.

업주는 법에 따라 건설단위가 선임한 관리기업 또는 기타 관리자를 교체할 권한이 있다.

제82조 관리기업 또는 기타 개인관리자는 업주의 위탁에 따라 건축구획 내의 건축물 및 그 부속시설을 관리하고 업주의 감독을 받는다.

제83조 업주는 법률과 법규 및 관리규약을 준수해야 한다.

업주총회와 업주위원회는 쓰레기투기, 오염물 배출, 소음, 규정에 위반되는 동물의 사육, 불법증축, 통로불법점유, 관리비 거부 등 타인의 적법한 권익에 손해를 끼치는 행위에 대하여 법률과 법규 및 관리규약에 따라 행위자에게 침해의 정지, 위험의 제거, 방해의 철회, 손실의 배상을 요구할 수 있는 권리가 있다. 업주는 자신의 적법한 권익을 침해하는 행위에 대하여 법에 따라 인민법원에 소송을 제기할 수 있다.

제7장 상린관계

제84조 부동산의 상린권리자는 유익한 생산, 편리한 생활, 단결협조, 공평합리 원칙에 따라 올바르게 상린관계를 처리해야 한다.

제85조 법률과 법규에 상린관계의 처리규정이 있으면 그 규정을 따르고, 법률과 법규에 규정이 없으면 그 지역의 관습에 따른다.

제86조 부동산권리자는 상린권리자의 용수, 배수에 필요한 편리를 제공해야 한다.
자연유수의 이용에 대하여 부동산의 상린권자들이 합리적으로 분배해야 한다. 자연유수의 배수에 대하여 자연적 수로를 존중해야 한다.

제87조 부동산권리자는 상린권리자가 통행 등의 목적으로 그 토지를 필요로 하면 필요한 편리를 제공해야 한다.

제88조 부동산권리자는 건축물의 건조, 수리 및 전선, 케이블, 수도관, 증기난방장치, 가스파이프 등의 부설로 인하여 상린관계에 있는 토지와 건축물을 이용해야만 할 경우 그 토지와 건축물의 권리자는 필요한 편리를 제공해야 한다.

제89조 건축물의 건조는 국가의 건설시공표준을 위반하여 상린관계에 있는 건축물의 통풍, 채광, 일조에 지장을 주어서는 아니된다.

제90조 부동산권리자는 국가규정에 위배되는 고체폐기물과 대기오염물질, 수질오염물질, 소음, 빛, 전자파방사 등의 유해물질을 배출하여서는 아니된다.

제91조 부동산권리자는 토지를 파거나, 건축물의 건축, 파이프 및 장치설비의 부설 등으로 상린관계에 있는 부동산의 안전에 위험을 끼쳐서는 아니된다.

제92조 부동산권리자가 용수, 배수, 통행, 파이프 부설 등의 이유로 상린관계에 있는 부동산을 이용할 때에는 그 부동산권리자에게 손해를 끼치는 것을 최대한 피해야 한다. 손해를 초래하였을 경우에는 배상하여야 한다.

제8장 공유

제93조 부동산 또는 동산은 2이상의 단위, 개인이 공유할 수 있다. 공유는 안분공유와 공동공유를 포함한다.

제94조 안분공유자는 공유하는 부동산 또는 동산에 대하여 그 비율에 따라 소유권을 향유한다.

제95조 공동공유자는 공유하는 부동산 또는 동산에 대하여 공동으로 소유권을 향유한다.

제96조 공유자는 약정에 따라 공유하는 부동산 또는 동산을 관리한다. 약정이 없거나 명확하지 않은 경우, 각 공유자는 모두 관리의 권리와 의무가 있다.

제97조 공유하는 부동산 또는 동산의 처분 및 공유하는 부동산 또는 동산에 대하여 중대한 수리를 하는 경우에는 점유율 3분의 2 이상의 안분공유자 또는 전체공동공유자의 동의를 거쳐야 한다. 그러나 공유자 사이에 다른 약정이 있는 경우에는 그렇지 아니하다.

제98조 공유물의 관리비용 및 기타 부담에 대하여 약정이 있는 경우에는 약정에 따르고, 약정이 없거나 명확하지 않은 경우에는 안분공유자는 그 점유율에 따라 부담하며, 공동공유자는 공동으로 부담한다.

제99조 공유자가 공유부동산이나 동산을 분할할 수 없다고 약정하고 공유관계를 유지하는 경우에는 약정에 따라야 하지만, 공유자가 중대한 이유로 인하여 분할해야 하는 경우에는 분할을 청구할 수 있다. 약정이나 약정이 불명확한 경우에는 안분공유자는 언제든지 분할을 청구할 수 있고, 공동공유자는 공유의 기초를 상실하거나 중대한 이유로 분할해야 하는 경우에만 분할을 청구할 수 있다. 분할로 인하여 기타 공유자에게 손해를 입힌 경우에는 배상하여야 한다.

제100조 공유자는 분할방식을 합의하여 정할 수 있다. 합의가 성립하지 않으면, 공유부동산이나 동산은 분할로 인하여 가치가 감손되지 않는 경우에는 원물분할을 할 수 있고, 원물분할이 어렵거나 원물분할로 가치가 감소되는 경우에는 환가(折價)하거나 경매, 매각하여 얻은 대금으로 분할하여야 한다.

공유자가 분할하여 얻은 부동산이나 동산에 하자가 있는 경우에는 기타 공유자는 손실을 분담하여야 한다.

제101조 안분공유자는 공유부동산이나 동산의 지분을 양도할 수 있다. 다른 공유자는 동등한 조건하에 우선구매의 권리를 향유한다.

제102조　공유부동산이나 동산으로 인하여 발생한 채권·채무는 대외적으로 공유자가 연대하여 채권을 향유하고 채무를 부담한다. 그러나 법률에 다른 규정이 있거나 제3자가 공유자에게 연대채권·채무관계가 없음을 아는 경우는 제외한다. 공유자의 내부관계에서는 공유자 사이에 별도의 약정이 있는 경우를 제외하고, 안분공유자는 지분에 따라 채권을 향유하고 채무를 부담하며, 공동공유자는 공동으로 채권을 향유하고 채무를 부담한다. 자기가 부담하여야 하는 지분을 초과하여 채무를 변제한 안분공유자는 기타 공유자에게 추상(追償)할 권리가 있다.

제103조　공유부동산이나 동산에 안분공유나 공동공유에 대한 약정이 없거나 약정이 불명확한 경우에는 공유자들이 가족관계인 경우를 제외하고는 안분공유로 간주한다.

제104조　안분공유자가 공유부동산이나 동산에서 향유하는 지분에 대한 약정이 없거나 약정이 불명확한 경우에는 출자액에 따라 확정하고, 출자액을 확정할 수 없는 경우에는 등가(等額)향유하는 것으로 간주한다.

제105조　2개 이상의 단위, 개인이 공동으로 용익물권, 담보물권을 향유하는 경우에는 본장의 규정을 참고한다.

제9장　소유권취득의 특별규정

제106조　처분권한이 없는 자가 부동산이나 동산을 양수인에게 양도한 경우, 소유권자는 추징할 권리가 있다. 다만, 법률에 별도규정이 있는 경우를 제외하고 다음의 경우에 부합하면 양수인은 당해 부동산이나 동산의 소유권을 취득한다.

(1) 양수인이 당해 부동산이나 동산을 선의로 양도받은 경우

(2) 합리적인 가격으로 양도한 경우

(3) 양도한 부동산이나 동산이 법률규정에 따라 등기해야 하는 것이어서 이미 등기한 경우, 등기할 필요가 없는 것으로 이미 양수인에게

교부한 경우

양수인이 전항(前項)의 규정에 따라 부동산이나 동산의 소유권을 취득한 경우, 원소유권자는 처분권한 없는 자에게 손실배상을 청구할 수 있다.

당사자가 기타 물권을 선의취득한 경우 전항의 규정을 참고한다.

제107조 소유권자나 기타 권리자는 유실물에 대하여 반환을 추급할 권리가 있다. 당해 유실물이 양도를 통해서 타인에 의해 점유된 경우, 권리자는 처분권한 없는 자에게 손해배상을 청구하거나 양수인을 알 수 있다고 추정하는 날부터 2년 내에 양수인에게 원물반환을 청구할 수 있다. 그러나 양수인이 경매나 경영자격을 가진 경영자로부터 당해 유실물을 구매한 경우, 권리자는 원물반환을 청구할 때 양수인이 지불한 모든 비용을 지불해야 한다. 권리자는 양수인에게 모든 비용을 지불한 후 처분권한 없는 자에 대하여 구상할 권리를 가진다.

제108조 선의의 양수인이 동산을 취득한 후 그 동산에 있던 원래의 권리는 소멸한다. 그러나 선의의 양수인이 양수받을 때에 알았거나 알아야 하는 권리는 그렇지 아니하다.

제109조 습득한 유실물은 권리자에게 반환하여야 한다. 습득자는 즉시 권리자에게 수령을 통지하거나 공안 등의 유관부문에 인도하여야 한다.

제110조 유관부문은 유실물을 받은 후에 권리자를 알 경우 즉시 수령을 통지하여야 하고, 모르는 경우 즉시 수령공고를 하여야 한다.

제111조 습득자는 유실물을 유관부문에 인도하기 전 또는 유관부문이 유실물을 인도받기 전에는 유실물을 잘 보관하여야 한다. 고의나 중대한 과실로 유실물을 훼손, 멸실한 경우에는 민사책임을 져야 한다.

제112조 권리자가 유실물을 수령할 때에는 습득자나 유관부문이 유실물 보관 등에 지출한 필요비용을 지급하여야 한다.

권리자가 현상광고를 통하여 유실물을 찾은 경우, 유실물을 수령할 때에는 승낙에 따른 의무를 이행하여야 한다.

습득자가 유실물을 침점한 경우, 유실물 보관 등 지출한 비용을 청구할 권리가 없고, 권리자가 승낙에 따른 의무를 이행할 것을 청구할 수 없다.

제113조 유실물의 수령공고일로부터 6개월 내에 유실물을 수령하는 자가 없으면 국가소유로 한다.

제114조 유실된 물건을 습득하거나 매장된 물건이나 숨겨진 물건을 발견한 경우, 유실물습득의 유관규정을 참고한다. 문화재보호법 등 법률에 별도의 규정이 있는 경우에는 그 규정에 따른다.

제115조 주물을 양도한 경우에는 종물도 함께 양도되지만, 당사자 사이에 별도로 약정이 있는 경우는 그러하지 아니하다.

제116조 천연과실(孳息)은 소유권자가 취득하고, 소유권자와 용익물권자가 병존하는 경우 용익물권자가 취득한다. 당사자 사이에 별도로 약정이 있는 경우에는 약정에 따른다.

법정과실은 당사자 사이에 약정이 있는 경우에는 약정에 따라 취득하고, 약정이 없거나 불명확한 경우에는 거래관습에 따라 취득한다.

제3편 용익물권

제10장 일반규정

제117조 용익물권자는 타인소유의 부동산이나 동산에 대하여 법에 따라 점유, 사용, 수익할 권리를 향유한다.

제118조 국가소유나 국가가 소유하고 집체가 사용하거나 법률규정에 따라 집체가 소유하는 천연자원은 단위 혹은 개인이 법에 따라 점유, 사용, 수익할 수 있다.

제119조 국가는 천연자원의 유상사용제도를 실행한다. 단, 법률에 별도의 규정이 있는 경우는 제외한다.

제120조 용익물권자의 권리행사는 자원의 보호와 합리적인 개발과 이용에 관한

관계법률을 준수하여야 한다. 소유권자는 용익물권자의 권리행사를 간섭할 수 없다.

제121조 부동산이나 동산의 수용, 징용으로 인하여 용익물권이 소멸하거나 용익물권의 행사에 영향이 있는 경우 용익물권자는 본법 제42조와 제44조의 규정에 따라 상응하는 보상을 받을 권리가 있다.

제122조 법에 따라 취득한 해역사용권은 법률의 보호를 받는다.

제123조 법에 따라 취득한 탐광권(探鑛權), 채광권, 취수권(取水權)과 사용수역, 간석지에서 양식, 포획에 종사할 권리는 법률의 보호를 받는다.

제11장 토지승포경영권(土地承包經營權)

제124조 농촌집체경제조직은 가정승포경영을 기초로 통분결합(統分結合)의 쌍층경영체제를 실행한다.

농민집체소유와 국가소유로서 농민집체가 사용하는 경지, 임지(林地), 초지(草地) 및 기타 농업용 토지는 법에 따라 토지승포경영제도를 실행한다.

제125조 토지승포경영권자는 법에 따라 그 승포경영의 경지, 임지, 초지 등에 대하여 점유, 사용과 수익의 권리를 향유하고 종식업(種植業), 임업, 목축업 등 농업생산에 종사할 권리가 있다.

제126조 경지의 승포기한은 30년이다. 초지의 승포기한은 30년에서 50년이다. 임지의 승포기한은 30년에서 70년이고, 특수한 임목의 임지승포기한은 국무원 임업행정주관부문의 비준을 거쳐 연장할 수 있다.

전항에서 규정한 승포기한이 도래하면 토지승포경영권자는 유관 국가 규정에 따라 계속 승포할 수 있다.

제127조 토지승포경영권은 토지승포경영권 계약의 효력이 발생한 때부터 설립된다.

현급 이상 지방인민정부는 토지승포경영권자에게 토지승포경영권증서, 임권증서(林權證書), 초원사용권증서를 발급함과 아울러 등기서류를 만들어 토지승포경영권을 확인하여야 한다.
제128조　토지승포경영권자는 농촌토지승포법의 규정에 따라 토지승포경영권의 재승포(轉包), 상호 교환, 양도 등의 방식으로 유전(流轉)할 권리가 있다. 유전기한은 남은 승포기한을 초과할 수 없다. 법에 따라 비준을 거치지 않으면 승포지를 비농업건설에 사용할 수 없다.
제129조　토지승포경영권자가 토지승포경영권을 상호 교환, 양도할 때 당사자가 등기를 요구하는 경우에는 현급 이상 지방인민정부에 토지승포경영권 변경등기를 하여야 하고, 등기하지 않으면 선의의 제3자에게 대항할 수 없다.
제130조　승포기한 내에 발포인(發包人)은 승포지역을 조정할 수 없다.
자연재해가 심각하여 승포지가 훼손되는 등 특수한 경우로 인하여 승포하는 경지와 초지를 적절하게 조절할 필요가 있는 경우에는 농촌토지승포법 등의 법률규정에 따라 처리한다.
제131조　승포기한 내에 발포인은 승포지를 회수할 수 없다. 농촌토지승포법 등 법률에 별도로 규정이 있는 경우에는 그 규정에 따른다.
제132조　승포지가 수용된 경우 토지승포경영권자는 본법 제42조 제2항의 규정에 따라 상응하는 보상을 받을 권리가 있다.
제133조　입찰(招標), 경매, 공개협상 등의 방식을 통하여 황무지 등 농촌토지를 승포하는 경우 농촌토지승포법 등의 법률과 국무원의 관련규정에 따라 그 토지승포경영권을 양도, 출자(入股), 저당권의 객체로 하거나 기타 방식으로 유전(流轉)할 수 있다.
제134조　국가소유의 농업용지에 승포경영을 실행하는 경우 본법의 관련규정을 참고한다.

제12장　건설용지사용권

제135조　건설용지사용권자는 법에 따라 국가소유에 대하여 토지의 점유, 사용,

수익의 권리를 향유하고, 그 토지에 건축물, 구조물 및 부속시설을 부설할 권리가 있다.

제136조 건설용지사용권은 토지의 지표, 지상 또는 지하에 나누어 설립할 수 있다. 새로 설립한 건설용지사용권은 이미 설립된 용익물권에 손해를 줄 수 없다.

제137조 건설용지사용권의 설립은 출양(出讓) 또는 분할공급(劃撥) 등의 방식을 채택할 수 있다.

공업, 상업, 여행, 오락과 상품주택 등 경영목적 용지 및 동일한 토지에 그 이용을 원하는 자가 2명 이상인 경우에는 입찰, 경매 등 공개경쟁가의 방식으로 출양하여야 한다.

분할공급의 방식으로 건설용지사용권을 설립하는 것을 엄격히 제한한다. 분할공급의 방식을 채택한 경우에는 법률, 행정법규의 토지용도에 관한 규정을 준수하여야 한다.

제138조 입찰, 경매, 협의 등 양도방식으로 건설용지사용권을 설립하는 경우 당사자는 서면형식으로 건설용지사용권 출양계약을 체결하여야 한다. 건설용지사용권 출양계약은 일반적으로 다음과 같은 조항을 포함한다.

(1) 당사자의 명칭과 주소
(2) 토지경계, 면적 등
(3) 건축물, 구축물 및 그 부속시설이 점용한 공간
(4) 토지용도
(5) 사용기한
(6) 출양금 등 비용 및 그 지불방식
(7) 분쟁해결방식

제139조 건설용지사용권을 설립하려면 반드시 등기기구에 건설용지사용권등기를 신청해야 한다. 건설용지사용권은 등기된 때부터 설립된다. 등기기구는 반드시 건설용지사용권자에게 건설용지사용권증서를 발급해야 한다.

제140조 건설용지사용권자는 반드시 토지를 합리적으로 이용해야 하고 토지용도를 바꿔서는 아니된다. 토지용도를 바꿔야 할 때에는 반드시 법에 의해 관련 행정주관부문의 비준(批准)을 거쳐야 한다.

제141조 건설용지사용권자는 반드시 법률규정 및 계약약정에 따라 출양금 등의 비용을 지불해야 한다.

제142조 건설용지사용권자가 건축한 건축물, 구축물 및 그 부속시설의 소유권은 건설용지사용권자에게 속한다. 그러나 상반된 증거증명이 있는 것은 제외한다.

제143조 건설용지사용권자는 건설용지사용권을 양도, 교환, 출자, 증여 혹은 저당권설정을 할 권리가 있다. 그러나 법률이 달리 규정하는 경우에는 그렇지 아니하다.

제144조 건설용지사용권을 양도, 교환, 출자, 증여 혹은 저당권을 설정하려면 당사자는 서면으로 계약을 체결해야 한다. 사용기한은 당사자가 약정한다. 그러나 건설용지사용권의 남은 기한을 초과해서는 아니된다.

제145조 건설용지사용권을 양도, 교환, 출자 혹은 증여하려면 등기기구에 변경등기를 신청해야 한다.

제146조 건설용지사용권을 양도, 교환, 출자 혹은 증여하는 경우, 그 토지상에 부착된 건축물, 구축물 및 그 부속시설은 함께 처분된다.

제147조 건축물, 구축물 및 그 부속시설을 양도, 교환, 출자 혹은 증여하는 경우, 그 건축물, 구축물 및 그 부속시설이 점용하고 있는 범위 내의 건설용지사용권은 함께 처분된다.

제148조 건설용지사용권 기간만료 전에 공공이익의 수요 때문에 미리 그 토지를 회수해야 할 경우에는 본법 제42조의 규정에 따라 이 토지상의 가옥 및 기타 부동산에 대하여 보상해주어야 하고 상응하는 출양금을 돌려주어야 한다.

제149조 주택건설용지사용권 기간이 만료되면 자동으로 연장된다.
비주택건설용지사용권 기간만료 후의 연장은 법률규정에 따라 처리한다. 이 토지상의 가옥 및 기타 부동산의 귀속은 약정이 있는 경우에는 약정에 따르고, 약정이 없거나 약정이 불확실한 경우에는 법률과 행정법규의 규정에 따라 처리한다.

제150조 건설용지사용권이 소멸하면 양도인은 반드시 즉시 말소등기를 해야 한다. 등기기구는 반드시 건설용지사용권증서를 회수해야 한다.

제151조 집단소유의 토지를 건설용지로 사용하려면 토지관리법 등의 법률규정에 따라 처리하여야 한다.

제13장 택기지(宅基地)사용권

제152조 택기지사용권자는 법에 따라 단체가 소유한 토지를 점유·사용할 권리를 향유하며, 법에 따라 그 토지에 건축된 주택 및 그 부속시설을 이용할 권리가 있다.

제153조 택기지사용권의 취득, 행사와 양도는 토지관리법 등의 법률과 국가관련 규정이 적용된다.

제154조 택기지가 자연화재 등의 원인으로 멸실되면 택기지사용권은 소멸한다. 택기지를 잃어버린 촌민에 대해서는 다시 새로운 택기지를 분배해야 한다.

제155조 이미 등기한 택기지사용권을 양도하거나 소멸시킨 경우에는 즉시 변경등기 혹은 말소등기를 해야 한다.

제14장 지역권(地役權)

제156조 지역권자는 약정에 따라 타인의 부동산을 이용하여 자신의 부동산의 효과와 이익을 제고할 권리가 있다.
위 항에서 말한 타인의 부동산을 공역지(供役地)라고 하고, 자신의 부동산을 수역지(需役地)라고 한다.

제157조 지역권을 설립하려면 당사자는 반드시 서면형식으로 지역권계약을 체결해야 한다.

지역권계약은 일반적으로 다음과 같은 조항을 포함한다.

(1) 당사자의 성명 혹은 명칭과 주소

(2) 공역지와 수역지의 위치

(3) 이용목적과 방법

(4) 이용기한

(5) 비용 및 그 지불방식

(6) 분쟁해결방식

제158조 지역권은 지역권계약 효력발생시부터 설립된다. 당사자가 등기를 원하면 등기기구에 지역권등기를 신청할 수 있다. 등기를 하지 않은 것은 선의의 제3자에게 대항할 수 없다.

제159조 공역지권리자는 약정에 따라 지역권자의 그 토지이용을 허락하여야 하고, 지역권자의 권리행사를 방해할 수 없다.

제160조 지역권자는 반드시 약정의 이용목적과 공역지 이용방법에 따라 공역지권리자의 물권에 대한 제한을 최대한도로 감소시켜야 한다.

제161조 지역권의 기한은 당사자가 약정한다. 그러나 토지승포경영권, 건설용지사용권 등 용익물권의 남은 기한을 초과해서는 아니된다.

제162조 토지소유권자가 지역권을 향유하거나 지역권을 부담하는 경우에는 토지승포경영권, 택기지사용권을 설립할 때 이 토지승포경영권자, 택기지사용권자는 이미 설립된 지역권을 계속 향유하거나 부담한다.

제163조 토지에 이미 토지승포경영권, 건설용지사용권, 택기지사용권 등의 권리가 설립된 경우, 용익물권자의 동의를 거치지 않고 토지소유권자는 지역권을 설립할 수 없다.

제164조 지역권은 단독으로 양도할 수 없다. 토지승포경영권, 건설용지사용권 등을 양도할 때 지역권을 함께 양도한다. 그러나 계약시 별도의 약정이 있는 경우에는 그러하지 아니하다.

제165조 지역권에 단독으로 저당권이 설정될 수 없다. 토지승포경영권, 건설용지사용권 등에 저당권이 설정된 경우에는 저당권이 실행될 때 지역권도 함께 양도된다.

제166조 수역지 및 수역지상의 토지승포경영권, 건설용지사용권을 일부 양도할 때, 양도부분이 지역권과 관련되는 경우에는 양수인은 동시에 지역권을 향유한다.

제167조 공역지 및 공역지상의 토지승포경영권, 건설용지사용권을 일부 양도할 때 양도부분이 지역권과 관련된 경우, 지역권은 양수인에 대하여 여전히 구속력을 갖는다.

제168조 지역권자가 다음과 같은 상황 중 하나라면 공역지권리자는 지역권계약을 해제할 권리가 있고 지역권은 소멸한다.
(1) 법률규정 혹은 계약약정을 위반하여 지역권을 남용하는 경우
(2) 공역지를 유상으로 이용하기로 하고 약정한 돈의 지급기 만료 후 합리적인 기한 내의 두 차례의 최고(催告)를 거치고도 비용을 지급하지 않은 경우

제169조 이미 등기한 지역권을 변경, 양도 혹은 소멸할 경우에는 즉시 변경등기 혹은 말소등기를 해야 한다.

제4편 담보물권

제15장 일반규정

제170조 담보물권자는 채무자가 기한이 되었음에도 채무를 이행하지 않거나 당사자가 약정한 담보물권 실행의 상황이 발생하면 법에 의해 담보재산으로부터 우선변제받을 수 있는 권리를 향유한다. 그러나 법률이 달리 규정한 경우에는 그렇지 아니하다.

제171조 채권자는 거래, 임대 등의 민사활동 중 채권의 실현을 보장하기 위하여

담보가 필요할 때 본법과 기타 법률의 규정에 따라 담보물권을 설립할 수 있다.

제3자는 채무자를 위해 담보를 제공할 때 채무자에게 반담보를 요구할 수 있다. 반담보는 본법과 기타 법률의 규정을 적용한다.

제172조 담보물권을 설립할 때는 본법과 기타 법률의 규정에 따라 담보계약을 체결해야 한다. 담보계약은 주된 채권·채무계약의 종된 계약이다. 주된 채권·채무계약이 무효가 되면 담보계약 역시 무효가 되지만, 법률이 달리 규정한 경우에는 그렇지 아니하다.

담보계약이 무효가 될 때 채무자, 담보권설정자, 채권자에게 잘못이 있을 때에는 각자가 잘못한 만큼 민사책임을 진다.

제173조 담보물권의 담보범위는 주된 채권 및 이자, 위약금, 손해배상금, 담보재산의 보관과 담보물권 실행의 비용을 포함한다. 당사자가 따로 약정한 경우에는 약정에 따른다.

제174조 담보기간 중 담보재산이 훼손되거나 멸실 혹은 수용 등을 당했을 경우에는 담보물권자는 보험금, 배상금 혹은 보상금 등으로부터 우선변제 받을 수 있다. 피담보채권의 이행기간이 만료된 경우에는 보험금, 배상금 혹은 보상금을 공탁할 수 있다.

제175조 제3자가 담보를 제공한 때, 채권자가 서면의 동의를 거치지 않고 채무자의 채무 전부 또는 일부의 이전을 허락한 경우에는 담보권설정자는 그에 상응하는 담보책임을 지지 않는다.

제176조 하나의 채권에 물적 담보와 인적 담보가 동시에 설정되어 있을 때, 기한이 만료되어도 채무를 이행하지 않거나 당사자들이 약정한 담보물권을 실행할 상황이 발생했을 경우, 채권자는 약정에 따라 채권을 실현하여야 한다. 약정을 하지 않거나 불명확한 경우에는 채권자는 먼저 채무자가 스스로 제공한 물적 담보로부터 채권을 실현하여야 한다. 제3자가 담보를 제공한 때에는 채권자는 물적 담보로부터 채권을 실현할 수도 있고, 보증인에게 보증책임을 지도록 요구할 수도 있다. 담보를 제공한

제3자는 담보책임을 진 후 채무자에 대한 구상권을 갖는다.

제177조 다음과 같은 상황이 발생한 경우 담보물권은 소멸된다.

(1) 주된 채권의 소멸

(2) 담보물권의 실행

(3) 채권자의 담보물권의 포기

(4) 법률이 규정한 담보물권 소멸의 기타 상황

제178조 담보법과 본법의 규정이 일치하지 않을 시에는 본법을 적용한다.

제16장 저당권

제1절 일반저당권

제179조 채무의 이행을 담보하기 위하여 채무자 혹은 제3자가 재산의 점유를 이전하지 않고 채권자에게 저당권설정하여 준 경우, 채무자가 이행기에 채무를 이행하지 않거나 당사자가 약정한 저당권 실행사유가 발생한다면, 채권자는 그 재산으로부터 우선변제받을 수 있다.

위 항이 규정한 채무자 혹은 제3자가 저당권설정자(抵押人)라면 채권자는 저당권자(抵押權人)이고, 담보로 제공된 재산은 저당목적물이다.

제180조 채무자 혹은 제3자는 처분할 권리가 있는 다음의 재산들에 대하여 저당권을 설정할 수 있다.

(1) 건축물과 기타 토지부착물

(2) 건설용지사용권

(3) 경매, 공개협상 등의 방식으로 취득한 황무지 등 토지승포경영권

(4) 생산설비, 원재료, 반제품, 제품

(5) 현재 건설 중인 건축물, 선박, 항공기

(6) 교통운송수단

(7) 법률, 행정법규가 저당권설정을 금지하지 않은 기타 재산

저당권설정자는 위 항에 나열된 재산들에 대하여 동시에 저당권을 설정할 수도 있다.

제181조 당사자의 서면합의를 통하여 기업, 개체공상호, 농업생산경영자는 생산설비, 원재료, 반제품, 완제품에 저당권을 설정할 수 있다. 채무자가 제때에 채무를 이행하지 않거나 당사자가 약정한 저당권 실행사유가 발생한 경우, 채권자는 저당권을 실행할 때 동산에 대하여 우선변제받을 권리를 가진다.

제182조 건축물에 저당권을 설정할 때 건축물의 점유범위 내에 있는 건설용지사용권도 저당권의 객체가 된다. 건설용지사용권에 저당권을 설정할 때 토지상에 있는 건축물도 저당권의 객체가 된다.

저당권설정자가 위 항의 규정과 같이 저당권을 설정하지 않은 경우에도, 위와 같은 재산은 함께 저당권이 설정된 것으로 본다.

제183조 향촌기업의 건설용지사용권에는 단독으로 저당권을 설정할 수 없다. 향촌기업의 공장건물 등의 건설물에 저당권이 설정된 경우, 점유범위 내에서 건설용지사용권도 저당권의 객체가 된다.

제184조 다음 재산들에는 저당권을 설정할 수 없다.

(1) 토지소유권

(2) 경지, 택기지, 자류지, 자류산 등 집체소유의 토지사용권. 그러나 법률이 저당권을 설정할 수 있다고 규정한 것은 제외한다.

(3) 학교, 유치원, 병원 등 공익의 목적으로 설립된 사업단위(事業單位), 사회단체의 교육시설, 의료위생시설과 기타 사회공익시설

(4) 소유권, 사용권이 불명하거나 혹은 논쟁의 여지가 있는 재산

(5) 법에 의해 차압, 압수, 감시 중에 있는 재산

(6) 법률, 행정법규가 저당권을 설정할 수 없다고 규정한 기타 재산

제185조 저당권을 설립할 때는 당사자가 서면형식으로 저당권설정계약을 체결해야 한다.

저당권설정계약은 일반적으로 다음 조항들을 포함한다.

(1) 피담보채권의 종류와 액수

(2) 채무자가 채무를 이행하는 기간

(3) 저당물의 명칭, 수량, 품질, 상황, 소재지, 소유권귀속 혹은 사용권의 귀속

(4) 담보의 범위

제186조 저당권자는 채무이행기간이 만료되기 전에 채무자가 제때에 채무를 이행하지 않을 때 저당물을 채권자의 소유로 귀속할 것을 약정할 수 없다.

제187조 본법 제180조 제1항 제1호부터 제3호에 규정된 재산 혹은 제5호에 규정된 현재 건설 중인 건축물에 저당권을 설정할 때에는 반드시 등기하여야 한다. 저당권은 등기한 때에 설립된다.

제188조 본법 제180조 제1항 제4호와 제6호에 규정된 재산 혹은 제5호에 규정된 현재 건조 중인 선박, 항공기에 저당권을 설정하는 경우, 저당권은 저당계약이 체결된 후 설립되나, 등기를 하지 않는다면 선의의 제3자에게 대항할 수 없다.

제189조 기업, 개체공상호, 농업생산경영자가 본법 제181조의 규정에 따라 동산에 저당권을 설정하는 경우 저당권자의 주소지 공상행정관리부문에 등기해야 한다. 저당권은 저당계약이 체결된 때 설립되어야 하며, 등기를 하지 않은 경우에는 선의의 제3자에게 대항할 수 없다.

본법 제181조의 규정에 따라 저당권을 설정한 경우, 정상적인 경영활동으로 합리적인 가격을 지불함과 동시에 저당물을 취득한 매수인에게 대항할 수 없다.

제190조 저당계약을 체결하기 전에 저당물을 임대한 경우, 그 임대차관계는 저당권의 영향을 받지 않는다. 저당권이 설립된 후 저당물을 임대한 경우, 그 임대차관계는 이미 등기된 저당권에 대항할 수 없다.

제191조 저당기간에 저당권설정자가 저당권자의 동의를 얻고 나서 저당물을 양도할 수 있으나, 양도하여 얻는 이익은 저당권자에게 우선변제하거나 공탁하여야 한다. 양도에 의해 얻은 이익이 채권의 액수를 초과한 경우

에는 초과한 부분은 저당권설정자의 소유로 귀속되며, 부족한 경우에는 부족한 부분은 채무자가 변제한다.

저당권설정 기간 중에 저당권설정자가 저당권자의 동의를 얻지 않고는 저당물을 양도할 수 없으나, 양도받은 자가 대신하여 채무를 변제한 저당권을 소멸시킨 경우는 제외한다.

제192조 저당권은 채권과 분리되어 단독으로 양도하거나 다른 채권의 담보가 될 수 없다. 채권을 양도할 경우에는 채권과 저당권은 동시에 양도된다. 단, 법률이 따로 규정하거나 당사자가 따로 약정한 경우는 제외한다.

제193조 저당권설정자의 행위가 저당물의 가치를 감소시키고 있는 경우, 저당권자는 저당권설정자에게 그 행위를 정지할 것을 요구할 권리가 있다. 저당물의 가치가 감소한 경우에는 저당권자는 저당물의 가치를 회복시킬 것을 요구하거나, 감소한 가치에 상응하는 담보를 제공할 것을 요구할 권리가 있다. 저당권설정자가 저당물의 가치를 회복시키지 않으며 담보도 제공하지 않을 시 저당권자는 채무자에게 미리 채무를 변제할 것을 요구할 권리가 있다.

제194조 저당권자는 저당권 혹은 저당권순위를 포기할 수 있다. 저당권자는 저당권설정자와 저당권의 순위 및 피담보채권의 액수 등의 내용에 대해 합의할 수 있다. 단, 저당권의 변경은 나머지 저당권자의 서면동의를 거치지 않는 경우에는 그들에게 불이익한 영향을 주어서는 아니된다.

채무자가 자신의 재산으로 저당권을 설정한 경우, 저당권자는 그 저당권, 저당권 순위를 포기하거나 저당권을 변경할 수 있다. 이때 기타 담보인은 저당권자의 우선변제권이 상실된 범위 내에서 담보책임을 면한다. 단, 기타 담보인이 여전히 담보를 설정할 것을 승낙한 경우는 제외한다.

제195조 저당권자는 채무자가 제때에 채무를 이행하지 않거나 당사자 약정에 의한 저당권 실행사유가 발생한 경우, 저당권설정자와 합의하여 저당목적물을 경매, 매각하여 우선변제받을 수 있다. 이때 합의내용이 기타 채권

자의 손해를 일으키면 기타 채권자는 그에 대해 알거나 마땅히 알 수 있는 날부터 1년 내에 인민법원에 합의의 취소를 청구할 수 있다.

저당권자와 저당권설정자가 저당권 실행사유에 대해 합의를 이루지 못한 경우, 저당권자는 인민법원에 저당목적물을 경매, 매각할 것을 청구할 수 있다.

저당목적물을 경매, 매각할 경우, 시장가격을 기준으로 하여야 한다.

제196조 본법 제181조의 규정에 따라 저당권을 설정한 경우, 다음 상황 중의 하나가 발생하면 저당물이 확정된다.

　　(1) 채무이행기가 만료되었지만 채권이 실현되지 않은 경우
　　(2) 저당권설정자가 파산선고되거나 취소된 경우
　　(3) 당사자의 약정에 의한 저당권 실행사유가 발생한 경우
　　(4) 채권의 실현에 영향을 줄 수 있는 사유가 발생한 경우

제197조 채무자가 제때에 채무를 이행하지 않거나 당사자 약정에 의한 저당권 실행사유가 발생하여 저당물이 인민법원에 의해 차압된 경우, 저당권자는 차압날부터 저당물의 천연과실과 법정과실을 향유할 수 있는 권리를 가진다. 단, 저당권자가 법정과실을 변제해야 할 의무자에게 통지하지 않은 경우는 제외한다.

위 항에서 규정하는 과실은 과실의 취득비용으로 우선충당되어야 한다.

제198조 저당물을 경매 또는 매각한 후 그 금액이 채권액수보다 커서 차액이 생길 경우, 그 차액은 저당권설정자에게 귀속된다. 또한 그 금액으로 채권을 만족시키지 못할 경우에는 채무자가 부족한 부분을 변제한다.

제199조 2명 이상의 채권자에게 저당권을 설정하여 준 재산을 경매, 매각할 경우에는 다음의 규정에 따라 변제된다.

　　(1) 등기 완료된 저당권은 등기된 순서에 따라 변제한다. 만일 순서가 동일한 경우, 채권액수의 비례에 따라 변제된다.
　　(2) 등기된 저당권은 미등기된 저당권에 우선하여 변제된다.
　　(3) 미등기된 저당권은 채권액수의 비례에 따라 변제된다.

제200조 건설용지사용권에 저당권을 설정한 후 그 토지에 건설된 새로운 건축물은 저당물에 포함되지 않는다. 그 건설용지사용권에 대한 저당권을 실행할 경우, 새로 건설된 건축물과 건설용지사용권은 같이 처분되어야 한다. 단, 새로 건설된 건축물로부터 얻은 가액에 대해서 저당권자는 우선변제받을 수 없다.

제201조 본법 제180조 제1항 제3호에서 규정하는 토지승포경영권에 저당권을 설정하거나, 본법 제183조에서 규정하는 향, 진의 촌(村)기업의 공장 등 건설물이 점용하는 범위 내의 건설용지에 대한 사용권에 저당권을 설정한 경우에는 저당권 실행 후 법정절차를 통하지 않고서는 토지소유권의 성질과 토지용도를 변경할 수 없다.

제202조 저당권자는 반드시 주된 채권의 소송시효기간 내에 저당권을 행사하여야 한다. 기간 내에 행사하지 않은 저당권은 인민법원의 보호를 받지 못한다.

제2절 최고액저당권(근저당)

제203조 담보채무를 이행하기 위해 담보채무자 혹은 제3자가 일정기간 내에 연속으로 발생하는 채권에 대해 담보하여 채무불이행 혹은 당사자 약정에 의한 저당권 실행사유가 발생한 때에는 저당권자는 최고채권액수 한도 내에서 그 저당물로부터 우선변제받을 수 있다.

최고액저당권을 설립하기 전에 이미 존재하는 채권에 대해서는 당사자 동의하에 최고액저당으로 담보하는 채권의 범위 안으로 전입할 수 있다.

제204조 최고액저당으로 담보하는 채권의 범위를 확정하기 전에 채권의 일부분을 양도한 최고액저당권은 양도할 수 없다. 단, 당사자 사이에 별도의 약정이 있는 경우는 제외한다.

제205조 최고액저당으로 담보하는 채권의 범위를 확정하기 전에 저당권자와 저당권설정자는 합의를 통해 채권유효기간, 채권범위 및 최고채권액수를

변경할 수 있다. 단, 변경내용이 기타 저당권자에게 불리한 영향을 주어서는 아니된다.

제206조 저당권자는 다음과 같은 상황이 발생한 때 채권이 확정된다.
(1) 약정한 채권확정기간이 만료된 경우
(2) 채권확정기간을 약정하지 않았거나 약정이 불분명한 경우 저당권자 혹은 저당권설정자는 최고액저당권 설립부터 2년 후에 채권확정을 청구할 수 있다.
(3) 새로운 채권의 발생이 불가능한 경우
(4) 저당물이 차압된 경우
(5) 채무자 혹은 저당권설정자가 파산선고를 받거나 취소된 경우
(6) 법률이 규정한 기타 채권확정 상황이 발생한 경우

제207조 최고액저당권에 관해서는 본절의 규정 외에 본장 제1절 일반저당권규정을 적용한다.

제17장 질권

제1절 동산질권

제208조 담보채무의 이행을 위해 채무자 혹은 제3자가 동산을 입질하여 채권자에게 점유하게 하고, 채무자가 제때에 채무를 이행하지 않거나 약정한 질권 실행사유의 발생시 채무자는 그 동산으로써 우선적으로 변제받을 수 있다.

위 항에서의 채무자 혹은 제3자는 질권설정자가 되며 채권자는 질권자, 입질한 동산은 질물이 된다.

제209조 법률과 행정법규가 양도를 금지하는 동산은 입질할 수 없다.

제210조 질권은 당사자의 서면형식으로 설립되어야 한다.

질권계약은 일반적으로 다음과 같은 항목을 포함한다.

(1) 피담보채권의 종류와 액수

(2) 채무자의 채무이행기한

(3) 질물의 명칭, 수량, 품질, 상태

(4) 담보범위

(5) 질물의 교부기간

제211조 질권자는 채무이행기한 만료 전에 질권설정자와 채무자가 제때에 의무를 이행하지 않을 경우, 질물을 채권자의 소유로 한다는 내용의 약정을 할 수 없다.

제212조 질권은 질물을 교부한 때로부터 성립한다.

제213조 질권자는 질물에 의한 과실을 취득할 수 있다. 단, 기타 약정이 있는 경우는 제외한다.

위 항에서 규정하는 과실은 과실취득비용에 우선충당되어야 한다.

제214조 질권자는 질권의 존속기간에 질권설정자의 동의 없이 자유로이 질물을 사용, 처분하여 질권설정자에게 손해를 입힌 경우, 그에 대한 배상책임을 진다.

제215조 질권자는 질물에 대해 선량한 관리자의 의무를 가지며, 만일 관리미숙 및 불찰로 인해 질물이 훼손, 소멸된 경우에는 그에 대한 배상책임을 진다.

만일 질권자의 행위가 질물을 훼손, 소멸할 가능성이 있다면 질권설정자는 질권자에게 질물을 공탁하도록 요구하거나 채무를 사전변제하여 질물을 반환하도록 요구할 수 있다.

제216조 질권자의 귀책사유가 아닌 사건에 의해 질물이 훼손, 소멸되어 그 가치가 현저히 떨어짐으로 인해 질권자의 권리를 위협할 가능성이 충분하다면 질권자는 질권설정자에게 상응하는 담보를 제공하도록 요구할 수 있다. 질권설정자가 담보를 제공하지 않은 경우, 질권자는 질물을 경매, 매각하거나, 질권설정자와의 합의를 통해 경매, 매각하여 환가하기 전에 사전변제받거나 공탁을 요청할 수 있다.

제217조 질권자가 질권의 존속기간에 질권설정자의 동의 없이 질물을 양도하여

질물이 훼손되거나 소멸한 경우, 질권설정자에 대한 배상책임을 진다.

제218조 질권자는 질권을 포기할 수 있다. 채무자가 자신의 재산으로 입질하였지만 질권자가 그 질권을 포기하면 기타 담보인은 질권자가 우선변제권을 상실한 범위 내의 담보책임을 면제받는다. 그러나 기타 담보인이 변함없이 담보하기를 승낙한 경우는 제외한다.

제219조 채무자가 채무를 이행하거나 질권설정자가 사전에 담보채권에 대해 변제하면 질권자는 반드시 질물을 반환해야 한다.

채무자가 제때에 채무를 이행하지 않거나 당사자 약정에 의한 질권 실행사유가 발생한 경우, 질권자는 질권설정자와 합의하여 질물을 돈으로 환가하거나 경매, 매각하여 생긴 소득으로 우선변제받을 수 있다.

질물을 환가하거나 매각할 경우, 시장가격을 기준으로 한다.

제220조 질권설정자는 질권자에게 채무이행기가 만료된 후 제때에 질권을 행사하기를 청구할 수 있다. 만일 질권자가 권리를 행사하지 않은 경우에는 질권설정자는 인민법원에 질물의 경매, 매각을 청구할 수 있다.

질권설정자가 질권자에게 질권의 행사를 청구한 때에 질권자가 질권행사를 소홀히 하여 손해가 발생한 경우, 질권자는 배상의 책임을 진다.

제221조 질권목적물을 경매, 매각한 후 그 금액이 채권액수보다 커서 차액이 생길 경우, 그 차액은 질권설정자에게 귀속된다. 또한 그 금액으로 채권을 만족시키지 못할 경우, 채무자가 부족한 부분을 변제한다.

제222조 질권설정자와 질권자는 협의를 통해 근저당권을 설정할 수 있다. 근저당권은 본절의 규정 외에도 본법 제4편 제17장 제2절의 근저당권의 관련규정을 참고한다.

제2절 권리질권

제223조 채무자 혹은 제3자가 처분권을 가지는 다음과 같은 권리는 입질할 수 있다.

(1) 환어음, 수표, 차용증

(2) 채권, 예탁증서

(3) 창고증권, 선하증권

(4) 양도할 수 있는 증권

(5) 양도할 수 있는 상표전용권, 특허권, 저작권 등 지식재산권 중 산업재산권

(6) 예금잔고

(7) 법률, 행정법규에서 규정한 입질가능한 기타 권리

제224조 환어음, 수표, 차용증, 채권, 예탁증서, 창고증권, 선하증권으로써 입질하는 경우, 당사자는 반드시 서면계약을 해야 하고, 질권은 권리증명서를 질권자에게 교부할 때 성립한다. 권리증명서가 없는 경우에는 질권은 관련부문에 입질등기를 함으로써 성립한다.

제225조 환어음, 수표, 차용증, 채권, 예탁증서, 창고증권, 선하증권의 현금교환일 혹은 출고기일이 주채권의 만기일보다 빠를 경우, 질권자는 현금으로 교환하거나 출고할 수 있다. 또 질권설정자와 협의를 통해 교환한 현금 혹은 출고하는 화물로 사전변제하거나 공탁할 수 있다.

제226조 기금분액, 주권을 입질하려면 반드시 당사자의 서면계약이 필요하다. 기금분액, 증권등기결산기구에 등기한 주권을 입질할 경우, 질권은 증권등기결산기구의 입질등기절차가 완료됨에 따라 설립된다.

기타 다른 주권으로써 입질한 경우, 질권은 공상행정관리부문에의 입질등기절차가 완료됨에 따라 설립된다.

기금분액, 주권은 입질 후 양도할 수 없다. 단, 질권설정자와 질권자가 합의한 경우는 제외한다. 이때 질권설정자가 양도한 기금분액 혹은 주권에 의하여 얻은 소득은 질권자에게 미리 채무를 변제하거나 공탁해야 한다.

제227조 상표전용권, 특허권, 저작권 등 지식재산권 중의 산업재산권으로써 입질하려면 서면으로 계약하여야 한다. 이때 질권은 관련부문에의 입질

등기절차가 완료됨에 따라 설립한다.

질권설정자는 지적재산권 중 산업재산권을 입질한 후에 그 권리를 양도 혹은 타인의 사용을 허가해서는 아니된다. 그러나 질권설정자와 질권자 사이에 기타 약정이 있는 경우는 제외한다. 질권설정자는 양도를 통해 얻은 소득을 질권자에게 미리 변제하거나 공탁하여야 한다.

제228조 예금잔고로써 입질하려면 반드시 당사자의 서면계약이 필요하다. 이때 질권은 신탁증권기관의 입질절차가 완료됨에 따라 설립된다.

질권설정자는 예금잔고를 입질한 후에는 그 권리를 행사할 수 없다. 그러나 질권설정자와 질권자 사이에 기타 약정이 있는 경우는 제외한다. 질권설정자가 권리를 양도함으로써 얻은 소득은 질권자에게 미리 변제하거나 공탁하여야 한다.

제229조 권리질권은 본절의 규정 외에 본법 동산질권의 관련규정을 참고한다.

제18장 유치권

제230조 채무자가 제때에 채무를 이행하지 않으면 채권자는 이미 적법하게 점유하고 있는 채무자의 동산을 유치할 수 있다. 또한 이 동산으로 우선변제 받을 수 있다.

위 항의 채권자는 유치권자, 점유하는 동산은 유치물로 규정한다.

제231조 채권자가 유치한 동산은 반드시 채권과 동일한 법률관계에 속하여야 한다. 그러나 기업 간의 유치는 제외한다.

제232조 법률규정 혹은 당사자의 약정에 따라 유치할 수 없는 동산은 유치할 수 없다.

제233조 유치재산은 가분물이어야 하며, 유치재산의 가치는 채무액수와 상응하여야 한다.

제234조 유치권자는 유치동산에 대해 안전하게 보관해야 하는 의무가 있다. 그러나 보관이 불량하여 파손되거나 훼손되면 마땅히 민사책임을 져야 한다.

제235조 유치권자는 유치동산의 과실을 취득할 권리가 있다.

위 항에서 규정하는 과실은 과실의 취득비용에 우선충당되어야 한다.

제236조 유치권자는 채무자와 동산을 유치한 후의 채무이행기간에 대해 약정해야 한다. 약정이 없거나 약정이 불명확한 경우 유치권자는 채무자에게 2개월 이상의 채무이행기간을 주어야 한다. 그러나 신선함이 중시되는 물건 등 보관에 어려운 동산은 제외한다. 채무자가 제때에 이행하지 않은 채무에 대해서는 유치권자가 채무자와 합의하여 유치재산을 경매, 매각하여 얻은 가치로써 우선변제받을 수 있다. 유치재산의 경매, 매각은 시장가격을 기준으로 한다.

제237조 채무자는 유치권자에게 채무이행기한의 만료 후에 유치권을 행사하도록 청구할 수 있다. 만일 유치권자가 유치권을 행사하지 않으면 채무자는 유치재산에 대한 경매, 매각을 인민법원에 청구할 수 있다.

제238조 유치재산을 경매, 매각한 후에 얻은 액수가 채권의 액수를 초과한다면 그 차액부분은 채무자에게 귀속된다. 반면 그 가치가 채권액수에 부족하다면 그 차액 역시 채무자가 부담한다.

제239조 동일한 동산에 이미 저당권 혹은 질권이 설정되고, 이 동산이 또 유치된 경우 유치권자가 우선변제받는다.

제240조 유치권자가 유치재산을 상실하거나 채무자의 다른 담보를 제공받으면 유치권은 소멸한다.

제5편 점유

제19장 점유

제241조 계약관계 등으로 인해 발생한 점유는 부동산 혹은 동산의 사용, 수익, 위약책임 등에 대하여는 계약에 따른다. 계약시 약정하지 않았거나 약정이 불명확한 경우, 관련법률규정을 따른다.

제242조 점유자가 점유하고 있는 부동산 혹은 동산의 사용으로 인하여 그 부동산 혹은 동산이 훼손되었을 경우, 그 악의의 점유자는 손해배상책임을 진다.

제243조 부동산 혹은 동산이 점유자에 의해 점유되고 있을 때 부동산 혹은 동산의 권리자가 원물 혹은 과실의 반환을 청구할 수 있다. 그러나 선의의 점유자가 부동산 혹은 동산을 보호하고 유지하는 데 사용된 비용을 지불하여야 한다.

제244조 점유의 부동산 혹은 동산이 훼손되거나 파손되었을 때 이 부동산 혹은 동산의 권리자는 점유자에게 배상을 청구할 수 있고, 점유자는 훼손되거나 파손되어 얻은 보험금과 배상금 혹은 보상금 등을 권리자에게 반환하여야 한다. 권리자의 손해가 충분히 보상받지 못한 경우, 악의의 점유자는 손실에 대한 충분한 배상을 하여야 한다.

제245조 점유한 부동산 혹은 동산을 빼앗기거나 침해당한 경우, 점유자는 원물반환을 청구할 권리가 있다. 점유를 방해하는 행위에 대해 점유자는 방해금지 혹은 제거를 청구할 권리가 있다. 점유자는 침탈 혹은 방해에 의해 생긴 손해에 대해 배상을 청구할 권리가 있다.

점유자가 원물반환청구권을 침해받은 날부터 1년 내에 행사하지 않으면 그 권리가 소멸된다.

부칙

제246조 법률, 행정법규가 부동산의 등기범위, 등기기구, 등기방법에 대하여 통일된 규정을 내놓기 전에는, 지방성법규는 본법의 관련규정을 참고하여 새로운 규정을 만들 수 있다.

제247조 본법은 2007년 10월 1일부터 시행된다.

• 번역 후기 •

　본 번역서는 노정환 검사와 중국정법학회[1] 그리고 사법연수원 중국법학회[2]의 공동작업으로 완성되었습니다. 번역작업을 시작하던 2004년 봄에 체계적인 학습과 연구활동을 위하여 중국정법학회를 설립하였으며, 이 학회를 중심으로 매 학기마다 초벌 번역을 완료하면 방학을 이용하여 노정환 검사가 원문과 대조하고 우리 민법과 비교하며 교정하는 방식으로 진행되었습니다. 그러던 중 본 번역서의 최종 출간을 앞두고 여러 명의 지혜를 모아 오류를 최소화하고, 더 나아가 번역작업의 시스템을 보다 견고히 하기 위하여 사법연수원 중국법학회 회원들의 동참을 요청하였습니다. 이로써 노정환 검사와 중국정법학회 그리고 사법연수원 중국법학회의 공동 번역작업 시스템을 갖추었으며, 향후 보다 완벽한 중국민법의 번역작업을 기대할 수 있게 되었습니다.

---
1 중국정법학회는 한국 유학생이 중국에 설립한 최초의 공식 학회로서 '중국정법대학교 한국인법률학회'의 약칭이다.
2 사법연수원 중국법학회는 2002년경 중국법에 관심 있는 사법연수생들에 의하여 설립된 학회로서 중국법 및 한·중 통상관계 연구를 주된 목적으로 한다. 매 기수마다 4~50명의 사법연수생의 참여하에 운영되는데, 본 번역서 출간에는 37기 사법연수생 중 5명이 참여하였다.

돌이켜보면, 번역작업은 참가자 모두에게 '땀 흘리는 기쁨'을 알게 해준 커다란 배움터였습니다. 참가자 모두 중국법뿐만 아니라 우리법에 대한 이해의 폭도 넓힐 수 있었으며, 적잖은 번역 관련 노하우를 축적할 수 있게 되었습니다. 특히 중국정법학회는 매년 신입생 2~3명씩을 회원으로 선발하여 중국법 연구 성과 및 번역 노하우를 후배들에게 전수함으로써 성공적인 학회 중 하나로 평가받기에 이르렀습니다.

아울러 본 번역서가 세상에 빛을 볼 수 있도록 도움을 주신 많은 분들께 진심으로 감사의 뜻을 전하고자 합니다. 이 책은 중국 최고의 권위를 자랑하는 강평(江平) 교수의 '민법학' 교과서를 기본으로 번역하였는데, 채권편 중 일부분은 집필 교수 한 분의 동의를 받지 못하여 '민법학원리'의 저자인 장준호(張俊浩) 교수의 허락을 받아 작업을 마무리할 수 있었습니다. 흔쾌히 번역을 허락해주신 원저자들에게 깊이 감사드립니다. 그리고 장학사업의 일환으로 본 번역서의 출판을 선뜻 맡아준 삼성경제연구소와 교정을 도와준 윤귀순 님에게 고마운 뜻을 전합니다.

마지막으로 학문적 체계와 번역 능력이 부족함에도 불구하고 중국법을 공부하는 법학도에게 나름대로 길라잡이가 되기를 바라는 마음에서 어렵사리 용기를 내어 본 번역서를 출간하게 되었음을 고백합니다. 그리고 앞으로도 계속하여 초심을 잃지 않고, 중국에 진출한 기업과 한국민에게 조금이나마 도움이 될 수 있도록 중국 법서와 법전의 번역작업을 계속할 계획입니다. 이를 통하여 그동안 저희들이 법과 인연을 맺으면서 국가와 사회, 그리고 부모님들로부터 받은 은혜에 조금씩 보답할 수 있으리라 감히 기대하여 봅니다.

　앞으로도 많은 성원을 부탁드립니다. 감사합니다.

2007. 9.
노정환
중국정법학회
사법연수원 중국법학회(37기) 拜上

• 저·역자 소개 •

|지은이|

강평(江平)

1930년생으로 모스크바 대학교 법학과를 졸업하였으며 중국정법대학교 학교장, 제7기 전국인민대표대회 대표 및 상무위원회 위원, 중국법학회 부회장 등을 역임하였다. 현재는 중국정법대학교 교수로 재직하면서 최고인민법원 자문위원, 중국 경제법연구회 부회장으로 활동하고 있다. 중국의 신탁법, 해상법, 회사법, 저작권법, 국가배상법, 증권법, 행정소송법, 민법통칙, 계약법 등 여러 법률의 제정에 기초위원으로 참여하였다. 저서로는 《서방국가 민상법 개요》, 《회사법 교정》, 《법인제도론》, 《로마법 기초》 등 다수가 있다.

|옮긴이|

노정환(盧正煥)

1967년생으로 경찰대학교를 졸업하고 한양대학교 법학대학원에서 법학박사 학위를 취득하였다. 제36회 사법시험에 합격, 사법연수원을 수료한 뒤 창원지검과 대구지검 김천지청, 서울 남부지검, 울산지검 검사로 활동하였으며, 현재 대검찰청 검찰연구관으로 재직 중이다. 지난 2004년에는 중국정법대학교에서 방문학자 과정을 수료하였다. 저서로는 《중국대륙의 심장으로 들어가다》가 있으며, "한·중 피의자 인신구속 제도에 관한 연구" 등 다수의 논문이 있다.

중국정법학회

중국정법학회는 중국정법대학교에 재학 중이던 한국인 유학생이 2004년에 설립한 '중국정법대학교한국인법률학회'의 약칭으로 중국 법서 등의 번역 및 연구를 주된 목적으로 한다. 중국정법학회는 매년 신입생 2~3명을 선발하여 운영되는데, 이 책의 번역 출간에는 회원 8명이 참여하였다.

- 김정효(金正孝) 중국정법대학교 재학 중
- 박진혜(朴眞慧) 중국정법대학교 재학 중
- 송태곤(宋泰坤) 중국정법대학교 졸업, 현재 동 대학원 재학 중
- 심재훈(沈載勳) 중국정법대학교 졸업
- 양지숙(梁智淑) 중국정법대학교 졸업
- 유정훈(兪廷勳) 중국정법대학교 재학 중
- 이명준(李明浚) 중국정법대학교 졸업
- 조재훈(趙在勳) 중국정법대학교 졸업, 현재 동 대학원 재학 중

사법연수원 중국법학회

사법연수원 중국법학회는 중국법에 관심 있는 사법연수생들이 2002년경 설립한 학회로서 중국법 및 한·중 통상관계 연구를 주된 목적으로 한다. 사법연수원 중국법학회는 매 기수마다 사법연수생 40~50명의 참여로 운영되는데, 이 책의 번역 출간에는 37기 회원 5명이 참여하였다.

- 김경화(金景花) 성균관대학교 법학과 졸업
- 양래청(楊來靑) 서울대학교 섬유고분자공학과, 동 대학원 졸업(공학석사)
- 이경석(李京錫) 전남대학교 법학과 졸업
- 이보람   고려대학교 법학과 졸업
- 이승우(李承禹) 건국대학교 법학과 졸업